행정학 개론

-9급 공무원 시험 완벽 대비-

이동진 · 한인규

도서출판 대영문화사

머리말

행정학은 사회과학의 한 분과 학문이고, 사회 현상의 일부인 행정 현상을 대상으로 하는 학문이며, 개인, 집단, 사회, 국가를 망라하는 종합학제적 성격이 매우 큰 학문이다. 학술적 접근으로 행정학 교재를 접근하는 것은 대학 교육이 가고자 하는 목적이다. 그러나 시험을 준비하는 수험생의 입장에서 보면, 너무 많고 세분화된 이론의 설명보다는 잘 정리된 수험서의 필요성이 더 크다. 따라서 저자는 공무원시험을 대비하는 수험생들에게 미력하나마 도움이 될 수 있는 방향으로 이 교재를 집필했다.

행정학개론(9급)이 전 직렬의 선택 과목이 되기 이전인 2012년까지 9급 행정학개론과 7급 행정학 간에 출제 범위와 수준은 체감상으로 차이가 날 뿐 실제로는 크게 차이가 없었다. 그러나 2013년부터 9급 공무원시험에서 행정학개론이 모든 직렬의 선택 과목으로 바뀜에 따라 9급 행정학개론과 7급 행정학의 출제 범위나 수준 면에서 상당한 차이가 나타났으며, 앞으로도 그 기조가 유지될 것으로 예상된다.

향후 행정학개론(9급)은 행정학의 기본적인 이론과 제도의 내용을 중심으로 출제될 것으로 예상된다. 따라서 이 교재는 출제 빈도 수가 적고 지엽적인 내용은 과감하게 줄이고 행정학의 기본적인 이론과 제도에 초점을 맞추고자 한다. 이러한 필요와 요구를 담아 공무원 시험에 대비할 수 있도록 다음과 같이 구성했다.

첫째, 기본 이론은 수험생이 반드시 알아둬야 할 것을 중심으로 간결하게 서술했다.

둘째, 시험에 자주 출제됐거나 출제가 예상되는 부분을 중심으로 기존의 행정학 내용에서 많은 부분을 줄이고자 했다.

셋째, 쉬운 부분과 어려운 부분을 구분하면서 특히 수험생들이 많이 곤란해 하는 부분은 각주란을 통해 풍부한 설명으로 이해할 수 있도록 했다.

첨언해 공무원 시험을 준비하는 수험생들에게 단기간에 행정학개론에서 고득점할 수 있는 방법을 몇 가지 적어 본다.

첫째, 행정학을 처음으로 접하는 수험생들은 먼저 이 교재를 3회 이상 속독(速讀)하기 바란다. 이는 행정학 전체의 흐름을 파악하기 위함이다.

둘째, 행정학의 기본 내용을 중심으로 이 교재를 3회 이상 정독(精讀)하기 바란다. 이는 행정학의 주요 내용을 정확하게 이해하기 위함이다.

셋째, 진도별로 기출문제를 풀어보면서 그 유형을 익히고, 난이도를 파악하면서 암기 사항을 정리하기 바란다. 이는 이해 내용과 암기 사항을 구분하기 위함이다.

넷째, 기출문제와 예상문제를 풀면서 틀린 문제를 중심으로 암기 사항을 다시 정리하기 바란다. 이는 암기 사항을 최소화하기 위함이다.

다섯째, 마지막으로 본인이 정리한 암기 사항을 끊임없이 반복하면서 필요할 때는 기본 이론을 확인한다. 이는 암기 가능한 분량을 끝까지 지치지 않고 수험장까지 반드시 기억하기 위함이다.

시험을 준비하는 수험생들의 학습은 처음에는 그 범위가 마구 넓어지고 깊어지겠지만 어느 정도의 이해와 정리가 이뤄진 후에는 반드시 그 범위를 줄여야 한다. 즉, 시험을 위한 학습이란 끊임없이 이해 범위를 넓히고 암기 사항을 줄이는 과정이다. 이 교재는 이러한 생각을 하면서 썼다. 짧게는 3개월, 길게는 6개월 정도면 지은이의 마음과 일치하게 되고, 그러면 좋은 결과가 여러분을 기다리게 될 것이다.

모쪼록 이 책을 통해 공무원 시험을 준비하는 모든 수험생이 더불어 조기 합격의 영광을 누리기 바란다.

끝으로 이 책을 출간하는 데 애써주신 대영문화사 임춘환 사장님과 임직원들에게 감사드리며, 언제나 함께 살아 움직이며 호흡하는 아내와 명환이 · 지환이, 그리고 부모님께 고마움을 전한다.

2014년 2월

금승리 연구실에서

차 례

머리말 / 3

제 1 편 행정학의 기초 이론

제 1 장 행정의 본질 29

제 1 절 행정의 개념 29
1. 의의 / 29
2. 행정학적 개념: 미국 행정학의 발달 과정을 중심으로 / 30

제 2 절 행정과 정치 32
1. 정치와 행정의 관계 / 32
2. 정치와 행정관계이론의 변천 / 34

제 3 절 행정과 경영 36
1. 의의 / 36
2. 이론의 전개 / 37
3. 행정과 경영의 유사점과 차이점 / 37
4. 공행정과 사행정의 관계(최근 경향): 유사점 강조 / 39

제 4 절 행정의 특징 40
1. 공공재로서 행정의 특징 / 40
2. 행정의 성격: 일반적 특징 / 42

제 5 절 행정의 변수 42
1. 의의 / 42
2. 행정변수의 유형 / 42
3. 행정변수와 행정이론의 변천 / 43

제 6 절 행정의 역할과 기능 44
1. 행정의 역할 / 44
2. 행정의 기능 / 44

제 7 절 행정 과정 46
1. 전통적 행정 과정 / 46
2. 현대적 행정 과정 / 46

제 2 장 행정국가와 현대 행정의 특징 48

제 1 절 시장실패와 정부개입 48
1. 의의 / 48
2. 시장실패의 원인과 정부개입의 유형 / 48

제 2 절 행정국가의 성립과 현대 행정의 특징 50
1. 의의 / 50
2. 행정국가의 성립: 국가의 변천(행정의 흐름) / 50
3. 현대 행정의 특징 / 52

제 3 절 정부규제와 정부 팽창 54
1. 의의 / 54
2. 정부규제의 필요성: 새뮤얼슨(P. A. Samuelson) / 54
3. 규제의 유형 / 55
4. 정부규제의 실패 원인 / 56
5. 정부의 팽창 원인 / 58

제 4 절 현대 행정국가의 한계와 정부실패 59
1. 현대 행정국가의 한계(1970년대 말) / 59
2. 정부실패 / 59
3. 정부실패의 대응: 작고 효율적인 정부의 추구 / 61
4. 시장실패와 정부실패의 대응 / 62

제 5 절 포스트모더니즘 63
1. 개념 / 63
2. 포스트모더니즘의 지적 특성(철학적 입장 또는 세계관) / 63
3. 포스트모더니티의 사회: 주요 특성 / 63
4. 포스트모더니즘과 행정의 변화 / 64
5. 포스트모더니티 행정의 특징 / 65

제 6 절 부문의 구분: 통치 영역의 구분 65
1. 부문의 구분 / 65
2. 준정부조직(민관공동출자사업): QUAGO's / 67
3. 비정부조직(주민공동생산): QUANGO's / 67
4. 정부와 NGO와의 관계 / 68

제 7 절 공공부문의 민영화 70
1. 의의 / 70
2. 민영화의 대두 배경 / 71
3. 민영화 · 시장화의 방법과 전략 / 71
4. 민영화의 필요성(순기능) 및 폐단(역기능) / 73

5. 민자 유치 / 74

제 3 장 행정의 가치와 이념 ········ 75

제 1 절 행정의 가치와 철학 ········ 75
1. 행정과 가치 / 75
2. 행정철학 / 76

제 2 절 행정 이념 ········ 77
1. 의의 / 77
2. 주요 행정 이념 / 77
3. 행정 이념의 변천과 상호 관계 / 89

제 4 장 행정학의 성격과 발달 ········ 91

제 1 절 행정학과 행정이론 ········ 91
1. 행정학의 의의 / 91
2. 행정이론의 유형적 특성 / 91
3. 행정학의 학문적 성격 / 92

제 2 절 사회과학 및 행정학의 접근 방법 ········ 95
1. 접근 방법의 의의 / 95
2. 접근 방법의 유형 / 95

제 3 절 미국의 행정학 ········ 99
1. 미국 행정학의 사상적 배경: 행정학 성립에 영향을 준 사상적 기초 / 99
2. 미국 행정학의 발전 요인: 고전적 행정학의 시대적 배경 / 99
3. 미국 행정학의 전개 과정 / 100

제 5 장 행정학의 주요 접근 방법과 이론 ········ 103

제 1 절 과학적 관리론 ········ 103
1. 의의 / 103
2. 과학적 관리론의 성립 배경과 전개 과정 / 103
3. 주요 내용 / 104
4. 과학적 관리론의 특징 및 공헌과 한계 / 105

제 2 절 인간관계론 ········ 105
1. 의의 / 105
2. 성립 배경과 호손 실험 / 106
3. 인간관계론의 특징 및 공헌과 한계 / 107

제 3 절 행태론적 접근 방법 ········ 109
1. 의의 / 109
2. 행태론적 행정이론과 연구 전제 / 109
3. 행태론의 특징 및 공헌과 한계 / 110

제 4 절 생태론적 접근 방법 ········ 111
1. 의의 / 111
2. 대두 배경 / 112
3. 주요 내용 / 112
4. 생태론의 공헌과 한계 / 114
제 5 절 체제론적 접근 방법 ········ 114
1. 의의 / 114
2. 사회체제론 / 115
3. 개방 체제로서 행정체제론 / 116
4. 체제론적 접근 방법의 공헌과 한계 / 117
5. 체제론적 접근 방법과 생태론적 접근 방법의 비교 / 118
제 6 절 비교행정론 ········ 118
1. 개념 / 118
2. 비교행정 연구의 발전 계기와 촉진 요인 / 119
3. 비교연구를 위한 접근 방법 / 119
4. 비교행정론의 한계와 발전행정론의 대두 / 120
제 7 절 발전행정론 ········ 120
1. 의의 / 120
2. 접근 방법 / 121
3. 발전행정론의 특징 / 121
4. 발전행정론의 문제점과 평가 / 122
제 8 절 신행정론 ········ 123
1. 의의 / 123
2. 성립 배경 및 전개 과정 / 123
3. 신행정론의 특성 및 내용 / 123
4. 신행정론의 유용성과 문제점 / 125
제 9 절 현상학적 접근 방법 ········ 126
1. 개념 / 126
2. 대두 배경 / 126
3. 현상학적 접근 방법의 특징과 평가 / 127
제 10 절 비판행정학 ········ 128
1. 의의 / 128
2. 하버마스의 비판과학(이론) / 128
3. 비판이론의 행정에의 도입 / 129
4. 비판행정학의 특성 / 129
5. 평가와 한계 / 129
제 11 절 담론행정 ········ 130
1. 의의 / 130
2. 정통이론과 대안적 이론의 비판 / 130
3. 담론이론의 주요 내용 / 130
4. 담론행정의 유용성 · 한계 및 발전 방향 / 131

제 12 절 공공선택이론 ········ 132
1. 의의 / 132
2. 성립 배경과 문제 의식 / 132
3. 기본 가정과 특징 / 133
4. 정부실패의 요인 / 134
5. 공공선택이론의 주요 모형 / 134
6. 공공선택이론의 유용성과 한계 / 138

제 13 절 신제도론적 접근 방법 ········ 139
1. 의의 / 139
2. 등장 배경: 구제도론과 행태론의 한계 / 139
3. 신제도론의 영역(유파) / 140
4. 신제도론의 유용성과 한계 / 141

제 14 절 신공공관리론 ········ 141
1. 의의 / 141
2. 대두 배경: 정부실패와 신자유주의 / 142
3. 신공공관리론의 개념 / 143
4. 신공공관리론의 정부혁신 방향 / 143
5. 신공공관리론의 특징 / 146
6. 신공공관리론의 정부혁신 전략 / 147
7. 신공공관리론의 한계 / 150

제 15 절 거버넌스론 ········ 150
1. 의의 / 150
2. 거버넌스의 특징 / 151
3. 거버넌스의 유형 / 151
4. 뉴거버넌스(신국정관리) / 154
5. 거버넌스와 뉴거버넌스 / 154

제 16 절 신공공서비스론 ········ 155
1. 의의 / 155
2. 등장 배경 / 155
3. 신공공서비스론의 이론적 기초 / 156
4. 기본 원리와 특성 / 156
5. 평가 / 156

제 2 편 정책론

제 1 장 정책론의 기초 이론 ········ 161

제 1 절 정책과학 ········ 161
1. 의의 / 161
2. 정책과학의 대두 배경 / 161
3. 정책과학의 특징 / 162
4. 정책연구의 중점 이동과 한계 / 162

제 2 절 정책의 본질과 유형 ········ 163
1. 정책의 본질 / 163
2. 정책의 구성 요소(변수) / 163
3. 정책의 유형(정책유형론) / 164
4. 정책 체제 / 167

5. 정책 과정의 성격과 단계 / 168

제 3 절 정책 과정의 참여자 ········ 169
1. 의의 / 169
2. 공식적 참여자 / 170
3. 비공식적 참여자 / 171

제 2 장 정책의제 설정과 정책목표 ········ 173

제 1 절 정책의제 설정 ········ 173
1. 의의 / 173
2. 중요성과 특징 / 173
3. 정책설계(정책문제의 구조화) / 174
4. 정책의제 설정 과정과 모형 / 176
5. 정책의제 설정에 관한 이론적 논의 / 178
6. 정책의제 설정(채택)에 영향을 미치는 요인 / 182

제 2 절 정책목표 ········ 183
1. 의의 / 184
2. 정책목표의 속성과 기능 / 184
3. 정책목표의 유형 / 184
4. 정책목표의 변동 / 185

제 3 절 목표관리(MBO) ········ 186
1. 의의 / 186
2. 목표관리(MBO)의 과정 / 187
3. 목표관리(MBO)의 장점과 단점 / 187
4. MBO와 다른 제도와의 비교 / 188

제 3 장 정책분석과 정책결정 ········ 190

제 1 절 정책분석 ········ 190
1. 정책분석의 의의와 차원 / 190
2. 정책분석 / 192
3. 체제분석 / 193
4. 관리과학 / 196

제 2 절 정책대안의 탐색과 평가 기준 ········ 199
1. 정책대안의 탐색 / 199
2. 정책대안의 평가: 정책대안의 결과 예측 / 199
3. 정책모형: 정책대안의 탐색과 평가의 도구 / 200

제 3 절 불확실성과 미래예측 ········ 201
1. 의사결정 상황별 미래예측 기법 / 201
2. 불확실성 극복을 위한 미래예측의 유형: 던(W. N. Dunn) / 202
3. 불확실성에 대한 대처 방안 / 202
4. 불확실성 하에서의 의사결정 기준 / 203

5. 미래예측의 제반 기법 / 204

제 4 절 정책결정 일반 ······ 206

1. 의의 / 206
2. 정책결정의 유형 / 207
3. 정책결정 과정 / 207
4. 합리적 정책결정의 제약 요인 / 208

제 5 절 정책결정의 이론모형 ······ 210

1. 의의 / 210
2. 합리모형(규범적 · 총체적 · 합리적 · 포괄적 접근): 계량주의 / 211
3. 만족모형(현실적 · 실증적 · 귀납적 접근) / 213
4. 점증모형(현실적 · 실증적 · 귀납적 접근): 개량주의(改良主義) / 213
5. 혼합주사모형(전략적 기획모형) / 217
6. 최적모형 / 218
7. 회사모형(연합모형) / 219
8. 사이버네틱스모형 / 220
9. 쓰레기통모형 / 221
10. 흐름 · 창모형 / 221
11. 앨리슨의 모형: 정부기관의 의사결정모형 / 222

제 4 장 정책집행과 기획 ······ 225

제 1 절 정책집행 ······ 225

1. 정책집행의 의의 / 225
2. 정책집행 연구의 이론적 접근 방법: 정책집행이론 / 227
3. 정책집행 연구의 전개: 고긴(Goggin, 1990) / 227
4. 정책집행 연구의 유형 / 227
5. 정책집행에 영향을 미치는 요인 / 229
6. 정책집행의 순응과 불응 / 231

제 2 절 기획 ······ 234

1. 의의 / 234
2. 국가기획의 발전 동향 / 235
3. 국가기획의 의의와 민주주의 체제 / 235
4. 기획의 유형 / 236

제 5 장 정책평가와 환류 ······ 237

제 1 절 정책평가 ······ 237

1. 의의 / 237
2. 정책평가의 정치적 성격 / 237
3. 정책평가의 과정: 정책평가 단계 / 238
4. 정책평가의 기준 / 238

5. 정책평가의 유형 / 240
6. 정책평가의 방법: 정책실험 또는 사회실험 / 241
7. 정책평가의 타당도 / 242
8. 정책평가의 한계 / 246

제 2 절 정책의 변동과 환류 ······ 246
1. 정책 변동의 의의와 유형 / 246
2. 정책종결 / 247
3. 정책 환류 / 248

제 3 편 조직론

제 1 장 조직의 기초 이론 ······ 251

제 1 절 조직의 본질 ······ 251
1. 조직의 의의 / 251
2. 조직의 유형(비교조직론) / 252
3. 조직구조 / 259

제 2 절 조직의 원리 ······ 264
1. 의의 / 264
2. 계층제의 원리 / 265
3. 전문화(분업)의 원리 / 266
4. 명령 통일의 원리 / 267
5. 통솔 범위의 원리 / 268
6. 조정의 원리 / 268
7. 조직의 원리에 대한 평가 / 269

제 3 절 공식조직과 비공식조직 ······ 270
1. 개념 / 270
2. 공식조직: 계선과 막료 / 270
3. 비공식조직 / 272
4. 공식조직과 비공식조직의 특징과 상호 관계 / 273

제 4 절 조직이론의 변천 ······ 273
1. 조직이론의 개념과 분류 / 273
2. 조직이론의 변천: 행정 변수에 따른 분류 / 274
3. 조직이론의 체계: 스콧 / 276

제 5 절 조직문화 ······ 278
1. 의의 / 278
2. 조직문화의 유형 / 279

제 2 장 인간의 본질과 조직인 ······ 281

제 1 절 인간 행동의 심리적 기반 ······ 281

1. 조직과 인간 행동 / 281　　2. 성격 / 281
3. 지각 / 282　　4. 태도 / 283

제 2 절　조직과 개인의 관계 ······ 283
1. 조직과 개인의 관심의 차이 / 283
2. 아지리스의 악순환모형과 성숙・미성숙이론 / 284

제 3 절　인간관이론과 관리전략 ······ 285
1. 맥그리거의 X이론과 Y이론 / 285
2. Z이론 / 286
3. 샤인의 인간관이론 / 286
4. 직무특성이론 / 288

제 4 절　동기부여 ······ 289
1. 의의 / 289
2. 동기부여의 내용(욕구) 이론 / 290
3. 리커트의 관리체제이론: 의사결정에의 참여도 기준으로 한 분류 / 293
4. 동기부여의 과정(기대) 이론 / 293

제 3 장　조직과 환경 ······ 297

제 1 절　조직환경의 본질 ······ 297
1. 의의 / 297
2. 조직환경의 변화 단계 / 297
3. 환경에 대한 조직의 대응전략 / 298

제 2 절　거시조직이론 ······ 300
1. 의의 / 300
2. 조직과 환경에 관한 거시조직이론 체계 / 300
3. 결정론적 입장 / 301
4. 임의론적 입장 / 305

제 3 절　혼돈이론: 카오스이론 ······ 306
1. 의의 / 306
2. 이론의 특징 / 307
3. 조직화 원칙 / 307

제 4 장　조직의 관리 ······ 309

제 1 절　의사전달 ······ 309
1. 의의 / 309　　2. 의사전달의 기능 / 309
3. 의사전달의 유형 / 309　　4. 의사전달 과정과 네트워크 / 311
5. 의사전달의 원칙 / 312　　6. 의사전달의 장애 요인과 극복 방안 / 312

제 2 절 공공관계(행정 PR) ···································· 313
1. 의의 / 313
2. 행정 PR의 성격과 본질 / 313
3. 행정 PR의 필요성 및 기능 / 314
4. 행정 PR의 과정 / 314
5. 행정 PR의 문제점과 한계 / 315

제 3 절 행정 참여: 주민 참여 ···································· 315
1. 의의 / 315
2. 행정 참여의 발전 / 315
3. 현대적 행정 참여(20세기 현대 행정국가) / 316
4. 행정 참여의 효용과 한계 / 316
5. 행정 참여의 방법 / 317

제 4 절 갈등 ···································· 318
1. 의의 / 318
2. 갈등의 기능 / 318
3. 갈등의 유형 / 319
4. 갈등의 원인 / 320
5. 갈등의 해결 방법 / 320

제 5 절 권력과 권위 ···································· 322
1. 권력과 권위의 개념 / 322
2. 권력과 권위의 특징 / 323
3. 권위의 이론과 기능 · 유형 / 323

제 6 절 리더십 ···································· 326
1. 의의 / 326
2. 리더십의 특징 및 기능 / 326
3. 리더십이론의 발전 / 327
4. 특성이론(자질이론 또는 요소이론) / 327
5. 행위(행태)이론 / 328
6. 상황이론 / 330
7. 신속성론(신자질론) / 334

제 5 장 조직의 양태와 쇄신 ···································· 336

제 1 절 관료제 ···································· 336
1. 관료제의 개념 / 336
2. 베버의 관료제이론 / 337
3. 근대 관료제의 특징 / 338
4. 베버이론의 비판과 수정 / 339
5. 관료제의 순기능 / 340
6. 관료제의 역기능 / 340
7. 관료제의 쇄신과 방향 / 342

제 2 절 관료제와 민주주의 ···································· 342
1. 관료제와 민주주의의 관계 / 342
2. 관료제와 민주주의의 이론적 파악 / 343
3. 관료제의 민주주의에 대한 역작용 / 343
4. 관료제의 민주주의에 대한 기여 / 344
5. 관료제와 민주주의의 조화 / 344

6. 관료제의 권력과 민주통제 / 344

제 3 절 대표관료제 ········ 345

1. 의의 / 345
2. 두 가지 측면 / 345
3. 대두 배경과 필요성 / 346
4. 대표관료제의 기능과 효용 / 347
5. 대표관료제의 한계와 방향 / 347

제 4 절 후기관료제(탈관료제): 애드호크라시 ········ 348

1. 의의 / 348
2. 골렘뷰스키의 견인이론적 조직구조 / 348
3. 후기관료제모형의 특징 / 349
4. 후기관료제모형의 한계와 관료제의 우수성 / 349

제 5 절 정부조직 체계 ········ 350

1. 의의 / 350
2. 우리나라 정부조직 체계 / 350
3. 우리나라 정부조직 현황 / 352
4. 우리나라 정부조직의 주요 변천 / 352
5. 부처조직의 의의와 기준 / 353

제 6 절 위원회제 ········ 355

1. 의의 / 355
2. 위원회제의 특징 / 356
3. 위원회제의 장·단점 / 356
4. 위원회제의 유형 / 356
5. 독립규제위원회 / 357
6. 위원회제의 문제점과 개선 방향 / 358

제 7 절 공기업 ········ 359

1. 의의 / 359
2. 공기업의 경영 원칙과 특질(이념) / 359
3. 공기업의 발달 요인 / 359
4. 공기업의 유형 / 360
5. 공기업의 조직 / 361
6. 공기업의 통제와 자주성 / 363

제 8 절 책임운영기관 ········ 363

1. 의의 / 363
2. 책임운영기관의 적용 대상 사무 / 364
3. 책임운영기관의 특징과 한계 / 365
4. 우리나라의 책임운영기관 / 365

제 9 절 조직의 동태화 ········ 367

1. 의의 / 367
2. 동태적(유기적) 조직의 특징 / 368
3. 동태화의 방안 / 368
4. 동태적 조직의 장·단점 / 370

제 10 절 조직 발전(개발) ········ 371

1. 의의 / 371　2. 조직 발전의 과정 / 372
3. 조직 발전의 목적과 특징 / 372　4. 조직 발전의 기법(전략) / 373
5. 조직 발전의 문제점과 성공 요건 / 374

제 6 장　행정과 정보 ········· 376

제 1 절　정보사회와 행정정보 ········· 376
1. 정보사회의 의의 / 376
2. 정보의 본질 / 377
3. 행정정보화의 필요성과 내용 / 378
4. 행정정보화가 행정조직에 미치는 영향 / 378
5. 행정정보화가 정책 과정과 업무 내용에 미치는 영향 / 379
6. 행정정보화에 따른 역작용 / 380

제 2 절　행정정보 체계 ········· 381
1. 행정정보 체계의 의의 / 381　2. 행정정보 체계의 체계 / 382
3. 정보자원 / 383　4. 정보통신 네트워크 / 383

제 3 절　행정정보공개제도 ········· 384
1. 의의 / 384　2. 발달과 연혁 / 385
3. 정보공개법의 목적 · 필요성 / 385　4. 정보공개법의 주요 내용 / 385
5. 외국의 행정정보 공개제도 / 387

제 4 절　전자정부 ········· 387
1. 의의 / 387　2. 전자정부의 대두 배경(필요성) / 388
3. 전자정부의 유형 / 388　4. 전자정부의 구성 요소 / 389
5. 전자정부의 특징 / 390　6. 전자정부의 기능 / 390
7. 우리나라 행정정보화의 현황 / 391

제 5 절　지식정부와 지식행정관리 ········· 391
1. 지식정부 조직모형 / 391　2. 지식행정관리 / 396

제 4 편　인사행정론

제 1 장　인사행정의 기초 이론 ········· 401

제 1 절　인사행정의 특징 ········· 401
1. 의의 / 401
2. 정부 인사행정의 특징: 기업의 인사관리와의 차이점 / 401
3. 현대 인사행정의 특징 / 401
4. 인사행정의 3대 변수: 임용, 능력 발전, 사기관리 / 402
5. 인사행정제도의 변천 / 404

제 2 절 엽관주의와 정실주의 404
1. 의의 / 404
2. 성립 과정 / 405
3. 엽관주의의 장점과 폐단 / 406
4. 실적주의의 대두 / 407

제 3 절 실적주의 407
1. 의의 / 407
2. 실적주의의 성립 요인 / 408
3. 실적주의의 발달 과정 / 408
4. 실적주의의 특징(확립 요건) / 410
5. 실적주의의 장점과 문제점 / 411
6. 엽관주의의 가미 필요성과 적극적 인사행정의 대두 / 412

제 4 절 직업공무원제 412
1. 의의 / 412
2. 직업공무원제의 필요성 / 413
3. 직업공무원제와 실적주의의 관계 / 413
4. 직업공무원제의 확립 요건(방안) / 414
5. 직업공무원제의 장점과 단점 / 414
6. 직업공무원제의 위기 / 415

제 5 절 중앙인사행정기관 415
1. 의의 / 415
2. 중앙인사기관의 조직상의 성격 / 416
3. 중앙인사기관의 기능 / 417
4. 주요 국가의 중앙인사기관 / 417
5. 우리나라의 중앙인사기관 / 418

제 6 절 적극적 인사행정 418
1. 의의 / 418
2. 적극적 인사행정의 발전 과정 / 418
3. 적극적 인사행정의 방안 / 420

제 7 절 고위공무원단제도 420
1. 의의 / 420
2. 주요 내용 / 421

제 2 장 공직의 분류 424

제 1 절 공직의 분류 424
1. 공직 분류의 의의 / 424
2. 경력직 공무원과 특수경력직 공무원 / 424
3. 개방형과 폐쇄형 / 425
4. 교류형과 비교류형 / 428

제 2 절 직위분류제 429
1. 의의 / 429
2. 직위분류제의 구조 / 429
3. 직위분류제의 수립 절차 / 431
4. 직위분류제의 평가 / 433

제 3 절 계급제 ··· 435
1. 의의 / 435
2. 특징 / 435
3. 장점과 단점 / 435
4. 우리나라의 공직구조 / 436

제 3 장 공무원의 임용 ··· 437

제 1 절 인력계획 ··· 437
1. 의의 / 437
2. 인력계획의 중요성과 효용 / 437

제 2 절 모집 ··· 438
1. 의의 / 438
2. 적극적 모집의 방안 / 438

제 3 절 시험 ··· 439
1. 의의 / 439
2. 시험효용도의 측정 기준 / 439
3. 시험의 종류 / 441

제 4 절 공무원의 임용 ··· 442
1. 의의 / 442
2. 임용의 주요 절차 / 442
3. 임용의 종류 / 443

제 5 절 승진 ··· 444
1. 의의 / 444
2. 승진의 한계 및 범위 / 444
3. 우리나라의 승진제도 / 445

제 6 절 전직 · 전보: 배치전환 ··· 446
1. 의의 / 446
2. 전직 · 전보제도의 용도와 문제점, 그리고 개선 방향 / 447

제 4 장 공무원의 사기관리 ··· 449

제 1 절 근무성적평정 ··· 449
1. 의의 / 449
2. 근무성적평정의 이론적 방법(평정모형) / 450
3. 근무성적평정의 한계(문제점 및 오차) / 451
4. 우리나라의 근무성적평정제도 / 453
5. 근무성적평정의 비판과 방향 / 455

제 2 절 교육훈련 ··· 457
1. 의의 / 457
2. 교육훈련의 수요 및 목적 / 457
3. 교육훈련의 종류 / 458

4. 교육훈련의 방법(기법) / 458

제 3 절 사기의 본질 ······ 460
1. 의의 / 460 2. 사기의 결정 요인 / 461
3. 사기의 조사 / 461 4. 사기의 문제점과 앙양 방안 / 462

제 4 절 사기앙양제도 ······ 462
1. 고충처리제도 / 462
2. 제안제도 / 463
3. 인사상담 / 464

제 5 절 공무원단체(노동조합) ······ 465
1. 의의 / 465
2. 공무원단체에 관한 논의: 효용과 비판 / 465
3. 공무원단체의 활동 내용 / 466
4. 우리나라의 공무원단체 현황 / 467

제 5 절 보수 ······ 467
1. 의의 / 467
2. 공무원 보수의 특징 / 467
3. 보수 수준의 일반적 결정 요인 / 468
4. 보수 체계와 보수표 / 468
5. 승급 / 470

제 6 절 연금제도 ······ 471
1. 의의 / 471 2. 연금기금 조성 방식 / 471
3. 우리나라의 공무원연금제도 / 472

제 5 장 공무원의 근무규율 ······ 473

제 1 절 공무원의 신분 보장 ······ 473
1. 의의 / 473 2. 공무원의 퇴직(면직) / 473
3. 정년제도 / 475 4. 징계제도 / 476
5. 감원 / 477

제 2 절 공무원의 정치적 중립 ······ 477
1. 의의 / 477
2. 정치적 중립의 필요성 / 478
3. 정치적 중립에 대한 비판(문제점) / 479
4. 정치적 중립의 확립 요건 / 479
5. 우리나라 공무원의 정치적 중립제도 / 479

제 3 절 공직(행정)윤리 ······ 480
1. 의의 / 480

2. 공직(행정)윤리의 중요성이 증대되는 이유 / 480
3. 공직(행정)윤리의 체계 / 480

제 4 절 공직(행정) 부패 ······ 481
1. 공직 부패의 개념과 특성 / 481
2. 공직 부패의 유형 / 481
3. 공직 부패의 원인 / 482
4. 공직 부패의 기능 / 483
5. 공직윤리의 확립 방안(공직 부패 방지 방안) / 484

제 5 편 재무행정론

제 1 장 예산의 일반이론 ······ 487

제 1 절 예산의 본질 ······ 487
1. 예산의 개념 / 487
2. 예산의 기능 / 488
3. 예산과 법률의 관계 / 490
4. 정부예산의 특징: 민간예산과의 비교 / 491
5. 공공부문과 통합재정 / 492

제 2 절 예산회계 관계 법률 ······ 495
1. 개요 / 495
2. 헌법 / 495
3. 국회법 / 496
4. 국가재정법 / 497
5. 정부기업예산법 / 499
6. 공공기관의 운영에 관한 법률 / 500
7. 지방재정법 및 지방자치법 / 500

제 3 절 계획과 예산 ······ 501
1. 계획과 예산 / 501
2. 국가재정운용계획 / 504

제 4 절 정부회계의 계리 방식 ······ 506
1. 의의 / 506
2. 단식부기와 복식부기 / 506
3. 현금주의와 발생주의 / 507
4. 발생주의 회계 방식의 보편화 / 508

제 5 절 예산의 원칙 ······ 508
1. 의의 / 508
2. 입법부 우위의 전통적 예산 원칙: 노이마르크의 원칙 / 509
3. 행정부 우위의 현대적 · 관리지향적 예산 원칙: 스미스의 원칙 / 510
4. 전통적 원칙과 현대적 원칙의 조화 / 511

제 6 절 예산의 종류 ······ 511
1. 예산의 분류 / 511
2. 세입의 성질에 따른 분류: 국가재정법 제4조～제5조 / 512

3. 예산편성 절차에 따른 분류(성립 내용의 수정 여부에 따른 분류) / 515
4. 예산 불성립 시 절차에 따른 분류: 준예산 · 잠정예산 · 가예산 / 516
5. 예산 운영 기법별상의 예산 / 517
6. 기타 예산의 종류 / 518

제 8 절 예산의 분류 ··· 521
1. 의의 / 521
2. 예산 분류의 기준 / 522
3. 우리나라의 예산 과목과 예산 분류 / 524

제 2 장 예산 과정 ··· 525

제 1 절 예산 과정의 본질 ··· 525
1. 의의 / 525
2. 예산 과정의 성격 / 526
3. 예산 과정의 환경적 요인과 참여자 / 527
4. 회계연도 / 527
5. 우리나라의 예산 과정 / 528

제 2 절 예산편성 ··· 528
1. 의의 / 528
2. 행정부제출 예산제도의 확립 / 529
3. 예산의 편성 과정 / 530
4. 예산의 구성: 예산편성의 형식 / 531
5. 예산사정 및 예산 확보 전략 / 533
6. 예산편성의 문제점과 개선 방향 / 534

제 3 절 예산심의 ··· 535
1. 의의 / 535
2. 각국 예산심의제도의 비교 / 536
3. 예산심의의 절차 / 537
4. 우리나라 예산심의의 특징과 문제점 / 538

제 4 절 예산집행 ··· 539
1. 의의 / 539
2. 예산집행상 재정통제 / 540
3. 예산집행의 신축성과 유지 방안 / 542
4. 수입 · 지출 / 546

제 5 절 결산 ··· 548
1. 의의 / 548
2. 결산 절차 / 549
3. 문제점과 개선 방향 / 550

제 6 절 회계검사 ········ 550

1. 의의 / 550
2. 회계검사의 방향 전환 / 551
3. 회계검사기관의 유형 / 552
4. 회계검사의 종류 및 방식 / 552
5. 우리나라 회계검사기관(감사원) / 553

제 3 장 예산제도 ········ 555

제1절 예산결정이론 ········ 555

1. 예산이론의 전개와 유형 / 555
2. 예산제도 개혁의 단계 / 556

제 2 절 품목별 예산제도 ········ 557

1. 의의 / 557
2. 예산편성 방법 / 558
3. 품목별 예산제도의 장 · 단점 / 558

제 3 절 성과주의 예산제도 ········ 558

1. 의의 / 558
2. 성과주의 예산의 발전 / 559
3. 성과주의 예산의 구조 / 560
4. 성과주의 예산제도의 장 · 단점 / 560
5. 성과주의 예산제도의 운용상 문제점(요건) / 561

제 4 절 계획예산제도(PPBS) ········ 561

1. 의의 / 561
2. PPBS의 발달 요인과 도입 과정 / 562
3. PPBS의 이론적 기초와 효용 / 563
4. PPBS의 한계 / 564
5. 성과주의예산과 PPBS의 비교 / 565

제 5 절 영기준 예산(ZBB) ········ 566

1. 의의 / 566
2. 영기준 예산의 발전 / 566
3. 영기준 예산의 절차 / 567
4. 영기준 예산의 점증형 예산 · PPBS의 비교(특징) / 568
5. 영기준 예산의 평가와 운영상의 문제점 / 569
6. 일몰법 / 570

제 6 절 자본예산제도(CBS) ········ 571

1. 의의 / 571
2. 자본예산제도의 발달 / 571
3. 자본예산의 본질(이론적 근거) / 571
4. 자본예산의 장 · 단점 / 572

제 7 절 예산제도의 개혁 ········ 573

1. 최근 선진국의 예산의 방향과 특징: 신성과주의 / 573
2. 정치관리 예산(BPM) / 574

3. 총괄예산배정제도(BB) · 지출대 예산제도(EEB) / 574
4. 다년도 예산제도(multi-year budget) / 575
5. 지출통제 예산제도(ECB) / 575
6. 산출예산제도(OB) / 576
7. 운영예산제도(OB) / 576

제 6 편 지방행정론

제 1 장 지방행정 ······ 579

제 1 절 지방행정의 개념과 특징 ······ 581
1. 지방행정의 개념 / 581
2. 지방행정의 특징 / 582
3. 지방행정의 이념 / 582

제 2 절 중앙집권과 지방분권 ······ 583
1. 의의 / 583
2. 중앙집권과 지방분권의 개념 / 583
3. 중앙집권과 지방분권의 측정지표 / 584
4. 중앙집권과 지방분권의 장 · 단점 / 584

제 3 절 정부간 관계 ······ 585
1. 의의 / 585
2. 던리비의 중앙과 지방 간 기능배분이론 / 585
3. 중앙정부와 지방정부의 관계에 관한 이론 / 586

제 4 절 신중앙집권화와 신지방분권화 ······ 587
1. 지방자치의 추세 / 587
2. 지방자치의 변천 / 588
3. 신중앙집권화 / 588
4. 신지방분권화 / 589

제 5 절 일선기관(지방행정기관) ······ 591
1. 의의 / 591
2. 일선기관의 유형 / 592
3. 일선기관의 권한 한계와 운영 / 593
4. 일선기관의 구역 / 593
5. 일선기관의 문제점 / 594
6. 일선관료제론: 립스키 / 595

제 6 절 중앙통제 ······ 595
1. 의의 / 595
2. 중앙통제의 방식 / 596
3. 중앙통제의 한계 / 596
4. 중앙통제의 기본적 시각과 방향 / 597
5. 우리나라 지방자치단체에 대한 중앙통제: 지방자치법을 중심으로 / 597

제 7 절 광역행정 ······ 600
1. 의의 / 600
2. 광역행정의 필요성과 한계 / 600

3. 광역행정의 방식 / 601 4. 우리나라의 광역행정 / 602

제 8 절 지역이기주의와 분쟁 조정 ········ 603
1. 지역이기주의(지역배타주의): 분쟁의 원인 / 603
2. 분쟁 조정 / 604

제 2 장 지방자치 ········ 605

제 1 절 지방자치의 본질과 가치 ········ 605
1. 의의 / 605 2. 자치권(자주권) / 605
3. 지방자치의 유형과 본질 / 606 4. 지방자치의 효용과 폐습 / 608
5. 지방자치와 민주주의의 관계 / 608 6. 우리나라 지방자치의 변천과 방향 / 609

제 2 절 지방자치단체의 조직 ········ 611
1. 지방자치단체의 의의 / 611
2. 지방자치단체의 종류: 지방자치법 제2조 / 611
3. 지방자치단체의 계층구조 / 611
4. 지방자치단체의 의결기관과 집행기관 / 612

제 3 절 지방자치단체의 사무 ········ 617
1. 의의 / 617 2. 사무(기능) 배분의 원칙 / 618
3. 사무(기능) 배분의 방식 / 618 4. 사무(기능) 배분의 기준 / 619
5. 지방자치단체의 사무: 고유사무와 위임사무 / 620

제 4 절 지방자치단체의 재정 ········ 621
1. 지방재정의 본질과 체계 / 621 2. 지방재정 평가지표 / 623
3. 지방세 / 624 4. 세외수입 / 625
5. 국고보조금(특정 재원): 국가와 지방 간의 수직적 재정조정제도 / 626
6. 지방교부세 / 627
7. 기초자치단체에 대한 광역자치단체의 재정조정제도 / 628
8. 지방채 / 630
9. 우리나라 지방재정의 문제점과 방향 / 632

제 5 절 지방자치단체의 주민 ········ 632
1. 주민의 의의: 지방자치법 / 632
2. 주민 참여의 방식: 직접 참정 / 632
3. 주민 참여 관계 법률 / 634

제 7 편 행정환류론

제 1 장 행정책임과 행정통제 ········ 639

제 1 절 행정책임의 본질 ······ 639
1. 행정책임의 개념과 유형 / 639
2. 행정책임의 중요성과 본질 / 641
3. 행정책임의 기준(준거) / 641
4. 행정책임의 순환구조에 따른 유형 / 641
5. 행정책임 논쟁과 행정통제 / 642
제 2 절 행정통제 ······ 643
1. 의의 / 643
2. 행정통제의 원칙 / 644
3. 행정통제의 유형 / 645
4. 행정통제의 한계와 강화 방안 / 649
제 2 장 행정개혁 ······ 651
제 1 절 행정개혁 ······ 651
1. 의의 / 651
2. 행정개혁의 필요성과 주요 속성 / 651
3. 행정개혁의 접근 방법 / 652
4. 행정개혁의 과정 / 653
5. 개혁의 추진전략 / 655
6. 행정개혁에 대한 저항 원인과 극복 방안 / 655
7. 행정개혁의 실패 원인과 성공 요건 / 656
제 2 절 OECD 국가의 정부혁신 ······ 657
1. 의의 / 657
2. OECD 국가가 정부혁신을 추진하게 된 배경 / 657
3. OECD 국가 정부혁신의 방향(OECD백서) / 658
4. 영국의 정부혁신 / 659
5. 미국의 정부혁신 / 661
6. 뉴질랜드의 정부혁신 / 663
7. 캐나다 정부혁신 / 664
8. 일본의 정부혁신 / 665
9. OECD 국가의 정부혁신이 우리에게 주는 교훈 / 665
제 3 절 우리나라의 행정개혁 ······ 665
1. 행정개혁의 연혁 / 665
2. 한국 행정개혁의 역사적 특징 / 668
3. 향후 개혁의 기본 방향 / 668
4. 미래의 바람직한 정부상: 작고 강한 정부 / 668
5. 분야별 개혁 방향 / 669
참고 문헌 / 670
찾아보기 / 675

제 1 편

행정학의 기초 이론

제1장_행정의 본질
제2장_행정국가와 현대 행정의 특징
제3장_행정의 가치와 이념
제4장_행정학의 성격과 발달
제5장_행정학의 주요 접근 방법과 이론

제 1 장 행정의 본질

제1절 행정의 개념

1. 의의

1) 행정의 개념

행정에 대한 전통적 개념은 정부 또는 공공조직이 공익을 달성하기 위해 행하는 제반 활동이나 내부적 운영관리다.

넓은 의미의 행정은 조직·집단 등에 공통적으로 적용할 수 있는 인간 협동의 측면을 강조하며, "고도의 합리성을 수반한 협동적 인간 노력의 한 형태"로 정의할 수 있고, 공공단체, 기업체, 민간단체 등 모든 조직 활동에서 찾아볼 수 있다. 이러한 예는 학교행정, 군대행정, 목회행정 등을 들 수 있다.

좁은 의미의 행정은 첫째, 정부관료제를 중심으로 이뤄지는 활동을 의미한다. 행정부의 구조와 공무원의 활동을 포함하는 개념이다. 둘째, 행정을 국가 목적을 실현하기 위한 사람과 물자의 관리로 보거나, 정책 결정과 집행을 중심으로 하는 정치 과정의 일부로 보는 견해다. 셋째, 시대별로 또는 학자에 따라 정치와 행정의 관계, 행정에 대한 접근 방법 등에서 차이가 있기 때문에 행정에 대한 견해가 다양하다. 행정관리설, 통치기능설, 행정행태설, 발전기능설 등이 그러한 예다.

최근의 행정 개념은 거버넌스(governance)로서의 행정으로 제시되는데, 공공문제의 해결을 위해 정부 외의 공·사조직 간의 연결 네트워크(network)를 강조하는 경향이 있다. 그리고 거버넌스 개념에서는 정부의 일과 민간의 일이 엄격하게 구분되는 것으로 보지 않고, 공공이라는 개념을 통해 양자 모두를 포함하려고 한다.

2) 행정의 접근 방법

행정에 대한 접근 방법은 두 가지로 나뉜다. 첫째, 행정법학적 접근 방법이다. 이는 행정의 규범적 측면을 중시한다. 행정은 법의 집행이어야 한다는 것이다. 둘째, 행정학적 접근 방법이다. 이러한 접근 방법은 행정의 현실적·사실적·경험적 측면을 중시한다. 행정은 현실적으로 정부가 수행하는 기능이라는 것이다.[1]

---

1) 규범적 측면을 중시하는 행정법학적 행정 개념도 있다. 그러나 이 개념은 첫째, 현대 행정국가에서 부적합하다. 행정법학적 행정 개념은 대체로 엄격한 권력분립을 전제로 하고 있으므로 오늘날 행정부 우위의 현대 행정국가에서는 적합하지 않다. 둘째, 현대 행정의 기능적 변화에 대한 설명이 불가능하다. 행정법학적 행정 개념은 행정을 단순히 법령의 구체화 수단 또는 관리작용으로만 인식한다. 그 때문에 고도의 정책결정 기능을 수행하고 있는 현대 행정의 기능적 변화를 충분히 설명하지 못하는 한계가 있다.

2. 행정학적 개념: 미국 행정학의 발달 과정을 중심으로

1) 행정의 기능적 개념

행정의 기능적 개념이란 행정이나 관리에 내재하는 기능적 성격에 초점을 두면서 정부・기업・군대・노동조합・교회 등 조직의 종류나 목적을 고려하지 않고 공통적으로 존재하는 인간의 협동적 행동을 행정으로서 이해하는 것이다. 즉, 행정의 보편성에 착안해 행정 개념을 구성하는 것이다. 행정을 이와같이 넓은 의미로 파악한다면 행정이란 고도의 합리성을 가진 집단적 협동행위를 의미한다(D. Waldo). 공공행정 혹은 정부행정이란 넓은 의미의 행정이 정치적 상관 관계를 가지면서 행해지는 한 국면이라 할 수 있다. 행정의 기능적 개념은 공행정(행정)・사행정(경영) 간의 차이점을 고려하지 않는 공・사행정일원론에서 인식하는 행정 개념과 유사하다.

2) 행정 개념에 관한 학설

행정학에서 행정 개념에 관한 학설은 일반적으로 행정관리설, 통치기능설, 행정행태설, 발전기능설 등으로 대별돼 왔다. 이들 학설의 기본적인 특징은 "행정에 정치적 성격을 내포하고 있는가?" 혹은 "그 기능의 성격・범위를 어떻게 파악할 것인가?"에서 찾을 수 있다. 행정 개념에 관한 이러한 학설에는 민주주의제도가 확립되기 이전부터 강력한 국가관료제를 발전시켜 왔던 서구 국가들이나 일본, 그리고 일제 시대를 거쳤던 한국 등의 역사적 상황과는 다른 미국적 배경이 작용하고 있다. 그러나 현대 국가에서는 행정의 규모・범위가 비약적으로 확대되고 다수의 변수를 내포하고 있으며, 다양성・복잡성과 문화적・환경적 제약성을 안고 있으므로 단일의 행정 개념이 성립되기는 어렵다.

(1) 행정관리설(1880~1930년대): 행정의 관리기술성 강조

19세기 말 엽관주의(獵官主義)의 폐단을 극복하기 위해 20세기 전후에 대두된 행정학 발전의 초창기 입장으로 가장 고전적인 행정의 관점이다. 기술적・전통적 행정학으로 정치・행정이원론의 입장에서 행정을 공공사무의 관리라는 사회・기술적 과정 또는 관리기술 체계로 파악한다. 법령이나 이미 결정된 정책을 구체적 또는 합리적 집행을 행정으로 이해하며 행정과 경영 간의 차이를 경시한다. 즉, 행정과 경영의 유사점을 강조한다. 과학적 관리와 원리 접근, 행정의 능률성(efficiency)을 강조한다.

윌슨(W. Wilson)은 「행정의 연구(The Study of Public Administration)」(1887)에서 "행정의 분야는 사무(business)의 분야이며, 행정은 정치의 고유 영역 밖에 존재하고 행정문제는 정치문제가 아니다."라는 정치・행정이원론을 주장했다. 굿노(F. J. Goodnow)는 『정치와 행정(*Politics and Administration*)』(1900)을 통해 정치는 국가의 의지를 표명하고 정책을 구현하는 것이며, 행정은 이를 실천하는 것이라고 주장하면서 양자를 구별했다. 화이트(L. D. White)는 최초의 행정학 교과서라고 불리는 『행정학 입문(*An Introduction to the Study of Public Administration*)』(1926)에서 "행정은 국가 목적을 달성하기 위해 사람과 물자를 관리하는 일이다."라고 주장했다. 귤릭과 어윅(L. H. Gulick & L. F. Urwick)은 『행정과학논집(*Papers on the Science of Administration*)』(1937)에서 POSDCoRB[2](최고관리층의 7대 기능)와 행정에서의 절약과 능률을 강조했다.

(2) 통치(정치)기능설(1930년대~1940년대): 정치와 행정의 연계

행정관리설에 반대하며 제기된 기능적 행정학이나 정치·행정일원론의 입장이다. 경제대공황(시장실패)을 처방하기 위해 1930년대 후반부터 주창하기 시작한 이론이다. 행정의 본질을 행정과 정치의 밀접한 상관 관계에서 찾고 있으며, 행정이 정책의 구체화 및 적극적인 정책결정(형성) 및 준입법적 기능까지 담당하는 것이라고 이해하며, 사회적 능률 및 행정의 가치지향성·기술성(처방성)을 중시한다.

디목(M. E. Dimock)은 『현대정치와 행정(*Modern Politics and Administration*)』(1937)에서 사회적·인간적 능률을 주장했다. "통치는 정치와 행정, 즉 정책결정과 정책집행으로 이뤄지며, 이 과정은 배타적이라기보다는 연속선상(협조적)에 있는 것이다."라고 주장했다. 애플비(P. H. Appleby)는 『정책과 행정(*Policy and Administration*)』(1949)에서 "정치와 행정의 현실을 양자의 혼합으로 보며, 정책결정은 행정 과정에서도 이뤄진다."라고 주장했다.

(3) 행정행태설(1940년대~1960년대): 행정학의 과학적 연구 강조

행정인의 의사결정이 핵심이 되는 행정 행태를 중요시하는 사회심리학적 행정 개념으로서 행정을 협동적인 집단행위로 이해한다. 행정의 과학적인 연구를 위해 가치판단의 개입을 배제하고 행정의 과정 면에 중점을 두므로 행정과 경영 간의 본질적인 차이를 인정하지 않는다. 행정관리설과 상당히 유사하나 인간의 협동적 집단행동과 행정연구의 과학화를 중요시했다는 점에서 그 차이점을 인정할 수 있다.

버나드(C. I. Barnard)는 『경영자의 역할(*Functions of the Executive*)』(1938)을 통해 종래의 기술적인 조직론과는 달리 새로운 행동과학(behavioral science)에 입각한 조직론을 전개했다. 또한 "행정은 특정 목표 달성을 위한 구성원의 협동적 집단행동이다."라고 주장했다. 사이먼(H. A. Simon)은 『행정행태론(*Administrative Behavior*)』(1945)에서 "의사결정이 행정의 핵심이며, 행정 과정은 의사결정 과정이다."라는 기본 명제를 제시하면서 "의사결정을 행정연구의 핵심으로 삼아야 한다."라고 주장했다. 절약과 능률보다 합리적 결정을 더 중요한 것으로 생각했다. 이후 마치(J. G. March)와 공저한 『조직론(*Organizations*)』(1958)에서 의사결정이론을 더욱 발전시켜 '제한된 합리성(bounded rationality)'의 모형(만족모형)을 제시했다.

(4) 발전기능설(1960년대): 행정부 우위의 정치·행정일원론

1960년대 발전행정론을 토대로 한 개도국에서 강조되는 입장으로 국가 발전을 위한 행정의 사회 변동 기능을 강조한다. 행정을 정치사회의 발전 목표를 적극적으로 달성하기 위한 발전정책·발전계획의 형성·집행으로서 파악하는 학설이다. 행정을 국가 발전 목표 설정, 정책결정 및 기획, 집행하는 과정으로 본다. 공무원을 변동의 주체(change agent)로 보고, 행정의 사회 변동과 대응 능력을 강조, 쇄신적 가치의 추구, 효과성 등을 중시한다. 대체로 통치기능설과 기본적 입장을 같이하고 있으나 더욱 능동적·적극적으로 발전정책을 추진하려는 것과 행정의 변동 대응 능력을 강조한다는 점에서 그 차이가 있다.

---

2) 귤릭(L. H. Gulick)이 제시한 최고관리층의 관리 기능을 나타낸 약어(略語)다. 귤릭은 루스벨트(F. D. Roosevelt)가 1937년에 설치한 '행정관리에 관한 대통령위원회(President's Committee on Administrative Management)'에 제출한 보고서에서 POSDCoRB를 제시했다.

리그스(F. W. Riggs), 아이젠슈타트(S. N. Eisenstadt) 등 초기의 발전론자들은 발전에서 다른 체제(정치 체제, 경제 체제 등) 발전이 선행 또는 최소한 병행돼야 행정 체제가 발전된다는 입장이었다(균형적 접근 방법). 이스먼(M. J. Esman), 와이드너(E. Weidner) 등 후기의 발전론자들은 행정이 주도적 역할을 취하면서 다른 분야를 유도할 수 있다고 보는 입장이었다.

(5) 정책화기능설(1970년대): 사회문제 해결자로서 행정 기능

1960년대 말 격동기의 미국 사회를 배경으로 나타난 입장으로, 행정의 핵심을 "사회문제 해결을 위한 공공정책의 형성 및 집행 과정"으로 보고 행정의 정책지향성 및 가치지향성을 강조했다. 가치를 배제하는 행태론은 사회문제를 해결하지 못한다고 비판한 후기행태주의나 정책과학 등 신행정론의 입장이다. 대표적 학자는 이스턴(D. Easton), 샤칸스키(I. Sharkansky), 데이비스(J. Davis) 등이다.

(6) 신공공관리(1980년대 이후): 1980년대의 신보수주의 및 신자유주의

신공공관리론(New Public Management: NPM)은 신보수주의를 기반으로 해서 전통적인 행정 개념에 반대되는 새로운 학설로서, 정부실패를 극복하기 위해 정부 기능의 축소를 주장하는 1980년대 신자유주의에 바탕을 두고 행정의 경영성을 강조한다. 피터스(B. G. Peters)는 행정을 국가가 행하는 국민에 대한 일방적인 통치나 지배(rule)가 아니라 국가와 국민을 동반자(partnership)로 보고 시장 원리에 입각한 국가경영(governance)으로 봤다.

오스본과 게블러(D. Osborne & T. Gaebler)의 『정부재창조(*Reinventing Government*)』(1992), 신공공관리의 핵심적 내용을 정리한 후드(C. Hood, 1994), 조직구조와 관리, 정책 과정, 공익관의 국면 등에 따라 국정경영모형을 분류한 피터스(Peters, 1996) 등이 대표적이다.

(7) 뉴거버넌스와 신공공서비스론(1990년대 이후)

1990년대의 뉴거버넌스(new governance)는 시장화 논리에 치우친 국가경영(governance)과는 다른 차원에서 '신뢰를 바탕으로 하는 서비스망(연계망, network)'에 의한 행정을 중시한다(R. A. W. Rhodes). 전통적인 행정 개념과 달리 public을 정부의 동의어가 아닌 정부 이전의 개념으로 인식한다. governance를 정부・준정부・비정부・반관반민(parastatal)・비영리・자원봉사 등 공공활동, 즉 공공서비스의 공급 체제를 구성하는 다원적 조직 체제 또는 조직 네트워크의 상호작용 패턴인 인간의 집단적 활동으로 파악했다(H. G. Frederickson, 1997).

행정을 "신뢰를 바탕으로 구성된 서비스 연계망을 관리하는 정부의 활동"으로 정의한 로드스(Rhodes, 1997) 등이 있다.

제2절 행정과 정치

1. 정치와 행정의 관계

1) 정치

정치는 국민들의 의사를 수렴하는 가치 개입적 행위이며, 국민들에 의한 국가의 목표를 설정하

표 1-1 행정학적 행정 개념에 관한 학설 비교

시기	학설	행정 본질	학파	정치 · 행정	행정 · 경영	대표 학자	특징	한계(폐단)
1829~ 1883	엽관 주의			정치우위론			민주성↑	• 능률성↓ • 부패 만연
1880~ 1930년대	행정 관리설	관리 · 집행 → 관리기술	기술적 행정학	이원론(분리)	일원론 (동일시)	W. Wilson L. D. White	• 엽관주의 폐단 극복 (능률성↑) • 행정학 성립기의 개념	경제대공황 (시장실패) 발생
1930~ 1940년대	통치 기능설	정책구체화 + 정책형성 · 결정+ 준입법적 기능	기능적 행정학	일원론(연계)	이원론	M. E. Dimock P. H. Appleby	• 시장실패의 극복 • 현대 행정국가 성립 • 가치지향성 · 기술성 중시	행정연구의 과학성↓
1950~ 1960년대	행정 행태설	합리적인 의사결정행태	행정 행태설	새 이원론 (사실 결정)	새 일원론 (차이×)	H. A. Simon J. March	• 행정연구의 과학화 추구: 논리실증주의+사회심리학	사회적 적실 성 · 실천성↓
1960년대	발전 기능설	국가 발전 목표+ 결정 · 기획+집행	발전 행정론	새 일원론 (행정우위론)	새 이원론	M. Esman E. Weidner	• 개도국의 발전 유도: 효과성↑	큰 정부: 정부실패
1970년대	정책화 기능설	공공정책 형성+ 집행 과정	정책과학 신행정론	새 일원론 (가치 지향)	새 이원론	D. Easton I. Sharkansky	• 정책지향성 · 가치지향성 강조 • 사회문제 해결: 형평성↑	큰 정부: 정부실패
1980년대	신공공 관리설	governance (공공관리)	신공공 관리론	새 이원론 (신자유주의)	새 일원론 (행정의 시장화)	B. G. Peters C. Hood	정부실패의 극복: 시장기법 의 도입, 작은 정부 추구	민주성↓
1990년대	뉴 거버넌스	new governance, new public service	신공공 서비스론	새 일원론 (행정의 정치화)		R. A. W. Rhodes	행정의 신뢰를 기반으로 한 서비스 연계망 관리와 봉사: 민주성↑	

는 과정이다. 정치에서는 어떻게 하면 국민들의 의사를 골고루(또는 공동)로 잘 반영시킬 수 있을 것인지가 문제가 되며, 본질적으로 민주성을 확보하는 과정이다. 정치는 정치인의 영역에 속하며, 정책의 형성 · 결정 내지 가치판단이나 목적의 설정과 도의적 책임 등이 문제된다. 그리고 대표성 · 당파성 · 지도성 · 공개성 등이 요구된다. 또한, 정치는 행정보다 우위에 있다. 즉, 행정은 정치에서 결정한대로 집행한다.

2) 행정

행정은 수렴된 의사를 실행에 옮기는 가치중립적 행위이며, 행정은 설정된 목표를 달성하기 위한 효율적 수단을 모색하는 과정이다. 행정에서는 국민들이 원하는 것을 어떻게 하면 더 싸고 더 편하게 공급할 수 있을지가 문제가 되며, 본질적으로 능률성 또는 효율성을 확보하는 과정이다. 행정은 일반 공무원의 영역에 속하며, 정책의 집행 내지 사실판단, 수단 · 절차 · 법규와 법적 책임 등이 문제된다. 그리고 자격성 · 합리성 · 중립성 · 익명성 등이 요구된다. 또한, 행정은 정치의 수단적 성격을 띤다.

3) 오늘날의 행정과 정치

오늘날의 행정과 정치를 살펴보면, 우선 행정은 정치적 환경 속에서 수행된다. 따라서 행정은 본질적으로 정치성을 내포하고 있다. 둘째, 행정은 정당 · 이익집단 · 의회 · 국민에 의해 영향 · 통

제 · 감독 · 비판 등을 직접 받는다. 셋째, 행정은 정치 체제를 유지하고 정치 권력의 뒷받침을 받으며 행정인은 정치적 역할을 수행하고 가치를 선택하며 정책결정에 큰 영향력을 미치고 있다. 넷째, 행정은 정치가 결정한 목적을 달성하는 중립적 · 몰가치적 수단이 아니라 목적 그 자체를 창출하는 주도적 역할을 담당하며 가치의 형성 기능을 수행한다. 다섯째, 정치와 행정은 연속 관계를 형성하고 있고 행정 과정은 정치 과정과 중첩되며, 넓은 의미의 정치 과정 속에 내포되고 있다고 볼 수 있다.

표 1-2 정치와 행정의 비교

구분	정치	행정
개념	입법부가 담당하는 가치지향적인 목표 설정이나 정책결정에 관한 활동이다. 정치인의 영역에 속한다.	행정부가 담당하는 집행적 활동으로 가치중립적(사실 관계적)이다. 일반 공무원의 영역에 속한다.
기능	목적(목표) · 이상 · 가치 · 당위 · 투입 기능 등 국민 의사가 종합화되고 형성되는 과정(정책결정 과정)이다.	수단 · 현실(사실) · 존재의 법칙 · 산출 기능 등 국민의 의사가 구체적으로 집행되는 과정(정책집행 과정)이다.
책임	도의적 책임 문제가 중요한 관심사다.	법적 책임 문제가 중요한 관심사다.
관계	정치와 행정의 관계는 민주정치의 발전과 추세에 따라서 변천한다.	

2. 정치와 행정관계이론의 변천

1) 정치 · 행정이원론: 정치와 행정을 명확히 구분(분리)하려는 입장

정치 · 행정이원론은 첫째, 엽관주의의 폐단인 부패와 비능률을 극복하기 위한 행정의 전문성 · 기술성 · 안정성 · 정치적 중립을 보장하기 위해 대두됐다. 둘째, 부패된 정치로부터 행정을 분리 · 독립시켜 실적주의를 확립할 필요성이 대두됐으며, 1883년 연방공무원법(Federal Civil Service Act: 국가공무원법, Pendleton Act)의 제정으로 실적주의의 기틀이 마련됐다. 셋째, 민간기업의 능률성 추구(경영합리화 운동)를 위한 과학적 관리론이 도입됨으로써 행정을 과학적으로 연구하게 됐다. 또한, 행정을 중립적인 비권력적 관리 현상으로 이해하는 데 기여했다. 넷째, 정치로부터 행정을 분리해 독자적인 행정학을 정립하고자 하는 윌슨(W. Wilson) 등의 학자들의 노력이 있었다. 다섯째, 행정 기능의 양적 확대와 질적 전문화에 대응하고 행정의 능률성을 확보하기 위한 행정개혁운동의 전개됐다.[3] 정치 · 행정이원론은 행정을 정치적 성격이 없는 순수한 관리 · 기술 현상으로 파악했으며, 대표적인 학자로 윌슨, 화이트(L. White), 귤릭(L. Gulick) 등이 있다.

정치 · 행정이원론의 공헌으로 첫째, 독자적인 과학으로서 행정학 성립 · 발전에 기여했다. 둘째, 직업공무원제와 실적주의의 이론적 근거를 제공했다. 셋째, 행정과 경영의 동질성을 강조하는 공 · 사행정일원론 탄생에 기여했다. 넷째, 행정기구와 관리 방법의 개혁으로 행정의 능률성을 확보하는 데 기여했다.

그러나 그 한계를 살펴보면 첫째, 현대 행정국가 하에서 행정과 정치의 완전한 분리는 불가능하다. 둘째, 환경적 요인을 고려하지 못한 폐쇄이론이라 할 수 있다. 셋째, 행정은 단순한 내부적인

3) 1881년 전국공무원제도개혁연맹(Curtis), 1906년 뉴욕시정조사연구회, 태프트(W. H. Taft) 대통령이 설치한 '1910년 절약과 능률에 관한 대통령위원회(태프트위원회)' 등이 그 예다.

관리기술에 불과하다. 넷째, 행정에서의 원리접근법과 기계적 능률은 비현실적이다.

2) 정치 · 행정일원론: 행정과 정치의 연속성 · 불가분성을 강조하는 입장

정치 · 행정일원론의 대두 배경을 살펴보면, 첫째, 경제대공황(시장실패)을 치유하기 위해 뉴딜(New Deal) 정책[4] 등 정부의 적극적 개입의 필요성이 제기됐다. 둘째, 행정의 전문화 · 기술화 및 위임입법, 행정의 재량권 · 준입권 · 준사법권이 증대됐다. 셋째, 근대 입법국가에서 치자(의회)와 피치자(국민) 사이에 존재했던 대의제 원리가 무너지면서 국가(행정부)와 사회(국민)의 이원적 대립 관계가 극복돼 동일화의 길로 나아가게 됐다. 넷째, 정치 · 행정이원론의 기계적 능률을 비판하면서 인간적 · 사회적 관점의 사회적 능률을 강조했다. 다섯째, 공유지의 비극(tragedy of the commons),[5] 죄수의 딜레마(prisoner's dilemma),[6] 구명보트의 윤리배반 현상(against lifeboat ethics)[7] 등에서 제기된 개인적 효용의 총합이 사회의 전체 효용과 같지 않아 발생된 시장실패를 치유하기 위해 정부의 적극적인 개입이 필요하게 됐다.

행정 현상을 포괄적으로 보고 정치적 성격(정책결정 등 가치판단)은 인정하는 것으로 통치는 정치(정책결정)와 행정(정책집행)으로 이뤄지며 이 과정은 배타적이라기보다는 연속선상에 있다는 것이다. 기계적 능률을 비판하면서 사회적 · 인간적 능률을 강조했으며(M. E. Dimock), 정치와 행정의 현실을 양자의 혼합으로 보며, 정책결정은 행정 과정에서도 이뤄진다고 주장했다(P. H. Appleby).

3) 정치 · 행정새이원론(가치 · 사실분단론): 행정행태론(1940년대 중반 이후)

행정이론의 엄격한 과학화를 위해 원리주의(형식적 과학)를 배격하고 논리실증주의(가설→검증→명제(이론)→체계화→지식)를 적용해 경험적 과학성을 추구한다. 논리적 실증주의(logical positivism)는 가치와 사실을 구분해 행정의 연구 대상으로 검증 가능한 사실명제만을 그 대상으로 한다.

4) 정치 · 행정새일원론(행정우위론)

제2차 세계대전 후 신생독립국의 조속한 발전을 이룩하기 위해 행정(행정부)이 국가 발전 목표를 설정 · 집행하고 사회 변동을 적극 유도하기 위해 다양한 정책을 수립하는 등 선도적인 역할을

---

4) 1930년대의 대공황을 극복하기 위해 루스벨트(Franklin Delano Roosevelt) 대통령은 1933년 3월에서 6월 말까지 100일간 미국 의회에서 통과시킨 18개의 법률을 기초로 해서 1939년 제2차 세계대전이 발발하기까지 7년간 미국 자본주의를 대공황에서 구출하기 위한 여러 경제정책을 추진하게 됐는데, 이를 총칭해 뉴딜정책(New Deal Policy)이라 한다. 경제 과정에 대한 국가의 간섭이라는 수단을 활용해, 국내시장의 확대를 꾀하고 공업 · 농업 · 상업 · 금융 · 노동 등 각 산업의 생산 · 유통 · 분배의 각 분야에 걸쳐 광범한 일련의 경제정책을 수립했다.

5) 공유지에서 농민이 양을 많이 사육할수록 개인의 이익은 늘어나지만 과중한 방목으로 목초지가 모두 황폐화돼 버린다는 것으로 개인적 합리성과 사회적 · 집단적 합리성 간의 갈등(불일치) 관계를 설명했다.

6) 수학자 노이만(John von Neumann)이 제창하고 심리학자 래퍼포트(P. Rappaport)가 발전시킨 것으로 두 공범자가 서로 협력해 범죄 사실을 숨기면 증거 불충분으로 형량이 낮아지는 최선의 결과를 누릴 수 있음에도 불구하고, 상대방의 범죄 사실을 밝혀주면 형량을 감해 준다는 수사관의 유혹에 빠져 서로 상대방에게 죄를 씌워 최악의 결과를 초래하게 되는 현상을 말한다. 이는 합리적 행동이 항상 최적의 결과를 가져다주지는 않는다는 것을 지적하고 있는 이론이다.

7) 타인은 배제하고 자신만이 살기 위해 인원 제한이 있는 구명보트에 너도나도 오르다 보면 결국 구명보트는 정원 초과로 가라앉아 모두가 공멸하게 된다는 현상이다. 스프루이트(H. Spruyt)는 이를 '구명보트의 윤리 배반'이라고 부르고 풍랑을 만난 배의 선원들이 모두가 살 수 있는 것은 사익을 버리는 길뿐이라고 주장했다.

담당해야 한다는 입장으로 1960년대 발전행정론이 제기됐다. 그리고 소용돌이의 장(turbulent field)과 같은 불확실성의 환경 속에서 행정의 적실성을 추구하기 위해서는 가치중립적인 행태론을 탈피하고 사회문제 및 가치를 적극적으로 다뤄야 한다는 주장을 제시한 1970년대 신행정론이 대표적이다.

5) 정치 · 행정새이원론: 1980년대 국정관리론(governance)

행정의 경영화 · 시장화 등을 중시하면서 공공행정에 민간 경영기법의 도입을 강조하므로 정치 · 행정이원론(공 · 사행정일원론)으로 볼 수 있다.

6) 정치 · 행정새일원론: 1990년대 신국정관리론(new governance)

신뢰를 바탕으로 하는 다양한 구성원의 참여를 중시한다. 행정의 정치성을 중시한다는 점에서 정치 · 행정일원론(공 · 사행정이원론)으로 볼 수 있다.

표 1-3 정치와 행정관계이론의 변천

정치 · 행정	시기	학설(학파)	행정 · 경영	필요성(목적)	한계(폐단)
정치우위론	1829~1883	엽관주의		민주성↑	능률성↓, 부패 만연
이원론	1880~1930년대	행정관리설 (기술적 행정학)	일원론	엽관주의 폐단 극복: 능률성↑, 부패 청산	경제대공황(시장실패) 발생
일원론	1930~1940년대	통치기능설 (기능적 행정학)	이원론	시장실패의 극복: 큰 정부 추구	행정연구의 과학성↓
새 이원론	1940~1960년대	행정행태설 (행태론)	새 일원론	행정연구의 과학화 추구: 논리실증주의	사회적 적실성 · 실천성↓
새 일원론 (행정우위론)	1960년대	발전기능설 (발전행정론)	새 이원론	개도국의 발전	큰 정부: 정부실패
	1970년대	정책화기능설 (신행정론)		사회적 적실성 · 실천성↑	
새 이원론 (탈정치화)	1980년대	국정관리설 (신공공관리론)	새 일원론 (시장화)	정부실패의 극복: 작은 정부 추구	민주성↓
새 일원론 (재정치화)	1990년대	뉴거버넌스 (공동체주의)	새 이원론	서비스 연계망 관리와 봉사: 민주성↑, 시민의 정치 참여	

제3절 행정과 경영

1. 의의

행정(public administration)이란 국가 또는 공공기관이 공익이나 특정 목표를 달성하기 위해 행하는 활동을 말한다. 경영(business administration) 또는 사행정(private administration)이란 사기업이나 민간단체가 사익(영리)을 달성하기 위해 행하는 활동을 말한다.

공 · 사행정일원론은 행정(공행정)과 경영(사행정)의 유사점을 강조하는 견해로 동질론의 견해다. 따라서 행정은 정치에서 결정된 정책을 집행하는 사무관리의 분야다. 반면, 공·사행정이원론은 행정과 경영의 차이점을 강조하는 것으로 통설이라 할 수 있다. 이는 행정을 정책형성 과정으로 인식하는 정치와 행정의 동질론적 견해다.

2. 이론의 전개

1) 공·사행정일원론

1880년대부터 1930년대까지 행정관리설의 입장이다(정치·행정이원론). 행정을 단순한 기술적 과정으로 파악하므로 사행정(경영)과 동일시한다.

2) 공·사행정이원론

1930년대부터 1940년 중반까지의 통치기능설의 입장이다(정치·행정일원론). 행정은 정책집행 기능뿐만 아니라 정책결정 기능까지 담당하므로 경영과 다른 정치성·공공성·독자성 등을 보유한다. 세이어(W. S. Sayre)의 법칙은 "공사행정은 모든 중요하지 않은 점에서 근본적으로 같다."는 것이다. 다시 말하면, 행정과 경영이 완전히 다른 것은 아니지만, 핵심적인 부분에서는 행정과 경영이 서로 다르다는 것으로 공·사행정이원론을 의미한다.

3) 공·사행정새일원론

1940년대의 행정행태설의 입장이다. 사이먼(H. A. Simon)은 "행정과 경영의 차이는 단지 상대적이고 양적인 차이에 불과하며 질적인 차이는 없다."라면서 공·사행정의 근본적인 차이를 부인했다.

4) 공·사행정새이원론

1960년대 발전행정론, 1970년대 신행정론 등의 입장이다. 사회 제반 분야에 대한 상대적 우월성을 강조하는 행정우위론적 입장으로 행정의 주요한 기능은 국가 발전 목표 수립과 달성 기능이다.

5) 공·사행정새일원론

1980년대 이후 신공공관리론에 의한 행정의 경영화가 이뤄지면서 양자 간의 유사성이 강조돼 행정과 경영의 구분이 상대화됐다. 이러한 입장에서 공공부문에 시장 운영 기법이 광범위하게 도입됐다.

3. 행정과 경영의 유사점과 차이점

1) 유사점

행정과 경영의 유사점은 ① 협동행위, ② 의사결정 방식, ③ 관리기술 활용, ④ 목표 달성 수단, ⑤ 관료제적 성격, ⑥ 봉사성 등이 제시된다.

행정과 경영은 공동 목표를 달성하기 위해 구성원 간의 협동행위를 필요로 한다. 또한 의사결정 방식은 합리적 방식에 따르고 있으며, 능률적·합리적인 기준에 따라 가능한 많은 대안 중에서 최선의 대안을 선택·결정하게 된다. 사이먼은 행정과 경영의 본질을 의사결정으로 최선의 대안을 선택·결정하는 과정으로 보았다. 행정과 경영은 관리기술 활용 측면에서도 유사한 성질을 갖고 있다. 능률적인 관리를 위해 인적·물적 자원을 동원하고 활용하는 방법이 유사하고, 기획·조직·예산·권한의 위임·통제 등과 관련된 제반 관리기술 면에서 유사하다. 행정과 경영이 각각 실현하고자 하는 목표의 성격은 다르지만 목표를 달성하기 위한 수단이라는 점에서는 유사하다. 행정과 경영은 관료제의 순기능적 특징(계층제, 전문화, 분업과 비정의성 등)과 역기능적 특징(형식주의, 획일주의, 할거주의 등)이 유사하다. 따라서 관료제에 내포되는 합리적인 측면과 병리적·역기능적인 비합리적인 측면을 함께 가지고 있다. 그러나 시장 기능에 노출된 기업보다 정부조직이 관료제의 역기능적 성격이 강하다. 양자는 또한 이해관계집단에 대한 봉사(서비스)는 유사하다. 정부는 국민에게, 기업은 소비자에게 봉사한다는 점에서 유사점이 있다.

2) 차이점

행정과 경영은 규범적·환경적·정치적 측면에서 차이가 있으며 경제·사회 발전에 따라 상호 접근하는 경향이 있다. 애플비(P. H. Appleby)는 행정과 경영의 근원적인 차이를 정치성과 권력성으로 보았다.

일반적으로 지적하는 행정과 경영의 차이점은 <표 1-4>와 같다. 행정의 주체는 정부 또는 공공단체이지만, 경영은 민간기업이다. 행정은 공익을 최고의 가치로 삼고 질서 유지·공공봉사·공

표 1-4 행정과 경영의 차이점

구분	행정(공공행정)	경영(사행정)	거버넌스 개념의 영향
활동의 주체	정부·공공단체	민간기업	
목적의 성격	공익을 추구: 질서 유지·공공봉사·공공복지	사익(이윤)을 추구	• 행정의 사익 추구 • 기업의 공익 추구
조직 목표의 수	다원적·추상적·무형적	단일적·구체적·유형적	
법적인 규제	강함(획일성 강함)	약함(자율성 강함): 정관 또는 규칙	
정치적 성격	강함(정치성 내포)	약함(정치로부터 분리)	
권력의 종류	강제적 권력 보유	공리적·경제적 권력 보유	
능률의 측정	곤란	용이	
독점의 정도	강함	약함	• 행정의 독점적 지위가 완화 • 기업의 독점적 현상이 존재
경쟁성(시장성)	없거나 약함	강함	
관할의 범위	포괄적·전국적	한정적·지역적	• 다국적 기업 존재
평등의 원칙	강하게 적용	차별성이 인정	
공개성	공개성이 높음	비공개가 많음	
공공성(책임성)	높음	낮음	• 기업의 사회적 책임 강조
신분 보장	강함	약함	

공복지 등 다원적 · 추상적 · 무형적 목적을 추구하며, 경영은 사익(이윤)의 극대화라는 단일적 · 구체적 · 유형적 목적을 추구한다. 행정은 법적인 규제가 강하며, 경영은 법적인 규제가 약하다. 따라서 행정은 획일성이 강하고 경영은 자율성이 강하다. 행정에는 정치성이 내포돼 있으며, 경영은 정치로부터 분리돼 있다. 따라서 행정은 정치적 성격이 강하고, 경영은 정치적 성격이 약하다. 행정은 강제적 권력을 보유하고 있으며, 경영은 공리적 · 경제적 권력을 보유한다. 행정은 능률의 측정이 곤란하며, 경영은 능률의 측정이 용이하다. 행정은 독점의 정도가 강하며, 경영은 독점의 정도가 약하다. 행정은 경쟁성이 없거나 약하며, 경영은 경쟁성이 강하다. 행정은 포괄적 · 전국적이며, 경영은 한정적 · 지역적이다. 행정은 강하게 적용되며, 경영은 차별성이 인정된다. 행정은 공개성이 높고, 경영은 비공개가 많다. 행정은 공공성이 높고, 경영은 공공성이 낮다. 공무원은 신분 보장이 강하고, 일반기업의 회사원은 신분 보장이 약하다.

4. 공행정과 사행정의 관계(최근 경향): 유사점 강조

1) 경영의 행정화

전 세계적으로 활동하는 다국적 기업이 규모 면에서 국가를 능가하는 경우가 발생해 기업의 거대화 현상이 발생하고 있다. 그리고 민간부문의 관리자들이 집단화되면서 기업이 정치성과 권력성을 추구한다(J. Burnham의 경영자혁명이론[8)]). 또한, 기업의 사회적 책임의 강조돼 기업 이윤의 사회 환원 현상이 발생하기도 하며, 행정의 실질적 개념 대두돼 민간단체가 공익적 활동을 수행하기도 한다.

2) 행정의 경영화

행정에 경영기법 도입이 확대되고 있다. 이는 신공공관리론에서 강조되고 있는 기업형 정부나 행정의 경영화 · 민간화 · 시장화 등이 주창돼 정부부문에도 민간부문의 경영기법이나 시장 메커니즘이 광범위하게 도입되고 있다. 그리고 제3부문(비영리민간단체)이나 공동생산 체제(QUANGO's)의 대두는 행정과 경영이 서로 연속선상에 있음을 입증한다.

3) 행정과 경영의 상호 관계: 선 · 후진국의 비교

정부 주도의 사회경제 체제를 구축하고 있는 개도국의 경우에 경영은 행정에 예속돼 양자는 수직적 · 대항적 · 통제적 관계로 발달하지만, 민간 주도의 사회경제 체제를 구축해 온 다원화된 선진국의 경우에 양자는 수평적 · 협력적 관계가 확립됐다. 따라서 우리나라와 같은 개도국의 경우에 정부 주도의 사회경제 체제를 민간 주도의 사회경제 체제로 전환시켜 행정과 경영 간의 관계를 균형적 · 유기적 협조 체제로 변화시켜야 한다.

---

8) 버넘(J. Burnham, 1941)은 「경영자혁명(*The Managerial Revolution, What is Happening in the World?*)」에서 오늘날 세계는 사회혁명이 일어나 자본주의 사회가 어떤 새로운 사회로 전환하고 있으며, 그 새로운 사회는 노동자가 실권을 장악하는 사회주의적 사회가 아니고 경영자가 실권을 장악하는 경영자사회로 정의하고 그것을 바로 경영자혁명이라고 본다. 실권을 장악하는 것은 미국에서는 자본가가 아니고 '경영자'이며 러시아에서도 노동자가 아니라 '경영자'라고 한다.

제4절 행정의 특징

1. 공공재로서 행정의 특징

1) 재화의 유형

재화는 경합성과 배제성이라는 소비의 특성에 의해 분류된다. 경합성이란 한 사람의 소비가 다른 사람의 소비를 가로막거나 감소시키는 특성이다. 배제성은 대가를 치르지 않은 사람에게 그 이익 향유권에서 배제시킬 수 있는 특성이다. 이러한 특성에 따라 <표 1-5>와 같이 공공재, 공유재(공동재), 요금제(유료제), 민간재(사유재)로 구분한다.

표 1-5 재화의 구분

경합성 / 배제성	비경합성(비분할성) - 공동 소비 가능 -	경합성(분할성) - 경쟁 · 개별 · 분할 소비 -
비배제성 (대가 없이 소비 가능)	공공재(public goods)	공유재(common-pool goods)
배제성 (대가 없이 소비 불가)	요금재(toll goods)	민간재(private goods)

공공재(public goods)는 비경합성과 비배제성을 띠며 시장에서 공급이 불가능하다. 정부가 생산하는 전형적인 공공서비스로 국방, 치안, 외교 등이다. 공유재 또는 공동재(common-pool goods)는 경합성과 비배제성을 띠며 시장에서 공급이 불가능하다. 정부의 적절한 규제와 NGO에 의해 보존・보호가 강조되는 오로지 자연의 은혜를 통해서만 존재하는 자원, 희소자원으로 강・호수・바다의 자연자원, 물, 공기, 목초지, 어장 등이다. 요금재 또는 유료재(toll goods)는 비경합성과 배제성을 띠며 시장에서 공급이 가능하다. 공기업이나 시장에서 공급하는 상・하수도, 고속도로, 가스, 교통, 통신, 전기 등이다. 민간재 또는 사유재(private goods)는 경합성과 배제성을 띠며 시장에서 공급이 가능하다. 민간시장에서 수요・공급의 법칙에 따라 자율적으로 조절・공급되는 빵, 구두, 자동차, 옷 등이다.[9)]

2) 공공재로서 행정의 특징: 머스그레이브(R. A. Musgrave)

공공재(public goods)는 민간재(private goods)에 비해 다음과 같은 특징을 지닌다.

---

9) 이러한 구분 외에도 가치재(merit goods)가 존재한다. 가치재는 일정 수준까지 소비하는 것이 바람직하나 개인들의 자발적인 선택에 의해서는 과소하게 소비되는 재화 및 서비스를 말한다. 이는 개인적인 가치가 사회적인 가치보다 더 큰 재화로 공영주택재, 의무교육재, 학교급식재 등이 있다. 시장에 맡겨 두면 사회적인 최적 수준까지 소비되기가 어렵기 때문에 정부가 여러 가지 수단을 사용해 가치재의 생산 및 소비를 장려하는 경우가 많다. 예를 들면, 초등학교 취학을 의무화하거나 안전벨트 착용을 의무화하는 것 등을 들 수 있다. 정부가 국민들이 그 재화를 소비하는 것이 필요하다고 판단해 가치재 소비를 늘리도록 하는 것은 온정주의(paternalism)적인 측면이 있으나 정부의 판단을 국민에게 강요하는 것은 소비자 주권(consumer sovereignty)과는 상충되는 측면이 있다.

(1) 비배제성(non-exclusion)

재화의 소비에서 얻는 혜택으로부터 특정 집단의 사람들을 배제할 수 없는 것을 말한다. 즉, 공공재가 불특정 다수인에게 공급되므로 특정 소수인이 이용하는 데 배제당하지 않는다.

(2) 무임승차성

비용 부담을 하지 않은 국민도 행정서비스 혜택을 받는 데 불이익을 받지 않는다. 따라서 비용과 수익의 절연(絶緣)으로 수익자 부담(user charges)의 원칙이 적용할 수 없으며, 무임승차(free rider) 현상(1/N, N-1)이 발생한다.

(3) 비경합적 소비(non-rival consumption)

개인이 소비에 참여함으로써 얻는 이익이 다른 모든 개인이 얻는 이익을 감소시키지 않는다는 것을 의미한다. 공공재는 타인의 소비로 인해 자신의 소비에 영향을 받지 않는다. 한계비용(생산물 한 단위를 추가 생산할 때 필요한 총비용의 증가분)이 0에 가깝기 때문에 가격을 매기는 것이 바람직하지 않다.

(4) 비분할성

공공재는 특정인에게만 분할해 배타적으로 공급될 수 없으며, 공동 소비가 가능하다.

(5) 등량소비성

많은 사람이 동일한 재화(공공재)를 동시에 소비해 동일한 이익을 얻을 수 있다.

(6) 내생적 선호

서비스를 선택할 때 자신의 선호 표출이 제한된다. 공공재는 내생적 선호로 인해 소비자 선호이론이 적용될 수 없다.

(7) 비경쟁성(독점성)

정부가 단독으로 공공재를 공급하는 비경쟁 독점 체제(단독 공급)다.

(8) 비시장성

공공재는 시장에서 공급되지도 않고, 이윤을 추구하지도 않으며, 성과를 화폐로 표현하기 곤란하다. 따라서 수익자 부담(user charges) 원칙이 적용되지 않는다.

(9) 무형성

활동의 성과가 가시적이지 않고 계량화하기가 곤란하다.

(10) 비축적성

생산과 소비가 동시에 이뤄지므로 서비스가 축적되지 않는다.

(11) 파생적 외부효과(derived externality)

정부활동의 결과로서 공공재의 의도하지 않은 비의도적·잠재적 효과(제3의 효과)나 부작용으로서 주로 정치적 개입에 의한 졸속행정이 그 원인이다. 따라서 공공재(public goods)로서 행정의 특징을 정리하면 소비 측면의 특징으로 비경합성, 비배제성, 내생적 선호 등이 있으며, 공급 측면의 특징으로 비시장성, 무형성, 비경쟁성(독점성), 비축적성(비저장성) 등이 있다.

2. 행정의 성격: 일반적 특징

1) 의의

행정의 성격은 사회적 가치의 권위적 배분 과정에 중점을 두는 공공적·정치적 측면과 인간의 합리적 협동행위에 중점을 두는 관리적·기술적 측면을 나눠서 고찰할 수 있다. 행정의 공공적·정치적 측면은 정당·이익집단·여론 등의 정치적 압력이 크게 작용하는 가운데 행정관료제가 기능하는 정치적 환경과 경합적·대립적 성격을 띤 다원적 가치가 조정돼야 하는 정책 과정과 관련된다. 행정의 관리적·기술적 측면은 목표 달성을 위한 인적·기술적·재정적 자원의 합리적인 조달·배치·동원과 관련된다.

2) 행정의 특성

(1) 공공성(公共性): 행정은 공공의 문제를 해결하는 과정으로 공공적 성격을 띤다.

(2) 공익성(公益性): 행정은 공익을 추구하기 위한 수단이며 작용이다.

(3) 정치성(政治性): 행정은 정치적 환경 속에서 수행된다.

(4) 권력성(權力性): 행정은 권력 수단이나 강제력에 의해 사회 체제를 유지하고 통제 기능을 수행한다.

(5) 합리성(合理性): 행정은 최소의 비용으로 최대의 성과를 얻기 위해 고도의 합리성을 추구한다.

(6) 기술성(技術性): 행정은 공공사무의 관리·집행에서 전체적으로 기술성을 띠고 있다.

(7) 관리성(管理性): 행정은 계획적이고 협동적인 인간 행위를 조직화하는 합리적인 관리 과정이다.

(8) 안정성(安定性): 행정은 사회의 혼란을 방지하고 안정성을 확보하는 수단이다.

(9) 계속성(繼續性): 행정은 사회 발전을 위해 지속적으로 추진하는 과정이다.

제5절 행정의 변수

1. 의의

행정변수란 행정행위를 유발시키며 행정 현상에 영향을 미치는 대내외적인 요인, 행정에 영향을 미치는 요소로서 행정 목표 달성이나 사회문제 해결의 성패를 좌우하는 요인을 의미한다.

2. 행정변수의 유형

1) 구조

구조(structure)란 전체 속의 여러 요소 또는 여러 구성 성분의 조합을 말한다. 어떤 전체로서의 사물의 내부에서 그 각각의 부분이 서로 결합하는 관계로서 기능에 대립된다. 구조를 얼마나 적절하게 체계화하느냐에 따라 조직의 목표 달성이 가능해진다. 이러한 구조는 조직의 편제, 직위와 책임의 규정, 직제 등과 같은 제도 일반이나 공식적인 요인 등이 해당된다. 과학적 관리론, 행정관리론, 관료제 이론 등에서 변수로 중시했다.

2) 인간

공무원의 사회적 배경, 가치관, 동기 및 인지 등과 관련된 것이다. 인간관계론은 인간(people)의 심리적인 감정・대인 관계・비공식집단을 통한 심리적 안정감・참여 등에 중점을 두는 조직관리를 주장했다. 행정행태론에서는 인간의 행태를 중시했다. 또한, 발전행정론, 신행정론 등에서는 인간의 가치관・신념・쇄신성 등을 중시했다.

3) 환경

환경(environment)이란 행정과 상호 영향을 주고받는 조직 외부 요인으로 정치, 경제, 사회, 문화 등을 의미한다. 생태론, 체제론 등에서 중시했다.

4) 기능

정부가 실제 수행하는 업무와 구조(제도, 형식)를 비교하는 것으로 상호 의존 관계에 있는 여러 부분에 의해 성립된 전체(기계・유기체・사회 체제)에서, 그 속의 각 구성 요소가 맡은 역할 또는 각 구성 요소의 협동 관계에 의한 전체적 활동을 말한다. 기능(function)에 대립되는 것이 구조인데, 기능은 구조에 의미를 부여하고 구조는 기능을 가능하게 한다. 비교행정론에서 중시했다.

3. 행정변수와 행정이론의 변천

행정변수 중에서 구조는 과학적 관리론, 관료제 이론, 행정관리설 등에서 중시했으며, 인간은 인간 관계를 중시한 인간관계론, 인간 행태를 중시한 행태론이 있다. 생태론과 체제론에서는 환경을 중시했으며, 비교행정론에서는 기능을 중시했다. 그리고 발전행정론과 신행정론에서는 인간의

표 1-6 행정이론과 행정변수

시기	행정이론	행정변수
1880년대~1930년대	과학적 관리론, 관료제 이론, 행정관리설	구조(조직, 제도)
1930년대~1940년대	인간관계론	인간(관계)
1940년대~1960년대	행태론	인간(행태)
1950년대	생태론, 체제론	환경
	비교행정론	기능(운영 실태)
1960년대~1970년대	발전행정론(발전인), 신행정론(적극인)	인간(가치관・태도)

가치관과 태도를 변수로서 중시했다. 이에 대해 정리하면 <표 1-6>과 같다.

제6절 행정의 역할과 기능

1. 행정의 역할

행정이 갖고 있는 역할은 사회·정치의 안정화를 비롯해 여러 가지라고 할 수 있다. 이러한 역할은 대체로 일곱 가지로 제시될 수 있다.

첫째, 사회·정치의 안정화 역할이다. 행정은 전통적으로 사회질서·사회제도를 유지하고 정치를 안정시키는 기능을 수행해 왔다. 이러한 기능은 주로 집행·통제 기능으로서의 성격을 띠고 있다.

둘째, 사회의 변동성·불확실성·복잡성의 관리 역할이다. 행정은 사회 변동을 촉진·유도하고 사회의 불확실성·복잡성에 대비해 행정인은 변동담당자(change agent)·변동관리자·정책결정자로서의 역할을 담당하게 된다. 선진국에서의 행정의 기능은 환경으로부터 제기되는 도전이나 사회의 대립·갈등문제를 신속히 해결하기 위해 요청된다. 또한, 개도국에서는 좀 더 적극적·계획적으로 발전 목표를 달성하기 위해 사회 변동을 주도해 나간다는 데 의의가 있다.

셋째, 정책의 개발과 집행의 역할이다. 행정은 공공문제의 해결을 위한 정책을 개발하고 그에 따라 집행을 한다.

넷째, 공공 목적의 실현의 역할이다. 행정을 수행하는 정부조직은 국민의 요구에 대응하고 공공목적을 달성하는 데 중점을 둬야 한다.

다섯째, 공공서비스의 공급과 시장 기능의 보완의 역할이다. 행정은 민간부문에서 생산될 수 없는 공공재와 서비스를 공급하며, 이윤 동기에 따르는 시장 메커니즘의 결함을 보완하게 된다.

여섯째, 행정의 윤리성과 형평성 확보 역할이다. 행정인은 국민 전체의 봉사자로서 공공 목적의 달성을 위해 윤리적 규범을 준수해야 한다. 아울러 각종 사회복지정책의 추진으로 사회적 형평성의 확립을 도모해야 한다.

일곱째, 민주행정의 확립 역할이다. 개인의 자유와 인권의 존중, 국민의 대표성과 참여의 보장, 민주사회의 기본적 가치 확보, 개인 능력 발휘 기회의 최대한 보장 등을 통해 민주 체제를 확립하는 것이 현대 행정의 주요한 과제라 할 수 있다.

2. 행정의 기능

1) 소극적 기능과 적극적 기능

소극적 기능은 첫째, 치안, 국방, 외교, 경제규제 등 전통적인 사회 안정화 기능이다. 둘째, 법과 질서 유지 등 사회안정화 기능을 중시했다. 셋째, 정부는 사회의 안정자이자 전통의 수호자다. 넷째, 최소한의 행정이 최선의 행정이다.

적극적 기능은 첫째, 교육, 건설, 경제・사회 개발 등 현대적인 사회 변동관리 기능이다. 둘째, 사회 변동을 적극적으로 계획・유도・촉진・조정하는 기능을 중시했다.

2) 국가 발전 단계에 따른 행정 기능의 분류: 케이든(G. E. Caiden)

국가 발전 단계에 따른 행정 기능의 분류는 전통적 기능, 국민 형성 기능, 경제관리적 기능, 사회복지 기능, 환경통제 기능, 인권 기능 등이 있다. 전통적 기능에서 정부는 전통적 기능으로서 법질서를 유지하고, 외교활동을 전개하며, 국방을 도모하고, 공공사업을 운영하며, 과세를 한다. 그리고 행정의 사회 안정 기능을 의미하며 실질적으로 정부의 독점적인 활동 분야에 속한다. 국민 형성 기능은 행정을 통해 국민 형성의 목적을 달성하려는 기능은 선진국에서는 오래전에 제도화됐던 것이며, 오늘날 개도국의 주요한 기능이 되고 있다. 따라서 국가적 통일감, 국민적 일체감, 국민적 사회화 등에 기여하며 자율적 성장과 자원의 공정 배분이나 광범한 정치적 참여・개인적 자아실현 등의 목표 달성에 주력한다. 경제관리적 기능을 보면, 모든 국가는 정도의 차이는 있지만 국민경제 변동의 지도 내지는 관리의 책임을 지고 있다. 특히 개도국에서는 정부가 주도적으로 경제발전을 추진하고 있다. 사회복지 기능 측면에서 현대 국가는 사회복지를 개인의 문제가 아니라 국가의 책임으로 인식하며 현대 행정에서 매우 중요시되고 있다. 환경통제 기능 측면에서 인간의 건강한 생활을 유지하는 데 목적을 둔 환경통제・보전에 관한 환경행정은 비교적 새로운 분야에 속하지만 그 중요성이 더욱 가중돼 가고 있다. 인권 기능 측면에서 현대 국가는 기본 인권의 존중, 사생활의 보호, 고용 기회 평등, 국민고충처리, 소비자 보호, 인구 증가 억제 등을 중요시한다.

3) 국가의 기능별 발전 단계

앨먼드와 파월(G. A. Almond & G. B. Powell)은 국가 발전 단계로 국가 형성(state building), 국민 형성(nation building), 참여(participation), 배분 또는 복지(distribution or welfare)의 네 단계로 구분했다. 국가 형성은 국가 구성의 3요소인 국토, 국민, 주권을 갖추고 있는 단계다. 국민 형성은 구성원들이 국민으로서의 일체감을 갖는 과정으로 국민적 사회화, 국민적 일체감, 국가적 통일감 등이 중요한 요소이며, 참여는 국민의 정치적 참여가 증진되는 단계로서 민주주의의 성숙 단계다. 배분 또는 복지는 구성원에 대한 재화나 가치의 배분에서 공익이나 형평성을 구현하기 위한 복지정책이 강조되는 복지사회 단계다.

4) 시대별 기능: 디목(M. E. Dimock)

보안 기능(19세기)은 국방, 외교, 치안 등 전통적 기능이다. 규제 기능(19세기 후반)은 기업, 통화, 이민, 출입국 등에 대한 통제 등 경제규제정책이다. 원호 기능(20세기)은 개인과 집단의 생계지원 등 재분배정책이다. 직접봉사 기능(20세기)은 교육, 공원, 교통, 보건 등 분배정책이다.

5) 활동 과정의 성질에 의한 분류

규제 기능, 조장 및 지원 기능, 중재 및 조정 기능, 기업 기능 등으로 분류할 수 있다. 규제 기능은 법령에 근거해 국민들의 생활을 일률적으로 금지하거나 제한하는 기능이다. 경제적 규제는 경쟁 확보를 위한 독과점의 금지 및 불공정 거래에 대한 규제이며, 사회적 규제는 노동자의 안전 및 환경에 대한 규제를 의미한다. 조장 및 지원 기능은 선진국에서 많은 것으로 특정 분야의 사업이나 활동을 조장·지원하는 기능이다. 특정 분야를 위해 법령 제정·금융 지원, 정부가 사업 주체가 되는 기능으로 분배정책이나 재분배정책 등이 해당된다. 중재 및 조정 기능은 사회 내에서 이해 당사자들 간에 분쟁이 발생했을 때 정부가 그 사이에 서서 이해관계를 조정하고 양측의 합의를 구해내어 중재하는 기능이다. 국민과 기업 간의 중재, 노동쟁의 중재, 대기업과 중소기업 간의 조정, 환경문제의 조정 등이 해당된다. 기업 기능은 정부가 수익사업을 하는 기능(정부기업)이다. 정부부처 형태의 공기업과 책임운영기관사업 등이 해당된다.

제7절 행정 과정

1. 전통적 행정 과정

행정 과정이란 국민들의 사회적 욕망을 충족시켜 주기 위한 일련의 과정이다. 행정 과정은 전통적 행정 과정과 현대적 행정 과정으로 구분할 수 있다. 전통적 행정 과정은 근대 입법국가의 행정관리론이나 정치·행정이원론에서의 행정 과정이다. 행정 과정은 계획(planning), 조직화(organizing), 실시(activating), 통제(controling)로 구분된다. 계획은 조직활동의 목표·방침·행동계획을 설정해 조직활동 및 구성원의 업무 방향을 제시하는 것을 의미하며, 조직화는 인적·물적 자원 및 구조를 편제하는 과정을 말한다. 실시는 목표를 달성하기 위해 실제로 하는 활동을 의미하며, 통제는 조직구성원들의 활동을 조직목표와 부합시키는 관리 기능을 말한다. 즉, 조직목표 달성을 위해, 구성원들의 활동이 일정한 기준에 따르는지의 여부를 검토해 차이가 있을 경우 이를 시정하는 관리활동을 의미한다.

전통적 행정과정의 특징으로 행정의 집행·관리 기능을 중시하며, 조직화가 단순하고, 지시·명령이 강제적이다. 또한, 평가와 환류 과정이 없다. 대표적으로 POSDCoRB이론을 들 수 있다. 귤릭과 어윅(L. H. Gulick & L. F. Urwick, 1937)이 제시한 것으로 최고관리층의 7대 기능으로 하향적 지시와 명령 체계에 의한 조직 관리 방식이다. POSDCoRB는 정해진 목표나 정책의 합리적 운용을 위한 사전 준비 활동이나 집행전략을 의미하는 기획(planning), 인적·물적 자원 및 구조를 편제하는 과정인 조직(organizing), 조직 내의 인력을 임용·배치·관리하는 활동인 인사(staffing), 목표 달성을 위한 지침을 내리는 과정인 지휘(directing), 행동 통일을 위해 집단적 활력을 결집시키는 활동인 조정(coordinating), 보고하고 보고받는 과정인 보고(reporting), 예산을 편성·관리·통제하는 제반 활동인 예산(budgeting)을 의미한다.

2. 현대적 행정 과정

현대 행정국가의 정치·행정일원론이나 발전행정론 등의 관점이다. 이러한 현대적 행정 과정의 단계는 목표 설정(goal making), 정책결정(policy making), 기획(planning), 조직화(organizing), 동기부여(motivating), 통제(controling), 환류(feedback)로 구분된다. 목표 설정은 가장 창조적인 과정이며, 바람직한 미래의 상태를 설정하는 단계다(where). 정책결정은 목표 달성을 위해 장래의 바람직한 대안을 선택하는 것이다(what). 기획은 목표나 정책을 좀 더 구체화해 그것을 달성하기 위한 구체적인 세부 활동계획을 수립하는 것이다(how). 조직화는 조직을 구조적으로 편성하고 분업 체제를 확립하거나 물적·인적을 동원하고 효율적으로 관리하는 과정이다. 동기부여는 조직이 계획대로 움직이게끔 필요한 유인을 제공하고 규제하는 과정으로서 인간성을 존중하고 적극성, 창의성을 높인다는 관점에서 종래의 일방적인 지시·명령과 다르다. 통제는 실적·성과를 목표 또는 기준과 비교하는 심사분석 및 평가(evaluation)를 실시한다. 환류는 성과를 심사분석·평가해 목표나 계획대로 이뤄지고 있지 않는 경우에는 시정 조치(개혁 및 처벌)를 취함으로써 행정 체제의 능력 향상과 행정서비스의 질적 개선에 기여한다.

현대적 행정 과정의 특징으로는 정치·행정일원론에 입각한 과정으로 행정의 목표 설정 및 정책결정 기능을 중시하며, 조직화가 다양하고 복잡하다. 그리고 강제적인 지시나 명령보다는 자발적인 동작화 과정을 중시하며, 평가와 환류 과정을 중시한다.

표 1-7 전통적 행정 과정과 현대적 행정 과정의 비교

구분	전통적 행정 과정	현대적 행정 과정
의의	① 근대 입법국가의 행정관리론, 정치·행정이원론에서의 행정 과정 ② 귤릭(L. H. Gulick)의 POSDCoRB이론	① 현대 행정국가의 정치·행정일원론 ② 발전행정론
단계	① 계획(planning) ② 조직화(organizing) ③ 실시(activating) ④ 통제(controling)	① 목표 설정(goal making): where? ② 정책결정(policy making): what? ③ 기획(planning): how? ④ 조직화(organizing): 구조적·물적·인적 조직화 ⑤ 동작화(motivating): 동기부여 ⑥ 통제(controling): 평가(evaluation) ⑦ 환류(feedback): 시정 조치, 책임
특징	① 행정의 집행·관리 기능을 중시 ② 조직화: 단순 ③ 지시·명령이 강제적 ④ 평가와 환류 과정: 없음	① 행정의 목표 설정 및 정책결정 기능을 중시 ② 조직화: 다양 + 복잡 ③ 자발적인 동작화 과정: ○ ④ 평가와 환류 과정: ○

제 2 장 행정국가와 현대 행정의 특징

제1절 시장실패와 정부개입

1. 의의

1) 시장실패의 개념

시장실패(market failure)란 여러 가지 저해 요인에 의해 시장의 가격기구가 효율적인 자원배분(효율성)과 공평한 소득분배(형평성)를 실현하지 못하는 경우를 의미하며, 후생경제학에서 말하는 파레토 최적(Pareto optimum)[1)]과 완전경쟁시장(perfect competition market)[2)]이 이뤄지지 않는 것을 가리킨다.

2) 정부개입의 필요성 및 근거

정부의 시장개입 필요성은 시장실패가 발생하면 자원배분이 효율적으로 이뤄지지 못하기 때문이다. 이러한 근거로는 첫째, 시장실패는 사회적 유의성을 고려하지 않고, 개인의 사적 이익만을 추구하는 이기주의에서 출발한다. 둘째, 죄수의 딜레마(prisoner's dilemma), 공유지의 비극(tragedy of the commons), 구명보트의 윤리배반 현상(against lifeboat ethics) 등은 시장실패를 설명하는 모형이다.

2. 시장실패의 원인과 정부개입의 유형

1) 공공재의 존재(부족 현상)

공공재(public good)란 어떤 경제 주체에 의해 생산이 이뤄지면 집단구성원 모두에게 소비의 혜택이 공유될 수 있는 재화 혹은 서비스로 비경합성과 비배제성의 특징을 갖는다. 국방, 법률, 치안, 공중파방송 등이 대표적인 공공재에 해당된다. 그리고 공공재는 비경합성과 비배제성의 특성으로 인해 소비자들이 선호를 표출하지도 않고, 무임승차하게 되므로 시장에서 공공재 공급이 이뤄지기 어렵거나 공급될 수 없는 경우가 많다. 따라서 거의 대부분의 공공재는 국가, 지방자치단체 등

---

1) 파레토 최적 상태란 다른 사람의 후생을 감소시키지 않고서는 어느 한 사람의 후생을 증가시키는 것이 불가능하도록 자원이 가장 효율적으로 배분돼 있는 상태를 말한다. 파레토 최적 조건이 성립되면 자원배분의 효율성은 확보되지만, 소득의 공평한 분배가 자동으로 확보되는 것은 아니다.

2) 완전경쟁시장이란 어느 공급자와 수요자도 공급 및 구매량의 조절을 통해 시장가격에 영향을 줄 수 없을 정도로 시장에 많은 수의 공급자와 수요자가 있고 가격의 파라미터 기능이 완전히 작용하는 시장 상태를 말한다. 완전경쟁시장에서는 자원의 완전한 이동성이 보장돼야 하며, 진입·퇴출이 자유로워야 하고, 공급자와 수요자 모두 의사 결정에 필요한 경제적·기술적 정보를 완전하게 갖추고 있어야 한다.

공공기관에서 시장을 통하지 않고 강제적으로 조세를 징수해 공공재를 직접 공급한다.

2) 외부효과의 발생

외부효과(externality)[3]는 한 경제 주체의 생산 혹은 소비활동이 다른 경제 주체에게 의도하지 않은 혜택이나 손해를 미치면서도 이에 대한 보상이 이뤄지지 않는 것을 의미한다. 이러한 외부효과는 시장 내부에서 해결되지 않기 때문에 자원의 효율적 분배가 불가능하다. 그리고 외부경제(external economy)는 축소되기 때문에 최대화시키기 위해 보조금을 지원해야 하며, 외부불경제(external diseconomy)는 확대되므로 최소화시키기 위해 부담금을 부과시킨다.

3) 규모의 경제(자연독점)

평균비용의 감소와 평균수익이 증가되는 비용체감산업의 경우에 경쟁력 없는 소규모 회사는 도산하고 대규모 기업은 자연독점을 누리게 된다. 예를 들면 전력, 상하수도 등 고정비용이 변동비용에 비해 매우 높은 자연독점 상태에서 서비스가 제공된다. 따라서 정부가 직접경영(공기업)을 통해 공급하거나 가격을 규제한다.

4) 불완전한 경쟁(독과점)

독과점 형태의 시장은 소수의 기업이 가격에 대한 순응자가 아니라 가격의 설정자로서 기능하게 되면 자유경쟁을 저해하고 시장 기능을 교란시키게 된다. 이로 인해 정부가 공정거래(경쟁)를 유지시키기 위해 독과점 금지 관련 시책을 시행한다.

5) 정보의 비대칭성(불완전 정보)

정보의 비대칭성(정보격차)으로 대리손실(역선택과 도덕적 해이)이 발생하게 돼 시장이 공정하고 효율적으로 작용하지 못하게 된다. 따라서 소비자 보호를 위해 공적 유도(아파트 분양원가 공개 등)나 정부규제(가격규제, 품질규제 등)를 시행한다.

6) 경기의 불안정

시장경제는 인플레이션(inflation)과 디플레이션(deflation)이 반복된다. 이로 인해 정부가 경기불안정을 조절(재정 조작)한다.

7) 소득분배의 불균등(형평성의 문제)

자유경쟁은 빈부의 격차를 심하게 한다. 따라서 정부는 사회보장 및 사회복지 등을 통해 배분적 형평성을 확보한다.

---

3) 한 경제 주체의 생산·소비 또는 분배행위가 시장교환 과정에 참여하지 않고 있는 다른 소비자 또는 생산자에게 유리 또는 불리한 영향을 미치는 것을 말한다. 외부성, 파급효과(spillover effects) 또는 이웃효과(neighborhood effects)라고도 한다. 외부효과에는 타인에게 손해를 줌으로써 개인적인 비용이 사회적인 비용보다 작은 외부불경제(부정적 외부효과, external diseconomy)와 이와 반대로 타인에게 이득을 줌으로써 생산활동의 편익이 생산활동자에 의해 충분하게 흡수되지 않는 외부경제(긍정적 외부효과, external economies)의 두 가지 유형이 있다. 그리고 파생적 외부효과(derived externality)는 정부활동의 결과로 나타나는 잠재적·비의도적 파급효과와 부작용을 말한다. 즉, 정부활동의 예기치 못한 효과를 의미한다.

표 2-1 시장실패에 대한 정부의 대응 방식: 월프(C. Wolf, Jr., 1988)

시장실패 원인 \ 정부 대응 방식	공적 공급(조직)	공적 유도(보조금)	정부규제(권위)
공공재의 존재	O: 정부		
외부효과의 발생		O: 보조금	O: 부담금
규모의 경제(자연독점)	O: 공기업		O: 가격규제
불완전경쟁(독과점)			O: 가격규제
정보의 비대칭성		O: 정보공개	O: 가격규제

제2절 행정국가의 성립과 현대 행정의 특징

1. 의의

1) 현대 행정

현대 행정이란 19세기 입법부 우위의 근대 입법국가에서 수행되던 소극적인 행정에 대응해 20세기 행정부 우위의 현대 행정국가에서 수행되는 적극적인 행정을 의미한다.

2) 행정국가

행정국가란 1929년 경제대공황(시장실패)을 극복하는 과정에서 행정의 기능이 확대·강화됨에 따라 행정부가 정책결정 기능까지 담당하게 된 국가(큰 정부)를 의미한다. 행정국가를 현대 국가·복지국가·조정국가·급부국가·봉사국가·경제국가·문화국가·적극국가 등으로 불린다.

3) 신행정국가

신행정국가란 1970년대 자원 난과 재정적자(정부실패)를 극복하는 과정에서 감축관리론과 신공공관리론의 대두로 복지국가적 성격의 퇴조하고, 고객 위주의 작지만 효율적인 정부(소정부주의)가 나타나면서 행정국가의 정부 팽창 현상과는 대조적인 양상을 보이고 있는 국가를 의미한다.

2. 행정국가의 성립: 국가의 변천(행정의 흐름)

1) 선진국

절대군주 국가(14~18세기)는 군주가 자의적으로 권한을 행사하던 절대왕정(왕권신수설)의 시대다. 이 시기는 경찰국가·절대주의국가·관헌국가 등으로 불렸다.

근대 입법국가(19세기)는 야경국가, 소극국가, 자유방임주의국가, 값싼 정부(cheap government), 보안국가 등으로 불렸다. 근대행정은 경제적으로는 시장만능주의, 정치적으로는 의회 만능주의를 추구했다. 절대군주에 대한 시민의 승리로 이뤄진 근대 입법국가에서 국가는 필요악(necessary evil)으로, 시민의 자유를 최대한 보장해 주기 위해 작은 정부를 추구하므로 국가는 필요악으로서 소극적 기능만을 담당해야 한다고 인식한다. 제퍼슨(T. Jefferson)의 자유주의는 국방·치안·외교 등의 불가피한 영역만을 국가가 담당하고 "최소한의 행정이 최선의 행정"이라는 값싼 정부의 인식이 지배적이었다. 스미스(A. Smith)의 예정조화설과 자유방임 사상에서 "보이지 않는 손(invisible hand)"[4]에 의한 '예정조화설'이 사상적 기초이다. 자유방임 사상을 대변한 스미스는 "국가 경비는 비생산적인 경비이므로 국가의 의무는 국방, 사법제도, 공공토목사업, 주권 유지를 위한 재정권의 행사에 국한시켜야 한다."고 주장했다.

현대 행정국가(20세기)는 행정국가·직능국가·적극국가·복지국가·문화국가·조정국가 등으로 불린다. 현대 행정의 필요성으로 첫째, 경제적 측면(시장실패)에서 산업혁명 이후 19세기 말부터 20세기 초 경제대공황에 이르기까지 급격한 경제 발전과 과학기술·교통통신의 발달로 나타난 실업 문제, 빈부 격차, 독점자본 형성, 노사 대립, 국제적 긴장과 전쟁 등의 심각한 사회문제가 노출됐다. 이를 시장실패라 하며, 이를 해결하기 위한 정부개입이 불가피하게 됐다. 둘째, 정치적 측면에서는 대의제의 한계다. 19세기 의회민주주의는 국민의 이익을 제대로 반영하지 못한 채 대의제 원리의 한계가 나타나 대중민주주의(직접민주주의)가 출현하게 됐다. 셋째, 행정적 측면은 행정 기능의 팽창과 전문화다. 행정 기능의 전문화·기술화는 입법부나 사법부로부터의 준입법권·준사법권과 자유재량권의 증대를 가져왔고, 행정 기능은 양적인 팽창과 질적인 복잡화·전문화를 거듭하게 됐다. 넷째, 사회적 측면에서는 국가와 사회의 동일화다. 정치 우위의 근대 입법국가에서는 국가(정부)와 사회(국민)의 대립이라는 이원적 구조에 그 존립 근거를 두고 있었으나, 현대 국가 기능이 적극화·확대·강화에 따라 국가와 사회의 동일화로 나아가게 됐다.

신행정국가(20세기 후반)는 자유주의국가·탈행정국가 등으로 불린다. 행정 기능의 소극성으로 작은 정부(큰 시장)를 추구한다.

2) 개발도상국

개도국은 서구 선진국과는 달리 시민혁명에 의한 근대 의회민주주의나 경제대공황(시장실패) 등을 경험하지 못했으며, 대부분 제2차 세계대전 후에 독립된 신생국이다. 따라서 입법국가에서 행정국가로의 전환의 경험이 없다. 이 국가들은 독립 이후 국민 통합, 사회 발전, 경제 발전의 급속한 전진, 특히 국가 안보의 시급한 구축을 위해 행정부의 주도적인 역할이 요청됨에 따라 행정권이 크게 강화됐다.

개도국의 경우 시민 의식의 미비와 민간자본의 취약에 기인해 행정권이 강화됐다. 그리고 권위주의가 일반화된 사회에서는 지배 체제도 권위주의화돼 권력이 행정부에 집중되는 현상을 초래했다. 빈곤의 악순환, 생존의 위기 등의 경제 및 안보와 관련된 문제를 행정부가 담당했다.

---

4) 보이지 않는 손(invisible hand)이란 영국의 고전파 경제학자인 스미스(A. Smith)가 저서 『도덕감정론(1759)』과 『국부론』(1776)에서 각각 한 번씩 사용한 말로서 개개의 모든 이해(利害)는 궁극적·자연적으로 조화를 이룬다는 사상이다. 『도덕감정론』에서 신은 전능하며 사랑의 존재로서 신의 보이지 않는 손이 개개인의 이익 추구 에너지를 인류 일반의 이익으로 연결시키는 것으로 표현했다. 『국부론』에서 보이지 않는 손의 개념은 좀 더 경제학적 것으로 자연적 자유 체제의 주장과 결부돼 중상주의적 통치 원리를 부정하게 됐다. 자본의 용도에 관한 개개인의 자유로운 선택을 사회 전체 이익과 일치시키고 있다. 결국 보이지 않는 손의 작용은 구체적으로는 자유경쟁시장에서 경제적 균형 속에 자본 투하의 자연적 순서를 표현하는 것으로 인식되고 있으며, 이것은 자본주의 사회에서의 자율성 표현이라고 할 수 있다.

3. 현대 행정의 특징

1) 구조적 · 양적(量的) 측면: 외적인 형태의 변화

현대 행정의 외연적 형태의 변화를 살펴보면, 행정 기능의 확대와 업무량의 증가, 행정기구의 확대 · 팽창, 공무원 수의 증가, 공공지출의 팽창, 국공영사업과 보조금 지출의 증가 등이 있다.

첫째, 자본주의의 발달로 나타난 각종 사회문제를 해결하기 위해 산업사회의 지도통제, 사회보장, 도시문제, 교통문제, 환경문제 등 행정 기능의 확대와 업무량이 증가됐다. 그러나 1970년대의 정부실패를 극복하기 위해 규제 완화(정부개입 축소), 감축관리, 공기업의 민영화, 지방분권, 공공부문의 경쟁 원리 도입 등 작은 정부를 지향하는 추세가 뚜렷해지고 있다.

둘째, 행정 기능의 확대와 업무량의 증가에 따라 막료(staff), 위원회(commission) 등 행정기구가 확대됐다. 이러한 현상은 중앙뿐만 아니라 지방에서도 나타났으며, 일선기관에도 대폭 확대됐다. 민간기업의 약점을 보완하고 기업의 공공성과 사회적 욕구를 실현하기 위해 행정과 경영의 양면성을 지닌 공기업 및 준공기업이 증가했다.

셋째, 행정 기능 및 기구의 확대와 더불어 공무원의 수가 급증했다. '보몰의 병리(Baumol's disease)'는 행정의 노동집약적 성격을 강조하면서 공무원 수의 증가를 설명했다. 또한, 공무원의 증가와 사무량의 증가 사이에는 관계가 없다는 파킨슨 법칙(Parkinson's law)[5]이 있다.

넷째, 행정기구 확대나 공무원 수의 증가와 함께 재정 규모가 급격히 팽창했다. 공공지출이 국내총생산(GDP)에서 차지하는 비율은 후진국이 선진국보다 낮지만 증가율은 후진국이 높다.

다섯째, 정부가 공공성 내지 사회적 요구를 추진하기 위해 혹은 민간기업의 약점을 보완 · 보강하기 위해 중앙 · 지방에 걸쳐 운영하는 국영 · 공영기업 등이 증가했다. 중앙정부가 지방공공단체에 대해 보조금 · 교부금을 지출해 운영하게 하는 사업이 증가했다.

2) 기능적 · 질적(質的) 측면: 내용(성격)의 변화

현대 행정의 내용적 변화를 살펴보면, 행정의 전문화 · 기술화, 정책결정 · 기획의 중시, 행정의 정보화, 행정조직의 동태화, 신중앙집권화, 행정의 광역화, 적극적인 인사행정, 예산의 기획지향성, 행정책임 및 행정통제의 중시 등이 있다.

첫째, 현대 사회는 사회구조의 기능적 분화와 함께 전문화 · 기술화의 현상이 광범위하게 나타났다. 전문적 지식이나 고도의 훈련을 받고 강력한 권력을 가진 직업공무원단이 확대일로의 행정 기능을 담당하는 중추 세력이 되었다.

둘째, 19세기 후반의 도시화 · 산업화의 진행과 1930년대의 경제대공황 발생, 국제 정세의 긴장 강화와 세계대전의 발발 등으로 행정계획의 중요성이 인식되고 각종 경제 · 사회계획이 추진됐다.

---

5) "공무원의 수는 업무량의 증가와 관계없이 증가한다"는 법칙으로 오늘날 거의 모든 국가에서 공무원 수의 증가가 문제시되고 있다는 점에서 매우 유용하다. "직원의 수는 수행해야 할 직무의 양과 관계없이 일정한 비율로 증가한다"는 일종의 생태학적 법칙이다. 내용을 보면 첫째, 부하 배증의 법칙으로 공무원은 업무 과중 시에 1명의 동료를 보충받기보다는 2명의 부하를 보충받기를 원한다. 둘째, 업무 배증의 법칙으로 부하 배증의 법칙에 의해 부하가 증대되면 과거와는 달리 지시 · 보고 · 협조 · 감독 등의 파생적 업무가 창조되어 실질적인 업무의 증가 없이 업무량 증가 현상이 나타난다. 따라서 부하 배증의 법칙과 업무 배증의 상호작용에 의해 공무원의 수는 업무량과 무관하게 증가하게 된다는 것이다. 그러나 전쟁이나 불경기와 같은 국가 비상사태나 개발도상국의 경제 발전을 위한 공무원의 주도적 역할로 인한 업무량의 증가가 공무원의 수에 미치는 영향을 무시했으며, 지나치게 공무원의 심리적 측면을 중시했다는 면에서 비판을 받는다.

행정이 적극적으로 사회 변동을 유도하기 위해 발전 목표를 설정하고, 이를 정책결정 과정을 통해 구체화시키는 기획을 강조하게 됐다(정치 · 행정일원론).

셋째, 행정에서의 문제 해결 · 의사결정 · 정책분석 등의 효율화에 기여하기 위해 컴퓨터에 의한 행정관리의 전산화, 체제분석, PERT(Program Evaluation and Review Technique), OR(Operations Research) 등 관리과학과 각종 관리기법 · 행정정보 체계(PMIS) 등 행정의 정보화가 중시됐다.

넷째, 계층제 위주의 관료제적 행정조직(bureaucracy)이 안고 있는 경직화를 극복하고 문제 해결 위주의 신축적인 조직을 확립하기 위해 프로젝트팀(project team), 태스크포스(task force), 막료기관, 매트릭스(matrix)조직 등 동태적 · 유기적 조직을 적극 활용하게 됐다.

다섯째, 19세기 근대 입법국가에서 지방분권이 이뤄졌던 영미계 국가에서 과학기술과 교통통신의 발달, 경제생활권의 확대 등으로 인해 다시 중앙정부의 자치단체에 대한 중앙통제가 강화됐다. 신중앙집권화는 중앙과 지방의 새로운 협력 관계 또는 행정의 능률화와 민주화의 조화를 모색하려는 것이지만, 참여민주주의라는 지방자치를 위협하는 요인으로 작용했다.

여섯째, 지방자치단체 간의 행정 중첩을 피하고 생활권과 행정권의 불일치 해소 및 능률적이고 균질화된 행정을 수행하기 위해 더 넓은 구역에 걸쳐 지방행정을 수행하는 광역행정(regionalism) 방식이 대두됐다.

일곱째, 소극적인 실적관료제와 폐쇄적인 직업관료제에서 적극적인 인사행정으로서 인간 중심의 대표관료제, 개방형 임용, 공무원노조 등을 중시했다.

여덟째, 통제중심주의(LIBS) · 전년답습주의(점증주의)의 예산제도를 탈피하고, 예산의 신축성과 합리성을 높이기 위한 성과주의예산(PBS)이나 기획예산(PPBS) · 영기준예산(ZBB) 등이 추진됐다.

마지막으로, 행정재량권의 확대에 따른 행정책임과 이의 확보 수단인 행정통제가 중시됐다.

표 2-2 근대 행정과 현대 행정의 비교

구분	근대 행정(19세기)	현대 행정(20세기)
양적 측면	① 행정 기능의 소극성 ② 재정 규모의 빈약	① 행정 기능의 확대 ② 행정기구의 팽창: 공기업의 증가 ③ 공무원 수의 증가 ④ 재정 규모의 팽창
질적 측면	① 행정 기능의 단순화 ② 집행 · 관리작용의 중시 ③ 지방분권의 중시 ④ 공식조직(계층제)의 강조	① 행정 기능의 복잡화 ② 행정 기능의 전문화 · 기술화 · 과학화 ③ 정책결정 및 기획 기능의 중시 ④ 행정조사 · 행정통계 · 정보분석의 중시 ⑤ 행정조직의 동태화 ⑥ 적극적인 인사행정 ⑦ 예산제도의 현대화: 합리주의 예산제도 ⑧ 신중앙집권화와 행정의 광역화 ⑨ 행정책임과 통제 중시

표 2-3 근대 입법국가와 현대 행정국가의 차이

구분	근대 입법국가(~1920)	현대 행정국가(1930~1970)
이론적 토대	스미스(A. Smith)의 『국부론(1776)』 예정조화설: 보이지 않는 손에 의한 조화	케인스(J. M. Keynes)의 '화폐, 이자, 고용에 관한 일반이론(1936)': 정부의 적극 개입에 의한 시장실패 치료
자본주의 성격	순수자본주의	수정자본주의(혼합경제)
행정의 역할	최소의 행정이 최선의 행정: 작은 정부, 자유방임주의	최대의 행정이 최선의 행정: 큰 정부, 정부규제 강화
경제정책의 토대	공급이 수요를 창출: 세이(J. B. Say)의 법칙	수요가 공급을 창출: 정부가 유효 수요를 창출
행정의 주요기능	소극적 기능: 치안, 외교, 국방, 조세 징수 등	적극적 기능: 교육, 건설, 경제·사회 개발 등
국가의 성격	소극국가, 야경국가, 값싼 국가	적극국가, 복지국가, 경제국가
치자(의회)와 피치자(유권자)	치자와 피치자의 자동성 원리: 대의제 원리	치자와 피치자의 자동성의 원리 파탄: 대의제 원리의 모순
국가(정부)와 사회(국민)	국가와 사회의 이원적 대립 관계	국가와 사회의 동일화
한계와 극복	시장실패 → 정부개입(행정국가)	정부실패 → 민영화(신자유주의국가, 신행정국가)

제3절 정부규제와 정부 팽창

1. 의의

정부규제(governmental regulation)란 바람직한 사회·경제 질서를 구현하기 위해 정부가 기업이나 개인·조직 등의 특정 활동이나 행위를 제한·금지·지시하거나 지도·보호·지원하는 것을 의미한다. 또한 규제 주체인 정부가 기업과 개인의 자유로운 의사결정과 행동을 제약·통제하는 것을 의미한다.

미국은 셔먼법(Sherman Act, 1890), 클레이튼법(Clayton Act, 1914), 연방무역위원회법(The Federal Trade Commission Act, 1914) 등 3개의 법률이 기본법으로 이것들을 보완하는 일련의 법률을 더해 반(反)트러스트(trust)법 체계를 구성하고 있다. 그리고 20세기 말에 와서는 환경규제 등 사회적 규제가 발전했다.

2. 정부규제의 필요성: 새뮤얼슨(P. A. Samuelson)

시장실패를 극복하기 위한 정부규제의 기준은 효율성(자원배분의 효율성)과 형평성(소득분배의 공평성)이다.

1) 자원배분의 비효율성 극복(자원배분의 효율성 달성)

정부에 의해 부족한 공공재의 원활한 공급으로 소비를 보장한다. 정부의 보조금 지급이나 부담금 부과로 외부효과를 통제하며, 공기업을 통해 직접 경영하거나 정부의 가격규제를 통해 자연독점(규모의 경제)을 방지한다. 독과점업체들로 인한 불완전경쟁(독과점)은 정부의 가격규제를 통해

시정하고, 정보의 비대칭성(불완전성)으로 인한 폐단(대리손실)을 공적 유도(정보공개)나 가격규제를 통해 시정한다.

2) 소득분배의 불공평성 문제를 해결(소득분배의 공평성 충족)

빈곤층에 대한 정부의 지원으로 소득분배의 불공평성을 시정한다.

3. 규제의 유형

1) 규제 대상에 따른 분류: 영역별 분류

규제는 규제 대상에 따라 경제적 규제(재량적 규제)와 사회적 규제(비재량적 규제)로 구분할 수 있다. 경제적 규제는 일반적 의미의 경제적 규제와 독과점 금지 및 불공정거래 규제가 있다. 일반적 의미의 경제적 규제는 과다 경쟁 방지 및 경쟁 제한으로 민간경제 주체의 자유로운 판단에 의한 경제활동에 정부가 직접 개입해 사회적으로 바람직한 방향에 부합되도록 하는 인위적 제한이며, 특정 산업 분야에 대한 진입이나 생산제품 또는 서비스의 가격・품질 등을 규제하는 것이다. 이 규제의 목적은 과다 경쟁을 방지하고, 특정 산업을 보호하는 데 있다. 경제적 규제 유형에는 가격규제, 진입규제와 퇴거규제, 품질규제 등이 있다. 그리고 독과점 금지 및 불공정거래 규제는 경쟁 촉진으로 경제 전체의 경쟁적 체질을 보전・증진시키기 위해 기업의 독점적 행위나 불공정한 거래행위를 방지 및 시장경제의 건전한 경쟁 상태를 유지하려는 것이다. 이 규제는 경제적 규제이지만 경쟁을 촉진시키기 위한 것이므로 시장경쟁을 제한하는 일반적 의미의 경제적 규제와는 근본적으로 성격이 다르다. 우리나라는 독점규제 및 공정거래에 관한 법률의 제정과 공정거래위원회의 설치로 제도적 규제장치가 마련됐다.

사회적 규제는 비재량적 규제로 기업의 사회적 책임을 강제하기 위해 모든 기업이나 산업이 규제 대상이다. 규제 목적은 삶의 질 확보, 인간의 기본적 권리의 신장, 경제적 약자의 보호와 사회적 형평성 확보 등이다. 규제 유형으로 소비자 보호 규제(의약품 규제, 식품안전규제, 자동차안전규제), 환경규제, 산업안전보건규제, 사회적 차별규제(남녀차별규제, 장애인・학력・지역에 대한 고용 차별) 등이 해당된다.

2) 규제 수단에 따른 분류

규제를 규제 수단에 따라 직접적 규제 수단과 간접적 규제 수단으로 구분할 수 있다. 직접적 규제 수단은 국가가 규칙・기준을 설정해 반드시 형성・발생돼야 할 행위는 의무화시키고 금지・위축・방지・제한돼야 할 행위는 구체적으로 규정해 억제시키는 규제다. 직접 법령에 의한 규제, 행정처분(하명・인허가・특허 등)에 의한 규제, 기준 설정에 의한 규제(비교 기준, 조정・통합 기준, 통제 기준), 가격규제나 진입・퇴거규제 등이 해당된다.

간접적 규제 수단은 인센티브에 의해 간접적이고 우회적으로 영향을 미치는 방법이다. 정부 지원, 행정지도와 행정계획, 각종 재정적 유인책(조세의 중과 또는 감면, 벌과금 또는 부담금의 부과 등) 등이 해당된다.

표 2-4 경제적 규제와 사회적 규제의 비교

구분	경제적 규제(광의)		사회적 규제
	경제적 규제(협의)	독과점 규제	
규제 대상	• 개별 기업(차별적 규제) • 기업의 본원적 활동(설립, 생산, 판매, 퇴출 등)	• 모든 산업(비차별적 규제) • 기업의 본원적 활동(설립, 생산, 판매, 퇴출 등)	• 모든 기업(비차별적 규제) • 기업의 사회적 책임(국민 · 소비자 · 노동자 보호, 공해, 안전, 보건, 차별 등)
규제 유형	가격규제, 진입 · 퇴거규제, 품질 규제 등	독과점 금지 · 불공정거래 규제, 합병 규제, 가격담합 규제 등	소비자 보호규제, 환경규제, 산업안전 · 보건규제, 사회적 차별규제, 식품규제, 근로규제 등
규제 목적	과다 경쟁 방지(제한), 자원보존, 산업의 육성, 교차보조 등	자유로운 시장 경쟁의 창달(경쟁 촉진)	국민의 삶의 질 확보, 인간의 기본적 권리의 신장, 경제적 약자의 보호와 사회적 형평 확보
재량 여부	재량적 규제	비재량적 규제	비재량적 규제
포획 여부	가능성 높음: 동조 관계 (규제실패 가능성이 높음)	가능성 낮음: 대립 관계 (규제실패 가능성이 낮음)	가능성 낮음: 대립관계 (규제실패 가능성이 낮음)
규제 역사	오래됨(전통적 규제)		최근(새로운 영역의 규제)
개혁 방향	규제 완화	규제 유지 또는 강화	규제 유지 또는 강화
개혁 목표	경쟁 촉진, 부패 방지	경쟁 촉진, 폭리 방지	국민의 삶의 질 확보, 인간의 기본적 권리의 신장, 경제적 약자의 보호와 사회적 형평 확보

3) 규제 목적에 따른 분류: 리플리와 프랭클린(R. Ripley & G. Franklin)

규제 목적에 따라 규제를 경쟁적 규제와 보호적 규제로 구분할 수 있다. 경쟁적 규제는 재량적 규제로 과다 경쟁을 막고 국가자원을 절감하기 위해 특정 자격을 갖춘 자에게만 공급을 허용하거나 경쟁 범위를 제약(제한)하는 규제정책이다. 방송국 설립 인가, 항공노선 취항 인가, 이동통신사업 인가, 입찰 자격 제한, 진입 · 퇴거규제(부실기업 퇴출) 등이 해당된다.

보호적 규제는 비재량적 규제로 일반 대중을 보호하기 위해 유리한 조건은 허용, 불리한 조건은 금지시키는 규제정책이다. 의약분업 실시, 개발제한구역 설정, 독과점 규제, 식품 · 의약품의 허가, 근로 기준의 설정, 최저임금제, 오염 기준 설정 등이 해당된다.

4) 규제 강도에 따른 분류(정부규제의 방안): 백완기

규제 강도에 따라 규제는 탈규제화 정책, 불간섭 정책 등 시장 자율에 맡기는 방안, 독점을 규제해 건전한 경쟁을 유도하거나 전문자격증의 발급하는 시장 기능의 효율성 제고, 조세의 중과 또는 감면, 부담금 · 벌과금의 부과 등의 간접 규제 방안, 가격 승인, 품질규제, 진입규제 등의 직접 규제 방안, 외교 · 국방 · 치안 등 공공재를 정부가 직접 공급하는 직접 공급 방안이 있다.

4. 정부규제의 실패 원인

정부규제의 실패는 우선 기회의 불평등 발생이 발생하기 때문이다. 이는 경쟁적 규제는 새로운 사업에 참여할 기회의 박탈로 경제 주체 간의 불평등이 야기된다. 포획[6]이나 지대 추구 등의 관료부패가 발생돼 규제 실패로 이어지며, 독점에 의해 이윤이 확보되기 때문에 기술 개발에 소홀하게 된다. 규제를 담당할 행정기구와 인력이 추가로 필요하게 되며, 규제의 악순환이 발생한다. 이에 대해 미키(J. W. Mckie)의 '끈끈이 인형 효과(tar baby effect)'와 '규제의 조임쇄(regulatory ratchet)'가 나타나는데, 규제는 한번 생기면 쉽게 사라지지 않고 규제가 규제를 양산한다. 스티글러(C. J. Stigler)는 『규제경제학(*Economics of Regulation*)』에서 정부의 경제규제에 관한 원인과 효과를 분석, 규제가 하나의 상품이라고 주장했다.

윌슨(W. Wilson)은 집단 구성원이 공동의 이해관계가 걸려 있는 문제를 스스로의 노력으로 해결하지 못하는 현상을 집단행동의 딜레마로 정의했다. 공공재의 경우 무임승차성이나 비배제성으로 인해 구성원이 특별한 노력을 들이지 않아도 혜택을 보게 되므로 공공재의 공급에 누구도 자신의 노력을 제공하지 않으려는 현상(죄수의 딜레마 현상 같은 조직력의 약화)이 발생한다. 이를 해결하기 위해 정부개입(규제)이 필요하고, 규제의 비용과 편익이 집중되느냐, 분산되느냐에 따라서 네 가지의 정치 행태로 구분해 규제정치모형을 제시했다.

첫째, 이익집단의 정치로 비용과 편익이 모두 소수의 동질적 집단에 국한되고, 쌍방이 막강한 정치적 힘을 바탕으로 첨예하게 대립되는 경우다. 의약분업정책에서 의사와 약사의 대립, 중소기업 간의 대립 등이 해당된다. 이 경우 어느 쪽에서도 집단행동의 딜레마가 발생하지 않는다.

둘째, 고객의 정치다. 비용은 불특정 다수인이 부담하고, 편익은 동질적인 소수에게 귀속되는 경우로 수입규제, 의사 면허 등 각종 직업 면허, 택시 사업인가 등 각종의 사업인가 등이 해당된다. 소수의 동질적 집단은 그 편익을 제도화하기 위해 강력하고 빠르게 정치조직화(포획이나 지대추구 등)하지만, 다수의 비용부담집단에서는 집단행동의 딜레마가 나타나 영향력이 약하다. 때문에, 정부는 소수집단의 이익을 대변하는 역할을 수행해 국민의 공익을 저해한다.

셋째, 운동가의 정치(기업가적 정치)다. 비용은 소수의 동질적 집단에 집중되고, 편익은 불특정 다수인에게 확산되는 경우로 환경오염규제, 위해물품규제 등이 해당된다. 비용부담집단들은 비용부담을 최소화하기 위해 정치적으로 막강한 영향력을 발휘하지만 다수의 수혜집단에서는 집단행동의 딜레마가 발생해 활동이 미약하다.

넷째, 다수의 정치(대중적 정치)다. 규제의 비용과 편익이 모두 이질적인 불특정 다수인에게 돌아가는 경우로 낙태, 사회적 차별, 종교활동 등에 대한 규제다. 쌍방 모두 집단행동의 딜레마에 빠진다.

---

6) 정부가 그릇된 정책이나 규제를 내놓는 이유가 무엇인지에 대한 주제는 행정학이나 정책학의 주요 연구 대상 중 하나다. 상식적으로는 무능과 부패라 할 수 있다. 능력이 없어 잘못된 정책을 만들고, 부패 인해 옳지 못한 결정을 내리는 경우도 있다. 또 하나의 오류를 범할 수 있는 이유가 있다. 정부규제의 효과에 대한 연구로 1982년 노벨 경제학상을 수상한 스티글러(G. J. Stigler)는 1971년 발표한 『규제경제학』에서 '포획이론(capture theory)'을 제시했다. 규제를 받는 대상이 자신들의 이익을 위해 정부를 이용하려 한다는 점에 주목한다. 특히 시장 원리가 제대로 작동하지 않거나 전문 분야에서 정부는 이익집단의 주장과 설득에 넘어가기 쉽다고 한다. '포획'이란 정부가 특정 집단에 사로잡힌다는 것을 의미하며, 부패와는 차원이 다르며, 이익집단은 전문성이나 정보를 통해 정부를 사로잡는다. 정부가 일정한 능력과 지식을 갖추고 있다는 점에서 무능과도 거리가 있다. 극단적인 경우 정부의 정책이나 규제를 특정한 집단이익을 보호해 주기 위한 것으로 간주하기도 한다. 정부가 이익집단에 사로잡히면 선의에서 마련한 정책이 결과적으론 공익을 해칠 위험이 있다는 것이 포획이론의 경고다. 이 이론은 독점을 조장하는 정부의 규제정책을 설명하는 데 자주 적용된다. 의료, 교통 등 경쟁보다 독점으로 흐르기 쉬운 분야에서 포획이론이 자주 제시된다.

표 2-5 윌슨의 규제정치 모형과 집단 딜레마

비용 \ 편익	(동질적 소수에게) 집중	(불특정 다수에게) 분산
(동질적인 소수에게) 집중	이익집단의 정치(interest-group politics)	운동가의 정치 · 기업가적 정치(entrepreneurial politics)
(불특정 다수에게) 분산	고객의 정치(client politics)	다수의 정치 · 대중적 정치(majoritarian politics)

5. 정부의 팽창 원인

1) 도시화에 의한 국가경비 팽창의 법칙: 바그너 법칙(Wagner's law)

국가경제의 성장에 따라 공공부문의 규모가 확대되고 도시화의 진전 등은 정부개입을 촉진시킨다. 도시화는 농촌보다 훨씬 더 많은 정부의 재정지출을 필요로 하게 된다.

2) 전위효과: 피콕(A. T. Peacock)과 와이즈만(J. Wiseman)

전쟁 등의 위기 시에 국민의 조세 부담 증대에 대한 허용 수준(tolerance)이 높아지는 전위효과 또는 문지방효과(thread-hold effect)로 인해 예산의 급격한 팽창이 이뤄진다고 주장한다. 또한, 위기 시에 증대한 재정 수준은 경제가 정상으로 회복돼도 단속적 효과(ratchet effect, 톱니바퀴 효과)가 발생해 잉여재원이 다른 새로운 사업계획을 추진하는 데 이용됨으로써 원상태로 돌아가지 않는데, 이를 대체효과(displacement effect)라고도 한다.

3) 행정서비스의 노동집약성: 보몰의 병리(Baumol's disease)

공공부문의 노동집약적인 성격과 낮은 생산성을 의미하는 보몰의 병리 때문에 양적인 팽창이 계속된다. 정부는 노동집약산업이므로 자본 지출을 통한 생산성 향상을 거의 이루지 못하는 경향이 있다. 또한 공공부문은 민간부문에 비해 인원 감축에도 많은 제약이 따른다.

4) 이익집단의 영향: 로위(T. J. Lowi)

이익집단이 제기하는 요구에 대응하면서 정부 기능이 점증적으로 팽창한다. 이익집단 자유주의에 의하면 각종 이익집단은 자신들의 목표 · 이익을 달성하기 위해 정부를 이용한다.

5) 관료제의 불멸론: 토플러, 카우프만

토플러(Alvin Toffler)는 관료제를 보이지 않는 정당(invisible party)으로 일컬어지면서 공공관료제는 일단 확립되면 강력한 자기 팽창 세력으로 변신해 거의 항상 공익을 내세우고 옹호하지만 세력 팽창 요구에 부닥치게 된다. 카우프만(H. Kaufman)은 관료제는 강력한 지구력을 발휘한다는 정부조직의 불멸론을 주장했다.

6) 사회복지제도의 확산

사회복지를 위한 공공지출은 경제불황 시에도 폐지할 수 없으며, 특히 목적세에 의해 지출되는 경우에는 삭감이 곤란하다. 대다수의 선진 국가는 고령화 사회이므로 연령구조의 급격한 변동이 진행되는 가운데 연금·의료비에 소요되는 지출이 급증하고 있다.

7) 과학기술의 비약적 발달

새로운 과학기술의 발전에 정부가 주요한 투자자·소비자·구매자의 역할을 수행한다. 정부 자체가 각종 아이디어·발명품·제품·서비스의 주요 소비자이면서 시장의 기능도 수행하게 된다.

제4절 현대 행정국가의 한계와 정부실패

1. 현대 행정국가의 한계(1970년대 말)

1) 자유민주주의 저해

현대 행정국가는 신중앙집권화 및 광역행정으로 지방자치의 위기를 초래했다. 국민의 피동화와 정부에 대한 의존성을 높게 만들었다. 이는 복지행정의 지향은 노동자의 근로 의욕을 저하시키고, 민간 개인의 자율성을 저해했다. 그리고 권력분립 원칙의 훼손 현상이 나타났다. 행정권의 지나친 강화로 인한 관료제 외적 부문(입법, 사법 등)의 약화가 나타나 자유민주주의의 기본 원칙인 삼권분립을 위협했다.

2) 정부실패 현상을 초래

자원배분의 비효율성이 발생했으며, 공공선택론자의 정부실패 현상을 초래했다. 또한, 공공재의 한계가 발생했으며, 파생적 외부효과, X 비효율성, 비용과 수익의 절연 등이 정부실패의 원인이다.

2. 정부실패

1) 의의

정부실패(government failure)란 정부규제에 의한 행정이 생산성이 낮고, 자원배분의 효율성이나 형평성을 달성하지 못한 상태를 의미한다. 즉, 정부의 과도한 시장개입에 의한 자원배분의 비효율성 또는 불공정 현상이다.

과도한 정부규제는 정부관료제의 과도한 팽창을 초래한다는 비판과 함께 규제완화운동이 서구 여러 나라 및 우리나라에서 전개되고 있다. 또한, 정부실패의 극복을 위해 작은 정부론과 시장원리에의 회귀·시장 복권 등이 주장되고, 그 방안으로 민영화와 규제 완화가 주창된다.

2) 정부실패의 원인

정부실패의 원인은 정부개입의 수요와 공급 특성, 비용과 수익의 절연, 내부 목표와 사회 목표의 괴리, 비능률과 X 비효율성, 공공재의 파생적 외부효과, 권력과 특혜에 따른 분배적 불평등, 포획과 지대 추구, 복지국가의 폐단 등이 있다.

첫째, 정부개입의 수요 측면 특성과 정부개입의 과잉 공급 측면 특성으로 구분할 수 있다. 초과수요를 발생시키는 정부개입의 수요 측면의 특성은 국민·정치인의 의식과 관련된 것이다. 민주화와 민권의 신장으로 행정 수요가 팽창했고, 왜곡된 정치적 보상 체계로 인해 정부활동이 확대됐다. 정치인은 장기적인 이익과 손해의 현재 가치를 낮게 평가하고 단기적인 이익과 손해를 더 높게 평가한다. 정치인들이나 고위관료들은 짧은 재임 기간으로 정치적 시간 할인율(time discount rate)이 사회적 시간 할인율보다 높다. 정부개입의 과잉 공급 측면 특성은 독점성과 관련된 것이다. 정부 성과는 계량화가 곤란하며, 공공재는 경쟁 없이 독점적으로 생산한다. 생산함수의 불확실성으로 어떤 측면에서 개선을 해야 할지 모호하고, 최소 수준과 정책종결 메커니즘이 결여된다. 그리고 관료는 자기 자신이나 부서의 이익극대화에 치중한다.

둘째, 비용과 수익의 절연(disjunction)은 비용 체증과 관련된 것이다. 정부 업무에 대한 소요자원을 제공하는 측과 공급받는 측이 직접 연결돼 있지 않아서 비용과 수익의 불일치 현상이 나타난다. 공공서비스 산출의 양과 질은 생산비용과 상관없이 생산 자체의 총량을 늘리는 것에만 관심이 있다. 과잉 생산이 발생하거나 가외적 비용이 추가돼 비용이 증대된다.

셋째, 내부 목표와 사회 목표의 괴리는 사적 목표의 설정과 관련된 것이다. 정부기관의 내부조직 목표는 관료 자신의 개인적 이익이나 소속기관의 이익을 우선적으로 고려함으로써 사회 전체의 목표와 조직 내부 목표의 괴리가 있는데 이를 행정의 내부성(internality)[7]이라고 한다. 이러한 특성으로 예산의 극대화에 따른 과잉 생산, 정보의 획득과 통제에 의한 권력 확대의 추구, 고객의 이익보다는 관료의 이익의 추구, 비용을 도외시하고 무조건 최신 기술에 집착, 법규나 절차 등 수단에의 집착 등을 들 수 있다.

넷째, 1960년대 라이벤슈타인(H. Leibenstein)은 독점기업이 경쟁 압력은 피할 수 있으나 그로 인해 기업 내의 경영자원을 능률적으로 사용할 유인을 잃게 되어 자원이 낭비되는 측면을 중시했다. 이를 X 비효율성(X-inefficiency)이라고 했다. X 비효율성이란 법규정으로 명시할 수 없는 행정이나 관리상의 심리적 요인으로 인해 야기되는 비효율을 의미한다.

다섯째, 공공재는 파생적 외부효과가 발생한다. 파생적 외부효과는 시장실패를 극복하기 위한 정부의 개입으로 나타나는 잠재적·비의도적 파급효과와 부작용을 말한다. 파생적 외부효과가 발생하는 이유는 정부활동이 정치적 압력에 따라 조급하게 이뤄지는 경우가 많기 때문이다. 즉, 정치적 개입에 의한 졸속행정이 원인이다.

여섯째, 권력과 특혜에 따른 분배적 불평등은 권력의 편재와 관련된다. 공공서비스를 제공하는 과정에서 특정 집단에 대해 권력을 부여하고 다른 집단으로부터는 박탈하는 일이 일어나게 된다. 분배의 정의를 실현하기 위한 정부의 직접 개입이 각종 보조금이나 세제상의 우대 조치, 특정 산업의 보호·육성 등 포획 현상으로 분배의 불공평을 초래할 수 있다.

---

7) 관료제 내에서 발생하는 내부성은 세 가지 유형의 '관료이익 극대화'로 정리할 수 있다. 첫째, 예산의 극대화로 공공기관은 내부적으로 자신의 관할 하에 있는 예산이나 인력규모의 극대화를 통해, 관료 이익과 영향력의 확대를 도모한다. 이는 '니스카넨(W. A. Niskanen, Jr.)의 예산극대화 모형'이나 '파킨슨 법칙'으로 대표된다. 둘째, 정보의 획득과 통제로 정부조직들은 '정보는 곧 영향력이고 권력이다."라는 관점에 입각해, 정보의 공유보다 독점적으로 정보를 취득하고 통제함으로써 자신의 권력을 확대 또는 유지하려는 경향을 갖는다. 셋째, 최신 기술에 대한 집착으로 정부활동에 대한 성과측정이 어렵다는 점에서, 적합성이나 비용을 고려하지 않고 "새롭거나 복잡한 것이 더 좋다."는 관점에서 최신 기술이나 복잡한 첨단 과학기술을 도입하려 한다.

일곱째, 포획과 지대 추구[8]로 인한 규제실패가 발생하게 된다. 규제 대상인 이익집단이 정당이나 의회를 거치지 않고 직접적으로 규제기관과 밀착되는 현상에 의해 정부의 규제가 실패하게 된다.

여덟째, 복지국가의 폐단으로 복지국가는 정부에 대한 국민의 의존성을 심화시키고, 개인의 자율과 창의, 근로 의욕을 감퇴시키며, 사회보장 지출의 증가로 국가재정의 위기를 초래했다.

3. 정부실패의 대응: 작고 효율적인 정부의 추구

1) 개념

작고 효율적인 정부란 정부가 꼭 해야 할 일과 해서는 안 될 일, 잘할 수 있는 일과 잘할 수 없는 일을 구분해 '꼭 해야 할 일만을 정말 잘하겠다'는 자세로 수행하는 것이다. 이는 민간의 자율성과 창의력을 높이고 행정의 생산성(효율성)을 증대시켜 국가경쟁력을 제고하려는 것이다.

2) 실현 방안

1970년대의 정부실패를 극복하기 위해 공기업의 민영화, 정부보조금 삭감(감축관리), 규제 완화(정부개입 축소), 지방분권, 공공부문의 경쟁 원리 도입 등 작은 정부를 지향하는 추세가 뚜렷해지고 있다.

표 2-6 정부실패와 정부의 대응 방식

정부의 대응 방식 / 정부실패의 원인	민영화(⇔ 공적 공급)	정부보조 삭감(⇔ 공적 유도)	규제 완화(⇔ 정부규제)
사적 목표의 설정	○		
X 비효율 · 비용체증	○	○	○: 가격규제 ×
파생적 외부효과		○: 보조금 삭감	○: 부담금 축소
권력의 편재	○		○

3) 신(탈)행정국가(1980～1990)의 특징

신행정국가의 특성은 행정 기능의 소극성(작은 정부, 큰 시장), 행정 기능의 감축과 시장 기능의 활성화(복권화), 공 · 사행정일원론(기업가적 행정 중시), 복지국가위기론에 의한 복지문제의 시장 원리에 적용, 직업관료제(직업공무원제) 비판으로 노동의 유연화, 탈관료제화, 개방화 등, 신중앙집권화에 따른 폐단 극복으로 신지방분권화, 제3섹터(준정부조직, NGO)의 증가로 공기업의 민영화 등이 있다.

---

8) 특정의 개인 및 기업이 자기들의 경제적 이득을 증대시킬 목적으로 정치인 · 관료와 결탁해서 각종 정부규제 및 해제, 법률 제정 등을 요구 · 지지함으로써 그 사회의 다른 집단으로부터 부나 가치의 이전을 꾀하는 사회적으로 생산적이지 못한 로비 활동이다. 정부가 시장에 개입해 경쟁을 제한하거나 독점적 상황을 만들면 시장에서는 독점지대가 발생하며, 독점은 자원소유자에게 기회비용을 초과해 이득이 돌아가게 되는데 이익집단들이 독점적 상황을 유지하기 위해 경쟁 체제라면 기술 개발 등에 투자했을 자금을 정부 로비 등 비생산적인 용도에 사용하게 돼 낭비와 사회적 손실이 발생한다.

표 2-7 현대 행정국가와 신행정국가(신자유국가)의 차이점

구분	현대 행정국가(1930~1970)	신(탈)행정국가(1980~1990)
행정 기능	• 적극적: 큰 정부, 작은 시장 • 양적 팽창 · 질적 전문화	• 소극적: 작은 정부, 큰 시장 • 행정 기능 감축과 시장 기능의 활성화
행정과 경영	공 · 사행정이원론	공 · 사행정일원론(기업가적 행정 중시)
복지 문제	복지국가론: 국가에서 국민의 복지를 책임	복지국가위기론: 복지문제도 시장 원리에 따라 역할 분담
공무원제도	직업관료제(직업공무원제)에 의존	직업관료제 비판: 노동의 유연화, 탈관료제화, 개방화 등
집권과 분권	신중앙집권화	신지방분권화
공기업	공기업 등 공공부문의 증가: 공기업의 국영화	제3섹터(준정부조직, NGO)의 증가: 공기업의 민영화

4. 시장실패와 정부실패의 대응

1) 의의

정부실패를 교정하기 위해 정부의 역할을 다시 시장 부문에 이양하는 것은 또 다른 시장실패를 유발할 수 있다. 이러한 문제를 해결하기 위해 최근 시장실패와 정부실패를 함께 교정할 수 있는 새로운 제도로서 네트워크(network) 또는 네트워크 거버넌스(network governance)가 제시되고 있다. 네트워크 또는 네트워크 거버넌스는 시장과 정부를 완전히 대체하는 새로운 제도라기보다는 이들과 상호 기능적으로 보완하는 관계에 있다고 할 수 있다.

2) 관점과 역할

네트워크 거버넌스의 관점에서 보면, 정부와 시장 또는 정부와 기업은 서로 대립되는 존재가 아니라 상호간에 협력하고 신뢰하는 존재로 파악된다. 특히 자원배분을 위한 새로운 제도적 장치인 네트워크는 현재 공동생산, 공공 · 민간부문 간 협력 체제 등의 형태로 활용되고 있다. 네트워크 거버넌스의 등장과 더불어 정부의 역할도 공공서비스의 생산자와 공급자에서 네트워크의 조정자로 변모해 가고 있다.

표 2-8 시장실패와 정부실패의 비교

구분	시장실패	정부실패
원인	• 공공재의 존재 • 규모의 경제(비용체감산업) • 불완전경쟁: 독과점 • 외부효과의 발생 • 정보의 비대칭성: 생산자와 소비자 • 소득분배의 불공정성: 빈부 격차	• 비용과 수익의 절연: 비용체증 • 사적 목표의 설정(행정의 내부성) • 조직 내부의 비능률성(X 비효율성) • 파생적 외부효과 • 정보의 비대칭성: 정부와 국민 • 권력의 편재
대책	• 공적 공급(조직) • 공적 유도(보조금 또는 정보공개) • 정부규제(권위)	• 민영화 • 정부보조 삭감 • 규제 완화

제5절 포스트모더니즘

1. 개념

포스트모더니즘(postmodernism)이란 객관주의 및 자연과학적 세계관에 입각한 모더니즘(modernism)에 대한 반명제(反命題)로 대두된, 상대주의적 · 다원주의적 세계관을 말한다. 객관적 진실이 존재한다고 보는 산업사회의 세계관으로서의 모더니즘과 단절하고, 사회적 현실은 사람들의 마음속에 구성된다고 보는 구성주의(構成主義, constructivism) 등의 사조를 말한다. 산업사회 이후의 사회적 특성을 반영한 이러한 포스트모더니즘은 예술 · 철학 등의 영역에서뿐만 아니라, 정치학 · 사회학 등 사회과학 분야에서까지 새로운 인식론적 관점으로 주목받고 있다.

2. 포스트모더니즘의 지적 특성(철학적 입장 또는 세계관)

1) 구성주의

객관주의를 배척하고 사회적 현실은 우리들의 마음속에서 구성된다는 주관주의 입장으로 내면주의, 언어주의(언어의 중요성을 강조)다.

2) 상대주의

보편주의와 객관주의를 추구하는 것은 헛된 꿈이라고 비판하고 지식의 상대주의를 주장한다.

3) 다원주의

사람들의 서로 다른 특성, 사회구조들의 서로 다른 특성을 존중한다.

4) 해방주의

개인은 조직과 사회적 구조의 지시와 제약으로부터 해방돼야 한다고 주장한다(인본주의, 탈관료제화, 탈물질화).

5) 과정 중시

조직과 행정을 정체된 존재가 아니라 계속적으로 만들어져 가는 과정으로 본다.

3. 포스트모더니티의 사회: 주요 특성

1) 통제 거부

사회와 조직의 인위적 구조에 의한 통제를 거부하며, 차별성을 중시하는 개인들로 구성되는 원자적 · 분권적 사회로 획일화 · 통제를 거부한다.

2) 차이를 인정

사람들 사이의 상이성을 존중하고, 이를 보호할 수 있는 사회 질서를 선호한다.

3) 다양화 경향

사람들이 추구하는 가치와 이상향이 다양하다.

4) 애드호크라시(임시특별기구) 조직 형태

조직과 사회구조의 원리 또는 규범으로서 융통성, 임시성, 분권화, 탈계층화, 반집중화 등이 중시된다.

5) 탈물질화

기술의 인간화와 인본주의가 촉진된다.

6) 반규제적

국민생활에 대한 국가규제를 반대하는 반규제적 · 탈규제적 경향이 강화된다.

7) 혼돈의 시대

조직들이 끊임없이 변동하는 환경 속에서 질서와 혼돈 사이를 오락가락한다. 비정산, 비선형, 비인과, 불규칙의 시계, 나비 효과, 초기치 민감성 등을 특징으로 한다.

8) 기타

다품종 소량생산, 유연한 생산체제, 상황의 불확실성, 세계주의와 국지주의 등

4. 포스트모더니즘과 행정의 변화

1) 탈관료제화

구조적 측면에서 고전적 관료제가 한계를 극복하고, 잠정적 · 동태적 조직구조가 일반화됨으로써 탈관료제화된다.

2) 인본주의 강조

인간관리적 측면에서는 인본주의가 강조된다. 조직 내 인간관리(공무원의 참여 확대), 대외적 인간관리(국민에 책임 확대)가 있다.

3) 정보화 · 기업화 · 민간화

행정관리적 측면에서는 정보화, 기업화, 민간화 현상이 강조된다.

4) 지방자치의 가속화

중앙정부에 의존하기보다는 지역공동체사회 중심의 행정 체제가 강화된다.

5) 행정의 개방화

① 국제적 측면에서 행정의 개방화가 이뤄져 국가간에 경계 개념이 약화됐다.
② 국제적 환경과 변수가 국내 행정에 더욱 많은 영향을 끼치게 됐다.
③ 벤치마킹(bench-marking)에 의해 선진 행정기법이 국가 간에 활발히 유입 · 교류됐다.

5. 포스트모더니티의 행정의 특징

1) 상상(imagination)

부정적(소극적)으로는 규칙에 얽매이지 않는 것이고, 긍정적(적극적)으로는 문제의 특수성을 인정하는 것이다.

2) 해체(탈구성, deconstruction)

텍스트(언어, 몸짓, 이야기, 설화, 이론)의 근거를 파헤쳐 보는 것이다.

3) 영역 해체(deterritorialization)

모든 지식은 그 성격과 조직에서 지식의 고유 영역과 경계가 해체된다는 의미다(탈영역화, 학문 영역 간의 경계 파괴).

4) 타자성(alterity)

'즉자성'(타인의 존재를 인정하지 않는 자족적 상태)과 대비되는 개념으로 타인을 대상으로서가 아니라 도덕적 타인으로 인정하는 상호 개방적인 인간관이다.

제6절 부문의 구분: 통치 영역의 구분

1. 부문의 구분

1) 부문 구분의 기준

부문(sector)의 구분은 활동 목적의 영리성 유무와 활동 주체는 <표 2-9>와 같이 공공성 관점

표 2-9 부문(sector)의 구분

<table>
<tr><td colspan="2" rowspan="2"></td><td colspan="7">활동 주체</td></tr>
<tr><td colspan="5">공공기관(공적 영역)</td><td colspan="2">민간(사적 영역)</td></tr>
<tr><td rowspan="5">활동 목적</td><td rowspan="2">비영리</td><td colspan="5">비영리공공기관(Ⅰ)</td><td colspan="2">비영리민간기관(Ⅲb)</td></tr>
<tr><td colspan="5">정부(공공)부문</td><td>③ 준비정부조직(QUANGO)</td><td>④ 비정부조직(NGO)</td></tr>
<tr><td rowspan="3">영리</td><td colspan="5">영리공공기관(Ⅲa)</td><td colspan="2">영리민간기관(Ⅱ)</td></tr>
<tr><td colspan="2">정부부문</td><td colspan="3">준정부부문</td><td colspan="2" rowspan="2">민간(시장)부문</td></tr>
<tr><td>정부 기업</td><td>책임 운영 기관</td><td>① 공기업</td><td>② 준정부기관</td><td>③ 기타 공공기관</td></tr>
</table>

공공성↑(高) ← → 공공성↓(低)

에 따라 분류할 수 있다.

준정부부문(공공기관)의 유형을 구분하면 <표 2-10>과 같다.

표 2-10 공공기관의 구분

<table>
<tr><td rowspan="2">이론상</td><td colspan="4">실정법상</td><td rowspan="2">이론상</td></tr>
<tr><td>2007.4.1 이전</td><td colspan="3">현재(2007.4.1 이후)</td></tr>
<tr><td rowspan="2">정부부처형</td><td rowspan="2">정부기업
(기업예산회계법)</td><td rowspan="2">정부기업
(정부기업예산법)</td><td colspan="2">순수정부기업</td><td rowspan="2">정부부처형</td></tr>
<tr><td colspan="2">책임운영기관(기업형)</td></tr>
<tr><td>주식회사형</td><td rowspan="2">정부투자기관
(정부투자기관관리기본법)</td><td rowspan="5">공공기관
(공공기관의 운영에 관한 법률)</td><td rowspan="2">공기업</td><td>시장형</td><td>주식회사형</td></tr>
<tr><td>공사형</td><td>준시장형</td><td>공사형</td></tr>
<tr><td rowspan="3"></td><td rowspan="2">정부산하기관
(정부산하기관관리기본법)</td><td rowspan="2">준정부 기관</td><td>기금관리형</td><td rowspan="3"></td></tr>
<tr><td>위탁집행형</td></tr>
<tr><td>×</td><td colspan="2">기타 공공기관</td></tr>
</table>

2) 부문의 종류

부문은 정부조직인 제1부문, 민간조직인 제2부문, 중간조직인 제3부문으로 구별할 수 있다. 제1부문(정부조직)은 공공기관(정부)이 비영리활동(공공재 공급)을 수행하는 영역이며, 자원 획득 방법은 강제적 성격(세금)을 띤다. 제2부문(민간조직)은 민간부문(시장)이 영리활동(민간재 공급)을 수행하는 영역으로 자원 획득 방법은 재화·서비스의 생산, 시장에서의 교환 등이 있다. 제3부문(중간조직)은 공공기관(공기업)이 영리활동(요금재 공급)을 수행하거나 민간부문(NGO)이 비영리활동(공유재 보전)을 수행하는 영역이다. 자원 획득 방법은 자발적 성격으로 사람들의 결집력에 초점을 두며, 인간이 공유하는 가치관에 호소함으로써 활동을 위한 자원을 획득한다.

2. 준정부조직(민관공동출자사업): QUAGO's

준정부조직(QUAGO's = QUAsi + Governmental + Organization)이란 법적으로는 민간의 조직 형태를 취하면서 공공부문에 해당하는 공적 기능을 수행하는 공공부문과 민간부문이 혼재된 조직이다. 주로 정부의 업무를 보조한다. 유사 개념으로 그림자 국가, 감춰진 공공 영역, 공유된 정부, 준정부, 유사정부 등이 있다. 우리의 경우 민관공동출자사업이란 "지방자치단체가 자본금 또는 재산의 1/2 미만을 출자 또는 출연해 지방자치단체 외의 자와 공동으로 상법에 의한 주식회사 또는 민법에 의한 재단법인을 설립·운영하는 경우"(지방공기업법 제77조의3)를 의미한다.

준정부조직이 필요한 경우는 첫째, 소비자의 욕구가 다양한 전문가와 기관에 걸쳐서 나타날 경우 둘째, 공동협력이 이뤄지지 않으면 서비스 제공에 괴리가 발생할 경우 셋째, 자원의 공동 활용이 이중활동의 낭비적인 요소를 제거해 효과적일 경우 넷째, 기관 간의 기능 수행 전략이 상이한 방향에서 작용해 역(逆)생산성을 초래할 우려가 있는 경우이다. 정부산하기관(국민은행, 산업은행 등), 지역관리사업, 도시개발사업, 중심지개발사업, 근교지역보존사업, 고용창출사업, 약물남용방지사업, 청소년예방사업, 주택보급사업, 산학협동사업 등이 이에 해당한다.

준정부조직은 민간과 공공의 영역이 연속선상에 있음을 보여주며, 법적인 면에서는 민간부문의 조직 형태를 띤다. 정부로부터 독립해 준자율적으로 운영되지만, 정부의 통제(기관장 임면, 재정상 보조)를 받는다. 관료제의 경직성을 극복하고 조직의 자율성과 신축성을 유지할 수 있다. 권력적 행정(직접 행정)에서 비권력적 행정(간접행정)으로의 전환을 의미하며, 공공부문의 팽창을 억제할 수 있다. 그리고 민간부문의 전문성을 활용해 능률성을 높일 수 있다.

3. 비정부조직(주민공동생산): QUANGO's

비정부조직(QUANGO's = QUAsi + Non + Governmental + Organization)이란 공공서비스의 생산과 분배에서 주민들의 생산적 참여를 의미한다. 브러드니와 잉글랜드(J. Brudney & R. England, 1983)는 주민공동생산(co-production)을 시민이 행정서비스 생산에 참여하는 것으로서 공무원과 민간인이 협동적 생산이라고 정의했다. 자원봉사대(자율방범대, 자원경찰대, 자원소방대, 자원청소대 등), 환경보호단체, 국제적십자단체, 소비자모임 등이 있다.

참여 주체별 유형으로 개인적 공동생산, 집단적 공동생산, 총체적 공동생산으로 구분된다. 개인적 공동생산은 개체의 주민에 의해 이뤄지는 공동생산을 의미하며, 집단적 공동생산은 상당수의 시민들에 의해 이뤄지는 공동생산을 의미한다. 그리고 총체적 공동생산은 서비스의 생산에 기여하지 않더라도 서비스의 향유로부터 배제하지 않는 공동생산을 의미한다.

비정부조직은 범주적 측면, 활동적 측면, 조직적 측면에서 살펴볼 수 있다. 범주적 측면에서 비정부 또는 비국가 조직체로서 자발성을 통해 비영리적인 집단이나 조직, 기구나 단체, 그리고 운동 세력을 포괄한다. 활동적 측면에서는 외형상 시민단체이지만 공적인 활동을 하는 조직의 성격을 띠어야 한다. 조직적 측면에서는 공식적 기구의 속성을 지녀야 한다. 비정부단체는 일반적인 시민사회운동과는 달리 일회성에 그쳐서는 안 되기 때문에 비영리의 특정 목적을 공유하면서 그들 간의 관계를 유지 및 발전시키는 데 요구되는 규칙과 구조를 가져야 한다. 정책 감시자·경고

표 2-11 준정부조직과 비정부조직의 비교

준정부조직 (Quago's)	① 영리를 추구하는 공공기관 중에서 정부부문(정부기업 + 책임운영기관)을 제외한 준정부 부문(QUAGO)을 의미한다. ② 공기업, 준정부기관, 기타 공공기관 등과 같이 국가와 사회의 중간 위치의 조직이다. ③ 법적으로는 민간조직이면서도 공적 기능을 공동으로 수행하는 조직이다.
비정부조직(Quango's)	순수한 시민단체(NGO)로 여론 형성, 대안제시 등을 통해 정책결정에 영향력을 행사한다.

자이며, 여론을 형성하고 대안을 제시한다. 정책 과정의 파트너이며, 서비스 공급의 주체가 된다. 그리고 국제적인 협조자의 역할을 수행한다.

4. 정부와 NGO와의 관계

1) 정부와 NGO 관계의 중요성: 정부에 대한 NGO의 기능

클라크(J. Clark, 1991)는 "NGO(Non-Governmental Organization)가 국가를 반대하고 보완하고 개혁할 수는 있지만 무시할 수는 없다."고 주장하면서 정부와 NGO와의 긴밀한 관계를 강조했다. 최근 활발히 논의되고 있는 거버넌스(governance)의 철학도 현대 대의민주주의 체제 하에서 과도하게 집중되고 확대된 중앙정부 및 행정관료의 독점적 역할을 축소하고, 시민들이 공공정책의 결정 및 집행 과정에 적극적으로 참여해 주도하자는 것으로 이른바 'NGO'의 적극적인 활동을 염두에 두고 생성된 개념이다.

이러한 NGO의 기능을 보면 첫째, 정부실패 및 시장실패의 보완이다. 정부실패로 인한 정부 불신이 제3섹터(NGO)에 대한 신뢰로 이어지고 있으며, 후쿠야마(F. Fukuyama, 1995)는 신뢰(trust)를 사회적 자본(social capital)이라고 주장했다. 둘째, 정책 과정에서의 파트너 역할이다. 정책의제 설정 및 정책집행 과정에서의 정보를 제공하는 등 정부활동에 공조한다. 셋째, 권력과 부패에 대한 견제다. 정부감시 및 부패 방지(시민감시운동) 등으로 정부활동을 견제한다. 넷째, 복지사업의 확대·보완이다. 소비자 보호, 재해구호 등의 복지사업을 한다. 다섯째, 갈등의 조정이다. 정부와 국민 간, 이익집단 간 갈등의 중립적 조정을 한다. 여섯째, 교육적 기능이다. 시민들 간 토론, 정보를 제공하고 공유한다.

2) 정부와 NGO 관계에 대한 세 가지 시각

NGO와 정부 간의 관계는 국가 전통과 사회구조마다 다르고, 같은 국가라 하더라도 시기와 분야마다 다르다. 특히 이데올로기(이념적 스펙트럼)에 따라 신자유주의적 관점, 제도적 다원주의 관점, 신사회운동적 관점 등의 세 가지로 나눌 수 있다(J. W. McDonald, 1997).

신자유주의적 관점은 NGO 등 시민사회는 정부가 개입할 수 없는 천부적 권리를 가지는 사적인 영역으로 간주된다. 반면 시장과 시민사회는 경계가 불분명하고 동일시된다. 이는 고전적 자유주의적 정부관과 시장경제의 결합이다. 선택의 자유, 인간의 이기심, 시장만능주의에 기초하고 있는 이 입장은 국가의 역할 축소가 시민사회의 역할 강화보다는 시장 기능의 강화로 이어졌다.

제도적 다원주의 관점은 오늘날 정부와 NGO의 관계를 해석하는 관점으로 토크빌(Alexis de

Tocqueville)의 고전적 민주주의 견해에 입각해 NGO를 자발적으로 결집된 사회조직으로 이해한다. 이 관점은 시민문화론에 바탕을 두고 1990년대 들어 각광을 받고 있는 사회적 자본론과도 연결되며, 샐러먼(L. M. Salamon, 1998)의 입장이 대표적이다. NGO를 비영리성이 첨가된 확장된 개념의 이익집단으로 보며, 단순한 비정부보다는 비영리로 이해한다. 따라서 신자유주의적 관점과 달리 NGO는 시장의 영역에 속하지 않는다고 본다.

신사회운동적 관점은 앞의 두 가지 관점에 비해 상당히 진보적 색체를 띤 관점으로 그람시(A. Gramsci)의 영향을 받아 국가와 시민단체 간 상호 침투 가능성을 논의의 출발로 삼는다. 이 관점은 시민사회를 급진적 민주화의 주요 행동 영역으로 보고 NGO는 그중 중요한 행위자다. NGO는 국가 권력을 근본적으로 민주화시키는 중요한 역할을 한다고 본다.

4) 정부와 NGO 관계에 대한 이론모형

(1) 기드론의 네 가지 모형

재정 부담과 공공서비스 공급이라는 두 가지 측면에서 정부와 NGO 관계를 네 가지 모형으로 구분하고 있으나 정부와 NGO 간 갈등 관계를 무시한 채 협력이라는 틀 속에서만 분석하고 있다는 한계가 있다(B. Gidron, 1992).

표 2-12 기드론의 모형

모형	정부주도형	이중혼합형	상호공조형	제3섹터 주도형
재정 부담	정부	정부 · NGO 분담	정부	제3섹터
서비스 공급	정부	정부 · NGO 분담	제3섹터	제3섹터

정부주도형은 재정 부담과 공공서비스 공급 모두를 정부가 주도적으로 하는 모델로서 일반적으로 복지국가 모형이라고 할 수 있다. 이중혼합형은 재정 부담과 공공서비스 공급 양면에서 정부와 제3섹터가 적절한 비중으로 역할을 공유하고 있는 형태다. 상호공조형은 재정 부담은 정부가 하고 서비스 공급은 제3섹터가 하는 모형이다. 이 경우 제3섹터는 정부의 아웃소싱을 받아 업무를 대행하는 대리점의 역할을 하게 되며, 샐러먼은 이를 제3자 정부라고 부른다. 제3섹터 주도모형은 재정 부담과 공공서비스 공급 모두를 제3섹터가 주도하는 모형이다. 신보수주의 등 작은 정부를 중시하는 이데올로기 하에서 발견되는 모형이다.

(2) 일반적 관계모형

일반적으로 정부와 NGO 관계를 보는 시각은 크게 보완적, 협조적, 대립적인 관계로 요약할 수 있다. 보완적 관계에서는 와이스브로드(B. A Weisbrod, 1977)가 주창한 정부실패로 인해 정부에 의해서는 공급되기 어려운 공공재에 대한 수요를 NGO가 충족시킨다는 것이 논의의 핵심이다. 따라서 공공재 공급의 재원 조달을 정부에서 많이 하게 되면 관련 공공재에 대한 NGO의 역할은 그만큼 줄어들게 된다.

실증적인 연구에 의하면 재원의 공급자의 의미에서 미국 정부의 역할은 팽창해 왔지만 서비스 전달 기능의 경우는 광범위하게 민간부문으로 이전됐다. NGO에 대한 정부 지원의 확대는 샐러먼(Salamon, 1987)이 지적했듯이 제3자 정부의 확대로 이해할 수 있다. 복지서비스의 위탁은 정부의 구조와 기능을 견제와 균형의 관점에서 효과적으로 분리한 미국의 헌법 구조에서 비롯되고 있으나, 제3자 정부에 대한 개념은 서로 다른 차원에서 정부간의 관계를 초월해 이러한 원리를 포괄적으로 확대시킨 것이다.

협조적(complementary) 관계에서는 정부와 NGO를 동반자적인 관계로 간주되며, 주로 재원은 정부에서 지원하고 NGO가 서비스를 공급하는 이원화된 체계를 구축함을 의미한다. 선진국에서의 복지국가(welfare state) 추구라는 특수한 상황에서 정부 기능에 대한 NGO의 보조적 기능에 초점을 두고 있다. 많은 사회복지 프로그램의 운영이 정부에서 NGO로 이전되거나 NGO에 의해 새롭게 창출되는 현상에 주목하면서 정부-NGO 관계에서 협조적인 관계로 논의를 개진하고 있다. 실제적으로는 재정의 주체인 정부의 일방적인 주도에 관한 논의에 치중했으며 NGO의 자발적이며 독립적인 기능과 이에 따른 정부와의 관계에 대한 연구는 상대적으로 소홀히 했다(Harriss, 1996; Meyer, 1997; Salamon, 1987). 즉, 과도한 정부개입이 시장 또는 기업의 효율성을 저하시키듯이 정부의 과도한 NGO 부문 개입은 여러 부정적인 문제를 발생시킬 가능성이 높다. 특히 정부개입은 NGO의 자율성과 조직의 관료화에 대한 문제를 유발시킨다. 정부의 보조와 영향력 행사로 이들 기관의 비국가적, 자발적 특성을 변질시킬 수 있다.

대립적(adversarial) 관계에서는 NGO가 다양한 방법으로 정부의 정책결정 과정에 참여해 정책의 변화를 유도하게 하거나, 정부의 책임성을 높이기 위해 노력한다는 것이다. 또한 정부는 NGO의 활동을 규제하거나 그들의 요구를 수용함으로써 NGO의 행태에 영향을 주기도 한다. 이러한 관계 역시 와이스브로드(Weisbrod, 1977)의 정부실패이론에 의해 설명되는바, 다원화된 사회에서는 소수의 의견이 정부정책에 반영될 가능성이 낮아 조직화된 NGO를 통해 의견을 개진하거나 정부에 압력 행사를 시도한다는 것이다. 한편 정부의 NGO에 대한 규제는 이들 기관에 대한 신뢰를 유지하기 위해, 즉, 잔여소득 배분 금지에 대한 준수 여부 통제 및 정부의 사업 대행에 따른 성과 감사 등의 이유로 발생하고 있다.

5) 정부와 NGO의 올바른 관계

시민단체와 정부간 올바른 정책 협력 관계 정립을 위해 시민단체의 독립성과 자율성이 훼손되지 않는 범위 내에서 상호 협력하고, 조화로운 방향을 위해 노력해야 하며, 정부는 NGO에 대한 제도적 다원주의를 수용한다는 관점에서 NGO의 활동을 인정하고 양자간의 정책적 협력 관계를 발전시켜 나가야 한다.

제7절 공공부문의 민영화

1. 의의

민영화(privatization)란 국가 및 공공단체가 특정 기업에 대해 갖는 법적 소유권을 주식 매각 등의 방법을 통해 민간부문으로 이전하는 것을 말한다. 넓은 의미에서는 외부계약, 민간의 사회간접자본시설 공급, 공공서비스사업에 대한 민간 참여 허용 등을 모두 포함하나, 일반적으로는 외부

계약 등과 구분해 좁은 의미로 사용되고 있다.

민영화는 공공서비스의 제공이나 이를 위한 재산의 소유에서 정부의 영역을 줄이고 민간의 영역을 늘리는 것이다. 즉, 민영화란 정부가 그 기능을 잘 수행할 수 없는 영역을 민간에 맡김으로써 정부의 기능을 축소하는 것을 말한다.

1960년대 말 드러커(P. Drucker)가 민영화라는 용어를 처음 사용한 이래, 양적·질적으로 향상된 공공서비스의 제공을 정부를 대신해 민간부문에서 찾으려는 노력이 있어 왔다. 쾨니그(K. Koenig)는 민영화를 공공재산의 사인(私人)·민간회사로의 위임 또는 공공사무의 능률적 시행을 위한 비국가 기관에로의 환원으로 정의했다. 사바스(E. S. Savas, 1987)는 민영화를 공공서비스의 제공이나 이를 위한 재산의 소유에서 정부의 영역을 줄이고 민간 영역을 늘이는 것이라고 정의했다. 아울러 민영화를 협의(국가 기능이나 공기업의 재산을 민간에 이양하는 것)와 광의(제1부문에서 제2부문을 향한 모든 움직임)로 구분했으며, 민영화의 필요성을 절약과 능률의 확보, 작은 정부 구현, 민간 영역의 활성화, 주민결정권의 확대 등에서 찾았다.

2. 민영화의 대두 배경

민영화의 대두 배경은 첫째, 행정환경의 급속한 변화다. 대외적으로 국제화·개방화로 인해 무한경쟁 시대가 도래했고, 대내적으로는 정치적 민주화에 따른 주민 욕구의 분출 등 급속한 행정환경의 변화에 탄력적으로 대응하기 위해서는 기존의 정부 기능을 전면적으로 재검토해 비효율적인 기능은 민간으로 이관해야 할 필요성이 제기됐다.

둘째, 큰 정부의 문제점이다. 작은 정부론은 큰 정부에서 나타나는 행정의 관료에 따른 비능률 현상을 극복하기 위한 해결책으로서 민간부문의 기능과 영역을 상대적으로 확대해 활용하고자 하는 것이다.

셋째, 행정의 경영화 요구다. 도시정부의 재정위기를 극복하고 소요 재원을 자주적으로 조달·관리할 수 있는 독립된 경제 주체로서 자치단체가 요청됐다. 즉, 재원 확보를 극대화하고 효율적인 관리과학화로 세출을 최소화함은 물론 양질의 행정서비스 공급을 위해 행정의 경영화가 필요하게 됐다.

넷째, 행정 수요의 변화와 행정 공급 능력의 한계다. 행정 수요는 양적으로 늘어났으며, 질적으로 다양화·전문화됐으나 기존의 행정서비스(정부의 직접적인 서비스 공급 방식)는 그 경직성으로 인해 급부행정 서비스를 유효·적절하게 제공할 수 없는 체제의 과중 부담이라는 한계를 나타냈으며, 새로운 접근 방법을 모색하지 않으면 안 될 상황에 놓이게 됐다.

3. 민영화·시장화의 방법과 전략

1) 외부시장화

공공부문의 업무를 전적으로 사기업에 맡기는 것으로 정부의 책임이 없다. 민간 이양, 주식·자산의 매각, 독점판매권의 부여, 보조금 지급, 서비스 구매권 제공, 민관공동출자, 주민공동생산, 규제 완화·경쟁 촉진 등이 있다.

첫째, 민간 이양(marketization)은 정부 기능을 완전히 민간으로 이양해 시장이 완전하게 재화를 공급・생산하는 방법이다.

둘째, 주식・자산의 매각(load-shedding)은 정부 보유 주식이나 자산을 매각하는 방식(소유권 이전)이다. 즉, 공기업의 주식을 매각해 정부 지분을 50% 미만으로 하는 것이다.

셋째, 독점판매권의 부여(franchising)는 정부가 특정인이나 기업에게 독점판매권을 주고 정부가 일정 기간 동안 규제를 하는 공기업의 민영화 방안으로 소비자가 서비스의 대가를 지불하는 방식이다. 공익사업, 케이블TV, 공중버스, 공항터미널 서비스 등이 해당된다.

넷째, 보조금 지급(granting, subsidy)은 정부와 유사한 서비스를 제공하는 민간부문(생산자)에게 생산보조금을 제공하는 방식이다. 사립 초・중・고등학교에 대한 보조, 탁아시설에 대한 보조, 사설 박물관에 대한 보조, 민간단체의 환경보호운동에 대한 보조 등이 해당된다.

다섯째, 서비스 구매권(voucher)은 특정한 공공 재화와 서비스를 제공받을 수 있는 구매권을 말한다. 공공서비스를 구매권을 통해 제공하는 방식은 재화와 서비스 종류의 선택에서는 소비자가 구속을 받지만, 소비자들이 특정 재화와 서비스의 공급자를 자유롭게 선택할 수 있는 기회를 확대시켜 준다. 정부보조 대신에 저소득층과 같은 특정 계층의 소비자에게 구매권・증서(쿠폰)를 제공하는 방식으로 임차권, 식품구매권, 학교등록권, 의료보호카드, 지하철승차권 등이 해당된다.

여섯째, 민관공동출자(QUAGO's)는 공공부문과 민간부문이 공동 출자해 공익성과 기업성을 조화시키면서 제도적인 이익을 극대화하는 새로운 행정 운영 방식이다. 정부출자기관, 정부출연기관 등이 있다.

일곱째, 주민공동생산(co-production, QUANGO's)은 공공서비스의 생산과 분배에서 주민들이 참여하는 방식이다. 자원경찰대, 자원소방대, 자원청소대 등이 있다.

여덟째, 규제 완화・경쟁 촉진은 정부 또는 공기업에서 독점하고 있는 재화나 서비스의 공급을 민간 영역에서도 공급할 수 있도록 허용하는 방식이다.

2) 내부시장화

공공부문에 시장 원리와 경쟁 원리를 도입하는 것이다. 계약에 의한 민간위탁, 리스, 사용자 부담 원칙 등이 있다.

첫째, 계약에 의한 민간위탁은 민간이 서비스의 생산 및 공급 활동을 대행하고 정부는 서비스의 양・질・가격에 대한 규제와 비용을 부담하는 방식이다. 공개 입찰에 의해 가장 유리한 조건을 제시하는 민간업자와 계약에 의해 공공서비스를 공급하게 하는 것이다. 기능이나 책임이 완전히 이관되는 것은 아니며, 시설공사, 쓰레기 수거 및 청소 대행, 청원경찰의 공공건물 배치, 경비, 연구・조사 업무, 민영교도소의 설립・운영 등이 해당된다.

둘째, 리스(lease)는 정부가 기업(국가시설)을 소유하되, 기업 전체(국가시설)를 사기업체로 전환 대여해 사기업의 장점을 모두 취할 수 있도록 하는 제도다.

셋째, 사용자 부담 원칙은 공공기관이 제공하는 재화와 용역의 대가로 수혜자로부터 요금이나 수수료를 징수하는 것이다. 공정성 및 신축성의 확보, 자유의 신장, 서비스 시설의 확장 용이, 낭비의 방지, 재원 확보 등으로 인해 증가하고 있다.

그 밖에도 인사관리에서 성과급보수제도, 성과협약제, 계약임용제 등, 조직관리에서 책임운영기관제도, 내부경쟁 체제 등, 재무관리에서 발생주의 회계 방식, 복식부기 등, 고객관리에서 시민헌장제도 등, 기관 간 협조 부문에서 기피선언권 등이 이에 해당된다.

4. 민영화의 필요성(순기능) 및 폐단(역기능)

1) 민영화의 필요성(순기능)

민영화의 필요성으로 효율성의 제고, 규모의 경제를 실현, 근린행정의 구현, 업무의 전문성 제고, 행정서비스의 질 향상, 민간경제의 활성화, 정부재정의 건전화 등이 제시된다.

첫째, 민영화는 시장의 경쟁을 통해 비용을 절감하고 효율적인 업무의 수행을 도모할 수 있다. 둘째, 특정 행정기관이나 지방자치단체의 개별적 영역을 뛰어넘어 규모의 경제 효과를 실현할 수 있다. 셋째, 민간의 행정 참여를 활성화하고 근린 행정에 의해 행정에 대한 민주적·자율적 통제를 강화할 수 있다. 넷째, 민간기업의 전문적 지식과 기술, 재정적 부담 능력 및 경영관리 능력을 활용할 수 있으므로 업무의 전문적 처리가 가능하다. 다섯째, 같은 인력과 비용으로 기존의 행정기관에 의한 서비스보다 더 나은 수준의 서비스를 제공할 수 있다. 여섯째, 민간부문의 자본과 인력을 활용함으로써 민간경제를 활성화시킬 수 있다. 일곱째, 부실 공기업의 매각으로 부채를 줄이고 재정 운영의 탄력성과 건전성을 제고할 수 있다. 여덟째, 노조 스스로 임금 인상 요구 등 극렬한 노조활동을 자제할 가능성이 있다.

2) 민영화의 폐단(역기능)

민영화의 역기능으로 사적 이익화의 수단, 도덕적 해이, 형평성의 문제 야기, 전문화 저해, 서비스의 안정적 공급 저해, 공공요금 인상, 민주성 저해, 노사관계 불안 등이 제기된다.

첫째, 공공의 관심사가 민간부문의 책임으로 전가돼 책임 소재가 불분명해지고 사적 이익화의 수단으로 전락할 수 있으며 둘째, 도덕적 해이로 국가와 소비자는 민간업체에 대한 정보가 부족해 서비스를 생산할 최적의 업체를 선정하지 못하거나 적절한 감독과 통제가 곤란해질 수 있다. 셋째, 구매력이 없는 저소득층은 행정서비스를 받기 어려워져 형평성 문제가 발생하며 넷째, 정부관료의 전문화나 기술관료화를 저해할 수 있다. 다섯째, 민간은 이윤 보장이 안 되면 언제라도 사업을 포기할 수 있기 때문에 서비스의 안정적 공급이 곤란하다. 여섯째, 서비스 제공 비용(공공요금)이 정부에 의해 공급될 때 더 상승할 우려가 있다. 일곱째, 정보 격차의 심화로 민주성을 저해할 우려가 증대하며, 마지막으로 공무원노조에서 일반노조로 변경됨에 따라 노동3권을 완전하게 행사할 수 있다.

3) 민영화의 저해 요인

민영화의 저해 요인은 첫째, 크림 스키밍(cream skimming) 현상을 들 수 있다. 정부는 적자기업만 민영화하려 하고, 민간기업은 흑자기업만 인수하려고 해서 민영화가 용이하게 진행되지 못한다. 둘째, 주무관청의 반대다. 민영화는 공무원들의 잠재적 이해관계와 충돌될 가능성이 있기 때문에 쉽게 민영화가 이뤄지지 못한다. 셋째, 노조의 반대다. 연공서열보다 경쟁의 압력에 직면하게 되는 노동조합이 반대할 수 있다.

5. 민자 유치

1) 의의

사회간접자본(SOC) 투자에 소요되는 막대한 투자재원을 모두 국가재정으로 부담하는 것은 한계이며, 국가의 재정 부담을 줄이면서 SOC 투자 수준은 유지하기 하기 위해 사회간접자본시설에 대한 민간자본유치촉진법(1994년)을 제정했다.

2) 투자 방식

민자 유치의 추진 방식은 소유권과 운영권을 공공부문과 민간부문 중 누가 보유하는가에 따라 BOO(Build-Own-Operate), BOT(Build-Operate-Transfer), BTO(Build-Transfer-Operate), BLT (Build-Lease-Transfer), BTL(Build-Transfer-Lease) 등으로 구분한다.

3) 기대 효과

민자 유치는 민간투자 방식을 다양하게 허용해 민간의 자유로운 창의력을 발휘할 수 있으며, 투자 효율을 제고할 수 있다. 최소 운영수입의 보장, 매수청구권 인정, 환리스크 부담 등 지원함으로써 투자 위험을 감소시킬 수 있다. 실시 협약 체결 시에 수익률, 총사업비 등 사업 시행 조건을 사전에 확정함으로써 민간은 자신의 책임 하에 손익을 책임을 지게 되며 정부는 총사업비 증가 문제를 해결할 수 있다. 정부의 재정 운영 방식의 탄력성을 제고할 수 있으며, 민간의 유휴자금을 장기 공공 투자로 유인할 수 있다. 대규모 공공사업의 착수비를 절감할 수 있다. 그리고 이용자가 비용을 부담해 수익자부담주의를 구현할 수 있다.

표 2-13 민자 유치 추진 방식

방식	개념	장점
BOO	• 민간이 건설(build)해 • 민간이 소유권(own)을 가지며 • 민간이 직접 운용(operate)해 투자비를 회수	• 정부투자재원 부족 문제 해결 • 민간 참여로 경영 효율성 향상
BOT	• 민간이 건설(build)해 • 민간이 직접 운용(operate)해 투자비를 회수한 후 • 소유권을 정부에 이전(transfer)	• 가장 일반적인 민간 투자 유치 방식
BTO	• 민간이 건설(build)해 • 소유권을 정부에 이전(transfer) • 민간이 직접 운용(operate)해 투자비 회수	• 적자 시 정부보조금으로 사후에 운영수입 보장
BTL	• 민간이 건설(build)해 • 소유권을 정부에 이전(transfer)하는 대신 일정 기간 시설의 사용·수익 권한을 획득 • 민간은 시설을 정부에 임대(lease): 정부가 운영	• 정부가 적정 수익률을 반영해 민간에게 임대료를 산정·지급해 투자 위험 감소
BLT	• 민간이 건설(build)해 • 정부가 시설을 임대(lease)해 운영 • 운영 종료 시 소유권을 정부에 이전(transfer)	• 부당한 적자보전협약에 의한 국가재원 누수 차단

제 3 장 행정의 가치와 이념

제1절 행정의 가치와 철학

1. 행정과 가치

1) 가치와 사실

가치(value)는 옳고 그름에 대한 주관적이고 규범적인 판단 기준(평가 작용과 관계)이다. 또한, 의사결정자가 동일한 상황에서도 다른 결정을 내릴 수 있으므로 가치는 사회과학의 기초가 된다.

사실(fact)이란 주관적인 평가와 규범적 판단이 배제된 것으로 있는 그대로의 존재하는 객관적인 자료나 현상이다. 따라서 사실은 재생 가능하며 자연과학의 기초가 된다.

2) 가치주의와 사실주의

가치주의는 사회 현상과 자연 현상은 다르다고 보고, 가치 중심적 연구(규범적 · 당위적 · 주관적 차원의 연구)를 지향한다. 그러나 사실주의는 사회 현상과 자연 현상은 유사하다고 보고, 사실 중심적 연구(경험적 · 실증적 · 객관적 차원의 연구)를 지향한다.

3) 가치의 본질에 관한 다양한 접근법

행정문제에 개입하는 가치는 여러 가지 가치가 개입되며 가치 간의 관계는 다양하다. 굿셀(C. T. Goodsell)은 가치의 관계는 서로 지원적 · 보완적 관계도 있고, 목표 · 수단의 계층을 이루는 경우도 있으며, 서로 배척하거나 경쟁적인 경우도 있다. 따라서 이를 적절히 조화할 수 있는 방법이 모색돼야 한다고 주장하면서 접근 방법을 다섯 가지로 구분했다.

첫째, 수단 지향적 접근 방법이다. 행정과 공무원을 정치적 의사결정을 집행하는 피동적 수단으로 보아 공무원들의 업무 수행은 상위 목표 실현의 수단에 불과하며, 정치 · 행정이원론, 목표-수단이원론에 기초해 공무원들은 법령을 능률적 · 효율적으로, 성실하고 적실성 있게 집행하는 의무를 진다고 본다. 정당화 근거는 대의정치의 원리다.

둘째, 도덕성 지향 접근법이다. 행정의 보다 근본적인 정의 · 평등 등 도덕적 기초를 중시하는 입장으로서 공무원은 선거 결과나 법령의 문구, 선거직 공무원들의 명령 등에 구애받지 않고 정의, 평등, 정직, 공평, 개인적 권리의 보호와 같은 기본적 가치들을 존중해 업무를 수행해야 한다는 입장이다. 정당화 근거는 고차원의 도덕성이다.

셋째, 시장 지향 접근법이다. 관료적 권위주의를 버리고 공공부문의 조직과 활동에 시장 논리를 될 수 있는 한 많이 도입하자는 입장으로 공공선택이론에 기초하고 있다. 정당화 근거는 경제적 능률성이다.

넷째, 다수인 지향 접근법이다. 공무원들의 고객과 시민의 요구에 대한 대응성을 중시하는 입장으로 공무원들은 비수혜집단의 지위 향상을 위한 급진적 운동원이 돼야 하기도 하고, 비수혜집단을 괴롭히는 문제들을 발굴하고 그들의 참여를 촉진하라는 온건적 주장을 펴기도 한다. 정당화 근거는 다수 고객에 대한 평등한 대응성이다.

다섯째, 임무 지향 접근법이다. 공무원들이 자기 조직의 정당한 임무가 무엇인가 하는 스스로의 관점에 충실한 직무 수행을 하도록 요구한다. 본래 행정조직의 임무는 정부조직법에 규정되고 임무 수행은 여러 통제 중추의 구속을 받는다. 그러나 행정조직은 운영의 경험을 통해 그 임무에 관해 다소간의 독자적인 해석을 하며, 법이 정한 임무를 현실에 적응시킨 수정된 임무를 수행한다. 이 관점은 수정된 임무에 충실할 것을 요구한다. 정당화 근거는 공익을 위한 정당한 임무다.

보즈만(B. Bozeman)은 정책철학으로서의 공익관을 제시했으며, 합리주의, 이기주의, 보호주의, 이전주의, 중개주의, 실용주의를 제시했다. 합리주의(형식적 공익관)는 현실 세계의 문제는 과학적이고 체계적인 조사・분석으로 문제를 해결할 수 있다는 입장이며, 이기주의(공익 부재관)는 정책은 개인의 권력적 지위를 향상시키고 개인 또는 집단의 이기적 목적을 충족시키기 위해 존재하는 것으로 보는 입장이다. 보호주의(절차적 공익관)는 정책이란 특정한 사람들을 다른 사람들로부터 보호하기 위해 존재한다는 입장이다. 보호주의는 인간에 대한 부정적 견해에 입각해 특정 계층에 대한 교도적・강제적인 정부 역할을 중시한다. 이전주의(규범적 공익관)는 가진 자로부터 가지지 못한 자에게 재분배(이전)해 주는 것이 복지국가의 정책철학이다. 중개주의(공리주의적 공익관)는 다원적 이익의 균형을 추구하는 다원적 사회관이나 집단정치에 중점을 둬야 한다는 입장이며, 실용주의(다원적 공익관, 점증주의적 정책결정모형)는 형식에 구애받지 않고 현실 상황에 따라 적절히 대처하는 것이 정책결정의 원리라고 보는 입장이다.

2. 행정철학

1) 의의

신행정학이 대두되면서 행정학 연구에서도 철학의 문제가 중요한 분야로 인식되기 시작했다. 이는 가치관・신념・철학이 다르면 똑같은 상황에서도 각각 다른 정책결정이 나온다는 것이다.

2) 철학으로서 행정연구

벨론(C. J. Bellone)은 행정학을 가치와 규범에 관한 논의에 초점을 맞춰 학문적 위상을 정립했으며, 호지킨슨(C. Hodgkinson)는 행정학을 '윤리・가치・철학'로 구분하고 행정철학의 형성가능성을 제시했다.

3) 행정철학의 본질

행정가의 의사결정은 자신의 신념을 기반으로 하며, 가치 배제적 사회과학은 불가능하다는 생각으로 가치지향성을 내포하고 있다. 행정의 중심적 기능을 담고 있는 것이 행정철학이다.

4) 행정가의 철학과 행정행위 간의 상관 관계

하몬(M. M. Harmon)의 조직행위이론에서 사회적 자아와 능동적 자아, 그리고 이를 둘러싸고 있는 환경에 상호작용에 의해 행정행위가 결정된다고 본다. 서지오바니(T. J. Sergiovanni)의 행동 효과성 모형에서는 과학적 측면과 예술적·직관적 측면을 투입시켜 철학적 측면의 평가적 망으로 걸러내서 행동이 나와야 효과적인 행정행위가 가능하다고 본다. 해크(W. G. Hack)의 프리즘적 구조모형에서 행정인은 자신의 독특한 '가치 양식'과 '지각 양식'이라는 프리즘적 구조로 선행 요인인 '철학', '행정이론', '사회적 환경'을 굴절시켜 '행정가의 직무가 정의'되고, 조직이 구체화되며, 행정 과정이 결정돼 표현으로 '등식화'된다.

제2절 행정 이념

1. 의의

행정 이념이란 행정이 지향하는 기본 방향·최고 가치·행정철학·지도정신이며, 더 나아가서는 공무원의 행동지침 및 방향을 의미한다. 행정 이념은 행정 수요가 변동됨에 따라 시대마다 다양하고 유동적일 뿐 아니라 행정 이념 간에 상충될 수 있으므로 적절한 조화가 필요하다.

행정 이념은 행정의 방향·지침을 제시하며, 이념 상호간의 우선순위를 정립한다. 행정의 존재가치를 부여하며, 행정 목표의 달성에 기여한다. 행정의 환경 변동 대응 능력을 증진시키고, 행정활동에 대한 평가 기준 정립에 기여한다. 그리고 행정 이념은 시대적 가치관을 반영하며, 정치 이념이나 정치 체제의 성격을 반영한다.

2. 주요 행정 이념

1) 합법성: 행정의 법률적합성

합법성(legality)이란 법에 의한 행정을 의미한다. 법치행정의 원리가 지배했던 19세기 근대 입법국가에서 의회가 제정한 법에 의해 행정권의 자의적인 발동이나 재량권을 억제함으로써 시민권의 신장과 자유권의 옹호를 이룩하고자 했다.

오늘날 현대 행정의 기능 확대, 행정 대상의 복잡화, 행정의전문화·기술화·위임입법의 증대 등으로 행정 현상을 일일이 법제화할 수 없게 됐다. 그리고 합법성의 지나친 강조는 고객에 대한 융통성과 대응성을 저하시키고, 공무원은 법규만을 위배하지 않으려고 하는 소극적인 법규만능주의, 행정편의주의, 동조과잉(목표의 전환·대치) 등을 초래한다. 따라서 소극적·형식적 합법성보다는 적극적·실질적인 행정의 합목적성·능률성이 요청됐다.

2) 능률성

능률성(efficiency)이란 최소의 비용과 노력으로 최대의 성과를 얻고자 하는 것이다. 즉, 투입 대

산출의 비율을 극대화시키는 것이다. 19세기 말 행정학 성립기 때 행정 기능의 확대·강화와 함께 대두됐다. 과학적 관리법의 영향으로 종전의 소극적인 합법성보다 더 적극적이고 새로운 이념으로 능률성이 대두됐다(실적주의). 또한, 급격한 예산 팽창과 그에 따른 납세자들의 담세 증가로 인해 납세자들이 '더 적은 세금으로 더 많은 봉사'를 원하게 되고 당시 엽관주의의 폐해인 행정의 비능률과 예산 낭비를 비판하며 개혁을 통한 능률적인 행정을 요구했다.

행정관리적 가치의 중심 개념으로 그 중요성이 인식되고 있는 능률성의 개념은 관점에 따라 기계적 능률성과 사회적 능률성으로 나눠 볼 수 있다. 첫째, 기계적 능률성(mechanical efficiency)은 행정과 경영의 유사성이 강조된 초기의 정치·행정이원론 시대에 경영학에서 발달했던 과학적 관리론이 행정학에 도입되면서 중요시된 능률관이다. 이는 능률을 수량적으로 명시할 수 있는 기계적·물리적·금전적 측면에서만 파악한 개념이다. 사이먼(H. A. Simon)은 기계적 능률을 대차대조표적 능률(balance sheet efficiency)이라고 표현하고 성과를 계량화해 객관적인 기준에 따라 능률성을 평가해야 한다고 보았다.

둘째, 사회적 능률성(social efficiency)은 디목(M. E. Dimock)이 강조한 가치 개념으로, 과학적 관리론에 입각한 기계적 금전적 능률관을 비판하고 행정의 사회 목적 실현, 다원적인 이익들 간의 통합 조정 및 행정조직 내부에서의 구성원의 인간적 가치의 실현 등을 내용으로 하는 능률관이다. 사회적 능률은 민주성의 개념으로 이해되기도 하며, 1930년대 중반 이후의 인간관계론의 등장과 더불어 강조된 개념이다.

능률성은 행정부문에서 통일된 공적 산출 단위가 없어 측정이 곤란하다. 그리고 기계적 능률성은 인간적 가치를 무시한 수치적 개념이다. 능률성은 수단적 이념이므로 행정에 전면 적용되는 데에는 한계가 있으며, 공공성·민주성 등 상위 이념과 상충된다.

표 3-1 기계적 능률과 사회적 능률의 비교

구분	기계적 능률	사회적 능률
대두 요인	• 행정 기능의 확대·변동 • 과학적 관리론의 영향	• 과학적 관리론의 한계 • 인간의 기계화에 대한 노조 측의 반대
관련 이론	• 과학적 관리론, 관료제이론 • 정치·행정이원론	• 인간관계론·통치기능설(1930~1940) • 정치·행정이원론(인간관계론) 및 정치·행정일원론(통치기능설)
유사 개념	• 능률을 수량적·금전적으로 명시할 수 있는 측면에서만 파악하는 능률 개념 • 대차대조표적 능률(H. A. Simon), 수치적 능률, 금전적 능률, 물리적 능률, 양적 능률, 단기적 능률, 몰가치적 능률	• 행정의 사회목적 실현, 다원적인 이익들 간의 통합·조정, 행정조직 내부에서의 인간의 자유, 개인의 발전, 창의력의 촉진 등 구성원의 인간 가치의 실현을 강조 • 인간적 능률, 상대적 능률, 장기적 능률 발전적 능률, 가치적 능률, 질적 능률: 가치 중심·가치 지향·가치 함축
비판	• 인간적 가치 무시: 몰가치·가치 맹목·가치 중립·가치 배제·가치 지양·가치 절연	• 능률의 본질이 모호화 • 자원 낭비에 대한 변명
대표 학자	• 능률과 절약이 행정의 기본적인 선이며, 행정의 제1공리는 능률이다(L. H. Gulick).	• M. E. Dimock • E. Mayor
왈도(Waldo)	• 객관적 능률	• 규범적 능률

※ 행태론은 기계적 능률(객관적 능률)과 사회적 능률(규범적 능률)을 조화시키려는 '종합적 능률' 개념을 주장했다.

3) 민주성

민주성(democracy)이란 인간 중심의 행정을 의미하며 대외적으로는 국민을 위한 행정을 수행하는 행정의 책임성·대응성을 의미하며, 대내적으로는 공무원의 인간적 가치를 존중하는 행정관리의 민주화를 의미한다.

과학적 관리론의 한계가 드러나고 인간적 가치를 무시한 기계적 능률에 대한 비판이 제기되면서 디목 등이 주장한 인간 중심의 이념이다(사회적 능률). 행정 과정에서 단순히 기계적 능률을 확보하는 것 이상으로 국민 의사의 존중, 행정에 의한 사회 목적의 실현, 인간적 가치의 추구, 조직 내 민주주의 확립 등에 적극적인 관심을 표명했다.

대내적 민주화는 공무원의 인간적 가치를 충족시켜 주는 여건을 조성하는 것이다. 하의상달의 촉진으로 제안제도, 상담제도, 고충처리제도, 공무원노조의 인정 등이 있으며, 과업보다는 인간관계를 중시하는 민주형 리더십을 발휘한다. MBO, 위원회 등을 통한 정책결정 과정에 부하들이 참여하는 방안이 있으며, 공무원의 능력 발전을 위해 교육훈련, 승진, 근무성적 평정 등을 실시한다. Y이론적 인간관리로 조직과 개인 목표를 조화시키는 통합형 관리를 시행한다. 그리고 권한위임의 촉진을 위해 분권화, 통솔 범위 확대, 동태화 등을 추진한다.

대외적 민주화는 행정환경으로서 국민과의 관계라는 측면을 중시하는 것으로 행정의 대응성 확보와 책임행정 구현을 의미한다. 이를 위해 절차 및 규제의 간소화로 부패를 방지하고 국민에 대한 봉사자세 확립 등을 통해 행정윤리를 확립하며, 행정쟁송, 행정절차법, 입법예고제 등의 행정구제제도의 확립한다. 민관공동출자(QUAGO's), 주민공동생산(QUANGO's) 등을 통해 민·관 협조 체계의 확립하고, 행정 PR과 행정정보공개제도의 활성화로 행정의 투명성을 확보한다. 대표관료제의 도입을 통해 참여성·적극성·민주성·책임성·형평성 등을 확보하며, 정책 참여, 정책공동체, 시민공동생산 등을 통해 행정 참여의 촉진한다. 그리고 행정통제의 강화를 위해 입법·사법·민중통제, 옴부즈만제도, 시민헌장제도, TQM 등을 시행한다.

행정의 가치 중 민주성과 능률성과의 관계에 대해 상충 관계 또는 보완 관계로 바라보는지에 대

표 3-2 능률성과 민주성의 비교

분야	능률성	민주성
개념	재량, 전문, 성과, 집권	참여, 공개, 책임, 분권
행정이론	행정관리설, 과학적 관리론	인간관계론, 신행정학, 공공선택이론
인간관	X이론	Y이론
인사	직업공무원제, 실적주의, 교육훈련, 정치적 중립, 공무원단체 부정 등	엽관주의, 공무원단체 인정 등
조직	상의하달, 계층제 발달, 조직의 학습 등	하의상달, 대표관료제, 참여관료제, 탈관료제, 권한위임, MBO 등
재무	PPBS(계획예산)	ZBB(영기준예산)
통제	행정정보관리	행정윤리, 선거직 확대, 정책공동체, 내부고발자 보호, 통제와 책임

※ 민주성과 능률성은 능률성을 사회적 능률성의 개념으로 이해하거나, 민주적으로 수행된 목표를 능률적으로 집행할 때 조화를 이룬다. 현대 행정에서는 민주적 행정의 효과를 높이기 위한 행정 능률의 추구가 중요하다.

한 논의가 활발히 이뤄져 왔다. 상충 관계로 보는 입장은 행정의 민주성은 목적 가치이며, 능률성은 수단적 가치다. 국민의 의사 수렴 과정은 시간 · 비용이 많이 소요되고 능률성이 저하된다고 보는 입장이다.

보완 관계로 보는 입장은 현대 행정의 과제로서 민주성은 능률성의 목적(민주성을 위한 능률)이며, 능률성은 민주성의 수단(능률화를 통한 민주)으로 보는 입장이다. 상호의 조화 방안은 능률성을 기계적 능률성이 아니라 사회적 · 인간적 능률성으로 이해하면 민주성과 쉽게 조화될 수 있으며, 목표 설정 단계에서는 민주화를 추구하고, 설정된 목표를 달성하는 과정에서는 고도의 능률을 추구한다(민주적 능률).

에치오니(A. W. Etzioni)는 행정에서 모든 대립적인 요소는 결국 민주화와 능률화의 조화 문제로 귀결된다고 보며, 이성과 감성, 조직과 개인, 집권과 분권, 관료제와 민주주의(실적제와 대표관료제), 고전적 이론과 신고전적 이론 등의 조화를 주장한다.

4) 합리성

합리성(rationality)이란 어떤 행위가 충동(감정)이 아닌 의식적이고 객관적이며 심사숙고의 이성적(인지적) 사고 과정을 거친 것이어서 이성에 합치되는 것이다. 그리고 목표의 성취에 부합되는 수단을 강구하고 이에 따르는 행위다. 합리성은 수단의 합목적성에 입각한 목적 · 수단의 연쇄(means-ends chain) 내지 목적 · 수단의 계층제에 기초를 둔다. 따라서 어떤 행위가 궁극적으로 목표 달성의 최적 수단이 되느냐의 여부를 가지는 개념이다.

고전적 · 절대적 합리성은 과학적 관리론이 행정학에 도입되면서부터 강조됐다. 비합리성은 사회인을 전제로 하는 인간관계론이 행정학에 도입되면서부터 강조됐으며, 인지적 · 제한된 합리성은 행정인이라는 인지적 차원의 제한된 합리성을 강조했다. 최근의 합리성은 기술적 합리성뿐만 아니라 가치적 합리성(공익 · 형평성)까지 포함하는 광범위한 개념이다.

합리성은 학자에 따라 그 정의를 달리한다.

이러한 합리성을 제약하는 요인으로 구조적인 왜곡, 대인 간의 조작, 인지 능력의 차이, 지식 · 정보의 부족, 주관적인 요인, 현상 유지적인 성향 등을 들 수 있다.

구성원 간의 '의사소통'이나 '간주관성'을 가로막는 구조적인 왜곡이 존재할 경우에 합리성이 저해되며(J. Harbermas), 점증모형에서 다수의 이익집단이 참여하는 다원주의 하에서의 대인 간의 조작 등이 합리성을 제약한다(E. Lindblom). 만족모형에서 주장하는 제한된 합리성은 합리성을 저

표 3-3 합리성의 종류(개념에 따른 학자별 분류)

구분	이성적(인지적) 사고작용 판단을 통한 합리성	목표 달성에 순기능적 행위를 하는 수단
K. Mannheim	• 실질적 합리성(substantial rationality)	• 기능적 합리성(functional rationality)
H. A. Simon	• 절차적 합리성: 제한된 합리성(procedural rationality)	• 내용적 · 실질적 합리성(substantive rationality)
M. Weber	• 실질적 합리성(substantial rationality) • 이론적 합리성(theoretical rationality)	• 형식적 합리성(formal rationality) • 실제적 합리성(practical rationality)
P. Diesing	• 정치적 합리성(political rationality) • 사회적 합리성(social rationality)	• 경제적 합리성(economic rationality) • 기술적 합리성(technical rationality) • 법적 합리성(legal rationality)

해하며(H. A. Simon), 정보의 불완전성(불충분성)과 인간의 미래예측 능력의 한계 등은 합리성을 저해한다. 인간의 가치관이나 선입견, 편견 또는 감정적 요인, 특정 사회의 문화적 요인이나 사회 관습 또는 기존의 가치 체계, 고정 관념 등이 합리성을 저해하며, 현상 유지를 바라는 경향이나 관성이 합리성을 저해한다.

5) 효과성

효과성(effectiveness)이란 행정이 정한 발전 목표의 달성도를 의미하는 기능적 개념이다. 효과성은 목표 중심적이고 최종적 · 변화 지향적이며 질적인 이념이다. 1960년대 발전행정론에 의해 행정에서의 발전 · 변화의 문제가 중요시됨에 따라 등장한 개념이다.

효과성에 대한 전통적 접근법은 조직활동의 특정 측면을 기준으로 효과성을 평가하는 것이다. 이러한 접근에는 체제자원적 접근법, 내부 과정적 접근법, 목표 달성 접근법이 있다. 체제자원적 접근법은 환경에 적응 · 생존하기 위한 투입(자원 획득)으로 조직의 효과성을 평가한다. 투입물 획득 · 전환 과정, 산출물의 생산 및 유통 능력, 조직의 안정과 유지, 적응과 생존 등 명백한 기준을 제시한다. 내부 과정적 접근법은 조직 내부의 활동 과정 요소 및 건전성 · 경제성 측면에서 조직의 효과성을 평가한다. 따라서 구성원의 만족감이나 변천 과정의 효과성을 중시한다. 상사와 부하의 관계, 협력 · 신뢰, 의사전달의 원활성, 보상 체계 등을 중시한다. 목표 달성 접근법은 조직목표의 달성 여부나 산출량을 기준으로 조직의 효과성을 측정한다. 수익 규모, 성장률, 시장점유율, 투자회수율 등을 중시한다.

현대적 접근법은 복수 지표에 의해 효과성을 측정한다. 이러한 접근에는 이해관계 접근법, 경쟁적 가치 접근법이 있다. 이해관계 접근법은 전략적 환경(조직의 성과에 이해관계를 가지고 있는 내 · 외부의 이해관계자) 관리로 조직의 효과성을 평가한다. 내부 요소의 상대적 중요성을 강조한다. 경쟁적 가치접근법은 평가 기준의 다양성을 고려해 조직의 효과성을 평가한다. 경쟁적 가치 기준인 조직 또는 인간, 통제 또는 유연성이라는 변수를 적용해 조직의 효과성을 평가하는 분석적인 틀을 정립한다.

6) 사회적 형평성

일반적인 개념으로 사회적 형평성(social equity)이란 경제적 · 사회적으로 불리한 입장에 있는 계층을 위해 더 나은 행정서비스를 좀 더 우선적으로 제공하고자 하는 것으로 정의(justice) · 평등(equality) · 공평(fairness) 등과 유사한 개념이다.

사회적 형평성에 대한 개념은 시대별, 학자별로 차이가 나타나고 있다. 아리스토텔레스는 형평이란 여러 개인 간의 관계에서 사물의 적절하고 마땅한 분배로 이뤄진 공정한 평등을 뜻한다고 주장했다. 신행정론에서는 사회적 형평성을 부유층이나 특정 집단 대신 사회적 · 경제적 · 정치적으로 불리한 입장에 있는 계층을 위해 국가가 특별한 배려하는 것으로 정부 규제에 의해 구현되는 가치로 보고 있다. 프레드릭슨(H. G. Frederickson)은 사회적 형평성을 “일련의 가치 선호를 내포하는 공공서비스의 평등성, 의사결정과 사업 수행에서의 행정관의 책임성 및 시민 요구에 대한 대응성의 확보”를 의미한다고 주장했다.

사회적 형평성은 1968년 미노브루크(Minnowbrook) 회의에 참여했던 프레드릭슨 등 젊은 학자들을 중심으로 주장된 신행정론의 주된 이념이다. 베트남전쟁, 소수민족 문제, 신구 세대 간의 갈등, 풍요 속의 빈곤 등 격동기의 미국 사회를 배경으로 전개됐다. 기존의 행정이론을 철학의 부재, 가치판단의 결여 등으로 사회문제를 해결할 적실성이 없다고 비판하고, 가치중립적인 행태론을 배격했다. 기존의 행정이론이 분배의 공평성을 고려하지 못해 정치·경제·사회적인 불평등을 심화시켰다고 비판했다. 능률성·효과성은 비용·산출의 총량만 고려했을 뿐이며, 비용·효과의 구체적 구성은 고려하지 않고 비용의 부담자와 효과의 향유자가 누구인가를 고려하지 않았다고 비판했다.

(1) 아리스토텔레스의 배분적 정의에 입각한 형평의 기준

아리스토텔레스(Aristoteles)의 형평의 기준은 첫째, 평등이론이다. 이는 절대적·획일적·기계적·적극적·진보적 평등을 중시하는 이론으로 인간의 가치는 개인의 신분이나 능력 등에 관계없이 누구나 동일하다는 개념이다(결과는 같게, 기회는 다르게). 극단주의나 사회주의자의 입장이다. 둘째, 실적이론이다. 상대적·형식적·절차적·소극적·보수적 평등을 중시하는 이론으로 기회균등에 입각해 능력이나 실적에 비례한 상대적 평등이다(기회는 같게, 결과는 다르게). 자유주의자의 입장이다. 기계적 평등은 사회의 공동선이 아니라고 보는 입장이며, 합리적 차별이나 정당한 불평등이 내포된 개념이다. 셋째, 욕구(필요)이론이다. 국민적 최저를 확보하기 위해 인간의 최소한도의 기본적인 욕구를 충족시켜 준다는 입장으로 절대적·상대적 평등을 모두 포함하는 절충적 입장이다. 사회주의자들의 견해에서 비롯된 것이지만 최근에 자유주의자들도 주장한다. 롤스(John Rawls)의 정의론이나 신행정론의 일반적 형평 개념이 이에 해당한다. 국민주택(무주택자 우선 배정), 연금제도, 실업수당, 생활보호, 공적부조, 의무교육, 최저임금 등의 정책이 해당된다.

(2) 수평적 공평과 수직적 공평: 기회 기준

수평적 공평은 동일한 것은 동일하게 다룬다는 의미다. 누구에게나 동일한 기회를 제공한다는 자유주의자들의 입장이다. 비례세, 실적주의(공개채용), 보통선거, 납세·국방의 의무, 공원 입장료, 도로통행료, 대학등록금 등 수익자부담주의 등이 해당된다.

수직적 공평은 다른 것은 다르게 다룬다는 의미다. 약자에게 더 많은 기회를 제공한다는 사회주의자들의 입장이다. 누진소득세, 임용할당제(대표관료제), 저소득층에 대한 등록금 면제, 소형차에 대한 통행료 할인 혹은 면제 등이 해당된다.

절충설은 일반적인 형평이나 롤스의 정의 개념에 해당하는 것으로 수직적 공평과 수평적 공평 모두를 포함한다. 연금, 실업수당, 생활보호, 공적 부조, 의무교육, 최저 임금 등이 해당된다.

표 3-4 형평성 이론의 비교

구분	평등이론	욕구이론	실적이론
주창자	사회주의자	사회주의자 또는 자유주의자	자유주의자
공평	결과의 공평(기회는 다르게)	절충	기회의 공평(결과는 다르게)
평등	절대적·실질적·적극적 평등	절충	상대적·형식적·절차적 평등
사례	누진세, 응능주의, 임용할당	의무교육, 실업수당, 최저임금	비례세, 응익주의, 공개채용

표 3-5 수평적 공평과 수직적 공평에 대한 상반된 입장

구분	사회주의로 보는 입장(평등이론)	자유주의로 보는 입장(실적이론)
기회	기회를 다르게: 수직적 공평	기회를 같게: 수평적 공평
결과	결과를 같게: 수평적 공평	결과를 다르게: 수직적 공평

(3) 롤스의 정의론과 정의의 원리

롤스(John Rawls)는 『정의론(*A Theory of Justice*)』(1971)에서 "공정성으로서의 정의(justice as fairness)"로 파악하는 절차적 정의(procedural justice)를 제시하면서 정의 기준을 절차・과정의 공정성에서 찾고 있다. 공정성이란 사회구성원이 모두 동일한 행동규칙, 즉 '정의의 원리(principles of justice)'에 따라서 행동하고 개인이 원칙에 따라 행동하는 한 결과가 어떠한 것이든 반론을 제기해서는 안 된다는 것이다.

롤스는 무지의 장막(veil of ignorance)이 가정된 원초적 상태(original position) 하에서 합의되는 일련의 법칙이 정의의 원칙이 돼야 한다고 주장했다. 원초적 상태란 갓 태어난 상태(original state)이며, 무지의 장막이란 사회구성원들이 자신의 출신 계층과 신분 및 합의 당사자가 자신이 타고난 재능, 가치관, 지위 그리고 어떠한 사회적 결정이 자신에게 유리 또는 불리할지를 모르는 가설적 상황이다.

모든 사람이 동등한 자유를 누리고 살아가려면 합의가 필요하다고 주장하면서 정의의 두 원리를 제시했다. 정의의 제1원리는 평등한 자유의 원리(equal liberty principle)로서 모든 사람이 다른 사람의 동일한 자유와 상충되지 않는 범위 내에서 최대한으로 자유에 대해 동등한 권리를 가진다. 예를 들어 정치적 자유(선거권 및 피선거권 등), 언론, 출판의 자유, 양심의 자유 등이다. 정의의 제2원리는 사회적・경제적 불평등의 조정에 관한 원리로서 만약 불평등이 있다면 조정을 통해 직무와 직위는 모든 사람에게 공정하게 개방돼야 한다는 기회 균등의 원리(equal opportunity principle)와 그래도 여전히 불평등이 존재한다면 가장 불리한 입장에 있는 사람(극빈층)에게 최대한 이익이 되도록 조정(최소극대화의 원리: maximin)되는 경우에만 정당하다는 차등 조정의 원리(difference principle)다.

이러한 중도적 입장은 자유방임주의를 주장하는 전통적 자유주의 입장에서 보면 자유의 제한을 초래하며, 생산 수단의 사회적 소유를 주장하는 사회주의 입장에서 보면 바람직한 불평등의 추구는 완전한 평등을 추구하는 것에 반한다. 모든 공리주의적 고려를 도외시하고 정의의 원리에 대해 절대적 우선순위를 부여하는 것은 사리에 맞지 않는다. 또한 무지의 장막은 너무 인위적 성격을 띠고 있으며, 사회적・경제적 권리에 비해 정치적 권리에 지나친 우선순위를 두고 있다. 모든 사회구성원의 합의에 정의가 기초를 두고 있다는 생각은 비현실적이며, 정의의 원리의 실천전략이 제시되고 있지 않다.

7) 공익

공익(public interest)이란 공공의 이익, 사회구성원 전체의 이익을 말한다. 공익의 개념은 관점에 따라 그 의미가 다양하게 규정된다. 공익은 행정의 이념적 최고 가치이며, 행정인의 활동에 관한 최고의 규범적 기준이다. 일반적으로 말해 공익은 불특정 다수인의 이익, 개인이나 집단의 대

립적 특수 이익을 초월한 사회 전체에 공유된 기본 가치(shared value)로서 사회 일반의 공동 이익 또는 행정의 전체지향성을 의미한다.

현대 국가에서 공익은 국민에 대한 행정의 책임성을 판단하는 기준으로서 또한 바람직한 정책결정의 기준으로서 그 중요성이 인정되고 있다. 그리고 공익은 행정인에게 공복(公僕)으로서의 양식을 갖도록 촉구하고, 이기적·개인적 이익 이상의 것이 행정 세계에 존재한다는 것을 깨우쳐 주는 역할을 한다.

공익의 본질을 어떻게 볼 것인가에 대해 별도의 실체를 인정하는 실체설, 사익의 총합이 공익이라는 과정설로 구분할 수 있다. 우선 실체설은 적극설·규범설로서 공익은 사익이나 특별이익을 초월한 도덕적·규범적인 것으로 존재하며 사익과 구별되고, 객관적으로 내용이 명백한 실체적 개념으로 행정의 구체적 지침이 될 수 있다. 전체주의(집단주의)적 접근 방안으로 선험적으로 주어진 시민 도덕, 정의, 양심, 자연법, 일반 의지, 선, 형평, 복지, 인간 존중, 공동사회의 기본적 가치 등을 공익이라고 보며, 절대적·실체적 윤리를 강조한다. 공익의 개념을 실체설의 입장에서 파악하는 학자들로는 플라톤(Platon), 아리스토텔레스(Aristoteles), 루소(J. J. Rousseau), 헤겔(G. W. F. Hegel), 마르크스(Karl H. Marx), 벤담(J. Bentham), 플래스맨(R. E. Flathman), 헬드(V. Held), 벤디트(A. Benditt), 리프만(W. Lipman), 롤스(J. Rawls) 등이 있다. 사익과의 갈등이란 있을 수 없으며, 상충되는 경우 사익은 당연히 희생된다는 전체주의 입장이다. 즉, 사익과 공익 간에는 갈등이 없으며 사익보다 공익을 중시하는 유기체적 또는 공동체적 관점이다. 투입 기능이 활성화되지 못하고 산출 기능을 중시하는 개도국의 입장이다. 그리고 관료의 적극적인 역할이 중시돼 정책결정에서 엘리트(elite)모형과 유사하다. 가치관의 차이로 통일된 공익관의 도출이 곤란해 공익 결정에서 관료들이 좀 더 적극적인 역할을 수행해 공공자원의 권위적 배분이 이뤄진다. 공익 개념이 추상적이어서 국민 의사를 외면하는 구실을 제공할 수 있다는 비판을 받으며, 공익 결정 과정이 소수 엘리트의 주관적 가치를 객관적 가치로 전환시키는 비민주적 과정이다. 그러나 비조직화된 약자의 이익을 반영할 수 있다.

과정설은 소극설·현실 해석적 공익이론이다. 사회집단의 특수이익이나 사익과 본질적으로 구별되는 공익의 실체는 있을 수 없으며, 공익은 사회적 신화에 불과하다. 공익이란 수많은 사익 간의 갈등의 조정·타협의 소산이 될 수밖에 없다는 현실주의, 개인주의적 입장이다. 공익의 개념을 실체설의 입장에서 파악하는 학자들로는 벤틀리(A. F. Bentley), 소라우프(F. Sorauf), 린드블롬(C. E. Lindblom), 홉스(T. Hobbes), 슈버트(G. A. Schubert) 등이 있다. 공익은 단일성을 지니는 것이 아니라 다수성을 지니며, 공익과 사익은 본질적 차이가 아닌 상대적 양적 차이로 본다. 공익은 선험적인 것이 아니라 특수이익(사익)이 민주적 조정 과정을 통해 조정되는 경험적인 과정으로 공공자원의 민주적인 분배를 추구한다. 그리고 투입 기능이 활발하고 다원화된 선진 사회에 적용되는 이론으로 공익은 정책결정 과정의 결과적 산출물이다. 공익 결정에서 행정인(관료)보다 다수의 이

표 3-6 공익의 실체설과 과정설의 비교

실체설	공익≠사익의 합	선험적	규범적	적극설	합리모형	개도국	전체주의	권위주의	비민주적
과정설	공익≒사익의 합	경험적	현실적	소극설	점증모형	선진국	개인주의	다원주의	민주적

해관계자가 좀 더 적극적인 역할을 수행해 정책 결정에서 점증모형 또는 다원적 집단모형과 유사하다.

공익에 대한 한계로 첫째, 대립적인 이익을 평가할 수 있는 사전 기준 제시가 불가능하다. 둘째, 특수이익의 대립이 자동적으로 일반이익으로 승화되는 지나친 기계적 관념이다. 셋째, 규범적·도덕적 요인이 경시되고 국가 이익이나 공동 이익의 존재를 고려하지 않는다. 넷째, 토의·협상·경쟁 과정이 발달되지 못한 신생 국가에서는 적용하기가 곤란하다. 다섯째, 조직화된 집단(강자)의 이익은 반영할 수 있으나, 비조직화된 집단(약자)의 이익은 반영하기 어렵다.

공익에 대한 절충주의적 인식(중간설)도 존재한다. 이 입장에서는 공익이란 사익의 단순한 집합체도 아니며, 사익 간의 타협의 소산도 아니지만 또한 사익과 전혀 별개의 차원도 아니라는 입장이다(J. M. Buchanan & G. Tullock의 공공선택이론 등). 민심·국민 의지의 최적 구현을 공익으로 보고, 이의 수단으로 양당정치제도를 예로 들고 있다(합리론). 그러나 이러한 접근은 이론적인 독창성이 부족하다는 데 한계가 있다.

공익은 평등·정의·공정성·복지 등과 같은 사회의 일반적인 기본적 가치를 의미하며, 역사적·시대적 상황의 변동에 따라 그 의미와 내용이 변동되고 있다. 형평성·민주성과 함께 행정인이 준수해야 할 최고의 행동규범이다. 그리고 공익 개념은 절대적·확정적·정태적 개념이 아니라 포괄적·상대적·동태적인 불확정적 개념이다. 공익의 유용성을 살펴보면, 이해관계가 상반되는 특수이익을 초월해 좀 더 광범위한 일반이익을 추구하는 데 도움을 주며 국가의 항구적 이익을 수호할 수 있다. 행정인에게 성실·정의·양심·도의에 따른 행동을 촉구하게 되며, 정부와 국민 간의 대화를 촉진시키고 정부에 대한 국민의 지지 기반을 넓히는 데 활용될 수 있다. 정책결정이나 행정책임의 기준을 제시함으로써 정부활동의 장래 방향을 설정할 수 있으며, 공익의 상대적·불확정적 특징으로 말미암아 대립적인 이익·가치의 상호작용을 통해 쇄신과 창조의 기회가 마련될 수 있고 새로운 공익이 형성될 수 있다.

공익은 정책이나 프로그램에 대한 평가 기준 내지 평가 척도의 역할을 할 수 있다. 주관적이고 편협한 이익을 객관적·포괄적인 이익으로 전화시키며, 조직화되지 않은 이익이나 잠재적 이익까지 고려한다(실체설). 공익은 경쟁적·대립적인 사회집단이나 사회 세력 간에 공존 체제를 확립하는 데 그 기반이 될 수 있다(과정설). 공익은 행정인에게 규범적·윤리적 기준을 제시함으로써 관료제 일탈을 방지하고 행정책임을 구현하는 준거가 된다. 위기나 재난 시 국가 존립을 위해 국가가 개인을 통제와 구속하는 행위를 정당화시켜 주는 역할을 하며, 자본주의의 경쟁 논리에 따른 약육강식의 폐해를 방지하는 역할을 한다(실체설).

8) 생산성(효율성)

생산성(productivity)이란 투입된 생산 요소의 양에 대한 산출물의 산출량을 말한다. 일반적으로 생산성의 개념은 투입에 대한 산출의 비율을 의미하는 능률성(efficiency)뿐만 아니라, 산출의 질이나 내용을 중시하는 효과성(effectiveness)의 개념을 동시에 내포하는 것으로 볼 수 있다. 이러한 관점에서 생산성의 개념은 효율성(effectiveness and efficiency)과 같은 의미로 규정될 수 있다.

이러한 생산성의 특징으로 측정이 곤란하다는 점을 들 수 있다. 세부적인 내용을 보면, ① 공공행정에는 명백한 공적 산출물의 단위가 없기 때문에 산출이나 효과의 계량화가 곤란하다. ② 정부

활동의 다목적 기능, 외부효과 등 때문에 정확한 생산성 측정이 곤란하다. ③ 행정 업무의 상호작용 때문에 단일기관의 안목만으로 측정하기가 곤란하다. 또한 정부 전체의 생산성 측정은 더욱 곤란하다. ④ 공공부문에서 생산성을 측정하는 데 필요한 적절한 자료·정보·통계가 없다. ⑤ 공공부문에서 명백한 생산함수가 존재하지 않기 때문에 생산 요소와 생산량 간의 명확한 인과관계를 파악하기가 곤란하다.

생산성 저해 요인을 살펴보면, 조직의 업무 수행 실적을 측정할 필요가 없다고 인식하는 병리현상으로 해결할 문제가 없다고 보는 외면병(panglass), 행정에서 업무 성과의 측정은 불가능하다고 단순 논리에 빠지는 병리 현상으로 불가능병(impossibility)이 있다. 그리고 공공 분야는 생산성에 관한 한 민간부문과 경쟁할 수 없다는 인식을 가지고 경쟁을 포기하는 병리 현상으로 공상병(hypochondria), 성과측정의 요소가 혼합되고 의미 없는 자료와 정보에 의해 평가되는 병리 현상으로 공해병(pollution), 성과측정의 횟수와 빈도만을 높이고 유용성을 간과하는 병리 현상으로 인플레이션병(inflation)이 있다.

생산성의 제고를 위해 위에서 언급한 다섯 가지 저해 요인을 제거하는 것이 중요하다. 성과 중심의 관리가 필요한데, NPM의 다음과 같은 정부혁신 전략에서 제시되고 있다. 조직 운영 방법의 개선, 업무 처리 절차의 개선, 행정기술의 개선, 동기부여 및 경쟁 강화, 의사결정 능력의 향상, TQM, 벤치마킹 등이다.

9) 가외성(加外性): 중복성·여벌성

가외성(redundancy)이란 행정 수요의 최대치를 예상해 시설·인력·기능 면에 여유분을 설정하는 것이다. 이는 1969년 랜다우(M. Landau)가 처음 제기한 개념으로 동일한 기능을 수행하는 둘 이상의 기관이나 절차가 존재하는 현상을 지칭하는 것으로 체제의 실패 가능성을 최소화하려는 장치로 제기됐다.

가외성은 중첩성, 반복성, 등전위 현상 등의 개념으로 제시된다. 중첩성은 여러 행정기관이 상호의존성을 가지면서 혼합돼 있는 것으로 서로 비슷한 기능이 여러 부분에 겹쳐 있는 조직에서 오류·착오를 알아내고 조정·시정·차단하는 기능을 한다. 반복성(duplication)은 동일한 기능을 여러 행정기관이 독자적인 상태에서 수행할 때, 여벌의 부분이 반복적으로 여러 개 존재하는데 기능의 반복적 실패를 방지한다. 등전위 현상(equipotentiality)은 주된 조직이나 목표가 제 기능을 못할 때 부수조직이나 목표가 이를 대신해 주는 현상이다. 대표적인 사례로 법원의 3심제도, 양원제, 위원회제도, 거부권, 정보 채널, 계선과 참모, 권력 분립, 순차적 결재, 비행기 보조 엔진, 자동차의 브레이크 장치 등이 있다.

정보경로의 다양화, 정보원의 다원화가 이뤄져야만 정보의 정확성을 기할 수 있다. 예측하지 못한 잘못이나 실패를 줄이고 이러한 가능성을 극소화함으로써 조직의 신뢰성·안정성을 제고할 수 있다. 체제의 적응성·대응성을 유지할 수 있다. 이는 어느 한 부분에서 기능상의 장애가 발생해도 중복장치의 발동을 통해 환경 변동에 대한 적응성·대응성을 유지할 수 있다. 민주 체제에서 활발한 토론과 이질적인 의견 교환이 창의적 사고를 촉진시키며, 의사결정권을 조직의 하층부·하급기관·지방 등으로 분산시키는 근거가 된다.

그러나 가외성을 늘리면 늘릴수록 능률성과 경제성은 저하된다. 그리고 가외성·중복성의 증가는 행정조직의 운영에 자원의 낭비, 비용의 증가를 초래하게 되며, 기능 중복으로 인한 조직 내 갈등·충돌·대립의 소지가 있다. 또한, 감축관리가 지나치게 추진되면 오히려 비능률을 초래하게 되므로 가외성과의 조화가 고려돼야 한다.

10) 신뢰성

신뢰성(reliability)이란 내용적으로는 국민을 위한 행정을 의미하며, 절차적으로는 정책결정에 대한 예측가능성이 높은 행정을 의미한다. 이는 사실적·기술적·과정적 차원과 규범적·가치판단적·내용적 차원 등으로 나눌 수 있다.

신뢰는 개인의 문제가 아닌 관계다. 신뢰는 위험을 감수하는 것이며, 지식의 불완전성과 예측의 불확실성을 전제한다. 가치관일 수도 있고 지식이나 감정일 수도 있으며, 신뢰와 불신이 공존할 수 있다. 신뢰와 통제는 어떤 행동 결과의 확실성을 확보하려는 수단들로서 양자는 상호보완적으로 쓰일 수 있지만 상호 영향은 대립적이다. 신뢰의 차원, 중요성, 강도 등은 시간의 흐름에 따라 변화하며, 피신뢰자가 신뢰자를 위해 바람직한 일을 할 것이라는 긍정적 기대다. 사적 신뢰가 아닌 공적 신뢰이며, 강제적이지 않은 자발적 신뢰다. 정부에 대한 신뢰는 중요한 사회적 자본이며, 정부 신뢰가 국가경쟁력의 중요한 변수로 등장했다. 또한, 이는 경제 성장 과정 및 경제 발전 유형에도 영향을 미친다(Coleman, 1988).

정부에 대한 신뢰가 높은 경우에 정책순응도가 높아져 의도한 정책효과를 거둘 가능성이 증대한다. 가외성의 필요성을 감소시켜 능률성을 높여주며, 감시 및 거래비용을 감소시키고 거래에 대한 효과적인 이행·통제·감시의 수단이 될 수 있다. 그리고 새로운 국정 운영 방식인 거버넌스는 네트워크에 참여하는 구성원 사이의 신뢰 위에서 가능하다. 신뢰는 사회적 자본으로서 자발적 협력과 참여를 유인하는 집단행동의 딜레마를 극복해 줄 수 있는 원천이자 힘이 된다. 정부 신뢰가 높으면 정책대안에 대한 비판적 검토의 부족으로 합리성이 결여될 염려가 있다. 신뢰가 높을수록 기회주의적 행동의 가능성이 커져 정보 격차가 발생할 가능성이 높다.

신뢰자(국민)의 차원은 신뢰의 주체인 국민(개인)의 심리적 특성으로 계산적 차원에서 이해타산에 초점을 맞춘 신뢰, 인지적 차원에서 사회적 관계에서 어떤 대상은 믿고 어떤 대상은 믿지 않은 분별적 선택 과정에서 나타난 신뢰, 관계적 차원에서 상대방에 대한 연대감 또는 동일체 의식과 관련된다.

표 3-7 행정 불신의 원인 및 신뢰성 확보 방안

구분	불신의 원인	확보 방안
행정 구조면	① 규칙이 지나치게 비현실적·이상적 ② 정책결정 시 개방성 부족	행정절차법·입법예고·행정정보공개제도·내부고발자보호제도 등
행정 행태면	① 공무원의 부정, 법의 불공평한 적용 ② 정부가 약속한 정책을 불이행 ③ 행정기관의 편의주의 관행 ④ 정부와 공무원의 능력 부족	① 행정인의 책임성 있는 공직관 ② 법의 집행에서 공정성 확보 ③ 능력 발전과 성실한 근무 유인 제공 ④ 부패방지법 운영, 공무원 교육훈련 강화
행정 환경면	① 부당한 간섭 또는 침해 ② 정경유착으로 인한 경제적 이권 행사 ③ 비신축적 적응	① 정치 발전을 통한 정치의 책임성 확보 ② 행정과 경제를 민주적·일반적인 원칙 확보 ③ 신축성 확보를 위한 정부 기능의 재정립

11) 사회적 자본

사회적 자본(social capital)은 종전의 인적·물적 자본에 대응되는 개념으로 사회구성원들이 공동의 문제를 해결하는 데 적극적으로 참여하는 사회의 조건 또는 특성을 지칭한다. 이것은 사회구성원들이 힘을 합쳐 공동 목표를 효율적으로 추구할 수 있게 하는 사회생활의 특성으로서 공동이익을 위한 상호 조정과 협력을 촉진하는 사회적 조직의 특성이라고도 정의할 수도 있다. 여기서 사회생활 또는 사회적 조직의 특성이란 상호 신뢰, 친사회적 규범, 그리고 협력적 네트워크다. 이러한 특성들이 사회적 자본의 핵심적 구성 요소다. 사회적 자본의 정의는 매우 다양하다.

사회적 자본은 신뢰, 사회적 연계망, 상호 호혜의 규범, 믿음, 규율 등이 있다. 후쿠야마(Francis Fukuyama)는 사회적 자본이 사회 내에 존재하는 신뢰로부터 나오는 것으로 종교, 전통, 또는 역사적 관습 등과 같은 문화적 메커니즘에 의해 생겨나고 전파되기 때문에 다른 형태의 자본과는 다르다고 주장한다. 사회적 자본은 시민들 사이의 협력 관계망이며(Brehm & Rahn, 1977), 사회적 관계에서만 존재한다. 현대 및 전통사회, 권위주의 및 민주사회, 봉건 및 자본주의 사회 등 어떠한 사회도 공식·비공식의 사람들 사이의 커뮤니케이션 및 상호 교환이라는 네트워크에 의해 특징지어진다고 볼 수 있다. 상호 호혜의 규범은 구성원들이 공유하고 있는 규범에 근거를 두는 입장이다(Paul & Kwon, 2000). 믿음은 사회적 자본의 형성에서 중요한 역할을 하고 있다(Nahapiet & Ghoshal, 1998).

개인 간 또는 집단 간의 관계를 이어주는 네트워크가 있다. 자발적이며 수평적으로 형성되는 것이다. 사회적 관계는 호혜주의적 특성을 지닌다. 구성원들은 자기에게 필요할 때 언젠가는 보답을 받을 것이라는 일반적 기대를 가지고 다른 사람들, 그리고 공동체를 위해 봉사한다. 이러한 행태를 친사회적 행태라고 한다. 구성원들 사이에 상호 신뢰가 있어야 한다. 친사회적 행태를 강화하는 사회적 규범이 있다. 사회적 규범은 비공식적·사회적 통제력을 지닌 것이며 공식적·법적 제재와 구별된다. 사회 관계는 공동체주의적 지향성을 지닌다. 공동체가 핵심적 위치를 차지한다. 사회적 자본은 정치·경제의 발전을 지지해 주는 윤리적 기반이 된다. 1990년대 이후 인적·물적 자본보다 사회적 자본이 국가경쟁력이나 국력의 실체로서 작용하며 심지어는 경제 발전에도 중요한 영향을 미친다.

사회적 자본은 사회구조와 네트워크 내에서 개인의 행동을 촉진하는 역할을 한다. 사회적 관계에서 거래비용을 감소시켜 행동의 능률성을 증가시켜주며, 창의성과 학습을 촉진한다. 협력적 행태를 촉진함으로써 혁신적 조직의 발전을 가능하게 만든다. 그러나 역기능으로 사회적 자본은 경제적 자본에 비해 형성 과정이 불투명·불확실하고, 구체화되지 않은 의무, 불확실한 시간적·공간적 경계, 호혜성의 기대 등과 같은 조건이 작용해 거래 개념이 불분명하다.

12) 기타

기타 행정의 이념으로 정책가치가 정치사회적 맥락에서 필요한 것인지의 판단 기준으로서 정책 목표가 사회가치를 잘 반영하고 있는지에 대한 적합성(appropriateness), 목표 달성 수준의 충분성으로 프로그램의 효과가 수요의 충족(문제의 해결)에 어느 정도 기여했는지에 대한 적절성(adequacy), 환경을 구성하는 국민의 욕구, 선호, 가치 등을 얼마나 만족시켜 주는가 하는 대응성

(responsiveness) 등이 있다.

3. 행정 이념의 변천과 상호 관계

1) 행정 이념의 변천

행정 이념은 그 시대에 따라 대두되거나 중요성이 변화했다. 위에서 기술한 행정 이념들 중 대두됐거나 중시된 시기에 대한 내용을 살펴보면 <표 3-8>과 같다.

표 3-8 행정 이념의 대두 시기

대두(중시) 시기	이념	개념
근대 입법국가(19세기 초)	합법성	법을 떠난 자의적인 행정은 불가함을 의미: 법률적합성
과학적 관리론(19세기 말)	능률성	최소의 투입(비용)으로 최대의 산출(수익)을 얻고자 하는 이념: 양적 개념
인간관계론(1930년 전후) 통치기능설(1930~40년대)	민주성	민주성은 행정책임이 확보된 상태로 대외적으로 국민을 위하고 대내적으로 공무원의 인간적 가치를 존중하는 인간 중심의 행정
행태론(1950년대)	합리성	목표 달성에 대한 수단의 기여도를 의미: 목표에 대한 수단의 적합성
발전행정론(1960년대)	효과성	목표의 달성 정도를 의미: 질적 개념
신행정론(1970년대)	사회적 형평성	분배의 공평성(정의)을 의미: 소외계층(극빈계층)의 이익을 우선적으로 증진
신공공관리론(1980년대)	생산성	최소의 비용으로 최대의 효과 달성을 의미: 능률성과 효과성의 조화
뉴거버넌스(1990년대)	신뢰성	정부에 대한 믿음: 사회적 자본

2) 상호 관계

정치적 민주성(엽관제·대표관료제)과 중립적 능률성(실적주의·직업관료제)은 대립·갈등 관계다. 민주성은 절차를 중시하고, 효과성은 결과를 중시하며, 합법성은 예측가능성과 안정성이 높고, 대응성은 신축성(재량성)이 높다. 능률성은 산출(양적) 개념이며, 효과성은 결과(질적) 개념이다. 능률성은 수단에 중점을 두며, 효과성은 목표에 중점을 둔다. 능률성은 최적 배분(분배정책)에 중점을 두며, 형평성은 복지정책(소득재분배)에 중점을 둔다. 능률성은 여유분을 인정하지 않으나, 가외성은 여유분을 인정하며, 합법성을 중시하면 효과성은 저해된다.

합법성과 민주성은 둘 다 인간적 가치를 구현하며, 합법성은 절차적 민주성을 확보해 민주성에 기여하는 측면이 있다. 능률성을 기계적 능률성으로 보면 민주성과 상반되지만 능률성을 사회적 능률성으로 보면 조화되는 측면이 있다. 행정의 효과성은 생산성의 한 측면이 되며, 행정의 능률성은 생산성의 한 측면이 된다. 능률성은 산출(양적) 개념, 효과성은 결과(질적) 개념으로 충돌의 소지가 있으나 효과성은 능률성을 전제로 한다는 점과 능률성에 의한 수단의 극대화가 목표 달성의 극대화로 연계된다는 점에서 보완적이다.

3) 행정 이념의 우선순위

본질적 가치(intrinsic value)는 종국적 가치로 행정을 통해 이룩하고자 하는 궁극적 가치, 가치

자체가 목적이 되는 가치다. 사회적 형평성, 정의, 평등, 공익, 복지, 자유 등이 해당된다. 비본질 가치((instrumental or extrinsic value)는 수단적 · 도구적 가치로 행정이 추구하는 본질적 행정가치를 달성하기 위한 수단이 되는 가치다. 합법성, 능률성, 민주성, 합리성, 효과성, 생산성, 책임성, 투명성, 중립성, 가외성, 신뢰성 등이 해당된다.

행정 이념의 우선순위에 대해 여러 입장이 존재한다. 애코프(R. L. Ackoff, 1981)는 본질적 가치가 수단적 가치에 우선하는 입장으로 [그림 3-1]과 같다.

최근 후기산업사회(post-modernity)에서 행정 이념은 다양한 가치 추구와 인식론적 상대주의가 지배적이다. 따라서 다양한 이념 간의 조화가 필요하다.

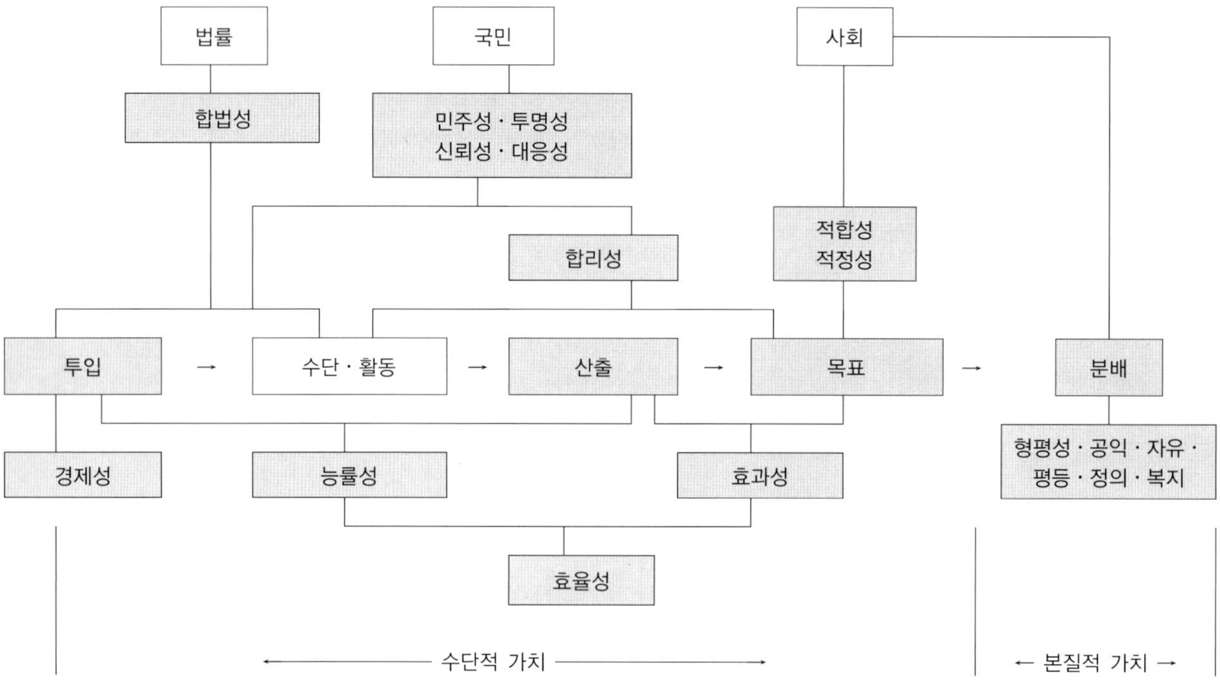

그림 3-1 행정 단계별 행정 이념과 우선순위

출처: 애코프(Ackoff, 1981).

제 4 장 행정학의 성격과 발달

제1절 행정학과 행정이론

1. 행정학의 의의

행정학은 행정 현상·공공 현상을 분석·설명하고 행정의 본질을 명확히 하기 위한 지식 체계이며, 여러 가지 다양한 행정이론이 이러한 지식 체계를 형성하고 있다. 행정학은 공공관료제·정부기관·공공기관과 그 사회적 환경과의 관계 내지 행정 행태·관료 행태를 좀 더 체계적으로 인식하고자 한다. 사회 목적에 좀 더 잘 대응할 수 있는 정책의 형성·집행을 촉진시키며, 행정 체제의 효율성을 높일 수 있도록 한다.

행정학의 분석 수준은 개인적 수준, 집단적 수준, 사회적 수준, 국제적 수준 등으로 구분할 수 있다. 개인적 수준에서는 행정인의 성격·행태·동기·가치관·역할·직무 만족·소외·갈등·개인적 발전 등을 분석한다. 집단적·대인적 수준에서는 집단 행태·대인 능력·집단 리더십·의사소통·팀워크·협상 능력·인간관계·의사소통 등을 분석한다. 조직적 수준에서는 관료제·구조·계층제·관리 기능·정책 과정·의사결정·행정정보 체계·권력갈등·리더십·정부규제·자원 배분·근무생활의 질 등을 분석하며, 사회적 수준에서는 사회적 가치·윤리·공익·환경적 요인·사회에 대한 행정의 영향·주민 참여·사회적 형평성·정보사회 등을 분석한다. 국제적·문화횡단적(cross-cultural) 수준에서는 행정 체계의 비교·비교정책·비교관료제·발전행정·지역사회 발전 등을 분석한다.

2. 행정이론의 유형적 특성

베일리(S. K. Bailey)는 『행정이론의 목적』(1968)에서 행정이론은 그 목적에 따라 기술적·설명적 차원, 처방적 차원, 규범적 차원, 가정적 차원, 도구적 차원 등으로 나룰 수 있으나 상호 배타적이 아니라 연관 관계를 가지고 있다고 제시했다.

첫째, 기술적·설명적 이론(descriptive-explanatory theory)이다. 행정 현상의 특성·존재·경향·속성 등을 사실대로 기술·설명하는 이론이며 실제로 일어나는 현실의 행정 현상을 밝히는 데 중점을 둔다.

둘째, 처방적 이론(prescriptive theory)이다. 관료제의 전문성과 정치적 권력을 활용함으로써 정책의 방향을 제시하려는 이론이다. 기술적 이론이 행정의 인과관계를 밝히려는 이론인데 반해 처방적 이론은 행정 과정을 개혁·수정·향상시키기 위한 이론이다.

셋째, 규범적 이론(normative theory)이다. 행정이 경험적 세계가 아닌 당위의 세계에서 당연히 준수해야 할 규범을 도출하려는 가치와 관련된 이론이다.

넷째, 가정적 이론(assumptive theory)이다. 인간 행태에 대한 기본적 가정 위에서 어떤 행정 현상이 발생하는데 전제 조건을 살펴보고 발생할 가능성을 탐구하는 이론이다.

다섯째, 도구적 이론(instrument theory)이다. 일정한 상황에서 행정 목표를 좀 더 효율적으로 달성하고 행정관리 기술을 향상시키는 데 초점을 두며 유용한 기술 · 도구 및 수단이 무엇인가를 밝히는 이론이다.

3. 행정학의 학문적 성격

1) 사회과학으로서 행정학

사회과학이란 인간과 인간의 관계인 사회 현상이라는 연구 대상을 과학적인 연구 방법을 동원해 연구하는 학문 분야를 말한다. 사회과학이라는 용어가 등장하기 전까지는 사회학, 정신과학, 문화과학, 인문과학, 인간과학 등의 용어가 사용됐다.

행정학은 다른 학문에 비해 수용된 이론이 많은 것이 사실이지만, 나름대로의 축적된 지식을 갖고 있으며, 연구 대상 또는 연구 주제가 다른 학문과 분명히 구별되는 중점을 갖고 있어서 종합학문으로서 하나의 분과 학문으로 성립하는 데에는 문제가 없다. 따라서 행정학은 사회 현상 중에서 행정 현상을 연구 대상으로 하는 학문 분야를 말한다.

2) 행정학의 과학성 · 기술성

행정학은 한편에는 기술적 성격(art)을 가지는 동시에 다른 한편에는 행정의 과학적 연구(science) 성과를 현실에 적용할 수 있다고 본다. 과학적 성격은 실증적 · 통계적 · 경험적 방법에 의해 인과성 · 유형성을 정립하려는 접근법과 관련된다. 설명성, 기술성(記述性), 객관성 등을 강조하며, 행정학에서는 정치 · 행정이원론, 행정행태설(논리실증주의) 하에서 강조됐다. 그리고 과학성을 강조한 학자는 사이먼(H. A. Simon)과 랜다우(M. Landau) 등이다.

기술적 성격(art)은 행정의 활동 자체를 처방하고 치료하는 행위를 의미한다(실용성, 실천성, 처방성). 정해진 목표를 어떻게 하면 효율적으로 성취하는가의 방법을 의미하며, 정치 · 행정일원론 및 발전행정론에서 강조됐다. 기술성(技術性)을 강조한 학자는 왈도(D. Waldo), 세이어(W. S.

표 4-1 과학성과 기술성의 비교

구분	과학성(science)	기술성(art)
과학의 유형	순수과학, 이론과학	응용과학, 실천과학
연구의 목적	원리 · 법칙의 모색: 이론의 정립	원리 · 법칙의 적용: 이론의 적용
연구의 방법	설명적, 기술적	처방적, 응용적
가치에 관한 입장	가치중립적	가치지향적
정치와 행정	정치 · 행정이원론	정치 · 행정일원론
중시하는 이론	행정관리설, 행정행태설	통치기능설, 발전기능설

Sayre), 마르크스(F. M. Marx) 등이다.

행정학은 종합 학문으로 순수과학적인 행정 현상에 대한 과학적인 지식뿐만 아니라 응용사회과학적인 처방성도 구비해야 한다. 현대 행정학은 과학성과 기술성의 성격을 모두 포함하며, 상호 보완적이다(R. Presthus).

3) 행정학의 학제적 성격

행정학은 인접 학문을 유기적으로 통합한 학제적(interdisciplinary) 성격을 띠고 있다. 챈들러(J. A. Chandler)는 행정학이 1980년대에 들어와서 다른 모든 인접 학문의 혼성물로서 그 자체의 정체성(identity)을 나타내고 있다고 지적했다. 행정학은 인접 사회과학에서 발전돼 온 이론과 방법을 섭취·차용해 행정 현상의 연구에 이용한 학문으로서 발전돼 왔으며, 학문의 모체라 할 정치학을 비롯해 경영학·사회학·인류학·심리학·법학 등의 주요한 이론·방법을 포함한 학제적 성격을 띤 학문이다. 행정학은 분리된 학문을 각각 상호 관련짓는 학문의 모자이크형 혼성물로서 이들 학문을 통합된 형태로 이어주는 개념적 연결의 역할을 수행함으로써 현실의 행정 현상과 관련성을 맺도록 하는 데 학문적 의의가 있다. 그리고 행정학이 정체성의 위기(crisis of identity) 문제를 제기한 학제적 성격의 원인은 현대 국가의 특성이 매우 복잡하며, 그 기능이 극히 광범위하고 확대일로를 거듭해 왔다는 데서 찾을 수 있다.

4) 행정학의 전문직업적 성격

행정학은 1727년 빌헬름 1세(F. Wilhelm I) 때 대학에 관방학과의 설치됐으며, 최초의 체계적인 행정연구는 관리를 양성하기 위해 이뤄졌기 때문에 전문직업적 성격은 태동될 때부터 고유한 것이다. 미국 행정학의 효시인 윌슨(W. Wilson)의 「행정의 연구(The Study of Administration)」(1887)도 능률성을 달성할 수 있는 전문 직업관료의 필요성이 인식됐기 때문이다.

행정학은 정부관료제를 중심으로 한 행정 현상을 연구하고 정치학·경제학·사회학 등 여러 학문의 지식을 기초로 해서 행정학이라는 하나의 학문 체계를 구축하고 전문직업인인 행정가를 양성하는 것이 주요한 목표다. 따라서 행정학은 명확하게 전문직업적 성격을 지닌 학문이다.

5) 행정학의 정체성과 패러다임: 분과 학문으로서의 독자성

정체성(identity)이란 학문이 독자적인 소재(locus)와 초점(focus)을 갖춘 패러다임(paradigm)을 가지는 것을 의미한다. 패러다임은 학문을 연구하는 독자적인 개념적 도식, 준거의 틀 및 학문을 바라보는 세계관을 의미한다. 그리고 과학집단의 구성원들이 서로 의사를 소통하고 전문적 판단에 관해 합의할 때 도움이 될 수 있는 공통된 믿음, 가치, 기술들의 집합체로서 학문을 이해하는 기본적 준거의 틀, 개념적 도식, 학문관 등을 의미한다.

독자적인 학문적 기반의 구축을 위한 패러다임의 중요한 구성 요소는 소재와 초점이다. 범위(locus)는 행정이 이뤄지는 장소, 소재, 영역 등을 의미하며 정부관료제 등을 예로 들 수 있다. 주제(focus)는 행정에서 전문화된 주제·준칙·내용·원리 등을 의미하며 행정원리주의 등을 예로 들 수 있다.

쿤(T. S. Kuhn)은 패러다임을 정상과학과 연결시켜 이해하면서 과학혁명이라는 행정이론의 발

표 4-2 행정학의 패러다임의 변화(N. Henry의 locus와 focus 기준)

paradigm Ⅰ(1900~1926)	• 행정학 성립 초기의 정치 · 행정이원론 • 관료제이론 ⇒ locus 중심
paradigm Ⅱ(1927~1947)	• 행정원리론 ⇒ focus 강조 • 사이먼의 비판론 ⇒ locus 강조
paradigm Ⅲ(1950~1970)	• 정치학으로서의 행정학 ⇒ locus 강조 • 정체성의 위기 및 정치와 행정의 연계 강조
paradigm Ⅳ(1956~1970)	• 행정과학으로서 행정학 • 행정과학을 관리로 인식하고 보편적 조직이론과 관리과학에 관심 ⇒ focus 강조
paradigm Ⅴ(1970~)	• 행정학으로서의 행정학 ⇒ focus와 locus 동시 강조 ➡ 정체성 위기 극복 노력: 신행정론

전을 설명했다(정상과학 → 변형 → 과학혁명 → 정상과학). 윌슨은 행정과학의 지침이 되는 단일조직, 보편적 원리, 능률주의 등의 가치를 제시했으며(Wilsonian paradigm), 베버(M. Weber)의 행정관과 동일한 것으로 간주돼 고전적 행정관을 윌슨-베버리언 패러다임(Wilson-Weberian paradigm)이라고 한다.

행정학의 경우 초점(focus)과 장소(locus)을 모두 겸비한 완전한 접근법이 없으며, 행정 현상을 설명할 수 있는 일반적인 개념적 도식이 없다. 또한 행정 현상을 이해하는 기본 가치가 분명하지 않다. 행정학이 다른 학문과 구별되는 독자적인 패러다임을 갖지 못하는 현상을 정체성의 위기(identity crisis)라 하며, 이는 locus와 focus를 모두 가지는 접근법이 발견되지 못한 것을 의미한다. 행정원리론은 초점(focus)만 있고, 관료제이론은 장(locus)만 있다. 정치 · 행정일원론 계열의 행정학은 주제(subject), 다른 학문과의 경계(boundary)와 주제를 가르치고 연구하기 위한 독자적인 방법(method)에서 자기정체성을 구축하지 못하고 있어 행정학의 정체성의 위기 문제를 겪게 된다. 1968년 미노브루크 회의를 기점으로 신행정론은 행정학의 영역, 영역의 연구에 적합한 연구의 이론, 행정학에서 지식의 사회적 관련성, 행정학 영역의 규범적 내용 등에 대해 토의했고 이는 행정학의 정체성 위기의 극복이라는 성격이 강했다.

6) 행정학의 보편성과 특수성

행정학의 보편성이란 각국의 역사적 상황이나 문화적 장벽을 뛰어넘어 행정학의 일반이론은 보편적으로 적용될 수 있는 성질이다. 그리고 행정의 특수성이란 행정 현상이 특정한 역사적 상황이나 문화적 맥락 속에서 이뤄지기 때문에 행정학이론이 그 나름의 독특한 성격을 갖는다는 것이다.

표 4-3 행정학의 학문적 성격

사회과학성	행정학은 사회 현상을 다루는 사회과학이다. ⇔ 자연과학
과학성과 기술성	행정학은 경험적 지향(사실)과 규범적 지향(가치)을 가진다. ⇒ 실천성(순수과학 + 응용과학)
연합학문성	행정학은 학제적 성격(interdisciplinary approach) 또는 다학문성(정치학, 경제학, 법학, 사회학, 경영학, 심리학, 역사학 등의 혼합체)을 띤다.
전문직업성	왈도(D. Waldo)는 전문직업성을 통해 행정학의 정체성 위기 극복을 주장했다.
독립된 분과학문성	행정학은 독자적인 패러다임의 구축 여부, 정체성의 위기가 문제다.
보편성과 특수성	행정학은 보편성(객관성)과 특수성(주관성)의 조화가 필요하다.

행정이론의 보편성과 특수성이라는 양면성이 있다. 즉, 외국 제도의 도입 자체는 행정이론의 보편성을 의미하며, 외국 제도가 성공하기 위해서 상황의 유사성을 확인해야 한다는 것은 특수성과 관련된 것이다. 외국의 행정 현상에 관한 이론이 한국적 상황에도 그대로 타당할 것이라고 전제하고 무비판적으로 수용하는 문제나, 외국의 이론은 그 사회에 관한 보편적인 언명이기 때문에 한국의 상황에는 전적으로 맞지 않는다는 주장 등은 문제점이다. 외국 이론이나 제도를 도입(보편성)은 하되, 우리 실정에 맞게 성찰적·비판적(특수성 고려)으로 도입해야 한다.

제2절 사회과학 및 행정학의 접근 방법

1. 접근 방법의 의의

특정 분야의 학문 연구에서 무엇을(what), 어떻게(how) 연구할 것인가에 관한 견해와 관점들을 접근 방법(approach)이라 한다. 이러한 접근 방법은 그 분야의 연구 활동을 안내해 주는 일종의 전략이나 지향(orientation)이라고 할 수 있다. 접근 방법은 학문 연구에 유용한 가설을 설정하는 데 좋은 아이디어를 제공해 주는 발견적(heuristic) 기능을 갖는다.

2. 접근 방법의 유형

1) 방법론적 개체주의와 전체주의: 연구(분석) 단위

방법론적 개체주의(methodological individualism)는 전체는 개체의 합이라는 관점에서 개체를 분석의 기초 단위로 삼는 방법론을 말한다. 이는 모든 집단의 속성은 개인 또는 개체의 속성과 속성들 간의 관계에 의해 구성(정의)될 수 있다고 보는 입장이다. 즉, 부분이 전체를 결정한다는 입장이다. 행정학의 이론 중 행태론, 현상학, 공공선택이론, 전략적 선택이론 등이 해당된다.

형이상학적 전체주의(metaphysical holism)는 전체는 개체의 단순한 합이 아닌 전체로서의 특성을 지닌다는 관점에서 전체를 분석의 대상으로 삼는 방법론을 말한다. 이는 집단은 개인의 속성으로 설명할 수 없으므로 사회 전체를 직접 연구 대상으로 해야 한다는 입장이다. 즉, 전체가 부분을 결정한다는 입장이다. 행정학의 이론 중 체제론, 조직군 생태론, 공동체생태론 등이 해당된다.

2) 미시이론과 거시이론: 연구(분석) 수준(범위)에 의한 분류

미시이론은 행위자와 관련된 요인을 주로 분석하는 이론으로 특정한 제한된 범위의 행정 현상을 소수의 변수로 설명하는 이론이다. 인간의 의식과 사고를 중심으로 한 연구, 조직 그 자체만을 분석 대상으로 하는 연구다. 행태론, 현상학, 공공선택이론 등이 해당된다.

거시이론은 광범위한 행정 현상 또는 행정 체계의 전반을 연구 대상으로 설명하는 이론으로 거시적인 행정구조나 사회적 구조를 주로 분석하는 이론이다. 사회환경에 주안점을 둔 연구, 조직과 외부 환경과의 관계를 포괄하는 연구다. 체제론, 생태론 등이 해당된다.

미시와 거시의 결합을 시도한 연구로 배리(Barry, 1979)는 보완적 이론에서 미시경제학 입장의 손익계산과 시민 의식이라는 사회규범적 측면의 상호 보완이 필요하다고 주장했다. 기든스(A. Giddens)의 구조화 이론은 거시적인 구조가 개인의 행위를 강요하지만 그 구조는 역으로 개인의 행위에 의해 가능해진다고 제시했다. 1980년대 이후의 신제도주의 이론에서는 행위자는 제도를 창출하지만 제도는 역으로 행위자를 제약한다고 제시했다. 이는 중범위이론으로 미시(개인)와 거시(전체 사회)의 중간 규모인 개별 조직이나 소집단을 연구 대상으로 하며 연구 범위를 좁혀 집중적으로 연구하면 실증적 자료의 뒷받침이 용이하고 연구의 효과성도 높일 수 있다는 관점이다. 소집단 이론, 행정문화론, 관료제 이론, 상황적응론 등을 그 예로 들 수 있다.

3) 결정론과 임의론: 인과관계 여부에 의한 분류

결정론(determinism)은 어떠한 현상도 우연히 일어나는 것은 없으며, 반드시 선행 원인이 있다고 보고 그 원인과 결과 간의 인과관계 규명에 초점을 둔다. 행태론, 조직군 생태론, 상황적응론 등이 해당된다. 임의론·자발론(voluntarism)은 선행 원인이 없이도 특정 결과나 현상이 발생할 수 있다고 보는 입장이다. 현상학, 전략적 선택이론 등이 해당된다.

4) 규범적 접근법과 경험적 접근법

규범적(normative) 접근법은 가치 중심적 연구로 당위적 차원에서 무엇이 바람직한가를 연구하는 실천적·처방적 이론으로 목표의 선택이나 가치판단의 문제가 주류를 이룬다. 신행정론 등 정치·행정일원론 계열이 해당된다. 경험적(empirical) 접근법은 사실 중심적 연구로 경험한 사실 그대로 경향과 현상을 규명하는 과학적 접근법으로 수단이나 사실을 다룬다. 행태론 등 정치·행정이원론 계열이 해당된다. 실천적(practical) 접근법은 규범적 연구와 경험적 연구의 통합이다. 행정학은 실천적 연구의 성격을 띤다.

표 4-4 접근 방법과 학문적 성격

접근법	해당 이론 및 학파	과학성(인과성)	기술성(처방성)	정체성(identity)
규범적 접근 (가치 중시)	정치·행정일원론 계열(통치기능설, 발전행정론, 정책과학 등)	낮다	높다	낮다
실증적 접근 (인과관계)	정치·행정이원론 계열(과학적 관리론, 인간관계론, 행태론, 생태론, 비교행정론 등)	높다	낮다	높다

※ 실질적으로 원리학파나 행정관리설은 과학성 추구 실패(오히려 기술성을 강조한 것으로 평가됨)했으며, 신행정론은 정치·행정일원론에 해당하지만 행정학의 정체성 위기를 극복하려는 접근법이었다.

5) 연역적 접근법과 귀납적 접근법

연역적 접근법은 일반적 원리를 전제로 해서 특수한 다른 사실을 이끌어 내는 접근법이다. 공공선택모형, 수리적·계량적인 합리모형 등이 해당된다. 귀납적 접근법은 개개의 사실을 종합해서 일반적인 개념이나 법칙을 도출해 내는 접근법이다. 행태론, 만족모형, 점증모형 등이 해당된다.

6) 과학적 접근법과 대안적 접근법

과학적 접근법은 가설의 입증이나 이론 구축을 위해 실험, 면접, 관찰 등에 의해 객관화된 자료를 수집하고 통계적 검증을 거쳐 인과적 이론을 도출하려는 접근법이다. 행태론, 체제론 등이 해당된다. 대안적 접근법은 연구자의 주관적인 의식이나 가치를 중시하는 인간 중심적인 접근 방법이다. 현상학, 비판행정학, 역사주의 등이 해당된다.

7) 역사적 접근법

초기의 역사학적 접근 방법은 19세기 미국 정치학 분야에서 널리 사용되던 전통적 접근 방법 중의 하나로 연대기적 기술을 강조한다. 그러나 최근 1970년대 현상학의 발전과 함께 다시 강조되고 있으며, 인간의 경험은 의식을 통해 선택된다고 가정한다.

주요한 특징으로 인간 정신의 역사적 순환성과 지식의 상대성을 강조하는 입장으로 인간의 경험은 의식 자체에 의해 선택되고 구성되며, 의식은 시대와 문화에 따라 변화하기 때문에 사회 현상은 과학적 연구 방법보다는 역사적 접근 방법을 통해 좀 더 잘 파악할 수 있다고 주장한다. 그리고 과거와 현재의 사건들은 무수한 방식으로 상호 연결돼 있는 것을 기본적인 전제로 삼고 있으며, 인간 존재는 불가피하게 과거와 연결돼 있으므로 과거를 잘 이해하면 현재의 문제를 좀 더 효과적으로 해결할 수 있다고 주장한다. 사건, 제도, 정책의 기원과 발전 과정을 중시하는 발생론적 접근법(genetic explanation)이다.

8) 제도적 접근법(구조주의)

초기 행정학이 행정법의 일부로 인식되던 시기에 헌법·법령 등에 기반을 두고 있는 각종 제도나 기관, 직제에 대한 명확한 기술(description)과 연구에 초점을 둔 접근법으로 '법률·제도론적 접근'이라고도 한다. 이전의 법률적 접근(헌법·법률의 규정 내용 자체를 연구)에 비해 실제 정치·행정제도의 연구에 역점을 둔다.

이러한 제도적 접근법의 특징으로 서술적(descriptive)일 뿐 설명적(explanatory)이지 못하고, 엄밀한 과학성이 없으며, 지나치게 정태적이라는 비판이 있으며, 구제도론의 정태적 기관이 아닌 새로운 제도적 장치 사회 성원 간 동태적인 행위규칙을 중시하는 '신제도론적 접근법'(1980년대)이 등장했다.

9) 관리 기능적 접근법

행정의 효율은 내부적인 관리 기능(인사, 조직, 예산, 물자, 기획 등)에 달려 있다고 보고 행정이란 일, 사람, 장소 간의 합리적 관계와 권한·책임의 합리적 분담이 중요하다고 보는 전통적인 행정학 입장(행정원리론, 과학적 관리론, 인간관계론 등)이다.

10) 구조론적 접근법

행태론의 한 갈래인 조직행태론자 에치오니(A. Etzioni)의 주장으로 조직에는 공식과 비공식, 이성과 감정 등 다양한 대립적 요인이 병존하는데, 이는 조직문화라는 관점에서 통합적으로 관리해야 한다는 이론이다(고전과 신고전의 통합).

11) 사회학적 접근법

행정이란 인간집단들의 의식적인 공동협력체이므로 행정을 내부관리 현상으로만 이해하는 것은 불충분하며 조직과 환경, 행정과 가치, 행정과 외부 요인과의 상호작용 관계를 중심으로 연구해야 한다는 개방적 접근법이다. 1930년대 미국의 사회학자(Merton, Parsons, Bendix, Selznick 등)로부터 출발해 생태론, 체제론, 구조기능주의, 비교행정 등에 영향을 줬다.

12) 구조기능주의

구조를 기술하고 기능을 분석하는 것으로 외향적인 구조와 실제 기능 간의 차이의 분석에 역점을 둔 것이다. 외국 제도의 무분별한 도입으로 법제(형식)와 실제(운영) 간에 차이가 심한 나라에서 구조와 기능 간의 괴리를 규명하기 위해 실제 기능 중심으로 분석하며, 사회 체제는 스스로 일탈을 막고 균형과 안정을 추구하며 구조와 기능 간에 괴리를 없애고자 노력한다고 전제한다. 이러한 접근은 사실 중심의 실증적인 연구이므로 과학성과 보편성에 기초하며 비교행정 등에 도입돼 행정연구의 과학화·객관화에 기여했다.

표 4-5 행정학의 접근 방법(이론)과 분석 단위·수준

접근 방법(이론)	연구(분석) 단위	분석 범위(수준)	비고
과학적관리론·관료제이론	–	거시이론	공식구조 중시, 합리성 추구
인간관계론	–	미시이론	구성원 개개인 중시, 비합리성
행태론적 접근 방법	방법론적 개체주의	미시이론	의사결정자 개개인의 행태중시, 인지적 합리성 추구
생태론적 접근 방법·체제론적 접근 방법	방법론적 전체주의	거시이론	체제의 전체적 기능 중시, 합리성 추구
현상학적 접근 방법	방법론적 개체주의	미시이론	사회구조는 인간의 의식이나 상호작용으로 형성, 행위지향적 행정
비판론적 접근 방법	방법론적 개체주의	미시이론	인간이 환경의 창조자, 인본주의, 해방적 이성 중시
공공선택론적 접근 방법	방법론적 개체주의	미시이론	개개인의 효용의 합이 전체의 효용과 동일, 민주성(참여) + 합리성(비용 극소화)
신제도론적 접근 방법 (1) 합리적 선택의 신제도주의 (2) 역사적 신제도주의 (3) 사회학적 신제도주의	절충설(중범위이론) (1) 개체주의적 절충설 (2) 절충적 (3) 전체주의적 절충설	절충설(중범위이론) (1) 미시이론적 절충설 (2) 절충적 (3) 거시이론적 절충설	인간의 행위(개인)가 제도(구조)를 만들지만 구조가 행위를 제약, 미시적 요인과 거시적 요인과의 상호작용 중시, 제한된 합리성 추구
조직경제학(대리인이론·거래비용경제학)	개체주의적 절충설	미시이론적 절충설	개인의 선택의 집합이 집단적 선택을 형성, 제한된 합리성
거시조직론(조직군생태론·전략적 선택이론)	방법론적 전체주의	거시이론	조직내 개체에 중점을 두기보다는 환경에 적합한 '조직구조'가 무엇인지를 규명

제3절 미국의 행정학

1. 미국 행정학의 사상적 배경: 행정학 성립에 영향을 준 사상적 기초

1) 해밀턴주의(해밀턴사상, 연방주의)와 능률적 행정

미국의 초대 재무장관을 역임한 해밀턴(A. Hamilton)은 『연방주의자(*The Federalist*)』(1788)에서 대외적 안전, 국내적 평화 및 개인적 자유를 위해 적극적이고 능률적인 행정과 국가 기능의 확대를 강조했다. 중앙집권화에 의한 능률적인 행정 방식이 최선임을 강조했으며, 국민의 이익보다는 국가적 이익을 위해 통일적 행정절차가 필요하다고 역설했다.

2) 제퍼슨 주의(제퍼슨사상, 자유주의)와 민주적 행정

미국의 초대 국무장관과 제3대 대통령을 역임한 제퍼슨(T. Jefferson)은 주권론자로서 해밀턴의 연방주의에 반대하며 권력의 분산, 지방분권화를 통한 민주주의의 실현을 제창했다. 국가의 이익보다는 의회의 우위, 시민의 자유, 국민의 이익 등을 중시했으며, 획일적・능률적인 행정절차보다는 다양한 절차와 민주적 행정, 단순하고 소극적인 정부, 분권적 참여가 필요하다고 강조했다.

3) 매디슨주의(매디슨사상, 다원주의)

제4대 대통령을 역임한 매디슨(J. Madison)은 가장 바람직한 행정으로 다양한 이익집단의 요구에 대한 조정을 위해 견제와 균형(check & balance)을 중시했다.

4) 잭슨주의(잭슨사상, 엽관주의)와 민주적 행정

현실주의적 정치가인 제7대 대통령 잭슨(A. Jackson)은 공직에 대한 기회 균등과 엽관제(spoil system)를 통한 민주주의의 실현을 주장했으나 엽관제의 타락, 행정의 비중립성・낭비・비능률 등의 폐단을 초래했다. 이에 행정개혁을 주창하는 시민운동, 행정개혁을 위한 미국 정부의 조사활동, 행정학의 적극적인 연구의 원동력이 됐다.

2. 미국 행정학의 발전 요인: 고전적 행정학의 시대적 배경

첫째, 직능국가로의 전환이다. 독점자본주의 성립으로 인한 빈부의 격차, 노동운동의 발전, 도시화 현상, 사회악의 증가에 대처하는 과정에서 정부행정 기능의 확대・강화를 초래했다. 행정 기능의 확대・강화 경향은 행정에 대한 실천적・이론적 관심을 고조시켰고 행정학의 탄생과 발전에 영향을 줬다.

둘째, 과학적 관리법의 발달이다. 과학적 관리법이 사기업에서 큰 성과를 거두면서 이를 행정에 적용했다. 이를 능률주의적・기술적 행정학이라고 한다.

셋째, 엽관주의 배격과 정부개혁운동의 전개다. 시민들에 의한 정부개혁촉구운동이 진행됐으며, 전국공무원제도개혁연맹이 결성(1881)돼 공무원제도 개혁운동이 발발했다. 그리고 펜들턴법(Pendleton Act)이 제정(1883년)돼 정치·행정의 분리와 실적주의가 중시됐다.

넷째, 행정조사운동이다. 뉴욕시정연구회가 창설됐으며(1906), 제27대 대통령 태프트(W. H. Taft)에 의해 절약과 능률에 관한 대통령위원회 설치됐다(1910).

다섯째, 윌슨(W. Wilson)의 업적이다. 윌슨은 「행정의 연구(The Study of Public Administration)」(1887)에서 정부의 행정적 측면을 정치 현상으로 분리해 따로 연구해야 할 필요성을 주장했다.

3. 미국 행정학의 전개 과정

1) 기술적 행정학(1880~1930년대의 행정학 성립기) – 고전적(전통적) 행정학

행정은 정치의 시녀(handmaid of politics)라는 엽관주의 입장에서 야기됐던 부패와 무질서, 관직의 남설, 비전문성 등은 결국 행정의 정치로부터의 독립을 주장하게 됐다(정치·행정이원론). 행정은 정치 권력 현상이 아닌 관리기술로 파악돼야 한다는 주장이 강조된 1880년대 이후로부터 1930년대까지의 행정 현상을 기술적 행정학이라 한다.

고전적 행정학에서는 행정을 권력 현상이 아닌 공공정책의 구체화를 위한 사무·관리·기술·집행 현상으로 파악했다. 이는 정치·행정이원론과 공사·행정일원론의 입장이며, 구조 중심과 X 이론적 인간관 및 능률지상주의(기계적 능률)를 지향했다. 그리고 과학적 관리와 원리접근법 및 관료제적 구조나 폐쇄성을 중시했고, 고전적 조직이론과 실적주의(펜들턴법) 및 통제 중심의 예산(LIBS)을 추구했다. 또한, 내부·수단·기술·존재의 측면을 중시하고 정치로부터의 행정의 독자성을 강조했다. 행정관리설(Wilson, White, Gulick), 과학적 관리론(Taylor, Ford) 등이 대표적인 이론이다.

2) 반발적 행정학(1930~1940년 중반) – 기능적 행정학과 신고전적 행정이론

자유방임주의 한계가 경제대공황으로 나타남에 따라 이를 극복하기 위해 행정권이 확대·강화되고 정치와 행정의 유기적 연계성이 강조되면서 대두된 것이 통치기능설을 중심으로 한 기능적 행정학이다.

신고전적 행정이론은 행정을 정책의 구체화외에 정책 결정과 형성 과정으로 파악했다. 정치·행정일원론 및 공사·행정이원론의 입장이며, 사회적 능률의 강조 및 외부·정책·목적·규범·가치·동태성을 중시했다. 행정과 환경의 유기적 관계성을 중시했으며, 인간관계론의 영향으로 인적자원관리를 중시했다. 디목(M. E. Dimock), 애플비(P. H. Appleby) 등이 대표적인 학자다.

3) 현대 행정학(1940년 중반 이후~): 행정이론의 다양화

1940년대의 행정행태론과 1950년대의 생태·체제·비교행정론, 1960~1970년대의 발전행정론·신행정론·정책과학, 1980년대의 공공선택이론, 1990년대의 신공공관리론 등이 이에 해당한다.

현대 행정학은 생태론 이후 환경변수를 중시했다. 합법성·능률성 외에 효과성·민주성·형평

표 4-6 행정학 발달과 주요 학자

시기	행정이론	학자	특징
16~18세기	관방학(독일)	Justi	'경찰의 원리': 관방학을 최초로 체계화(경찰학)
		Stein	경찰 개념을 헌정과 행정으로 분리, 상대적 우위 강조
18세기 말~19세기	규범적 관료제 모형(미국)	Hamilton	중앙집권에 의한 능률행정 중시(Hamiltonianism)
		Jefferson	지방분권에 의한 민주행정 중시(Jeffersonianism)
		Madison	견제와 균형을 중시하는 다원주의(Madisonianism)
		Jackson	민주주의를 실현하고자 엽관주의 적용(Jacksonianism)
1880년대(19세기 말)	기술적 행정학(과학적 관리론·행정관리론)	Wilson	「행정의 연구」 논문 저술, 행정학의 창시자
		White	『행정학 입문』 교과서 저술
		Gulick	능률·절약 강조, 최고관리층의 7대 기능 POSDCoRB
		Talyor	과학적 관리법(과업관리): 시간연구와 동작연구
		Ford	과학적 관리법(동시관리): 이동조립법, 고임금 저가격
		Fayol	과학적 관리법(전체관리): 관리의 14대 원칙
1927~1932	반발적 행정학	Mayo	인간관계론: 호손(Hawthone)실험
1930년대	기능적 행정학(통치 기능설)	Dimock	사회적·인간적 능률성 주장
		Appleby	『정책과 행정』 저술
1940년대	행정행태설	Barnard	『관리자의 기능』 저술: 행정을 협동적 집단행동으로 묘사
		Simon	『행정행태론』 저술: 원리주의 비판, 의사결정의 만족모형
		Waldo	조직론을 고전적, 신고전적, 현대적 이론으로 구별
1950년대	생태론	Gaus	환경적 요인 일곱 가지 제시
		Riggs	『행정의 생태』 저술: 사회이원론(1961), 사회삼원론(1964)
	체제론	Parsons	체제의 4대 기능(AGIL)
		Sharkansky	행정체제론: 환경 → 투입 → 전환 → 산출 → 환류
	비교행정론	Riggs	비교행정연구회(CAG) 주도, 신생국행정 체제(전이사회)
		Heady	비교행정접근법
1960년대	발전행정론	Eisenstadt	균형적 접근 방법
		Weidner	불균형적 접근 방법
		Esman	기관 형성(IB) 중시 및 불균형적 접근 방법
1970년대	신행정론	Frederickson	사회적 형평성(social equity)
		Harmon	조직행위이론(action theory)
1970년대 말	공공선택이론	Ostrom 부부	정부실패의 원인 지적 → 민주행정 모형 소개: 신제도론
		Niskanen	관료예산 극대화 가설
1980~1990년대	신공공관리론	Osborne & Gaebler	기업가적 정부의 10대 원칙
		Hood	작고 효율적인 정부, 시장 지향적인 정부, 고객 지향적인 행정, 기업형 정부, 정보화된 정부, 성과 중심의 행정
		Peters	시장적 정부, 참여적 정부, 신축적 정부, 탈규제적 정부
		Rhodes	최소국가, 기업적 거버넌스, 신공공관리, 좋은 거버넌스, 사회적 인공지능 체계, 자기조직화 연결망

성 등 상위 이념을 중시하며, 행태론 이후부터 종합학문적인 연구를 강조했다. 그리고 동태적 · 유기적 · 개방적 조직관(adhocracy), 적극적 인사행정, 그리고 계획 · 감축관리적 예산제도(PPBS, ZBB)를 강조했다. 조직에 영향을 미치는 요인들의 상호 관련성과 복합성 및 양면성을 중시하며, 행태론의 경험적 접근 등 과학적인 행정연구 및 미래 예측를 중시했다. 신공공관리론은 행정의 경영화 · 시장화를 강조했다.

제 5 장 행정학의 주요 접근 방법과 이론

제1절 과학적 관리론

1. 의의

과학적 관리론(scientific management theory)이란 최소의 비용과 노력으로 최대의 성과(생산효과)를 확보할 수 있는 유일 최선의 방법(the best one way)을 찾아내기 위한 관리이론이다. 이 이론은 과학적인 관리・기술을 적용하는 고전적인 관리이론으로 기업경영의 합리화뿐만 아니라 정부행정에 도입돼 행정 능률의 향상에도 기여했다.

테일러(F. W. Taylor)는 비능률적인 전래적 방법을 비판하면서 개개의 작업을 가장 간단한 요소 동작으로 분해해 각 요소 동작의 형태・순서・소요 시간을 시간연구와 동작연구(time & motion study)에 따라 객관화・표준화함으로써 하루의 공정한 작업량, 즉 과업을 설정하고 과업을 기준으로 하는 관리의 과학화를 성취하도록 제창했다.

2. 과학적 관리론의 성립 배경과 전개 과정

1) 과학적 관리론의 성립 배경

과학적 관리론은 19세기 말부터 20세기 초에 미국에서 산업자본주의가 전개됨에 따라 생산기술 발달과 대기업의 출현으로 대량 생산이 이뤄졌으나 경쟁 격화 및 기업 도산, 공장 폐쇄, 파업 전개 등의 상황을 타개하기 위한 노력이었다. 이 이론은 노동자가 반대하는 고용 감축 및 임금 인하를 하지 않고, 노동생산성이나 기업 능률을 향상시키면서 생산비용을 절감시키고자 하는 경영합리화 운동이었다.

2) 과학적 관리론의 행정에의 도입

19세기 말 이후 나타난 엽관제의 폐단을 극복하기 위한 진보주의 개혁운동의 일환으로 정치에서 행정을 분리시키고 행정을 민간경영 차원에서 접근하고자 과학적 관리론을 행정(공공부문)에 도입했다. 20세기 초 뉴욕시정연구회(1906), 태프트(Taft)위원회(1910) 등에서 과학적 관리론을 행정에 도입할 것을 주장했다.

3. 주요 내용

1) 테일러 체제(Taylor system): 과업관리

테일러(F. W. Taylor)는 『과학적 관리법(*The Principles of Scientific Management*)』(1911)에서 기존의 기업관리 방식을 비판했다. 시간연구와 동작연구(time & motion study)에 의해 작업 여건을 표준화·전문화·단순화해 적정한 하루의 작업량을 과업으로 부여하고, 최대한의 작업량을 달성해 절약과 능률을 실현하려는 기계적·합리적인 관리 방법을 주장했다. 능률과 이윤의 달성을 위해 훈련과 작업분석을 강조했다. 이에 대한 전제로 생산의 극대화를 가져올 수 있는 최선의 길이 있다고 봤으며, 인간을 경제적 욕구와 생리적 조건에 의해 지배되는 존재로 봤다. 또한 미시적 관점에서 공장 운영의 최적 관리를 위한 여러 원리를 추구했다.

테일러의 과업관리(task management)의 원리는 표준과업을 관리하기 위한 것이다. 첫째, 시간과 동작연구를 해서 모든 노동자에게 명확하게 규정한 최대의 일일 작업량을 정해 주어야 한다. 둘째, 노동자들이 과업을 성공적으로 수행할 수 있도록 작업 조건과 도구를 표준화해야 한다. 셋째, 노동자들이 과업을 성공적으로 완수한 경우에는 높은 임금을 지불해야 한다. 넷째, 노동자가 과업을 달성하지 못한 경우에는 그에 대한 책임으로 임금을 낮춰 경제적 불이익을 감수케 한다. 다섯째, 노동자에 주어지는 과업량은 일류 노동자만이 처리할 수 있는 정도의 많은 양이다.

2) 포드 체제(Ford system): 동시관리

포드(H. Ford)는 테일러(F. W. Taylor)의 과업관리가 인간의 육체적·정신적 능력의 한계를 노정시키는 등 많은 문제점을 야기했다고 보고, 갤브레스(F. B. Gilbreth)의 '기본동작 연구'를 이용해 작업공정 과정을 세분화·전문화·표준화하고 이를 인간이 아닌 기계로 대치하는 이동조립법(conveyer system)을 강조했다.

경영을 이윤 추구보다는 대중에 대한 봉사의 수단이 돼야 한다고 주장했다. 그래서 인간관계론자에 의해 '백색사회주의'라는 비판을 받게 되었다. 그렇다고 기업 내의 이윤 자체를 부정하는 것은 아니며, 여전히 합리적 경제인관에 입각해 고임금 저가격(생산비용을 가격에 반영해 국민에게 전가시키지 않음)에 의해 종업원과 대중에게 봉사해야 함을 강조했다. 4대 경영 원리로 ① 생산의 표준화, ② 부품의 규격화, ③ 공장의 전문화, ④ 이동 조립 방법에 의한 작업의 기계화와 자동화 등을 제시했다.

3) 페이욜 체제(Fayol system): 전체관리

페이욜(H. Fayol)은 『일반 및 산업관계론(*General and Industrial Management*)』(1916)에서 과학적 관리운동을 단순히 생산 공정에 대한 기계적인 관리운동으로 보지 않고 기술·영업·재무·보존·회계 등 조직의 전반적인 관리가 생산성에 미치는 영향까지도 종합적으로 파악·관리하고자 14대 관리 원칙을 제시해 행정학 성립기의 고전적 행정학자에게 많은 영향을 줬다. 그는 관리이론에 관한 논리적인 이론 체계나 관리철학을 수립했다기보다는 관리자의 경험과 관찰에서 얻은 사실들을 단순히 원리화했다.

4. 과학적 관리론의 특징 및 공헌과 한계

1) 과학적 관리론의 특징

능률과 절약을 중시하면서 유일 최선의 방법(the best one way)을 발견할 수 있다고 가정하면서 행정의 전문화·과학화·객관화·합리화를 중시했다. 공식구조를 중시했으며, 업무의 종적·횡적 배분을 중심으로 하는 공식적 구조를 중시한다. 인간을 경제적·합리적 존재로 가정해 X이론적 인간관을 제시했다. 경제적·물질적 자극을 유일한 동기부여 수단으로 간주해 동기부여의 외재성을 주장한다. 외부환경을 고려하지 않은 경직된 폐쇄적 조직이론으로 정태적인 조직관이다. 기계적 능률성을 절대적 이념으로 간주하는 관리 기능적 입장(공·사행정일원론)이다.

2) 과학적 관리론의 공헌

과학적 관리론은 행정을 권력 현상이 아닌 기업과 동일한 관리 현상으로 인식했다. 정치·행정이원론, 공·사행정일원론과 기술적 행정학의 성립에 결정적으로 기여했으며, 고전적 행정학의 기틀을 다지는 데 기여했다. 행정의 능률 증진과 절약에 크게 기여했고, 1930년대 귤릭(L. Gulick)은 능률주의 행정학의 입장에서 POSDCoRB이론을 주장했다. 1910년 절약과 능률에 관한 대통령위원회(Taft 위원회)가 설치돼 행정 능률의 증진을 위한 행정개혁안을 건의했다. 행정관리론적 입장과 행정개혁운동은 1937년의 행정관리에 관한 대통령위원회(Brownlow 위원회)의 활동이나 제2차 세계대전 후의 후버(Hoover)위원회의 활동에 큰 영향을 미쳤으며, 과학적 관리론이 그 주요한 활동 지침이 됐다. 또한, 행정을 합리적인 관리 현상으로 인식함으로써 당시 엽관제에 의한 비능률과 부패를 극복하고 행정 능률의 증진에 기여했다.

3) 과학적 관리론의 한계

지나친 행정의 전문화·능률화의 강조는 인간을 기계나 부품으로 전락시켜 사기 저하, 인간성 무시와 인간 소외 현상이 초래됐다. 또한, 인간을 종속변수로만 생각하고 독립변수로는 생각하지 못한다. 즉, 인간을 피동적인 존재로 인식한다. 그리고 생산성이나 능률에 대한 조직의 기술적·구조적 측면을 중시함으로써 조직 내의 비공식집단이나 인간관계의 영향은 경시하게 돼 조직의 전체적인 현상을 설명하는 데 실패했다. 인간의 내면적·심리적·사회적 요인을 경시하며, 인간을 지나치게 경제적 존재로만 인식함으로써 인간 해석상의 편향성이 있으며(X이론적 인간관의 한계), 행정에서 능률은 수단적 가치에 불과함에도 행정에 대한 능률의 획일적 적용상의 한계를 고려하지 못했다.

제2절 인간관계론

1. 의의

인간관계론(human relations approach)은 진정한 능률과 생산성 향상을 위해 조직구성원들의 사회적·심리적 욕구와 조직 내의 비공식집단을 중시하며, 조직의 목표와 조직구성원들의 목표 간의 균형 유지를 위한 민주적·참여적 관리 방식을 처방하는 조직이론이다. 인간을 감정·정서·비합리성·사회성을 지닌 존재로 간주하고 관리에서 민주화 내지 인간화를 강조한다는 점에서 과학적 관리론과는 대조되는 이론이다. 그러나 오늘날 현대적 관점에서 과학적 관리론과 인간관계론을 고전적인 관리 기능적 접근법으로 보고 이들을 동일한 맥락으로 보는 견해가 더 많다.

2. 성립 배경과 호손 실험

1) 인간관계론의 성립 배경: 과학적 관리론의 한계

전문화, 능률화를 강조했던 과학적 관리론에 대해 당시 노조의 반대가 발생했다. 전국노동자총연맹은 과학적 관리론에 대해 비인간화를 지적했다.

과학적 관리론의 인간에 대한 시각이 기계화·비개성화이기 때문에 인간의 주체성이 상실됐다. 또한, 혹시(Hoxie)위원회는 이익 분배의 불공평성, 인간성의 파괴, 경영의 독재성 등을 가져온다고 비판했다. 경제대공황에 따른 미국 자본주의 경제 체제의 동요와 새로운 사태에 대응하기 위한 산업조직의 새로운 관리기법 요구됐으며, 호손(Hawthorne) 실험 등을 주도한 하버드대학교 경영대학원 교수(Mayo, Roethlisberger, 등 시카고학파)들의 노력으로 인간관계론이 대두됐다.

2) 폴렛의 조직심리연구

폴렛(M. P. Follet)은 행정활동에서 인간적인 측면에 관한 탁월한 연구를 통해 조직의 기본 문제는 역동적이고 조화로운 인간관계를 발전시키고 유지하는 것이라고 보고 행정에 심리학적 관점을 도입했다. 그는 조직관리에 사회학적 측면을 강조해 조직을 하나의 사회 체제로 보고 권위의 수용, 수평적 조정의 중시, 조직구성원의 통합, 역동적인 행정 과정의 필요성을 역설했다. 그리고 갈등에 관한 새로운 접근을 했다. 조직에서의 갈등은 반드시 무익한 것은 아니며, 사회적으로 가치 있는 견해차는 모든 사람이 관심을 가지는 것에 대해 특정한 사람들이 자신의 발전을 위해 야기하는 정상적인 과정으로 파악했다. 그의 핵심적 공헌은 민주사회에서 행정관리의 일차적 과업은 노동자가 자발적으로 협동할 수 있도록 작업 상황을 마련하는 것이라고 주장한 점이다.

3) 호손공장 실험

메이요(E. Mayo)와 뢰슬리스버거(F. J. Roethlisberger)의 호손 실험은 미국 시카고에 위치한 서부전기회사의 호손공장에서 실시된 실험연구다. 호손 실험은 고전적 가설에 기초를 두고 연구해 인간관계론적 결과를 도출했다. 즉, 호손 실험의 주된 목적은 조직 내의 인간적 요인에 의해 생산성이 어떻게 달라지는가를 밝히는 데 있었다.

실험의 주요 내용을 살펴보면 우선 1차 조명실험(1924~1927)에서 조명과 같은 물리적인 요인은 생산량과 직접적인 관계가 없음을 발견했다. 2차 전화계전기 조립실험(1927~1929)에서는 작업 중 휴식과 간식 등의 제공은 생산량과 직접적인 관계가 없음을 발견했으며, 3차 면접조사(1928~1930)에서 종업원의 욕구 불만과 관리·감독자에 대한 인간적인 감정은 생산량에 어느 정도 관련이 있음을 발견했다. 그리고 4차 건반 배선 조립 관찰실험(1931~1932)에서 종업원들은 공식조직에 의해 일방적으로 부과되는 작업량이나 생산성에 기계적으로 따르지 않고, 그들의 자생적 조직(비공식 조직)에서 합의한 사회적 규범에 따라 작업량이나 생산성이 결정됨을 발견했다. 즉, 공식조직의 명령과 생산량과는 관계가 없으며, 오히려 비공식조직의 합의와 생산량에 관련이 있음이 밝혀졌다.

실험의 결과를 살펴보면, 조직체 내에서 인간관계의 중요성을 규명하는 데 기여했다. 물리적인 조건보다는 인정, 소속감, 사기 등과 같은 인간의 사회, 심리적인 조건의 변화가 생산성을 높이는 데 중요한 요인으로 작용했다. 공식조직 내에 자생하는 비공식조직이 협력적·비협력적인지에 따라 생산 능률이 변화했으며, 의사소통의 중요성 강조, 사회적인 능률관의 성립에 영향을 미쳤다.

3. 인간관계론의 특징 및 공헌과 한계

1) 인간관계론의 특징

행정의 인간화·민주화·사회화 등을 중시했다. 경쟁에 의한 생산보다도 협동에 의한 생산을 중시하며, 민주적 리더십을 중시했다. 구성원 간의 욕구·취미·흥미·혈연·지연 등 비공식 조직의 역할을 중시해 조직의 목표와 조직구성원들의 목표가 서로 일치하지 않을 수 있음을 지적했다. 직원의 근무 의욕은 생리적·경제적 요인에 의해서만 자극을 받는 것이 아니고 사회적·심리적 요인도 크게 작용한다고 주장했으며, 인간의 사회적·심리적 욕구 충족을 통한 만족감을 갖게 하는 것이 생산성 향상에 중요한 영향을 미친다고 주장했다(Y이론적 인간관). 사회적 인간관계나 인간의 심리적 만족감 등 사회적·비경제적 동기가 생산성을 결정한다고 봤으며, 외부환경을 고려하지 않은 경직된 폐쇄적 조직이론이다(정태적인 조직관). 능률성의 입장에서는 기계적 능률성이 아닌 사회적 능률성을 강조하지만 과학적 관리론과 함께 관리 기능적 입장(공·사행정일원론)이다.

2) 인간관계론의 공헌

조직을 기계적이고 도식적인 공식조직관에서 비공식 조직구성원 상호간의 관계로서 이뤄지는 사회 체제로 인식해 조직관의 변화(비공식 집단을 중시)를 이끌었다. 인간을 X이론적인 기계적·경제적 인간에서 Y이론적인 사회적·심리적 욕구를 가진 전인격적인 존재로 파악해 인간관의 변화(Y이론적 인간관)를 일으켰다. 조직의 종속적인 존재로서의 인간이 아니라 관리의 주체적인 대상으로서의 인간 행태에 대한 연구가 촉진되어 행태과학의 발전에 기여했으며, 인사상담제도, 제안제도 및 고충처리제도 등 적극적 인사행정과 소집단 및 의사전달·리더십 등의 중요성을 강조하는 민주적인 관리가 이뤄짐으로써 인간관리의 민주화·적극화를 촉진했다.

3) 인간관계론의 한계

인간과 조직에 대해 이성과 감정, 공식과 비공식의 대립 등 지극히 이원론적이며, 지나치게 감정의 차원과 비공식적 집단에 비중을 둔 입장이다. 인간관계 개선을 위한 기술상의 한계가 존재하며, 경제적 동인의 지나친 경시했다. 이는 구성원의 사회적 · 심리적 욕구 충족만으로 능률이 향상될 수 없다. 즉, 인간에 대한 이해의 폭은 넓혔으나 인간의 복잡한 측면을 설명하는 데는 실패했다. 조직과 외부환경과의 문제를 등한시하는 폐쇄적인 관리이론이며, 원만한 인간관계를 위한 유연한 관리(soft management)가 최선의 조직관리인 것으로 착각해 개혁과 변화를 저해하며 갈등의 순기능을 고려하지 못한 보수주의적 관리이론이다. 그리고 관리자를 위한 학문으로 관리자를 위한 인간 조종의 과학(술책)에 불과하다.

표 5-1 과학적 관리론과 인간관계론의 유사점

폐쇄 체제로 인식	조직과 외부환경과의 문제를 등한시한 폐쇄적인 이론이다(정태적 환경관).
생산(능률) 중시	행정을 내부적인 관리 현상으로 이해해 내부적인 능률 추구를 목표로 한다.
관리층을 위한 연구	작업계층만을 연구 대상으로 하고 관리자는 연구 대상에서 제외시킴으로써 작업계층의 관리를 위한 술책이라는 비판을 받는다.
조직과 개인 목표의 양립 · 조화 가능	조직의 목표(능률 향상)와 조직구성원의 목표(만족 추구: 보수의 인상, 사기 앙양)가 불일치하지만 조화의 가능성을 인정한다.
인간의 피동성 및 동기부여의 외재성	인간을 자율적인 주체가 아닌 타인에 의한 외부적인 동기부여가 효율적이라고 생각한다.
욕구 체제의 단일성	과학적 관리론은 경제적 욕구만을 인간관리론은 사회적 욕구만을 강조한다.

표 5-2 과학적 관리론과 인간관계론의 차이점

구분	과학적 관리론	인간관계론
능률관	• 기계적 능률성 • 민주성과 (기계적) 능률성의 조화가 곤란	• 사회적 능률성 • 민주성과 (사회적) 능률성의 조화가 용이
인간관	• 합리적 경제인(X이론) • 인간을 기계의 부품으로 인식 • 정태적 인간관	• 사회인(Y이론) • 인간을 감정적 존재로 인식 • 동태적 인간관(역학 관계)
조직관	공식조직을 중요시	비공식조직을 중요시
목표 간 조화문제	조직 목표와 개인 목표 간에 저해(대립) 요인만 제거되면 쉽게 조화 · 균형 · 일치가 가능(X이론)	조직 목표와 개인목표 간에 쉽게 조화될 수 없으므로 이상적인 균형 상태가 의도적으로 이뤄져야 한다고 인식(Y이론)
동기부여	• 경제적 동기(물질적 자극)를 중시 • 직무급을 중시	• 인간의 사회적 · 심리적 동기 중시 • 생활급을 중시
중심	직무 중심	인간 중심
연구	시간 · 동작연구(time & motion study)	호손 실험
강조 시기	1930년대 이전부터 강조	1930년대 이후 강조
기여	능률 증진에 기여	민주성의 확립에 기여
원리	과학적 원리 강조	보편적 원리에 치중치 않음

제3절 행태론적 접근 방법

1. 의의

1) 개념

행태(behavior)란 인간이나 집단의 가치관·태도·동기 등의 총칭이다. 행태론적 접근 방법(behavioral approach)은 인간이나 집단이 어떤 가치관·태도·동기를 가지고 있는가를 알아보기 위해 면접이나 설문조사 등 사회심리학적 접근을 통해 개인의 행태(관찰 가능한 외면적 행태)를 객관적·실증적으로 분석하는 것이다. 즉, 인간 행태의 과학적·체계적 연구를 의미한다. 행태론은 합리적인 조직이나 제도·절차 또는 이념 등과 관련된 문제보다 인간적 요인에 초점을 두고 행정 현상을 분석한다.

2) 연구 방법: 논리실증주의 적용

논리실증주의를 적용해 가설(hypothesis)을 정립하고, 객관적인 자료를 수집하고 분석한다. 경험적인 증명·입증을 거치며(검증), 집단 간의 동태적인 상호작용상의 인간 행태에 대한 규칙성·유형성·체계성·인과성 등을 발견한다(이론). 이를 기준으로 종합적인 인간관리를 도모하려는 과학적·체계적인 연구다.

3) 기존 이론과의 차이

행태론은 제한된 합리성(bounded rationality)을 추구하는 행정인(administrative man)을 제시하면서 과학적 관리론에서 가정하는 경제인(economic man)이나 경제적 합리성의 비현실성을 비판했다. 사이먼(H. A. Simon)은 행정을 합리적인 의사결정 과정으로 보고 공무원을 합리적인 의사결정 주체로 보았다. 따라서 인간관계론에 비해서는 행정인의 의식과 행동이 더 합리적이지만 과학적 관리론에 비하면 제한된 합리성을 추구한다.

행태론은 의견, 태도, 개성 등도 행태에 포함시킨다는 점에서 외부로 표출되지 않는 인간의 의견, 태도, 개성 등을 연구에 포함시키지 않는 심리학적 행동주의와는 다르다.

2. 행태론적 행정이론과 연구 전제

1) 행태론적 행정이론

왓슨(J. B. Watson)의 행태 중심의 연구에서는 프로이트(S. Freud)의 인간의 연구에 대한 추상적 전통성을 비판하고 마음(mind) 대신에 인간의 외면적 행태(behavior)를 강조했다(행태 중심 연구의 시초). 버나드(C. I. Barnard)의 『관리자의 기능(*The functions of the Executive*)』(1938)에서는 행정을 특정 목표 달성을 위한 구성원의 협동적 집단행동(사회 현상)으로 묘사했다(협력이론). 행태론 연구의 선구적 역할을 했으며, 사이먼의 행태론에 영향을 줬다. 사이먼의 『행정행태론(*Administration Behavior*)』은 행정연구의 초점을 의사 결정에 두고 행정이론의 과학화에 주력했으며, 미국 현대 행정학을 완성시킨 학자로 평가되고 있다. 그의 행정이론은 논리적 실증주의에 입각한 과학적 방법론과 사회심리학적 방법론이며, 가치・사실분석론, 공・사행정일원론 등이 특징이다. 나아가 더빈(R. Dubin), 맥그리거(D. McGregor), 리커트(R. Likert), 베니스(W. Bennis), 아지리스(C. Argyris), 허즈버그(F. Herzberg) 등의 동기부여학파에 의해 구체화되고 실제 행정에 적용됐다.

2) 행태론의 연구 전제

행정을 합리적・협동적・집단적인 의사결정 과정이자 사회적 집단 현상으로 인식한다(카네기학파). 외면화된 행태(객관적인 현상)만을 이론과 확증의 대상으로 삼으므로 주관적인 경험이나 가치 영역은 의식적으로 제한한다. 사회 현상을 자연 현상과 동일시하고 자연과학과 같은 연구 방법을 취함으로써 과학성・객관성・규칙성・유형성・인과성・체계성을 강조하고 다양한 인간 행태를 수학적으로 계량화가 가능한 것으로 가정한다. 행태론은 과학적 관리론과 인간관계론 양자를 객관적・현실적으로 적절히 조화시킨 것으로 행정연구의 과학화에 기여했다.

표 5-3 과학적 관리론과 인간관계론 비교

구분	과학적 관리론	인간관계론	행태론
인간관	경제인(economic man)	사회인(social man)	행정인(administrative man): Simon 복잡인(complex man): Schein
능률관	기계적 능률	사회적 능률	종합적 능률: Waldo
조직관	공식구조	비공식구조	구조론적 접근: Etzioni
합리성	절대적 합리성	비합리성	제한된 합리성: Simon

3. 행태론의 특징 및 공헌과 한계

1) 행태론의 특징

과학적・경험적 연구는 주관적인 가치를 배제하고 객관적인 사실만을 이론과 확증의 대상으로 제한한다. 가치를 배제하는 가치중립성(value neutrality)・가치절연적・몰가치적・가치지양적・가치맹목적 입장이다. 행정의 기술성・처방성보다는 과학성을 중시하는 정치・행정이원론의 입장이다.

행태론은 객관적 사실이나 경험적으로 검증될 수 있는 사실을 중시하며, 정확한 지식을 위해 계량분석・미시적 분석에 중점을 둔다. 규범적 연구를 거부하고 경험적 연구를 중시한다. 자연과학적 연구 방법을 활용해 실험・관찰함으로써 가설을 검증・수정・반박한다. 관찰자에 의해 객관시되는 현상인 외면적 행위(행태) 또는 사실만을 연구 대상으로 삼으며, 개인의 행태나 집단의 행태, 행정문화 등을 중시한다. 행정 과정이나 다양한 인간의 상호작용에는 일정한 규칙성과 법칙성・경향성을 발견할 수 있다고 전제하며, 인간 행태에 대한 통일성・규칙성・인과성・유형성 발견에 치중한다. 자료의 입증을 위해 실험적 기법 등 자연과학・순수과학적인 실증주의 기법을 사용한다. 자료의 수집이나 적용에는 심리학·사회학·정치학·경제학 등 광범위한 연합 학문적 성격을 띤다. 인접 학문과의 협동연구를 중시한다. 표준화·획일화된 인간관을 부정하며 인간을 복잡인(complex man)으로 간주한다. 모든 집단의 속성은 개인 또는 개체의 속성과 속성들 간의 관계에 의해 구성될 수 있다고 보는 입장이다.

2) 행태론의 공헌

과학적 관리론과 같은 고전적 연구나 원리주의를 비경험적인 규범적 기초이자 형식적 과학일 뿐이라고 비판하면서 행정연구의 과학화에 기여했다. 행정은 설정된 목표의 집행만이 아니라 목표를 설정하고 이를 집행하는 의사결정 과정의 연속체로 파악했다. 의사결정을 둘러싸고 일어나는 권위·갈등·리더십·동기부여 등에 관한 많은 과학적 이론 등을 사회심리학적 입장에서 연구·개발했다. 정치와 행정을 연속체로 인식하고 행정의 본질을 의사결정 과정으로 보면서도 의사결정에서 가치판단적인 것(정책 결정)과 사실판단적인 것(집행 결정)을 구별해 행정의 연구 대상을 사실판단적인 것에 한정시켜야 하며, 공행정과 사행정 간의 본질적인 차이는 없고 양자의 차이는 상대적·양적인 것이라고 주장했다.

3) 행태론의 한계

행태론은 연구 방법의 정확성·신뢰성에 치중해 연구 대상과 범위를 지나치게 사실·행태에만 국한시킨 미시적 분석이다. 문제의 사회적 중요성을 파악할 수 있게 하는 거시적 분석이 곤란하다. 지나친 객관주의·조작주의·계량주의로 객관화할 수 없는 인간의 내면세계 등 주관적인 사항을 직접 다루지 못하며, 자료 조작의 가능성도 높다. 정책 결정에는 대립적인 가치 체계 간의 선택이 불가피하며 각 대안에 대한 판단이 요구되므로 가치판단의 논리적인 배격은 극히 비현실적이다. 가치중립적 입장은 사회문제를 처방하지 못하고 보수주의를 초래한다. 행태론은 가치의 배제로 현실적인 행정문제를 해결하기에는 부족했다. 내적 상황은 중시했으나 외적·환경적 요인들을 고려하지 못했다. 의도가 정확하게 행태로 표출되기 어려운 개도국의 경우는 적용하기 곤란하며, 가치·철학의 결여로 정책조언에 유용하지 못하고 특정 이데올로기에 봉사하는 어용학설로 이용당할 우려가 있다.

제4절 생태론적 접근 방법

1. 의의

생태(生態)란 유기체(有機體)가 생존을 유지해 가는 데 영향을 미치는 환경을 의미하며, 생물체와 그 주위 환경과의 상호작용 관계(interaction)를 의미한다. 생태론적 접근 방법(ecological approach)이란 행정을 하나의 유기체로 파악하고, 행정과 그 환경과의 상호작용 관계를 중심으로 행정 현상을 연구하는 이론이다.

과학적 관리론, 인간관계론, 행태론 등의 행정이론은 조직을 폐쇄 체제로 인식해 환경의 영향을 도외시하고 조직의 내부구조·내부 과정만을 다뤘으나, 생태론적 접근 방법은 행정 현상을 자연적·사회적·문화적 환경과 관련시켜 이해하려고 한다. 이 접근 방법은 행정에 영향을 미치는 환경과의 관계를 처음으로 연구한 거시적 접근법이다. 환경에 대한 행정의 종속변수적 측면을 강조한 환경결정론이다.

2. 대두 배경

1) 기존 이론의 개도국 적용 문제

제2차 세계대전 직후 대외 원조정책을 추진하는 과정에서 기존의 미국 행정학이론을 개발도상국(신생독립국)에 적용할 수 없는 데 대한 의문이 제기됐다. 과학적 관리론, 인간관계론, 행태론 등 종래의 행정연구가 정태적인 제도·이념 중심의 기술적 방법이어서 내적관리는 설명이 가능하나, 실제적인 문화·환경상 행정 현실과 행태상의 특징을 밝혀내는 데 제약이 초래됐다.

2) 구조와 기능 간의 괴리

생태론의 출발점은 구조기능주의적 분석(1930년대 미국 사회학자가 시초)이다. 전후 신생국의 경우에 서구에서 이식해 온 제도(구조)와 실제 운영(기능) 간의 괴리가 발생해 제도의 이상이 형식화되고 역기능이 표출됨에 따라 선진국과 신생국의 문화적·환경적 차이가 장벽으로 작용하고 있음을 인식했다.

3) 행정연구의 과학화

행정변수를 조직 내에서부터 조직 외로 그 시야를 넓히고 행정연구를 과학화해야 한다는 요구가 제기됐다.

3. 주요 내용

가우스(J. M. Gaus)는 환경과의 유기적 상호 관계를 고려하면서 정부 기능이 분석돼야 한다는 생태론적 연구를 시도했다. 행정에 영향을 미치는 생태적·환경적 요인을 주민(people), 장소(place), 물리적 기술(physical technology), 사회적 기술(social technology), 요구와 이념(wishes & ideas), 재난(catastrophe), 인물(personality) 등 일곱 가지로 구분했다.

리그스(F. W. Riggs)는 사회학자로부터 영향을 받아 구조기능주의적 분석에 의한 사회이원론과 사회삼원론을 제시했다. 사회이원론에서는 이원적 사회 인식과 귀납적 관점에서 미분화사회(농업사회)와 분화사회(산업사회)의 두 가지 모형을 제시했다. 그리고 사회이원론이 원시사회가 제외됐다는 점과 개발도상국의 과도기적 사회를 설명해 주지 못한다는 비판이 제기돼 농업사회를 융합적 모형(사회구조·기능·역할의 미분화)으로, 산업사회를 분화적 모형으로 파악하고 중간에 전이적인 프리즘적 모형(신생국 모형)을 설정해 사회삼원론을 제시했다.

사회삼원론에서 제시한 프리즘적 사회(prismatic society)는 신생국 행정 체제의 특징이다. 이러한 사회의 특징으로 첫째, 전통적 요소와 현대적 요소가 혼합된 고도의 이질성(heterogeneity), 둘째, 분산된 기능과 분산되지 않은 기능이 공존하며, 양립되기 어려운 공식적·합리적 행정 행태와 비공식적·비합리적 행정 행태가 중복되고 있는 기능의 중복, 셋째, 행정서비스 제공이나 관직 임용 방식에서 연고우선주의, 넷째, 내용보다는 형식과 절차에 집착하는 태도가 나타나며, 공식적 행동규범과 실제 적용 간에 현격한 불일치가 존재하는 형식주의, 다섯째, 씨족적·종파적·지역적 유대에 의해 결속되는 공동체의 존재와 이들 간의 대립·투쟁이 발생하는 다분파주의(poly-communalism), 여섯째, 현대적 규범과 전통적 규범·관습이 공존하면서 의견 일치가 곤란하고, 편의에 따른 규범 적용으로 일관성이 결여된 다규범주의(poly-normativism)·상용성(ambivalence), 일곱째, 상품 교환 수단으로서 가격 메커니즘이 적용되고 있으나 정찰가격이 없고 전통사회의 신분·보답성·의리성 등 시장 외적 요인이 작용하고 있는 확정성(price indeterminancy)·부정가성(不定價性), 여덟째, 관료의 권한이 법제상으로는 상당히 제약되고 있으나 현실적으로는 큰 영향력을 행사하는 양초점성(bi-focalism) 등이 제시된다.

표 5-5 리그스의 사회이원론

생태 요인	농업사회(agraria)	산업사회(industria)
정치적 요인 (정치 권력)	① 정치 권력의 근거는 천명(天命)이다. ② 형식상의 권력(전체 권력)은 적지만 실질적 권력(개인 권력)은 크다.	① 정치 권력의 근거는 국민의 동의에 있고 관료는 국민의 공복(公僕)이다. ② 형식상 권력은 크지만 실질적 권력은 적다.
경제적 요인 (경제 체제)	① 자급자족적 폐쇄적 경제 체제다. ② 정부는 질서의 유지와 징세 활동에만 국한하는 소극적 행정을 한다.	① 시장경제 중심의 상호의존적·개방적 경제 체제다. ② 적극적·최대의 행정이 최선이다.
사회적 요인 (사회구조)	① 제1차적 혈연적인 사회구조(공동사회)다. ② 행정에도 귀속주의·인맥주의가 지배한다.	① 귀속보다 업적이나 능력을 중요시한다. ② 개방적인 제2차 사회구조(이익집단)이 중요한 역할을 수행한다.
이념적 요인 (인식 방법)	① 육감·직관에 의한 인식 방법이 지배적이다. ② 지식이 획일적이다(단순 지식). ③ 의식주의(儀式主義)·형식주의(形式主義)가 지배한다.	① 경험에 의한 인식이나 다양한 지식이 중시한다. ② 보편적·평등적·개인주의적 윤리가 중요시된다. ③ 합리주의가 지배한다.
의사전달 정도	① 의사전달의 유동성·동화성이 적다. ② 하의상달적 의사전달이 적다.	① 의사전달의 유동성과 동화성이 크다. ② 하의상달·수평적 의사전달이 원활하다.

표 5-6 사회삼원론

구분	융합적 사회(fused society) -가치가 융합된 사회-	프리즘적 사회(prismatic society)	분화적 사회(refracted society) -가치가 평등하게 분화된 사회-
사회구조	농업사회(agraria)	전이·과도·굴절사회(transitia)	산업사회(industria)
관료제 모형	안방모델(chamber model): 공사(公私)의 미분화	사랑방 모델(sala model): 공사(公私)의 분화 단계	사무실 모델(office model): 공사(公私)의 구분
행정인	자유사상가(literatus)	인텔리겐차(intelligentia)	지성인(intellectual)

4. 생태론의 공헌과 한계

1) 생태론의 공헌 내용

생태론은 우선 행정연구에서 거시적 안목을 제공했다. 행정 체계를 개방 체제로 파악해 문화적·환경적 요인과 상호 관련성 속에서 행정을 고찰함으로써 행정연구에서 개방적·거시적인 안목을 제공했다. 둘째, 행정의 특수성을 인식해 문화적·환경적 차이나 시간 및 공간의 차이에 따라 행정의 특징이 다르다는 사실을 인식하게 하는 지적인 도구를 제공했다. 셋째, 신생국 행정 체제에 적용하기 위한 별도의 이론이 필요하다는 점을 확인시켜 비교행정 연구의 필요성 및 방향을 제시했다. 넷째, 인류학, 사회학, 정치학, 심리학 등과 상호 교류와 수용을 촉진함으로써 행정에 대한 종합과학적인 연구 활동을 자극했다. 다섯째, 신생국 행정이 왜 그렇게 됐는가에 초점을 두고 연구했기 때문에 처방적이라기보다는 과학적인 이론이다(백완기). 따라서 생태론은 과학성을 강조하기 때문에 정치·행정이원론으로 본다. 그러나 가우스는 행정과 다양한 외부 환경적 요인 간의 관계를 중시해 정치·행정일원론으로 보았다.

2) 생태론의 한계(비판)

생태론에 대한 비판으로 첫째, 행정은 피동적으로 환경에 의해 영향만을 받고 그 특징이 결정된다는 생태론적 결정론을 제시함으로써 환경에 의한 투입(영향)을 지나치게 중시한다.

둘째, 행정이 환경에 좌우된다고 생각해 환경적 요인이 성숙되지 못한 신생국에 대해 숙명론적 패배론·비관론이 제시됐다. 즉, 행정의 독립변수성을 경시하고 종속변수성만을 강조했다.

셋째, 구조 기능적 분석에 입각한 균형이론으로 행정은 환경과의 정태적인 균형 관계만을 중시한 나머지 개도국에서 일어나는 행정의 동태적 사회 변동 기능에 대한 설명이 곤란하다.

넷째, 특정 국가의 개별적 환경만을 연구함으로써 일반이론화하는 데 실패했다. 즉, 생태론은 비교연구(행정)의 일반적인 기준을 제시하지 못했다.

다섯째, 외부환경에만 치중한 나머지 내부적인 관리·기술이나 심리적·권력적 측면은 상대적으로 경시했다.

제5절 체제론적 접근 방법

1. 의의

체제(system)란 복수의 구성 요소(하위 체제) 또는 변수가 상호 의존적 관련성을 띠면서 질서와 통일성을 유지하고 환경과 끊임없이 상호작용을 주고받는 유기체 또는 전체로서의 실체다. 체제론적 접근 방법(systems approach)이란 행정 현상을 하나의 유기체로 보아 행정을 둘러싸고 있는 다른 환경적 요소와의 관련성 속에서 행정 상태를 연구하려는 개방 체제적 접근 방법이다. 모든 현상을 상호 관련되고 일련의 하위 체제로 구성된 체제라는 개념에 기초해, 포괄적·통합적 분석을 시도한다. 따라서 체제적 접근 방법은 자연 현상이나 사회 현상을 상호작용하는 여러 구성 요소로 이뤄져 있는 전체의 한 부분으로 본다.

정치 현상 및 행정 현상에 대해 체제적 접근 방법을 도입한 대표적인 학자는 이스턴(D. Easton)과 샤칸스키(I. Sharkansky)이며, 이스턴은 정치 체제란 환경으로부터 요구(demand)와 지지(support)를 받아 전환 과정을 거쳐 정치 체제의 산물인 정책을 산출하며, 이러한 정책은 환류돼 다시 정치 체제에 투입된다는 것이라고 설명하고 있다.

폐쇄 체제(閉鎖體制, closed system)는 조직이 외부 환경으로부터 차단돼 있어 체제 내의 부분 요소들이 외부환경으로부터 아무런 영향을 받지 않는 체제를 말한다. 즉, 환경과의 상호작용이 없는 폐쇄된 체제를 말한다. 고전적 조직이론은 조직에 대한 환경의 영향을 도외시하는 개념적 폐쇄성에 기반하고 있어 분석 단위를 조직 내의 개인 및 하위집단에 국한하고 조직 내부의 구조와 기능만을 다룬 한계를 지닌다.

개방 체제(開放體制, open system)는 조직의 경계가 유동적이고 자유로워 외부 환경과 상호작용하는 체제를 말한다. 개방의 의미는 첫째, 조직을 유지하기 위해 필요한 물자를 외부로부터 투입받는다는 점, 둘째, 외부의 환경에 능동적으로 적응하는 것을 의미한다.

2. 사회체제론

1) 체제의 특징

파슨스(T. Parsons)는 사회체제론을 주장했다. 여기서 체제는 복수의 하위 체제로 구성돼 분화되는 분화성을 나타내며, 복수의 하위 체제는 공동 목표 하에 상호 의존 관계를 띠며, 상호 조정・통합된다. 체제는 환경 → 투입 → 전환 → 산출 → 환류의 과정을 거쳐 환경과 상호작용한다. 경계를 통해 다른 하위 체제나 환경과 구별되며, 체제는 투입과 산출을 통해 환경과 균형 상태를 유지한다. 투입과 산출이 없는 정태적 균형을 유지할 수도 있고, 투입과 산출을 통한 동태적 균형을 유지할 수도 있다. 그리고 환경과의 상호작용이 없는 폐쇄 체제와 환경과의 상호작용을 하는 개방 체제로 구분할 수 있다. 체제는 부분이 아닌 전체론적 해석이며, 공동 목표를 지닌다. 또한, 공통적인 기능(AGIL), 즉 적응 기능(adaptation), 목표 달성 기능(goal attainment), 통합 기능(integration), 체제 유지 기능(latent pattern maintenance)을 수행한다.

2) 체제의 4대 기능(AGIL)

체제는 적응 기능, 목표 달성 기능, 통합 기능, 체제 유지 기능 등의 4대 기능이 있다. 첫째, 적응 기능은 행정조직 등과 같이 필요한 인적・물적 자원 및 여러 가지 정보・자료를 수집해 환경의 변동에 적응해 나가는 기능이다. 둘째, 목표 달성 기능(goal attainment)은 생산업체 등과 같이 환경으로부터 조달된 자원을 잘 체계화해서 조직의 목표를 직접 구체화하는 기능이며 셋째, 통합 기능은 행정 체제의 각 구성 요소의 활동을 원활하게 조직화하고, 여러 활동 간의 상호 조정을 통해 구심점을 제공하는 기능을 한다(정치조직 활동). 넷째, 체제 유지 기능은 교육・문화 등과 같이 세대를 계승하면서 창조와 재생을 가능하게 하는 체제 안정화의 기능 및 형상 유지 기능이다.

3. 개방 체제로서 행정체제론[1]

샤칸스키(I. Sharkansky)는 정치 현상이나 행정 현상에 대한 체제적 접근 방법을 도입했다. 행정 체제의 구성 요소로 환경, 투입, 전환, 산출, 환류를 제시했다.

1) 환경

환경은 체제에 대한 요구나 지지를 발생시키며 체제로부터 산출을 받아들이는 에너지의 근원이 되는 체제 밖의 모든 영역이다. 정치적 · 경제적 · 사회적 환경으로 고객, 수혜자, 이익집단, 경쟁조직 등이 해당된다.

2) 투입: 정책의제 설정

환경으로부터 행정 체제의 전환 과정에서 투입되는 국민의 요구 · 희망 · 지지 · 자원(징세, 채용) 등이다. 국민의 지지나 반대 등의 적극적 투입과 무관심 등의 소극적 투입이 있다.

3) 전환: 정책결정 과정

환경 요소로부터 투입(지지)을 받아 그 결과로서 어떤 산출을 내기 위한 작업 절차로서 목표를 설정하고 필요한 정책을 결정하는 일련의 내부 과정이다. 환경과 체제의 불균형을 해결하기 위한 과정이다.

4) 산출: 법령 · 정책

환경으로부터의 투입을 받아 전환 과정을 거쳐 다시 환경에 응답하는 결과물이다. 정책 · 법령 · 재화 · 용역(서비스) 등 기타 모든 형식적인 응답(물)이다. 새로운 산출물(환경)이 체제와 균형 상태를 이루게 되면 환류는 없으며, 여전히 불균형 상태이면 다시 환류된다.

5) 환류

투입에 대한 산출의 결과가 다음 단계의 투입 요소에 연결되는 과정이다. 기존의 투입물을 수정하거나 새로운 투입물을 형성한다.

---

1) 카츠(D. Katz)와 칸(R. L. Kahn)은 개방 체제의 특징으로 다음과 같이 제시했다. ① 균형과 안정: 다른 체제 또는 환경과의 균형과 안정을 이상적인 상태로 보고 추구한다. ② 5단계 순환 과정: 환경 → 투입 → 전환 → 산출 → 환류 5단계 기능을 수행한다. ③ 부정적 엔트로피(negative entropy): 조직의 해체 · 소멸로 움직여가는 엔트로피 현상을 제거하고 환경과의 균형과 안정을 추구한다. ④정보관리 기능: 의사결정의 합리성을 제고하는 정보의 투입, 진로 이탈 방지를 위한 제어 피드백, 부호화(분류), 환류 과정 등의 기능을 중시한다. ⑤ 동태적 균형 및 동태적 항상성: 환경과의 불균형을 해소하기 위해 부단히 동태적 적응을 하면서 에너지의 투입과 생산물의 유출을 계속하지만 체제의 특징은 변화하지 않는다. 즉, 투입과 산출이 부단히 이뤄지면서 유지되는 균형이다. ⑥ 분화: 하나의 체제가 여러 개의 하위 체제로 분화되려는 속성이 있다. 개방 체제에서 분화는 발전을 의미한다. ⑦ 통합과 조정: 개방 체제의 사회조직은 단일화를 성취할 때 두 가지의 다른 통로 즉, 통합과 조정을 추구한다. ⑧ 등종국성(equifinality): 상이한 시작 사건과 진로를 통해도 결국에 가서는 동일한 최종 성과를 나타낸다는 것으로 유일 최선의 문제 해결 방법은 없다는 현대적 상황적응론적 인식의 출발점이다(이인동과성, 동일귀착성 등).

그림 5-1 행정 체제의 구성 요소

4. 체제론적 접근 방법의 공헌과 한계

1) 체제론적 접근 방법의 공헌

체제론적 접근 방법은 거시적으로 전체를 보며, 전체를 구성하는 하위 체제 간의 상호작용 기능적 관계 또는 상호의존성을 분석한다. 체제와 환경 간, 여러 체제 간 그리고 체제와 구성 요소 간에 존재하고 발전・변동하는 행태 및 관계를 분석하는 데 도움을 주며, 비교연구의 일반적인 기준을 제시해 생태론의 개별성을 어느 정도 극복하면서 신생국 행정 체제의 비교연구를 위한 비교행정론의 발달에 기여했다.

체제 분석 기법 등의 개발로 행정학의 과학화에 기여함은 물론, 해결해야 하는 문제를 체제로 보고 그 해결 방안을 모색키 위한 과학적인 의사결정 기법 발달에 기여했다. 연구 대상을 상징으로 다루므로 추상적이며, 구조가 중요시되지 않는다는 점에서 전체론적이며, 변동을 다룬다는 점에서 동태적이며, 과업・기능의 수행에 관심을 가진다는 점에서 실제적이다. 행정 체제와 환경 간의 상호 관계, 투입 요인, 전환 과정과 산출 요인, 환류 메커니즘 등에 주로 관심을 둔다.

2) 체제론적 접근 방법의 한계

체제론적 접근 방법은 상위 체제는 하위 체제 간 균형을 중시해 현상 유지적으로 사회개혁을 위한 처방이나 역동성・발전문제 등의 설명이 불가능하다. 즉, 생태론의 범주를 완전히 탈피하지 못했다. 투입을 전제로 산출을 설명하고 있으며, 체제 간, 환경과 체제 간의 지나친 균형에 치중함으로써 정태적・현상 유지적 성격을 띠게 되어 정치사회의 변동을 충분히 설명할 수 없다. 체제의 자기 유지 기능이나 사회 체제 내의 조화 관계 등을 강조해 보수적인 편견을 내재하고 있다. 환경적 요소를 중시해 특수한 인물의 성격・개성・리더십 등 인적 요소를 과소 평가하고 행정 체제나 행정인을 종속변수로 보며, 정치 권력 등의 정치나 행정 현상을 다루는 데 부적합하다. 인간의 감정적・심리적인 것은 분석하지 않는다. 투입 기능이 활성화되고 안정과 균형잡힌 선진국 사회의 연구에 더 적합하다는 비판 제기된다. 전체나 산출을 중시한 나머지 체제 내에서의 부분적 요소나 구체적인 전환 과정에 대한 설명이 미흡하다.

5. 체제론적 접근 방법과 생태론적 접근 방법의 비교

1) 체제론과 생태론의 유사점

체제론과 생태론은 행정(행정인)의 적극적·독립변수적 역할을 경시하고 행정이 추구해야 할 가치나 목표, 방향을 제시하지 못했다.

2) 생태론과 체제론의 차이점

생태론은 행정 현상을 특수한 자연적·사회적·문화적 환경과 관련시켜 이해했으나, 체제론은 자연 현상이나 사회 현상을 전체의 한 부분으로 이해했다. 생태론은 후진국의 특수한 행정 현상 연구에 기여한 데 비해, 체제론은 후진국보다는 선진국에 더 적합하다. 생태론은 행정의 특수성을 강조하는 중범위이론이며, 체제론은 더 거시적이고 연합 학문적이며, 일반화된 관념적 이론이다.

표 5-7 생태론과 체제론의 차이

구분	생태론	체제론
행정 현상의 이해	행정 현상을 특수한 자연적·사회적·문화적 환경과 관련시켜 이해	자연 현상이나 사회 현상을 전체의 한 부분으로 이해
적합한 대상	후진국의 특수한 행정 현상 연구에 적합	후진국보다는 선진국에 더 적합
보편성과 특수성	보편적인 이론보다는 행정의 특수성을 강조하는 중범위이론	생태론보다 더 거시적이고 일반화된 이론

표 5-8 생태론과 체제론의 장·단점

구분	생태론	체제론
장점	• 행정 현상을 자연적·사회적·문화적 환경과 관련시켜 이해 • 후진국의 행정 현상 설명에 기여 • 보편적 이론보다 중범위이론 구축 → 행정학의 과학화에 기여	• 자연 현상이나 사회 현상을 전체의 한 부분으로 이해 • 행정연구에 거시적 안목 제공 • 행정 체제 간 비교분석을 위한 일반적 기준 제시
단점	• 행정의 적극적·주체적 역할 좌시 → 생태론적 결정론 • 행정이 추구해야 할 가치나 목표, 방향을 제시하지 못함	• 정태성으로 인해 정치, 사회의 변화나 발전을 설명 못함 → 후진국 행정 현상 설명에 한계 • 행정의 독립변수적 역할 경시 • 지나치게 거시적이어서 심리적·행태적 측면이나 구체적 운영 측면의 설명이 소홀 • 특수한 인물의 성격, 개성, 리더십 과소평가 • 권력, 의사전달, 결정 등 행정의 목표·가치문제 고려 부족

제6절 비교행정론

1. 개념

비교행정(comparative administration)이란 문화와 환경이 서로 다른 여러 나라에 적용되는 일반 법칙적이고 과학적인 행정이론 개발을 위해 각국의 행정 현상을 체계적으로 비교·연구하는 것이다. 헤디(F. Heady)는 관료제를 중심으로 각국 행정 체제를 비교하는 것이라 정의했다. 달(R. A. Dahl)은 각국의 행정에 강력한 영향을 미치는 여러 환경적 요인을 비교·고찰해 미국의 행정을 과학화하고 미국의 대외 원조정책의 실효성을 확보하고자 하는 행정이론으로 정의했다.

2. 비교행정 연구의 발전 계기와 촉진 요인

비교행정 연구의 발전 계기는 첫째, 미국 행정학의 적용 범위상의 한계가 나타났다. 미국의 행정이론이 생태적 요인을 달리하는 신생국에 적용하는 데 한계가 있음이 밝혀지면서 미국 행정학의 과학적·보편적 성격에 강력한 의문이 제기됐다.

둘째, 행정학의 과학화·객관화에 대한 요청이다. 미국 중심의 대내적·주관적 행정이론의 한계점을 수정하고 각 국가가 처해 있는 사회·문화적인 환경을 중심으로 구조 기능적 접근(T. Parsons)이나 문화횡단적 접근(F. W. Riggs)을 통해 상이한 국가의 행정을 연구하는 행정연구의 과학화·객관화 성향이 추구됐다.

셋째, 비교정치론의 영향을 들 수 있다. 이스턴(D. Easton), 앨먼드(G. A. Almond) 등 신생국 정치 발전을 위한 비교정치론이 먼저 발달했다.

넷째, 후진국에 대한 경제·기술 원조에 따라 행정학자들이 해당 정책에 참여함으로써 개발도상국의 행정을 직접적으로 경험하게 되어 비교행정에 대한 관심이 더욱 증대됐다.

다섯째, 유럽학자들의 학문적 영향이다. 행정법 및 행정과학 분야에서 베버(M. Weber) 등의 유럽 학자들의 관심과 교류의 증진이 비교행정의 발전에 기여했다.

3. 비교연구를 위한 접근 방법

1) 비교연구를 위한 리그스의 견해

리그스(F. W. Riggs)의 새로운 연구 방법은 전통적 방법론을 전적으로 배제하는 것이 아니라 상호 보완적인 관계에 있다. 리그스는 규범적 접근 방법에서 경험적·실증적 접근 방법으로 전환을 주장했으며, 개별 사례적 접근 방법에서 일반 법칙적 접근 방법으로 전환을 주장했다. 즉, 문화·환경이 상이한 여러 나라에 행정 현상을 보편적으로 비교·연구한다. 또한, 비생태적 접근 방법에서 생태적 접근 방법으로의 전환을 주장했다. 생태적 접근 방법은 환경적 요인을 고려하는 개방체제이론을 의미한다.

2) 헤디의 분류: 연구의 대상·초점에 따라 비교행정의 접근 방법을 분류

헤디(F. Heady)는 연구의 대상과 초점에 따라 비교행정의 접근 방법을 수정 전통적 접근 방법, 발전 지향적 접근 방법, 일반 체제 접근 방법, 중범위이론으로 분류했다. 수정 전통적 접근 방법은 각국 행정 현상에 대해 단순하게 비교·고찰하는 것이며, 발전 지향적 접근 방법은 국가 발전 목표 달성을 위한 행정의 필요 조건을 규명하는 것으로 발전행정론으로 발달한 모형이다. 일반 체제 접근 방법은 각국 행정 현상 비교를 위한 일반모형을 개발하는 것이며, 중범위이론[2)]은 일반 체제 접근 방법과 함께 비교행정의 접근 방법에서 가장 지배적인 경향으로 연구의 대상 범위를 좁혀 제한된 연구 대상을 집중적으로 연구할 것을 주창하는 연구 지향을 말한다. 즉, 일반체제이론은 지나치게 포괄적이며 추상적인 까닭에 실증적 자료에 의한 뒷받침이 어려우므로 연구 대상의 범위를 좁혀 연구하자는 접근법을 말한다. 헤디는 비교연구를 위한 가장 좋은 중범위모형은 관료제모형이라고 제시했다.

4. 비교행정론의 한계와 발전행정론의 대두

비교행정론은 환경을 지나치게 강조한 나머지 신생국 행정 체제의 환경적 요인에 의해 결정된다고 보는 생태론의 범주를 크게 벗어나지 못했다. 행정이 국가 발전을 주도하고 환경적 요인을 타파해 나가고 있는 현상을 충분히 설명해 주지 못하는 정태적 균형이론이다. 발전에 대한 독립변수로서 행정 엘리트의 역할을 경시하며, 급격한 사회 변동 속에서 새로운 사상과 제도가 도입되면 발전으로 유도될 수 있다는 가능성을 간과했다.

신생국 행정 체제의 환경적 요인에 의해 결정된다고 보는 생태론의 범주를 극복할 수 있는 이론이 필요했다. 행정이 국가 발전을 주도하고 환경적 요인을 타파해 나가고 있는 현상을 충분히 설명할 수 있는 동태적 불균형이론이다. 발전에 대한 독립변수로서의 행정 엘리트의 역할을 중시하고, 급격한 사회 변동 속에서 새로운 사상과 제도가 도입되면 발전으로 유도될 수 있다는 가능성이 있음을 인정했다.

제7절 발전행정론

1. 의의

발전(development)이란 하나의 유기체로서 조직이 의도하는 목표를 달성하기 위해 인위적·의도적·계속적·전체적 변화를 도모하는 활동이다. 사회의 기본적 변동의 계속적 과정이며 상호관련된 경제적·사회적·기술적·문화적·정치적 변동의 복합체로서 다차원적 현상이다. 발전행정(development administration)이란 행정 발전을 통해 강화된 행정부가 내부적 변화에 그치지 않고 국가의 여타 하위 체제에 변화를 유도하고 촉진하는 활동이다. 즉, 행정 발전과 다른 분야(국가 발전)사업의 관리(유도)를 의미한다. 1950년대 기능주의에 입각한 비교행정이론은 정태성·보수성·비실용성 등으로 신생국의 빠른 국가 발전을 위한 동태적·실용적 이론으로는 부적합했다(G. A. Almond & G. B. Powell). 1960년대에 들어 실용주의에 입각해 목표 지향적이고 규범적이며 변화와 발전을 중시하는 동태적인 행정이론이 필요하게 됐다.

---

2) 일반체제이론은 지나치게 포괄적이고 추상적인 까닭에 실증적 자료에 의한 뒷받침이 어려우므로 연구 대상의 범위를 좁혀 집중적으로 연구하면 실증적 자료의 뒷받침이 용이하고 연구의 효과성도 높일 수 있다는 이론이다. 헤디는 이러한 중범위모형으로서 가장 적합한 것은 베버의 관료제 이념형을 기초로 한 '관료제모형'이라고 지적했다.

2. 접근 방법

첫째, 행정 체제적 접근 방법이다. 대내적 행정 발전 전략으로 다른 분야와의 관계를 고려하지 않는다. 균형적 접근 방법은 행정 전반에 걸친 전면적·균형적 발전을 추구하는 전략이며, 불균형적 접근 방법은 행정의 어느 한 분야를 먼저 발전시키고, 그것에 의해 전반적 발전을 유도하려는 전략이다.

둘째, 사회 체제적 접근 방법이다. 대외적 행정 발전 전략으로 다른 분야와의 관계를 고려한다. 균형적 접근 방법은 발전에서 다른 체제(정치, 경제 등)의 발전이 선행 또는 최소한 병행돼야 행정 체제가 발전된다는 입장이다(Riggs, Eisenstadt 등 초기의 발전론자). 이는 행정을 종속변수로서 다루는 입장이다. 불균형적 접근 방법은 행정이 주도적 역할을 취하면서 다른 분야를 유도할 수 있다고 보는 입장이며(Esman, Weidner 등 후기 발전론자), 행정의 자율성·능동성에 중점을 두는 독립변수로서의 성격을 인정하는 입장이다.

행정 체제적 접근 방법은 외부·문화적·생태적 요인을 고려하지 못한 폐쇄적인 접근 방법이며, 사회 체제적 접근 방법은 외부·문화적·생태적 요인을 고려하는 개방적인 접근 방법이다. 균형이론은 이상적이긴 하나 신생국은 각 체제의 발전을 동시에 추구할 수 있는 능력이 없다는 점을 고려하지 못한 비현실적 이론이며, 불균형이론은 개도국의 현실적인 발전행정전략을 뒷받침하고 있으나 강력한 관료제의 형성으로 국민 자유의 위축, 민간부문의 취약화, 정치 기능의 상대적 약화 등의 역기능을 초래할 우려가 있다.

3. 발전행정론의 특징

첫째, 정치·행정새일원론으로 행정우위론이다. 행정을 국가 발전 목표의 달성을 위한 정책과 계획의 수립·집행 과정으로 파악하며, 행정인의 정책 결정 능력 향상을 중요시한다.

둘째, 공행정과 사행정의 차이점을 강조하는 이원론이다.

셋째, 독립변수로서 발전행정인을 중시한다. 발전지향성·창의성·쇄신성·성취 욕구를 가진 행정인의 독립변수 역할을 인정하고 행정인의 문제 해결 능력·자원 동원 능력·위기관리 능력 등의 향상을 중시한다. 발전행정인이란 변화를 이끌어가는 변혁의 역군이자 주체로서 자연 극복성, 강한 성취 동기, 미래지향성, 창의성, 민족공동체 의식과 신뢰성 등을 겸비한 관료다.

넷째, 효과성을 중시한다. 발전사업의 목표 달성을 강조하므로 목표·변화·발전 지향적인 행정 이념을 중시한다.

다섯째, 사회체제론과 불균형적 접근 방법을 중시한다. 행정 체제를 발전시켜 하위 체제의 발전을 유도하고, 국가 발전을 촉진시키는 불균형 전략을 강조한다.

여섯째, 쇄신적 관료제를 강조한다. 역할에서 엄격한 계층제와 안정적·정형적·기계적·폐쇄적 문제 해결 체제인 전통적 관료제를 타파하고 수평적·기동적·동태적인 애드호크라시(adhocracy) 형태의 역할 메커니즘을 강조한다.

일곱째, 과학성보다는 사회문제 처방을 위한 기술성을 강조한다.

여덟째, 행정 체제를 사회 변동의 관리자로 보고, 발전행정의 전략으로서 기관 형성을 중시한다.

4. 발전행정론의 문제점과 평가

1) 문제점

첫째, 우선 발전 개념이 모호하다. 발전을 진화, 근대화, 서구화, 개혁 등과 혼동되며, 서구화를 발전이라고 보는 서구적 편견이 있다. 둘째, 행정의 비대화로 민주주의 저해 우려가 존재한다. 행정의 비대화를 뒷받침하는 이론적 무기로 전락할 우려(개발 독재)가 있다. 셋째, 관료제 외적 분야의 발전이나 국민의 자유를 침해할 우려가 있다. 넷째, 가치판단의 중시로 이론적 과학성 미흡하다. 개도국의 국가 발전을 위한 처방적 · 규범적 성격을 띤 나머지 과학성이 결여되거나 경험적 검증을 거친 이론이 드물다. 다섯째, 투입 기능의 경시된다. 외형적이 목표 달성이나 산출에만 주력하게 돼 정책결정에 참여와 관련되는 투입 기능이나 윤리 · 책임 문제를 소홀히 한다. 마지막으로, 가치 배분의 불공정성이 존재한다. 관료들의 행정윤리 · 책임 의식이 중시되지 않으며, 가치배분의 불공정 문제가 유발될 가능성이 높다.

2) 평가

1960년대 이후 발전도상국의 사회 · 경제적 발전과 국민 형성을 위한 동태적이고 실천적인 국가 발전 전략과 정책을 개발하는 데 공헌했으나 행정 권력의 지나친 평면적 비대화로 정치 · 사회 분야 등과의 불균형을 초래했다는 비판을 받는다.

표 5-9 비교행정과 발전행정의 비교

구분	비교행정(생태론·체제론 포함)	발전행정
행정 이념	• 1950년대의 패러다임 • 보편성, 일반성, 합법성, 능률성, 민주성 등 강조	• 1960년대의 패러다임 • 특수성, 전문성, 합법성, 능률성, 민주성 + 효과성 등 강조
합목적성	정태적(static), 일반 법칙의 모색	동태적(dynamic), 목표지향적
방법론적 가치관	• 기능주의(functionalism) • 체제의 특징 중시	• 실용주의(pragmatism) • 체제의 능력 중시
변수로서의 행정	• 종속변수로서의 행정(행정인) • 발전에 대한 비판주의 • 결정론	• 독립변수로서의 행정(행정인) • 성장에 대한 낙관주의 • 임의론 · 자발론
이론의 성향	균형이론, 정치 · 행정이원론	불균형이론(변동이론), 정치 · 행정일원론
분석지침	체제분석(SA), 경제적 합리성	체제분석 + 정책분석(PA), 정치적 합리성
사회 변동과 행정	전이적 변화(transitional change)	계획된 변화(planned change)
행정 행태 (행정인의 자격)	지식 · 정보의 양(量)만을 중시	지식 · 정보의 양(量) + 쇄신, 성취지향성
과학성	• 진단 차원 • 과학성 추구 • 공간적 차원의 분석	• 처방 차원 • 기술성 추구 • 시간적 차원의 분석

제8절 신행정론

1. 의의

1970년대에 들어 기존의 행정이론(행태론)은 절박한 사회문제들을 해결할 능력이 부족했다. 이에 따라 이를 극복하고 사회적 적실성과 실천성을 갖춰야 한다는 가치주의, 인본주의를 지향하는 행정 흐름이 전개됐다. 1960년대 말 행태론에 대한 반대 명제로서 등장한 신역사주의・현상학적 접근법 또는 후기행태주의 등은 현실을 배경으로 한 탈행태론 혹은 신행정론이라 한다. 격동기의 신행정론은 주로 소외계층을 대상으로 했다. 추구하는 행정 이념도 능률성과 효과성뿐만 아니라 사회적 형평성을 중시했다.

2. 성립 배경 및 전개 과정

미국의 존슨(L. B. Johnson) 대통령의 '위대한 사회(Great Society) 건설'이라는 빈곤 추방정책 및 경제 번영정책이 실패했으며, 격동의 시대 도래와 적실성의 확보가 필요한 시점이었다. 정치적인 맥락에서 월남전, 워터게이트 사건 등이 발생했고, 사회적인 맥락에서 신・구세대 간의 갈등, 흑백문제, 소수민족 차별 문제, 신좌익(new left) 운동 등이 발생했다. 경제적인 맥락에서는 풍요 속의 빈곤, 스태그플레이션(stagflation) 등이 발생하는 시기였으며, 행정학적 맥락에서 행정의 정체성의 위기 극복 노력, 적실성과 처방성을 추구하는 후기행태주의 대두, 정책과학의 발전 등이 나타났다.

행정학적 측면에서 대내적으로는 안정과 질서를 토대로 한 종래의 가치중립적인 행태론을 비판했으며, 대외적으로는 미국의 행정연구가 모두 다른 나라를 위한 것이었다는 행정연구의 국제주의를 비판하면서 행정연구의 정체성을 극복하고 이제는 격동기에 발생한 자신들의 국내 문제를 해결하는 데 도움을 줘야 한다고 주장했다.

1968년 개최된 미노브루크 회의는 기존 행정학이 갖고 있는 한계점을 지적하고 문제 지향적, 처방적, 실천적인 새로운 방향을 모색했다. 그리고 1971년 미국행정학회(ASPA)가 「새로운 행정학(New Public Administration)」이라는 보고서를 발표했다. 대표적인 학자로 찰스워스(J. C. Chalesworth), 왈도(D. Waldo), 프레데릭슨(H. G. Frederickson), 오스트롬(V. Ostrom), 커크하트(L. Kirkhart), 하몬(M. Harmon), 라모스(A. G. Ramos), 이스턴(D. Easton), 벨론(C. Bellone), 달(R. Dahl), 마리니(F. Marini) 등이 있다.

3. 신행정론의 특성 및 내용

1) 사회적 형평 중시(가치 중시)

종래의 가치중립적인 행정 방식이 사회적・경제적・정치적 불평등을 초래했다고 지적하며, 이를 시정하기 위해 사회적 형평(social equity)을 강조한다. 사회적 형평과 함께 효과성, 효율성 등과 대응성을 중시한다.

2) 적극적인 행정인

안정기가 아니라 격동(turbulence)의 시대에는 행정의 효과성이나 행정인의 독립변수적 역할을 강조한다. 적극적 행정인(proactive administrator) 또는 행동주의자로서의 행정인, 문제해결자로서의 행정인, 강력한 정부의 역할 등을 강조한다. 그러나 전문직업인 혹은 전문직업주의를 의미하지는 않는다.

3) 문제지향성의 강조

행정의 활동성·동태성과 함께 사회문제를 해결해 나가는 문제 지향성을 강조한다. 내부적인 의사결정보다도 정책문제 해결을, 경제적 합리성을 추구하는 관리과학·체제분석보다도 정치적 합리성을 추구하는 거시적인 정책분석을 중시한다.

4) 처방성·대응성·사회적 적실성

기술성(처방성)을 중시하며 사회적 적실성 및 국민의 요구에 대한 적절한 대응성을 갖추기 위한 행정연구의 방향을 제시했다. 순수 이론적에서 응용(실용) 이론적으로, 서술적(기술적)에서 처방적으로, 기관 지향적에서 수익자(고객) 지향적으로, 가치중립적에서 목적·가치 지향적으로, 과학적에서 철학적으로의 전환을 주장했다.

5) 탈관료제 및 계층제조직의 수정

계층제·권위와 베버(M. Weber)의 관료제론을 중심으로 하는 전통적 조직이론에 반발하면서 조직과 개인의 대립보다 조직을 통한 인간의 성장·발전 욕구의 충족 등을 목표로 한 새로운 조직론, 즉 민주적·동태적·도덕적 조직론을 주장한다. 비관료제적·비계층제적 협력 체계로서의 새로운 조직 형태인 태스크포스(task force), 프로젝트팀(project team) 등의 동태적·임시조직(adhocracy)을 강조한다.

6) 현상학적 접근법의 중시: 하몬(M. Harmon)

관찰 가능한 인간의 외면적 행태(behaviour)만을 고찰하는 것은 무의미하다고 보고 인간의 내면세계 및 자신과 타인 간에 상호작용하는 내부 주관성이나 감정 이입을 통한 상호 인식작용(간주관성: inter-subjectivity)을 중시한다. 과거의 경험보다는 인간의 내면 속에서 일어나는 현상의 본질(action)을 중시한다.

7) 고객지향주의와 민주적 행정모형

국민을 동질적인 것이 아닌 이질적(빈부 격차)인 것으로 보고 형평성 추구한다. 시민 중심적·고객 중심적 행정을 강조하고, 윌슨(W. Wilson)식의 관료제 행정을 비판하며 민주적 패러다임 구축을 위한 모형(공공선택이론)을 제시했다.

4. 신행정론의 유용성과 문제점

1) 유용성

행태론 등 기성 이론의 비적실성을 비판하고 행정의 새로운 방향을 제시하며 1970년대의 공공선택론, 1980년대의 비판과학, 행동이론(action theory) 등과 연계・발전했다.

2) 문제점

관료제에 대한 민주적 통제가 취약하거나 공무원의 행정윤리가 확립돼 있지 않은 국가에서는 관료들의 가치 지향적 행동을 지나치게 강조하면 정치적 불안정과 행정권의 남용으로 인해 능률성의 저해가 우려된다. 경제・사회적으로 불리한 입장에 처해 있는 계층의 이익을 우선시할 경우 그것이 공익(중산시민의 이익)이나 행정기관의 목표와 마찰될 수 있다. 지나친 급진적 사고로서 비현실적인 면이 있고 경험적 검증이 부족한 반대 가설 수준이다. 사회적 형평이라는 행정 개념은 윤리적・철학적이어서 실천적・구체적이지 못하다. 주관적인 내면세계를 어떻게 연구할 것인지, 현상학에 대한 구체적인 방법론 제시가 미흡하다.

표 5-10 신행정론과 발전행정론의 유사점

구분	발전행정론	신행정론
사회변혁기를 배경으로 대두	제2차 세계대전 후 신생국의 독립과 미・소 간의 대립이 격화되던 시기	1960년대 후반 미국의 신좌익(new left)운동 등 격동기에 제기
행정인의 적극적 역할	변동의 역군(change agent)	적극적인 행정인(proactive administrator)
규범성과 가치판단의 중시	바람직한 목표를 설정하는 과정에서 규범성을 중시	규범주의・가치주의의 지향
기술성 중시(과학성 부족)	경험적 검증을 통한 과학적 이론의 정립보다는 현실의 사회문제의 처방을 중시함으로써 기술성을 중시: 정치・행정새일원론(행정우위론)	
탈관료제(반계층제)	쇄신적 관료제	반계층제적・탈관료제적 조직모형을 제시
사회 변동에 대응	쇄신관리에 주력	적응 능력 강화를 강조

표 5-11 신행정론과 발전행정론의 차이점

구분	발전행정론	신행정론
적용 대상	개도국에 적용	선진국에 적용
대두 시기	1960년대	1970년대
행정 이념	성장・발전 위주, 효과성	분배・윤리・복지 위주, 사회적 형평성
접근 방법	거시적・체계적 접근법	현상학적 접근법: 간주관성 중시
행정 대상	전문공무원 위주의 행정	비전문적(고객)의 참여 위주의 행정
기관 형성	기관 형성 중시	기관 형성 비판

제9절 현상학적 접근 방법

1. 개념

현상(現象, phenomenon)이란 지각(知覺)할 수 있는 사물의 모양이나 상태이며, 본질과의 상관 개념으로서 시간과 공간 속에 나타나는 대상이다. 인간의 의식작용을 통해 어떤 의미가 부여된 모든 것으로 인간의 주관적 의식에 다가와 그 의미가 주어진 모든 것이다. 정신 현상은 인간의 행동은 내면세계나 의식세계의 산물로서 행위자의 외면적 행태보다는 내면적인 의도가 중요하다. 사회 현상은 인간의 행동은 사회구성원 간의 자유로운 의사소통에 의한 감정이입 작용(간주관성)을 토대로 한 현상이다. 이는 '사회적 자아' 도출(고객 중심의 행정)과 관련이 있다.

현상학(phenomenology)은 사회적 행위의 해석에서 의식과 주관적 의미의 우선을 강조하는 모든 입장이다. 현상에 대한 개개인의 의식이나 지각으로부터 행태가 나온다고 주장하는 철학적·심리학적 접근 방법을 의미한다. 현상학의 연구 대상은 표출된 외면적 행태가 아니라 행위자의 내면적 의도가 결부된 의미 있는 행태(meaningful behavior = action)를 중시한다.

현상학적 접근 방법(phenomenological approach)은 인본주의, 상징적 상호작용론, 실존현상학, 정신현상학, 현상학적 심리학, 현상학적 인류학 등 그 명칭도 다양하다. 현상학적 접근 방법은 공통된 특징은 인간의 외면적 형태만을 연구하는 것은 무의미한 것으로 보며, 인간 중심적·인간 소외의 본질을 규명하고자 했다. 도덕·철학 등도 생산적인 것으로서 엄격한 경험과학으로 재정립할 수 있으며, 객관화된 과거의 경험적 사실만이 과학의 대상은 아니라고 주장했다.

2. 대두 배경

현상학 등은 행정학에 관한 이론 내지 접근 방법의 주류를 이뤄온 합리주의, 행태주의, 객관주의 및 논리실증주의의 반대 명제로서 이들 고전적 합리론이 지닌 한계의 보완책으로서 등장했다. 현상학이라는 용어는 철학사에서 많은 학자가 각기 다른 개념으로 사용해 왔다.

독일의 철학자 람베르트(J. H. Lambert)는 『신기관(*Neues Organon*)』(1764)에서 현상학이란 명칭을 처음으로 사용했으며, 본체(本體)의 본질을 연구하는 본체학과 구별해 본체의 현상을 연구하는 학문을 현상학이라고 했다.

후설(E. Husserl, 1901)은 관념론의 독단적 전제와 사변적 구성을 반대하며, '사실 그 자체'를 표방하면서 모든 학문의 기초학이라 칭하는 오늘날의 현상학 체계를 정립했다.

하몬(M. Harmon, 1981)은 외부로부터 표출된 단순한 행태가 아닌 의미가 부여된 행동(meaningful behavior)을 행위(action)로 간주하며 행동이론(action theory)을 통해 행정학에 도입했다.

3. 현상학적 접근 방법의 특징과 평가

1) 현상학적 접근 방법의 특징

현상학적 접근 방법은 일반 법칙적인 방법에 의해 파악하기보다는 개개의 사례나 문제 중심적인 방법에 의해 설명하는 방법론적 개체주의에 선택한다. 주관적인 내면세계나 자유로운 의사소통을 통한 상호 인식작용 또는 간주관성(inter-subjectivity)을 중시하며(합의적 의사결정을 중시), 가치를 만들고 문화를 창조하는 인간의 주관성에 관심을 집중한다. 인간이 물적 수단으로 전락하는 관료제의 물상화 과정의 해석에 중점을 두면서 물상화(物像化)를 배격한다. 그리고 하몬은 행위이론을 행정학의 한 패러다임으로 전제했다. 그는 자아의 능동적 · 사회적 본성, 분석의 기초 단

표 5-12 버렐(G. Burrell)과 모건(G. Morgan)의 객관주의적 시각과 주관주의적 시각 비교

객관주의	차원	주관주의
실재론(realism)	**존재론(ontology)**	유명론(nominalism)
실증주의(positivism)	**인식론(epistemology)**	반실증주의(anti-positivism)
결정론(determinism)	**인간 본성(human nature)**	주의주의(voluntarism)
일반법칙적(nomothetic)	**방법론(methodology)**	개별 사례적(ideographic)

표 5-13 행태론과 현상학적 접근 방법의 차이

구분	현상학	행태론(논리실증주의)
관점	주관주의 · 내면주의 추구	객관주의 · 외면주의 추구
존재론	사회명목론: 명분과 가치를 중시	사회실재론
인식론	반실증주의(철학적)	논리적 실증주의(과학적)
인간관	자발론(인본주의), 독립변수	결정론(도구주의), 종속변수
자아	능동적 · 사회적 자아: 신비주의	수동적 · 원자적 자아: 개체주의
조직구조	비계층구조	계층구조
연구 방법	개별 문제 중심적인 연구(사례연구)	일반 법칙적인 연구(원리주의)
분석 단위	대면적인 만남에서 나타나는 현상을 분석	개인 · 조직 · 국가 · 체제 등을 분석
목적	이론 범위를 통합, 규범적 측면을 강조, 실제의 행정을 개선	행정 현상의 설명 · 예측, 연구의제의 구체화
기술(記述) 초점	인간의 행동(action)을 관찰: ∵ 표출된 행위(behavior) ≠ 의도된 행위(action)	인간의 행태(behavior)를 관찰: ∵ 표출된 행위(behavior) = 의도된 행위(action)
설명 양식	행위자의 동기가 무엇인가에 관심	인과관계를 규명
동기부여	사랑, 상호간의 성취 욕구 의해 동기화	자기 이익의 추구, 체제의 존속
행정 패턴	다양화된 행정 패턴	표준화 · 유일 최선의 방식 추구
지향	참여적, 고객 지향, 정책 지향	비참여적, 생존 지향, 관리 지향
이념	대응성, 책임성	합리성, 능률성
사회관	사회 현상 ≠ 자연 현상	사회 현상 = 자연 현상

위로서 대면적 만남, 상호 주관적 인식론 등이 그 핵심이 된다고 봤으며 행정인이 행정 현실을 경험적 사실로서만 인식해서는 안 된다는 입장을 취했다. 행위이론은 인간의 행위가 합목적적·의도적이며 인간은 자신의 활동과 관련해 자아를 성찰할 수 있는 책임있는 행위자임을 전제하고 있다.

2) 현상학적 접근 방법의 평가

현상학은 전통적(과학적)인 연구 방법을 통해 규명하지 못했던 인간의 주관적 개념, 의식 및 동기 등의 의미를 좀 더 적절하게 다루고 이해할 수 있는 가능성을 제시했다는데 의미가 크다. 그러나 사회 현상이나 조직의 문제를 보는 데 폭넓은 철학적 사고 방식의 준거의 틀을 제공했지만 지나치게 사변적·주관주의적 철학에 너무 의존하고 있으며, 인간의 행위는 무의식적으로 일어나는 경우도 많으므로 사회과학의 연구 범위를 주관적인 의식세계에만 국한한다. 그리고 인간의 주관적인 내면 현상에 관한 구체적인 연구방법론에 대한 언급이 부족하다는 것이 한계로 지적된다.

제10절 비판행정학

1. 의의

1) 개념

비판이론(critical theory)이란 현대 산업사회의 자본주의적 경제 체제는 억압적이고 모순적이라고 전제하고 그 실상과 병리를 비판적 이성으로 분석해, 인간의 자유와 행복을 위해 구성원들을 억압으로부터 해방시켜야 한다는 이론이다. 인간의 자유를 구속하는 요인들을 규명하고 사회 개선 및 인간 해방과 의미있는 인간 생활의 조건을 규명하고 설계하려는 철학운동이다.

프랑크푸르트학파의 호르크하이머(M. Horkheimer), 아도르노(T. Adorno), 하버마스(J. Habermas) 등에 의해 체계화됐으며, 덴하르트(R. B. Denhardt)의 비판행정이론에 의해 행정학에 본격적으로 도입됐다. 화이트(J. White), 포스터(J. Forester), 던(W. Dunn) 등에 의해 정책분석 등에 응용됐다. 하버마스, 덴하르트 등은 비판행정학에서 행정이란 민주적 공개성이 확보된 상태에서 관료와 시민간 자유로운 의사소통이 이뤄져야 한다는 것을 강조했다.

2. 하버마스의 비판과학(이론)

인간을 목표 달성의 수단으로 간주해 합목적적·합리적 행위를 추구한다(도구적 이성, instrumental reason). 의사소통 행위에 의한 상호작용을 강조한다(실천적·해석적 이성, practical·interpretive reason). 권력 관계에 대한 비판적 통찰을 통해 권력으로부터 해방을 추구한다(비판적·해방적 이성).

인간에 대한 통제를 중시하는 실증주의(행태론)다. 인간에 대한 이해를 목적으로 하는 현상학

표 5-14 하버마스의 이성 유형과 접근 방법과의 연관 관계

이성 유형	추구	지식의 목적	접근 방법
도구적 이성	합리적 행위	인간에 대한 통제	실증주의(행태론)
실천적 · 해석적 이성	인본주의	인간에 대한 이해	현상학 · 해석학
비판적 · 해방적 이성	적극적 인본주의	사회적 제약으로부터 인간 해방	비판행정학

이나 해석학 이론이다. 사회적 제약으로부터 인간의 해방을 목적으로 하는 비판과학이다.

도구적 이성에 입각한 관료제적 행정(기술의 합리성)이 공공부문을 심각하게 위협하고 있는 현상에 대한 철저한 비판을 통해 신공공전환이론(new public transformation theory)이라는 하나의 대안을 제시하면서 '민주적 공개성'이 확보된 상태 하에서의 '자유로운 의사소통'이 이뤄져야 함을 주장했다.

3. 비판이론의 행정에의 도입

덴하르트(R. B. Denhardt)는 의사소통에 의한 사회적 관계의 민주화가 선행돼야 하며, 공공정책의 형성과 집행을 가치비판적 입장에서 이해했다. 화이트(J. White)는 실증주의란 인간을 목표 달성 수단으로 간주하고, 인간의 행위를 '통제'하는 것이 연구의 목적인 반면, 해석학적 연구는 사회적 행위나 인간에 대한 '이해'가 연구의 목적이며, 비판적 연구는 사회적 제약으로부터의 인간의 '해방'을 강조하는 인본주의 추구가 연구의 목적이다.

4. 비판행정학의 특성

비판행정학은 사회는 전체적 연관성을 지니고 있다는 총체성을 강조한다. 인간의 내면적인 이성을 중시하며, 인본주의적 관점으로 인간의 무력감, 고독, 물상화 등의 인간 소외를 극복하려고 한다. 비판적 이성을 중시하는 비판적 관점이며, 자유로운 의사소통과 담론으로 공공행정의 위기를 극복해야 한다고 주장한다.

5. 평가와 한계

인본주의를 중시하는 현상학과 비판과학은 행태론이나 관리과학 등이 다루지 못한 내면세계를 강조해 행정의 철학적 측면과 행정의 적실성 제고의 계기가 됐으나 인간의 내면세계 등에 대한 구체적인 연구 방법론에 대한 언급이 부족하고 행정의 무의식적 측면이 존재함을 과소평가했다.

제11절 담론행정

1. 의의

담론(談論, discourse)이란 "정책결정을 위한 구성원 간의 평등한 의사소통"을 말한다. 담론행정이란 행정을 소수 관료의 전문성을 바탕으로 수행되는 반복적·분석적 행위나 공공선택론에서 강조하는 경쟁을 통한 합리적 행위로 보기보다는 시민들의 다양한 의견을 민주적으로 청취해 그들의 의도를 반영하는 담론적 행위로 봐야 한다는 이론이다. 폭스(Charles J. Fox)와 밀러(Hugh T. Miller)는 포스트모더니즘 하에서 행정은 담론이라고 주장했다.

2. 정통이론과 대안적 이론의 비판

1) 정통이론(대의민주주의)의 비판

정통이론인 환류적 대의민주주의 모형(선출직 대표제도)은 비현실적이고 책임성이 부족하며 국민의 뜻이 언론에 의해 조작되고, 하향적 관료제 형태를 띠게 되는데, 이는 독재에 불과한 것이다. 선거정치도 정치 현실로부터 분리된 상징에 불과하다고 본다.

2) 정통이론에 대한 대안적 이론의 비판

헌정주의(constitutionalism)에 대한 비판으로 비선출직 공무원은 먼저 헌법적 가치에 충성하고, 그 다음에 선출직 공무원이나 그들에 의해 임명된 정무직 공무원에게 충성해야 한다는 헌정주의를 근본적인 대안이 아니고 보수적 대안이라고 비판한다. 그리고 공동체주의(communitarianism)에 대한 비판으로 시민들이 정책결정에 직접 참여해 행정의 정당성을 확보하자는 공동체주의는 문제 해결의 능력 부족, 시간·비용의 과다 등으로 비현실적이라고 비판한다.

3. 담론이론의 주요 내용

1) 이론적 기초

공공행정의 주체가 관료기구에서 에너지 영역(energy field)으로 대체된다. 에너지 영역은 정책네트워크, 기관 간 정책연합, 시민단체 등 다양한 사회적 구성으로 이뤄진다. 행정이란 국민과의 민주적이고 자유로운 담론을 통해 국민이 원하는 의미를 파악해 정책에 반영하는 것이다. 따라서 에너지 영역은 사회적 담론을 가능하게 하는 공간이다. 정책은 소수의 관료가 행하는 합리적 분석이 아니라 다수의 국민이 사회적 담론을 통한 의미의 포착에 의해 형성되며, 자유로운 토론이 행정의 핵심으로 이론적 기초는 구성주의, 현상학, 해석학 등이다.

2) 담론의 보증

폭스(C. J. Fox)와 밀러(H. T. Miller)는 하버마스(J. Habermas)와 아렌트(H. Arendt)의 주장을 수용했다. 하버마스의 진정한 의사소통이론은 발언자의 진지함, 표현의 명확성, 주장의 정확성, 토론 상황에의 적합성을 가정했다. 담론이론에서는 조화로운 의견 일치보다는 논쟁과 자기 주장을 적극 펼친다. 담론의 핵심은 논증적 행위이며, 거기에는 규율이 있다.

진정한 담론을 위한 전제 조건으로 담론의 진지함(정직, 솔직), 상황에 적합한 의도(특정 상황과 관련된 담론), 자발적인 관심(듣기와 말하기), 실질적인 기여(무임승차 배제, 전문지식이나 아이디어 제공) 등이 제시된다.

3) 담론의 형태: 적정수 담론이 바람직하다고 주장

소수 담론은 엘리트의 독단적 조작에 의해 익명성이 강하고 논쟁적 긴장이 약하다. 다수 담론의 경우 무질서한 토론으로 초점이 없고 대화의 규범이나 진실성이 약하다. 적정수 담론은 정책 네트워크(전문가, 공무원, 시민, 정책분석가 등)에 의해 몇 개의 정책과제로 응집돼 구조화된 상태다. 공식적인 정책결정자의 역할이 상대적으로 약화될 수 있다.

4. 담론행정의 유용성 · 한계 및 발전 방향

1) 유용성(장점)

담론행정의 유용성으로 ① 극단적인 이기주의적 대립의 해결이 가능하다. ② 정책의 정당성 · 신뢰성 · 민주성을 제고시킨다. ③ 합의의 도출로 정책순응 비용이 감소된다. ④ 정치 체제의 능력을 제고한다 등이 제시된다.

2) 한계와 저해 요인

담론행정은 공익의 침해 가능성, 대의민주주의의 위협, 정책 결정의 장기화, 정확한 정보의 부족, 구성원 간 지적 수준의 차이 등의 한계점이 있으며, 저해 요인으로 토론문화의 미성숙, 관료적 합리성 팽배, 정보의 비대칭성, 정책조직의 집권화 등이 제시된다.

3) 발전 방향

담론행정의 발전 방향으로 담론적 토론 영역 확대, 정보 공개 및 성숙한 토론문화 정착, 조직 내의 의사 전달 체계 활성화, 분권화, 공동체 활성화 등의 방법이 제시되고 있다.

제12절 공공선택이론

1. 의의

공공선택이론(public choice model)이란 공공부문에 경제학적 관점을 도입하려는 접근법이다. 행정을 공공재의 공급과 소비 관계로 파악하고 정부는 공공재의 공급자, 국민의 공공재의 소비자로 규정해 시장에서처럼 시민이 자신의 선호에 따라 공공재를 선택할 수 있다고 보는 이론이다. 대외적으로는 환경으로부터 선택과 참여라는 측면에서 정치적 정당성(민주성)을 확보하며, 대내적으로는 목표의 능률적 비용의 감소라는 경제적 능률성을 달성하고자 한다.

공공선택이론을 창도한 학자는 1960년대 초반 뷰캐넌(J. M. Buchanan)과 털럭(G. Tullock) 등이다. 공공선택이론은 오스트롬(V. Ostrom)의 『미국 행정학의 지적 위기(*The Intellectual Crisis in American Public Administration*)』(1973)라는 저서를 통해 행정학에 도입됐다.

뮐러(M. Muller)는 공공선택이론을 "비시장적(非市場的) 의사결정에 관한 경제학적 연구"라고 정의했으며, 경제학적 접근 방법을 사용해 비시장적 의사결정을 연구했다. 즉, 정치학에 경제학을 응용하는 연구다.

오스트롬의 공공선택이론은 합리모형의 정책결정 수단으로서의 성격을 인정하면서도 전문적 능력을 가진 관료가 계층제 구조를 통해 일방적으로 국가 목적을 능률적으로 달성할 수 있다는 전통적인 윌슨식 행정관을 비판하며 민주적인 행정모형을 제시했다.

이러한 공공선택이론은 1960년대 초 경제학적 관점에서 공공선택론을 창도한 버지니아(Virginia)학파와 투표정치모형을 연구한 로체스터(Rochester)학파, 행정학에 최초로 도입한 블루밍턴(Bloomington)학파 등 다양한 유파로 나뉜다.

표 5-15 공공선택론의 학파

학파	대표 학자	주요 이론
Virginia학파	J. M. Buchanan & G. Tullock 등	최적 투표율(참여자 수)이론, 지대추구이론
Bloomington학파	V. Ostrom & E. Ostrom 등	관료제의 분권화 이론(민주행정모형), 제도이론
Rochester학파	K. J. Arrow, A. Downs & H. Hotelling 등	투표정치이론
Chicago학파	G. Stigler, M. Olson, G. Becker	정부규제와 이익집단의 역할
Zürch학파	W. A. Nordhaus	정치적 경기순환론

2. 성립 배경과 문제 의식

1) 전통적인 정부관료제 비판

공공서비스를 독점적으로 공급하는 전통적인 정부관료제는 시민의 요구에 민감하게 반응할 수 없는 제도적 장치다. 나아가 전통적인 정부관료제는 조직화된 압력단체들의 영향 하에 공공서비스를 독점적으로 공급하고 소비자인 시민의 선택을 억압한다. 그러나 시장은 경쟁을 통해 시민의 선택을 존중해 줄 수 있다.

2) 공공부문에서도 파레토 최적점

공공재의 생산과 공급에서 "모든 다른 사회가치에 손실을 주는 일 없이 특정 가치를 더 많이 성취"하는 이른바 파레토 최적점(Pareto optimum point)에서 가장 합리적인 정책결정이 이뤄진다고 간주한다.

3) 시민 개개인의 선호 · 선택 중시

정부관료제의 한계는 공공서비스의 생산과 공급에서 성과를 높이지 못하게 되는 소위 정부실패의 원인이다. 따라서 공공선택론자들은 공공서비스를 제공할 때에 시민 개개인의 선호와 선택을 존중하며, 경쟁을 통해 서비스를 생산하고 공급하게 함으로써 행정의 대응성을 높일 수 있다고 주장한다. 개인의 선호를 표출하는 방법에는 투표, 지역 간 이동, 관할구역 중첩, 경쟁 등이 있다. 이는 종전에 상상할 수 없었던 소비자 개개인의 선호 표출 메커니즘을 중시하는 것이다.

4) 공공부문의 시장경제화

공공선택론에서는 정부를 공공재의 생산자 및 공급자로 규정하며, 시민은 공공재의 소비자라고 규정한다. 그리고 공공부문의 시장경제화를 통해 생산비용의 극소화(경제적 능률성)와 시민의 편익이 극대화(정치적 민주성)될 수 있는 서비스의 공급과 생산이 가능하다고 본다.

3. 기본 가정과 특징

공공선택론은 첫째, 분석의 기본 단위는 구조 · 집단 · 환경 · 사회 전체를 연구 대상으로 하는 유기체적 접근 방법보다는 개인(개체)들을 그 연구 대상으로 하는 방법론적 개체주의를 따르고 있다. 둘째, 정책결정에 참여하는 개인(관료, 시민, 정치인)은 모두 합리모형에서와 같은 합리적 경제인(전지전능인)이며, 민간부문에서와 같이 공공부문의 정책결정 과정에서도 자기 이익을 극대화시키려 한다고 가정한다. 따라서 정치인은 득표극대화(A. Downs, G. Tullock), 시민(이익집단)은 개인적 이익(효용)극대화(J. Olsen), 관료는 예산극대화(W. A. Niskanen) 등을 추구한다. 셋째, 민주주의에 의한 집합적 결정을 중시한다. 가장 바람직한 것은 많은 사람이 참여하는 집합적 정책결정으로 많은 정보의 제공, 설득과 합의, 정치적 타협 등을 통한 의사결정의 정치적 비용을 최소화시키는 일이다. 즉, 비용의 극소화와 동의의 극대화를 추구하는 것이다. 넷째, 연역적 이론과 수학적 공식의 사용한다. 복잡한 정치 · 행정 현상을 몇 가지의 가정으로 단순화시키고 수학적 공식에 의한 연역적 추론을 강조한다. 다섯째, 정부관료제는 정부실패의 원인으로 규정한다. 제도적 장치는 일단의 규칙으로서 재화와 용역의 생산과 소비에 참여하는 사람들의 행태, 즉 의사결정에 영향을 미치게 된다. 따라서 전통적인 정부관료제 조직은 통제가 곤란하고, 관료의 자기 이익 극대화로 인해 공공서비스의 공급과 생산에 바람직한 제도적 장치가 되지 못하며, 정부실패를 초래하는 주요한 원인이 된다. 여섯째, 민주적이고 효율적인 공공서비스의 공급과 생산을 위해 다중공공관료제(중첩적 행정관할구역), 신제도론적 접근 방법 등 다양한 규모의 제도적 장치가 마련돼야 한다.

4. 정부실패의 요인

공공선택론자들은 정부관료제에 의해 수행되는 공공서비스에 대해 생산성이 낮고, 형평성도 달성하지 못한다고 주장하면서 이를 정부실패(government failure)라고 했다. 공공선택론자들이 주장하는 정부실패의 요인을 살펴보면, 첫째, 비용과 수입의 절연(disjunction)이다. 시장에서 생산비용과 수입은 긴밀하게 연관돼 있으나, 정부부문의 활동은 시장가격이 없고 주로 조세에 의존하기 때문에 제공하는 서비스와는 아무런 관계없이 부과되는 조세수입으로 이뤄진다. 따라서 비용에 둔감하며 생산 자체의 총량을 늘리는 것에만 관심이 있으며, 과잉 생산이 발생하거나 가외적 비용이 추가돼 비용이 증대된다. 둘째, 정부조직의 내부 목표와 사회적 목표의 괴리, 즉 행정의 내부성(internalities)이다. 정부기관의 내부 조직 목표는 그 기관에 주어진 사회적 사명 혹은 공익적 업무하고는 무관하게 정해질 수 있으며, 이를 흔히 내부성이라고 하는데 그 예로는 예산의 극대화, 최신 기술에의 집착, 정보의 획득과 통제 등이 있다. 셋째, 파생적 외부효과를 들 수 있다. 파생적 효부효과는 정부활동의 결과로서 나타나는 잠재적·비의도적 파급효과와 부작용을 말하며, 정부활동에서 이러한 파생적 외부효과가 발생하는 이유는 정부활동이 정치적 압력에 따라 조급하게 이뤄지는 경우가 많기 때문이다. 넷째, 권력과 특혜에 따른 소득분배의 불공평이다. 정부가 시장에 개입하게 되는 가장 중요한 요인 가운데 하나가 바로 시장경제의 한계인 소득분배의 불공평 시정에 있는데, 그러나 아이러니 하게도 정부정책 및 활동 역시 권력과 특혜에 따른 소득분배의 불공평 문제를 야기한다.

5. 공공선택이론의 주요 모형

1) 적정 참여자 수 모형

뷰캐넌(J. M. Buchanan)과 털럭(G. Tullock)은 '적정 참여자 수 모형·비용극소화 모형·동의극대화 모형'을 제시했다. 이는 최적투표율(참여자 수)이론 또는 적정 참여자 수 모형으로 정책결정에서 동의의 극대화를 위해 참여자를 늘릴 경우 정책결정 비용이 늘어나므로 비용의 극소화와 동의의 극대화를 조화시켜 적정한 참여자의 수를 찾으려는 규범적 모형이다.

참여자의 수가 적을 경우에는 내부적인 의사결정비용(IC 곡선)이 적어서 경제(능률·이윤)적 측면에서 합리적·효율적이지만 외부비용(EC 곡선)이나 집행비용(정책순응 비용)은 많다. 참여자의 수가 많을 경우에는 내부적인 의사결정 비용(IC 곡선)은 많지만 외부비용(EC 곡선)이나 집행비용(정책순응 비용)은 적게 들어서 정치(참여·동의)적 측면에서 민주적이다. 그리고 참여자의 수가 적정한 경우에는 의사결정의 총비용을 극소화(TC 곡선)하고 사회후생을 극대화할 수 있도록 공공재를 배분하는 의사결정을 하기 위해서는 상반 관계에 있는 의사결정 비용과 외부비용을 모두 고려한 총비용의 극소점(E)에서 의사결정이 이뤄져야 한다. 즉, 참여자가 너무 많을 때(만장일

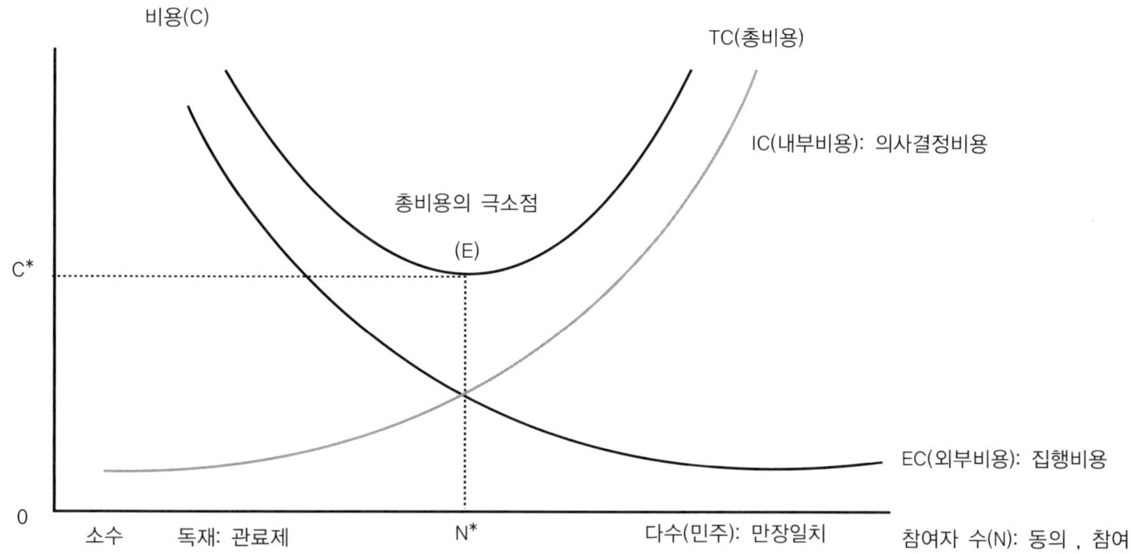

그림 5-2 적정 참여자 수 모형

치) 혹은 너무 적을 때(관료제 모형) 정부실패가 발생하기 때문에 공공선택이론은 만장일치나 다수결의 원칙에 의한 선거나 투표 방식 등이 공공선택의 방법이지만 최선의 방법이 될 수 없으며, 적정 참여자가 결정에 참여해야 한다.

2) 민주행정 패러다임으로서의 공공선택이론

오스트롬 부부는 윌슨주의자(Wilsonian)의 계층적인 관료제이론이 행정에서 민주성과 능률성을 달성하지 못했다고 주장하면서, 윌슨주의자의 패러다임을 고전적 모형이라고 하면서, 자신의 패러다임을 민주행정모형이라고 소개했다.

윌슨(W. Wilson)식의 전통적 행정관은 정치 체계 속에서 항상 지배적인 권력의 집중지가 있고, 사회는 단일 권력집중지에 의해 통합되고 행사될수록 책임 있는 행정이 이뤄진다고 본다. 정치와 행정의 이원론적 관점(행정은 관리)을 취하며, 전문적 합리적인 행정관료가 반드시 좋은 행정을 실현할 수 있다고 간주한다. 공공재(public goods)는 명령 계통을 통한 지시에 의해 공급되고, 서열화된 계층제적 구조는 시간과 돈을 적게 들게 함으로써 행정의 능률성을 극대화시키고 인류 복지도 증진시킨다고 주장한다.

오스트롬의 민주행정 패러다임은 권한이 분산되지 않거나 다른 기관들 간에 견제와 통제가 이뤄지지 않는다면 행정을 집행하는 자들에 의해 남용되거나 개인들의 이익을 위해 사용될 가능성이 커진다고 제시하고 있다. 행정은 정치의 영역 안에 있으므로 공공재나 공공서비스의 공급은 정책결정자의 다양성과 정치적 실현가능성에 의해 결정(정치・행정일원론)된다. 행정을 수행하는 관료도 다른 사람들처럼 부패할 수 있으므로 관료는 더 이상 '윤리인'으로서 최선의 공공재 공급자가 아니다. 다른 기관 간의 조정은 계층제 내의 제한된 명령권뿐만 아니라 상호 이익, 경쟁, 판결 등에 의한 계약을 통해 이뤄진다. 따라서 계층제적인 단일의 명령 계통은 다양한 환경에 따라 다양한 공공재나 공공서비스를 요구하는 주민들의 다양한 선호에 거대한 행정조직이 대응하지 못할 뿐만 아니라 능률성을 가져오는 것도 아니다. 주민 복지와 급변하는 환경에 적응할 수 있기 위해서는 의사결정센터를 다원화시키는 권한의 분산과 관할권의 중첩(overlapping jurisdiction)이 필요하다. 즉, 인간 복리를 증진시킬 수 있는 안정된 정치적 질서를 유지시키기 위해서는 거부권을 가진 여러 기관에 권위가 배분돼야 하며 복합적 명령 관계와 다수 기능을 내용으로 하는 중첩적·동태적 조직구조(다중공공관료제)를 형성해야 한다.

표 5-16 윌슨식의 전통적 행정관과 오스트롬의 공공선택모형 행정관

구분	윌슨식의 전통적 행정관	오스트롬의 공공선택모형 행정관
권력 행사	단일 권력 집중지에 의해 통합되고 행사될수록 책임있는 행정이 가능하다.	권한이 분산되거나 다른 기관들 간에 견제와 통제가 이뤄져야 한다(권한의 분산과 관할권의 중첩).
정치와 행정	정치·행정이원론	정치·행정일원론
행정관료	전문적·합리적인 행정 관료가 반드시 '좋은 행정'을 실현할 수 있다.	전문 관료는 더 이상 '윤리인'으로서 최선의 공공재 공급자가 아니다.
공공재 공급	명령 계통을 통한 지시에 의해 공공재를 공급한다.	명령뿐만 아니라 상호 이익, 경쟁, 판결 등에 의한 계약을 통해 공급된다.

3) 투표자의 행태 분석모형

(1) 다운스와 호텔링(A. Downs & H. Hotelling)의 중위투표자 정리(median voter theorem)

양당제에서 주민의 선호가 서로 다른 다수의 대안적 사업(정책)이 존재할 때 두 정당은 집권에 필요한 득표를 위해 극단적인 사업보다는 주민의 중간 수준의 선호사업에 맞춘 정강정책을 제시한다. 결과적으로 양대 정당의 정책이 거의 일치하게 되고, 이에 따라 극단적인 선호를 가진 투표자들은 자신의 선호와 합치되는 지지 정당을 상실하게 된다.

(2) 티부가설: 지역 간의 이동

공공재의 적정 공급은 국민의 선호와는 관계없이 중앙정부가 정치적 과정을 통해 일방적으로 공급할 수밖에 없다는 새뮤얼슨(P. Samuelson)의 전통적인 중앙정부 차원의 공공재이론에 대한 반론이다. 티부(C. M. Tiebout)는 지방공공재의 경우 소위 '발로 하는 투표(voting with feet)'에 의해 선호 표출이 이뤄지기 때문에, 지방정부로 구성된 분권화 체제 하에서는 효율적인 공급이 이뤄질 수 있다고 주장했다. 티부가설(Tiebout hypothesis)의 기본적인 가정은 한 나라가 수많은 지방정부로 구성돼 있고, 각 지방정부는 주민들의 의사에 따라 공공지출과 조세에 대한 의사결정을 할 수 있으며, 개인들은 아무런 비용을 들이지 않고 자유롭게 지역 간 이주가 가능하다.

이러한 가정 하에서 각 개인들은 자기의 선호에 가장 부합하는 공공서비스-조세 부담의 조합을 제공하는 지방으로 이주함으로써 자신의 선호를 표출하게 되고, 각 지방정부는 경쟁을 통해 적정한 수준의 지방공공재를 공급할 수 있다는 이론이다. 그러나 이는 기본적으로 완전경쟁 하의 시장경제 원리와 유사하며, 효율성은 높아지지만 형평성은 저해될 우려가 있다. 또한, 수익자부담주의를 저해할 우려가 있다.

(3) 애로(K. J. Arrow)의 불가능성의 정리: 투표의 모순(voting paradox)

사회적 선택의 조건(가능성의 정리)에서 파레토 원리, 완전성과 이행성의 원리 등의 합리적 조건과 독립성의 원리, 비독재성 원리, 선호의 비제한성의 원리 등의 민주적 조건을 제시했다. 불가능성의 정리(impossibility theorem)를 주장했다. 이는 합리적 조건의 공리를 모두 충족시키면 민주적 조건의 공리를 위배한다. 즉, 어떠한 사회적 의사결정도 합리적(효율적)이면서 동시에 민주적으로 된다는 것은 불가능하다는 현상으로 정부실패의 가능성이 불가피함을 시사해 준다.

(4) 투표의 교환(log-rolling)

투표의 거래(vote trading)라고도 하며, 법안을 관련 의원들이 서로 협력 또는 담합에 의해 자신의 선호와는 무관한 대안에 투표하는 행동을 보이는 집단적 의사결정 형태로 나타난다. 다당제에서 여야 어느 정당도 과반수의 의석을 가지지 못하는 경우에 나타날 수 있다. 두 대안이 모두 통과됨으로써 대안의 채택이 이뤄지지 못하는 투표의 역설(voting paradox) 현상을 극복해 주는 장치가 된다.

4) 정치인과 정당의 행태 분석모형

노드하우스(W. A. Nordhaus)의 정치적 경기순환론은 선거경제 주기이론, 선거 사이클 이론이라고 하며, 취리히 학파의 모형이다. 경기순환이 정치적으로 이뤄진다는 이론으로 선거 전에는 경기가 호황이 되도록 경기부양책을 사용하며, 선거 후에는 긴축재정을 편다. 정치인의 높은 시간적 할인율이 높아서 미래의 편익보다는 현재의 편익을 더욱 중시한다.

다운스(A. Downs)의 정당 간 선거경쟁론은 정당 대 국민(소비자) 관계에서 국민에는 생산자적 소비자(기업 등)와 소비자적 소비자(일반 국민)가 있다. 정당에 물적・인적 자원을 제공할 수 있는 능력은 생산자적 소비자가 가지고 있으므로 정당은 이들을 위해 정책을 만든다. 결과적으로 일반 국민(소비자)들의 이익에 반하게 되는 정책들이 만들어져 정책실패가 발생한다.

5) 이익집단의 행태 분석모형

올슨(M. Olsen)의 무임승차이론에서 이익집단이 구성원에게 제공하는 공통의 이익은 공공재의 성격을 띠고 있으므로 무임승차를 하려는 개인은 이익집단에 자발적으로 참여하지 않으려 할 것이다. 따라서 이익집단을 잘 형성되기 위해서는 소규모집단이 되거나 혹은 대규모집단에 선별적 유인이 제공돼야 한다고 주장했다. 그리고 털럭(G. Tullock)의 지대추구론에서는 규제 획득・방어를 위한 로비활동에는 비용이 수반한다. 이러한 정부규제는 사회적 낭비와 비능률을 초래한다고 주장했다. 또한, 스티글러(G. Stigler)의 규제의 경제사회이론에서는 규제도 수요(규제의 소비로 혜택을 누리는 자)와 공급(규제의 공급으로 혜택을 누리는 자)의 균형점에서 형성된다. 이해관계의 수요와 공급이 서로 맞아 떨어져 규제가 형성・반복된다고 주장했다.

6) 관료들의 행태 분석모형

니스카넨(W. A. Niskanen)의 예산극대화 가설은 관료들의 행태에 자기이익 극대화 가설을 도입해 관료들은 승진・소득・명성 등의 자신의 이익을 극대화하기 위해 예산을 극대화하려는 행태가 보인다. 그 결과 정부의 산출물은 적정 생산 수준보다 2배의 과잉 생산이 이뤄지며 이것이 정부실패의 원인이 된다.

미그(Jean-Luc Migué)와 벨랑저(Gérard Bélanger)의 재량예산극대화이론에서는 관료는 업무량의 확대보다는 재량 예산의 극대화를 추구한다. 이는 관료가 비능률적인 산출활동을 하고 있다는 것이다.

로머(T. Romer)와 로젠탈(H. Rosenthal)의 복귀(회복)수준이론(All or Nothing)에서 관료는 요구한 예산 수준이 국회에서 수용되지 않으면 아주 낮은 수준(nothing)의 행정 업무만 제공할 수밖에 없다는 것을 국회에 강요하게 되면, 국회는 낮은 복귀 수준을 감수하기보다는 높은 수준(all)의 예산을 받아들이게 된다는 논리다.

표 5-17 공공선택모형의 분류

집합적 결정모형	뷰캐넌(James Buchanan)과 털럭(Gordon Tullock)의 적정수 참여자 모형
반관료제모형	오스트롬(Elinor Ostrom & Vincent Ostrom)의 민주행정 패러다임
투표자 행태분석	블랙(Duncan Black)의 중위투표자 정리, 티부(Charles Mills Tiebout)의 티부가설(Tiebout hypothesis), 애로(Kenneth Joseph Arrow)의 불가능성의 정리, log-rolling 모형(협력 통과), pork barrel 모형(갈라먹기) 등
정치인 행태분석	노드하우스(William A. Nordhaus)의 정치적 경기순환론, 다운스(Anthony Downs)의 득표극대화모형
이익집단 행태분석	올슨(Mancur Olsen)의 무임승차론, 털럭(Gordon Tullock)의 지대추구론, 스티글러(George Stigler)의 규제의 경제사회이론 등
관료 행태분석	니스카넨(William A. Niskanen)의 관료예산극대화 가설, 미그(Jean-Luc Migué)와 벨랑저(Gérard Bélanger)의 재량예산극대화모형, 로머(Thomas Romer)와 로젠탈(Howard Rosenthal)의 복귀(회복)수준이론 등

6. 공공선택이론의 유용성과 한계

1) 공공선택이론의 유용성

공공선택이론은 합리모형의 방법론적 엄격성을 유지하면서 동시에 국민의 대표적 참여 및 동태적·상황적응적인 행정구조를 강조한다. 합리모형이 갖는 정책의 경직성과 비인간성의 난점은 극복할 수 있는 가능성을 제시함으로써 윌슨의 능률주의에 비교하면 오스트롬의 패러다임은 민주주의라는 평가를 받는다. 시민들의 다양한 요구와 선호에 민감하게 부응할 수 있는 제도적 장치의 마련에 관심을 나타내고 있어서 신제도론적 이론이란 관점에서 높이 평가되고 있다. 최근 강조되고 있는 고객 지향적 행정과 공공부문의 시장화·민주화라는 정부혁신의 새로운 패러다임과 방향을 제공한 획기적인 계기가 됐다. 지역이기주의(NIMBY) 등 공공재의 외부효과 문제를 해결할 수 있는 가능성을 제시했다.

2) 공공선택이론의 한계

공공선택이론은 그 한계가 존재한다. 인간의 본성과 행태에 지나친 경제학적 가정의 편협성과 시장실패의 초래가 우려된다. 국가의 역할을 경시하게 되는데, 시장의 불완전성과 외부효과에 기인한 사회적 불평등을 해결할 수 있는 기제로서의 국가의 역할을 경시하며, 국가의 자율성 축소와 시민사회의 성장에 따른 국가-사회의 매개는 상대적으로 간과된다. 공공선택이론에 기초를 둔 처방책도 현실적합성이 높지 않다는 비판이 제기되며, 행정 내에서 관리와 조정을 어렵게 한다는 한계가 있다.

제13절 신제도론적 접근 방법

1. 의의

신제도론적 접근 방법(neo-institutional approach)이란 제도를 규칙으로 규정하고, 사회적 활동의 결과에 영향을 미치는 제도적 장치를 규명하는 데 초점을 두는 사회과학 연구의 한 접근 방법을 말한다.

신제도론의 제도에 대한 개념 정의는 유파 및 학자에 따라 다양하다. 제도의 균형점은 합리적인 인간들의 상호작용 과정에서 더 이상의 변화가 없는 상태로 본다. 개인의 상호작용에서 어떤 규칙이나 안정성에 이른다는 것을 의미한다. 규범은 특정한 상황에서 어떤 행동은 적절하고 어떤 행동은 부적절한가에 대한 공동체 구성원의 공유된 인식이라고 본다. 규칙은 규칙의 처방대로 따르지 않을 경우 어떤 제재를 받는다는 공통된 이해나 사회적 제약이라고 본다. 이러한 신제도론은 영역과 범주 자체가 매우 광범위하다.

2. 등장 배경: 구제도론과 행태론의 한계

신제도론은 구제도론과 행태론의 한계로부터 등장했다. 우선 구제도론은 주로 공식적인 정치·사회제도에 대한 기술적인 연구에 주력하여 제도 안에서 활동하는 인간의 유인 구조를 파악하는 데는 한계가 있다. 그리고 행태주의와 다원주의는 제도를 하나의 부수적인 현상으로 간주해 제도가 개인의 선택과 행위에 미치는 영향을 분석하는 데는 한계가 있다. 이러한 한계로 인해 제도(거시)와 개인(미시) 행태 사이의 관계에 관심을 갖는 신제도론적 접근법이 등장했다.

표 5-18 구제도론과 신제도론의 비교

구분	구제도론	신제도론
개념	공식적·가시적·구체적·외형적으로 규정된 법률이나 정부구조(조직)다.	균형점, 규범, 규칙뿐만 아니라 상징 체계, 인지적 기초, 도덕적 틀까지 포함한다.
제도 형성	정부에 의해 일방적·인위적으로 제도가 결정된다.	제도와 행위자 간의 상호영향력(합의)을 중시한다(동태적). 인간이 제도를 만들고 제도가 또한 인간을 속박한다(능동적).
특성	공식적·구체적·정태적이다.	비공식적·상징적·도덕적·문화적·동태적이다.
접근 방법	거시주의: 인간을 고려하지 않는 공식적인 제도나 절차의 해석이다.	거시(제도)와 미시(개인)의 연계: 제도는 인간이 창조한 종속변수이면서 인간의 행동을 결정하는 독립변수다.

표 5-19 행태론과 신제도론의 비교

구분	행태론	신제도론
연구 범위	개체주의, 미시주의	거시와 미시의 연계: 중범위적 수준에서 연결
제도 특성	제도는 개인 행태의 단순한 집합이다(정태적).	제도와 같은 집합적 선호가 개인의 선택에 영향을 준다(동태적: 제도의 사회적 맥락과 영속성 강조).

3. 신제도론의 영역(유파)

1) 합리적 선택의 신제도주의: 경제적 신제도주의

합리적 선택의 신제도주의에서는 제도를 "균형점을 이루는 공유되는 전략, 규칙 그리고 규범에 의해 구조화되는 상황에서 나타나는 인간 행태의 지속적인 규칙성"으로 정의한다. 생산활동에 참여하는 인간은 자신의 후생이나 이익을 극대화시키는 합리적·경제적 행위자로 가정하고, 분석단위는 방법론적 개체주의를 취한다. 행위자들은 선호를 극대화하기 위한 수단으로서 전략적이고 계산적인 행동을 취한다고 가정한다. 대리손실을 줄이고, 거래비용을 낮추며 상호 이익을 증가시키기 위한 안정적 균형점이 존재한다는 결론이다. 다원주의가 지배하는 미국의 의회에서도 안정적 균형점이 존재한다. 가장 일반적인 관점으로 공공선택이론, 주인-대리인이론(대리손실의 최소화), 거래비용경제학(거래비용의 최소화), 공유재이론(공유지의 비극) 등이 이에 속한다.

표 5-20 신제도론의 유파별 비교

구분	합리적 선택의 신제도주의	역사적 신제도주의	사회학적 신제도주의
제도의 개념	개인의 합리적(산술적) 행동(계산): 개인들의 전략적 상호작용에 의해 제도가 구조화	역사적 과정과 역사적 특수성(경로의 존성) 및 정치 체제의 자율성	사회문화적 접근: 개인의 행위를 제약하는 의미구조, 상징, 인지적·도덕적 기초, 사회문화
학문적 기초	경제학	정치학	사회학
제도의 중점	개인들의 전략적 행위에 의해 제도가 형성, 제도적 균형 중시(안정적 균형 상태)	경로의존성 및 제도의 장기적 지속성 중시, 개인의 행위를 결정하는 국가(정치 체제)의 자율성 강조, 권력 관계의 불균등성(특권과 손실) 강조	개인의 행위를 제약하는 의미구조, 상징, 인지적·도덕적 기초, 사회문화 중시, 사회적 정당성을 얻기 위해 제도적 동형화(isomorphism) 출현
제도의 초점	개인 중심(개인의 자율성)	국가 중심(국가의 자율성): 제도의 상이성 설명	사회 중심(문화의 자율성): 제도의 유사성 설명
제도의 측면	공식적 측면	공식적 측면	비공식적 측면
제도의 범위	좁음(미시적): 개인 간의 거래행위 분석	넓음(거시적: 국가, 정치 체제=제도)	넓음(거시적: 사회문화): 제도 자체를 분석
제도변화 원인	비용편익분석, 전략적 선택	외부적 충격, 결절된 균형	인지, 상징 흡수, Isomorphic
개인의 선호	고정·외생적(주어진 것으로 사회적 제약을 덜 받음): 개인의 고정된 선호가 전체 선호를 결정	내생적(주어진 것이 아니라 형성된 것): 집단의 선호를 결정하는 정치 체제가 개인 선호를 형성	내생적(주어진 것이 아니라 형성된 것): 사회적 제약(사회문화 및 상징)이 개인선호를 결정
접근방법	연역적(일반이론 추구), 방법론적 개체주의	귀납적(사례연구, 비교연구)	귀납적(경험적, 형이상학적 신비주의, 해석학, 민속학, 현상학적 연구)

※ 결절된 균형(punctuated equilibrium): 오래토록 지속돼 오던 국가 내 권력 관계가 변화하는 것
※ 내생적 선호: 선호 표출 ×, 소비자 선호이론 적용 × ↔ 선호 표출 ○: 외생적 선호

2) 역사적 신제도주의: 정치적 신제도주의

역사적 신제도주의에서는 제도를 "장기간에 걸친 인간 행동의 정형화된 유형" 또는 "정치 체제 또는 경제 체제의 구조에 내포된 공식 · 비공식적 절차, 규칙, 규범, 관례 등'으로 정의한다. 동일한 정책이라도 국가별 역사적 특수성에 따라 그 결과가 달리 나타날 수 있다고 보고, 그 역사적 과정과 역사적 특수성(경로의존성, path dependence) 및 정치 체제의 자율성이 바로 제도의 본질이며, 이 제도를 국가별 특성을 결정짓는 독립변수이면서 종속변수로 파악한다.

3) 사회학적 신제도주의: 문화적 신제도주의

사회학적 신제도주의에서는 제도를 공식적 규칙이나 절차, 규범뿐만 아니라 인간의 행위를 유도하는 상징 체계, 인지적 기초, 도덕적 틀, 사회문화까지를 포함한다. 제도가 인간 행위의 기초를 제공한다고 주장하며 제도가 제공하는 판단 기준의 영향 아래 개인들이 자신의 선호를 발견하고, 인간 행위의 인지적 기초를 제공함으로써 인간의 전략적 계산이나 행태에 영향을 미친다는 점을 강조한다. 형이상학적 신비주의로 인간의 인지 활동을 정보의 처리 과정으로 이해하고 설명하려는 인지이론과 현상학, 그리고 민속학적 방법론을 이론적 기반으로 한다.

4. 신제도론의 유용성과 한계

신제도론의 유용성은 우선 거시와 미시를 중범위적 수준에서 연결하고, 개방 체계로서의 특성을 포함한다. 정책 과정에서 행위자들 간의 동태적인 관계를 잘 설명할 수 있으며, 정책 과정에서 정책 변동을 설명하는 데 도움을 준다. 인류의 보편적 제도나 정책은 존재하지 않는다. 그리고 국가의 자율성 축소와 시민사회의 성장에 따른 국가-사회의 매개가 상대적으로 중시되며, 조합주의와 같은 권위주의적 결정이나 결정론적 경직성을 극복할 수 있게 해준다. 따라서 조직은 사회적 정당성의 획득을 위해 제도를 채택한다.

반면, 신제도론의 한계는 제도의 토착화 과정에 대한 추가적인 설명이 부족하고, 다양한 유파 간의 통합문제가 제시된다.

제14절 신공공관리론

1. 의의

신공공관리론(new public management theory)은 1970년대 감축관리론의 작은 정부 요청과 공공선택이론의 정부실패를 치유하기 위한 시장화 논리에 의해 탄생했다. 1980년대는 통화주의와 복지국가 위기론, 규제 완화, 민영화, 균일 조세, 작은 정부 등 신공공관리론에 입각한 새로운 공공행정 패러다임을 요구하게 됐다.

신공공관리론은 공공조직구조와 관리에서 일어나는 지속적이면서도 새로운 변화를 총칭하는 개념이다. 서구의 신보수주의 정권들은 '작지만 강하고 효율적인 정부'를 지향하는 행정개혁을 시도했다. 1979년 영국의 대처 수상에 의해 시작된 대처주의(Thatcherism), 미국 연방정부의 기능을 감소를 주장하는 레이거노믹스(Reaganomics)와 클린턴(B. Clinton) 행정부의 정부재창조(reinventing government), 뉴질랜드와 캐나다의 정부혁신 등 OECD 국가를 중심으로 확산됐다.

2. 대두 배경: 정부실패와 신자유주의

1) 케인스주의의 정부개입론의 근거와 한계

정부개입론은 '필립스 곡선(Phillips curve)[3]모형'에 따른 고용 · 이자 및 화폐에 관한 일반이론(1936) 에 근거한다. 1930년대 경제대공황(시장실패)을 타개하기 위해 정부가 시장에 개입해 유효수요를 창출하고 물가를 상승시키면 고용이 창출되고 결국 공황이 극복된다는 논리다.

1970년대에 정부가 시장에 개입해 유효 수요를 늘려도 물가만 상승할 뿐 실업이 해소되지 않는 스태그플레이션(stagflation) 현상[4]이 나타나 물가 상승(inflation)과 경기 침체(stagnation)가 동시에 발생했다. 이러한 현상은 정부실패를 의미한다.

2) 신보수주의 · 신연방주의

신보수주의(Thatcherism)는 1980년대 영국 대처 행정부의 정부 기능 축소정책을 일컫는다. 1970년대 경험한 만성적인 스태그플레이션과 두 차례의 석유 파동, 과다한 복지 지출로 정부재정이 압박을 받게 되자 작은 정부론(감세와 재정지출의 축소), 공기업의 민영화, 규제 완화, 복지재정의 축소 등을 주장하면서 국민생활에 대한 정부의 간섭을 줄이고 복지 예산의 과감한 삭감으로 국민의 근로 의욕을 고취시켜 복지국가의 위기를 극복하기 위한 것이다. 유럽 우파정권이 추진한 통치철학이다.

신연방주의(Reaganomics)는 미국 레이건 행정부가 추진한 정부 기능 감축정책(통화주의)을 의미한다. 케인스주의가 정부 지출의 확대를 위한 수요 측면 정책을 강조했다면 통화주의는 공급이 수요를 창출한다고 보고 공급을 억제하려는 공급 위주의 정책으로서 그 주된 내용은 감세와 정부지출의 축소, 통화량의 감축을 본질로 한다. 전반적인 정책 기조는 대처리즘과 유사한 작은 정부론이다.

---

3) '필립스 곡선'이란 물가상승률과 실업률은 반비례 관계에 있음을 보여주는 곡선이다. 실업률이 하락(일손 부족)하면 임금 상승률(물가)이 높아지고, 반대로 실업률이 상승하면 임금 상승률(물가)이 낮아지는 현상을 설명한 것으로 영국 경제학자인 필립스(A. W. Philips)가 1862년과 1957년 영국의 경험을 분석 대상으로 해서 도출해냈다. 예를 들어 물가안정 실업률이 5%인 경우 경기 확장으로 노동 수요가 늘어나 실제 실업률이 5% 아래로 하락하면 임금 상승 압력이 발생할 것이며 이는 물가상승률을 높이는 요인으로 작용하게 된다는 것이다.

4) 침체를 의미하는 스태그네이션(stagnation)과 물가 상승의 인플레이션(inflation)의 합성어로 경기 침체에도 불구하고 물가가 오히려 오르는 현상을 뜻한다. 일반적으로 물가와 실업률은 반대 방향으로 움직인다. 즉, 총수효가 증가해 물가가 상승할 때는 GNP가 증가하고 실업이 감소하는 반면, 경기가 침체돼 물가가 하락하면 GNP가 감소하고 실업이 증가하는 것이다. 따라서 이전의 자본주의 경제는 대체로 경기가 좋으면 물가가 상승하고, 경기가 나쁘면 물가가 떨어지기 마련이었지만, 1960년대 후반 무렵부터 호황 · 불황에 관계없이 물가 상승이 계속됐고, 특히 1973년 제1차 석유파동 이후 이 경향이 두드러지게 나타났다.

3) 신자유주의

신자유주의란 케인스주의(Keynesian) 이후 탄생했다. 유럽 좌파에 의해 지지돼 오던 복지국가 사상이 비효율, 저성장, 고실업, 도덕적 해이 등의 한계에 부딪히게 되자, 그 대안으로 모색된 1990년대 유럽 우파정권의 통치노선으로 세계화(globalization)와 지방화(localization)를 기치로 작은 정부·큰 시장, 규제 완화, 정부 역할 축소, 공공부문의 시장화·민영화, 노동의 유연화(정규직의 축소 및 탄력적인 고용·보수 체계) 등을 추구하는 일종의 정신혁명운동이다.

기본적으로 시장 기능을 중시하되(자유주의), 시장이 제 기능을 수행할 수 있도록 정부에 공정한 제도나 규칙(rule)을 형성하는 기능을 부여한다는 점에서 자유방임주의와는 구별되며 신자유주의라고 한다. 작지만 효율적인 정부를 구현하기 위한 총체적인 행정개혁으로 나타나고 있다는 점에서 1980년대 규제 완화, 민영화, 복지정책 축소 등을 표방해 왔던 신보수주의(미국 레이건 행정부, 영국 대처 행정부)와도 구별된다.

신자유주의는 국가(중앙정부)의 침식, 국가의 사회적 책무 외면, 이윤극대화만 추구, 국가가 기업의 하수인으로 전락, 기업에 대한 일체의 사회적 통제 거부, 국가의 전통적 가치인 민주성과 형평성의 외면 등 새로운 형태의 노동 착취라는 비판과 함께 제3세계 국가나 NGO·노동자단체에 의해 강력한 반발을 받고 있다.

3. 신공공관리론의 개념

1980년대 이후 신보수주의 지향의 신공공관리론(new public management)은 민간기업의 시장주의(경쟁 원리와 고객 중시)와 신관리주의를 결합한 이론으로서, '시장적 정부모형'을 통해 정부부문의 성과·실적을 중시하고 관리자의 개인적 책임을 강조하는 이론이다. 최근의 신테일러주의(new taylorism)와 공공선택이론(public choice theory), 신제도주의적 경제 원리, 주인-대리이론(principal-agent theory), 비용거래이론(transaction-cost theory) 등을 기초로 특히 효율성에 초점을 둔 신공공관리는 새로운 패러다임으로서 국정관리(governance)를 중시하는 입장이다.

신공공관리론을 가장 좁게 바라보면, 신관리주의로서 인사, 예산 등 내부규제를 대폭 완화하고 민간경영 기법을 공공부문에 도입해 행정 성과 및 만족을 제고하려는 내부적 관리운동이다. 일반적 의미로는 최협의의 신관리주의에다가 시장주의를 추가한 개념으로 경쟁 원리와 고객주의를 공공부문에 도입하자는 것이다. 신보수주의나 신자유주의 측면을 대표하는 개념이다. 가장 넓게 보는 의미는 일반적인 신공공관리에다가 공동체주의(참여주의)를 합한 것을 의미한다. 오스본과 게블러(D. Osborne & T. Gaebler)가 『정부재창조(*Reinventing Government*)』(1992)에서 주장한 '기업형 정부'가 이에 해당한다.

4. 신공공관리론의 정부혁신 방향

1) 기업형 정부

기업형 정부(entrepreneurial government)란 정부부문에 기업가적 마인드를 도입함으로써 능률적이고 효과적인 운영 방법을 모색해 관료의 기업가적 행동을 유도할 수 있는 정부다. 기업가형 정부의 대두는 미국 클린턴(B. Clinton) 행정부 하에서 오스본과 게블러가 『정부재창조』에서 제시한 미국의 연방정부 개혁안을 제시하면서 나타났다. 정부의 능률성과 효과성을 증진하기 위한 개혁모형으로 조타적(操舵的)·경쟁적·임무 지향적·결과 지향적·고객 지향적·예견적·분권적·시장 지향적인 기업형 정부를 처방했다. 그리고 오스본과 플래스트릭(D. Osborne & P. Plastrick)은 기업형 정부의 구현을 위한 전략을 제시했다.

오스본과 게블러(D. Osborne & T. Gaebler, 1992)는 기업가적 정부 운영의 10대 원리를 제시했다. 이를 살펴보면 다음과 같다. ① 촉진적(조타적) 정부로 노젓기(rowing)보다는 방향잡기(steering), 즉 조타수 역할을 강조, ② 지역사회가 주도하는 정부로 서비스 제공보다는 권한 부여, 서비스를 공급하는 지역공동체 형성 ③ 경쟁적 정부로 서비스 제공에 경쟁 원리 도입, 창의적이고 효율적인 행정 체제 확립, ④ 사명 지향적(임무 지향적) 정부로 규칙·절차 위주의 행정에서 결과 중심의 임무 위주 정부로 전환을 추구, ⑤ 성과 지향적 정부로 투입이 아닌 성과와 연계한 예산배분, ⑥ 고객 지향적 정부로 관료제가 아닌 고객 요구의 충족, ⑦ 기업가적 정부로 지출보다는 수익창출, ⑧ 미래에 대비하는 정부(예견적 정부)로 사고 수습보다는 사전에 사고 예방, ⑨ 분권적 정부, ⑩ 시장 지향적 정부로 시장기구를 통한 변화 촉진 등이다.

기업형 정부의 구현전략은 오스본과 플래스트릭(Osborne & Plastrick, 1997)은 행정의 유전자 내지는 체질 개선을 위한 5C전략이다. 이를 살펴보면 첫째, 핵심 전략(core strategy)이다. 이는 정부가 수행해야 할 기능과 수행하지 말아야 할 기능을 지속적으로 체크·분리해 나감으로써 정부의 목표를 명확히 해야 한다는 것이다. 둘째, 결과전략(consequence strategy)이다. 정부의 비효율성과 비효과성을 야기하는 독점적 요소를 제거하고 경쟁적 요소를 적극 도입함으로써 궁극적으로 조직이나 조직구성원이 결과에 중점을 두게 하자는 것이다. 셋째, 고객전략(customer strategy)이다. 고객에 대한 책임을 확보하기 위해 정부조직 및 행정절차를 개혁해야 한다는 것이다. 영국의 시민헌장과 같이 고객에게 서비스 기준을 공표해 품질을 보증하는 방안 등을 제시하고 있다. 넷째, 통제전략(control atrategy)이다. 중앙으로부터의 사전적인 통제를 줄이고 대신 결과에 대해 책임지도록 한다는 것이다. 실무자와 지방정부에 권한을 위임하자는 것이다. 다섯째, 문화전략(culture strategy)이다. 기업가적 조직문화를 창출하자는 내용이다. 나머지 네 가지 전략이 제대로 효과를 발휘하기 위해서는 근본적으로 조직구성원들의 사고와 행태가 변화돼야 하는데 그것과 관련된 구현전략이다.

2) 고객 지향적 정부

고객 지향적 정부(customer-driven government)란 국민이 정부에 대한 주인이며, 동시에 고객인 국민에게 최적의 방법으로 높은 질의 행정서비스를 제공함으로써 국민을 만족시켜주는 정부다. 이러한 고객 지향적 정부의 대두 배경은 다음과 같다. 과거에는 공급자 중심, 제공자나 판매자 중심, 양 중심, 보호·통제, 물질우선주의, 성장제일주의였다. 그러나 현대에는 수요자 중심, 고객·수혜자 중심, 고객 만족 중심, 서비스의 질 중심, 무한경쟁 시대, 질 우선의 인본주의라고 제시했다.

고객 지향적 행정 구현 방안은 고객 지향적 정부조직 체계 마련, 고객만족 행정관리 전략 구축,

고객만족 행정관리를 위한 행정쇄신 추진전략으로 구분할 수 있다. 고객지향적 정부조직 체계 마련은 사업적 성격의 기능 분리·이관, 일선창구로의 권한위임으로 고객 접점으로의 권한위임, 행정정보화로 전자정부 구현을 들 수 있다.

고객만족 행정관리 전략 구축은 고객 접점 최우선시, 정기적·정량적 측정, 서비스 기준 제도의 도입, 관리자 주도 등을 들 수 있다. 고객 접점의 최우선시는 고객인 국민과 정부의 행정서비스가 가장 먼저 접촉되는 현장 서비스 접점에서 행정서비스의 실태를 파악하고 이를 토대로 효과적인 공공 고객만족 관리의 출발점으로 삼는다. 정기적·정량적 측정은 제공되는 행정서비스에 대한 고객 만족도를 정기적·정량적으로 측정한다(시민평가제도). 서비스 기준 제도를 도입해 시민의 만족도 조사 및 서비스 제공자 간의 경쟁 촉진으로 시민의 선택권을 확대하고, 잘못된 서비스에 대한 불만제기권 부여 및 시정 또는 보상장치를 마련해야 한다. 그리고 공공고객 만족관리의 확산에는 관리자 및 정책결정자의 지대한 관심과 추진 능력이 절대적으로 필요하다.

고객만족 행정관리를 위한 행정쇄신 추진전략으로 제1단계는 공공 고객만족도 조사를 통해 업무의 처리 방식을 바꾸는 절차혁신(process innovation)으로 리엔지니어링(re-engineering) 등이 적용된다. 제2단계는 사람의 마음과 행동으로 바꾸는 고객 만족 마인드 혁신(mind innovation)으로 TQM 등이 적용된다. 제3단계는 행정서비스를 바꾸는 질적 서비스의 혁신(service innovation)으로 시민헌장제도(citizen's charter) 또는 행정서비스헌장제도 등이 적용된다.

3) 결과(성과) 중심의 정부

결과(성과) 중심(results-oriented)의 행정 체제란 기존의 투입 요소의 통제 방식에 따라 수동적으로 업무를 수행하던 태도에서 벗어나, 좀 더 명확한 업무 목표를 세우고 이를 달성하기 위한 추진전략을 마련함으로써 결과에 초점을 맞춘 능동적인 자세로 전환하고자 하는 것이다.

결과(성과) 중심의 행정 체제 구축 방안은 조직 측면, 인사 측면, 예산 측면, 환류 측면으로 나눠 살펴볼 수 있다. 조직 측면은 정부 조직관리 체제의 효율성 제고를 위한 것으로 첫째, 반드시 필요한 업무가 아니면 폐지하고, 반드시 정부가 책임을 맡아야 하는 것이 아니면 민영화한다. 정부가 직접 수행하지 않아도 되면 민간위탁을 실시하고, 정부가 수행할 경우 효율성 증대 방안을 검토해 상호 경쟁, 책임운영기관, 리스트럭처링(re-structuring) 등을 실시한다. 둘째, 정부조직의 상업화로 서비스 공급의 책임을 맡은 정부부처가 민간부문이나 정부부처 내의 다른 관리 주체와 서비스 일부 또는 전체를 대신 공급하도록 계약을 체결해 효율성과 서비스의 질적 향상을 도모할 수 있다. 그리고 영국의 넥스트 스텝 프로그램(Next Step Program)에 의한 에이전시(Agency) 조직의 운영이다. 에이전시의 장(Chief Executive)은 인사 및 재정 운영상 상당한 재량권과 함께 질적·양적인 서비스 제공의 목표 달성에 대한 책임을 진다. 셋째, 정부부처의 통·폐합을 통한 횡적인 조정이다. 정부의 정책 기능상의 조정과 효율성을 높이기 위해 수평적 부처조직을 확대 개편(broadbanding)하는 것이다.

인사 측면은 인사권의 위임과 성과평가 강화라 할 수 있다. 중앙집권적인 인사 체제에서 각 부처로 권한을 대폭 위임하고, 연공서열이 아닌 개인에 성과에 기초한 성과급제도를 도입한다. 근무성적 평정의 합리화와 강화를 위해 MBO의 확립이 필수적이며, 성과계약제(performance agreement)를 통해 장관과 차관, 고위직 또는 사업소장 간에 실적계약을 체결한다. 사후적으로 목표 달

표 5-21 신공공관리론의 정부혁신 방향

작고 효율적인 정부 (소정부주의)	① 정부의 비대화와 비효율에 대한 대응으로서 정부와 민간 간의 기능 재배분을 통해 정부조직과 기능 및 인력을 합리적으로 감축하는 것을 의미한다. ② 시장성 테스트라는 논리적 절차를 거친다. ③ re-structuring, re-engineering, re-orientation 등 혁신전략들을 활용한다.
시장 지향적 정부	① 정부실패를 극복하기 위해 공공부문에 시장 운영기법을 도입하는 것이다. ② 시장화 전략 ㉠ 외부시장화: 민영화, 주민 공동생산, 제3부문 등으로 기능 이관 ㉡ 내부시장화: 민간위탁, 수익자부담주의, 책임운영기관, 발생주의 회계 방식 등을 도입
고객 지향적 행정	① 고객 지향적 행정이란 행정편의주의와 대비되는 국민 위주의 행정이다. ② 소비자 주권의 행정을 구현한다. ③ 시민헌장제도, 총체적 품질관리(TQM) 등이 있다.
기업형 정부	① 관료의 기업가적 행동을 유도할 수 있는 정부다. ② 경영 마인드를 도입해 정부의 생산성 극대화 등의 목표를 중시한다.
정보화된 정부 (전자정부)	① 첨단 정보기술을 이용해 전자적 서비스를 제공하는 정부다. ② 1990년대 미국의 '미국으로의 접근(access america)' 시책에서 나온 말이다.
성과 중심의 행정	투입의 형태나 과정의 흐름을 문제시하지 않고 의도한 결과나 성과가 구현됐는지를 중시하는 관리전략이다. ① 조직 측면: 책임집행기관(Agency), 성과 중심의 조직(PBO) ② 인사 측면: 성과협약제, 연봉제, 개방형 직위나 계약직 임용의 확대 ③ 예산 측면: 총괄배정예산 및 산출예산제도와 효율성배당제도의 도입, 발생주의 회계 방식의 도입

출처: Hood(1994).

성 여부에 대한 평가를 받게 되며, 이 결과를 성과 보너스 지급을 통해 급여 수준과 연계시키고 국회 및 일반대중에게 공개·보고토록 함으로써 책임경영에 대한 제도적 유인을 마련한다.

예산 측면은 예산 운영의 신축성 제고와 시장 원리 적용하는 것이다. 총괄예산제도, 지출통제예산제도, 효율성배당제도(efficiency dividend), 불용액 이월제도, 산출물 중심의 산출예산제도 등이며, 수익자부담 원칙(user charge), 조달권의 분산, 내부경쟁 체제 확립 등이 해당한다. 그리고 기업회계 방식에 의한 경영 성과를 명확히 하기 위해 발생주의 회계 방식의 도입을 들 수 있다.

환류적 측면은 심사분석 기능의 강화와 효과성감사를 강화하는 것이다. 각 부처사업계획에 대한 성과 모니터링(monitoring), 즉 심사분석 기능의 내실화하며, 절차나 법규에의 준수 여부보다는 정책결정의 타당성이나 정책의 효과를 검증한다.

5. 신공공관리론의 특징

첫째, 정부 기능·조직·인력의 감축이다. 시장성검정에 의해 정부 기능 폐지, 민영화, 민간위탁, 경쟁, 내부효율화 등을 추진한다. 외부계약, 집행 기능에 대한 책임경영조직 형태로 분리 전환, 민간부문 및 정부기관 간 경쟁 도입 등 체계적인 의사결정의 우선순위를 설정한다. 계층제 구조의 경직성을 탈피, 관리·감독계층을 축소하고, 중복 기능을 통합하는 한편 자율적 팀제 등 동태적 조직 운영을 확대한다.

둘째, 성과 중심의 행정 체제로의 전환이다. 투입과 절차(과정)보다는 산출과 결과(성과)에 중점을 둔다. 성과 중심의 인사로 성과급, 연봉제, 근무성적평정 등을 강화하며, 성과 중심의 조직으로 책임운영기관화한다. 그리고 성과 중심의 재정으로 산출예산 및 발생주의 회계 방식을 활용한다.

셋째, 비용가치의 증대다. 납세자가 내는 돈의 가치를 높여 능률성을 증가시키고 낭비를 줄이며 효과성을 향상시킨다.

넷째, 권한위임과 융통성 부여다. 권한을 위임하고 혁신과 창의 및 책임 등은 증대시킨다. 개별적인 통제에서 개괄적 통제로 전환한다. 즉, 인사, 예산, 조직관리 등에서 총괄적 범위 내에서 목표를 성취할 수 있도록 현지 기관에 융통성을 부여한다.

다섯째, 책임·통제의 강화다. 고위관리자에게 권한을 주는 대신 책임과 역할을 강조한다.

여섯째, 경쟁 및 개방·고객 서비스 지향이다. 외부의 고객과 서비스 중심의 공공부문을 확립한다. 경쟁 원리와 시장적 메커니즘 및 민간경영 기법을 도입해 고객에 대한 대응성(responsiveness)과 서비스의 질을 향상한다. 영국의 시민헌장운동, 캐나다와 미국의 서비스 기준제도, 원스톱(one-stop) 서비스제도 등이 있다.

일곱째, 정부규제의 개혁이다. 규제의 비용·효과를 면밀히 검토하고 규제 아닌 다른 대안과 파트너십을 통해 문제의 해결책을 강구하며, 자율적 규제 인센티브제도를 도입한다.

여덟째, 정부간 협력이다. 자치단체에 권한을 이양하고 파트너십을 강조하며, 다양한 형태의 국제 협력에 활발하게 적응한다.

아홉째, 정책결정 능력의 강화다. 집행적 성격의 사업 기능은 전문적인 책임운영기관으로 분리·이관하며, 정부는 방향키 조정(steering)에 집중토록 해서 중앙정부의 정책결정 능력을 강화한다.

6. 신공공관리론의 정부혁신 전략

1) 시장성 검증

시장성 검증(market testing)이란 영국이 1991년 품질을 위한 경쟁(Competing for Quality)에서 강조한 것으로 정부 기능을 원점에서부터 재검토해 적정히 축소하려는 신공공관리론의 주요 프로그램이다. 정부와 민간 중 누가 서비스를 제공하는 것이 더 효율적인가를 따져보는 작업이다. 즉, 행정서비스의 공급 주체를 결정하는 제도다.

정부의 모든 기능을 매 3년 또는 5년마다 검토해 그 기능의 존폐 여부 및 기능의 수행 주체를 결정한다. 이를 사전적 대안분석(Prior Options Review)이며, 공공부문 내의 기존 사업들을 전반적으로 검토해 폐기, 민영화, 전략적 외부위탁, 시장성평가, 내부구조 조정 등의 여부를 판단하는 기능 검토 절차다.

2) 총체적 품질관리(TQM)

총체적 품질관리(Total Quality Management: TQM)는 고객 만족을 서비스 질의 1차적 목표를 삼고 구성원의 광범위한 참여 하에 조직의 과정·절차·태도를 지속적으로 개선하려는 고객 지향적 관리 철학이다. 코헨과 브랜드(S. Cohen & H. Brand)는 "Total은 고객의 욕구를 식별하는 것에서부터 고객의 만족을 평가하는 것에 이르기까지 업무의 모든 면에 대해 적용하는 것이며, Quality는 고객의 기대 수준의 충족시키는 것을 초과하는 것이고, Management란 업무(제품)의 질을 향상시키기 위해 조직의 능력을 개발하는 것"이라고 정의했다.

표 5-22 TQM의 관리철학: 전통적 관리와 비교

구성 요소	전통적 관리	TQM
고객 욕구 측정	전문가들이 측정	고객(소비자)에 초점을 두어 규명
자원통제	기준을 초과하지 않는 한 낭비 허용	무가치한 업무, 과오, 낭비 불허
품질관리	문제점을 관찰 후 사후 수정	문제점에 대한 예방적·사전적 관리
의사결정	불확실한 가정과 직감에 근거	통계적 자료와 과학적 절차에 근거
조직구조	통제에 기초한 수직적·집권적 구조를 중시	수평적·분권적 구조를 선호
생산성 향상 방법	노동의 비용을 낮춤	구성원의 참여를 증가시킴: 팀워크 중시
주된 초점	감독과 조직적인 순종	상호성과 계약적인 순종
측정 기준	산출에 기초	업무성과에 기초
정치인과 관료의 관계	대립적	공생적
국민의 참여	부적절	책임성의 한 형태
노동조합에 관한 시각	남의 일에 간섭하는 사람	동료

총체적 품질관리의 기본 원칙은 ① 고객이 품질의 최종결정자이며, ② 산출 과정 초기에 품질이 정착돼야 한다. ③ 서비스의 지나친 변이성을 방지해야 한다. ④ 전체적인 조직의 책임과 전체 구성원에 의한 질의 결정을 중시한다. ⑤ 투입과 과정의 계속적·장기적으로 개선한다. ⑥ 구성원의 참여를 강화한다. ⑦ 조직의 총체적 헌신을 요구한다.

그 특징은 다음과 같다. ① 고객의 욕구를 측정한다. ② 무가치한 업무, 과오, 낭비 불허 등 자원을 통제한다. ③ 문제에 대한 예방적 품질관리를 한다. ④ 통계적 자료와 과학적 절차의 근거한 의사결정을 한다. ⑤ 수평적 조직구조를 중시한다. ⑥ 서비스의 질을 중시한다. ⑦ 고객의 참여, 고객의 선택, 고객에의 책임 등을 중시한다. ⑧ 거시적 안목과 장기적 전략을 추구한다. ⑨ 직원에게 권한을 위임한다. ⑩ 개인보다는 팀워크를 중시한다. ⑪ 과정과 절차를 지속적으로 개선한다.

TQM의 운영 과정과 관리자의 역할을 살펴보면 업무의 기술(記述)과 확인, 결함의 원인 규명, 개선안의 시행, 개선안의 채택과 실시, 반복의 단계를 거친다.

업무의 기술과 확인 단계에서는 업무담당자들이 자기 업무를 측정하고 기술하며 개선돼야 할 작업 과정을 확인한다. 결함의 원인 규명 단계는 업무 수행 과정에서 결함, 지연, 재작업이 가장 자주 발생하는 곳이 어디인지를 확인하고 그 원인을 규명한다. 개선안의 시행 단계에서는 업무 과정을 개선하기 위해 입안한 작은 규모의 파일럿 프로젝트를 시행한다. 즉, 시험적으로 실시한다. 개선안의 채택과 실시 단계는 개선안의 시험적 실시가 성공적이면 이를 조직 전체에 도입한다. 그리고 마지막으로 위의 개선 작업 단계들을 되풀이해 업무 수행을 지속적으로 개선한다.

3) 리엔지니어링(re-engineering)

조직 업무의 전반적인 과정과 절차를 축소·재정비해 가장 합리적인 방법으로 업무를 수행하려는 조직관리이론이다. TQM 이후 1980년대 말에 해머(M. Hammer)에 의해 소개됐다. 그 특징은 ① 업무절차의 최소화, ② 통제의 최소화, ③ 고객 지향, ④ 구성원에 의한 의사결정, ⑤ 분권화, ⑥ 서류전달점(handover point)의 축소, ⑦ 분업의 최소화(분업의 부정) 등으로 제시할 수 있다.

표 5-23 리엔지니어링과 TQM의 비교

구분	TQM	리엔지니어링(re-engineering)
차이점	① 조직의 과정·절차 및 구성원의 태도 변화 강조 ② 규범적(normative) 접근	① 조직의 과정·절차 개선 강조 ② 합리적(rational) 접근
유사점	① 관료제 등 전통적 조직모형에 반기를 들었다. ② 고객 지향적·변화 지향적·혁신적 관리다.	

4) 시민헌장제도

시민헌장제도(citizen's charter)는 행정기관이 제공하는 행정서비스의 기준과 내용, 이를 제공받을 수 있는 절차와 방법, 잘못된 서비스에 대한 시정 및 보상 조치 등 의무 조항을 구체적으로 명시해 이를 시민의 권리로 공표하고, 이의 실현을 국민에게 약속하는 것이다.

정부 내에서 시장 원리의 사각지대에 고객 지향적인 행정서비스를 적용하는 하나의 방안이다. 즉, 암묵적·추상적인 관계가 명시적·강제적·구체적·계약적인 관계로 변화한다.

시민헌장제도의 기본 원칙은 서비스 품질의 표준화, 정보와 공개, 선택과 상담, 정중함과 도움, 잘못된 서비스의 시정과 보상 체계, 비용에 대한 인식 등을 준수한다.

영국은 철도청의 승객헌장, 교육고용부의 학부모헌장 및 구직자헌장, 국세청의 납세자헌장, 보

표 5-24 신공공관리론의 정부혁신 전략

구분	내용
시장성 검증제도 (market testing)	시장성 검증제도란 정부 기능을 원점에서부터 재검토해 공개입찰을 통해 결정, 민간위탁, 민영화, 폐지 등으로 효율성을 제고한다.
리스트럭처링 (re-structuring)	리스트럭처링이란 좁게는 정부조직과 기능의 재조직화(re-organization)를 의미하며, 넓게는 유형·무형의 사회간접자본을 재구축하자는 것이다.
총체적 품질관리 (TQM)	총체적 품질관리는 고객만족을 위한 서비스 품질 확립을 조직 관리의 제1차적 목표로 삼으며, 조직구성원의 광범위한 참여 하에 조직의 과정·절차 및 태도를 지속적으로 개선해 장기적·전략적 품질 관리를 하기 위한 관리철학이다. ➡ 마인드 혁신(mind innovation)
리엔지니어링 (re-engineering)	리엔지니어링이란 프로세스(절차와 공정) 리엔지니어링(재설계)을 의미하는 것으로 '조직 업무의 전반적인 과정과 절차를 축소·재정비해 가장 합리적인 방법으로 업무를 수행하려는 조직관리이론'으로 TQM 이후 1980년대에 등장했다. 핵심 요소는 절차와 재설계·재공정으로서 해머(M. Harmer)는 이를 "분업의 부정(최소화)"이라고 했다. ➡ 절차혁신(process innovation)
리오리엔테이션 (re-orientation)	리오리엔테이션은 자유경제의 시장 원리와 성과 지향적 경제 원칙을 수용해서 '보호보다는 경쟁을, 규제보다는 자유'를 지향하는 새로운 관리 목표의 재설정을 의미한다.
벤치마킹 시스템 (bench-marking system)	벤치마킹시스템은 최고의 성과를 낸 다른 조직의 관행과 경험을 구체화(도입)하는 것이다. 국내외 우수기업들에서 이미 성공을 거둔 합리적인 우수경영 방식 등을 발굴·수용해 공공부문이 이를 채택하는 방식이다.
아웃소싱 (out-sourcing)	아웃소싱은 외부조직이나 인력을 활용해 공공서비스를 공급하는 것이다(계약에 의한 민간위탁 등).
책임운영기관 (agency)	책임운영기관은 집행적 성격의 업무를 중앙정부로부터 분리해 수행하도록 하기 위해 설치한 '성과와 책임 중심의 독립된 사업 부서조직'이다.
시민헌장제도 (citizen's charter)	시민헌장제도는 행정기관이 제공하는 행정서비스의 기준과 내용, 이를 제공받을 수 있는 절차와 방법, 잘못된 서비스에 대한 시정 및 보상 조치 등을 구체적으로 정해 이를 시민의 권리로 공표하고, 이의 실현을 국민에게 약속하는 것이다. ➡ 서비스 질 혁신(service innovation)

건부의 환자헌장 등이 있으며, 3년간 서비스 실적 평가를 통해 성과가 탁월한 기관에 헌장 표시상(charter mark awards)을 수여한다. 미국과 캐나다의 서비스 기준제도를 활용한다.

종전에 정부와 국민의 암묵적·추상적 관계를 구체적·계약적 관계로 전환시켜 줌으로써 행정에 대한 주민들의 근접 통제의 물리적 한계를 극복해 주는 계기가 됐으며, 서비스 제공의 투명성과 책임성을 제고하고 공공서비스 품질의 표준화와 구체화 및 서비스에 대한 국민의 기대 수준을 명확하게 했다. 즉, 소비자 주권주의 확립에 기여했다.

공공서비스의 무형성으로 인해 질을 구체화·객관화하기가 어렵고, 모든 행정오류를 금전으로 연계시켜 보상하려는 편협한 경제적 논리에 매몰된다. 그리고 지나치게 서비스 기준을 표준화·구체화시킨 나머지 공무원의 창의성과 행정의 유연성을 저해한다.

7. 신공공관리론의 한계

첫째, 정책결정과 집행의 이원화 문제가 발생한다. 신공공관리론에서는 정부기관의 기능을 크게 정책결정과 집행 기능으로 이원화해, 정책 및 통제의 기능은 소수의 중앙통제기관에 의존하고, 서비스를 직접 생산하는 일선기관의 관리 기능을 중앙기관에서 독립시키려는 처방을 하나 기능 분리가 용이하지 않으며, 정책결정과 집행 기능의 분리는 정책의 환류 기능을 저해해 정책 역량을 약화시킬 수 있다.

둘째, 공공성과 책임성의 문제다. 신관리주의는 대리이론의 문제 의식 위에서 결국 공공조직 및 관리의 특수성을 부정한다. 즉, 관리의 원칙은 사조직, 공조직의 차이를 초월해 적용된다는 것인데 이는 행정서비스에서 공공성과 책임성의 약화를 초래할 수 있다.

셋째, 소비자관의 문제다. 신공공관리론은 국민을 시민으로 보지 않고 단순한 소비자(구매자)로 간주한 나머지 소비자(구매자)로서의 권리만 강조하고 시민으로서의 의무는 과소평가한다.

넷째, 동기부여의 편협성이다. 신관리주의는 관료를 목표 달성과 금전적인 보상 연계의 틀 속으로 유인하려는 편협한 경제적 동기부여의 해석에 의존(성과급, 시민헌장제도 등)한다.

다섯째, 기업성 문제다. 경영에서 기업가는 공급자와 구매자 간의 정보의 차이를 이용해 이윤을 극대화한다. 즉, 기업성의 한 측면은 상대방의 무지를 이용해 이윤을 창출하는 것이다. 이러한 기업성의 측면이 공공행정의 가치로 적당한지 의문이다.

여섯째, 공무원의 사기 저하 문제다. 정부조직의 축소로 인해 공무원의 사기를 저하시킨다.

일곱째, 행정의 공동화 현상이다. 행정 기능의 급격한 축소로 인해 행정의 공동화 현상이 나타난다.

제15절 거버넌스론

1. 의의

거버넌스(governance)는 넓은 의미로 사회문제를 해결하는 제반 기제로서 국정관리, 신국정관리, 국가경영, 통치, 협치(協治) 등 다양하게 정의되며 합의된 보편적 개념은 없다. 일반적으로는 공공의 재화나 용역의 생산과 전달에 관한 정부활동을 제약하거나 정부활동의 권능을 부여하는 법률, 행정규칙, 판결, 관행의 결합체로 규정한다. 거버넌스는 경제학 또는 신자유주의에 입각한 시장 중심적 거버넌스, 정치학에 기초한 국가 중심적 거버넌스, 사회학 또는 정책 네트워크에 의한 시민사회적 거버넌스로 분류된다.

정부에 의한 독점적 공급이 아니라 시장, 정부와 민간, 비영리부문 등 동태적 연계망이나 네트워크에 의한 공급을 총칭하는 것이다.

2. 거버넌스의 특징

첫째, 파트너십의 중시다. 이는 정부·시민사회·시장의 파트너십을 전제하면서 중요시한다. 이들 간의 관계는 독립형·연립병존형보다는 상호 협력하는 네트워크형이 바람직하다. 둘째, 유기적 결합 관계의 중시다. 개별적 요인이나 요인들 사이의 단순한 상관 관계가 아니라 유기적 결합 내지 네트워크를 중시한다. 셋째, 공식적·비공식적 요인의 고려다. 공식적 측면뿐만 아니라 비공식적 측면도 중요시한다. 넷째, 정치적 특성의 강조다. 경쟁적인 이익과 목표들을 조정해야 하기 때문에 정치적 과정을 중시한다. 다섯째, 세력연합·협상·타협의 중시다. 입법은 입법부 내외의 다양한 행동 주체들이 형성하는 입법연합의 산물이라고 본다. 여섯째, 행정조직의 재량성 중시다. 행정관리자들은 효율적인 집행자이면서 연합정치의 적극적 참여자다.

3. 거버넌스의 유형

1) 주도 세력 중심의 분류

거버넌스는 주도 세력에 따라 국가 중심 거버넌스, 시장 중심 거버넌스, 시민사회 거버넌스로 구분된다. 첫째, 국가 중심의 거버넌스는 국가가 시장과 시민사회를 계속 주도적으로 관리하는 관리주의적 입장이다. 다만, 전통적인 통치가 아닌 시장주의나 기업가정신을 도입한 새로운 통치철학에 의한 거버넌스다. 최소국가, 좋은 거버넌스, 신축적 정부모형, 탈규제적 정부모형, 기업가적 거버넌스 등이 그 예다. 둘째, 시장 중심의 거버넌스는 공적 영역을 축소하고 시장이 국정을 주도하는 거버넌스로서 자본주의나 시장주의적 관점을 취한다. 신공공관리론, 시장적 정부모형 등이 해당한다. 셋째, 시민사회적 거버넌스는 국가도, 시장도 아닌 NGO 등 시민사회가 주도하는 국정관리로서 시민단체의 참여를 통한 민주주의적 관점을 중시한다. 사회적 인공지능 체계, 자기조직적 연결망, 법인 거버넌스, 참여모형 등이 해당한다.

2) 피터스의 모형

피터스(B. G. Peters)는 조직구조와 관리, 정책 과정, 공익관의 국면 등에 따라 전통적 정부에 대한 대안적 거버넌스로 시장적 정부모형, 참여적 정부모형, 신축적 정부모형, 탈규제적 정부모형 등으로 분류했다.

시장적 정부모형은 공공선택이론과 신우익의 신공공관리론이 근간이며, 정부의 독점성을 주로 문제 삼는다. 공공부문도 민간부문과 마찬가지로 관리 및 서비스 전달 문제에 직면했을 때 시장에서와 같은 운영기법이 적용될 수 있다고 주장하며 공공부문의 시장화를 지향한다. 공익의 기준은 정부가 시장의 선호에 얼마나 대응적인가 하는 것이다.

참여적 정부모형은 신좌파적 공동체주의의 정치 이데올로기 입장이다. 정치 이데올로기 측면에서는 시장적 정부모형과는 반대 명제이지만 분석과 처방은 시장적 정부모형과 유사하다. 전통적인 계서제 모형에서 소외됐던 사회구성원들에게 더 많은 참여와 협상이 허용된다는 의미에서 권한 위양 정부모형이라고도 한다.

표 5-25 피터스의 뉴거버넌스 이론

구분	시장적 정부모형	참여적 정부모형	신축적 정부모형	탈내부규제 정부모형
정부문제	독점	계층제	영속성	내부규제
조직개혁	분권화된 정부	평면조직: 수평적	가상조직, 네트워크	없음
관리개혁	성과급, 인센티브 민간기법	총체적 품질관리, 팀제	가변적 인사관리(임시직 공무원)	재량권 확대
정책결정 개혁 방안	내부시장, 시장적 유인	협의, 협상	실험	기업형 정부
공익 기준	저비용	참여, 협의	저비용, 조정	창의성
조정 방안	보이지 않는 손	하의상달	조직개편	관리자의 자기 이익
오류 수정	시장적 신호	정치적 신호	오류의 제도화 방지	더 많은 오류 수용
공무원제 개혁 방안	시장기제로 대체	계층제 축소	임시고용 활용	내부규제 철폐
책임 확보	시장에 의존	소비자 불만에 의존	–	사후통제 의존

표 5-26 경성정부와 연성정부의 비교

구분	경성정부 (hard government)	연성정부 (soft government, flexible government)
문제 해결 방법	문제 제기형 분업 시스템(노젓기, bureaucracy)	문제해결형 유기적 네트워크(방향잡기, governance)
환경과의 관계	폐쇄적 · 소극적	개방적 · 능동적
공식화 · 표준화 정도	높다	낮다
행정구조	기계적 · 계서적 · 긴장	유기적 · 반계서적 · 이완적
인간관계	소외	친밀
조직 유형	X이론	Y이론
역할 체계와 성과에 대한 책임	불명확화	명확화
의사결정	비참여적 · 집권적	참여적 · 분권적
기술 수준	낮은 수준의 기술	높은 수준의 기술
조직활동	노동집약적	지식 · 정보집약적
실패 · 위험에 대한 인식	실패 불용(위험 회피)	실패 인정(위험 부담의 각오)
중요 가치	생산성 · 능률성: 조직 · 집단 중시	창조성 · 감성적: 개인의 창의 존중

신축적 정부모형은 유연한 정부(연성정부) 모형으로 조직구조, 인력관리, 예산관리 등에서 탈항구성과 유연성, 융통성을 추구한다. 환경 변화에 대응하는 정부의 역량 강화를 위해 협력 관계, 임시 조직, 계약직, 노동시장의 탄력성 등을 활용해 좀 더 신속하고, 대응적이며 효과적인 정부를 만들고자 한다.

탈규제 정부모형은 저통제 정부모형으로 내부규제를 문제시하며 정부에 대한 통제의 완화를 통해 정부의 잠재력과 창의성에 대한 속박을 풀어야 한다고 주장한다. 공무원들이 기업가들처럼 자유롭게 활동하도록 하는 방식으로 공무원의 자율성과 창의력을 제고하려는 것이다.

3) 로드스의 모형

로드스(R. A. W. Rhodes)는 최소국가(minimal state), 기업적 거버넌스(corporate governance), 신공공관리(NPM), 좋은 거버넌스(good governance), 사회적 인공지능 체계(socio-cybernetic system), 자기조직화 연결망(self-organizing network) 등 여섯 가지로 분류했다.

그 내용을 보면, 첫째 최소국가는 시장에 대한 규제를 완화시켜 시장 중심의 공공서비스를 제공해 국가 기능을 최소화시킨다(시장 확대, 정부 축소-시장주의). 둘째, 기업적 거버넌스는 기업의 전반적인 방향 제시, 최고 관리활동의 통제 등과 관련되며 이러한 기업의 관리철학이 공공부문에 도입될 경우 내부시장화, 상업적인 경영 형태 등이 강조된다(최고 관리활동의 통제-기업형 정부). 셋째, 신공공관리는 신관리주의에 신제도주의 경제학을 포함하는 것으로서 시장의 경영 방식이나 유인 체제를 공공부문에 도입하려는 것이다(방향잡기). 넷째, 좋은 거버넌스는 나라 일을 관리하기 위해 정치 권력을 행사하는 것으로 신공공관리와 자유민주주의를 결합한 것이다. 이는 거버넌스의 체계적 사용으로 정부보다 넓은 의미로서 내·외 정치적 및 경제적 권력의 배분을 포함하는 것이다. 거버넌스의 정치적 사용은 민주주의적 위임에 따라 정당성과 권위 모두를 향유하는 국가다. 행정적 요소는 효율적이고 개방적이며 책임있는 공무원으로서 적절한 정책결정과 집행을 수행할 수 있는 관료제적 능력을 소유하는 것이다. 다섯째, 사회적 인공지능 체계는 사회정치 체계에서 모든 행위자(비공식·비정부기구 간)의 상호작용과 노력의 공통적인 결과로서 출현하는 하나의 사회적 인공지능 체계, 즉 정부 없는 거버넌스를 의미한다. 여섯째, 자기조직화 연결망은 계층제와 시장의 중간지대로서 조직 간 연결망으로 정의하는 경우 시장과 계층제의 권위에 의한 자원 배분이나 통제·조정을 위한 거버넌스 구조를 보완한다.

표 5-27 거버넌스의 유형: 로드스(Rhodes, 1996)의 분류

모형	개념	특징
최소국가	시장 확대, 정부 축소	시장주의
기업적 거번넌스	최고관리 활동의 통제	기업형 정부
신공공관리	신관리주의 + 신제도주의 경제학	방향잡기
좋은 거버넌스	신공공관리 + 참여민주주의	참여·협력
사회적 인공지능 체계	비공식·비정부기구 간 상호작용	정부 없는 거버넌스
자기조직화 연결망	공동화된 네트워크	계층제와 시장의 중간지대

4. 뉴거버넌스(신국정관리)

뉴거버넌스(new governance)를 가장 크게 보면 신국정관리를 국가 통치행위로 보는 입장이다. 이는 가장 전통적이고 포괄적인 개념이다. 광의로는 신공공관리론에 의한 거버넌스로 보려는 입장이다. 그리고 협의의 개념은 일반적 의미의 뉴거버넌스로 신뢰를 바탕으로 구성된 서비스 연계망을 관리하는 정부의 활동이다.

뉴거버넌스의 구성 요소는 다음과 같다. 첫째, 다양한 정부 및 비정부조직의 참여로 공공서비스는 다양한 정부 및 비정부조직에 의해 제공된다. 비정부조직은 서비스 전달뿐 아니라 정책결정 및 평가에 많은 영향을 미친다. 둘째, 서비스 연계망으로 정부, 비정부조직, 개인들 간의 사회적・사이버네틱적 체제에 의한 연계망이 공공서비스의 공급을 담당한다. 셋째, 신뢰와 협력으로 연계망의 활동상 신뢰와 협력을 기반으로 하는 조직 단위 간 협조가 이뤄지고 이들은 국가로부터의 상당한 자율성을 보유한다.

5. 거버넌스와 뉴거버넌스

1) 공통점

거버넌스와 뉴거버넌스 모두 정부 역할 축소, 방향잡기의 강조, 행정과 민간 구분의 상대성, 민관 협력 등을 인정한다는 점에서 유사하다. 정부의 기능을 방향잡기에 국한시키려는 의도나 민영화 등 시장주의적 개혁이 결과적으로 서비스 연계망을 엄청나게 확대시켰다는 점 등을 볼 때 거버넌스는 뉴거버넌스의 토대가 됐다.

2) 차이점

거버번스와 뉴거버넌스의 차이점은 첫째, 경쟁과 신뢰로 거버넌스는 시장주의에 입각한 경쟁의 원리를 중시하지만 뉴거버넌스는 신뢰를 기반으로 조정과 협조를 중시한다. 둘째, 거버넌스에서는 정부 역할을 부정하며, 행정 기능의 상당 부분이 민영화・민간위탁 등을 통해 민간에게 이양하지만, 뉴거버넌스에서는 민간의 힘을 동원하고, 공동체 구성원들의 적극적 참여에 의한 공적 문제 해결을 중시한다. 셋째, 고객과 시민으로 거버넌스는 국민을 공리주의에 입각해 국정의 대상인 고객으로 보지만, 뉴거버넌스는 국민을 시민주의에 바탕을 두고 덕성을 지닌 시민으로 본다. 넷째,

표 5-28 정부재창조론과 시민재창조론 비교

구분	정부재창조론	시민재창조론
학자	David Osborne & Ted Gaebler	H. L. Schacher
기본 모형	'고객으로서의 시민' 모형	'소유주로서의 시민' 모형
주요 목표	'정부가 어떻게 일을 해야 하는가?'의 규명	'정부가 무엇을 해야 하는가?'의 규명
주요 방안	정부구조, 업무절차 및 관료제 문화의 재창조	시민 의식의 재창조
행정의 본질	시장주의, governance	참여주의(공동체주의), new governance

표 5-29 거버넌스와 뉴거버넌스의 차이

구분	국정관리(governance)	신국정관리(new governance)
인식론적 기초	신자유주의, 신공공관리	공동체주의 · 참여주의
관리기구(공급 주체)	시장주의	서비스 연계망(공동체)에 의한 공동생산
관리가치	결과(효율성, 생산성)	과정(민주성, 정치성)
관료 역할	공공기업가	조정자
작동 원리	갈등과 경쟁 체제(시장 메커니즘)	신뢰와 협력 체제(참여 메커니즘)
서비스	민영화, 민간위탁	공동생산(시민 · 기업의 참여)
관리 방식	고객 지향 ↔ 관료 중심	임무 중심 ↔ 법령 · 규칙중심
분석 수준	조직 내(內)	조직 간(間)
이데올로기	우파	좌파
혁신의 초점	정부재창조(미국)	시민재창조(영국)
국민 존재	고객	주인(시민)
참여의 형태	자원봉사주의(volunteerism)	시민주의(civicism)
정치성	탈정치화	재정치화

거버넌스는 시장 논리에 따른 행정의 생산성이나 효율성을 중시한다. 따라서 거버넌스는 행정의 경영화에 의한 정치 · 행정이원론의 성격이지만, 뉴거버넌스는 구성원 간의 참여와 합의를 중시하므로 행정의 민주성 등에 초점을 둔다. 뉴거버넌스는 담론이론 등을 바탕으로 한 다양한 구성원의 참여를 중시하므로 행정의 정치성(일원론)을 중시한다.

제16절 신공공서비스론

1. 의의

신공공서비스(new public service)는 행정개혁의 목표 상태를 처방하는 규범적 모형으로 거버넌스에 관한 시민 중심적 · 사회공동체 중심적 · 서비스 중심적 접근 방법이다.

신공공서비스는 시민적 담론과 공익에 기반을 두고 거기에 충실하게 통합된 행정을 처방하는 모형으로서 정부실패를 문제삼는 공공선택이론이나 정부 규모를 일방적으로 축소하려는 신공공관리론에 대한 반론이자 일종의 공공 거버넌스(public governance) 내지는 민주적 거버넌스로 이해할 수 있다. 공공 거버넌스란 신공공관리론이나 시장적 거버넌스에 대한 반론으로 행정의 정당성과 가치성을 강조하는 입장이다.

2. 등장 배경

덴하르트(R. B. Denhardt & J. V. Denhardt) 부부는 전통적인 행정과 신공공관리를 모두 비판하면서 대안으로 신공공서비스론을 제시했다.

전통적 행정은 시민에 대한 민주적 봉사와 시민의 적극적 가담을 지원하는 데 부적합한 모형이며, 신공공관리론은 평등・공정・대표・참여의 가치를 소홀히 하는 가운데 시민에게 힘을 실어주고 봉사해야 한다는 책무를 망각한다. 이러한 이유로 덴하르트 부부는 주인으로서 시민, 적극적인 시티즌십(citizenship), 다양한 세력의 협력, 시민에 대한 정부의 봉사 등을 특별히 강조하는 개혁에 관한 제3의 규범적 모형으로 신공공서비스론을 제시했다.

3. 신공공서비스론의 이론적 기초

덴하르트 부부가 제시한 신공공서비모형의 지적 기반이 된 이론들은 신행정학과 시민행정학을 비롯해 민주적 시티즌십(citizenship)에 관한 이론, 사회공동체와 시민사회에 관한 이론, 조직상의 인도주의에 관한 이론, 담론이론, 포스트모던 행정이론 등이다.

신공공서비스론에서는 첫째, 공무원들이 시민들의 적극적 역할을 제대로 인식해야 하며, 시민들과 권한을 나눠 갖고 협력해야 한다고 주장한다. 시민들에 대한 통제를 줄여야 하며, 시민을 신뢰하고 시민의 요청에 대한 높은 대응성을 보여야 한다. 둘째, 구성원들을 통합시키는 방법이 사회공동체라고 규정한다. 정부의 역할은 사회공동체의 발전을 돕고 이를 지지해야 한다고 주장한다. 그리고 시민사회의 중요성을 강조한다. 셋째, 자아실현적 인간관에 입각해 인간중심주의적 조직관리를 처방한다. 관료제적 조직설계와 운영을 반대하며, 시민과 공공조직 종사자들의 욕구와 관심에 주의를 기울인다. 넷째, 담론이론으로 대화와 토론을 중시하고, 모든 당사자들의 진지하고 공개적인 대화에 기초를 둬야 한다고 처방한다.

4. 기본 원리와 특성

정부의 역할은 노젓기(정책집행)도 아니고 방향잡기(정책결정)도 아닌 시민에게 봉사하는 것이며, 행정에서 공익은 부산물이 아니라 목표다. 공동의 비전을 형성하고 실천하기 위해서는 전략적 사고에 의한 계획과 민주적 실천이 필요하며, 공무원들은 직접적인 고객(구매력을 가진 자) 이외의 사람들(구매력이 없는 약자)에게도 봉사한다. 그리고 정부의 책임은 시장뿐만 아니라 헌법, 법률, 공동체 가치, 정치규범, 전문적인 기준, 시민들의 이해 등을 도모하는 데까지 그 범위가 확대되며, 생산성만을 중시하는 것이 아니라 사람을 존중한다. 마지막으로 기업가 정신보다 시티즌십과 공공서비스를 중시한다.

5. 평가

1) 긍정적 측면

신공공관리론이 경시했던 행정의 공공성을 재조명했으며, 민주적 거버넌스를 강조함으로써 행정의 공공성에 대한 주의를 환기시켰다.

2) 부정적 측면

시민이 행정서비스의 고객이 되는 측면을 간과했으며, 정부의 역할을 과소평가했다. 또한, 구체적 처방이나 수단적·기술적 전문성을 경시했다.

표 5-30 전통적 정치·행정이원론, 신공공관리론, 신공공서비스론의 비교

관점 \ 유파	전통적 정치·행정이원론	신공공관리론(NPM)	신공공서비스론(NPS)
이론과 인식의 토대	정치학 및 초기의 사회과학	경제이론, 실증적 사회과학에 기초한 정교한 토의	민주주의 이론·실증주의·해석학·비판이론·포스트모더니즘을 포괄하는 다양한 접근
합리성모형	개괄적 합리성	기술적·경제적 합리성	전략적 합리성
관료 행태 (역할 행태)	행정인	경제인 또는 자기 이익에 기초한 의사결정자(기업가)	정치적·경제적·조직적 합리성에 대한 다원적 검증(조정자)
공익에 대한 입장	법률로 표현된 정치적 결정	개인들의 총이익의 합	공유가치에 대한 담론의 결과
관료의 반응 대상	의뢰인(고객)과 유권자	고객	시민
정부의 역할	노젓기(정치적으로 결정된 단일목표에 초점을 맞춘 정책의 입안과 집행)	방향잡기(시장의 힘을 활용한 촉매자)	시민에 대한 봉사(시민과 지역공동체 내의 이익을 협상하고 중재, 공유가치의 창출)
정책 목표의 달성 기제	기존의 정부기구를 통한 프로그램	민간(개인) 및 비영리기구를 활용해 정책 목표를 달성할 기제와 유인 체제를 창출	동의된 욕구를 충족시키기 위한 공공기관, 비영리기관, 개인들의 네트워크(연합체) 구축
책임에 대한 접근 양식	계층제적 책임성(행정인은 민주적으로 선출된 정치지도자에 반응)	시장 지향적 책임성(개인 이익의 총화는 시민 또는 고객집단에게 바람직한 결과 창출)	다면적 책임성(공무원은 법, 지역공동체 가치, 정치규범, 전문적 기준 및 시민들의 이익에 참여)
행정재량의 수준	관료에게 제한된 재량만을 허용	기업적 목적을 달성하기 위해 폭넓은 재량 허용	재량이 필요하지만 제약과 책임이 수반
기대하는 조직구조	상명하복으로 움직이는 관료제 조직을 통한 규제와 통제	기본적 통제만을 전제로 한 분권화된 공조직	조직 내·외적으로 공유된 리더십을 갖는 협력적 구조
관료의 동기 유발	임금과 편익, 공무원 신분 보장	기업가 정신, 정부 규모를 축소하려는 이데올로기적 욕구	공익의 실현 및 사회에 기여하려는 욕구

출처: Denhardt & Denhardt(2003: 23).

제 2 편

정 책 론

제1장_정책론의 기초 이론

제2장_정책의제 설정과 정책목표

제3장_정책분석과 정책결정

제4장_정책집행과 기획

제5장_정책평가와 환류

제 1 장 정책론의 기초 이론

제1절 정책과학

1. 의의

라스웰(H. D. Lasswell, 1951)은 정책과학(policy science)이란 정책결정과 집행을 설명하고, 정책문제와 관련이 있는 정보·자료를 탐색·수집해 그 해석을 제공하는 학문으로 정의했다. 그리고 드로(Y. Dror, 1971)는 좀 더 합리적인 정책결정을 위해 그 방법(method), 지식(knowledge), 체계(system)를 다루는 학문으로 정의했다.

라스웰(Lasswell, 1971)은 정책과학의 목적을 세 가지로 구분했다. 첫째, 기본적 목적(하위 목표)으로 구체적 목표를 의미하며, 정책 과정에 관한 과학적이고 실증적인 연구, 정책 과정에 필요한 지적 활동에 대한 규범적 연구로 제시했다. 둘째, 일반적 목적으로 중간 목표, 가장 중요한 연구 목표로 정책결정의 타당성과 합리성을 증진하기 위한 이론과 규범 및 방침, 관련 정보의 체계화된 활동이다. 즉, 정책결정의 합리화를 추구하는 것이며, 바람직한 정책결정을 위한 지식과 방법을 탐구(heuristic)하기 위한 연구다. 이는 정책결정의 과학화를 추구하는 것이다. 셋째, 궁극적 목적으로 인간이 안고 있는 사회문제나 사회가 지시하는 것을 이해하고 개선·해결해 인간의 존엄성을 구현하기 위한 것이다.

2. 정책과학의 대두 배경

정책과학은 현실의 사회문제를 해결해 주지 못하는 관념적인 정치학에 대한 반발로 등장했다. 행태과학의 몰가치성, 관리과학의 계량화 치중 등 단편적인 행정학에 대한 반발로 등장했다.

사회과학은 전문적·미시적 분석 방법에 치중하고, 특정 학문에 치중한 단편적 지식을 강조하며, 정치·사회·정책문제와 정책결정과의 관련성을 경시했다. 그러나 정책과학은 행정의 전문화와 정책결정의 역할을 담당하게 된다. 행태과학은 미시적 분석으로 사회문제에 대한 실천적 처방이나 지침 제공이 불가능했고, 방법상의 완전주의에 의존하며, 몰가치성·사실성의 추구로 적실성·현실성을 상실한 반면, 정책과학은 처방적 지식을 제공하게 된다. 관리과학은 당면문제와 제도적 조건을 무시한 채 내부적 최적 대안만을 추구하며, 사회의 기본적 가치·이데올로기·직관 등 비합리적 요인이나 정치적·질적 요인을 고려하지 않으며, 단지 계량화에 치중해 쇄신적 대안 발굴에 소극적이었다. 그러나 정책과학은 정치적 요인을 고려하며 쇄신적인 대안 발굴에 적극적이다.

3. 정책과학의 특징

1) 라스웰

라스웰은 첫째, 사회문제의 처방(해결)이라는 실천적인 측면(목표)을 강조하는 문제지향성(problem-directivity), 둘째, 사회적 · 정치적 과정과 정책결정과의 맥락성(관련성)과 시간적 · 공간적 상황이나 역사성을 강조하는 맥락지향성(contextual-directivity), 셋째, 연구 방법에서 인접 학문과의 종합적 연구를 추구하는 연합학문적(interdisciplinary) 연구, 넷째, 가치판단을 위한 규범적 접근, 인본주의적 성향을 강조하는 규범지향성(normal-directivity)을 제시했다.

2) 드로

드로는 첫째, 뇌 속에 존재하는 초합리적 요인(직관 · 영감 · 통찰력 등)과 같은 묵시적 지식(tacit knowledge)을 중시한다.

둘째, 정책결정 방법에서 초정책(meta-policy) 또는 상위 정책을 중시한다.

셋째, 공공정책 결정 체계라는 거시적인 수준에 초점을 둔다.

넷째, 다양한 학문을 응용하는 학제적 접근을 추구한다.

다섯째, 순수연구와 응용연구를 통합시키는 실천 지향적 연구를 한다.

여섯째, 질적 분석, 창조적 직관, 초합리성에 의한 리스크(risk)를 감소시킨다.

일곱째, 창조성 · 쇄신성을 통해 새로운 대안을 발굴한다.

여덟째, 과거 · 현재 · 미래를 연계시켜 조망하는 미래예측적 시간관 등의 시간적 요인을 중시한다.

4. 정책연구의 중점 이동과 한계

1) 정책연구의 중점 이동

1950~1960년대 정책의제론과 정책결정론(정책분석론)에 중점을 뒀다. 따라서 정책의제 설정에 관한 다원론과 엘리트이론과 정책결정의 이론모형 등이 정책연구의 주류를 이뤘다. 1970년대 이후에는 1960년대 존슨(L. B. Johnson) 대통령의 '위대한 사회(Great Society)' 건설을 위한 각종 사회복지정책의 실패와 계획예산제도(PPBS)의 실패로 정책의제론과 정책결정론에서 정책집행론과 정책평가론으로 연구 중점이 이동했다.

2) 정책과학의 한계

완전하고 명확한 가치분석은 곤란하다. 복잡한 정치 · 사회적 상황에서 완전한 합리적 분석은 사실상 곤란하며, 정부의 기능은 강화되지만 국회의 기능은 약화되고, 특정 집단의 이익을 대변하는 정책의 포획 현상이 나타난다.

제2절 정책의 본질과 유형

1. 정책의 본질

1) 정책의 개념

정책의 일반적 개념은 정책(public policy)이란 공익(public interest)을 추구하거나 공적 문제(public affairs)를 해결하기 위해 정부에 의해 결정된 행동 방침이다. 정책(public policy)은 법률·정책·사업·사업계획·정부방침·정책지침·결의 사항 등 여러 형태로 표현된다.

라스웰은 정책이란 문제 해결 및 변화 유도를 위한 활동이라고 정의했으며, 이스턴(D. Easton)은 사회 전체를 위한 가치의 권위적 배분이자 정치 체제가 내리는 가치의 권위적 결정이라고 정의했다. 드로는 국가 및 공공단체가 공익의 구현을 위해 만든 미래지향적인 행동지침이라고 정의했다.

2) 정책의 특징(성격)과 계획·법률과의 상호 관계

정책의 특징으로 ① 목표지향성, ② 수단지향성, ③ 변동대응성, ④ 가치배분성, ⑤ 문제 해결지향성, ⑥ 인과성, ⑦ 공식성·강제성·제약성, ⑧ 의사결정망의 포괄성, ⑨ 합리성과 효율성, ⑩ 결정 수준의 상위성을 들 수 있다.

정책·계획·법률과의 상호 관계는 일반적 관계로 정책(what)>계획(how)>법률의 관계를 제시하지만, 정정길 교수는 계획(포괄적·종합적 기획)>정책>법률의 관계로 제시하고 있다. 세부 내용을 보면, 계획은 포괄성·일관성이 강하지만 집행력·구체성·강제력은 약하고, 정책·법률은 포괄성·일관성이 약하지만 집행력·구체성·강제력은 강하다는 의미다.

2. 정책의 구성 요소(변수)

1) 정책의 구성 요소

(1) 정책목표

정책목표(policy goal)란 정책을 통해 달성하고자 하는 미래의 바람직한 상태(desirable future state)나 방향이다. 정책목표는 정책수단 선택의 기준이 되고, 정책집행 과정에서 의사결정의 지침으로 기능하며, 정책평가의 기준이 된다.

(2) 정책수단

정책수단(policy means)이란 정책목표를 달성하기 위해 정부기관이 사용할 수 있는 각종 수단을 의미한다. 정책수단은 정책목표 달성의 직접적 수단이 되는 실질적 정책수단(substantive policy means)과 실질적 정책수단을 실현시키기 위해 설득, 유인, 강압적 수단 등을 동원하는 도구적 정책수단(instrumental policy means)으로 나눠 볼 수 있다. 쌀값 안정을 위한 정부미 공급 증대는 실질적 정책수단으로 볼 수 있으며, 이러한 실질적 정책수단을 실현시키기 위해 조사·처벌 등 순응기제(compliance mechanism)를 동원하는 것을 도구적 정책수단 또는 보조적 정책수단이라 할 수 있다.

(3) 정책대상집단

정책대상집단(policy target group)이란 정책의 적용을 받는 개인이나 집단을 의미한다. 정책에 의해 혜택을 받는 수혜자집단과 희생을 당하는 피해자집단이 있다.

(4) 정책결과·정책산출·정책영향

정책결과(policy outcome)는 정책행위의 관찰된 귀결을 의미하며, 정책산출(policy output)과 정책영향(policy impact)을 내포하는 개념이다. 정책산출은 대상자나 수혜자가 받는 재화·서비스·자원 등을 의미하며, 정책영향은 정책산출에 기인하는 행동이나 태도의 실질적인 변화를 의미한다.

2) 정책의 단계별 구성 요소

(1) 투입

소요되는 경제적·비경제적 제반 비용을 의미한다. 청년실업 문제의 해결을 위해 투입된 1조원의 예산은 투입(input)에 해당된다.

(2) 산출

정책 대상자가 제공받는 재화나 서비스로서 정책의 1차적인 결과물이다. 청년실업자를 대상으로 한 취업교육에서 10,000명의 수료자 배출한 것은 정책산출(output)에 해당된다.

(3) 효과

정책 대상자에게 미친 직접적이고 최종적인 결과로서 정책목표 달성의 결과를 나타내는 상태의 변화를 의미한다. 수료자 10,000명 중에서 8,000명이 취업한 것은 정책효과(effect)에 해당된다.

(4) 영향

정책으로 인해 나타난 총체적인 사회적 변화 또는 정책이 사회 전반에 미친 영향(impact)으로 정책평가에서 의도하지 않았던 효과까지 고려한다(총괄평가).

(5) 결과(result)

결과(result)란 정책산출과 정책영향을 내포하는 개념이다.

3. 정책의 유형(정책유형론)

1) 의의

1960년대 미국의 정치학자들에 의해 전개된 정책유형론은 1940~1950년대의 연구(정책결정요인론: 정책환경 → 정책 내용)와는 달리 정책의 유형과 성격에 따라 정책결정 과정과 정책환경이 달라진다고 보는 입장으로 정책의 유형과 성격을 독립변수로 정책결정 과정과 정책환경을 정책의 종속변수로 보는 입장이다.

2) 유형별 분류

정책 유형은 분배정책, 재분배정책, 규제정책, 구성정책, 추출정책, 상징정책 등으로 제시된다.

분배정책(distributive policy)은 국민이 필요로 하는 재화, 권리나 이익·서비스를 산출해 제공·배분하는 정책이다. 대상은 불특정 다수(모든 국민)이며, 재원은 일반 조세(모든 국민이 부담)다. 분배정책의 특징으로 첫째, 이해당사자는 더 많은 편익을 얻기 위해 구유통(pork barrel, pig's peddler)정책을 시도한다. 정치인들의 갈라먹기 다툼은 있지만 승자와 패자를 가르는 정면 대결은 없다. 논쟁점이 되지 않고 대체로 합의돼 국회를 통과한다. 둘째, 수혜자와 비용 부담자 간에 정면 대결이 불필요해 제로섬(zero-sum) 게임이 발생하지 않는다. 정책결정에 대한 반발과 갈등의 강도가 적어서 추진이 용이하다. 셋째, 능률성과 효과성이 정책결정의 기준이 된다. 넷째, 안정적 정책집행을 위한 루틴(routine)의 가능성이 높으며 정부활동의 감축을 원하는 압력이 별로 없다. 다섯째, 환경으로부터의 순응도가 매우 높으며 정부정책에서 자율성도 크다. 여섯째, 자유주의·자유경쟁 사상에 근거하는 재원의 1차적 배분이다. 분배정책에 해당되는 정책으로는 사회간접자본의 제공, 보조금 지급, 벤처기업 창업지원금 제공, 택지 공급 등이 있다.

재분배정책(redistributive policy)은 고소득계층으로부터 재원을 확보하고 저소득층에게 지원하는 것으로 정부가 사회적·경제적 보상의 기본적 관계를 재구성하는 정책이다. 대상은 저소득층이며, 재원은 누진세를 통해 획득한다. 재분배정책의 특징으로 첫째, 정책결정 과정에서 이데올로기의 강도가 강하고, 정책 성공 여부에 대통령의 의지 등이 주요한 요인이 된다. 둘째, 수혜자와 비용 부담자 간 다툼이 전개되는 제로섬 게임이 발생해 정책결정과 집행에서 계층 간의 반발과 갈등을 초래해 추진이 곤란하다. 셋째, 평등·형평성을 추구한다. 넷째, 안정적 정책집행을 위한 루틴의 가능성이 낮고, 정부활동의 감축을 원하는 압력이 크다. 다섯째, 환경으로부터의 순응도가 매우 낮으며 정부정책에서 자율성도 작다. 여섯째, 이전주의 정치철학에 근거하는 재원의 2차적 배분(계층 간 배분된 가치 조정)이다.

재분배정책의 해당 정책은 누진세 제도 도입, 빈민층에 대한 교육·취로사업(공공근로사업)·식품구입제도(vouching), 극빈자를 위한 무료법률 서비스, 노인복지정책 등 각종 사회보장적 급부의 제공 등이 있다.

규제정책(regulatory policy)은 개인과 집단의 행동에 대해 제약을 가하는 정책이며 일반적으로 통제를 가하려는 집단과 이에 저항하려는 집단 간의 갈등과 관련성을 가지고 있다. 규제정책의 특징으로 첫째, 정책의 불응자에게 강제력을 행사한다. 둘째, 원칙적으로 국민의 권리·자유와 관련되므로 법률의 형태를 취한다. 셋째, 정책을 결정하는 경우에 정책으로 혜택을 받는 자와 피해를 보는 자를 선택하게 된다. 이러한 사례는 의약분업 실시(보호적 규제정책), 부실기업 퇴출(경쟁적

표 1-1 정책의 유형과 정책집단의 관계(R. B. Ripley & G. A. Franklin)

구분	분배정책	재분배정책(보호적 규제정책)
루틴(routine)의 가능성	O: 높음	X: 낮음
정책결정 과정의 반발(논란)	X: 낮음	O: 높음
정부활동의 감축을 원하는 압력	X: 낮음	O: 높음

규제정책) 등이 있다.

구성정책(constitutional policy)은 정부기관의 신설・변경, 선거구 조정 등 정부가 자신의 체제를 정비하기 위해 투입을 조직화하거나 체제의 구조와 유지・운영에 관련된 정책이다. 체제정책, 입헌정책이라고도 한다. 그 특징으로 내부적인 정책으로 대외적인 가치배분에는 영향을 미치지 않는 정책이다. 방송통신위원회의 설치, 소방방재청의 신설 등 정부조직 개편이 이에 해당된다.

추출정책(extractive policy)은 환경으로부터 인적・물적 자원을 확보하는 정책이다. 징집(군입대), 공무원 모집, 징세, 성금 모금, 토지 수용, 정보 입수 등이 이에 해당한다.

상징정책(symbolic policy)이란 정부가 정치 체제에 대한 정당성과 신뢰성을 증진시키고 국민의 일체감 조성을 위해 국내의 환경에 산출시키는 상징과 관련된 정책 또는 주된 정책의 홍보를 위해 보완적으로 사용되는 정책이다. 국경일・국기・국화의 제정, 도목(道木) 선정, 국군의 날 행사, 동상 건립, 인물의 영웅화 등이 이에 해당한다.

3) 학자별 분류

앨먼드와 파월(G. A. Almond & G. B. Powell)은 투입(input)과 관련된 정책과 산출(output)과 관련된 정책으로 분류했다. 투입과 관련된 정책에는 추출정책과 상징정책이 있으며, 산출과 관련된 정책에는 분배정책과 규제정책 등이 있다. 로위(T. J. Lowi, 1964, 1972)는 의사결정을 기준으로 해서 분배정책, 규제정책, 재분배정책으로 구분했으나, 후에 구성정책을 추가했다.

표 1-2 로위의 정책 분류

구분		강압의 적용 대상	
		개인 행위	개인 행위의 환경
강제력의 적용	간접적	분배정책	구성정책
	직접적	규제정책	재분배정책

솔즈버리(R. H. Salisbury)는 요구 패턴과 결정 패턴을 기준으로 분배정책, 재분배정책, 규제정책, 자율규제정책으로 구분했다. 분배정책은 모든 사람들에게 혜택이 분산되는 정책이며, 재분배정책은 한쪽(특정 계층)에서 받아서 다른 한쪽(특정 계층)으로 이전해 준다는 사회 이익이나 가치의 통합을 구현하기 위한 정책이다. 규제정책은 개인이나 집단의 행동을 제약함으로써 간접적으로 혜택이나 손실을 입히는 정책이며, 자율규제정책: 규제 대상인 민간에 규제 기준의 설정 권한을 주고 그 집행까지 위임하는 정책이다.

표 1-3 솔즈버리의 정책 분류

구분		결정 패턴(정부)	
		분산적	통합적
요구 패턴 (국민)	분산적	분배정책	규제정책
	통합적	자율규제정책	재분배정책

표 1-4 분배정책과 배분배정책의 비교

구분	수혜자	재원	계층 갈등	집행	중시 이념	배경 사상
분배정책	모든 국민	일반 조세	없음	용이	능률성, 효과성	자유주의
재분배정책	저소득층	누진세	있음	곤란	평등, 형평성	이전주의

표 1-5 학자별 정책 분류

구분	Almond & Powell	Lowi	Salisbury	Ripley & Franklin
분배정책	○	○	○	○
재분배정책	×	○	○	○
규제정책	○	○	○	보호적, 경쟁적
기타 정책	추출정책, 상징정책	구성정책	자율규제정책	×

리플리와 프랭클린(R. B. Ripley & G. A. Franklin, 1982)은 정부가 구현하고자 하는 사회적 목표를 중심으로 분배정책, 재분배정책, 경쟁적 규제정책, 보호적 규제정책 등으로 분류했다.

4. 정책 체제

정책 체제(policy system)란 정책이 형성·결정되는 제도적 총체를 의미하며, 정책(policy), 정책참여자(policy participants) 내지 정책 관련자(policy stake-holders), 정책환경(policy environment) 등 상호작용하는 세 가지 요소로 구성된다.

정책이란 정책행위(policy action)에 대한 요구로서 환경으로부터 제기되는 것이며, 또한 환경은 정책결정자의 행동에 대해 제약을 가하게 된다. 정책참여자(policy participants) 또는 정책관계자(policy stake-holders)란 정부 결정에 영향을 미치거나 정부 결정으로 영향을 받아 이해관계를 갖는 개인이나 집단이며, 정부기관·국회의원·이익집단·시민단체·정당·정책전문가 등을 말한다. 정책환경(policy environment)은 유기체로서의 정책 체제가 서로 영향을 주고받는 외부 요인을 총칭하며 정책 체제는 정책환경과 끊임없는 상호작용을 한다.

정책과 관련된 환경적 요인은 사회경제적 요인과 정치적 요인으로 구분할 수 있다. 현대 사회에서 정책이란 상반되는 이해관계를 가진 상이한 집단 간의 갈등 또는 정부와 민간 간의 갈등에 의해 촉발되며 갈등의 주요 원인은 사회경제적 성격을 띤다. 정책에 작용하는 사회경제적 요인에는 급속한 산업화, 기술 발전의 수준, 도시화의 정도, 국민의 일반교육 수준, 경제 체제의 성격과 발전 단계, 고용구조, 산업 간·지역 간 불균형, 노사문제, 인구구조, 국제경제의 여건 등이 있다. 정책에 작용하는 정치적 요인에는 정치·행정문화, 정치 이념, 정치 권력의 분산·집중의 정도, 정치 엘리트의 능력·성향 등이 있다. 정치문화는 정책에 큰 영향을 미치며, 정책 결정자와 시민의 정책 형태에 대한 지침이 되고 제약을 가하게 된다.

정책결정요인이론(policy determinants theory)은 정책 내용을 결정·좌우하는 요인이 사회경제적 환경인지, 아니면 정치 체제의 특성인지를 밝히는 이론이다. 이는 주로 정책에 영향을 미치는 요인 중 정치 체제의 특성보다는 사회경제적 환경을 중시했는바, 정책결정요인이론은 정치적 변수의 역할 인식과 정책학의 학문적인 역할 인식에 대한 충격적인 사건이었다.

이론의 전개 과정을 살펴보면, 초기의 행정학자들의 연구, 정치학자들의 연구, 경제학자들의 연구, 정치학자들의 재연구로 구분할 수 있다. 초기의 행정학자들의 연구는 환경을 중시했다. 생태론에서는 행정학에서 가우스(J. M. Gaus) 등의 생태론적 접근에 따라 환경의 중요성을 일찍부터 강조했다. 그리고 1950년대에 활발히 전개된 비교행정학과 비교정치학에서 환경의 중요성이 거듭 강조됐다.

정치학자들은 참여경쟁모형을 제시하면서, 정치적 변수(정당 간 경쟁, 투표율, 선거구역 획정의 공정성 등)의 중요성을 강조했으나(V. O. Key & D. Lockard, 1949), 경제학자들의 연구는 사회경제적 변수를 중시했다. 파브리캔트(S. Fabricant, 1952)는 미국의 주정부 예산의 규모를 좌우하는 요인이 1인당 소득, 인구밀도 및 도시화 등 사회경제적 요인임을 규명했다. 브래저(H. Brazer, 1959)는 사회경제적 변수 중에서 지출면에 가장 강력한 영향력을 미치는 것으로 나타난 것은 인구밀도, 가구소득과 다른 정부기관으로부터의 보조 등의 요인을 규명했다. 이러한 결과에 대해 정치학자들의 재연구에서는 사회경제적 요인에 의해 결정된다고 보았다. 도슨과 로빈슨(R. Dawson & J. Robinson, 1963)은 사회복지정책을 좌우하는 요인은 정치적 요인인 정당 간 경쟁이 아니라 사회경제적 요인이며 정책은 주로 사회경제적 요인에 의해 결정되고 사회경제적 요인은 정치적 변수에 의해 변화되기 어렵다는 입장을 취했다. 다이와 호퍼버트(T. R. Dye & R. I. Hofferbert)는 경제학자들의 연구 결과를 뒤집는 데 실패했으며, 윌렌스키(H. Wilensky)는 국가 간의 비교연구를 통해 사회정책의 내용은 정치적 이념의 영향을 크게 받지 않는다고 주장했다.

정책결정 요인론은 주로 정치·행정학자들이 주장했다. 이러한 내용적 문제점을 살펴보면 첫째, 사회경제적 변수는 지나치게 과대평가했고, 둘째, 실제 계량화가 곤란한 중요한 정치적 변수(규제정책, 노사교섭, 단체행동 등)가 연구에 포함되지 않았다. 셋째, 정책과 정치적·사회경제적 변수 간의 통계적 관계에만 치중했고, 변수들 간의 인과관계가 불분명하다. 넷째, 환경은 정치 체제나 정책에 직접적으로 영향을 미치고, 정치 체제도 정책에 영향을 미친다. 그러나 정치 체제나 정책이 환경에 영향을 미칠 수 있음을 고려하지 않았다. 다섯째, 상위 수준의 정책(사회복지정책)을 대상으로 연구했기 때문에 소득이 중요한 영향을 미치는 결과가 나왔으며, 정책결정에 영향을 미치는 변수들의 선정 과정에서 정치적 변수(정당 간 경쟁, 투표율, 선거구역 획정의 공정성 등)는 대표성이 없는 변수들이 선정됐다. 즉, 변수의 선정이 주관적이고 자의적이다. 여섯째, 정치 체제의 특성이 달라지면 정책 내용도 달라지는 것이므로 사회경제적 요인이 정치적 변수보다 더 중요하다는 결정적 근거도 없으며, 결정은 사회경제적 변수가 아니라 개인에 의해 행해지며, 특히 권력 엘리트의 역할이 중요하다.

5. 정책 과정의 성격과 단계

1) 정책 과정의 성격

정책 과정은 순환적·계속적 성격으로 단일방향적인 과정이 아니며 정책의 형성과 집행, 집행과 평가, 평가와 형성이 상호작용한다. 그리고 정책 과정은 처음과 끝이 명확하지 않고 경계가 불확실한 지극히 복잡한 과정이며 결코 상대적으로 질서정연하고 합리적인 순차적 단계로서 논리적으로 연결되는 것은 아니다. 또한, 정책 과정은 정태적이 아닌 동태적 과정이며 갈등과 타협이 교착되는 정치적 과정이다.

2) 정책 과정의 이론

라스웰은 정책 과정을 ① 정보활동 단계(문제의 확인과 정보의 탐색), ② 건의 단계(각종 대안의 작성), ③ 처방 단계(최선 대안의 선택), ④ 발동 단계(대안의 잠정적인 시행), ⑤ 적용 단계(본격적인 시행), ⑥ 평가 단계(결정과 그 효과의 평가), ⑦ 종결 단계(반복 · 수정 · 폐기) 등 7단계로 구분했다.

앤더슨(J. E. Anderson)은 ① 정책의제 설정 단계(문제 형성), ② 정책형성 단계(정식화), ③ 정책 채택 단계(채택), ④ 정책 집행 단계(집행), ⑤ 정책평가 단계(평가) 등으로 구분했다.

호그우드와 건(B. Hogwood & L. Gunn)은 정책 단계를 9단계로 구분했다. 그 내용을 보면 다음과 같다. ① 결정하기 위한 결정(decide to decide)(쟁점 탐색 또는 의제 설정). ② 결정 방법의 결정(쟁점 여과(issue filtration)), ③ 쟁점 규정(issue definition), ④ 미래예측, ⑤ 목적 · 우선순위의 설정, ⑥ 대안분석(options analysis), ⑦ 정책집행 · 모니터링 · 통제, ⑧ 평가 · 심사, ⑨ 정책 유지 · 승계 또는 종결 등이다.

3) 정책 과정의 단계

정책 과정은 정책의제 설정 → 정책결정 → 정책집행 → 정책평가 → 정책종결의 단계로 이뤄진다. 정책의제 설정(policy agenda-setting) 단계는 많은 사회문제 중에서 정부가 공식적인 정책문제(의제)로 채택하는 단계다. 정책결정(policy making) 단계는 공공문제로 인지된 정책문제에 대해 정책목표를 설정하고, 그 목표를 달성하기 위한 정책대안을 탐색하고 분석해 최적의 대안을 선택하는 단계다. 정책집행(policy implementation) 단계는 정책이 결정된 후에 그것을 세부적인 시행절차를 거쳐 현실에 적용하고 실현하는 단계다. 정책평가(policy evaluation) 단계는 정책집행의 효과 · 영향을 분석 · 평가하는 단계다. 정책종결(policy termination) 단계는 정책이 정치적 지지를 잃게 되거나 의도한 목표 달성 가망이 없는 경우 또는 비용이 과다하게 소요되는 경우 정책이 종결될 수 있다.

제3절 정책 과정의 참여자

1. 의의

정책 과정에 누가 어떻게, 어느 정도, 어떠한 영향력을 가지고 참여하느냐의 문제는 정치문화 · 정치환경이나 사회적 · 경제적 여건에 따라 차이가 있으며, 그 영향과 제약을 받는다. 정책 과정의 참여자는 법적 권한을 가진 공식적 참여자와 법적 권한을 갖지 않는 비공식적 참여자로 나눌 수 있다.

2. 공식적 참여자

1) 의회(입법부)

국민에 의해 선출된 대표로 구성되는 의회는 행정국가 시대에서 기능이 약화됐으나, 여전히 정책 과정에서 중요한 역할을 담당한다. 정책의제 설정 단계에서 입법 기능을 통해 민의를 반영하는 의회는 국민의 여론에 민감해 사회문제를 정부가 다뤄야 하는 정책의제로 설정하는 데 주요한 역할을 한다. 정책결정 단계에서 의회는 입법권을 통해 법률의 형태로 중요한 정책을 최종적으로 결정한다. 정책집행·정책평가 단계에서 의회는 질의·토론, 국정감사, 예산심의, 결산심사 등을 통해 개입·관여한다.

2) 행정수반(대통령)

국가원수와 행정수반으로서의 지위를 갖고 있는 우리나라 대통령은 정책과정 전반에 광범위하고도 강력한 권한과 막중한 영향력을 행사하며, 정부의 중요한 정책결정을 주도한다. 대통령은 고위공무원의 임명권을 통해 정책결정에 간접적으로 큰 영향력을 행사한다. 정책전문가로 구성되고, 각 부처를 통할하는 대통령 비서실은 국정 전반에 걸친 영향력·지배력을 실질적으로 뒷받침한다.

3) 행정기관과 행정관료

행정기관은 정책을 단순히 집행하는 데 그치지 않고 정책 개발·정책결정에 깊이 개입하고 있으며, 행정인은 실질적으로 정책을 좌우하고 있다. 행정조직이 정책 과정에 걸쳐 광범위하게 깊이 개입·관여하게 된 이유는 정책문제의 기술적 성격과 복잡성, 법률의 모호성·불명확성, 행정수반의 주도적인 정책 추진 역할, 관료조직의 고도의 전문성과 지속성·안전성, 입법부의 정보·시간 부족에 의한 위임입법의 확대, 정보화·전문화 추세에 의한 관료의 영향력 강화 등을 지적할 수 있다.

행정기관은 정책을 집행할 뿐만 아니라 복잡한 사회문제의 해결에 요구되는 고도의 전문성·기술성이 요구되므로 정책 과정의 모든 단계에서 역할이 증대되고 있다. 정책의제 설정 단계에서 행정관료는 고객집단과의 밀접한 관계, 고도의 전문적 능력·기술, 장기적 근무로 인한 경험 등으로 큰 영향을 미친다. 정책결정 단계에서 공식적인 정책결정은 행정수반, 최고관리층, 의회가 담당하지만, 행정관료는 정책대안의 탐색·분석·건의를 통해 실질적인 영향을 미치게 된다. 정책집행 단계에서 행정조직은 정책집행에 필요한 세부적·구체적인 내용을 결정해 정책의 실제 내용을 좌우하는 중요한 역할을 담당한다. 정책평가 단계에서 행정기관은 집행 과정과 집행 결과를 평가하며 평가의 객관성이 문제되기도 한다.

3) 사법부

법률의 해석과 판단을 통해 정책 과정에 참여한다. 그러나 우리나라는 그 역할이 미미하다.

3. 비공식적 참여자

1) 이익집단(단체)

이익집단(interest group)이란 특정 문제에 관한 관심이나 이해관계를 인식해 결합된 집단이며, 조직구성원의 직접・간접이익을 실현하기 위해 활동한다. 이익집단은 정책 내용을 수정・변경하기 위해 영향력을 행사하는 경제적 이해관계집단이다. 우리나라에서 영향력 있는 이익집단으로는 노동조합, 전국경제인연합회, 의사협회, 변호사협회, 약사회 등을 들 수 있다.

앨먼드와 파월(G. A. Almond & G. B. Powell, 1966)은 이익집단의 정책 과정에서 단계별 역할을 제시했다. 정책의제 설정 단계에서는 이익 표출 기능을 통해 특정 문제가 정책의제로서 채택되도록 혹은 채택되지 않도록 압력을 가한다. 정책결정 단계에서는 정보・자료의 수집・제공, 정치적 지원 등을 통해 유리한 정책이 결정되도록 영향력을 행사한다. 정책집행 단계에서는 이익집단이 정책대상 집단이므로 정책집행의 적극적 촉진이나 집행을 저지하기 위해 개입한다. 정책평가 단계에서도 유리한 정책평가에 관심을 갖는다.

우리나라 이익집단의 성격은 시민의 부재로 자발적인 결사가 정착되지 못했고, 국민의 정치・행정 참여를 관료가 기피하는 태도가 강하다. 서구 근대국가와 달리 화합을 중심으로 하는 사회질서모형을 이념으로 하는 정치 풍토를 지녀왔기 때문에 근대적인 이익집단이 발달되지 못했다.

이익집단이 정부로부터 행정적・재정적으로 완전히 독립돼 있지 못하면 국가의 하향적 지배기제로 이용된다. 서로간의 힘의 상쇄 현상으로 역할이 약화되며, 이익집단들은 자신의 이익을 위해 정책결정 과정 자체를 왜곡하는 수가 많다. 소수의 이익집단(활동적 소수)만이 정책결정 과정에서 역할을 담당한다.

2) 정당

정당(political party)이란 정권 획득을 목적으로 결성된 정치적 이해관계집단이다. 정당은 정치적 이슈를 형성하고 이것을 정책화해 공약화함으로써 유권자에 지지를 호소한다. 정당은 특히 정책의제 설정 과정에서 이익결집 기능을 수행한다. 이익결집 기능이란 각종 집단의 요구를 행정 및 정치 체제를 통해 정책대안으로 전환시키는 것을 말한다.

정책 과정의 단계별 역할을 보면 정책의제 설정 단계에서 이익집약 기능을 담당하며, 정책결정 단계에서도 주도적인 역할을 수행한다. 그리고 정책집행 단계에서는 행정기관의 책임이지만 정당도 영향을 미친다. 야당은 국정의 비판・감시 기능을 수행한다.

3) 전문가집단

특정 분야에 관한 고도의 전문지식을 가진 사람들(대학교수, 연구원, 공무원, 지식인 등)이 공식적・비공식적으로 접촉하면서 형성된 하나의 공동체다. 전문가들은 정책대안 제시(건의), 정책대안의 비교・평가, 정책 내용의 비판 등에 참여한다.

전문가의 정책 과정 참여는 정책 과정에 전문적 지식을 반영하고, 정책의 공정성을 기하며, 정책에 권위를 부여하는 효과를 통해 행정기관의 정책활동에 대한 국민의 불신감을 배제하는 점 등을 들 수 있다.

4) 시민단체(NGO)

공동의 이해를 가진 사람들이 특정 목적을 위해 조직한 중립적인 감시단체, 자원봉사단체 등 비정부기구(NGO)는 정부정책을 감시하고, 정보 제공을 통해 시민의 정치 참여를 장려하기도 하며, 인권・환경・보건・성차별 철폐 등 특정 이슈를 추구하기도 한다. 이러한 비정부기구를 정부-기업에 이어 제3섹터(the third sector)라 부르기도 하며, 입법-행정-사법-언론 다음의 제5부(第五府)라 부르기도 한다.

5) 일반 국민

일반 국민(시민)・유권자는 선거를 통해 혹은 여론을 조성함으로써 정책 과정에 영향을 미친다.

6) 언론기관

언론기관은 대중매체를 통해 사회문제를 제기하고 각종 정보나 주요 사건을 국민에게 널리 알려줌으로써 여론을 조성해 정책 과정에서 주요한 역할을 담당한다.

표 1-6 비공식적 참여자 간의 비교

구분	목적(기능)	이해관계	운동 방향	중립성
이익단체	이익 추구(이익의 표출)	경제적 이해	대립적(이익단체 간)	없음
정당	정권 획득(이익을 결집)	정치적 이해	대립적(여야 간)	없음
전문가집단	정책 건의・비판	없음	단일 방향	있음
시민단체	정책감시・견제	없음	단일 방향	있음

제 2 장 정책의제 설정과 정책목표

제1절 정책의제 설정

1. 의의

정책의제 설정(policy agenda-setting) 또는 정책의제 형성(policy agenda-building)이란 여러 문제 중에서 특정 문제가 정부에 의한 해결을 위해 정책의제로서 채택하는 과정이다. 즉, 사회문제가 정책문제(policy problem) 내지 정책 쟁점(policy issue)으로 전환하는 과정이다.

정책의제 설정 단계에서는 정책문제를 정의하는 개념으로 문제의 존재 확인, 문제의 성격 식별, 문제의 악화 요인 분석 등이 핵심 내용이다. 정책의제 설정은 1960년대 미국에서 일어난 대규모 흑인 폭동을 계기로 특정 사회문제가 왜 정책문제화되지 못했는가에 대한 반성에서 관심이 고조됐다.

2. 중요성과 특징

1) 정책의제 설정의 중요성

문제 해결 및 정치적 갈등의 시발점으로 정책의제 설정은 ① 문제 해결의 첫 단계이자 ② 다양한 가치관으로 가장 많은 정치적 갈등을 일으키며, ③ 정책대안의 실질적인 제한과 범위의 한정이 여기서 이뤄진다. 이러한 점에서 어떤 문제가 정부관료제에 의해 정식 논의 대상으로 채택되느냐, 되지 못하느냐의 문제이므로 매우 중요한 단계다. 그리고 정책대안 범위의 실질적 제한과 확정으로 어떠한 형태로 사회적 이슈가 공식적 의제로 채택되느냐가 정책대안 개발 단계에서 고려 대상이 되는 대안의 범위를 사실상 결정하는 경우가 많다.

2) 정책의제 설정 과정의 특징

정책의제 설정은 각 사회계층이나 사회집단이 제각기 그 이익・주장을 반영하기 위해 중요시하는 문제를 정책의제에 올려놓기 위한 투쟁・대립을 벌인다는 점에서 정치적 성격이 농후하다. 정책문제를 정의하는 집단이나 사람의 이해 관계, 가치관에 따라 인위적으로 영향을 미치며, 왜곡, 날조, 조작의 가능성이 있다. 정책문제는 다른 여러 문제와 복잡하게 얽혀 있으며, 환경의 변화에 따라 그 성격과 해결책도 달라진다.

3. 정책설계(정책문제의 구조화)

1) 의의

던(W. Dunn)은 정책문제의 구조화(정의)란 문제 상황의 대안적 개념화를 생성하고 검증하는 과정으로 정책문제의 감지, 정책문제의 탐색, 정책문제의 정의, 정책문제의 구체화를 포함하는 것으로 정의했다. 이는 정책분석의 가장 고차원적 요소로서 정책분석가들이 흔히 범하는 제3종 오류를 방지하고자 하는 것이며, 정책문제를 정확하게 정의해 정책의제를 정확하게 설정하고자 시행하는 것이다. 이때 주관적·질적인 분석기법을 활용한다.

표 2-1 정책오류

구분	논리학	정책학
제1종 오류(type Ⅰ error)	옳은 가설 → 기각	틀린 대안, 효과 × → 채택
제2종 오류(type Ⅱ error)	틀린 가설 → 채택	옳은 대안, 효과 ○ → 기각
제3종 오류(meta-error)	옳은 가설 → 채택	정책문제를 기본적으로 잘못 인식 → 해결 실패

※ 제3종 오류(meta-error)란 정책문제를 잘못 인지해 정책문제가 해결되지 못하는 근원적인 오류다.

2) 정책문제의 구조화 방안: 정책문제의 형성(분석)기법

정책문제의 구조화 방안에는 경계분석, 분류분석, 계층분석, 유추분석, 가정분석, 주관적·직관적 분석 등이 있다.

첫째, 경계분석(boundary analysis)은 문제의 위치, 그 문제가 존재했던 기간, 문제를 형성해 온 역사적 사건들을 구체화하는 것이다. 개인이나 집단의 문제 형성 체계, 즉 메타문제(meta-problem)가 완전한 것인가를 추정하는 방법이다. 여기서 메타문제란 관련 문제들의 집합 내지는 문제군을 의미한다.

둘째, 분류분석(classification)은 문제 상황을 정의하고 분류하기 위해 사용되는 개념을 명백하게 하기 위한 기법이다. 정책분석가들이 경험을 분류하는 것으로 문제시되는 상황을 정의하고 분류하기 위해 사용되는 개념들을 명확히 하는 기법이다. 추상적인 개념들을 구체적인 대상이나 상황으로 나타내는 귀납적 추론 과정을 통해 경험을 분류하는 것이다. 이는 논리적 분할과 논리적 분류에 토대를 두고 있다. 논리적 분할은 어떤 하나의 부류를 선택해 그것을 구성 요소로 나누는 것이며, 논리적 분류는 이와 반대로 여러 상황이나 대상을 더 큰 집단 또는 부류로 결합시키는 것이다.

셋째, 계층분석은 문제 상황의 발생에 영향을 줄 수 있는 가깝고 먼 다양한 원인들을 식별하기 위한 방법으로 정책분석가의 직관이나 판단을 이용하는 것이다. 이러한 원인들은 가능한 원인, 개연적 원인, 행동 가능한 원인 등이 있다. 가능성 있는 원인(possible causes)은 멀기는 하지만 주어진 문제 상황의 발생에 기여하는 사건이나 행위다. 문제의 발생 원인을 제거, 통제, 조작할 수 없는 경우를 포함하는데 이 경우에는 원인은 손대지 않고 문제의 심각성을 완화하는 방향으로 정책

수단(대안)을 개발한다(예: 가난의 원인으로서의 근무 거부, 실업, 엘리트 간의 권력과 부(富)의 배분 등). 개연적 원인(plausible causes)은 가능성 있는 원인과는 대조적으로 과학적 연구나 직접적인 경험에 입각해 문제 상황의 발생에 중요한 영향을 끼쳤다고 믿어지는 원인(가난의 원인으로서 실업, 엘리트 간의 권력과 부[富]의 배분)이다. 행동 가능한 원인(actionable causes)은 정책결정자에 의해 통제, 제거, 조작될 수 있는 원인(실업은 정책에 의해 감소될 수도 있지만 권력과 부의 배분 같은 사회구조는 정책에 의해 바뀔 수 없다)이다.

넷째, 유추분석(synectics)은 과거에 등장했거나 다뤄본 적이 있는 유사한 문제에 대한 분석을 위해 활용될 수 있는 방법이다. 이 기법은 기본적으로 새로운 문제인 것처럼 여겨지는 것들도 단지 과거에 등장했던 문제를 새롭게 인식한 것에 불과하기 때문에 현재의 문제를 해결하기 위해서는 지금 다루고자 하는 문제와 유사한 과거의 문제를 제대로 이해하면 문제의 해결 대안을 쉽게 찾을 수 있을 것으로 가정한다. 유추는 개인적 유추(personal analogies), 직접적 유추(direct analogies), 상징적 유추(symbolic analogies), 환상적 유추(fantasy analogies) 등 네 가지 유형으로 구분된다.

다섯째, 가정분석(assumption analysis)은 정책문제에 서로 대립되는 가정의 창조적 종합을 목표로 하는 기법으로 구조화 방법 중에서 가장 포괄적인 방법이다. 가정분석의 단계는 정책 관련 집단 확인, 가정 노출, 가정 비교・평가, 가정들 간의 타협과 종합, 가정의 통합의 단계로 이뤄진다. 정책 관련 집단의 확인은 문제의 정의나 해결에 영향을 미치거나 영향을 받게 될 대상 집단들을 확인하는 것이다.

그리고 주관적・직관적 분석은 델파이기법・브레인스토밍 등 전문가들의 주관적 의견을 수렴해 문제를 정의・도출하는 방법이다.

표 2-2 정책 과정과 정책분석의 기법(W. Dunn)

정책 과정	정책분석 절차	분석기법
정책의제 설정	정책문제 구조화 방안	① 경계분석: 메타문제의 경계 추정 ② 분류분석: 개념의 명료화 ③ 계층분석: 가능하고, 개연적이고, 행동 가능한 원인의 식별 ④ 유추분석: 문제들 사이의 유사성 인식 ⑤ 복수관점분석: 통찰력 제고 ⑥ 가정분석: 갈등 있는 가정들의 창조적 통합
정책형성	예측	① 연장적 예측: 추세연장(시계열분석) ➡ 투사 ② 이론적 예측: 인과모형화(회귀분석, 상관분석 등) ➡ 예견 ③ 판단적 예측: 전통적 델파이, 정책델파이, 교차영향분석 등 ➡ 추측
정책 채택	제안	① 비용편익분석 ② 비용효과분석
정책집행	점검	① 사회 체제 회계: 양적 통제 ② 사회 실험: 직접적 조작 또는 양적 통제 ③ 사회 감사: 양적 통제 혹은 질적 통제
정책평가	평가	사회실험: 진실험, 준실험, 비실험

4. 정책의제 설정 과정과 모형

1) 정책의제 설정 과정

(1) 콥과 엘더의 모형

콥과 엘더(R. W. Cobb & C. D. Elder, 1972)는 정책의제 설정 과정을 사회문제 발생, 사회적 이슈 또는 쟁점, 체제의제, 제도의제로 구분했다. 사회문제 발생(social problem)은 개인 문제가 불특정 다수인에게 장기간에 걸쳐 반복적으로 일어나는 문제로서 사회구성원들이 문제라고 느끼는 것이다. 사회적 이슈 또는 쟁점(social issue)은 여러 집단이 사회문제의 성격이나 해결 방법에 대해 의견 일치가 어려워 논쟁의 대상이 돼 일반인들의 관심이 집중되고 여론이 환기되는 단계다. 이슈화 방안은 적절한 상징의 활용, 최고 정책결정자의 관심을 도출, 연관된 사건의 발생, 언론의 적절한 활용 등이다. 체제의제(systemic agenda)란 일반 대중의 주목을 받으며 정부가 문제를 해결하는 것이 마땅한 것으로 인정되는 사회문제다. 공중의제(public agenda), 토의의제, 포괄적 의제, 환경의제, 채택 전 의제 등이라고도 한다. 제도의제(institutional agenda)는 정부의제(governmental agenda)로 문제 해결을 위해 정부가 공식적인 의사결정에 의해 심각하게 고려하기로 명백히 밝힌 사회문제다. 공식의제, 행동의제, 구체적 의제, 정부의제, 채택 후 의제 등이라고도 한다.

(2) 존스의 모형

존스(C. Jones)는 정책의제 설정 과정을 ① 사건의 인지 → ② 문제의 정의 → ③ 결속 → ④ 조직화 → ⑤ 대표화 → ⑥ 정책의제화 등 6단계로 구분했다.

(3) 아이스톤의 모형

아이스턴(R. Eyestone)은 정책의제 설정 과정을 ① 사회문제의 태동 → ② 집단에 의한 사회문제의 인지 → ③ 다른 의견을 가진 집단의 관여 → ④ 사회 쟁점의 표출(사회 이슈화 단계) →⑤ 공중의제(public agenda) 형성 → ⑥ 쟁점 창도자의 활동 → ⑦ 공식의제(official agenda)의 채택→ ⑧ 정책결정 → ⑨ 집단에 의한 관련 쟁점의 표출 등 9단계로 구분했다.

(4) 콥과 로스의 모형

콥과 로스(R. Cobb & J. Ross)는 정책의제 설정 과정을 ① 이슈의 제기(initiation: 공식적 정부구조에 있는 한 집단에 의해 평범한 용어로 고충이 표명되는 단계) → ② 구체화(specification: 표명된 일반적 고충이 요구로 변하는 단계) → ③ 확장(expansion: 이슈를 좀 더 큰 공중으로 확장하거나 이전에 존재한 이슈와 결부시켜 반대 세력과 타협하든가, 문지기와 흥정하는 전략이 필요한 단계) → ④ 진입(entrance: 공중의제에 오른 이슈가 정부의제로 이동하는 단계)로 구분했다.

표 2-3 정책의제의 유형 비교

Cobb & Elder	특징	Eyestone	Anderson
체제의제	포괄적 의제, 환경의제, 채택 전 의제	공중의제	토의의제
제도의제	구체적 의제, 정부의제, 채택 후 의제	공식의제	행동의제

(5) 앤더슨의 모형

앤더슨(J. E. Anderson)은 공중의제(public agenda)를 토의의제로, 공식의제(official agenda)를 행동의제로 제시했다.

표 2-4 정책의제 설정 과정의 모형

Cobb & Elder의 모형	사회문제 → 사회적 이슈 → 체제의제 → 제도의제
Jones의 모형	사건의 인지 → 문제의 정의 → 결속과 조직화 → 대표화 → 의제 채택
Eyestone의 모형	사회문제 → 사회 쟁점 → 공중의제 → 공식의제
Cobb & Ross의 모형	이슈의 제기 → 구체화 → 확장 → 진입
Anderson의 모형	사회문제 → 사회적 이슈 → 토의의제 → 행동의제

2) 주도집단에 따른 정책의제 설정모형: 콥과 로스(R. Cobb & J. Ross, 1976)

(1) 외부주도형

외부주도형(outside initiative model)은 사회문제 당사자인 외부집단(이익집단)이 주도해 정책의제의 채택을 정부에 강요하는 경우다. 정책의제 설정 과정은 사회문제 → 사회적 이슈 → 공중의제 → 정부의제로 제시했다. 허쉬만(A. O. Hirshman)은 외부주도형을 외부(환경)에 의해 강요된 정책문제라고 했다.

외부주도형의 특징으로 외부집단 간의 경쟁으로 인해 점진적인 해결을 요하는 진흙탕 싸움(muddling through)이며, 정책결정 비용은 증가하나 집행 단계에서는 순응이 용이해 집행이 효율적이고 비용은 감소한다. 그리고 이익집단들이 발달한 다원적 정치 체제에서 일반적으로 나타나는 모형이다. 그 예로 시·군 통합, 그린벨트 지정 완화 및 해제, 금융실명제, 신공항 건설, 전자상거래, 벤처산업 육성, 개방형 임용제, 지방자치의 실시 등이 있다.

(2) 동원형

동원형(mobilization model)은 정책결정자들이 주도해 정책의제를 채택하며, 효율적인 집행에 필요한 공중의 관심과 지원을 확보하기 위해 공중의 동원이 요청되는 모형이다. 정책의제 설정 과정은 사회문제 → 정부의제 → 이슈화 → 공중의제로 제시되며, 허쉬만은 관료에 의해 채택된 정책문제라고 했다.

동원형의 특징으로 정부가 일방적으로 정책의제를 채택한 후 문제를 행정 PR 등에 의해 이슈화 및 공중의제화 과정을 거친다. 전문가의 영향력이 크고, 정책결정 과정과 내용이 좀 더 분석적이다. 정책결정 비용은 적게 들지만 집행 단계에서는 순응 확보를 위한 비용은 많이 소요된다. 주로 계층사회나 권위주의 사회 등 후진국에서 볼 수 있는 유형이다. 올림픽·월드컵 유치, 새마을운동, 가족계획사업, 제2건국운동, 의료보험제도, 의약분업정책, 전자주민카드제, 대통령의 행정수도 이전 공약 실천, 한미 FTA 협상 계속 여부 등이 있다.

(3) 내부접근형: 음모형

내부접근형(inside access model)은 관료집단 내부에서 최고 정책결정자나 그 측근에 비밀리에 접근해 정책의제로 채택되는 경우다. 정책의제 설정 과정은 사회문제 → 정부의제다.

표 2-5 정책의제 설정모형 비교(채경석 외)

모형 \ 차원	외부주도형	동원형	내부접근형(음모형)
형성 방향	외부 → 내부	내부 → 외부	내부 → 내부
공개성	높음	중간	낮음
참여도	높음	중간	낮음
사회	평등사회	계층사회	불평등사회

내부접근형의 특징으로는 사회적 이슈화나 공중의제화 단계(행정 PR 단계)가 생략된다. 그리고 주로 후진국에서 볼 수 있는 유형이다. 우리나라의 차세대 전투기사업, 금강산관광사업, 대북 지원사업 등 국방·외교정책이 있다. 미국과 같은 나라에서도 무기 구입 계약과 같은 경우다.

5. 정책의제 설정에 관한 이론적 논의

1) 다원론과 엘리트이론

다원론의 전제 조건은 정치적 영향력 및 권력은 사회 각 계층에 널리 분산돼 있으며, 전체로서의 집단을 개인보다 중요한 존재로 파악하며, 통치 과정상 집단을 기본적 단위로 간주한다. 다원론의 내용으로 정책문제는 이익집단의 자유로운 협상과 타협을 통해 무작위적으로 채택된다는 이론이다. 따라서 어떠한 사회문제든지 모두 정치 체제 내로 진입(정책의제화)할 수 있다고 주장한다.

엘리트이론(elitism, 善良主義)의 전제 조건은 일반 대중을 정치에 무감각한 존재로 파악하며, 일반 대중의 정치적 무능과 통치 체제의 계층성을 인정한다. 엘리트이론의 내용으로 소수 지배계급이 자신들의 가치와 선호를 일방적으로 정책에 반영시킨다는 이론이다. 따라서 엘리트들의 이익에 일치하는 사회문제만이 정치 체제 내로 진입(정책의제화)할 수 있다고 주장한다.

표 2-6 다원론과 엘리트 이론의 논쟁

다원론	① 고전적 민주주의(19세기 초)	민주주의에 대한 낙관적 견해: Madison사상
	③ 고전적 다원론(20세기 초)	A. F. Bentley와 D. B. Truman의 잠재이익집단론, 중복회원이론
	⑤ 달(R. Dahl)의 다원론(1961)	엘리트집단 전체가 대중의 요구에 민감하게 움직인다는 것
	⑦ 신다원론	무의사결정론(의도적 무결정 이론)의 부분적 수용
엘리트이론	② 유럽의 고전적 엘리트 이론(19세기 말)	V. Pareto, G. Mosca, R. Michels의 '과두제의 철칙'
	④ 미국의 엘리트이론(1950~1960)	J. S. Mills의 지위접근법(1956), R. Hunter의 명성접근법(1963)
	⑥ 신엘리트론(1962)	P. Bacharch와 M. Baratz의 무의사 결정이론

※ ① 고전적 민주주의(19세기 초) → ② 유럽의 고전적 엘리트이론(19세기 말) → ③ 고전적 다원론(20세기 초) → ④ 미국의 엘리트이론(1950~1960) → ⑤ 달(R. Dahl)의 다원론(1961) → ⑥ 신엘리트이론(1962) → ⑦ 신다원론

2) 다원주의론: 이익집단의 역할 중시

다원주의(pluralism)의 초기 이론은 고전적 민주주의라 볼 수 있다. 고전적 민주주의에서는 미국의 규범적 관료제모형 중 이익집단의 요구에 대한 조정을 위해 견제와 균형을 중시하는 모형을 의미한다. 다음으로 제시된 것이 고전적 다원론이다. 집단 현상에 관한 첫 연구는 벤틀리(A. F. Bentley, 1908)로 정치 현상에서 미립자적 존재인 개인보다는 집단 현상의 중요성을 강조하고 집단 현상을 각기 이익을 추구하는 정치집단의 압력에 의해 조성된 균형 상태로 파악했다. 이러한 벤틀리의 입장을 계승한 트루먼(D. B. Truman, 1951)은 미국 이익집단의 정치 행태를 분석하면서 집단을 정치 과정의 중심에 위치시킬 것을 주장했다.

달(R. Dahl)은 다원론을 제시하면서 엘리트이론을 비판했다. 그는 뉴 헤이븐(New Haven) 시를 대상으로 연구한 결과 정치적 영향력 및 권력은 사회 각 계층(다양한 경쟁적 엘리트)에 분산돼 있기 때문에 부(富)를 축적한 집단, 권력을 장악한 집단, 명예를 가진 집단이 상이하다. 엘리트집단은 선거 때문에 대중의 선호에 민감하게 반응하며 지배 엘리트의 이익에만 부합되도록 정책 과정이 전개되기보다는 다양한 대중의 선호가 반영되는 정책 과정이 전개된다. 정부는 각 집단의 이익을 조정하는 중개인, 게임규칙의 준수를 독려하는 수동적인 심판자라고 주장했다.

신다원주의(neopluralism)는 순수다원주의를 부분적으로 비판하면서 무의사결정론(의도적 무결정이론)의 요소를 부분적으로 수용한 수정다원주의다. 정부는 수동적인 심판자(중립적인 조정자)의 역할을 하는 순수다원주의의 정부보다는 더 전문적이고 능동적으로 활동한다고 보았다.

다원주의는 정책 과정에서 이데올로기의 역할을 고려하지 못했고, 집단의 중요성을 지나치게 강조함으로써 관료와 정부의 이해관계 및 활동을 등한시했다. 기업가의 특권적 지위를 제대로 고려하지 못했으며, 정책에 대한 외적 환경, 구조적인 제약 등을 등한시했다. 또한, 잠재적인 집단이나 정부 내 부처 간의 견제와 균형에 의문을 제기했다.

신다원주의는 자본주의 국가에서는 기업집단에 특권을 부여할 수밖에 없음을 인정했으며, 정부를 수동적인 심판자(중립적인 조정자)가 아닐 수도 있음을 인정했다. 정부는 전문화된 체제를 가지고 능동적(전문적)으로 기능한다고 보았고, 특수 이익집단의 우월적 존재가능성을 인정했다. 그리고 불평등 구조의 심화를 방지하기 위해 구조적 개혁이 필요하다고 보았으며, 외적 요인(선거 등)에 의한 견제보다는 국가관료 간의 내적인 견제, 정부기구의 분화를 통한 민주주의의 확립을 강조했다.

3) 엘리트이론: 엘리트의 역할 중시

유럽의 고전적 엘리트론은 모스카(G. Mosca), 파레토(V. Pareto), 미헬스(R. Michels) 등이 제시했다. 어느 조직이나 사회에서도 소수의 엘리트가 다수의 대중을 지배한다는 과두(寡頭) 지배의 철칙으로 고전적 민주주의(매디슨 다원주의)를 비판했다. 이론의 특징은 창조적 능력을 가진 소수, 책임과 사명·능력을 갖추고 있는 지도적 인사가 동질적·폐쇄적·자율적이며 다른 계층에 책임을 지지 않는다는 것이다.

미국의 엘리트이론은 엘리트의 실체를 지위나 명성으로 조작화해 실증적으로 규명했다. 밀스(J. S. Mills, 1956)는 미국 사회의 권력 엘리트는 거대 기업체 간부, 군 장성, 정치집단의 정치가 등 세

영역에서 최고 정상에 있는 인사들로 구성돼 있으며, 교육적 배경, 종교 관계, 경제적 이해관계, 혈족 관계를 통해 서로 깊은 관계가 있고, 중간 정도의 정책만이 대중의 관심을 받고 의회에서 논의한다고 보았다. 헌터(R. Hunter, 1963)는 인구 약 50만 명의 조지아 주 애틀랜타 시의 명성 있는 40명의 지역사회 엘리트들이 강한 응집성을 가지고, 이들이 담배 연기 자욱한 방에서 결정한 정책은 조용한 일반 대중에 의해 받아들여진다고 주장했다.

1960년대 대규모 흑인 폭동을 계기로 신엘리트이론이 제시됐다. 이는 무의사 결정론(non-decision making)이라고도 한다. 어떤 문제는 정책의제로 채택되고 어떤 문제는 왜 방치·기각되는가에 대한 의문에서 출발 했으며, 모든 사회문제가 정책의제화되지 못하는 현상을 설명하고자 하는 이론이다. 바흐라흐와 바라츠(P. Bachrach & M. S. Baratz, 1962)는 무의사결정을 의사결정자의 이해나 가치에 대한 명시적 또는 잠재적 도전을 억압하려는 결정으로 정의했다. 무의사결정이란 정책의제 설정에서 지배 엘리트의 이해관계가 일치하는 사회문제만 정책의제화하며, 반대로 자신의 가치나 이익과 상충될 때에는 억압하고 방해하는 결과를 초래하는 결정을 의미한다. 우리나라 1960~70년대 노동·환경·복지문제 등이 정책의제화되지 않은 것에 대해 설명할 수 있다.

어떠한 사회문제든지 정책의제화할 수 있다고 주장하는 다원론에 대한 반발로서 신엘리트이론은 평가된다. 바흐라흐와 바라츠가 『권력의 두 얼굴(*Two Faces of Power*)』(1962)에서 무의사결정론을 근거로 다원론을 비판했다. 밝은 얼굴로 정책문제를 해결하기 위해 정책결정에서 영향력을 행사하지만, 어두운 얼굴로 정책결정에 선행하는 정책문제의 채택 과정에서 영향력을 행사하는, 것으로 엘리트에게 불리한 문제가 처음부터 제기조차 하지 못하도록 요구를 억압하기 위해 권력이 은밀하고 비밀리에 행사한다는 것이다.

무의사결정의 발생 원인은 사회적 이슈의 억압, 하급자의 과잉 충성, 지배적 가치에 의한 집착, 정치적 편견을 가지고 있을 때, 의사결정자의 이익이나 기득권과 상충될 때 발생한다. 이에 대한 사용 방법으로 폭력이나 선동으로 약자의 이익 무시, 특혜의 부여와 박탈, 편견 또는 고정 관념의 동원, 지연전략, 적응적 흡수(문제를 야기하는 주체를 흡수), 위장 합의 등이 있다. 정책의제 설정 과정에서 요구가 표현되기도 전에 질식시키거나 억압해 은폐한다. 정책결정 과정에서는 대안의 범위·내용을 한정시켜 내용이 없는 정책으로 산출시킨다. 정책집행·평가 과정에서는 인적·물적 자원 통제, 예산 배정을 하지 않거나 집행자를 매수한다.

4) 기타 이론

계급이론(class theory)은 경제적 부를 소유한 자본가계급이 정치 권력을 장악하고, 정부·정책 기능은 지배계급을 위한 봉사 수단이라고 보는 입장으로 정부는 수동적이다. 정통 마르크시즘(Marxism)의 입장이다.

신베버주의(neo-Weberianism)는 국가를 스스로 결정하는 힘을 지닌 실체로 보는 관점을 말한다. 정책 과정에서 정부 또는 국가는 대립되는 이해관계를 조정하는 수동적인 역할만을 수행한다는 다원론의 주장과 대비된다. 전통적인 베버주의적 관점은 법과 합리성을 정당성의 근거로 수립된 관료제를 중심으로 국가를 이해하고, 국가 권력을 합리적으로 행사하는 주체로 정부를 파악한다. 국가를 이상을 실현하는 이념체로 이해하는 헤겔(G. W. F. Hegel)의 전통에 따라 다원론이 주장하는 이익집단이나 마르크스(K. Marx)의 계급이론이 주장하는 자본가계급뿐 아니라 정부도 정책결정 과정에서 자율적인 의사결정 주체라는 입장이다. 민간부문의 집단들에 대해 정부가 어떻게 강력한 주도권을 행사하는지를 설명하는 이론이다.

신마르크스주의(neo-Marxism)는 정부의 역할이 수동적인 계급이론과 다르게 국가도 어느 정도 자율성(능동적 중립자)을 지니고 있음을 강조한다. 능동적인 신베버주의와 다르게 실질적인 결정권을 정부가 아니라 민간부문이 장악하고 있다고 주장한다.

조합주의(corporatism)이론은 유럽에서 기업가단체(자본), 노동자단체(노동), 정부대표의 삼자연합이 주요 경제정책을 결정한다고 보는 관점이다. 정부와 이익집단 간 합의를 중시하므로 이익집단의 자율성이 제약되며, 정부는 자체 이익을 가지면서 이익집단의 활동을 적극 포섭하고 억압하는 독립된 실체로서 능동성을 가진다. 이 유형에는 국가가 일방적으로 주도하는 이익대표 체제로 보는 국가조합주의와 이익집단의 자발적 시도에 의한 것으로 보는 사회조합주의로 구분된다.

종속이론(dependency theory)은 제2차 세계대전 후 주로 남아메리카 당시의 구체적 현실에 입각해 남아메리카 학자들이 제기했다. 그들은 서유럽 사회의 발전이론이 남아메리카 사회의 분석에는 적합하지 않다고 판단, 남아메리카에 적합한 이론적인 틀을 구축하려고 했다. 이 관점에서는 국가의 역할이 수동적이다.

5) 정책망모형

다원론과 엘리트이론의 절충이론으로서 정책 분야별로 실질적 정책결정권을 공유하는 집합체다. 정책망모형(policy network)은 고정모형인 하위정부모형, 가변모형인 공동체모형 등이 있다.

(1) 하위정부모형(고정모형)

하위정부모형은 정부관료제, 의회위원회, 기업집단 등 철의 삼각((iron triangles)의 이해관계가 일치해 장기적이고 안정적으로 호혜적인 동맹 관계가 형성돼 그들의 이익만을 반영하는 정책결정 체계를 의미한다. 하위정부모형은 의회의 기능이나 이익집단의 활동이 활성화돼 있지 않은 개발도상국에서는 현실적으로 발생하기 어렵고, 의회 기능과 이익집단이 활성화된 미국에 주로 적용됐던 개념이다.

(2) 공동체모형(가변모형)

하위정부모형에 대한 반발로 공동체모형(가변모형)으로 발전했다. 공동체모형은 이슈 네트워크 또는 이슈공동체(issue networks, issue community)에서 정책공동체(policy community)로 전개됐다. 이슈 네트워크는 특정한 경계가 존재하지 않는 광범위한 정책연계망으로 다원화된 사회에서 광범위한 참여자의 개방적인 이슈 제기의 특징이 있다. 따라서 다양한 행위자가 특정한 이슈에 대해 영향을 미치고 있다. 때문에 구성원 간 공유 또는 책임감이 적은 형태라 할 수 있다.

정책공동체는 교수 등 민간 전문가들도 참여한다. 공공정책의 형성은 국가기관에 의해 일방적으로 이뤄질 수 없으며, 다양한 이익, 목표, 전략을 가진 행위자들의 상호작용이라는 인식에 따라 등장한 것이다. 이 모형에서 정책결정에 필요한 전문지식은 전문가, 학자, 행정관료들의 상호 접촉과 의견 교환에 의해 획득된다. 각 정책 분야별로 이러한 사람들의 접촉은 공식적인 학회나 자문회의 또는 비공식적인 의견 교환을 통해 이뤄지기도 한다. 이러한 공식·비공식 접촉과 의견 교환이 이뤄지는 장소가 바로 정책공동체(policy community)다.

표 2-7 정책망모형 비교

구분	외부 참여	주된 참여자	의존성(호혜성)	배제성(폐쇄성)	지속성(안정성)
철의 삼각(iron triangles)	제한적	정부관료, 의회 상임위원회, 이익집단	높다	높다	높다
이슈 네트워크(issue networks)	제한 없음	정부부처, 많은 수의 관심 있는 집단들	낮다(갈등적)	낮다(개방적)	낮다(유동적)
정책공동체(policy community)	비교적 제한적	정부부처, 약간의 민간 전문가	보통	보통	보통

표 2-8 이슈공동체와 정책공동체의 차이

구분	이슈공동체	정책공동체
참여자의 범위	• 광범위한 다수의 참여 • 개방적	• 제한된 참여: 관료 + 전문가 • 폐쇄적
참여자의 연계	불안정적: 유동적 · 일시적	안정적: 지속적 · 장기적
인식 공유	약함	높음
행위자 간의 관계	경쟁적 · 갈등적	의존적 · 협력적
정책 산출	예측 곤란	예측 가능

6. 정책의제 설정(채택)에 영향을 미치는 요인

1) 주도 집단과 참여자 관련 요인

주도 집단의 요인은 문제 인지자 요인과 의제 설정자 요인으로 구분할 수 있다. 문제 인지자 요인(외부 요인)은 문제인지 집단의 크기와 응집력, 문제 인지집단의 자원과 영향력, 관련 집단의 지원 등에 비례해 의제화가 용이하며, 의제설정자 요인(내부 요인)은 정책의제 설정자의 가치관, 상부기관의 영향력, 하부조직의 참여도 등의 영향력이 크거나 구체적일수록 의제화가 용이하다.

2) 정책문제 관련 요인

정책문제와 관련된 요인으로는 문제의 중요성, 문제의 외형적 특성, 문제의 내용적 특성, 선례나 관례, 사건과 위기 등이 제시된다.

첫째, 문제의 중요성을 살펴보면, 사회적 유의성(심각성과 중요도)과 시간의 적실성이 높을 때 의제화가 용이하다.

둘째, 문제 자체가 단순하고 분석 수단이 기술적으로 쉬운 문제는 의제화가 용이하며, 문제가 이해하기 쉽고 해결책을 찾아낼 수 있다고 판단될수록 의제화가 용이하다. 추상적인 문제가 의제 설정이 용이하다. 왜냐하면 비용을 부담하는 집단이 불분명해 저항이 적기 때문이다. 반대로 추상적인 문제가 의제 설정이 곤란하다. 왜냐하면 문제가 불명확해여 문제를 이해하는 데 곤란하기 때문이다. 구체적인 문제가 의제 설정이 용이하다. 왜냐하면 문제가 명확해 문제를 이해하는 데 용이하기 때문이다. 구체적인 문제가 의제 설정이 곤란하다. 왜냐하면 비용을 부담하는 집단이 분명하여 저항이 많아지기 때문이다.

셋째, 문제의 내용적 특성을 보면, 재분배정책의 경우가 배분정책에 비해 의제화가 곤란하다. 이는 비용을 부담하는 집단이 분명해 재원 조달에 저항이 많기 때문이다. 크렌슨(M. A. Crenson)은 문제 특성론을 강조하며 이슈, 편익, 비용의 전체성과 부분성을 기준으로 정책의제 설정을 설명했다. 전체적 이슈(공해문제, 대중교통문제, 범죄 예방문제, 정부조직 개혁문제 등)이면서 부분적 비용을 수반하는 정책문제일수록 의제화가 곤란하다. 문제가 해결될 때 혜택을 보는 전체 국민은 집단행동의 딜레마로 인해 과소평가하며, 비용을 부담해야 하는 특정 계층은 강력하게 반대해 정책의제화가 곤란하다.

넷째, 비슷한 선례가 있는 문제는 표준운영절차(SOP)에 따라 의제화가 용이하며, 관례적이거나 일상적인 문제는 의제화가 용이하다.

다섯째, 문제의 중요성을 부각시켜 주는 사건이나 위기 또는 재난은 정치적 사건과 더불어 사회문제를 정부의제화시키는 양대 점화장치(triggering device)다.

3) 정치적 요인

정치적 요인은 ① 정치 체제의 구조와 운영 양식, ② 정치 이념과 분위기, ③ 정치적 사건 등이라 할 수 있다.

정치 체제의 구조와 운영 양식 측면에서 집권·권위주의 체제 하에서는 동원형 또는 내부접근형 등이 일반적이며, 분권화된 민주주의 체제 하에서는 외부주도형이 일반적이다.

사회주의에 비해 자유주의가 정책의제 설정이 좀 더 개방적이다. 민주화가 진전될수록 사회문제들이 정책의제로 되기가 용이하다. 우리나라의 1960년대 이후 1980년대까지의 분위기는 경제성장제일주의가 주도했다. 세부적으로 보면 수출문제, 외자 도입문제 등은 정부의제화가 용이했으며, 환경오염 문제, 노동문제, 복지문제(삶의 질, 소득분배) 등은 정부의제화가 곤란했다.

사회적 관심을 불러일으킬 사건은 또한 정책의제 설정 과정에서 점화장치의 역할을 한다. 킹던(J. Kingdon)은 미국의 경우에 중요한 정책결정자의 변동을 일으키는 선거에 의한 정권 교체를 대표적인 정치적 사건으로 지적했다.

제2절 정책목표

1. 의의

정책목표(policy goal)란 정책을 통해 달성하려는 미래의 바람직한 상태(desirable future state)를 말한다. 정책목표는 정책수단 선택의 기준이 되고, 정책결정 과정에서 정책결정의 지침으로 기능하며, 정책집행 활동의 길잡이가 되며, 정책평가의 기준이 된다. 정책목표의 설정은 규범적 가치에 대한 판단작업이 가장 많이 요구되는 단계다.

2. 정책목표의 속성과 기능

정책목표는 공공성, 공익성, 가치지향성 · 장기성 · 미래지향성, 질서 · 경제 · 사회 · 문화목표 등의 다원성 · 다수성, 구조적 측면에서 상위 · 중위 및 하위 목표 간의 수단 목적 체계의 단계성, 창조성, 변동대응성, 추상성, 무형성 등의 속성을 갖고 있다.

정책목표는 최선의 대안을 선택하는 기준이 되며, 정책과 계획의 정당성 근거를 제공해 준다. 정책집행에 대한 지침을 제시해 정책집행 활동의 길잡이가 되고, 정책평가의 기준(효과성 · 능률성 측정의 기준)이 된다. 조직의 존재와 활동을 정당화시키는 근거가 되며, 권위의 수용 범위를 확대시키는 기능(권위의 정당성)을 한다. 효율적인 목표관리(MBO)에 기여하고, 조정과 통합을 촉진시키는 역할을 한다.

3. 정책목표의 유형

1) 공식성 기준: 페로(C. Perrow)

행정조직이 공식적으로 추구하는 목표(법령 등)인 공식적 목표와 행정조직이 현실적으로 추구하는 목표(운영목표, 비공식적 목표)인 실질적 목표로 구분했다.

2) 기능별 기준: 에치오니(A. Etzioni)

질서목표, 경제목표, 문화목표로 구분했다. 질서목표는 경찰서 · 교도소 등 강제적 조직의 목표이며, 경제목표는 기업과 같은 공리적 조직의 목표다. 문화목표는 학교 · 문화 · 정치단체 등 규범적 조직의 목표를 의미한다.

3) 계층제 기준(목표 · 수단의 연쇄)

계층제를 기준으로 상위 목표와 하위 목표로 구분한다. 상위 목표는 조직의 상위계층의 목표로서 추상적 · 종합적 · 거시적 · 전략적 · 최종적 목표이며, 하위 목표는 조직의 하위계층의 목표로서 구체적 · 미시적 · 운영적 · 전술적 · 도구적 목표다.

4) 유형성 기준

유형성을 기준으로 무형적 목표와 유형적 목표로 구분한다. 무형적 목표는 상위 목표와 같은 추상성 · 일반성 · 포괄성 · 장기성 · 질적 · 거시적 속성을 가진 목표다. 유형적 목표는 하위 목표와 같은 현실성 · 부문성 · 과정성 · 단기성 · 양적 · 미시적 속성을 지닌 목표다.

5) 목표의 수 기준

목표의 수에 따라 복수 목표와 단일 목표로 구분한다. 복수 목표는 목표의 다원성을 가진 행정조직목표의 특징이다. 단일 목표는 단수 목표를 가진 사조직의 목표다.

6) 치료적 목표와 창조적 목표

치료적·소극적 목표는 문제가 발생한 후에 그 이전의 상태로 복귀하려는 사후적 목표이며, 창조적·적극적 목표는 문제가 발생하기 전에 일정 방향으로 유도하려는 예방적·사전적 목표다.

7) 페로의 목표 유형

페로(Perrow, 1970)는 조직의 실질적인 목표가 누구의 이익에 부응하는가를 기준으로 목표의 유형을 ① 사회목표, ② 산출목표, ③ 체제목표, ④ 제품·생산목표, 파생목표로 구분했다.

첫째, 사회목표(social goal)는 사회의 기대에 부응하는 목표로서 가장 광범위하고 추상적인 수준의 목표다. 파슨스(T. Parsons)의 AGIL 기능이나 에치오니(A. Etzioni)의 질서, 경제, 문화목표 등이 해당된다. 둘째, 산출목표(output goal)는 조직과 접촉하는 고객의 기대에 부응하는 목표다. 의료사업, 자선사업, 고등교육의 목표 등이 해당된다. 셋째, 체제목표(system goal)는 조직의 생존, 유지, 적응, 성장과 관련된 목표다. 조직의 소유자나 최고관리자의 조직관이나 조직관리 형태에 대한 선호가 큰 영향을 미친다. 제품·생산목표(product goal)는 산출목표의 하위 목표로 중간관리층 이하에서 관심 갖는 목표다. 산출물의 구체적인 양과 질, 종류, 다양성, 모양, 효용성 등이 해당된다. 넷째, 파생목표(derived goal)는 이상의 목표를 수행하는 과정에서 생긴 권력이나 자원을 이용해 추구하는 부수목표다. 원래 이윤을 추구하는 기업체가 여유자금으로 정치활동을 하거나 사회봉사를 하는 경우다.

4. 정책목표의 변동

1) 정책목표의 변동 요인

정책목표가 변화하는 요인은 행정 주체의 변경, 관할 부서의 변동, 행정 수요의 변화, 기술적 조건의 변화 등이라 할 수 있다. 행정수반이나 국회의 다수당이 변경되는 행정 주체의 변경의 경우에 정책목표가 변동된다. 정부조직 내에서 부처 권한 변동이 발생해 관할 부처의 변동이 있는 경우에 정책목표가 변동된다. 국민들이 요구하는 행정의 수요가 변화된 경우에 정책목표가 변동되며, 신기술이나 기법 등 기술적 조건의 변화로 정책목표가 변동된다.

2) 목표변동의 양태

목표변동은 ① 목표의 대치, ② 목표의 승계, ③ 목표의 다원화, ④ 목표의 확장, ⑤ 목표의 축소, ⑥ 목표의 비중 변동 등이 있다.

첫째, 목표의 대치(displacement of goals)는 종국적 가치를 수단적 가치로 전환시키는 것으로 수단이 목표가 되고 목표가 수단이 되는 것이다(수직적 변동). 목표의 전환·왜곡·전도, 동조과잉 등이라고도 한다.

둘째, 목표의 승계(goal succession)는 조직이 원래의 목표를 이미 달성했거나 또는 달성이 불가능한 경우 조직의 생존을 위해 새로운 목표를 세우는 것을 말한다. 미국의 소아마비재단(The Foundation of Infantile Paralysis)이 20년 간의 활동으로 소아마비 예방 백신 개발 목표가 달성되자, 관절염과 불구아 출생의 예방 및 치료라는 새로운 목표를 채택해 그대로 존속한 것이 이 예에 속한다.

셋째, 목표의 다원화(goal multiplication)는 목표가 추가된 것이다. 기존 목표에 같은 종류 및 다른 종류의 새로운 목표가 추가되거나, 목표의 범위가 넓어지는 것을 말한다. 이에 비해 목표의 확장은 같은 종류의 목표의 수가 늘어나는 것을 말한다. 목표 달성이 낙관적일 때 목표가 확장・다원화된다. 대학이 고유의 교육사업 외에 사회복지사업 등을 추가하는 경우에 해당된다.

넷째, 목표의 확장(goal expansion)이란 기존 목표에 같은 종류의 새로운 목표가 첨가되거나, 목표의 범위가 넓어지는 것을 말한다. 즉, 다른 종류의 새로운 목표가 추가되는 것이 아니라 목표 자체를 좀 더 크게 늘려 양적으로 확대시키는 것이다. 이에 비해 목표의 다원화는 같은 종류의 목표뿐만 아니라 다른 목표도 추가되는 것을 말한다. 목표 달성이 낙관적일 때 목표가 확장・다원화된다. 16강 진출에서 8강 진출, 경제성장률 5%에서 8% 향상 등이 해당된다.

다섯째, 목표의 축소(goal reduction)는 목표의 수 또는 범위가 축소되는 것을 말한다. 목표 달성이 심한 애로에 봉착할 때 목표는 축소된다.

여섯째, 목표의 비중 변동은 복수 목표에서 목표 간의 우선순위가 변경되는 현상(등전위 현상 등) 또는 목표나 이념이 시대적으로 우선순위가 바뀌는 현상이다(수평적 변동). 능률성에서 효과성으로, 그리고 형평성으로 변화하는 것을 예로 들 수 있다.

제3절 목표관리(MBO)

1. 의의

목표관리(Management by Objectives: MBO)는 조직구성원들이 참여의 과정을 통해 조직 단위와 구성원의 목표를 명확하게 설정하고, 생산활동 이후 각 조직 단위 및 구성원들의 업적을 측정・평가함으로써 관리의 효율화를 기하려는 포괄적 조직관리 체제다. 목표관리는 종합적인 조직운영 기법으로 활용될 뿐만 아니라, 근무성적 평정 수단으로 그리고 예산 운영 및 재정관리의 수단으로 다양하게 활용되고 있다.

드러커(P. Drucker)에 의해 체계적인 논의가 전개되고 많은 학자의 연구 노력에 힘입어 널리 일반화됐다. 1960년대에 미국의 사기업체에서 널리 채택됐으며, 정부부문에서는 닉슨(R. Nixon) 대통령이 1973년에 PPBS의 문제점을 보완키 위해 행정관리의 통제 수단으로서 MBO를 예산 분야에 채택했다.

목표관리는 상사와 부하가 함께 참여와 합의를 통해 목표를 설정하고 평가한다(참여와 합의). 자발적 참여가 이뤄지기 때문에 Y이론적 인간관에 입각한 민주적 관리전략이며(Y이론적 인간관), 집권적이라기보다는 자율적・분권적 관리기법으로 조직구성 성원 간의 팀워크(team work)를 중시한다(자율적・분권적). 현실적・양적・단기적・결과 지향적・가시적인 목표를 중시하며, 추상적・질적・장기적・가치적인 목표(goal)와는 다르다(단기 목표 중시). 목표 설정 및 정책결정 시 구성원 간의 상호 이해를 증진시키며(상호의존성 중시), 최종 결과를 평가하고 개선책을 강구하는 환류 과정을 강조한다. 결과에 대한 정확한 평가를 중시하고(평가・환류 중시), 결정보다는 집행, 과정보다는 결과를 중시한다(집행・결과 중시).

2. 목표관리(MBO)의 과정

목표관리는 목표 설정 → 중간평가 및 환류 → 최종 검토 및 평가 → 환류의 과정을 통해 진행된다. 목표 설정은 조직구성원의 참여를 통해 조직의 공동(상위) 목표를 설정하며, 부하(하위) 목표를 부하와 상사 간의 합의를 통해 설정한다. 두 번째 중간평가 및 환류 단계에서 설정된 목표에 따라 업무를 수행한다. 중간 목표와 중간 결과를 비교・평가하여 목표에 환류시켜 부적절한 목표는 폐기하거나 수정하고, 필요 시에는 새로운 인적・물적 자원을 보강한다. 세 번째 최종 검토 및 평가 단계에서는 부하(하위) 목표의 수행 실적을 설정된 목표에 비춰 비교・검토・평가한다. 네 번째, 환류 단계에서는 목표를 기준으로 업무 수행의 결과를 평가한 후에 이를 환류시켜 원래 조직의 공통적인 공동(상위) 목표에 비춰보고 필요 시에는 목표를 재정립・수정한다.

3. 목표관리(MBO)의 장점과 단점

1) MBO의 장점

MBO는 첫째, 조직의 공동 목표에 조직활동을 집중시킴으로써 자원의 효율적 운영이 가능해 조직의 효과성과 생산성을 제고한다. 둘째, 조직의 목표와 개인의 목표가 일치해 부하 직원들의 과업 수행에 대한 방향 및 기준을 제시함으로써 행정의 통일성을 확보할 수 있다. 셋째, 참여에 의한 인사관리의 민주화는 부하의 사기와 만족감을 제고한다. 넷째, 목표・역할 간의 갈등・대립을 감소시키는 동태적 관리로 조직관리의 민주성 제고에 기여한다. 다섯째, 업적평가의 객관적 기준과 책임 한계의 명확화로 환류 기능을 강화시키며 환류를 통한 신속한 보완이 이뤄진다. 여섯째, 자율적 책임제에 의한 관료제의 경직성을 제거하는 데 기여한다. 일곱째, 개인별 보상 체계로 연계돼 연봉제 등 성과 중심의 인사관리가 가능하게 된다. 여덟째, 목표 달성에 대해 상급자와 공동평가를 함으로써 다면평정의 기초를 제공해 준다.

2) MBO의 단점

MBO의 단점은 첫째, 급격한 변화나 유동적인 상황에는 부적합하다. 행정환경의 급격한 변화로 목표가 빈번히 수정되므로 적용이 제약된다. 둘째, 시간・비용이 많이 소모되고 관리절차가 복잡하며 추가적인 업무 부담, 평가의 공정성 시비가 문제된다. 셋째, 사소한 단기적・양적 목표에 치중해 장기적이고 질적인 목표를 경시하는 경향이 있다. 넷째, 목표의 상대적 가치평가와 목표달성도의 계량화가 곤란해 공공조직에 적용하기가 곤란하다. 다섯째, 문서주의(형식주의, 번문욕례, red-tape 등)로 의사결정이 지연된다. 여섯째, 권력성과 강제성을 띤 조직은 현실적으로 운영하기가 곤란하다.

4. MBO와 다른 제도와의 비교

1) MBO와 PPBS

PPBS의 목적은 장기적인 계획과 단기적인 예산을 유기적으로 연결시켜 자원 배분의 최적화를 달성하려는 것이다. 그러나 PPBS에는 정책결정이 고도로 집권화되고 환산 및 분석 과정이 지나치게 복잡·난해하다는 문제점이 있다. 미국은 1973년 행정에 관리통제를 강화하기 위한 수단으로 종래의 PPBS 대신 참여 위주의 목표관리(MBO)를 도입했다.

MBO와 PPBS는 자원 배분의 합리화와 기획·목표를 중시하고, 사업계획을 계속적으로 검토·조정한다는 유사점이 있는 반면 <표 2-9>와 같은 차이점이 있다.

표 2-9 MBO와 PPBS의 차이점

구분	MBO	PPBS
기획	부분적(보통은 1년, 때로는 5개년계획)	종합적(주로 5개년계획)
권위구조	분권적 · 계선기관에 치중	집권적 · 전문막료기관에 치중
전문기술	참여에 의한 일반 관리기술과 산술적 계산	통계적이고 세련된 분석적 관리기술
프로그램	내적이고 산출량에 치중	외적이고 비용 대 편익에 치중
예산 범위	부분적 · 개별적 자원 배분	종합적 자원 배분
중점	목표의 달성 및 정책집행	목표의 설정 또는 정책결정 비용의 제시
구조절차	공식적인 행정기구 · 절차 등 불필요	조직 간의 결정에 관한 정보 · 자료를 활용
책임 환류	• 결과에 대해 일선관리자의 책임 중시 • 환류 기능 중시	• 결과에 대한 상위층의 책임 중시 • 비용만 제시할 뿐 환류 기능 미흡

2) MBO와 OD

조직 발전(Organization Development: OD)이란 조직의 인간적 측면에 주목해 구성원의 잠재력을 최대한으로 개발하고 행태를 개선함으로써 조직 전체의 개혁을 이룩하려는 조직혁신의 접근방법을 말한다. 1950년대에 일부 기업체에서 적용되기 시작한 조직 발전은 1970년대를 거치면서 빠른 속도로 성장·보급돼 왔다.

MBO와 OD의 공통점은 ① 참여를 지향하는 Y이론적 관리 방식이다. ② 조직의 변화와 쇄신을 추구하는 동태화 전략이다. ③ 평가, 환류 기능을 중시한다. ④ 조직의 효과성을 제고한다. ⑤ 조직의 내부 갈등 문제를 부정적으로 보지 않으며 갈등의 건설적 해결을 중시한다. ⑥ 인간의 발전을 중시한다. ⑦ 조직의 목표와 개인의 목표의 조화를 추구한다. 반면, MBO와 OD, 그리고 TQM과의 차이점을 살펴보면 <표 2-10>, <표 2-11>과 같다.

표 2-10 MBO와 OD의 차이점

구분	MBO	OD
주관	내부인사(최고관리층 등의 계선 중심)가 주관	외부인사(전문가)가 참여해 주관
흐름	상향적(구성원의 참여)	비교적 하향적(최고관리층의 지휘, 통제)
모형	목표모형	체제모형(체제적 관점)
중시	결과 지향적인 목표나 내용을 중시	실질적인 내용보다는 과정을 중시
기술	일반 관리기술 적용	행태과학 지식을 활용
계량	예산제도이므로 계량화와 관련	계량화와 무관

표 2-11 MBO와 TQM, OD의 비교

구분	MBO(1960년대)	OD(1960년대)	TQM(1980년대)
안목	단기적 목표	장기적 관점	장기적 관점
지향	효과 지향(대내 지향)	체제모형(체제적 관점)	고객 지향(대외 지향)
초점	결과	과정	과정
성격	• 관리전략 • 평가 및 환류 중시(사후적 관리)	• 관리전략	• 관리 철학 • 예방적 통제(사전적 관리)
계량화	중시	무관	경시
보상	개인별 보상		총체적 헌신

제 3 장 정책분석과 정책결정

제1절 정책분석

1. 정책분석의 의의와 차원

1) 정책분석의 의의

정책분석(policy analysis)이란 정책대안의 체계적인 탐색·평가와 대안의 선택에 관한 전략을 의미한다. 의사결정자의 판단의 질을 높여주기 위한 각종 대안에 대한 일련의 과학적인 비교·평가활동이며, 정책결정의 핵심 단계로서 결정자의 합리적 판단을 도와주는 활동이다.

정책결정 과정의 핵심은 정책 내용의 사전분석을 의미하며, 정책결정 과정의 가장 핵심적인 단계라 할 수 있다. 정책분석은 주로 정책결정 과정에서 대안을 비교·평가하는 데 도움을 주기 위한 것으로 기본적 역할은 정책결정권자가 대안 선택에 관한 판단을 하는 데 도움을 주는 것이다. 따라서 정책분석은 정책결정자에게 정책정보와 자료를 제공하고 분석한다.

2) 정책제안과 정책분석가의 유형

정책제안(주장)의 형태는 사실적(designative) 주장, 평가적(evaluative) 주장, 창도적(advocative) 주장으로 구분할 수 있다. 사실적 주장은 객관적인 사실에 근거해 관찰될 수 있는 특성을 기술하는 것이다. 영향을 미쳤다 등과 같은 결론을 내리는 것이다. 평가적 주장은 객관적 사실에다가 가치가 결부된 주장으로 정책의 어떤 측면이 가치가 있다 또는 없다와 같이 확언(確言)하는 것이다. 창도적 주장은 정부가 마땅히 어떤 행동을 취해야 한다고 확언하는 것이다. 무엇을 해야 할 것인가라는 질문에 대한 답으로서 정책을 제안하며 단순히 경험적이거나 평가적인 접근법을 뛰어넘어 가치뿐만 아니라 사실을 포함한 근거에 의존한다.

정책분석가 스스로가 자신의 역할에 대해 어떠한 역할 인식을 갖고 있는지, 정책 체계 내에서 어떠한 위치에 있는지에 따라 그들의 역할 범위는 달라지고, 분석 결과의 제시 또한 다양한 형태로 나타날 수 있다. 정책분석가의 역할 유형을 객관적 기술자 모형, 쟁점 옹호자 모형, 고객 옹호자 모형, 정책토론 옹호자 모형으로 구분할 수 있다.

첫째, 객관적 기술자 모형은 정책분석가를 합리적인 존재로 상정하며, 가치중립적인 입장을 띠고 있는 기술자로 본다. 이때, 정책분석가가 취하고 있는 주요 관심은 경제성과 능률성이며, 정책문제에 대한 분석보다는 문제 해결 방법에 초점을 둔다. 따라서 이러한 유형의 정책분석가가 산출하는 정보는 객관적이고 기술적인 정보들이다. 객관적 기술자 모형에서 가정하고 있는 것은 분석의뢰자(정책결정자)와 정책분석가의 엄격한 기능상의 분화다. 분석 의뢰자는 해결돼야 한다고 생

표 3-1 정책분석가의 유형과 역할 인식

정책분석가의 유형	역할 인식	관심의 초점
객관적 기술자의 모형	객관적·합리적·중립적인 정보 제공자	경제성(능률성), 결과 예측 가능성
고객 옹호자의 모형	분석 의뢰자에 대한 봉사자	분석 의뢰자의 이익
쟁점 옹호자의 모형	정책창도자	바람직한 가치를 추구하는 규범적 존재
정책토론 옹호자의 모형	정책 토론의 촉진자	정책 토론의 자료 개발

각되는 문제를 정책분석가에게 제시하고, 정책분석가는 객관적인 입장에서 정책대안을 제시하며, 결정의 책임이 있는 사람으로 하여금 최종적인 결정을 내리도록 한다. 따라서 그들은 자신들이 분석한 정책대안에 대한 선호도를 제시하지 않으며, 단지 객관적인 정보만을 제공함으로써 바람직한 대안의 선택과 같은 가치판단의 문제는 결정권자에게 남겨놓는다(A. J. Meltsner, 1976: 27-30).

둘째, 고객 옹호자 모형은 정책분석가를 자기 고객(분석 의뢰자)에 대한 봉사자로 본다. 정책분석가는 분석 의뢰자의 이익이라는 관점에서 정책문제, 정책대안에 대한 평가뿐만 아니라 정책결정에 뒤따르는 대응전략, 정책집행 상황 및 결과에 대한 평가를 수행한다(R. D. Behn, 1981: 211). 정책분석가는 정책이 결정되고 난 이후에 정책을 정당화시키는 역할을 담당하기도 하며, 이들이 사용하는 가치중립적인 과학은 정책결정자의 의사결정을 정당화하기 위해 사용될 수도 있다.

셋째, 쟁점 옹호자 모형은 정책분석가를 바람직한 가치를 추구하는 규범적 존재로 본다. 정책분석가는 문제의 해결을 위한 바람직한 대안을 모색할 뿐만 아니라 문제에 대한 진단을 통해 정책목표의 선택에도 관심을 가진다고 상정한다. 구체적인 정책행위에 관한 질문에 대해 무엇이 행해져야만 하는가와 같은 주창적인 주장을 통해 분석 결과를 제시하고, 또 이를 지지하도록 하는 방법으로 분석 결과를 제시한다(W. N. Dunn, 1981: 220). 이때 기준은 자신의 가치관이다. 따라서 정책분석가는 자신의 신념에 대한 봉사자이며, 미래의 행동경로에 대한 스스로의 가치판단에 입각해 문제를 진단하고 목표를 설정하며, 대안을 탐색·개발하고 비교·평가한다. 정책분석가가 제공하는 정보는 정책문제에 대한 자신의 주관적 판단에 입각한 분석 결과와 목표 달성을 위한 정책대안에 대한 정보를 포함한다. 분석 의뢰자에게 제출하는 정책대안들은 정책분석가가 판단할 때 달성돼야 한다고 생각하는 목표나 이념을 위해 만들어진 처방적인 성격을 띤다. 정책결정자가 정책분석가를 신뢰해 그들 사이에 갈등이 존재하지 않는다면 산출되는 정보는 어떤 정보보다도 큰 영향력을 발휘할 수 있다.

넷째, 정책토론 옹호자 모형은 쟁점 옹호자 모형에서와 같이 정책분석가를 바람직한 가치를 추구하는 규범적 존재로 파악해 분석 결과를 제시한다. 이러한 입장을 취하고 있는 분석가들은 이성과 증거를 토대로 해서 이뤄지는 합리적인 정책 토론의 과정을 거쳐 정책을 결정하는 것이 더욱 바람직하다고 생각한다. 따라서 합리적인 토론의 과정에서 제시된 분석 결과는 정책 토론에서 필요한 정보로 활용된다. 정책 토론 옹호자 모형은 민주화된 사회에서 이뤄지는 많은 정책이 상이한 가치관, 동기, 이해관계를 지닌 여러 사람 간의 토론 과정을 거쳐서 형성된다는 것을 기본 관점으로 갖는다. 정책분석가는 정책 참여자들의 상이한 주장이 펼쳐지는 정책 토론 과정에서 정책 참여자들의 정책 주장을 지원하고 그들의 정책 주장이 정책결정 과정에 직접 또는 간접적으로 반영될 수 있도록 지원하는 것이 자신의 역할이라고 인식한다. 그러므로 정책분석가는 가치중립적인 입장보다는 가치판단적인 입장에서 분석 결과를 제시하지만 자신의 주장을 강하게 내세우기보다는 합리적 정책 토론을 촉진시키기 위한 분석적 자료를 제공하는 데에 초점을 둔다.

3) 정책분석의 3차원

정책분석은 합리적인 정책결정을 위한 대안 평가 과정이다. 대안을 비교·평가하는 광의의 분석에는 세 가지 차원의 분석(정책분석, 체제분석, 관리과학)이 있다. 3차원의 관계는 정책분석이 가장 포괄적이며, 체제분석, 관리과학의 순이다. 대체로 정책분석으로 갈수록 정치적 고려가 많아지는 상위 차원의 분석으로 공공부문에 적합하고, 관리과학으로 갈수록 기술적으로 정밀한 계량적 분석으로 민간부문에 적합한 분석이다. 정책분석과 체제분석 및 관리과학은 모두 정책결정 과정에서 대안을 탐색하고, 각 대안을 비교·평가하기 위한 분석모형이라는 점에서 유사하다. 단지 대안의 탐색 범위와 대안을 비교·평가하는 데 사용하는 모형의 성질이 다르기 때문에 구별되는 것이다.

첫째, 정책분석(policy analysis)은 가장 넓은 개념으로서 체제분석과 관리과학을 포함하는 개념이다. 체제분석에 비용효과의 사회적 배분이나 정치적 효과까지 고려한다. 정책의 기본 목표나 방향과 관련된 분석으로 당위성 차원의 분석이며, 정책목표의 최적화를 추구하는 거시적 분석이다.

둘째, 체제분석(system analysis)은 관리과학과 중복돼 있으며 관리과학을 포함하는 체제의 합리성을 고려하기 때문에 관리과학보다는 넓은 개념이다. 관리과학에 직관이나 통찰력에 의한 판단으로 관리과학을 보완한다. 실현 가능한 정책대안의 결정으로 실현성 차원의 분석이며, 비용편익(효과)분석이 핵심 기법이다. 그리고 부분적 최적화를 추구하는 경제적 분석이다.

셋째, 관리과학(operations research)은 정책집행을 위한 관리(집행) 결정의 계량적 기법이다. 가장 합리적이고 능률적인 달성 방법(how)을 선택하는 것으로 능률성 차원의 분석이며, 수단의 최적화, 계량화(PERT, 선형계획, 모의실험 등)를 추구하는 가장 미시적 차원의 분석이다.

표 3-2 정책분석·체제분석·관리과학의 비교

구분	가치 차원	분석의 초점	분석의 형태
협의의 정책분석	당위성(정치적 합리성 + 기능적 합리성 + 경제적 합리성)	정책의 기본 방향 결정(where)	질적 분석(판단)
체제분석	실현가능성(기능적 합리성 + 경제적 합리성)	정책목표나 대안을 선택(what)	질적 분석(판단) + 양적 분석(계산)
관리과학	능률성(경제적 합리성)	집행계획(달성 방법) 선택(how)	양적 분석(계산)

2. 정책분석

1) 의의

정책분석이란 정책의 기본 방향, 목표의 설정, 정치적·사회적 가치의 정의 등 당위성·소망성·규범성 차원의 분석으로 사회의 포괄적 변수를 모두 다루는 가장 상위 차원의 분석이다.

2) 정책분석의 절차

정책분석은 문제의 인지와 목표의 설정, 대안의 탐색 및 결과의 예측, 대안의 비교·평가, 분석 결과의 제시의 단계로 진행된다. 문제의 인지와 목표의 설정 단계에서는 해결해야 할 문제를 인지하고 목표를 분명히 설정한다. 대안의 탐색 및 결과의 예측 단계에서는 목표 달성과 관련성이 있는 대안을 점증적 대안이나 쇄신적 대안을 포함해 광범위하게 탐색하고 결과를 예측한다. 대안의 비교·평가 단계에서는 대안의 상대적 가치를 비교·평가한다. 이는 실행이 가능한 대안을 고르는 실행가능성 분석, 최대의 기대효과를 달성할 수 있는 대안을 찾는 효과성 분석, 대안의 비용과 편익을 대비시키는 비용편익 분석, 대안이 미칠 영향을 검토하는 영향 분석 등으로 구분된다. 그리고 분석 결과의 제시 단계에서는 직업공무원·관계 전문가가 분석한 대안은 결정권을 가진 최고관리층·기관장에게 제시되고 검토돼 대안의 최종적 선택이 이뤄진다.

3) 정책분석의 특징

정책분석은 정책이 지향하는 기본 가치를 탐구하고 장기 목표를 연구하는 가치적 측면을 고려하고, 정치적 합리성, 정치적 실현가능성, 정치적 요구 등을 고려하는 규범적·처방적 분석이다. 새로운 계량화 척도, 다차원적 목표의 충족, 불확실성 등과 관련되는 복잡하고 좀 더 광범위한 문제들을 다루며, 비용·편익의 총 크기뿐만 아니라 비용과 효과의 사회적 배분을 중시한다. 정책대안의 쇄신을 강조해 사회 현상에 대한 더 많은 통찰력(형평성 등)이 필요하고, 체제분석의 논리에 바탕을 두고 양적 분석과 질적 분석을 모두 중시한다. 최선의 대안을 선택하기 위해 여러 분야에서 개발된 전문지식을 활용한다

4) 정책분석의 문제점과 한계

정책분석은 추구할 가치·목표가 명확하게 설정되고 결정 당사자 간에 이에 대한 합의가 이뤄지지 않는 한 분석이 어렵다. 사회문제의 복잡성과 정보 또는 정보 처리 능력의 부족 등으로 정책대안의 결과·영향을 정확하게 예측할 수 없다는 문제점이 있으며, 정책분석의 결과인 지식은 이를 활용할 능력과 권력을 가지고 있지 않는 한 정책결정에 크게 기여하기 어렵다. 문제의 많은 중요한 측면이 계량화되기 어렵거나 혹은 분석자가 너무 계량화에 의존할 위험이 있으며, 정책분석에 필요한 사회지식의 구성이 정책결정자의 입장·필요에 따라 큰 영향을 받으므로 이러한 지식의 객관적 분석이 곤란하다. 또한, 정치적 고려에 대한 우선순위가 지나치게 높을 수 있다.

3. 체제분석

체제분석(system analysis: SA)이란 의사결정자가 문제 해결을 위한 대안을 선택하는 데 도움을 주기 위한 체계적·과학적 접근 방법을 의미한다. 체제분석의 목적은 대안의 체계적 분석이다. 즉, 정책결정자가 당면하고 있는 문제를 체제 전체적인 관점에서 파악하며, 문제 해결을 위한 여러 대안을 탐색하고 가능한 한 분석적 틀을 통해 이러한 대안의 결과를 비교해 정책결정자의 전문적 판단과 직관을 도와주는 방법이다.

표 3-3 체제분석과 정책분석의 차이점

구분	체제분석(SA)	정책분석(PA)
대안의 평가 기준	경제적 합리성에 두고 자원배분의 내적 효율성을 중시한다.	정치적 합리성과 공익성에 두고 비용·효과의 사회적 배분을 고려한다.
분석기법	경제학·응용조사·계량적 결정이론 등을 활용해 계량분석·비용편익분석을 주로 한다.	정치학·행정학·심리학·정책과학 등을 활용해 질적인 분석도 중시한다.
가치 문제	가치 문제를 다루기 곤란하다.	기본적인 문제·가치를 고려한다.
정치적 요인	정치적 요인이나 비합리적 요인을 다루기 곤란하다.	정치적 요인이나 비합리적 요인을 적극적으로 고려한다.

체제분석은 제2차 세계대전 때 사용되기 시작한 관리과학이 확대된 것으로 체제분석과 관리과학의 명확한 구분은 곤란하다. MIS, OR, PERT 등의 관리기법이나 비용편익분석(CBA)·비용효과분석(CEA) 등이 포함된다.

체제분석은 합리모형의 기법이다. 따라서 관련된 문제를 체제적 관점에서 조직적·체계적으로 분석하며, 가능한 문제의 분석에서 합리적·계량적 방법을 강조한다. 비용편익분석 등 최적화를 추구하는 미시적·폐쇄적인 합리모형의 기법들이 이에 해당한다. 능률성 및 경제적 합리성을 추구하고, 대안 및 행동 방안을 검토하는 기준으로서 능률성이나 경제적 합리성을 중시한다. 그러나 배분적 가치(효과)를 고려하지 않는다. 민감도 분석 등을 통해 불확실한 환경이나 요인을 고려하며, 문제를 명확히 하고 대안을 발견해 각 대안의 비교·검토를 통해 결정자의 판단에 도움이 되는 기초를 제공한다. 그리고 자원의 합리적 배분을 위한 PPBS(기획예산제도)와 밀접한 관련을 가지며, 체제분석은 PPBS의 핵심 기법이다.

정책분석과 체제분석의 공통점은 해결을 필요로 하는 문제와 대안을 넓은 체제적 관점에서 고찰하며, 여러 대안 중에서 최적 대안이나 명백히 더 나은 대안을 탐색한다. 구체적인 목표에 비춰서 기대효과를 비교하고 합리적 대안을 선택하고, 예상 결과를 측정·비교하기 위해 분석기법을 활용한다.

1) 비용편익분석(CBA)

비용편익분석(cost benefit analysis: CBA)이란 여러 정책대안 가운데 목표 달성에 가장 효과적인 대안을 찾기 위해, 각 대안이 초래할 비용과 편익을 비교·분석하는 기법을 말한다. 어떤 프로젝트와 관련된 편익과 비용들은 모두 금전적 가치로 환산한 다음 이 결과를 토대로 프로젝트의 소망성을 평가하는 방법이다. 각 대안의 비교에는 비용편익비(B/C ratio), 순현재가치(net present value), 내부수익률(IRR) 등의 기준이 사용된다. 비용편익분석은 투입되는 비용과 산출량의 상관관계를 고려해 편익이 큰 것을 기준으로 대안 선택 여부 혹은 우선순위를 명백히 하는 것을 의미하며 금액으로 표현하거나 환산될 수 있는 것을 편익으로 측정하게 된다.

비용편익분석의 구성 요소는 첫째, 비용과 편익의 추정이다. 비용은 기회비용으로 편익은 소비자잉여 개념으로 측정하되 모두 화폐가치로 표현한다. 기회비용(opportunity cost)이란 생산이 포기된 물자의 수량으로 표시된 생산비를 기회비용 또는 대체비용(substitution cost)이다. 이에 반해 생산에 실지로 사용된 생산 요소의 수량으로 표시된 생산비를 실질비용이라 한다. 일정한 생산 요소가 X, Y 두 물자를 산출할 수 있으며 유휴생산 요소가 없다고 가정하면, X 한 단위를 더 생산하기 위해서는 Y의 생산이 그만큼 희생돼야 한다. X 추가 생산물의 비용을 희생된 Y의 수량으로 표시한 것을 기회비용이라 한다. 그리고 소비자잉여(consumer's surplus)란 소비자들이 어떤 재화나 서비스에 대해 지불하고자 하는 값과 실제로 그들이 지불한 값과의 차이를 말한다. 즉, 소비자가 높은 가격을 지불하고라도 얻고 싶은 재화를 낮은 가격으로 구매한 경우 그것으로 얻는 복리 또는 잉여만족(surplus satisfaction)을 말한다.

두 번째 구성 요소는 할인율(rate of discount)이다. 이는 미래의 소득에 대한 현재 자원의 교환 비율을 말한다. 비용편익분석 등에서 미래에 발생하는 편익과 비용들은 할인하는 절차를 거쳐 현재가치(present value)로 전환돼야 각 대안의 평가가 가능해진다. 할인율 가운데 공공사업에 적용할 할인율을 사회적 할인율(social discount rate)이라 하며, 민간자본시장에서 형성된 시장이자율(market rate of interest)을 중심으로 결정되는 할인율을 민간할인율(private discount rate)이라 한다. 많은 경제학자가 공공사업이 후세의 복지에 기여할 뿐 아니라 여러 가지 외부효과를 창출하기에 공공사업에는 시장이자율보다 낮은 사회적 할인율을 적용해야 한다고 주장한다.

세 번째는 현재가치(present value)다. 이는 미래에 발생할 편익과 비용을 할인한 현시점의 시간적 가치를 말한다. 즉, 편익과 비용 가운데 현 연도에 발생하지 않고 미래에 발생하는 것들에 대해 할인하는 절차를 거친 현 시점의 가치를 말한다. 비용편익분석에서는 비용의 현재가치에 대한 편익의 현재가치의 비율을 구해 대안의 타당성을 판단하게 된다.

비용편익분석의 평가 기준 중 첫 번째는 순현재가치(NPV)다. 이는 특정 투자안에 대한 현금 유입을 최소한도의 보수율(報酬率)로 할인해 현재가치화하고, 현금 유출도 할인해 현재가치화해 현금 유입의 현재가치에서 현금 유출의 현재가치를 차감한 순액을 말한다(순현재 가치 = 편익의 총 현재가치 - 비용의 총 현재가치). 순현재가치를 계산해 투자 여부를 결정할 경우에는 순현재가치가 0보다 크거나 같을 경우 그 투자안을 채택하고 0보다 작을 경우에는 기각한다. 즉, B-C>0이면 경제성이 있는 사업으로 본다. 경제적 타당도를 평가하는 최선의 척도로서 가장 널리 이용되는 1차적 기준이다. 이 기준은 대규모 사업이나 예산이 충분할 때 유리하다.

두 번째, 편익-비용비(benefit cost ratio: B/C)다. 비용의 현재가치에 대한 편익의 현재가치의 비율을 의미한다. 대안의 분석에서 적절한 사회적 할인율(social rate of discount)이 적용됐을 경우, 편익-비용비가 1보다 큰 투자사업은 타당성이 있는 것으로 판단된다. 현재가치는 미래에 발생할 편익과 비용을 할인한, 현 시점의 시간적 가치를 말한다. 가장 일반적으로 이용되고 있는 경제적 능률성의 척도로 소규모 사업이나 예산이 부족할 때 유리하다.

세 번째, 내부수익률(internal rate of return)이다. 내부수익률이란 비용편익분석에서 편익의 현재가치와 비용의 현재가치가 동일하게 되도록 하는 할인율을 말한다. 순현재가치가 0이 되도록 하는 할인율을 말한다. 이 내부수익률의 개념은 사업평가에 적용할 적절한 할인율이 알려져 있지 않은 경우, 사업평가에 매우 유용한 개념이다. 이는 당초 투자에 소요되는 지출액의 현재가치가 그 투자로부터 기대되는 현금수입액의 현재가치와 동일하게 되는 할인율이다. 즉, 미래의 현금수입액이 현재의 투자 가치와 동일하게 되는 수익률이다. 내부수익률>기준수익률(사회적 할인율)이면, 경제성이 있는 사업으로 본다. 네 번째, 자본 회수 기간(투자 회임 기간, 비용 변제 기간)이다. 투자비용을 회수하는 데 소요되는 시간을 의미하며, 일반적으로 자본 회수 기간이 짧을수록 우수한 사업이다. 자본의 기회비용은 할인율을 결정하는 기준이 된다. 낮은 할인율은 장기 투자에 유리하며, 높은 할인율은 단기 투자에 유리하다.

동일한 상황에서도 어떤 기준을 적용하느냐에 따라 사업의 우선순위가 달라진다. 순현재가치(NPV) 기준이 가장 1차적 기준이다. 부(-)의 편익을 비용의 증가에 포함시키느냐, 편익의 감소에 포함시키느냐에 따라 사업의 우선순위가 달라질 수 있는 것은 편익-비용 비율(B/C) 기준이다. 그리고 사업 규모 문제에서 대규모 사업은 순현재가치 기준이 유리한 반면, 소규모 사업은 편익-비용 비율 기준이 유리하다. 예산의 충분성 측면에서 예산이 충분할 때는 순현재가치 기준이 유리한 반면, 예산이 부족할 때는 편익-비용 비율 기준이 유리하다.

비용과 편익이 단일 척도인 화폐가치로 비교해 정책 간의 경계를 넘어 다양한 정책이나 사업 간의 정책 우선순위를 비교할 수 있다. 복잡한 문제의 객관적·과학적인 의사결정에 공헌한다. 그러나 비용편익분석의 한계는 계량화할 수 없는 형평성이나 주관적 가치문제 등은 분석하기가 곤란하며, 비용과 편익의 가치에 대한 개인 간의 비교가 곤란하다. 그리고 비용과 편익의 배분적 효과를 고려하지 않는다.

2) 비용효과분석(CEA)

비용효과분석(cost effectiveness analysis: CEA)이란 여러 정책대안 가운데 가장 효과적인 대안을 찾기 위해 각 대안이 초래할 비용과 산출 효과를 비교·분석하는 기법이다. 비용효과분석은 특정 프로젝트에 투입되는 비용들은 금전적 가치로 환산하나, 그 프로젝트로부터 얻게 되는 편익 또는 산출은 금전적 가치로 환산하지 않고 산출물 그대로 분석에 활용하는 특징을 지닌다. 비용효과분석은 산출물을 금전적 가치로 환산하기 어렵거나, 산출물이 동일한 사업의 평가에 주로 이용되고 있다.

표 3-4 비용편익분석과 비용효과분석의 차이

구분	비용편익분석	비용효과분석
가치 표현	편익도 화폐(시장)가치로 표현돼야 한다.	효과는 화폐(시장)가치가 아니라 물건·서비스 단위, 기타 측정 가능한 효과로 나타낸다.
분석 이념	경제적 합리성을 강조하는 능률성 분석이다.	목표와 수단 간의 도구적 합리성(기술적 합리성)을 내포하는 효과성 분석이다.
가변 고정	가변비용이나 가변 효과의 문제 유형을 분석에 사용된다.	고정비용이나 고정효과의 문제 유형을 분석에 사용된다.
분석 방법	양적 분석이다.	질적 분석이다.

4. 관리과학

1) 관리과학의 의의

관리과학(management science)은 문제 해결이나 의사결정에 최적 대안을 탐색하는 데 활용되는 관리결정의 과학적·계량적 분석기법을 의미한다. 관리과학은 조직 전체와 관련해 계량적·수리적으로 문제 해결의 최적 방안을 밝히려는 기법으로 주로 컴퓨터를 활용하는 관리결정의 계량적 기법이다.

과학적 기법으로는 운영연구(operations research), 선형계획(linear programming), 게임이론(game theory), 대기행렬이론(queuing theory), 모의실험(simulation), PERT 등을 들 수 있다.

2) 관리과학의 특징

관리과학은 미시적 · 연역적 방법으로 수학적 및 계량적 모형을 강조한다. 합리모형에 입각해 이상적 · 합리적인 최적 대안을 추구하며, 심리적 · 사회적 측면보다는 경제적 · 기술적 측면을 강조한다. 분석도구(수단)로서 컴퓨터를 이용해 해답을 찾으려 한다.

3) 관리과학의 한계

관리과학은 쉽게 다룰 수 있는 대안만을 취급해 가치 · 목표 문제와 정치적 요인 등 고도의 쇄신이나 판단을 필요로 하는 대안의 탐색이 곤란하다. 최적의 정책결정에 역점을 두지만 문제점의 배경 및 정책의 결정이나 집행 과정 등의 제도적 여건을 경시하며, 정책형성의 일반적인 지침이 되는 원칙과 방침을 결정하는 과정을 경시한다. 그리고 합리성을 전제로 하기 때문에 이데올로기, 고도의 위험 개입, 카리스마 등 비합리적인 현상을 다루지 못한다. 그리고 관리과학과 체제분석을 비교해 보면 <표 3-5>와 같다.

표 3-5 관리과학과 체제분석의 비교

구분	관리과학(OR)	체제분석(SA)
성격	방법 지향적이며 전술적 성격을 띤다.	문제 지향적이며 전략적 성격을 띤다.
분석 범위	분석 범위가 좁고 엄격한 규칙에 따른다.	분석 범위가 넓고 다양한 방법을 이용한다.
계량화	계량화가 가능하다.	불확정 요인이나 질적 요인을 포함해 계량적 측정과 이론적 사고를 병용한다.
목표	목표가 명확하다.	목표 자체가 검토 대상이 될 수 있다.
최적화	한정적 달성을 위한 수단의 최적화를 추구한다.	부분적 최적화를 추구한다.

4) 관리과학(OR)의 제반 기법

관리과학의 기법을 살펴보면 우선 경영정보 체제(management information system: MIS)를 들 수 있다. 경영정보 체제는 컴퓨터를 사용해 정보를 수집 · 처리 · 재생함으로써 정보를 체계적 · 능률적으로 관리하는 시스템을 말한다. 기업 조직에서 경영관리에 필요한 정보를 조직의 각 부분으로부터 정확하고 신속하게 수집해 종합적 · 조직적으로 가공 · 저장하여 정책결정자에게 제공하는 시스템과 그 네트워크를 일컫는다.

두 번째로 전자자료 처리 체제(electronic data processing system: EDPS)다. 전자장치에 의해 실행되는 데이터 처리 시스템을 의미하며, 주로 컴퓨터에 의한 사무 처리 방식을 말한다. 오늘날 예산, 회계, 인사, 병참 업무, 각종 기록 · 보관 업무 등에 관한 자료를 신속 · 정확하게 분석 · 처리하는 데 컴퓨터를 이용한 자동처리제도의 역할이 매우 증대되고 있다.

세 번째, 사이버네틱스(cybernetics)인데, 이는 기계의 제어 시스템에 관한 메커니즘을 생물 유기체의 신경계와 관련시켜 제어와 전달의 이론 및 기술을 연구하는 인공두뇌학을 말한다. 정보이론, 자동제어이론, 자동 컴퓨터이론 등으로 나눌 수 있다.

네 번째, 프로그램 평가검토 기법(program evaluation and review technique: PERT)이다. 이는 프로젝트의 공정을 관리하기 위해 시간을 파라미터로 해서 작업 순서의 최적 스케줄을 작성하는 네트워크 기법을 말한다. 프로젝트 계획에서 일정과 비용을 계획하고 통제하는 데 필요한 정보를 관리자에게 제공하도록 설계된 종합적 관리기법으로서 어떤 확정된 목표를 최단 시일 내에 최소 비용으로 완성할 필요가 있는 사업에는 모두 이용될 수 있다. 프로젝트 전체의 상호 관계를 네트워크로 도시(圖示)해 문제점을 이론적으로 검토할 수 있게 해준다. 미 해군에서 미사일과 잠수함의 개발에 이용됐다.

다섯 번째, 선형계획(linear programming: LP)이다. 생산계획 및 수송계획 등에서 생산 요소 등을 수학적인 연립 1차 방정식으로 표시하고 이윤 또는 비용을 1차함수로 표시해, 그 해를 풀어 최대의 이윤과 최소의 비용을 찾는 관리과학의 한 기법이다. 1차의 등식 또는 부등식의 제약 하에서 1차의 목적함수를 최대화·최소화하는 문제 해결 기법이라 할 수 있다. 선형계획은 제2차 세계대전 중 한정된 수송 선복 능력을 가지고 어떻게 하면 유효하게 연합군에 보급할 수 있을 것인가 하는 수송계획 해결의 연구에서 출발한 것이다. 주어진 제약 조건 하에서 한정된 자원을 최적으로 결합해 이윤극대화 또는 비용극소화 전략을 강구하는 데 유용한 관리기법이다.

여섯 번째는 민감도 분석(sensitivity analysis)이다. 이는 한 모형에서 파라미터(parameter)가 불확실할 때, 이 파라미터가 취할 수 있는 가능한 값들을 모두 대입해 파라미터의 변화에 따라 결과가 어떻게 되는가를 분석하는 것을 말한다.

일곱 번째는 게임이론(game theory)이다. 경쟁 관계에 있는 개인 상호간의 전략 선택에 따른 이해 득실을 수학적으로 분석하는 의사결정 이론이다. 1928년 노이만(J. L. Neumann)에 의해 발표됐으며, 1944년 모르겐스테른(O. Morgenstern)과의 공저 『게임 및 경제형태 이론(*The Theory of Games and Economic Behavior*)』 이후부터 경제학과의 관계에서 논의되기 시작했다. 기본 가정은 게임의 참여자들은 합리적이고 지능적으로 행동하며, 게임의 참여자들은 이득을 극대화하고 손실을 극소화하려고 한다. 모든 적절한 정보는 양측의 참여자들에게 균등하게 알려져 있으며, 게임의 참여자들은 서로 상대방과 직접적인 의사소통을 하지 않은 상태에서 개인적인 의사결정을 하게 된다. 그리고 게임의 양측 참여자들은 동시에 그들은 행동노선을 선택한다.

여덟 번째, 대기행렬이론(줄서기 분석, queuing theory)이다. 고객의 도착 시간·서비스 시간·유휴 시간 등의 확률을 이용해 연구하는 대기행렬에 관한 이론이다. 대기행렬(queue or waiting line)은 어떤 서비스를 받으려는 고객의 도착 시간과 서비스시설의 서비스 시간이 다르기 때문에 발생하는 것으로, 이들 양자의 불균형으로 대기행렬이 생기거나 서비스시설이 유휴 상태가 된다. 행정서비스를 받기 위해 기다리는 시간의 사회적 비용과 이를 줄이기 위해 투자하는 시설투자비의 결정 수준을 찾아내기 위한 분석이다. 고객의 대기행렬은 사회적 비용이라는 전제 하에 이를 최소화시키기 위한 분석이다.

아홉 번째, 시계열분석(time series analysis)이다. 이는 어떤 계량변수의 연속적인 관찰치를 토대로 미래 특정 시점의 값을 예측하는 방법을 말한다. 시계열이란 연속적으로 이어진 단위 시점마다 취한 어떤 계량변수의 정돈된 관찰치의 집합을 의미한다. 시계열분석은 보통 분기별, 월별, 또는 주별 데이터를 이용한다.

열 번째, 회귀분석(regression analysis)이다. 회귀분석은 변수간의 관계를 분석해, 알고 있는 변수를 기초로 해서 알려지지 않은 변수의 값을 예측하는 통계적 분석 방법이다. 여기서 단순히 변수 간의 밀접한 정도를 분석하는 것이 상관관계분석(correlation analysis)이다. 회귀분석에는 상관관계분석이 필수적으로 수반돼야 한다. 회귀분석이라는 용어만으로도 상관관계를 포함하는 의미로 사용하기도 한다. 단지 상관분석에서는 두 변수 중 어느 것도 먼저 결정된 것으로 보지 않는데 비해, 회귀분석에서는 X는 주어지고 Y만이 확률변수(random variable)이며, Y수치들은 정규분포를 이룬다는 가정을 하고 있다.

열한 번째, 시뮬레이션(simulation; 모의실험)이다. 이는 현상의 복잡한 과정을 이해하기 위해 분석 대상 현상을 모형화하고, 이를 이용한 모의실험을 통해 실제 상황을 해석하는 기법이다. 전기전자 · 기계 계통의 물리적인 시스템뿐만 아니라 사회 · 경제 · 군사 등의 영역에서도 널리 활용되고 있으며, 공무원 훈련 방법으로도 이용된다. 위기적 상황에서의 의사결정전략이며, 투입과 산출의 관계가 명확하지 않다. 즉, 예측은 실제의 결과를 그대로 나타내 줄 수 없다. 시간이 많이 소요된다는 단점이 있다.

제2절 정책대안의 탐색과 평가 기준

1. 정책대안의 탐색

정책대안(policy alternative)은 정책문제의 해결을 위해 채택 가능한 여러 가지 정책안(정책 수단) 가운데 하나를 지칭하는 용어를 말한다. 대안 탐색은 문제를 해결할 수 있는 가능한 모든 정책대안을 발굴하는 것으로 대안의 식별과 대안의 창출이 있다.

대안 탐색은 과거의 정책 사례, 다른 정부(외국이나 지자체)의 정책모음 등을 통해 기존 선례를 조사하는 정책목록(policy list), 선형계획, 시계열분석, 회귀분석, 모의실험 등 양적 분석으로 주로 단기적 예측에 이용하는 과학적 · 이론적 모형, 그리고 집단토의(brainstorming), 델파이 기법(delphi methods), 정책 델파이(policy delphi) 등 질적 분석으로 주로 장기적 예측에 활용하는 주관적 · 직관적 방법이 있다.

2. 정책대안의 평가: 정책대안의 결과 예측

1) 개념

정책대안의 평가는 정책대안의 장 · 단점을 예측하고, 비교 · 분석하는 것이다. 정책대안의 평가 기준은 정책대안의 장 · 단점을 비교하는 준거 기준으로서 정책 상황과 정책 성격에 따라서 평가 기준이 다양하다.

2) 정책분석의 평가 기준

(1) 소망성

정책결정자가 속하는 집단의 이익을 극대화하는 것이 아니라 사회 전체의 이익을 추구하는 윤리적 기준이다. 소망성(desirability)에는 형평성, 대응성, 적합성, 적정성, 효과성, 능률성 등이 있다. 형평성(공평성)은 정책효과와 비용이 누구에게 얼마만큼 돌아갔느냐를 평가하는 기준이다. 민주화 이후에 중시되고 있으며, 재분배정책에서 중요시하는 기준이다. 대응성은 대상집단의 욕구충족의 가능성을 평가하는 기준이다. 적합성은 정책목표나 가치의 바람직스러움이 평가하는 기준이다. 적정성은 성과의 달성이 문제 해결에 기여할 가능성이 평가하는 기준이다. 효과성은 가치있는 결과가 성취됐는가의 여부를 판단하는 기준이다. 비용 측면은 고려되지 않는다. 능률성은 투입과 산출의 비율로 비용 측면이 고려된다. 여기서 중시되는 개념이 파레토 최적(Pareto optimum) 기준이다. 파레토 최적 상태란 다른 사람의 후생을 감소시키지 않고서는 어느 한 사람의 후생을 증가시키는 것이 불가능하도록 자원이 가장 효율적으로 배분돼 있는 상태를 말한다. 이 조건이 성립되면 자원 배분의 효율성은 확보되지만, 소득의 공평한 분배가 자동으로 확보되는 것은 아니다.

(2) 실현가능성(1차적인 기준)

실현가능성(feasibility)에는 기술적 실현가능성, 재정적 실현가능성, 행정적 실현가능성, 법적·윤리적 실현가능성, 정치적 실현가능성 등이 있다. 기술적 실현가능성은 정책대안이 현재 이용 가능한 기술로서 실현이 가능한 정도를 말한다. 재정적(경제적) 실현가능성은 정책대안이 실현되는데 소요되는 비용을 현재의 재정적 수준 또는 이용 가능한 자원으로 부담할 수 있는 정도를 의미한다. 행정적 실현가능성은 정책대안의 집행을 위해 필요한 행정조직, 인력 등의 이용가능성을 의미한다. 법적 실현가능성은 정책대안이 다른 법률의 내용과 모순되지 않을 가능성을 의미하며, 윤리적 실현가능성은 정책의 실현이 도덕적·윤리적 제약을 받지 않을 가능성을 의미한다. 정치적 실현가능성은 정책대안이 정치 체제에 의해 정책결정 과정에서 정책으로 채택되고 이것이 집행될 가능성을 의미한다.

3. 정책모형: 정책대안의 탐색과 평가의 도구

1) 의의

정책모형(policy model)이란 정책대안이 가져올 결과를 예측하기 위해 복잡한 현실을 단순화시킨 추상적이고 극단적인 대치물을 말한다. 정책대안의 탐색을 돕고 대안의 결과를 예측하게 해주는 정책분석적 목적을 위해 작성한다.

2) 모형의 핵심 구성 요소

모형의 구성 요소는 해결해야 할 정책문제를 명확히 하고 문제의 발생 원인 및 정책대안이 추진됐을 때 영향을 받는 결과들을 탐색해야 하며, 각 원인 또는 결과 변수 및 요소들 간의 상호 관계의 방향 및 강도를 파악하는 방법으로 작성된다.

문제 상황을 나타내는 변수와 문제 발생의 원인 및 결과를 나타내는 변수가 인과모형에서 핵심적인 요소다. 변수들 간의 상호관계는 '방향'과 '강도'에 관한 것이다. 여기서 방향은 변수 간의 인과 관계이며, 강도는 변수 간에 영향을 미치는 정도로서 모형의 파라미드로 표현될 수 있으며, 흔히 신축성이나 탄력성에 해당한다.

3) 모형의 역할

정책모형은 문제를 명확히 규정하고 발생 원인을 제거 또는 탐색해 정책대안을 탐색・개발하는 데 도움을 준다. 문제의 발생 원인을 제거・통제・조작할 수 있는 경우에는 그런 방향으로 정책수단(대안)을 개발한다. 던(W. N. Dunn)이 말한 제거・통제가 가능한 '행동 가능한 원인(actionable cause)'에 해당한다. 문제의 발생 원인을 제거・통제・조작할 수 없는 경우에는 원인은 손대지 않고 문제의 심각성을 완화하는 방향으로 정책 수단(대안) 개발한다. 통제・제거가 곤란한 '가능한 원인(possible)'에 해당한다. 그리고 대안이 가져올 결과를 예측하는 것이다.

4) 모형의 종류

모형은 확정적 모형과 확률적 모형으로 구분한다. 확정적 모형은 제약 조건을 모두 알고 있는 상태에서 결과를 확정적으로 예측하는 모형(선형계획 등)이다. 확률적 모형은 상황에 따라 결과를 다르게 예측하면서 상황의 발생 확률을 밝히는 모형으로 의사결정 분석(다단계 하의 축차적 분석 등)이다.

5) 모형의 예측 능력을 결정하는 변수

모형의 예측 능력을 결정하는 것은 모형 자체의 정확성과 모형 속에 포함된 변수들의 상태에 관한 자료 정확성 여부다. 모형 자체의 정확성은 모형의 구성 요소에 중요한 변수가 얼마나 포함돼 있고 변수간의 관계의 방향과 강도가 얼마나 사실을 정확하게 반영하고 있느냐에 따라 결정된다. 모형의 간소성과 정확성은 상반되므로 적당한 조화가 필요하다. 그리고 자료가 정확치 않으면 예측가능성은 부정확해진다. 각종 과학적이고 통계적인 지표가 활용돼야 한다.

제3절 불확실성과 미래예측

1. 의사결정 상황별 미래예측 기법

1) 확실한 상황 하의 의사결정

의사결정자가 사전에 제약 조건이나 미래의 상황을 명확하게 알 수 있는 경우다. 선형계획, 비용편익분석 등 이론적 예측 기법인 예견(prediction)을 활용한다.

2) 불확실한 상황 하의 의사결정

미래 상황을 모르거나 불확실성을 극복할 수 없는 경우에 불확실성을 전제로 이에 대비하는 전략이다. 실질적 불확실성은 인간의 고의나 무지에 기인하는 불확실성으로 결과도 모르고, 불확실성의 발생 확률도 모르는 경우다. 브레인스토밍, 델파이 등 직관적 예측 기법인 추측(conjecture)을 활용한다. 확률적 불확실성은 변동 추세나 통계적 자료가 없지만 결과는 알고 불확실성의 발생 확률은 모르는 경우다. 시계열분석, 외삽법 등 연장적 예측 기법인 투사(projection)를 활용한다. 위험은 잘못 결정을 할 경우 커다란 위험이나 비용이 수반되는 상황으로 발생 확률은 알고 결과는 모른다. 모의실험, 대기행렬이론 등을 활용한다. 상충(conflict)은 의사결정자들 간에 이해관계나 전략이 상충되는 상황으로 발생 확률은 알고 결과는 모른다. 게임이론 등을 적용한다.

2. 불확실성 극복을 위한 미래예측의 유형: 던(W. N. Dunn)

1) 예견(prediction): 이론적 예측 기법

과학적·이론적 근거에 의한 연역적 예측으로 선형계획, 비용편익분석, 경로분석, 회귀분석, 구간추정, 상관분석 등이 해당된다.

2) 투사(projection): 연장적 예측 기법

경향분석 등을 통한 보외적 예측으로 역사적 추세 연장이나 귀납적 방법으로 시계열분석, 외삽법, 최소자승 경향 추측, 지수가중법, 자료전환법 등이 해당된다.

3) 추측(conjecture): 직관적 예측 기법

전문가들의 주관적·직관적 판단에 기초한 질적 분석에 의한 추측이다. 이에 전통적 델파이, 정책 델파이, 교차(상호)영향분석, 실현가능성분석 등이 해당된다.

표 3-6 던의 상황별 미래예측 유형

상황		발생 결과	발생 확률	미래예측 유형
확실한 상황		○	○	예견(prediction): 이론적 예측 기법
불확실한 상황	진불확실성	×	×	추측(conjecture): 직관적 예측 기법
	추계적 불확실성	○	×	투사(projection): 연장적 예측 기법
	위험(risk)	×	○	모의실험, 대기행렬이론
	상충(conflict)	×	○	게임이론

3. 불확실성에 대한 대처 방안

1) 일반적인 대처 방안

불확실성에 대처하는 일반적 방안은 시행착오를 겪으면서 해결책을 찾으려는 자기발견적(heuristic) 접근으로 문제 의식적 탐색, 인간의 인지 능력을 고려해 제한된 합리성 추구, 인간 행동의 변이성 극복을 위해 표준화·공식화를 추구하는 표준화 및 공식화 추구(회사모형)가 있다. 그리고 가외성의 장치나 복수의 대안을 마련하거나, 불확실한 상황에 대한 조직적 대응으로 분권화를 추구한다. 그리고 불확실성을 유발하는 환경을 통제한다.

2) 적극적인 대처 방안과 소극적인 대처 방안

불확실성에 대처하는 적극적인 대처 방안은 불확실한 것을 확실하게 하려는 방안이다. 이는 불확실성을 유발하는 환경의 통제로 다른 기관과의 흥정이나 협상을 통해 불확실성을 통제하거나 결정을 지연시키면서 상황이 확실해질 때까지 추가정보를 충분히 획득한다. 계량적인 기법으로 모형이나 이론을 개발해 적용하거나 직관적인 방법으로 정책실험, 브레인스토밍, 정책 델파이 기법 등을 이용한다.

소극적인 대처 방안은 불확실한 것을 주어진 것으로 보는 방안이다. 이는 최악의 불확실성을 가정하고 대안을 모색하거나 중복 및 가외성을 마련해 불확실성에 대비한다. 민감도 분석, 상황의존도 분석, 악조건 분석, 분기점 분석 등이 있다.

첫째, 민감도 분석(sensitivity analysis)은 한 모형에서 파라미터가 불확실할 때, 파라미터가 취할 수 있는 가능한 값들을 모두 대입해 파라미터의 변화에 따라 결과가 어떻게 되는가를 분석하는 것이다. 모형의 파라미터가 불확실할 때 여러 가지 가능한 값에 따라 대안의 결과가 어떻게 달라지는지를 분석한다.

둘째, 상황의존도 분석(contingency analysis)은 외생변수나 조건변수의 변화에 따라 결과가 얼마나 민감하게 변하는지를 파악하기 위한 분석이다. 정책 상황의 변화 등에 따라 정책 결과가 어떻게 영향을 받는지를 분석한다.

셋째, 악조건 분석(a fortiori analysis)은 예비 분석에서 가장 우수한 것으로 판단된 정책 대안에 대해 최악의 상태를 가정하고 나머지 대안에 대해 최선의 상태로 가정해 대안의 결과를 새로 예측해 최초 대안의 선택 여부를 판단하고자 하는 분석 방법이다. 최선의 대안은 최악의 상황을 다른 대안은 최선의 상황을 가정해 보고 분석한다.

분기점 분석(break-even analysis)은 최선 및 차선으로 예상되는 몇몇 대안이 동등한 결과를 산출하기 위해 외생변수들이 어떻게 변화해야 하는지를 가정해 보고 가장 발생가능성이 높은 대안을 최선의 정책대안으로 선택하고자 하는 분석 방법이다. 악조건 가중분석의 결과로 대안의 우선순위가 달라질 경우에 대안들이 동등한 결과를 가져오기 위해서는 어떤 가정이 필요한지를 분석한다. 그리고 불확실성에 대비해 2개 이상의 대안을 제시한다.

4. 불확실성 하에서의 의사결정 기준

1) 낙관적 기준

낙관적 기준은 편익(이익)의 최대치가 가장 최대인 대안을 선택하는 maximax(최대최대치 기준, 최대극대화기준)법, 비용(손실)의 최소치가 가장 최소인 대안을 선택하는 minimin(최소최소치 기준, 최소극소화기준)법이 있다.

2) 비관적 기준

비관적 기준은 편익(이익)의 최소치가 가장 최대인 대안을 선택하는 maximin(최대최소치 기준, 최소극대화기준)법, 비용(손실)의 최대치가 가장 최소인 대안을 선택하는 minimax(최소최대치 기준, 최대극소화 기준)법이 있다.

3) 후르비츠(L. Hurwicz) 기준

낙관적 기준과 비관적 기준의 중간에 서서 최대 성과(낙관적 기준)와 최소 성과(비관적 기준)라는 극단적인 값만을 낙관계수(낙관적 상황이 발생할 확률)에 의해 도출·비교한다.

4) 라플라스(P. Laplace) 기준(평균기댓값 기준)

각 상황이 발생할 확률은 전혀 모르기 때문에 모두 동일하다고 가정하고 발생 가능한 모든 성과들의 평균값을 비교해 최선의 대안을 선택하는 불충분 이유의 기준(criterion of insufficient reason)이다.

5) 새비지(L. J. Savage) 기준

미니맥스 후회 기준(minimax regret criterion)이라고도 하며 의사결정자가 미래의 상황을 잘못 판단함으로써 가져오는 손실 혹은 비용을 최소화하려는 데 그 목적을 두는 것으로 최대 기회비용(최대 후횟값)이 최소인 대안을 선택한다.

5. 미래예측의 제반 기법

1) 미래예측 기법

미래예측 기법에는 과학적·계량적 방법, 주관적·질적 방법이 있다. 과학적·계량적 방법은 경영과학이나 관리과학의 기법들로 선형계획, 시계열분석, 회귀분석 등 투사(predict)나 예견(project)을 활용한다. 단기에 걸친 예측일수록 계량적·통계적 예측 기법에 의존하는 것이 바람직하다. 주관적·질적 방법은 경험적 자료도 없고 이론도 없는 경우에, 즉 투사(predict)나 예견(project)이 불가한 경우에는 브레인스토밍(brainstorming, 집단토의기법), 델파이 기법(delphi method) 등 추측(conjecture)을 활용한다. 장기에 걸친 예측일수록 주관적·질적 예측 기법에 의존하는 것이 바람직하다.

2) 브레인스토밍

여러 사람이 모여 다양한 아이디어를 제시하고, 이러한 아이디어 들을 취합·수정·보완해 새로운 아이디어를 얻는 방법을 말한다. 자유분방한 분위기 속에서 더 많은 창조적인 아이디어들이 제시될 수 있도록 브레인스토밍의 첫 단계에서는 아이디어에 대한 평가를 하지 않는다.

3) 델파이 기법

델파이 기법이란 미래를 예측하는 질적 예측 방법의 하나로, 여러 전문가의 의견을 되풀이해 모으고, 교환하고, 발전시켜 미래를 예측하는 방법이다. 1948년 미국 랜드(RAND) 연구소에서 개발해 여러 분야에서 사용됐고, 다양한 분야의 미래예측에 이용되고 있다. 전통적인 회의식 기법이 갈등이 심하고 토의 분위기에 영향을 받아 주관적 판단을 흐리게 된다는 비판 위에서 대두됐다.

델파이 기법의 방법은 의견의 원천은 주관적·질적 미래예측 방법이며, 의견의 분석은 통계적·계량적으로 처리한다. 이 기법의 장점은 응답자들의 익명성이 유지되므로 외부의 영향력으로 결론이 왜곡되는 것을 방지할 수 있으며, 환류 과정을 반복함으로써 주제에 대한 관심을 높일 수 있다. 또한, 응답의 결과를 통계적으로 처리함으로써 비교적 객관적인 결론을 도출할 수 있다.

단점으로는 동원된 전문가들의 자질·역량·책임감 등이 문제이며, 델파이 과정에서 응답이 불성실하거나 조작될 우려가 있다. 또한, 설명 방식에 따라 응답이 영향을 받는다.

4) 정책 델파이

정책분석을 위해 델파이 기법을 정책문제에 적용하는 것을 말한다. 델파이 기법은 미래를 예측하는 질적 예측 방법의 하나로, 여러 전문가의 의견을 되풀이하여 모으고, 교환하고, 발전시켜 미래를 예측하는 방법이다.

정책 델파이(policy delphi)의 특징은 다음과 같다.

첫째, 일반적인 델파이 기법은 전문가들의 전문적 견해(informed opinion)를 묻는 초기 단계에서 익명성을 강조하고, 그 결과를 통합해 다시 되돌려 줌으로써 이전의 견해를 수정할 수 있게 해주는 특징이 있다. 정책 델파이의 특징은 자료 수집 초기 단계에서는 익명성 유지를 강조하되, 상반된 주장이 나온 다음에는 대면에 의한 토론을 하도록 한다는 데 특징이 있다.

둘째, 사람 선정의 기준으로 전문가일 뿐만 아니라 해당 문제에 대해 흥미와 이해관계가 있다는 점을 이용하며, 의식적으로 갈등을 조장하고 그로부터 창의적인 대안과 결과의 산출을 기대한다.

셋째, 참여집단은 이해관계자를 포함하고 그 분야의 이질적인 전문가들로 구성한다.

표 3-7 전통적인 일반 델파이와 정책 델파이의 비교

구분		전통적인 일반 델파이	정책 델파이
차이점	개념	일반 문제에 대한 예측	일반 델파이를 정책문제에 도입한 것
	응답자	일반 전문가를 응답자로 선정	• 정책전문가와 정책(이해)관계자를 대상자로 선정 • 전문성 + 관심 + 통찰력
	익명성	철저한 격리성과 익명성 보장	선택적 익명성 보장(중간에 상호 교차 토론 허용)
	통계 처리	의견의 평균치 중시	극단적이거나 대립된 견해도 존중하고 이를 유도 (∵ 창의적인 대안과 결과의 산출을 기대)
공통점		① 전문가 등을 응답자로 선정 ② 반복적 설문조사: 질문의 반복과 회람 ③ 컴퓨터에 의한 통계적 처리 ④ 반복적 환류: 통제된 환류	

정책 델파이는 일반적인 조사 방법의 절차와 같이 표본 선정, 질의서 작성, 신뢰도와 타당도 검증 등의 절차를 거쳐 수행된다.

제4절 정책결정 일반

1. 의의

1) 개념

정책결정(policy making)이란 행정기관이 국가 목표를 달성하기 위해 정책대안을 탐색하고, 결과를 예측·분석해 채택하는 동태적인 과정을 말한다. 정책이 추구하는 미래의 바람직한 상태(목표)를 결정할 뿐만 아니라, 정책목표 달성의 수단으로서 정책대안을 개발·분석·채택하는 일련의 과정을 말한다.

2) 특징

정책결정 과정은 정치적 영향력을 받으며, 공익 추구를 위해 정책의 목표와 수단을 개발하는 과정이다. 정책대안들의 비교·분석·채택 과정으로 최적 대안을 선택해야 할 책임성이 있으며, 참여자들 사이에 많은 갈등과 이해관계가 상호작용하는 동태적인 과정이다. 그리고 미래 사회에 영향을 미치려는 행동 의지와 대안을 선택하는 과정이며, 의사결정의 한 형태로서 합리성을 추구한다.

3) 정책결정과 의사결정의 관계

정책결정과 의사결정은 문제 해결이나 목표 달성을 위해 여러 대안 중에서 하나의 대안을 선택하는 점에서는 동일하기 때문에 기법·절차 등에서 본질은 같다. 그러나 의사결정이 정책결정보다 더 일반적이고 포괄적인 개념이다.

정책결정은 정부가 공익을 위해 내리는 의사결정이며, 하나의 정책은 여러 차례의 의사결정으로 이뤄진다.

표 3-8 정책결정과 의사결정의 차이

구분	정책결정	의사결정
주체	정부	정부, 기업·개인
결정 사항	정부활동 지침	모든 합리적 대안 선정
성격	공적 성격	공·사적 성격
근본 이념	공익 추구	공·사익 추구
계량화	곤란(∵질적 요인 및 불확실성)	용이

2. 정책결정의 유형

1) 정형적 결정과 비정형적 결정

정형적 결정(programmed decision)은 선례에 따라 반복적으로 이뤄지거나 문제 해결을 위한 절차나 모형이 이미 만들어져 있어, 기존 정책설계의 틀을 이용할 수 있는 의사결정의 유형이다. 예측이 확실한 상황에서 주로 하위층에서 이뤄지는 단기적인 결정이다. 정형적 의사결정의 장점은 의사결정이 신속하고 원활하게 진행될 수 있으며, 의사결정 절차의 표준화로 행동의 예측 가능이 높다. 그리고 의사전달이 능률적으로 이뤄질 수 있고, 의사결정 절차의 습득이 용이하다.

비정형적 결정(non-programmed decision)은 정책문제의 구조화 정도가 낮고 선례가 없어 정책문제가 발생할 때마다 정책설계를 새롭게 해야 하는 의사결정의 유형을 말한다. 예측이 불확실한 상황에서 주로 고위층에서 하는 장기적인 결정이다.

2) 전략적 결정과 전술적 결정

전략적 결정(strategic decision)은 좀 더 중요한 전략적인 문제 해결 방안을 선택·결정하는 것이다. 반면, 전술적 결정(tactical decision)은 일상적인 업무 처리 방안을 선택·결정하는 것이다.

3) 개인적 결정과 집단적 결정

개인적 결정은 관리자 개인의 독단적 판단에 의해 대안의 선택을 하는 것이다(독임형). 집단적 결정은 구성원·관계자·전문가 등의 참여 하에 대안을 결정하는 것이다(위원회나 MBO에 의한 참여적 결정).

4) 가치결정과 사실결정

가치결정은 목표나 방향의 설정 등 윤리성과 당위와 선에 관련된 의사결정이다. 에치오니(A. Etzioni)의 통합적 결정(integrated decision)에 해당한다. 사실결정은 수단이나 방법의 채택 등 경험적으로 관찰할 수 있고 대상에 대한 검증이 가능한 결정이다. 에치오니의 수단적 결정(instrumental decision)에 해당한다.

3. 정책결정 과정

합리적 정책결정 과정은 문제의 인지와 정책목표의 설정 → 정보의 수집과 분석 → 대안의 탐색과 평가(정책분석) → 대안의 선택 단계를 거친다. 문제의 인지와 정책목표의 설정 단계에서 문제가 인지되고 정책목표가 설정돼야 한다. 아울러 제3종 오류를 범하지 말아야 한다. 정보의 수집과 분석 단계에서는 정보·자료와 지식을 광범위하게 수집·분석한다. 대안의 탐색과 평가(정책분석) 단계에서는 문제 해결과 목표 달성을 위한 대안을 창의성을 가지고 광범위하게 탐색하며, 각 대안의 결과를 예측·비교·평가한다. 각 대안의 장·단점 분석, 문제 해결에 기여하게 된 과정, 제한된 자원배분의 효과성 등을 가능한 계량적으로 평가하기 위해 정책결정의 이론적 모형이나 기술적 모형을 활용한다. 대안의 선택 단계에서는 가장 적절한 대안을 선택하지만 반드시 합리적으로만 이뤄지는 것은 아니며, 정책결정자의 정치적 판단이나 협상에 따라 결정될 수도 있다.

퀘이드(E. S. Quade)는 합리적 정책결정의 단계를 9단계로 구분했다. 정책의제 형성(문제의 인지), 정책목표의 설정, 정보의 수집·분석, 정책대안의 작성·탐색·개발, 모형의 개발(작성), 정책대안의 평가(대안의 결과 예측), 우선순위 선정 기준의 선정, 우선순위의 결정, 최적 대안의 선택(종합판단·우선순위 조정)의 단계로 제시했다.

갤로웨이(G. B. Galloway)가 제시한 정책결정 단계는 일반적인 정책결정 단계로 문제의 인지, 목표의 설정, 정보의 수집·분석, 대안의 탐색·평가(정책분석), 대안의 선택으로 구분했다.

4. 합리적 정책결정의 제약 요인

1) 정책결정자: 인적 제약 요인

합리적 정책결정의 제약 요인 중 첫 번째는 정책결정자의 인적 제약 요인이다. 이는 능력과 시간 부족, 가치관의 작용, 관료제의 병리, 사무 처리 방법의 영향, 미래 예측의 곤란성, 자기 경험이나 경력에 의존, 선입관의 작용, 인지의 차이 등이 있다.

정책결정자는 전문적 능력과 시간의 부족으로 합리적·분석적 결정을 하기 어렵고, 개성과 가치관의 개인적 차이는 정책결정의 합리성을 저해한다. 변동에의 저항, 형식주의·의식주의, 선례답습적 보수주의, 무사안일주의, 부하나 수익자의 요구에 대한 무관심 등 행정인의 병리적·역기능적 성향은 정책결정의 합리성을 제약한다. 일선기관과 멀리 떨어진 중앙기관의 직원은 현지 사정으로 보아서는 비현실적인 결정을 내릴 수 있으며, 인지 능력의 한계로 인해 불확실한 장래에 나타날 결과를 정확하게 예상한다는 것은 매우 곤란하기 때문에 합리적인 의사결정이란 불가능하다. 정책결정자는 자신의 과거 경험이나 개인적 판단을 너무 중요시하는 경향이 있다. 경험만이 결정에 대한 최선의 지침이 될 수 없는 것이다. 그리고 본래의 결정이 사실에 근거를 두고 있는 것처럼 생각되는 경우에도 실질적으로 정책결정자의 선입관을 반영시킨 데 불과한 경우가 빈번하다. 마지막으로 인간은 사물이나 어떤 현상을 인지하는 데 차이가 불가피하고 완전히 인지할 능력도 가지고 있지 않다.

2) 결정구조: 구조적 제약 요인

합리적 정책결정의 제약 요인 중 두 번째는 결정구조의 구조적 제약 요인이다. 이는 정보에 의한 제약, 행정 선례와 표준운영절차(SOP)의 존중, 관료조직의 특성과 부처할거주의, 집단사고 방식의 작용 등이다.

첫째, 정보에 의한 제약은 정보를 수집·활용하는 제약 요인으로 자료를 수집·분석·이해하는 데 시간·노동·경비가 소요되고 선택의 결과에 대한 지식이 단편적이라는 것이다. 그리고 정보분석에 많은 시간을 소비함으로써 신속한 결정을 지연시킬 수 있다. 정책결정자가 동시에 여러 문제에 관한 정보를 처리하거나 특정 문제에 관한 방대한 양의 정보를 처리할 수 있는 능력과 시간에 한계가 있으며, 이해관계자에게 정보 수집 활동이 알려짐으로써 분쟁·대립이 일어나면 특정

조직이 정치적 대가를 치를 가능성이 있다. 또한, 정보 수집으로 장래에 대한 어느 정도의 불확실성을 제거할 수 있으나, 의사결정에는 항상 불확실성의 요인이 존재한다.

둘째, 행정 선례의 경우 행정기관에서 장기간에 걸쳐 확립돼 온 선례나 표준운영절차(SOP)를 무시하기 어렵기 때문에 새로운 대안의 탐색이 곤란하다.

셋째, 관료조직의 특성은 결정 권한이 상위계층에 집중돼 있는 경우 정책대안의 작성・평가에의 참여 기회가 제한되고 대안의 충분한 검토가 어려워지므로 정책의 현실성이 떨어지고 품질이 떨어지게 된다. 또한 부처할거주의가 작동하는 경우 합리적 정책결정은 어려워진다.

넷째, 집단사고(group think)는 응집력이 높은 소규모 의사결정 집단에서 대안의 분석 및 이의 제기를 억제하고 합의를 쉽게 이루려고 하는 심리적 경향을 말한다. 집단구성원들이 대안에 대한 충분한 분석 및 토론이 없이 쉽게 합의하고 그것이 최선이라고 믿고 합리화하려고 하는 현상이다. 집단사고는 의사결정 과정에 나타나는 집단착각 현상이다. 집단사고에 빠지게 되면 조직구성원들은 새로운 정보나 변화에 민감하게 반응하지 못해 상황 적응 능력이 떨어지게 된다. 응집성이 강하고 적은 인원 수로 구성된 정책결정 집단이 집단사고(group think)로 인해 중대한 실책을 범하는 일이 빈번하다(I. Janis, 1972).[1)]

3) 결정환경: 환경적 제약 요인

합리적 정책결정의 제약 요인 중 세 번째는 결정 환경의 제약 요인이다. 이는 문제와 목표의 다양성, 정치 세력의 반발, 문화적・생태적 요인과 사회 관습의 영향, 매몰비용의 고려, 외부집단의 영향 등이다.

행정활동의 대상으로서 선택될 수 있는 문제와 목표의 다양성, 그리고 가능성 있는 각 목표의 철저한 평가를 저해하는 환경적 요인이 합리성을 저해한다. 정책결정에 영향력을 행사할 수 있는 정치 세력이나 압력집단이 합리적 결정으로 인해 기득권이 침해된다고 생각하는 경우에 심한 반발을 하게 된다. 문화적・생태적 요인은 정책결정 체제의 기본적 특징을 좌우하고 정책결정의 합리성을 제약하며 사회 관습(mores)은 의사결정에 영향을 미친다. 매몰비용(sunk cost)에 집착함으로써 새로운 대안을 선택할 수 있는 범위가 제약됨으로써 새로운 합리적 결정을 불가능하게 한다. 정책결정자가 사회에서 일체의식을 느끼는 외부준거집단(outside reference group)이 정책결정에 영향을 미친다.

---

1) 케네디(J. F. Kennedy) 대통령의 쿠바 남서쪽 피그스만(The Bay of Pigs) 침공사건이 대표적이다. 1961년 4월 17일 밤, 쿠바 혁명으로 쿠바를 탈출한 망명자들 1,400여 명이 쿠바의 남서쪽에 있는 피그즈만을 통해 기습 공격을 감행한 사건을 일컫는다. 당시 미국에서 공군 지원이 받기로 하고 들어갔으나 지원이 전혀 없었고, 이로 인해 100여 명이 사살당하고 1,200여 명이 생포됐다.

제5절 정책결정의 이론모형

1. 의의

1) 개념

모형(model)이란 대안의 결과를 사전에 예측하기 위해 복잡한 현실을 단순화시킨 대치물이다. 정책결정의 이론모형[2)]은 정책결정 과정인 목표의 설정, 정보의 수집과 분석, 대안의 탐색과 평가, 정책내안의 장·단점을 비교·분석해 평가하는 분석적·이론적 틀을 의미한다.

2) 모형의 종류

정책결정 모형은 연구 중점에 따라 분류하기도 하며, 연구 목적에 따라 분류하기도 한다. 연구 중점에 따른 분류는 <표 3-9>, 연구 목적에 따른 분류는 <표 3-10>과 같다.

표 3-9 연구 중점에 따른 분류

구분	산출 지향적 모형(정책중심모형)	과정 지향적 모형(참여자중심모형)
중심	정책결정 기준으로서 '합리성' 중심	정책 과정에의 주된 참여자로서 '권력성' 중심
중점	정책결정의 산출·결과의 분석에 중점	공공정책의 결정 과정을 분석하는 데 중점
성격(목적)	처방적 성격(정책 내용 및 정책결정 방법의 개선)	기술적 성격(정책결정 과정을 분석하는 데 중점)
종류	합리모형, 만족모형, 점증모형, 혼합주사모형, 최적모형 등	엘리트모형, 집단모형, 체제모형, 제도모형, 쓰레기통모형, 흐름·창모형 등
사용자	행정학자들이 주로 사용	정치학자들에 의해 연구

표 3-10 연구 목적에 따른 분류

구분	규범적·이상적 접근 방법	현실적·실증적 접근 방법
중점	인간을 합리적 행동을 하는 경제인으로 파악하는 합리모형으로서 결정의 규범적 측면이나 당위성과 대안의 결과의 평가가 중요시된다(경제적 합리성).	합리적 성과를 달성하기 위한 타당한 대안의 발견에 주력하며, 대안의 선택 과정에 가해지는 여러 가지 제약의 연구에 중점을 둔다(정치적 합리성).
종류	공공선택모형, 관리과학, 체제분석, 선형계획, OR, PERT, CPM, 대기행렬이론 등	점증모형, 만족모형 등

의사결정자의 능력에 따른 구분은 합리모형과 인지모형으로 구분한다. 합리모형(rational model)은 인간의 지적 능력(완전한 합리성)에 의한 합리적 의사결정이 따라야 할 논리·절차를 밝

2) 정책결정 이론모형의 발달 과정을 보면, 1950년대 이전에는 베버(M. Weber)의 관료제 및 관리과학 등 전통적인 합리주의가 중심이 됐으며, 1958년 제한된 합리성을 추구하는 만족모형이 제시됐다(Simon & March). 1959년 정치적 합리성의 관점에서 점증모형이 제시됐고(Lindblom), 1967년 의사결정에 관한 제3의 접근 방법으로 혼합주사모형이 제시됐다(Etzioni). 그리고 1970년대 정책과학적 관점에서 최적모형이 제시됐다(Dror).

표 3-11 정책결정의 이론모형 체계

산출 지향적 모형(합리성 중심)			과정 지향적 모형 (권력성 중심)
개인모형: 기본 모형		집단모형: 변형모형	
• 합리포괄모형 • 만족모형 • 점증모형 • 혼합주사모형 • 최적모형	→ → →	• 공공선택모형, Allison의 모형 I • 인지모형, 사이버네틱스모형, Allison의 모형 II • 쓰레기통모형, Allison의 모형 III	• 다원론 • 엘리트모형 • 제도모형 • 게임이론 • 체제모형

히는 데 중점을 둔다. 그리고 인지모형(cognitive model)은 인간 능력의 한계(제한된 합리성)로 인해 합리적인 의사결정이 이뤄질 수 없다는 실증적 측면을 강조한다. 의사결정 주체에 따라 분류하면, 개인 차원의 의사결정과 집단 차원의 의사결정모형으로 구분할 수 있다. 개인 차원의 의사결정모형은 개인이 실제로 어떻게 의사결정을 하는가를 연구하는 심리학적 모형으로 사이먼(H. A. Simon)의 만족모형이 대표적이다. 집단 차원의 의사결정모형은 여러 개인이 참여하는 결정모형으로 개인 차원의 모형을 집단 차원에 그대로 적용하는 모형으로 조직모형과 회사모형이 있으며, 개인 차원의 모형과는 달리 접근하려는 모형으로 쓰레기통모형이 있다.

정부기관의 의사결정모형은 정부기관의 의사결정에 관한 모형으로서는 1962년의 쿠바 미사일 위기에 적용해 유명하게 된 앨리슨(G. T. Allison)의 합리적 행위자모형(Allison I), 조직과정모형(Allison II), 정부 내(관료) 정치모형(Allison III)을 들 수 있다.

2. 합리모형(규범적 · 총체적 · 합리적 · 포괄적 접근): 계량주의

1) 의의

합리모형(rational model)은 정책결정자가 이성과 고도의 합리성에 따라 행동하고 결정한다고 보며, 목표 달성의 극대화를 위한 합리적 대안의 탐색 · 선택을 추구하는 규범적 · 이상적 접근이론이다. 인간을 합리적 사고방식을 따르는 경제인으로 전제한다. 전지의 가정(assumption of omniscience) 하에 최적화의 기준에 따라 문제 · 목표를 완전히 파악하고 대안을 포괄적으로 탐색 · 평가해 가장 합리적인 최적 대안을 선택할 수 있다고 본다. 관리과학 · 체제분석도 합리모형에 속하며, 오스트롬(V. Ostrom)의 공공선택이론도 합리모형의 변이라고 할 수 있다.

합리모형을 정책결정에 적용하기 위해 전체 사회가치의 가중치가 정해지고, 대안의 결과를 정확하게 알 수 있는 예측 능력이 존재해야 하며, 비용편익 비율을 계산할 수 있는 지적 능력이 있고, 정책결정이 합리적으로 이뤄지는 정책결정 체제가 있어야 한다. 또한, 정책 상황의 확실성, 목표의 명확성, 정확하고 충분한 정보 등 확실성이 전제돼야 한다.

2) 합리모형의 내용 · 특징

합리모형은 목표 · 가치와 수단 · 사실을 엄격히 구분하는 목표수단분석을 실시한다. 그리고 목표나 가치는 부여된 것으로 고정돼 있다고 가정한다. 합리모형은 경제적 합리성을 추구한다. 이는 정해진 목표나 가치를 가장 완전하게 달성할 수 있는 대안을 완전한 합리성이나 경제적 합리성에 근거해 추구하는 것이다. 전체적 최적화 추구하기 위해 포괄적 · 총체적인 문제의 인지와 목적의 설정을 중시하고, 대안 역시 총체적 · 체계적으로 빠짐없이 검토한다. 합리모형은 대안들의 비용 · 효과 및 편익분석 결과 가장 합리적이며 최적적인 대안을 선택한다. 즉, 비용의 극소화와 결과의 극대화를 중시하며, 수리적 · 연역적 · 미시경제학적 · 순수이론적 지식에 많이 의존하며 사회후생함수[3]나 무차별곡선[4](개인의 효용이 동일한 지점을 연결한 곡선)이 도출될 수 있다고 본다. 따라서 합리모형은 개인의 후생함수로부터 사회후생함수를 도출해 사회총비용을 극소화시키고 사회총효용을 극대화시키고자 한다. 또한, 의사결정은 동시적 · 분석적이며 계획적 · 단발적 · 쇄신적이고 현실이나 매몰비용 등 기득권을 무시한다.

3) 합리모형의 효용

합리모형은 대안에 대한 과학적 · 체계적 분석을 통해 더 나은 정책 형성에 기여하며, 합리성에 대한 저해 요인을 밝혀줌으로써 정책분석에 매우 유용하다. 대안 선택의 평가에서 대안의 선택 결과에 대한 현실적 · 객관적인 평가가 가능하며, 개발도상국가에서는 정부와 특정 정책의 지지자 · 반대자 간에 상호작용이 거의 없고 정책결정 체제에의 투입이 매우 빈약해 엘리트가 주요 사업을 추진해야 하므로 합리모형을 과소평가할 수 없다.

4) 합리모형의 한계: 비현실적 이상형 이론

합리모형의 한계로는 우선 일반적인 합의를 본 사회가치 · 목표는 없으며 가치는 유동적이라는 것이다. 그리고 대립적인 사회가치의 가중치를 정확히 밝힌다는 것은 정책결정자에 대한 권력 · 영향력의 작용으로 불가능하다. 정책결정자는 사회목표의 달성보다는 권력 · 지위의 유지 등 자기의 이익을 극대화하는 데 주력하게 되며, 최적 대안을 찾을 때까지 대안 탐색을 하는 것은 아니고, 목표 달성의 극대화보다 일반적인 향상 · 개선 요구를 충족시킨다.

합리모형에서 주장하는 정책대안 결과를 밝히는 예측 능력 · 계산 능력이 충분하지 못하다. 결정을 위한 정보의 수집 · 분석이 불완전하고, 정책결정자가 모든 대안을 총체적으로 탐색한다는 것은 불가능하며, 인간의 능력으로 미래를 정확하게 예측한다는 것은 곤란하다. 정책목표의 유동성을 고려하지 않으며, 인간의 주관적 심리 · 동태적 요인을 고려하지 않는다. 목표 · 가치의 신축적 조정이 불가능하며, 매몰비용 · 기득권 등 현실을 무시하기가 쉽지 않다. 또한, 계량화할 수 없는 질적 요인을 분석하기는 곤란하며, 현실적으로 다양한 이해관계의 정치적 조정이 불가피하다. 그리고 분석 과정이 복잡하고 시간 · 비용이 많이 소모된다.

---

3) 효용은 개별소비자의 소비생활에 대한 만족도를 수치적으로 측정한다. 국민경제생활의 소망스러운 정도를 수치로 측정하는 방식을 사회후생함수(social welfare function)라고 한다. 한 가지 형태의 사회후생함수가 채택되면, 값이 높은 국민경제생활일수록 사회적으로 좀 더 소망스러운 국민경제생활로 판정된다. 사회후생함수의 구조는 각 경제생활에서 국민 각자가 누리게 되는 효용의 구조를 적절히 반영해야 한다. 사회후생함수는 잠재적으로 개인 간의 효용을 비교할 수 있다는 전제다. 이 가정을 효용의 개인 간 비교가능성의 가정이라 한다. 그러나 이 가정은 본질적으로 주관적 가치인 갑과 을의 효용의 크기를 어떻게 객관적으로 비교할 수 있는가라는 비판을 받는다. 따라서 오늘날까지 그 논쟁과 연구가 계속되고 있다.

4) 소비자가 두 상품 X와 Y만을 구입한다고 가정할 때 두 재화의 무수한 조합을 얻을 수 있는데, 그 중 동일한 만족을 주는 상품의 조합들을 연결한 곡선이 무차별곡선이다. 횡축에 X재의 수량을, 종축에 Y재의 수량을 나타내는 평면상에 만족 수준을 달리하는 무차별곡선을 무수히 그릴 수 있는데, 이러한 무차별곡선의 집합을 무차별지도라고 부른다.

3. 만족모형(현실적 · 실증적 · 귀납적 접근)

1) 의의

만족모형(satisfying model)은 마치와 사이먼(J. March & H. A. Simon, 1985)이 주장했다. 행태론적 의사결정모형으로서 의사결정자의 사회심리적 측면을 중요시하는 현실적 · 실증적 이론이다. 의사결정자가 한정된 능력만을 가지고 있다는 것을 기본적 전제로 하며, 의사결정 과정을 지배하는 것은 최적화의 기준이 아니라 만족화의 기준이라고 인식한다.

만족모형은 행태론적 의사결정론에서 제기된 것으로 합리적 이론이 제시한 완전한 합리성의 기준보다는 제한된 합리성의 기준을 중시한다. 현실적으로 만족할 만한 만족 대안의 선택에 타당성을 두는 현실적 · 실증적 접근 방법으로서 대표적인 인지모형에 해당한다.

2) 만족모형의 내용 · 특징

만족모형은 합리성의 제약을 전제로 한다. 제한된 합리성(bounded rationality)으로 인해 절대적 · 완전한 합리성이 아니라 주관적 합리성만 추구할 수 있을 뿐이며, 대안 선택은 최적 대안이 아닌 주관적으로 만족스러운 대안을 선택하는 것이다.

의사결정의 과정은 만족스러운 대안의 탐색 과정으로 가정된다. 따라서 모든 대안을 가장 원하는 것으로부터 가장 원하지 않는 것으로 완전하게 순서지을 필요는 없으며, 단지 대안을 크게 만족스러운 것과 불만족스러운 것으로 나누면 된다. 모든 대안을 동시에 평가할 필요는 없으며, 만족스러운 대안을 발견할 때까지 대안을 계속적으로 평가할 수 있다.

만족모형은 목표와 수단을 구분해 분석하며 제한된 합리성 추구한다. 합리모형과 점증모형의 중간이다. 모든 대안을 총체적으로 탐색하는 것이 아니라 습득 가능한 몇 개의 대안을 우선적으로 검토해 현실적으로 만족하다고 생각하는 선에서 대안을 채택한다. 또한, 대안 탐색에 지치면 만족수준을 낮추게 된다.

3) 만족모형의 비판

인간은 환경 · 경험 · 지식의 영향과 시간적 · 경제적 제약을 받으므로 만족화 기준에 일치되기 어렵고, 그 기준을 형성하는 변수가 명확하지 않다(Y. Dror, 1968). 따라서 만족화의 기준이 지나치게 개인적 · 주관적으로 흐르게 된다. 만족모형은 정치 체제 · 행정 체제의 특징을 충분히 고려하지 않고 있으며, 소비자의 구매 결정과 고급공무원의 행정 결정을 동일시하기는 어렵다. 그리고 만족한 경우에 최선의 대안 발굴을 포기하므로 보수주의에 빠지기 쉽고 쇄신적 · 창의적 대안의 탐색활동을 기대하기 어렵다.

4. 점증모형(현실적 · 실증적 · 귀납적 접근): 개량주의(改良主義)

1) 의의

점증모형(incremental model)은 린드블롬(C. E. Lindblom)과 윌다브스키(A. B. Wildavsky) 등에

의해 제창된 정책결정의 현실적·실증적 모형이다. 린드블롬은 점증모형은 순차적(계속적)·제한적 비교 방법으로 정의하면서 합리모형을 과학적 정책결정, 점증모형을 전략적 결정이라고 했다.

실제 정책을 결정하는 데 현실을 긍정하고 그것보다 약간 향상된 결정에 만족하며, 현재보다 크게 다른 쇄신적·창의적인 결정을 기대하지 않는다. 정책 수립 과정을 그럭저럭 헤쳐 나가는(muddling through) 과정으로 고찰하고 있다.

점증모형은 민주정치의 원리로서 평가되는 정치적 다원주의의 입장을 취해 경제적 합리성보다 정치적 합리성을 중요시한다. 윌다브스키는 점증모형을 예산 과정의 분석에 적용하면서 합리모형에서 비합리적 요인으로서 배격한 정치적 요인을 적극적으로 평가했다.

점증모형은 다음과 같은 경우에만 실효성이 있다. ① 만족스러운 기존 정책이 존재해야 한다. 기존 정책이 잘못되면 악순환을 초래한다. ② 다원적 정치·사회구조가 유지될 수 있어야 한다. 획일성을 가진 정치·사회구조에서는 악순환을 초래한다. ③ 행정 체제에 대한 투입 기능이 활발해야 한다. 투입 기능이 활발하지 못면 적용하기 곤란하다. ④ 사회집단 간에 상호 조절이 원활하게 이뤄져야 한다. ⑤ 정부관료제가 국가 발전을 주도할 필요성이 절실하지 않아야 한다. ⑥ 사회적 안정성이 확립돼야 한다. ⑦ 정책 간에 상호연관성이 높아야 한다. ⑧ 정치적 다원주의가 지배하는 선진 사회에서 적용이 가능하다. 결정자의 판단이 크게 작용하거나 의도적인 변화와 급속한 국가 발전을 도모하는 개도국은 적용가능성이 약하다.

점증모형은 사이먼의 만족모형과 유사하지만 정부의 정책결정을 주로 분석하는 모형이다. 만족모형은 점증모형에 비해 인간이 의도적으로 합리적 행동을 하려는 정도가 더 높다고 보고 있으며 목표를 대안 결과에 대한 평가 기준으로 인정하고 있다.

표 3-12 점증모형과 만족모형의 비교

구분	분석 차원	경제적 합리성	목표를 대안 결과에 대한 평가 기준으로
점증모형	정부의 정책결정을 주로 분석하는 모형	×	×
만족모형	의사결정의 개인적 차원에 중점을 둔 모형	△	○

2) 점증모형의 유형과 발전: 린드블롬

점증모형은 단순 점증주의(simple incrementalism), 분절적 점증주의(disjointed incrementalism), 전략적 점증주의(strategic incrementalism)로 구분할 수 있다.

첫째, 단순 점증주의는 합리모형의 복잡성을 덜기 위해 정책대안을 마련할 때 현재 상태보다 약간 다른 것을 찾는다. 목표와 수단의 통합이 특징이며, 초기의 점증주의다.

둘째, 분절적 점증주의는 좀 더 복잡한 정책문제를 해결하기 위해 관련 정책 요인들을 단순화시키고 정책결정자들이 다소의 전략을 포함하는 분할적 분석활동이다.

다양한 이해관계가 서로 복잡하게 얽혀 있는 사회에서 상호 이해관계의 조정은 점진적으로 이뤄질 수밖에 없기 때문에 분할적 점증주의라고 불리기도 한다. 다원주의 사회에서의 의사결정과 관련이 있으며, 현재의 점증주의에 해당된다.

셋째, 전략적 점증주의는 매우 복잡한 정책문제를 해결하기 위해 신중하고 사려 깊은 전략을 통한 해결 활동이며, 전통적인 합리주의를 향하는 지름길이다. 그러나 인간은 복잡한 사회문제에 대해 총체적인 지적 완벽을 기할 수 있는 능력이 없기 때문에 결국 단순점증주의와 분절적 점증주의를 토대로 합리주의를 가미하는 전략적 점증분석이 이뤄져야 한다.

3) 점증모형의 특징

점증모형은 정책결정자는 정책에 관련된 대안을 완전히 평가・분석하기보다는 현재 정책을 약간 향상시키는 것에만 치중해 한정된 수의 정책대안을 검토・분석한다. 목표를 부여된 것으로 보지 않으며 목표를 수정의 대상으로 보며, 목표와 수단을 계속 재조정함으로써 문제를 잘 해결할 수 있다고 본다. 완전무결한 정책결정이나 해결책은 존재하지 않으며, 계속적인 분석과 평가를 통해 당면 문제를 점진적으로 검토하고, 창조적이며 미래 지향적인 사회 목표를 추구하기보다는 현재 사회가 안고 있는 구체적인 결함을 경감시키는 계속적・점진적・개량주의적 이론이다. 그러나 정책결정 과정을 비합리적, 비포괄적, 무계획적 과정으로 보고 진흙탕 싸움에 비유한다. 그리고 현실이나 매몰비용 등 기득권을 인정한다.

4) 점증모형의 한계

점증모형의 한계로 제시되는 것은 우선 계획성이 결여되고 정책결정의 평가 기준이 없다. 기본정책이 없는 경우에는 방향 없는 행동이 되며, 합리적인 정책결정 방법을 시도하지 않는 구실이 될 수 있다. 사회가치의 근본적인 재배분을 필요로 하는 정책보다 정치적으로 실현 가능한 임기응변적 정책 모색에 관심이 있다. 압력・영향력이 큰 강자에게는 유리하지만 형평을 고려하거나 소수집단의 이익 보호에는 곤란하며, 외부 압력이 약하고 결정자의 판단이 크게 작용하는 사회에는 적용이 제약된다. 쇄신이 강력하게 요구되는 사회에는 적합하지 않으며, 장기 정책보다 단기 정책에 관심을 갖는다. 과감한 정책 전환이 요구되고 경제・사회 발전이 시급한 발전도상국가에는 적절하지 않고, 인간 사회에 존재하는 친타성적・반쇄신적 경향을 심화시키게 된다. 처음의 정책이 잘못 결정되면 근본적인 수정이나 혁신이 곤란하며, 눈덩이 굴리기식의 결정으로 정책의 축소・종결이 곤란하다.

5) 점증모형과 합리모형의 차이점의 원인

비용편익분석 등에 의한 합리모형을 현실 정책결정에 적용하는 데 한계가 있어 점증모형에 따라 정책결정을 하게 된다. 그 원인을 살펴보면 다음과 같다.

첫째, 시간과 자원의 제약이다. 충분한 정보의 수집이나 목표와 정책대안의 관계에 대한 분석・평가는 시간적 제약으로 거의 불가능하며, 막대한 자금이 소요돼 현실적으로 불가능하다.

둘째, 가치・목표의 우선순위 결정이 곤란하다. 무엇을 문제로서 인식하고 목표를 어떻게 설정하느냐 하는 것은 가치판단에 크게 좌우된다.

셋째, 장기적 예측의 곤란과 현상에의 집착이다. 장기적 예측은 기술적 측면에서도 곤란할 뿐만 아니라 행정조직은 경직성이나 수단과 목표의 전환 현상으로 현상에 집착하려는 경향이 강하다.

넷째, 정책의 타당성과 선택 기준이다. 정치인은 다음 선거나 정치실력자・압력단체에 대한 배려로 합리성보다는 정치적 타당성을 우선시키게 된다. 정책선택 기준도 최적화 기준을 따르는 합리모형에 비해 점증모형은 현상 유지적·보수적 입장에서 만족화 기준을 따르게 된다.

표 3-13 점증모형과 합리모형의 비교

정책결정의 구성 요소	점증모형	합리모형
정책 선택의 범위	• 정치적 세계 • 현상과 관련(현실 존중): 현실적	• 합리적 세계 • 현상과 무관계(현실 무시): 이상적
대안의 선택 범위	• 수는 한정적(좁다) • 가치와 변화 • 현상의 괴리가 적다.	• 수는 포괄적(넓다) • 대폭적 변화 추구 • 현상의 괴리가 있다.
정책집행 결과의 범위	좁다	넓다
목표와 수단의 상호작용	목표는 수단에 합치되도록 수정	수단은 목표에 합치되도록 선택
문제의 구성	재구성·재정의가 빈번하다.	재구성·재정의가 거의 없다.
분석·평가 과정	계속적이다.	단발적이다.
정책의 평가 기준	바람직하지 않은 상황 수정	목표의 달성도
분석·평가 주체	• 다양한 이해관계집단 • 분산적·비통일적	• 소수의 의사결정자·분석자 • 집중적·통일적
분석 목표	부분적 최적화	전체적 최적화

표 3-14 점증모형과 합리모형의 차이점의 원인

차이점의 원인	점증모형	합리모형
시간 제약	있다(성숙적 시간)	없다(시계적 시간)
자원 제약	비물적 자원의 중시(제도·법률·조직·관습 등)	인적·물적 자원의 중시(물자·돈·사람 등)
기본 목표 설정	곤란하다.	명확하다.
장기적 예측	• 장기적 기획은 불가능 • 상황은 예측 불능	• 장기적 기획은 가능 • 상황은 예측 가능
타당성 기준	• 정치적 타당성의 중시 • 특정 집단 지향	• 경제적 합리성의 중시 • 불특정 집단 지향(공공성)
정책 선택 기준	만족화 기준	최적화 기준

표 3-15 합리모형·만족모형·점증모형의 차이

구분	합리모형	만족모형	점증모형
초점	정책결정 자체에 초점	인지 능력의 한계에 초점	정책결정 자체에 초점
합리성	완전한 합리성	제한된 합리성	제한된 합리성, 정치적 합리성
접근 방법	규범적·이상적 접근	현실적·실증적 접근	현실적·실증적 접근
선택 기준	최선의 대안	만족스러운 대안	현재보다 약간 향상된 대안
범위	모든 대안과 모든 결과 고려	중요한 대안과 결과만 고려	중요한 대안과 결과를 무시할 가능성
인간관	경제인	행정인	정치인

5. 혼합주사모형(전략적 기획모형)

1) 의의

에치오니(A. Etzioni)는 정책결정의 규범적 · 이상적 접근 방법인 합리모형과 현실적 · 실증적 접근 방법인 점증모형을 전략적으로 절충해 상호 보완적으로 혼용함으로써 현실적이면서도 합리적인 결정을 할 수 있다고 주장하면서 혼합주사모형(mixed-scanning model)을 제시했다.

합리주의와 점증주의의 결점을 피하고 양자의 장점을 결합시켜 두 모형을 조화시키려는 전략적 기획모형이다. 모든 정책결정이 동일한 성격을 가진 것이 아니라 기본적 결정(fundamental decision)과 부분적 결정(bit decision)으로 나눠 서로 다른 모형을 탄력적으로 투사 · 적용한다. 기본적 결정은 급변하는 상황에서는 기본적 결정에 대해 모든 대안을 검토하는 합리모형을 적용한다. 부분적 결정은 안정적인 상황에서는 지엽적이고, 특수한 결정에 대해서는 선정된 대안에 대해서만 검토하는 점증모형을 적용한다.

2) 내용 및 비판

혼합주사모형은 어느 정도 행정이 위기적 상황에 있는 경우에는 포괄적인 관찰을 통해 주요한 대안을 탐색함으로써 기본적 결정을 내린다. 사태가 안정되면 기본적 결정의 테두리 안에서 점증적 결정이 가능하게 된다. 상황이 안정되고 기본적 결정이 적절한 경우에는 점증적 전략이 적용되지만 상황이 급변되면 포괄적 관찰에 의해 새로운 기본적 결정으로 전환돼야 한다. 또한, 정보의 수집 · 처리 능력이나 자원 동원 능력에 따라 관찰 범위를 결정하는 것이 효과적이다. 능력이 많을수록 효과적 · 포괄적인 관찰을 시도할 수 있고 능력이 적을수록 좁은 범위의 관찰에 의존하는 것이 더 효과적이다.

그러나 이론적 독창성이 없고 절충혼합모형의 성격으로 독립된 모형으로 보기가 곤란하다. 합리모형과 점증모형의 결함을 극복하지 못하며, 기본적 결정과 점증적 결정 간 신축적 전환이 잘 이뤄질 수 없다.

3) 혼합주사모형과 정치 체제와의 관계(A. Etzioni)

점증모형은 다원화된 사회에 적용하기가 적합하고, 합리모형은 통제 지향적 집권주의에 적용하기가 적합하다. 그리고 혼합주사모형은 개도국과 같은 능동적 사회(active society)에 적용하기가 적합하다.

표 3-16 합리모형 · 점증모형 · 혼합주사모형의 비교

구분	합리모형	점증모형	혼합주사모형	
			기본적 결정	부분적 결정
고려할 대안의 수	포괄적(모든 대안)	한정적(소수 대안)	포괄적(모든 대안) – 합리모형	한정적(소수 대안) – 점증모형
각 대안의 결과 예측 (예측할 대안의 결과)	포괄적(모든 결과)	한정적(소수 결과)	한정적(중요 결과) – 합리모형의 엄밀성 극복	포괄적(모든 결과) – 합리모형

※ 혼합주사모형에 대한 비판: 한정성은 점증모형의 요소가 아니라 불완전 분석적 합리모형의 요소다.

6. 최적모형

1) 의의

최적모형(optimal model)은 드로(Y. Dror)가 제시한 것으로서 경제적 합리성과 아울러 직관·판단력·창의력과 같은 초합리적(extra-rational) 요인을 고려하는 정책결정모형이다. 린드블롬(C. E. Lindblom)의 점증모형의 타협적·보수적 성격에 대해 너무 현실 지향적이라는 비판과 합리모형의 지나친 수리적 완벽성을 추구하는 비현실성에 대한 비판으로 대두됐다. 드로는 점증모형에 불만을 표시하면서 과거에 선례가 없는 문제이거나 매우 중요한 문제의 해결을 위한 비정형적 결정에서는 경제적 합리성 이외에 이러한 초합리성을 중요시해야 한다는 입장이었다.

최적모형은 더 나은 정책결정을 위해 정책결정 방법·정책결정 체제의 개선이 중요하다는 문제 의식에 입각하고 있다. 제한된 자원, 불확실한 상황, 지식 및 정보의 결여 등으로 합리성 정도를 높이는 데 제약이 따르므로 초합리적 과정에 의존해야 한다고 주장한다. 드로의 최적모형은 포괄적 합리성을 추구하는 합리모형과 정치적 요인이 고려되는 점증모형이 혼합되고 있다는 점에서 혼합주사모형과 유사하다. 그리고 합리성과 함께 초합리성을 고려하고 체제론적 입장에서 전체적인 정책결정 체제의 합리적 운영에 의한 최적치를 추구하는 규범적 최적모형이라는 점에서 차이가 있다.

2) 최적모형의 정책결정 단계

(1) 초정책결정의 단계: 정책지침 결정

초정책결정 단계(meta policy-making stage)는 정책결정에 대한 정책결정(정책결정을 어떻게 할 것인가에 대한 결정)의 단계로서 정책결정 체제를 하나의 전체로서 관리하고 정책결정의 주된 전략을 결정하는 단계다. 정책결정 참여자, 정책결정 시기, 정책결정을 위한 조직과 비용, 정책결정 방식 등을 미리 결정하는 단계다. 좀 더 합리적인 정책결정을 위해 그 방법(method), 지식(knowledge), 체계(system)에 대한 가장 중요한 결정으로 고도의 초합리성이 작용하는 상위 정책결정 과정이다. 가치의 처리, 현실의 처리, 문제의 처리, 자원의 조사·처리 및 개발, 정책결정 시스템의 설계·평가 및 재설계, 문제·가치 및 자원의 할당, 정책결정 전략의 결정 등 국면들이 포함돼 있다.

(2) 정책결정의 단계: 일반적 의미의 정책결정

정책결정의 단계는 본래 의미의 정책결정으로 합리성이 기준이 된다. 합리모형과 유사하다. 자원의 하위 배분, 우선순위에 입각한 구체적 목표 설정, 우선순위에 입각한 구체적 목표 설정, 좋은 대안을 포함한 주요 대안군의 마련, 각 대안이 초래할 주요 편익과 비용에 대한 신빙성있는 예측, 각 대안이 초래할 예상편익과 예상비용의 비교 및 최선의 대안 발견, 최선의 대안이 초래할 편익과 비용에 대한 평가 및 그것이 좋은 것이냐 아니냐에 대한 결정 등 7개 국면이 포함돼 있다.

(3) 후정책결정의 단계

후정책결정의 단계(post policy-making stage)는 작성된 정책을 실제에 적용하기 위해 정책집행에 거치게 되는 환류 차원의 정책결정 단계다. 정책집행을 위한 동기부여, 정책집행에 대한 관심, 정책집행 후의 정책평가, 의사전달과 환류를 통한 모든 국면을 상호 연결시키는 작업이 이뤄진다.

3) 최적모형의 특징

최적모형은 합리적인 요인과 초합리적인 요인을 동시에 다루므로 양적인 동시에 질적인 모형이지만 사실은 질적인 모형이다. 즉, 최적성을 관리과학의 경우처럼 계량적 측면에서만 보지는 않고 있다. 대안의 탐색・선택에서 경제적 합리성을 중요시하며, 계량화가 곤란한 복잡한 문제나 불확실성 하에서는 직관・영감・육감 등의 초합리성을 중시한다. 정책결정의 방법・체제에 관한 결정에 주목해 정책결정 구조의 계속적인 검토・개선을 강조함으로써 결정 능력이 최적 수준까지 향상될 수 있다는 가능성을 제시했고, 결정 능력의 향상을 위해 정책집행의 평가와 환류(feedback) 작용에도 중점을 두고 있다. 정책결정 구조의 중첩성(redundancy)을 인정해 이것이 정책결정의 오류를 방지하고 정책결정의 최적 수준을 보장해 준다고 주장했다. 또한, 점증모형은 극복될 수 있고 반드시 극복돼야 한다고 생각했다.

4) 최적모형의 효용과 한계

최적모형은 초합리성의 개념을 도입해, 합리모형을 더 한층 체계적으로 발전시켰으며, 정책결정 과정의 쇄신이 거시적으로 정당화될 수 있는 이론적 근거를 제시했다.

그러나 초합리성의 본질, 초합리성과 합리성의 관계, 구체적인 달성 방법 등이 명확하지 않으며, 기본적으로 경제적 합리성을 지향하고 있어 정책결정의 사회적 과정에 대한 고찰이 불충분하다. 합리성의 비중이 매우 높아 엘리트집단에 의한 비민주적 정책결정을 초래할 우려가 있다. 최적이란 합리적・초합리적 수단에 의한 더 나은 활동을 의미하지만 낫다는 정도와 무엇을 지향하는지 분명하지 않다. 마지막으로 너무나 유토피아적인 모형이며, 여전히 합리모형의 틀 속에 있다.

7. 회사모형(연합모형)

1) 의의

회사모형(firm model)・연합모형(coalition model)은 인지모형이자 적응모형의 일종으로 회사(조직)를 여러 개인의 연합체로 가정한다. 사이어트와 마치(R. Cyert & J. March, 1963)가 개인적 차원의 만족모형을 한층 더 발전시켜 조직 차원의 의사결정에 적용시킴으로써 만족모형으로 설명할 수 있는 현실의 범위를 확대시켰다.

조직은 상이한 목표를 가진 하위 단위들의 상호작용에 의해 움직이는 것으로 파악하고, 목표가 서로 대립해 갈등적 관계에 놓여 있는 하위 단위 간의 갈등 해결이 의사결정이라고 본다. 회사의 형태를 경제학적인 시장 중심적 관점에서 벗어나, 조직의 구조와 목표의 변화・기대의 형성・욕구 수준・갈등의 준해결(quasi-resolution)・불확실성의 회피・조직체 학습・선택 등의 여러 관점에서 파악하려는 의사결정 모형으로 연합모형(coalition model)이라고도 불린다. 회사모형은 조직의 의사결정 행태와 관련해 갈등의 준해결, 불확실성의 회피, 문제성 있는 대안의 탐색, 조직체 학습 등의 네 가지 기본 개념을 핵심으로 하고 있다.

2) 회사모형의 특징

회사모형은 갈등의 불완전한 해결을 제시하고 있다. 조직을 전체와 하위조직의 질서정연한 유기체로 보지 않으므로 서로 충돌하는 단위조직 간의 갈등을 해결하는 것으로 보고 협상을 통해 불완전하게 갈등의 잠정적 해결을 도모한다. 불확실성의 회피를 제시하고 있는데, 조직의 환경은 유동적이므로 대안이 가져올 결과를 불확실한 것으로 보고 조직은 단기적 전략과 환경과의 타협에 의해 불확실성을 회피하려는 경향을 가진다. 단기적인 피드백에 의한 단기적인 반응(임기응변)이다. 문제 중심적 탐색으로 문제가 발생한 후부터 대안 탐색을 시작한다(heuristic 방법). 또한, 조직의 의사결정은 조직이 존속해 오는 동안 경험적으로 터득할 학습된 행동규칙인 표준운영절차(standard operating procedure: SOP)를 발견해 이를 준수하는 것이다.

3) 회사모형의 한계

회사모형에서 SOP는 보수적이며, 안정적 상황을 전제하므로 급격한 변동 상황에서는 적합하지 않다. 회사라는 사적 조직을 대상으로 하므로 공공조직에 적용하기에는 무리가 따르며, 민주적·분권적 모형이므로 개도국 등 권위주의적인 조직에는 적용하기가 곤란하다.

8. 사이버네틱스모형

1) 의의

사이버네틱스(cybernetics)란 기계의 제어 시스템에 관한 메커니즘을 생물 유기체의 신경계와 관련시켜 제어와 전달의 이론 및 기술을 연구하는 인공두뇌학을 말한다. 인공두뇌학으로서 인간의 두뇌를 계산기와 같이 정보와 환류에 의한 제어장치로 보고, 상황에 따라 달라지는 정보의 해석·판단과 적응, 환류에 의한 통제라는 관점으로 설명하고 있다. 즉, 인공지능으로 상황 변화에 따른 적응을 모색하려는 모형이다.

사이버네틱스모형(cybernetics model)이란 불확실한 상황에서 정보와 자료를 제어하고 이를 지속적으로 환류시키는 일종의 적응적 의사결정모형이다. 불확실한 상황에서 정보에 의한 환류 및 자동적 제어 기능을 중시하는 모형이다. 수학자 위너(N. Weiner)는 인간의 두뇌도 계산기와 같이 정보와 환류에 의한 제어장치로 인식했으며, 정치학자 스타인부르너(J. Steinbruner)는 합리모형에 비해 사이버네틱스모형이 복잡한 의사결정 문제에 더 적합하다고 주장했다.

2) 특징

사이버네틱스모형은 적응적 의사결정을 제시하는 데 미리 결과를 예측해 명확하게 정해진 목표를 추구하려는 것이 아니라 고도의 불확실성 속에서 정보를 지속적으로 제어하고 환류해 나가는 의사결정 시스템이다. 실내 자동온도 조절장치에서 온도라는 중요 변수를 바람직한 상태로 유지시키고자 하는 끊임없는 비목적적·현실 적응적 모형이며, 복잡한 상황 하의 정책결정을 일련의 점진적인 과정이라고 본다. 그리고 대안이 가져올 결과의 불확실성을 문제삼지 않으며 반복되는 시행착오적인 적응으로 불확실성을 통제한다. 개인의 의사결정 논리가 집단에 그대로 적용하기 곤란하며, 인과적 학습과 반대의 의미로서 자기발견적(heuristic) 방법에 의한 시행착오적 학습(instrumental learning)이다.

9. 쓰레기통모형

1) 의의

쓰레기통모형(garbage can model)은 정책결정이 일정한 규칙에 따라 이뤄지는 것이 아니라, ① 문제, ② 해결책, ③ 선택 기회, ④ 참여자의 네 요소가 쓰레기통같이 뒤죽박죽 움직이다가 어떤 계기로 교차해 만나게 될 때 이뤄진다고 본다. 코헨(M. Cohen), 마치(J. March), 올슨(J. Olsen) 등은 극히 복잡하고 혼란된 상황, 즉 조직화된 혼란 상태(organized anarchy)에서의 결정을 다루고 있다. 예로는 조직구성원의 응집성이 아주 약한 조직인 대학사회, 친목단체 등을 들 수 있다.

2) 조직화된 무질서 상태의 특성

조직화된 무질서 상태의 특성으로 문제성 있는 선호, 불명확한 기술, 유동적 참여가 있다. 문제성 있는 선호(problematic preferences)란 의사결정에 참여하는 참여자들이 어떤 선택이 바람직한가에 대한 합의가 없고, 참여자 자신이 무엇을 좋아하는지 모르면서 의사결정에 참여한다는 것이다. 불명확한 기술(unclear technology)은 목표와 수단 간의 인과 관계를 의미하는 기술에 대한 명확한 인식이 없다는 것이며, 유동적 참여(fluid participation)는 참여에서 시간이나 노력이 매우 유동적이며 결정자나 대상자의 변동이 변덕스럽다는 것을 의미한다.

3) 의사결정 방식

조직화된 무질서 상태에서의 의사결정은 해결해야 할 문제, 문제의 해결책, 결정에의 참여자, 선택 기회 등 네 가지의 독자적인 흐름(streams)으로 이뤄지며, 이러한 흐름은 서로 연결되는 경우가 드물지만 연결되는 경우 결정이 이뤄진다. 의사결정에 필요한 요소가 독자적으로 흘러다니다가 우연히 의사결정이 이뤄진다.

문제의 흐름, 해결책의 흐름, 참여자의 흐름, 선택 기회의 흐름의 연결이 쓰레기통모형의 핵심이며, 결정은 네 가지 요소의 혼합 결과라고 할 수 있고, 결정 결과는 특정 시기에 흐름의 연결에 의존하게 된다.

10. 흐름 · 창모형

1) 의의

킹던(J. Kingdon)이 제창한 흐름 · 창모형(streams and windows model)은 쓰레기통모형을 변형시켜 서로 연관이 없으면서도 정책의제 설정 과정과 정책결정 과정을 구성하는 세 가지 흐름인 문제 흐름·정치흐름·정책 흐름을 현실에 바탕을 두고 분석한 모형이다. 정책의제 설정과 정책대안의 구체화 과정에 능동적으로 관여하는 참여자와 정책의제 정책대안이 논의되는 과정을 중요시하며, 세 가지 흐름이 합류되면 창이 열리고 새로운 정책이 이뤄질 수 있다고 본다.

2) 세 가지 흐름의 특성

문제 흐름(problem stream)은 공중이나 정책결정자는 특정 사회문제에 관심을 집중시켜 문제를 규정하고 문제 해결을 위한 새로운 정책을 모색한다. 정치흐름(political stream)은 고위 관료, 국회의원, 언론, 이익집단, 여론 등이 주요 참여자가 되어 협상이 이뤄져 합의에 도달하게 된다. 정책흐름(policy stream)은 정책결정자가 문제 해결을 위한 정책으로서 선택할 수 있는 각종 대안인 결정의제(decision agenda)가 형성된다.

3) 세 흐름의 합류와 정책의 창

문제·정치·정책의 흐름이 합류되면 정책이 성립될 수 있고 정책의 창이 열리게 되는데, 정책의 창이 열리는 계기는 정권 교체, 의회의 변동, 국민 감정의 변화, 시급한 공공문제의 대두, 돌발적인 큰 사건의 발생 등이다. 정책의 창이 닫히는 계기는 문제의 충분한 논의, 정부 행동 유도 불능, 사건의 퇴조, 고위직의 인사 이동, 대안의 부재 등이다.

11. 앨리슨의 모형: 정부기관의 의사결정모형

1) 의의

앨리슨(G. T. Allison)은 정부의 의사결정에 관한 모형으로서 정부를 잘 조정된 유기체로 보고 엄밀한 통계적 분석에 치중하는 결정 방식을 합리적 행위자 모형(rational actor model), 느슨하게 연결된 준독립적인 하위 조직체들의 결정을 조직과정모형(organizational process model), 정부를 상호 독립적인 정치행위자들의 집합체로 가정하는 관료정치모형(bureaucratic politics model)을 제3의 모형으로 제시하고 있다. 앨리슨은 1962년 쿠바 미사일 위기[5]와 관련된 미국의 대응 과정을 분석하려고 했다.

세 모형의 상호 관계는 먼저 합리적 행위자 모형을 설명하고 이를 비판 또는 보완하는 형식으로 다른 두 모형이 제시되고 있다. 합리적 행위자 모형에서 설정되고 있는 목표·수단 체계에서의 최적 수단 선택 도식에 대해 조직의 정형화된 대응 행동에 주목한 것이 조직과정모형이며, 정부의 의사결정이 실제로는 복수의 의사결정자에 의해 행해지므로 목표·수단의 통합성이 결여되고 있다는 데 초점을 맞춘 것이 정부 내 정치(관료정치)모형이다.

---

5) 1962년 10월 22일~11월 2일의 11일간 소련의 핵탄도 미사일을 쿠바에 배치하려는 시도를 둘러싸고 미국과 소련이 대치해 핵전쟁 발발 직전까지 갔던 국제적 위기를 말한다. 쿠바는 1962년 9월 '소련-쿠바무기원조협정'을 체결해 소련의 미사일을 도입했다. 10월 22일 미국 대통령 케네디(J. F. Kennedy)는 텔레비전 전국 방영을 통해 처음으로 소련은 서반구에 대해 핵공격을 가할 수 있는 기지를 쿠바에 건설 중이라고 공포하고, 쿠바에 대해 해상봉쇄 조치를 취했다. 10월 28일 흐루시초프는 미사일의 철거를 명령하고 쿠바로 향하던 16척의 소련선단의 방향을 소련으로 돌림으로써 11월 2일 위기는 사라졌다. 소련이 쿠바로부터의 폭격기 철거에 동의한 11월 20일 미국은 해상봉쇄를 풀었으며, 12월 7일 소련은 공격용 무기를 쿠바로부터 철거했음을 미국에 통고했다.

2) 모형의 특성

(1) 합리적 행위자 모형(Model Ⅰ)

합리적 행위자 모형은 정부를 단일적·합리적인 행동 주체로서 파악해 정부의 의사결정을 분석하려는 모형이다. 정부는 통합된 목표를 가지며, 이 목표의 달성을 위해 모든 수단을 강구하고 이들 수단 중에서 가장 적절한 것을 선택한다고 본다.

(2) 조직과정모형(Model Ⅱ)

조직과정모형은 정부의 행동을 목표에 부합되는 선택보다 정부를 구성하는 다양한 조직의 표준운영절차(SOP)에 따르는 정형적 행동의 표출로 본다. 정부는 느슨하게 연결된 반독립적인 하위조직의 집합체로 간주되며, 여러 다양한 조직으로 구성돼 있으며 이들 조직은 소관 분야에 관해 과거의 경험이나 장래 발생될 문제에 관해 일정한 표준운영절차나 프로그램을 가지고 있다. 어떤 문제가 발생하면 조직은 합리적 선택을 시도하기보다는 오히려 SOP나 기존 프로그램을 발동한다.

(3) 정부 내 정치모형(Model Ⅲ)

정부내 정치모형은 정부의 의사결정이 참여 간의 타협·흥정으로 이뤄지는 정치활동으로 본다. 참여자는 서로 다른 인지구조, 문제에 대한 상이한 인식·해석, 옹호할 목표 내지 대안에 차이가 있다는 것을 전제하고 각자의 고유한 신념 체계와 자기 소속 부처의 이익이 의사결정에 작용한다고 보며, 문제 자체에 대한 해석, 목표 설정과 그 수단 선택에 관해 논의·설득·흥정이 진행된다.

3) 모형의 평가

합리적 행위자 모형(Model Ⅰ)은 집단의 강한 응집성을 전제하고 조직의 전체 계층에 적용될 수 있으나 의사결정에 작용하는 심리적 요인이나 참여자의 개성, 지도자에 대한 충성심, 인맥 등을 과소평가하고 있다. 조직과정모형(Model Ⅱ)은 집단의 응집성을 중간 정도로 보고 조직의 하위계

표 5-17 앨리슨모형의 비교

구분	합리적 행위자 모형(Model Ⅰ)	조직과정모형(Model Ⅱ)	정부내정치모형(Model Ⅲ)
조직관	조정과 통제가 잘되는 유기체적 조직(잘 정비된 명령 복종 체계)	느슨하게 연결된 하위조직들의 연합체	독립적인 행위자(개인)들의 집합체
권력관(권력의 소재)	조직의 두뇌와 같은 최고 지도자가 권력 보유	반독립적인 하위조직들이 분산 소유	독립된 자유재량을 가진 개인적 행위자가 보유
행위자의 목표	전체 목표	전체 목표 + 하부조직 목표	전체 + 하부조직 + 개인
목표의 공유·응집력	매우 강하다(합리모형)	약하다(연합모형·회사모형)	매우 약하다(쓰레기통모형, 점증모형)
정책결정 방식	최고지도자가 명령하고 지시	SOP와 프로그램 레퍼토리	관료들의 타협, 협상, 흥정: 정치적 연합, 대결
정책결정의 일관성	매우 강하다(항상 일관성 유지)	약하다(자주 바뀐다)	매우 약하다(거의 일치하지 않는다)
적용 계층	전체 계층에 적용 가능	하위계층	상위계층

층에 적용될 수 있으나 의사결정에 다양한 수준이 있는 것처럼 조직구조에도 다양한 수준이 있고, 관료조직은 상위조직이나 의사결정집단이 설정한 목표에 따라서 언제든지 충실히 행동한다고 할 수 없으며, 조직은 정보의 수집·분석과 대안의 탐색·평가 등 의사결정에 주요한 기능을 수행하지만 이러한 기능이 바로 의사결정 자체는 아니다. 정부 내 정치모형(Model Ⅲ)은 집단구성원의 응집성이 매우 낮고, 조직의 상위계층에 적용될 수 있으나 정부 내의 정치를 관료에게만 국한시킬 수 없다고 봐야 하며 행정수반의 역할을 과소평가하고 있다.

제 4 장 정책집행과 기획

제1절 정책집행

1. 정책집행의 의의

1) 정책집행의 개념

정책집행(policy implementation)이란 정책결정 과정을 통해 만들어진 정책을 시행하는 것이다. 결정 과정을 통해 얻은 정책수단과 계획들은 집행 작업을 거쳐 현실로 나타나야만 원하는 목표를 달성할 수 있고 정책문제를 해결할 수 있다. 정책집행은 오랜 시간, 여러 장소, 복합적인 상황 속에서 발생하는 일련의 행정적・정치적 결정과 활동으로 이뤄진다. 정책집행이란 권위 있는 정책 지시나 결정된 정책을 의식적・구체적으로 실현하는 과정이다.

2) 정책집행의 중시 배경

전통적인 정치・행정이원론, 1930년대의 정치・행정일원론, 1950년대의 정책과학 등에서는 정책집행이 기계적이고 자동적으로 이뤄지는 것이라고 보고 정책집행에 대한 본격적인 연구를 하지 않았다. 존슨(L. Johnson) 대통령의 위대한 사회(Great Society) 정책이 실패했으며, 엄격한 권력분립으로 인해 실현가능성을 고려하지 않고 의회에서 입법 및 정책을 양산했다. 정책집행 과정상의 문제점이나 전략에 대한 관심은 부족했고, 단지 정책결정 및 형성에만 집착했다. 프레스만(J. L. Pressman)과 윌다브스키(A. B. Wildavsky) 등이 1970년대 초부터 본격적으로 연구가 시작됐다.

3) 정책집행 과정의 특징

정책집행 과정은 많은 사람과 조직이 관련되고 정책결정 과정・정책평가 과정과 상호작용하는 복합적 성격을 가지고 있다. 집행자가 새로운 정책에 적응해야 할 뿐만 아니라 정책 자체가 현지 실정에 알맞도록 수정돼야 하는 상호적응성을 가지고 있으며, 법률의 제정에서 비롯해 지침 개발・자원 배분・평가를 거치는 순환적 특성을 가지고 있다.

4) 정책집행과 정책결정과의 관계

정책집행은 정책 과정의 한 단계이지만 항상 실질적으로 정책을 결정하거나 수정한다고 볼 수 있으며, 정책결정과 정책집행은 엄격히 구분될 수 없다. 결정된 정책이 집행 과정에서 수정되는 이유는 첫째, 정책의 구체성・명확성의 결여다. 정책결정자가 모든 상황에 대응할 수 있는 구체적이며 명확한 정책을 결정한다는 것은 사실상 불가능하므로 정책집행자는 집행 과정에서 상당한 범위에 걸쳐 결정권을 행사한다. 둘째, 모순되는 정책 적용 기준이다. 여러 정책 적용 기준이 상호 모순됨으로써 정책집행자가 직접 정책결정을 하게 된다. 셋째, 유인의 부족이다. 정책집행 명령에 적절한 유인이 작용하지 않는 경우 상급자의 지시가 묵살되거나 소극적으로 집행돼 정책집행이 정책집행자의 의사에 좌우된다. 넷째, 모순되는 지시다. 정책집행자는 여러 관계기관으로부터 상호 모순되는 지시를 받는 경우에 사실상 정책을 수립하게 된다. 다섯째, 한정된 능력이다. 정책집행의 방법을 모르거나 본래의 정책을 그대로 집행할 수 없는 경우에 정책집행자는 어느 정도까지 스스로가 정책을 정립하게 된다. 여섯째, 행정자원의 부적절성이다. 정책집행에 필요한 인원·예산·권한이나 기타 통제 수단을 충분히 확보하지 못하는 경우에 정책집행자는 한정된 자원을 어느 분야에 투입할 것인가에 관한 실질적이며 구체적인 결정을 내리게 된다.

5) 정책집행의 단계

정책집행의 단계는 정책지침 개발 단계, 자원 확보 단계, 실현 활동 단계, 감독·통제 단계로 구분된다. 정책지침 개발 단계는 집행전략 및 규칙을 작성해 일선관료에게 시달한다. 자원 확보 단계는 집행 담당기관이나 집행 대상자에 대한 예산·인력·시설·정보 등 필요한 자원을 확보한다. 실현 활동 단계는 확보된 자원을 이용해 정책지침에 따라 수혜집단에게는 혜택을, 대상집단에게는 규제를 가하는 단계다. 감독·통제 단계는 실현 활동이 지침에 따라 충실하게 수행됐는가 여부를 점검·평가하고 잘못이 있으면 시정한다.

표 4-1 정책집행연구의 하향적 접근 방법과 상향적 접근 방법의 비교

구분	하향적 접근 방법(top-down approach)	상향적 접근 방법(bottom-up approach)
정책 상황	안정적·정태적·구조화된 상황	유동적·동태적·비구조화된 상황
정책목표 수정	목표가 명확해 수정의 필요성 적음. : 목표의 구체성·확실성	목표가 불명확해 수정이 불가피함. : 목표의 일반성·모호성
집행 목표	기계적인 집행(순응)	집행 상황에의 유기적·효율적인 적응
관리자의 참여	관리자(집행자)의 참여를 제한하며, 단지 충실한 집행이 중요시됨.	관리자(집행자)의 참여 필요
결정과 집행	정책결정과 집행의 분리(이원론)	정책결정과 집행의 통합(일원론)
관리자의 재량권	관리자(집행자)의 재량권 불인정: 집권적 집행	관리자(집행자)의 재량권 인정: 분권적 집행
정책평가의 기준	집행의 충실성과 성과	환경에의 적응성 중시, 정책 성과는 2차적 기준
집행의 성공 요건	최고관리층(정책결정권자)의 리더십, 정책과 집행 간의 완전한 인과 관계	관리자(집행자)의 재량권
법률 (법적 구조화)	있음(정책의 법제화)	없음
Elmore	최고관리층(결정자)의 의도에 따른 기계적·전향적 집행(forward mapping)	집행 상황에 따른 후향적 집행(backward mapping)
Berman	정형적 집행(programmed implementation): 유형화, 표준화	적응적 집행(adaptive implementation): 상황 적응
Nakamura	고전적 기술자형, 지시적 위임가형	재량적 실험가형, 관료적 기업가형

2. 정책집행 연구의 이론적 접근 방법: 정책집행이론

정책집행 연구의 이론적 접근 방법은 안정적이고, 정태적이며, 구조화된 상황에서의 하향적 접근 방법과 유동적, 동태적, 비구조화된 상황에서의 상향적 접근 방법으로 구분된다<표 4-1 참조>.

3. 정책집행 연구의 전개: 고긴(Goggin, 1990)

1) 제1세대 집행연구(1970년대 초)

프레스만(J. L. Pressman)과 윌다브스키(A. B. Wildavsky)는 정책집행의 실패 사례 분석을 통해 집행을 저해하는 요인을 규명했다. 정부의 정책집행 능력에 대해 매우 비관적인 시각을 가졌으며, 하향식 시각을 지니고 전방향적 도식화(forward mapping)와 거시적 분석(macro analysis)을 추구했다.

2) 제2세대 집행연구(1980년대)

1980년대 로위(T. J. Lowi), 프랭클린과 리플리(G. Franklin & R. Ripley), 사바티어와 매즈매니언(P. Sabartier & D. Mazmanian), 엘모어(R. Elmore) 등의 집행연구다. 제1세대의 비관론으로부터 긍정론으로 전환해 정책집행의 성공사례 분석을 통해 정책집행의 성공 요인을 규명했다. 미시적 분석을 시도해 좀 더 경험적이고 이론적인 접근을 시도했다. 미시정치(micro-politics)에 초점을 맞추고 정책집행의 상황론을 주장했다. 즉 정책의 유형에 따라 집행이론이 달라져야 한다는 것이다.

3) 제3세대 집행연구(1980년대 말~1990년대 초)

1980년대 말부터 1990년대 초 오툴(L. J. O'Toole), 고긴(M. L. Goggin) 등의 집행연구다. 연구대상을 정부간 정책집행으로 해서 연방정부의 정책이 주정부에서 기계적으로 집행되지 않음을 강조하고, 주정부의 역할과 주정부에 의한 다양한 집행 양태를 강조했다. 집행에 영향을 미치는 수많은 변수 간의 인과적 복잡성(casual complexity)을 중시하고 낙관론에 입각해 좀 더 과학적인 접근을 시도했다. 시간의 경과에 따라 집행 과정과 결과는 변한다는 집행의 동태성과 집행 주체에 따라 집행 결과는 다양하다는 집행의 다양성을 강조했다.

4. 정책집행 연구의 유형

1) 프레스만과 윌다브스키의 고전적 정책집행의 특징

고전적 학자들은 정책만능주의, 정태적 정책관, 계층적 조직관, 목표 수정 부당이론 등으로 인해 집행에 대한 연구가 없었다. 정책 수립 및 법률 제정만으로 모든 문제가 해결된다는 정책결정만능주의적 시각과 정책은 집행 과정에서 변화하지 않고 안정적이라고 인식했다. 정책결정자의 지시에 따라 하향적으로 집행되며, 목표는 고정돼 충실히 집행돼야 한다는 인식을 하고 있었다.

경제 개발을 통한 소수민족 취업계획이었던 오클랜드(Oakland) 사업 등이 실패했으며, 그 원인은 정책은 연방정부에서 결정하고, 집행은 주정부나 자치단체가 담당했다. 의회가 실현가능성을 고려하지 않고 입법이나 정책을 양산했고, 전통적인 계층제가 약화돼 일사불란한 집행이 곤란하게 됐다. 또한, 집행 과정에서의 다양한 참여는 정책의 방해 요인으로 작용해 집행을 마비시키며, 중요한 지위에 있는 자들이 교체돼 집행에 대한 지지와 협조가 줄어들었다. 부적절한 정책기관이 부적절한 정책 수단을 선택했으며, 타당한 인과모형의 결여로 실현 가능한 수단을 선택하지 않았다.

2) 엘모어의 집행 유형

엘모어(R. Elmore)는 집행조직모형을 체제관리모형, 관료적 과정모형, 조직발전모형, 갈등협상모형으로 구분해 조직의 관점과 집행의 성공 조건을 제시했다. 전방향적 정책집행과 후방향적 정책집행으로 구분(Forward & Backward Mapping)했으며, 전방향적 집행은 집행을 목표 달성의 단순한 수단적 행위로 보고 설정된 정책을 순응하는 하향적 집행을 강조한다. 계층제적 조직구조, 정치행정이원론, 기술적 능률성 등을 중시하며, 버맨(P. Berman)의 정형적 집행(programmed implementation)과 유사하다. 후방향적 집행은 집행을 다양한 참여자들 간의 상호작용으로 보고, 현장에 적응하는 상향적 집행을 강조한다. 정치성, 분권화, 민주성 등을 중시하며, 버맨의 적응적 집행(adaptive implementation)과 유사하다. 성공적인 집행의 요건으로 중시된다.

표 4-2 엘모어의 집행 유형

구분	조직의 관점	집행의 성공 조건
체제관리모형	조직을 합리적 가치극대자	효율적인 관리통제 체제의 구비
관료적 과정모형	조직의 루틴화된 재량권 강조	조직의 루틴과 새로운 정책과의 통합
조직발전모형	조직구성원의 참여와 위임을 강조	결정자와 집행자 간의 합의
갈등협상모형	조직을 갈등의 장(場)	협상 과정의 존속 여부

3) 버맨의 집행모형

버맨(P. Berman)은 거시적 집행과 미시적 집행, 정형적 집행과 적응적 집행으로 구분했다. 거시적 집행 구조는 느슨한 연합체의 성격으로 중앙정부와 지방자치단체의 관계, 중앙정부의 부처 간의 관계 등에서 강조한다. 미시적 집행 구조는 일선집행기관, 지방정부의 하위조직 등 집행조직을 배경으로 연구한다.

4) 나카무라와 스몰우드의 이론

나카무라(R. T. Nakamura)와 스몰우드(F. Smalwood)는 정책집행 유형을 다섯 가지로 구분했다.

첫째, 고전적 기술자형(classical technocrat)은 정책결정자와 정책집행자를 엄격하게 구분한다. 정책결정자는 집행 과정을 통제하고 정책목표와 정책의 세부 사항까지 결정한다. 정책집행자는 한정된 기술적 재량권만 가진다.

둘째, 지시적 위임형(instructed delegate)은 정책결정자가 목표를 상세하게 지시하며 정책집행

표 4-3 정책결정자와 정책집행자의 관계

구분		결정자(정치가)의 역할	집행자(행정가)의 역할
집행 수단	기술적(기능적) 수단: A	B + C + D	고전적 기술자형: A
	행정적(지침적) 수단: B	C + D	지시적 위임가형: A + B
		협상자형: 협상 결과에 따라 역할 분담	
정책 목표	구체적(세부적) 목표: C	D	재량적 실험가형: A + B + C
	추상적(기본적) 목표: D	×	관료적 기업가형: A + B + C + D

표 4-4 정책집행모형별 정책결정자와 집행자의 역할

집행자 모형	정책결정자의 역할	정책집행자의 역할
고전적 기술가형	① 추상적 목표, 구체적 목표, 행정적 수단 등을 설정한다. ② 정책집행자에게 기술적 수단에 대한 권한만을 위임한다.	① 정책결정자의 정책목표 등을 지지한다. ② 정책목표를 달성하기 위한 기술적 수단을 강구한다.
지시적 위임자형	① 정책목표(추상적 목표, 구체적 목표)를 설정한다. ② 정책집행자에게 집행 수단(행정적 수단, 기술적 수단)을 위임한다.	① 정책결정자의 정책목표를 지지한다. ② 정책목표를 달성하기 위한 집행 수단(행정적 수단, 기술적 수단)을 강구한다.
협상자형	정책결정자가 정책목표를 수립하고 정책을 결정하지만, 집행자가 정책목표와 목표 달성 수단에 관해 정책결정자와 협상하게 된다. 협상의 결과는 양자 간의 상대적 권력 관계에 의해 결정된다. 그 결과에 따라 각각의 역할이 결정된다.	
재량적 실험가형	① 추상적(일반적) 목표를 설정한다. ② 구체적 목표와 집행 수단을 정책집행자에게 위임한다.	① 정책결정자의 추상적(일반적) 목표를 지지한다. ② 구체적 목표와 집행 수단을 강구한다.
관료적 기업가형	정책집행자가 설정한 정책목표와 집행 수단을 지지한다.	① 정책목표와 집행 수단을 결정하고 정책결정자로 하여금 받아들이도록 설득·흥정·협상한다. ② 정책 과정을 거의 통제한다. ③ 정책집행자의 재량권이 가장 필요한 모형이다.

자는 주어진 목표를 달성하기 위해 행정적 수단을 결정하는 데 많은 재량권을 가지고 있다.

셋째, 협상형(bargainer)은 정책결정자가 목표를 수립하고 정책을 결정하지만 목표와 목표 달성 수단에 관해 정책집행자와 협상하게 된다. 협상의 결과는 양자 간의 상대적 권력 관계에 의해 결정된다.

넷째, 재량적 실험가형(discretionary experimenter)은 정책결정자가 정책목표의 복잡성·불확실성으로 구체적인 목표를 제시할 수 없어 집행자에게 광범위한 재량권을 위임하게 되는 유형이다.

다섯째, 관료적 기업가형(bureaucratic entrepreneur)은 정책집행자가 정책결정자의 권한을 행사하고 정책 과정을 지배하는 유형이다.

5. 정책집행에 영향을 미치는 요인

1) 사바티어와 매즈매니언의 정책집행 분석모형: 효과적인 집행을 위한 선행 조건

사바티어(P. Sabatier)와 매즈매니언(D. Mazmanian)은 정책집행에 영향을 미치는 요인으로 문제의 성격, 법적 요인, 정치적 요인으로 구분했다. 문제의 성격은 문제 처리의 용이성을 의미한다.

정책 수단을 통해 얻고자 하는 변화와 인과관계가 분명해야 하며, 대상집단의 행태가 다양하고 복잡할수록 집행이 곤란하다. 대상집단의 규모가 작고 구분이 명확할수록 집행이 용이하며, 행태 변화의 정도가 클수록 집행이 곤란하다.

법적 요인은 집행에 대한 법규의 구조화 능력으로 단기적으로 좌우된다. 법규상 목표의 우선순위가 명확할수록 집행이 용이하며, 집행은 재원의 크기에 비례한다. 집행기관의 계층적 통합성(hierarchical integration)으로 계층제적 통합이 약화되면 집행과 관련된 독립기관 간의 갈등으로 인해 조정이 곤란하고 집행을 방해한다. 목표에 부합되도록 결정규칙을 공식화 또는 표준화하게 되면 집행이 용이하다. 그러나 지나치게 표준화에 의존하는 것도 새로운 정책집행의 걸림돌이 될 수 있다. 집행담당 공무원 및 집행기관에서 목표 달성에의 적극적인 자세의 견지가 성공의 관건이다. 국외자의 공식적인 참여와 감독으로 집행 과정에서 잠재적 수혜집단이나 정책 대상집단에게 공식적인 참여를 인정하는 것도 집행을 용이하게 한다. 그리고 입법부의 감독권이 집중화되는 경우에도 집행이 용이하게 한다.

정치적 요인은 유리한 외부적 상황으로 장기적으로 좌우된다. 사회・경제・기술적 제반 상황과 여건이 집행에 영향을 주며, 언론은 일반 대중과 정치 엘리트 사이에서 매개변수의 역할을 한다. 일반 대중 및 여론의 지지는 효과적인 집행에 도움이 된다. 조직화된 지원을 이끌어 낼 수 있는 정책 지원조직의 구축과 활성화 등이 효과적인 집행에 도움이 되며, 행정수반, 의회, 상급기관 등 정책 결정기관의 지원과 관심이 효과적인 집행에 도움이 된다. 지도력이 결여된 적극성은 정책목표 달성에 공헌하기 곤란하다.

2) 그린들의 분석

그린들(M. S. Grindle)은 정책집행의 성공에 영향을 미치는 요인으로서 <표 4-5>를 기준으로 해서 내용적 변수와 환경적 변수를 도출해 제시하고 있다. 내용적 변수는 주로 내적 요인(정책변수와 집행변수)이고 환경적 변수는 주로 외적인 요인(환경적 변수와 문제 관련 변수)과 관련된다.

내용적 변수(내적 변수)는 정책에 제시된 이익들, 집행기관과 집행자, 편익의 유형, 달성하려는 변화, 예산 규모 등이다. 환경적 변수(외적 변수)는 집행의 환경으로 정치・행정적 분위기, 사회경제적 조건과 정책집행에 필요한 기술, 언론의 관심, 대중의 지지 등이다.

3) 윈터의 정책결정-집행 연계모형: 정책집행의 거시적 환경에 관한 네 가지 모형

윈터(S. Winter)의 네 가지 모형 중 첫 번째는 정책형성 국면으로 성공적 집행의 가능성은 정책형성 국면에서 갈등 정도에 반비례한다. 타당한 인과이론의 기반은 집행가능성을 제고하며, 상징적 이유로 채택된 정책은 집행가능성이 낮다. 그리고 정책집행 성공은 정책형성 과정에서 주창자들이 보이는 관심의 정도에 비례한다.

두 번째는 조직 및 조직 간 집행 국면으로 조직 간의 상이한 목표와 갈등은 정책의 지연이나 실패를 초래한다. 세 번째는 일선관료의 행태 변수는 일선관료의 직무환경과 행태가 정책에 적합한 경우에 집행은 성공할 수 있다. 네 번째는 대상집단의 행태와 사회경제적 조건 변수로 변화시켜야 할 대상집단의 행태가 다양하고 사회경제적 조건이 집행에 불리하면 집행이 곤란하다.

표 4-5 정책집행에 영향을 미치는 요인

학자 / 변수[1]	T. Smith(1973)	G. Edwards(1980)	J. Larson[4](1980)	D. Mazmanian & P. Sabartier(1983)
정책변수	• 정책의 형태 • 정책의 유형	• 정책목표: 일관성, 명료성[2]	• 모호하고 비현실적인 목표	• 정책목표의 명확성 • 적절한 인과모형
집행변수	• 집행담당조직: 인원, 능력, 담당 업무, 리더십, 구조	• 자원 : 인적 자원, 권한, 시설, 정보 • 성향 : 충원, 유인 • 관료제의 구조: 할거성, 표준운영절차[3]	• 결함 있는 집행절차 • 정부간 관계의 복잡성	• 재원 • 집행담당 공무원의 성향 • 집행기관 책임자의 리더십 · 우호적 외부인사의 참여 • 집행기관의 내부구조[5] • 집행기관의 규정 • 집행기관 상호간의 관계
환경적 맥락적 변수	• 환경적 요인 • 정책의 지원도 • 정책의 근원	• 효과적인 커뮤니케이션: 전달	• 경제적 환경의 변화	• 사회경제적 상황 • 관련 단체의 적극성과 자원 • 일반대중의 지지와 관심 • 지배기관[6]의 지원
문제 관련 변수	• 정책의 범위 • 정책의 이미지 • 대상집단: 조직화 · 제도화의 정도, 리더십, 과거의 경험			• 정책문제의 성격: 행태 변화의 범위,[7] 대상 집단행태의 다양성, 대상 집단의 상대적 규모, 타당한 이론(인과모형), 기술의 활용가능성[8]

1) 알렉산더(E. R. Alexander, 1985)에 의한 분류다.
2) 정책목표가 명료하고 일관성이 높을수록 집행이 용이하다.
3) SOP는 자원 절감 등 장점이 있으나 변화에 대처하지 못한다는 단점도 있다.
4) 라슨(J. Larson)은 정책집행의 실패 요인을 분석했다.
5) 오늘날 관료제적 계층성의 약화가 정책집행을 곤란하게 한다.
6) 지배기관이란 의사결정기관이나 행정수반 등을 말한다.
7) 요구되는 행태의 변화가 다양하고 클수록 집행이 곤란하다.
8) 정책집행에 필요한 기술의 존재 여부 또는 기술적 난점 등을 말한다.

6. 정책집행의 순응과 불응

1) 개념

정책순응(policy compliance)이란 정책 집행자 및 정책 대상집단이 정책에서 요구하는 행태를 따르는 것을 말한다. 즉, 정책결정자의 의도나 정책 내용에 포함된 행동규정에 대해 정책집행자나 대상집단이 일치된 행동을 하는 것을 의미한다.

정책불응(policy noncompliance)이란 정책집행자 및 정책 대상집단이 정책에서 요구하는 행태를 따르지 않는 것이다. 즉, 정책결정자가 결정한 정책의 내용 및 지침과 일치되지 않는 정책집행자 및 대상집단의 행태를 말한다. 불응의 구체적인 행태로는 의사전달의 고의적인 조작 · 지연, 정책의 임의 변경, 불집행, 형식적 순응, 정책 자체의 취소 등이다.

2) 순응의 원인

정책 순응이 일어나는 원인을 살펴보면 첫째, 정책목표의 명확성이다. 정책목표가 명확하면 정책집행자의 순응을 확보할 수 있다. 둘째, 보상과 편익의 제공이다. 정책규범이나 정책 기준의 수용으로 직접 이익을 얻을 수 있다고 생각하면 정책에 잘 순응하게 된다. 셋째, 설득과 유인이다. 인적·물적 자원 및 정보의 제공 등 집행 수단이 충분하면 순응하게 된다. 넷째, 제재 수단의 제공이다. 구속이나 벌금 등 처벌·제재의 가능성이 있는 경우 정책에 대한 순응을 확보할 수 있다. 그러나 처벌보다 대상집단의 자발적인 협조가 더 효과적이다. 다섯째, 결정자의 리더십이다. 정책집행자나 정책집행 대상에 대한 정책결정자의 강한 지도력은 순응에 도움이 된다. 여섯째, 의사전달의 활성화다. 의사전달의 활성화는 정책이 요구하는 바를 정책집행자나 정책 대상집단에게 명확히 알려준다. 일곱째, 집행 기간의 장기화다. 정책이 장기간 계속적으로 집행되면 초기에 잘 순응하지 않았던 사람도 정책에 익숙해져 순응하게 되는 경우도 있다. 여덟째, 정책의 정통성과 권위에 대한 믿음이다. 정부가 정통성을 갖고 정책에 정당한 절차에 따라 결정됐다는 신념을 갖게 되면 정책에 순응한다.

3) 불응의 원인 및 형태

정책 불응이 발생하는 원인 또한 순응이 일어나는 것처럼 다양하다. 첫째, 정책의 모호성을 들 수 있다. 정책의 모호성(불명확성), 정책 기준의 모순 등으로 정책에 대한 불응이 일어난다. 둘째, 적절한 집행 수단 결여다. 인적·물적 자원 및 정보의 부족 등 집행 수단의 결여로 불응이 일어난다. 셋째, 정책에 대한 불만이다. 정책 대상집단이 정책 자체에 대한 불만이 있는 경우에 불응이 일어난다. 넷째, 부담의 회피(순응에 다른 부담)이다. 정책 대상집단이 정책목표에는 동의하지만 정책이 요구하는 행동이 부담되기 때문에 불응(세금 포탈 등)이 일어난다. 다섯째, 지도력 부족이다. 정책집행자나 정책집행 대상에 대한 정책결정자의 지도력이 부족한 경우에 불응이 일어난다. 여섯째, 다수 기관 관련성이다. 다수 기관은 거부점(veto-point)으로 작용할 가능성이 많고 협조가 곤란하기 때문에 불응이 일어난다. 일곱째, 의사전달의 부족이다. 의사전달의 부족은 정책이 요구하는 바가 무엇인지에 대해 정책집행자나 정책 대상집단이 명확히 알지 못하게 한다. 여덟째, 기존 가치 체계와의 대립이다. 집행 기간의 단기화로 정책 내용이 기존 가치 체계와 괴리감이 있는 경우에 불응이 일어난다. 아홉째, 정통성과 권위의 결여 이다. 정책의 정통성이나 정책결정자의 권위에 대한 신념이나 믿음이 결여되면 불응이 일어난다.

의사전달에 대한 고의적인 조작·지연, 정책의 임의 변경, 정책의 부집행(不執行), 형식적인 순응, 정책 자체의 취소 등이 있다.

4) 순응확보전략

정책 대상집단의 순응 확보를 위해 단기적으로는 합의보다는 권력에 의한 방법이 더 효과적일 수도 있다. 장기적으로는 국민과 의사결정자가 공통적인 규범을 향유하도록 합의에 의해 서로 사회화하는 노력이 권력이 아닌 권위에 기초를 둔 불응을 감소시키는 효과적인 방안이다. 에이어스와 브레이스웨이트(I. Ayres & J. Braithwaite, 1992)가 제시한 규제전략의 피라미드 개념인 도덕적 설득→경제적 유인→강압과 처벌의 전략이 단계적으로 활용돼야 한다. 무엇보다 정책목표의 명확화, 의사전달 활성화가 순응 확보를 위한 좋은 방안이 된다. 순응 확보 전략을 보면 다음과 같다.

첫째, 정보전략(information strategies)으로 대상집단이 정책 요구 내용을 알지 못해 발생하는 경우 효과적이다. 대상집단에게 필요한 정보를 제공해 불응을 감소시키는 전략이다.

표 4-6 정책집행의 순응과 불응의 원인

구분	불응의 원인	순응의 원인
정책목표	정책목표의 모호성과 비일관성	정책목표의 명확성 · 일관성
집행 수단	적절한 집행 수단 결여	보상과 편익의 제공
리더십	지도력 부족 및 다수기관 관련성	결정자의 리더십
의사전달	의사전달의 부족	의사전달의 활성화
정통성	정책의 정통성과 권위의 결여	정책의 정통성과 권위에 대한 믿음
정책 불만	정책에 대한 불만	의식적 설득과 유인
제재 수단	부담의 회피(순응에 따른 부담)	제재 수단의 제공
집행 기간	집행 기간의 단기화: 기존 가치 체계와의 대립	집행 기간의 장기화

표 4-7 순응의 확보방안

교육과 설득 활동	행정기관은 교육과 설득 활동을 통해 대상 집단에게 정책을 이해시키고 동의를 구함으로써 자발적인 순응을 유도한다.
선전에 의한 호소	정책을 자발적으로 지지 · 수용하도록 선전에 의한 호소를 한다.
정책 수정 또는 관행의 채택	행정기관은 순응에 기여할 수 있는 관행을 채택하거나 정책 수정을 한다.
제재 수단의 사용	도덕적 설득이나 경제적 유인으로 순응 확보에 효과가 없는 경우에는 각종 처벌이나 제재 수단을 통해 순응을 확보할 수 있다.
적극적인 편익 제공	이기심의 발동으로 순응에 호응하도록 순응자에게 적극적인 편익을 제공해 순응을 유도한다.

둘째, 설득전략으로 특정한 정책에 순응하는 것이 국가 · 사회적 또는 윤리 · 도덕적으로 올바른 것임을 인식시키기 위한 설득을 한다. 교육, 홍보, 성공한 정책 선례를 직접 관찰하는 방법 등이 동원될 수 있다. 편견이나 무지로 인해 특정 정책에 순응하지 않는 경우 교육이나 홍보 등의 방법을 동원한 규범적 설득이 매우 중요하다. 이를 위해 결정 주체와 집행 주체에 대한 신뢰감이 먼저 확보돼야 한다.

셋째, 촉진전략(facilitation strategies)은 대상집단의 순응을 용이하는 데 효과적인데 비용, 시간 등의 부담을 감소시켜 주는 전략이 이에 해당한다.

넷째, 유인전략(incentive strategies)은 대상집단의 재량적 선택에 의존하는 전략으로 순응집단이나 개인에게는 혜택을 주고, 불응집단에게는 불이익이 가해지도록 하는 것이다. 이 방법은 민주화되고 개방화된 체제 내에서 유인 및 보상이 순응을 확보하는 가장 효과적이고 능률적인 방법이 될 수 있으나, 보이지 않는 손에 지나치게 의존하려는 결함이 있다는 비판도 있다.

다섯째, 다원화전략이다. 집행 주체를 다원화하는 것이다. 규제정책의 경우 규제다원주의(regulatory pluralism)의 관점이 필요한데 국가만이 규제의 유일한 원천이 아니라는 사실에 바탕을 두고 있다. 한 사회 내의 규제활동은 정부 독점이 아니며, 대학, 노조, 기업, 병원 등과 같은 다양한 기관에 의해 이뤄진다는 것이다. 정부가 비정부조직과 유기적으로 연계돼 상호 협조적 체제를 만들어내는 것이 필요하다.

여섯째, 규제전략(regulation strategies)은 벌금이나 체형과 같은 제재로 대상집단의 순응을 확보하려는 강압적 전략이다. 이 전략의 실효성은 법의 정통성에 대한 대상집단의 인지 여부다. 특정 정책이 추구하는 목표가 중요할수록 순응 확보 방안으로서 규제전략을 채택할 가능성이 높아진다.

5) 정책집행의 성공 요건

과거에는 정책에 대한 순응만이 가장 이상적인 것으로 여겨왔으나 현대 행정환경의 불확실성이나 유동성을 감안할 때 이러한 기대는 현실적이지 못하며 순응을 최대한 확보하려는 노력을 한 다음에는 환경에 잘 적응하는 집행이 되도록 해야 할 것이다.

우리의 경우 정책 과정이 내부 주도적이고 폐쇄적이어서 대내외적으로 참여가 보장되지 못하고 '일방 결정 → 전격 발표 → 수습, 방어'라는 전략에 의존하는 경우가 많았는데 그 결과 과거 TV 시청료 납부거부운동이나 최근의 의약분업정책에서 볼 수 있듯이 정부가 일방적으로 결정한 정책이 집행 과정에서 많은 저항에 부딪혀 시행되지 못하고 표류하는 경우가 허다했다. 따라서 정책에 대한 효율적인 순응 확보 전략을 모색해 나가야 한다.

제2절 기획

1. 의의

기획(企劃, planning)이란 어떤 대상에 대해 그 대상의 변화를 가져올 목적을 확인하고, 그 목적을 성취하는 데에 가장 적합한 행동을 설계하는 것이다. 계획(plan)은 기획을 통해 산출된 결과를 의미하며, 사업계획(program)과 단위사업계획(project)은 계획의 하위 개념으로 볼 수 있다. 계획은 조직활동의 목표·방침·행동계획을 설정해 조직활동 및 구성원의 업무 방향을 제시하는 것이다.

기획은 우선 목표지향성이다. 설정된 목표나 정책을 달성하기 위한 수단을 제시하는 과정이다. 미래의 바람직한 활동계획을 준비하는 과정으로 미래 지향적이다. 선택이 정책결정에 의해 사전에 명시적으로 설정된 평가 기준에 기초를 두고 있다는 점에서 합리적 과정이나 가치관 내지 무형적 요인이 관련되므로 전적으로 합리적 과정이라 할 수는 없다. 기획은 목적을 효율적으로 달성하기 위해 최적 수단을 탐색하고 선택하는 의사결정 과정이며, 조직이 집행할 일련의 결정을 준비하는 계속적 준비 과정이다. 조직이 현재의 상태를 바람직한 방향으로 변화시키려는 과정이다. 선택의 범위와 기회를 확대시키고, 실천과 행동을 위한 문제 해결 능력의 향상과 현실의 개선에 역점을 둔다. 의도적인 수정과 통제활동이므로 획일과 구속으로 비민주성이 내포돼 있으며, 공식적인 기관이 앞으로 취하고자 하는 의도가 무엇인가 하는 것을 표현하는 것이다. 또한, 현상을 대폭적으로 변동시키거나 변동을 억제시키는 작용을 하게 되므로 대립적 이익의 조정이 필요하게 되고 목표 설정이나 기준 설정에도 정치적 대립이 불가피하다.

기획의 중요한 요인으로는 기획에 의해 비로소 목표·정책의 명확화와 구체화가 가능해지기 때문에 장래에의 대비가 가능하다. 한정된 자원을 최대한 효과적으로 사용하고 시행착오를 줄임으로써 불필요한 경비·인력을 절약할 수 있다. 목표 달성에 부합되도록 조정하며 조직활동의 기준을 제시하고, 정책 수행과 행정의 안정화에 기여한다. 정책 수립 및 행정의 효율성과 타당성을 제고하며, 변화와 개혁을 추진한다.

2. 국가기획의 발전 동향

산업 발전과 인구의 도시 집중에 대처하기 위해 1909년 미국에서 도시계획전국회의가 개최돼 계획에 따라 도시 건설을 하기로 결의했다. 스미스(A. Smith)의 자유방임주의에 의한 자본주의는 경제대공황을 발생시켰고, 이러한 위기는 정부의 자본주의 수정을 위한 계획경제와 계획적 민주주의가 대두했다. 제2차 세계대전 수행을 위해 인적 · 물적 자원을 국가적 차원에서 조직적으로 동원하고 활용하기 위해 통제 · 계획의 필요성이 증대됐다. 신생국의 경제 · 사회개발계획의 추진과 급속한 국가 발전을 위한 전략적 수단으로서 정부 주도 하에 발전계획을 추진하게 됐으며, 소련의 경제개발 5개년계획(1928년)과 프랑스의 모네기획(1946년)이 성공적으로 운영됐다.

얀치(E. Jantsch)의 기획이론은 종전의 기계적 기획론(수단적 기획관)에서 규범적 · 창조적 기획을 중시하는 인간행동모형(규범적 기획관)으로 전환을 강조하는 등 기획이론 발달에 기여했다.

표 4-8 전통적 기획관과 현대적 기획관

전통적 기획관	현대적 기획관
정책의 하위 개념	정책의 상위 개념
목표 설정이나 가치 지향적 기능과는 괴리된 단순한 수단적 기획	목표 설정이나 가치 지향적 기능을 중시하는 규범적 기획
부분적 기획(특정 정책의 단순한 집행 수단)	종합적 기획(포괄적인 국가기획제도)
독립된 폐쇄적 기획(관리 능률의 향상)	개방적 기획(정책 · 환경 변동과의 관련성을 중시)
선형적(단선적) 사고와 기계적 기획	창조적인 인간행동모형화 중심
계량적 · 수단적 · 사실 중심적인 기획	질적 · 규범적 · 가치 중심적인 기획

3. 국가기획의 의의와 민주주의 체제

1) 국가기획의 의의

발전기획인 국가기획이란 경제 · 사회 발전을 가속화시키고 이러한 목표 달성을 저해하는 것으로 생각되는 제도의 변혁을 위해 정부가 계획적 · 계속적 시도를 하는 것이다. 국가기획은 사회의 이익 배분 형태를 결정하고 사회의 여러 이익의 통합 · 조정을 지향하는 것이므로 정치적 성격을 가진다.

2) 국가기획과 민주주의와의 관계에 관한 논쟁

국가기획에 대해 찬반론이 함께 존재한다. 반대론을 살펴보면 자유주의자 하이에크(F. A. von Hayek)는 『노예에로의 길(*The Road to Serfdom*)』(1944)에서 국가기획과 자유는 양립할 수 없다는 신념을 밝혔다. 경제 성장 등을 위해 기획제도를 도입하면 탄력성이 없는 단조로운 경제사회를 초래할 것이고, 독재가 나타나 국민 자유를 위축시키고 시장경제의 원리를 저해하며, 자유민주주의 국가의 상징인 의회제도를 파괴할 것이라고 주장했다.

파이너(H. Finer)는 『반동에로의 길(*The Road to Reaction*)』(1945)에서 하이에크의 이론을 사실적·역사적·이론적 측면에서 반박하고 자유와 국민의 권리를 보장하는 민주적 기획이 가능하다고 주장했다. 국가기획의 불가피성과 타당성을 역설하면서 다수가 공인하는 자본주의의 폐단·결함을 시정하기 위한 민주적 기획론을 주장했다. 만하임(K. Mannheim)도 『권력과 민주적 기획론(*Power and Democratic Planning*)』(1945)에서 자유방임주적 경쟁사회로부터 계획적 사회에의 이행이 필연적임을 지적했다.

결론적으로 살펴보면 자본주의 사회에서도 국민의 창의력을 존중하면서 국가기획 추진이 가능하다. 그러나 기획은 자율과 창의를 저해하는 비민주적 요인을 내포하므로 자본주의 사회에서 급진적·전면적·포괄적인 국가기획은 허용될 수 없다고 봐야 할 것이다.

4. 기획의 유형

1) 적용 범위별 유형

기획의 적용 범위에 따라 정책기획, 전략기획, 운영기획으로 구분된다. 정책기획(policy planning)은 규범·입법계획 등이며, 종합적, 포괄적, 가치적, 질적, 복합적, 장기적, 이상적 기획으로 행정부가 수립하고 국회의 의결이 필요하다. 입법적 성격을 띠며 국가의 모든 부처에 영향을 미친다. 전략기획은 정책기획과 운영기획의 중간적인 성격이다. 운영기획(operational planning)·사업기획(program planning)은 실질·전술기획으로 구체적, 단순성, 조작적, 현실적, 계량적, 단기적 기획으로 국회의 의결이 불필요한 행정부 내부적인 전술적인 기획이다. 내부통제 기준, 예산편성 기준, 심사분석의 기준 등의 역할을 하며 각 부처 단위의 기획으로 우리나라의 주요 업무계획(1982년 이후)이 이에 해당한다.

2) 고정성 여부별 유형

고정성 여부에 따라 기획은 고정계획과 연동계획으로 구분된다. 고정계획(fixed plan)은 계획기간을 고정시킨 계획으로서 현실성이 부족하며, 특히 중장기계획의 집행 과정에서는 목표의 차질이나 여건 변화에 대응하기 어렵다.

연동계획(rolling plan)은 계획 집행상의 신축성을 유지하기 위해 장기계획 또는 중기계획을 집행하는 동안 매년 계획을 수정·보완해 계획 기간을 1년씩 계속적으로 늦춰 가면서 동일한 연한의 계획을 유지해 나가는 기획 유형이다. 의사결정의 점증주의 방식과 관련된다. 장점으로 계획을 계속적으로 수정·보완함으로써 변동대응성 및 현실적 적합성을 제고할 수 있으며, 실현가능성과 타당성을 제고할 수 있다. 또한, 기획(장기계획)과 예산(단기 계획)의 유기적 통합이 가능하다. 그러나 연동계획의 단점으로 일반국민이나 정치지도자 및 정책결정자의 관심도가 미흡해 집권당의 선거공약으로 제시가 곤란하다. 특히 개도국의 경우 고정 계획보다 호소력이 미흡하다. 매년 계획목표가 달라지기 때문에 계획의 의미가 약해지며, 매년 중장기계획을 수립·수정하므로 방대한 물적·인적 자원이 소요된다.

제 5 장 정책평가와 환류

제1절 정책평가

1. 의의

1) 정책평가의 개념

정책평가(policy evaluation)란 정책이나 사업계획이 집행된 후 정책목표가 실현됐는가, 당초에 생각했던 정책문제의 해결에 기여했는가, 어떤 파급효과 내지 부차적 효과를 가져왔는가 등을 체계적으로 탐색·조사·분석하려는 활동이다. 정책집행이 이뤄진 후 그 정책대안이 소기의 효과를 가져왔는가를 판단하는 단계로서 정책이 그 대상에 미치는 효과를 달성코자 하는 정책목표와 관련지어 객관적이고 체계적·실증적으로 검토하는 것이다. 그리고 정책수단(독립변수)과 정책효과(종속변수) 간의 인과 관계를 설정·검증하려는 것으로 평가 결과를 정책 과정에 환류시켜 정책과정을 개선하려는 것이다.

2) 정책평가의 목적: 합리적인 목적, 정당한 평가

정책평가는 정책에 대한 국민의 만족도를 파악할 수 있게 하며, 합리적인 정책결정에 필요한 지식과 정보를 제공한다. 성공과 실패의 원인을 규명해 성공을 위한 원칙 발견, 목표 달성 수단이나 하위 목표들을 재규정하며, 정책의 효과성 증진에 기여한다. 정책환류의 기준으로서 정책의 수정·보완·종결과 자원의 재배분을 가능하게 하고, 사업담당자의 책임성을 확보한다. 정책·사업계획을 집행하는 행정인이 평가를 통해 자기 활동을 새로운 관점에서 파악할 수 있다.

3) 정책평가의 필요성

1960년대 미국 민주당 정권이 추진한 빈곤에 대한 투쟁이나 '위대한 사회' 건설을 위한 사업계획의 실패는 체계적인 평가 방법에 대한 관심을 촉진시켰다. 이는 정책이 미치는 영향의 범위가 크고 중요하기 때문이었다. 교육·보건·복지 등 사회계획의 방대한 예산 지출에 대한 효과 평가 없이 더 이상 계속할 수 없게 됐다. 의회의 입법 조치로 사회계획에 대한 평가가 법적으로 의무화됐으며, 좀 더 합리적인 공공정책이 개발돼야 한다는 분위기가 조성됐다.

2. 정책평가의 정치적 성격

1) 정책평가의 참여자와 정치적 여건

정책평가는 일반정책기관의 평가활동, 중앙예산기관의 예산사정, 의회의 행정감독, 특별위원회의 구성, 연구기관, 언론기관·전문가·민간단체 등의 활동을 통해 이뤄진다. 정책이나 사업계획은 역할이나 이해관계가 다른 관계자들에 의해 평가되므로 평가 기능은 정치적 성격을 띠게 된다.

2) 의사평가

의사(擬似)평가란 이해관계자, 정책결정자, 전문가, 집행자, 평가자 등이 정당치 못한 자신들에게 유리한 개인적·정치적 목적으로 정책을 평가하는 것이다. 여론을 적절히 유도 또는 조작해 정책목표의 정당성을 얻기 위한 수단, 책임 회피 수단, 칭찬을 받기 위한 수단, 보조금을 받기 위한 수단 등으로 이용된다.

정책평가에 정치적 요인이 작용해 본래의 평가 목적을 벗어나는 의사평가의 유형을 서치만(E. A. Suchman)은 기만, 호도, 매장, 가장, 회피 등을 제시한다. 기만(eyewash)이란 외관이 현상(현실)을 대신한다. 효과가 적은 사업이나 불량한 사업을 정당화하기 위해 표면상 좋게 보이는 측면만을 의식적으로 선택해 평가한다. 호도(white-wash)는 변명이 검증을 대신한다. 사업의 실패나 결함을 은폐하기 위해 객관적인 평가를 회피한다. 매장(submarine)이란 정치가 과학을 대신한다. 사업의 효과에 관계없이 사업을 무력하게 하거나 파괴한다. 가장(posture)은 의례가 조사를 대신한다. 객관성이나 전문성을 가장하기 위한 제스처로서 사업을 평가한다. 회피(postponement)는 서비스가 조사를 대신한다. 사실을 탐색한다고 변명하면서 요청받은 행동을 지연시킨다.

던(W. N. Dunn)은 정당하지 못한 평가를 의사평가·사이비평가(pseudo evaluation)라 했으며, 의사평가·사이비평가를 막기 위해서는 평가성 검토·사정(evaluation assessment)이 필요하다고 주장했다.

3. 정책평가의 과정: 정책평가 단계

첫째, 탐색·상황 판단 단계다. 평가활동의 필요성이 있는지 상황 판단을 내리고 평가활동에 대한 동의·지지를 얻는 단계로서 탐색을 하게 된다.

둘째, 평가의 목표·대상의 확정 단계다. 평가할 목표·대상을 명확히 하는 단계로서 평가 목표를 식별하고 목표 상호간의 연관성 내지 중요도의 등급화가 필요하게 된다.

셋째, 조사·설계 단계다. 평가조사의 방법을 검토·결정하고 자료 수집을 하는 단계로서 질문사항, 조사 기간, 표본 크기, 통제집단 등의 문제와 경비·인력 등이 검토되고 측정 척도를 개발하게 된다.

넷째, 분석·해석 단계다. 수집된 자료를 분석·해석하고 의미를 부여하는 단계에 해당된다.

4. 정책평가의 기준

1) 서치만의 견해

서치만은 정책평가의 기준으로 투입의 양과 질을 평가하는 노력의 평가(assessment of effort), 산출의 양과 질을 평가하는 효과의 평가(assessment of effect), 노력에 비해 적절하게 성과를 달성했는지의 여부를 평가하는 성과의 적절성 평가(assessment of adequacy of performance), 노력을 최소화하고 성과를 최대화했는지를 평가하는 능률성의 평가(assessment of efficiency), 노력이 산출로 옮겨지는 과정을 평가하는 과정의 평가(assessment of process)로 구분했다.

2) 던의 견해

던은 정책평가의 기준으로 효과성(effectiveness), 능률성(efficiency), 적절성(adequacy), 적합성(appropriation), 형평성(equity), 대응성(responsiveness) 등을 제시했다.

3) 나카무라와 스몰우드의 견해

나카무라(R. T. Nakamura)와 스몰우드(F. Smalwood)는 정책평가의 기준으로 효과성, 능률성, 주민 만족도, 수혜자 대응도, 체제유지도 등을 제시했다. 효과성(effectiveness)은 정책이 의도한 본래의 목표를 달성했는지 여부다. 비용을 고려하지 않으며, 목표의 명확성이 중요하다. 목표가 명확하지 않으면 적용하기 곤란하기 때문이다. 행정관료가 선호하는 고전적 기준으로 정책집행의 고전적 기술자형이나 지시적 위임가형에 적합한 평가 기준이다.

능률성(efficiency)은 비용과 관련시켜 성과의 질과 양을 파악한다. 수단의 극대화에 중점을 두며, 비용을 고려한다. 행정관료가 선호하는 고전적 기준으로 정책집행의 지시적 위임가형에 적합한 평가 기준이다.

주민(수혜자) 만족도(constituency satisfaction)는 주민의 이해관계를 얼마나 잘 받아들이고 타협·조정했는가를 파악한다. 정치적 지지도 등을 조사하며, 정책집행의 협상자형에 적합한 평가 기준이다.

수혜자의 대응도(clientele responsiveness)는 수혜자집단이 정책에 의해 어떠한 혜택을 받으며, 이러한 혜택은 수익자의 인지된 욕구에 어느 정도 대응하고 있는가를 중시한다. 프로그램의 신축성 등이 중요시되며, 정치인이 선호하는 현대적 기준으로 정책집행의 재량적 실험가형에 적합한 평가 기준이다.

체제유지도(system maintenance)는 정책이 체제의 적응력·활동을 높여 체제 유지에 어느 정도 기여했는가를 평가한다. 정치인이 선호하는 현대적 기준으로 정책집행의 관료적 기업가형에 적합한 평가 기준이다.

표 5-1 정책집행자모형과 정책평가 기준의 관계

정책집행자모형	적용해야 할 정책평가 기준	초점
고전적 기술자형	• 효과성 + 능률성	• 결과(목표의 달성) + 성과
지시적 위임가형	• 능률성	• 성과(내용의 극소화, 수단의 극대화)
협상자형	• 주민 만족도	• 정치적 비용(선거구민)
재량적 실험가형	• 수익자 대응도	• 정치적 반응(소비자)
관료적 기업가형	• 체제유지도	• 제도의 생존 능력, 활성화

4) 기타 정책평가의 기준

기타 정책평가 기준으로는 적합성과 적절성이 있다. 적합성(appropriateness)은 필요성으로 여러 가지 목표 중에서 가장 바람직한 목표를 채택했는지의 여부다. 정책가치가 정치사회적 맥락에서 필요한 것인지의 판단 기준으로서 정책목표가 사회가치를 잘 반영하고 있는지의 정도다.

적절성(adequacy)은 충분성으로 목표 달성 수준의 충분성으로 프로그램의 효과가 프로그램의 수요의 충족(문제의 해결)에 어느 정도 기여했는지의 문제다. 정책결정자가 설정한 목표에 따라 상이하며, 정책목표의 달성 수준이 적당한 수준인지의 여부다.

5. 정책평가의 유형

정책평가의 유형은 평가 시기와 평가 목적에 따라 과정평가와 총괄평가로, 평가 주체에 따라 내부평가와 외부평가로 대별된다. 일반적으로 정책평가는 총괄평가를 의미하고, 과정평가는 총괄평가를 보완하는 성격을 띤다. 바람직한 평가는 과정평가와 총괄평가를 합친 종합평가(comprehensive evaluation)라 할 수 있다.

1) 과정평가 · 형성평가

과정평가(process evaluation)는 결정 단계 평가로서 정책대안이 가져올 영향을 사전에 예측 · 분석해 정책으로 인한 악영향을 방지하려는 평가다.

평가성 검토 · 사정(evaluation assessment)은 공식평가나 의사평가의 결함을 극복하기 위해 던(W. N. Dunn)이 주장한 개념이다. 특정한 정책에 대한 전면적 평가를 시작하기 전에 평가 목적을 달성하기 위한 기술적 가능성, 유용성 등을 조사하는 일종의 예비평가다. 주로 프로그램이 의도하는 결과를 가져오도록 관리할 수 있는 준비가 돼 있는가? 혹은 평가가 프로그램의 성과를 향상시키는 데 공헌할 수 있는가? 등 평가의 소망성과 가능성, 필요성, 평가결과의 활용가능성 등을 검토하는 사전적 형성적 평가다.

형성평가(formative evaluation) · 사업감시(program monitoring) · 집행과정평가는 집행활동의 설계상의 약점을 파악 · 보완하고 집행담당자의 책임성을 확보하며, 성공적 집행을 위한 효율적인 집행전략을 수립한다. 집행 절차와 투입의 적절성, 정책 대상자에의 서비스 전달, 정책의 대상 영역, 법규, 규정, 일정 등 준수 여부 등을 확인 · 점검한다. 모니터링(monitoring)의 종류에는 집행과정을 집행계획에 비춰 확인해 보는 프로그램 집행 모니터링, 집행활동의 결과인 산출 또는 성과를 주기적으로 점검하는 프로그램 성과 모니터링, 관련된 단위사업들 간의 균형적인 추진 여부 등을 평가하는 균형성 모니터링이 있다.

협의의 과정평가는 사후적 과정평가로 총괄평가(효과 · 영향평가)의 완성을 위한 보완적 수단으로 정책의 효과가 어떤 경로를 통해 발생했는지, 그렇지 않은 경우 어떤 경로에서 문제가 있었는지 등을 밝히는 것으로 정책효과 발생의 경로를 밝혀 총괄평가를 보완한다. 그리고 다른 상황에 대한 정책의 적용 여부와 정책실패의 중요한 원인 중의 하나인 인과경로의 잘못을 규명한다.

2) 총괄평가: 결과평가 · 영향평가

총괄평가(summative evaluation)는 정책수단과 정책효과 간의 인과 관계 유무를 추정해 정책이 사회에 미친 영향을 알아보려는 것이다. 사전분석(front end analysis)은 새로운 프로그램의 개시를 결정하기 바로 직전에 수행하는 평가작업으로서 기획과 유사하며 맥락분석 또는 조망적 평가종합과 동일하다(착수 직전 분석).

영향평가(impact evaluation)는 사후적 총괄평가로 집행이 완료된 후 정책이 사회에 미친 영향이나 충격(impact) 등 그 효과를 평가하는 것으로 효과평가 또는 영향평가에 해당한다. 일반적으로 정책평가라 할 때에는 영향평가를 말한다(협의의 총괄평가).

평가결산(평가종합)은 사후적 총괄평가로 정책평가 결과를 제3자나 제3의 기관에서 재분석하는 것이다. 즉, 평가에 대한 재평가다. 메타평가(meta evaluation)라고도 한다.

표 5-2 정책평가의 단계별 유형

구분	과정평가	총괄평가
사전적	사전적 과정평가: 평가성 검토, 형성평가	사전적 총괄평가: 사전분석
사후적	사후적 과정평가: 협의의 과정평가	사후적 총괄평가: 영향평가, 평가결산

6. 정책평가의 방법: 정책실험 또는 사회실험

1) 개념

정책실험(policy experiment) 또는 사회실험이란 정책수단과 정책효과 간의 인과 관계를 규명하는 것으로, 주로 총괄평가에 이용된다. 과정평가는 주로 주관적 · 질적 방법에 의존한다.

2) 실험의 종류

실험에는 비실험적 설계와 실험적 설계로 구분된다. 비실험적 설계는 실험집단과 통제(비교)집단을 사전에 선정하지 않는 방법이다. 대표적 비실험으로 첫째, 실시 전후 비교 또는 사후 비교집단 선정 방법 등이 있다. 이러한 방법은 내적 타당도를 저해하는 사건 효과, 선정 효과, 성숙 효과 등 외생 변수의 개입으로 내적 타당도는 낮으나, 외적 타당도를 저해하는 요인의 개입이 없으므로 실행가능성과 외적 타당도는 높다. 둘째, 통계적 비실험이 있다. 시계열분석, 다중회귀분석, 인과관계(경로)분석 등이 해당되며, 실험에 영향을 준 외생변수의 영향을 감소시키기 위한 각종 통계적 방법을 사용하는 것이다. 내적 타당도가 낮은 대표적 비실험이나 준실험의 약점을 보완하는 데 사용된다.

실험적 설계는 실험집단과 통제집단을 사전에 선정하는 방법이다. 준실험과 진실험으로 나뉜다.

첫째, 준실험(quasi-experiment)은 실험집단과 통제집단 간의 동질성을 확보하지 못한 실험이다. 무작위 배정(random assignment)에 의해 실험 대상을 선정하지 않고 행하는 실험이다. 준실험에서는 무작위 방법을 사용하지 않기 때문에 실험집단과 비교집단의 동질성이 확보되지 않을 수 있다. 정책평가 실험에서는 동질적인 집단 구성의 어려움 등으로 준실험이 많이 이용되고 있다. 이러한 준실험의 장점으로 비교적 자연 상태에서 실험이 진행되므로 호손 효과가 방지된다. 실험 대상자를 무작위로 나눔(진실험)으로써 발생하는 모방 효과, 누출 효과 등이 나타나지 않아 그로 인한 내적 타당도의 저하는 나타나지 않으며, 외적 타당도(정책효과의 일반화 가능성)와 실행가능성은 비교적 높다. 그러나 단점으로 두 집단의 비동질성으로 인해 두 집단 간의 성숙 속도가 달라서 발생하는 성숙 효과와 어느 한 집단에만 특유한 사건이 발생하는 경우 사건 효과 등이 달라 내적 타당도는 상대적으로 낮다는 것이다.

둘째, 진실험(true experiment)은 실험집단과 통제집단 간의 동질성을 확보한 실험이다. 실험집단과 비교집단의 동질성을 확보해 행하는 실험을 말한다. 즉, 실험 대상을 무작위 배정(random assignment)해 비교집단(control group)과 실험집단 간에 동질성을 확보한 뒤, 두 집단의 결과 변수(outcome variable)에서 나타나는 차이를 실험 처리(treatment) 효과로 추정하는 실험 방법이다. 진실험의 장점은 집단 간의 비동질성으로 인한 내적 타당성의 여러 문제를 극복해 준다. 즉, 진실험은 무작위 배정에 의한 인위적인 실험이므로 허위변수나 혼란변수 등 외생변수가 통제돼 특정 상황 내에서 내적 타당도가 높다. 단점으로 외적 타당도와 실행가능성이 낮으며, 일반적으로 내적 타당도가 높으나 모방 효과, 누출 효과(정책 내용의 누출) 등이 발생하면 내적 타당성이 낮아진다.

표 5-3 비실험과 실험의 비교

구분		실험 방법	내적 타당도	외적 타당도	실행가능성
비실험		통제집단 없이 실험집단에만 정책 처리	낮다	높다	높다
실험	준실험	실험집단과 통제집단 간의 동질성 미확보	상대적으로 낮다	비교적 높다	비교적 높다
	진실험	실험집단과 통제집단 간의 동질성 확보	높다	낮다	낮다

7. 정책평가의 타당도

1) 의의

정책평가의 타당도(validity)는 정책평가가 정책의 효과를 얼마나 사실에 가깝게 추정(approximation)하고 있느냐 하는 정도를 의미한다.

2) 타당도의 종류: 쿡과 캠벨

타당도는 구성적 타당도, 통계적 결론의 타당도, 내적 타당도, 외적 타당도 등으로 구분된다.[1)]구성적 타당도(construct validity)는 정책(처리), 결과, 모집단 및 상황들에 대한 이론적 구성 요소

1) 내적 타당도란 실험 결과가 다른 외생변수의 영향 없이 순수하게 원인변수에 기인한 정도를 말하는 것이고, 외적 타당도는 실험 결과가 특정 상황이 아닌 다른 상황에도 적용이 가능한 정도(일반화)를 말하는 것이다. 내적 타당도는 실험의 결과를 도출하는 과정에서 발생하는 문제이고, 외적 타당도는 실험이 완료된 후 결과를 가지고 다른 곳에 적용할 수 있는지의 여부가 문제다. 그래서 내적 타당도가 1차적으로 확보돼야 하는 타당도다. 내적 타당도는 처음부터 두 집단 간에 동질성이 없었거나, 실험 진행 중에 동질성이 파괴될 때 낮아진다. 외적 타당도는 처음부터 두 집단 간에 동질성이 확보되지 못했거나, 동질성이 유지되더라도 집단의 대표성이 부족할 때 낮아진다.

들이 성공적으로 조작화된 정도를 의미한다.

통계적 결론의 타당도(statistical conclusion validity)란 정책효과를 찾아낼 수 있을 만큼 정책평가가 충분히 정밀하고 강력하게 연구설계(평가기획)가 이뤄진 정도로서 제1종 및 제2종 오류가 발생하지 않은 정도를 의미한다.

내적 타당도(internal validity)는 특정 상황 하에서 특정의 정책 효과가 특정의 정책수단(원인변수)에 기인해 발생했다고 말할 수 있는 정도를 의미한다. 즉, 특정 상황에서의 타당도로서 조작화된 결과에 대해 찾아낸 효과가 다른 경쟁적인 원인(외생변수)들에 의해서라기보다는 조작화된 처리(원인변수)에 기인된 것이라고 볼 수 있는 정도를 의미한다. 정책과 그 결과 사이에 존재하는 인과적 추론의 정확성 정도를 의미하며, 주어진 상황에서 인과성을 평가한다. 처치와 결과 사이에 관찰된 관계로부터 도달하게 된 인과적 결론의 적합성 정도를 의미하고, 가능하면 내적 타당도와 외적 타당도를 모두 고려해야 하지만 1차적으로 확보돼야 할 타당도다.

외적 타당도(external validity)는 정책과 그 결과 사이에 존재하는 인과적 추론의 일반화(이론화) 정도를 의미한다. 발견된 효과들이 다른 이론적 구성 요소들에까지도 일반화될 수 있는 정도다. 주어진 상황이 아닌 다른 상황에도 결과의 적용이 가능한지를 말해 준다.

3) 타당도의 저해 요인

(1) 내적 타당도의 저해 요인

내적 타당도의 저해는 실험이 진행되는 동안 두 집단은 각각의 동질성이 파괴돼 두 집단이 유사하게 되는 경우에 나타난다. 내적 타당도 저해 요인은 주어진 상황에서 결과의 적용을 할 수 없게 하는 요인이다. 역사적 요소, 성숙 효과, 상실 요소, 회귀인공 요소, 모방 효과, 측정도구의 변화, 선정 효과, 선발과 성숙의 상호작용, 처리와 상실의 상호작용 등이 있다.

역사적 요소(history)는 평가실험을 수행하는 동안에 실험자의 의도와 관계없이 발생하는 역사적 사건이 실험에 영향을 미치는 것이다. 실험 기간 중 일어난 우연한 사건으로 측정이 부정확해지는 것이다.

성숙 효과(maturation)는 실험 기간 중 집단구성원의 자연적 성장이나 발전에 의한 효과로서 실험 기간이 길어질수록 성장 효과가 나타날 가능성이 커진다.

상실 요소(experimental mortality)는 정책 실시 중에 실험집단의 구성원이 집단으로부터 이탈 등 두 집단 간의 구성상 변화에 의한 효과다.

측정 요소(testing)는 실험 또는 조사연구에서 측정한다는 사실 그 자체가 연구 대상에 영향을 미쳐 내적 타당성을 저해하는 현상이다. 사람들은 자신이 측정을 받고 있다는 사실을 감지하고 있을 경우, 의도적 행위나 무의식적인 반응을 나타냄으로써 인과적 추론의 타당성을 저해할 수 있다. 이를 제거하기 위해서는 솔로몬식 실험설계(사전에 측정을 받은 집단과 받지 않은 4개 집단을 모두 교차적으로 비교하는 방법)가 필요하다.

회귀인공 요소(regression artifact)는 실험이 진행되는 동안 구성원들이 원래 자신의 성향으로 돌아갈 경우에 나타나는 오차(실험 직전 측정이나 단 한번의 측정만으로 집단을 구성하면 나타나는 일종의 실험 직전 반응 효과로서 정책효과가 없어도 처음과 달라지는 오류 발생)다. 통계적 회귀 요인이라고도 한다.

모방 효과는 통제집단의 구성원이 실험집단 구성원의 행동을 모방함으로써 실험집단과 통제집단이 비슷하게 된다. 오염 또는 확산 효과라고도 한다.

측정 도구의 변화(instrumentation)란 실험 과정에서 측정 절차나 도구가 변화됨으로써 내적 타당성을 저해하는 현상이다. 평가 대상에 대한 측정 절차나 도구가 동일하지 않을 경우, 나타난 변화가 실험의 효과에 기인된 것인지, 단지 측정 도구나 절차가 달라짐에 따라 나타난 것인지 구분하기가 어렵다.

선정 효과(selection, 선발 요소)는 실험집단과 통제집단을 구성할 때 두 집단에 서로 다른 개인들을 선발해 할당함으로써 오게 될지도 모르는 표본 선정 과정상의 오류(동질성의 부족)이다. 외재적 요인이다.

선발과 성숙의 상호작용(selection-maturation interaction)은 실험연구에서 실험집단과 비교집단에 선발된 표본들이 처음부터 차이가 있었을 뿐만 아니라 두 집단의 성장 또는 성숙의 속도가 다름으로써 내적 타당성이 저해되는 현상을 말한다.

처리와 상실의 상호작용(treatment-mortality interaction)은 실험연구에서 표본이 실험집단과 비교집단에 무작위로 배정된다 할지라도, 상이한 실험 처리로 인해 처리기 간 동안 각 집단에서 서로 다른 성질의 구성원들이 상실됨으로써 내적 타당성이 위협받는 현상을 말한다. 이때 각 집단에 남아 있는 표본들만을 대상으로 처리 효과를 추정하게 되면 그 결과가 왜곡될 가능성이 있다.

(2) 외적 타당도 저해 요인

외적 타당도의 저해는 두 집단은 각각 동질성이 유지되지만, 그 결과를 일반화시킬 수 없는 경우를 의미한다. 주어진 상황이 아닌 다른 상황에 적용할 수 없게 만드는 요인이다. 호손 효과, 실험 조작과 측정의 상호작용, 다수적 처리에 의한 간섭, 표본 추출의 대표성 부족, 크리밍 효과 등이 있다.

호손 효과(Hawthorn effect)는 실험 조작의 반응 효과(reactive arrangement)다. 실험집단 구성원이 실험의 대상이라는 사실로 인해 평소와는 다른 특별한 심리적 행동을 함으로써 발생하는 효과다. 인위적인 실험환경에서 얻은 결과를 다른 집단에 일반화하기에는 곤란한 현상을 의미하며, 외적 타당도를 저해하는 대표적인 요인이다.

실험 조작과 측정의 상호작용(interaction of testing and experiment)은 실험 전 측정과 피조사자의 실험 조작의 상호작용으로 실험의 결과가 나타난 경우 일반화하기는 곤란하다. 실험측정이 피조사자의 실험조작에 대한 감각에 영향을 줘 측정 결과를 왜곡하는 현상을 말한다.

다수 처리에 의한 간섭은 동일 집단에 여러 번의 실험적 처리를 실시하는 경우에 실험 조작에 익숙해짐으로써 영향을 생각할 때, 실험집단으로부터 얻은 결과를 그러한 처치를 전혀 받지 않은 다른 집단에 일반화하기는 곤란하다.

표본 추출의 대표성 부족이란 통제집단과 실험집단이 각각 동질성이 있더라도 사회적 대표성이 없으면 일반화시키기 곤란하다는 것이다.

크리밍 효과(creaming effect)는 실험의 효과가 비교적 잘 나타날 가능성이 있는 조건이 좋은 집단을 실험집단에 선정하고 그렇지 못한 집단을 비교집단에 선정하는 현상으로 결과를 일반화시키지 못하게 된다. 의도적으로 효과가 크게 나타날 사람만 실험집단에 배정한 것이고, 선발 효과는 의도하지 않았는데 실험집단과 통제집단을 선발하는 과정에서 동질성이 확보되지 못하는 것이다.

4) 정책평가에서 내적 타당도를 제고하기 위한 변수들의 통제 방법: 노화준

(1) 정책평가의 내적 타당도를 위협하는 변수들

정책평가의 내적 타당도를 위협하는 변수는 선행변수, 매개변수, 허위변수, 혼란변수, 억제변수, 왜곡변수 등이 있다.

첫째, 선행변수는 독립변수(A)에 앞서면서 독립변수에 대해 유효한 영향력을 행사하는 제3의 변수 C를 의미한다. 둘째, 매개변수로 독립변수(A)와 종속변수(B)의 사이에서 독립변수의 결과인 동시에 종속변수의 원인이 되는 변수다. 셋째, 허위변수는 두 변수 A, B 간에 전혀 상관 관계가 없는데도 상관 관계가 있는 것처럼 나타나도록 두 변수 모두에게 영향을 미치는 제3의 변수를 의미한다. 넷째, 혼란변수는 두 변수 A, B 간에 관계가 약간 있는 상태에서 두 변수 A, B 모두에 영향을 미치는 제3의 변수 C를 의미한다. 다섯째, 억제변수는 두 변수 A, B가 서로 관계가 있는데도 관계가 없는 것으로 나타나게 하는 제3의 변수 C를 의미한다. 여섯째, 왜곡변수는 두 변수 A, B 간의 사실상의 관계를 정반대의 관계로 나타나게 하는 제3의 변수 C를 의미한다.

(2) 내적 타당도 제고를 위한 변수의 통제 방법: 실험집단과 통제집단의 동질성 확보 방안

내적 타당도 제고를 위한 변수 통제 방법에는 무작위 배정에 의한 통제, 축조에 의한 통제, 재귀적 통제, 통계적 통제, 포괄적 통제, 잠재적 통제 등이 있다.

무작위 배정에 의한 통제(randomized control)는 홀짝 추첨 방식의 무작위 추출에 의해 실험집단과 통제집단을 동질적으로 구성해 외생변수의 영향이 두 집단에 동질적으로 나타나도록 하는 실험이다.

축조에 의한 통제(constructed control)는 특정 정책이 실시되는 지역과 실시되지 않은 지역을 구분돼 있어 무작위 배정을 하기 어려운 때 연구 대상을 비슷한 대상끼리 둘씩 짝을 지어 배정하는 매칭(matching)에 의한 방법이다.

재귀적 통제(reflexive control)는 실험집단과 통제집단을 구분하기가 곤란한 경우 별도의 통제집단 없이 동일한 집단에 대해 정책을 집행한 후에 일정 기간 동안 나타난 산출의 변화를 정책 실시 전의 일정 기간 동안 나타났던 산출의 변화와 비교한다.

통계적 통제(statistical control)는 정책에 참여한 대상과 그렇지 않은 대상과의 차이를 통계적 기법(시계열분석 등)을 사용해 외생변수를 추정·제거하는 방법이다.

포괄적 통제(generic control)는 정책을 집행한 대상 집단에 일어난 변화를 이와 유사한 집단에 이러한 정책을 집행하면 이러 이러한 변화가 일어날 것이라고 기대하는 전형적인 규범 또는 표준들과 비교해 집행한 정책이 효과가 있었는지 또는 없었는지 판단하는 방법이다.

잠재적 통제(shadow control)는 정책을 집행한 대상 집단에 일어난 변화에 대해 전문가, 프로그램 집행자 또는 프로그램에 참여한 대상자들에게 질문한 다음, 이들의 의견을 토대로 정책의 효과가 있었는지 또는 없었는지를 판단하는 방법이다.

5) 정책평가의 신뢰도

정책평가의 신뢰도란 측정 도구의 일관성에 관한 것으로서 동일한 측정 도구가 동일한 현상을 되풀이해서 측정했을 경우 동일한 결론이 나오는지의 확률을 의미한다. 신뢰도는 타당도의 필요조건이지만 충분 조건은 아니다. 신뢰도가 낮으면 타당도도 낮아지나 신뢰도가 높다고 해서 반드시 타당도가 높아지는 것은 아니다.

정책평가 신뢰도의 측정 방법에는 동일한 측정 도구를 동일한 대상자에게 상이한 시점에서 두 번 측정해 비교하는 재검사법, 유사하다고 인정되는 두 가지 측정 도구를 사용해 결과를 비교하는 복수양식법, 하나의 측정 도구에서 반으로 나눠 검사해 비교하는 반분법 등이 있다.

8. 정책평가의 한계

공공부문의 규범적 평가는 기술적으로 어렵고 평가기법이나 평가 시점에 따라서 평가 결과가 상이하다. 공공부문은 정책 효과의 원인과 결과 간의 인과성 규명이 곤란하며, 정책 대상의 영역이 광범위해 통제집단의 선정이 곤란하다. 공정한 평가를 위해 제3의 독립된 전문평가기관의 구축이 필요하고, 평가 자체에만 집중하고, 평가 결과의 활용에는 소홀하다.

제2절 정책의 변동과 환류

1. 정책 변동의 의의와 유형

1) 정책 변동의 개념

정책 변동(policy change)이란 정책결정 과정을 통해 수립된 최초의 정책이 정책집행 과정 중에 또는 집행이 완료돼 이에 대한 평가가 이뤄진 후에 최초의 정책 목표나 의도, 수단 등에 변화가 생기거나 종결되는 것을 말한다. 정책 변동에는 정책종결 이외에 정책승계, 정책쇄신 등 다양한 유형이 있다.

2) 정책 변동의 유형: 호그우드와 피터스의 『정책역학론(*Policy Dynamics*)』(1983)

정책 변동의 유형에는 정책혁신, 정책승계, 정책유지, 정책종결 등으로 구분할 수 있다. 정책혁신(policy innovation)이란 정부가 이전에 개입하지 않았던 분야에 개입하기 위해 새로운 정책을 형성하는 것이다. 기존의 정책이나 법률·조직·예산 및 사업활동이 없는 상태에서 완전히 새로운 정책을 형성하는 것을 의미하기에 엄격한 의미에서 정책 변동의 유형으로 보기보다는 신규 정책의 형성이라고 할 수 있다.

정책승계(policy succession)란 기존의 정책 목표는 변화시키지 않고 목표 달성을 위한 실질적 정책 수단 등을 변경시키는 것이다. 기존의 정책 수단이나 사업을 완전히 종결하고 종전과 동일한 목표를 달성하기 위해 새로운 사업계획을 수립하는 것을 의미하는 선형적 승계(linear succes-

표 5-4 정책 변동의 유형

새로운 문제의 등장	➡	정책혁신	정책 목표가 변동되며, 완전히 새로운 정책을 결정하는 것
문제의 변질	➡	정책승계	정책 목표는 변동되지 않고, 정책 수단을 대체 또는 수정하는 것
문제의 지속	➡	정책유지	정책을 그대로 존속시키는 것
목표 달성으로 문제의 소멸	➡	정책종결	특정한 정책이 환경의 변화 등으로 실현가능성이 없거나 바람직하지 않을 때 정책을 완전히 소멸시키는 것

sion), 두 개 이상의 정책이나 사업계획이 완전히 또는 부분적으로 종결되고 유사한 정책목표를 추구하기 위해 새로운 단일의 정책이 제도화되는 것을 의미하는 정책통합(policy consolidation), 정책통합에 반대되는 개념으로 기존 정책이 분할되는 것을 의미하는 정책분할(policy splitting), 기존의 정책 중 일부는 계속적으로 유지하면서 일부는 완전히 종결시키는 부분종결(partial termination), 정책유지·대체·종결 또는 추가 등 정책승계의 여러 유형이 복합적으로 나타나는 복합적 정책승계(complex patterns of policy succession) 등이 있다.

정책유지(policy maintenance)란 기존 정책을 새로운 정책으로 대체하지 않고 본래의 정책목표를 달성하기 위해 정책의 기본적 특성을 그대로 유지하면서 상황의 변화에 능동적으로 적응하는 것이다.

정책종결(policy termination)은 특정한 정책이 환경 변화 등으로 실현가능성이 없거나 바람직하지 않을 때 정책목표와 정책수단을 완전히 폐지·소멸시키고 대체할 정책을 마련하지 않는 것이다. 특정 정책을 의도적으로 종결·중지시키는 것으로 특정 부문의 기능·사업·정책의 중지 또는 종식 등이다.

2. 정책종결

1) 의의

정책종결은 기존의 정책을 없애는 것으로 정책종결의 원인은 문제 소멸, 환경적 기반의 약화, 정책 내용의 오류, 조직의 정치적 취약성(political vulnerability), 조직의 위축(organizational atrophy) 등이 있다.

해결해야 할 문제가 해결됐거나 문제의 중요성이 없어지면 문제 소멸로 정책이 종결된다. 정책집행에서 환경적 기반이 약화되면 축소·폐지가 불가피하다. 정책 내용에 잘못이 있는 경우 집행과정에서 수정·보완되지만 정책환경의 대변동이 일어나면 정책 변동이 불가피하게 된다. 조직 내의 갈등·알력·지도력의 약화, 대외적 이미지의 약화 등은 정책 변동을 초래하며, 정부조직의 역할 혼동, 조직 분화, 규칙 과다, 책임 전가 등 역기능적 요인으로 빚어지는 조직의 위축으로 정책 변동을 가져오게 된다.

2) 정책종결에 대한 저항 원인

매몰비용에 대한 회수 심리는 정책종결에 저항하는 원인이 된다. 정책을 유지하면서 이득을 챙기는 수혜집단과 정치 세력의 연대가 정책종결을 저항하며, 정책종결도 입법 절차와 동일하게 국회에서 법령의 폐지 절차 등이 필요하게 되므로 저항의 원인이 된다. 목표를 승계하면서 조직을 존속시키려는 성향이 있다.

3) 저항의 해소 방안

정책종결을 위한 사전 준비를 충분히 하고, 정보의 누설을 방지하며, 비밀주의를 따르는 것이 효과적이다. 정책종결에 대한 반대・저항을 중화시키기 위해 적극적인 관심을 동조 세력을 규합하고 외부 인사의 참여폭을 넓혀야 한다. 정책종결이 왜 필요한지 기존 정책의 문제점・폐해를 주지시키고 새로운 정책 도입의 필요성을 홍보해야 한다. 정책종결에 수반되는 각종 대가・희생・부담을 보상해 주는 조치를 강구해야 하며, 정책종결을 위한 제도적 장치로서 영기준예산(ZBB)이나 일몰법(sunset law) 등이 중요하다.

3. 정책 환류

1) 환류의 개념

환류(feedback)란 체제 자체의 기능・구조 및 산출을 개선하기 위해, 체제 활동의 중간 및 최종 단계에서 체제 활동의 적부(適否) 또는 모순을 발견・시정하고, 다음 계획의 수립에 이를 반영케 하는 활동을 말한다. 환류는 사이버네틱스(cybernetics)에 의해 새로이 각광을 받게 된 자동제어의 원리로, 체제가 환경과 교호작용을 하는 가운데 체제 활동의 결과와 목표에 격차가 있을 경우, 그것이 오차(誤差) 신호로 간주돼 체제의 작용 방법이 오차를 적게 하는 방향으로 점차 수정돼 가는 메커니즘을 의미한다.

2) 환류의 목적

환류는 정책을 집행한 후 얻은 정보와 자료를 정책형성에 활용하고, 관리상 또는 법상 책임을 규명하기 위한 목적으로 이뤄진다.

3) 환류의 종류

환류에는 좀 더 근본적인 목표를 수정하는 장치로 적극적(긍정적) 환류와 정책분석 과정에서의 오차를 수정하는 장치로 소극적(부정적) 환류가 있다.

4) 환류의 기능

환류는 합리적 정책결정에 도움을 주며, 환류된 정보와 자료는 정책결정자뿐만 아니라 관련 이해당사자들에게도 제공된다. 또한, 환류는 정책환경의 변화를 인지하는 데 유용한 자료로 활용된다.

제 3 편

조 직 론

제1장_조직의 기초 이론
제2장_인간의 본질과 조직인
제3장_조직과 환경
제4장_조직의 관리
제5장_조직의 양태와 쇄신
제6장_행정과 정보

제 1 장 조직의 기초 이론

제1절 조직의 본질

1. 조직의 의의

1) 조직의 개념

조직(organization)이란 일정한 환경에서 구성원의 협동 노력으로 특정한 목표를 달성하기 위한 인적 집합체 또는 분업 체제다. 또한, 조직이란 공동의 목표를 달성하기 위해 형성된, 분업과 통합의 활동 체계를 갖춘 사회적 단위(social unit)를 말한다. 조직은 구조와 과정 및 규범을 내포하며, 환경과 교호작용을 한다.

2) 조직의 특성

조직은 달성하고자 하는 특정한 공동의 목표 내지 목적을 지니며, 조직은 목표를 달성하기 위한 개인들의 집합체다. 조직은 체계화된 구조를 갖는다. 이는 조직의 목표를 효과적으로 달성하기 위해 과업을 분담시키고 구성원의 역할을 규명하며, 그 역할 간의 관계를 결정하는 규정과 절차를 말한다. 이러한 체계화된 구조를 통해 지속적이고 유형화된 상호작용을 한다.

조직은 경계를 갖는다. 조직의 경계는 조직의 내부 요소와 외부 요소, 조직과 환경을 구분해 주고 동일성이 정체성을 제공한다. 조직을 폐쇄 체제로 볼 경우 조직의 경계가 뚜렷하고 고정적・안정적이며, 개방 체제로 볼 경우 경계가 유동적이고 자유롭다.

조직은 환경 속에 존재하며 환경과 상호작용하는 개방 체제적 성격이 강하며, 사회적 환경과 상호 의존된 일종의 사회 체제(social system)다. 조직은 사회 체제 속의 한 부분 체제 또는 하위 체제이며, 사회 체제로서의 조직은 파슨스(T. Parsons)의 체제의 기능(AGIL), 즉 적응 기능・목표 달성 기능・통합 기능 및 체제 유지 기능을 수행한다.

3) 조직의 이미지: 모건(G. Morgan,1986)

조직의 이미지는 관료제에 초점을 둔 기계로서의 조직, 환경과의 밀접한 관계에 초점을 두는 유기체로서의 조직, 정보 처리・학습 능력에 초점을 두는 두뇌(brains)로서의 조직, 가치・규범・신념 등에 초점을 둔 문화로서의 조직, 심리적・이념적 측면에 조직에 초점을 둔 심리적 감옥(psychic prisons)으로서의 조직, 조직 변동에 초점을 두는 유전(流轉, flux)・변환(變換, transformation)으로서의 조직, 잠재적 착취에 초점을 둔 지배 수단으로서의 조직으로 구분할 수 있다.

2. 조직의 유형(비교조직론)

1) 에치오니의 유형: 권력과 복종의 정도를 기준으로 한 분류

에치오니(A. Etzioni)는 권력과 복종의 정도를 기준으로 조직의 유형을 강제적 조직, 공리적 조직, 규범적 조직으로 구분했다. 조직이 개인(구성원)에게 행사하는 권력의 종류에 따라 강제적 권력, 보상적 권력, 규범적 권력으로 분류했다. 강제적 권력(coercive power)은 조직이 개인에게 강압적・물리적 수단을 행사하는 권력이고, 보상적 권력(remunerative power)은 조직이 개인에게 경제적・물질적 유인을 사용하는 권력이다. 규범적 권력(normative power)은 조직이 개인에게 규범적・상징적 기준을 사용하는 권력을 의미한다.

개인이 조직에 복종(자기 연계, involvement)하는 종류에 따라 소외적 복종, 계산적 복종, 도의적 복종으로 구분했다. 소외적 복종(관여)은 개인이 조직에 굴종적인 복종을 하는 것이며, 계산적 복종(관여)은 개인이 조직에 물질적인 욕구 때문에 복종하는 것이다. 도의적 복종(관여)은 개인이 조직의 규범을 내면화하고, 권위를 수용하고 인정하는 복종을 하는 것이다.

이러한 권력과 복종의 유형에 따라 조직의 유형을 강제적 조직, 공리적 조직, 규범적 조직으로 구분했다. 강제적 조직(coercive organizations)은 조직의 주요한 통제 수단은 강제이며, 구성원은 조직에 대해 소외감을 느낀다. 교도소・강제수용소가 이에 해당된다. 공리적 조직(utilitarian organizations)은 조직의 주요한 통제 수단은 보상이며, 구성원은 타산적으로 행동한다. 사기업・이익단체가 이에 해당된다. 규범적 조직(normative organizations)은 조직의 주요한 통제 수단은 규범이며, 구성원은 조직에 대해 헌신적이고 사명감을 가진다. 종교단체・정치단체가 이에 해당된다.

표 1-1 에치오니의 조직 유형

권력 \ 복종	소외적(굴종적)	계산적(타산적)	도의적(도덕적)
강제적	강제적 조직		
보상적		공리적 조직	
규범적			규범적 조직

2) 블라우와 스콧의 이론: 조직의 수혜자(수익자)를 기준으로 한 분류

블라우(P. M. Blau)와 스콧(W. R. Scott)은 조직의 수혜자를 기준으로 호혜적 단체, 사업조직, 봉사조직, 공익조직으로 분류했다. 호혜적 단체(mutual benefit association)는 상호조직(공익결사)으로 조직구성원들이 주된 혜택을 받는 조직이다. 구성원의 참여와 구성원에 의한 통제를 보장하는 민주적 절차를 조직 내에서 유지하는 것이 중요하며, 정당, 노동조합, 이익단체 등이 이에 속한다.

첫째, 사업조직(business concerns)은 경영조직으로 조직의 소유자와 관리자가 주된 수혜자다. 능률의 극대화가 가장 중요하며, 일반적으로 사기업체 등이 이에 속한다.

둘째, 봉사조직(service organization)은 서비스조직으로 조직과 정기적・직접적 관계를 갖는 고객이 수혜자다. 고객에 대한 전문적 봉사와 행정적 절차 사이에서 발생하는 갈등을 어떻게 잘 해결하느냐가 중요하며, 병원, 학교, 사회사업기관, 법률상담소 등이 이에 해당된다.

셋째, 공익조직(commonwealth organization)은 공공복리조직으로 일반 대중이 주요 수혜자가 되는 조직이다. 국민에 의한 외재적 통제를 위한 민주적 장치가 가장 중요하며, 군대, 경찰, 소방서, 일반행정기관 등이 이에 속한다.

3) 카츠와 칸의 분류: 조직의 사회적 기능을 기준으로 한 분류

카츠(D. Katz)와 칸(R. L. Kahn)은 조직이 보유한 사회적 기능을 기준으로 생산조직 또는 경제조직, 형상유지조직, 적응조직, 관리·정치조직 등으로 분류했다. 생산조직 또는 경제조직(productive or economic organizations)은 물자·서비스를 공급하는 조직이며, 인간의 기본적 욕구를 충족시키거나 인간의 협동을 유도하는 기능을 가진다. 행정 분야에서는 사업관서나 공기업이 해당된다.

첫째, 형상(形相)유지조직(maintenance organizations)은 한 세대로부터 다음 세대로 문화를 전수하고 교육하며 사회화 기능을 담당하는 조직이다. 학교·교회·가정 등이 이에 해당된다.

둘째, 적응조직(adaptive organizations)은 새로운 지식이나 여론을 창출해 문제 해결 방안을 개발하는 기능을 가진 조직이다. 대학·연구기관 등이 이에 해당된다.

셋째, 관리·정치조직(managerialpolitical organizations)은 사회가 바라는 목적을 달성하기 위해 사람과 자원에 대한 조정·통제를 하는 조직이다. 국가와 그 하위 체제인 정부기관이 이에 속하고 또한 노조·압력집단이나 정당도 이 유형에 속한다.

표 1-2 파슨스의 체제 기능과 카츠와 칸의 조직 유형

파슨스의 체제의 기능	적응 기능 (adaptation)	목표 달성 기능 (goal attainment)	통합 기능 (integration)	형상 유지 기능 (latent pattern maintenance)
파슨스의 조직의 유형	경제조직 (사기업체)	정치조직 (행정기관)	통합조직 (정당, 사법부)	형상유지조직 (교회, 학교)
카츠와 칸의 조직의 유형	적응조직 (연구소)	생산·경제조직 (산업조직)	관리·정치조직 (정당)	형상유지조직 (교회, 학교)

4) 리커트의 분류: 의사결정에의 참여도 기준으로 한 분류

리커트(R. Likert)는 의사결정에 참여하는 정도를 기준으로 해서 수탈적 권위 체제, 온정적 권위 체제, 협의 체제, 참여집단 체제로 구분했다. 수탈적 권위 체제(exploitative authoritative system, 체제 I)와 온정적 권위 체제(benevolent authoritative system, 체제 II)는 권위형이며, 협의 체제(consultative system, 체제III)와 참여집단 체제(participative group system, 체제IV)는 민주형이다.

수탈적 권위 체제(체제 I)는 조직의 최고책임자가 단독으로 모든 결정권을 행사하고 구성원의 이익은 고려되지 않는다. 온정적 권위 체제(체제 II)는 고위층에서 정책을 결정하며 하급자는 결정된 지침의 테두리 안에서 결정을 내릴 수 있으나 최종 확정에 앞서 상급자의 동의를 얻어야 한다. 협의 체제(체제III)는 주요 정책을 고위층에서 결정하지만 한정된 범위의 특정 사항에 관한 결정은

하급자가 할 수 있다. 참여집단 체제(체제Ⅳ)는 조직의 구성원이 결정에 광범위하게 참여할 수 있는 체제를 말한다.

5) 민츠버그의 다섯 가지 조직 유형: 복수 국면적 접근 방법(다차원적 분류)

민츠버그(H. Mintzberg)는 조직을 의도적으로 설계된 실체로서 파악하고 조직구조와 환경의 관계를 중시하면서 조직의 특징 그 자체를 기준으로 다차원적 분류를 하고 있다. 조직의 기본적인 구성 부분을 전략정점, 중간층, 운영 핵심, 기술구조, 지원 참모 등 다섯 가지로 구분했다. 전략정점(strategic apex, 전략경영층)은 조직의 사명과 전략적인 방향을 결정하며, 중간층(middle line, 중간관리 부문)은 운영 핵심을 감독하고 통제하며 자원을 공급한다. 운영 핵심(operation core, 생산 부문)은 상품과 서비스의 생산, 공급 등을 담당하며, 기술구조(technostructure, 기술 지원 부문)는 산출물과 산출 과정을 검사하고, 업무의 표준화를 담당한다. 지원 참모(support staff, 일반 지원 부문)는 운영핵심의 업무를 간접적으로 지원한다.

조직의 기본적인 구성 부분 중 어떤 부분이 핵심이 되는가에 따라 다섯가지 조직설계모형을 제시했다. 단순구조(simple structure)는 전략 정점과 운영 핵심으로 구성되며 전략정점이 강조되는 조직이다. 상대적으로 소규모 조직이지만 조직환경이 매우 동태적이며 조직기술은 정교하지 않으며, 엄격한 통제가 요구되는 신생조직・독재조직・위기에 처한 조직 등이 이에 해당된다.

기계적 관료제(machine bureaucracy)는 다섯 가지 기본적인 구성 요소를 모두 보유하고 있으며, 기술구조가 강조되는 조직이다. 일반적으로 조직 규모가 크고, 조직환경이 안정돼 있으며, 표준화된 절차에 의해 업무가 수행된다. 은행・우체국・대량 생산 제조업체・항공회사 등이 이에 해당된다.

전문적 관료제(professional bureaucracy)는 전략 정점과 운영 핵심 사이에 계층 수가 적으며, 운영 핵심이 강조되는 조직이다. 전문적・기술적 훈련을 받은 조직구성원에 의해 표준화된 업무가 수행되고 전문가 중심의 분권화된 조직이며, 조직환경이 상대적으로 안정되고 외부통제가 없다(기술의 표준화). 대학・종합병원・사회복지기관・컨설팅 회사 등이 이에 해당된다.

표 1-3 민츠버그의 조직설계 유형과 상황 조건

구분	구성 부분	조정기제	상황 요인			예	특징
			규모	기술	환경		
단순구조	전략부문 (최고관리층)	직접 통제	소규모	단순	단순 동태적	신설조직	표준화 곤란
기계적 관료제	기술구조 (기술지원 부문)	작업・ 업무표준화	대규모	비교적 단순	단순 정태적	대량생산 제조업체	표준화 용이 ⇒ 적응 곤란
전문 관료제	핵심 운영 부문 (작업계층)	기술표준화	가변적	복잡	복잡 정태적	종합병원	표준화 용이 ⇒ 적응 곤란
사업부제	중간라인 (중간관리 부문)	산출표준화	대규모	가변적	단순 정태적	대기업 계열사, 대학 분교	업무・기술표준화× ⇒ 적응 용이
임시 체제	지원 참모	상호 조절	가변적	매우 복잡	복잡 동태적	연구소, 우주센터	표준화 곤란

사업부제 구조(divisional structure)는 조직의 대부분의 업무가 준자율적 단위에 의해 수행되며, 중간층이 강조되는 조직이다. 독자적 구조를 가진 분립된 조직이며 중간관리층이 핵심적 역할을 하며, 대기업·대학분교·지역병원을 가진 병원조직 등이 이에 해당된다.

임시 체제(adhocracy)는 느슨하고 신축적이며 자기혁신적인 조직구조이며, 운영 핵심과 지원 참모가 강조되는 조직이다. 고정된 계층구조를 갖지 않고 공식화된 규칙이나 표준적 운영절차가 없는 조직이며, 조직구조가 매우 유동적이고 환경도 동태적이다. 첨단기술연구소·우주센터 등이 이에 해당된다.

6) 기계적 구조와 유기적 구조

번스와 스토커(Burns & Stalker, 1961)는 조직구성원에게 주어지는 공식적 구조와 통제의 정도와 관련된 특성에 따라서 기계적 구조와 유기적 구조로 구분했다. 기계적 구조는 엄격히 규정된 직무, 많은 규칙과 규정(높은 공식화), 집권적 권한, 분명한 명령 체계, 좁은 통솔 범위, 낮은 팀워크, 수직적인 명령 계통 등을 특징으로 한다. 유기적 구조는 적은 규칙과 규정(낮은 공식화), 분권적 권한, 광범위한 직무, 넓은 통솔 범위, 높은 팀워크, 수평적·인격적 상호 관계 등을 특징으로 한다.

표 1-4 기계적 구조와 유기적 구조의 비교

구분	기계적 구조	유기적 구조
장점	내적 통제에 따른 예측가능성	환경에 뛰어난 적응성
조직 특성	① 좁은 직무 범위 ② 표준운영절차: 표준화된 절차 ③ 분명한 책임 관계 ④ 계층제 ⑤ 공식적/몰인간적 대면 관계	① 넓은 직무 범위 ② 적은 규칙/절차 ③ 모호한 책임 관계 ④ 분화된 채널 ⑤ 비공식적/인간적 대면 관계
상황 조건	① 명확한 조직목표와 과제 ② 분업적 과제 ③ 단순한 과제 ④ 성과 측정이 가능 ⑤ 금전적 동기부여 ⑥ 권위의 정당성 확보	① 모호한 조직목표와 과제 ② 분업이 어려운 과제 ③ 복합적 과제 ④ 성과 측정이 곤란 ⑤ 복합적 동기부여 ⑥ 도전받는 권위
대표 조직	베버의 관료제 모형(1960년대까지): 정규적인 전문화된 과제, 서류화된 규정과 절차를 강조하는 높은 공식화, 좁은 통솔 범위, 비정의성, 엄격한 명령 체계, 계층제적 조정	학습조직(learning organization): 공동의 과업, 소수의 규정과 절차, 비공식적이고 분권적인 의사결정

※ 출처: Robey(1986).

7) 다프트의 조직 유형

다프트(R. L. Daft)는 조직의 유형을 기능구조, 사업구조, 매트릭스구조, 수평구조, 네트워크구조로 구분했다. 기능구조(functional structure, U형)는 기능부서화 방식에 기초한 조직구조 유형이다. 조직의 전체 업무를 공동 기능별로 부서화하게 되는데, 기본적으로 수평적 조정의 필요성이 낮을 때 효과적인 조직구조다. 이러한 구조로 특정 기능에 관련된 조직구성원들의 지식과 기술이 통합적으로 활용되므로 전문지식과 기술의 깊이를 제고할 수 있다. 기능구조의 장점은 기능 내에서 규모의 경제 효과를 제고할 수 있고, 조직구성원들 간에 분업을 통해 전문기술을 더욱 발달시킬 수 있다. 반면 단점으로는 부서들 간의 조정과 협력이 요구되는 환경 변화에 둔감하며, 의사결정 권한이 계층제에 따라 고위관리자에게 집중되면서 빠르게 대처하지 못한다. 그리고 고도의 전문화에 따라 일상적이고, 동기부여에 불리한 과제를 낳게 한다. 기능구조는 조직목표 달성에 깊은 전문지식이 필수적인 경우, 안정적 조직환경, 일상적 조직기술, 조직이 수직적인 계층제로 통제 조정될 필요가 있는 경우, 수평적인 조정의 필요가 적은 경우, 내적 능률성이 중요한 경우에 효과적인 조직구조다.

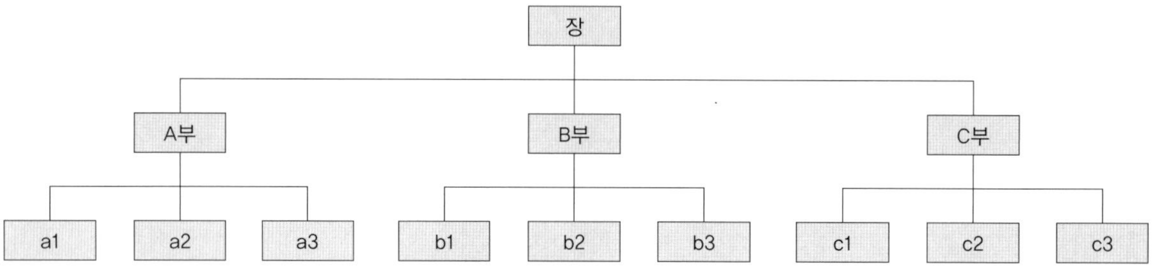

그림 1-1 기능구조

사업구조(divisional structure)는 사업별 · 흐름별 구조(M형)이다. 산출물에 기반을 둔 사업부서화 방식의 조직구조 유형이며, 산출물 구조(product structure), 사업구조(program structure), 전략사업 단위(strategic business structure)로 불리기도 한다. 사업구조의 장점은 각 부서는 자기 완결적 기능 단위로 기능 간 조정이 용이하므로 환경 변화에 더욱 신축적 · 대응적일 수 있으며, 특정 산출물별로 운영되기 때문에 다양한 고객만족도를 제고할 수 있고, 나아가 성과 책임성의 소재가 분명해져 성과관리 체제에 유리하다. 그리고 조직구성원은 기능구조보다 포괄적인 목표관을 갖게 해준다. 단점으로는 산출물별 생산 라인의 중복에 따른 규모의 불경제와 효율성 측면에 손실이 있으며, 기능 직위가 부서별로 분산되므로 기술적 전문지식과 기술 발전에 불리하다. 그리고 사업구조의 부서 내 조정은 증진되지만, 자율적으로 운영되는 부서 간의 조정은 곤란하다. 사업구조는 기능 간 조정이 우수하므로, 불확실한 조직 환경, 비정규적인 조직기술, 높은 부서 간 상호의존성, 매트릭스구조(matrix structure)는 조직환경이 복잡해지면서 기능부서의 기술적 전문성이 요구 외부 지향적 조직 목표인 상황에 적합한 조직구조다.

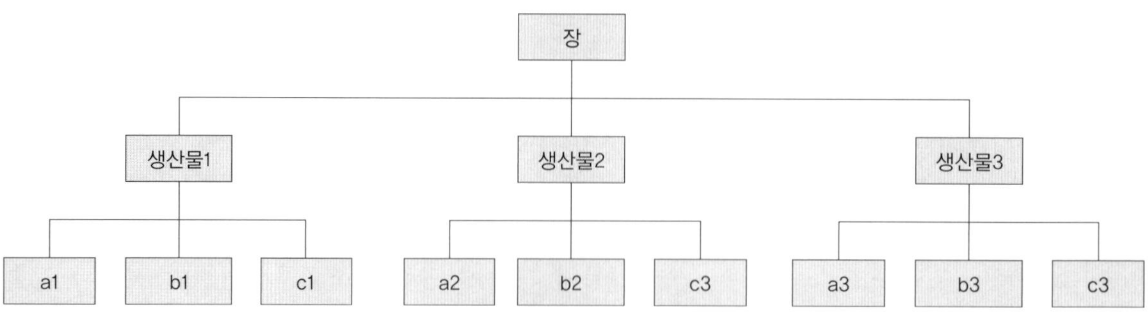

그림 1-2 사업구조

되는 동시에 사업부서의 신속한 대응성의 필요가 증대되면서 등장한 조직 형태다. 즉, 기능구조와 사업구조의 화학적 결합을 시도하는 조직구조다. 재외공관(각 행정부처에서 파견한 상무관, 재무관, 농무관, 관세관 등) 등을 예로 들 수 있다. 대사관, 영사관 등 재외공관은 본연의 외교 업무는 외교부 장관의 명령을 받고, 본국 소속 중앙행정기관으로부터 지시를 받는 이중적 조직으로서 매트릭스조직에 해당한다. 보통지방행정기관도 이에 해당한다. 그 특징으로 이중적 명령 체계(명령계통의 이원화, 복합구조), 즉 일상적 행정 기능은 종적으로 기능별 조직의 지휘·명령을 받고, 문제 과업은 횡적으로 프로젝트 관리자의 명령을 받는다. 매트릭스구조의 장점은 잦은 대면과 회의를 통해 예상치 못한 문제를 파악하고, 새로운 해결책을 찾는 데 기여할 수 있고, 조직 단위 간 정보 흐름의 활성화로 조직구성원들을 부서 간에 공유함으로써 조직은 효율성을 제고할 수 있으며, 조직구성원의 능력 발전, 자아실현 욕구, 동기 유발, 책임 이행 등을 촉진시킨다. 조직의 구조적 경직화를 막고 융통성을 부여해 관료제 병리 현상을 감소시키고, 인적 자원을 신축적으로 활용할 수 있다. 특수사업의 추진이 용이하며, 새로운 아이디어를 개발할 수 있다. 단점으로 기능부서와 사업부서 간의 갈등이 높을 수 있으며, 갈등 해결에 요구되는 시간과 노력의 낭비가 불가피하다. 기능부서와 사업부서 간의 적절한 권력 균형을 찾는 것이 쉽지 않고, 권한과 책임 관계가 불분명하다. 공식화나 표준화에 의존하지 않아 조직관리의 객관성과 예측가능성을 확보할 수 없다.

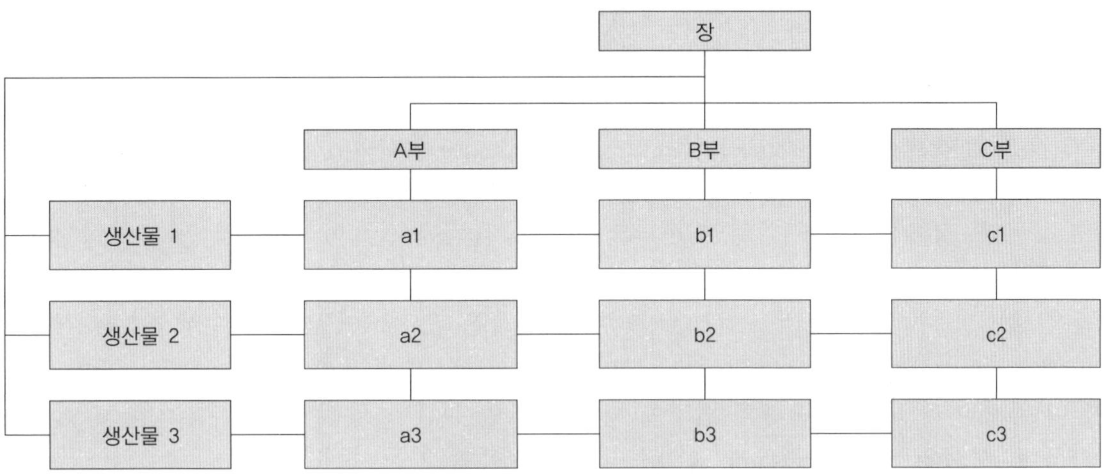

그림 1-3 매트릭스구조

수평구조(horizontal structure, team structure)는 조직구성원을 핵심 업무 과정 중심으로 조직화하는 방식이다. 특정한 업무 과정에서 일하는 개인을 팀으로 모아 의사소통과 조정을 쉽게 하고, 고객에게 직접적으로 가치를 제공하도록 한다. 수평구조의 특성은 기존 조직구조의 과업, 기능, 지리에 기반하지 않고 핵심 과정(core process)에 기초한다. 수평구조의 기본 구성 단위는 자율팀(self-directed team)이며, 핵심 과정에 대한 전체적인 책임은 각 과정 조정자(process coordinator)가 진다. 팀 구성원은 여러 직무를 수행할 수 있게 훈련받으며, 조직효과성은 핵심 과정별 최종 성과지표, 고객만족도, 종업원 만족도 등에 의해 평가된다. 장점으로 고객 수요 변화에 신속히 대응해 조직의 신축성을 제고할 수 있고, 부서 간의 경계가 없어 개인들은 조직 전체의 관점에서

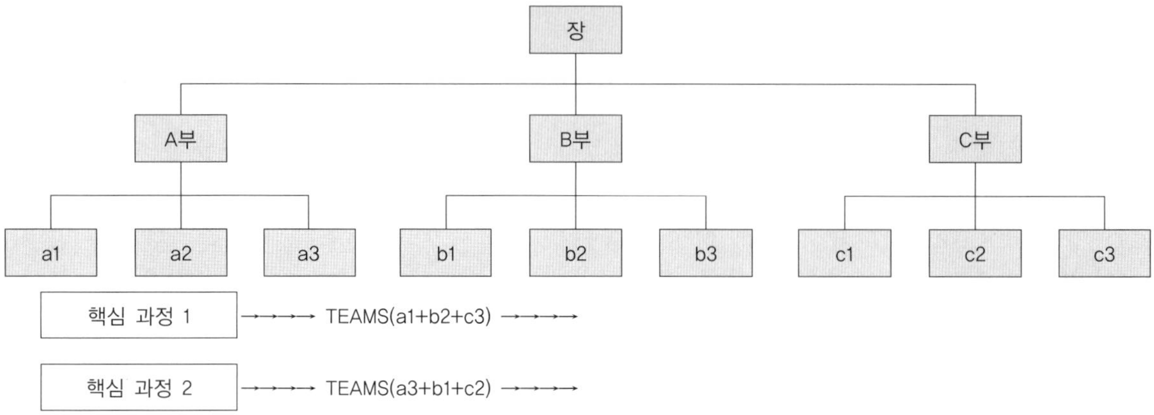

그림 1-4 수평구조

업무를 이해하고, 팀워크와 조정에 유리한 조직이다. 조직구성원들에게 자율관리, 의사결정 권한과 책임을 위임함으로써 사기 진작과 직무 동기 부여에 기여한다.

네트워크구조(network structure)는 조직의 자체 기능은 핵심 역량 위주로 합리화하고, 다른 기능은 외부기관과 계약 관계를 통해 수행하는 조직구조 방식이다. 기본 원리는 연계조직 간 공동 목적을 소유하며, 독립적이고 자율적인 구성원과 구성 단위로 연결된다. 조직 간 수평적·가변적·자발적인 연결이 중요하며, 다방면의 연결로 상호작용은 빈번해지고 신뢰가 전제 조건이다. 절대적인 권한을 가진 지도자는 없으나 역량 있는 소수의 지도자가 존재하며, 상·하계층 모두가 의사결정에 참여하고 상·하 계층의 구별은 전통적인 관료제만큼 분명하지 않고 계층 간 통합이 이뤄진다. 장점은 최고 품질과 최저 비용의 자원들을 활용할 수 있으면서도 대단히 간소화된 조직구조를 갖는다. 정보통신망에 의해 조정되므로 직접 감독에 필요한 지원 및 관리 인력이 불필요하며, 환경 변화에 신축적이고 신속한 대응이 가능해진다. 거대한 초기 투자 없이도 신속히 새로운 제품을 출시할 수 있으며, 네트워크 조직 내 개인들은 도전적인 과업을 수행하면서 직무의 확장과 확충에 따라 직무 동기가 유발된다. 그러나 단점으로 계약 관계에 있는 외부기관을 직접 통제하기 어렵고, 여러 외부 기관과의 협력에 따른 대리인 문제가 발생되기 쉬워 조정 및 감시 비용이 증가하며, 제품의 안정적 공급과 품질관리에 어려움이 있을 수 있다.

그림 1-5 네트워크구조

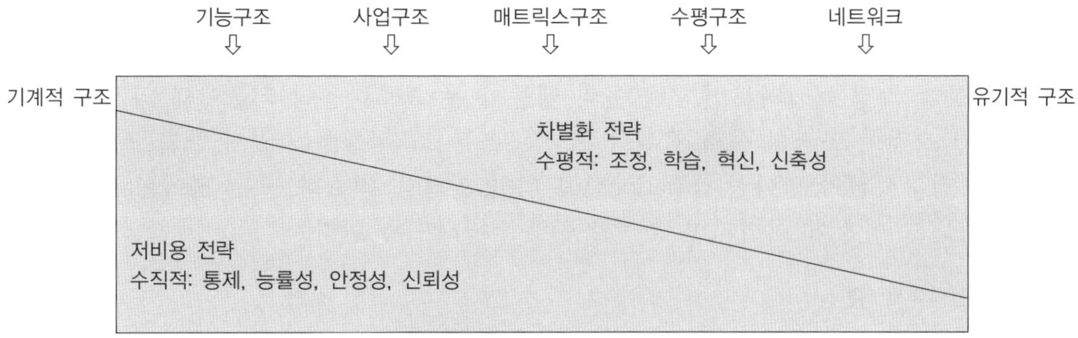

그림 1-6 조직의 전략과 구조

출처: (Daft & Noe, 2001)

8) 기능별 구조와 사업별 구조

U형 조직이란 통합형 조직으로 계층제 정점에 있는 한 사람이 최종적인 의사결정을 하고 모든 책임을 지며 조정하는 전통적인 계층제 중심의 관료조직을 일컫는 말이며, 윌리엄슨(O. E. Williamson)이 제시한 M형 조직은 거래비용을 최소로 한 조직으로 기능 중첩으로 인한 비용 손실을 최소화한 조직이다.

표 1-5 기능별 구조와 사업별 구조

구분	기능별 구조(U형 조직)	사업별 구조(M형 조직)
부서화 논리	업무기술을 기초로 부서가 조직화돼, 동일 집단의 구성원은 기본적으로 동일한 기술을 소유한다.	일체성·독립성을 기초로 부서가 조직화됨, 즉, 각 부서는 과제 수행에 필요한 기능적 기술은 자체적으로 보유한다.
장점	① 구성원의 전문가적 정체성을 증진시킨다. ② 감독이 용이하다. ③ 더 나은 기술이 조직문제에 적용될 가능성이 높다. ④ 다른 부서에서도 다른 기능 영역에 있는 인력의 전문적 기술에 접근이 가능하다.	① 부서 내의 조정이 용이하다. ② 통제 없이도 대규모 조직으로 성장한다. ③ 산출물, 지역, 고객의 독특한 요구에 특별한 관심을 둘 수 있다. ④ 업무에 대한 책임성을 제고한다. ⑤ 부서 관리자에게 부서 목표는 분명해지고, 동기부여와 만족감을 증진시킨다. ⑥ 의사결정의 권한을 문제 소재 영역에 근접시킬 수 있다.
단점	① 부서 간의 차이를 심화시킨다. ② 갈등 해결에 시간이 오랜 걸린다. ③ 업무 책임 소재를 규명하기 어렵다. ④ 전체적으로 균형을 갖춘 최고관리자를 배출하기 어렵다.	① 부서 간의 조정을 곤란하게 한다. ② 부서 간의 자원이 중복된다. ③ 투입 기술의 전문성을 감소시킨다. ④ 부서 간의 경쟁을 초래한다.

※ 윌리엄슨의 M형 조직, 민츠버그의 사업부제, 다프트의 사업부제 조직 등은 기본적으로 성질이 유사한 조직으로 볼 수 있다.

3. 조직구조

1) 조직구조의 의의

조직구조(organization structure)란 조직의 기본 골격에 해당하는 것으로 조직구성원들의 유형화된 교호작용(patterned interaction)이다. 그리고 조직구성원의 공식적 관계와 직책의 패턴, 업무의 배분·조정 방식, 조직 내의 권력·지위·계층 관계, 조직구성원의 활동과 상호 관계에 관한 관리 체계 등을 의미한다.

조직구조의 형성 과정을 살펴보면, 사람들의 행동 또는 교호작용이 되풀이돼 일정한 양태 또는 유형이 형성되면 그것이 조직의 구조가 된다. 조직구조는 조직 산출을 있게 하고 조직목표를 달성하도록 하며, 조직구성원의 변이성(variations)에 의한 영향을 최소화 또는 적어도 규제하도록 하며, 권력이 행사되고 결정이 이뤄지며 조직활동이 수행되도록 한다.

2) 조직구조의 구성 요소

조직구조는 사람이 조직에서 가지는 직위(position)·지위(status)·역할(role)의 관례로서 이뤄지며, 조직구성원의 행동을 유형화시키는 데 작용하는 요인이다. 직위(position)란 조직의 구성원이 담당해 수행해야 할 직무와 책임이 관련되는 자리이며, 조직 속의 분업이란 의미가 내포된다. 지위(status)란 직위에 계층적·서열적 가치가 부여된 것으로 사회 체제 내에서 개인이 점하는 위치의 비교적·상대적인 가치 또는 존중도를 의미한다. 역할(role)이란 사회적인 관계에서 어떤 위치를 점하는 사람들이 해야 할 것으로 기대되는 행동의 범주다. 권력(power)이란 어떤 개인(또는 집단)이 다른 개인(또는 집단)의 행태에 영향을 미칠 수 있는 능력이다. 규범(norm)이란 역할, 지위, 권력의 실체와 상호 관계를 당위적으로 규정하는 것이며, 역할이 좀 더 분화된 행동의 처방이라면 규범은 행동의 보편화된 기준이다.

3) 조직구조의 기본변수

에이켄(M. Aiken)과 헤이지(J. Hage)는 조직구조의 기본 변수를 복잡화, 공식화, 집권화로 제시했다. 복잡화(complexity)는 조직 안에 존재하는 분화의 정도로 수평적 분화, 수직적 분화, 장소적 분산을 의미한다. 수평적 분화는 횡적인 분화 및 직무의 전문화(분업) 정도를 의미하며, 수직적 분화는 계층화(계층의 수, 계층제의 깊이 등)의 정도, 통솔 범위, 명령 통일 등 일반적인 복잡화를 의미한다. 장소적 분산은 공간적(지역적) 확산 정도, 사무실의 숫자를 의미한다. 사업의 범위가 넓을수록, 곤란성(수직적 복잡성)이 클수록 복잡화가 증가하며, 급속하게 변동하는 환경에서 복잡화(변화의 정도)가 증가한다. 복잡화는 사업 변동률 증가 및 조직 개혁을 촉진시키며, 구성원의 사기 저하 및 조직 내의 갈등을 증가시킨다. 행정 농도가 증가돼 간접 인력이 증가된다. 그리고 복잡화와 집권화는 복잡화가 높을수록 집권화는 낮아진다.

공식화(formalization)는 조직 내의 직무가 정형화·표준화·문서화된 정도를 의미한다. 즉, 조직구성원의 행태에 대해 조직이 규칙·절차에 의존하는 정도를 의미한다. 공식화의 척도로는 직무기술서와 규정들의 세분화 정도, 감독의 정도, 종업원과 경영자들에게 주어진 자유재량권의 정도, 작업표준화의 정도, 법규(규정)가 존재하고 강요되는 정도 등이 있다. 공식화가 높을 때의 장점은 불확실성이나 행동의 변이성을 감소시켜 행동의 예측과 통제를 가능하게 하며, 시간과 노력의 절감으로 효율적이고 신속·정확한 과업 수행을 가능하게 한다. 일상(routine)화된 규범에 근거해 공정·공평한 과업 수행을 가능하게 하며, 반응의 신뢰성을 높여 대외 관계의 일관성·안정성을 유지한다. 그리고 일상적 업무의 대폭적인 하부위임을 가능하게 한다. 공식화가 높을 때 단점은 규칙에 의존함으로써 상사와 부하 간의 민주적이고 인간적인 의존 관계의 유지가 곤란하다. 업

표 1-6 공식화의 특징

구분	공식화의 정도가 높다	공식화의 정도가 낮다
직무의 성질	단순 · 반복적 · 정형적인 업무	복잡 · 일회적 · 비정형적인 업무
조직의 규모	클 때	작을 때
조직의 환경	안정적일 때	불안정할 때
조직의 기술	일상적일 때	비일상적일 때

표 1-7 집권화와 분권화의 요인

집권화	분권화
① 소규모 조직 ② 새로운 조직 ③ 위기 상황의 극복 ④ 교통통신, 정보통신기술의 발달 ⑤ 통일성, 일관성, 합리성, 효과성 강조 ⑥ 분업에 따른 행정 조정이 곤란할 때	① 대규모 조직 ② 오랜된 조직 ③ 신속한 업무 수행 ④ 기술 수준의 고도화 및 인적 전문화 ⑤ 민주성, 평등성, 참여, 자율규제, 창의성, 고객 지향 강조 ⑥ 환경이 동태적이고 복잡할 때

무 집행 계층에서의 비개인화 · 비인간화 풍토를 확립하기 위해 규칙에 담겨 있지 않은 비정형적 의사결정 사항은 최고관리층에 집중되는 경향이 나타나며, 오늘날처럼 급격한 변동이 일어나는 유동적인 상황에서는 탄력적으로 대응하기 곤란하다. 그리고 조직구성원의 자율과 재량이 제약돼 인간 소외를 가져온다.

집권화(집권성)는 조직 내의 상하간 권력 배분 양태에 관한 것이다. 집권화(낮은 분권화)는 중앙정부나 상급기관 · 상위 계층에 의사결정권 및 지휘감독권이 집중되는 현상이다. 외부로부터 감시와 통제를 받을 때 나타난다. 분권화(낮은 집권화)는 지방정부 · 하급기관 · 하위 계층에 의사결정권 및 지휘감독권이 분산되는 현상이다. 이는 환경이 복잡하고 소용돌이칠 때, 업무의 성질이 변화가 심할 때, 오랜 역사를 가진 조직이 태평성대를 구가할 때 나타난다.

집권화와 조직구조의 관계를 보면, 집권화의 영향은 조직변동률을 낮추며, 구성원의 사기를 저하시킨다. 분권화의 영향은 주변 환경에 대해 신속하게 대응하며, 하위조직의 실정에 적합한 임무를 수행한다. 조직구성원의 자발성과 창의성을 앙양하며, 하위 계층에 훈련의 기회를 제공한다.

4) 조직구조의 상황변수: 환경 · 기술 · 규모

조직구조의 상황변수는 환경, 기술, 규모다. 환경(environment)은 조직 밖의 모든 영역을 의미한다. 환경의 불확실성과 조직구조 변수인 복잡화 · 공식화 · 집권화의 관계는 역의 관계다. 즉, 안정된 환경에서는 복잡화 · 공식화 · 집권화가 모두 높고, 유동적 환경에서는 복잡화 · 공식화 · 집권화가 모두 낮다.

기술(technology)은 투입을 산출물로 전환시키는 방법이다. 기술 유형에 대한 분류는 우드워드(J. Woodward)의 기술유형론, 톰슨(J. D. Thompson)의 기술유형론, 페로(C. Perrow)의 기술유형론이 대표적이다. 우드워드는 제조업을 대상으로 작업 과정(생산기술)에 따른 기술을 단위생산 기술, 대량생산 기술, 연속생산 기술로 분류했다. 단위생산 기술(주문생산 기술)은 단일 상품 또는

표 3-8 조직구조 변수와 환경과의 관계

기본 변수	안정된 환경(관료제 조직)	유동적 환경(동태적 조직)
복잡화	높음(+)	낮음(−)
공식화	높음(+)	낮음(−)
집권화	높음(+)	낮음(−)

소수 단위 상품 생산 체제의 기술을 의미한다. 비일상적·비표준적인 단위·소량(unit and small-batch) 생산이며, 개별 주문을 받아 소량의 생산품을 창의적 기술로 생산한다. 기술적 복잡성이 낮고, 선박, 항공기, 맞춤복 등이 해당된다. 대량생산 기술은 다수 단위 생산 또는 대량생산 체제의 기술을 의미한다. 표준화·기계화되고 예측 가능한 대량 생산이며, 같은 종류의 생산품을 대량으로 생산하는 체제다. 기술적 복잡성이 높고, 연필, 칫솔, 기성복 등이 해당된다. 연속생산 기술은 연속공정 생산 체제의 기술이다. 표준화되고 반복적이지만 전문인력이 요구되고 비일상적인 문제에 대비하는 과정 생산이다. 파이프를 통해 이뤄지는 연속적인 공정생산 체제이며, 기술적 복잡성이 가장 높다. 화학제품, 정유제품 등이 해당된다. 우드워드는 기계가 인간을 대신해 주는 것을 기술이라 했다.

톰슨은 중개기술, 길게 연결된 기술, 집약적 기술로 구분했다. 중개적 기술(mediation technology)은 집합적 의존 관계에 있는 고객들을 연결하는 기술로서 표준화를 추구하며, 은행에 돈을 맡기는 사람과 빌리는 사람을 연결하는 기술이다. 부서 간의 중앙집중적·공동적 상호의존성(pooled interdependence)을 띠며, 부서 간의 갈등가능성은 낮다. 그리고 복잡성은 낮으며, 공식성은 높다. 길게 연결된 기술(long-linked technology)은 순차적 의존 관계에 있는 여러 가지 기술이 연계된 경우로서 표준화된 상품을 반복적으로 대량 생산할 때 유용하다. 자동차 조립 등 대량 생산조직 등에서 적용되며, 부서 간의 순차적 상호의존성(sequential interdependence)을 띤다. 부서 간의 갈등 가능성은 비교적 높고, 복잡성과 공식성은 보통(중간)이다. 집약적 기술(intensive technology)은 다양한 기술의 복합체로서 다양한 기술이 개별적인 고객의 성격과 상태에 따라 다르게 배합되는 기술이다. 종합병원에서 환자를 치료하는 기술 등으로 표준화가 곤란하고 고비용을 요구하는 기술이며, 부서 간의 호혜적 상호의존성(reciprocal interdependence)을 띤다. 부서 간의 갈등 가능성은 매우 높고, 복잡성은 높으며, 공식성은 낮다.

페로는 부서 기술(technology)을 중심으로 기술을 분류했다. 분류 기준으로 과제의 다양성, 문제의 분석 가능성을 제시했다. 과제의 다양성은 과제가 수행되는 과정에서 발생하는 예외적 사건의 빈도를 의미한다. 즉, 예외적 현상이 발생하는 빈도인 과업변이성(task variability)을 의미한다. 문제 분석 가능성은 전환 과정이 기계적인 절차로 분석돼 조직구성원이 표준적·객관적 절차에 따라 업무 수행이 가능한 정도를 의미한다. 즉, 예외적 사례에 대한 해결 방법의 탐색 절차를 평가하는 문제분석 가능성(problem analyzability)을 의미한다. 과제의 다양성과 문제 분석의 가능성을 기준으로 기술의 유형을 분류했다. 과제의 다양성이 낮고 문제 분석 가능성이 낮으면 장인적 기술, 과제의 다양성은 높으며 문제 분석 가능성이 낮으면 비일상적 기술, 과제의 다양성이 낮고 문제 분석 가능성이 높으면 일상적 기술, 과제이 다양성이 높고 문제 분석 가능성이 높으면 공학적 기술로 분류했다.

표 1-9 기술, 구조, 조정 방법의 연계

기술	상호의존성	갈등 가능성	조정 난이도	조정 방법	적용 기술
중개적 기술	집합적	낮음	가장 용이	표준화	은행에 돈을 맡기는 사람과 빌리는 사람을 연결하는 기술
길게 연결된 기술	순차적	높음	중간	계획 · 감독	자동차 조립 등 대량 생산조직
집약적 기술	교호적	매우 높음	가장 곤란	상호작용	종합병원에서 환자를 치료하는 기술

표 1-10 조직기술과 조직구조

<table>
<tr><td colspan="2" rowspan="2"></td><td colspan="2">과제의 다양성(예외적 사건의 빈도)</td><td rowspan="2">집권화 저(低)</td></tr>
<tr><td>낮음</td><td>높음</td></tr>
<tr><td rowspan="2">문제의 분석 가능성</td><td>낮음</td><td>장인적 기술
• 대체로 유기적
• 중간의 공식화 · 집권화
• 작업 경험
• 중간의 통솔 범위
• 수평적 의사소통, 구두</td><td>비일상적 기술
• 유기적 구조
• 낮은 공식화 · 집권화
• 많은 훈련 및 경험
• 적은 통솔 범위
• 수평적 의사소통, 회의</td><td rowspan="2">↑
↓</td></tr>
<tr><td>높음</td><td>일상적 기술
• 기계적 구조
• 높은 공식화 · 집권화
• 적은 훈련 및 경험
• 넓은 통솔 범위
• 수직적 의사소통, 문서</td><td>공학적 기술
• 대체로 기계적
• 중간의 공식화 · 집권화
• 공식 훈련
• 중간의 통솔 범위
• 구두 및 문서로 의사소통</td></tr>
<tr><td colspan="2"></td><td colspan="2">공식화 고(高) ←→ 공식화 저(低)</td><td>집권화 고(高)</td></tr>
</table>

표 1-11 조직구조의 기본 변수와 상황 변수

기본 변수	복잡성	수평적 분화, 수직적 분화, 장소적(지역적) 분산
	공식성	직무의 정형화 · 표준화된 정도
	집권성	조직 내에서 상하간의 권력 배분 양태로서 상위계층으로 의사결정권이 집중된 상태
상황 변수	규모	구성원의 수, 물적 수용 능력, 투입, 산출의 양과 자원(고객): 대규모 ↔ 소규모
	기술	투입을 산출물로 전환시키는 방법: 일상적 기술 ↔ 비일상적 기술
	환경	조직 밖의 모든 영역: 안정된 환경 ↔ 불안정한 환경

첫째, 장인적 기술(craft, 기능)은 공예기술로 과제의 다양성이 낮으나, 분석 가능성도 낮은 경우(탐색 절차가 복잡해, 문제 해결이 곤란한 경우)다. 과업 수행을 위해 광범위한 경험과 훈련이 요구되는 기술이며, 고급 유리그릇(소규모 공장) 기술이 그 예다. 둘째, 비일상적 기술(non-routine technology)은 과제의 다양성이 높고, 분석 가능성이 낮은 경우다. 경험과 고도의 지식이 요구되는 기술이며, 과제를 해결하기 위한 방법을 탐색하는 절차가 매우 복잡하다. 원자력 추진 장치 기술을 예로 들 수 있다. 셋째, 일상적 기술(routine technology)은 과제의 다양성이 낮고, 분석 가능성이 높은 경우(탐색 절차가 단순해, 문제 해결이 용이한 경우)다. 표준화된 제품을 생산할 때 사용되는 기술이며, TV 조립 공정 기술을 예로 둘 수 있다. 넷째, 공학적 기술(engineering technology)은 과제의 다양성이 높으나, 분석 가능성이 높은 경우다. 일상적 기술보다 직무 수행이 복잡하고,

체계적인 지식에 기초한 업무 수행 절차·공식 등이 요구되는 기술이며, 전동기 기술이 그 예다.

규모를 측정변수는 조직의 물적 수용능력, 인력(구성원의 수), 투입, 산출의 양 및 자원(고객) 등이다. 규모가 커질수록 복잡화, 전문화, 공식화는 높으며, 유지관리 부문은 많고, 구성원의 사기는 낮다. 그리고 쇄신성은 낮다. 반면, 규모가 작을수록 복잡화, 전문화, 공식화는 낮으며, 유지관리 부문은 적다. 구성원의 사기는 높으며, 쇄신성은 높다.

5) 구조변수 간의 관계

공식화와 상황 변수와의 관계를 보면 환경이 안정적이고 확실할수록 공식화의 정도가 높고, 불안정적이고 불확실할수록 낮다. 기술 측면에서 단순, 반복적이며 쉬운 업무인 정형적인 업무일수록 높으며, 복잡하고 일회적이고 어려운 업무인 비정형적인 업무일수록 복잡성은 낮다. 그리고 규모가 클수록 공식화가 높으며, 작을수록 낮은 특성을 갖고 있다. 상황 변수와 기본 변수와의 관계에서 환경과 기본 변수와의 관계를 보면 <표 1-12>와 같다.

표 1-12 상황 변수와 기본 변수의 관계

기본 변수	확실한 환경	불확실한 환경
복잡화	높음(+): ① 수직적 복잡성이 높다(Bennis) ② 조직구조의 복잡성이 높다(Lawrence & Lorsch)	낮음(−)
	낮음(−): 환경의 복잡성(이해관계)과 동태성(변화의 정도)이 낮다(Duncan).	높음(+)
공식화	높음(+)	낮음(−)
집권화	높음(+)	낮음(−)

기술과 기본 변수와의 관계에서 복잡화와 기술과의 관계는 일상적 기술의 경우 복잡성이 낮고 비일상적 기술은 높다는 것이 일반적이지만, 우드워드의 경우 일상적 기술은 기계화 및 예측가능성의 정도가 높아 복잡성이 높고 비일상적 기술의 경우 복잡성이 낮다고 주장한다. 공식화의 경우 일상적 기술은 장율성이 낮아 공식화가 높으며, 비일상적 기술은 공식화가 낮다. 집권화의 경우에 일상적 기술은 분권화 정도가 적어 집권화가 높으며, 비일상적 기술은 분권화가 낮다.

규모와 기본 변수와의 관계를 살펴보면, 규모는 복잡성과 공식화의 관계에서 비례적인 관계로 규모가 크면 높고, 규모가 작으면 낮다. 그리고 집권화의 관계는 반비례적인 관계로 규모가 크면 집권화 정도가 낮고, 규모가 작으면 집권화가 높다.

제2절 조직의 원리

1. 의의

조직의 원리란 복잡하고 거대한 조직을 가장 합리적으로 편제하고 그것을 능률적으로 관리해 목표의 효율적 달성을 기하기 위해 적용되는 일반적·보편적 원리다.

조직의 원리는 정치・행정이원론, 공・사행정일원론 입장인 고전적 조직론에서 중요시했다. 화이트(L. D White)는 조직의 원리란 금과옥조이며 과학적 검증을 거친 보편적 기준이라고 봤으며, 사이먼(H. A. Simon)은 조직의 원리가 경험적 검증을 거치지 않은 속담이나 격언에 불과하다며 비판을 했다. 관료제를 구조적으로 완성시키는 이론적인 장치라는 의미에서 무시될 수 없는 중요한 원칙이며, 아직까지도 그 유용성과 생명력은 살아 있고 옹호자를 다수 거느리고 있다.

조직의 주요 원리는 상하 계층에 따른 수직적 분업을 의미하는 계층제의 원리, 업무 성질에 따른 수평적 분업을 의미하는 전문화(분업)의 원리, 1인의 상관에게 보고・명령받는 명령 통일의 원리, 효과적으로 감독할 수 있는 부하의 수에 관한 원리인 통솔 범위의 원리, 구성원의 행동 통일을 위한 조직의 최고 원리인 조정의 원리가 있다.

2. 계층제의 원리

1) 개념

계층제의 원리(principle of hierarchy)란 직무를 권한과 책임의 정도에 따라 등급화하고, 상하 계층 간에 지휘・명령 복종 관계 또는 단일의 의사결정 중추를 확립하는 것이다. 이는 조직 내 권한 체제를 계층화해야 한다는 원리를 말한다. 계층제란 권한과 책임의 정도에 따라 직무를 등급화(grading)함으로써, 상하 조직 단위 사이를 직무상의 지휘・감독 관계로 만드는 것을 의미한다. 이러한 계층화의 원리는 책임의 경중을 따져서 상하간에 분업하는 등급화의 원리(scaler principle)와 유사하다고 할 수 있다.

2) 계층제의 특징

계층제는 조직의 대규모화, 업무의 다양화, 전문화 등에 따라 조직의 계층 수도 증가한다. 계층의 수준이 높을수록 비정형적 업무나 주요 정책을 결정하는 업무를 담당하며, 계층 수준이 낮을수록 정형적 업무나 구체적인 운영을 담당한다. 계층의 형태 측면에서 계선조직은 계층제 중심(피라미드)으로 형성되고, 참모조직은 계층제 형태를 띠지 않는다. 계층제는 수직적 분업(전문화)의 일종이며, 전문화는 수평적 분업(전문화)의 일종이다. 통솔 범위가 넓어지면 계층의 수는 적어지며, 통솔 범위가 좁아지면 계층의 수는 많아진다. 그리고 계층제는 관료제의 전형(典型)이며, 등급화의 연속 과정이다. 명령 일원화의 체계이며, 조직의 수직적 차원에 적용된다. 계층제를 종래는 지휘감독의 체제로 봤으나 발전행정론에서는 일종의 분업 체제(수직적 분업)로 본다. 조직의 모든 권한과 책임은 형식상 최고 관리자에 귀속되며, 목적 달성에 직접 봉사한다는 특징을 갖고 있다.

3) 계층제 원리의 적용 방법(실현 과정)

계층제 원리가 적용되는 것은 첫째, 조직의 전체 활동을 통괄하는 최고위층의 리더십이 존재한다.
둘째, 조직목표의 효율적 달성을 위해 하부 계선들에게 권한의 책임을 위임한다.
셋째, 조직의 각계층에 따라 기능이 배정됨으로써 직무가 결정되는 과정을 거치면서 적용된다고 한다.

표 1-13 계층제의 순기능과 역기능

순기능	역기능
① 지휘·명령의 통로	① 기관장의 독단화 우려
② 상하 연결의 의사전달 경로	② 민주적·동태적 인간관계 형성의 저해
③ 업무를 배분하는 경로	③ 자아실현인의 활동무대로 곤란
④ 권한과 책임 한계 설정 기준	④ 조직의 경직화
⑤ 내부통제의 경로(수단)	⑤ 의사소통의 왜곡
⑥ 조직 내의 분쟁이나 갈등 해결: 상층부에서	⑥ 할거주의: 하층부에서
⑦ 조직의 통일성과 일체감 유지	⑦ 새로운 지식·기술의 신속한 도입 곤란
⑧ 신속하고 능률적인 업무 수행	⑧ 비합리적인 인간 지배의 수단화
⑨ 조직의 안정성(위계질서) 유지	⑨ 피터의 원리(법칙)
⑩ 승진의 유인	⑩ 귀속감·참여감의 저해
	⑪ 집단사고의 폐단

4) 문제점과 방향

수직적 구조의 경직된 행정조직을 변동 대응 능력을 가진 쇄신적 문제 해결 중심 조직으로 변화시키기 위해 대등한 횡적 협력 관계가 중요시되는 프로젝트조직(project organization), 태스크조직(task organization), 과제 폐지, 담당관제의 채택 등의 동태적 조직(adhocracy)이 요청된다.

3. 전문화(분업)의 원리

1) 개념

전문화의 원리(specialization principle)란 조직의 전체 업무를 성질별로 나눠 가급적 한 사람에게 동일한 업무를 분담시키는 것으로 테일러(F. W. Taylor)가 제시했다. 분업의 원리(division of work)란 업무를 그 종류와 성질별로 나눠 조직구성원에게 가능한 한 한 가지의 주된 업무를 분담시킴으로써 조직의 능률을 향상시키려는 원칙을 말한다. 무니(J. D. Mooney)에 의해 오래전부터 주창된 '직능의 원리(functional principle)'와 같다.

2) 전문화의 유형

전문화는 첫째, 수평적 전문화와 수직적 전문화로 구분할 수 있다. 수평적 전문화는 조직 내 동일 계층에서 부서별, 국별, 과별로 업무가 횡적으로 분담되는 것으로 일반적 의미의 전문화를 의미한다. 수직적 전문화는 조직 내 상하간에 종적으로 업무가 분담되는 계층별 분업이다.

둘째, 상향적 전문화와 하향적 전문화로 구분할 수 있다. 상향적 전문화는 과학적 관리법의 시간·동작연구와 직무분석에 의한 분업 방법이다. 하향적 전문화는 최고관리층의 POSDCoRB 기능을 계층에 따른 분담 방법이다.

셋째, 업무(일)의 전문화와 공무원(사람)의 전문화로 구분할 수 있는데 양자 간에는 직접 관계가 없다. 업무의 전문화는 업무를 세분해 반복적·기계적 업무로 단순화시키는 것이다. 기계적 구조에서는 업무(일)의 전문화를 강조하기 때문에 집권화 현상이 나타난다. 공무원의 전문화는 사람이 교육·훈련에 의해 업무에 대한 전문가가 되는 것이다. 유기적 구조에서는 공무원(사람)의 전문화를 중시하므로 분권화 현상이 나타난다.

3) 전문화의 필요성과 문제점

사람은 성격·능력·기술에 차이가 있고, 동시에 한 사람이 서로 다른 곳에서 하나 이상의 업무를 수행할 수 없기 때문에 전문화가 필요하다. 그리고 한 사람이 습득할 수 있는 지식과 기술의 횡적 범위에는 한계가 있으며, 시간과 비용·노력을 절감해 행정의 능률성을 제고한다.

이러한 전문화는 문제점을 함께 지니고 있다. 업무 수행에 대한 흥미 상실 및 비인간화와 인간 부품화 등을 초래하며, 전문가적 편협성과 할거주의로 인해 조직 내 각 단위의 조정을 저해한다. 이 예로 베블렌(T. B. Veblen)의 '전문가적 무능 현상'이 있다. 이는 한 사람의 능력이 어떤 경우에 무능 또는 맹점이 되는 현상을 훈련된 무능(trained incapacity)이라고 한다. 훈련된 무능이란 관료제의 구조 분화로 고도의 전문성을 추구함에 따라, 조직구성원들이 타 분야에 대해 문외한이 되는 현상을 말한다. 또한, 귤릭(L. H. Gulick)의 '전문가 경계의 법칙'은 전문가는 종합적인 관리 능력의 부족으로 기관장이 될 수 없다고 제시한다. 전문화는 기능 중복 현상에 의한 비능률이 초래될 우려가 있으며, 전문화가 진전될수록 상위자의 무지의 영역이 증가해 명령 통일의 원칙이 저해된다는 문제점이 있다.

전문화의 문제점을 해결할 수 있는 방안으로 직무확장(job enlargement)·직무충실(job enrichment)의 방법을 도입하거나, 부서별·국별·과별로 횡적 인사 교류를 활발하게 추진해야 한다. 그리고 행정조정을 촉진시켜야 한다.

4. 명령 통일의 원리

명령 통일의 원리(unity of command principle)란 조직의 각 구성원은 누구나 한 사람의 상관에게만 보고하고 명령을 받아야 한다는 원칙을 말한다. 따라서 명령 통일의 원리는 계층제의 원리에 포함되는 것으로서 조직 내의 혼란을 방지하고 책임의 소재를 분명히 하고자 하는 데 목적이 있다.

명령 통일의 원리의 필요성으로 조직 내의 혼란을 방지하고 질서 유지 및 책임 한계를 명확하게 하며, 업무의 신속성·능률성을 확보한다. 그리고 조직의 관리책임자로 하여금 전체적인 조정을 가능케 한다.

명령 통일의 원리의 무리한 강요는 행정 능률과 횡적인 조정을 저해하며, 현대 행정에서 중시되는 막료(참모) 기능이 무력화될 수 있다. 왜냐하면 막료 기능은 명령권이 없기 때문이다. 그리고 명령 계통이 일사불란할 경우 분권화와 권한위임의 필요성이 적어지며, 최근 위원회와 매트릭스 조직 등 명령 계통의 일원화가 지켜지지 않는 유기적 조직이 나타났다.

명령 통일의 원리(명령의 일원화)는 이중명령을 방지해 조직의 안정성을 유지하려는 것이나, 사이먼(H. A. Simon)은 오늘날 막료 기능이 중시되고 조직의 동태성이 요구되는 현실에서 명령일원화를 강조하는 것은 하나의 망상이라고 비판하면서 이중계층제를 주장했다.

5. 통솔 범위의 원리

통솔 범위란 한 사람의 상관 또는 감독자가 효과적으로 직접 통솔할 수 있는 부하의 수를 말한다. 통솔 범위의 원리(span of control principle)는 한 사람의 상관 또는 감독자가 효과적으로 직접 감독하는 부하의 수는 그 상관의 통제 능력 범위 내에 한정돼야 한다는 원리를 말한다.

조직의 능률성을 확보하기 위해서는 상관이 부하를 효과적으로 통솔할 수 있도록 부하의 수를 일정한 한도로 제한할 필요가 있다. 그 이유는 상관과 부하와의 관계는 집단적 관계이고 인간의 주의 능력은 한계가 있으며 인간의 지식·정력·시간에도 한계가 있기 때문이다. 즉, 개인이 기울일 수 있는 주의력의 범위(span of attention)에는 심리적·생리적으로 한계가 있다는 데 그 근거를 두고 있다. 계층제의 원리와 통솔의 범위는 상반 관계에 있다. 즉, 통솔의 범위를 좁게 하면 계층이 늘어나고, 계층 수를 적게 잡으면 통솔의 범위가 늘어난다.[1]

통솔 범위를 결정하는 요인은 시간적 요인, 공간적 요인, 직무의 성질, 부하의 능력 등을 들 수 있다. 시간적 요인은 신설 조직보다 기성 조직이나 안정된 조직에서 많은 부하 직원을 통솔할 수 있다는 것이며, 공간적 요인은 어떤 기관이 분산된 장소보다는 한 장소에 모여 있거나 교통이 발달하면 통솔 범위가 확대된다는 것이다. 직무의 성질 차원에서 복잡한 전문적·이질적 사무를 담당하는 부하를 감독하는 경우보다는 동질의 단순·반복 업무에 종사하는 부하들을 감독하는 경우에 통솔 범위가 넓다. 부하들이 유능하고 잘 훈련된 경우에는 통솔 범위가 확대되며, 부하의 사기나 창의성, 책임감, 능력의 향상이나 평면적 조직(flat organization)을 위해서는 통솔 범위가 상대적으로 확대된다. 통솔 범위가 넓을수록 계층 수는 줄어들고, 통솔 범위가 좁을수록 계층 수는 늘어난다.

의사전달 기법의 발달, 동질적·자발적 협조정신, 협조적 비공식조직의 존재, 교통·통신기술의 발달, 권한의 위임이 이뤄지는 분권적 책임제 등은 통솔 범위를 확대시키는 요인이다.

통솔 인원의 범위는 소수라야 하며 한계가 있다는 이론은 비판을 받았으며, 사이먼은 통솔 범위에 관한 마술적인 수는 없다고 비판했다. 즉, 통솔 범위에 한정은 있으나 일정 한 수는 없다고 주장했다. 이러한 이론은 기계적 조직론에 입각한 것이며, 현실 세계와 유리되고 있고, 인간의 적응적·창조적 능력을 과소평가하고 있다는 비판을 받고 있다.

6. 조정의 원리

조정의 원리(coordination principle)란 구성원의 행동 통일을 통한 조직의 공동 목표를 달성하기 위해 하위 체계 사이의 이견을 통합하고 조정하는 원리를 말한다. 조직에서는 수평적·수직적 구조 분화를 통해 분업화·전문화된 각 구성원의 개별적 노력을 조직의 공동 목적을 달성하기 위한

---

1) 그라이쿠너스(V. A. Graicunas)의 통솔범위론은 $N=n(2^n/2+n-1)$로 정리할 수 있다. N은 부하·상사 관계, n은 부하의 수를 의미한다. 공식을 풀어보면 부하의 수에 따라 부하와 상사와의 관계도 증가하게 된다. 부하의 수적 증가는 산술급수적이나 인간관계는 기하급수적이라고 보았으며, 그는 통솔 범위의 적정 인원 수를 6인으로 파악했다. 페이욜(H. Fayol)은 하위층에서는 20~30인, 상위층에서는 5~6인이 적정하다고 주장했다. 인간의 심리적인 인식 능력의 한계는 260명이라고 보며, 상부관리자의 통솔 범위의 적정수 는 6명이라고 보았다. 데이비스(R. C. Davis)는 행정감독자는 3~8명, 하위층의 일선감독의 경우는 18~26명을 적정선으로 보았으며, 영국의 홀데인위원회(Haldance Committee)는 내각의 정수를 10~12명이라고 봤다.

공동적 노력이 되도록 통합해 주는 것이 필요하다. 조직이 고도로 전문화되고 할거주의(sectionalism), 비협조, 인간 소외와 무력감, 구심점의 상실이 야기되므로 전체적인 화합과 갈등 해소를 위해 조정이 강조된다. 무니(J. D. Mooney)는 조정을 중요시해 조정을 목표 달성과 직결되는 조직의 최고 원리로 보았다.

조정의 원리는 행정의 구심점을 확보한다. 지나친 분업·전문화는 조정을 곤란케 하며, 집권화를 유발할 가능성이 크다. 그리고 강제성을 띠기보다는 자발성과 자율성을 띤 권위를 그 배경으로 한다.

조정의 저해 요인을 보면, 행정조직의 대규모화(확산 현상·비대화)됨에 따라 응집력이 약해지고 조정은 어려워진다. 행정조직의 지나친 전문화와 분화·기술화로 인해 횡적인 분업의 세분화도 조정을 저해하지만 지나친 분권화는 하부조직 간의 조정을 저해한다. 행정에 대한 정치적 영향력이 복잡하게 미치는 경우에 조정이 어렵다. 조직목표가 구성원의 개인 목표나 이해관계와 지나치게 대립되거나, 조정의 결과도 개인의 욕구·기대를 충족시킬 수 없는 경우에 조정이 어렵다. 종적 상하 관계나 자기 기관만 중시하고 다른 기관과 국·과에 대해서는 배타적 입장을 취하는 할거주의(sectionalism) 현상은 조정을 어렵게 한다. 관리자의 조정 능력 부족 및 조정기구 결여 및 의사전달, 특히 횡적 의사전달의 미흡은 조정을 어렵게 한다. 그리고 의견 대립 시에 타협이 어려운 비민주적 사고 방식, 파벌·지연·혈연 등에 의한 폐쇄적·비합리적 인간관계와 자원의 부족도 조정을 어렵게 하는 요인이다.

조정의 방법은 우선 권한과 책임의 명확화하는 것이다. 이는 책임 전가나 간섭 등을 막을 수 있어서 조정이 용이하게 된다. 회의·위원회 및 계층제에 의한 조정이 가능하다. 수평적 갈등은 회의, 위원회의 활용을 통해, 수직적인 상하의 갈등은 권위·리더십 그리고 계층제를 통해 조정한다. 목표에 의한 조정(MBO)을 할 수 있는데 이는 구성원의 참여를 통해 조정한다. 정형화 및 표준화에 의한 조정을 통해 일상적·반복적 업무는 정형화(SOP)에 의해 조정이 가능하다. 자율적인 자기 조정뿐만 아니라 공정하고 객관적인 인사관리를 통해 조정을 할 수 있으며, 계획 및 환류에 의한 조정도 가능하다. 아이디어에 의한 조정(L. H. Gulick)으로 상호간에 목표와 가치 및 인식에서 공통적 양해를 도출해 정책과 계획을 조정한다. 재집권(화)에 의한 조정은 직무를 횡적으로 직무확대를 하거나 종적으로 재집권한다. 구조적 개편에 의한 조정 방법으로 직무확장이나 부처의 통폐합 등 구조적 개편에 의해 조정한다.

7. 조직의 원리에 대한 평가

과학적 관리론을 배경으로 한 원리학파들의 고전적 조직 원리는 기술적 행정학의 퇴조와 더불어 많은 비판이 제기됐다. 특히 행태론자인 사이먼(H. A. Simon)은 조직의 원리들은 경험적 검증을 거치지 않은 속담이나 격언에 불과한 것이라고 비판한다. 즉, 과학적 관리론의 고전적 원리는 형식적 과학성에 집착하는 오류를 범했다고 비판한다. 원리 간의 상충 현상도 고려치 못하고 있다고 지적한다(예: 전문화의 원리와 명령 통일의 원리).

오늘날까지도 조직편성 및 관리의 합리성과 경제성을 추구하기 위한 전통적 조직 원리의 유용성과 생명력은 살아 있다. 현재 이러한 원리를 대체할 만한 원칙도 아직 발견되지 않고 있어 이들 원리를 전면적으로 부인하기는 곤란하다.

제3절 공식조직과 비공식조직

1. 개념

1) 공식조직

공식조직(formal organization)이란 조직의 공식적 목표를 달성하기 위해 인간적 감정을 배제한 입장에서 과학적 합리성의 근거와 기준을 전제로 해서 인위적으로 제도화한 조직으로 법령 또는 직제에 규정된 계층제 중심의 조직이다. 과학적 관리론 등 고전적 조직론에서 중요시한 조직이다.

2) 비공식조직

비공식조직(informal organization)이란 공식적인 조직 내에서 구성원 상호간의 접촉이나 현실적인 인간관계로 말미암아 자연발생적으로 형성되는 조직으로 구성원 간에 강력한 연대 의식과 일체감을 조성한다. 인간관계론 등 신고전적 조직론에서 중요시한 조직이다.

2. 공식조직: 계선과 막료

1) 계선

계선(line)이란 상하간의 명령 복종 관계를 지닌 수직적 계층구조를 형성해 조직이 목표 달성에 직접적으로 기여하는 조직의 중추적 역할이다. 계선은 계층제 형태를 띠며, 조직상 최고책임자를 정점으로 하는 수직적 상하 관계를 형성한다. 조직의 목표를 직접적으로 운영·집행하며, 그 결과에 대한 책임이 수반된다. 국민과 직접 접촉해 봉사하고, 구체적인 집행권과 명령권을 행사한다.

장점으로는 권한과 책임의 소재·한계가 명확하며, 의사결정의 신속성을 기할 수 있다. 권한 관계에 따라 강력한 통솔력의 행사와 조직의 안정이 가능하며, 소규모 조직에 적합하다. 그리고 경비가 절약된다.

단점으로는 결정권이 최고관리층에 집중돼 주관적·독단적인 결정이 초래된다. 전문적인 지식과 기능을 충분히 활용할 수 없으며, 부문 간에 업무의 중복 및 조정의 곤란으로 조직 운영의 효율성이 저하된다. 조직의 경직화로 인해 탄력적인 조직활동이 저해된다.

2) 막료

막료(staff, 참모)란 계선이 기능을 원활하게 수행할 수 있도록 지원·보조·촉진함으로써 조직 목표의 달성에 간접적으로 공헌하는 보좌한다. 막료는 전문지식을 가지고 계선의 기능을 인격적으로 보완하며, 조직 내에 권고·자문·조정·조사·연구에 응하는 활동을 한다(기획·자문·권고·조정·정보의 수집·분석과 인사·회계·법무·공보·조달 등). 국민과 직접 접촉하거나 직접 봉사하지 않고, 구체적인 집행권이나 명령권을 행사할 수 없다. 그리고 계층제 형태를 띠지 않으며, 수평적인 관계가 일반적인 경향이다.

막료의 장점은 계선기관의 결함을 보완해 쇄신적인 행정개혁을 추진하며, 전문적 지식과 경험에 의한 합리적·창의적 결정으로 행정전문화에 기여한다. 기관장의 통솔 범위를 확대시키고, 계선기관 간에 업무의 조정 및 계선기관의 업무 과중을 해소시켜 준다.

막료의 단점은 계선기관과 대립·충돌하며(선진국), 의사결정의 지연가능성이 높다. 경비가 과다 지출되고, 책임 의식이 희박하다.

표 1-14 계선과 막료의 비교

구분	계선	막료
특징	① 계층제적 성격 ② 국민에 직접 봉사 ③ 목표 달성에 직접 기여 ④ 수직적 복종 관계 ⑤ 현실적, 보수적 성향 ⑥ 명령권, 집행권 행사 ⑦ 일반행정가	① 비계층제적 성격 ② 국민에 간접 봉사 ③ 목표 달성에 간접 기여 ④ 수평적 대등 관계 ⑤ 이상적, 비판적 성향 ⑥ 명령권, 집행권 없음 ⑦ 전문행정가
장점	① 권한과 책임의 한계가 명확 ② 신속, 능률 ③ 소규모 조직에 적합 ④ 조직의 안정성 확보	① 수평적 업무 조정 ② 전문지식의 활용 ③ 대규모 조직에서 발달 ④ 조직의 신축성, 동태성 확보
단점	① 수평적 업무 조정이 곤란 ② 전문지식의 활용이 미흡 ③ 조직의 신축성, 동태성이 부족함	① 권한과 책임의 한계가 불명확 ② 시간과 비용이 많이 소요 ③ 조직의 불안정성

3) 계선과 막료와의 관계

계선과 막료 사이에는 항상 갈등이 발생한다. 이러한 갈등과 불화의 원인은 첫째, 권한과 책임의 불분명함이다. 막료가 기관장 주변에 집결돼 막료와 계선 간의 권한·책임 한계가 불분명하다. 둘째, 사회적 배경의 차이다. 막료는 계선보다 사회적 지위나 교육 수준이 높다(선진국). 셋째, 행태상의 차이에서 발생한다. 막료는 개인주의적·논리적·비판적·미래 지향적이나, 계선은 비교적 전문지식이 떨어지고 실무적·보수적 태도를 가진다. 넷째, 개혁과 현상 유지의 차이다. 막료는 현상 타파적·개혁 지향적이나, 계선은 실증적·현상 유지적이다. 다섯째, 계선의 막료에 대한 질시를 들 수 있다. 계선은 막료가 기관장을 통해 자신에게 명령을 내리거나 자신의 자리를 위협한다고 여긴다. 여섯째, 직무에 대한 인식 부족이다. 계선은 막료의 좁은 전문가적 견해를 비판하고, 막료는 계선이 근시안적·권위적이라고 비판한다.

갈등의 해결 방안은 첫째, 계선과 막료의 권한과 책임의 한계를 명확히 한다. 둘째, 계선과 막료의 인사 교류를 통해 상호 이해와 능력 발전에 기여한다. 셋째, 연석회의, 공동 교육훈련 등을 통해 서로 친밀도를 높인다. 넷째, 막료는 좁은 전문가적 사고 방식에서 벗어나고, 계선은 막료를 최대한 활용할 수 있는 능력을 개발한다. 다섯째, 기관장은 계선과 막료의 협조 관계를 지원한다.

계선과 막료의 상호 관계는 고전적 입장에서 계선과 막료를 엄격하게 구별하며, 계선이 주된 조직이며, 막료는 부수적 조직이다. 현대적 입장에서는 양자의 구별이 상대화하는 가운데 양자를 상호보완적 관계로 인식한다. 이러한 상대화의 근거 및 이유는 막료도 자신의 전문 분야에 대해 결정·명령·집행권을 행사하며, 계선이나 막료의 이중적 지위를 가지는 직위나 부서가 존재한다(국무총리·기획관리실장). 행정의 전문화 및 조직의 동태화에 따라 반드시 계선이 중추적 기관이고, 막료는 보조적 기관이라고 보기가 어렵고, 계선은 막료 중심의 의사결정을 형식적으로 완성시켜 주는 데 불과하다.

우리나라는 발전행정의 도입에 따라 설치된 차관보제도, 담당관제도가 대표적 막료기관이나, 계선기관과 막료기관의 미분화로 막료기관이 설치 목적대로 운영되지 못하고 계선기관화됐으며, 기관장이 막료의 중요성을 충분히 인식하지 못해 유능한 인재를 막료기관에 충원치 못했다. 그리고 막료기관은 조직의 분권화 및 민주화 촉진에 기여하지 못했다.

3. 비공식조직

1) 비공식조직의 유형과 형성 요인

비공식조직의 유형은 욕구충족 기준, 귀속성 기준, 공식적인 소속과 직급 기준 등으로 구분할 수 있다. 욕구 충족 기준은 호혜적·공리적 욕구, 개인적인 취미, 이념 및 사고 방식의 일치 등이며, 귀속성 기준은 혈연·지연·학연, 업적상 동질감 등이 있다. 공식적인 소속과 직급 기준으로는 수평적 단위 내, 수평적 단위 간, 수직적 단위 내, 수직적 단위 간 등이 있다. 비공식조직의 형성 요인은 공식조직의 수직적 비인격성, 사회인으로서의 인간의 귀속 본능, 공식조직의 경직성 보완, 공식 법규 체계의 결함 보완 등이 있다.

표 1-15 비공식조직의 유형

		직급(지위·계급)	
		동일(수평적)	상이(수직적)
소속	동일(단위 내)	수평적·단위 내 조직	수직적·단위 내 조직
	상위(단위 간)	수평적·단위 간 조직	수직적·단위 간 조직

2) 비공식조직의 순기능과 역기능

비공식조직이 갖고 있는 순기능은 ① 심리적 안정감의 형성 및 욕구 불만을 해소하는 발산처가 되며, ② 공유할 수 있는 행동규범의 확립과 사회적 통제를 수행한다. ③ 공식 지도자의 능력을 보완해 업무의 능률적인 수행을 가능케 하며, ④ 공식조직의 경직성을 완화시켜 주며 적응성을 증진시킨다. ⑤ 의사소통을 보완하며 쇄신적인 활동을 촉진시킨다.

비공식조직의 역기능은 ① 비공식 의사소통의 근거와 책임 소재가 불분명하며, ② 의사결정상의 공식적인 이용이 곤란하다. ③ 공식조직에 대한 적대 감정의 발산으로 심리적 불안감이 조성되며, ④ 정실행위·파벌 조성이 우려된다. ⑤ 관리자의 소외 및 공식 권위가 약화되며, ⑥ 개인적 불만이 집단으로의 확산된다. ⑦ 공식조직에 압력단체로서의 역할을 한다.

3) 비공식조직에 대한 통제

비공식조직의 통제를 위한 기본 원칙은 첫째, 공식조직과 비공식조직의 공존 및 조화가능성을 인정한다. 둘째, 양 조직 간 목적의 일치가능성을 인정한다. 셋째, 공식조직의 독주를 위해 비공식조직을 본질적으로 억압하겠다는 사고를 지양한다.

비공식조직의 통제 방법은 공식조직의 지도자는 조직 내 비공식조직의 실태를 파악해야 한다. 비공식 지도자의 발견과 문제 발생 우려 시 개별적인 접촉과 회유를 통해 해결하고, 비공식집단 간의 갈등・대립, 지나친 경쟁을 방지하고 의사소통을 촉진시킨다. 마지막으로 인사 조치(전보, 사직 등) 등 구성원의 분산을 위한 강제 조치를 시행한다. 단, 강제적 방법으로 비강제적 방법을 사용한 후에 사용해야 한다.

4. 공식조직과 비공식조직의 특징과 상호 관계

1) 양 조직의 특징

공식조직과 비공식조직의 특성은 조직의 생성, 목표, 지배 논리, 가시성 여부, 질서의 범위, 합리성 유무, 제도화 유무, 통제 방법, 계층제 유무, 자율성 유무, 규범의 성립 등에서 차이가 나타난다.

2) 조직의 공식적・비공식적 측면과 상호 관계

조직은 공식적 측면과 비공식적 측면을 아울러 가지고 있다. 공식조직과 비공식조직이 각각 별개로 독립한 개체와 같이 존재하는 것처럼 착각해서는 안 된다. 조직의 공식적 구조・기능・역할이나 관계는 비공식적 구조・기능・역할이나 관계와 동태적・다원적으로 결합되고 있으며, 조직의 모든 행태를 공식적・비공식적이라는 구분만으로는 적절히 파악할 수 없다. 공식조직에 사람을 임명하거나 정책결정에서 비공식적 의사소통이 큰 비중을 가지고 작용하는 경우 명백히 비공식적 기능은 공식적 기능으로 작용하고 있다. 현실에서는 공식적 요인과 비공식적 요인은 교차되고 있으며, 양자의 엄격한 구별은 개념적 도구로서의 의의만 있을 뿐이다. 현실에서는 어느 것이 공식조직이며 어느 것이 비공식조직인가는 구별하기 어려운 경우가 많으며 양 조직은 공존하면서 서로 협동적 관계에 있는 경우도 있고, 때로는 대립적 관계에 있는 경우도 있다. 비공식조직이 공식조직과 대항적인 성격을 띠는 경우에 비공식조직의 응집성이 커서 조직의 생산성에 미치는 역기능이 커지므로 상호 보완과 공존의 관계로 발전시키는 것이 바람직하다.

제4절 조직이론의 변천

1. 조직이론의 개념과 분류

조직이론이란 조직의 편제・관리에 적용되는 일반 원칙이다. 조직에 대한 일종의 사고 방식으로 조직을 바라보고 분석하는 이론적 틀이다(R. L. Daft).

행정변수에 따라 왈도(D. Waldo)는 고전적 이론, 신고전적 이론, 현대적 조직으로 분류했다. 고전적 이론(구조 중심)은 과학적 관리론, 관료제이론, 행정관리설 등이 해당되며, 신고전적 이론(행태 중심)에는 인간관계론, 환경유관론, 행태론 등이 해당된다. 현대적 조직이론(환경 중심)에는 행태론, 생태론, 체제론, 상황적응론, 거시조직이론 등이 해당된다.

토스키(C. Tausky)는 고전직 이론, 인간관계론, 구조론으로 분류했다. 고전적 이론은 규범적 이론으로 이상적인 이론이며, 인간관계론은 규범적고, 서술적 이론이다. 구조론(고전적이론+인간관계론)은 서술적 이론으로 현실적 이론이라고 주장했다.

폐쇄와 개방, 합리와 자연이라는 척도에 의해 스콧(W. R. Scott)은 폐쇄·합리적 이론, 폐쇄·자연적 이론, 개방·합리적 이론, 개방·자연적 이론으로 분류했다. 폐쇄·합리적 이론은 과학적 관리론, 행정관리설, 관료제이론 등이 해당되며, 폐쇄·자연적 이론은 인간관계론, 환경유관론, 행태론 등이 해당된다. 개방·합리적 이론은 체제이론, 구조적 상황론(상황적응론) 등이 해당되며, 개방·자연적 이론은 웨이크(K. E. Weick)의 이론, 쓰레기통모형, 거시조직이론(조직군생태론, 전략적 선택이론, 자원의존이론), 혼돈이론(자기조직화이론) 등이 해당된다.

2. 조직이론의 변천: 행정 변수에 따른 분류

1) 고전적 조직이론: 구조 중심

고전적 조직이론은 1900년대 초 과학적 관리론의 영향 아래 성립·발전돼 1930년대에 완성을 본 이론으로 행정관리설의 입장에서 행정을 규명하는 전통적인 초기의 행정이론이다. 조직을 안정된 환경 속에서 조직이 정해진 목표를 달성하기 위해 업무를 배분하고 분담된 업무에 대응하는 권한과 책임을 명확히 하는 과정으로 본다.

해당 학파는 테일러(F. W. Taylor) 등의 과학적 관리론, 페이욜(H. Fayol) 등의 일반 및 산업관리론, 최고관리자의 기능과 조직의 원리를 제시한 하향적이고 기계적이며, 관리적 측면에 관심을 가진 행정관리설(L. Urwick, W. Wilson), 합리적·합법적 관료제의 이념형을 제시한 관료제 이론(M. Weber)이다.

고전적 조직이론의 특징은 ① 기계론적·폐쇄적 조직관이다. 조직을 둘러싼 외부환경이 복잡하지도 다양하지도 않고 영향력이 적으며, 내부 중심적인 정태적·폐쇄적인 기계적인 조직관(기계모형)이다. ② 공식적인 조직구조를 강조한다. 최적의 구조가 능률적인 업무 수행을 보장한다고 믿고 관료제이론에 바탕을 둔 조직의 공식구조(계층제, 분업 등)를 중시한다. 구조·기구·관리·기술적 행정개혁을 중시한다. ③ X이론적 인간관으로 인간을 합리적·경제적 인간모형으로 인식한다. ④ 기계적·경제적 능률성을 강조한다. ⑤ 원리주의로 관리 기능 중심적 조직 과정(POSDCoRB)과 조직의 원리를 중시한다. ⑥ 정치·행정이원론(공·사행정일원론)으로 가치·목적·이상보다는 관리·사무·수단·사실·현실·존재 등을 중시한다.

2) 신고전적 조직이론: 인간 행태 중심

신고전적 조직이론은 능률성 중심의 고전적 조직론과 기계적인 과학적 관리론의 비판 위에서 대두됐다. 해당 학파는 시카고학파(E. Mayo, F. J. Roethlisberger 등)와 버나드(C. I. Barnard) 등의 인간관계론, 셀즈닉(P. Selznick), 파슨스(T. Parsons) 등 1930년대 미국의 사회학자 중심의 환경유관론이다.

신고전적 조직이론의 특징은 ① 조직 내의 비공식적 관계와 조직 참여자의 사회적·심리적 측면을 중요시한다. ② Y이론적 인간관으로 인간을 사회적 인간모형에 입각해 연구한다. ③ 사회적 능률을 새로운 가치 기준으로 제시한다. ④ 대체로 폐쇄적인 환경관으로 인간관계론은 외부환경은 무시하나 조직과 내부환경의 상호 관계를 중요시하며 동태적 입장을 견지한다. ⑤ 정치·행정이원론으로 고전적 조직이론과 마찬가지로 관리 기능적 접근 방법이다.

3) 현대적 조직이론: 환경 중심

현대 조직이론은 개인을 다양한 욕구와 변이성을 지닌 자아실현인·복잡인(Z이론)으로 본다. 복잡하고 불확실한 환경 속에서 목표의 유효한 달성을 위한 개성이 강한 인간 행동을 종합하는 활동이다. 폐쇄적인 관료제적 조직보다는 개방적·동태적·적응적·유기적·상황적응적 조직을 강조한다.

현대 조직모형은 의사결정모형, 개방체제모형, 후기 관료제모형, 사회체제 모형 등이 있다. 의사결정모형은 인간 행동을 의사결정 과정에서 파악한 것으로 최근에는 정책결정 과정으로서 중시한다. 개방체제모형은 조직을 공동 목적 달성을 위해 전체적 대응을 강구하는 유기체로 파악한다. 후기관료제모형은 관료제 이론이 고도의 계층제 하에서 합리적·합법적 지배에 의해 운영되는 인간 행동을 강조했으나, 최근에는 관료제가 비인격화되는 병리적 과정이나 탈관료제적 입장을 중시한다. 사회체제모형은 파슨스나 에치오니(A. Etzioni)의 이론으로 조직을 상위 체제의 하위 체제로 파악하고 하위 체제 상호간의 유기적 관련 속에서 파슨스는 AGIL 기능을 수행하고 있다고 주장한다. 기타 모형으로 톰슨(J. D. Thompson)의 조직혁신론(OD 및 OI 등), 헤디(F. Heady)의 비교조직론, 토플러(A. Toffler)의 조직동태화 이론(adhocracy), 거시조직이론, 혼돈이론 등이 있다.

현대 조직이론의 특징은 ① 개방적 환경관이다. 조직의 외부환경이 복잡·다양하고 이에 적절한 대응책을 강구하는 동태적·개방적 조직 혹은 유기적 조직이다. ② 자아실현인·복잡인으로 본다. 조직의 변수 중 구조보다는 인간 행태나 발전적·쇄신적 가치관을 중시하며 인간을 Y이론·복잡인으로 인식한다. ③ 다양한 가치 추구해 단순한 능률성보다는 이를 바탕으로 한 효과성, 생산성, 민주성, 사회적 적실성, 대응성 등을 중시하고, 인간관계나 종합적인 행정개혁을 중시한다. ④ 가치의 다원화, 종합학문성과 더불어 행태주의의 적용가능성을 확대시킨다. ⑤ 탈관료적·상황적응적 접근을 한다. 발전행정론이나 체제론적인 행정 과정, 상황적응이론(contingency theory)[2] 등은 동태성을 중시한다. ⑥ 정치·행정일원론으로 단순한 수단·사실보다 가치·목적 등을 중시하는 정치·행정일원론과 공·사행정이원론의 입장이다. ⑦ 행정을 복합적인 체제로 보기 때문에 분화와 가변성을 추구하면서도 통합적 노력이 시도된다. ⑧ 구조론적 접근으로 공식적 조직에 중점을 두는 고전적 이론과 비공식적 조직에 중점을 두는 신고전적 조직이론의 통합을 시도하며, 공

---

2) 번스와 스토커(T. Burns & G. M. Stalker)의 환경과 구조에 관한 연구에서 정적 환경은 기계적 구조, 변화하는 환경은 유기적 구조가 적절하며, 로렌스와 로쉬(P. R. Lawrence & J. W. Lorsch)의 분화와 통합에 관한 연구에서는 조직의 분화와 통합은 환경의 변화에 적응하는 과정이라고 주장했으며, 조직구조는 물론 조직 내 개인과 환경의 적합성이 조직의 효과성을 결정한다고 했다.

표 1-17 현대 조직의 특성(J. M. Pfiffner & F. P. Sherwood)

고전 조직	현대 조직
① 정치 · 행정이원론 ② 전통주의 ③ 계층제 중심주의 ④ 하향적 권한 행사 ⑤ 권한에 의한 지도력 ⑥ 폐쇄조직 ⑦ 명령에 의한 기술 변화 ⑧ 생계로서의 직무 수행	① 정치 · 행정일원론 ② 사회적 동태론 ③ 사회적 과정 ④ 상향적 권한 행사 ⑤ 동의에 의한 지도력 ⑥ 개방조직 ⑦ 협의에 의한 변화 ⑧ 만족스러운 경험을 위한 직무

표 1-18 조직이론의 비교(D. Waldo)

구분	고전적 조직이론	신고전적 조직이론	현대적 조직이론
해당 이론	과학적 관리론, 행정관리론, 관료제이론 등	인간관계론, 환경유관론, 행태론 등	체제론 이후(의사결정모형, 개방체제모형, 후기관료제모형, 거시조직이론 등)
인간관	합리적 · 경제적 인간	사회적 인간	복잡한 인간
가치	기계적 능률성	사회적 능률성	다원적 목표 · 가치 · 이념
주요 연구 대상	공식적 구조 중심(관료제 · 계층제)	비공식적 구조 중심(비공식적 인간관계 중시)	개방적 · 동태적 · 적응적 · 유기적 · 상황적응적 조직 강조
주요 변수	구조 중심	인간 중심	조직과 환경의 상호작용
환경과의 관계	폐쇄적(조직 | 환경)	대체로 폐쇄적	개방적(조직 ↔ 환경)
연구 방법	원리 접근: 형식적 과학성	경험적 접근: 경험적 과학성	복합적 접근: 경험과학, 관련 과학의 활용

식적 · 비공식적 요인의 상호관련성을 분석한다.

3. 조직이론의 체계: 스콧

1) 의의

스콧(W. R. Scott)은 조직이론을 조직환경의 고려 여부에 따라 폐쇄모형과 개방모형으로, 조직의 합리적 존재의 여부에 따라 합리모형과 자연모형으로 구분하고, 아래와 같이 시기별 · 분석 수준별로 폐쇄 · 합리모형(유형 I), 폐쇄 · 자연모형(유형 II), 개방 · 합리모형(유형 III), 개방 · 자연모형(유형 IV)으로 분류했다.

표 1-19 스콧의 조직이론 모형

구성원의 행동 / 조직과 환경	합리적	자연적
폐쇄적	폐쇄 · 합리모형(1900~1930)	폐쇄 · 자연모형(1930~1960)
개방적	개방 · 합리모형(1960~1970)	개방 · 자연모형(1970~현재)

스콧의 조직이론에 의하면, 1960년대를 고비로 해서 폐쇄모형에서 개방모형으로 옮겨갔으며 주로 고전이론은 폐쇄・합리모형(유형Ⅰ)으로, 신고전이론은 폐쇄・자연모형(유형Ⅱ)으로, 현대이론은 개방・합리모형(유형Ⅲ), 개방・자연모형(유형Ⅳ)으로 파악할 수 있다.

2) 폐쇄・합리체제모형(유형Ⅰ)

조직을 외부환경과 단절된 폐쇄 체제로 보면서 구성원들이 합리적으로 행동한다고 간주하는 고전적 이론이다. 1900-1930년대의 과학적 관리론, 관료제이론, 행정관리설 등이 해당되며, 폐쇄체제, 합리적 경제인, 기계적(경제적) 능률성, 원리주의, 인간의 도구화(부품화) 등이 특성이다.

3) 폐쇄・자연체제모형(유형Ⅱ)

조직을 외부환경과 단절된 폐쇄 체제로 보면서 구성원들은 자연적 관점에서 인간적 가치나 문제에 관심을 두는 이론이다. 1930~1960년대의 인간관계론, 환경유관론, 행정행태론 등이 해당된다. 이 모형의 특징은 인간의 사회적 욕구와 능률을 중시하며, 비공식조직과 사회적 욕구를 중시하고(인간관계론), 개방 체제로 인식하면서도 조직의 내부 문제에 초점을 둔 접근법이다(환경유관론). 원리주의에 대한 비판과 논리적 실증주의를 추구한다(행정행태론).

4) 개방・합리체제모형(유형Ⅲ)

조직을 외부환경과의 상호 관계를 중시하는 개방 체제로 보면서 조직이나 인간의 합리성을 강조하는 이론이다. 체제이론과 상황적응이론이 이에 해당한다.

체제적 접근 방법(systems approach)이란 모든 현상을 상호 관련된 일련의 하위 체제로 구성된 체제(system)라는 개념에 기초해, 포괄적・통합적 분석을 시도하는 접근 방법을 말한다. 체제적 접근 방법은 자연 현상이나 사회 현상을, 상호작용하는 여러 구성 요소로 이뤄져 있는 전체의 한 부분으로 본다. 정치 현상 및 행정 현상에 대해 체제적 접근 방법을 도입한 대표적인 학자는 이스턴(D. Easton)과 샤칸스키(I. Sharkansky)다. 이스턴은 정치 체제에 대한 다음과 같이 설명하고 있다. "정치 체제는 환경으로부터 요구(demand)와 지지(support)를 받아 전환 과정을 거쳐 정치 체제의 산물인 정책을 산출하며, 이러한 정책은 환류돼 다시 정치 체제에 투입된다"는 것이다.

상황적응이론(상황적응적 접근 방법, contingency approach)이란 특정 현상이나 조직 행태 등을 설명할 때, 조직 체제의 환경적 상황을 주요 변수로 해서 설명하고자 하는 접근 방법을 말한다. 조직 속의 인간 행태를 설명할 때 개인 및 집단의 심리적 결정 요인에 초점을 두고 설명할 수도 있고, 조직구조상의 특성을 중심으로 설명하기도 하며, 조직 체제의 환경적 결정 요인을 주요 변수로 해서 접근할 수도 있는바, 상황론은 환경적 요인을 중시하는 접근 방법이다.

이 모형의 특징은 환경에 대한 적합성을 강조하며(환경결정론), 사례 중심의 연구에 치우쳐 개도국의 일반이론화에는 실패했다(정태적・균형이론).

5) 개방・자연모형(모형Ⅳ): 최근 조직이론

조직을 외부환경과의 상호 관계를 중시하는 개방 체제로 보면서 구성원들은 비합리적인 동기적 측면을 강조한다. 즉, 반드시 조직의 합리성을 추구하지는 않는다는 이론이다. 혼돈이론, 웨이크의 이론, 쓰레기통모형, 거시조직이론이 해당된다.

혼돈이론(chaos theory)이란 불규칙한 무질서 현상의 배후에 감춰져 있는 규칙성을 찾는 이론을 말한다. 당초 자연 현상을 대상으로 한 혼돈이론이 사회과학 분야에서 특별히 관심을 끄는 이유 가운데 하나는 오늘날의 사회적 변화의 특징을 설명할 수 있는 무질서・불안정・다양성・비균형성 등을 부각시키고 있기 때문이다. 혼돈이론에 의하면 모든 체제는 끊임없이 요동치고 있는 종속적인 체제들을 포함하고 있다는 것이다. 즉, 환경으로부터의 위기가 증가함에 따라 환경의 분석가능성의 정도가 떨어질 뿐만 아니라 항상성(homeostasis)의 유지 자체가 곤란해지는 분기점(bifurcation point)에 이르는 혁명적인 순간에는 변화가 어느 방향으로 일어날 것인가 하는 것을 미리 결정하는 것이 본질적으로 불가능하다고 주장한다. 혼돈이론은 모든 자연 및 사회 현상에서 결정론적 예측가능성에 대한 환상을 깨뜨리게 됐다.

웨이크의 이론은 1970년 이후 각광을 받고 있다. 이들 이론은 조직이 목표 달성보다는 생존을 중시하고, 조직 속에 흐르고 있는 비공식성, 비합리성에 초점을 맞춰 규칙만으로는 설명하기 어려운 조직의 비합리적인 동기적 측면을 중점적으로 다루고 있다. 웨이크는 이러한 개방-사회체계모형의 대표적인 학자들 중 웨이크는 한 사람이다. 웨이크의 주장은 사회심리학적 관점에서 조직의 개방 체계에 접근의 의미가 더 있는 것이다. 이보다 다른 많은 조직이론의 환경주의자들이 생태학 이론에서 개방 체계의 접근을 시도한다. 웨이크는 조직화된 모형으로 두 가지 내용을 설명했다. 하나는 조직의 관리자들은 왜 환경의 특정 측면에만 관심을 가지는지, 또한 실제로 존재하는 세상(what is really out there)에 대한 정보를 어떻게 획득하고 처리하는지에 관한 문제다.

쓰레기통모형(garbage can model)은 정책결정이 일정한 규칙에 따라 이뤄지는 것이 아니라, 문제, 해결책, 선택 기회, 참여자의 네 요소가 쓰레기통같이 뒤죽박죽 움직이다가 어떤 계기로 교차해 만나게 될 때 이뤄진다고 보는 정책결정 모형을 말한다. 코헨(M. Cohen), 마치(J. March), 올슨(J. Olsen) 등이 주장한 이 정책결정 모형은 조직화된 혼란 상태(organized anarchy)에서의 결정을 다루고 있다. 이러한 모형에 해당하는 조직의 예로는 대학사회, 친목단체 등을 들 수 있다.

제5절 조직문화

1. 의의

조직문화(organizational culture)란 조직구성원들이 공유하는 가치 체계・신념 체계・사고 방식의 복합체를 말한다. 조직문화에 조직이 활동하는 한 국가의 사회문화・관습・규범이 영향을 미치며, 조직 내 최고관리자의 조직관리 이념, 전략, 구성원들의 특성이 반영된다. 조직구성원들에게 정체성을 제공하고, 집단적 몰입을 가져오며, 조직 체계의 안정성을 높이고, 조직구성원들의 행동을 형성하는 기능을 수행한다.

2. 조직문화의 유형

1) 호프스테드의 문화유형론

호프스테드(G. Hofstede)는 전 세계적으로 10만 명이 넘는 IBM의 직원들에게 그들이 갖고 있는 태도와 가치관에 대한 자료를 수집, 분석한 결과 문화적인 차이가 권력 거리, 개인주의와 집단주의적 성향, 불확실성 회피, 남성다움과 여성다움 등 네 가지 차원이 있다는 것을 발견했다.

첫째, 권력 거리(power distance)는 사회 내에서 부와 권력이 불평등하게 배분돼 있다거나 혹은 편중돼 있을 경우 이를 어느 정도 수용하는가를 나타낸다. 권력 거리가 큰 문화에서는 권력과 부(富)의 불균등성이 점차 확대되는 추세를 보이고, 권력 거리가 낮은 문화의 사회에서는 사람들이 이러한 격차를 가능하면 줄이려고 노력하는 성향을 보인다.

둘째, 개인주의와 집단주의적 성향(individualism vs collectivism)은 사람들이 얼마나 개인주의적 또는 집단주의적 성향을 보이는가를 의미한다. 개인주의적 사회에서는 개인들 간의 연계가 느슨하며 개인의 성취와 자유가 높게 평가된다. 반면 집단주의적 사회는 개인들 간의 관계가 밀접하게 연계되어 있다.

셋째, 불확실성 회피(uncertainty avoidance)는 사람들이 모호한 상황이나 불확실성을 용인하는 정도를 나타낸다. 불확실성 회피 성향이 높은 문화의 사람들은 직업 안정성이나 직급의 승진 패턴에 대해 상당히 높은 가치를 부여하며 관리자들이 아주 분명한 지시를 내려줄 것을 기대한다. 반면 불확실성 회피 성향이 낮은 문화에서는 변화에 대해 두려워하지 않으며, 위험을 극복하려는 성향이 높게 나타난다.

넷째, 남성다움과 여성다움(masculinity vs. femininity)은 남성 중심적인 문화에서 남녀 간의 역할 분담이 이뤄져 있고, 성취감이나 자기 주장, 물질적인 성공에 대해 강호 선호를 나타낸다. 반면에 여성 중심적인 문화에서는 관계 유지를 중요시하거나 구성원에 대한 배려해 주는 경향, 삶의 질을 중시한다. 따라서 남성주의적 성향이 강한 문화에서는 경쟁과 성취를 더 높은 가치를 두고, 여성주의적 성향이 강한 문화에서는 복지와 화목에 더 높은 가치를 두고 있다.

각국의 문화 차이를 계량적으로 측정하고 비교하는 데 편리하다는 장점을 갖고 있으나 계량적인 문화의 차이가 과연 얼마나 정확한 것인가에 대해 이견이 있을 수가 있다.

2) 더글러스의 신문화이론에 의한 문화편향

더글러스(M. Douglas)는 응집성과 구속성을 포함하는 집단성과 사회적 역할 관계의 명확성과 엄격성을 포함하는 규칙성의 강도에 따라 개인주의, 운명주의, 계층주의, 평등주의 등 네 가지 유형의 문화가 형성된다고 주장했다.

첫째, 개인주의는 자연이 견고하고 관대하다고 믿는다. 사회는 자정 능력을 갖고 있기 때문에 외부규제가 정당하지도 필요하지도 않다고 믿는다. 인간이 본질적으로 자아추구적(self-seeking)이라고 생각한다. 경쟁적 정치 체제가 최상이라는 매디슨의 정치 신념이나 사회 관계가 교역, 거래 및 교환에 기초해야 한다는 스미스(A. Smith)의 경제 신념이 기초가 된다. 경쟁적 환경에서 사적 보상을 추구하는 것이 정당하며, 공정성은 기회의 균등이고 실패는 개인의 탓이라고 본다. 위험은 기회이고 분화된 사회 관계는 정당하며, 제도적 복지는 불필요하고 사회는 보이지 않는 손에 의해 균형이 유지된다는 관점을 지지한다.

둘째, 운명주의자들은 사회가 변덕스럽고 제비뽑기라고 믿는다. 사회로부터 무엇을 기대할지 모르며 경험으로부터 배울 수도 없다고 생각한다. 사람들은 적대적이고 자신들을 착취할 뿐이다. 삶은 예측할 수 없고, 변덕스러우며, 스스로 도울 수 없고, 다른 사람들은 믿을 수 없다. 인간 본성에 대한 의구심으로 자신들을 고립시키려 한다. 공정성은 존재하지 않으며, 실패는 운이 없기 때문이고, 사전 계획은 불필요하다고 믿는다. 이들의 주된 관심은 변덕스럽고 위험한 세상에서 어떻게 생존해 가느냐 하는 것이다.

셋째, 계층주의는 사회가 완고하면서도 관대하다고 믿는다. 사회는 일정 한계 안에서만 견고하다고 믿으며, 한계가 어디인지는 자격을 갖춘 전문가만 알 수 있다고 생각한다. 부분보다는 전체, 개인보다는 집합체를 중요시하며 집단 내 분업과 분화된 역할을 정당화한다. 인간은 죄를 갖고 태어났지만 유순해서 제도에 의해 구제될수 있다고 본다. 풍족한 제도적 제약 속에 있는 사회적 삶을 지지하고, 공정성은 법 앞의 평등이며, 위험은 관리될 수 있고, 실패는 절차를 준수하지 않은 일탈자에게 있다고 믿는다.

넷째, 평등주의는 자연이 무상하고 덧없다고 믿는다. 그들은 자연이 깨지기 쉽고 상호 복잡하게 연결돼 있어 작은 실수라도 전체의 붕괴가 초래될 수 있다고 믿는다. 인간은 자아추구적이지 않고 타인 배려적이며 협동적이라고 본다. 인간이 부패되는 이유는 바로 시장이나 국가와 같은 착취적 혹은 강압적 제도나 체제 때문이다. 이들은 인간이 유순해서 착취나 강요가 배제된 사회환경을 조성함으로써 선하게 만들 수 있다고 믿는다. 공정성은 결과의 평등이 중요하며 모험은 무모하고 실패는 '체제' 탓이라고 믿는다. 사회적 위험을 최소화하기 위해 제도적 복지가 필요하다고 본다.

표 1-20 더글러스의 문화유형이론

구분		집단성(응집성 · 구속성)	
		약	강
규칙성 (사회 역할 관계의 명확)	약	개인주의	평등주의
	강	운명주의	계층주의

제 2 장 인간의 본질과 조직인

제1절 인간 행동의 심리적 기반

1. 조직과 인간 행동

1) 개인과 조직 간의 관계

개인은 조직을 통해 자기 자신의 목표를 실현하며, 조직은 구성원의 협동행위를 통해 그 목표를 달성한다. 개인은 가치관·태도와 지식·기술을 가지고 조직에 참여하며, 조직은 개인에게 보수·지위·역할·자격을 부여한다.

2) 개인 행동의 유사성과 차이

인간의 행동은 원인이 있어야 하며, 동기가 있어야 하며, 목표지향적이라는 점에서 유사하다. 인간은 성격·태도·욕구·동기가 다르고 사고 방식이 다르며, 자신이 놓여 있는 환경을 지각하거나 환경에 반응하는 방식도 다르다.

3) 행동 형성에 작용하는 요인과 개인차

개인차를 가져오게 하는 요인은 신체적 능력·지적 능력 등의 개인 능력, 성격·지각·태도·학습·동기부여 등의 심리적 요인, 그리고 조직의 맥락에서 관리 체제·조직목표·보상제도·직무 성격·조직분위기 등과 일반환경의 맥락에서 문화·경제·사회·가족 등의 환경적 요인을 들 수 있다. 개인차는 심리적 특성에서 더욱 명확히 나타난다. 즉, 인간의 행동을 근본적으로 좌우하는 요인은 심리적 특성이다. 개인 능력과 심리적 요인은 개인적 요인으로서 환경적 요인과 더불어 행동에 직접 영향을 미치며 개인적·환경적 요인의 상호작용은 행동에 간접적인 영향을 미친다.

2. 성격

1) 의의

성격(personality)이란 사람이 가지고 있는 일련의 심리적 특성의 총체를 의미한다. 이를 결정하는 요인은 유전적·생물학적 요인, 문화적·사회적 환경 요인, 상황적 요인 등이다.

2) 성격의 주요 속성

사람은 자신이 운명의 주인공이라고 생각하는 내재론자(internals)와 운명의 볼모라고 생각하는 외재론자(externals)로 구분할 수 있다. 일반적으로 외부 요인에 의한 통제를 수긍하는 외재론자가 내재론자에 비해 업무에 덜 만족하고 이직률이 높고 참여를 기피한다고 한다. 마키아벨리적 성향이 강한 사람은 개인적 목적 달성을 위해 수단을 가리지 않고 정서적으로 냉담하며, 충성이나 우정에 별로 관심이 없고 다른 사람의 행동 조작을 즐기는 경향이 있다. 높은 자부심(self-esteem)은 성공에 대한 기대감과 관련되고 성공에 필요한 능력을 더 가지며 직업 선택에 모험적이다. 낮은 자부심을 가진 사람은 높은 자부심을 가진 사람에 비해 외부 영향을 더 받기 쉽고 타인의 적극적 평가에 의존하며 타인의 신념・행동에 영합한다고 한다. 자기감시성(self-monitoring)이 강한 사람은 외부적・상황적 요인에 매우 예민하고 상황이 다르면 행동도 달라진다. 자기감시성이 낮은 사람은 본성을 그대로 노출시키고 행동에도 일관성이 있다. 모험 성향(risk taking)이 강한 사람은 좀 더 신속하게 결정을 내리며 정보를 덜 사용하는 경향이 강하다.

3. 지각

1) 의의

지각(perception)이란 개인이 자신의 환경에 의미를 부여하기 위해 감각적 인상을 조직화하고 해석하는 과정이며 환경에 관한 정보를 인식해 해석하는 것을 의미한다.

2) 지각에 영향을 미치는 요인

지각에 영향을 미치고 차이를 가져오게 하는 요인으로서는 태도・동기・과거 경험・기대 등 개인적 특성에 따라 대상을 해석하는 지각자(perceiver), 지각될 대상의 특징, 지각이 이뤄지는 주위 환경의 상황 등이 있다.

3) 인간의 대한 지각과 귀인이론

귀인이론(歸因理論, attribution theory)은 타인의 행동을 관찰해 그 행동 원인을 추측(귀속 또는 귀인)함으로써 평가하는 것이다. 즉, 특정 행동에 부여하는 의미에 따라 사람을 달리 판단하는 데 대한 해답을 제시하는 이론이다.

켈리(H. Kelley)의 입방체 이론(cubic theory)이란 사람들이 언제 내부 탓(성격, 감정, 능력, 의지)을 하고 언제 외부 탓(강요, 운, 환경)으로 귀속시키는지 패턴을 알아보기 위한 방법이다. 일관성(동일성)은 개인의 행동이 똑같이 반복해서 나타나는가에 관한 것이다(다른 때에도 항상 똑같이 그렇게 행동하는가?). 일치성은 비슷한 상황에 처한 사람들이 똑같은 반응을 나타내는가의 여부에

표 2-1 켈리의 입방체 이론

판단 기준	윤상선 계장의 경우	그렇다(높음)	판단
일관성: 다른 시점과 비교	작년에도 고과가 A였는가?	내부귀인	그는 능력이 있다.
일치성: 다른 사람과 비교	A받은 사람이 많이 있는가?	외부귀인	그는 별로다.
특이성: 다른 사건과 비교	능력평가만 A인가?	외부귀인	

관한 것이다(그의 옆에 있는 사람도 그 사람과 똑같이 행동하는가?). 특이성(구별성)은 상황이 다르면 행동도 다르게 나타나는가의 여부에 관한 것이다(다른 상황에서는 달리 행동하는데 유독 이 상황에서만 그렇게 행동하는가?).

4. 태도

1) 의의

태도(attitude)란 사람・사물이나 사건에 대한 호의적(favorable) 또는 비호의적 평가를 말하며, 우리의 감정을 반영한다. 태도는 의견・신념인 인지(cognition), 감정에 대한 정서(affect), 행동에 대한 의지(intention) 등의 요인으로 이뤄진다.

2) 태도의 일관성과 인지부조화이론

페스팅거(L. Festinger)는 인지부조화이론(cognitive dissonance theory)에서 개인의 둘 이상의 행동 간에 또는 태도와 행동 간에 불일치가 있는 경우 인간은 이를 느끼게 되며 이러한 부조화 내지 불쾌감을 감소시키도록 노력한다고 주장했다. 부조화를 감소시키기 위한 노력은 부조화를 초래하는 여러 요인의 중요성, 개인이 이러한 요인에 대해 갖는다고 믿는 영향력의 정도, 부조화에 관련될 수 있는 보상 등에 의해 결정된다.

3) 태도의 유형

태도의 유형에는 직무만족, 직무관여, 조직몰입 등이 있다. 직무만족(job satisfaction)이란 직무에 대한 개인의 일반적 태도를 의미하며, 높은 직무만족도는 직무에 대한 적극적 태도를, 낮은 직무만족도는 직무에 대한 소극적 태도를 가리킨다. 직무관여(job involvement)는 자발적으로 직무의 기본적 요구 수준을 넘어서 직무를 수행하는 정도를 말한다. 직무관여도가 높으면, 이직률이 낮고 직무를 열심히 수행하는 경향이 높다. 조직몰입(organizational commitment)이란 조직구성원이 자신이 소속돼 있는 조직을 얼마나 동일시하며 그 조직에 얼마나 헌신하고자 하는가 하는 정도를 말한다. 조직몰입도가 높은 구성원은 직무를 열심히 수행하고 이직률이 낮은 경향이 있다. 조직몰입도는 근속연수와 같은 개인적 요인과, 의사결정에의 참여 정도 및 직장의 안정성 같은 조직 요인에 의해 영향을 받는다.

제2절 조직과 개인의 관계

1. 조직과 개인의 관심의 차이

조직의 목표와 개인의 욕구가 일치・조화・융합될 수 있고 조직의 합리성과 인간의 행복이 가능한 한 서로 병립되고 조화될 수 있는 조직이 가장 바람직하지만 현실적으로는 갈등・대립을 빚고 있다.

조직과 개인 간의 갈등·대립을 극복하고 어떻게 통합·융합을 실현하느냐가 현대 조직이론의 중요한 과제라 할 수 있다. 조직과 개인이 갖는 관심사를 다음과 같이 나타낼 수 있으며 그 차이점을 파악함으로써 조직의 딜레마를 이해할 수 있다.

표 2-2 조직과 개인의 관심사의 차이

조직의 관심		개인의 관심	
① 기관의 목적	② 정책과 목표	① 개인의 욕구와 가치관	② 경력목표/자기가치
③ 의사결정	④ 권력과 통제	③ 자유와 선택	④ 자율과 독립
⑤ 충성심	⑥ 능률성	⑤ 소속감/존중	⑥ 도전적인 직무
⑦ 생산성	⑧ 중앙기획	⑦ 근로권	⑧ 참여

2. 아지리스의 악순환모형과 성숙·미성숙이론

1) 악순환모형

악순환모형(惡循還模型, vicious circle model)은 개인에게 심리적 실패(psychological failure)의 경험을 주는 조직풍토 속에서 구성원의 수동적 적응행동과 경영층의 압력 강화는 조직을 경화시키고 생산성을 더욱 낮추게 되는 악순환 과정을 겪게 된다는 아지리스(C. Argyris)의 개인과 조직 간의 상호작용 모형이다.

아지리스는 조직이 필요로 하는 투입으로는 기계적 에너지(mechanical energy), 인간 생리적 에너지(human physiological energy), 인간 심리적 에너지(human psychological energy) 등 세 가지가 있다고 주장한다. 기계적 에너지는 관리자의 명령·지시에 따라 구성원이 제공하는 에너지를 의미한다. 인간 생리적 에너지는 경제적·물질적 보상에 따라 구성원이 제공하는 에너지를 의미한다. 인간 심리적 에너지는 정신적 만족감에 따라 구성원이 제공하는 에너지를 말한다.

심리적 에너지는 개인의 심리적 성공(psychological success)의 경험이 많을수록 증가하는데, 전통적 조직은 심리적 성공의 경험과 역행하는 작업환경을 조성한다고 주장한다. 즉, 조직목표의 성취를 위해 지시·통제·처벌의 수단을 동원하는 관리 방식은 심리적 성공의 경험을 추구하는 구성원의 욕구와 배치되며, 이러한 전통적 조직관리 풍토 속에서 구성원은 상부 지시에의 의존·생산량의 고의적 하향 조정·작업 진도의 지연·결근·이석 등 수동적 적응행동(adaptive behavior)을 나타냄으로써 생산성의 저하를 초래한다는 것이다. 이러한 과정이 시간이 흐르면서 반복되고 강화되는 현상을 악순환이라 부른다. 악순환 과정(vicious circle process) 은 "생산성의 저하 → 경영층의 강화된 압력과 통제 → 비생산적 행동 및 제도의 보호를 위한 새로운 활동 → 정보의 왜곡 →조직의 경화 → 생산성의 저하" 등과 같다.

2) 아지리스의 성숙·미성숙이론

인간의 성격을 성숙된 상태와 미성숙된 상태로 구분하며, 인간은 자아 형성의 변화 과정을 거쳐 미성숙 단계에서 성숙 단계로 발전한다. 인간은 본래 자동적으로 미성숙된 상태에 성숙된 상태에 도달하도록 돼 있으나 조직은 이에 역행하는 관리 방식을 취하려고 하므로 조직과 개인 간에는 근본적으로 갈등이 악순환된다(갈등악순환모형).

성격의 변화모형은 미성숙 단계에서 성숙 단계로 변화한다. 수동적 활동에서 능동적 활동으로 변화하며, 타인에 의존적 상태에서 독립적 상태로 변화한다. 변덕스럽고 얕은 관심에서 깊고 강한 관심으로 변화하고, 단기적 안목에서 장기적 안목으로 나아간다. 종속적 지위에서 타인에 대해 대등·우월한 지위로 나아가며, 단일의 행동 능력에서 다양한 행동 능력으로 접근해 간다. 자아 의식의 결여로부터 자아에의 의식과 통제를 할 수 있게 된다.

성숙-미성숙이론의 특징은 첫째, 성숙한 인간의 욕구와 조직의 합리성에 치중하는 공식조직 중심의 관리전략은 부조화를 초래한다. 둘째, 전문화·명령 통일·통솔 범위 등 조직 원리에 바탕을 둔 전통적·권위적 관리 방식은 성숙한 인간의 자아실현 욕구 충족을 방해하며 인간은 수동적·의존적·타율적 존재로 전락돼 좌절감·실패감을 느끼게 된다. 셋째, 조직구조를 직무 확장, 참여적·직원 중심적 리더십, 현실 중심적 리더십 등에 의해 개편함으로써 인간의 자아실현을 가능케 해야 한다. 넷째, 조직구성원이 스스로의 욕구 충족으로 성장·성숙의 기회를 얻게 됨으로써 조직의 목표와 인간의 욕구가 통합될 수 있다.

제3절 인간관이론과 관리전략

1. 맥그리거의 X이론과 Y이론

맥그리거(D. McGregor)는 인간이 일에 대해 가지고 있는 상반된 태도·관점을 기준으로 X이론과 Y이론으로 분류했다.

X이론은 조직구성원에 대한 전통적인 관리전략을 제시하는 이론이며, Y이론은 개인 목표와 조직목표의 통합을 추구하는 새로운 이론이다.

X이론 인간관은 인간이란 선천적으로 일을 싫어하며, 변화에 저항한다. 인간은 희망이 없고 책임을 회피하며, 안정을 추구하고 자기중심적이다. 인간은 이기적·수동적·운명론적으로 바라본다. 따라서 인간에 대한 관리전략은 폐쇄적·정태적·기계적인 구조다. 경제적 보상 체계를 강조하며, 권위적 리더십(독재형·지도자 중심형·구조주도형 리더십)을 강조한다. 집권화와 권한의 집중을 통한 감독과 통제를 강조하고, 상부책임제도를 강조한다. 그리고 공식조직에 의존한다. 이에 대한 비판으로 근로자의 자발적인 근로 욕구를 고취하는 데 부적합하고, 인간의 상위 욕구는 경시하고, 하위 욕구만 지나치게 강조했다. 그리고 인간의 성장 측면이 과소평가됐다.

Y이론 인간관은 인간이란 일을 좋아하며, 개인의 목표와 조직의 목표를 일치시킨다. 인간은 자기규제 능력을 가진 존재이며, 창의력을 가진 존재다. 인간은 능동적·적극적이며 책임성이 있다고 보고 있다. 이를 위한 관리전략으로 개방적·동태적·유기적 구조를 취하고 있다. 인간적 보상을 강조하며, 민주적 리더십(지원형·후원형·배려형 리더십)을 강조한다. 분권화와 권한의 위임을 통한 참여와 자율을 강조하며, 목표관리, 자기평가제도 등을 강조한다. 비공식조직을 적극적으로 활용한다. 이에 대한 비판으로 인간의 욕구는 상대적이고 복합적인데도 인간 욕구를 지나치게

양극화·단순화시켰으며, 이상적이나 비현실적이다. 자아실현의 욕구를 직장 밖에서 실현하는 사람이 많다.

2. Z이론

맥그리거의 X이론과 Y이론에 이어 런드스테드(S. Lundstedt), 롤리스(D. Lawless), 오우치(W. G. Ouchi) 등에 의해 Z이론(Theory Z)이 제시됐다. 대표적인 Z이론인 오우치의 이론을 살펴보면 다음과 같다.

오우치는 미국 속의 일본식 경영 방식을 지칭하는 개념으로 Z이론을 사용한다. 이는 영미의 개인주의적 문화와 대비되는 동양의 집단문화, 구체적으로 일본 문화의 배경에서 구축된 조직관리를 묘사하고 있다. 미국에서 운영되고 있는 일본 조직(Z형)의 특징으로는 종신고용제, 조직구성원에 대한 느린 평가, 비전문성에 기초한 모집과 배치, 비공식적 통제, 집단적 의사결정과 집단적 책임, 직원에 대한 전인격적 관심 등을 들 수 있다.

이 이론의 특징은 다음과 같다. 폐쇄형에 가까운 임용구조를 가지고 조직 내에서의 평가는 비공식적으로 장기간에 걸쳐 이뤄지며, 또한 승진에서도 연공서열제에 입각한다. 부하가 차례로 상관의 결재를 받아서 집행에 옮기는 제도로서 상하의 의사전달 과정을 거쳐서 조정·참여 등이 이뤄진다. 의사결정은 집단적으로 이뤄지지만 책임은 개인에게 돌아간다. 자율적 규범에 의한 비공식적·내부통제를 비교적 선호한다. 개인보다 집단을 우선해 조직 내의 관계가 계약 관계가 아닌 가족적 관계로 구성돼 강한 노사 일체감을 형성한다. 개인에 대한 성과와 책임, 경쟁 체제보다는 전체에 대한 관심(holistic concern)을 강조한다. 관리층의 관심은 직원에 대한 포괄적인 전인격적 관심을 나타내어 상하 관계가 온정주의적 관계를 형성한다. 전문가가 아닌 일반 능력자주의적인 인사관리다(순환보직제).

표 2-3 이론 간 비교

구분	전형적 일본 조직(J이론)	Z유형의 미국 조직(Z이론)	전형적인 미국 조직(A이론)
고용	종신고용	장기고용	단기고용
의사결정	집단적 결정: 품의제	집단적 의사결정	개인적 결정
책임	집단 책임	개인 책임	개인 책임
통제	비공식적·암시적 통제	비공식적·암시적 통제	공식적·가시적 통제
평가	엄격한 평가와 완만한 승진	엄격한 평가와 완만한 승진	신속한 평가와 빠른 승진
인간관리	총체적 관심	총체적 관심	역할에만 관심
경력 경로	비전문화된 경력관리	다기능적 경력관리	전문화된 경력관리

3. 샤인의 인간관이론

1) 의의

고전적인 인간관은 인간의 욕구 체계를 이분법적으로 양극화시키고 그 중 어느 하나가 반드시 훌륭하다는 가정에 입각하고 있으나 현대 행정의 내·외적 환경의 복잡화와 인간 행동의 변이성이 고조됨에 따라 기존의 이론을 가지고 관리할 수 없는 문제들이 발생함에 따라 맥그리거의 X·Y이론 등의 한계점을 지적하면서 다양한 제3의 모형(상황적응적 내용이론)들을 제시했다.

2) 개념

복잡한 인간관(complex man)이란 인간의 욕구는 일원적이 아니라 다양하며, 환경과 시간의 흐름, 사회·경제적 배경, 나이, 지위 등에 따라 변화가 심한 것으로 파악하는 샤인(E. Schein)의 인간모형을 말한다. 즉, 인간은 복잡한 욕구를 가졌을 뿐만 아니라 그 욕구는 변하기 쉬우며, 일상 또는 조직 경험을 통해 욕구를 학습할 수 있고, 동일한 일을 하는 경우에도 상이한 동기가 작용할 수 있으며, 동기·능력·일의 성격 등에 따라 각기 다른 관리전략에 반응을 보일 것으로 보는 관점을 말한다.

3) 샤인의 인간 본질의 네 가지 관점(시대적 변천에 따른 인간관)

샤인은 인간 본질의 관점을 시대적 변천에 따라 합리적 경제인관, 사회적 인간관, 자아실현적 인간관, 복잡한 인간관 등으로 구분했다. 첫째, 합리적 경제인관(rational-economic man)은 인간을 자기에게 이익이 있을 때에만 행동한다고 보며, 경제적, 피동적인 존재다. 인간 욕구의 획일성을 강조하며, 과학적 관리론 등 고전적 인간관이다. 이러한 인간관의 관리전략은 권위적·강압적 감독과 통제을 강조하며, 공식조직을 강조한다. 경제적 유인을 강조한다.

둘째, 사회적 인간관(social man)은 인간의 사회적·심리적인 욕구 충족을 중시하며, 사회적인 유인에 의한 동기부여를 강조한다. 인간관계론 등 신고전적 인간관이다. 이러한 인간관의 관리전략은 구성원의 사회심리적인 욕구 충족을 강조하며, 자생집단을 인정하고 수용한다.

셋째, 자아실현적 인간관(self-actualizing man)은 인간을 자아를 실현하려는 존재로 바라본다.

표 2-4 샤인의 인간 본질의 네 가지 관점(시대적 변천에 따른 인간관)

인간관	인간모형	관리 방법
합리적 경제인관 (rational-economic man)	• 인간은 자기에게 이익이 있을 때에만 행동 • 경제적, 피동적인 인간형 • 인간 욕구의 획일성 • 고전적 인간관: 과학적 관리론	• 권위적·강압적 감독과 통제 • 공식조직 • 경제적 유인
사회적 인간관 (social man)	• 인간의 사회적·심리적인 욕구 충족 중시 • 사회적인 유인에 의한 동기부여 • 신고전적 인간관: 인간관계론	• 구성원의 사회심리적인 욕구 충족 • 자생집단의 인정과 수용
자아실현적 인간관 (self-actualizing man)	• 인간은 자아를 실현하려는 존재 • 직무 만족을 통해 내적 동기부여 필요 • 행태론: 아지리스의 성숙인, 머슬로의 자아실현인	• 관리자는 직원들이 일에 대해 긍지와 자부심을 느낄 수 있도록 촉진자·매개자로서 역할
복잡한 인간관 (complex man)	• 인간은 실제로 이상의 세 가지 인간형보다 단순하지 않고 복잡하고 다양한 욕구 체계와 변이성이 존재함 • 상황적응이론의 인간관	• 상황적응적·신축적인 대인 관계로 유연하고 신축적인 관리전략 필요 • 현대 사회에 가장 적합한 인간관

직무 만족을 통해 내적 동기부여를 필요로 하며, 아지리스의 성숙인, 머슬로의 자아실현인 등 행태론의 인간관이다. 이러한 인간관의 관리전략은 관리자가 직원들이 일에 대해 긍지와 자부심을 느낄 수 있도록 촉진자·매개자로서 역할을 한다.

넷째, 복잡한 인간관(complex man)은 인간을 실제로 위의 세 가지 인간형보다 단순하지 않고 복잡하고 다양한 욕구 체계와 변이성이 존재한다고 보며, 상황적응이론의 인간관이다. 관리전략은 상황적응적·신축적인 대인 관계로 유연하고 신축적인 관리전략이 필요하며, 현대 사회에 가장 적합한(적절한) 인간관이다.

4. 직무특성이론

1) 의의

해크만(J. Hackman)과 올드햄(G. Oldham)의 직무특성이론(job characteristics theory)은 직무의 특성이 직무 수행자의 성장 욕구 수준(growth need strength)에 부합될 때 긍정적인 동기 유발 효과를 초래하게 된다는 동기부여이론을 말한다. 직무특성이론은 개인의 성장 욕구 수준이 직무 특성과 심리 상태, 심리 상태와 성과 간의 관계를 조절하는 변인으로 작용한다는 가정에 입각해 있다.

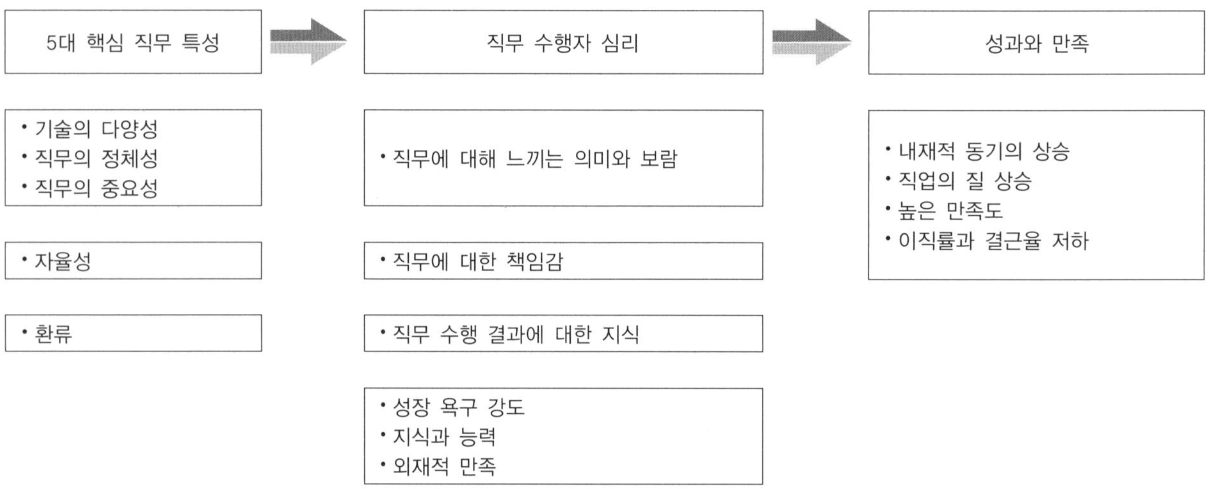

그림 2-1 해크만과 올드햄의 직무 특성 모형

2) 직무 특성의 유형

해크만과 올드햄은 어떤 직무가 갖는 잠재적 동기지수(motivating potential score: MPS)에는 기술다양성(skill variety)·직무정체성(task identity)·직무중요성(task significance)·자율성(autonomy)·환류(feedback)의 다섯 가지 직무 특성이 모두 영향을 미치며, 그 가운데서도 자율성과 환류가 중요한 영향을 미친다고 강조한다. 기술다양성은 개인이 직무를 수행하는 데 얼마나 다양하고 수준 높은 기술과 능력을 필요로 하는가를 의미한다. 기술다양성이 높을수록 의미있는 경험을 더 많은 노력을 유발하게 된다. 직무정체성은 개인이 맡은 직무의 내용과 범위는 물론 전체와의 연계성과 기여도 등을 명확히 알고 있는 정도를 의미한다. 제품 공정이나 프로젝트의 시작부터 끝까지 담당하며 가시적인 결과를 내도록 직무설계가 이뤄질 경우 직무 정체성이 높아질 것이다. 직무 중요성은 직무가 조직 내부는 물론 외부(경쟁자 또는 고객 등)의 다른 사람들이나 이들이 수행하는 일들에 미치는 영향력을 의미하며, 직무 중요성이 높을수록 자신의 일에 대한 의미 부여나 자긍심이 높아진다. 자율성은 직무 수행의 절차와 방법 등에 대한 재량의 범위를 의미하며, 독립적이며 자율적으로 일을 수행할 수 있는 권한에 의해 결정된다. 환류는 개인이 수행한 일의 결과에 대해 얼마나 잘 알고 있는가를 의미하며, 자주 그리고 정확하게 업무 결과에 대한 정보가 알려지도록 직무를 설계하는 것이 중요하다.

제4절 동기부여

1. 의의

1) 동기부여의 개념

동기부여(motivating)란 조직구성원으로 하여금 업무를 적극적으로 행할 의욕을 일으키도록 동기를 부여하는 것을 말한다. 강제적 명령에만 의존해 업무를 지시하는 경우 부하 직원은 수동적이 돼 명령이 없으면 일을 하지 않게 되거나, 명령받은 업무만을 수행하는 경향이 있다. 동기부여를 위해서는 조직의 목적과 개인의 목적을 조화시킬 필요가 있다.

2) 동기부여의 유형과 특징

동기부여는 개인의 관점에서는 개인의 생산적인 생활을 좌우하고, 조직의 관점에서는 조직의 존속과 생산성의 관건이 되며, 사회의 관점에서는 인적 자원의 효과적 이용에 직결된다는 점에서 중요성을 가진다.

동기부여의 유형은 학습을 통하지 않는 거의 본능적인 생리적 욕구인 1차 동기, 학습된 권력·성취·친교 동기인 2차 동기, 학습되지도 않고 생리적인 것도 아닌 호기심·조작·활동의 동기인 일반적 동기로 구분된다.

동기의 특징은 ① 동기는 직무 수행이라는 목표를 지향한다. ② 동기의 심리적 기초는 욕구, 가치관, 신념, 목표 등 다양한 요인이 영향을 미친다. ③ 동기는 내재적 혹은 외재적으로 형성된다. ④ 동기의 양태와 수준은 다양하며, 가변적이다. ⑤ 동기는 직접 관찰하기 곤란하며, 측정할 수도 없다. 단지 행태적 증상을 관찰해 추론할 수밖에 없다.

3) 동기부여이론

동기부여이론은 내용이론과 과정이론으로 구분할 수 있다. 내용(욕구)이론은 동기부여의 내용이론(content theory)이란 욕구 충족과 동기 부여 간에 직접적인 인과 관계(1:1의 인과모형)를 인정하고, 동기를 유발하는 욕구의 내용 규명에 중점을 두는 이론이다. 동기부여의 내용이론이란 동기를 유발하는 요인의 내용을 설명하는 이론을 말한다. 즉, 무엇이 개인의 행동을 유지 혹은 활성화시키는가, 혹은 환경 속의 무슨 요인이 사람의 행동을 움직이게 하는가에 관한 이론을 말한다. 내용이론의 특징은 인간의 욕구 체제를 이원적 대립 유형으로 분류하려는 내용·욕구 중심의 고전적 이론이며, '무엇이' 행동에 대한 동기를 유발하는가를 연구한다. 동기 유발의 주요 내용이론으로는 머슬로(A. H. Maslow)의 욕구단계이론, 앨더퍼(C. R. Alderfer)의 ERG이론, 허즈버그(F. Herzberg)의 2요인이론, 그리고 맥클랜드(D. C. McClelland)의 성취동기이론 등이 있다.

동기부여의 과정(기대)이론(process theory)이란 욕구 충족과 행동 유발을 1:1의 인과모형으로 보지 않고, 중간에 개재되는 개인의 지각 과정(기대 요인)을 강조하는 이론이다. 동기이론 가운데 동기 유발의 과정을 설명하는 이론을 말한다. 과정이론은 인식절차이론(cognitive process theories of motivation)이라 부르기도 한다. 이러한 이론의 특징은 동기부여의 과정에서 인간의 지각 과정과 기대 요인이나 상황 요인을 중시하는 현대적 이론이다. '어떠한 과정'을 통해 동기가 유발되는가를 연구한다. 내용이론이 욕구를 바탕으로 한 이론이라면, 과정이론은 정보처리(information processing)나 인식(cognition) 혹은 직무환경 요인과 상황 등에 초점을 둔다. 과정이론은 이러한 인식 요인이 서로 어떻게 관련돼 있는가를 분석하는 데 관심의 초점을 둔다. 다시 말하면, 인식 변수(cognitive variables)가 동기 유발에 '어떻게, 그리고 왜' 영향을 미치는지에 많은 관심을 두며, 이러한 변수를 확인하는 것 외에 그러한 변수 간의 관계나 교류 절차에 대해 연구한다. 과정이론에는 브룸(V. H. Vroom)의 기대이론(expectancy theory)과 포터와 롤러(L. W. Porter & E. E. Lawler)의 업적-만족이론, 조지오풀러스(B. S. Georgopoulos) 등의 통로-목표 이론, 애트킨스(J. W. Atkinson)의 기대이론, 그리고 애덤스(J. S. Adams)의 공정성이론(equity theory) 등이 있다.

2. 동기부여의 내용(욕구) 이론

1) 머슬로의 욕구계층 5단계이론

인간의 욕구는 타고난 것이며, 욕구를 강도와 중요성에 따라 5단계로 분류한 이론이다. 하위 단계에서 상위 단계로 계층적으로 배열되어 하위 단계의 욕구가 충족돼야 그 다음 단계의 욕구가 발생한다. 욕구는 행동을 일으키는 동기 요인이며, 인간의 욕구는 낮은 단계에서부터 그 충족도에 따라 높은 단계로 성장해 간다. 이것이 욕구5단계설이다.

인간의 동기가 되는 욕구는 일정한 순서로 체계화(5단계)돼 있으며, 체계화된 욕구는 단계적·상향적으로 충족될 수 있도록 예정된 질서다. 하위 욕구가 완전히 충족되지 않더라도 상위 욕구로 진행된다. 대개의 경우 인간은 그러한 다섯 가지의 욕구를 부분적으로밖에 충족시키지 못하기 때문에 인간은 항구적으로 무엇인가를 원하는 동물이라고 볼 수 있다. 동기로서 작용하는 욕구는 충족되지 않는 욕구이며, 충족된 욕구는 동기로서 힘을 상실한다.

욕구의 유형을 생리적 욕구, 안전의 욕구, 사회적(소속) 욕구, 존경(자긍)의 욕구, 자아실현 욕구 등 5단계로 구분했다. 첫째, 생리적 욕구(physiological needs)는 의식주와 성(性)에 대한 욕구와 같이 가장 기본적이며 가장 선행돼야 할 욕구다. 둘째, 안전의 욕구(safty needs)는 추위, 질병, 위험, 경제적 안정, 신분 보장 등과 같은 자기의 생명과 소유물을 안전하게 보호하고 싶어하는 욕구다.

셋째, 사회적 욕구(belongingness or love needs)는 동료애, 우정, 이웃과의 따뜻한 애정, 사랑, 소속감 등을 느끼고 싶어하는 욕구다. 넷째, 존경의 욕구(esteem needs)는 인정, 지위, 자부심 등 개인으로부터 존경받거나 존경하고 싶어하는 욕구다. 다섯째, 자아실현 욕구(self-actualization needs)는 자신의 재능과 잠재력을 발휘해 자기가 이룰 수 있는 모든 것을 성취하려는 최고 수준의 욕구다. 자기가 진실로 하고 싶어하는 일과 되고 싶어하는 자기를 만드는 욕구다. 개인마다 형태의 차이가 존재하며, 조직과 개인 간의 갈등이 심화된다.

이러한 욕구계층 5단계이론은 인간의 복잡한 욕구 체계를 체계적이고 명확하게 잘 분석했다. 그러나 개인차를 고려하지 않은 획일적 욕구 단계 설정이며, 인간의 욕구를 지나치게 고정된 틀로 인식한다. 그리고 동일한 욕구라도 모든 개인이 동일한 반응을 보이지 않는다. 욕구 간의 구별이 불분명하며, 중복·복합 현상을 고려하지 못했으며, 반드시 단계별로 욕구가 상향 충족된다는 가정(만족·진행 접근)의 비현실적이라는 비판을 받는다.

2) 앨더퍼의 ERG이론

앨더퍼가 1970년대 초에 머슬로의 욕구계층 5단계이론을 통합·조정한 것으로, 존재(E: existence)·관계(R: relatedness)·성장(G: growth)의 3단계의 욕구이론을 전개했다. 머슬로 이론과의 차이를 보면 다음과 같다. 머슬로 이론은 한 하위 욕구가 충족되면 좀 더 고차 욕구로 진행해 간다는 '만족-진행접근법'에 의존하지만 앨더퍼의 이론은 '좌절-퇴행접근법'이다. 욕구의 복합적 작용 중시해 생리적 욕구와 안전의 욕구(물질적 안전 욕구)를 존재 욕구(E)로 통합했으며, 안전의 욕구(비물질적 안전 욕구)와 사회적 욕구와 존경의 욕구(타인으로부터의 존경 욕구)를 관계 욕구(R)로 통합했다. 존경의 욕구(자기로부터의 존경 욕구)와 자아실현 욕구를 성장 욕구(G)로 통합했다.

표 2-5 머슬로이론과 앨더퍼이론의 관계

머슬로 욕구계층 5단계이론		앨더퍼의 ERG이론
자아실현 욕구		성장 욕구(G: growth)
존경의 욕구	자기로부터의 존경 욕구	
	타인으로부터의 존경 욕구	인간관계 유지 욕구(R: relatedness)
사회적 욕구		
안전의 욕구	비물질적 안전 욕구	
	물질적 안전 욕구	존재 욕구(E: existence)
생리적 욕구		

3) 허즈버그의 욕구충족 2개요인이론

인간을 상호 독립된 두 가지의 상이한 욕구 체계를 가진 존재로 파악한다. 위생 요인(불만 요인)은 조직의 방침과 관행, 보수(임금), 감독, 기술, 작업 조건, 인간관계(감독자와 부하, 동료 상호 간의 관계) 등 물리적·환경적·대인적 요인 등이다. 즉, 위생 요인은 직무의 환경·정황·배경(context)과 관련되는 것이다. 동기 요인(만족 요인)은 직무에 대한 성취감, 책임감, 안정감. 승진, 직무(업무) 그 자체, 직무확충 등 심리적 요인이다. 사람과 직무와의 관계를 나타내는 직무 만족 요인이다. 즉, 동기 요인은 직무의 내용(content)과 관련되는 것이다.

만족의 반대는 불만족이 아니라 만족이 없는 상태이며, 불만족의 반대는 만족이 아니라 불만족이 없는 상태로 규정하며, 조직구성원에게 만족을 주는 요인과 불만족을 주는 요인은 각각 상호독립(이원성)돼 있다고 생각한다.

위생 요인은 그것이 충족되지 않을 경우 조직구성원에게 불만족을 주지만 그것이 충족되더라도 조직구성원의 직무 수행 동기를 유발시키는 것은 아니다(필요 조건). 반면, 동기 요인은 직무와 조직구성원 사이의 관계에 관한 요인으로 더 나은 직무 수행과 노력을 위한 동기부여의 요인이 된다(필요 충분 조건). 그러나 동기 요인이 갖춰 있지 않더라도 불만족을 초래하지는 않는다.

동기부여 방법은 직무 확충으로 직무확장과 직무충실을 포함한 것이다. 직무확장(job enlargement)은 직무 분담의 폭을 횡적(양적)으로 확대하는 것이며, 불만 요인을 제거한다. 그러면 불만족이 없는 상태가 된다. 직무중실(job enrichment)은 직무 분담의 깊이를 종적(질적)으로 심화시켜 주는 것이며, 만족 요인을 제고한다. 그러면 만족 상태가 된다.

4) 맥클랜드의 성취동기이론

모든 사람이 공통적으로 비슷한 욕구의 계층을 가지고 있다고 주장한 머슬로의 이론을 비판했으며, 개인의 동기는 개인이 사회문화와 상호작용하는 과정에서 취득되고 학습을 통해 동기가 개발될 수 있다.

성취 욕구란 높은 성과를 얻기 위해 도전적인 목표를 설정하고 이를 달성하려고 하는 욕구를 말한다. 맥클랜드는 성취 욕구가 강한 사람은 목표 설정을 중요시하고 모험성을 중시해 도전적인 목표를 설정하며, 자신의 일에 몰두하는 경향성을 띠게 된다고 한다. 그는 높은 성취 동기의 사람들로 구성된 조직이나 사회가 빠른 성장을 보이게 되며, 성취 동기가 높은 사람은 훌륭한 경영자로 성장할 가능성이 높다고 주장한다.

성취동기이론(achievement motive theory)이란 개인 및 사회의 발전은 성취 욕구와 밀접한 상관 관계를 갖는다는 맥클랜드의 동기부여이론을 말한다. 그는 높은 성취 동기의 사람들로 구성된 조직이나 사회가 경제 발전이 빨랐으며 성취 동기가 높은 사람들은 좀 더 훌륭한 경영자로서 성공했다고 주장한다. 그는 특히 한 나라의 경제 성장은 그 국가의 문화가 성취 욕구에 두고 있는 가치의 함수라는 주장을 한다.

머슬로의 다섯 가지 욕구 중에서 상위의 세 욕구(사회적 욕구, 존경의 욕구, 자아실현 욕구 등)만을 대상으로 해서 연구했다. 세 욕구 중에서 성취 동기(욕구)가 높을수록 생산성이 높아진다. 소속 욕구(need for affiliation)는 사회적 욕구와 관련되는 욕구로 타인과 친근한 관계를 유지하려는 욕구다. 권력 욕구(need for power)는 존경 욕구와 관련되는 욕구로 타인의 행동에 영향을 미치거나 통제하려는 욕구다. 성취 욕구(need for achievement)는 자아실현 욕구와 관련되는 욕구다.

성취 욕구가 강한 사람은 즉각적·구체적 환류를 원한다. 너무 단순하지도 너무 복잡하지도 않은 성취 목표를 설정하고 계산된 위험을 선호하며, 미래 지향적이며 변화를 두려워하지 않는다. 스스로 목표를 단계적으로 높여 설정해 나가며, 문제 해결을 하는 데 개별적인 책임을 떠맡는 환경을 좋아한다.

3. 리커트의 관리체제이론: 의사결정에의 참여도 기준으로 한 분류

1) 의의

리커트(R. Likert)는 조직개혁을 위한 행태적 조사연구에서 관리 체제를 체제 1로부터 체제 4까지 분류했다. 이 이론에서는 X이론보다 Y이론, 미성숙 행동보다 성숙 행동, 위생 요인보다 동기부여 요인을 중시하는 것이 바람직하다는 의도를 엿볼 수 있다. 특히 체제 4는 Y이론의 기본적 가정과 접근 방법을 반영하고 있는 바람직한 관리 체제로 인식되고 있다.

2) 특징

체제 1은 수탈적 권위 체제(exploitative authoritative system)로 조직의 최고책임자가 단독으로 모든 결정권을 행사하고 구성원의 이익은 고려되지 않는다. 체제 2는 온정적 권위 체제(benevolent authoritative system)로서, 고위층에서 정책을 결정하며 하급자는 결정된 지침의 테두리 안에서 결정을 내릴 수 있으나 최종 확정에 앞서 상급자의 동의를 얻어야 한다. 체제 3은 협의 체제(consultative system)로서, 주요 정책은 고위층에서 결정하지만 한정된 범위의 특정 사항에 관한 결정은 하급자가 할 수 있다. 체제 4는 참여집단 체제(participative group system)로서, 조직의 구성원이 결정에 광범위하게 참여할 수 있는 체제를 말한다.

표 2-6 내용(욕구) 이론 간의 관계

McGregor	X이론	Y이론	Z이론
Maslow	생리적 욕구, 안전 욕구	애정 · 사회적 욕구, 존경의 욕구, 자아실현 욕구	
Alderfer	생존의 욕구(E)	관계의 욕구(R), 성장의 욕구(G)	
Herzberg	위생 요인(불만)	동기 요인(만족)	
Argyris	미성숙인	성숙인	
Likert	체제 I, 체제 II	체제 III, 체제 IV	
Ramos	작전인	반응인	괄호인
Schein	경제적 합리인관	사회인관, 자아실현인관	복잡인관
지도자형	권위형, 독재형(권위적 리더십)	민주형	자유방임형

4. 동기부여의 과정(기대) 이론

1) 브룸의 기대이론 – VIE이론

욕구 충족과 동기 유발 사이에 어떤 주관적인 평가 과정(지각 과정)이 개재돼 있다고 보며, 그 지각 과정을 통한 기대 요인의 충족에 의해 동기 또는 근무 의욕이 결정된다는 현대 이론이다. 동기부여는 유의성, 수단성, 기대감의 곱으로 표현한다. 이를 함수 형태로 표현 하면 동기부여 강도 M(motive) = (A→P1) (P1→P2) × V다. 여기서 A는 개인의 노력 · 능력, P는 P1-1차 결과(성과, 생산성), P2-2차 결과(보상), V는 2차 결과에 대한 선호의 강도를 의미한다.

기대감(Expectancy A → P1)은 노력이 성과를 얼마나 달성해 줄 수 있는지의 주관적인 정도(가능성)다. 행위가 성과(1차 산출)를 생산해 낼 수 있는 능력이다. 수단성(Instrumentality, P1 →P2)은 미래에 자신이 수행한 업적에 대한 보상 수준이다. 성과(1차 산출)가 보상(2차 산출)을 가져다줄 것이라고 믿는 주관적인 인식이다. 유의성(Valence, V)은 선택한 행위의 결과로서 주어지는 산출물의 가치(결과의 매력 정도)다. 어느 개인이 원하는 특정한 보상(2차 산출이나 최종 산출)에 대한 주관적인 선호의 강도다.

2) 포터와 롤러의 업적 · 만족이론

브룸의 이론을 기초로 한 수정모형으로 업적-만족이론(performance-satisfaction theory)이란 만족이 직무 성취 또는 업적을 가져오는 것이 아니라 직무 성취의 수준이 직무 만족의 원인이 된다고 주장하는 포터(Lyman W. Porter)와 롤러(Edward E. Lawler)가 정립한 동기이론을 말한다.

업적과 거기에 결부된 보상, 그리고 어떤 노력이 공평한 보상을 가져다줄 것이라는 기대가 직무 수행 능력과 생산성을 좌우한다는 이론이다. 종래의 사기(士氣)이론이 욕구의 충족이 업적의 달성을 가져온다(만족 → 업적)고 본데 반해, 이 이론은 업적의 달성이 만족을 가져온다(업적 → 만족)는 인과 관계를 상정하고 있다. 즉, 이 이론은 직무 성취와 그것에 결부된 보상에 부여하는 가치, 그리고 어떤 노력이 보상을 가져다줄 것이라는 기대가 직무 수행 노력을 좌우한다는 것이다. 변수는 노력, 성과, 보상, 만족 등이다.

동기부여 단계는 업적 달성 과정과 업적 달성이 만족을 가져오는 과정으로 구분할 수 있다. 업적 달성 과정은 달성될 업적과 여기에 주어지는 보상에 대한 평가, 노력이 보상을 가져올 것이라는 기대가 업적 달성 노력을 결정하고 이 결과로 업적이 달성된다. 직원의 근무 성과(업적 달성)는 그 직원의 능력, 특성(traits), 역할 인지(role perceptions)의 수준에 영향을 받는다.

업적 달성이 만족을 가져오는 과정은 만족은 업적이 달성돼 이를 통해 주어질 것으로 기대되는 내재적 보상(성취감) · 외재적 보상(봉급, 승진)에 대한 기대 또는 가능성으로부터 나온다. 외재적 보상보다 내재적 보상이 훨씬 중요하며, 다른 조직구성원이 받는 보상과 비교해 공평(공정)하다고 생각하면 만족한다. 결정된 보상에 대한 만족도는 앞으로 동기 유발 과정에서 다시 그러한 보상의 유의성에 영향을 주고, 노력의 결과로 거둔 실제 성과는 앞으로 노력하면 성과가 있을 것이라는 기대감에 영향을 주면서 동기 유발의 과정이 전체적으로 다시 반복된다.

3) 번의 의사거래분석(상호교류 분석)

번(E. Berne)의 의사거래 분석이론은 심리교류 분석이론으로도 불리며, 상호교류(transaction)란 인간의 행동 이면에 숨겨져서 그 행동에 동기를 부여하는 숨겨진 배경과 그 배경이 나타나는 과정을 분석한다는 뜻이다. 처음에는 집단심리치료 방법으로 개발됐으나 지금은 광범위하게 사용된다.

기본 가정으로 인간의 모든 것은 어릴 때 결정되나 변화할 수 있다는 반운명적 철학에 기초하며, 개인은 자신의 과거 결정을 이해할 수 있고, 다시 결정을 내릴 수 있는 능력이 있다. 상담의 궁극적인 목적은 자율성 성취에 있다.

자아 상태는 어버이 자아, 어린이 자아, 어른 자아로 구분할 수 있다. 어버이 자아(parent ego)는 출생에서부터 5년간의 외계의 경험으로 구성된다. 부모에 대한 모방으로 학습된 태도나 지각 내용들로 구성되며, 비판에 의해 교정됨이 없이 내면화된다는 점이 특징이다. 어린이 자아(child ego)는 인간 개체 내의 자연 발생적 충동과 감정, 생애 초기의 경험에 대한 감정들로 구성되며, 생활에 대한 감정적 개념들로 구성된다. 어른 자아(adult ego)는 객관적으로 현실을 파악하는 능력으로 구성되며, 어버이 자아와 어린이 자아와는 다른 자아 상태로부터 정보를 수집하고 저장해 이용한다.

세 자아 중에서 한 자아가 인간관계 상황이나 의사소통 과정에서 주된 동력으로 작용하며, 어느 상태에서 어느 자아가 개인 동력으로 작용하느냐에 따라 인간관계가 달라지고 문제를 낳을 수도 있다.

4) 애덤스의 형평성이론

애덤스(J. S. Adams)는 개인은 준거인과 비교해 자신의 노력과 그 대가(보상) 간에 불일치(보상의 불공평성)를 지각하면 이를 제거하기 위해 동기가 부여되는데, 업무에서 형평하게 취급받으려고 하는 욕망이 개인으로 하여금 동기를 갖게 한다고 가정한다.

행위 유발 요인은 인지 일관성의 정향과 호혜주의 규범이 있다. 인지 일관성의 정향(cognitive consonance orientation)은 페스팅거(L. Festinger)의 불일치이론에서 사람은 생각과 행위를 일치시키고자 한다. 호혜주의 규범(norm of reciprocity)은 일상의 대인 관계에서 사람들은 공평한 교환을 하고자 한다.

행위와 생각의 비교를 하는데 개인은 서로가 교환하는 보상에 대해 또는 자신이 받는 보상에 대해 어떠한 것이 공평(적정)한지에 대한 신념(생각)이 형성돼 있다. 준거인과 본인의 비교는 사람들은 자신의 투입에 대한 보상의 비율(보상/투입 비율)을 다른 사람들의 그것과 비교하며, 비교 결과에 따라서 양자의 산출/투입의 비가 공평(일치)하면 만족하고, 자신의 것이 작으면 급료를 인상해 달라는 등의 편익 증대를 요구하거나 생산량을 감축하거나 준거인을 바꾸게 되며, 자신의 산출/투입의 비가 크면 편익 감소를 요청하거나 노력을 더하는 등의 투입 증대를 추구한다.

5) 로크의 목표설정이론

로크(E. A. Locke)는 인간의 행동이 '의식적인 목표'와 '성취 의도'에 의해 결정된다는 봤으며, 개인의 성과는 목표의 특성(난이도와 구체성), 목표의 종류(지시적 목표 · 참여적 목표 · 자기설정 목표), 상황 요인(환류, 보상 조건, 직무의 복잡성, 능력, 경쟁) 등에 의해 결정된다고 봤다. 목표가 명확하고 적당히 어려울 때 더욱 노력하게 되는 것이지 막연히 '최선을 다하라'는 식의 목표는 성

표 2-7 강화전략의 유형(행동수정 강화기법)

행동수정 목표	기법	결과의 조작	행동수정 결과
기존 행동을 더욱 강화 (바람직한 행위의 증가)	긍정적 강화: 적극적 강화	긍정적 결과를 제공(상을 준다)	행동의 빈도 수가 늘어난다.
	부정적 강화: 소극적 강화	부정적 결과를 제거(꾸중을 그친다)	행동의 빈도 수가 늘어난다.
기존 행동을 중단 (바람직하지 못한 행위의 감소)	처벌	부정적 결과를 제공(벌을 준다)	행동의 빈도 수가 줄어든다.
	중단: 소거(消去)	긍정적 결과를 제거(수당을 줄인다)	행동의 빈도 수가 줄어든다.

과를 높이기 어렵다고 본다.

6) 스키너의 강화(순치)이론

스키너(B. F. Skinner)의 강화이론(reinforcement theory)은 외적 자극에 의해 학습된 행동이 유발되는 과정 또는 어떤 행동이 왜 지속되는가를 밝히려는 것으로 행태는 그 결과들의 함수라는 주된 생각을 갖는 이론이다. 행동의 원인보다 행동의 결과에 초점을 두며 보상받는 행태는 반복되지만 보상받지 않는 행태는 중단·소멸된다는 손다이크(E. L. Thorndike)의 효과의 법칙에 근거를 두고 있다.

강화의 유형은 강화, 중단, 처벌 등이 있다. 강화는 장래에 같은 행동이 되풀이될 확률을 높이는 기제다. 적극적 강화는 행동자가 원하는 상황을 제공하며, 소극적 강화는 행동자가 싫어하는 상황을 제거한다. 중단은 계속되던 유인 기제를 중단하는 것으로 중립적 자극이라고도 한다. 처벌은 어떤 행동에 결부해 행동자가 원하는 상황을 제거하거나 행동자가 싫어하는 상황을 제공하는 것이다.

표 2-8 동기부여이론 체계

<table>
<tr><td rowspan="4">내용이론</td><td>경제인 모형</td><td>과학적 관리론, X이론계열</td><td rowspan="2">상충모형·교환모형
(exchange model)</td></tr>
<tr><td>사회인 모형</td><td>인간관계론, Y이론계열</td></tr>
<tr><td>성장인 모형</td><td colspan="2">- 인간의 성장 중시(X → Y), 고급 욕구 중시, 행태론: 통합모형(integration model)
① Maslow의 욕구계층 5단계 이론
② Alderfer의 E.R.G이론
③ Herzberg의 욕구충족 2개요인이론
④ McClelland의 성취동기이론
⑤ Murray의 명시적욕구이론
⑥ Argyris의 성숙·미성숙이론
⑦ McGregor의 X,Y이론
⑧ Likert의 4대 관리체제이론</td></tr>
<tr><td>복잡인 모형</td><td colspan="2">- 욕구의 복잡성과 개인차를 고려하는 일종의 Z이론이나 상황적응론
① Schein의 복잡인 모형
② Z이론적 인간모형: Ouchi의 Z이론
③ Hackman & Oldham의 직무특성이론</td></tr>
<tr><td rowspan="4">과정이론</td><td>기대이론</td><td colspan="2">① Vroom의 동기기대이론
② Porter & Lawler의 업적만족이론
③ Berne의 의사거래분석
④ Georgopoulos의 통로·목적이론
⑤ Atkinson의 기대모형</td></tr>
<tr><td>형평성이론</td><td colspan="2">Adams의 공정성 이론</td></tr>
<tr><td>목표설정이론</td><td colspan="2">Locke의 목표설정이론</td></tr>
<tr><td>학습이론</td><td colspan="2">Skinner의 강화이론</td></tr>
</table>

제 3 장 조직과 환경

제1절 조직환경의 본질

1. 의의

조직환경(organizational environment)이란 조직의 경계 밖에 존재하면서 조직에 영향을 미칠 수 있는 모든 것을 말한다. 조직환경은 내부환경과 외부환경으로 나눠 볼 수 있는 바, 내부환경은 그 조직만이 갖고 있는 특성이나 조직분위기를 말하는 것이고, 외부환경이란 조직 밖에 존재하면서 조직의 설계·조직의 관리에 영향을 주는 환경을 말한다.

고전적 조직이론(1940년대 이전)은 조직을 폐쇄 체제로서 인식해 조직의 내부문제만 연구했다. 현대 조직이론(1950년대 생태론·체제론 이후)에서는 조직을 개방 체제로 파악해 조직과 환경과의 상호 관계를 중시하면서 조직을 연구했다(Trist 등에 의해 본격 연구). 학자들의 조직환경에 대한 분류를 살펴보면 <표 3-1>과 같다.

표 3-1 조직환경의 분류

Katz와 Kahn의 이론	① 문화적 환경 ④ 정보 및 기술환경	② 정치적 환경 ⑤ 물적 환경	③ 경제적 환경
Hall의 이론	① 경제적 환경 ④ 문화적 환경 ⑦ 생태학적 환경	② 정치적 환경 ⑤ 기술적 환경	③ 법적 환경 ⑥ 인구학적 환경
Gaus의 이론	① 주민 ④ 사회적 기술 ⑦ 인물	② 장소 ⑤ 사상	③ 물리적 기술 ⑥ 재난
Riggs의 이론	① 경제적 환경 ④ 이념	② 사회구조 ⑤ 정치 권력의 근거 및 정도	③ 의사전달
Homans의 이론	① 물리적 환경	② 문화적 환경	③ 기술적 환경
Athos의 이론	① 외적 환경	② 내적 환경	
Scott의 이론	① 일반 환경	② 과업 환경	

2. 조직환경의 변화 단계

1) 분류 기준과 진화

에머리(F. E. Emery)와 트리스트(E. L. Trist)는 조직환경을 복잡성과 불확실성을 기준으로 정적·임의적 환경, 정적·집약적 환경, 교란·반응적 환경, 소용돌이의 장 등으로 분류하고, 조직환경이 단순하고 변화하지 않는 정적·임의적 환경에서 복잡하고 동태적인 소용돌이의 장으로 진화한다고 주장한다.

2) 기본 유형

조직환경 변화의 제1단계는 정적(평온)·임의적 환경(placid-randomized environment)이다. 환경적 요소가 안정돼 있는 가장 단순한 조직 환경을 말한다. 아메바 및 유아가 처해 있는 환경이 이 범주에 속한다. 예컨대 경제활동의 순수한 경쟁 상황인 완전경쟁시장이라고 할 수 있다. 계층제적 조직의 성격을 가지고 과학적 관리론이 적용될 수 있는 환경이다.

제2단계는 정적(평온)·집약적 환경(placid-clustered environment)이다. 환경적 요소가 안정돼 있고 비교적 불변하지만 그러한 요소들이 일정한 유형에 따라 군집(群集)돼 있는 환경을 말한다. 예컨대 경제활동의 불완전 경쟁시장이라고 할 수 있다. 계절의 지배를 받는 식물의 환경, 유아의 환경, 농업 등 1차 산업의 환경이 이러한 범주에 속한다.

제3단계는 교란·반응적 환경(disturbed-reactive environment)이다. 유사한 체제들이 환경 속에 등장해 상호작용하고 경쟁하기 때문에 각 체제가 서로 다른 체제의 반응을 고려하지 않을 수 없는 조직환경을 말한다. 예컨대 경제활동의 독과점 시장이라고 할 수 있다. 유아기를 벗어난 사람들이 다른 사람들과 연관을 맺으면서 살아가는 환경을 교란·반응적 환경으로 볼 수 있다.

제4단계는 소용돌이의 장(turbulent field)으로 격동의 장이다. 조직과 환경과의 관계에서 매우 복잡하고 격변하는 동태적인 작용이 이뤄지는 환경을 말한다. 이러한 조직환경은 환경 내의 특정한 구성 체제들이 벌이는 상호작용에 의해서뿐만 아니라 환경이라는 장(場) 자체로부터 동태적인 과정이 야기되는 환경 유형이다. 상호작용의 복잡성과 급속한 변화로 예측이 곤란한 이러한 환경 속에서는 장기계획이란 의미가 없으며, 조직은 변화하는 환경에 적응할 수 있도록 신축적인 내부구조를 갖는 것이 유리하다. 임시특별조직(adhocracy) 등 조직의 동태화가 필요하다.

3. 환경에 대한 조직의 대응전략

1) 셀즈닉의 이론: 'Leadership in Administration: A Sociological Interpretation'

적응적 변화(adaptive change)는 변화하는 환경에 조직을 적응시킴으로써 그 안정과 발전을 유지하며 창조적 활동을 하는 것이다. 조직의 구조·인간·행태·기술·가치관의 변화 등을 통해 조직을 환경에 적응시킨다.

적응적 흡수(co-optation)는 조직이 그 안정과 존재에 대한 위협을 회피하기 위해 조직의 지도층과 정책결정 지위에 위협적인 외부환경을 흡수하는 것이다. 주로 조직 외부(환경)에 있는 인적인 요소를 조직 내로 흡수한다.

2) 톰슨과 맥이원의 이론

경쟁전략(competitive strategy)은 2개 이상의 조직이 제3자의 선택(고객, 자원, 구성원)을 위해 외부환경(다른 조직)과 대립 관계를 띠는 것이다.

협력전략(cooperative strategy)은 네 가지로 구분할 수 있다. 협상·교섭·흥정은 제3자의 개입 없이 조직이 환경과 직접 상호작용하는 것이다. 연합은 둘 이상의 조직이 공동 목표를 추구하기 위해 상호 합작하거나 제휴하는 것이다. 적응적 흡수·포용은 조직이 안정과 계속성을 유지하기 위해 지도층이나 의사결정기구에 외부의 영향력 있는 구성원을 흡수하거나 위협 요소를 제거하는 것이다. 상징적 조작은 환경의 저항을 약화시킨다(여론에 호소).

3) 스콧의 이론

완충전략(buffering strategy)은 환경이 조직에 미치는 영향을 최소화시키는 소극적 전략으로, 다섯 가지로 구분할 수 있다. 분류(coding)는 투입되는 요인들을 중요한 것과 그렇지 않은 것으로 분류하며, 환경의 요구가 투입되기 전에 그 중요성을 파악하고 처리할 부처를 분류해 결정 혹은 신설하는 전략이다. 산업자원부에 석유대책반을 구성하는 것이 그 예다. 비축(stock-filing)은 필요한 자원이나 생산물을 비축하는 전략이다. 저유소·저장소에 석유를 비축하는 것이다. 형평화(leveling)는 외부환경에 적극적으로 접근해 외부 요인(투입·산출 요인)의 변이성을 감소시키려는 전략이다. 정부에서 대표단을 산유국에 파견해 주요 인사들을 만나 로비를 하는 것이다. 예측(forecasting)은 비축이나 형평화로 문제 해결이 곤란할 때 사용하는 것으로 수요 변화의 사전적 예견과 대비다. 겨울 난방비로 인한 석유 소비량 몇 % 증가할 것이다와 같은 것이다. 성장(growth)은 외부환경에 대해 강한 권력과 수단을 가지기 위해 기술적 핵심을 확장시키는 전략이다. 대륙붕 등 유전 탐사 및 발굴을 시도하는 것으로 가장 일반적인 전략이다.

연결전략(bridging strategy)은 환경을 구성하는 집단과의 관계를 원하는 방향으로 재편하려는 적극적인 전략이다. 이에는 네 가지 전략이 있다. 권위주의는 비슷한 처지에 있는 조직들 중에서 중심 조직이 지배적 위치를 차지해 외부조직이 필요로 하는 자원과 정보를 통제하는 전략이다. 계약은 다른 조직과의 공식적·비공식적 자원 교환을 통한 협상과 합의 전략이다. 경쟁은 다른 조직과의 선의의 경쟁을 통해 서비스의 질을 개선시키는 전략이다. 일례로 지방자치단체가 시·도립병원을 공사로 전환해 자율경영하도록 하는 정책이다. 합병은 여러 조직이 자원을 통합하고 연대하는 전략이다.

4) 그라이너의 성장 단계별 위기대응전략

1972년 미국에서 처음 소개돼 1997년 HBR(*Havard Business Review*)에 재수록된 그라이너(L. Greiner)의 성장5단계이론에 따르면 그는 조직 성장 단계를 5단계로 제시하고 단계별 위기대응전략을 다음과 같이 제시했다.

성장 단계별 위기대응전략은 제1단계는 창조의 단계로 소규모로서 생산과 판매에 초점을 뒀으며 '리더십의 위기(창업자의 위험)'가 온다. 제2단계는 지시의 단계로 운영효율성에 초점을 뒀으며, 전문적 경영자에 의한 권한집중형 경영으로 인해 '자율성의 위기(자율성 상실 위험)'가 온다. 제3단계는 위임의 단계로, 시장 확대에 초점을 뒀으며, 권한위양 과정을 통한 분권적 경영으로 인한 '통제의 위기(통제력 상실 위험)'가 온다. 제4단계는 조정의 단계로, 조직의 통합에 초점을 뒀으며, 분할통치 성장으로 '형식주의의 위기(관료주의 위기)'가 온다. 제5단계는 협력의 단계로, 문제 해결 및 혁신에 초점을 뒀으며, '탈진의 위기'가 온다.

표 3-2 조직 성장의 5단계별 조직 운영

항목	제1단계	제2단계	제3단계	제4단계	제5단계
경영의 초점	생산과 판매	운영효율성	시장 확대	조직의 통합	문제 해결 혁신
조직구조	비공식 구조	권한 집중 기능별 조직	권한 분산·지리적 분산구조	라인·스태프 제품별 팀구조	매트릭스팀 구조
최고경영자 스타일	개인주의 기업가정신	지시형	권한위양	감시 감독	참여형
통제기구	시장에서 결과평가	표준화 원가 중심적	보고 이익 중심적	계획 투자 중심적	참여를 통한 공동 목표 설정
관리자 보상	소유권	기본급 성과급	개인별 보너스	이익분배 스톡 옵션	팀 보너스

제2절 거시조직이론

1. 의의

고전적 조직이론은 조직과 환경과의 관계를 고려하지 못한 폐쇄조직이론이었으나 현대조직이론은 조직과 환경과의 활발한 상호작용 관계를 중시하는 개방조직이론이다.

1960년대는 구조적 상황론(상황적응론)이 지배적이었으나 1970~1980년대에는 임의론, 조직군이론 등 다양한 거시조직론이 대두됐다. 거시조직이론은 조직 자체의 내부적·대환경적 행동을 연구하는 이론으로 조직의 목표·조직구조·조직환경 및 조직 전체 수준에서 중요시되는 조직의 효과성·조직문화·조직개혁과 발전 등에 중점을 두는 연구를 말한다. 미시조직이론은 조직 내의 개인이나 소집단의 행동을 연구하는 조직이론을 말한다. 미시조직 이론은 개인 수준을 분석 단위로 해서 학습·지각·성격·태도·욕구 및 동기와 집단 수준으로 조직 내의 여러 과정 등에 연구의 초점을 맞춘다.

2. 조직과 환경에 관한 거시조직이론 체계

1) 결정론과 비결정론

결정론(determinism)은 인간의 행위를 포함해 이 세상에서 일어나는 모든 일은 정해진 때와 장소에서 일어나도록 미리 정해졌다고 생각하는 입장이다. 특정 현상은 그것을 야기하는 원인에 의해 필연적으로 결정된다고 주장하는 이론을 말한다. 따라서 개인이나 조직의 행동은 환경의 구조적 제약에 의해 결정되고 이에 수동적으로 반응한다는 실증주의 입장이다.

임의론(voluntarism)은 물리 현상 및 사회 현상에서 인과 관계가 완전하지 않다고 주장하는 이론이다. 상태나 결과의 인과론적 결정을 인정하지 않는 태도다. 의지가 정신작용의 근저 또는 세계의 근저라는 주장으로 개인이나 조직이 자율적으로 환경에 대해 행동해 적극적으로 환경을 형성한다는 해석주의의 입장이다.

2) 개별 조직 관점과 조직군 관점

개별 조직 관점에서는 단위조직의 입장을 강조하며, 조직군 관점은 조직을 개체로 보지 않고 집합체(군)로 이해하는 입장이다.

표 3-3 거시조직 이론 체계

분석 수준 \ 환경 인식	결정론(독립변수: 환경)	임의론(독립변수: 개인이나 조직의 행동)
개별 조직	**- 체제구조적 관점** ① 구조적 상황론(상황적응이론)	**- 전략적 선택 관점** ⑤ 전략적 선택이론(전략적 상황적응이론) ⑥ 자원의존이론
조직군	**- 자연적 선택 관점** ② 조직군생태학 이론 ③ 조직경제학(대리이론 및 거래비용이론) ④ 제도화이론	**- 집단적 행동 관점** ⑦ 공동체 생태학 이론

3. 결정론적 입장

1) 구조적 상황이론: 상황적응이론

구조적 상황이론(structural contingency theory)이란 조직구조는 상황 요인에 의해 결정되며, 조직의 효과성은 조직의 구조적 특성과 상황적 특성이 얼마나 적합한가에 달려 있다고 주장하는 조직이론을 말한다. 즉, 구조적 상황이론은 환경·기술·규모 등의 상황 변수와, 조직구조·관리체계·관리 과정 등의 조직 특성 변수, 그리고 조직효과성의 세 변수 간의 관계에서, 조직의 설계는 상황 변수에 의해 좌우되며, 조직설계가 이러한 상황 변수에 적합하게 설계돼야 조직의 효과성이 제고된다는 점을 강조한다.

조직모형(이론)뿐만 아니라 인간관리, 목표관리, 리더십의 발휘 등에서 유일 최선의 전략은 있을 수 없으며, 상황(규모·환경·기술)에 따라 전략(조직구조와 조직의 효과성)은 신축적인 것이라는 오늘날 현대적인 입장이다. 인간관에 관한 상황론, 리더십에 관한 상황론, 조직에 관한 상황론 등이 있다.

관료제모형이 안정적이지만 폐쇄적·기계적·정태적으로 환경적응력이 높은 애드호크라시(adhocracy) 조직이 강조됐다. 그러나 역할의 모호성, 안정성 결여, 긴장과 갈등 등이 초래돼 1970년대 이후 애드호크라시의 문제점 보완을 위한 상황적응이론이 대두됐다.

주요 모형으로 많은 학자가 제시했다. 번스와 스토커(Burns & Stalker, 1961)는 상황(환경)에 따라 조직구조의 적합성이 달라진다고 했으며, 안정된 상황에서는 기계적 구조가 적합하며, 동태적 상황에서는 유기적 구조가 적합하다고 주장한다. 우드워드(Woodward, 1965)는 조직설계의 유일 최선책은 없으며 기술에 따라 조직 구조설계가 달라져야 한다고 주장했다. 단위 소량 생산 체제(기술), 대량 생산 체제(기술), 연속공정 생산 체제(기술) 등이 해당된다. 로렌스와 로쉬(Lawrence & Lorsch, 1967)는 환경의 복잡성과 불확실성에 따라 조직의 분화 수준도 달라진다고 했으며, 확실한 환경에서는 분화의 정도가 낮은 단순관료제적 통합기구가 적합하며, 불확실한 환경에서는 분화의 정도가 높고 복잡한 통합기구가 적합하다고 주장한다. 페로(C. Perrow)는 원자재의 성격과 기술이 조직구조와 활동에 영향을 준다고 주장했으며, 민츠버그(H. Mintzberg)는 조직의 주요 구성 부분, 조정기제, 상황적 요인 등이 조직의 효율성에 영향을 미친다고 했다. 홀(L. H. Hall)은 비정형적인 업무를 수행하는 조직은 관료제화가 낮다고 주장했다.

구조적 상황이론은 환경에의 적합성이 조직 생존에 관건이라는 환경의 절대성을 강조한다. 따라서 환경의 영향에 대한 조직관리자의 역할이 소극적이다. 외부환경에 기술 조건적으로 대응하는 유일 최선의 방법이 없다는 가정을 전제하며 상황에 따른 효과적(차선)인 방법의 추구한다. 업무의 과정보다는 객관적인 결과를 중시한다. 등종국성(equi-finality)을 인정하며, 중범위이론 추구해 개별 조직을 분석 단위로 하며 사례 하나하나를 중시한다. 실증적・체계적 자료 수집을 중시하며 객관적인 법칙을 추구하며, 환경, 기술, 규모 등 다양한 변수를 고려한다. 그리고 관리자의 자율적인 선택이나 적극적인 역할을 무시하는 결정론적 입장이다.

상황적응이론은 최선의 조직화 방법과 그 이유에 관한 이론적 설명이 없고, 같은 말을 되풀이하는 측면이 강하며, 조직은 상황적 요인과 그렇게 긴밀하게 관련되지 않으며, 정치적 요인을 고려하지 않고 있다는 비판을 받고 있다.

2) 조직군생태학이론

조직군생태학이론(population ecology theory)이란 비교적 동질적인 조직들의 집합인 조직군의 생성과 소멸 과정에 초점을 둬, 조직구조는 환경과의 적합도 수준에 따라 도태되거나 선택된다는 이론적 관점을 말한다(H. E. Aldrich, M. T. Hannan, & J. H. Freeman, 1973).

조직이 환경에 적응하는 능력에 한계가 있음을 인식하고 조직환경의 절대성을 강조하고 생물학적인 적자생존론의 개념을 적용한 이론으로서 조직군의 변화는 환경의 선택 과정에 의해 결정된다는 관점이다.

1970년대 중반에 등장했으며, 조직환경의 절대성을 강조하고, 생물학의 자연도태(natural selection) 이론을 적용해 분석 수준을 개별 조직에서 조직군(populations of organization)으로 바꿔놓았다. 조직을 개별 조직이 아닌 군(群)으로 분석하고 '유질동상(類質同狀) 또는 이질동상(異質同狀)의 원리(isomorphic principle)'에 의해 형성되는 조직군 분포를 설명한다. 조직군이란 특정 환경 속에서 생존을 유지하는 동종조직의 집합, 즉 유사한 조직구조를 갖는 조직들을 말한다. 조직 변동이 외부환경의 선택에 의해 좌우된다고 본다. 즉, 환경이 최적화의 주체다. 조직군의 형태와 그 존재 및 소멸 이유를 외부환경의 선택이라는 관점에서 설명하고자 하는 조직군생태학이론은, 조직구조에 일단 변이(variation)가 발생하면, 환경과의 적합도 수준에 따라 환경적소(environmental niche)로부터 도태되거나 선택(selection)되며, 그 환경 속에서 제도화돼 보존(retention)된다고 설명한다. 생물학의 자연도태나 적자생존(survival of the fittest)의 법칙을 사회 현상에 적용시켰다. 신뢰도와 책임성이 높아 환경에 동질적인 조직은 조직군에 편입(선택)되고, 신뢰도와 책임성이 낮아 환경에 이질적인 조직은 도태된다.

조직군생태이론은 환경 변화에 따른 조직의 대응에 초점을 두면서 조직환경이 조직 생존에 결정적 의미를 갖는다는 점을 인식하고 있다. 그리고 조직을 수동적・소극적 존재로 파악하고, 조직의 전략적 선택을 도외시하며, 자연도태・적자생존의 생물학적 개념을 인간의 조직군에 적용시키고, 조직 형태와 환경 특성 간의 적합성과 관련되는 조직의 관리 과정을 무시한다.

3) 조직경제학이론 : 대리인이론과 거래비용경제학

조직경제학이론은 시장경제학적 관점을 조직이론에 도입한 것이다. 이 이론은 거래비용 경제학 및 대리이론 모두 조직을 근로자와 소유자를 묶는 거래 또는 계약의 결합체로 보고 기본적으로 인간을 합리적 이기주의자로 가정한다. 조직과 환경 간의 관계를 분석하는 거시조직이론이며, 방법론적 개체주의에 의한 경제학적 관점의 미시적 접근을 선호한다.

대리인이론(principal-agent theory)은 위임자가 대리인으로 하여금 자신의 이익과 관련된 행위를 재량으로 해결해 줄 것을 부탁하는 대리인 관계에서 나타나는 여러 문제를 다루는 이론을 말한다. 대리인 관계에서는 대리인의 선호 혹은 관심 사항과 주인의 그것이 일치하지 않거나 주인이 대리인에 비해 전문지식과 정보가 부족하기 때문에, 대리인이 주인의 이익을 충실하게 대변하고 확보하지 못하는 대리인 문제(agency problem)가 발생한다. 1976년 젠슨(M. Jensen)과 메클링(W. Meckling)에 의해 처음 제기된 이 이론은 주인과 대리인 간의 정보의 불균형, 감시의 불완전성 등으로 도덕적 해이나 무임승차 문제, 역선택의 문제가 발생할 소지가 있으며, 이러한 제반 문제점을 극소화하기 위해 대리인 비용이 수반된다고 주장한다.

대리인이론은 시장경제를 본인(소유자, 구매자)과 대리인(근로자, 판매자) 간의 관계를 상반되는 이해관계를 토대로 하는 '계약 관계'로 상정한다. 인들은 자기중심적이라고 가장 명시적으로 전제하는 이론이다. 인간을 시장에서처럼 개인의 이익을 극대화하는 합리적인 이기주의자로 가정한다. 주인과 대리인 간에는 근본적인 이해관계의 상충 및 대리인에 대한 정보 부족에 기인한 주인의 통제와 감시 결여로 '대리손실(agency loss)'이 발생한다. 대리인이 주인과 정보 격차를 이용해 자신의 이익을 추구하려는 현상으로 '도덕적 해이'를 제시한다. 즉, 대리인 관계에서, 정보의 비대칭성 등으로 인해 대리인의 행위에 대한 위임자의 통제가 효과적이지 못할 경우, 대리인이 과업수행에 필요한 주의와 노력을 소홀히 하게 되는 현상을 말한다. 주인이 대리인에 대해 정보가 부족해 무적격자나 무능력자를 대리인으로 선임하게 되는 현상이다. 의사결정에 필요한 충분한 정보가 없어 불리한 선택(역선택, adverse selection)을 하는 상황을 말한다. 대리인이론에서는 대리인의 능력에 관한 정보의 부족으로 위임자가 대리인의 능력에 비해 많은 보수를 지급하거나 능력이 부족한 대리인을 역으로 선택하는 상황을 가리킨다.

시장에서 대리손실이 극대화되면 시장실패가 발생하며, 정부(대리인)와 국민(주인) 간에 대리손

표 3-4 대리인이론과 청지기이론(stewardship theory)의 비교

구분	대리인이론	청지기이론
인간관	경제적 접근에 뿌리를 두고 부하를 개인주의, 기회주의, 이기주의로 묘사한다.	사회학적·심리학적 접근에 뿌리를 두고 부하를 집단주의자, 친위조직, 신뢰할 만한 가치 있는 것으로서 묘사한다.
효용성	경제학적 관점의 대리인 이론은 주인과 대리인의 이해 상충으로부터 발생하는 주인의 손실은 대리인에게 통제구조를 둠으로써 억제될 수 있다고 본다.	청지기이론은 집행부가 청지기로서 그들 주인들의 이해에 따라 행동할 수 있도록 동기화되는 상황을 조사하기 위해 설계됐다. 청지기이론에서 인간 모형은 친조직적이며 이타적이어서 대리인 이론에서와 같은 이기주의적 행태보다 더 높은 효용성을 발휘하게 된다는 '청지기(충복)정신'에 근거를 둔다.

실이 극대화되면 정부실패가 발생한다. 따라서, 효율적인 계약 관계 유지를 위해 정보의 균형화(행정정보공개제도의 촉진), 성과 중심의 대리인 통제(공무원의 책임성 강화를 위한 성과급 도입), 주인과 대리인 간의 의사소통 촉진 등 대리손실의 최소화를 추구하며, 그래도 성과가 없으면 계약(대리) 관계를 해지한다.

거래비용경제학은 대리인이론을 조직이론에 적용한 것으로서 조직 안팎의 모든 거래 관계(소유자와 관리자, 관리자와 부하, 공급자와 생산자 등)를 분석한다. '거래비용의 최소화'가 조직구조 효율성의 관건이자 조직 형성의 이유라고 본다.

거래비용(transaction cost)은 각종 거래에 수반되는 비용을 말한다. 거래 전에 필요한 협상, 정보의 수집과 처리는 물론 계약이 준수되는가를 감시하는 데에 드는 비용 등이 이에 해당된다. 또한 처음 계약이 불완전해서 재계약할 때 드는 비용도 포함된다. 윌리엄슨(O. E. Williamson)은 거래비용을 "경제제도를 운영하는 비용"이라고 정의했다.

거래비용에는 사전적 거래비용과 사후적인 거래 관계 유지비용이 있다. 사전적 거래비용은 상품 질의 파악과 관련된 측정비용, 구매자 발견에 드는 정보비용 및 계약을 위한 협상비용 등이 포함된다. 사후적인 거래 관계 유지비용은 거래 조건에 대한 합의 사항을 작성하고 협상하며, 거래를 이행시키고 또한 이행 여부를 감시하는 이행비용 및 감시비용 등이 포함된다.

제한된 합리성 또는 기회주의의 행태적 가정 하에 의사결정이 이뤄지며, 거래 속성들인 자산전속성(asset specificity), 불확실성, 거래빈도 등 세 가지 독립변수에 의해 의사결정이 이뤄진다. 자산의 성질상 거래의 대상이 그 사용처나 사용자를 쉽게 떠날 수 없어서 이를 억지로 떠나게 하는 경우 손해를 수반하는 정도인 자산 전속성(asset specificity), 불확실성, 거래빈도 등이 있다.

내부조직화 이론은 거래비용경제학은 거래비용 차원에서 시장과 관료제조직의 우수성을 비교한다. 다원화된 시장이 단일 중추의 관료제적 조직보다 효율적이려면, 시장에서의 거래비용(시장실패를 치유하는 데 소요되는 거래비용)이 관료제적 조정비용(관료제조직이 내부적으로 합리성제고, 기회주의 희석, 불확실성을 제고하는 데 소요되는 비용)보다 적어야 한다. 만약 시장에서의 거래비용이 관료제적 조정비용보다 크면 거래비용의 최소화를 위해 거래의 내부화, 즉 내부조직(관료제)화가 이뤄진다는 이론이다. 거래비용경제학은 거래비용의 최소화가 조직구조 효율성의 관건이자 조직 형성의 이유라고 보고 그렇게 하기 위해 의사결정 중추가 단일한 종전의 U형 조직(unitary organization) 형태의 기능별 조직에서 의사결정 중추가 분산된 M형 조직(multi-divisionalsised organization) 형태의 흐름별 조직 형태로 전환돼야 한다. 그러나 행정조직의 통・폐합, 기업의 문어발식 확장, 계서제 구조 등을 정당화시키는 이론이라는 한계가 존재한다.

4) 제도화이론: 메이어와 스콧(Meyer & Scott, 1983)

제도화이론(institutional theory)이란 조직 간의 유사성을 강조하고 조직이 환경의 영향을 강하게 받는 개방 체제이지만 조직에 가장 결정적으로 작용하는 요인은 좀 더 효과적인 성과를 위한 합리적 압력의 결과가 아니라 인습적인 신념에 부합되도록 하는 사회적・문화적 압력의 결과라고 보는 이론이다.

제도화이론의 핵심적 내용은 조직이 유사한 조직들로 형성되는 장(場)에 존재하며, 시간이 경과하면서 동질성을 띠게 되고, 제도적 동일성(institutional isomorphism) 현상이 나타나게 된다.

4. 임의론적 입장

1) 전략적 선택이론(전략적 상황적응이론): 차일드(J. Child, 1972)

전략적 선택이론(strategic choice theory)이란 조직구조는 재량을 지닌 관리자들의 전략적 선택에 의해 결정된다는 이론적 관점을 말한다. 구조적 상황이론을 비판하면서 전략적 선택이론을 제기한 차일드(J. Child)는 구조적 상황이론에서 조직구조의 결정 요인으로 간주하고 있는 환경·기술·규모 등은 지배집단(dominant coalition)의 전략적 선택을 제약하는 제약 요인에 불과하며, 조직구조를 결정하는 절대적인 요인은 지배집단들의 이해관계와 권력이라고 주장한다. 그는 권력을 지닌 지배집단이 그들의 권력을 유지·강화하기 위해 전략적으로 특정의 조직구조를 선택할 수 있으며, 최종적으로 선택된 조직구조 대안은 반드시 조직효과성을 극대화시키는 것이 아닐 수 있다는 점을 지적한다.

전략적 선택이론의 특징은 임의론적 입장이며, 환경형성론적 입장이다. 또한 등종국성을 갖고 있다. 임의론적 입장은 구조적 상황이론 등 결정론적 이론이 환경에의 '적합성 가설'에만 집착한다고 비판하고, 조직이 스스로 구조를 결정할 수 있다고 보고 인간의 자율성을 강조하는 임의론적 이론이다. 환경형성론적 입장은 조직의 생존과 발전을 좌우하는 것은 환경이 아니라 관리자의 자율적 판단과 인지에 의해 이뤄진다는 입장이다. 등종국성(이인동과성)은 조직과 환경 간의 관계는 관리자의 환경 통제·조정 능력에 따라 달라지며 동일한 환경에서도 목표 달성 방법은 다양하다고 주장하며 등종국성·이인동과성(equi-finality)을 인정한다.

2) 자원의존이론: 페퍼와 살란식(J. Pfeffer & G. Salancik, 1978)

자원의존이론(resource dependence theory)이란 조직의 흡수·통합·합병과 같은 조직 간의 조정은 조직이 의존하는 핵심적 자원(critical resources)에 대한 통제에 의해 설명될 수 있다고 하는 거시조직이론의 한 분파를 말한다. 페퍼(J. Pfeffer)와 살란식(G. Salancik)이 조직의 효과성을 조직 특성 변수와 상황 변수의 함수로 보는 구조적 상황이론(structural contingency theory)을 발전시킨 것이다. 그들은 조직이 상황 요인에 단순히 반응만 하는 것이 아니며, 상황적 제약 조건들은 최고결정자의 전략적 조정을 통해 어느 정도까지는 완화될 수 있다고 주장한다. 구조적 상황이론이 환경에 대한 결정론적 인식론에 입각하고 있는데 반해, 자원의존이론은 환경에 대한 임의론적 인식론에 입각한 전략적 선택이론의 범주에 속한다고 할 수 있다.

자원의존이론의 특징은 조직이 상황적 제약 요건을 어느 정도 전략적인 조정을 통해 완화시킬 수 있다고 주장하며, 어떤 조직도 필요한 모든 자원을 획득하는 것은 불가능하며 희소자원에 대한 의존성이 관리자가 다뤄야 할 중요한 상황 요인이라고 보고 희소자원에 대한 통제 능력이 관리자의 능력을 좌우한다. 조직이 핵심 자원을 통제하는 다른 조직이나 집단의 요구에 적절히 반응해야 한다는 점을 강조한다. 그리고 환경에의 피동적인 대응이나 조직의 내부적인 관리보다는 희소자원에 대한 관리자의 통제 능력에 의한 적극적 환경관리를 중시한다(L. H. Hall).

3) 공동체생태학이론: 비어드와 데스(D. W. Beard & G. G. Dess, 1988)

공동체생태학이론(committee ecology or collective strategy theory)이란 조직을 생태학적 공동체 속에서 상호의존 관계를 맺고 있는 조직군(組織群)의 한 구성원으로 파악하고, 이에 기반해 조직의 행동과 환경적응 과정을 설명하려고 하는 거시조직이론의 한 분파를 말한다.

거시적으로 조직 간의 관계 그 자체에 연구의 초점을 두고 환경에 능동적으로 대처해 가는 조직들의 공통된 노력을 설명하고자 하는 공동체생태학이론은, 조직 상호간에 호혜적 관계를 형성하는 이유로 필요성·불균형성·호혜성·효율성·안정성·정당성 등 여섯 가지를 들고 있다. 필요성은 정부규제에 대응하기 위해 조직 간 교환 관계나 연합을 형성해야 한다는 것을 의미하며, 불균형성은 중요 자원이 조직 간에 산재된 경우 이의 획득을 위해 조직 간의 관계를 형성해야 한다는 것을 의미한다. 호혜성은 공동 목표나 이익 추구를 위해 관계를 형성해야 한다는 것을 의미하며, 효율성은 투입 대 산출의 비(比)의 향상을 위해 관계를 형성해야 하는 것을 의미한다. 안정성은 자원의 희소성 등으로 유발되는 환경의 불확실성 감소를 위해 관계를 형성해야 한다는 것을 의미하며, 정당성은 사회적 규범이나 신념에 부응하기 위해 관계를 형성해야 한다는 것을 의미한다.

제3절 혼돈이론: 카오스이론

1. 의의

혼돈이론은 카오스이론(chaos theory)을 말한다. 카오스이론(혼돈이론)은 무질서하고 불규칙한 것처럼 보이는 운동에서 새로운 규칙성을 찾아내려는 것이다. 자연의 무질서나 혼돈 현상을 그대로 두지 않고 그 속에서 질서와 규칙을 찾아내 이를 해석하려는 사고의 대전환이론으로 1963년 미국의 기상학자이자 수학자인 로렌츠(Edward Lorenz)가 기상 현상을 이해하기 위한 연구를 하는 과정에서 처음 발견했다.

카오스이론을 소개하면서 가장 많이 등장하는 말은 '나비 효과'다. 나비 효과란 서울 상공에서 나비 한 마리가 펄럭인 영향이 수개월 후에 뉴욕에서 폭풍을 가져올 수 있다는, 즉 초기 조건의 미세한 차이가 증폭돼 결과는 엄청난 변화를 가져올 수 있다는 혼돈이론의 핵심 사상이다.

카오스이론의 기본 전제는 자연 현상에 내재된 복잡성의 원인이 무작위성이 아니라 '예측불허성'이라는 것이다. 즉, 동일한 초기 조건이 주어지면 항상 같은 결과에 도달한다는 결정론적 관점이 무작위적인 요인을 배제하며, 초기 조건이 조금만 달라져도 결과는 크게 바뀌어 예측이 불가능하게 된다는 것이 혼돈이론의 근본 개념이 된다. 예측이 불가능하므로 무의미한 이론이 아니라, 수많은 초기 조건 중 관심있는 계(系)를 특징지어 주는 결과에 항상 도달하는 초기 조건을 찾아내면 결국 복잡성 속에 숨어 있는 질서를 찾아내게 되는 것이다.

2. 이론의 특징

많은 사회과학자가 카오스이론과 복잡성 과학의 이론을 접하면서 던지는 공통적인 질문은 복잡한 수식으로 가득 찬 이론이 자연과학이 아닌 사회과학에서 어떻게 적용될 수 있을 것인가 하는 질문이다. 이 질문에 대한 해답을 구하기 위해서는 왜 카오스이론과 복잡성과학이론에 많은 자연과학자가 열광을 했는가를 이해하는 것이 필수적이다. 먼저 복잡한 수식이 자연과학의 언어만은 아니라는 점을 명확히 하기 위해 여기서는 비선형 순환고리성(nonlinear feedback loops), 초기 조건의 민감성(sensitivity to initial conditions), 분기점이론, 그리고 창발(emergency) 현상 등을 종합적으로 설명할 수 있는 예로서 로지스틱 방정식(logistic equation)을 이용하고자 한다. 불행히도 로지스틱 방정식이 사회과학자인 멜서스(T. R. Malthus)의 『인구론』에 기인함에도 불구하고 여전히 자연과학의 언어로 오해되고 있으며, 이 방정식이 사회 현상에 얼마나 밀접하게 관련돼 있는지를 이해하고 있지 못하고 있기 때문에 로지스틱 방정식의 재해석을 통해 복잡 적응 체제의 특질을 종합화하고자 한다.

원자론 및 기계론(atomism and mechanism)을 근간으로 단순하고 질서정연한 세계관을 갖는 뉴턴(I. Newton)의 기계론적 패러다임(Newtonian mechanical paradigm)에 입각한 전통적인 과학은 작은 입력으로 균등하게 작은 효과를 거둘 수 있는 선형 관계(linear relations) 및 인과 관계(causal relations)가 관심의 대상이며, 안정·질서·평형 등을 강조하는 경향이 있다. 이에 반해 혼돈이론은 작은 입력으로 막대한 효과를 유발시킬 수 있는 비선형 관계(nonlinear relations) 및 순환고리적 상호 관계(feedback loops reciprocal relations), 그리고 시간의 흐름에 더욱 민감한 일시성 등에 주의를 돌리고 있다.

마투라나와 바렐라(H. R. Maturana & F. J. Varela, 1980)가 제시한 체제이론에 대한 새로운 접근법인 자생이론(theory of autopoiesis)과 제2의 인공지능학파(Maruyama, 1963)에 의해 균형체제 모형은 비판받게 됐다. 체제는 운영규범으로부터 이탈을 규제하고 수정하도록 해주는 부정적인 순환고리(negative feedback) 과정을 유지함으로써 안정된 균형을 유지할 수 있고, 새로운 조건의 변화를 수용하기 위해 규범을 수정하게 해주는 이중적 순환학습(double-loop learning)의 능력을 개발함으로써 스스로 진화해 갈 수 있음을 강조한다.

3. 조직화 원칙

조직이 환경에 수동적으로 적응할 수 있거나 적극적으로 환경을 조작하거나, 혹은 환경과 상호작용할 수 있다는 대전제는 질서정연함 속의 질서(order in the orderliness)의 상황에서 가능한 것이다. 즉, 분석 가능한 환경을 상정하는 균형모형의 경우에만 타당한 것이지, 혼돈으로부터의 질서(order out of chaos), 즉 분석 불가능성을 상정하는 비균형모형의 경우에는 변화나 갈등을 당연한 것으로 간주하는 것이 유용할 수도 있다. 조직 발전 및 조직 변화 이론의 경우에도 환경과의 적합도를 유지하는 구조 변화에 치중하는 계획적 변화가 주종을 이루고 있다. 그러나 환경에 대한 분석가능성을 가정하는 경우에만 계획적 변화는 가능하다. 다시 말해서 혼돈의 상황으로 빠질 수도 있으며, 조직화의 방향으로 나아갈지 모른다는 것이 분산구조모형이다.

이처럼 분산구조모형이 시사하는 바는 조직이 분기점에 도달하는 경우 과거와는 전혀 다른 자기혁신적 방법으로 운영돼야 한다는 것이다. 그렇다면 환경에 대한 조직의 수동적 적응, 구조적 타성(structural inertia)으로 인한 유지 보존(retention) 메커니즘의 한 형태로서의 관료제화를 극복시켜 줄 수 있는 방법은 무엇인가? 그것은 자기조직화를 가능하게 해주는 홀로그래픽 설계(holographic design)를 위해서는 다음의 네 가지 상호 기능적으로 연관된 조직화 원칙들이 필수적이다.

첫째, 여러 기관에 한 가지 기능이 혼합된 중첩성(overlapping)과 동일 기능이 여러 기관에서 독립적으로 수행되는 중복성(duplication) 등을 포괄하는 개념(백완기, 1992)인 가외적 기능의 원칙(the principle of redundant functions)이다.

둘째, 현대 조직에서 필요한 지식과 기술의 범위는 너무나 광대해 모든 조직구성원이 모든 부문에 정통하기란 불가능한 일이기 때문에 과연 어느 정도의 가외성을 확보하는 것이 바람직한가 하는 문제가 대두된다. 이러한 문제에 대한 해답을 줄 수 있는 것이 바로 필요다양성의 원칙이다.

셋째, 절대적으로 필요한 핵심적인 사항 이외에는 세부적인 표준운영절차를 지정해 주어서는 안 된다는 핵심적 사항에 대한 최소한의 구체화 원칙(principle of minimum critical specification)이다.

넷째, 규범이 행동의 적절한 근거가 되는가의 여부를 판단하는 기능인 학습을 위한 학습의 원칙(principle of learning to learn)이다(Morgan, 1986).

제 4 장 조직의 관리

제1절 의사전달

1. 의의

의사전달(communication)이란 사람과 사람, 사람과 컴퓨터, 조직구성원 사이에 정보·데이터·메시지 등을 주고받는 행위를 말한다. 즉, 의사전달은 상호 교류 과정(two-way process)이다. 광의로는 상징에 의한 정보·생각·감정 등을 전달하는 것을 총칭하나, 사람 간의 의사전달은 인간(전달자)과 인간(피전달자) 사이에서 사실과 의견을 전달하고 교환하는 것을 의미한다.

의사전달(소통)이란 정보의 상호 교류 과정으로서 전달자(송신자)와 피전달자(수신자) 간에 사실이나 의견이 전달되어 상호간의 행동이나 의사결정에 영향을 미치는 것이다. 마치 인체의 혈액순환 및 신경 계통과 같은 기능을 한다. 의사전달(소통)은 정보의 정확한 전달과 원활한 교류에 의해 조직의 구성원은 조직목표를 명확하게 인식하게 되고 조직은 활기를 띠게 되어 경직성을 탈피할 수 있으며, 합리적 협동행위를 할 수 있게 되며, 권한과 책임의 효율적인 배분이 가능하게 된다.

과학적 관리론·관료제이론 등 고전적 조직이론에서는 의사전달이론이 경시됐으며, 계층제의 원리 속에 암시된 상의하달, 공식적 의사전달만을 인식했다. 인간관계론·형태론 등 신고전적 조직이론에서는 버나드(C. I. Barnard), 사이먼(H. A. Simon) 등은 하의상달, 비공식적 의사전달 등 의사전달 전반에 걸쳐 관심을 확대했다.

2. 의사전달의 기능

의사전달은 첫재, 조정을 위한 수단이다. 조직구성원의 행동 통일과 질서 확보 수단이 된다(상의하달, 횡적 의사전달). 둘째, 의사결정의 수단이다. 의사전달의 내용이 정확하고 신속·적절하며 그 정보의 질이 우수할 경우 합리적인 의사결정에 기여한다(하의상달, 횡적 의사전달, 공식적 의사전달). 셋째, 조직 통솔 및 리더십 발휘 기능을 수행한다. 구성원을 통솔하고 조직목표에 공헌·추종을 유도한다(상의하달, 공식적 의사전달). 넷째, 사기 앙양이다. 구성원의 자발적인 근무 의욕을 일으켜 사기를 앙양한다(하의상달).

3. 의사전달의 유형

조직 내의 교호작용은 모두 의사전달 과정에 의존한다. 의사결정, 권한의 행사, 통제 등 모든 과정은 의사전달에 의존하기 때문에 의사전달은 그러한 과정들의 형태를 빌려 표출된다고 할 수 있다. 의사전달의 유형은 조직 내의 공식적인 의사전달의 통로와 수단에 의해 이뤄지는 공식적 의사전달과 비공식적 의사전달, 조직 내 상하급자 간에 이뤄지는 수직적 의사전달과 동료 간의 수평적 의사전달 등으로 나눠 볼 수 있다. 수직적 의사전달은 다시 위로부터 아래로 내려오는 하향적 의사전달(상의하달)과 부하가 상관에게 하는 상향적 의사전달(하의상달)로 나눌 수 있다.

1) 공식적 의사전달과 비공식적 의사전달: 공식성의 유무

공식적 의사전달(formal communication)은 공식조직 내에서 계층제적 경로와 과정을 거쳐 공식적으로 행해지는 의사전달이다. 고전적 조직론에서 강조했다. 공문서(명령 · 지시와 보고 · 품의)를 통해 이뤄진다. 장점으로 부하에 대해 상관의 권위를 유지할 수 있으며, 의사전달이 확실 · 편리하다. 전달자와 피전달자가 분명하므로 책임 소재가 명확하고, 정보의 사전 입수로 의사결정이 용이하다. 의사결정에의 활용가능성이 크며, 정보나 근거의 보존이 용이하다(문서 위주).

그러나 공식적 의사전달의 단점은 법규에 의존하기 때문에 의사전달의 신축성이 없고 형식화되기 쉽고, 배후 사정을 전달하기 곤란하다. 변동하는 사태에 신속히 적응하기 어려우며, 기밀 유지가 곤란하다.

비공식적 의사전달(informal communication)은 계층제나 공식적인 직책을 떠나 조직구성원 간의 친분 · 상호 신뢰와 현실적인 인간관계 등을 통해 이뤄지는 의사전달이다. 포도 넝쿨형 의사전달이라고도 한다. 이러한 의사전달의 수단은 소문 · 풍문 · 메모(memo) 등이 있다.

장점으로 전달이 신속하고 적응성이 강하며, 배후 사정을 소상이 전달하기 용이하다. 긴장 · 소외감 극복과 개인적 욕구의 충족에 기여하고, 행동의 통일성 확보가 가능하다. 관리자에 대한 조언 역할을 하며, 융통성이 높다. 공식적 전달을 보완한다.

반면, 비공식적 의사전달의 단점은 책임 소재가 불분명하고, 의사결정에 활용할 수 없다. 개인 목적에 역이용되며, 공식적 의사소통 기능을 마비시킨다. 수직적 계층 하에서 상관의 권위가 손상되고, 조정 · 통제가 곤란하다.

표 4-1 의사전달의 장 · 단점

구분	공식적 의사전달	비공식적 의사전달
장점	㉠ 부하에 대해 상관의 권위를 유지할 수 있다. ㉡ 의사전달이 확실 · 편리하다. ㉢ 전달자와 피전달자가 분명하므로 책임 소재가 명확하다. ㉣ 정보의 사전 입수로 의사결정이 용이하다. ㉤ 의사결정에의 활용가능성이 크다. ㉥ 정보나 근거의 보존이 용이하다.(∵ 문서 위주)	㉠ 전달이 신속하고 적응성이 강하다. ㉡ 배후 사정을 소상이 전달하기 용이하다. ㉢ 긴장 · 소외감 극복과 개인적 욕구의 충족에 기여한다. ㉣ 행동의 통일성 확보가 가능하다. ㉤ 관리자에 대한 조언 역할을 한다. ㉥ 융통성이 높다. ㉦ 공식적 전달을 보완한다.
단점	㉠ 법규에 의존하기 때문에 의사전달의 신축성이 없고 형식화되기 쉽다. ㉡ 배후 사정을 전달하기 곤란하다. ㉢ 변동하는 사태에 신속히 적응하기 어렵다. ㉣ 기밀 유지가 곤란하다.	㉠ 책임 소재가 불분명하다. ㉡ 의사결정에 활용할 수 없다. ㉢ 개인 목적에 역이용된다. ㉣ 공식적 의사소통 기능을 마비시킨다. ㉤ 수직적 계층 하에서 상관의 권위가 손상된다. ㉥ 조정 · 통제가 곤란하다.

2) 수직적 의사전달과 수평적 의사전달: 방향과 흐름 기준

수직적 의사전달은 상의하달과 하의상달로 구분할 수 있다. 상의하달(downward communication, 하향적 의사전달)은 상관이나 상급기관이 그 의사를 하급자 또는 하급기관에 전달하는 것이다. 명령(훈령, 발령, 규정, 고시 등)과 일반정보(기관지, 뉴스레터, 게시판)가 해당된다. 하의상달(upward communication, 상향적 의사전달)은 하급기관이나 하급자의 의사가 상급기관이나 상급자에게 전달되는 것이다. 보고·품의·직원 의견조사·제안제도·상담 등이 해당된다.

수평적 의사전달(lateral communication, 횡적 의사전달)은 계층제에서 동일한 수준의 행정인 또는 직접적인 상하 관계에 있지 않은 상이한 수준의 행정인 사이에 행해지는 의사소통을 말한다. 사전심사(중요 사항), 통보, 회람, 회의, 위원회, 레크리에이션 등이 있다. 이러한 의사전달의 특징으로 공식화된 의사소통 중 가장 원활한 전달 방식이며, 동일한 수준의 구성원과 단위 간의 의사소통으로 조정의 중요한 방안이다. 전문화(기능이 세분화)되고 할거주의가 만연된 현대 행정조직하에서 강조된다.

4. 의사전달 과정과 네트워크

1) 구성 요소

의사전달의 구성 요소는 발신자, 통로, 장애, 수신자, 효과, 환류 등이다. 발신자는 정보를 가지고 정보를 전달하는 사람으로 전달자의 의도는 상징(symbol)으로 기호화(encoding)한다. 통로는 정보가 발신자에게서 수신자에게 전송되는 채널(channel) 혹은 수단이며, 장애는 의사전달 과정에서 정보의 내용을 왜곡시키거나 의사전달을 차단하는 방해 요인 또는 소음을 말한다. 수신자는 정보를 전달받는 사람으로서 도착된 상징(symbol)을 해독화(decoding)하며 자기 사상으로 전환한다. 효과는 정보를 전달받은 수신자의 지식·태도 및 행동에서의 변화이며, 환류는 수신자의 반응으로서 의사전달의 효과성을 평가하는 데 필수적인 요소가 된다.

2) 의사전달망의 유형

의사전달망의 유형에는 직선형, Y형, 수레바퀴형, 원형, 전체 경로형 등이 있다. 직선형(연쇄형, 쇠사슬형)은 송신자와 수신자가 일직선으로 연결되는 것으로 속도가 빠른 수직형의 종형과 속도가 느린 수평형인 횡형이 있다. Y형은 1인의 전달자가 2인의 피전달자에게 정보를 전달하거나 2인의 전달자가 1인의 피전달자에게 정보를 전달한다. 수레바퀴형(윤형)은 1인의 전달자가 여러 사람에게 획일적·일방적으로 정보를 전달한다. 원형은 원탁 모양으로 의사전달이 둥글게 전개되고, 전체 경로형(성형)은 모든 사람과 종적·횡적·대각선적으로 의사전달이 활발하게 전개된다.

3) 의사전달의 변수: 집중도와 개방도는 역(상충)관계

집중도는 중심 인물의 존재 여부로서 고전적 모형(직선형·Y형·윤형 등)일수록 집중도가 높다. 개방도는 의사전달 채널의 수를 의미하며 현대적·동태적 모형(원형·성형 등)일수록 개방도가 높다.

5. 의사전달의 원칙

첫째, 명료성의 원칙(clarity)이다. 이는 피전달자가 전달 내용을 쉽게, 그리고 정확하게 이해할 수 있도록 명확하고 평이한 언어를 사용해야 한다.

둘째, 일관성의 원칙(consistency)이다. 명령 간의 모순이 생겨서 혼선을 초래하지 않도록 조직의 목표와 부합・일치되는 단일적이고 목표 지향적인 것이라야 한다. 일치성의 원칙이라고도 한다.

셋째, 적시성의 원칙(timing)이다. 의사전달의 행위와 정보 교환, 명령 하달과 제안 행위 등은 알맞은 시기를 선택해야 한다.

넷째, 분포성의 원칙(distribution)이다. 의사전달의 내용이 지나치게 세밀히 규정돼 있으면 환경에 적응하지 못하므로 의사전달의 내용은 행위자가 구체적 상황에 따라 재량성을 발휘할 수 있도록 융통성과 신축성을 지녀야 한다.

다섯째, 적량성의 원칙(adequacy)이다. 의사전달의 내용이 그 양에서나 세목에서 너무 많거나 또는 너무 세분돼 있을 경우와 반대로 지나치게 간략하게 요약돼 있으면 피전달자의 이해도를 감퇴시키게 된다. 따라서 적량성을 부과해 교환・제공하는 것이 타당하다.

여섯째, 적응성의 원칙(adaptability)이다. 구체적인 상황에 적응할 수 있어야 하며, 현실적합성이라고도 한다.

일곱째, 통일성의 원칙(uniformity)이다. 조직 전체 입장에서 통일된 표현이라야 한다.

여덟째, 관심과 수용의 원칙(interest & acceptance)이다. 의사전달의 최후 목표는 피전달자가 그것을 수용하는 데 있으므로 전달받는 내용에 대해 충분한 주의와 관심은 물론 수용 태세와 수용 능력이 중요하다.

6. 의사전달의 장애 요인과 극복 방안

1) 전달자・피전달자

전달자 및 피전달자의 장애(저해) 요인은 ① 가치관・준거 기준의 차이로 상급자의 권위주의적인 성격, ② 지위상의 격차, ③ 전달자의 의식적 제한으로 비밀 유지 등, ④ 전달자의 자기 방어로 불리한 사실은 은폐, ⑤ 전달자에 대한 불신이나 편견, ⑥ 원만하지 못한 인간관계 등이 있다.

이를 극복(촉진)하기 위한 방안으로 ① 가치관이나 업무에 관련된 교육훈련, ② 대인 관계의 개선, ③ 의사전달의 중요성에 대한 인식 제고, ④ 하의상달의 권장을 통한 권위주의적 행태 개선, ⑤ 인사 교류를 통한 부국 간의 차이・갈등・비협조 극복 등이 있다.

2) 전달 수단(매개체)

전달 수단의 장애(저해) 요인은 ① 정보의 유실과 불충분한 보존, ② 전달매체(언어와 문자)의 불완전성 및 지리상의 격차, ③ 전달 내용의 양적 과다로 인한 내용 파악 곤란 등이 있다.

이를 극복(촉진)하기 위한 방안으로 ① 효율적인 관리정보 체제(MIS)의 확립을 통한 정보의 수집・분석・관리 기능 강화, ② 전달 내용의 약호화・계량화, ③ 의사전달(정보)의 반복과 환류 등이 있다.

3) 조직구조

조직구조의 장애(저해) 요인은 ① 집권적 계층구조로 수직적 의사전달 제한, ② 의사전달 통로의 부족, ③ 정보의 집권화로 인한 집중도 강화, ④ 할거주의로 인한 수평적 의사전달 저해, ⑤ 비공식 조직의 역기능으로 소문·풍문 등에 의한 정보의 왜곡 등이 있다.

이를 극복(촉진)하기 위한 방안으로 ① 계층제의 완화와 분권화, ② 의사전달 통로의 증설(다원화)로 조정·통제하는 부서의 설치, ③ 정보의 분산을 통한 집중도 완화 등이 있다.

제2절 공공관계(행정 PR)

1. 의의

공공관계(public relations)란 조직활동에 대한 공중(公衆, public)의 이해를 조장하고 조직과 공중과의 사이에 건전하고 생산적인 관계(sound and productive relations)를 건설하고 유지하기 위한 일체의 조직활동을 말한다. 즉, 공공관계는 한 조직체가 그 목표를 달성하기 위해 수립한 정책 및 사업과 직접·간접적으로 이해관계를 가지며, 그 조직의 정책활동에 영향을 미치는 대내외적 개인 및 집단들로 하여금 우호적이고 신뢰적인 태도(attitude)와 의견(opinion)을 가지고, 나아가 조직의 정책활동에 적극적으로 참여하고 협력하도록 만드는 관리활동이라고 할 수 있다. 여기서 공중은 조직의 환경을 이루는 일반대중, 고객, 조직구성원, 언론기관, 공공단체, 관련 기업체 등 여러 관련 집단으로 이해될 수 있다. 미국에서 PR이란 말이 합성어로 완성되기 이전에는 신문 등의 보도매체에 뉴스를 제공하는 press agentry의 용어가 사용되기도 했다.

공공관계에서의 의사전달 수단으로는 기사 제공·회합·연설·행사·기자회견 등이 흔히 이용된다. 그리고 공공관계의 전달매체로는 신문·TV·라디오·영화·보고서·회보·게시판·여론지도자(opinion leader)·현상 논문·표어 등이 있다.

행정의 기능이 질서 유지에 한정되었던 입법국가 시대에는 공공 관계의 필요성이 상대적으로 적었으나, 행정의 기능이 양적으로 확대되고 질적으로 전문화된 행정국가에서는 국가정책에 대한 국민의 이해와 협조를 구하기 위한 공공관계의 필요성이 증대되고 있다.

2. 행정 PR의 성격과 본질

1) 행정 PR의 기본 자세(성격이나 원칙)

행정 PR의 기본 자세는 수평성, 의무성, 교류성, 객관성, 교육성, 공익성 등이 있다. 수평성은 행정 PR의 주체와 객체는 언제나 대등한 관계를 의미한다. 의무성은 행정 PR은 국민의 알 권리에 대응한 정부의 의무다. 교류성(상호작용성)은 행정 PR은 듣고 알리는 상호간 의사전달 과정의 의미이며, 객관성(진실성 · 도덕성)은 행정 PR이 사실을 과장하거나 왜곡시켜서는 안 되며, 사실대로 알려야 한다는 것이다. 교육성(계몽성)은 행정 PR이 문맹을 퇴치하고 국민의 정치 수준을 제고하는 등 계몽적 · 교육적 성격을 가진다(국민 형성 등)는 것이며, 공익성은 행정 PR은 개인적 목적이나 이윤의 극대화, 판매고의 향상 등에 이용해서는 안 되며 공공 이익에 부합해야 한다.

2) 행정 PR의 본질: 선전과 비교

행정 PR과 선전(propaganda)의 공통점은 목표 달성을 위해 상대방의 동의와 협력을 촉구하는 관리적 · 기술적 활동이라는 것이며, 차이점은 선전이란 선전 주체의 일방적 이익만을 목표로 호의적 정보만 일방적으로 알리며 판매량 향상 등 이윤극대화에 치중한다.

3. 행정 PR의 필요성 및 기능

1) 행정 PR의 필요성

행정 PR은 국민과 행정 간의 신뢰 · 협력적인 선의의 관계의 형성으로 국민의 지원을 유도한다. 국민의 알 권리 충족과 국민 욕구를 정책에 반영하며, 정부와 국민 간의 의사소통으로 국민 다수인의 의견이 반영된다. 정부 업적을 과시해 공무원의 사기 앙양 수단이 되고, 국민과 정부간 협조자 및 동반자로서 관민의 거리감을 해소한다. 집행 과정에서 국민 의견의 사전 반영으로 효율성을 제고하며, 정책결정 과정에서 동의의 공학에 의한 민주적인 행정 과정을 구현한다.

2) 행정 PR의 기능

행정 PR은 정보 제공을 통해 정부 업적을 알리고 국민의 지지를 유도하는 기능을 하며, 정부활동의 정당성을 입증하고 반대파의 공격을 방어하여 비판을 중화시키는 기능을 한다. 위기 시 민심을 수습하고 대중의 욕구 불만을 해소시키는 기능을 하고, 정부의 입장을 천명하고 국민의 여론을 집약시키는 기능을 한다. 국민의 가치관과 행태, 지적 능력을 좀 더 바람직한 방향으로 향상시키는 기능을 하며, 환경의 변동에 대응할 수 있게 태도 변동을 유도하는 기능을 한다.

4. 행정 PR의 과정

행정 PR의 과정은 정보 투입 과정(공청 기능) → 전환 과정(정책결정 과정) → 정보 산출 과정(홍보 · 공보 기능) → 환류 과정으로 구분된다. 정보 투입 과정에서는 여론조사 · 청원 · 민원 및 매개분석 등을 통해 문제와 민의(民意)의 소재를 파악한다. 전환 과정에서는 파악된 국민의 의견과 태도에 따라 정부를 보호 · 방어하고 민심을 수습하는 방안을 강구한다. 정보 산출 과정에서는 정부간행물이나 각종 매스미디어를 통해 법이나 정책 등의 산출물을 내보낸다. 환류 과정에서는 정책 · 사업계획에 대한 국민의 반응을 끊임없이 파악 · 분석 · 평가함으로써 새로운 투입으로 연결시킨다.

5. 행정 PR의 문제점과 한계

대중매체를 통한 일방적인 행정 PR은 공중을 미디어의 암시와 조작에 의해 무기력한 대중으로 전락시킨다. 행정 PR이 권력자를 위한 수단으로 전락한다. 그리고 행정 PR은 불리한 사실이나 실책이 은폐되고 여론 조종을 위한 선전적 형태를 많이 띠게 된다. 행정 PR은 정부의 잘못을 스스로 변명하는 수단으로 사용된다. 또한, 안보상·외교상의 기밀정보 등 국가의 비밀을 요하는 경우에는 행정 PR이 제약된다.

행정 PR은 여러 한계가 있다. 기술적 한계는 정부와 실제 접촉하는 특정 국민과의 제약된 관계에서만 가능하며, 과학기술이 아무리 발달된다 하더라도 공중의 의견을 탐색하고 공중에 호소하는 데 기술적 한계가 있다. 정치적 한계는 토론의 자유나 대의민주주의 원리에 대한 제약 등 정치적 자유를 침해할 수 있다. 사회적 한계는 대중매체 독점 금지, 이해 대립 시 정부의 중립 유지의 요청 등을 제약하는 행정 PR은 사회적으로 허용될 수 없다.

우리나라의 행정 PR은 일방적인 홍보 위주, 객관적이지 못한 내용 등으로 국민의 불신이 초래된다. 전문성이 미흡하며, 국정신문 발행, 국정홍보처 운영 등 투입되는 예산에 비해 성과가 저조하다. 미리 알려주는 화재경보적 성격이 약하며, DAD(Decide-Announce-Defense)로 결정-발표-방어의 형식을 따른다.

제3절 행정 참여: 주민 참여

1. 의의

행정 참여란 국민이 의사결정 과정에 개인적 또는 집단적으로 영향을 미치거나 관여하는 것이다. 지역 주민들이 정책결정이나 집행 과정에 개입해 영향력을 행사하는 일련의 행위를 말한다(주민 참여).

사이먼은 행정 참여를 의사결정권이 없는 자가 의사결정권이 있는 자의 행동이나 판단에 영향을 미치는 것이라고 주장했다. 왈도(D. Waldo)는 주민 참여를 공식적 행정조직의 외부에서 이의 영향을 받는 사람들이 행정조직의 목표 설정과 사업 수행에 참여하는 것으로 규정하고 있다. 참여민주주의(participatory democracy)의 대두와 더불어 강조되고 있는 주민 참여는 조직 내부의 의사결정에 대한 하위계층의 참여와 함께 참여행정의 핵심적 요소를 이룬다.

2. 행정 참여의 발전

절대군주국가(14세기)에서는 국민의 행정 참여가 봉쇄된 채 군주의 자의적인 통치권이 행사됐다. 근대 입법국가(19세기)에서는 의회민주주의가 발전하면서 보통선거의 확대, 지방자치의 실시 등으로 그 범위가 일반대중에게도 널리 확대됐다. 현대 행정국가(20세기)에서는 의회민주주의의 위기 현상과 함께 행정권이 비대해지고 오히려 행정에 대한 국민들의 참여와 통제의 기회가 제약

됐다. 따라서 시민단체의 공익대표소송, 예산감시, 국정감사 모니터링 등 시민의 직접 참여가 필요하게 됐다.

3. 현대적 행정 참여(20세기 현대 행정국가)

1) 현대적 행정 참여의 필요성

현대 행정국가는 행정의 전문화·복잡화와 재량권의 확대 등으로 행정에 대한 입법·사법 통제 등 외부통제가 무력화됐으며, 관료의 권한은 비대해졌지만 관료는 시민의 요구에 무관심하고 냉담해졌다. 정책결정 기능의 대부분이 국회에서 행정부로 이관되자, 종래의 의회민주주의 시대의 대표 선출 방식인 전통적인 선거 방식에 의해서는 정책 변동을 유도하거나 행정책임 및 행정통제를 확보하는 데 무력해졌다.

2) 현대적 행정 참여의 특징: 전통적 행정 참여와의 비교

현대적 행정 참여는 전통적 행정 참에 비해 실질적이고 구체적 참여라 할 수 있다. 이해관계자 위주의 참여이며, 정책집행 및 평가에 이르는 모든 행정 과정에서의 참여다. 그리고 이해관계자에 의한 직접 참여라 할 수 있다.

표 4-2 전통적 행정 참여와 현대적 행정 참여

구분	전통적 행정 참여	현대적 행정 참여
성격	전통적 정치 참여	실질적인 행정 참여
범위	포괄적 참여	구체적 참여
참여자	중산시민 위주의 참여	하층민 등 이해관계자 위주의 참여
대상	정책결정	정책집행 및 평가에 이르는 모든 행정 과정에의 참여
방법	의회를 통한 간접 참정	이해관계자에 의한 직접 참정

4. 행정 참여의 효용과 한계

1) 행정 참여의 효용(순기능): 민주성 실현

행정 참여는 관료와 국민 간의 정보의 비대칭성에 기인한 관료의 도덕적 해이를 방지하고 선거에 의한 간접 참정(대의제 원리)의 미비점(제도적 견제의 사각지대)을 보완해 주인인 국민이 대리인을 직접 통제하는 직접민주주의를 실현할 수 있다. 정책결정과 집행에서 관료 독점이 아닌 참여 세력 간의 균형이 이뤄진다면, 절차적 민주주의 실현을 통한 정책의 정당성과 대응성을 도모할 수 있으며, 참여 세력의 다원화는 정책결정 비용을 높여주지만, 동의의 극대화로 정책의 순응비용을 낮춰 정책의 신뢰성을 향상시킬 수 있다. 적실성 있는 정보의 입수로 다원화된 선진국에서처럼 좀 더 세속적(secular)인, 즉 국민의 현실적 이해관계를 반영하는 정책결정이 가능하게 된다. 정책결정의 능률성을 저해시키지만, 행정 기능의 복잡화·다양화 속에서 정책결정 과정에 주민을 참여

시켜 의견을 반영할 경우에 집행 과정의 협조와 지지를 획득할 수 있어 정책의 전반적인 효율성(성공적 집행가능성)은 높아진다. 행정 참여는 관료들의 독선적인 행정을 견제하고 행정통제를 통해 시민에 대한 행정책임을 확보하며, 소외계층의 불만을 해소하고 빈곤계층에게 직업 알선과 빈곤 퇴치를 위해 그들의 참여가 활성화되는 것이 시민 참여의 근거가 된다(Miller & Rein). 시민의 주체성과 자치 능력을 강화하고 시민 권리를 향상시키는 동시에(박용치), 행정기관의 입장에서도 행정 수요를 신속·정확하게 파악할 수 있고 정책과 관련해 시민과 공감대를 형성할 수 있다는 쌍방 간의 이익이 존재한다. 그리고 행정 참여는 시민은 참여를 통해 객관적이고 창의적인 아이디어를 제공할 수 있다.

2) 행정 참여의 한계(역기능): 능률성 저하

행정 참여는 행정의 능률성 저해한다. 정책결정의 시민 참여는 집행 과정에서 순응 확보를 가능하게 해서 행정의 효율성은 높아지지만, 결정 과정에서 시간이 지연되고 결정비용이 증대돼 행정의 능률성은 저하된다(뷰캐넌과 털럭의 비용극소화모형). 시민은 행정인에 비해 전문지식이 떨어지므로 행정의 전문성 및 실현가능성이 저하된다. 단, 중립적인 전문가집단인 정책공동체(policy community)에 의한 참여는 전문성 제고를 가능케 한다. 행정 참여에는 대표성의 문제가 있다. 행정에 참여하는 시민의 대표성이 문제가 되며, 그에 따른 조직화되지 못한 일반 시민이나 잠재집단의 이익 대변이 미흡해 공정성 확보도 문제가 된다. 시민 참여는 행정에 대한 통제라는 측면에서 보면 책임 확보에 기여하는 측면도 있지만, 잘못된 정책에 대한 책임을 시민에게 전가시키는 빌미가 될 수 있다. 행정 참여는 정책이 절차적 정당성에만 치중해 형식주의로 흐르게 되며, 수많은 정책 거부점으로 인해 행정의 강제력이나 구속력이 결여되어 정책의 실패 가능성이 높아지며, 집단이기주의로 관련 집단의 대립과 분열을 심화시킬 우려가 있다. 그리고 행정 참여는 참여의 형식화, 조작화, 동원화로 참여라는 이름으로 대중의 조작 가능성이 있다.

5. 행정 참여의 방법

1) 제도화 여부에 의한 구분

행정 참여의 방법은 제도화 여부에 따라 구분할 수 있다. 제도적 방법은 주로 선진국의 경우로 기관기획 참여와 주민자주관리가 있다. 기관기획 참여는 시민대표가 정책결정 과정에 부분적·협조적으로 참여하는 것으로 기획기구·심의기관에 시민대표나 정책공동체가 참여한다. 민간자문기구 설치·운영 등이 해당된다. 주민자주관리(자치)는 미국 근린자치제 등 지역별 주민관리기구 설치·관리, 프랑스의 지구평의회 등 주민협의회 설치·운영, 주민발안, 주민투표, 주민소환 실시 등 직접민주제 방식이 해당된다.

비제도적인 방법은 시민운동과 교섭이 있다. 시민운동은 이해관계가 반드시 대립되지 않고 가장 비제도화된 방법으로는 항의(저항), 참가 또는 충성, 동조(포섭), 자조 또는 자원 등이 있다. 교섭(bargaining)은 이익집단이 자신의 이익을 최대한 관철시키려는 협상전략으로 비교적 제도화돼 있고 이해가 상반되는 압력집단이 있다는 점이 시민운동과 다르다.

2) 주도권 소재에 따른 구분

행정 참여는 주도권 소재에 따라 구분할 수 있다. 주민주도형으로 주민자주관리(자치), 수평형으로 동등한 관계, 행정주도형으로 기관기획 참여(협찬), 균형형, 제3의 중개집단이 개입하는 방법이 있다.

3) 일반적인 구분

일반적인 구분으로 간접 참여인 선거·투표와 직접 참여로 심의회·공청회, 청원·진정·탄원, 여론의 형성(일반 국민), 이익단체, 정당·국회 등이 있다.

제4절 갈등

1. 의의

갈등(conflict)이란 어떤 개인(또는 집단)의 기대나 목표 지향적 행위가 다른 사람(또는 다른 집단)에 의해 좌절(또는 차단)되거나 그렇게 될 것으로 지각되는 것이다. 조직 내의 의사결정 과정에서 대안의 선택 기준이 모호해 개인이나 집단이 대안을 선택하는 데 곤란을 겪는 상황으로 인간관계론 및 행태론 등에서 본격적으로 연구됐다.

갈등의 유형은 개인적 갈등과 의사결정 주체 간의 갈등으로 구분할 수 있다. 개인적인 갈등은 목표(가치) 갈등, 역할 갈등 등으로 의사결정 과정에서 선택을 둘러싸고 곤란을 겪는 상황을 말한다. 의사결정 주체 간의 갈등은 조직 내의 상하 단위를 기준으로 하는 갈등, 조직에 미치는 영향을 기준으로 하는 갈등 등으로 조직 및 집단 차원에서의 갈등은 둘 이상의 행동 주체 사이에서 상호이해나 목표가 상충하거나 희소가치의 획득을 둘러싸고 서로 다투는 현상이라고 정의할 수 있다.

2. 갈등의 기능

1) 갈등의 기능에 관한 인식

갈등의 기능에 대한 인식은 갈등에 대한 인식이 없는 인식부재론이 있다. 이는 과학적 관리론 등 고전적 조직이론이 해당된다. 그리고 갈등의 역기능으로 이해하는 갈등 역기능론이다. 전통적 갈등론, 전통적 견해로 갈등을 인간관계를 저해하는 비정상적·탈선적·역기능적인 것으로 이해하고 그 원인과 예방책을 탐구하려는 전통적 갈등관으로 최초의 이론이다. 메이요(E. Mayo) 등 인간관계론자가 해당된다. 갈등의 순기능적 측면을 중시하는 갈등 순기능론은 행태론적 갈등론, 행동주의적 견해로 갈등을 모든 조직에서 불가피하고 정상적인 현상으로 간주하고, 문제 해결과 조직 발전의 계기로 보는 적극적 입장이다. 코저(L. Coser)와 폴렛(M. P. Follet) 등 행태론자가 해당된다. 갈등이 너무 없는 것도 조직 침체의 원인이므로 갈등을 적극적으로 조장해야 한다는 입장인 갈등 조장론은 현대적 갈등론, 상호작용적 견해다.

2) 갈등의 순기능과 역기능

갈등이 건설적으로 해결됐을 경우 갈등의 순기능이 나타난다. 이는 조직 발전의 새로운 계기로 작용하며, 건설적 갈등은 선의의 경쟁을 통해 발전과 쇄신을 촉진시킨다. 갈등의 해결을 위한 조직의 문제 해결 능력·창의력·융통성·적응 능력 등을 향상시키며, 행정의 다양성·민주성을 확보할 수 있다.

갈등이 해결되지 않았을 경우에 갈등의 역기능이 나타난다. 조직 내의 심리적인 불안을 조성하고 쇄신과 발전을 저해하며, 구성원과 조직 각 단위 간의 반목과 적대 감정을 유발한다. 조직의 위계질서가 파괴되고 공무원의 사기를 저하시키며, 행정의 능률성을 저하시킨다.

3. 갈등의 유형

1) 개인적 갈등

개인적 갈등은 목표갈등과 역할갈등으로 구분할 수 있다. 목표(가치)갈등은 개인이 대안 선택에서 심리적으로 곤란을 겪는 경우로 밀러와 돌라드(N. Miller & J. Dollard)는 양가 감정의 공존상태－두 가지 서로 다른 가치를 가진 감정이 공존(충돌)하고 있는 상태－로 정의했다.

개인적 갈등의 종류는 접근-접근 갈등, 회피-회피 갈등, 접근-회피 갈등 등이 있다. 접근-접근 갈등은 바람직한 가치를 가진 두 가지 대안 중에서 선택해야 하는 경우다. 회피-회피 갈등은 바람직하지 못한 가치를 가진 두 가지 대안 중에서 선택해야 하는 경우다. 접근-회피 갈등은 바람직한 가치와 바람직하지 못한 가치를 함께 가진 대안 중에서 선택해야 하는 경우다.

역할갈등은 한 사람에게 둘 이상의 상이한 역할이 복합적으로 부여할 때 생기는 갈등이다. 역할갈등의 종류는 역할간 갈등, 역할 내 갈등, 개인과 역할 간의 갈등으로 구분할 수 있다. 역할 간 갈등은 두 가지 이상의 역할을 동시에 수행함으로 인해 겪는 갈등이며, 상급자가 중간관리자에게 요구하는 역할과 하급자가 중간관리자에게 요구되는 상반되는 역할 간의 갈등이다. 역할 내 갈등은 동일한 역할에 관해 다른 사람에게서 상충되는 기대를 받게 될 때 느끼는 갈등이며, 중간관리자가 조직 내에서 상급자와 하급자에 대해 수행하는 상반된 역할상의 갈등이다. 개인과 역할 간의 갈등은 주어진 역할이 개인의 기본적인 가치관·태도·욕구 등과 상충될 때 발생하는 갈등이다.

2) 의사결정 주체 간의 갈등: 폰디(L. R. Pondy)

의사결정 주체 간의 갈등은 우선 조직 내의 상하 단위를 기준으로 이해당사자 간 갈등인 협상적 갈등, 상하 계층 간 수직적 갈등인 관료제적 갈등, 동일 수준의 기관 간 또는 개인 간 수평적 갈등인 체계적 갈등이 있다. 다음으로 조직에 미치는 영향을 기준으로 조직구조에 변화를 일으키지 않는 갈등인 마찰적 갈등과 조직구조에 중대한 변화를 초래하는 갈등인 전략적 갈등이 있다.

집단 간 갈등의 특징은 집단 내 응집력 증가하며, 독재적 리더십이 대두될 우려가 있다. 과업지향적 활동이 강화되며, 집단에 대한 충성심이 강조된다. 지각의 왜곡 현상이 발생하고, 상동(相同)적 태도가 발생한다. 그리고 집단 간에 의사소통이 감소·단절된다.

4. 갈등의 원인

1) 개인적 갈등의 원인: 사이먼(H. Simon)과 마치(J. G. March)

첫째, 비수락성(unacceptability)이다. 결정자가 각 대안의 결과를 알지만 만족 수준을 충족시키지 못할 때의 갈등이다. 둘째, 비비교성(incomparability)이다. 결정자가 각 대안의 결과를 알지만 최선의 대안이 어느 것인지 비교할 수 없는 경우의 갈등이다. 셋째, 불확실성(uncertainty)이다. 결정자가 각 대안이 초래할 결과를 모르는 경우의 갈등이다.

2) 의사결정 주체 간의 갈등의 요인

상호의존성이 높은 경우(공동결정의 필요성), 즉 한정된 자원 하에서 다른 조직이나 집단과의 상호의존성에 의한 공동 의사결정이 필요할 때 의사결정 주체 간의 갈등이 많이 발생하며, 상대적으로 집단 간의 목표가 상호보완적・독립적인 관계일수록 갈등은 적게 나타난다. 조직 또는 집단 간에 세부적인 목표나 이해 관계의 차이가 있는 경우에 갈등이 나타나며, 정보나 사실에 대해 각기 다르게 해석하고 평가하는 경우에 갈등이 나타난다. 하위 체제 및 역할의 분화가 고도화되고 이에 따른 상호간의 의존성이 증대하는 경우에 나타나고, 횡적・종적 의사소통이 결여될 경우에 나타난다. 제한된 자원에 공동 의존하는 경우에 나타나며, 권력의 차이가 비슷하면 조정이 곤란해 갈등이 많이 발생하며, 권력의 차이가 확연하면 조정이 용이해 갈등이 적게 발생한다. 그리고 길게 연결된 기술(long linked technology)을 사용하는 순차적 상호 의존 관계의 경우에 부서 간에 갈등이 나타난다.

5. 갈등의 해결 방법

1) 개인적 갈등의 해결

비수락성의 갈등은 만족 수준을 충족시킬 수 있는 새로운 대안을 탐색하거나 만족 수준을 낮추는 등의 목표를 수정한다. 비비교성의 갈등은 최선의 대안이 어느 것인지 비교할 수 있는 대안의 우선순위 선정 기준이나 비교 기준을 명확히 해보고 대안이 제기된 전후 관계를 파악한다. 불확실성의 갈등은 대안의 결과를 명확히 예측하기 위한 과학적 분석과 탐색활동 또는 결과 예측이 가능한 새로운 대안을 탐색한다.

2) 의사결정 주체 간 갈등의 해결

토머스(Thomas)의 대인적 갈등 해결전략은 다섯 가지 전략을 제시하고 있다. 자신의 주장을 충족시키려는 욕구가 단정적인가 아닌가, 상대방의 주장을 만족시키려는 욕구가 협조적인가 아닌가에 따라 회피전략, 수용전략, 타협전략, 강제전략, 협력전략을 제시했다.

첫째, 회피전략(avoidance)은 갈등 상황으로부터 벗어나 버리는 전략이다.

둘째, 수용전략(accommodation)은 자신의 결정이 잘못됐을 경우에 상대방의 주장을 받아들이는 전략이다.

셋째, 타협전략(compromise)은 단정과 협조의 중간 수준으로 극단적인 전략을 피하는 전략이다.

넷째, 강제전략(forcing)은 자신의 욕구만 충족시키고 상대방의 주장을 무시하는 전략이다.

다섯째, 협력전략(collaborating)은 당사자 모두의 만족을 극대화하려는 전략이다.

요하리의 창(Johari window)은 대인 관계의 스타일 또는 대인 관계 능력의 개발 방향이나 개인 간 갈등의 원인을 설명하는 이론이다. 인간관계가 원만하지 못하고 갈등이 생기는 것은 내가 모르는 남의 부분과 남이 모르는 나의 부분이 크기 때문이므로 자기 노출과 피드백을 통해 공공 영역을 넓히게 되면 대인 관계 능력이 개선될 뿐만 아니라 개인 간의 갈등이 줄어들게 된다고 본다.

기타 제도적 해결 방안으로 ① 리더십의 발휘, ② 의사전달의 촉진, ③ 인사 교류, ④ 공동 교육훈련, ⑤ MBO, ⑥ 상위 이념의 제시(L. H. Gulick), ⑦ 조정기구에 의한 방법, ⑧ 공동의 적 제시, ⑨ 자원・시간의 증대, ⑩ 타협과 완화, ⑪ 구조적 요인의 개편, ⑫ 태도의 개선 등이 있다.

갈등 촉진 방안은 기존 구성원과는 다른 생각을 가진 새로운 구성원을 투입시키거나, 의사전달에 의한 방법으로 부서 폐지, 인원 감축 등의 정보를 흘리는 방안이다. 조직개편이나 조직재설계에 의한 방법으로 새로운 조직환경 속에서 새로운 직무를 담당하게 하거나 성과에 의한 성과급 지급으로 경쟁을 조성한다.

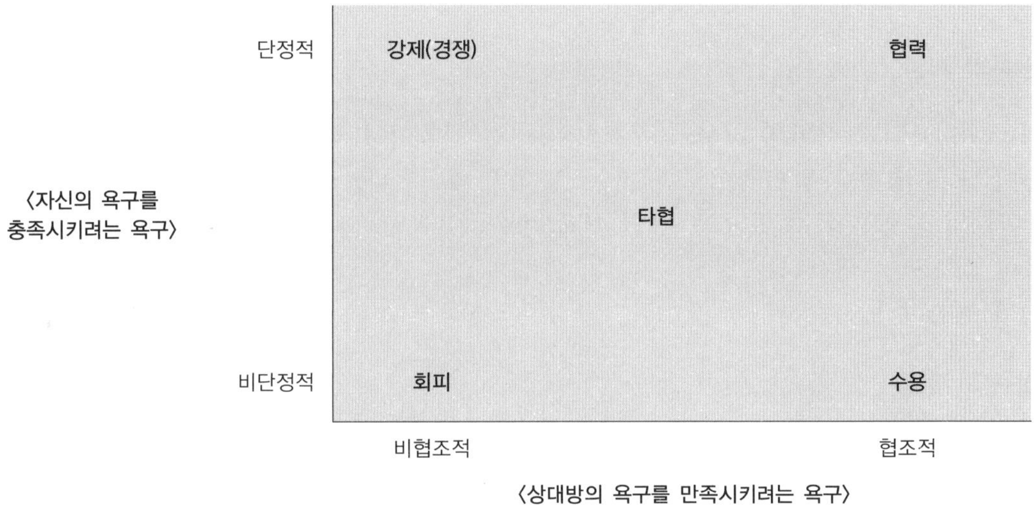

그림 4-1 토머스의 갈등 해결 전략

표 4-4 요하리의 창

	자신에게 알려진 부분	자신에게 알려지지 않은 부분	
타인에게 알려진 부분	공공 영역	맹목 영역	↓ 자기 노출 ↓
타인에게 알려지지 않은 부분	사적 영역	미지 영역	

→ 환류 →

표 4-5 갈등의 유형 · 원인 · 관리전략

유형	원인	관리전략
개인적 갈등	① 비수락성(unacceptability) ② 비비교성(incomparability) ③ 불확실성(uncertainty)	① 새로운 대안의 탐색 또는 목표의 수정 ② 좋은 대안을 선택해 비교 ③ 정보 수집의 강화
의사결정 주체 간의 갈등	① 상호의존성이 높은 경우 ② 목표 · 이해관계의 차이 ③ 인식 · 태도의 차이 ④ 역할의 분화와 상호 기대의 차이 ⑤ 의사전달의 미흡 ⑥ 자원의 제약 ⑦ 권력의 차이가 없을 때 ⑧ 연속적인 의존 관계	① 사이먼과 마치의 이론: 문제 해결, 설득, 협상, 정략 ② 토머스의 대인적 갈등 해결전략: 회피 · 수용 · 타협 · 강제 · 협력 전략 ③ 기타 제도적인 해결 방안: 리더십의 발휘, 의사전달의 촉진, 인사 교류, 공동 교육훈련, MBO, 상위 이념의 제시, 조정기구에 의한 방법, 공동의 적 제시

제5절 권력과 권위

1. 권력과 권위의 개념

1) 권력의 개념

권력(power)이란 상대방의 의사에 관계없이 어떤 행동이나 결정을 하도록 하는 잠재적 내지 실제적 능력 또는 명령을 받아들이도록 하는 능력을 의미한다. 권력은 비공식적 권위이며, 타인의 의사에 관계없이 행사될 수 있으며, 정당성(legitimacy)이 반드시 요구되는 것은 아니며, 권위를 가진 사람에 의해서만 행사되는 것도 아니다. 권력은 조직생활의 현실이며 조직정치(organizational politics)의 핵심이다.

2) 권위의 개념

권위(authority) 또는 권한이란 조직의 규범에 의해 정당성이 부여된 합법적인 권력으로서 조직의 구성원에게 일반적으로 수용되는 권력을 의미한다. 베버(M. Weber)는 권위란 일정한 명령에 일정한 사람들이 복종할 가능성이라고 정의하면서 권위를 정당성이 있는 합법적인 권력으로 파악했다. 버나드(C. I. Barnard)는 의사전달의 입장에서 권위를 전달자의 의사가 피전달자에게 미치는 정도를 말한다고 정의했다. 사이먼(H. A. Simon)은 의사결정의 입장에서 권위를 다른 사람의 행위를 인도하는 결정을 내릴 수 있는 능력이라고 해서 복수 구성체 간의 심리적 관계로 파악했다.

3) 권력 · 권위와 영향력의 구별

권력, 권위와 영향력은 공통적인 속성을 갖는 유사 개념으로서 서로 연관성을 가지고 혼용되기도 하며, 동의어처럼 다뤄지기도 한다. 권력은 권위보다 타인의 복종을 강요할 수 있는 힘의 범위가 넓고 포괄적이며 공식적 지위뿐만 아니라 비공식적 지위 또는 인간관계의 일시적 · 유동적 측면과도 관련된다. 권위의 근거는 공식적 직위에 있지만 권력은 공식적 직위에 한정되지 않고 타인

표 4-6 권력·권위와 영향력의 구별

구분	공식성(제도성)	적용 방향(하향적)	정당성의 유무	지속성	자발성(공감)
권력	있다	그렇다	없다	없다	없다
권위	있다	△	있다	있다	있다
영향력	없다	그렇지 않다	없다	없다	있다

의 행태에 변화를 일으킨다. 권위는 정당성을 가진 권력이며 명령에 의한 복종은 자발적이라는 점에서 권력과 구별되지만 권력의 원천이기도 하다. 영향력(influence)은 심리적·행태적 변화라는 결과를 수반하는 힘으로써 힘이 미치는 결과에 중점을 두며 권위·권력보다 범위가 넓은 일반적 개념이며 리더십과 밀접한 관련이 있다.

2. 권력과 권위의 특징

1) 권력의 특징

권력 관계는 의존 관계(dependency)를 의미한다. 권력 행사자는 상대방이 가치있는 것으로 평가하는 것을 지배하므로 상대방은 권력 보유자에게 의존하게 된다. 권력 행사의 대상자가 복종 이외의 다른 대안으로 대체할 수 있는 가능성(substitutability) 여부는 권력의 강약과 관련된다. 즉, 자원을 대체할 수 없을수록 권력 행사자는 자원에 대한 강한 통제력을 더 갖게 된다. 극히 중요한 자원 또는 확보가 어려운 자원을 가진 사람이나 조직 단위는 권력을 행사하게 된다. 권력 관계는 계층제에 따라 하향적일 뿐만 아니라 횡적·상향적·대각적인 상호 관계를 형성한다. 권력 보유자는 권력의 포기를 꺼리고 가능한 한 계속 장악하려는 완고성(stickiness)이 있으며, 따라서 권력 이양이 순조롭지 않다. 조직 권력은 불확실성을 극복할 수 있는 능력과 밀접한 관계가 있다. 권력은 상대방의 행태에 영향을 미치는 능력이며 행동 지향적 성격을 띤다. 권력 현상은 동태적·유동적이며, 조직의 권력이나 조직 내의 개인 또는 집단이 갖는 권력의 크기는 변동될 수 있다.

2) 권위의 특징

권위는 조직의 규범에 의해 정당성이 인정될 뿐만 아니라 권위의 행사자와 수용자인 부하에 의해 정당한 것으로 인정되는 권력이다. 상대방에게 복종을 요구할 수 있는 권한으로서 명령에의 복종을 수용자의 자유 의사에 기인하며 자발적인 것이다. 조직에서의 공식적 역할에 결부돼 있는 제도화된 권력이다. 그리고 상대방의 존재를 전제하는 사회적 관계이며 상대방의 특성이나 여건이 권위의 실효성에 영향을 미친다.

3. 권위의 이론과 기능·유형

1) 권위의 개념

권위를 하향적으로 보는가 아니면 상향적으로 보는가에 따라 다르게 나타난다. 하향적으로 보는 명령권리설(right-to-command theory)을 살펴보면, 과학적 관리론, 관료제이론 등 전통적 조직 이론에서는 권위를 상관이 부하에게 명령할 수 있는 권리로 보는 하향적 권위(top-down authority)로 인식했다. 하향적 권위는 상관의 권위가 부하에게 기계적으로 전부 받아들여진다고 여기며 권위의 형식적 측면을 지나치게 강조했다. 그러나 하향적 권위는 상관의 권위가 부하에게 받아들여지는 경우에만 실효적이다.

상향적으로 보는 수용설(acceptance theory)을 살펴보면, 버나드와 사이먼은 상관의 권위는 계층제적 직위와는 무관하며 상관의 개인적 속성 등과 결부해 부하가 이를 어느 정도 수용하느냐에 따라 권위가 좌우된다는 상향적 권위(bottom-up authority)를 주장했다. 상향적 권위는 하급자의 동의에 의해 실질적으로 상관의 권위가 받아들여지는 실효적 범위를 중시한다(동의모형).

그러나 권위는 양면성이 있으므로 양자는 상호보완 관계이며 양자의 종합적 인식이 필요하다.

표 4-8 버나드의 권위수용이론과 무관심권(무차별권)

권위 수용 전제 조건	① 의사소통(명령)의 내용을 이해할 수 있어야 하고, ② 그 내용(권위)이 조직목표에 부합돼야 하고, ③ 명령이 자신(조직구성원)의 개인적 이익과 모순되지 않고, ④ 정신적 · 육체적으로 의사소통(명령)에 대응할 수 있어야 한다.
무관심권	① 무관심권(zone of indifference)이란 부하가 상관의 권위를 의심하지 않고 그 명령을 받아들여지는 범위다. ② 상관의 명령은 수용될 가능성에 따라 ㉠ 명백히 수용될 수 없을 경우, ㉡ 중립적인 경우, ㉢ 이의 없이 수용되는 경우 등으로 구별할 수 있다고 본다면 ㉢의 경우가 무차별권(무관심권)이라고 한다.
무관심권 범위	① 무관심권은 조직 목표가 명확하고 정당성이 있다고 생각하는 경우에는 넓어지며, 조직의 현실적 목표에 대해 의견 대립이 있고 조직계층 수가 많은 경우에는 좁아진다. ② 무관심권이론은 권위를 거의 자동적으로 수용케 하는 심리적 · 사회적 요인을 충분히 규명하지 못하고 있다.

표 4-9 사이먼의 이론과 수용권

사이먼의 이론 · 특징	① 사이먼은 버나드의 권위수용이론을 계승하면서 이를 약간 수정하여 무관심권을 수용권(zone of acceptance), 수용 범위(area of acceptance)로 표현했다. ② 버나드는 개인의 심리적 동기를 중요했으나, 사이먼은 심리적 동기가 결정에 미치는 영향은 여러 요인의 일부에 지나지 않으며, 결정은 전체적으로 고찰함으로써 권위의 수용 범위를 예측할 수 있다고 주장했다. ③ 오늘날 수용권은 교육의 발전과 자유 의사의 존중에 따라 좁혀지고 있다. 즉, 구성원의 자아의식이 확립될수록 수용권의 범위는 좁아진다.
수용 범위 (수용권)	① 사람이 타인의 의사결정을 따라는 경우로서 ㉠ 의사결정의 장단점에 대해 충분히 검토해 장점에 대한 확신을 가질 경우, ㉡ 의사결정의 장단점에 대해 충분한 검토 없이 따르는 경우, ㉢ 의사결정의 장단점에 대해 충분한 검토 후 단점을 알면서도 따르는 경우 등이 있다. ② ㉡과 ㉢의 경우가 권위의 수용권에 해당된다.

2) 권위의 기능

권위는 집단 또는 권위 행사자가 설정한 규범을 구성원 개개인이 준수하도록 강제하는 기능을 가진다. 그리고 의사결정에서 전문성과 합리성을 촉진하고 확보하는 기능을 한다. 또한, 조직 단위의 활동 조정을 하는데 권위는 조직의 목표 달성을 위해 조직 단위의 활동을 일관성 있게 전체적으로 조정하는 기능을 가지며 이로써 결정 기능의 집중화가 가능하게 된다. 사이먼은 권위의 조정 기능을 절차적 조정과 실체적 조정으로 나눈다.

3) 권위의 유형

권위의 유형은 권위의 정당성의 기준, 일반성·전문성의 기준, 권위 수용의 근거 기준, 공식·비공식성의 기준 등으로 구분할 수 있다. 권위의 정당성의 기준(지배 유형)은 베버(M. Weber)의 유형으로 정통적 권위, 카리스마적 권위, 합리적·합법적 권위로 구분했다. 전통적 권위(traditional authority)는 권위의 정당성의 근거를 전통의 신성성 또는 지배자 권력의 신성성에 대한 신념에 두고 있다. 조직 형태는 가산적 또는 봉건적인 형태인 가산적 관료제다. 카리스마적 권위(charismatic authority)는 지도자의 초인적 자질·능력·영웅적 행위에 대한 외경심이 복종의 근거가 된다. 카리스마적 권위의 가장 큰 약점은 지도자가 사망했을 때(권위의 공백기)에 나타나는 혼란이다. 그리고 카리스마적 권위가 상실될 때는 보통 전통적 권위나 합리적·합법적 권위 형태로 변화한다. 합리적·합법적 권위(legall authority)는 권위의 정당성을 법규화된 질서나 명령권의 합법성에 대한 신념에 근거를 두고 있다. 합리적·합법적 권위를 전형적으로 표현하는 관료제는 합법적·합리적 관료제다.

일반성·전문성의 기준으로 행정적 권위(administration authority)와 전문적 권위(professional authority)로 구분한다. 행정적 권위는 계층적 지위에 의해 형성되는 계선기관 또는 일반행정 관리자의 권위다. 행정적 권위에 의해 상급자는 부하의 활동이나 전문가의 활동을 조정·통제할 수 있다. 전문적 권위는 개인적 특성을 가진 전문적 지식이나 능력에 근거를 둔 막료기관 또는 전문 행정가의 권위다. 고도로 개성화된 전문적 권위는 상급자에 의한 조정과 통제의 근거가 되는 행정적 권위와 마찰·대립된다.

권위수용의 근거 기준은 사이먼의 유형으로 신뢰의 권위, 동일화의 권위, 제재의 권위, 정당성의 권위로 구분된다. 신뢰의 권위(authority of confidence)는 자기가 깊이 신뢰하는 사람의 의사결정을 아무 비판 없이 받아들이는 경우의 권위다. 신뢰의 권위에는 사람의 지위를 기준으로 계층적 지위에 근거를 두는 행정적 권위와 기능적 지위에 근거를 두는 전문적 권위가 있다. 동일화(일체화)의 권위(authority of identification)는 구성원이 자기가 속해 있는 조직에 대해 귀속감·일체감·충성심을 가지고 상사의 결정에 무조건 복종하려는 경우에 나타나는 권위다. 제재의 권위(authority of sanctions)는 관리자가 권위를 강제하기 위해 불리한 결과(처벌) 또는 유리한 결과(보수·승진)를 부하 행동에 대해 미칠 수 있는 능력을 의미한다. 제재의 권위는 상급자만 갖는 것이 아니라 부하 또는 외부 인사도 가질 수 있다. 정당성의 권위(authority of legitimacy)는 복종의 근거를 정당성에 두는 권위를 말한다. 인간이 조직에서 정한 규칙이나 권위가 합법적인 경우다.

공식·비공식성의 기준은 피프너(J. F. Pfiffner)의 유형으로 공식적 권위, 비공식적 권위로 구분된다. 공식적 권위는 공식적인 특정 직위의 당사자가 행사할 수 있는 영향력·제재력으로 합법화·제도화된 권위다(고전적 조직이론에서 중시). 비공식적 권위는 공식 직위와 관계없이 비공식 집단내 구성원 간의 사회적 상호작용에 근거를 둔 영향력이다(인간관계론에서 중시).

제6절 리더십

1. 의의

리더십(leadership)이란 조직목표의 달성을 위해 구성원이 자발적으로 적극적 행동을 하도록 동기를 부여하고 영향력을 미치며 개인과 집단의 조정을 통해 협동적 행동을 촉진・유도하고 조직 외부로부터 지원과 협조를 확보하는 관리자의 쇄신적・창의적인 기술・능력(지도력 또는 통솔력)을 의미한다. 그리고 리더십은 조직 목표 달성의 극대화를 위한 집단활동에 영향력을 행사하는 과정이다.

지도력(leadership)과 직권력(headship)은 차이가 있다. 리더십은 지도자 자신의 권위인 반면 직권력은 공식적인 직위의 권위를 근거로 한다. 지도력이 피지도자 간에 공감이나 일체감이 강한 반면 직권력은 공감이나 일체감을 전제로 하지 않는다.

표 4-10 지도력과 직권력의 차이

구분	지도력(leadership)	직권력(headship)
근거	지도자 자신의 권위(사람의 권위를 근거)	공식적인 직위의 권위를 근거
성격	심리적 권위: 자발성・동태적・지속성・상향적	제도적 권위: 강제성・정태적・한시성・하향적
전제	지도자와 피지도자 간에 공감이나 일체감이 강함	공감이나 일체감을 전제로 하지 않음

3) 대두 배경

과학적 관리론이 지배하던 고전적 조직이론(구조 중심)에서는 합리적・기계적 인간관 때문에 리더십이 중요시되지 않았다. 구성원의 동기부여・인간 행태를 변수로 중요시하는 1930년대 인간관계론과 1940년대의 행태론, 행정인의 가치관・태도 등 독립변수의 역할을 중시하는 1960년대의 발전행정이 대두됨에 따라 리더십이 중시됐다.

2. 리더십의 특징 및 기능

리더십은 지도자가 일방적으로 발휘할 수 있는 것이 아니라 부하・추종자와의 관계에서만 존재할 수 있고, 부하는 상관의 능력・영향력에 변동을 초래할 수 있다. 그리고 직무 수행과 목표 달성에 좀 더 중점을 둘 수 있거나 또는 조직구성원의 만족이나 인간관계에 좀 더 중점을 둘 수 있으며, 리더십은 다른 사람에게 영향력을 미치는 과정이다. 목표를 설정해 목표 달성을 지향하는 과정이며, 지도자・피지도자(부하), 상황 등과 관련되는 변수가 상호의존성을 가지면서 작용하는 과정이다. 그리고 리더십은 상황에 따라 가변적이며 동태적・신축적 성격을 띤다.

리더십은 집단・조직의 목표를 설정하고 부하의 임무・역할을 명확히 하며, 목표 달성을 위해 인적·물적 자원과 지위·정보·권위·상징·시간 등 정치적 자원을 효율적으로 동원하고 관리한다. 리더십은 조직의 일체감·통일성을 유지하고 내부 갈등을 관리해 환경에 대한 조직의 적응성을 확보한다. 그리고 리더십은 조직활동을 전체적으로 통합·조정하고 통제함으로써 조직 내의 협조 관계를 확립하고 효과적인 목표 달성에 기여하도록 한다.

3. 리더십이론의 발전

첫째, 자질론이다. 특성론, 속성론, 요소론이라고 불린다. 리더십의 본질을 리더의 자질(특성)이나 속성(traits)으로 이해하는 전통적인 연구다. 개인의 정신적·기술적 우수성을 강조한다.

둘째, 리더 행태 유형론이다. 1950~1960년대 행태론적 연구 결과로서 조직의 효과성을 좌우하는 것은 지도자의 자질보다는 지도자의 행동 유형, 즉 리더십 유형이라는 행태론적 입장이다. 리더의 행동 유형에 따라 리더십의 효과성이 달라진다는 행태론자들의 이론이다. 미시간대학과 오하이오대학 연구는 배려와 구조 설정이라는 변수에 의한 행동 유형 제시했고, 블레이크와 모튼(R. Blake & J. Mouton)의 연구에서는 관리유형도에 의한 리더십 유형을 제시했다.

셋째, 상황이론이다. 1960-1970년대의 리더십이론으로 리더십이란 지도자 개인의 자질과는 관계없이 그때그때의 상황에 따라 결정되는 것이라는 이론이다. 피들러(F. E. Fiedler)의 상황적응론, 허시(P. Hersey)와 블랜차드(K. H. Blanchard)의 성장과정이론, 레딘(W. J. Reddin)의 3차원 모형, 하우스(R. J. House)와 에반스(M. Evan)의 경로·목표이론 등이 있다.

넷째, 상호작용이론(집단관계론)이다. 자질론과 상황론을 종합해 리더십이란 지도자·피지도자·상황의 3대 변수, 즉 퍼스낼리티(personality)와 상황 변수의 사회적 상호작용에 의해 형성된다는 것이다. 오늘날 가장 일반적인 입장이지만 지나치게 리더십 요인을 세분화했으며, 너무 많은 변수를 결합시키고 있어 이론적 과학성이 부족하다는 비판이 따른다.

다섯째, 신속성론이다. 1980~1990년대에 등장한 새로운 속성론으로서 리더의 카리스마나 신념을 중시하는 변혁적 리더십, 카리스마적 리더십, 문화적 리더십 등이 이에 해당한다.

4. 특성이론(자질이론 또는 요소이론)

리더십에 관한 가장 전통적인 이론으로 리더십이 피동적인 집단에 대해 행사되는 권위적·개인적인 자질에 기초를 두고 있다고 파악한다. 지도자의 성격과 성격적 특성을 강조하는 이론이며, 리더십의 자질은 선천적인 것이라고 인식한다. 성공적인 지도자에게 공통적으로 나타나는 특성을 규명하려고 하며, 자질론은 위인의 신화(great man myth)를 받아들이고 있다고 볼 수 있다.

단일적 자질론과 성좌적 자질론으로 구분할 수 있다. 단일적 자질론에서 지도자는 하나의 단일적·통일적인 자질(속성)을 구비한다고 보고, 이러한 자질을 가진 자는 어느 집단, 어떤 상황에서도 지도자가 된다는 것이며, 자질의 통일성, 불변성을 강조한다. 성좌적 자질론은 단일론을 수정한 이론으로서 개별적 자질은 의미가 없고 상황에 따라 가변적이며 자질의 복합성·가변성을 강조한다. 여러 자질을 갖춘 사람이 리더로 적합하다고 인식한다.

집단의 특징·조직목표·상황에 따라 리더십의 자질은 전혀 달리 요청될 수 있으며, 지도자라

하더라도 누구나 동일한 자질을 갖는 것은 아니다. 지도자가 반드시 갖춰야 할 보편적인 자질 및 특성은 발견하기 곤란하다. 즉, 리더의 자질 및 특성을 일반화하지 못했다는 비판을 받고 있다. 지도자가 되기 전과 후의 자질이 사실상 동일함에 대해 설명이 곤란하며, 동일한 상황・여건 하에서는 기본적인 자질이 있어야 리더가 될 수 있다.

5. 행위(행태)이론

1) 아이오와대학의 리더십 연구

아이오와(Iowa)대학의 레빈(K. Lewin) 지도하에 리피트(R. Lipitt)와 화이트(B. K. White)가 1930년대 후반 10대 소년들을 대상으로 리더십 유형 연구(Iowa leadership studies)를 행했다. 리더십의 기본 유형으로 독재형・권위형, 민주형, 자유방임형으로 구분했다. 독재형・권위형은 과업 지향적(과업 성취에 역점)으로 부하를 다루며, 지시・명령과 하향적 의사소통을 사용하고 의사결정에 부하를 참여시키지 않으려는 리더십 유형이다. 민주형은 인간관계 지향적(부하의 만족에 역점)이고 추종자의 참여와 자율성을 존중하는 리더십 유형이다. 자유방임형은 지도자가 결정권을 대폭적으로 위임해 부하가 업무 수행의 목표를 확립하도록 하는 유형이며 사실상 리더십으로서는 의미가 없다. 부하들에게 자유로운 행동을 극단적으로 허용하는 리더십 유형이다. 부하의 업무 수행 능력이 뛰어난 경우에 효과적이다. 리더십 유형 중 결론은 민주형이 가장 효과적이었다.

리더십 유형의 이원론으로 업무 수행・조직목표를 지향하는 것인가 구성원의 만족감・인간관계를 지향하는 것인가에 따라 X이론의 독재형(권위형) 계열과 Y이론의 민주형 계열로 구분한다. 생산성 측면에서는 우열을 가리기가 어렵지만, 리더와 부하의 관계, 집단행위의 특성, 리더 부재 시 구성원의 태도 등에서 민주형 리더십이 독재형 리더십보다 호의적으로 나타난다.

표 4-11 아이오와대학의 리더십 유형

X이론의 독재형(권위형) 계열		Y이론의 민주형 계열	
① 선도형	② 독재형	① 배려형	② 민주(참여)형
③ 상관 중심형	④ 면밀한 감독형	③ 부하 중심형	④ 일반적 감독형
⑤ 지도자 중심형	⑥ 생산 중심형	⑤ 피지도자 중심형	⑥ 인간 중심형
⑦ 업적 지향형		⑦ 인간관계 지향형	

2) 오하이오주립대학의 리더십연구: 배려(고려)와 구조주의

1940년대 후반 오하이오(Ohio)주립대학 스토그딜(R. M. Stogdill)과 플레이시맨(E. A. Fleishman)이 주관해 구조주의와 배려에 중점을 두는 2차원적 접근 방법에 의해 일련의 리더십 연구가 진행됐다. 구조주의(initiating structure)란 집단의 각 구성원의 역할과 직무 수행의 절차를 정하거나 지시・보고 등을 포함한 집단 내의 의사소통 경로를 정하는 것 등 조직화하는 행위를 말한다. 배려(consideration)는 리더와 집단 구성원들 사이의 관계에서 우정, 상호 신뢰, 존경 등을 표시하는 행위를 말한다. 배려와 구조를 별개의 차원으로 평면위에 나타내어 이들 간의 배합 관계로 리더십 유형을 파악한다.

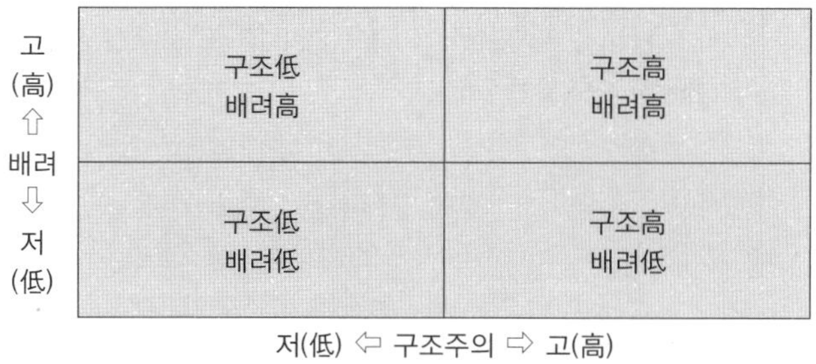

그림 4-2 오하이오주립대학의 리더십 유형

연구 결과 구조(高)·배려(高)의 리더십 유형이 가장 효과적인 것으로 나타났으며, 리더십을 교육·훈련시켜 개발할 수 있음을 시사한다.

3) 미시간대학의 리더십 연구: 리커트의 4대 관리체제론

리커트(R. Likert)를 비롯한 미시간(Michigan)대학의 교수들은 연구 대상인 리더와 부하를 면접하고, 그 결과를 토대로 리더의 행동 유형을 직원 지향적(employee-oriented)·생산 지향적(production-oriented) 리더십 행태라는 두 차원에서 구분했다. 연구 결과 직원 지향적(종업원 중심적) 리더가 생산 지향적(직무 중심적) 리더보다 높은 집단성·직무 만족과 관련성이 있다는 결론에 도달했다.

의사결정에의 참여도 기준으로 한 분류로 리커트는 4대 관리체제론을 제시했다. 기본적으로 과업 지향적 리더와 종업원 지향적 리더로 나눈 다음에 조사 및 개념 분류를 위한 지침으로서 네 가지 관리 체제(system) 모형을 제시했다. 체제 Ⅳ(system Ⅳ)를 적용하는 경영자가 가장 훌륭한 성공을 거두고 있으며, 이러한 관리 방법을 이용하는 부서나 회사가 목표 달성에 가장 효율적, 생산적이라고 지적했다.

표 4-12 리커트의 4대 관리체제론

구분	특징	리더의 부하 신뢰
체제 Ⅰ (수탈적 권위형)	상급자가 권력을 독점하며 일방적으로 의사결정	거의 신뢰하지 않음
체제 Ⅱ (온정적 권위형)	상급자의 동의에 의한 부분적 권한위임	어느 정도 신뢰
체제 Ⅲ (협의적 민주형)	주요 정책 외에는 하급자가 결정	상당히 신뢰
체제 Ⅳ (참여적 민주형)	모든 결정 과정에 하급자의 광범위한 참여	완전히 신뢰

4) 관리격자도이론: 블레이크과 모튼의 행동유형론

블레이크와 모튼(R. Blake & J. Mouton)은 오하이오주립대학의 연구를 연장시켜 리더의 행동유형론을 더 구체화하고 리더십을 두 개의 차원으로 고려했다. 효과적인 리더십의 조건으로 조직구성원과 생산성에 대한 관심도를 중심으로 설명하는 관리망(management grid)이론이다. X축에 생산(과업)에 대한 관심과 Y축에 인간에 대한 관심이라는 두 가지 변수에 따라서 변수값을 각각 9등분해 81개의 관리망 유형을 제시하고 이 중에서 대표적인 리더십 유형 다섯 가지를 설정했다.

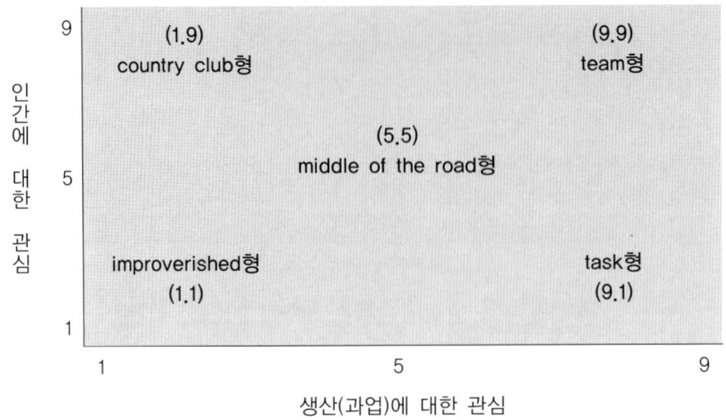

그림 4-3 관리격자 유형

행동유형론은 눈에 보이지 않는 리더의 자질이나 능력보다는 지도자가 실제 어떤 행동 유형을 보이고 있는가에 초점을 뒀다.

리더십의 유형(행동유형론)은 ① (1.1)형(빈약형)으로 인간에 대한 관심과 생산에 대한 관심이 최소 수준에 머무는 유형이다. ② (1.9)형(친목형)은 생산에 대한 관심은 낮으나, 인간에 대한 관심은 높은 유형이다. ③ (9.1)형(과업형)은 인간에 대한 관심은 낮으나, 생산에 대한 관심은 높은 유형이다. ④ (9.9)형(단합형)은 인간에 대한 관심과 생산에 대한 관심이 높은 유형이다. ⑤ (5.5)형(절충형): 인간에 대한 관심과 생산에 대한 관심이 모두 적당한 정도인 유형이다.

여러 가지 유형의 리더십 중 단합형의 리더십이 가장 이상적이며, 아울러 이에 접근할 수 있도록 리더를 훈련시켜야 한다는 입장이다.

6. 상황이론

리더십의 효율성은 상황에 따라 달라진다고 보고 리더십의 효율성에 영향을 주는 상황 요인을 규명하는 데 초점을 둔다. 리더십의 행동 유형에 효율성이라는 차원을 추가한 3차원적 이론도 이에 포함한다.

1) 탄넨바움과 슈미트의 상황이론

탄넨바움과 슈미트(R. Tannenbaum & W. H. Schmidt)는 의사결정 과정에서 리더의 권한 영역과 부하의 자유재량 영역이 어느 정도인가에 따라, 전제적 리더와 민주적 리더를 양극으로 해서 하나의 연속선 위에서 파악함으로써 리더의 다양한 행위 유형을 제시했다.

리더십의 유형은 전제적 리더십, 협의적 리더십, 민주적 리더십으로 구분했다. 전제적 리더십(㉠)은 리더가 의사결정하고 이를 공포 부하를 설득하는 것이다. 협의적 리더십(㉣)은 리더가 결정을 제시하고 부하의 의견 청취하며, 리더의 최종 결정을 내리는 것이다. 민주적 리더십(㉦)은 리더가 범위・한계를 결정하고 부하가 스스로 결정(자율적 행동)하는 것이다. 그러나 어떤 유형이 가장 효과적이라고는 말할 수 없다.

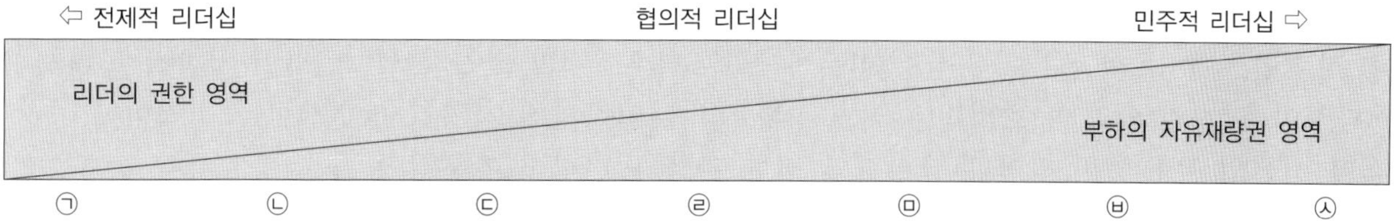

그림 4-4 탄넨바움과 슈미트의 리더십 유형

2) 피들러의 상황적응이론: 목표성취이론

피들러(F. Fiedler)는 가장 좋아하지 않는 동료(least preferred coworker: LPC)라는 척도에 의해 인간관계 중심적 리더십 행태와 과업 중심적 리더십 행태를 비교・연구했다. 리더십의 효과성을 결정짓는 상황변수(상황의 호의성)로 상하간의 관계, 업무 분담 구조, 리더의 직위 능력을 제시했다. 상하간의 관계는 구성원이 리더를 어느 정도 신뢰하고 좋아하는가 하는 정도에 따라 양(良), 불량(不良)으로 구분했는데, 좋은 관계가 리더에게 호의적 상황이 된다. 업무 분담 구조(task structure)는 과업이 어느 정도 명확하게 규정돼 있는가 하는 정도로 구조적(structured)과 비구조적(unstructured)으로 구분했는데, 구조화될수록 성과통제가 용이하고 리더에게 호의적 상황이 된다. 리더의 직위 권력(position power)은 리더의 직위 권력은 강(strong), 약(weak)으로 구분했는데, 직위 권력이 강할수록 지도력 행사가 용이하고 리더에게 호의적 상황이 된다.

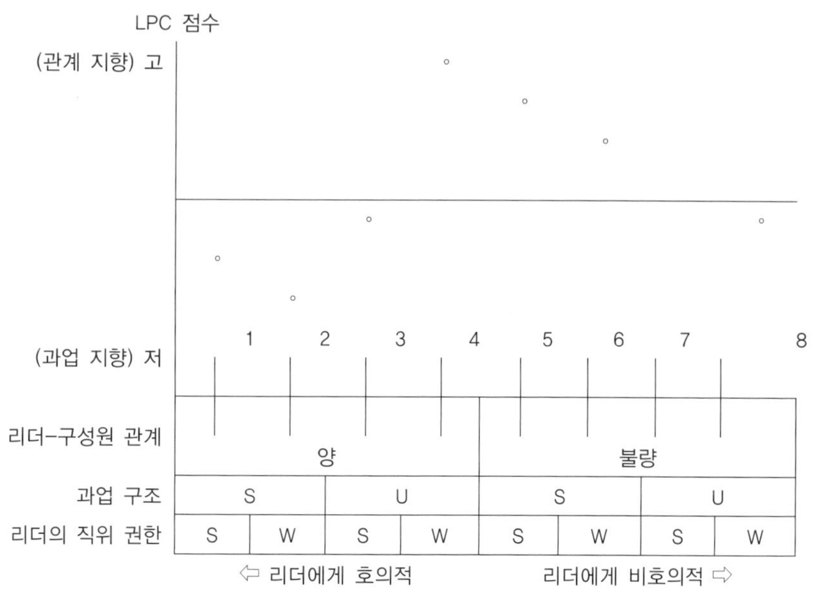

그림 4-5 피들러의 리더십 유형

리더십의 유형은 LPC 점수를 이용해 가장 싫어하는 동료 작업자에 대해 리더에게 물어봐 측정했는데 LPC 점수가 낮을수록 과업 지향적인 가능성이 크고, 높을수록 종업원 지향적일 가능성이 크다.

리더십과 상황의 적합 관계에서 상황의 유리함과 불리함에 따라서 리더십의 효과성이 달라진다. 상황이 매우 호의적(1, 2, 3 상황)이든가, 매우 비우호적(7, 8 상황)일 때 과업 지향적 리더십이 효과적이다. 중간 정도의 호의적(4, 5, 6 상황)일 때 인간관계 지향적 리더십이 효과적이다.

이 이론의 유용성은 리더와 상황과의 적합 관계가 리더십 유용성에 가장 중요함을 밝혔으며, 상황의 변경을 통한 유효성의 증대가 가능함을 암시한다. 그러나 리더 행위의 분류 기준으로서 LPC 점수를 사용하는 것이 타당한지가 의문이 되며, 리더의 행동과 리더-부하의 관계는 상호작용 과정에서 달라질 수 있다. 또한, 상황의 분류가 단순하며 리더십 유형을 이원화했다는 데 한계가 있다.

3) 허시와 블랜차드의 리더십 수명주기 이론: 성장과정이론

허시와 블랜차드(D. Hersey & K. Blanchard)는 오하이오주립대학의 구조주의와 배려 모형에 기초해 리더의 행위를 관계 지향적 행태(인간 중심적 리더십)와 과업 지향적 행태(과업 중심적 리더십)에 성숙성 차원을 추가해 3차원의 상황적 리더십이론을 주창했다.

상황변수로 부하의 성숙도(maturity) 또는 대비성(readiness)을 도입했으며, 부하의 성숙도는 직무상 성숙도(기술, 능력 등)와 심리적 성숙도(자신감)로 분류하고 성숙도의 정도에 따라 리더십의 효율성도 달라진다. 부하의 성숙도가 낮은 상황에서는 지시적 과업형이 효과적이며, 부하의 성숙도가 중간 상황에서는 관계성 행동이 효과적이다. 그리고 부하의 성숙도가 높은 상황에서는 분권적 과업형이 효과적이다.

4) 하우스와 에반스의 경로-목표이론

하우스(R. J. House)와 에반스(M. Evans)의 경로-목표이론(path-goal theory)은 부하가 자기 목표를 달성하는 데 도움을 주고 진로에 대한 장애를 제거함으로써 목표에 이르는 진로를 명확히 해서 부하의 목표가 집단 또는 조직의 전체 목표와 양립할 수 있도록 지시·지원하는 것이 리더십의 역할이라고 보는 이론이다. 이러한 진로-목표이론은 부하의 특성과 과업환경 요인 등 상황적 요인이 리더십 행태에 어떻게 작용하는가에 초점을 둔다. 리더십 행태에 관한 오하이오대학 실험과 동기부여에 관한 기대이론을 배합시킨 이론으로 지도자의 행태가 부하의 직접 만족 원인이 되거나 장래의 만족 수단이 되는 정도에 따라 부하에 의해 수용될 수 있다고 본다.

리더십 행태 유형은 부하가 할 일과 따라야 할 사항을 지시하는 지시적(directive) 리더십, 부하의 욕구와 복지에 관심을 갖는 지원적(supportive) 리더십, 부하와 업무 활동을 상의하고 의사결정에 참여시키는 참여적(participative) 리더십, 도전적 목표를 수립하고 부하가 자신의 능력에 자신을 갖게 해서 최고의 성과를 달성할 수 있도록 하는 성취 지향적(achievement-oriented) 리더십으로 구분했다.

리더십의 효과성에서 구조적인 과업 상황에서는 지원적 리더십이 효과적이며, 비구조적인 과업 상황에서는 지시적 리더십이 효과적이다. 그러나 이 이론은 기대이론이 갖는 한계를 벗어나기 어렵고, 변수의 검증이 곤란하다. 또한, 리더십 상황에 맞도록 리더십 행태를 바꿀 수 있다는 전제에 문제가 있다.

5) 레딘의 3차원 모형

레딘(W. J. Reddin)은 과업을 지향하는가, 아니면 인간관계를 지향하느냐에 따라 기본 유형을 4개 유형으로 분류하고 효율성은 상황에 따라 가변적이라고 주장한다.

표 4-13 레딘의 리더십 유형

기본 유형		가변 유형	
		상황에 적합한 경우	상황에 부적합한 경우
분리형	과업 · 인간관계를 모두 경시	관료형	이탈자(방관형)
헌신형	과업만을 중시	온정적 독재자형	독재형
관계형	인간관계만을 중시	개발자형	전도사형
통합형	과업 · 인간관계를 모두 중시	관리자형	타협형

6) 유클의 다중연결모형

유클(G. Yukl)의 다중연결모형(multiple linkage model)은 리더의 열한 가지 행동을 원인변수로 보면서 여섯 가지의 매개변수와 세 가지 종류의 상황 변수를 이용해 부서의 효과성(unit effectiveness)을 설명한다.

일반적인 명제는 다중연결모형의 단위 부서의 효과성은 단기적으로는 리더가 매개변수에서 부족한 면을 얼마나 시정하는가에 달려 있으며, 장기적으로는 리더가 상황 변수를 얼마나 유리하게 만드는가에 달려 있다. 다중연결모형은 리더의 각 행동별로 효과적인 상황을 제시하는데, 리더의 업무 부담이 과중하면서, 부하는 유능해서 리더의 과업 목표를 분담하고 있고, 기꺼이 추가적인 책임을 맡을 태세를 부하가 갖고 있을 때 효과적이다.

유클의 다중연결모형은 리더십의 여러 선행 연구를 기초로 개발됐으며, 기존의 이론들을 집대성한 것인데, 가장 큰 문제는 이론의 복잡성으로 인해 실증적으로 그 타당성을 검증한다는 것이 상당히 어렵다는 것이다. 그러나 국내학자(이창원, 1994)들의 연구를 통해 다중연결모형의 타당성

표 4-14 다중연결모형의 변수

구분	변수		
원인변수	① 명확화 행동	② 지원적 행동	③ 갈등관리 및 협동심 제고
	④ 동기 유발	⑤ 인정 및 보상적	⑥ 계획 및 조직화
	⑦ 문제 해결	⑧ 협의 및 권한 이양	⑨ 통제 및 정보 수집
	⑩ 정보 전파	⑪ 교재망 개발 및 유지	
매개변수	① 부하들의 노력(subordinate effort) ② 부하들의 능력 및 역할명료성(subordinate ability and role clarity) ③ 과업의 조직화(organization of the work) ④ 집단 내 협동 및 응집력(cooperation and cohesiveness) ⑤ 업무 수행을 위한 자원 및 지원(resources and support)의 제공 ⑥ 다른 부서와의 업무 조정(external coordination)의 원활성		
상황변수	① 매개변수에 직접적으로 영향을 미치고 집단 성과에 간접적으로 영향을 미치는 것 ② 집단 성과의 결정 요인으로 매개변수의 상대적 중요성을 결정하는 것 ③ 리더의 행동이 매개변수에 미치는 영향을 상황적으로 조절하는 것		

이 어느 정도는 입증됐다고 할 수 있다.

7. 신속성론(신자질론)

1) 카리스마적 리더십: 하우스

하우스(R. J. House)는 부하들이 리더를 지원하고 수용하도록 만드는 대인적 매력으로 카리스마적 리더십(charismatic leadership theories)은 제도와 법규에 의해 형성되는 것이 아니고, 개인의 대인적 속성에 기인하는 것이므로 지도자 상실 시 권위의 공백이 발생할 수 있다. 리더의 높은 자신감, 강한 동기, 도덕적 정당성에 대한 신념을 기초로 하는 신속성론이다.

카리스마적 리더의 특징은 ① 부하들은 리더의 신념이 옳다고 믿는다. ② 부하들의 신념과 리더의 신념은 유사하다. ③ 부하들은 리더에게 애정을 느낀다. ④ 부하들은 자진해 리더에게 복종한다. ⑤ 부하들은 자신의 임무에 감정적으로 몰입한다. ⑥ 부하들은 스스로 근무 성과의 목표를 높게 설정한다.

2) 변혁적 리더십: 번스, 웟슨과 레이니(Burns, Watson, & Rainey, 1978)

변혁적 리더십(transformational leadership)이란 종전의 거래적 리더십(transactional leadership)에 대비되는 개념으로서 변화에 능동적으로 적응하는 리더십을 말하며, 급격한 개혁을 추구하는 리더십을 의미하는 것은 아니다. 변혁적 리더는 영감·비전·카리스마를 소유하나 도전을 용납할 수 있는 리더, 조직의 생존을 가능하게 할 리더, 전략적 선택을 해나가면서도 자신이 틀릴 수 있다는 개방된 마인드를 소유한 리더다.

변혁적 리더십의 대두 배경은 교환적 리더십의 한계로부터 나타난 것이다. 권위형·민주형 리더십이론 및 상황적응이론 등 고전적인 리더십이론이나 상황론의 공통된 한계는 분석의 초점을 하급관리자에 둔 결과 주로 상관과 부하와의 관계성에 초점을 둔 나머지 주로 부하와 상관과의 교환적 거래 관계에 기초한 교환적·거래적 리더십(transactional leadership)에 집착한다. 교환적 리더십을 최고관리자나 이들과 하급관리자 간의 연락이 주된 역할인 중간관리자에게는 적용하기 어렵다고 보고 이를 대신하는 이론이 필요하게 됐는데 이것이 바로 레이니(H. Rainey)와 웟슨(S. Watson) 등이 주장한 전환적·변혁적 리더십이론이다.

변혁적 리더십의 특징은 첫째, 카리스마(charisma)다. 이는 리더는 임무에 대한 비전과 감각을 제공하고, 구성원에게 자신감을 불어넣으며, 존경과 신뢰를 얻는다. 둘째, 영감(inspiration)이다. 리더는 부하에게 도전적 목표와 임무, 미래에 대한 비전을 공유하고 추구하도록 격려해 조직 몰입도를 제고한다. 셋째, 지적 자극이다. 리더는 부하에게 간단한 방식으로, 노력을 집중시키기 위해 상징(symbol)을 이용하고 중요한 목적을 표현함으로써 높은 기대치를 상호 공유한다. 넷째, 개개인을 고려한다. 리더는 부하의 특성을 파악하고 이를 적합하게 고려함으로써, 개개인의 특성에 따라 코치하고, 충고한다. 다섯째, 생존과 적응 중시한다. 외부로부터의 자원 확보 등 조직의 생존과 적응을 중시한다. 여섯째, 변화 지향적 리더십이다. 이는 급변하는 환경에 적응하는 개방 체제적 리더십이다. 일곱째, 촉매적 리더십이다. 리더는 부하에게 창조적 사고와 학습 의지, 새로운 관념을 촉발시키는 지적 자극을 부여한다.

변혁적 리더십의 구성 요인을 자세히 살펴보면 다음과 같다. 카리스마는 은사(gift)란 뜻을 가진 그리스어다. 리더의 초자연적 능력, 신성한 속성, 리더의 개성적 자질 등을 의미해 왔다. 구성원들의 미래에 대한 비전을 제공하고, 자부심을 심어주고, 존경과 신뢰를 얻는 것. 이때의 비전이란 조직이 추구하려는 공유된 가치를 대변하는 이상을 의미한다. 비전은 서면으로 전달되는 것보다 연설이나 잦은 비공식적인 대화를 통해 핵심을 전달하는 것이 바람직하다. 영감은 카리스마적 리더십 내부에 존재하는 하위 요인이다. 개별적 배려는 오하이오주립대학의 배려의 개념과 유사하며, 리더가 자신의 영역 속에 있는 구성원들에게 개별적인 관심을 보여줌으로써 구성원들의 자기존중감과 자아정체성을 높일 수 있도록 도움을 주고, 결과적으로 리더가 카리스마적 속성을 보유할 수 있도록 만들고, 부하들로 하여금 리더를 변혁적 인물로 지각하게 만드는 데 일조한다. 지적 자극은 리더에 대한 강한 복종이나 신뢰에 의해 특징지어지는 카리스마와는 달리, 부하의 자율성을 보장하고 그들의 의존 성향을 제거하는 속성을 지니고 있다. 그들은 부하들을 변혁적이고 새로운 시도에 도전하도록 고무하며, 스스로 문제 해결책을 찾도록 격려하고 자극한다.

반면, 거래적 리더십은 리더가 보상이나 벌을 사용해 부하들이 자신의 직무 요구를 충족시키도록 동기부여시키는 형태의 리더십이다. 구성 요인을 살펴보면 리더가 부하들의 업적 수준과 만족에 관계된 보상을 하는 것을 의미하는 보상이 있다. 그리고 예외관리가 있으며, 예외관리에는 적극적 개념과 소극적 개념이 있다. 적극적 개념은 기대된 성과 기준에 부합되지 않은 과오, 예외, 편차에 대해 경고함으로써 적극적인 수정 조치를 취한다. 일반적으로 부하들의 성과와 직무 만족에 부정적 영향을 미치고 있는 것으로 나타난다. 소극적 개념은 가능한 한 문제가 뚜렷하게 돌출되지 않을 경우 어떤 행동도 취하지 않는 개념이다. 중재의 경향을 갖는다. 마지막으로 자유방임이 있는데, 이는 부하들에게 책임감을 위양하는 것을 의미하며, 리더십의 부재다.

표 4-15 거래적 리더십과 변혁적 리더십의 비교

구분	거래적 리더십	변혁적 리더십
변화관	안정 지향, 폐쇄적	변화 지향, 개방적
관리 초점	하위관리자	최고관리층
관리전략	상관과 부하 간의 교환이나 통제	영감이나 비전 제시에 의한 동기 유발
이념	능률 향상	적응 지향
조직구조	• 기술 구조(기술 위주) • 기계적 관료제에 적합	• 경계작용적 구조(환경과의 연계 작용) • 단순구조나 임시조직에 적합

제 5 장 조직의 양태와 쇄신

제1절 관료제

1. 관료제의 개념

1) 관료제의 일반적인 개념

관료제(bureaucracy)는 매우 다의적인 개념이며, 불확정 개념이다(C. Merriam). 조직구조로서의 관료제, 조직 병폐로서의 관료제, 현대의 거대정부로서의 관료제, 고발 대상으로서의 관료제 등 다양한 의미로 사용된다. 일반적으로 관료제란 계층제적 구조를 가진 대규모의 복잡한 합리적·능률적 관리조직을 의미한다. 관료제는 대규모 조직의 가치중립적인 속성·특성을 의미하기도 하고, 정부 기능과 관련되어 국가관료제·공공관료제·행정관료제 등과 동일한 뜻으로서 국가행정의 집행기관을 의미하기도 한다. 최근 동태적 조직(adhocracy)에 의해 비판을 받는 전통적 조직 형태로 상하 계층의 존재, 규칙에의 의존, 분업과 전문화 등의 특징을 가진 법적 권위에 기초를 둔 대규모 조직을 의미한다.

2) 관료제의 구조적 측면(구조적 개념설): 베버의 이론

관료제는 계층제(hierarchy) 형태를 가진 대규모 조직으로서 의사결정의 수직적 중심이 명확한 조직이다. 따라서 종합병원은 대규모조직이지만 단일의 의사결정의 중추가 없는 조직이기 때문에 관료제라고 할 수 없다. 그리고 관료제는 국가행정기구 이외에 사기업·노동조합·농업단체 등 모든 대규모 사회집단에서 공통적인 관리 업무를 담당하는 조직을 의미한다.

3) 관료제의 기능적 측면(기능적 개념설): 합리적·병리적·권력적 측면

관료제의 기능적 측면에서는 관료제의 합리성, 관료제의 역기능, 관료제의 권력성이 논의된다. 관료제의 합리성(bureau-rationality)은 관료제를 조직의 목표 달성을 극대화하는 능률적·합리적 기능을 가진 조직으로서 파악하며, 관료 행태의 특성으로서 객관성·정확성·일관성·전문성 등을 강조한다. 관료제의 역기능·병리(bureau-pathology)에서는 관료제를 비능률적 조직으로서 인식하며, 관료의 행태는 역기능적·병리적 경향을 가진다는 점을 강조한다. 관료제의 권력성에서 관료제란 관료집단이 정치 권력의 주요한 장악자로서의 지위에 있으며, 광범위한 권력을 행사하는 관료에 의한 지배를 의미한다.

4) 관료제의 종합적 개념설

구조적 측면(단일의 의사결정 중추를 가진 조직)과 기능적 측면(관료제의 합리성·병리성·권력성)을 함께 고려한 개념이다.

2. 베버의 관료제이론

19세기 후반부터 시작한 산업화는 20세기 초에 와서는 거대한 산업 조직을 탄생시켰고, 정부나 기타 사회조직들도 그 규모가 커지면서 조직적 사회가 되고 있었다. 그 무렵 독일의 베버(M. Weber)는 『관료제』(1901)라는 저서에서 대규모 조직의 구조와 운영의 공식화가 필요함을 예측하고 우선 관료주의를 분석하고 관료제의 가장 특징적인 요소를 추출함으로써 이를 순수한 이상적 관료제로 발전시켜 행정 사상 가장 유용하고 지속적인 업적을 이룩했다. 베버는 이상적 관료제가 효율성과 합리화를 극대화하기 위한 것으로 보고 관료제가 대규모 조직을 능률적으로 움직일 수 있는 조직모형이라고 했다.

1) 베버이론의 성격

베버이론의 성격은 이념형, 보편성, 합리성으로 정리할 수 있다. 이념형(ideal type)이란 베버의 관료제 모형은 당시 존재하는 관료제의 속성을 평균화해서 정립한 것이 아니라 관료제의 가장 특징적인 것만 추출해서 정립한 전형적(typical)이자 가설적 모형이므로 사실적 기술(記述)이 아니며 실제 존재하지 않는 조직이다. 경험에 의한 모형이 아니라 고도의 사유 과정을 통해 구성된 이념형으로 복잡하고 유동적인 사회 현상을 설명하기 위한 방편으로 하나의 통일된 개념적 모습을 설정한 것이다.

보편성은 관료제는 공·사행정을 막론하고 모든 조직이 계층제 형태를 띤 관료제 구조를 의미한다.

합리성은 관료제 구조는 조직의 목표 달성을 위해 인적·물적 자원을 집중적이고 최고도로 활용할 수 있도록 편제돼 있으며, 계층제에 의한 능률성과 법 앞의 평등에 의한 합법성을 추구할 수 있는 가장 합리적이고 이상적 조직이라고 본다.

2) 관료제의 지배유형이론: 지배(권위)의 정당성을 기준으로 분류

지배의 유형(type of authority)에서 베버는 지배를 "권위를 지닌 명령 권력"으로 정의한다. 지배의 정당성을 기준으로 해서 지배의 유형을 전통적 지배, 카리스마적 지배, 그리고 합법적 지배로 구분하고, 이들 중 근대 사회를 특징짓는 것은 합법적 지배이며, 이것이 관료제적 지배라고 했다.

전통적 지배(traditional authority)란 지배의 정당성의 근거가 오랜 전통 내지는 지배자의 권력의 신성성에 대한 신념에 입각하고 있는 지배 유형을 의미한다. 전통적 지배가 전형적으로 이뤄지고 있는 것이 가산관료제다. 조선 시대는 가산관료제의 성격을 띠었다고 할 수 있다.

카리스마적 지배(charismatic authority)는 일상적인 것을 초월한 지도자의 뛰어난 자질이나 능력에 대한 외경심이 피치자의 복종 근거가 되는 지배 유형이다. 카리스마적 권위(지배)가 이뤄지고 있는 것은 카리스마적 관료제다.

합법적 지배(legal authority)는 지배의 정당성이 법규화된 질서 혹은 명령권의 합법성에의 신념에 입각하고 있는 지배 유형을 말한다. 합법적 권위(지배)가 이뤄지고 있는 것은 합법적·합리적 관료제다. 합법적·합리적 관료제는 근대 관료제이며, 유럽의 근대국가에서 주로 보게 된다. 근대 관료제가 본래의 관료제다.

베버의 지배 유형은 다음과 같은 세 가지 수준에서 적용될 수 있다. 그런데 이러한 지배 유형은 현실에서 엄격히 적용될 수 있는 것은 아니며 사실상 많은 혼합형이 존재한다. 예컨대 고대 이집트·중국왕조·동로마제국에도 반전통적·반관료제적 조직이 있었다. 사회적 수준에서는 전통적 사회·카리스마적 사회와 관료제적 사회를 비교할 수 있다. 사회적 단위의 수준에서 가족은 관료제적 사회에서 전통적인 사회 단위로 볼 수 있고, 복합적 조직은 카리스마적 시대에도 관료제적인 사회 단위로 볼 수 있으며, 혁명적 정당은 전통적 사회에서도 카리스마적인 사회 단위로 볼 수 있다. 상하 관계의 수준에서는 일정한 조직 내에서 상급자와 부하와의 관계를 특징짓는 데 세 가지의 지배 유형을 적용할 수 있다. 이는 전통적 지배, 카리스마 지배, 합법적 지배를 관료제조직 내부에서의 상하 관계 지배에 대응시켜 지위에 의한 지배, 권위에 의한 지배, 권한에 의한 지배로서 식별하는 견해다.

3. 근대 관료제의 특징

1) 근대 관료제의 성립 요인: 관료제 성립의 사회적·경제적 전제 조건

근대 관료제의 성립 요건은 화폐경제의 발달, 행정사무의 양적 증대, 행정사무의 질적 변화, 관료제적 조직의 기술적 우위성, 물적 관리 수단의 집중화, 사회적 차별의 평균화, 2차 집단의 보호효과, 사회적 세속화 등을 들 수 있다.

화폐경제의 발달은 봉건관료의 현물급여에 대해 근대관료는 화폐 급여의 형태를 취하고 있으므로 근대적 화폐경제의 발달이 관료제 성립의 전제 조건이다. 관료제는 행정사무의 양적 증대 및 행정의 전문화·기술화 등 행정 사무의 질적 변화를 경험한 국가 또는 정당국가에서 주로 성립됐다. 직업관료제(기술관료제)는 합의제·명예직제·겸직제 등에 비해 정확성·신속성·지속성·신중성·통일성·엄격한 복종, 물적·인적 비용의 절약 등 관료제적 조직의 기술적 우월성을 가지고 있다. 근대 관료제는 국가행정비의 총액을 예산으로 계상해서 하급기관에 경상비를 제공하고, 그 비용에 관해 규율하고 통제하며, 일반적으로 행정 기능의 담당자와의 관계에서 경제적·사회적 차별이 상대적으로 평균화되는 경우에 비로소 지배적인 것이 된다. 근대 관료제는 혈연이나 지연보다는 계약에 의한 이익사회가 보편적이다. 따라서 근대 관료제는 전형적인 2차집단의 일종이고, 중세 교회의 지배로부터 인간 이성을 해방시키기 위한 정교분리(政教分離)운동의 영향을 받았다.

2) 근대 관료제의 특징: 합법적 · 합리적 관료제로서 관료제의 구조적 특징

근대 관료제는 합법적이고 합리적인 관료제라 할 수 있다. 이는 법규에 의한 지배, 권한의 명확성, 직위계층제, 공 · 사의 구별, 전문적 자격, 문서주의, 전임직, 고용 관계의 자유계약성, 비개인화 · 몰인간성 · 비정의성 · 공평성 등을 특징으로 한다.

관료제의 성립은 합법적으로 제정된 법규에 근거를 두고 있다. 법규의 지배가 확립된 것이며, 모든 직위에 관한 직무 범위와 직무 수행에 필요한 명령권은 법규에 의해 부여된다. 조직 단위 상호간 또는 조직 내부의 직위 간에는 명확한 명령 복종 관계가 확립되고 있으며, 직무 수행은 몰주관적 · 비인격적 성격을 띠며 정의성 · 비합리성이 지배하는 가족 관계 · 사적 관계는 배제된다. 관료제의 구성원은 전문지식과 능률에 의한 직무활동을 강조하고, 관료제에서 행정행위, 결정 및 규칙은 공식화되고, 직무 수행은 구두가 아닌 문서로써 처리하는 것이 원칙이다. 직무 수행에는 구성원의 모든 능력과 지식이 요구되며, 적어도 형식적으로는 쌍방의 자유 의사에 따른 자유로운 계약이 형성된다. 관료는 감정과 편견 등 인간적 오류가 배제된 비정의적 · 비개인적 업무 수행을 중시하는 몰인간적 초연성(impersonality)을 추구하므로 국민 개개인의 어려운 사정이나 개별적인 요건을 고려하지 않는 보편타당한 행정을 추구한다.

표 5-1 가산관료제와 근대 관료제의 비교

구분	가산관료제	근대 관료제
권한 행사	관료의 자의성 - 예측 불가능성	법규에 의한 지배 - 예측 가능성
공직관	관직의 사유화 및 공사 구분의 결여	공사 분리(공사 구분의 명확)
직업관	겸직	전임직업
필요 지식	일반 교양 지식	전문지식
고용 관계	인격적 지배가 농후	자유계약 관계 - 비인격적 · 비정의적

4. 베버이론의 비판과 수정

1) 1930년대 인간관계론과 미국 사회학자에 의한 부분적 비판

인간관계론과 미국의 사회학자들은 조직관 차원에서 관료제의 공식적인 면만을 강조하고 비공식적인 면을 도외시했으며, 인간관 차원에서 관료제의 합리적인 면만을 강조하고 비합리적인 면을 등한시했다(P. M. Blau)는 비판을 제기했다. 그리고 기능 차원에서 관료제의 순기능만을 강조하고 역기능 내지 병리 현상을 경시했으며(R. K. Merton), 환경관 차원에서는 관료제의 내부문제만 보고 환경과의 관계를 고려치 않은 폐쇄적 이론이라고 비판했다(P. Selznick).

2) 1960년대 발전행정론에 의한 전면적 비판

발전행정론에서는 관청 권한의 명확화 문제, 계층제 문제, 전문지식 · 기술문제, 법규화에 의한 행정의 문제의 차원에서 비판을 제기했다. 관청의 권한을 법령을 규정하는 것은 신축적인 행정 처리의 곤란과 발전에 장애 요인이 되며, 계층제를 지배 · 복종의 체제로 보기보다는 상하간의 분업이나 협동의 체제로 파악한다. 관료는 전문적 지식도 중요하지만 사회 전반에 대한 넓은 이해력과 발전지향성이 더 필요하며, 합법적 행정은 물론, 발전 목표에 일치되는 합목적성이 요구된다는 것이다.

3) 1970년대 신행정론에 의한 극단적 비판: 후기관료제모형, 탈관료제모형

후기관료제모형(적응적 · 유기적 조직)에서 베니스(W. G. Bennis)는 베버의 기계적 · 집권적 · 정태적인 관료제 조직모형은 급격한 사회 변동에 대한 적응력 확보를 위해 유기적 구조로 전환 · 대체돼야 조직의 생존과 유지가 가능하다고 하면서 '관료제의 종말론'을 주장했다.

1960년대 말 이후 경직된 관료제조직과는 대조적인 조직모형으로서 토플러(A. Toffler)에 의한 동태적 · 임시적 조직(adhocracy)이나 관료제와 애드호크라시(adhocracy) 등이 혼용된 상황이론(contingency theory) 등이 대두됐다.

5. 관료제의 순기능

1) 관료제의 순기능(효용)

관료제가 갖고 있는 순기능은 첫째, 계층제을 통한 승진제도는 인간 본성인 권력 욕구와 상승욕구를 충족시킨다. 둘째, 법규에 의한 공정하고 일관된 행정은 신뢰성과 예측가능성을 확보한다. 셋째, 질서있고 책임있는 의사전달 체계를 수립해 신속한 행정을 구현한다. 넷째, 중하위층에서 만연한 할거주의를 상층에서 제도적으로 갈등을 조정한다. 다섯째, 실적과 능력에 의한 인사제도로 공직에의 기회 균등과 민주화에 기여한다.

2) 1980년대 관료제 옹호론자: 카우프만, 페로, 굿셀 등

굿셀(C. T. Goodsell)은 「공공행정의 논쟁-관료제」(1985)란 논문에서 사람들의 관료제에 대한 부정적 시각은 관료제에 대한 이해 부족에서 나온 것이 많다고 주장하면서 미국 관료제를 적극 옹호하고 있다.

관료제의 옹호 내용을 살펴보면 다음과 같다 ① 동태적인 조직이 일단 문제가 해결되고 나면 다시 관료제로 돌아간다. ② 법 앞의 평등을 무시할 경우 일관성이 저해되고 불평등이 나타난다. ③ 관료제 자체에 대한 부정적인 시각에 편향이 있다. ④ 관료제는 이미 대표관료제, 내부고발자 보호 등에 의해 충분히 통제받고 있다. ⑤ 관료제의 낮은 성과는 무형적이고 다양한 목표 등 실패하기 쉬운 목표를 추구하기 때문이다.

6. 관료제의 역기능

1) 관료제의 역기능에 관한 연구모형

관료제의 역기능에 대한 연구의 대표적인 모형은 머튼(R. K. Merton)의 모형, 블라우(P. M. Blau)와 톰슨(V. Thompson)의 모형, 셀즈닉(P. Selznick)의 모형, 크로지어(M. Crozier)의 모형 등이 있다. 머튼의 모형을 보면, 관리자는 관료의 행동을 통제하기 위한 규칙을 마련하는데 이러한 규칙의 준수는 관료 행태의 경직성을 초래하게 된다. 규칙의 엄수는 형식주의 · 동조과잉이나 목표의 전환이라는 역기능을 낳는다. 블라우와 톰슨의 모형에서 블라우는 동조과잉이나 변동에의 저항과 같은 관료제적 역기능이 조직 내의 사회 관계가 안정성을 가지고 있지 못하다는 점에 원인이 있다고 보았다. 톰슨도 관료조직 내에서 개인의 불안정성 혹은 불안정한 개성에서 관료제의 병리를 연구했다. 셀즈닉의 모형에서 관료제의 권한위임과 전문화는 불가결하지만 그 결과 조직 내 하위 단위 간의 이해관계가 대립되고 전체 목표보다 하위 목표만을 주장하는 역기능이 초래된다고 제시한다. 크로지어의 모형에서 조직구성원은 규칙을 스스로의 이익을 위해 이용하며, 조직의 여러 계층이 현상 유지로 얻게 되는 이익은 구조의 경직성을 초래한다고 파악하면서 관료제의 병리를 문화적 맥락과 관련시켜 고찰하고 있다.

2) 관료제의 역기능(병리 현상)

관료제의 역기능은 문서주의 · 형식주의, 동조과잉, 전문화에 의한 제약, 변동에 대한 저항, 할거주의적 경향, 인간 소외 현상, 무사안일주의, 무능력자의 승진, 관료독선주의, 민주성 · 대표성의 제약, 기타의 병리 등 여러 가지가 제기되고 있다.

문서주의(red tape) · 형식주의(formalism)는 대규모 조직에서 사무 처리의 비합리성을 배제하고 책임의 한계를 명확히 하기 위해 주로 문서에 의한 업무 처리를 하지만 이로 말미암아 이른바 번문욕례, 복잡한 날인 절차, 문서 다작, 형식주의 · 의식주의 등의 현상이 나타난다. 동조과잉(over-conformity)의 의미는 관료가 조직의 목표보다 수단에 지나치게 영합 · 동조(규칙과 절차의 준수를 지나치게 중시)함으로써 조직 목표 달성의 곤란, 창의력 결여, 행정관청론 등의 부작용을 초래한다(Merton & Gouldner). 전문화에 의한 제약이란 전문가는 다른 분야에 대한 이해가 부족하며 할거주의 및 귀속주의를 초래한다. 변동에 대한 저항의 의미는 관료제는 본질적으로 보수주의적 · 현상 유지적인 특징을 가짐으로써 시야가 좁고 포괄적인 통제력이 부족하다(W. G. Bennis)는 것이다. 할거주의적 경향이란 전문화와 분업화가 강조됨으로써 관료들이 자기가 속하고 있는 기관 · 부처 · 국 · 과만을 종적으로 생각하고 다른 기관 · 부처 · 국 · 과에 대한 배려가 없어 횡적인 조정 · 협조가 곤란하다(P. Selznick)는 것이다. 인간 소외 현상(impersonalism)의 의미는 조직의 공식적 측면만 강조한 나머지 조직 내의 대인 관계에 대해서는 지나친 냉담과 무관심 · 불안 의식 등으로 나타나 인격적 관계를 상실하게 된다. 무사안일이란 관료들이 선례나 상사의 지시, 법규, 계층제적 질서만을 따라 업무를 처리하려는 소극적인 경향으로 문제 해결에 적극적 · 쇄신적 태도를 갖지 못하고 상급자의 권위나 선례에만 의존하려는 것이다. 무능력자의 승진이란 계층제적 관료조직의 구성원이 각자의 능력을 넘는 수준까지 승진한다는 '피터의 원리(Peter principle)'가 작용해 모든 직위가 무능력자로 채워지는 경향이 나타난다. 관료독선주의는 관존민비적으로 대하는 권위주의 · 계급주의 · 비밀주의 및 국민에 대한 무책임성이 나타난다. 민주성 · 대표성의 제약이란 행정에 대한 외부통제력이 약화되면 행정의 자율성이 과도화되고 그 결과로 국민의 자유를 침해하는 등 관료제의 대표성 · 민주성을 저해한다(J. D. Kingsley). 그리고 조직 내의 사회적 관계의 개인 심리의 불안정성(P. M. Blau와 V. Thompson), 보수주의화, 전통주의화 · 귀속주의 및 극단적인 비밀주의, 권력에 대한 욕구, 공익의 망각 등이 있다.

7. 관료제의 쇄신과 방향

1) 관료제의 쇄신

관료제의 쇄신은 조직구조적 측면, 인간적 측면, 환경적 측면으로 구분할 수 있다. 조직구조적 측면에서는 행정조직의 동태화, 참여와 의사전달의 촉진, 분권화 및 권한의 위임, 할거성의 배제, 보수제도의 개선과 상벌·유인제도의 확립 등을 들 수 있다. 조직의 동태화를 위해 문제 해결 조직·쇄신적 조직·인간 능력 발전 조직을 편성·운영(task force, project team, 막료기관의 활용 등)한다. 권위주의적 행정문화를 지양하고 하의상달을 장려하며, 지나친 집권화는 관료제의 경직화·역기능을 초래하므로 분권화 및 권한의 위임을 추진한다. 하층부 간의 할거주의를 극복하기 위해 조정을 촉진시키며, 공직의 부패를 방지하기 위해 생활 보장 수준에 미치는 보수를 지급하고 공무원의 사기를 앙양시킨다.

인간적 측면에서 변동에 저항하는 소극성을 타파하고 발전 지향적인 행태를 확보한다. 공공 이익에 봉사한다는 사명감과 민주적 공직관을 정립시켜 행정윤리를 확립시키며, 적절한 또는 최소한 신분 보장과 심리적 안정감을 확보한다. 변동의 역군으로서 기능할 창조적 소수자인 잠재적 발전 엘리트를 충원시키고, 구성원의 인간적인 가치가 중시되는 대내적 행정관리의 민주화를 실현시킨다(MBO & OD 등). 환경적 측면에서 관료제의 병리 현상을 역이용하려는 사회 풍토를 개선시키며, 비대해진 관료제의 권력을 민주적으로 제약·견제할 수 있는 제도적인 장치나 시민의 행정통제 의식이 필요하다. 정보공개제도, 행정절차법제도 등을 강화시킨다.

2) 관료제의 방향

관료제조직은 보수적·정태적 측면과 변동에 대응하고 변동을 유도할 수 있는 쇄신적 측면을 함께 가지고 있는 양면적 조직이다. 관료제에 수반되는 여러 가지 병리·역기능이 지적되면서 베버이론은 대폭적인 수정·비판이 가해지고 있다. 개도국에서 국가 발전에 대한 관료제의 역할은 지대했으며, 관료제가 행정 체제의 비교분석을 위한 유용한 준거 기준이 돼 왔다. 따라서 민주적인 관료제로 발전시켜 나가기 위한 통제장치 강구와 발전 지향적, 개방적 관료제로 나아가기 위한 쇄신과 노력이 필요하다.

제2절 관료제와 민주주의

1. 관료제와 민주주의의 관계

프랑스의 정치학자 뒤베르제(M. Duverger)가 『서구 민주주의의 두 얼굴』에서 "관료제는 기술적 합리성을 통한 인간 해방의 수단임과 동시에 인간 억압의 도구가 될 수 있다."고 지적했듯이, 관료제와 민주주의는 법 앞의 평등 등 서로 부합되는 측면이 있으나 한편으로 민주주의의 중요 이념인 인간의 존엄과 가치를 저해하는 측면도 있다.

1) 민주주의와 관료제의 차이

민주주의(democracy)는 다수에 의한 지배와 민주성의 추구하며, 관료제(bureaucracy)는 소수에 의한 지배와 능률성의 추구라는 측면에서 서로 다르다.

2) 관료제의 비민주성 · 반민주성

본래 관료제는 권력의 집중과 권력의 효율적 행사에 적절한 장치이므로 이로 말미암아 초래되는 역기능 · 병폐가 지적되고 그 비민주적 · 반민주적 성격이 비판받아 왔다.

3) 시민적 자유와 관료제적 지배

베버는 관료제를 민주주의와 반드시 대립적인 것이라고 보지는 않았으며 근대 대중민주제에 불가피하게 수반되는 현상이라고 이해했으나 시민적 자유에 대한 관료제적 지배의 침해 가능성에 큰 관심을 가진 바 있다.

2. 관료제와 민주주의의 이론적 파악

관료제는 권위 내지 지배 관계와 능률성 · 합리성을, 민주주의는 자유 · 평등 내지 다수결의 원칙이나 소수파의 의견 존중과 반대의 자유 보장 등을 각각 기반으로 하고 있다. 따라서 관료제와 민주주의의 이론적 관계는 조직에서 합의에 도달하는 과정과 집행하는 과정으로 나눠서 고찰할 수 있다. 즉, 합의 도달 과정인 목표 설정 · 정책결정 과정은 민주적 절차가 요구되며, 집행 과정인 목표 달성은 관료제적 조직이 요구된다고 인식하는 것이다(P. M. Blau).

관료제와 민주주의는 이론상으로는 구별될 수 있지만 현실적으로 많은 조직이 목표 설정과 목표 달성의 두 가지 기능을 아울러 가지고 있다. 민주적 결정은 그 집행을 위한 능률적 행정장치를 필요로 하지만 능률의 요구와 민주적 결정의 요구가 양립되기 어려운 경우가 빈번하다.

3. 관료제의 민주주의에 대한 역작용

1) 대외적 민주주의에 대한 저해

관료제는 권력의 집중, 관료의 특권집단화, 책임 의식의 결여 등으로 인해 대외적 민주주의에 대한 저해의 문제점이 제기된다.

관료제를 장악하고 있는 소수인이나 임명 관료에게 지나치게 권력을 집중시킴으로써 권력의 불균형을 초래해 민주주의를 저해할 위험이 있다. 관료의 특권집단화 문제에서 래스키(H. J. Laski)는 관료제가 국민의 이익보다 관료 또는 관료집단 스스로의 이익을 추구하는 세습계급화를 우려했고, 파이너(H. Finer)는 관료제가 특수계층을 형성해 국민의 요구는 외면하고 국민 위에 군림하는 체제라고 비판했다. 그리고 행정국가화에 따라서 관료제가 정책결정을 실질적으로 주도하고 있지만 행정수반이나 상관에게만 책임지려 할 뿐 국민에게는 아무런 책임도 지지 않고 있다.

2) 대내적 민주주의에 대한 저해

관료제의 대내적 민주주의에 대한 저해는 소수의 간부에게 권력이 집중되는 현상이 나타나게 되며, 미헬스(R. Michels)의 이른바 과두제의 철칙(the iron law of oligarchy)이 적용된다. 자발적인 임의단체(voluntary association)나 비공식조직도 점차적으로 비민주적 보수화 내지 관료제화의 경향으로 나아가게 된다.

4. 관료제의 민주주의에 대한 기여

첫째, 민주적 목표의 능률적 수행이다. 민주적으로 결정된 조직목표의 목표는 고도의 기술적 합리성과 기능성을 가진 관료제를 통해 성공적으로 달성될 수 있다.

둘째, 법 앞의 평등 확립이다. 관료제는 정실이나 자의에 의한 개별주의를 배격하고 일반적 규칙에 의한 보편주의를 추구함으로써 법 앞의 평등을 확립하는 데 기여한다. 그러나 합법적·합리적 지배에 입각한 근대 관료제가 확립돼 있지 않은 발전도상국가의 관료제에서는 권한 행사의 자의성이나 개인적 관계 혹은 충성심에 기초를 둔 인격적 지배가 큰 비중을 차지한다.

셋째, 공직 임용의 기회 균등이다. 차별 없이 전문적 지식과 실적 및 능력에 따른 관료의 임용을 중시한다. 그러나 공직에의 기회 균등을 확립하는 데는 교육의 기회 균등이 전제돼야 한다.

넷째, 국회의 입법 기능 보완이다. 약화된 국회의 입법활동을 관료들의 전문지식으로 보완한다.

다섯째, 국민생활 수준 향상에 기여한다. 개도국의 경우에 정부관료제가 경제 발전에 주도적인 역할을 담당한다.

5. 관료제와 민주주의의 조화

관료제와 민주주의의 관계에서 결코 양자택일의 관계라 할 수 없고, 양면적 성격을 띠고 있다. 서구 선진국의 비약적인 발전이나 고도의 생활 수준 유지는 관료제적 조직의 덕택이었으며 발전도상국가의 비약적인 경제적·사회적 발전도 관료제의 주동적 역할에 의존하지 않을 수 없다. 합리적·능률적 관료제를 충분히 활용하기 위해 시민의 예속화를 방지하고 관료제를 통제할 수 있는 민주적 방안이 강구돼야 하고, 관료제와 민주주의가 조화될 수 있는 최적의 방안이 모색돼야 할 것이다. 그리고 다원적인 민주주의의 가치·규범과 관료제가 추구하는 가치·규범은 조화·통합돼야 한다.

6. 관료제의 권력과 민주통제

1) 관료제의 권력

관료제는 방대한 자원배분권의 장악, 고도의 전문기술 능력과 정보 처리 능력, 합법적인 강제권력 수단의 보유, 높은 사회적 신분·지위의 향유, 광범위한 재량권의 행사 등을 기반으로 강력한 권력을 행사하고 있다. 관료제의 권력에 대한 기본 입장을 살펴보면, 관료제는 지나치게 강력한 권력을 장악했기 때문에 그 정상적 기능으로 되돌아가야 한다는 입장, 관료제는 그 권력의 강화가 불가피하므로 권력을 현명하게 행사하도록 해야 한다는 입장, 권력은 관료제에 불가피하게 수반되므로 관료제의 기능을 필요로 하지 않는 조직을 모색해야 한다는 입장으로 구분된다. 여기서 현실적으로 불가피하게 취할 수밖에 없는 입장은 두 번째 입장이다.

2) 관료제의 민주화

관료제는 대외적 차원에서 입법부・사법부・이익집단・언론이나 혹은 국민 의사를 반영시키는 기타 제도의 통제에 따르도록 해야 한다. 그리고 대내적 차원에서는 관료제의 구성원이 능력을 발전시킬 수 있고 인간적 존엄성이 인정될 수 있어야 한다.

제3절 대표관료제

1. 의의

대표관료제(representative bureaucracy)란 인종・종교・성별・직업・신분이나 계층・지역 등 여러 기준에 의해 분류되는 모든 사회집단이 한 나라의 인구 전체 안에서 차지하는 비율에 맞게 관료조직의 직위들을 차지해야 한다는 원리가 적용되는 관료제다. 따라서 공직 임용 시 임용할당제(employment quota system)를 적용한다.

사회를 구성하는 모든 주요 집단으로부터 인구 비례에 따라 관료를 충원하고 정부관료제 내 모든 직무 분야와 계급에 비례적으로 배치함으로써, 정부관료제가 사회의 모든 계층과 집단에 공평하게 대응하도록 하는 인사제도다. 대표관료제는 정부관료제의 인적 구성이 그 사회의 인적 구성을 반영하게끔 정부관료제를 구성함으로써, 정부관료제 내에 민주적 가치를 주입시키려는 의도에서 발달된 개념이다.

대표관료제라는 용어를 처음 사용하기 시작한 킹슬리(D. Kingsley)는 대표관료제를 사회 내의 지배적인 세력들을 그대로 반영하도록 구성된 관료제라고 정의하고, 대표관료제의 구성적 측면을 강조하고 있다.

반 라이퍼(P. P. van Riper)는 대표관료제의 개념을 확대해 사회적 특성 외에 사회적 가치까지도 대표관료제의 요소로 포함시키고 있으며, 크랜츠(H. Kranz)는 대표관료제의 개념을 비례대표(proportional representation)로까지 확대하고 있다.

2. 두 가지 측면

1) 소극적 대표

인적 대표성으로서 한 나라의 사회경제적 인구 구성의 비율대로 공직의 구성에 반영한다는 의미다(사회적 출신배경이 강조). 배경적 대표성(출신 성분)이 태도적 대표성(행태와 태도)을 결정한다.

2) 적극적 대표

비례적으로 구성된 관료제가 관료 자신들의 출신 성분(집단이나 계층)의 가치와 이익을 적극 대변하고 정책을 결정하며 책임을 지는 행위까지를 의미한다(사회적 대표성이 정치적·정책적 대표성을 확보). 태도적 대표성(행태와 태도)이 실질적 대표성(행동과 정책)을 결정한다.

표 5-2 관료제의 변천

16세기	절대왕정 시대의 절대관료제, 신분관료제, 가산관료제
18세기 말	① 근대 입법국가의 정당관료제, 엽관관료제, 정실관료제 ② 공직경질제, 행정의 정치성, 복수정당제, 정당에 대한 봉사, 교체임용주의
19세기 말	① 펜들턴법(Pendleton Act) 제정 이후의 근대관료제, 실적관료제, 정통관료제, 직업관료제 ② 공정성(개인주의), 정치와 행정의 분리, 자율성, 능률성, 전문성, 도구성, 기술성, 소극성
1930년대	① 경제대공황(시장실패) 이후 관료제의 수정: 인간관계론 및 대표관료제 ② 공정성(집단주의), 적극적 인사행정, 합의성, 민주성, 정치성, 대표성, 대응성, 참여성 등

3. 대두 배경과 필요성

1) 공직 독점의 방지

정부관료제의 인적 구성이 그 사회의 인적 구성을 반영하게끔 정부관료제를 구성함으로써 정부관료제 내에 민주적 가치를 주입시키려는 의도다.

2) 선거제도의 모순

선거에 의한 임용은 다양한 사회계층들을 관료제 내에 골고루 충원하는 데 실패한다. 또한 선출된 국민의 대표자로부터 선출되지 않은 전문관료로의 권력 이동으로 인해 관료제의 대표성이 상실된다.

3) 실적주의의 한계

시험에 의한 관료의 충원은 교육의 기회 균등이 보장되지 않은 상태에서는 진정한 기회 균등이 아니다.

4) 임명직 공무원의 통제

국민에 의해 직접 선출되지 않았으나, 신분 보장을 받고 있는 임명직 관료집단을 어떻게 민주적으로 행동하도록 통제하는가와 관련된 쟁점이다.

5) 민주성과 대표성의 조화

민주정부의 딜레마는 민주성·대표성과 중립성·능력성의 상충이며, 대표관료제는 이러한 딜레마를 관료들의 주관적인 책임으로 해결하고자 하는 논의로부터 나온 제도적 산물이다.

6) 주관적 책임 확보

주관적 책임은 개인의 성장 배경, 사회화 과정, 조직 내부나 외부에 존재하는 사회집단 등에 의해 형성되는 것이므로 국민에 대한 책임 있는 관료제가 되려면 내부적으로 관료제 구성 비율의 적정성 보장이 필요하다.

4. 대표관료제의 기능과 효용

1) 정부관료제의 대표성의 강화

폐쇄적인 실적제는 특정한 지역, 특정한 대학, 특정한 성별 등 편중 현상을 야기할 수밖에 없으며, 이를 극복하기 위한 개방형의 대표관료제 채택으로 관료제의 대표성을 확보・강화할 수 있다. 즉, 대표관료제는 사회 각계각층의 이익을 균형 있게 대표할 수 있다.

2) 내부통제의 강화

현대 행정의 전문화・복잡화로 인해 외부통제만으로 행정의 책임성과 대응성을 충분히 확보되기 어렵기 때문에 강력한 내부 통제의 필요성이 제기되며 대표관료제는 효과적인 내부적・비제도적 통제다.

3) 기회 균등의 보장

교육의 기회 균등이 전제되지 않은 실적주의는 무의미하며, 기회 균등의 적극적・실질적인 보장으로 실적제의 폐단을 시정해 수직적 평형성을 보장하기 위한 장치다. 고용 평등의 기회 보장, 결과의 차별 시정, 진보적 평등 이념의 구현 등과 관련된다.

5. 대표관료제의 한계와 방향

1) 한계

대표관료제는 정치적인 중립이나 능력과 실적 중심의 인사와는 상충되고, 임용된 관료가 공직에 들어온 후에라도 그 신념이 변할 수 있으며, 새로운 직장의 준거틀에 적응해 임용의 의도가 무색하게 될 수 있다. 임용 기준에서 개인의 능력과 자질을 2차적인 기준으로 삼기 때문에 행정의 전문성과 생산성 저해할 수 있다. 수직적 공평을 강조한 나머지 동일한 능력을 가진 자에 대한 역차별을 낳아 자유주의나 기회 균등이라는 수평적 공평을 저해해 사회 분열을 조장할 수 있다. 행정의 책임성이 확보된다는 보장이 경험적으로 입증되지 않았으며, 인구 비례에 균형을 유지하는 것은 기술적으로 매우 어렵다.

2) 방향

대표관료제는 정교한 의미의 엄밀한 대표성보다는 다양한 부류를 혼합하는 완화된 대표성의 개념으로 인식의 전환이 필요하며, 서열화된 대학 출신 간·중앙과 지방대학 간의 비형평성을 시정해야 한다. 임용뿐만 아니라 채용 이후 보직관리, 승진 등에서의 불이익도 시정 대상이고, 실적관료제와 병행해 보완적으로 활용해야 한다.

제4절 후기관료제(탈관료제): 애드호크라시

1. 의의

후기관료제(post-bureaucracy)란 전통적 관료제의 역기능을 극복하기 위해 구조의 유연성, 환경 변화에 대한 적응의 신속성, 인간적 가치의 존중 등을 강조하는 관료제의 새로운 모형을 말한다. 후기관료제 모형의 특성으로는 적응적-유기적 구조, 비계층제적 구조, 구조적 배열의 잠정성, 권한보다는 능력이 지배하는 구조, 민주적 방법에 의한 감독, 상황적응적 원리에 따른 업무 수행, 집단사고 및 집단적인 과정을 통한 문제 해결, 직업상의 이동성 보장·의사전달의 공개주의 등을 들 수 있다.

1970년대 들어 관료제조직의 한계가 지적되면서 새로운 탈관료제모형이 신행정론, 공공선택론 등에 의해 제기됐다. 반관료제(anti-bureaucracy) 또는 후기 관료제 모형이라고 불리는 임시특별위원회조직(adhocracy)은 융통성과 적응성이 뛰어난 대표적인 동태적 조직모형이다. 임시특별위원회조직은 포스트모더니즘의 산물이라고도 설명되며, 사회과학 전반의 인간주의적 성향, 급변하는 환경적 요청과 지식, 기술의 고도화, 고도의 인적 전문화, 자율성에 대한 요청의 증대, 불확실성의 증대 등을 배경으로 한다.

2. 골렘뷰스키의 견인이론적 조직구조

후기관료제 모형 중 대표적인 것은 골렘뷰스키(R. Golembiewski)의 관리이론이다. 그는 압력이론(push theory)과 견인이론(pull theory)으로 대별하고, 장차 조직의 구조와 과정은 견인이론의 처방에 따라야 할 것이라고 주장한다. 견인이론은 조직 내에 자유스러운 분위기를 조성하고 구성원들로 하여금 일하면서 보람과 만족을 느끼도록 처방하는 이론을 말한다. 이에 반해 압력이론은 구성원들로 하여금 다만 고통스러운 결과를 피하기 위해 일하도록 만드는 방안을 처방하는 이론을 말한다.

견인이론은 분화보다는 통합을, 억압보다는 행동의 자유를, 안정보다는 새로운 것을, 기능보다는 일의 흐름을 선호한다.

견인이론에 입각한 구조는 통합, 행동의 자유, 변동, 그리고 전체적인 일의 흐름을 중요시하는 구조라서 분권화, 사업관리, 기능의 복합적 중첩, 목표관리, 자율적인 사업담당반 등 여러 가지 적응적 장치를 강조한다. 수평적 분화의 기준은 기능의 동질성이 아니라 일의 흐름에 관련된 상호관련성을 중시하며, 권한의 흐름에서는 상호적이며 상하·좌우로의 권한 관계가 형성된다. 그리고 성과(결과)평가와 자율규제를 강조하면서 통솔 범위가 확대된다. 각 사업담당반의 자율적 통제를 내재화시키고 구성원의 변동에 대한 적응을 용이하게 한다.

3. 후기관료제모형의 특징

첫째, 비계서적 구조다. 고정적인 계서제의 존재를 거부하고 비계서제적 저층형의 구조를 강조한다.

둘째, 잠정성(임시성)의 강조다. 조직 내의 구조적 배열뿐만 아니라 조직 자체도 필요에 따라 생성·변동·소멸되는 잠정적인 것이어야 한다.

셋째, 경계 관념의 혁신이다. 조직과 환경 사이의 높고 경직한 경계(칸막이, 이음매, 분업)를 설정했던 관념을 바꿔서 고객을 동료처럼 대하도록 요구한다.

넷째, 임무와 능력의 중시다. 계서적 지위중심주의나 권한중심주의를 배척하고 임무(일)중심주의·능력중심주의를 중시한다. 조직 내의 권한은 문제 해결의 능력을 가진 사람이 행사한다.

다섯째, 상황적응성의 강조다. 구조와 과정, 업무 수행 기준 등은 상황적 조건에 부응해야 한다.

여섯째, 참여적 문제 해결의 강조다. 문제 해결과 의사결정은 집단적인 과정을 통해 결정하며, 상하간의 명령적 관계가 아니라 자율적·참여적·협동적 관계를 선호한다.

일곱째, 의사전달의 공개주의다. 의사전달의 공개를 강조하며, 협동적 체제 구축을 전제한다.

여덟째, 직업적 유동성의 전제다. 구조적 배열의 잠정성에 결부해 직업상의 유동성을 전제한다.

아홉째, 낮은 기본 변수다. 낮은 수준의 복잡성으로 수평적 분화와 전문적 지식으로 문제 중심 조직이며, 낮은 공식화로 규칙화, 표준화가 낮고 상황적응적이다. 낮은 집권화 수준으로 지위의 권위가 아닌 전문성의 권위가 중시된다.

4. 후기관료제모형의 한계와 관료제의 우수성

첫째, 구조적 관점에 편중돼 있다. 인간성에 초점을 맞추기보다는 환경과의 관계에 대한 편중해 구성하며, 환경과의 관계에서 조직구조의 변경과 재설계의 문제에 대한 관심을 갖는다.

둘째, 조직의 불안정성이다. 명령 계통의 다원화, 끊임없는 긴장과 갈등으로 심리적 불안감이 조성된다.

셋째, 조정과 통합의 어려움이다. 전문 분야별 이질성이나 의사결정 지연으로 조정과 통합이 곤란하다.

넷째, 관료제 옹호론이 제기되고 있다. 페로(C. Perrow), 카우프만(H. Kaufman), 굿셀(C. T. Goodsell) 등은 사람들의 관료제에 대한 부정적 시각은 관료제에 대한 이해 부족에서 나온 것이 많다고 주장하며, 미국 관료제를 적극 옹호하고 있다.

제5절 정부조직 체계

1. 의의

정부조직이란 국가 또는 지방자치단체의 행정사무를 수행하기 위해 설치된 공공조직을 의미한다. 정부조직의 설치, 구성, 권한, 소관 사무 및 기관 상호간의 관계 등은 법령에 근거해야 한다. 우리나라 헌법에서 행정권의 근거·소재와 입법권, 사법권 관계를 정립하고 행정부 조직에 관한 기본 원칙을 규정하고 있다. 헌법에 근거를 둔 행정기관은 대통령, 국무총리, 국무회의, 행정 각 부, 감사원, 국가과학기술자문회의, 국가안정보장회의, 민주평화통일자문회의, 국민경제자문회의, 중앙선거관리위원회 등이다.

정부조직법에서는 국가 행정조직 설치에 관한 일반법으로, 설치·조직과 직무 범위의 대강을 규정한다. 이 법에 근거를 둔 중앙행정기관은 대통령, 국무총리와 부(部)·처(處)·청(廳)·위원회(委員會)다. 보조기관의 설치와 사무분장, 특별지방행정기관 설치, 합의제 행정기관과 부속기관 설치, 행정 권한 위임·위탁, 장관의 청에 대한 지휘권의 범위, 공무원 정원, 정원의 통합관리 등에 관한 근거를 규정하고 있다.

국가정보원법에 따른 국가정보원, 감사원법에 따른 감사원, 독점규제 및 공정거래에 관한 법률로 정한 공정거래위원회, 금융위원회의 설치 등에 관한 법률에 따른 금융위원회, 지방자치법에 따른 지방자치단체, 책임운영기관의 설치 운영에 관한 법률로 정한 책임운영기관 등이 있다.

정부조직법이나 다른 법령에 따라 설치되는 국가행정기관의 조직과 정원을 합리적으로 책정하고 관리하기 위한 기준이 규정돼 있다. 조직과 정원의 관리 목표, 국가행정기관의 조직·정원의 책정과 관리 기준, 기능과 정원의 배분 기준, 각종 행정기관의 설치 기준, 기관별 정원관리와 조정, 조직진단과 정원감사 등이 규정되어 있다. 직제규정은 각 중앙행정기관마다의 기구·인력·기능에 관한 구체적인 내용을 담고 있다. 행정기관의 설치와 그 소관사무, 하부조직과 그 분장 사무, 직위에 부여되는 직급, 공무원의 종류와 직급별·계급별 정원, 이 밖에 행정기관의 운영에 필요한 사항 등이 규정돼 있다.

총리령·부령에서는 각 중앙행정기관마다의 과 단위 기구 설치와 분장 사무에 관한 구체적인 내용을 규정하고 있으며 과 단위 기구와 그 분장사무, 직위에 부여되는 직급, 공무원의 종류와 직급별 정원, 특별지방행정기관의 관할구역 등에 관한 사항 등이 해당된다.

2. 우리나라 정부조직 체계

1) 중앙행정기관

국가의 행정사무를 담당하기 위해 설치된 행정기관으로서 그 관할권의 범위가 전국에 미치는 행정기관이다. 단, 다른 행정기관에 부속해 지원하는 행정기관은 제외한다. 중앙행정기관은 정부

조직법과 다른 법률에 특별한 규정이 있는 경우를 제외하고는 부(部)·처(處)·청(廳)으로 구성된다.

표 5-3 중앙행정기관의 종류

구분	기능	조직의 장	령
부(部)	소관 사무의 결정과 집행	• 국무위원, 국무총리의 제청으로 대통령이 임명 • 소관 사무의 결정 및 집행권 보유	부령 발동 가능
처(處)	부에 대한 지원 업무	• 장관급: 국가보훈처, 법제처	총리령 발동(총리 소속의 중앙행정기관)
청(廳)	부(部)의 기능 중 일부 집행 기능을 독립적으로 수행	• 1급(별정직): 해양경찰청 • 차관급: 나머지	

2) 소속기관

특별지방행정기관은 특정한 중앙행정기관에 소속돼, 당해 관할구역 내에서 시행되는 소속 중앙행정기관의 권한에 속하는 행정사무를 관장하는 국가의 지방행정기관이다. 부속기관은 행정권의 직접적인 행사를 임무로 하는 기관에 부속해 그 기관을 지원하는 행정기관이다.

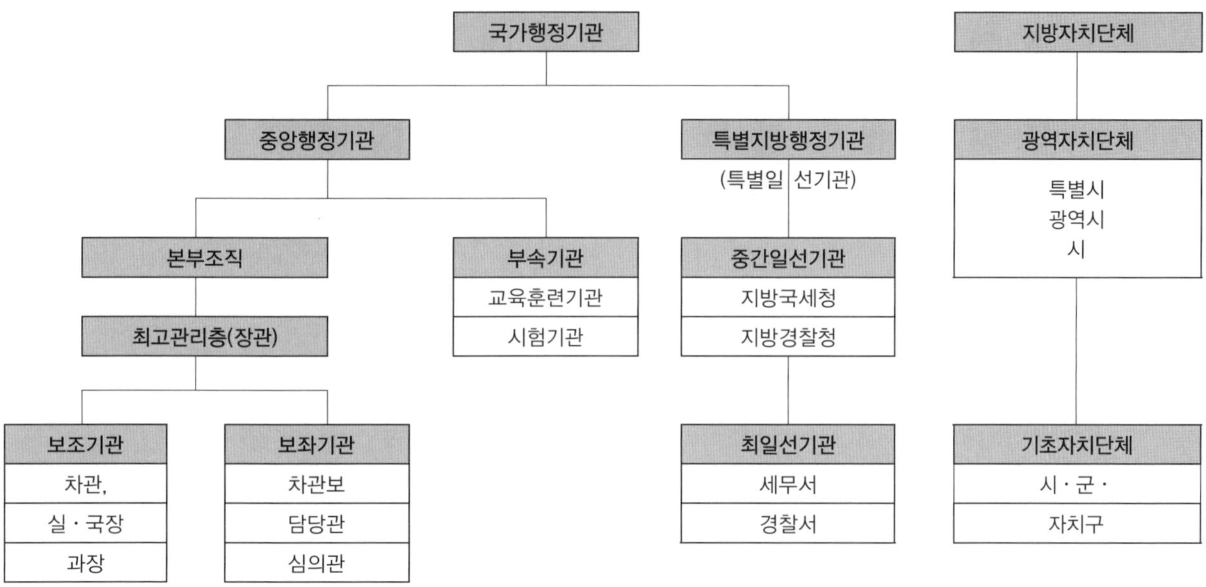

그림 5-1 우리나라 정부조직 체계

3) 하부조직

보조기관은 행정기관(장관)의 의사 또는 판단의 결정이나 표시를 보조함으로써 행정기관의 목적 달성에 공헌하는 기관이다. 반면, 보좌기관은 행정기관(계선)이 그 기능을 원활하게 수행할 수 있도록 그 기관장이나 보조기관을 보좌함으로써 행정기관의 목적 달성에 공헌하는 기관이다.

3. 우리나라 정부조직 현황

우리나라는 17부(部) 3처(處) 17청(廳) 6위원회(委員會)로 구성돼 있다.

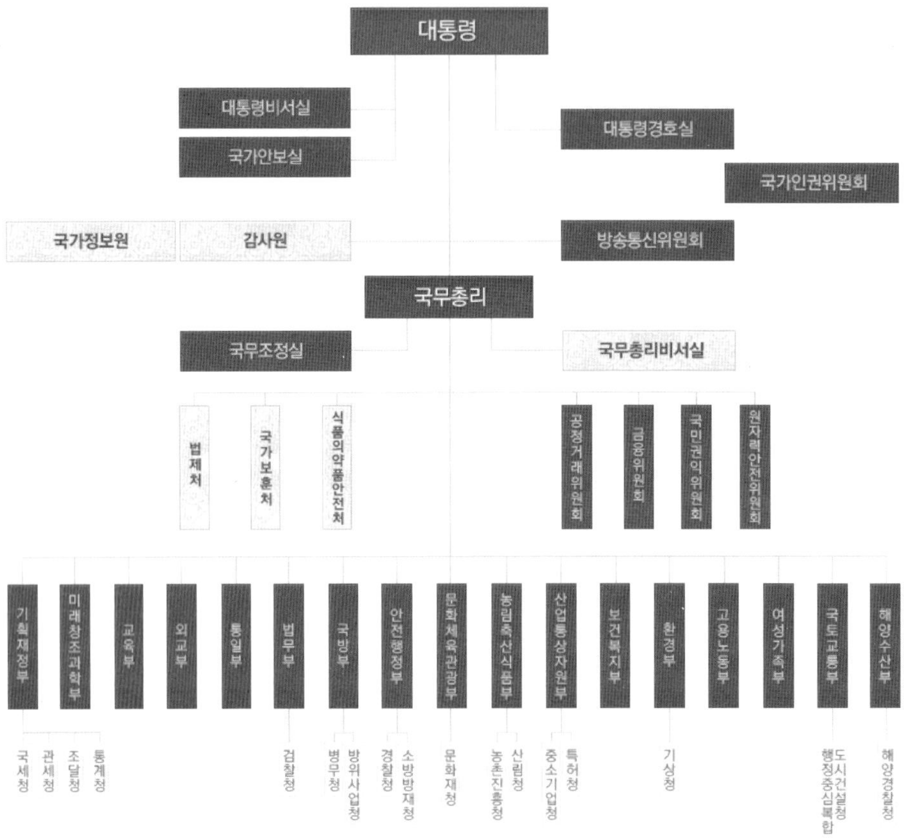

그림 5-2 우리나라 정부조직기구도(2013. 4. 1 현재)

자료: 청와대 홈페이지(www.president.go.kr)

4. 우리나라 정부조직의 주요 변천

1) 1948년도(건국 시): 국가 유지를 위한 기본적 필수 기능

건국 시점에서 국가를 유지하기 위한 기본적인 필수 기능을 중심으로 11부(내무, 외무, 국방, 재무, 법무, 문교, 농림, 상공, 사회, 교통, 체신), 4처(총무, 법제, 기획, 공보) 체제로 출범했다.

2) 1960년대: 경제부흥기

1960년대는 경제 부흥을 중심으로 해서 1961년 경제기획원을 신설했고, 1962년에는 건설부를 신설했다. 1963년에는 노동청, 철도청, 수로국을 신설했으며, 1966년에는 국세청, 산림청, 수산청, 과학기술처를 신설했다. 1967년에는 국토통일원을 신설했다.

3) 1970년대: 자원 · 환경난 시대

1970년대는 자원과 환경문제 대처를 위해 1977년에 동력자원부를 신설했으며, 1979년에 환경청을 신설했다.

4) 1980년대: 노동 · 체육 분야 보강

1980년대 들어와서는 노동 분야와 국민체육 진흥을 위해 1981년 노동청을 노동부로 승격했으며, 1982년에 체육부를 신설했다.

5) 1990년대: 보건 · 환경 · 복지 · 재정 분야 보강

1990년대는 보건, 환경, 복지, 재정 분야를 보강하기 위해 1994년 재정경제원으로 경제기획원과 재무부를 통합했으며, 환경처를 환경부로 승격했다. 체신부를 정보통신부로 변경하고, 보건사회부를 보건복지부로, 건설부와 교통부를 통합해 건설교통부를 신설했다. 1996년에는 해양수산부 및 중소기업청을 신설했으며, 1998년에는 부총리제를 폐지했다(통일원 → 통일부, 재정경제원 → 재정경제부 + 예산청 + 예산위원회). 내무부와 총무처를 통합해 행정자치부를 신설했고, 외교통상부를 신설하고 국무조정실을 신설했다.

6) 2000년대

2001년에는 여성부를 신설하고, 부총리제를 부활(재정경제부, 교육인적자원부)했다. 2004년에는 법제처 · 국가보훈처 차관급을 장관급으로 승격했으며, 문화재청장을 1급에서 차관급으로 승격했다. 소방방재청을 신설했으며(18부 4처 17청 9위원회), 과학기술부 장관을 부총리와 겸직했다. 2005년에는 여성부를 여성가족부로 변경했으며, 재정경제부 · 외교통상부 · 행정자치부 · 산업자원부 등에서 복수차관제 도입했다. 통계청 · 기상청을 차관급으로 격상했다. 2006년에는 방위사업청을 신설했고, 행정중심복합도시건설청을 신설했다.

5. 부처조직의 의의와 기준

1) 의의

중앙정부의 각 부처조직뿐만 아니라 행정조직상의 모든 계선기관을 포괄해 부처조직이라 한다. 행정이 추구하는 목적을 효율적으로 달성하기 위해서는 합리적 기준에 입각해 부처조직을 편성해야 한다. 부처조직은 각부 장관과 각 단계의 조직 단위의 장을 거쳐 제1선에 이르기까지 명확한 지휘 · 감독 및 이에 대응하는 책임의 관계가 형성되는 단독제 행정기관을 말한다.

부처조직의 중요성은 행정 목표를 올바르게 설정하고 정책을 효율적으로 결정 · 집행하며, 국민에게 최대한으로 봉사하는 행정을 수행하기 위해서는 합리적인 부처조직의 설치 · 운영돼야 한다. 그리고 부처조직이 합리적으로 편성됨으로써 행정기관의 활동에 대한 대내적 · 대외적 조정을 증진시킬 수 있고 부처 내의 모든 운용기관의 활동을 촉진시킬 수 있다.

부처조직은 행정의 전체적인 통합성을 확보할 수 있도록 계층제적 구조를 형성해 상하 계층에 걸쳐 지휘·감독권과 통제권을 행사할 수 있는 체제이며, 행정의 신속성·능률성과 책임성을 확보하기 위해 한 사람이 기관의 책임자로서 결정권을 행사하는 단독제의 형태를 원칙으로 하고 있다는 것이 부처조직의 특징이라 할 수 있다.

2) 부처조직의 기준: 부성화(部省化)의 원리

부성화의 원리(departmentalization principle)는 정부의 기능을 가장 능률적·합리적으로 달성하기 위해 어떠한 원리(기준)에 입각해 부처를 편성할 것인가에 관한 이론이다. 목적별·기능별 기준으로 동일한 종류의 모든 직능은 동일 부처에 귀속시키는 것은 전통적으로 가장 많이 사용되는 일반적 방법이다. 미래창조과학부, 교육부, 외교부, 국방부, 산업통산자원부, 보건복지부 등이 일반적으로 이에 따라 설치되고 있다. 장점으로 업무 중복과 상충 방지, 목표의 명백한 제시 가능, 업무 수행과 문제 해결이 신속, 정부활동에 대한 국민의 이해나 비판용이 등을 들 수 있다. 반면, 단점으로는 정부활동을 중복 없는 세부 기능으로 구분하기 곤란하며, 부처의 할거주의, 과정을 소홀히 하기 쉽고 중앙집권화로 인한 국민 접촉의 곤란 등이 있다.

과정별·절차별 기준으로 동일한 과정·장비·자원을 사용하거나 동일한 직무에 종사하는 자를 동일 부처에 통합한다. 감사원, 기상청, 특허청, 통계청, 조달청, 등 하부구조나 일선기관에서 많이 적용된다. 장점으로 최신 기술의 최대한의 활용(다양하고 이질적 기능 수행), 노동 절약적 기술의 광범위한 활용 및 경비 절약, 분업과 전문화 용이 등을 들 수 있다. 단점으로 부처 간 조정 곤란, 전문화에 치중한 나머지 넓은 시야를 갖는 관리자 양성 곤란, 목적보다 수단이 더 중시돼 문서주의(red tape)의 조장 등을 들 수 있다.

수혜자별·대상별 기준으로 동일한 수혜자 또는 동일한 대상물을 동일 부처에 편입시킨다. 국가보훈처, 고용노동부, 산림청, 중소기업청, 문화재청 등 하부구조나 일선기관에서 많이 적용된다.

표 5-4 부처조직 기준별 장·단점

	장점	단점
목적별·기능별	• 업무 중복과 상충 방지 • 목표의 명백한 제시 가능 • 업무 수행과 문제 해결이 신속 • 정부활동에 대한 국민의 이해·통제 용이	• 정부활동을 중복없이 구분하기 곤란 • 자족적 태도에 기인한 부처의 할거주의 • 과정을 소홀히 하기 쉽고 전문가 등한시 • 중앙집권화로 인한 국민 접촉 곤란
과정·절차별	• 최신 기술의 최대한의 활용 • 다양하고 이질적인 기능 수행 시 적합 • 노동 절약적 기술 활용으로 경비 절약 • 분업과 행정의 전문화 용이 • 경력 발전이나 직업공무원에 확립에 유리	• 부처 간 조정이 곤란 • 전문화에 치중: 넓은 시야를 갖는 관리자 양성 곤란 • 목적보다 수단을 더 중시: 문서주의(red tape)가 조장
수혜자·대상별	• 국민들이 정부와의 접촉이 용이: 대민 봉사 강화에 기여 • 국민통제 용이 • 행정절차의 간소화와 기술 향상	• 이익단체나 압력단체의 저항 • 지나친 부처의 세분화 :행정의 전문화 곤란 • 행정상의 중복과 권한 충돌
지역·장소별	• 지역 실정에 부합된 행정 • 주민의 요구 반영이 용이 • 지역 업무의 조정·통제 용이 • 신속한 업무 처리	• 전국에 걸친 통일적 정책 수립 곤란 • 지방 유지나 압력단체의 지나친 간섭 • 지역 간 관할구역 구획의 곤란

장점으로 국민과 정부의 접촉이 용이해 대민 봉사의 강화에 기여, 국민통제 용이, 행정절차 간소화와 기술 향상 등을 들 수 있다. 단점으로 이익단체나 압력단체의 저항, 지나친 부처의 세분화, 행정의 전문화 곤란, 행정상의 중복과 권한 충돌 등을 들 수 있다.

지역별·장소별 기준으로 조직을 편성한다. 지방자치단체 및 외교부의 아주국 등 중앙행정기관의 하부조직 편성 등 하부구조나 일선기관에서 많이 적용된다. 장점으로 지역 실정에 부합된 행정, 주민 요구 반영 용이, 지역 업무 조정·통제 용이, 신속한 업무 처리 등을 들 수 있다. 단점으로 전국에 걸친 통일적 정책 수립 곤란, 지방 유지나 압력단체의 지나친 간섭, 지역 간 관할구역 구획의 곤란 등을 들 수 있다.

제6절 위원회제

1. 의의

1) 일반적 개념

위원회조직(committee organization)은 계층제에 기반하는 독임형 조직에 대응되는 개념으로서, 정책의 결정을 기관장 단독으로 하는 것이 아니고 다수의 위원이 참여하는 조직체에서 집단적으로 하는 조직 형태를 말한다. 위원회는 업무 수행상 책임을 분산시키는 것이 필요할 경우, 조직의 중요한 전략적 의사결정에 광범위한 경험과 배경을 가진 사람들이 필요한 경우, 의사결정 결과에 이해관계가 있는 부서의 대표자를 참가시켜 해당 부서의 요구 사항을 반영시키고자 할 경우, 그리고 어느 한 개인이 조직을 이끌어 나가기 곤란한 경우에 효과적이다.

2) 광의의 개념

넓은 의미의 위원회는 권한·기능이나 인적 구성에 관계없이 모든 합의제 기관을 의미하며, 구성원의 의사와는 별개의 독립된 의사를 가진다. 집행기관이나 의결기관의 성격을 띤 행정위원회에 한정되지 않고 자문기관·조사연구기관이나 특정 문제에 관한 심의기관·조정기관·건의기관의 성격을 가진 것을 포괄적으로 지칭한다.

3) 협의의 개념

좁은 의미의 위원회는 일반적으로 행정적 규제를 행할 권한을 가지며, 정도의 차이는 있으나 일반 행정기구로부터 독립되고 있는 합의제 기관을 말한다. 일반적으로 규칙 제정에 관한 준입법적 권한 및 재결에 관한 준사법적 권한과 함께 기획·조사·조정·정책결정 등 적극적인 활동을 할 권한도 가진다.

4) 합의제 행정기관에 관한 정부조직법의 규정

정부조직법에서는 행정기관에는 그 소관사무의 일부를 독립해 수행할 필요가 있는 때에는 행정위원회 등 합의제 행정기관을 둘 수 있도록 규정하고 있다.

2. 위원회제의 특징

첫째, 위원회는 합의제 조직이다. 복수의 사람이 합의해 최고결정을 내리는 합의제 조직이다.

둘째, 계층제의 완화와 분권화다. 계층제의 지나친 경직성을 완화시키며 분권화와 관련된다.

셋째, 위원회는 민주적 성격을 갖고 있다. 국민의 의견을 널리 반영시키고 국정에 참여 의식을 높일 수 있으며 토론을 통해 신중한 결정에 도달할 수 있다는 점에서 그 민주적 성격이 지적되고 있다.

넷째, 행정국가의 형성과 국가 기능의 변동이다. 위원회는 행정국가에서 새로 대두된 규제적 기능을 어떤 형태의 국가기관에게 맡기느냐의 시대적·현실적인 문제 해결의 필요성과 관련되고 있다.

3. 위원회제의 장·단점

1) 위원회제의 장점

위원회제는 개인적인 편견을 배제하고 다양한 의견을 신중하며 공정한 결정을 내려 행정의 민주화에 기여하고 정책결정에 대한 신뢰성을 증대시킨다. 전문가들의 경험이나 지식을 활용해 합리적인 결정을 내릴 수 있으며 더 많은 중지(衆智)를 모아 창의성 있는 결정을 도출할 수 있다. 각 부서나 각계각층의 이견에 대한 민주적 의사 수렴을 확대해 조정·통제한다. 그리고 위원들의 강력한 신분 보장과 부분적인 교체로 정치적 영향력이나 이익집단의 압력을 배제해 정책의 계속성과 조직의 안정성을 확보한다.

2) 위원회제의 단점

위원회의 단점을 살펴보면 다음과 같다. 심의와 결정에 시간이 많이 소요되며, 토의 과정에서 기밀이 누설된다. 회의 준비에 많은 시간과 경비가 소요되며, 대인 관계를 고려한 타협적 결정의 가능성이 높다. 복수의 구성원은 책임 의식을 희박하게 만들며, 사실 확인 및 조사 등을 담당하는 사무기구가 위원회의 결정에 주도적인 영향을 미친다.

4. 위원회제의 유형

1) 행정위원회: 합의제 행정관청, 고유한 의미의 위원회

행정위원회(administrative board)는 부처 편제에서 중립성·독립성을 부여받고 설치되는 행정관청적 성격의 합의제 기관이며 그 결정은 법적 구속력을 가진다. 일선행정에 대한 규제 기능, 준입법 기능, 준사법 기능, 정책·기획·조정 기능을 수행한다. 우리나라의 소청심사위원회, 중앙인사위원회, 교육위원회, 중앙국세심사위원회, 저작권심사위원회, 토지수용위원회 등이 해당된다.

2) 독립규제위원회

19세기 말 미국에서 자본주의의 발달에 따라 야기된 경제 및 사회문제를 규제하기 위해 행정부로부터 독립해 준입법권・준사법권을 가지고 특수한 업무를 수행 또는 규제하기 위해 설치된 합의제・회의식 행정기관이다. 미국의 독립규제위원회(independent regulatory commission)가 대표적인데 우리나라의 경우는 중앙선거관리위원회, 공정거래위원회, 노동위원회, 금융통화운영위원회, 국가인권위원회, 방송위원회 등이 이와 유사하다.

3) 자문위원회

자문위원회(advisory board, advisory committee)는 특정의 개인 또는 조직 전체에 대한 자문에 응하게 하고 시민의 의견을 집약해 행정 당국에 반영시키는 막료기관적 성격을 가진 합의제 기관이다. 그 결정은 정책적 영향력을 가질 수는 있으나 법적 구속력을 갖지 않으며 독립성 미흡하다. 조언, 청취, 정부 시책에 대한 지지 유도, 위임입법에 대한 영향 등 기능을 담당한다. 대통령, 국무총리, 장관 소속의 각종 심의 또는 자문위원회 등이 해당된다.

4) 조정위원회

각 기관 혹은 개인의 상이한 의견을 통합・조정할 것을 목적으로 설치된 합의제 조직이다. 위원회의 결정은 건의 성질만을 띠는 것도 있고 법적 구속력(의결권)이 있는 경우도 있다. 부처 간, 부처 내, 그리고 정부기관과 민간집단 간의 조정, 훈련 기능, 협력의 확보 등이 해당된다.

표 5-5 행정위원회와 독립규제위원회의 비교

구분	행정위원회	독립규제위원회
특징	부처 직제에서 어느 정도 독립성과 중립성을 부여받고 설치되는 합의제 행정관청으로 주로 준입법적・준사법적・행정적 기능을 수행: **부처의 장으로부터 독립**	준입법적, 준사법적 업무를 대통령이나 의회의 압력을 받지 않고 독립적인 입장에서 다루는 합의제의 행정기관: **행정수반과 의회로부터 독립**
사례	우리나라의 소청심사위원회, 교육위원회, 중앙국세심사위원회, 저작권심사위원회, 토지수용위원회 등	우리나라의 중앙선거관리위원회, 중앙노동위원회, 금융통화위원회, 방송위원회 등이 이에 해당하며, 그리고 국무총리 소속으로 공정거래위원회, 금융위원회 등

5. 독립규제위원회

1) 의의 및 발달 배경

독립규제위원회는 19세기 말 미국에서 자본주의의 발달에 따라 야기된 경제 및 사회문제를 규제하기 위해 행정부로부터 독립해 준입법권・준사법권을 가지고 특수한 업무를 수행 또는 규제하기 위해 설치된 합의제・회의식 행정기관을 의미한다. 사경제의 발달로 야기되는 특수한 경제문제를 규제하기 위한 것으로 1887년 주간통상위원회가 시초다. 행정권의 비대화를 방지하고 여러 사람의 이해관계를 효과적으로 조정하기 위해 설치했다. 처리해야 할 규제사무가 전문성과 특수성을 요하고 준입법적·준사법적 기능이 수반되므로 별도의 규제위원회를 설치한 것이다. 규제사무의 소관이 불분명해 시험적 운영을 위한 측면도 있었다.

미국의 독립규제위원회가 대표적인데 우리나라의 경우는 중앙선거관리위원회, 공정거래위원회, 노동위원회, 금융통화운영위원회, 국가인권위원회, 방송위원회 등이 이와 유사하다.

2) 성격 및 역할

독립규제위원회는 독립성, 합의성, 준입법권, 준사법권을 갖는다. 독립성은 입법·사법·행정으로부터 독립하는 것을 의미한다. 대통령은 상원의 인준을 받아 위원을 임명하나 그 파면은 제한된다. 위원의 임기는 대통령의 임기보다 더 장기화돼 있다. 위원회의 결정은 법적 효력을 갖는다. 합의성은 일반 행정기관이 단독제 원리임에 반해 합의제·회의식·분권적인 결정·집행기관을 의미한다. 준입법권은 독립규제위원회는 권력 통합적 기관으로서 법률의 범위 내에서 규칙제정권을 가진다. 그리고 준사법권을 보유하는 데 필요한 제재나 이의 신청에 대한 결정권을 가진다.

3) 장점 및 단점

장점으로는 공익의 확보를 위해 일정한 기준을 설정하고 이 기준을 준수하도록 규제 기능을 수행하는 독립규제위원회의 장점으로는 부당한 압력에 대한 저항, 집단적인 정책결정, 전문성, 정책의 계속성 등을 예를 들 수 있다.

단점은 유능한 위원의 확보 곤란, 사회적 요구를 예상하고, 이에 대처할 수 있는 기획 능력 결여, 조정 곤란, 업계의 부당한 영향력에 대한 태도의 약화와 부패의 우려, 업무 처리의 지체 등이 있다.

6. 위원회제의 문제점과 개선 방향

위원의 선정이 정실이나 정치적 관계에 좌우돼 거물급 인사가 많이 임명됐다. 따라서 전문적 능력이 부족하고 사회의 각 계층을 망라하는 대표적 성격이 충분치 못했다. 유명무실한 위원회가 남설돼 왔으며 그 지위·권한이 명확하지 않았다. 위원회의 목적·권한과 책임이 분명히 돼야 할 것이다. 위원회는 정치적 영향력을 피하기 어려우며 특히 집권당의 파당적 압력이 심했다. 위원회가 주체성을 가지고 능률적으로 업무를 수행할 수 있도록 권력층의 자제와 위원회의 자율성에 대한 임명권자의 이해가 요구된다. 민주적 사고 방식이 아직 부족한 행정풍토에서 위원회제도의 의의·기능에 대한 인식이 잘 돼 있지 않으므로 이에 대한 올바른 이해가 필요하다. 기관장이 미리 결정을 내려놓은 다음 이에 대한 지지·동원·책임 분산이나 요식행위로서 위원회를 운영하는 경우가 많았다. 행정기관이 위원회의 입장을 존중하고 정책결정에 실질적으로 의견이 반영되도록 해야 하며, 위원에게 적정 보수를 지급함으로써 적극적인 활동을 기대할 수 있어야 한다. 위원이 주체 의식·책임 의식을 가지고 토의에 참가해야 하며, 합의제에 따르는 책임 분산의 폐단을 막아야 한다. 이를 위해 서명제도·공개투표를 생각할 수 있다.

제7절 공기업

1. 의의

공기업(公企業, public enterprise)이란 국가 또는 공공단체가 주로 공채 및 차입금으로 출자 및 관리·지배하며, 공공 수요의 충족(공공성)을 목적으로 수지적합의 원칙(기업성)에 의거해 경영하는 기업을 말한다. 국가·공공단체 및 그로부터 특허받은 자 등이 공공의 복리를 위해 인적·물적 시설을 갖춰 경영하는 비권력적 사업을 말한다.

국가·지방자치단체가 아닌 법인·단체 또는 기관으로서 법률에 따라 직접 설립되고 정부가 출연한 기관, 정부 지원액이 총수입액의 1/2을 초과하는 기관 등 중에서 정부가 지정한 기관이다. 여기서 국가나 지방자치단체, 지방공기업 등은 공공기관에서 제외된다.

공기업을 바라보는 관점은 소유주체설과 관리주체설로 구분된다. 소유주체설은 정부가 공기업의 자본금 등을 100% 출자한 경우만 공기업으로 보는 입장이다. 관리(지배)주체설은 정부가 공기업에 100% 출자를 하지 않았으나 운영에 대한 최종 책임을 지고 있는 경우도 공기업으로 보는 입장이다(우리나라의 입장).

2. 공기업의 경영 원칙과 특질(이념)

공기업은 이윤의 극대화보다 공공 수요 충족과 공익을 먼저 추구해야 한다는 이념이다. 민주적 통제를 통한 공공책임성이 요구되는 근거가 되는 이념이다.

수지 면을 고려해 경영합리화를 어느 정도 추구해야 한다는 이념이다. 경영의 자율성이 인정되는 근거가 되는 이념이다.

공공성의 원칙은 공공서비스의 원칙, 공공규제의 원칙으로 민주성을 요구하며, 통제를 의미한다. 기업성의 원칙은 독립채산제의 원칙과 생산성의 원칙을 의미하며, 능률성을 요구하고, 자율을 의미한다.

표 5-6 공기업의 경영 원칙과 이념

경영 원칙	이념	관리 방식
공공성의 원칙(공공서비스의 원칙, 공공규제의 원칙)	민주성(공공성)	통제
기업성의 원칙(독립채산제의 원칙, 생산성의 원칙)	능률성(기업성)	자율

3. 공기업의 발달 요인

1) 일반적인 요인: 프리드만(W. Friedmann, 1954)

공기업의 발달에 대한 일반적 요인은 민간기업가들은 자본과 경험의 부족, 위험에 대한 불안감 등으로 참여하지 않으려는 것이 일반적인 경향이므로 정부가 그 역할을 담당하게 됐다(철도, 전력 등). 전쟁 수행에 필요한 군수산업이나 방위산업체 등의 공기업에 대한 요구와 설치를 자극하게 돼 공기업 발전을 촉진시키게 됐다. 사기업은 이윤극대화에만 급급하므로 독점사업을 맡길 수 없으며, 완전고용의 유지, 노동 조건의 개선 또는 높은 수준의 투자 유지 등 경제정책적·사회정책적 요구에 대해 공기업이 발전하게 됐다. 영국이나 프랑스는 정당의 정강정책이나 정치적 신념에 따라 공기업 여부 결정되기도 하며(과거 영국은 노동당-공기업화, 보수당-민영화를 선호), 원자력 등 위기적 사업을 담당하기 위해 공기업이 발전했다. 그리고 개도국의 경제 개발을 전략적으로 유도하기 위해 공기업이 발전했다.

2) 우리나라

우리나라는 1960년대 이후 경제 발전의 촉진을 위해 설립됐으며, 철도·통신·전력 등 독과점 사업으로 민간의 독과점이 발생할 경우 문제가 발생하는 사업에 설립됐다. 공공 수요의 충족을 위해 주택·토지 등에 해당되는 공기업, 재정적 수요의 충족을 위해 과거 담배·인삼의 전매 등이 해당된다. 역사적 유산으로 일제 귀속 재산의 관리, 사기업의 비대화 방지를 위해 과거 시중은행 주식 보유, 민간기업의 구제, 농어민 소득 증대 등과 같은 경우에 공기업이 설립됐다.

4. 공기업의 유형

공기업의 구분은 다양하다. 우리나라의 '공공기관 운영에 관한 법률'에 의하면, 공공기관을 공공성과 수입구조에 따라서 공기업, 준정부기관, 기타 공공기관으로 구분하고 있다.

공공기관의 자율책임 경영 체제 확립을 통해 공공기관의 대국민 서비스 증진에 기여할 수 있도록 하기 위해 공공기관의 범위 설정과 유형 구분 및 평가·감독 시스템 등 공공기관의 운영에 관해 필요한 사항을 정하기 위해 '공공기관의 운영에 관한 법률'을 제정(2007.1.19 공포, 2007.4.1 시행)했다. 이에 따라 정부투자기관관리기본법 및 정부산하기관관리기본법은 폐지됐다.

공공기관은 국가·지방자치단체가 아닌 법인·단체 또는 기관으로서 법률에 따라 직접 설립되고, 정부가 출연한 기관, 정부 지원액이 총수입액의 1/2을 초과하는 기관 등 중에서 정부가 지정한 기관이다. 국가나 지방자치단체, 지방공기업 등은 공공기관에서 제외된다.

공공기관은 공기업, 준정부기관, 기타 공공기관으로 구분된다. 공기업은 정부 지원액이 총수입액의 1/2을 초과하는 기관(정원 50인 이상)으로 시장형 공기업과 준시장형 공기업으로 나뉜다. 시장형 공기업은 자산 규모가 2조 이상이고 자체수입액이 대통령령이 정하는 기준 이상인 기관이다. 준시장형 공기업은 시장형 공기업이 아닌 공기업이다.

준정부기관은 공기업이 아닌 공공기관 중에서 지정(정원 50인 이상)한다. 기금관리형 준정부기관과 위탁형 준정부기관으로 나뉜다. 기금관리형 준정부기관은 국가재정법에 따라 기금을 관리하거나 관리를 위탁받은 준정부기관이며, 위탁집행형 준정부기관은 기금관리형 준정부기관이 아닌 준정부기관이다.

기타 공공기관은 공기업과 준정부기관을 제외한 공공기관으로서 이사회 설치, 임원 임면, 경영실적 평가, 예산, 감사 등의 규정을 적용하지 아니한다.

표 5-7 공공기관의 지정 내역(기획재정부, 2013. 1)

공기업	시장형 (14)	한국가스공사, 한국석유공사, 한국전력공사, 한국지역난방공사, 한국중부발전(주), 한국수력원자력(주), 한국서부발전(주), 한국동서발전(주), 한국남부발전(주), 한국남동발전(주), 인천국제공항공사, 한국공항공사, 부산항만공사, 인천항만공사
	준시장형 (16)	한국조폐공사, 한국관광공사, 한국마사회, 한국광물자원공사, 대한석탄공사, 대한주택보증주식회사, 제주국제자유도시개발센터, 한국감정원, 한국도로공사, 한국수자원공사, 한국토지주택공사, 한국철도공사, 여수광양항만공사, 울산항만공사, 해양환경관리공단, 한국방송광고진흥공사
준정부 기관	기금관리형 (17)	사립학교교직원연금공단, 공무원연금공단, 영화진흥위원회, 서울올림픽기념국민체육진흥공단, 한국문화예술위원회, 한국언론진흥재단, 한국무역보험공사, 한국방사성폐기물관리공단, 국민연금공단, 근로복지공단, 한국자산관리공사, 기술신용보증기금, 신용보증기금, 예금보험공사, 한국주택금융공사, 한국방송통신전파진흥원, 중소기업진흥공단
	위탁집행형 (70)	한국교육학술정보원, 한국과학창의재단, 한국연구재단, 한국장학재단, 한국승강기안전관리원, 한국정보화진흥원, 국제방송교류재단, 한국콘텐츠진흥원 등 70개 기관
기타 공공기관		경제인문사회연구회, 과학기술정책연구원, 국토연구원, 대외경제정책연구원, 산업연구원, 에너지경제연구원, 정보통신정책연구원, 통일연구원, 한국개발연구원, 한국교육개발원, 한국교육과정평가원, 한국교통연구원, 한국노동연구원, 한국농촌경제연구원, 한국법제연구원, 한국보건사회연구원, 한국여성정책연구원, 한국조세연구원, 한국직업능력개발원, 한국해양수산개발원, 한국행정연구원, 한국형사정책연구원, 한국환경정책평가연구원 등 178개 기관

공공기관의 신설과 지정은 주무기관의 장이 법률에 따라 공공기관을 신설하고자 하는 경우 입법예고 전에 기획재정부 장관에게 신설의 타당성에 대한 심사를 요청해야 한다. 기획재정부 장관은 공공기관운영위원회의 심의·의결을 거쳐 타당성을 심사하고 그 결과를 주무기관장에게 통보한다. 공공기관운영위원회은 공공기관의 지정 및 구분에 관한 사항 등을 심의·의결하기 위해 기획재정부 장관 소속 하에 둔다.

5. 공기업의 조직

1) 단독제와 합의제

단독제는 합의제 의결기관인 이사회가 없이 기관장이 책임지는 독임형으로 우리나라의 정부기업이 이에 해당된다. 합의제 의결기관인 이사회(관리위원회)를 두며, 이사(위원)는 권한·책임이 동등하고 민주적인 정책결정 방법을 취한다.

2) 정부임명제와 직능대표제

정부임명제로 이는 이사회(관리위원회)의 구성원을 대부분 정부에서 임명하는 제도를 말한다. 우리나라의 경우가 이에 해당된다. 직능대표제로서 이사회(관리위원회)를 정부·소비자·종업원 등을 대표하는 직능대표에 의해 구성하는 것이며, 프랑스제도가 대표적이다.

3) 기능위원회형과 정책위원회형

기능위원회형은 이사회(관리위원회)의 구성원이 모두 상임(전문가)이며 특정 부서의 장을 겸하

표 5-8 공공기관 유형별 공공기관 운영에 관한 법률 적용 내용

<table>
<tr><th colspan="2" rowspan="2">구분</th><th colspan="2">공기업</th><th rowspan="2">준정부기관</th><th rowspan="2">기타
공공기관</th></tr>
<tr><th>시장형</th><th>준시장형</th></tr>
<tr><td colspan="2">통합공시</td><td>o</td><td>o</td><td>o</td><td>o</td></tr>
<tr><td colspan="2">고객만족도조사</td><td>o</td><td>o</td><td>o</td><td>o</td></tr>
<tr><td colspan="2">기능 조정 등</td><td>o</td><td>o</td><td>o</td><td>o</td></tr>
<tr><td colspan="2">공공기관 혁신</td><td>o</td><td>o</td><td>o</td><td>o</td></tr>
<tr><td colspan="2">이사회 구성</td><td>15인 이내</td><td>15인 이내</td><td>15인 이내</td><td>x</td></tr>
<tr><td colspan="2">이사회 의장</td><td>선임비상임이사</td><td>기관장(자산 2조 원 이상:
선임비상임이사)</td><td>기관장</td><td>x</td></tr>
<tr><td colspan="2">감사위원회</td><td>o</td><td>자산 2조 원 이상
기관만 적용</td><td>x</td><td>x</td></tr>
<tr><td colspan="2">선임비상임이사</td><td>o</td><td>o</td><td>o</td><td>x</td></tr>
<tr><td colspan="2">상임이사 정수</td><td>1/2 미만</td><td>1/2 미만</td><td>대규모기관: 1/2 미만
소규모기관: 2/3 미만</td><td>x</td></tr>
<tr><td colspan="2">임기</td><td colspan="3">기관장: 3년, 이사 · 감사: 2년</td><td>x</td></tr>
<tr><td colspan="2">연임</td><td colspan="3">1년 단위</td><td>x</td></tr>
<tr><td colspan="2">기관장과의
경영계약</td><td>o</td><td>o</td><td>o</td><td>x</td></tr>
<tr><td colspan="2">임원 보수 기준</td><td>o</td><td>o</td><td>o</td><td>x</td></tr>
<tr><td colspan="2">감사 · 감사위원에
대한 직무 수행 평가</td><td>o</td><td>o</td><td>o</td><td>x</td></tr>
<tr><td rowspan="7">임명</td><td rowspan="2">기관장</td><td colspan="2">(대규모: 총수입 1천억↑, 직원 정원 500명↑)
임원추천위원회 → 공운위 → 주무부 장관
제청 → 대통령 임명</td><td>(대규모: 총수입 1천억↑, 직원 정원
500명↑ * 기금형은 자산 1조 원↑, 직원
정원 500↑) 임원추천위원회 → 주무부
장관 제청 → 대통령 임명</td><td rowspan="2">x</td></tr>
<tr><td colspan="2">(소규모) 임원추천위원회 → 공공기관운영위
→ 주무부 장관 임명</td><td>(소규모) 임원추천위원회 → 주무부 장관
임명</td></tr>
<tr><td>상임이사</td><td colspan="2">기관장 임명</td><td>기관장 임명</td><td>x</td></tr>
<tr><td rowspan="2">비상임
이사</td><td colspan="2" rowspan="2">임원추천위원회 → 공공기관운영위
→ 기재부 장관 임명</td><td>(대규모) 임원추천위원회
→ 주무부 장관 임명</td><td rowspan="2">x</td></tr>
<tr><td>(소규모) 주무부 장관 임명</td></tr>
<tr><td rowspan="2">감사</td><td colspan="3">(대규모) 임원추천위원회 → 공공기관운영위 → 기재부 장관 제청 → 대통령 임명</td><td rowspan="2">x</td></tr>
<tr><td colspan="3">(소규모) 임원추천위원회 → 공공기관운영위 → 기재부 장관 임명</td></tr>
<tr><td colspan="2">예산안 확정</td><td colspan="2">이사회 의결</td><td>주무부 장관 승인</td><td>x</td></tr>
<tr><td colspan="2">경영실적평가 경영, 예산지침,
감사 기준</td><td>o</td><td>o</td><td>o</td><td>x</td></tr>
</table>

고 있는 경우를 말한다. 그리고 정책위원회형은 이사회(관리위원회)의 구성원을 일부는 상임(전문가), 일부는 비상임(비전문가)으로 하며 특정 부서의 장을 겸하지 않는다. 이사의 1/2 미만이 상임인 현재 우리나라의 경우가 이에 해당된다.

4) 단일기관제와 이중기관제

단일기관제는 영국·미국 등의 공사를 비롯해 많은 공기업은 단일의 합의제 기관을 두고 있다. 이중기관제는 정책결정기관과 집행담당기관을 분리시키는 제도다.

6. 공기업의 통제와 자주성

1) 공기업의 통제

1983년 정부투자기관관리기본법의 제정으로 사전통제 체제가 사전자율화, 사후평가 체제(예산편성의 자율화, 경영평가, 회계감사 등 강화)로 전환됐고, 1999년에는 경영고시 도입, 정부이사제가 폐지됐다.

통제 주체에 따른 통제 방식에는 첫째, 대통령에 의한 통제로 임원 임명권이다. 둘째, 주무기관장에 의한 통제는 조직·인사에 관한 통제로 임원의 임용 제청, 임명 주식의 조작, 정관의 인가, 일반적 감독권 등을 의미하며, 업무에 관한 통제는 경영 목표의 제출, 경영실적보고, 경영 실적의 시정 조치 등이다. 예산·회계 장관에 의한 통제는 기획재정부 장관의 경영지침 시달, 경영 실적의 평가 등을 시행하며, 기획재정부 장관이 결산 승인을 하는 것이다. 회계검사기관에 의한 통제로 감사원은 공기업과 준정부기관의 업무와 회계 처리에 대해 감사를 실시한다. 의회에 의한 통제로 국정감사를 통해 통제한다. 사법부에 의한 통제로 행정소송을 통해 통제한다.

2) 공기업의 자주성

공기업은 정치적, 행정적, 재정적, 인사적, 법률적 자주성을 갖는다. 정치상의 자주성은 의회의 정치적 간섭을 배제하기 위해 현역 국회의원은 공사의 임원 겸직이 불가하다. 행정상의 자주성은 공사의 경영정책을 결정하는 권한과 책임은 자주적인 이사회에 부여한다. 재정상의 자주성은 이사회 의결로 예산이 확정되고 독립채산제를 인정하며, 수지적 합의 원칙, 자본의 자기조달의 원칙, 이익(손해)의 자기처분(감수)의 원칙이다. 인사상의 자주성은 인사관리상의 자율성을 가지며, 노동조합의 단체교섭권 및 쟁의권 등을 인정한다. 법률상의 자주성은 특별법에 의해 설치되며 별개의 독립된 법인체를 이루고 있어 법률상 독자적 권리·의무를 가진다.

제8절 책임운영기관

1. 의의

1) 개념

책임운영기관(agency)이란 정부가 수행하는 사무 중 공공성을 유지하면서도 경쟁 원리에 따라 운영하는 것이 바람직한 사무에 대해 책임운영기관의 장에게 행정상·재정상의 자율성을 부여하고 그 운영 성과에 대해 책임을 지도록 하는 행정기관이다. 민간기업체의 소사장제처럼 인사, 예산, 보수, 조직관리 등에서 자율권을 부여해 생산성과 효율성을 높이려는 제도로서 영국의 넥스트 스텝 계획(Next Steps Program)에 의한 책임집행기관(Executive Agency)과 유사한 조직 형태다.

2) 기관 성격

기관의 성격은 내부분봉과 외부분봉으로 구분할 수 있다. 내부분봉·내부시장화(Hive-in)는 기관의 성격은 정부조직이며, 구성원도 공무원이다. 영국의 책임집행기관(Executive Agency), 우리나라의 책임운영기관 등이 해당된다. 외부분봉(Hive-out)은 기관의 성격은 준정부조직이며, 구성원은 공무원이 아니다. 뉴질랜드의 독립사업기관(Crown Entities) 등이 해당된다.

표 5-10 각국의 책임운영기관(안강식, OECD 백서)

미국	1995년 이후 클린턴 행정부의 NPR의 건의로 설치된 성과 중심 조직(Performance Based Organization)
영국	1988년 이후 Next Steps에 의해 설치된 책임집행기관(Executive Agency)
캐나다	1990년 이후 설치된 특별사업기관(Special Operating Agency: SOA)
뉴질랜드	1988년 이후 각 부처로부터 독립된 독립사업기관(Crown Entities)
호주	1988년 이후 설치된 책임운영기관(Statutory Authority)
일본	1997년 이후 핵정혁신심의회의 건의로 설치된 독립행정법인(단, 공권력과 무관한 기능)
한국	1999년 이후 설치된 책임운영기관

2. 책임운영기관의 적용 대상 사무

첫째, 공공성이 강한 사무 분야다. 사업성은 강하나 공공성이 커서 조기에 민영화하기 어려운 기관(예: 전파관리, 우정, 기상, 항만관리 등)에 적합하다.

둘째, 성과관리가 용이한 분야다. 책임운영기관은 대표적인 성과 중심의 조직으로서 기관의 주된 사무가 사업적·집행적 성질의 행정서비스를 제공하고 성과측정 기준의 개발과 성과의 측정이 가능한 사무의 분야다. 그러나 실제로는 시장에서 제공되지 않는 경우가 대부분이기 때문에 성과평가가 곤란하다.

셋째, 내부시장화가 필요한 분야다. 시장화가 필요하나 당장 외부시장화의 추진이 곤란한 분야로서 여전히 국가의 공신력과 책임이 필요하고 유사 기능을 수행하는 기관 상호간에 경쟁을 통해 내부시장을 창출할 수 있는 분야에 도입된다.

넷째, 재원의 자체 확보가 가능한 분야다. 사용료, 수수료 등 수익자 부담주의(user charging)가 적용돼 자체적으로 운영재원의 전부 또는 일부를 충당할 수 있는 이른바 독립채산이 가능한 분야다.

다섯째, 서비스의 통합이 필요한 분야다. 중앙정부와 지방정부 간 서비스 통합이 필요한 분야에 도입한다.

여섯째, 효율성 제고와 관련된 분야다. 자율적으로 운영하면 행정의 효율성과 서비스의 질을 높일 수 있는 기관이다. 특허, 조달, 교육·훈련, 시험·연구 등이 해당된다.

3. 책임운영기관의 특징과 한계

1) 책임운영기관의 특징

정책결정과 집행을 통합적으로 수행하던 중앙정부의 기능 중에서 집행 및 서비스 전달 기능을 분리해 수행하므로 책임운영기관은 기획이나 정책결정기관이 아니고 집행 중심의 사업부서 조직이다. 주무부 장관과 책임운영기관장 간의 합의, 즉 성과협약(performance agreement)을 통해 달성해야 할 사업계획과 성과 목표를 설정하고 책임운영기관장은 결과 및 성과에 대해 장관에게 책임을 진다. 개방화된 조직으로 책임운영기관장은 공직 내외에서 유능한 인재를 공개모집해 계약직으로 채용하고 성과에 따라 연봉을 지급한다. 기관 운영에 필요한 인사 · 조직 · 예산 등 관리 권한에서 책임운영기관장에게 융통성을 부여하는 대신 그 운영 결과에 대해서는 책임을 지도록 한다. 수익자부담주의, 기업회계 방식 등 민간경영 방식으로 운영되는 기업화된 조직이다.

2) 책임운영기관의 한계

정부팽창의 은폐 수단으로 활용되거나 민영화의 회피 수단으로 악용될 가능성이 있다(P. Dunleavy). 기관장의 책임 한계가 모호하며, 계약직 공무원인 기관장은 신분 보장의 미흡으로 소신 있게 기관을 운영하기가 곤란하다. 정책 결정과 집행의 분리는 강한 수직적 통합이 요구될 때 한계를 나타낸다.

4. 우리나라의 책임운영기관

1) 책임운영기관의 설치와 연혁

안전행정부 장관은 기획재정부 및 해당 중앙행정기관의 장과 협의해 책임운영기관을 설치할 수 있다. 이 경우 안전행정부 장관은 해당 중앙행정기관의 장의 의견을 존중해야 한다. 중앙행정기관의 장은 소관사무 중 책임운영기관이 수행하는 것이 효율적이라고 인정되는 경우에는 안전행정부 장관에게 책임운영기관의 설치를 요청할 수 있다.

1999년에 제정된 책임운영기관의 설치 · 운영에 관한 법률 및 시행령에 의해 시범운영기관으로 국립의료원, 운전면허시험관리단, 국립중앙과학관, 국립중앙극장, 지방통계청 등이 있다.

2) 책임운영기관의 종류

책임운영기관은 기관의 지위에 따라 소속 책임운영기관과 중앙책임운영기관으로 구분된다. 소속 책임운영기관은 중앙행정기관의 소속기관으로서 대통령령으로 설치된 기관이다. 중앙책임운영기관은 '정부조직법'에 따른 청(廳)으로서 대통령령으로 설치된 기관이다(책임운영기관의 설치 · 운영에 관한 법률 제2조 제2항).

책임운영기관은 기관의 사무 성격에 따라 조사연구형 책임운영기관, 교육훈련형 책임운영기관, 문화형 책임운영기관, 의료형 책임운영기관, 시설관리형 책임운영기관, 그 밖에 대통령령으로 정하는 유형의 책임운영기관 등으로 구분한다(책임운영기관의 설치 · 운영에 관한 법률 제2조 제3항).

표 5-11 책임운영기관의 유형(2011.6.7 현재 총 38개 기관)

(2011.6.7)

구분		소속 책임운영기관	중앙책임운영기관
조사연구형	조사 · 품질관리형	국립종자원, 지방통계청(5) 등	
	연구형	국립과학수사연구원, 국립수산과학원 등	
교육훈련형		국립국제교육원, 한국농수산대학	
문화형		국립중앙과학관, 국립중앙극장 등	
의료형		국립서울병원, 경찰병원 등	
시설관리형		지방해양항만청, 해양경찰정비창 등	
기타 유형			특허청

3) 소속 책임운영기관

책임운영기관장은 소속 중앙행정기관의 장이 내외 전문가 중에서 공개모집 절차(개방형)에 따라 계약직 공무원으로 채용한다. 기관장의 채용 기간은 5년 이내의 범위(특별한 사유가 없는 한 2년 이상) 내에서 소속 중앙행정기관의 장이 정하고, 채용 요건은 소속 중앙행정기관장이 정한다.

조직과 인사에서 책임운영기관은 대통령이 정하는 바에 따라 소속기관을 둘 수 있으며, 하부조직의 설치, 분장사무, 직급별 정원은 기본운영규정으로 정한다. 책임운영기관에 두는 기관별 공무원의 총정원의 한도는 대통령령으로 정하고, 공무원의 종류별 · 계급별 정원은 총리령 또는 부령으로 정한다. 책임운영기관 소속 공무원의 임용권한 일체를 소속 중앙행정기관장에게 부여한다. 단, 중앙행정기관장의 임용 권한을 책임운영기관장에게 일부 위임할 것을 규정하고 있다. 소속 책임운영운영기관 소속 공무원의 임용시험은 소속 책임운영기관장이 실시한다.

책임운영기관 특별회계로 운영할 필요가 있는 소속 책임운영기관은 재정수입 중 자체 수입의 비율 등 대통령령으로 정하는 기준에 따라 기획재정부 장관이 안전행정부 장관 및 해당 중앙행정기관의 장과 협의를 거쳐 정한다.

소속 책임운영기관(책임운영기관 특별회계기관)을 제외한 소속 책임운영기관은 일반회계로 운영하되, 대통령령으로 정하는 회계 변경이 곤란한 특별한 사유가 있는 경우에는 다른 법률에 따라

표 5-12 정부기업과 책임운영기관(특별회계기관)의 비교

구분	정부기업	책임운영기관(특별회계기관)
적용 대상	우편, 우체국예금, 양곡, 조달	특별회계가 적용되는 책임운영기관
예산편성 지침	기획재정부 장관이 작성	기획재정부 장관이 작성 (단, 소속 중앙행정기관장의 의견 청취 가능)
예산전용	전용 가능: 의회 승인 불필요	세출 범위 내에서 전용 가능: 의회 승인 불필요
예산이용	이용 가능: 의회 승인 필요	세출 범위 내에서 이용 가능: 의회 승인 불필요
예산이월	명시이월 및 사고이월 가능	대통령령이 정한 범위 안에서 경상경비 이월 가능
수입금 마련 지출제도	초과금의 직접 사용	초과금의 직접 · 간접사업 비용으로 사용 가능 (소속 중앙행정기관의 장의 승인 필요)
이익잉여금	결손 시 사용 또는 일반회계로 전입	결손 시 사용 가능 그러나 일반회계로 전입 불가
비용 부담	관련 규정 없음	비용 부담 가능

설치된 특별회계로 운영할 수 있다. 이 경우 일반회계 또는 특별회계에 별도의 책임운영기관 항목을 설치하고, 책임운영기관 특별회계기관에 준하는 예산 운영상의 자율성을 보장해야 한다.

책임운영기관의 성과측정 및 평가에서 중앙행정기관의 장은 소속 책임운영기관의 재정의 경제성 제고, 서비스 순주의 향상, 경영합리화 등에 관한 사업 목표를 기관장에게 부여하고, 기관장은 사업운영계획을 수립해 중앙행정기관장의 승인을 받는다. 사업성과의 평가 등을 심의하기 위해 소속 중앙행정기관 산하에 소속 책임운영기관 운영심의회를 둔다. 소속 책임운영기관 운영 심의의 평가 결과 및 책임운영기관의 존속 여부 등에 관한 사항을 심의·평가하기 위해 안전행정부 장관 소속 하에 소속 책임운영기관 운영위원회를 둔다. 소속 책임운영기관 운영심의회의 평가 결과보다는 소속 책임운영기관 운영위원회의 평가 결과를 우선한다.

4) 중앙책임운영기관

중앙책임운영기관의 기관장의 임기는 2년이며, 1차에 한해 연임이 가능하다. 현재 특허청장은 정무직이다. 중앙행정기관의 조직과 정원에 관한 사항은 정부조직법과 그 밖의 정부조직 관계 법령에 의한다. 중앙책임운영기관의 장은 고위공무원단에 속하는 공무원 외의 소속 공무원에 대한 일체의 임용권을 가지며, 중앙책임운영기관 소속 공무원의 임용시험은 중앙책임운영기관의 장이 실시한다. 중앙책임운영기관의 장은 국무총리와 성과계약을 한다.

표 5-13 중앙책임운영기관과 소속 책임운영기관의 비교

구분	중앙책임운영기관	소속 책임운영기관
기관장 신분	① 정부조직법에서 정하는 신분(현재 특허청장은 정무직) ② 임기 2년, 1차 연임 가능	① 임기제 공무원 ② 5년 이내에서 소속 중앙행정기관의 장이 정하되, 2년 이상
소속 공무원 임용	① 중앙책임운영기관의 장은 고위공무원단에 속하는 공무원외에 소속 공무원에 대한 일체의 임용권을 가진다. ② 임용시험은 중앙책임운영기관의 장이 실시한다.	① 중앙행정기관의 장은 소속 책임운영기관의 공무원에 대한 일체의 임용권을 가진다. ② 임용시험은 소속 책임운영기관의 장이 실시한다.
성과관리	중앙책임운영기관의 장은 국무총리가 부여한 사업 목표를 성실히 이행해야 한다.	소속 책임운영기관의 장은 소속 중앙행정기관의 장과 체결한 채용계약의 내용을 성실히 이행해야 한다.
평가기구	중앙책임운영기관의 장 소속 하에 중앙책임운영기관운영심의회를 두고, 국무총리 소속 하에 중앙책임운영기관운영위원회를 둔다.	중앙행정기관의 장 소속 하에 소속책임기관운영심의회를 두고, 안전행정부 장관 소속 하에 소속 책임운영기관운영위원회를 둔다.

제9절 조직의 동태화

1. 의의

1) 개념

애드호크라시(adhocracy)는 전통적 관료제 구조와는 달리 융통적·적응적·혁신적 구조를 지

닌 '특별임시조직'을 말한다. 베니스(W. G. Bennis)는 애드호크라시를 "다양한 전문기술을 가진 비교적 이질적인 전문가들이 프로젝트를 중심으로 집단을 구성해 문제를 해결하는, 변화가 빠르고 적응적이며 일시적인 체제"로 정의한다. 이러한 애드호크라시는 대체로 영구적인 부서나 공식화된 규칙, 그리고 일상적인 문제를 처리하기 위한 표준화된 절차가 없이, 프로젝트에 따라 전문요원들이 팀을 구성해 상황에 맞게 문제를 해결해 가는 특성을 지닌다. 즉, 구조적 차원에서 볼 때 애드호크라시는 복잡성·공식화·집권화의 정도가 모두 낮다는 특징을 지닌다. 애드호크라시의 조직 유형으로는 매트릭스구조(matrix structure)·태스크포스(task force)·위원회조직 등이 있으며, 후기관료제 모형의 일종이다.

2) 대두 배경

최근 행정환경이 불확실하고 복잡, 다양해짐에 따라 계층제 중심의 고전적이고 경직된 관료제 조직을 그 존속과 발전·성장을 위해 환경 변화에 좀 더 유기적·개방적으로 적응을 해 나가도록 전환하는 것이다. 미국에서 1960년대 말 베니스의 『탈관료제』와 토플러(A. Toffler)의 『미래의 충격』에서 처음으로 사용된 개념으로 관료제(bureaucracy)에서 임시적 조직(adhocracy)으로 전환을 예견했다.

2. 동태적(유기적) 조직의 특징

동태적 조직의 특징으로 ① 낮은 수준의 구조변수다. 낮은 계층화의 수준으로 계층제의 수준이 낮고, 계선보다 막료가 큰 비중을 차지한다. 낮은 공식화의 수준으로 표준화에 의존하지 않고 업무 수행의 기준과 절차는 상황적응적이다. 낮은 집권화의 수준으로 전문가들로 구성돼 의사결정권이 위임되므로 수평적 의사결정을 행한다. ② 임무나 과제 중시다. 계급이나 조직보다 임무나 과제, 사업계획 등을 중시한다. ③ 신속한 적응이다. 미래 지향적 시관과 고도의 변동 대응 능력을 보유한다. ④ 개방적 의사전달이다. Y이론에 입각한 자기통제나 수평적 동료 관계, 연락장치에 중점을 둔다. ⑤ 전문지식을 중시한다. 정당성이 근거는 전문지식이며, 권한은 전문적 능력에 의거한다. ⑥ 참여 중심의 관리다. 참여 중심의 목표관리 체제에 중점을 둔다. ⑦ 기동성이 강하다. 기동성 있는 조직구조를 갖는다. ⑧ 유동성과 잠정성이다. 공식성이나 역할의 특정성이 약하다. ⑨ 임시조직이다. 동태적 조직은 임시조직으로 일이 끝나면 해체된다. ⑩ 조정이 곤란하다. 임시조직이면서 전문화돼 있기 때문에 조정이 상대적으로 곤란하다. ⑪ 규모의 경제가 곤란하다. 전통적 관료제보다 규모의 경제 실현이 곤란하다. ⑫ 계층제와 공존 가능하다. 동태적 조직들은 전통적인 계층제 조직과 공존이 가능하다. ⑬ 쇄신성·적응성 중시한다. 쇄신성과 적응성이 높은 조직이다.

3. 동태화의 방안

1) 동태화 방안의 영역

인간관리면, 가치관 능력면, 구조적 측면에서 동태화의 목적과 방안을 살펴보면 다음과 같다.

표 5-14 동태화 목적 및 방안

구분	동태화의 목적	동태화의 방안
인간관리면	창의적·쇄신적 관리 체제의 확립 : X이론(비민주적 관리) → Y이론(민주적 관리)	① 계획 중심적 관리 ② 분권화 ③ 관료제의 쇄신 ④ MBO의 도입 등에 의한 참여적 관리 ⑤ 융통성 있는 관리 ⑥ Y이론적 인간관리 방식 등
가치관 능력면	인간 능력 개발의 확립 : 보수주의(무사안일) → 쇄신적 행태	① 실적제와 직업관료제의 쇄신 ② 인재육성계획과 인력수급계획의 작성 ③ 사기의 앙양 ④ 능력 발전 ⑤ OD 등에 의한 쇄신적·발전적 가치관의 정립
구조적 측면	동태적 구조의 확립 : 계층화↑(적응력×) → 계층화↓(적응력○)	① 과제의 폐지 ② 유동조직(임시조직) ③ 매트릭스조직(행렬조직, 복합조직) ④ Link-Pin(연결핀) 형성 ⑤ 막료(staff)조직 ⑥ 네트워크형 조직(아메바조직) ⑦ 자유형 조직구조(free structure) ⑧ 위원회 조직 ⑨ Collegia 조직

2) 동태적 구조의 확립

유동조직(임시조직)으로 특수문제 해결을 위해 임시로 구성되는 조직이라 할 수 있다.

매트릭스조직(matrix organization)이란 행정활동을 직능 및 기능 부문으로 전문화시키면서, 전문화된 부문들을 프로젝트로 통합시키는 단위를 갖기 위해 고안된 조직 형태다. 행렬조직 또는 복합구조라고도 한다. 행정부문에 전형적으로 존재하는 매트릭스조직으로는 지방 행정기관과 재외공관조직을 들 수 있다. 예컨대 전라남도청의 상공국은 산업자원부의 기능 중 전라남도에 해당하는 것만 실시한다. 그리고 재외공관, 즉 대사관에는 대사를 중심으로 영사·상무관·재무관·농무

표 5-15 임시조직의 특성

구분	Project Team(특별작업반)	Task Force(전문담당반)
구조	수평적 조직	수직적·입체적·계층적 구조
사업 성향	임시적·단기적 성향: 비정형적 사업 중심	장기적 성향
존속 기간	목표달성 후 해체	목표 달성 후 존속 경향: 목표의 승계
설치 범위	부문 내에 설치(소규모): 한 부처 내에 설치	부문 간에 설치(대규모): 범국가적(민·관합동)
설치 근거	법적 근거를 요하지 않음(덜 전문적임)	법적 근거를 요함(더 전문적임)
소속 관계	소속기관에서 탈퇴치 않고 일시 차출: 겸직 가능	탈퇴해 전임제로 근무(파견): 겸직 불가능
성격	인적 성격이 강함	물적·조직적 성격이 강함

관 · 노무관 · 국방무관 등으로 구성돼 있어 외국에서의 자국민에 대한 상업 · 재정 · 농업 · 노동 · 국방 업무를 함께 다루도록 돼 있다.

과제의 폐지를 통해 계층제적 · 기능별 조직이 안고 있는 할거성 등의 폐단을 극복하기 위해 대국대과주의를 확립하고, 부처 통폐합을 통한 대부처주의 확립시킨다.

리커트(R. Likert)가 주장한 Link-Pin(연결핀)은 조직 내에서 수직적 · 수평적으로 연락을 맺고 있는 자를 연결해 조직의 조정 능력과 적응력을 높이는 것이다.

막료(staff)조직은 기관장의 의사결정 능력을 보완하는 전문적 기술막료로서 계선기관장의 사고 능력을 심화시켜 환경 변화에 대응케 하고 계선에 새로운 아이디어나 정보를 제공하는 보좌조직이다.

네트워크조직(network organization)은 조직활동을 자신이 비교 우위가 있는 한정된 부문에만 국한시키고, 나머지 활동 분야는 아웃소싱(out sourcing)하거나 전략적 제휴 등을 통해 외부 전문가에게 맡기는 조직을 말한다. 네트워크조직은 계층이 거의 없고, 조직 간의 벽도 없으며, 부문 간 교류가 활발하게 이뤄지는 조직이다.

자유형 조직구조(free structure)는 융통성 · 비공식성에서 가장 그 정도가 높은 조직으로, 정해진 조직 방식 없이 자유스럽게 구성된 조직이다.

위원회조직(committee organization)은 복수 구성원으로 구성된 합의제 조직으로, 민주적 결정 및 조정으로 계층제의 경직성을 타파하려는 다원적 의사결정 중추를 지닌 민주적 · 수평적 조직 형태를 말한다.

4. 동태적 조직의 장 · 단점

동태적 조직(adhocracy)이 전통적 조직(관료제)을 대체한다기보다는 공존한다고 봐야 한다.

1) 동태적 조직의 장점

동태적 조직의 장점을 살펴보면 다음과 같다. ① 높은 적응도와 창조성을 요구하는 조직의 경우에 적합하다. ② 다양한 전문지식을 가진 사람들의 협력으로 문제를 해결한다(전문성 제고). ③ 조직의 과업 자체가 기술적이고 비정형적인 경우에 매우 유용하다. ④ 환경이나 상황이 급변하거나 유동적인 경우, 그리고 조직의 초기 발전 단계에서 특히 유용하다. ⑤ 적응적 유동성, 잠정성, 기동성(entropy가 부정됨) 등이 있다. ⑥ 인적 자원의 효율적 활용 및 엘리트의 순환을 촉진시킨다.

2) 동태적 조직의 단점

동태적 조직의 단점을 살펴보면 다음과 같다. ① 상위자와 하위자 간의 명확한 구분이 없기 때문에 갈등이 존재한다. ② 조직구성원들의 대인 관계에 문제를 야기하며 또 그들에게 심리적 불안감을 조성한다. ③ 관료제에서와 같은 기계적 모형이 제공하는 정밀성과 편의성이 부족하다. ④ 행정조직의 획일적인 동태화는 조직의 불안을 초래한다. ⑤ 편협한 시야, 책임감 결여 등 전문가 조직이 갖는 일반적인 제약을 수반한다.

제10절 조직 발전(개발)

1. 의의

1) 조직 발전의 개념

조직 발전(organizational development)이란 조직의 효과성·건전성을 높이기 위해 조직구성원의 가치관·신념·태도를 변화시켜 조직의 환경 변화에 대한 대응 능력과 문제 해결 능력을 향상시키려는 계획적·복합적인 교육전략 또는 관리전략이다. 조직의 인간적 측면에 주목해 구성원의 잠재력을 최대한으로 개발하고 행태를 개선함으로써 조직 전체의 개혁을 이룩하려는 조직혁신의 접근 방법을 말한다. 1950년대에 일부 기업체에서 적용하기 시작한 조직 발전은 1970년대를 거치면서 빠른 속도로 성장·보급돼 왔다.

조직 발전의 기법으로는 실험실훈련(laboratory training, T-group training), 감수성훈련(sensitivity training), 작업집단 발전(team development or team-building), 과정상담(process consultation), 태도조사 환류기법(survey feedback method), 격자도 조직발전(grid organization development), 직무다양화(job enrichment) 등이 있다.

2) 유사 개념과의 구별

조직 발전과 유사한 개념은 관리 발전, 관리과학, 계획적 변화, 조직혁신, 목표관리 등이 있다. 관리 발전(MD)은 관리자의 지식·능력을 향상시키기 위한 관리자 개인 발전제도다. 관리과학(OR)은 관리결정의 계량적인 기법이라는 점에서 조직 발전(OD)과는 다르다. 계획적 변화는 베니스 등이 주창한 계획적 변화이론은 조직 발전(OD)의 초기 이론으로 감수성 훈련 등을 중시하는 조직 발전(OD)과 유사한 조직 발전 기법이다. 즉, 조직 발전(OD)도 '계획적인 행태 변화 기법'이라는 점에서 동일하다. 조직혁신(Organization Innovation: OI)이란 조직진단을 통해 문제점을 분석·개선함으로써 조직의 효율성을 높이려는 의도적인 조직 변화 노력을 말한다. 조직혁신의 대상 변수로는 구조·행태·일의 흐름(work flow) 등을 들 수 있다. 조직혁신 가운데 특히 구성원의 행태 변화를 통해 조직의 효과성을 높이려는 접근 방식을 조직 발전이라 한다. 즉, 조직혁신(OI)은 구성원의 행태뿐 아니라 조직의 구조·관리기술적인 측면(새로운 아이디어·절차의 도입 등)까지 변화를 포함하는 포괄적인 개념이다. 목표관리(Management by Objectives: MBO)는 조직의 상하 구성원들이 참여의 과정을 통해 조직 단위와 구성원의 목표를 명확하게 설정하고, 그에 따라 생산 활동을 수행하도록 한 뒤, 각 조직 단위 및 구성원들의 업적을 측정·평가함으로써 관리의 효율화를 기하려는 포괄적 조직관리 체제다. 목표관리는 종합적인 조직 운영 기법으로 활용될 뿐만 아니라, 근무성적평정 수단으로, 그리고 예산 운영 및 재정관리의 수단으로 다양하게 활용되고 있다.

공통점은 Y이론을 통한 조직의 동태화를 추구한다. 차이점은 MBO는 폐쇄적인 내부관리, OD는 외부 전문가가 포괄적으로 관리한다.

2. 조직 발전의 과정

1) 문제의 인지, 자료의 수집

조직의 실태를 파악해 OD를 위한 자료를 수집하는 단계다. 필요한 자료의 성질・이용 가능성・수집 방법 등을 결정하고, 구성원의 가치관・태도・규범 등을 파악하고, 조직 내의 문제를 인지하게 된다.

2) 조직의 진단

수집된 자료를 확인하고 분석해 문제 해결을 위한 대안과 실시계획을 수립하는 단계다. 조직진단(organization diagnosis)을 내부인사가 하면 실정에 정통하지만 문제를 별개로 다뤄 상호 관련성을 낮게 평가할 우려가 있고, 외부 인사는 객관적 입장을 취할 수 있으나 주관이 강조될 우려가 있다.

3) 행동개입

조직 발전을 위한 실제적 행동 단계로서 변화 과정의 핵심이다. 행동개입(action intervention)의 단계로 가장 많은 저항이 유발된다. 행동개입의 종류에는 기술적 개입, 행정적 개입, 사회적 개입이 있다. 기술적 개입은 시설의 재배치와 작업도표・조직구조의 변동 등의 기술적 개입을 의미하며, 행정적 개입은 조직의 정책・절차와 관련되는 행정적 개입을 의미한다. 사회적 개입은 인간관계 문제에 관한 개입인 사회적 개입을 의미한다.

4) 평가 및 환류

평가 결과에 따라 개선책을 마련하고, 시행한다.

3. 조직 발전의 목적과 특징

첫째, 행태과학 지식의 응용이다. 행태과학적인 지식의 응용과 계획적인 개입에 의해 사람들의 가치・태도・행동 등을 변화시켜 조직문화의 기능을 개혁하려는 것이다.

둘째, 자아실현적・Y이론적 인간관이다. 심리적 에너지와 자아실현의 욕구를 증진하는 인적자원 개발(Human Resource Development: HRM) 접근이다.

셋째, 효과성과 건강도다. 궁극적인 가치는 효과성과 건강도를 증진하는 것이다.

넷째, 계획적・장기적・지속적・전체적 변화관이다. 전략적 선택 입장에서 최고관리층에서 하위계층에 이르는 전체적이고 통합적 목표와 계획을 수립하는 지속적・장기적인 변화 노력이다. 조직을 하나의 체제로 보고 총체적인 체제의 개선을 궁극적인 목표로 삼으며, 개별적 활동의 통합과 조정에 의해 조직 전체를 개혁하려는 것이다.

다섯째, 질적・규범적・가치적인 변화다. OR, SA, 관리과학 등의 양적 분석에 비해 OD는 조직의 좀 더 바람직한 상태로의 질적・가치적인 변화 노력이다.

여섯째, 인간관계나 행태적인 행정개혁이나 쇄신이다. 행정개혁과 쇄신에서 가장 중요한 것은 건전하고 협동적인 인간관계 형성이라는 점에 주안점을 두고 있다. 직제(구조)나 관리기법의 개선보다는 응집력 있는 인간관계의 형성에 역점을 둔다.

일곱째, 변동담당자의 개입이다. 조직 발전의 전과정, 특히 목표 수립에서 진단 과정은 행태과학적 지식과 기술에 조예가 있는 상담자(OD 전문가, 변동 컨설턴트)가 참여한다.

여덟째, 하향적 변화다. 최고관리층에 공식적 지휘본부를 두고, 그의 참여와 배려 하에 상위계층에서 하위계층으로 하향적・계획적・의도적으로 진행된다. 그러나 단순히 계층제를 통해 인위적・일방적으로 실현되는 것이 아니라 최고관리층과 하위계층이 협동적으로 추구하며 자율적인 참여를 강조한다.

상황 변화에 적극적・능동적으로 대처하기 위한 전략적 계획이며, 조직체와 개인을 통합하기 위한 직무확대, 직무충실 등의 방안이 있다. 계획 실행의 결과를 평가하고 개선책을 강구하는 개방적 변화 노력이며, 횡적・종적인 의사전달에 의한 개방적인 분위기를 조성한다. 갈등을 극소화하고 협동적 노력을 극대화시키며, 계층제적 조직의 경직성을 타파하기 위한 것이다. 연적 변화가 아닌 계획적・의도적인 변화 노력이며, 평가 및 환류(feedback)가 중시되는 지속적・순환적 과정이다. 개개인에 관한 정보가 OD에서는 매우 중요하다. 그러나 OD에서는 개인보다는 집단이 중시된다(개인<집단<조직). 목표의 설정과 평가 중시되며, 조직진단을 통한 경험적 자료를 중시한다. 최고층의 지원과 관심이 필수적이다.

4. 조직 발전의 기법(전략)

1) 감수성훈련: 실험실훈련(laboratory training), T 집단훈련(T-group training)

감수성훈련(sensitivity training)은 사전에 과제나 사회자를 정해 주지 않고 10명 내외의 이질적이거나 동질적인 피훈련자끼리 자유로운 토론을 통해 어떤 문제의 해결 방안이나 상대방에 대한 이해를 얻도록 하는 훈련 방법이다. 이러한 훈련의 목적은 대인(對人) 간의 정서적인 접촉과 토의 과정에서 얻어지는 집단 내에서 자기의 위치, 대인 관계의 이해 및 이를 통한 인간관계의 개선 등에 목적을 두고 있다.

행태과학적인 지식을 통해 자기(자아성찰)・타인(대인 관계 개선)・집단(집단에 대한 이해)에 대한 태도와 행동을 변화시킨다. 개방적인 대인 관계를 조성하며, 타인에 대한 관심과 인식 능력을 증대시킨다. 타인에 대한 편견과 개인차에 대한 이해를 증진시키고, 집단 간의 상호작용에 대한 이해를 증진시킨다. 타인을 신뢰하고 협동하는 태도를 함양하는 훈련이다.

감수성훈련의 한계는 막대한 시간・노력 소모되며, 성인의 태도 변화에는 기술적 한계가 존재한다. 그리고 효과의 지속성에 대한 의문이 있다.

2) 관리망훈련

관리망훈련(managerial grid training)은 블레이크(R. Blake)와 머튼(J. Mouton)이 감수성훈련을 확대・발전시킨 장기적・포괄적 접근법이다. 생산에 대한 관심과 사람에 대한 관심의 이원적 변수에 의거, 81개의 리더십(관리망) 유형을 만들고, 양 변수를 다 중시하는 관리 방식을 통해 개인과 집단의 관계와 조직 전체의 효율화를 추구한다.

감수성훈련과의 차이점은 ① 훈련 과정의 지속화를 위해 사후관리를 고려한다. ② 고위공직자도 대상으로 한다. ③ 대인 관계뿐만 아니라, 직무상 업적까지도 대상으로 한다. ④ 종합적 · 장기적 과정(3~5년)이다.

3) 집단 구축: 맥그리거(D. McGregor)

집단 구축(team building)이란 팀형성 또는 작업집단 발전(team development)이라고도 한다. 수직적 계층제는 상하간의 수직성이 강해 자율적 집단 형성을 어렵게 하므로 이러한 문제 해결을 위해 응집적인 집단을 형성시켜 구성원 간 의사소통(전달)을 원활히 하고 하나의 팀으로서 자율적 · 협동적 · 수평적 인간관계를 형성하고자 하는 것이다.

4) 과정상담과 개입전략: 아지리스(C. Argyris)

과정상담(process consultation)은 조직이 자신의 문제를 스스로 해결하도록 조직 과정을 전문상담가가 상담 · 면접하는 것이다. 개입전략은 상담자가 조직에 참여해 갈등 당사자끼리 갈등을 직접 공개적으로 해결하도록 유도하는 것이다.

5) 기타 기법(전략)

기타 기법으로는 제3자 자문, 자료 환류(feedback), 목표관리(MBO), 직무확충, 역할분석 및 역할연상법, 투사법(projection), 집단역학(group dynamics)이나 집단심리요법 등이 있다.

5. 조직 발전의 문제점과 성공 요건

1) 조직 발전의 문제점

조직 발전의 문제점은 조직 발전 자체의 문제점과 행정조직에 대한 적용상이 문제점으로 구분할 수 있다. 조직 발전의 일반적 제약성으로 조직 발전(개발) 자체의 문제점은 다음과 같다. ① 심리적 요인에 치중한 나머지 구조적 · 기술적 요인을 경시하고 있다. ② 경쟁 · 권력 요인을 경시하고 협동 · 상호 신뢰를 중시한다. ③ 태도 변화가 있어도 효과의 장기적 지속성이 불확실하다. ④ 유능한 전문가 확보가 곤란하며 시간 · 비용이 많이 소모된다. ⑤ 개인 · 집단 간의 직접적인 접촉이 강조되므로 사생활이 침해되기 쉽다. ⑥ 구성원의 지식 · 정보가 한정되고 전체 조직문제의 이해도 부족하다.

행정조직에 대한 적용상의 문제점은 다음과 같다. ① 정치적 · 권력적 요인의 작용으로 기존 권력구조 강화에 악용될 수 있다. ② 참여자의 가치관 · 이해관계 · 보수 등이 다양하고 이질성으로 문화적 갈등이 발생한다. ③ 최고관리층의 빈번한 교체로 일관성 있는 사업 집행이 곤란하다. ④ 법령에 의한 제약으로 하위 행정 단위의 신축성이 확보되기 어렵다. ⑤ 조직 발전 사업이 복잡한 행정 내부구조를 거쳐 입안되고 외부 승인을 받아야 하므로 사업 집행의 적시성을 기하기 어렵다.

⑥ 공무 수행상 알게 된 기밀이 엄수돼야 하므로 조직풍토의 개방성이 보장되기 어렵다. ⑦ 무형적 성격이 강한 정부 산출의 평가가 곤란하므로 조직 발전의 성과도 평가하기 어렵다. ⑧ 조직 내재적 제약 요인을 고려함으로써 좀 더 현실적인 변동을 이룰 수 있는 안정된 관료제에는 적절하지 않다.

2) 조직 발전의 성공 요건

조직 발전의 성공 요인은 ① 최고관리층의 지지・지원 하에 장기적 안목으로 추진돼야 한다. ② 모든 계층의 조직구성원이 자발적으로 참여할 수 있어야 한다. ③ OD 전문가와 조직구성원과의 긴밀한 협조 관계가 이뤄져야 한다. ④ 개혁을 요구하는 조직 내외의 압력이 있어야 하며 개혁의 분위기가 조성돼야 한다. ⑤ 조직 발전의 목적・가정・기법 등을 알리고 비밀주의를 배제한다. ⑥ 적절한 보상제도가 마련되고 계속적인 평가가 뒤따라야 한다. ⑦ OD훈련은 최고관리층부터 시작해 하위계층으로 실시해야 한다. ⑧ 보수문제를 다루는 인사담당자가 조직발전사업을 담당해야 한다.

제 6 장 행정과 정보

제1절 정보사회와 행정정보

1. 정보사회의 의의

1) 개념

정보사회(information society)란 사회의 모든 영역에서 정보가 지배적이며 정보의 처리 수단·처리 능력이 광범위하게 확산돼 체제 변화를 일으키고 사회구성원의 욕구를 충족시키는 데 정보가 핵심적 역할을 하며 정보의 상대적 가치가 다른 재화·서비스보다 높게 평가되는 사회를 말한다.

정보사회란 정보를 생산·유통·이용하는 정보산업이 발달함에 따라 인간 사회의 제도와 생활양식이 근본적으로 변화되고, 경제의 연성화가 촉진되는 사회를 말한다. 산업사회(industrial society)와 대비되며, 탈산업사회(post-industrial society)·초산업사회(super-industrial society)·지식사회(knowledge society) 등 다양한 이름으로 불리기도 한다. 정보화 사회는 지식·창의가 중시되고, 조직구조가 탈관료제화·분권화되며, 경제활동에서도 제품의 경박단소화(輕薄短小化)·다품종 소량생산(多品種少量生産)이 추구되는 등의 특징을 지닌다. 산업사회(industrial society)를 대체하는 것이 아니라 보완해 주는 사회라 할 수 있다.

정보기술(information technology)이란 기술적 측면에서는 자료의 인식·처리, 정보통신, 사무자동화, 공장자동화와 관련된 각종 하드웨어와 소프트웨어 등을 의미한다. 이용 목적의 측면에서는 자료 또는 정보의 저장·처리와 의사소통 기능을 지원함으로써 관리자의 업무와 전략상의 의사결정을 도와주는 기술을 의미한다.

2) 정보사회의 특징

농업사회에서 육체적 노동량이 가치를 창출하고 공업사회에서는 기계의 생산 능력이 가치를 창출했으나 정보사회에서는 정보·지식의 질이 가치를 결정하는 시대로 변화했다. 정보통신기술의 발전으로 인한 거리의 소멸은 훨씬 광범위하고 강력하게 일어나서, 세계 어느 곳이라도 실시간으로 접속할 수 있게 됐으며 멀티미디어 기술의 발전으로 화상회의(teleconference)나 원격교육 등이 가능해졌다. 영역 간에 경계가 모호해지는 무경계 사회(borderless society)가 출현했으며, 오늘날 다국적 기업이나 국제적 투기자본(hot money) 등은 국경을 초월해 세계적 규모로 이동하며, 한 나라의 정책이나 제도가 이러한 움직임 앞에서 무력해지는 상황이 발생한다. 국가 내에서도 공공부문과 민간부문 간, 또는 공공부문이나 민간부문 자체 내에서 끊임없는 상호 침투와 이합집산이 이뤄진다. 네트워크가 경제사회 생활의 기반이 되면서 기존에 단일 시스템에 의해 수행되던 일들이 분산 처리되면서 독립적인 시스템들의 협력에 의해 수행되고 있다.

3) 정보사회에 대한 입장

정보사회에 대한 입장은 낙관론과 비관론으로 구분된다. 낙관론적 입장은 정보사회가 인간의 창의력과 무한한 능력의 소산인 기술에 의해 발전・진화된 사회이므로 바람직한 사회 변혁을 가져올 것이라고 본다. 후기산업론, 다원주의론, 정보접근론(정보자유유통론) 등이 이에 해당한다.

비관론적 입장은 새로운 정보통신기술(ICT)의 긍정적 효과보다 부정적 효과에 초점을 맞추고 자본가계급의 이익극대화에 기여한다고 본다. 세계체제론, 문회종속론, 구조주의적 관점, 노동 과정 통제론 등이 이에 해당한다.

2. 정보의 본질

1) 정보의 개념

정보(information)란 수신자에게 의미 있는 행태로 처리된 데이터로서, 현재와 미래의 결정이나 활동에 실제적 또는 지각된 가치를 가진 것을 의미한다.

행정정보란 행정 과정에서 획득・생성되어 체계적으로 축적・가공・유통・활용되는 제반 지식과 자료 및 메시지로서 행정의 주체 및 객체의 의사결정이나 행동을 위해 사용될 수 있는 의미 있는 내용을 말한다.

정보와 유사한 개념이 다수 존재한다. 이러한 개념들을 보면 다음과 같다. 첩보(intelligence)는 덜 확인되고, 더 불확실하고, 가공되지 않고, 비밀성을 띤다. 정보는 비교적 잘 확인되고, 확실성이 높고, 처리・가공된 것이다. 자료(data)는 의미를 가진 문자의 집합체이며 정보의 원료・소재가 된다. 정보는 일정 목적을 위해 처리・가공된 것이다. 지식(knowledge)은 특정 정보의 의미가 확실해 누구에게든지 인정받을 수 있고 일반적인 보편타당성을 가진 것이며, 미래의 특정 문제 해결에 잠재적 사용 가치를 가진 것이다. 자료・정보・지식을 비교하면, 자료는 평가되지 않은 메시지, 정보는 특정한 상황에서 평가된 자료, 지식은 일반적 상황에서 평가된 자료를 각각 의미한다.

2) 정보의 특성

정보의 일반적 특성을 살펴보면 다음과 같다. ① 사용에 의해 소멸하지 않는 비소비성(비소멸성), ② 컴퓨터・문서 등 매체에 의해 형태를 갖는 무형성・매체의존성, ③ 타인에 전달해도 본인에게 그대로 남아 있는 비이전성, ④ 정보를 구입할 때 정보 소유자의 신용이 중요한 판단 기준이 된다는 신용 가치성, ⑤ 정보는 필요한 사람이면 누구에게도 가치가 있다는 무한 가치성, ⑥ 생산・축적되면 될수록 가치가 높아지는 누적 효과성, ⑦ 의사결정자에게 필요한 내용의 공급 가능성 여부가 정보가치의 중요한 판단 기준이 되는 적실성, ⑧ 시간이 지날수록 가치는 떨어지며 필요 시 활용 가능성이 중요한 시한성・적시성, ⑨ 대부분의 정보는 취득에 비용이 들고 가격을 가지는 가격성・시장성 등이다.

행정정보의 특성은 다음과 같다. ① 공익을 추구하는 공공성, ② 독점성이 강한 비시장성, ③ 법령에 의해 규제를 많이 받는 법적 제약성·규제성, ④ 국민에 의한 통제를 많이 받고, 정보의 생산·분배·공개 여부에 정치성이 개입되는 정치적 기관성, ⑤ 정보 네트워크의 광역화에 의한 광역성 등이다.

3. 행정정보화의 필요성과 내용

1) 행정정보화의 필요성

행정정보화는 폭발적인 행정 수요에 대응하기 위해 필요하며, 정책결정 과정의 합리화를 통해 복잡한 정책문제 해결을 위한 최적 대안을 탐색·선택하기 위해 필요하다. 행정의 분권화·지방화와 민주화·인간화에 대비하기 위해 필요하며, 행정관리의 능률화·개선과 행정서비스의 질적 향상 등을 추구하기 위해 필요하다.

2) 행정정보화의 내용

행정정보화의 내용을 살펴보면, 행정 데이터베이스를 구축하고, 행정정보 네트워크를 형성한다. 행정전산화·사무자동화사업을 광범위하게 추진하며, 지역정보화를 확대한다. 정보 관련 행정조직·인력을 강화하고 예산을 증가시키고, 공무원의 정보 해독력(information literacy)과 컴퓨터 해독력(computer literacy)을 제고한다.

4. 행정정보화가 행정조직에 미치는 영향

1) 피라미드 구조의 변질 및 중하위 계층의 축소

일상적인 결정이나 프로그램화된 업무는 컴퓨터가 수행하고 중요한 의사결정은 대부분 상층부가 수행한다. 피라미드조직이 납작해지거나 종 모양이 되거나, 종위에 럭비공을 올려놓은 모래시계 모양으로 중간관리층이 축소된다(H. J. Leavitt & T. L. Whisler). 역피라미드 구조로 하위층이 축소된다.

2) 수직적 계층제의 완화 및 수평적 상호작용 증가

정형적·일상적 업무 또는 구조화된 의사결정을 컴퓨터가 맡게 됨으로써 중하위 계층이 축소돼 수직적 계층구조는 완화된다. 수평적 상호작용은 증가되고 수직적 상호작용은 감소된다.

3) 통솔 범위의 축소

전산화로 인한 단순 업무의 축소와 업무의 전문화·복잡화 등으로 인해 통솔 범위는 점점 축소된다.

4) 조직 간의 연계성 증가

조직 간의 연계성과 상호의존성이 확대되며, 전통적인 물리적 구조 중심의 조직 개념으로부터 네트워크에 의해 '느슨하게 연결된 기능 중심적 조직 개념'으로 확대된다.

5) 집권화 또는 분권화에 미치는 영향

행정정보화는 집권화를 촉진시킨다는 입장과 분권화를 촉진시킨다는 입장으로 구분된다. 집권화를 촉진시킨다는 입장(H. J. Leavitt & T. L. Whisler)은 일상적인 결정은 컴퓨터가 수행하고, 중요한 의사 결정은 대부분 상층부가 수행하게 돼 중요한 정보 처리나 의사결정권이 상층부로 집중된다는 것이다.

분권화를 촉진시킨다는 입장(M. Anshen, J. F. Burlingame)은 중하위 관리자가 조직의 전반적인 상황이나 정책의 우선순위 등에 관한 정보 접근이 용이하게 돼 의사결정의 질이 향상되고, 하위 및 중간계층의 일상적·반복적 의사결정을 컴퓨터가 대신하고 그들의 비일상적·비정형적·창의적 업무에 대한 참여도 증진되며, 집약된 정보는 하층부나 지방으로 폭포 효과[1)]가 전개되면서 지방화가 촉진된다는 것이다.

6) 조직 내의 권력 관계에 미치는 영향

운영 방법에 따라 달라진다는 입장(J. Danziger, R. King, K. Kraemer)으로, 정보 처리 권한을 분산할 경우에는 하위층의 정보력 강화로 분권화가 촉진되고, 정보 체계를 통합적으로 관리할 경우 정보의 집중화 및 독점으로 집권화가 촉진된다는 것이다. 이들은 네 가지 모형을 제시했다. 이는 합리성을 중시하는 관료가 정책 과정을 지배하는 관리적 합리성 모형, 정보기술자가 중심이 되는 기술관료 엘리트모형, 다수 집단의 공동 이익을 증진시키는 조직다원주의모형, 권력의 변화보다는 권력의 강화를 초래하는 강화정치모형이다.

5. 행정정보화가 정책 과정과 업무 내용에 미치는 영향

행정정보화는 정보에 대한 접근을 용이하게 해서 참여를 확대시키고 의사결정의 질을 높여주며, 집행 과정에서도 성공과 실패의 사례를 데이터베이스(DB)화해 과학적인 모니터링이 가능하게 된다.

1) 정책 과정에 대한 영향

정책의제 형성 단계에서는 투입 기능이 강화되고 사회·경제 상황에 대한 광범위한 자료가 수집·분석됨으로써 정책의제 형성의 능률화·민주화가 촉진될 수 있다.

정책결정 단계에서는 다양한 정책대안의 검토가 가능하고 그 불확실성이 감소될 수 있으며, 이해관계가 엇갈리는 집단 간의 대립 요인을 밝혀 합의 도출에 기여하게 되고, 자동화된 결정 체계로 의사결정 체계가 간소화되고 대안에 대한 예측 능력이 높아진다.

정책집행 단계에서는 정보 네트워크의 연결과 정보의 분산 처리로 집행 과정에 대한 과학적인

---

1) 폭포 효과(cascade effect)란 컴퓨터가 보급되어 정형적 업무를 컴퓨터가 대신 수행하게 되면 중하위 계층에서 업무의 진공상태가 발생하게 되는데 이를 제거하기 위해 최고관리층은 상층부의 권한을 아래로 폭포처럼 내려 보내주는 현상이 발생한다는 것으로 행정정보화가 결국 분권화를 가져올 것이라고 주장한다(R. Klatzky).

모니터링이 가능해지게 되고 정책집행의 효율화에 도움을 준다.

정책평가 단계에서는 정책실패와 성공의 원인과 사례를 데이터베이스화해 정책 환류에 도움을 주고 정책평가의 객관성, 투명성, 정확성을 높여준다.

2) 행정관리에 대한 영향(업무 내용의 변화): 업무의 능률성 증대

행정정보화가 행정관리에 미치는 영향은 사무자동화나 정보의 공동 활용으로 중복 투자를 막고, 인력과 예산의 절감을 가능하게 한다. 일상적이고 반복적인 의사결정이나 업무를 컴퓨터가 대신 해주게 돼 좀 더 창의적 업무에 노력을 집중할 수 있으며, 정보를 가진 자 및 직책으로 권력의 이동 현상이 발생한다(A. Toffler). 재택근무, 탄력시간제 등 유연하고 가족친화적인 근무제도가 활성화된다.

3) 행정서비스에 대한 영향: 행정의 민주성 증대

행정정보화가 행정서비스에 미치는 영향은 다음과 같다. 업무 처리의 신속성과 정확성을 제고한다. 정보민주주의(tele-democracy)에 의해 누구나 행정정보에의 접근이 용이해져 장기적으로 정보 격차가 해소되고, 행정의 형평성과 민주성이 높아지며 고객 위주의 행정을 구현할 수 있게 된다. 민원처리온라인공개제도 등 전자적 행정공개에 의한 투명성 확보로 부패 근절에 기여하며, 시민이 행정정보에 대한 접근이 용이해지면서 관료들의 문제 불감증과 결정 동결화 현상이 줄어든다. 행정서식은 간소화・표준화되지만 행정서비스는 고객의 다양한 기호에 맞춰 다양화되며, 원스톱 서비스에 의해 창구 서비스의 종합화 및 일원화가 가능하게 된다. 논스톱 서비스에 의해 24시간 중단 없는 서비스가 가능하게 된다. 이동정부, 길거리 서비스, 재택 서비스, 셀프 서비스 등 주민과 좀 더 가까운 곳에서 인접지 서비스(근린정부)가 가능하게 된다. 정보 네트워크의 활용으로 국민 참여 및 투입 기능이 활성화되며, 지역정보화는 지역 간 불균형을 해소하고 지방자치를 정착시키는 데에도 기여한다.

6. 행정정보화에 따른 역작용

1) 조직구성원에 대한 엄격한 통제

개개인에 대한 정보가 수집・관리됨으로써 조직구성원에 대한 엄격한 통제가 이뤄진다.

2) 인간 소외 현상

컴퓨터에 익숙하지 않은 나이 많은 계층이 소외감을 느끼게 되며, 나아가 젊은 계층과 심리적 갈등이 유발될 수도 있다.

3) 조직 단위・지역・개인 간의 정보 불균형

컴퓨터 활용에 의한 정보 처리 능력에 차이가 있는 조직 단위 간, 중앙・지방 간, 컴퓨터 사용자와 비사용자 간에 정보 불균형과 갈등이 심화될 수 있으며, 나아가서는 사무자동화와 단순・반

표 6-1 행정정보 체계의 원칙

그레섬 법칙 (Law Of Grasham)	공개되는 공적 정보시스템에는 상대적으로 가치가 적은 정보가 축적되는 반면에 사적 정보 체계에는 가치있는 정보가 축적되는 현상이다.
그로슈 법칙 (Law Of Grosh)	일정한 비용으로 소형 컴퓨터를 여러 대 운영하는 것보다 규모가 큰 컴퓨터를 한 대 구입해 공동으로 이용하는 것이 훨씬 경제적이라는 "컴퓨터 규모의 경제 효과"다.
사소함의 원칙 (Law Of Triviality)	"어떤 위원회에서 다른 의제에 소비한 시간을 보면 각 의안이 포함하고 있는 예산 총액의 역수에 비례한다." 즉, 금액이 사소한 의안에 대해 소비한 시간은 금액이 많은 의안에 소비한 시간보다 월등히 큰 것을 말한다.

복 업무의 전산화에 의해 실업에 대한 두려움이 확산될 수 있다.

4) 정보의 공해 유발

좋은 정보는 소장하고 불필요한 정보만 유통되는 현상으로 나쁜 정보가 좋은 정보를 누르게 된다. → 정보의 그레셤 법칙

5) 사생활 침해의 우려

국민 개개인에 대한 인적·물적 정보가 확보됨으로써 개인의 프라이버시 침해가 우려된다.

6) 관료제의 권력 강화 우려

정보자원과 정보 처리 수단이 관료제의 통제 하에 놓이게 되면 정보독점으로 인해 관료제의 권력 강화가 이뤄지게 된다.

7) 컴퓨터 범죄와 정보 왜곡

데이터 조작으로 컴퓨터 범죄가 늘어날 가능성이 많아지며, 왜곡된 정보의 신속한 전파에 의한 악영향이 우려된다.

8) 소모적 찰나주의

정보의 즉시성과 단기성으로 과거와 미래의 단절 등이 나타날 수 있다.

제2절 행정정보 체계

1. 행정정보 체계의 의의

1) 개념

행정정보 체계(Public Management Information System: PMIS)란 공공조직에서 업무 수행·관리·분석 및 제반 정책 기능을 지원하기 위해 인공적으로 설계·개발한 물리적 요소와 절차의 집합으로 종합적인 인간-기계 시스템이다.

2) 목적

행정정보 체계는 정책의 형성·집행, 행정관리 업무의 수행, 대민 행정서비스 제공 등 행정 과정 전반을 지원한다.

3) 기능

각종 정보를 산출·제공해 주는 시스템이며, 특정 행정 업무를 컴퓨터에 의해 직접 처리해 주는 시스템이다.

2. 행정정보 체계의 체계

행정정보 체계의 전체적인 체계를 도식화하면 [그림 6-1]과 같다.

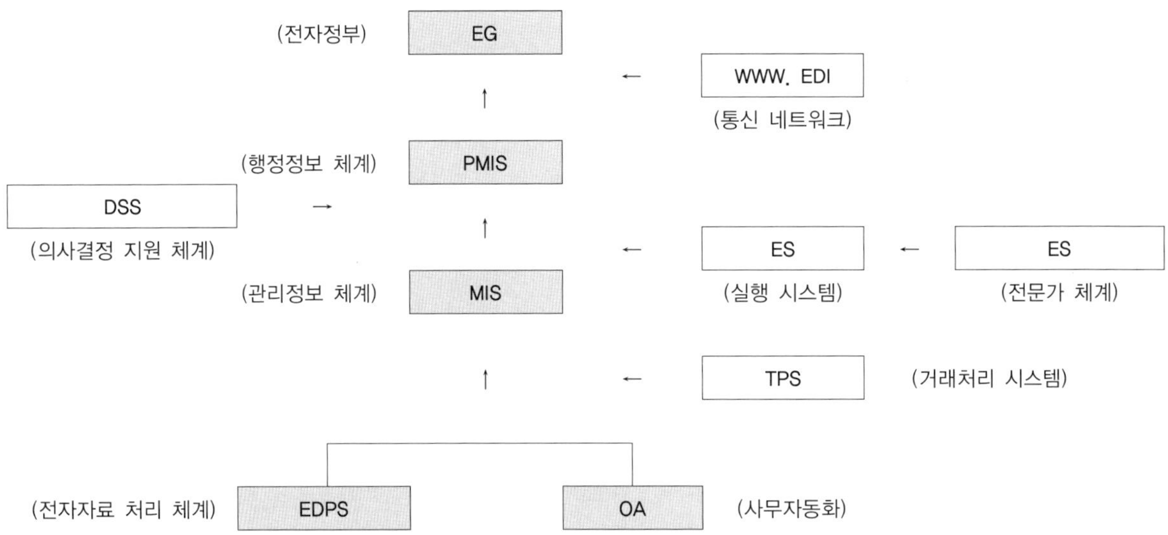

※ EDPS → IPS → 협의의 MIS → 광의의 MIS(협의의 MIS+DSS+SIS) → PMS → EG(전자정부)

그림 6-1 행정정보 체계의 체계

첫째, 전자자료 처리 체계(Electronic Data Processing System: EDPS)는 컴퓨터에 의해 복잡한 계산과 대량의 자료 처리 등을 수행하는 시스템이다.

둘째, 사무자동화(Office Automation: OA)는 일상적인 사무 처리를 자동화시켜 주는 정보시스템(메일, 팩스)이다.

셋째, 정보처리 체계(Information Processing System: IPS)는 조직의 정보 처리 측면이 강조된 것이다.

넷째, 거래처리시스템(Transaction Processing System: TPS)은 거래에 관한 자료를 수집하고 저장하는 시스템이다.

다섯째, 관리정보 체계(Management Information System: MIS)는 정보처리 체계를 경영관리의

표 6-2 경영정보 체계(MIS)와 행정정보 체계(PMIS)의 비교

구분	경영정보 체계(MIS): 민간부문	행정정보 체계(PMIS): 공공부문
자료 수집	비용·시간을 과감하게 투입해 자료 수집에 적극적·능동적이다.	법령에 근거를 두는 강제적·의무적 자료 수집이 일반적이며 수동적이다.
정보 해석 대안 탐색	최적안을 추구하는 합리모형을 적용하기 쉽다.	환경의 적응이나 현실적인 이해관계의 조정이 쉬운 점증모형·만족모형을 선호하게 된다.
목표 설정	이윤추구라는 일원적 목표가 명확하고 구체적이며 단기적이다.	목표가 다원적·무형적·추상적·장기적이다.
평가 기준	경제성과 능률성 등 명확한 평가 기준이 있다.	평가기준이 명확하지 않고 변동하기 쉬우며 평가 기준도 민주성·형평성·대응성 등에 중점을 둔다.
경쟁 성과 대기비용	경쟁성이 강하므로 서비스비용이 서비스 제공자 부담으로 전환하는 대기비용(waiting cost)의 내면화(internalization)가 쉽다.	경쟁성이 없으므로 시스템의 처리 능력을 초과하는 서비스 요구와 자료량에 의한 대기비용의 상승으로 서비스비용이 서비스 제공자 부담으로 전환하는 대기비용의 내면화가 어렵다.

효율화를 위해 도입·활용하기 시작한 시스템이다.

여섯째, 전략정보 체계(Strategic Information System: SIS)는 모든 정보자원과 정보 시스템 자원을 조직경영의 전략적 자원으로 활용하기 위해 구축하는 정보 시스템이다.

일곱째, 실행 시스템(Execution System: ES)은 건축설계 등 실제 작업 그 자체를 지원해 주는 장치로서 전문가 체계(Expert System: ES)가 대표적이다.

여덟째, 전문가 체계는 전문 분야에서의 문제를 진단하고 해결하도록 도와주는 정보 시스템으로서 전문가의 의견을 미리 저장해 뒀다가 필요 시 전문가를 만나지 않고서도 활용할 수 있다.

아홉째, 의사결정 지원 체제(Decision Support System: DSS)는 비구조적인 상위 관리층의 결정 업무, 즉 전략적인 문제의 해결과 의사결정을 지원하기 위한 것으로 SPSS, SAS 등 통계 패키지의 계량적 자료를 활용해 의사결정을 한다.

열째, 통신 시스템(Communication System: CS)은 다양한 방식으로 정보를 공유하고 이용하는 체계로서 인터넷, E-Mail, PC통신, 원격회의 등이다.

3. 정보자원

정보자원은 시스템자원, 자료자원, 조직·인력·예산자원으로 구분된다. 시스템자원은 하드웨어자원(컴퓨터, 통신망), 소프트웨어자원(프로그램과 절차) 등이며, 자료자원은 파일 시스템, 데이터베이스 등이 있다. 조직·인력·예산자원은 정보 시스템 책임자, 정보 전문인력과 조직, 예산자원 등이 있다.

4. 정보통신 네트워크

통신(communication)이란 일정한 매체를 통해 데이터 또는 정보를 상호 교환하는 것이며, 정보통신(information communication)이란 컴퓨터의 발달과 더불어 데이터를 온라인망에 의해 즉각 전

송 처리하는 컴퓨터 통신을 의미한다.

정보통신 네트워크의 성공 요건은 통합성의 확보, 상호접속성의 확보, 신뢰성의 확보, 네트워크 관리의 일원화와 표준화, 네트워크 자원의 효과적 활용 등이다.

정보통신 네트워크의 유형을 살펴보면 근거리 통신망, 부가가치통신망, 종합정보통신망, 뉴미디어, 전자자료 처리 체제, 인터넷 등이다.

근거리 통신망(Local Area Network: LAN)은 정부종합청사, 대학 캠퍼스, 회사 등과 같은 한정된 구역 내에서의 정보 교환을 가능하게 해주기 위해 구성하는 네트워크다.

부가가치통신망(Value Added Network: VAN)은 단순한 정보통신 기능 이상으로 정보의 형식 및 내용에 부가가치를 첨가해 정보를 제공하는 복합적인 통신 서비스 네트워크다.

종합정보통신망(Integrated Services Digital Network: ISDN)은 모든 통신 서비스를 디지털(digital) 신호를 사용하는 하나의 통신망으로 결합해 처리·제공하는 종합적인 정보통신 네트워크다.

뉴미디어(new media)는 케이블, 텔레텍스트, 비디오텍스로 나뉜다. 케이블 TV(CATV)은 유선 TV를 말하는 것으로 컴퓨터, 케이블, TV 등이 주요 구성 요소다. 텔레텍스트(Teletext)는 컴퓨터, 방송망, TV 등으로 구성되는 것으로 TV 방송망을 통해 정보 서비스와 각종 프로그램 서비스를 제공해 주는 시스템을 의미한다. 비디오텍스(Videotext)는 컴퓨터, 전화망, TV 등으로 구성되는 것으로 전화망을 이용해 고객에게 다양한 정보를 제공해 주거나, 고객 상호간에 정보통신을 할 수 있도록 지원해 주는 새로운 정보 서비스 형태다.

전자자료 처리 체제(Electronic Data Interchange: EDI)는 전자결재, 전자문서 유통 체제, 서류 없는 행정 등을 의미하며, 인터넷(Internet)은 네트워크 간의 네트워크를 의미한다.

제3절 행정정보공개제도

1. 의의

정보공개란 국가·지방자치단체·공기업 등 공공기관이 보유하고 있는 정보를 국민의 청구에 의해 공개하는 것이다. '공공기관의 정보공개에 관한 법률'[2)]에 의하면 정보공개제도란 "공공기관이 직무상 작성·취득하여 관리하고 있는 정보를 열람하게 하거나 그 사본 또는 복제물을 교부하는 것"이다.

---

2) 2004.07.29 개정 시행된 공공기관의 정보공개에 관한 법률의 개정 사유는 행정환경 변화와 급증하는 국민의 정보공개 요구에 능동적으로 대응해 국민의 알 권리를 신장하고 국정 운영의 투명성을 강화하기 위해 현행 정보공개제도를 종전보다 개선하고, 그동안 정보공개제도의 운영상 나타난 일부 미비점을 개선·보완하려는 것이다. 주요 내용을 보면 공개 여부 결정 기간에 관한 사항에서 공공기관은 정보공개의 청구가 있는 때에는 청구를 받은 날부터 10일 이내에 공개 여부를 결정해야 한다. 부득이한 사유가 있는 경우 10일의 범위 내에서 공개 여부 결정 기간을 연장할 수 있다. 공개 여부 결정 불응에 관해서는 정보공개를 청구한 날부터 20일 이내에 공공기관이 공개 여부를 결정하지 아니한 때에는 비공개 결정이 있는 것으로 본다. 구제제도는 청구인이 공공기관의 비공개처분 또는 부작위로 권리·이익을 침해받은 날로부터 30일 이내에 이의신청을 하고, 공공기관은 이의신청을 받은 날로부터 7일 이내에 공개 여부를 결정하고 결과를 통지한다(7일 이내에 범위에서 연장 가능). 청구인은 이의신청이라는 절차 없이 행정심판을 청구할 수 있으며, 행정소송을 제기할 수 있다.

표 6-5 행정 PR과 행정정보공개제도의 차이

구분	성격	가공성	대상	비용 부담
행정 PR	자발적 · 능동적 · 적극적 정보 제공	○	불특정 다수(국민)	국가
행정정보공개제도	수동적 · 소극적 · 의무적 정보 제공	×	특정인(청구인)	특정인(청구인)

행정 PR은 국가시책에 대한 협조와 지지를 확보하기 위한 적극적인 활동이다. 반면, 행정정보공개제도는 정보공개를 원하는 자에게 원래 상태의 정보를 수동적으로 제공한다.

2. 발달과 연혁

중앙정부보다 1992년 청주시를 비롯해 여러 지방자치단체에서 '행정정보공개조례'를 제정 · 운용했다. 이후 1994년 '행정정보공개운영지침'(총리훈령)에 따라 정보공개를 실시해 오다가 1996년 '공공기관의 정보공개에 관한 법률'이 제정되면서 정보공개제도를 도입 · 실시하고 있다.

정보공개법이 제정되기 이전에도 사법부는 판례에 의해 행정정보공개청구권을 헌법 제21조 언론 · 출판 등의 자유에서 나오는 청구권적 기본권으로 인정하고 있다. 헌법재판소는 "형사피고인이 확정된 자신의 형사소송기록물의 열람 · 복사를 검사가 거부한 것은 국민의 알 권리를 침해해 위헌"이라고 판결했다. 대법원은 청주시장이 청주시의회를 대상으로 제기한 정보공개조례 취소소송사건에서 "정보공개법이 없는 상태 하에서도 청주시 정보공개조례는 합헌"이라고 판결했다.

3. 정보공개법의 목적 · 필요성

첫째, 국민의 알 권리 보장이다. 헌법에 의해 보장되는 국민의 알 권리(right to know)는 실질적으로 정보공개제도를 통해 구체화될 수 있다. 알 권리는 정보민주주의와 불가분의 관계에 있다. 최대한의 정보 수집 · 정보공개의 기반 없이는 민주적 국민 의사의 형성은 불가능하다.

둘째, 국정의 투명성 확보와 행정통제다. 국민은 국정의 투명성이 확보됨으로써 행정을 감시 · 통제할 수 있고 공무원에 의한 권력 남용과 부패를 방지할 수 있으며, 이로써 행정에 대한 국민의 신뢰가 확립될 수 있다.

셋째, 국민의 정부 · 행정 참여 신장이다. 정부가 보유하고 있는 정보에 접근해 정보를 정확하게 확보할 수 없는 경우에 실질적인 국정 참여는 이뤄질 수 없다.

4. 정보공개법의 주요 내용

1) 적용 제외

국가 안전 보장에 관련되는 정보 및 보안 업무를 관장하는 기관에서 국가 안전 보장과 관련된 정보분석을 목적으로 수집되거나 작성된 정보에 대해서는 적용이 제외된다.

2) 정보공개 청구권자

모든 국민, 그리고 국내에 거소를 가지고 일정 기간 거주하는 등록된 외국인을 포함한다.

3) 정보공개기관

국가, 지방자치단체, 정부투자기관 및 대통령령이 정하는 기관(행정부 외에 입법부, 사법부, 정부투자기관, 정부출자기관, 정부출연기관, 학교 등 포함)이다.

4) 공개 대상 정보

공공기관이 직무상 작성・취득해 관리하고 있는 문서, 도면, 사진, 필름, 테이프, 슬라이드 및 컴퓨터에 의해 처리되는 매체 등에 기록된 사항이다. 특히 공개청구의 취지에 어긋나지 아니하는 범위 안에서 두 부분을 분리할 수 있는 때에는 비공개 대상 부분을 제외하고 공개한다.

5) 대상정보 공개 시점

공공정보에 대한 안정성・책임성 확보를 위해서는 사업의 종료 시점 또는 보관・보존 시점이 적절하나, 주민 참여 촉진을 위해서는 결재 종료 시점이 적절하다.

6) 비공개 대상 정보

공공기관의 모든 정보는 원칙적으로 공개돼야 하나 국민 전체의 권익이나 개인의 프라이버시를 침해할 위험이 있는 다음 정보는 제외한다. ① 다른 법률에 의해 비공개 대상으로 정한 정보, ② 국가의 중대한 이익을 해할 우려가 있다고 판단되는 정보, ③ 공개될 경우 국민의 생명, 신체, 재산의 보호와 공공의 안전・이익에 현저한 지장을 초래할 만한 상당한 이유가 있는 정보, ④ 공개될 경우 부동산 투기나 매점매석 등으로 특정인에게 이익 또는 불이익을 줄 우려가 있다고 인정되는 정보, ⑤ 감사・감독・검사・규제・입찰계약・첨단기술 개발 등에 관한 정보, ⑥ 의사결정 또는 정책결정 과정 중에 있는 정보 중 공공기관의 결정에 현저한 지장을 줄 우려가 있는 정보, ⑦ 개인정보보호법에 규정된 개인정보, 즉 당해 정보에 포함돼 있는 이름・주민등록번호 등에 의해 특정인을 식별할 수 있는 개인에 관한 정보, ⑧ 법인의 정당한 이익을 해할 우려가 있는 정보, ⑨ 인사관리에 관한 정보

7) 비용 부담

정보의 공개 및 우송 등 실비에 소요되는 비용은 청구인이 부담한다.

8) 정보공개 거부의 구제제도

정당한 정보공개청구가 거부당할 경우에 이에 대한 구제장치가 필요하다. 불복구제절차로 이의신청, 행정심판(임의적 전심절차), 행정소송, 제3자의 이의신청제도 등이 있다. 정보공개 여부를 심의하기 위해 정보공개심의회를 설치・운영한다.

5. 외국의 행정정보 공개제도

1) 스웨덴

1976년 제정돼 스웨덴 헌법의 일부를 이루는 '출판의 자유에 관한 기본법'에서 "시민이 공적 기관의 불법·부당한 행위에서 자신을 보호하는 수단으로서 공문서를 자유로이 열람할 수 있는 권리"라 인정해 공문서 공개의 원칙을 확립했다.

2) 미국

1966년에 '정보자유법'을 제정, 1974년의 '개인정보보호법', 1976년의 '회의공개법', 1978년의 '정부윤리법', 1986년의 '전자통신개인정보보호법' 그리고 1987년의 '컴퓨터안정법'을 제정하는 등 일련의 입법화가 이뤄져 정보공개 및 관계 제도를 위한 법체계를 형성하고 있다.

3) 프랑스

'행정과 공중의 관계 개선에 관한 1978년 7월 17일의 법률'(행정문서의 access 자유)이 있다.

4) 캐나다

영연방 국가인 호주나 뉴질랜드처럼 미국의 '정보자유법'을 모델로 하면서도 의원내각제와의 조화를 도모한 '정보액세스법'이 있다.

5) 독일 · 일본

독일은 '행정절차법'이, 그리고 일본은 '행정수속법'이 발달했기 때문에 정보공개법의 필요성이 상대적으로 적은 편이다. 따라서 중앙정부 수준에서는 정보공개에 관한 일반법으로서 정보공개법은 존재하지 않으며, 자치단체별로 조례 또는 행정 조치에 의해 정보공개제도를 시행하고 있다.

제4절 전자정부

1. 의의

전자정부(electronic government)란 디지털 정보기술과 네트워크 및 초고속 정보통신 기반기술 등 정보기술(IT)을 이용해 행정 업무를 효율적으로 재설계하고, 번거로운 문서와 절차 등을 감축, 문서 없는 정부를 구현해, 고객의 요구에 민감하게 대응하고 대국민 서비스를 증진시킴으로써 삶의 질을 향상시키고 민주주의 행정 이념을 구현하려는 고객감성적인 열린 정부를 지향하는 혁신적 행정모형이다.

전자정부는 정부정보에 대한 지리적·사회적·경제적 접근을 가능하게 함으로써 민주주의와 복지제도의 결합을 지향한다. 전자정부라는 용어는 첨단정보기술을 자랑하는 미국의 'Access America'

시책에서 처음 나온 개념으로 급속히 정보화가 진전되면서 정보기술에 의한 행정개혁으로 고객 위주의 행정을 구현해 보자는 의도에서 등장했다.

2. 전자정부의 대두 배경(필요성)

1) 기술결정론적 관점(공급적 측면을 강조)

전자정부 추진의 공급적 측면을 강조하는 관점으로 네트워크, 시스템 및 소프트웨어의 발달로 인한 통합 프로세스의 등장과 협력 기능 및 복합 기능으로의 변화 추세 등이 영향을 미친다.

2) 사회결정론적 관점(수요적 측면을 강조)

사회결정론적 관점은 전자정부 추진의 수요적 측면을 강조하는 관점이다. 국민의 의식 수준의 향상과 행정서비스 편리성 요청의 증가, 세계 정치 · 경제환경의 변화 요인과 세계화로 인한 행정문제의 국제화에 대한 대처 수단이며, 관료제의 한계와 행정의 분권화 · 지방화를 위한 수단으로 보는 관점이다. 정부내 개혁을 통한 효율성 증대를 위한 수단으로 보는 관점이며, 행정문제와 정책문제의 복잡화에 대한 대응 수단으로 보는 관점이다. 행정의 민주화와 인간화를 위한 수단으로 보는 관점이며, 경제의 산업 발전을 위한 수단적 시각 등이 작용한다.

3) 사회채택론적 관점

중립적인 시각으로 기술 발달은 독립적으로 이뤄지며 이러한 기술이 사회의 필요에 의해 채택될 때 변화를 유발한다고 보는 관점이다.

4) 경제수단론적 관점

경제와 산업 발전을 위한 수단적 시각으로 정부의 정보산업에 대한 선도적 수요 역할을 바탕으로 국내의 첨단정보산업의 조기 육성과 경제활성화를 위해 전자정부 구축을 추진해야 한다는 관점이다.

3. 전자정부의 유형

1) 능률형 전자정부

정부 자체의 혁신과 정보기술의 활용으로 정부부문의 내부적 효율성을 제고하는 것이 목적이며, 통제 위주로 이용될 가능성이 높은 것이 문제점이다.

2) 서비스형 전자정부

추진 목적이 효율성 제고에 한정하는 것이 아니라 정부부문의 향상된 정보 능력을 민간과 공유하는 가운데 행정정보가 국민의 생활의 질 향상에 얼마나 기여할 수 있는가를 목적으로 하는 고객지향형 전자정부다. 매체의 대국민 접근가능성 제고, 정보의 공유통합성 및 전문성 추구 등을 중시한다.

3) 민주형 전자정부

국민의 정부에 대한 높은 신뢰에 의해 발전 가능하며 이러한 신뢰 구축을 위해 정책결정 과정에 국민이 직접 참여하도록 행정부문의 정부공간을 확대한다. Open Government를 전제, 정보의 자유(FOI) 정착과 프라이버시의 확고한 보호가 중시된다.

표 6-6 정보 공유의 목적

구분	내용
기관과 기관 사이	중복적인 조사나 확인절차로 인한 낭비를 줄이고, 신속하고 효율적인 행정을 보장한다.
정부와 국민 사이	국민의 알 권리 충족, 정보의 비대칭성 해소, 국민의 정부에 대한 신뢰를 향상, 원스톱(one-stop) 서비스 등 민주성 제고에 기여한다.

4. 전자정부의 구성 요소

1) 기술적 분야

전자정부의 구성 요소는 기술적 분야와 업무 적용 분야로 구분된다. 기술적 분야는 전자자료교환, 근거리 통신망, 통합DB 관리 시스템, 전자우편, 정보보안 기술과 시스템, 의사결정 지원 시스템, 스마트카드 등이 있다.

전자자료 교환(EDI)은 문서 대신 컴퓨터에서 컴퓨터로 자료를 전송하는 정보 교환 방법으로 '문서 없는 행정'을 의미한다. 근거리 통신망(LAN)은 동일 구내나 동일 건물 등 지리적으로 한정된 공간의 컴퓨터 통신을 중심으로 하는 통신망을 말한다. 통합DB 관리 시스템은 행정기관이 보유하고 있는 데이터베이스(DB)를 공동 활용해 정책결정과 대민 서비스의 질을 제고한다. 전자우편(E- mail)은 전자시설을 이용해 텍스트 형태의 데이터를 전송하는 것이다. 비구조화된 일반자료를 불특정 다수에게 전송한다는 점에서 특정 상대에게 구조화, 코드화된 표준 메시지를 전송하는 EDI와는 다르다. 정보보안 기술과 시스템은 전산망에의 불법 침입(해킹)이나 정보의 불법 유출, 파괴, 변형 등의 역기능을 최소화할 수 있도록 지원하는 체제다. 의사결정 지원 시스템(DSS)은 컴퓨터를 이용해 정형화되지 않은 문제에 대해 효과적인 의사결정을 할 수 있도록 지원하는 체제다. 스마트카드(Smart Card)는 IC칩이 내장된 카드이며, 암호 부여로 개인 보안을 유지한다. 그리고 통합 물류 지원시스템(전자상거래), 전자결재제도, 인터넷, 화상회의, 전자주민카드 등이 있다.

2) 업무 적용 분야

전자정부의 업무 적용 분야는 행정정보의 공동 이용, 원스톱 또는 논스톱 서비스, 정형화된 업무의 자동화, 전자문서 교환 가능, 모든 정보의 디지털화, 행정정보의 전자적 공개 등이 있다.

행정정보의 공동 이용이 가능하며, 이는 기술적 문제가 아닌 제도적·정책적인 문제다. 정보통신 기반을 이용해 민원인이 언제, 어디서나, 행정서비스를 그것도 단 한번에 해결하게 되는 원스톱 또는 논스톱 서비스가 이뤄진다. 일상적이고 반복적인 업무를 컴퓨터가 대신함으로써 중간관

표 6-7 전자정부의 구성 요소(1998, 행정자치부, 전자정부의 비전과 전략)

관리적 측면	① 행정 업무 과정의 효율적 재설계(BPR) 추진 ② 보고나 결재 과정의 전자화: 전자문서 유통 체제 ③ 정책결정의 자동화 ④ 행정정보의 공동 이용을 위한 통합 데이터베이스 구축
기술적 측면	① 정보 인트라넷의 구축 ② 정보기술의 적용 ③ 정보 시스템의 구축 및 안전성, 신뢰성 확보를 위한 대책 강화 ④ 정보 시스템의 표준 정립
조직적 측면	① 최고정보관리 책임자(CIO) 제도의 도입 ② 조직 내 구성원들의 정보 해독력(literacy) 제고
정보자원관리	① 행정정보의 축적 및 공동이용 추진 ② 행정자원관리를 위한 제도 도입 ③ 정보 시스템 개발 및 운영관리의 아웃소싱 도입
전자적 행정정보 공개제도	① 행정정보 공개제도의 정비 ② 행정정보 공개 네트워크와 시스템의 정비

리층의 이동 등 조직구조의 변화를 초래하며, 특정 상대에게 구조화, 코드화된 표준 메시지를 전송한다. 모든 정보의 디지털화로 모든 정보는 0 또는 1로 표현이 가능하다. 행정정보의 전자적 공개가 가능하다. 미국의 경우 1996년 클린턴 대통령에 의해 '전자적인 정보자유법'을 개정, 이를 실현하고 있다. 그리고 원격화상회의, 가정민원제도(전화, 팩스민원우송제도 등), 정책예측모형의 활용, 재택근무 등이 적용 가능하다.

5. 전자정부의 특징

첫째, 국가조직의 개편이다. 가상조직이 출현함에 따라 정부조직도 업무와 기능에 의한 접근을 탈피하고 네트워크 관점에서 접근돼야 한다. 둘째, 민주성과 능률성의 조화다. 투명성을 강조하면서 참여를 통한 행정의 민주성을 제고함과 동시에 행정개혁을 통해 비능률성을 제거함으로써 민주성과 능률성의 조화를 추구한다. 셋째, 보편적 서비스의 접근이다. 누구든지 필요한 행정서비스를 제공받는 보편적 서비스의 수혜가 가능해졌다. 넷째, 정보의 공동 이용이다. 정보의 공동 이용을 위해 조직의 암묵지는 형식지로 전환돼야 한다.

6. 전자정부의 기능

첫째, 효율성 제고다. 전자정부는 행정 업무에 정보기술을 활용해 행정 업무의 효율성을 제고한다. 둘째, 대국민 서비스 실현이다. 전자정부는 정보기술을 활용해 신속·정확한 대국민 서비스를 실현한다. 셋째, 정부혁신을 유도한다. 전자정부는 행정 업무의 처리절차를 재설계해 정부혁신을 유도한다. 넷째, 국가경쟁력 향상이다. 전자정부는 정보화로 인한 국가경쟁력의 향상을 가져온다. 다섯째, 정부의 역할 변화다. 전자정부는 정보사회에 맞는 정부의 역할 변화를 수반한다. 여섯째, 행정개혁의 달성이다. 전자정부의 구현은 단순한 정보기술의 도입이 아닌 업무 처리 절차의 혁신을 통한 행정개혁에 의해서 달성된다. 일곱째, 사회적 형평성 제고다. 전자정부는 단순한 행정 업무 전산화가 아니라 민주주의의 이념 하에서 확대된 보편적 서비스를 제공해 사회적 형평성을 제고하는 미래 정보사회의 정부다.

7. 우리나라 행정정보화의 현황

1) 제1차 행정전산망사업(1987~1991년)

주민등록관리, 부동산관리, 자동차관리, 고용관리, 통관관리, 경제통계 등 6개 우선 업무를 추진했다.

2) 제2차 행정전산망사업(1992~1996년)

행정의 능률성 제고와 대민 서비스 개선 등을 통한 작은 정부 구현이라는 목표 하에 7대 우선 추진 업무를 선정했으며, 우체국종합서비스(정보통신부), 국민복지 업무(보건복지부), 전자자료 교환(EDI)형 통관자동화, 산업재산권정보관리, 기상정보관리, 어선관리 업무, 물품목록관리 등이 해당된다.

1994년에는 우루과이라운드(UR) 협상 타결 등 행정환경의 변화와 세계화 · 개방화 시대에 대비한 4대 정책 업무를 중점 지원하기로 추가 지정했다. 경제 · 통상 업무, 농업기술정보, 환경보전, 국세종합관리 등이 해당된다.

3) 초고속정보통신망사업(1994~2010년)

'초고속정보통신망 구축 종합계획'을 확정 · 발표했다. '정보 인프라'라고 불리는 초고속정보통신망사업은 디지털 기술을 이용해 광섬유로 각종 정보를 고속으로 교환하는 최첨단 정보통신망으로 정부는 1994년 5월 '21세기를 대비한 초고속정보통신망 구축 종합계획'을 확정 · 발표하고 2010년까지 이를 완료하기로 했다.

초고속 국가정보통신망은 공공부문의 경쟁력을 제고하기 위해 공공기관을 연결하는 것으로 정부 투자에 의해 추진하고 있다. 이는 국민 모두가 멀티미디어 서비스를 이용할 수 있도록 하기 위한 통신망으로 민간통신사업자에 의해 추진하고 있는 것이다.

제5절 지식정부와 지식행정관리

1. 지식정부 조직모형

1) 지식정부의 의의

개인과 기업이 더 많은 지식을 창출하고 활용할 수 있도록 지식을 확산시키는 정부로서 IT기술의 발달과 정보화 사회의 도래로 정부조직의 모습도 바뀌고 있다. 지식정부 조직은 지식행정을 관리하는 조직으로서 지식을 창조·활용·축적해 나가는 데 능숙한 네트워크화된 조직을 말한다.

지식행정관리에서는 지식에 대해 개인 지식·암묵지가 조직지식·형식지로 바뀌어 열린 지식, 보편적 지시, 실용적 지식이 되도록 하는 관리가 필요하므로 개인별 학습보다는 집단학습, 지식의 공유 등을 중시한다.

2) 지식정부의 개념

조직에서 가장 중요하고 가치 있는 자산은 지식이라고 인식하는 정부조직모형이다. 지식이 조직의 경쟁력과 생산성을 결정하는 가장 중요한 요인으로 인식하는 정부조직모형이다. 지식의 창출과 개발을 장려하는 정부조직모형이다. 지식의 공유와 활용을 통해 개인이 보유하고 있는 지식을 조직의 집합적 지식으로 전환하는 정부조직모형이다. 지식을 좀 더 축적하고 전파하기 위해 노력하는 조직이다. 전통적인 정부관료제 모형의 폐단을 보완하기 위한 지식정보사회에 요구되는 정부조직모형이다.

3) 지식정부조직의 주요 모형

(1) 팀조직

팀조직(team organization)은 상호 보완적인 기능을 가진 소수의 사람이 공동의 목표를 달성하기 위해 책임을 공유하고 문제 해결을 위해 공동의 접근 방법을 사용하는 조직 단위다. 전통적 조직에 비해 수직적인 계층제 형태를 띠지 않고, 팀에 대한 권한 부여와 자율적 업무 처리를 위해 계층이 축소되고 팀 간의 유기적 조정이 중시한다. 팀조직은 환경 대응력과 창의적 문제 해결을 목적으로 하므로 개인의 직무는 다기능화가 요구되며, 고정된 기능보다는 업무의 흐름(process)에 따른 조직화를 중시한다. 팀제는 전통적인 기능조직이 안고 있는 업무의 공백이나 수적 과부하에 따른 문제를 해소하기 위해 등장한 것이다. 팀제는 전통적 조직에서 개개인에게 부여되던 업무와 책임의 범위가 팀조직으로 확산돼 개인의 업무 공백은 해소되나 구성원 중 무사안일한 자가 있을 경우 업무의 공동화나 팀원들의 무임승차 현상(일종의 집단행동의 딜레마)이 발생할 수 있다.

표 6-8 전통적 기능조직과 팀조직

구분	전통적 기능조직	팀조직
조직구조	계층적, 개인 중심	비계층적(수평적), 팀 중심
직무설계	단일 업무	전체 업무, 다수 업무
목표	상부에서 주어짐	스스로 찾아냄
리더	강하고 명백한 지도자	리더십 역할 공유
지시 · 전달	상명하복(上命下服), 지시, 품의(稟議)	상호충고, 전달, 토론
정보 흐름	폐쇄적 · 독점적	개방적 · 공유적
보상	개인주의, 연공주의	팀(team)주의, 능력주의
책임	개인 책임	공동 책임
평가	상부조직에 대한 기여도로 평가	팀이 설정한 목표달성도로 평가
업무통제	관리자가 계획 · 통제 · 개선	팀 전체가 계획 · 통제 · 개선

전통적 기능조직과 팀조직은 조직구조, 직무설계, 목표, 리더, 지시 및 전략, 정보 흐름, 보상, 책임, 평가, 업무통제 등의 부문에서 차이가 있다. 이러한 차이점을 살펴보면 <표 6-8>과 같다.

(2) 네트워크조직

네트워크조직(network organization)은 고도로 분권화돼 있으며, 상호 영향력과 의사소통을 극대화하는 고도로 통합된 사회 체제다. 전략·계획·통제 등 핵심 기능 위주로 합리화하고 여타의 생산 기능은 다른 조직자원을 활용하기 때문에 '분권화된 공동(空洞)조직(hollow organization)'이라고 한다. 네트워크의 신축성 때문에 조직 간의 독립성이 높고 수직적 계층 관계를 띠지 않는 "느슨하게 연결·결합된 군집형 조직(loosely-coupled organization)"이라고도 한다.

네트워크조직은 고도로 분권화돼 있으면서도, 상호 영향력과 의사소통을 극대화하는 고도로 통합되고 군집화된 사회 체제다. 급변하는 오늘날의 혼돈스러운 조직환경에 좀 더 효율적이고 적절하게 대응하게 한다. 이 조직은 기본적으로 첨단 정보기술에 힘입은 가상조직(web조직)의 속성을 가지고 있지만 오프라인(off-line) 상태의 연계조직도 있으므로 가상조직과 동일하지는 않다. 업무적인 상호의존성이 큼에도 불구하고 내부조직화하거나 강하게 연결됨이 없이 서로 독립성을 유지하는 조직들이 상대방의 자원을 마치 자신의 것처럼 활용하기 위해 수직적·수평적·공간적 신뢰관계로 연결된다. 서비스가 여러 조직 간의 파트너 관계로 생산되며, 조직 간에 계층이나 벽이 없어 조직 내의 수직적 의사전달이나 통제 관계들이 수평적 의사전달 관계로 대치된다. 조직 간에도 형성될 수 있고 조직 내의 집단 간에도 형성 가능하며, 조직행위자 간의 상호의존성과 관계성이 중시된다.

네트워크조직의 기본 원리는 연계 조직 간 공동 목적을 소유하며, 독립적이고 자율적인 구성원과 구성 단위로 연결돼 분권화된 군집형 조직이다. 자발적·수평적·분권적·협력적인 연결이 중요하며 다방면의 연결로 상호작용은 빈번해지고 신뢰가 전제 조건이다. 절대적인 권한을 가진 지도자는 없으나 역량 있는 소수(복수)의 지도자가 존재하며, 상·하 계층 모두가 의사결정에 참여하고 상·하 계층의 구별은 전통적인 관료제만큼 분명하지 않으며 계층간 통합(계층의 약화)이 이뤄진다.

(3) 가상조직

가상조직(virtual organization)은 하나의 최종 목표를 달성하기 위해 수직적·수평적 관계의 다수의 기업이 각자 보유하고 있는 핵심 역량을 투입 연계해 하나의 기업처럼 행동하는 임시적 또는 영구적 조직 형태다. 둘 이상의 조직이 전략적 목적으로 제휴해 일정 기간 동안 특정한 목적을 이루기 위해 구성된 이후 목표가 달성되면 해체되는 조직이다. 즉, 가상조직은 다양한 업종의 기업이 각 개별 업체가 보유하는 경쟁력 있는 기술과 자원을 통합해 우수한 제품 및 서비스를 고객에게 신속하게 제공할 수 있도록 특정 기간 동안 일시적으로 제휴하는 것이다. 가상조직은 특정 프로젝트를 중심으로 임시적이고 일시적으로 조직된다는 점에서 장기적인 관점에서 구성되는 전략적 제휴와는 구별된다.

가상조직을 쉽게 설명하면 야구나 농구경기의 올스타 팀에 비유될 수 있다. 즉, 가상조직은 핵심 능력과 자원을 세계 수준의 올스타 팀으로 통합하는 것이다. 가상조직은 한 제품이나 서비스를 기준으로 어떤 사업 기회에 공동으로 참여하는 통상적인 네트워크조직보다 훨씬 효과적이다. 가상조직을 자원준거 관점에서 볼 때 상호의존적인 기업들의 핵심 역량을 모아놓은 것(pooling)으로 볼 수 있다. 가상조직은 핵심 역량의 연계를 통해 고객이 원하는 해법을 가장 효과적으로 또 가장 빠르게 달성할 수 있는 조직으로, 규모의 경제(economies of scale)[3]와 범위의 경제(economies of scope)[4] 외에 속도의 경제(economies of speed)[5]도 이루는 조직 형태다. 이는 마치 미국 농구 올림픽 국가대표팀이었던 '드림팀(dream team)'과 흡사하다. 가상조직은 세계에서 가장 우수한 핵심 역량을 가진 기업들이 정보기술을 통해 시간과 장소적 한계를 뛰어넘어 올스타 팀에서 만난 것으로 이해할 수 있다. 가상조직은 연구개발, 시제품 생산, 제조, 마케팅, 유통, 서비스 등 광범하게 있는 세계적 핵심 역량들을 가장 효과적이면서 효율적으로 하나로 묶을 수 있는 조직구조다. 가상조직은 핵심적 역량들을 결합한다는 점에서 핵심적인 기능만 자신이 직접 수행하고 나머지 부수적인 기능은 다른 조직을 활용하는 네트워크조직과는 구분된다.

가상조직은 정보기술과 전자적 의사소통의 발달에 기인하며, 정보기술의 사용을 통해 가상조직의 구성원들은 과업을 수행하기 위해 공유된 목표를 지니고 정보와 지식을 교환한다. 전통적 조직과는 달리 물리적 조직구조는 존재하지 않는다.

트래비카(B. Travica, 1997)의 가상조직은 전자적 연계에 의존하는 지리적으로 분산된 개인, 집단, 조직 단위 또는 조직의 일시적 혹은 지속적인 집합이라고 정의한다. 가상조직의 토대는 의사소통과 신뢰이며, 개방적이고 자발적인 의사소통은 신뢰와 관계를 확립하는 데 필수적이다.

노리타(N. Nohrita, 1994)의 가상조직은 구조(사무실) 없는 조직이며, 경계가 불분명한 조직이다. 서류(material file) 없는 조직이며, 개인의 역할이 '부품'으로부터 '전체적인 역할'로 변하는 조직이다.

(4) 학습조직

다프트(R. Daft)는 학습조직(learning organization)을 가장 유기적인 조직으로 정의했다. 가빈(Garvin, 1993)은 학습조직을 구성원 모두가 지식을 창출하고 획득하고 전달하는 데 능숙하며, 새로운 지식과 통찰력을 경영에 반영하기 위해 기존의 행동 방식을 바꾸는 데 능숙한 조직으로 정의했다. 이종수는 학습조직의 핵심 가치는 '문제 해결'이며, 네트워크조직이나 가상조직 등도 모두 학습조직에 포함된다고 할 수 있다고 주장했다. 셍그(P. Senge)는 학습조직은 개방체제모형과 자아실현인관을 전제로 한 조직으로 사람들의 생각과 상호작용의 산물이라고 정의했다.

학습조직의 특징과 지향은 문제 해결 능력의 향상을 중시해 지식의 창출, 공유 및 활용에 뛰어난 조직이다. 창조적인 조직으로 창조적인 변화를 촉진할 수 있는 능력을 가진 조직이다. 탈관료제 지향의 조직으로 분권적 · 신축적 · 인간적 · 유기체적 조직관을 가진다. 팀 및 상호주관성을 중시해 현실을 이해하고 현실의 변화 방법을 탐구하는 조직이다. 학습자의 주체성 · 자발성 · 참여성이 존중되는 조직으로 자아실현적 인간관과 개방 체제를 전제로 하며 '실험 프로젝트(pilot pro-

---

3) 투입 규모가 커질수록 이익이 커지는 현상을 말한다. 생산 규모를 크게 할수록 단위당 생산비용이 낮아지고 수익이 향상되는 현상이 가장 대표적이다. 또한, 대량 구매의 경우 구입단가가 싸지는 현상, 큰 액수를 은행에 예금할수록 이자율이 높아지는 현상도 여기에 포함된다.

4) 하나의 기업이 두 가지 이상의 제품을 함께 생산할 경우, 두 가지를 각각 따로 다른 기업에서 생산하는 경우보다 생산비용이 적게 드는 현상이다. 인수 합병의 이론적 근거가 된다.

5) 챈들러(M. Chandler, 1977)가 수회의 시장 거래를 거치는 것보다 유통기관을 통합함으로써 신속한 조달과 공급에 따른 경제성을 설명한 개념이다. 유통기관의 통합은 공급자로부터 사외 조달에 따른 가격 절충, 디자인 협상, 계약 절충 등과 같은 시간을 단축시켜 속도의 경제성을 더해 준다.

ject)'와 '총체적 품질관리(Total Quality Management: TQM)' 등에 의한 조직 발전을 위한 아이디어의 개발, 경영혁신, 공공서비스의 품질 제고, 개혁 마인드 형성 등 강조한다. 학습 중시 조직으로 지속적인 학습과 시행착오를 허용하는 조직이다. 조직·구성원·고객을 만족시키는 조직으로 조직의 새로운 지향 가치를 창조하고 그것을 실현해 조직 성과 및 품질을 향상시키고 조직구성원 및 고객 만족을 지향한다. 공식화·표준화를 거부하며, 환류를 통한 의사소통을 중시한다. 지식에 대한 인센티브와 강력하고 뚜렷한 리더십이 필요하며, 구성원 간 공유된 리더십을 중시한다.

학습조직의 다섯 가지 수련(P. Senge)은 학습조직이 되기 위한 다섯 가지 핵심 요소를 의미한다. 첫째, 자기완성(personal mastery, 개인적 숙련)으로 자기 역량의 확대(자아실현적 인간) 방법을 학습해야 한다. 둘째, 사고의 틀(mental models, 정신모형)로 세상 사람들의 생각과 관점, 그것이 자신의 선택과 행동에 어떤 영향을 미치는지를 끊임없이 성찰하고 가다듬어야 한다. 셋째, 공동의 비전(shared vision, 공유 비전)으로 공동 목표에 대한 공감대를 형성해야 한다. 넷째, 집단적 학습(team learning, 팀 학습)으로 집단적인 사고와 대화로 개인적인 능력의 합계를 능가하는 시너지 효과를 극대화해야 한다. 다섯째, 시스템 중심의 사고(systems thinking)으로 시스템을 더 효과적으로 융합시키는 능력을 양성해야 한다.

(5) 자생조직모형(viable system model: S. Beer, 1979)

자생성(viability)은 환경이 어떠한 형태로 변화하든 유기체가 환경에 자신을 조정해 맞추며 때로는 환경에 영향을 미치는 능력을 말한다. 핵심 요소는 혼돈이론의 산물이라고 할 수 있는 자생조직의 핵심 요소는 필수 다양성의 확보다. 자생조직의 특징은 자율성, 응집력, 개방성, 유연성, 학습성 등이다.

(6) 하이퍼텍스트 조직

하이퍼텍스트(hypertext) 조직은 지식의 '창조·활용·축적'이라는 세 가지 방식을 각각 프로젝트팀 층, 비즈니스 시스템층, 지식기반층이 나눠 분담하며 조화를 이루는 조직이다(노나카 이쿠지로).

이 조직의 특징은 프로젝트팀층이며, 사업단위층이고, 지식기반층이다. 프로젝트팀층(지식창조)은 연구개발, 신제품 개발, 전략입안, 새로운 업무 디자인 등이 해당한다. 사업단위층(지식활용)은 리엔지니어링을 부정하고 있는 전통적인 계층·분업·전문화 등이 해당한다. 지식기반층(지식축적)은 프로젝트팀층과 사업단위층을 연결한다.

(7) 미들업다운관리(middle-up-down management)

노나카 이쿠지로(野中郁次郎)의 『지식창조기업』에서 등장하는 말로 흔히 디지털 시대에 정보화로 인해 중간관리자가 필요없다고 말하는 입장을 반박하는 내용이다.

이러한 특징은 디지털 시대의 새로운 관리전략으로서 중간관리자가 최고경영층의 비전과 부하사원의 창의성을 통합하고, 계층 상호간의 역동성을 이끌어내는 새로운 경영이론이나 전략을 말하는 것이다. 지식정부 조직모형에서는 미들업다운 관리 방식에 의해 중간관리자가 지식 창출의 핵심 리더로서 최고관리층과 실무작업층을 연결시키는 역할을 한다. 노나카 이쿠지로와 다케우치 히로타카는 학습조직을 효과적으로 운영하기 위한 새로운 관리 방식으로 가장 효과적으로 이뤄질 수 있는 적절한 조직으로 '하이퍼텍스트조직(hypertext organization)'을 제시했다.

2. 지식행정관리

1) 지식행정관리의 의의

지식행정(knowledge management)이란 정책 목표 달성과 행정문제 해결을 위해 필요한 지식을 창출, 축적, 공유, 학습, 활용하는 연속적인 활동을 말한다(서순복). 민간기업의 지식경영을 행정분야에 접목한 것으로 조직 내외에 있는 지식을 업무 수행이나 문제 해결을 위해 활용할 수 있도록 축적·공유하는 체제를 갖추는 것이다.

2) 지식의 본질과 유형

지식이론의 대가인 일본 호쿠리쿠(北陸)국립대 노나카 이쿠지로 교수를 비롯해 지식을 연구하는 학자들은 지식에 두 가지 종류가 있다고 강조한다. 암묵적 지식(암묵지)와 형식적 지식(형식지)다.

암묵지(暗默知, tacit knowledge)는 "학습과 체험을 통해 개인에게 습득돼 있지만 겉으로 드러나지 않는 상태의 지식"을 말한다. 사람의 귀와 귀 사이(between ears), 즉 머릿속에 존재해 있는 지식으로 언어나 문자를 통해 나타나지 않는 지식이다. 또한 암묵지는 대개 시행착오와 같은 경험을 통해 체득하는 경우가 많다.

표 6-9 암묵지(暗默知)와 형식지(形式知)의 차이

구분	암묵지	형식지
정의	언어로 표현하기 힘든 주관적·내재적 지식	언어로 표현이 가능한 객관적·외재적 지식
획득	경험을 통해 몸에 밴 지식	언어를 통해 습득된 지식
전달	은유를 통해 전달하며 다른 사람에게 전수하기 곤란	언어를 통해 전달하며 다른 사람에게 전수하기 용이
예	자전거타기	컴퓨터 매뉴얼

형식지(形式知, explicit knowledge)는 "암묵지가 문서나 매뉴얼처럼 외부로 표출돼 여러 사람이 공유할 수 있는 지식"을 말한다. 교과서, 데이터베이스, 신문, 비디오와 같이 어떤 형태로든 형상화된 지식은 형식지라고 할 수 있다.

3) 지식의 순환

노나카 이쿠지로는 암묵지가 고도화되거나 암묵지가 형식지화해 공유되는 등의 변환 과정을 거쳐 더 높은 가치를 창조하게 된다고 말한다.

암묵지와 형식지는 상호작용을 통해 사회화(공동화), 외재화(산출화), 결합화(연결화), 내재화(내면화) 등의 네 가지 방식으로 지식 변화를 일으킨다. 즉, 상호 전환 과정을 거치면서 개인 지식에서 조직지식으로 발전해 나간다.

한마디로 지식의 변이는 암묵지에서 암묵지 → 암묵지에서 형식지 → 형식지에서 형식지 → 형식지에서 다시 암묵지로의 네 가지 과정을 순환한다. 첫 번째가 공동화(socialization)로 공동 체험을 통해 자신의 몸으로 지식과 정보를 획득, 공유하는 과정이다. 두 번째는 표출화(externaliza-

표 6-10 지식 변환의 네 가지 유형

구분	암묵지로	형식지로
암묵지에서	① 사회화: 개인의 암묵지를 경험을 통해 다른 사람의 암묵지로 전환	② 외재화: 암묵지를 언어로서 형식지로 전환(운전기술을 매뉴얼로 전환)
형식지에서	④ 내재화: 형식지를 개인의 암묵지로 전환(매뉴얼을 통해 기술습득)	③ 연결화: 형식지를 다른 형식지로 이전 및 통합(통계자료에서 요약서 작성)

tion)로 암묵지를 형식지로 형태화하는 과정이다. 세 번째는 연결화(combination)로 형식화된 지식을 모아 연결, 결합하는 과정이다. 마지막은 내재화(internalization)로 행동과 실천을 위한 형식지의 체화, 학습 과정을 말한다.

4) 기존 정부와 지식정부의 차이

지식정부는 유연한 유기적 플랫구조(연성조직)를 중시하며, 지식을 창출하고 관리하는 인적자원의 역할을 중시하고, 계층제적 구조에 의한 공식적 의사소통보다는 다양한 채널에 의한 유연한 의사소통을 중시한다.

표 6-11 기존 및 지식정부의 차이

구분	기존 정부	지식정부
지향점	내부 지향	외부 지향
운영 원칙	관료주의(bureaucracy)	전문가 체제(intellicracy)
정책 수단	규제와 권한에 기초	지식에 기반
정책 목표	고객이 불투명한 능률성	고객의 만족을 위한 효과성
주요 지식	자원과 투입에 관한 지식	과정과 산출에 관한 지식
조직구조	관료적 피라미드 구조	유기적 네트워크 구조
정책결정 방식	Top-down: 위에서 아래로	Middle-up & down: 중간에서 위 · 아래로(중간관리의 역할을 강조)
구성원의 능력	구성원의 기량과 경험이 일과성으로 소모	개인의 전문적 자질 향상
지식 공유	조직 내 정보 및 지식의 분절, 파편화	공유를 통한 지식가치 향상 및 확대 재생산
지식 소유	지식의 개인 사유화	지식의 조직 공동 재산화
지식 활용	정보, 지식의 중복 활용	조직의 업무 능력 향상
조직 성격	계층제적 조직	학습조직 기반 구축

제 4 편

인사행정론

제1장_인사행정의 기초 이론
제2장_공직의 분류
제3장_공무원의 임용
제4장_공무원의 사기관리
제5장_공무원의 근무규율

제 1 장 인사행정의 기초 이론

제1절 인사행정의 특징

1. 의의

인사행정(public personnel administration)이란 정부의 목표 달성에 필요한 인적 자원(human resource)을 관리하는 활동 또는 체제를 의미한다. 즉, 인사행정은 정부의 목표 달성에 필요한 인적 자원을 충원하고 유지하며, 근무 의욕을 고취하고, 통제하는 상호 연관된 일련의 활동으로 구성되는 동태적인 관리활동 또는 관리 체제라 할 수 있다.

인사행정은 유능한 인재를 행정조직에 유치해, 인간적 가치를 존중하면서 능력 발전을 계속적으로 도모하고 높은 근무 의욕을 유지시켜 개인의 목적과 조직의 목적의 균형·조화를 실현해 조직의 활력을 최고도로 발휘시키는 것이다. 공무원이라는 인적 자원을 효율적으로 활용해 공무원들에게 만족스러운 직장생활을 보장하며 공무원들의 능력을 촉진시킨다.

2. 정부 인사행정의 특징: 기업의 인사관리와의 차이점

첫째, 공공성과 비시장성이다. 행정의 공공성·비시장성으로 말미암아 인사정책의 평가에 수익성이나 경제성이 결정적 기준이 되지 못한다. 따라서 인사정책의 적정 방안을 선택하고 그 효율성을 객관적으로 측정하기 어렵다. 둘째, 법정주의로 인사행정은 법령에 의한 규제·제약을 많이 받아 자율재량 범위가 좁다. 따라서 경직화되기 쉽다. 셋째, 정치성이다. 인사행정은 정치 권력의 영향을 광범위하게 받고 있으므로 합리성을 보장하기 어렵다. 넷째, 제약성이다. 행정의 공익성·평등성·독점성·계속성의 요청에 따라 공무원의 임용 자격과 시험, 단체활동, 정치활동 등에서 제약을 받는다.

3. 현대 인사행정의 특징

1) 개방 체제적 성격

현대 인사행정은 행정 체제를 포함한 상위 체제로부터의 다양한 요구를 수용하고 그에 대해 적절히 대응해야 한다. 환경으로부터의 요구는 상반되는 내용을 포함하기도 하고 시대에 따라 변화하거나 우선순위가 바뀌기도 한다.

2) 가치갈등적 성격

현대 인사행정은 상호 경쟁적인 요구나 가치를 수용하고 이를 적절한 수준에서 조화시켜야 한다. 즉, 인사행정은 시대별 정치적 상황의 산물로서 민주성, 능률성, 효과성, 사회적 형평성 등 다양한 가치를 내포한다.

3) 환경의 특수성(종속성)

현대 인사행정은 특정한 정부가 인사행정을 지배하는 가치나 기본 원칙은 그 정부가 속해 있는 정치적 · 경제적 · 사회적 · 문화적 환경의 특수성에 따라 결정된다.

4) 인적자원관리의 관점

현대 인사행정은 인력을 조직목표 달성의 핵심적인 자산(asset), 즉 인적 자원(human resource)으로 인식하고 인적자원 관리를 조직의 전략적 관리와 연계시킬 것을 강조한다.

인적 자원은 효율적인 목표 달성에 필수적인 요소다. 인적자원관리의 기본적인 목적은 개인의 능력 발전, 공정한 성과관리, 조직에 대한 충성심 제고, 조직의 신축성 확대 등을 통해 조직의 성과를 향상시키는 것이다. 또한, 인적 자원은 개인의 욕구와 정부의 전략적 요구를 동시에 충족시키는 방향으로 관리돼야 한다.

5) 종합학문적 관점

현대 인사행정에 대한 체계적 연구나 효율적인 관리전략의 수립은 정치학, 산업심리학, 조직행동론, 관료제론, 사회학, 노동경제학 등 종합학문적 관점에서 접근해야 한다.

4. 인사행정의 3대 변수: 임용, 능력 발전, 사기관리

1) 임용(채용)

모집(recruitment)은 신규채용 희망자에게 채용에 대한 정보를 제공함으로써 시험에 지원하도록 유도하는 과정을 말한다. 모집의 의의는 채용 희망자에게 단순히 시험 기회를 부여하는 데 있는 것이 아니라, 좀 더 적극적으로 많은 유능한 인재가 응시에 흥미를 느끼게 하는 데 있다.

시험(test)은 지원자들의 재능이나 실력 따위를 일정한 절차에 따라 검사하고 평가하는 일이다.

2) 능력 발전

능력 발전이란 공무원 임용 후에 교육훈련, 근무성적평정, 승진, 전보 등의 인사 수단을 통해 공무원 개인의 자아실현 욕구를 자극, 잠재력을 종합적으로 개발하고 능력을 발전시키는 것을 말한다.

첫째, 교육훈련(education and training)이란 조직구성원에게 직무 수행상 필요한 지식과 기술을 연마시키고 가치관과 태도를 발전 지향적으로 개선시키고자 하는 인사 기능을 말한다.

둘째, 근무성적평정(performance evaluation or appraisal)은 조직구성원의 근무 실적 · 근무 수

행 능력·근무 수행 태도 등을 체계적·정기적으로 평가해 인사관리에 반영하는 제도를 말한다.

셋째, 승진(promotion)이란 계층제 조직의 상위 직위에 결원이 발생했을 경우, 이 결원을 하위 직위의 재직자로 충원하는 것을 말한다.

넷째, 전직(轉職, transfer)은 조직 속의 한 직위에서 직무의 종류와 성격이 다른 직렬(職列)로 수평 이동하는 것을 말한다.

다섯째, 전보(轉補)란 조직 내의 한 직위에서 동일한 직급의 다른 직위로 보직(補職)을 변경하는 수평적 이동을 말한다.

여섯째, 제안제도(suggestion system)란 조직구성원으로 하여금 업무합리화·경비 절약 등 업무의 개선을 위한 제안을 제출하게 해서, 심사 결과 채택된 제안에 대해 응분의 보상을 하는 제도를 말한다.

일곱째, 파견(dispatch)은 국가적 사업의 수행을 위해 공무원의 소속을 바꾸지 않고 일시적으로 다른 기관이나 국가기관 이외의 기관 및 단체에서 근무하게 하는 것을 말한다.

3) 사기관리

공무원의 사기관리는 보수, 고충처리제도, 공무원 연금, 공무원의 정치적 중립, 직업공무원제, 공무원의 신분 보장, 공무원 단체, 행정윤리 등과 관련돼 있다.

첫째, 보수(pay or compensation)는 조직구성원에 대해 노무·사무 처리 등의 대가로 지급하는 금전·유가물 등을 말한다.

둘째, 고충처리제도(grievance procedure)는 조직구성원의 개인적인 애로 사항이나 근무 조건·인사 운영 등에 대한 불만을 처리·해결해 주는 절차를 말한다.

셋째, 공무원 연금(pension 또는 annuity) 제도는 공무원의 퇴직 또는 사망과 공무로 인한 부상·질병·폐질에 대해 적절한 급여를 실시함으로써 공무원 및 그 유족의 생활 안정과 복리 향상에 기여함을 목적으로 하는 공무원들에 대한 사회보장제도를 말한다.

넷째, 공무원의 정치적 중립(political neutrality of civil service)이란 어느 정당이 집권하든 공무원은 성실하게 봉사해야 한다는 당파적 중립성을 의미한다. 즉, 공무원이 부당하게 정파적 특수이익과 결탁해 공평성을 상실하거나 정쟁(政爭)에 개입하지 않는 비당파성(非黨派性)을 말한다.

다섯째, 직업공무원제(career civil service system)는 젊은 인재들을 공직에 유치해 그들이 평생에 걸쳐 근무하도록 조직·운영되는 인사제도를 말한다.

여섯째, 공무원의 신분 보장은 공무원이 공공의 이익을 위해 안심하고 담당 업무를 수행할 수 있도록 법령이 정한 바에 의하지 아니하고는 면직·휴직 등 신분상의 불이익을 당하지 않도록 하는 것을 말한다.

일곱째, 공무원단체(public employee organizations)는 공무원들이 자주적으로 단결해 근로 조건의 유지·개선과 복지 증진, 기타 경제적·사회적 지위의 향상을 목적으로 조직하는 공무원집단의 단체를 말한다. 좁은 의미의 공무원단체는 공무원 노동조합(labor union)을 의미한다.

여덟째, 행정윤리(administrative ethics)는 정부조직에 종사하는 공무원들이 지켜야 할 행동규범(code of conduct)을 의미한다. 즉, 행정윤리란 공무원이 행정 업무를 수행할 때 국민 전체에 대한 봉사자로서 행정이 추구하고자 하는 공공 목적을 달성하는 데 이바지할 수 있도록 전문적 능력을 최대한 발휘해 준수해야 할 행동규범을 의미한다.

5. 인사행정제도의 변천

1) 엽관주의 인사행정

엽관주의(spoils system)는 정당에 대한 공헌이나 인사권자와의 개인적인 관계를 기준으로 공무원을 임용하는 인사행정제도를 의미한다. 1829년 제7대 잭슨(A. Jackson) 대통령의 연두교서에서 공직 경질제 선언으로 확립됐다.

2) 실적주의 인사행정

실적주의(실적제: merit system)란 공직 임용이 당파성이나 정실・혈연・지연이 아니라 개인의 능력이나 실적을 임용 기준으로 삼는 인사행정 제도를 말한다. 1883년 연방공무원법(Federal Civil Service Act), 일명 펜들턴법(Pendleton Act)에 의해 확립됐다.

3) 적극적 인사행정

실적주의 인사행정의 비융통성・소극성・경직성・집권성을 탈피하기 위해, 엽관주의적 요소와 인간관계론적 요소의 보완을 통해 인사행정의 인간화와 적극적・분권적・신축적 인사 원칙을 추구하는 인사행정(positive personnel administration)의 지향을 적극적 인사행정이라고 한다. 1935년 이후의 발전적 인사관리 방안을 의미한다.

제2절 엽관주의와 정실주의

1. 의의

엽관주의(獵官主義, spoil system)란 정당에 대한 공헌이나 인사권자와의 개인적인 관계를 기준으로 공무원을 임용하는 인사행정제도를 의미한다. 일반적으로 정실주의(情實主義, patronage system)와 혼용되나, 엄밀하게 정의할 경우 엽관주의는 정치적 신조나 정당 관계를 임용 기준으로 하는 제도를 말하며, 정실주의는 인사권자와의 개인적 신임이나 친소 관계를 기준으로 하는 임용

표 1-1 엽관주의와 정실주의의 차이

구분	엽관주의(미국)	정실주의(영국)
개념	선거에서 승리한 정당이 모든 관직을 전리품(spoils)처럼 정치적 충성도에 따라 임의대로 처분할 수 있는 제도다.	개인적 친분 및 정치성에 의거, 공직을 임용하는 제도다.
정권 교체	공직의 광범위한 경질이 단행된다.	공직의 대폭적인 교체가 없었다.
신분 보장	공무원의 신분이 보장되지 않았다.	종신적 성격을 띠어 신분이 보장됐다.
임용 기준	정당에 대한 충성도다.	개인(국왕・정당 지도자)에 대한 충성도다.

제도를 말한다. 엽관에 의한 임용은 집권당에 대한 관료적 대응성을 보장하기 위한 민주적 장치로 인식되고 있다.

오늘날 엽관주의와 정실주의는 동일한 뜻으로 통용되고 있으나 동일하지는 않다. 정실주의는 정치적 요인을 중요시하는 엽관주의보다 더 넓은 개념이다.

2. 성립 과정

1) 미국의 엽관주의

미국은 건국 초기에 대체로 보수적·특권적인 동부 귀족계급이 연방정부의 공직을 차지하고 있었다. 제3대 제퍼슨(T. Jefferson) 대통령 시기 공직의 25%를 공화당원으로 임명해 엽관주의의 기반을 조성했다. 제5대 먼로(J. Monroe) 대통령 시기 1821년 '4년 임기법(Four Years Law)'을 제정해 공무원들의 임기를 대통령의 임기와 동일하게 4년으로 일치시켰으며 이는 엽관제를 제도화하는 데 뒷받침했다. 제7대 잭슨(A. Jackson) 대통령은 자신의 지지 기반인 서부 개척민들에게 공직을 개방하기 위해 1829년 공직 경질 원칙(rotation in office)에 입각한 엽관주의를 공식적인 인사정책으로 도입했다.

엽관주의의 발생 원인은 정당정치·권력분립의 관련성, 민주정치의 발달(민주주의의 요청), 대통령의 지지 세력 확보, 행정 업무의 소극성·단순성·비전문성, 사회적·경제적 환경 등이 제시된다.

첫째, 정당정치·권력 분립의 관련성과 관련해 고급 공무원의 임명에 대한 상원의 인준권 인정으로 공무원의 정치적 임용에의 길을 터놓았으며, 측근자의 정치적 등용이 필요했다. 또한, 동질적인 양대 정당이 존재하고 미국 특유의 선거제도가 운영됐다. 둘째, 민주정치의 발달(민주주의의 요청)과 관련해 공직의 특권화(동부의 상류계층) 방지를 위한 잭슨 민주주의는 자유·평등과 정치적 민주화의 달성에 목적이 있었고 엽관주의는 그 실현 수단이었다. 그리고 공직을 대중에게 널리 개방해 다수에 의한 지배를 실현하고 선거를 통해 실정(失政)에 대한 책임을 확보하려는 민주주의 이념의 요청이다. 엽관주의는 고위 공직자에 대한 직선제의 효과가 발생한다. 셋째, 대통령의 지지 세력 확보와 관련해 승리한 정당이 국민에 대한 공약이나 정책을 좀 더 강력히 추진하기 위해서는 대통령 측근에 정치적 이념을 같이하는 충성심 있는 인재의 등용이 필요했다. 넷째, 행정 업무의 소극성·단순성·비전문성으로 당시의 정부행정 기능 자체도 극히 소극성, 단순성을 띠어 고도의 전문적 지식이나 능력 위주의 공직 임용 방식을 필요로 하지 않았다. 또한 모든 행정은 평범한 상식과 이해력이 있는 사람이면 누구나 수행할 수 있는 간단한 것이다(잭슨 대통령). 다섯째, 사회적·경제적 환경으로 민간 중심의 다원주의 사회인 미국의 사회·경제활동은 '보이지 않는 손'에 의해 자율적으로 조정돼 사회적 평등이 유지되고 있으므로 유럽에서처럼 강력하고 잘 조직화된 정부관료제가 필요하지 않았다.

2) 영국의 정실주의

초기의 은혜적 정실주의(情實主義, patronage system: 17세기 중엽 이전의 국왕 중심기)는 국왕이 개인적인 친분을 고려하거나 반항적인 의회를 조정하기 위해 자기 편이 되는 의원에게 고액의 연금과 관직을 주는 인사 관행이었다. 후기의 정치적 정실주의(1688년 명예혁명 이후의 의회 중심기)는 1714년 내각책임제도가 발달됨에 따라 정당의 지도자가 관직을 정치적 고려에 의해 제공하는 것이다. 미국의 엽관주의와 유사하나 은혜적 정실주의 성격을 완전히 탈피하지 못했다.

3) 우리나라의 엽관주의와 정실주의

정실주의가 지배적이었던 미군정 시대를 거쳐 정부 수립 이후에도 실적주의 중심의 법제도와는 다르게 정실주의 인사제도가 휩쓸고 있었다. 그러나 공식적으로 엽관주의를 법제화된 적은 없다. 우리나라의 엽관주의는 공무원의 대폭적인 경질이 없었다는 점과 정당정치 발달과 관련이 없는 점에서 영국의 정실주의와 유사하다.

3. 엽관주의의 장점과 폐단

1) 엽관주의의 장점(정당화의 근거): 정치적 민주화에 기여

엽관주의는 첫째, 정당정치 발달에 기여했다. 정당 이념의 철저한 실현이나, 집권당의 정강정책 및 공약의 강력한 추진이 가능해 민주정치의 근간이 되는 정당제도 유지에 기여했다. 둘째, 평등이념의 구현에 기여(공직의 독점 방지)했다. 관직을 능력과 자격에 상관없이 만인에게 개방함으로써 더 많은 사람에게 공직 참여의 기회를 제공해 기회 균등과 평등 이념에 부합하게 됐다. 셋째, 관료제의 쇄신에 기여(공직의 침체 방지)했다. 공직 경질(교체 임용)을 통해 정부관료제의 특권화(관료주의화) 및 공직의 침체를 방지했다. 넷째, 정책 변동에의 대응과 리더십의 강화에 기여했다. 중대한 정책 변동에 능동적인 대응에 유리하고 관리자 양성이나 인사권자의 리더십 강화에 기여했다. 다섯째, 공무원의 충성심을 확보할 수 있다. 집권 정치인들의 인사권의 행사로 공무원에 대한 효과적인 통솔이 가능하게 됐다. 이에 따라 의회와 정부 간의 조정이 활성화될 수 있었다. 여섯째, 행정의 민주성을 확보할 수 있다. 국민의 지지를 받은 정당의 당원이 관직에 임명됨으로써 행정의 민주성·대응성·참여성·책임성·봉사성 등의 확보가 가능해졌다.

2) 엽관주의의 폐단: 정치적 중립의 저해

엽관주의의 폐단은 첫째, 행정의 공공성 저해다. 엽관관료는 관직에 계속 머물기 위해 공금을 유용해 특정 정당에 정치자금으로 헌납하는 등 행정의 공공성이 저하되고 정치적 부패(사익 추구)를 초래했다. 둘째, 행정의 대표성 상실이다. 관료의 정당 사병화(私兵化)로 말미암아 관료들이 특정 정당에 봉사하게 돼 행정의 대표성·공익성·책임성 등을 저해했다. 셋째, 행정의 안정성 저해다. 정권이 교체될 때마다 공무원이 대량으로 경질돼 정책의 일관성이나 행정의 안정성·계속성을 저해했다. 넷째, 행정의 능률성 저하를 들 수 있다. 불필요한 직위의 증대(위인설관 현상)로 예산의 낭비와 행정의 비능률 현상을 초래했다. 다섯째, 행정의 전문성 저해이다. 비전문가의 임용으로 인해 경험과 능력 있는 전문가를 채용하지 못해 행정의 전문화를 저해했다. 여섯째, 임용의 기회 균등 저해다. 능력과 자격 중심의 실적주의가 안 돼 공직의 기회 균등 정신에 위배되고, 임용의 공정성을 상실했다.

4. 실적주의의 대두

1) 행정국가 · 직능국가의 대두

19세기 말부터 행정국가 · 직능국가가 대두되고 정당이 부패에 대한 민주적 정화와 능률성 향상이 행정에 요청됐다.

2) 행정의 분리 · 독립

엽관주의의 병폐를 극복하기 위해 부패된 정치로부터 행정을 분리 · 독립시켜 공무원의 정치적 중립을 보장하고 정당과는 관계없이 능력 중심의 공직 임용을 하는 실적주의의 채택이 불가피해졌다.

제3절 실적주의

1. 의의

실적주의(merit system)란 공직 임용이 당파성이나 정실 · 혈연 · 지연이 아니라 개인의 능력이나 실적을 임용 기준으로 삼는 인사행정 제도를 말한다. 실적주의의 주요 구성 요소는 기회 균등 · 실적에 의한 임용 · 정치적 해고로부터의 신분 보장 및 정치적 중립을 포함한다. 실적제는 기회 균등의 원칙과 실적에 의한 임용을 보장하기 위한 제도적 장치로서 공개경쟁채용시험을 실시한다.

엽관주의의 병폐를 극복하기 위해 도입됐던 19세기 후반의 실적주의는 종래의 단순한 반엽관주의 · 보호주의라는 소극적 · 정태적 성격으로부터 오늘날 적극적 · 동태적 성격으로 변모되고 있다.

실적주의는 엽관주의에 의한 부패와 비능률성을 교정하기 위한 수단으로서 19세기 중엽 이래 영국과 미국에서 발달했다. 영국에서는 공개경쟁채용시험에 의해 공무원을 채용할 것과 시험을 관장할 독립적인 중앙인사위원회를 설치하고 시험을 정기적으로 실시하며 합격자에게는 시보 기간을 설정할 것 등을 건의한 1853년의 노스코트 · 트레벨리언 보고서(Northcote and Trevelyan Reports), 그리고 1855년 제정된 1차 추밀원령(樞密院令)[1]과 1870년의 2차 추밀원령을 거쳐 실적제

1) 영국에는 노르만왕조 이후부터 국왕의 정치 자문기관인 귀족집단의 봉신회의(封臣會議)가 있었는데, 아주 중요한 국사(國事)는 전원이 소집됐으며, 일상적인 문제는 국왕이 소수 측근 귀족과의 상의만으로 처리했다. 13세기 후반부터 귀족 전원의 집회는 의회(議會)로 발전했고, 국왕 측근의 소수 귀족집단인 자문기구는 1536년 크롬웰(Thomas Cromwell 1485~1540)에 의해 추밀원으로 개칭됐다. 추밀원 출범 당시의 인원은 19명으로 구성됐고, 집행기구로서 1540년 이후에는 정책의 입안 처리, 법원 감독, 회계청 재정 관리, 지방행정 조정 등 광범위한 영향력을 행사했다. 국왕의 영장보다 국가 문서를 통해 국사를 진행시키는 한편, 국왕의 동반자로서 헨리 8세의 수도원 해산에도 직접 참여했고, 1603~1640년에는 규모가 3배로 늘어나기도 했다. 또 외교문제 · 통상 · 식민지 등 다양한 업무를 처리하기 위해 산하에 여러 소위원회를 두기도 했지만, 갈수록 능률은 떨어졌다. 17세기에 이르러서는, 두 번의 혁명과 정당 · 내각제도의 발달로 인해 국왕의 정치적 실권이 약화됨에 따라 추밀원의 권력도 쇠미해지고, 권한도 형식화돼 갔다. 오늘날에도 여전히 남아 있기는 하지만, 업무는 해외 영토에서 생기는 상소재판(上訴裁判) 및 기타 몇몇 사항에 한정된다.

수립의 제도적 기초가 확립됐다. 그리고 미국에서는 1883년 최초의 연방공무원법인 펜들턴법(Pendleton Act)의 제정을 계기로 실적제가 시행되기에 이르렀다.

2. 실적주의의 성립 요인

1) 행정국가의 대두

자본주의의 비약적인 발전과 사회적·경제적 조건의 변동에 따라 19세기 말부터 행정국가가 등장했다. 행정 기능이 양적으로 증대되고 질적으로 전문화·복잡화됨으로써 전문적·기술적 능력을 갖춘 유능한 관료가 필요하게 됐다.

2) 정당정치의 부패 극복

정당정치의 변질·타락으로 정당이 시민의 전체이익을 책임지기 위한 공직의 경질정책이 본래의 참다운 민주적 성격을 상실하게 됐다. 부패된 정치에 의해 행정이 더 이상 오염되는 것을 막기 위해 정치와 행정을 단절시키기 위한 움직임이 대두됐다.

3) 엽관주의의 폐해 극복

행정 능률의 저하, 예산의 낭비와 행정 질서의 문란, 관료의 정당 사병화 등 엽관주의의의 병폐가 만연함에 따라 이를 극복하기 위해 실적주의를 채택하게 됐다.

4) 행정의 능률화·전문화 요청

정당정치의 부패는 행정의 부패·낭비·비능률을 초래해 능률적인 행정을 요청하는 국민적 관심이 높아지면서 정부개혁운동·행정조사운동이 벌어지고 실적주의 확립을 위한 공무원제도개혁운동이 전개됐다(G. W. Curtis).

5) 대통령의 암살과 공화당의 중간선거 패배

1881년 엽관운동가 귀토(Charles Guiteau)에 의한 제20대 가필드(James A. Garfield) 대통령의 암살사건이 발생했다. 1882년 당시 집권당이었던 공화당이 중간선거에서 참패함으로써 다가오는 1884년 대통령선거에 대한 자신감 상실로 인해 엽관주의를 포기하게 됐다.

3. 실적주의의 발달 과정

1) 영국: 정실주의의 극복과 공무원제도 개혁

1848년 트레벨리언(Trevelyan)을 위원장으로 하는 위원회를 설치해 공무원제도를 조사했다. 1853년에는 영국의 실적제 수립의 제도적 기초를 마련한 노스코트·트레벨리언 보고서(Northcote and Trevelyan Reports)가 발표됐다. 노스코트·트레벨리언 보고서는 공개경쟁 채용시험에 의해 공무원을 채용할 것과 시험을 관장할 독립적인 중앙인사위원회를 설치할 것 등을 건의했다. 1855

년 제1차 추밀원령(樞密院令, Order-in-Council)에서는 노스코트·트레벨리언 보고서의 내용을 부분적으로 수용해 독립적인 인사위원회를 설치할 것 등을 규정했다. 제1차 추밀원령은 미온적인 공무원제도 개혁이지만 실적주의의 기반을 조성했다. 1870년 영국의 실적주의는 공개경쟁시험의 원칙, 채용시험을 계급별로 구분해 실시할 것, 재무성의 인사권 강화(지원자의 자격과 시험을 행할 관직의 결정에 관한 동의권 행사) 등을 규정한 1870년의 제2차 추밀원령에 의해 확고하게 뿌리내리는 계기가 마련됐다. 1968년 풀턴위원회(Fulton Committee)[2] 보고서의 건의에 따라 공무원제도를 대폭적으로 개혁했다.

영국의 실적주의는 인간 중심의 폐쇄형 실적주의(계급제)를 취함으로써 신분 보장이 좀 더 강력한 직업공무원제 확립에 기여했다.

2) 미국: 엽관주의의 극복을 위한 펜들턴법의 제정

1868년 젠크스(J. A. Jenkes) 하원의원이 제출한 젠크스 법안(Jenkes Act)은 의회에서 통과되지는 못했으나 실적주의 수립운동의 중요한 계기를 마련했다. 1871년 제18대 그랜트(Ulysses Simpson Grant)의 자문기관으로 그랜트인사위원회(Grant's Civil Service Commission)가 설치됐다. 1880년 영국의 공무원제도를 연구한 이튼(Eaton)보고서가 발표됐다. 1881년 선거 공로에도 불구하고 공직(파리 총영사)을 주지 않은 데 불만을 품은 한 엽관주의자 귀토(C. Guiteau)가 제20대 가필드(J. A. Garfield) 공화당 대통령을 암살한 사건은 국민적 충격을 줬으며 실적주의가 탄생하는 데 촉매 역할을 했다. 1881년에는 커티스(G. W. Curtis)를 총재로 하는 전국공무원제도개혁연맹이 조직돼 이러한 운동은 마침내 전국적인 규모로 확대됐던 것이다. 1882년 결정적인 원인으로 공화당이 중간선거에서 패배했다. 1883년 제21대 아서(C. A. Arthur) 대통령 때 미국 최초의 연방공무원법(Federal Civil Service Act)인 일명 펜들턴법(Pendleton Act)[3]이 제정됨에 따라 실적주의 인사행정의 기초가 확립됐다. 연방공무원법(Federal Civil Service Act, Pendleton Act)의 주요 내용은 다음과 같다. 첫째, 능력 위주의 공정한 인사를 전담할 수 있는 초당적·독립적 인사위원회(CSC)를 설치해 중앙인사기관에 의한 인사권의 집권화를 실현했다. 둘째, 정실 임용(정치적 임용)을 배제한 공개경쟁시험에 의한 임용이 이뤄졌다. 셋째, 조건부 임용 기간(probation period)이 설정됐다. 넷째, 제대군인에 대한 임용시 특혜가 인정됐다. 다섯째, 공무원의 정치헌금 및 정치활동을 금지시켰다(공무원의 정치적 중립을 최초로 규정). 이는 공무원의 정치적 중립성을 최초로 규정한 것이다. 그러나 공무원의 정치적 자유를 지나치게 제약하게 됐다. 여섯째, 민간과 정부 간의 인사 교류를 폭넓게 인정했다.

1887년 행정학의 창시적 논문인 윌슨(W. Wilson)의 「행정의 연구(1887)」는 펜들턴법을 이론적으로 뒷받침하기 위한 연구였다. 1978년 제39대 카터(J. Carter) 대통령 때 공무원제도개혁법(Civil

---

2) 1968년 인사제도 개편 건의안을 제출한 영국의 공무원제도 개혁위원회를 말한다. 풀턴위원회는 보고서에서 공무원의 관리와 보수에 대한 기능을 분리하고, 인사 기능의 전문화를 위해 재무부에 설치됐던 인사 기능을 분리해 인사부(Department of Civil Service)를 설치할 것과, 행정사무를 간소화하고 승진의 길을 열어주기 위해 전통적인 4대 계급 사이의 장벽을 제거할 것, 적극적 인사행정을 모색할 것 등을 건의했다.

3) 실적주의 인사행정의 기초를 확립한 미국 최초(1883년 제정)의 연방공무원법(Federal Civil Service Act)을 말한다. 제안자인 펜들턴(G. H. Pendleton) 상원의원의 이름을 따 펜들턴법으로 불리는 이 법은 ① 독립적이며 초당적(超黨的)인 인사위원회의 설치, ② 공개경 쟁채용시험에 의한 공무원의 임용, ③ 조건부 임용 기간(probation period)의 설정, ④ 공무원의 정치활동 금지, ⑤ 제대군인에 대한 특혜 부여 등을 주요 내용으로 담고 있다.

표 1-2 실적주의의 도입(확립)

제2차 추밀원령의 내용(영국)	펜들턴법의 내용(미국)
① 공개경쟁시험제도의 확립: 일반교양 과목 위주의 시험 과목 편성 ② 채용시험을 계급별로 구분해 실시: 서기적 업무를 행정적 · 지도적 업무와 기계적 · 반복적 업무로 구분 ③ 재무성의 인사권 강화: 지원자의 자격과 시험을 행할 관직의 결정에 관한 동의권 행사	① 초당적 · 독립적 인사위원회(CSC)를 설치 ② 공개경쟁시험에 의한 임용제도 채택: 전문과목 위주 시험 과목 편성 ③ 조건부 임용 기간(probation period) 설정 ④ 제대군인에 대한 임용 시 특혜 인정 ⑤ 공무원의 정치헌금 및 정치활동의 금지: 정치적 중립을 최초 규정 ⑥ 민간과 정부 간의 인사 교류를 폭넓게 인정

Service Reform Act of 1978)으로 인사위원회(CSC)를 실적주의보호위원회(MSPB)와 인사관리처(OPM)로 분리시켰으며, 직업공무원의 성격을 가진 고급관리자단(SES) 제도를 채택했다.

미국의 실적주의는 직무 중심의 개방형 실적주의(직위분류제)를 취함으로써 신분 보장이 좀 더 강력한 직업공무원제도 확립에는 기여하지 못했다.

4. 실적주의의 특징(확립 요건)

1) 능력 · 자격주의와 공개경쟁시험제도

공무원의 임용은 능력 · 실적 · 성적 등을 기준으로 하며 정실이나 당파성은 배제된다. 이러한 실적의 평가에는 공개경쟁이 핵심이 된다. 공개경쟁은 적절한 홍보, 응모기회의 보장, 현실적 기준, 차별 배제, 능력에 따른 등급화, 결과의 공표 등을 요건으로 한다.

2) 공직에의 기회 균등

공직은 모든 국민에게 개방되며, 성별 · 신앙 · 사회적 신분 · 학별 등에 의한 차별을 받지 않는다. 공직에의 기회 균등 원칙은 교육을 받을 수 있는 기회가 실질적으로 균등하게 보장되지 않는 한 무의미하며 또한 능력 · 자격상의 차이에 의한 차별은 이에 저촉되지 않는다.

3) 공무원의 정치적 중립

공무원의 정치적 중립은 어떤 정당이 집권하든 공무원은 당파성을 떠나 전문적 지식 · 경험에 의해 국민 전체에 대해 공평하게 봉사하고 특수이익이 아닌 일반이익(공익)을 추구하는 것을 의미한다. 그러나 관료가 정책 수립과 정책결정에 깊이 관여하고 있는 현대 국가에서 행정의 정치로부터의 완전한 단절을 뜻하는 것은 아니다.

4) 공무원의 신분 보장

공무원은 법령에 저촉되지 않는 한 본인의 의사에 반해 일체의 신분상의 불이익 처분을 받지 않음으로써 행정의 안정성 · 계속성을 유지하는 데 기여할 수 있으며, 장기근속으로 쌓은 경험 · 기술을 가진 공무원을 확보할 수 있다.

5) 인사행정의 합리화 · 과학화 · 객관화

과학적 관리론의 영향으로 인사행정에서 정실 등을 배제하고 인사행정의 합리화 · 과학화 · 객관화를 추구한다.

6) 인사권의 집권화

공정하고 독립적인 인사행정을 위해 초당적인 기구로서 독립된 중앙인사기구를 설치 · 운영함으로써 인사행정을 통일적이고 집권적으로 수행한다.

5. 실적주의의 장점과 문제점

1) 실적주의의 장점

첫째, 공직 취임의 기회 균등이다. 공직에 취임할 수 있는 기회 균등이 보장됨으로써 진정한 민주주의적 평등 이념의 실현에 기여하게 된다.

둘째, 행정의 능률성 확보가 가능하다. 능력 · 자격 · 성적에 의한 인사관리를 통해 과학적이고 합리적인 인사행정이 가능하며 행정의 능률화에 부응한다.

셋째, 정치적 중립성 확보할 수 있다. 공무원의 정치적 중립이 확립됨으로써 관료가 공익의 대변자로서 역할을 수행할 수 있다.

넷째, 행정의 전문성 확보가 가능하다. 외부로부터 적극적으로 우수한 공무원을 채용해 행정의 전문화에 부응한다.

다섯째, 행정의 계속성을 확보할 수 있다. 공무원의 신분 보장을 통해 행정의 계속성과 공무원의 직업적 안정성을 확보해 직업공무원제 확립에 기여한다.

2) 실적주의의 문제점

첫째, 행정의 소극화다. 모든 인사 처리가 기준에 얽매이거나 단순한 반엽관주의화할 우려가 있다.

둘째, 행정의 형식화를 들 수 있다. 객관적 · 과학적 측정 방법을 강조하나 실제로 공직 후보자의 능력을 정확하게 측정하는 데는 한계가 있다.

셋째, 행정의 경직화다. 공무원의 권익 보호를 위한 실적제의 여러 장치들은 인력의 탄력적 운용을 어렵게 한다.

넷째, 행정의 획일화다. 엄격하고도 복잡한 인사 절차의 규정은 인사행정의 획일화를 심화시킨다.

다섯째, 행정의 집권화다. 중앙인사 기능의 강화와 엄격한 기준의 적용으로 실질적 행정 수요에 부응하는 인사가 이뤄지기가 곤란하다.

여섯째, 행정의 비인간화다. 행정의 과학화 · 능률화의 강조로 비인간화, 물화(物化), 인간 소외 현상 등을 초래한다.

일곱째, 형평성의 저해다. 실적제는 일부 계층 또는 집단에 대해 불리한 제도로 작용해 형평성을 저해할 우려가 있다.

여덟째, 행정의 대응성 · 책임성의 저해다. 관료 특권화, 정당정치 저해, 행정의 민주적 통제 곤란, 정책 추진의 곤란성, 행정의 정치성과 가치지향성의 과소평가 등으로 행정의 책임성과 대응성을 저해한다.

6. 엽관주의의 가미 필요성과 적극적 인사행정의 대두

1) 엽관주의의 장점 가미

오늘날은 실적주의가 지닌 인사행정의 소극성・비융통성・형식성을 극복하기 위해 실적주의에 엽관주의의 장점을 가미함으로써 인사행정의 적극화・인간화를 추구하고 있다.

2) 적극적 인사행정의 대두

적극적인 인사행정으로 인간관계론적 인사관리, 대표관료제, 엽관주의 임용 확대, 정치적 중립의 완화, 평등 고용 기회 등이 대두됐다.

제4절 직업공무원제

1. 의의

직업공무원은 직업적으로 공무에 종사하는 공무원을 말한다. 그리고 실적과 자격에 의해 임용되고 신분이 보장돼 평생토록 공무원으로 근무할 것이 예상되는 공무원이다. 이에 대해 명예직 공무원은 대체로 선거에 의해 선출되는 공무원으로서 공무의 담당이 임시적인 공무원을 말한다. 오늘날의 공무원제도에서는 명예직 공무원을 예외로 하고 직업공무원을 원칙으로 하고 있다.

직업공무원제(職業公務員制, career civil service system)는 젊은 인재들을 공직에 유치해 평생에 걸쳐 근무하도록 조직・운영되는 인사제도를 말한다. 젊은 인재를 최하 직급으로 임용해 단계적으로 승진시키며, 응시자의 학력과 연령은 엄격히 제한되며, 선발 기준으로는 전문적인 직무 수행 능력보다는 장기적인 발전가능성을 중시한다. 유럽에서의 직업공무원제는 절대군주국가 시대부터 발달하기 시작했다.

표 1-3 직업공무원제

학력과 연령 제한	공직이 유능하고 인품 있는 젊은 남녀에게 개방돼 ⇒ 기회의 불균등
공직에 대한 높은 사회적 평가	매력적인 것으로 여겨지고
승진 기회 보장	업적과 능력 발전에 따라 명예롭게 높은 지위에까지 올라갈 수 있는 기회가 부여돼 ⇒ 폐쇄형
신분 보장	공직을 전 생애를 바칠 만한
사기와 보람	보람 있는 일(worthwhile life work)로 생각할 수 있게 하는 조치가 마련돼 있는 제도

2. 직업공무원제의 필요성

첫째, 행정의 안정성 및 독립성이다. 정권 교체 등 정치적 변혁이 있는 경우에도 공무원의 신분을 보장해 행정의 안정성·계속성·독립성 등을 유지한다.

둘째, 행정의 중립성 및 통일성이다. 의회정치 또는 정당정치의 폐단을 방지하고 사회적인 중립 안정장치로서의 역할을 하며 국가적인 통일성·중립성 등을 확보한다.

셋째, 행정의 능률성 증진이다. 행정의 전임(專任)제 경향에 대비하고 행정의 능률성을 증진시킨다.

넷째, 내각책임제의 성공 요건이다. 의원내각제로 인한 잦은 정권 교체나 정쟁(政爭)에 의한 정치적·행정적 공백을 최소화시킨다.

다섯째, 공무원의 사기 앙양이다. 공무원의 신분 보장으로 공무원의 사기를 앙양시킨다.

3. 직업공무원제와 실적주의의 관계

1) 직업공무원제와 실적주의의 구별

직업공무원제와 실적주의의 공통점은 공무원의 신분 보장과 정치적 중립을 강조하며, 정실이나 당파성에 의한 공직 임용을 배제하고 자격이나 능력에 의한 채용(공개경쟁시험)·승진이 이뤄진다. 양자의 차이점은 <표 1-4>와 같다.

표 1-4 직업공무원제와 실적주의의 차이

구분	직업공무원제(폐쇄형 실적주의)	(개방형) 실적주의
신분 보장	신분의 절대적 보장	신분의 상대적 보장
확립 시기	• 미국에서는 아직 미확립 • 영국에서는 실적주의 이전에 기확립	• 미국에서는 1883년에 확립 • 영국에서는 1870년에 확립
결원 보충	내부 충원형(폐쇄형)	외부 충원형(개방형)
임용 제한	공직 임용 시 연령·학력 등의 제한이 있는 제약된 기회균등	공직 임용 시 연령·학력 등의 제한이 없는 완전한 기회균등
보수제도	생활급: 비합리성	직무급: 합리성
공직 분류	계급제: 인간 중심	직위분류제: 직무 중심
채용 기준	잠재 능력	채용 당시의 능력

2) 직업공무원제와 실적주의의 구별 이유

미국은 1883년 펜들턴법 제정으로 실적주의가 확립됐으나 직업공무원제의 필요성이 강조된 것은 1935년 이후다. 유럽에서는 직업공무원제(폐쇄형 실적주의)가 일찍 확립됐으나 실적주의(개방형 실적주의)는 근래에 확립됐다. 실적주의에 의해 신분 보장이 이뤄지는 경우에도 외부 인사의 임명이 가능해지는 개방형을 폭넓게 허용하면 직업공무원제는 확립되기 어렵다. 실적주의는 젊은 사람을 생애직으로서 공직에 봉사하게 하는 것을 의미하는 것은 아니다.

4. 직업공무원제의 확립 요건(방안)

첫째, 실적주의의 우선 확립이다. 직업공무원제가 확립되려면 공개경쟁시험을 통한 능력과 실적 중심의 공직 임용, 공무원의 정치적 중립성 유지, 신분 보장 등 실적주의 인사제도가 우선 확립돼야 한다.

둘째, 젊고 유능한 인재 채용(학력과 연령 제한)이다. 가능한 한 학교를 갓 졸업한 젊은 인재를 등용해 평생에 걸쳐 고위직까지 승진할 수 있는 기회를 제공하기 위해 학력과 연령을 제한해야 한다.

셋째, 공직에 대한 높은 사회적 평가다. 민주적 공직관에 입각한 공공봉사로서 공직이 높은 사회적 평가를 받아야 한다.

넷째, 적정한 보수 및 연금제도의 확립이다. 재직 중에는 보수의 적정화가 이뤄져야 하며, 아울러 퇴직 후의 합리적인 연금제도가 실질적으로 확립돼야 한다.

다섯째, 승진 기회 부여와 훈련에 의한 능력 발전이다. 교육훈련·승진·근무성적평정·전직·전보·파견 등 특히 직업공무원제에서는 승진 기회 부여로 내부에서 관리자를 양성할 수 있어야 한다.

여섯째, 폐쇄형의 임용제도다. 최하위 계층으로만 신규임용이 이뤄지는 폐쇄형 인사제도가 확립돼야 하며, 개방형에 의한 공직의 문호 개방은 직업공무원제의 확립을 저해한다.

일곱째, 계급제를 통한 일반행정가 양성이다. 공무원 개개인의 자격과 능력을 기준으로 계급을 분류하는 계급제가 확립돼야 한다.

여덟째, 인력수급계획의 수립이다. 장기적인 인력 수급 조절 및 인력계획을 수립함으로써 인사의 불공평이나 침체를 막고 효과적인 정원관리·승진계획을 추진할 수 있어야 한다.

5. 직업공무원제의 장점과 단점

1) 직업공무원제의 장점

첫째, 유능한 인재의 유치가 가능하다. 젊고 유능한 인재의 유치로 공무원의 질적 향상에 기여한다. 둘째, 공무원의 일체감 형성이다. 공무원집단의 일체감 형성 및 전문직업 의식이 강화된다. 따라서 직업윤리·봉사정신의 확립이 용이하다. 셋째, 행정의 능률성 제고다. 승진의 기회 부여로 행정의 능률성과 재직 공무원들의 사기가 제고된다. 넷째, 행정의 안정성 유지다. 신분 보장 및 장기근무를 통해 공무원의 이직률을 저하시키고 행정의 안정성·계속성·일관성을 유지할 수 있다. 다섯째, 정치적 중립성 확보다. 의회정치, 정당정치에 따르는 잦은 정권 교체나 정쟁(政爭)에 의한 영향력을 별로 받지 않는다. 여섯째, 정치인과 온정적 관계를 들 수 있다. 정부(정치인)와 공무원(관료)의 관계는 서로 의존적·온정적 관계(원만한 관계)가 된다.

2) 직업공무원제의 단점

첫째, 민주적 통제 곤란(무책임성)하다. 공무원에 대한 지나친 신분 보장은 오히려 민주통제를 곤란하게 해서 공무원의 특권집단화·관료주의화를 초래할 우려가 있다. 둘째, 환경에의 적응력이 부족하다. 현상 유지적·보수적인 공무원들은 동태적 환경에의 적응력이 약하고 변동·개혁에 저항하는 경향이 있다. 셋째, 행정의 전문성 저해다. 폐쇄적 임용으로 인해 외부로부터 전문가의 충원이 어렵고, 계급제는 공직 분류 체계상 전문행정가의 육성이 어려워 행정의 전문화·기술화를 저해한다. 넷째, 공직 임용에의 기회 균등이 제약된다. 학력·연령의 엄격한 제한으로 공직 임용에의 기회 균등을 제약해 민주주의 평등 원칙에 위배된다. 다섯째, 공직의 소수 독점이다. 오랜 기간 동안 소수집단만의 신분 보장으로 많은 사람의 공직 참여 기회를 박탈한다. 여섯째, 공무원의 직업 전환이 곤란하다. 공직에만 특수한 직업인으로 굳어져 직업 전환이 곤란하게 된다. 일곱째, 공직사회의 전반적인 질 저하다. 연공서열의 중시, 경쟁 결여, 전문가의 외부 충원 곤란 등으로 공직사회의 전반적인 질은 저하된다.

6. 직업공무원제의 위기

1) 개방형 인사제도

폐쇄적인 직업관료제가 국민에 대한 대응성이 없다는 비판으로 인해 개방형의 계약임용제가 선진국을 중심으로 일반화되고 있다.

2) 대표관료제의 대두

대표관료제의 대두는 정책적 고려와 안배에 의한 임용을 가져와 정치적 중립과 실적만을 중시하는 직업관료제나 실적관료제의 이념을 희석시키고 있다.

3) 후기관료제 모형

전문가 위주의 다원적인 동태적인 조직구조는 그 구조적 잠정성과 일시성, 유동성으로 말미암아 일반행정가로 구성돼 있는 직업관료제집단에 위협을 준다.

4) 정년 단축과 계급정년제의 도입

직업공무원의 정년이 날로 단축되는가 하면 상위직에 대한 계급정년제의 도입 논의로 직업공무원은 그 수명이 점점 짧아지고 있는 실정이다.

제5절 중앙인사행정기관

1. 의의

중앙인사기관(中央人事機關, central personnel agency)이란 정부 전체의 인사행정을 총괄하는 전 정부적 인사행정이다. 각 행정기관의 균형적인 인사 운영, 인력의 효율적인 활용, 공무원의 능력 발전 등을 위해 정부의 인사행정을 전문적·집중적으로 통괄하는 기관이다. 그러나 각 부처의 인사 기능을 행사하는 부처인사기관(총무과)은 포함되지 않는다.

중앙인사기관의 주요한 목적은 실적주의를 확보하고, 인사행정의 통일성을 기한다. 공무원의 권익을 옹호하고 적절한 근무 조건을 확립하며, 인사행정의 전문화·능률화를 추진한다.

중앙인사기관의 필요성은 첫째, 각 부처 인사행정의 전체적인 조정과 통제를 효율적으로 수행할 수 있는 기관이 요구된다. 둘째, 인사행정에 대한 당파적·정실적 개입이나 영향을 배제하고 그 공정성·중립성을 확보할 수 있는 기관이 요구된다. 셋째, 국가 기능의 확대·강화로 인해 공무원 수가 증가함으로써 집중적 관리를 위한 합리적인 인사기구의 설치가 요구된다. 넷째, 공무원의 권익 보호와 실적주의의 확립(정치적 중립)을 위해 중립적인 중앙인사기관이 필요하다. 다섯째, 인사행정의 개혁과 그 전문화·기술화의 수준을 높이기 위해 집권적인 인사기관이 요청된다.

2. 중앙인사기관의 조직상의 성격

1) 중앙인사기관의 독립성

중앙인사기관의 독립성이란 주로 임원의 신분 보장, 자주적 조직권, 예산상의 자주성을 의미한다. 입법부나 사법부에 대한 것이 아니라 정치적·정당적 기초를 가지고 있는 행정부에 대한 상대적 독립성을 의미한다.

중앙인사기관의 독립을 찬성하는 입장(보호주의)에서는 인사행정에 대한 엽관정치인의 압력을 배제할 수 있으며, 인사행정의 운영과 절차의 객관성·공정성을 국민과 공무원이 신뢰할 수 있다. 그리고 독단적인 행정 권력(인사권자의 전횡)으로부터 관료제를 보호할 수 있다는 것을 제시하고 있다.

반면 반대론(관리주의)에서는 참모 기능인 인사를 계선으로부터 독립시키는 것이 비합리적이며 독립성이 강하므로 중앙인사기관이 어느 기관에 대해 책임을 지거나 통제를 받는지 모호하다. 그리고 인적 구성이나 운영 방법에 따라 유명무실해질 수도 있다는 점을 제시하고 있다.

2) 중앙인사기관의 합의성

중앙인사기관의 합의성이란 단독제 기관이 아니라 복수의 구성원으로 이뤄지는 것을 말한다. 중앙인사기관이 인사행정상 준입법적·준사법적 기능과 감사 기능을 수행하고 독립성을 가지는 경우에는 대체로 합의제로 구성된다.

합의제의 장점은 중요한 인사문제를 신중하게 논의할 수 있으며, 공무원의 이익이 훼손되는 경우에는 공정하게 처리할 수 있다. 그리고 이익집단이나 전문가의 의견을 반영할 수 있다.

반면, 합의제의 단점은 책임 소재가 명확하지 않고, 인사행정에 대한 행정수반의 통제가 어렵다. 그리고 신속한 결정이 어렵고 시간·경비의 소모가 많다.

3) 중앙인사기관의 집권성

중앙인사기관의 집권성은 엽관주의적 영향을 받기 쉬운 각 부처의 인사 기능을 중앙인사기관에 집중시켜 인사행정의 공정성·통일성을 확보하자는 데 그 의의가 있다. 대체로 중앙인사기관이 처음 설치될 때에 강조되는데, 지나친 집권성은 적극적 인사행정의 운영을 어렵게 하므로 인사권이 각 부처의 계선기관에 분권화돼야 한다는 주장이 제기됐다.

집권성의 장점은 실적주의 확립에 기여할 수 있으며, 인사 기준의 확립으로 인사행정의 통일성과 공정성 확보가 용이하다. 인사행정의 기술·절차를 개선·발전시키는 데 공헌할 수 있고, 중앙인사기관이 인사행정에 관한 책임을 국회에 대해 지게 되므로 인사행정에 대한 통제권을 확보할 수 있다.

집권성의 단점은 각 부처 기관장의 사기가 저하되며, 적극적인 인사행정의 운영을 어렵게 한다. 즉, 인사행정의 적극성과 신축성을 저하시킨다.

3. 중앙인사기관의 기능

첫째, 준입법적 기능이다. 중앙인사기관의 독립성과 관련된 기능으로서 인사 관계 법령에 의해 위임받은 사항에 관한 인사규칙을 제정할 수 있고 인사제도의 발안권을 가진다.

둘째, 준사법적 기능이다. 불이익 처분을 받은 공무원이 위법 또는 부당한 이유로 제기하는 이의신청을 재결할 수 있다. 우리나라에서는 중앙인사위원회 소청심사위원회가 이 기능을 수행한다.

셋째, 기획 기능이다. 인사행정에 관한 기본 정책 수립 및 인사개혁 등의 업무를 총괄한다.

넷째, 집행 기능이다. 인사 관계 법령에 따라 공무원의 임용·훈련·분류·승진·보수·연금, 인사 기록의 보존 등에 관한 사무를 처리한다. 인사행정의 분권화는 주로 이러한 집행 기능을 대상으로 한다.

다섯째, 감사 기능으로 감독·통제 기능이다. 중앙인사기관은 각 부처인사기관에 대한 감독·통제 기능을 가진다. 감사 기능은 인사행정의 분권화가 이뤄질수록 그 중요성이 높아진다.

여섯째, 권고·보좌 기능으로 행정수반에게 인사행정에 관한 정책의 권고·보좌 기능을 수행한다.

4. 주요 국가의 중앙인사기관

미국은 1883년 펜들턴법에 의해 독립성과 합의성을 가진 중앙인사기관으로서 인사위원회(Civil Service Commission)가 설치됐다. 1978년 공무원제도개혁법(Civil Service Reform Act of 1978)에 의해 인사위원회(Civil Service Commission)가 폐지되고 대통령 직속기관으로서 비독립단독형인 인사관리처(Office of Personnel Management)와 독립적인 합의제 기관인 실적제도보호위원회(Merit Systems Protection Board)가 각각 설치됐다.

영국은 1855년 이래 인사위원회(Civil Service Commission)가 설치돼 어느 정도 독립성을 가지면서 주로 공무원의 시험관리·채용 기능을 수행해 왔으며, 주요한 인사 기능은 재무성이 담당해 왔다. 1968년 풀턴위원회의 건의에 따라 인사성(Civil Service Department)이 신설돼 재무성의 인사 기능을 인계받게 되고, 인사위원회는 인사성에 부설돼 시험관리 기능을 수행했다. 1981년 인사성이 폐지되고 내각사무처에 설치된 관리인사처(Management and Personnel Office)에 편입됐다. 1987년 관리인사처는 공무원처(Office of the Minister for the Civil Service)로 개편됐다. 1992년 예산을 제외한 나머지 기능은 공공서비스 및 과학실(Office of Public Service and Science)로 이관됐다. 1995년 공공서비스실(Office of Public Services: OPS) 체제를 거쳐 현재의 중앙인사 기능은 내각사무처(Cabinet Office)에서 담당하고 있다. 1999년부터 내각사무처가 공공서비스실을 흡수(내각사무처의 공무원장관실, Office of the Minister for the Civil Service)함에 따라 내각사무처는 일반적인 인사행정 기능 외에도 행정서비스의 전달 및 질 향상 등 정부의 핵심적 기능을 수행하고 있다. 정부의 인사를 담당하고 있는 기관으로는 공무원소청심사위원회(Civil Service Appeal Board: CSAB)와 인사위원회(Civil Service Commission)가 있다.

일본은 독립성·합의성을 가진 중앙인사기관으로서 인사원이 인사기획 및 선발 기능 등을 담당한다. 구체적인 인사 집행 기능은 총무청 인사국에서 담당한다.

5. 우리나라의 중앙인사기관

우리나라는 1963년 국가공무원법의 대폭적인 개정과 함께 총무처가 중앙인사관장기관이 됐다. 1998년 정부조직법의 개정으로 총무처가 행정자치부로 개편됐고, 1999년 신설된 중앙인사위원회와 행정자치부(인사국)로 이원화됐다. 2004년 행정자치부의 인사 업무(공무원의 인사·시험·훈련관리 업무)를 중앙인사위원회로 이관함으로써 중앙인사기관이 일원화됐으며, 2008년 정부조직법의 개정으로 중앙인사위원회가 폐지되고 행정안전부로 일원화됐다. 박근혜 정부에 들어와서 행정안전부가 안전행정부로 명칭이 변경됐다(2013.3).

제6절 적극적 인사행정

1. 의의

적극적 인사행정(positive personnel administration)이란 실적주의 인사행정의 비융통성·소극성·경직성·집권성을 탈피하기 위해, 엽관주의적 요소와 인간관계론적 요소의 보완을 통해 인사행정의 인간화와 적극적·분권적·신축적 인사 원칙을 추구하는 인사행정이다.

적극적 인사행정을 구현하는 방안으로는 적극적 모집활동, 구성원의 능력 발전과 잠재력의 계발을 위한 교육훈련의 강화, 공직에의 안정감을 확보하고 의욕적으로 근무하게 하기 위해 근무환경을 개선하고 고충처리·인사상담·제안제도 등의 수단을 동원한 행정의 인간화, 공무원단체의 활용, 인사행정의 분권화, 엽관주의적 요소의 활용 등을 들 수 있다.

2. 적극적 인사행정의 발전 과정

1) 1930년대 인간관계론

조직구성원들의 사회적·심리적 욕구와 조직 내 비공식집단 등을 중시하며, 조직의 목표와 조직구성원들의 목표 간의 균형 유지를 위한 민주적·참여적 관리 방식을 처방하는 조직이론을 말한다. 과학적 관리론에 대한 반발로 등장한 인간관계론(human relations approach)은 메이요(E. Mayo) 등 하버드대학의 경영학 교수들이 미국의 서부전기(Western Electric) 회사 호손(Hawthorne) 공장에서 1927년부터 1932년까지 수행한 일련의 실험을 통해 이론적 틀이 마련됐다.

인간관계론의 요지는 첫째, 조직구성원의 생산성은 생리적·경제적 유인으로만 자극받는 것이 아니라 사회·심리적 요인도 크게 작용한다. 둘째, 이러한 비경제적 보상을 위해서는 대인 관계·비공식적 자생집단 등을 통한 사회·심리적 욕구의 충족이 중요하다. 셋째, 이를 위해서는 조직 내에서의 의사전달·참여가 존중돼야 한다는 것이다.

인간 중심적 관리를 중시한 이와 같은 인간관계론은 현대 조직이론에 지대한 영향을 미치게 됐다. 즉, 조직인도주의(organizational humanism)와 행태과학(behaviorism), 사회·기술학파 등의 이론 발전에 큰 영향을 미치게 된 것이다.

2) 1944년 대표관료제

대표관료제(representative bureaucracy)란 그 사회를 구성하는 모든 주요 집단으로부터 인구 비례에 따라 관료를 충원하고 그들을 정부관료제 내의 모든 직무 분야와 계급에 비례적으로 배치함으로써, 정부관료제가 그 사회의 모든 계층과 집단에 공평하게 대응하도록 하는 인사제도를 말한다. 대표관료제는 정부관료제의 인적 구성이 그 사회의 인적 구성을 반영하게끔 정부관료제를 구성함으로써, 정부관료제 내에 민주적 가치를 주입시키려는 의도에서 발달된 개념이다.

대표관료제라는 용어를 처음 사용하기 시작한 킹슬리(D. Kingsley)는 대표관료제를 사회 내의 지배적인 세력들을 그대로 반영(mirror)하도록 구성된 관료제라고 정의함로써, 대표관료제의 구성적 측면을 강조하고 있다. 한편 반 라이퍼(P. P. van Riper)는 대표관료제의 개념을 확대해 사회적 특성 외에 사회적 가치까지도 대표관료제의 요소로 포함시키고 있으며, 크랜츠(H. Kranz)는 대표관료제의 개념을 비례대표(proportional representation)로까지 확대하고 있다.

3) 1960년대 후기인간관계론

인간주의를 강조하는 부류는 인간관계론(1930년대), 후기인간관계론, 현상학적 접근 방법(1970년대)의 옹호자들이다. 후기인간관계론은 인간을 자아실현적인 존재로 간주하며, Y이론적 관리에 의해 개인 목표와 조직목표의 통합과 참여적 민주주의를 구현하려는 인적자원관리다.

주요 내용은 인적자원관리(Human Resources Management: HRM)와 직장생활의 질을 들 수 있다. 인적자원관리는 조직의 목적을 달성하기 위해 효율적으로 활용해야 하는 자원 중에 인적 자원의 획득·개발에 관한 활동으로 “기업의 장래 인적 자원의 수요를 예측해, 기업전략의 실현에 필요한 인적 자원을 확보하기 위해 실시하는 일련의 활동”이라 정의한다. HRP(Human Resource Planning: 인적자원계획), HRD(Human Resource Development: 인적자원 개발), HRU(Human Resource Utilization: 인적자원 활용)의 세 가지 측면으로 돼 있지만, 채용·선발·배치부터 조직설계·개발, 교육·훈련까지를 포괄하는 광범위한 활동에서 종래의 인사관리의 틀을 넘어선, 좀 더 포괄적인 개념으로 주목받고 있다.

직장생활의 질(Quality of Working Life: QWL)은 산업의 고도화·복잡화와 함께 직장에서의 근로자의 소외감, 단조로운 노동에 대한 반발 등으로 노동 의욕이 저하되고 결근·퇴직의 증가,

알코올 중독의 급증, 결함 작업의 증가 등이 문제로 제기되고 있다. 이 때문에 노동의 질을 높이고자 근로 의욕을 고취시키려는 운동이 일어나게 됐다. 서구의 기업에서는 타임 레코더의 폐지 등 직장에서의 관리·감독의 완화, 일의 다양화, 일의 고도화, 소집단 팀제에 의한 자기관리 도입, 유연시간제(flex time) 채용 등으로 직장환경 개선에 나서고 있다. 1973년에 국제QWL위원회가 발족돼 국제적으로도 QWL에 관한 여러 가지 사업을 벌이고 있다.

4) 1978년 공무원제도개혁법(Civil Service Reform Act of 1978)

긍정적·적극적 조치(Affirmative Action)로 고용증진계획에 의한 고용 평등 조치, 차별 철폐 조치와 소수민족 적극 고용을 추진했다. 고급행정관제도(Senior Executive Service: SES) 도입으로 상위직 공무원(GS16~GS18)을 고급행정관(SES)으로 명명하고 개방형 임용 등 정치적으로 관리했다.

5) 1980년대 신공공관리론

개방형 임용을 통한 외부 전문가 채용(계약직, 연봉제), 노동의 유연화, 정규직 축소 등을 추진했다.

3. 적극적 인사행정의 방안

첫째, 적극적 모집이다. 공직에 대한 사회적 평가의 제고, 장기적인 인력 수급계획 수립, 임용기준 완화 등을 통한 적극적인 모집을 추진한다. 둘째, 정치적 임용의 허용이다. 선거 공약을 강력하게 추진하고자 고위 정책 수립 직위에 행정수반과 이념을 같이하는 자를 정치적으로 임명한다. 셋째, 공무원의 능력 발전을 위한 교육훈련, 근무성적평정, 승진, 전직, 파견 등을 시행한다. 넷째, 인사권의 분화다. 각 부처 인사기관(총무과)의 자율성을 증대시킨다. 다섯째, 인간 중심의 인사관리 병행이다. 직위분류제는 과학성·객관성을 지나치게 강조함으로써 융통성이 없는 기계적 인사성향이 초래되므로 인간 중심적 인사관리제도와의 조화를 도모한다. 여섯째, 인간관리의 민주화다. 인사상담제도, 고충처리심사제도, 제안제도, 민주적 리더십의 발휘, 참여의 확대, 하의상달, Y이론적 인간관리 등 공무원의 인간적 욕구·가치를 존중함으로써 사기 앙양 및 인간관계를 개선한다. 일곱째, 공무원단체의 인정이다. 공무원의 권익 보호 및 근로 조건 개선을 위한 단체활동을 인정한다. 여덟째, 대표관리제의 가미다. 공직 구성에 비례대표제(성별, 지역별, 계층별) 방식을 적용해 행정의 대응성·책임성 등을 강화한다. 아홉째, 개방형 임용제 도입이다. 외부 전문가의 영입으로 폐쇄적인 실직주의나 직업관료제의 한계를 보완한다.

제7절 고위공무원단제도

1. 의의

고위공무원단이란 정부의 주요 정책 결정 및 관리에서 핵심적 역할을 담당하는 실·국장급 공

표 1-5 인사행정의 변천

구분		엽관주의와 정실주의	실적주의	적극적 인사행정
특징	미국	• 엽관주의(spoils system) – 잭슨 대통령(1829) – 정치적 임용 – 공약 추진이 용이 – 민주정치의 발달	• 펜들턴법(1883) – 인사위원회(CSC) 설치 – 공개채용시험 – 조건부 임용 기간 – 제대군인 특혜 – 정치활동 금지	• 적극적 모집 • 정치적 임용의 허용 • 공무원의 능력 발전 • 인사권의 분권화 • 인간관리의 민주화 • 공무원단체의 인정 • 대표관료제의 가미 • 개방형 임용제의 도입
	영국	• 정실주의(patronage system) – 초기: 은혜적 정실주의 – 후기: 정치적 정실주의	• 제1차 추밀원령(1855) – 인사위원회 설치 • 제2차 추밀원령(1870) – 공개경쟁시험제도 – 계급의 분류 – 재무성의 인사권 강화	
장·단점	장점	• 관료주의화 방지 • 행정의 대응성·책임성·민주성 제고	• 행정의 중립성·안정성·능률성·전문성 제고	• 실적주의의 완화(실적주의 개념과 범위의 확대)
	단점	• 정치적 중립의 저해 • 행정의 안정성 저해 • 비능률과 낭비 초래	• 행정의 소극성, 집권화, 비인격화, 경직화, 형식화 • 행정의 대응성·책임성·민주성 부족	

무원을 일반직 공무원과 별도로 구분해 범정부적 차원에서 적재적소에 활용하고, 개방과 경쟁을 확대하며, 직무와 성과 중심으로 정부생산성을 높이려는 전략적 인사 시스템이다.

고위공무원단제도는 미국이 1978년 공무원개혁법에 의해 최초 도입한 이후 영국, 호주, 캐나다 등 OECD 정부혁신 선도 국가들이 도입·시행 중이며, 우리나라에서는 참여정부에서 도입됐다.

2. 주요 내용

1) 고위공무원단의 구성

일반직·별정직과 외무공무원 약 1,500여 명이 고위공무원단으로 구성된다. 부지사·부사장·부교육감 등 지방자치단체 등의 국가직 공무원도 고위공무원단에 포함된다.

2) 고위공무원의 인사관리

고위공무원에 대해서는 현행 1~3급의 계급을 폐지하고 직무와 직위에 따라 인사관리하게 된다. 이에 따라, 계급에 구애되지 않는 폭넓은 인사로 적격자를 임용할 수 있다. 또한 고위공무원단에 대해서는 계급과 연공서열보다는 업무와 실정에 따라 보수를 지급한다. 즉, 직무의 중요도·난이도 및 성과에 따라 보수를 차등 지급하게 된다.

3) 고위직의 개방을 확대하고 경쟁을 촉진

민간과 경쟁하는 개방형 제도와 함께 다른 부처 공무원과 경쟁하는 직위공모제가 있으며, 고위공무원 직위를 개방형 직위 20%, 공모직위 30%, 부처 자율인사 직위 50%로 구분한다. 또한, 각 부처 장관은 소속에 관계없이 전체 고위공무원단 중에서 적임자를 인선한다. 아울러 부처에 배치된 고위공무원은 소속장관이 인사와 복무를 관리한다. 안전행정부는 초과 현원의 관리와 부처 간 이해관계를 조정하는 역할을 한다.

4) 고위공무원에 대한 부처별 인사자율권

안전행정부 인사심사 대상이 축소돼 고위공무원단 진입 시에만 인사심사를 실시한다.

5) 고위공무원의 성과를 체계적으로 관리하고 능력 개발 강화

성과목표·평가 기준 등을 직상급자와 협의해 성과계약을 체결하고, 목표달성도를 평가하는 직무성과계약제를 시행한다. 또한, 고위공무원이 되기 위해서는 후보자 교육과 역량평가를 거치도록 할 계획이다. 후보자교육은 각 부처의 과장급을 대상으로 해서 정부가 당면한 실제 정책과제에 대한 해결책을 모색하는 문제해결형 교육(action learning) 방식으로 운영한다. 아울러, 고위공무원단 재직자에게는 개인별 부족 역량을 보완하는 맞춤형 교육을 실시한다.

6) 직업공무원제의 근간을 유지하되 고위직의 책임성 제고

고위공무원 인사의 실적주의 원칙과 정치적 중립성이 보장되며 정년 및 신분보장제도도 존치된다. 다만, 성과와 능력이 현저하게 미달하는 자는 적격심사를 통해 엄정한 인사 조치를 시행하며, 부적격 대상은 성과평가 최하위 2년 연속 또는 총 3년 받은 경우, 무보직 기간이 2년에 달한 경우 등이다.

표 1-6 고위공무원단제도의 주요 내용

구분	내용
구성·소속 및 관리·임용	• 중앙부처 실·국장급 직위 전체를 대상으로 구성 • 고위공무원단 소속: 범부처적으로 안전행정부에서 관리·운영, 부처에 배치된 고위공무원은 소속장관이 인사와 복무를 관리 • 직무 등급과 직위 중심의 정원관리 • 고위공무원의 임용 – 대통령
개방과 경쟁 촉진	• 개방형 직위제도(민간과 경쟁: 공직 내·외에서 적격자 임용): 20% • 공모직위제도(기관간 경쟁: 내부·외부공무원 중에서 적격자 임용): 30% • 자율 직위(당해 부처 및 다른 부처 소속 공무원으로 제청): 50%
능력 발전과 역량 강화	• 능력 발전 프로그램 혁신: 교육훈련 강화, 교육 성과를 평가에 반영 • 역량평가제 도입: 기초 역량, 직무 수행 역량, 관리 및 관계 형성 역량 • 최소 보임 기간 설정: 2년
직무와 성과 중심의 관리	• 직무성과계약제 도입: 기관장과 1년 단위의 성과계약 체결 • 성과 중심의 근무성적평정: 5등급으로 절대평가 • 직무성과급적 연봉제 도입: 기본급(기본연봉) + 성과급(성과연봉)
검증 시스템 강화	• 고위공무원단 후보자: 후보자 교육과 역량평가 실시 • 고위공무원단에로의 진입: 소속장관별 보통승진심사위원회의 선발과 고위공무원임용심사위원회의 승진심사 • 정기적격심사: 매5년마다 모든 고위공무원 • 수시적격심사: 계속 2년 이상 총 3년 이상 근평 최하위 등급, 총 3년 무보직
신분관리	• 직업공무원제나 실적제 원칙의 근간 유지 • 엄격한 성과관리·적격심사를 통한 신분 보장 제한 가능

표 1-7 고위공무원단제도 도입 전·후 비교

구분	도입 전	도입 후
소속	각 부처	고위공무원단
인사운영 기준	계급제: 보수, 정원관리, 승진, 전보 등을 계급 기준에 따라 운영	직무등급제: 보수, 정원관리, 승진, 전보 등을 직위 또는 직무등급 기준에 따라 운영
충원·보직 이동	부처 내 폐쇄적 임용 – 부처 내부 공무원을 연공서열에 따라 승진·전보시켜 충원 – 과장급은 별도 교육·검증 없이 국장으로 승진	부처 내외 개방적 임용 – 부처 내외 공무원간 또는 공직 내외 경쟁을 통해 충원 – 과장급은 기본교육·역량평가·직위공모를 거쳐야 승진
성과관리	연공서열 위주의 형식적 관리: 목표관리제가 있으나 연공서열 위주로 형식적 운영	엄격한 성과관리: 직무성과계약제에 따라 성과계약을 체결하고 평가 결과에 따라 신분상 불이익도 부여
보수	계급제적 연봉제 – 계급에 따라 보수 차등 – 성과의 차이에 따른 연봉 차이가 미미	직무성과급제 – 직무값의 차이에 따라 보수 차등 – 성과의 차이에 따라 연봉 차등 확대, 특별상여금 지급
자질·능력평가	주관적·추상적 평가: 다면평가 등에 의한 주관적 평가	역량평가제: 역량모델을 과학적으로 설정해 객관적이고 구체적으로 평가
교육훈련	획일적 교육: 교육 프로그램이 다양하지 못하고, 능력발전 기회로 미인식	개별적·맞춤식 교육: 부족한 역량과 자질을 파악해 향상시키고, 개인이 처한 상황에 따른 맞춤형 교육 실시
검증	인사심사: 채용·계급 승진 시 인사심사	인사심사 + 적격성심사: 채용·직위승진 시 인사심사, 정기적으로 적격성심사 실시
신분관리	안정적 신분 보장: 성과와 역량이 미달해도 특별한 문제가 없으면 직위 유지	엄격한 인사관리: 성과와 역량이 일정 수준 계속 미달하면 신분상 불이익 부과

제 2 장 공직의 분류

제1절 공직의 분류

1. 공직 분류의 의의

공직 분류란 인사행정의 편의와 능률성·공평성을 가하기 위해 행정조직 속의 직위를 일정한 기준에 따라 질서 있게 배열하는 것으로, 이러한 분류에 의해 공직구조가 형성되고 인사행정의 기준과 방향이 제시된다. 공직 분류 기준은 경력직과 특수경력직, 국가직과 지방직, 개방형과 폐쇄형, 정무관과 행정관, 일반행정가와 전문행정가 등 다양한 분류 기준이 있으나 직위분류제와 계급제가 대표적인 기준이다.

수많은 공무원을 개별적인 대상으로 임용·능력 발전·사기 앙양 등의 인사행정을 실시하기란 대단히 어렵고 복잡하므로 공직 분류가 필요하다. 즉, 인사행정의 효율적 수행을 위해 다수의 공무원을 어떤 기준에 따라서 분류·관리해야 할 필요가 있다.

2. 경력직 공무원과 특수경력직 공무원

1) 경력직 공무원

경력직 공무원은 실적과 자격에 의해 임용되고 신분이 보장되며 평생토록 공무원으로 근무할 것이 예정되는 공무원이다. 경력직 공무원은 실적주의와 직업공무원제의 적용 대상이다.

경력직 공무원의 종류에는 일반직 공무원, 특정직 공무원 등이 있다. 일반직 공무원은 기술·연구 또는 행정 일반에 대한 업무를 담당하며 직군·직류별로 분류되는 공무원이다. 행정직, 공안직, 기술직, 연구직, 지도직 공무원 등이 있으며, 일반적으로 9급~1급으로 구분하고, 연구직이나 지도직 공무원은 2계급으로 구분한다. 직업공무원제의 주류를 이루고 있다.

특정직 공무원은 법관·검사·외무공무원·경찰공무원·소방공무원·교육공무원·군인·군무원·헌법재판소 헌법연구관 및 국가정보원의 직원과 특수 분야의 업무를 담당하는 공무원으로서 다른 법률(특별법)이 특정직 공무원으로 지정하는 공무원이다. 별도의 인사 법령 체계, 계급정년제 적용, 별도의 계급 체계(9등급 체계 아님) 부여 등이 있다.

2) 특수경력직 공무원

특수경력직 공무원이라 함은 경력직 공무원 외의 공무원을 말한다. 즉, 실적주의와 직업공무원제의 획일적 적용을 받지 않으며 정치적 임용이 필요하거나 특수한 직무를 담당하는 자로서 경력직 이외의 공무원이다. 특수경력직 공무원에게는 특별한 규정이 없는 한 실적주의와 직업공무원제에 관한 국가공무원법이 적용되지 않으나 보수와 복무규율에 관한 규정은 국가공무원법이 적용된다.

특수경력직의 종류에는 정무직 공무원, 별정직 공무원 등이 있다. 정무직 공무원은 선거에 의해 취임(대통령・국회의원・자치단체장)하거나 임명 시에 국회의 동의(감사원장・헌법재판소장・헌법재판소재판관 등)를 요하는 공무원이다. 고도의 정책 결정을 업무를 담당(국무총리・국무위원)하거나 이러한 업무를 보조(차관)하는 공무원으로서 법률 또는 대통령령에서 정무직으로 지정한 공무원이다.

별정직 공무원은 특정한 업무를 담당하기 위해 별도 자격 기준에 의해 임용되는 공무원으로 법령에서 별정직으로 지정하는 공무원이다. 직무의 성질이 공정성・기밀성이나 특별한 신임을 요하는 직위다. 국가공무원법에서 규정하고 있는 별정직 공무원은 감사원 사무차장, 서울특별시・광역시・도 선거관리위원회의 상임위원, 국회 전문위원, 국가정보원 기획조정실장, 각급 노동위원회 상임위원, 해난심판원의 원장 및 심판관, 비서관, 비서, 기타 다른 법령이 별정직으로 지정하는 공무원이다. 지방공무원법에서 규정하고 있는 별정직 공무원은 비서관・비서, 읍장・면장・시의 동장(다만, 조례로 일반직 공무원으로 정한 경우에는 그러하지 아니하다), 기타 다른 법령 또는 조례가 별정직으로 지정하는 공무원이다.

표 2-1 공무원의 종류

구분		내용
경력직	일반직	① 기술・연구 또는 행정일반에 대한 업무를 담당하며 직군・직렬별로 분류되는 공무원 ② 예시: 행정, 공안, 기술, 연구, 지도직 공무원
	특정직	법관・검사・외무공무원・경찰・소방・교육공무원・군인・군무원・국가정보원 직원 등 담당 업무가 특수해 자격・신분 보장・복무 등에서 특별법이 우선 적용되는 공무원
특수 경력직	정무직	① 선거, 국회 동의에 의해 임용되는 공무원, 고도의 정책결정 업무를 담당하거나 보조하는 공무원 ② 예시: 국무총리, 장・차관, 감사원장 등
	별정직	① 특정 업무를 담당하기 위해 별도의 자격 기준에 의해 임용된 공무원 ② 예시: 국회 수석전문위원, 감사원 사무차장, 비서관, 비서, 비상계획업무담당관, 노동위원회 상임위원 등

표 2-2 경력직 공무원과 특수경력직 공무원의 비교

구분	임용 방법	신분 보장	소청제도	인사 교류	승진제도	전문성
경력직	공개경쟁	보장	있음	자유	있음	약함
특수경력직	특별전형	미약	없음	불가	없음	강함

3. 개방형과 폐쇄형

1) 개념

개방형 인사 체제(open career system)는 공직의 모든 계급이나 직위에 신규채용을 허용하는 인사 체제다. 개방형 인사 체제는 외부 전문가나 경력자에게 공직의 문호를 개방해 새로운 지식과

표 2-3 개방형과 폐쇄형의 비율 결정 요인

결정 요인	개방형	폐쇄형
현직 공무원의 사기 문제	사기 저하: 내·외부 경쟁 승진	사기 제고: 내부 승진
공무원의 질	질 향상	질 저하
신진대사	신진대사가 촉진됨	신진대사가 원활하지 못함
행정에 대한 민주 통제	통제 용이	통제 곤란
직업공무원제의 발전 정도	직업공무원제 확립이 곤란	직업공무원제 확립이 용이
행정의 안정성	안정성 낮음	안정성 높음

표 2-4 개방형과 폐쇄형의 특징 비교

구분	개방형	폐쇄형
신분 보장	임의적(불안정): 임용권자가 결정	보장적: 법적으로 보장
구조	통합	분화
분류 기준	직위: 직무 중심	계급: 사람 중심
모집	모든 계층·직급에서 가능	최하위직만 가능
임용 자격	직무 수행 능력: 전문지식	일반교육: 일반지식
급여 수준(보수율)	짧고, 중복	길고, 분리
훈련	외부	내부, 직장
승진	개방적	폐쇄적
승진 기준	최적격자(조직 내·외부)	상위 적격자(내부 임용)
직원 관계	사무적	온정적
퇴직	기여적 연금	비기여적 연금
채택 국가	미국·캐나다·필리핀	영국·독일·일본

기술, 그리고 참신한 아이디어를 받아들임으로써 공직의 침체를 방지하고 행정의 효율성을 높이려는 의도에서 도입된다. 개방형의 인사 체제는 직위분류제를 채택하는 국가에서 그 필요성이 크며, 이 제도를 도입하고 있는 대표적인 국가가 미국이다.

폐쇄형 인사 체제(closed career system)란 신규 채용되는 공무원은 누구나 원칙적으로 당해 계급의 최하위직에 임용되며, 상위 계급은 내부승진에 의해 충원되는 제도를 말한다. 일반적으로 폐쇄형은 계급제에 바탕을 두고 있고, 일반행정가 중심의 인사 체제를 이룬다. 폐쇄형의 인사 체제는 절대주의 정치 체제의 전통을 가진 국가나 사회가 다원화되지 못하고 국가 발전에 필요한 외부 전문가가 부족한 후진국가에서 흔히 볼 수 있다.

2) 개방형의 장점과 단점

개방형의 장점은 첫째, 공무원의 전문성 강화다. 공직사회의 문호가 개방돼 외부에서 유능한 외부 인사를 공직에 등용해 공무원의 전문성 강화와 행정의 생산성 제고에 기여할 수 있다. 둘째, 행정서비스 질의 제고다. 민관간의 상호 인사 교류의 촉진으로 행정서비스의 질을 제고할 수 있다. 셋째, 공직의 침체 방지가 가능하다. 활발한 신진대사로 공직사회의 침체 내지 경직화를 방지할 수 있다. 넷째, 행정조직에 대한 민주통제가 용이하다. 민간부문(외부)으로부터 충원되므로 행정조직에 대한 민주적 통제가 가능해진다. 다섯째, 자기 개발 노력의 촉진이다. 공직 내외에서 승진 경쟁이 치열해지므로 재직자의 자기 개발 노력을 촉진시킨다.

개방형의 단점은 첫째, 재직자의 사기 저하다. 승진 기회의 축소 및 능력 발전 기회의 제약으로 공무원의 사기가 저하된다. 둘째, 공무원의 충성심이 저하된다. 공직사회의 일체감 저해 및 불안정성으로 능률성 및 신속성 확보가 곤란하다. 셋째, 직업공무원제와 상충된다. 이직률의 증가로 직업공무원제의 확립이 곤란하다. 넷째, 신분 보장이 곤란하다. 공무원의 신분 보장이 어렵고 행정의 안정성을 저해한다. 다섯째, 정실인사의 가능성이다. 따라서 인사행정의 중립성 확보가 곤란하다.

3) 폐쇄형의 장점과 단점

폐쇄형의 장점은 첫째, 재직자의 사기 제고다. 승진 기회 및 능력 발전 기회가 많아서 공무원의 사기가 제고된다. 둘째, 행정의 능률성을 확보할 수 있다. 공직사회의 일체감 형성으로 능률성 및 신속성을 확보할 수 있다. 셋째, 직업공무원제 확립에 기여한다. 재직자의 이직률의 감소로 직업공무원제 확립에 기여한다. 넷째, 신분 보장이 강화된다. 공무원의 신분 보장이 강화되고 행정의 안정성 유지에 기여한다.

폐쇄형의 단점은 첫째, 공무원의 전문성 저하다. 외부의 우수한 인재 등용이 불가능해 공무원의 질이 저하되고 전문화를 저해한다. 둘째, 민주적 통제가 곤란하다. 내부로부터 충원이 되므로 행정조직에 대한 민주적 통제가 곤란하다. 셋째, 공직의 침체를 초래한다. 신진대사가 활발하지 못해 공직사회의 관료주의화 및 공직의 침체화를 초래할 수 있다.

4) 우리나라의 개방형 인사제도

(1) 개방형 직위제도

개방형 직위제도는 공직사회의 경쟁력 제고를 위해 전문성이 특히 요구되거나 효율적인 정책수립을 위해 필요하다고 판단되는 직위에 공직 내외를 불문하고 공개모집에 의한 선발시험을 거쳐 직무 수행 요건을 갖춘 최적격자를 선발해 임용하는 제도다. 그간 공직은 신분이 보장되고 연공서열에 의한 인사 운영 등 경쟁 시스템이 미흡해 민간부문에 비해 경쟁력이 떨어지고 생산성이 낮다는 지적을 받게 됐다. 따라서 정부에서는 외부 전문가 유치를 통해 행정의 전문성을 강화하고, 부처 간 인사 교류를 활성화하며, 경쟁에 따른 공무원의 자질 향상을 통해 정부의 생산성을 제고하기 위해 개방형 직위제도를 도입했다.

임용권자 또는 임용제청권자는 당해 기관의 직위중 전문성이 특히 요구되거나 효율적인 정책수립을 위해 필요하다고 판단돼 공직 내부 또는 외부에서 적격자를 임용할 필요가 있는 직위에 대해서는 이를 개방형 직위로 지정해 운영할 수 있다.

(2) 민간근무휴직제도

공무원이 민간기업에 취업한 경우 3년 이내의 기간 내에서 휴직할 수 있도록 한다. 그 목적은 공직에 민간의 경영기법 및 업무 수행 방법 등을 도입하고, 민관 간에 인사 교류를 통한 상호 이해와 국가적 인재 양성을 도모한다.

(3) 직위공모제도

해당 직위별로 직무 수행 요건을 설정하고 부처 내에서 폭넓은 경쟁과 공정한 심사를 거쳐 적격자를 선발·임용하는 제도로, 중앙행정기관의 1급 내지 3급 공무원으로 보할 수 있는 직위에 대해 적용한다.

표 2-5 개방형 직위제도와 공모직위제도의 비교

구분	개방형 직위	공모직위
임용 이유	전문성, 효율적인 정책 수립	효율적인 정책 수립·관리
대상 직종	일반직·특정직·별정직	일반직·특정직(경력직에 한함)
선발 범위	공직 내외(민간인 포함)	부처 내외(현직 공무원에 한함)
지정 범위	고위공무원단 직위 총수의 100분의 20 이내 + 필요 시 과장급 직위 총수의 100분의 20의 범위 내	경력직 공무원으로 보할 수 있는 고위공무원단 직위 총수의 100분의 30 이내 + 필요 시 경력직 공무원으로 보할 수 있는 과장급 직위 이하 직위도 지정 가능
지정 기준	전문성, 중요성, 민주성, 혁신성, 조정성	직무공통성, 정책통합성, 혁신필요성
임용 기간	5년 범위 안에서 소속 장관이 정하되, 최소 2년 이상	기간 제한 없음
전보 제한	임용 당시 경력직 공무원이었던 자는 개방형 직위의 임용 기간 내에 다른 직위에 임용될 수 없다.	공모직위에 임용된 공무원은 2년 이내에 다른 직위에 임용될 수 없다.
선발시험	• 공직 내외 공개 모집에 의한 시험 • 서류전형과 면접시험 (필요 시 필기·실기시험 부과 가능) • 5인 이상의 선발시험위원회 구성	• 부처 내외 공개모집에 의한 시험 • 서류전형과 면접시험 • 5인 이상의 선발심사위원회 구성
임용 절차	선발시험위원회는 직위별로 2인 또는 3인의 임용후보자를 선발·추천하고, 소속장관은 추천된 임용후보자 중에서 임용해야 한다.	선발심사위원회는 직위별로 2인 또는 3인의 임용후보자를 선발·추천하고, 소속장관은 추천된 임용후보자 중에서 임용(제청)해야 한다.

4. 교류형과 비교류형

1) 교류형 인사 체제

교류형 인사 체제(program career system)란 담당 업무의 성격이 같은 범위 내에서, 공무원의 기관 간 이동이 자유스러운 인사 체제를 말한다. 교류형은 중앙부처 간의 이동뿐만 아니라 중앙정부와 지방정부 간의 이동도 포함한다.

교류형은 공무원의 경력 발전을 위해, 자신의 적성에 맞는 근무처를 선택해 근무하게 함으로써 공무원의 사기와 행정의 효율성도 제고하는 장점을 지닌다. 교류형은 공무원을 하나의 기관적 단위에 머물게 하는 인력 활용의 고립주의를 탈피하고, 인력을 융통성있게 활용할 수 있을 뿐만 아니라 공무원의 시야를 넓히고 기관 간의 배타성과 파벌성을 극복함으로써 기관 간의 협조와 조정을 용이하게 한다.

2) 비교류형 인사 체제

비교류형 인사 체제(organization career system)란 공무원의 근무와 경력 발전 계통이 하나의 기관에 국한되는 인사 체제를 말한다. 하나의 기관에 국한해서 근무하는 비교류형도 기관 자체 내

에서 담당 직무의 성격이 동일하거나 유사한 직위로의 이동은 가능하며, 그 기관이 특별지방 행정기관을 설치해서 운영하는 경우의 이동도 가능하다.

비교류형은 인사행정의 부처주의(departmentalism)에서 연원하는 것으로 일반행정가주의를 지향하는 인사 체제에서 대부분 관행으로 굳어진 것이다. 따라서 극단적인 부처주의에 입각한 비교류형의 인사 체제는 기관별 인력의 질적 불균형을 낳고 정부 전체의 통합적 행정활동을 제약할 뿐 아니라 인력 활용의 융통성도 기대하기 어렵다.

제2절 직위분류제

1. 의의

1) 직위분류제의 개념

직위분류제(position classification system)란 조직 내의 직위를 각 직위가 내포하고 있는 직무의 종류에 따라 직류별 · 직렬별 · 직군별로 분류하고, 또 직무 수행의 곤란성과 책임성에 따라 직급별 · 등급별로 분류해 관리하는 인사행정 제도를 말한다. 직위분류제는 사람을 중심으로 해서 공직구조를 형성하는 계급제와는 달리 직무의 특성이나 차이를 중심으로 해서 공직의 구조를 형성하는 직무 지향적 제도다. 직위분류제를 채택하고 있는 나라는 미국을 비롯해 캐나다 · 파나마 · 필리핀 · 호주 · 뉴질랜드 등이다.

2) 직위분류제의 특성

직위분류제는 교육제도의 계층, 사회적 출신 배경이나 학력과의 관련성이 적고 특정 직무 수행능력을 중요시한다. 외부인사의 자유로운 충원이 이루어질 수 있는 개방형이 채택되고 있으며, 직위분류제의 기본 구조인 등급은 제도상으로는 사회적 신분 · 지위를 나타내는 것이 아니므로 상위직 · 하위직 간의 대립 의식 · 위화감이 크지 않다. 인사 기술 · 절차의 능률화 · 합리화의 수단으로서 능률주의적 · 과학적 인사행정의 기반을 제공한다. 그리고 직위의 특징과 그 직위를 가지게 된 점직자의 특징, 직위의 속성과 사람에 따라 전혀 다른 직원의 속성은 구별된다.

2. 직위분류제의 구조

첫째, 직무(duty)는 각 직위에 배당된 업무(일)를 말한다.

둘째, 직위(position)는 1인의 공무원에게 부여할 수 있는 직무와 책임을 말한다. 여기서 직무는 각 직위에 배당된 업무이며, 책임은 공무원이 직무를 수행하거나 타인의 직무 수행을 감독할 의무를 뜻한다. 직위란 한 사람의 구성원이 맡아 수행할 일의 단위이기에, 일반적으로 직위의 수와 직원의 수는 일치하게 된다. 장관, 차관, 실장, 국장, 과장 등이 해당된다.

셋째, 직급(class)은 직무의 종류 · 곤란성과 책임도가 상당히 유사한 직위의 군(群)을 말한다.

동일한 직급에 속하는 직위에 대해서는 임용 자격 · 시험 · 보수, 기타 인사행정에서 동일한 취급을 할 수 있다. 관리관, 이사관, 부이사관, 서기관, 사무관 등이 해당된다.

넷째, 직군(occupational group)은 직무의 종류가 광범위하게 유사한 직렬의 군(群)을 말한다. 직군은 비슷한 성질을 가진 직렬들을 모아놓은 직위 분류의 대단위로, 우리나라의 행정 직군은 직무가 서로 유사한 행정직렬, 세무직렬, 관세직렬, 감사직렬, 사서직렬 등의 직렬로 구성돼 있다. 행정직군, 공안직군, 시설직군 등이 있다.

다섯째, 직렬(series of classes)은 직무의 종류는 유사하나, 그 곤란성 · 책임성의 정도가 상이한 직급의 군(群)을 말한다. 직급은 같은 등급에 속하지만 의무와 책임의 수준이나 곤란성이 서로 다른 직급들을 모아놓은 것을 직렬이라 한다. 행정직렬, 세무직렬, 관세직렬, 교정직렬, 토목직렬 등이 해당된다.

여섯째, 직류(sub-series)는 직렬을 더 자세히 분류해, 담당 분야가 아주 유사한 직무의 군(群)을 말한다. 우리나라는 행정의 전문화 추세에 부응해 공무원의 채용과 임용 후의 보직 관리를 합리화하고 직위분류제의 기반을 조성하기 위해 직렬을 다시 직류로 구분하고 있다. 일반행정, 법무행정, 재경, 국제통상 등이다.

일곱째, 등급(grade)은 직위분류제에서 직무의 종류는 상이하나 직무의 곤란도 · 책임도와 자격

표 2-6 직위분류제의 구조

구분	내용
직위(position)	한 사람의 근무를 필요로 하는 직무와 책임의 양
직급(class)	직위에 내포되는 직무의 종류 · 곤란도 · 자격 요건 등이 상당히 유사해 채용 · 보수 기타 인사행정상 동일하게 다룰 수 있는 직위의 군
직군(group)	직무의 종류는 유사하나 직무의 곤란도 · 책임도가 상이한 직렬의 군
직렬(series)	직무의 성질이 유사한 직급의 군
직류(sub-series)	동일한 직렬 내에서 담당 분야가 동일한 직무의 군
등급(grade)	직무의 종류는 다른지만 직무의 곤란도 · 책임도 · 자격 요건이 유사해 동일한 보수를 줄 수 있는 모든 직위의 집단

표 2-7 직위분류제의 구성 요소

구분	성질 · 종류	곤란도 · 책임도	구성 범위	비고
직위(position)	–	–	1인의 업무량	장관, 차관, 실장, 국장, 과장
직급(class)	유사	유사	직위의 군	관리관, 이사관, 부이사관, 사무관
직군(group)	유사	–	직렬의 군	행정, 공안, 시설
직렬(series)	유사	상이	직급의 군	행정, 세무, 관세, 교정, 토목
직류(sub-series)	유사	상이	직무의 군	일반행정, 법무행정, 재경, 국제통상
등급(grade)	상이	유사	직위의 군	1급~9급

요건이 유사해 동일한 보수를 줄 수 있는 직위의 종적(縱的) 군(群)을 의미한다. 1급~9급이 해당된다.

3. 직위분류제의 수립 절차

1) 계획과 절차의 결정

직위 분류 작업을 주관하는 기관은 관련된 인사·단체의 광범위한 민주적 참여 하에 직위분류제의 수립을 위한 계획과 절차를 결정해야 한다. 계획과 질차의 결정은 기관장이나 고위공무원, 공무원단체의 대표, 민간의 외부 전문가 등이 참여하는 위원회를 조직해 행하는 것이 효과적이다.

2) 분류 담당자의 선정과 분류 대상 직위의 결정

조직 내부의 인사와 외부 전문가를 적절히 안배해 직위 분류에 필요한 면접·직무분석·직무평가를 담당할 요원들을 선정한다. 조직의 성격·기술적 가능성이나 효과를 고려해 분류 대상 직위를 결정한다.

3) 직무조사: 직무기술서의 작성

직무조사(collecting of job information)는 분류될 직위의 직무에 대한 객관적 정보를 수집하고 기록하는 작업이다. 직무조사에서는 직무의 내용, 책임도, 곤란성, 자격 요건 등에 관한 모든 자료를 수집한다. 직무조사를 정확하게 하기 위해서는 공무원으로부터 얻은 직무에 관한 정보 이외의 법령, 규칙, 조직도표, 업무보고서, 예산서, 보수 지급표, 사무용구와 비품 등에 관한 정보도 보조적 자료로 이용된다. 직무조사의 방법으로는 질문지 방법(questionnaire method), 면접 방법(interview method), 관찰 방법(observation method) 등이 사용된다.

첫째, 질문지 방법이다. 이는 사전에 질문지를 작성해 조사 대상자 또는 조사자가 해당 사항을 기입하게 하는 조사 방법을 말한다. 사회조사 등을 할 때 가장 많이 사용되는 방법이다.

둘째, 면접 방법은 사회조사 등에서 면접요원이 면접 대상자와의 면담을 통해 필요한 사항을 밝혀내는 방법을 말한다. 면접 방법은 비교적 정확한 정보를 얻을 수 있으며, 자료를 수집할 때 용어를 통일시킬 수 있다는 등의 장점을 지니나, 많은 대상자를 조사하는 경우 막대한 시간과 비용이 소요되는 등의 단점을 지닌다.

셋째, 관찰 방법이다. 일반적으로 관찰이라고 하면, 인위적인 통제 없이 어떤 사상(事象)이나 행동을 대상으로 자연적인 상태에서 하는 자연적 관찰법을 말한다. 교사가 학생의 행동을 분석하기 위해 이용하는 자연적 관찰법으로는 학생의 평소 행동을 눈에 띄는 대로 기록하는 일화법(逸話法, anecdotal method)과 특별한 계획 없이 자연 상태에서 학생과 대화하며 관찰하는 수시면접, 관찰자가 학생과 어울려 함께 행동하며 관찰하는 참가관찰 등이 있다.

4) 직무분석

직무분석(job analysis)이란 직무에 관한 정보·자료를 조사·검토해 직무를 종류에 따라 직렬·직군으로 분류하는 것을 의미한다. 직무분석은 유사한 직무를 수행하는 직위를 묶어서 직렬을 형성시킨 다음 유사한 직렬을 모아 직군을 형성시키는 수직적 분류구조를 결정하는 작업이다.

직무분석의 절차는 논리적인 사고 과정이며 공식적 절차·방법은 아니다. 절차를 살펴보면 첫째, 주요 직무 내용의 확인이다. 직위의 자격 요건을 좌우하는 주요 직무를 확인한다. 둘째, 분류 요소의 탐색이다. 일반적인 분류 요소에 대한 대조표(check list)를 만든 다음 이에 따라 구체적인 분류 요소를 찾아내도록 한다. 셋째, 기준 직위의 선정과 분류 요소의 작성이다. 분석할 직위의 수가 적을 경우에는 필요하지 않으나 많은 경우에는 기준 직위를 추출·분석해 분류 요소표를 작성하고 이에 따라 각 직위를 대조·분석한다. 넷째, 직렬의 결정이다. 분류요소표의 분류 기준에 따라 직종의 유사성에 의해 직렬이 결정되며 신규채용·승진·전보 등에 활용할 수 있도록 해야 한다.

직무분석의 판단 기준은 첫째, 직군 간·직렬 간의 명확한 구별이다. 직군·직렬을 분류할 경우 직무의 유사성과 상이성에 따라 상호간의 구별이 명확해야 한다. 둘째, 직렬의 폭·수의 적정화다. 각 직렬에 포함될 직위의 분포, 승진·전직의 경로, 직위의 전문성 등을 고려해 직렬의 폭·수가 적정화돼 있어야 한다. 셋째, 혼합직의 적절한 처리다. 혼합직의 경우에는 복수의 직무 중에서 가장 중요하고 지배적인 직무에 해당되는 직렬에 배치하거나 새로운 통합 직렬에 배정한다.

5) 직무평가

직무평가(job evaluation)란 직위분류제의 수립 과정에서, 책임도·곤란도 등 직위의 상대적 가치 또는 비중을 기준으로 해서 횡적으로 직위의 등급을 결정하는 것을 말한다. 직무평가에 의해 비로소 등급과 직급이 결정되고 보수 책정의 기초가 마련된다.

직무평가의 방법에는 종합적·질적 방법과 분석적·양적 방법으로 구분할 수 있다. 종합적·질적 방법은 비계량적 방법으로 단순서열볍, 분류법 등이 있다. 단순서열법(simple ranking method)은 직무평가를 할 때 평가직무의 기술서를 미리 분류 담당자에게 배부해 내용을 숙지시킨 뒤, 직무의 곤란성·책임성 및 복잡성과 자격 요건 등의 순서로 각 직위를 배열하는 방법을 말한다. 분류 담당자들이 부여한 각 직위의 서열 평균을 내어 직위들의 서열을 정하되, 이러한 서열 작성을 1회로 그치지 않고 1~2 주간의 간격을 두고 1회 이상 실시해 그것들의 평균치에 의해 최종 서열을 정한다. 분류법(job classification)은 직무평가의 한 방법으로, 미리 작성한 등급기준표에 따라 평가하고자 하는 직위의 직무를 어떤 등급에 배치할 것인가를 결정해 나가는 방법을 말한다. 등급수를 몇 단계로 구분할 것인가는 직무의 복잡성과 책임 직무 수행에 필요한 지식과 기술, 감독의 책임, 의사결정의 자율성, 직무의 중요성 등에 따라 결정된다. 등급법이라고도 한다.

분석적·양적 방법은 계량적 기법으로 점수법과 요소비교법 등이 있다. 점수법(point rating method)은 평가 요소의 각 단계마다 일정한 점수를 부여한 직무평가기준표를 작성하고, 평가 요소의 총점을 몇 가지 범주로 나눈 등급기준표를 작성한 뒤, 이러한 등급기준표에 따라 분류 대상 직위의 총점이 몇 등급에 해당하는지를 가리는 방법을 말한다. 우선 분류 대상 직위의 직무를 구성 요소별로 구분해 직무평가기준표에 따라 각 구성 요소별로 점수를 매기고 이것을 합계해 각 직위의 총점을 계산한다. 이렇게 해서 나온 각 직위의 총점 차이를 가지고 분류하고자 하는 직위의 등급을 결정하는 것이 점수법이다. 요소비교법(factor comparison method)은 조직에서 가장 중심이 되는 직위, 즉 대표 직위를 선정해 대표 직위의 보수액을 평가 요소별로 배분해 제시하고, 보수액의 차이를 직무의 상대적 가치를 나타내는 등급으로 결정하는 방법을 말한다. 서열법·분류법·점수법에 비해 가장 늦게 고안된 직무평가 방법으로, 점수법의 단점인 비중 결정과 단계 구분에 따른 점수 부여의 임의성을 극복하기 위해 개발된 기법이다. 직위의 상대적 수준을 현행 보수액과 관련시켜 평가하기 때문에 금액가중치 방식이라고도 한다.

6) 직급명세서의 작성

직급명세서(class specification)란 각 직위의 직급별 특성을 상세하게 설명한 것이다. 원래 정급(定級)의 지표를 제시하기 위한 것이나, 모집·선발·훈련·근무성적평정 등 인사관리의 기준으로도 활용된다. 직급명세서에는 각 직급별로 직급 명칭·직무 개요·직무 수행의 예시·자격 요건 등이 명시된다.

7) 정급

직위분류제의 수립 과정에서 직급명세서의 작성이 끝난 뒤, 분류 대상 직위들을 해당 직급에 배치하는 작업을 정급(定級, allocation)이라 한다. 정급이 끝나면 정급표(allocation list)를 기관별로 작성해 각 기관에 배포한다. 정급표에는 해당 기관의 공무원의 성명, 그 직위가 속하는 직급 및 등급이 기록된다.

표 2-8 직무평가의 방법

구분		특징	비교 방법
종합적 질적 방법 (비계량적 방법)	서열법	직무를 전체적·종합적으로 평가해 상대적 중요도에 의해 서열을 부여하는 자의적 평가법, 상위 직위와 하위 직위를 선정한 다음 대상 직위를 이에 비교해 결정한다.	상대 평가
	분류법	사전에 작성된 등급기준표에 의해 직무의 책임과 곤란도 등을 파악하는 방법으로 서열법보다 다소 세련된 방안으로 정부부문에서 많이 사용한다.	절대 평가
분석적 양적 방법 (계량적 방법)	점수법	직위의 직무 구성 요소를 정의하고 각 요소별로 직무평가기준표에 의해 평가한 점수를 총합하는 방식이다.	
	요소 비교법	직무를 평가 요소별로 나눠 계량적으로 평가하되 기준 직위를 선정해 이와 대비시키는 방법으로 보수액 산정이 동시에 이뤄진다.	상대 평가

※ 상대평가는 직무와 직무의 비교이며, 절대평가는 직무와 등급기준표의 비교다.

4. 직위분류제의 평가

1) 직위분류제의 장점

첫째, 보수 결정의 합리적 기준을 제시한다. 동일 직무에 동일 보수의 원칙에 따르는 직무급제도를 확립함으로써 보수 결정의 합리적 기준을 제시한다. 둘째, 임용·인사 배치의 기준을 제시한다. 각 직위가 요구하는 직무의 내용·성질이나 자격 요건을 밝혀주므로 인력계획·채용시험·임용·인사 배치·승진·전직 등의 공정하고 합리적인 기준을 제공한다. 셋째, 훈련 수요를 명확화한다. 훈련의 목적·내용 내지 수요 범위를 밝혀준다. 이로써 효율적인 교육훈련계획을 수립·실시할 수 있다. 넷째, 근무적성적평정의 기준을 제시한다. 근무의 내용을 구체적으로 명시하므로 근무성적평정의 객관적 기준을 세우는 데 효과적이다. 다섯째, 권한과 책임 한계의 명확화다. 조직단위 간의 횡적인 직책의 한계와 종적인 상하 지휘 감독 관계에서 권한과 책임의 한계를 분명히 해준다. 여섯째, 행정의 전문화·분업화 촉진이다. 동일한 직책을 장기간 담당하게 되므로 전문화·분업화에 도움을 준다. 일곱째, 예산행정의 능률화를 들 수 있다. 인건비의 산출 근거를 제시하므로 예산 절차의 능률화를 기할 수 있다. 여덟째, 민주적 통제가 용이하다. 국민에게 공무원의 서비스와 인건비 간의 논리적 관계를 밝혀줌으로써 행정의 민주적 통제에 기여한다. 아홉째, 정원관리와 사무관리 개선의 촉진이다. 업무 분담의 합리화와 업무 처리 과정의 간소화를 촉진시킴으로써 정원관리와 사무관리에 도움을 준다. 열째, 용어의 통일과 공보 자료로 활용될 수 있다. 용어에 대한 명확한 정의와 공보자료로 활용할 수 있다. 열한 번째, 노동시장의 안정화를 들 수 있다. 인사행정상 자의성을 배제하고 노동시장의 안정화에 기여한다. 열두 번째, 공직 분류와 조직구조의 연계: 공직 분류의 결과가 조직의 피라미드 구조를 형성시킨다.

2) 직위분류제의 단점

첫째, 유능한 일반행정가의 확보의 곤란하다. 일반교양과 넓은 시야를 가진 유능한 일반행정가(generalist)의 양성이 어렵다. 둘째, 인사 배치의 신축성이 결여된다. 동일한 직렬에 따라서 승진·전직·전보가 이뤄지므로 다른 직렬로 수평적 이동이 곤란해 인사 배치의 신축성이 결여된다. 셋째, 능력 개발과 창의력 개발이 곤란하다. 공무원의 특정 직위와 관련되므로 장기적인 능력 발전이 어려워 직업공무원제의 확립에 지장을 준다. 넷째, 협조와 조정이 곤란하다. 직책에 따른 전문화로 말미암아 전문가 간의 인간관계가 사무적이고 의사소통이나 협조·조정이 곤란하다. 다섯째, 신분의 불안정이다. 공무원의 신분이 특정 직위·직무와 연결돼 있기 때문에 기구 개혁 등에 의한 영향을 직접 받아 신분 보장이 어렵다.

3) 직위분류제의 도입상 문제점

첫째, 사고 방식·가치관의 문제다. 직위분류제를 수립해 효과적으로 운영하는 데 국민의 사고방식이 분석적·객관적·합리적이도록 요구되고 있다. 우리나라는 상하간의 종적인 서열 관계를 중요시하는 행정 풍토와 인간 관계에 치중하는 가치관을 가지고 있으므로 전면적인 직위분류제의 도입에는 한계가 있다고 봐야 한다. 둘째, 분류 대상 직위의 범위 문제다. 일반공무원을 모두 분류대상으로 할 것인가, 고급관리직을 분류 대상 직위에 포함시킬 것인가의 문제가 제기된다. 셋째, 직렬의 분류 문제다. 상위직과 하위직은 행정조직의 특수성을 고려해 직렬의 수를 대폭 줄이고 중위직은 상대적으로 세분하는 것이 좋을 것이다. 넷째, 혼합직의 문제다. 지방의 일선기관에는 혼합직이나 미분화직이 많으므로 지나친 직렬의 세분화는 피해야 한다. 다섯째, 직무급 체계의 확립이 곤란하다. 공무원 보수구조의 경직성·비적절성으로 직무급 체계를 도입하기 어렵다. 여섯째, 직무분석·직무평가의 정확성·객관성 문제다. 분류담당자의 경험·능력이 부족하고 직위보다 점직자의 입장에 치중하므로 직무기술서(job description) 작성이 부실해 직무분석·직무평가의 객관성·정확성 여부가 문제된다.

제3절 계급제

1. 의의

계급제(rank-in-person or rank-in-corps)란 공무원이 가지는 개인적 특성, 즉 학력·경력·자격을 기준으로 해서, 유사한 개인적 특성을 가진 공무원을 하나의 범주로 구분해 계급을 형성하는 제도를 말한다. 계급제는 직위가 내포하고 있는 직무가 아니라 공무원 개인적 특성에 따라 공직을 횡적으로 구분해 계층을 만들고 여기에 행정 업무를 수준별로 구분해 담당하게 하는 인간 중심적 제도(person-oriented system)로 직위분류제와 대비된다.

2. 특징

계급제가 갖고 있는 몇 가지 특징을 보면 첫째, 계급제는 폐쇄형 인사 체제(closed career system)다. 폐쇄형 충원 방식을 채택함으로써 공무원의 사기를 높이고 직위공무원제의 확립이 용이하다. 둘째, 계급 간의 차별이다. 계급에 따라 사회적 위신·보수·학력·사회적 출신 성분 등의 차이가 심하며 계급 간의 승진이 곤란하다. 우리나라는 계급 간의 차이가 별로 없고 계급 간의 승진도 용이하다. 셋째, 고위공무원의 엘리트화다. 고위공무원의 수를 적게 해서 이들을 엘리트화하고 있으며, 여러 가지 특별한 배려를 부여해 특권집단화된다. 우리나라는 고급공무원을 특별히 양성해 엘리트로서 정예화시키지 않고 있다. 넷째, 일반행정가 지향성이다. 업무에 대한 기술적 전문성보다 폭넓은 이해력과 조정 능력을 갖추고 넓은 시야를 가진 일반행정가(generalist)를 지향한다. 외부 전문인력의 충원이 곤란해 신진대사가 용이하지 않고 행정의 전문화를 저해한다.

3. 장점과 단점

계급제의 장점은 직위분류제의 단점의 반대의 개념이다. 첫째, 유능한 인재의 등용이 가능하다. 공무원 채용에서 일반적 교양과 능력을 가진 사람들을 임용할 수 있다. 둘째, 인사 배치의 신축성을 확보할 수 있다. 채용 후 순환근무를 통해 신축적인 인사정책이 가능하다. 셋째, 직업공무원제의 발전 촉진이다. 신분 보장이 되기 때문에 직업공무원제 수립에 기여한다. 넷째, 행정 조정의 원활화다. 일반행정가 사이의 의사소통이나 조정이 용이하다. 다섯째, 신분 보장의 강화다. 공무원이 기구개혁에 의한 영향을 받지 않으므로 좀 더 강한 신분 보장에 의해 안정감을 느낄 수 있다.

계급제의 단점은 직위분류제의 장점의 반대다. 첫째, 보수 결정의 합리적 기준 제시가 곤란하다. 동일 계급 하에서는 직무 종류·성격에 관계없이 동일 보수가 지급되므로 동일 노무에 대한 동일 보수가 곤란하다. 둘째, 행정의 전문화 곤란하다. 행정의 전문화에 부응하지 못한다. 셋째, 독단적 결정 및 특권집단화다. 직급 간 차별이 심하므로 독단적 결정의 가능성이 높고 엘리트 의식에 빠지기 쉬워 의사결정의 합리화나 적실성을 기대하기 어렵다. 또한 폐쇄형을 유지하므로 무사안일에 빠지거나 특권집단화할 가능성이 높다. 넷째, 임용・인사 배치의 기준 제시가 곤란하다. 직위에 알맞는 적임자를 채용・배치하지 못해 행정의 능률이 저하된다. 다섯째, 권한과 책임 한계가 불명확하다. 직위 간 직무 경계가 불명확해 갈등이 생길 소지가 많으며, 업무의 전가 가능성이 높아 행정 업무의 지연 및 민원인의 불편 가능성이 높다.

4. 우리나라의 공직구조

우리나라는 미군정기에 직위분류제를 채택했으나, 정부 수립 시 계급제(5계급)를 채택했다. 1961년 직위 분류의 개념을 원용해 5계급에서 9계급으로 분화됐으며, 1963년 직위분류제를 규정한 국가공무원법 조문과 직위분류제가 제정됐다. 1973년 국가공무원법의 관계 조문이 개정되고 직위분류법은 폐지됐다. 1981년 국가공무원법의 개정과 함께 보직관리의 원칙, 직군・직렬・직류의 분류, 시험・전직・승진 등과 관련된 다음과 같은 직위분류제적 요소를 더 많이 가미하고 있다. 1993년 공무원임용령을 개정해 국제통상・환경・교통・도시계획・사회복지・교육행정・노동 등 새로운 직렬・직류를 신설해 총 11직군 71직렬 135개 직류로 공직 분류 체계를 개편함으로써 행정의 전문화에 대비하고 시험・충원 및 보직의 좀 더 합리적 관리에 주력했다.

표 2-9 직위분류제와 계급제의 비교

구분	직위분류제	계급제
분류 기준	직무의 종류・책임도・곤란도(종적 분류 + 횡적 분류)	개개인의 자격・능력・신분(횡적 분류)
발달 배경	산업사회	농업사회
해당 국가	미국・캐나다・필리핀	영국・독일・일본
인간과 직무	직무 중심	인간 중심
채용과 시험	합리성: 전문성	비합리성: 일반 소양, 잠재 능력
보수정책	직무급(동일 직무・동일 보수의 합리적 보수제도): 보수와 업무의 형평성 제고	생활급(생계 유지 수준을 지급하는 비합리적 보수제도)
인사 배치 (횡적 교류, 융통성)	비신축적	신축적
행정계획	단기 계획・단기 능률・단기 안목	장기계획・장기 능률・장기 안목
교육훈련・연수	전문지식 강조	일반 지식・교양 강조
행정가	전문행정가 양성	일반행정가 양성
조정・협조	행정상의 조정・협조가 곤란	행정상의 조정・협조가 좀 더 원활
신분 보장	약함	강함
결원 보충 방법	개방형(외부채용형)	폐쇄형(내부충원형)
직업공무원제	확립 곤란	확립 용이
조직구조와의 관계	연계성 높음	연계성 부족
환경과의 탄력성	낮음	높음

제 3 장 공무원의 임용

제1절 인력계획

1. 의의

인력계획(manpower planning) 또는 인적자원계획(human resource planning)이란 공공 목적 달성과 공무원 개개인의 능력 발전을 위해 인적 자원에 관한 정보를 수집·분석하고 인력 수요를 예측해 정부조직의 소요 인력을 공급하며 그 활용·관리를 개선하는 방안을 제시하는 계획을 의미한다.

인력계획의 성격은 첫째, 목표 지향적 성격이다. 인력계획은 조직의 목표 달성에 이바지할 수 있는 인력 체제의 형성·발전을 위한 인적 자원의 수요·공급을 추구한다. 둘째, 미래 지향적 성격이다. 인력계획은 미래의 인력 수요를 예측해 충족 방안을 모색하는 과정이다. 셋째, 불확실성에 의한 제약이 있다. 미래에 대한 정확한 예측이 불가능하므로 불확실성의 제약이 수반된다. 넷째, 인적 요인에 의한 어려움이 있다. 인력계획은 직위·학력·성별·경력·지식·기술 등에 따라 차이가 많고 복합적 요인이 작용하는 인간을 대상으로 하기 때문에 어려움이 많다. 다섯째, 포괄적 관련성에 대한 고려가 필요하다. 인력계획은 과학기술의 발달, 경제 여건과 노동시장의 추세 등 환경적 요인과 예산·생산성·보수·모집 등 행정관리상의 요인들이 포괄적으로 연관되고 있다.

2. 인력계획의 중요성과 효용

1) 인력계획의 중요성

인력계획은 장래에 발생할 인력 수요를 미리 예측하고 적절한 인력을 공급할 수 있도록 하는 수단이다. 정부는 인력계획을 통해 인적 자원의 활용을 효율화하고, 유능한 인재 확보를 위해 민간부문과의 경쟁에 대비하며, 증대일로의 행정 수요에 대처하면서 예산 절감의 요청에도 대응할 수 있고, 수준 높은 교육과 재능을 갖춘 창의적인 인물을 공직에 확보할 수 있도록 해야 한다.

2) 인력계획의 효용

인력계획은 정부 역할과 행정 기능·행정 수요의 변화에 빠르게 대응할 수 있으며, 행정의 전문화·기술화에 대비해 전문 인력을 차질 없이 공급할 수 있어서 행정인의 질적 저하를 방지할 수 있다. 인적 자원의 원활한 공급으로 승진관리의 효율화와 인건비의 절약에 기여할 수 있고 행정조직이 필요로 하는 인적 자원의 동원·활용의 적정화를 기대할 수 있다.

3) 인력계획에서 고려해야 할 요인

인력계획에서 고려해야 할 요인이 있다. 첫째, 기존 인력의 적극적 활용이나 재직자의 능력 개발을 통한 새로운 역할의 담당 가능성도 적극적으로 검토해야 한다. 둘째, 정보화된 인사정보 체제 확립과 인력 수요 충족과 관련된 비용편익분석이 행해져야 한다. 셋째, 조직 내외의 제반 요소 변화를 고려해야 한다. 넷째, 인구분포·출생률·노동시장의 수급 실태, 직종의 증감 등 인적 자원에 대한 정확한 통계분석이 이뤄져야 한다. 다섯째, 신규채용·승진이나 적정 이직률·적정 증원율 등이 직급별·연도별로 결정될 수 있어야 한다.

제2절 모집

1. 의의

모집(recruitment)이란 적절하고 유능한 지망자가 공직에 임명되기 위한 소정의 경쟁에 유치되는 과정을 의미한다.

적극적 모집의 필요성은 사회가치의 분화로 공직에 대한 사회적 평가가 저하됐으며, 공무원의 보수 수준이 민간기업보다 낮기 때문이다. 승진에 대한 기회가 적어서 공직에 대한 매력이 감소됐고, 인력 공급에 비해 인력 수요가 더 많다. 그리고 공무원의 이직률이 높기 때문이다. 적극적 모집의 필요성은 미국 등 선진국에서 제2차 세계대전 후에 나타나는 일반적 요인이고, 개도국은 공직에 대한 사회적 평가가 아직 비교적 높은 편이고 사회가치가 덜 분화된 관계로 적극적 모집이 이뤄지지 못하고 있다.

2. 적극적 모집의 방안

1) 공직에 대한 사회적 평가의 제고

민간기업체의 보수 수준에 상응하는 공무원 보수의 적정화, 강력한 신분 보장, 합리적인 승진·연금제도의 운영, 적재적소의 배치를 통한 능력 발휘의 기회 부여, 사회보장제와 후생·복지시설의 확충 등에 의해 공직의 높은 사회적 평가가 이뤄져야 한다.

2) 인력계획의 수립과 응시 절차·시험 방법의 개선

적극적 모집을 위해 장단기 인력수급계획의 수립, 제출 서류의 간소화, 시험의 정기적 실시, 시험 기회의 주지를 위한 홍보활동의 강화, 출제 방법·과목의 개선과 수험 시간 단축 등에 의한 수험 부담의 경감, 시험 실시기관의 분권화 등 수험 절차·시험 방법이 개선돼야 한다.

3) 사후평가와 인력양성기관과의 연계 강화

효과적인 모집계획을 수립하기 위해 모집의 결과에 대한 사후평가가 뒤따라야 하는데 공직 선택에 작용하는 요인, 공직에 대한 지망자의 태동의 차이, 효율적 행정 수행을 위한 인력 확보의 문제점 등의 분석이 필요하다.

제3절 시험

1. 의의

시험(examination test)이란 공직의 지망자가 가운데서 공직에서 필요로 하는 능력을 가진 사람과 그렇지 못한 사람을 분별해 내는 수단이다. 물론 절대적 최선의 수단은 아니다.

시험의 효용성의 확보 요건은 첫째, 대상 직무와 이를 수행하는 데 필요한 능력이 무엇인가를 먼저 밝혀야 한다. 둘째, 능력의 판정은 대상 직위에 따라 차이가 있으므로 이를 식별·판정하는 데 적절한 시험 방법(시험 종류·시험 내용)이 선택돼야 한다. 셋째, 합격 후의 응시자의 직무 수행 능력이나 근무 태도를 예측할 수 있어야 한다. 넷째, 응시자의 성적·능력의 상대적 우열순위를 정확하게 판정할 수 있어야 한다. 다섯째, 장래에 발전될 수 있는 잠재 능력의 유무도 알아낼 수 있어야 한다.

시험의 한계를 살펴보면 첫째, 시험은 인가의 능력에 대한 판단을 보충하는 것이며, 절대적인 정확성을 기할 수 없다. 둘째, 창의성과 같은 중요한 능력은 전통적인 시험 방법으로서는 측정하기 어렵다. 셋째, 시험은 장래 발전할 공무원보다 실패할 가능성이 있는 공무원을 좀 더 효과적으로 식별할 수 있게 한다. 넷째, 대부분의 시험은 장래 발전될 응시자의 잠재 능력보다 현재의 직무수행 능력을 알려줄 수 있을 뿐이다.

2. 시험효용도의 측정 기준

1) 타당도

타당도(validity)란 시험이 측정하려는 내용을 어느 정도 정확하게 측정하고 있는가를 나타내는 것이다. 따라서 타당도란 그 시험이 수많은 응시자 중에서 직무 수행 능력이 가장 우수한 사람을 얼마나 정확하게 식별하고 있느냐의 정도를 의미한다.

타당도의 유형에는 기준타당도, 내용타당도, 구성타당도로 구분된다. 기준타당도(criterion validity)는 측정도구(시험)가 직무 수행 능력을 얼마나 정확하게 측정(예측)했는가의 정도로 시험 성적과 실제 근무성적을 비교해 양자의 상관 관계를 확인한다. 실제 '직무 수행 능력과 실적'에 초점을 둔 구체적·경험적 개념이다.

내용타당도(content validity)는 특정한 직위의 직무와 책임에 직결되는 요소들을 시험이 어느 정도나 측정할 수 있느냐에 관한 기준이다. 시험이 직무 수행에 필요한 지식·기술·태도 등 특성을 제대로 측정할 수 있는 정도로 능력이나 실적과 직결되는 '실질적인 능력 요소(지식, 태도, 기술)'에 초점을 둔다. 내용타당성을 확보하려면 직무분석이 무엇보다도 필수적이다.

표 3-1 기준타당도와 내용타당도의 차이

기준타당도	응시자들이 보여줄 장래의 업무 실적을 예측하는 문제와 관련된 것이다.
내용타당도	응시자들이 직무 수행에 필요한 지식 · 기술 · 태도 등 능력 요소를 현재 얼마나 가지고 있는가를 알아내는 문제와 관련된 것이다.

표 3-2 내용타당도와 구성타당도의 차이

내용타당도	내용타당도의 검증은 측정된 능력 요소를 시험이 측정하는 정도를 알아보려는 것이다.
구성타당도	구성타당도의 검증은 논리적으로 구성된 능력 요소를 시험이 측정하는 정도를 알아보려는 것이다.

구성타당도(construct validity)는 해석적 타당도이며, 시험이 직무 수행의 성공에 관련돼 있다고 이론(추상)적으로 구성(추정)된 능력 요소(traits)를 얼마나 정확하게 측정할 수 있느냐의 정도다. 직무 수행과 관련된다고 믿는 '이론적(가설적)인 구성 요소' 등의 측정과 관련된다.

2) 신뢰도: 일관성 · 일치성

시험의 신뢰도(reliability)란 측정도구가 측정 대상을 일관성 있게 측정하는 정도를 말한다. 즉, 시험이 측정해 내는 결과의 일관성(consistency)이 어느 정도인가에 관한 기준이다. 시험 시기가 기타 여건에 따라 점수가 영향을 받지 않는 정도다.

시험의 신뢰도를 제고하기 위해서는 질문의 내용이 모호하지 않아야 하며, 채점 기준을 표준화해 채점의 객관도를 높이고 출제 문항 수를 많이 해야 한다. 그리고 답안 작성 시간을 알맞게 주고 적절한 수험환경을 조성해 줘야 할 것이다.

신뢰도의 검증 방법으로는 재시험법, 복수양식법, 반분법의 세 가지가 흔히 사용된다. 재시험법(test-retest method)은 동일한 시험을 동일한 대상집단에게 시간 간격을 두고 2회 실시해 그 성적을 비교하는 방법이다. 복수양식법(multiple form method)은 동일한 내용의 시험의 양식을 달리해 시험을 치른 뒤 그 성적을 비교하는 방법이다. 반분법(split-half method)은 시험은 한번 치르되 각 문항을 반으로 나눠 성적 간의 상관관계를 살펴보는 방법이다. 대개는 문항을 짝수와 홀수로 나누는 분류 방법을 많이 사용한다.

동일한 사람이 동일한 시험을 시간을 달리해 치른 경우 그 성적의 차이가 근소할수록 시험의 신뢰도가 높다. 타당도가 낮(높)다고 해서 반드시 신뢰도가 낮(높)다고 할 수는 없으며, 신뢰도가 낮으면 타당도는 낮아진다.

표 3-3 신뢰도 검증 방법

재시험	동일한 집단에 동일한 시험을 여러 번 치르는 방법이다.
복수양식법(동질이형법)	동일한 시험을 서로 다른 형식으로 동일한 집단에 실시하는 방법이다.
내적 일관성 검증법(반분법)	동일한 시험의 문제들을 두 부분으로 나눠 치르게 한 후 점수를 비교하는 방법이다.

3) 객관도

객관도(objective)란 주관적 판단이나 외적인 요인을 배제한 채점의 공정성을 의미한다. 같은 채점자가 하나의 시험을 시간 간격을 두고 두 차례 채점해 그 결과를 비교하는 방법으로 측정한다. 동일 답안을 다른 채점자가 채점한 결과의 차가 적을수록 객관도는 높다. 객관도가 낮으면 신뢰도가 낮아진다.

4) 난이도

난이도(difficulty)란 쉬운 문제와 어려운 문제의 혼합 비율의 적정도를 의미한다. 시험의 내용이 너무 어렵거나 너무 쉬운 경우 득점이 한데 몰리게 되므로 수험자의 우열을 식별하기 위해 득점차가 적당하게 분포되도록 해야 한다.

5) 실용도: 시험 실시의 가능성과 편의에 관한 기준

시험의 실용도는 시험관리 비용의 저렴성, 시험 실시의 용이성, 채점의 용이성, 이용 가치의 고도성 등을 포괄적으로 나타낸 것이다.

3. 시험의 종류

1) 형식에 의한 분류

형식에 의한 분류는 필기시험, 실기시험, 면접시험 등으로 구분된다. 필기시험은 가장 오래된 보편적인 시험 방법으로, 시험관리가 용이하고 시간·경비가 절약된다. 타당도·신뢰도가 비교적 높고, 고도의 채점 기술을 필요로 하지 않는다.

실기시험은 직무 수행에 필요한 지식과 기술을 실습·실기의 방법에 의해 검증하는 것이다. 타자·속기·운전 등을 실제로 해 보도록 하는 것으로 타당도가 높은 것이 장점이지만, 다수의 응시자를 일시에 테스트하기 어렵다는 단점이 있다.

면접시험은 필기시험이나 실기시험 등으로 측정하기 어려운 사람의 자질이나 직무 수행에 요구되는 능력·적격성, 사고의 논리성을 알아보는 데 그 목적이 있다. 시험관의 정실·주관이 개입되기 쉽고, 신뢰도·객관도를 보장하기 어려우며, 외부의 영향을 받기 쉽다는 등의 문제점이 있다.

2) 목적에 의한 분류

목적에 의한 분류로 일반지능검사, 적성검사, 업적·능력검사, 성격검사 등이 있다. 일반지능검사(general intelligence tests)는 훈련이나 학습 등의 영향을 받지 않고 성숙에 따라 일반적 경험의 소산으로 형성되는 소질적인 지적 능력을 측정하기 위해 만들어진 검사로 심리검사의 일종이다.

적성검사(aptitude tests)는 특수한 분야의 직무를 수행할 수 있는 잠재적 능력을 평가하는 시험이다. 적성의 영역은 기계적 능력·수리 능력·기억력·어휘력·손재주 등으로 나눠 볼 수 있다.

업적·능력검사(achievement tests)는 선천적인 적성이나 지능보다는 후천적인 학습 및 경험에 의해 습득된 능력을 평가하는 시험을 말한다. 업적검사 속에는 특정한 주제 분야의 일반적 지식을 묻는 학력시험(education test)과 회계, 건축, 도시계획, 서기직 등 특수한 직업 분야의 전문 지식을 묻는 전문직업시험(trade test), 그리고 실기시험(performance test) 등이 포함된다. 업적·능력검사는 교육·훈련·시험 등을 통해 얻은 지식이나 기술을 평가하기 위한 시험이다.

성격검사(personality tests)는 응시자의 기질적·정서적 특성을 측정하는 시험을 말한다. 일반적으로 성격검사는 응시자의 정서적 안정감·자신감·협동성·사교성·활동성·도덕성 등을 측정한다. 간단한 심리검사는 질문지 방법에 주로 의존하나, 그 밖에 면접, 관찰 등이 심리검사의 방법으로 이용된다. 성격검사는 지능검사, 업적검사, 적성검사 등 다른 시험에 비해 타당도와 신뢰도가 낮은 것으로 평가된다.

제4절 공무원의 임용

1. 의의

임용(staffing)이란 정부조직에서 사람을 선발해 쓰는 활동을 말한다. 임용에는 일반적으로 공무원의 신분 관계를 설정하는 임명(任命)과, 이미 공무원의 신분을 취득한 자에게 일정한 직무를 부여하는 보직(補職) 행위가 포함된다.

정부조직에서 사람을 선발해 쓰는 활동으로서의 임용에는 정부조직 바깥에서 사람을 선발해 쓰는 외부임용과 정부조직 안에서 사람을 움직여 쓰는 내부임용이 있다.

정부조직 바깥에서 사람을 선발해 쓰는 외부임용은 신규채용을 의미한다. 신규채용의 방법으로는 공개경쟁채용과 특별채용의 두 가지가 있다. 공직에의 임용 기준을 개인의 실적, 즉 업적, 능력, 자격에 두는 실적주의제도 아래서는 공개경쟁채용이 원칙이며, 특별채용은 특수한 직무 분야에서와 같이 공개경쟁채용이 부적절할 경우에 제한적으로 시행된다.

정부조직 안에서 사람을 움직여 쓰는 내부임용의 유형으로는 전직·전보·파견·겸임 등 수평적 이동, 즉 배치전환과 승진·강임 등 수직적 이동, 그리고 휴직·직위해제·정직·면직·해임 및 파면과 복직이 있다.

2. 임용의 주요 절차

1) 채용후보자명부의 작성

시험 합격자는 임명되기 전에 채용후보자명부에 등록돼 있다. 시험실시기관은 직급별로 시험성적 순에 따라 채용후보자명부를 작성하되 훈련성적·전공 분야와 같은 필요한 사항을 기재한다. 채용후보자명부의 등록 유효 기간은 5급 공무원 합격자인 경우 5년, 6급 이하 및 기능직 공무원은 2년이다(국가공무원법 제38조 제2항).

2) 임용 추천

시험실시기관의 장은 각 기관의 결원 및 결원 예정 인원을 감안해 채용후보자명부에 등재된 채용후보자를 시험성적·훈련성적·전공·경력·적성 등을 감안해 임용권 또는 임용제청권을 갖는 기관에 추천한다. 우리나라에서는 동수추천제와 지정추천제를 채택하고 있다.

3) 시보임용제도

시보임용(probation)이란 선발된 채용후보자에게 임용 예정직의 업무를 상당한 기간 실제로 수행할 기회를 주어 이를 관찰함으로써 그 적격성을 판난해 부적격자를 사후에나마 배제하려는 시험의 연장제도로서 실적주의의 보완책이다. 시보임용 기간에는 일반공무원에게 인정되는 신분 보장이 없으며, 이 기간을 경과하면 정규 공무원이 된다.

공무원을 신규로 채용하는 경우 5급 공무원은 1년, 6급 이하 및 기능직 공무원은 6개월의 기간, 시보로 임용하고 그 기간 중에 근무성적이 양호한 경우에는 정규 공무원으로 임용한다. 다만, 고위 관리직 공무원의 신규임용에는 적용하지 않거나 그 기간을 단축시킬 수 있다.

4) 임명과 보직(배치)

시보공무원은 시보 기간이 끝난 후 정규 공무원으로 임명되고 동시에 보직이 주어진다. 임명은 공무원의 신분이 부여되는 것이며, 보직은 공무원을 직급에 상응하는 특정의 직위에 배치되는 행위를 말한다.

3. 임용의 종류

1) 외부임용: 신규임용

외부임용은 신규임용으로 공개경쟁채용, 특별채용으로 구분된다. 공개경쟁채용이란 자격이 있는 모든 사람에게 지원할 기회를 주고 경쟁시험을 통해 임용후보자를 결정하는 방법이다. 실적주의를 강조하는 인사행정 하에서는 신규임용 시에 공개경쟁채용이 원칙이지만 모든 직급에 대해 공개경쟁채용시험을 실시하는 것은 아니다.

특별채용이란 공개경쟁시험에 의한 채용이 부적당하거나 곤란한 경우 또는 특별한 자격을 가지고 있는 사람을 채용하고자 하는 경우의 채용 방법으로 공개경쟁이 아닌 제한경쟁시험에 의한 채용이다. 이러한 방식은 인력 조달의 융통성·적극성이라는 측면에서는 장점이지만 정실에 의한 채용이 우려된다.

2) 내부임용: 재배치

내부임용은 재배치로서 배치전환, 승진, 강임, 겸임, 직무대행 등이 있다. 배치전환(配置轉換)은 수평적 인사 이동인 전직(다른 직렬로 이동), 전보(동일한 직급 내에서의 보직 변경), 파견근무 등이다. 승진(昇進)은 하위 직급에서 직무의 곤란성과 책임도가 높은 상위 직급으로 또는 하위 계급에서 상위 계급으로 종적·수직적으로 이동을 하는 것이다. 강임(降任)은 동일한 직렬 내에서의 하위의 직급에 임명되거나 하위직급이 없어 다른 직렬의 하위 직급으로 임명하는 것이다. 겸임(兼任)은 한 사람에게 둘 이상의 직위를 부여하는 것이다. 직무대행(職務代行)은 직급 배정을 변경하지 않고 다른 직급의 업무를 수행하게 하는 잠정적인 임용 조치 또는 그러한 업무를 담당하는 사람을 말한다.

제5절 승진

1. 의의

승진(promotion)이란 계층제 조직의 상위 직위에 결원이 발생했을 경우, 이 결원을 하위 직위의 재직자로 충원하는 것을 말한다. 승진은 일반적으로 직무의 곤란도와 책임의 증대를 의미하며 보수의 증액을 수반한다. 승진의 종류는 성격에 따라 일반승진과 특별승진으로 나뉜다. 그리고 시험의 부과 여부에 따라, 승진시험에 의한 승진과 시험에 의하지 않는 승진으로 나눌 수 있다. 승진후보자를 선발하는 기준으로는 대부분의 국가에서 실적과 경력을 이용한다. 실적은 시험성적, 근무성적, 교육훈련성적 등을 의미하며, 경력은 근무 연한, 학력, 근무 경력 등을 나타낸다.

승진은 여러 가지 차원에서 중요성이 인정된다. 첫째, 사기를 향상시킨다. 승진은 공무원 개개인의 성공에 대한 기대감이 충족됨으로써 사기가 높아지고 인간관계의 합리화를 기할 수 있다. 둘째, 유능한 인재의 확보·양성이다. 승진은 유능한 인재의 이직을 막아 행정관리자·간부의 양성에 기여한다. 셋째, 공무원의 능력 발전이다. 승진으로 직무의 곤란도·책임도가 높아짐으로써 개인의 안목이나 직무 수행 능력 발전에 기여한다. 넷째, 직업공무원제의 필수 요건이다. 승진은 관리자를 내부에서 양성해야 하는 직업공무원제의 필수 요소이며, 실적제 확립에도 기여한다. 다섯째, 내부 노동시장의 요소다. 외부채용에 의하지 않고 내부에서 인력 양성이 가능하므로 인적 자원의 효율적 활용에 기여한다.

2. 승진의 한계 및 범위

승진의 한계는 경력직 공무원(직업공무원)이 어느 계층까지 승진할 수 있는가의 문제다. 승진한계의 결정 요인으로 ① 각국의 직업공무원제도의 발전 정도, ② 고급공무원의 능력, ③ 민주통제의 수준, ④ 공무원의 채용정책, ⑤ 공직의 분류 방식, ⑥ 개방형 또는 폐쇄형의 여부 등이 있다.

계급제를 택하고 있는 한국·영국·독일·프랑스·일본 등은 승진할 수 있는 최고 한계가 높은 반면, 직위분류제를 취하고 있는 미국 등은 승진 한계가 비교적 낮다.

경력직 공무원의 승진 한계가 높을 경우 장점은 공무원의 사기 앙양, 행정 능률과 기술의 향상, 직업공무원제의 확립 용이 등이 있으나, 단점으로 관료의 권력이 강화돼 관료주의화할 우려, 민주통제 곤란 등이 있다.

우리나라의 경우 법제상으로는 국장급까지 승진할 수 있으므로(1급은 특별채용 가능) 승진 한계가 높다. 그러나 공무원의 직업화의 정도가 낮은데다 비합리적인 인사정책으로 승진 한계가 그리 높지 못하다.

재직자 간의 승진 경쟁의 범위에서 승진임용의 경우 승진 경쟁의 범위를 동일한 부처 내에 한정할 것인가(폐쇄주의), 혹은 부처 간에 차이를 두지 않고 다른 부처의 공무원도 포함시킬 것인가(개방주의)의 문제가 제기된다. 폐쇄주의의 논거는 당해 부처 공무원의 사기를 높일 수 있으며, 당해 부처 직원은 승진에 대해 기득권 의식이 있다. 다른 부처 직원에 의한 충원은 단체정신・협동정신을 파괴시키고, 다른 부처 직원에 의한 충원은 행정의 전문성과 능률성을 저하시킨다.

개방주의의 논거는 승진 대상자의 범위가 넓어지므로 유능한 인물을 선발할 수 있으며, 유능한 인재의 이직을 막을 수 있고 부처 간에 공무원의 질적 균형이 유지될 수 있다. 각 부처 간의 할거성・파벌성을 방지할 수 있고 인사배치의 신축성을 기할 수 있으며, 승진 기회가 적고 공무원들 가운데 기회 균등이 잘 확보돼 있지 않는 부처 등에서의 인사 침체를 방지할 수 있다.

3. 우리나라의 승진제도

1) 경력평정제도

경력(practical experience)이란 직업상의 경험과 그 근무 연한을 말한다. 이러한 경력은 직무 수행 능력과 상관 관계가 있으므로 승진 및 근무성적 평정 등에서 중요한 기준이 된다.

경력 기준의 장점은 고도의 객관성이 있고, 행정의 안정성 및 직업공무원제도를 유지할 수 있으며, 정실에 의한 승진을 막을 수 있다. 단점으로는 유능한 인재의 등용이 어렵고, 공직사회의 침체화・관료주의화가 우려되며, 선임 순위의 중시로 행정의 비능률을 초래(행정의 질 저하)할 수 있고, 기관자의 재량권 축소로 부하 통솔이 어렵다.

우리나라 경력평정제도는 근무성적평가(5급 이하 및 기능직)다. 경력평정의 대상은 승진 소요 최저연수에 도달한 5급 이하 공무원, 연구사・지도사 및 기능직 공무원에 대해서는 그 경력을 평정해 승진임용에 반영해야 한다. 경력평정의 확인자는 각급 기관의 인사담당관이 된다. 경력평정점의 총점은 30점을 만점으로 하며, 소속장관은 승진후보자명부를 작성할 경우에는 직무 관련 자격증의 소지 여부, 특정 직위 및 특수 지역에서의 근무 경력, 근무성적평가 대상 기간 중의 업무혁신 등 공적 사항, 그 밖에 직무의 특성 및 공헌도 등을 고려해 해당 공무원에게 5점의 범위 안에서 가점을 부여할 수 있다.

2) 승진임용

승진시험에는 일반승진시험, 공개경쟁승진시험, 특별승진 등이 있다. 첫째, 일반승진시험은 승진후보자명부의 고순위자 순으로 임용하고자 하는 결원 또는 결원과 예상 결원을 합한 총결원의 2배수 내지 5배수 인원의 범위 내의 자에 대해 실시하며, 시험성적 점수 및 승진후보자명부에 의한 평정점수를 합산한 종합성적에 의해 합격자를 결정한다.

둘째, 공개경쟁승진시험은 5급 공무원에의 승진에 한하되, 기관 간 승진 기회의 균형 유지와 유능한 공무원을 발탁하기 위해 필요한 경우에 실시하며, 시험성적에 의해 합격자를 결정한다.

셋째, 특별승진은 특별한 공적이 있는 공무원 등에 대해, 승진소요 최저연수의 단축 또는 승진

시험 우선응시 권한을 부여하거나 승진후보자 명부의 순위에 관계없이 승진임용하는 것이다. 특별승진의 대상은 청백리 포상을 받은 공무원이나, 소속장관에 의해 특별한 공적이 있다고 인정받거나 행정 발전에 지대한 공헌이 있다고 인정받은 공무원 및 창안 등급 동상 이상을 받은 공무원 등이다.

공무원이 징계처분 등을 받은 경우에는 승진 임용될 수 없다. 첫째, 징계처분 요구 또는 징계의결 요구·징계처분·직위해제·휴직 또는 시보임용 기간 중에 있는 경우 둘째, 징계처분의 집행이 종료된 날로부터 강등·정직은 18개월, 감봉은 12개월, 견책은 6개월 등의 기간이 경과하지 아니한 경우 등이다.

이러한 승진 임용 제한의 문제점은 실제 승진 소요연수가 장기화되는 승진 적체 현상이 나타날 수 있으며, 부처 간 승진 소요 연수의 차이가 발생(불균형)한다. 정실에 의한 승진이 상존하는 등 승진의 불공평성이 존재하고, 경력직의 경우에 법제상으로는 국장급까지 승진할 수 있어 승진 한계가 높은 것 같으나 현실적으로 그렇지만은 않다.

제6절 전직·전보: 배치전환

1. 의의

1) 전직

전직(轉職, transfer)이란 조직 속의 한 직위에서 직무의 종류와 성격이 다른 직렬(職列)로 수평이동하는 것을 말한다. 전직은 동일한 직급에 속하는 한 직위에서 다른 직위로 보직(補職)을 변경하는 전보(轉補)와 대비되며, 전보와 달리 시험을 요건으로 한다. 전직은 동일한 조직 단위 내에서 이뤄질 수도 있고 부처 간에 이뤄질 수도 있다.

2) 전보

전보(轉補)는 조직 내의 한 직위에서 동일한 직급의 다른 직위로 보직(補職)을 변경하는 수평적 이동을 말한다. 직무의 종류와 성격을 달리하는 직렬(職列)의 직급으로 수평적 이동을 하는 전직(轉職)과 대비되며, 전직과 달리 시험을 요건으로 하지 않는다. 전보는 동일한 조직 단위 내에서 이뤄질 수도 있고 부처 간에 이뤄질 수도 있다.

3) 파견

파견(派遣)은 국가적 사업의 수행을 위해 공무원의 소속을 바꾸지 않고 일시적으로 다른 기관이나 국가기관 이외의 기관 및 단체에서 근무하게 하는 것을 말한다. 파견은 소속 기관을 바꾸지 않고 보수도 원래의 소속기관에서 받는 임시적인 배치전환(配置轉換)으로 긴급한 인력 수요에 신속히 대응할 수 있는 간편한 내부임용의 방법이다.

우리나라의 경우 국가기관 외의 기관에서 국가적 사업을 수행하거나 다른 기관의 업무가 폭주하는 경우, 국내외 교육연구기관에서 소속 공무원의 능력을 개발하기 위해 필요한 경우 가능하며, 파견 기간은 2년 이내로 규정돼 있다. 파견은 공무원 교육훈련기관의 교관요원으로 선발된 경우나, 관련 기관 간 긴밀한 업무 협조 및 특수 업무의 공동 수행을 위해서도 가능하며, 이때 파견 기간은 1년 이내로 규정돼 있다.

2. 전직 · 전보제도의 용도와 문제점, 그리고 개선 방향

1) 전직 · 전보제도의 용도

첫째, 공무원의 능력 발전이다. 폭넓은 인사 교류를 통해 공무원의 시야를 넓히고 다양한 경험을 쌓게 하는 것이 능력 발전에 효과적이다(generalist의 양성).

둘째, 보직 부적응의 해소다. 공무원이 보직에 능력 · 적성이 맞지 않아 보직에 대한 적응이 잘되지 않는 경우에는 전보가 하나의 해결책이 될 수 있다.

셋째, 인간관계의 개선이다. 공무원이 동료 간에 혹은 상급자 · 하급자 간에 감정 · 성격이 맞지 않아 원만한 인화 관계가 조성되지 못하는 경우에는 전보가 하나의 해결책이 될 수 있다.

넷째, 업무 수행에 대한 권태 방지다. 장기간에 동일한 업무를 담당하게 되면 권태감 · 좌절감을 느끼게 되고, 자발적 · 창의적인 의욕을 잃게 되어 사기가 떨어지고 능률이 저하되므로 침체를 방지하는 데 효과적인 수단이 될 수 있다.

다섯째, 행정조직 · 관리상의 변동에 의한 배치 조정이다. 업무량이 갑자기 증대되는 경우에는 인원 배치의 재조정이 필요하게 된다.

여섯째, 조직에의 충성심 확보다. 공무원이 동일한 직장에서 장기근무를 하면 상관인 개인에 대한 충성심이 소속한 비공식집단의 응집력이 강화됨으로써 역기능이 증대돼 조직 전체에 대한 충성심의 확보가 어려워질 우려가 많다. 이러한 상황을 방지하기 위한 수단으로서 활용될 수 있다.

일곱째, 개인 의사의 존중이다. 인사행정의 합리적인 기준이나 원칙을 깨뜨리지 않는 한 공무원의 개인적 사정을 고려하고 그 의사나 희망을 존중해 전직 · 전보에 반영시켜 주는 것이 바람직하다.

2) 전직 · 전보제도의 문제점(오용)

첫째, 징계의 수단으로 한직으로 좌천시키거나 지방으로 전출시켜 징계와 같은 효과를 얻으려는 것이다.

둘째, 공직의 부정 · 부패의 방지 수단으로 부정 · 부패의 가능성이 높은 직위를 자주 바꿔서 미리 방지한다.

셋째, 사임의 강요 수단으로 음성 수입 · 권력 등 비공시적인 비중이 낮은 직책을 담당케 함으로써 사임을 강요하는 수단으로 이용되기도 한다.

넷째, 개인적 특혜의 제공 수단으로 좋은 자리에 이동시켜 특정인에게 혜택을 주기 위한 수단으로 이용됐다.

다섯째, 개인 세력의 확대 · 강화 수단으로 자신의 추종 세력을 집결시키는 데 이용하기도 한다.

3) 전직 · 전보제도의 개선 방향

전직 · 전보제도의 개선 방향으로 첫째, 인사권자의 적극적 자세가 필요하다. 고위관리자가 자기 조직에만 집착하는 편협된 태도를 지양하고 장기적 안목에서 공무원의 능력 발전을 위한 제도 운영에 노력해야 할 것이다.

둘째, 인사 이동의 객관화 · 표준화가 이뤄져야 한다. 개인의 특혜 제공이나 개인 세력화의 수단으로 이용되지 않도록 인사 이동의 기준이 객관화 · 표준화돼야 한다.

셋째, 적절한 빈도의 유지가 필요하다. 빈도가 너무 잦으면 행정의 전문화 · 능률화가 저하되므로 특별한 사정이 없는 한 정기적인 전보를 실시해야 한다.

넷째, 전보인사에 대한 신뢰 회복이 필요하다. 인사에 대한 심리적 불안감을 해소시키고 보직인사의 공정성에 대한 신뢰 회복이 시급하며 부당한 인사에 대한 견제장치가 마련돼야 한다.

제 4 장 공무원의 사기관리

제1절 근무성적평정

1. 의의

1) 근무성적평정의 개념

근무성적평정(performance evaluation, performance appraisal)이란 조직에서의 구성원(공무원)의 근무 실적, 직무 수행 능력, 직무 수행 태도 등을 일정한 기준에 따라 체계적·객관적·정기적으로 파악·평가하는 것을 의미하며 합리적인 인사관리의 기초가 된다.

객관적이고 공정한 근무성적평정은 직원의 근무 능력·근무 태도의 발전, 근무성적에 따른 공정한 인사 처리, 조직 전체의 능률 향상 등에 기여함으로써 인사행정의 합리적 기준을 제공한다.

근무성적평정은 사람을 평가하는 것으로 직무 자체를 평가하는 직위분류제의 직무평가와는 다르다.

2) 근무성적평정의 목적

첫째, 상벌 목적에 활용하기 위함이다. 근무성적평정은 상벌 목적을 위한 인사 조치를 취하는데 공정한 기준을 제시한다.

둘째, 채용시험의 타당도를 측정한다. 근무성적평정은 공무원의 채용시험과 근무성적을 비교해 시험의 타당도를 측정한다.

셋째, 교육훈련의 수요 파악한다. 교육훈련 수요는 직책이 요구하는 능력과 현재 공무원의 능력의 차이다.

넷째, 적재적소의 인력 배치를 위해 실시한다. 근무성적평정은 직무에 대한 적응성을 파악할 수 있게 해서 전직·전보의 결정에 적절한 기준을 제시할 수 있다.

다섯째, 직무 수행 능력의 발전을 위해 실시한다. 근무성적평정은 공무원 개인의 근무 능률을 향상시키고 발전 가능성을 결정하는 데 이용할 수 있다.

여섯째, 인간관계의 개선을 추구한다. 근무성적평정 결과를 공개하고 부하와 솔직하게 의견을 교환하고 상호 협의를 통해 개선책을 강구함으로써 이해와 협조를 촉진시켜 사기를 앙양시키고 부드러운 인간관계를 형성시킬 수 있다.

일곱째, 각종 인사행정의 기준이 된다. 근무성적평정은 인력계획 수립이나 채용·선발·시험관리의 합리화·공정화에 기여한다.

2. 근무성적평정의 이론적 방법(평정모형)

1) 근무성적평정 방법의 유형

근무성적평정 방법에는 평정 도구(기법)에 따른 분류, 평정 주체에 따른 분류, 결과 배분에 따른 분류(D.A. DeCenzo & C.P. Robbins), 복합적 기준의 분류(B. Siegel & S. Myrtle) 등이 있다.

2) 평정 도구(기법)에 따른 분류

(1) 도표식 평정척도법

도표식 평정척도법(圖表式評定尺度法, graphic rating scale)은 도표로 된 평정표를 사용해 근무성적평정을 하는 방법으로 가장 많이 이용되는 방법이다. 대체로 한편에는 근무평정에 필요한 실적・능력・태도를 나타내는 평정 요소를 나열하고, 다른 편에는 각 평정 요소마다 우열을 나타내는 등급을 어구나 숫자로 표시한다. 평정자는 피평정자를 평정 요소별로 관찰해 해당되는 등급에 표식을 함으로써 평정한다.

(2) 사실기록법(중요사건기록법)

도표식 평정척도법의 임의성(주관성)을 보완하기 위해 공무원의 근무성적을 객관적인 사실에 기초를 두고 평가하는 방법이다. 이는 공무원이 달성한 작업량이 평가 대상이 되는 것으로 객관적이기는 하나, 작업량을 측정하기 어려운 업무에 대해서는 적용할 수 없다는 결점이 있다.

(3) 행태기준 평정척도법: 도표식 평정척도법 + 중요사건기록법

행태기준 평정척도법(behavioraly anchored rating scales: BARS)은 근무성적평정에서 주요 과업 분야별로 바람직한 행태의 유형 및 등급을 구분・제시한 뒤, 해당 사항에 표시하게 함으로써 평정하는 방법을 말한다. 주관적 판단을 배제하기 위해 직무분석에 기초해 직무(job)와 관련된 중요한 과업(task) 분야를 선정하고, 각 과업 분야에 대해 가장 이상적인 과업 행태에서부터 가장 바람직하지 못한 행태까지를 몇 개의 등급으로 구분하며, 각 등급마다 중요 행태를 명확하게 기술한 뒤 점수를 할당하는 방법을 사용한다. 이때 평정척도는 직무 수행 담당자와 계선상의 관리자가 공동으로 참여해 설계한다.

(4) 강제선택법

강제선택법(forced choice check lists)이란 근무성적평정에서, 유사하거나 상반되게 보이는 2개 또는 4~5개의 항목으로 구성된 각 기술 항목의 조(組) 가운데서 피평정자의 특성에 가까운 것을 강제적으로 골라 표시하도록 평정하는 방법을 말한다(비계량적 방법). 이 방법은 강제선택식 체크리스트 방법(forced choice check lists)이라고도 부른다.

3) 평정 주체에 따른 분류

(1) 감독자 평정

피평정자의 상관인 감독자가 평정하는 근무성적평정 방법을 말한다. 수직적 계층구조가 강한 전통적인 관료제조직에 적합한 방식으로 평정자(1차)와 확인자(2차)가 있는 복수평정과 평정자만 존재하는 단수평정이 있다.

(2) 다면평정

피평가자별로 상급자, 동료, 하급자, 고객 등 업무 유관자를 선정해 객관적으로 평가하는 제도다. 행렬조직이나 팀조직 등 동태적 조직에서 바람직하다. 공무원의 능력 발전에 활용, 공정성・객관성의 제고, 충성심의 다원화, 분권화 촉진에 유리, 민주적인 리더십 향상에 기여, 동기 유발과 자기개발 촉진 등의 장점이 있으나, 불쾌감과 스트레스, 절차의 복잡성, 형평성・신뢰성・정확성 저하 우려, 포퓰리즘(populism)으로 인한 목표의 왜곡, 피평정자의 무지와 일탈된 행동 등의 단점이 있다.

4) 평정 결과 배분에 따른 분류: 비교 기준에 의한 분류

(1) 절대평가법

평정 결과의 분포 비율을 강제하지 않는다.

(2) 상대평가법

평정 결과의 분포 비율을 강제한다. 상대평가법에는 강제배분법과 서열법이 있다. 강제배분법(forced distribution)은 근무성적평정 등에서 평정 결과의 분포가 과도하게 집중되거나 관대화되는 것을 막기 위해 성적 분포의 비율을 미리 정해놓고 평정을 하는 방법을 말한다(D.A. DeCenzo & C. P. Robbins). 분포 비율를 정하는 데는 여러 가지 방법이 있으나, 분포 비율을 10, 20, 40, 20, 10으로 해서 종(鐘) 모양인 정상분포곡선(normal curve)이 되도록 배분하는 것이 일반적인 예다. 우리나라에서는 평정 대상 공무원의 등급(수・우・양・가)별 분포 비율이 2:4:3:1이 되도록 평정하게 하는 강제배분 방법을 채택하고 있다. 이 방법의 장점은 기관 간의 불균형을 제거할 수 있으며, 집중화・관대화 경향을 방지할 수 있다. 단점으로는 평정자가 미리 강제 배분 비율에 따라 평정 대상자를 각 등급에 분포시키고, 그 다음에 역으로 등급에 해당하는 점수를 부여(역산제 평정)한다는 데 있다.

서열법(ranking method)은 일반적으로 대상을 비교할 때 절대점수를 산출해 상호 비교하는 것이 아니라, 단순한 서열만을 기준으로 비교하는 것을 말한다. 근무성적평정에서 서열법은 피평정자의 근무성적을 서로 비교해 그들 간의 서열을 정해 평정하는 방법이다. 장점으로는 작은 규모에 사용이 용이하며, 특정 집단 내의 전체적인 서열을 알 수 있으나, 단점으로는 큰 규모에 사용하기 곤란하며, 다른 집단과 비교할 수 있는 객관적인 자료를 제시하지 못한다.

3. 근무성적평정의 한계(문제점 및 오차)

1) 문제점

근무성적평정의 문제점은 첫째, 효용도의 저하다. 근무성적평정은 원래 주관적 평정 방법이므로 타당도・신뢰도・객관도 등이 낮다. 둘째, 공정한 평정자 확보의 어려움과 역산제의 모순이 존재한다. 평정자의 주관을 배제할 수 있는 평정 방법이 드물다. 셋째, 장래 예측의 곤란과 표준화가 어렵다는 문제가 있다. 현재의 능력이나 과거의 실적에만 치중하며 장래의 발전 가능성 등은 측정하기가 곤란하다.

2) 평정오차

(1) 연속화의 오차(error of hallo effect)

현혹 또는 후광 효과로서 전반적 인상이나 다른 평정 요소의 결과에 의해 영향을 받는 현상이다. 그 예로서 '모습이 단정하면 책임감도 우수하다'라고 판단한다.

(2) 집중화 경향의 오차(error of central tendency)

중심화의 오차로 평정자가 모든 피평정자에게 대부분 중간 수준의 평정점을 주는 경향이다. 아주 나쁘거나 아주 좋은 극단적인 평정을 피하려는 경향이다.

(3) 관대화의 오차(error of leniency)

평정자(상관)가 피평정자(부하)와의 인간관계를 고려해 실제 점수보다 높은 점수를 주는 경향이다. 특히 잘 알거나 친한 사람의 경우에는 이 오차가 강하게 작용한다.

(4) 엄격화의 오차(error of strictness)

평정자(상관)가 피평정자(부하)의 실제 점수보다 낮은 점수를 주는 경향이다. 특히 나쁜 관계의 사람의 경우에는 이 오차가 강하게 작용한다.

(5) 논리적 오차(logical error)

평정 요소 간에 존재하는 논리적 상관 관계에 의해 생기는 오류다. '기억력이 높으면 지식이 높다, 작업량이 많으면 숙련도가 높다, 근면성이 높으면 작업량이 높다'고 평정하는 경향이다.

(6) 상동적 오차(error of stereotyping)

사람에 대한 경직된 편견이나 고정 관념에 의한 오류다. '특정 학교 출신이기 때문에 당연히 합격할 것이다. 아니면 떨어질 것이다'라고 판단하는 경향이다.

(7) 규칙적 오차(systematic error): 일관적 오차

평정자의 가치관 및 평정 기준의 차이에 의해 늘 지속적으로 발생하는 오차다. 한 평정자가 다른 평정자보다 일반적으로 과대 또는 과소 평정하는 것이다.

(8) 총계적 오차(total error)

다른 평정자보다 동일한 피평정자에 대해 높게도 평정하고 낮게도 평정하는 등 다르게 평정하는 것이다. 일관성 없는 평정으로 동일한 평정자에 대해 주어진 평점과 평균치 간의 차이의 총계를 말한다.

(9) 대비 오차(contrast error)

평정대상자를 바로 직전의 피평정자와 비교해 평정함으로써 나타나는 오차다.

(10) 시간적 오차(recency error)

시간적으로 근접해 평정하는 데 생기는 오차다. 근무성적평정에서 일종의 근접 오류로서 평정자가 쉽게 기억할 수 있는 최근의 실적이나 능력 중심으로 평가하려는 데서 생기는 오류다. 이러한 오차의 원인은 주로 평정자가 소수의 피평정자들을 근거리에서 평정하는 관계로 주로 최근의 실적을 기억하거나 피평정자가 그가 평정받고 있다는 생각으로 인해 평정자의 눈치를 살피는 현상 때문에 발생한다. 시간상 오류 현상을 방지하려면 다양한 자료를 바탕으로 평가만을 전문으로 하는 별도의 평가센터(assessment center)를 설치・운영하는 것이 효과적이다.

4. 우리나라의 근무성적평정제도

우리나라 공무원 평정은 5급 이하 및 기능직의 경우 근무성적평정(근무성적평가), 경력평정 결과를 토대로 승진후보자명부를 작성하며, 4급 이상은 근무성적평정(성과계약평가)만 실시한다.

1) 법적 근거: 공무원 성과평가 등에 관한 규정

종전 '공무원평정규정'을 '공무원 성과평가 등에 관한 규정'으로 변경했다(2006.1.1).

2) 근무성적평정의 종류

4급 이상 및 고위공무원단은 성과계약평가를 실시한다. 성과계약에 의한 목표 달성도의 평가로 매년 12월 31일 연 1회 평가한다. 5급 이하 및 기능직에 대해서는 근무성적평가를 실시한다. 근무실적 및 능력에 대한 평가로 정기평가의 경우 6월 30일과 12월 31일 연 2회 평가한다.

3) 성과계약평가(4급 이상 및 고위공무원단)

성과평가 대상은 4급 이상 공무원 및 연구관・지도관이다. 다만, 소속장관이 성과계약평가가 적합하다고 인정하는 경우 5급 이하도 가능하다. 평가자는 평가 대상 공무원의 업무 수행 과정 및 성과를 관찰할 수 있는 상급 또는 상위 감독자 중에서, 확인자는 평가자의 상급 또는 상위 감독자 중에서 각각 소속장관이 지정한다. 단, 평가자의 상급 감독자가 없을 경우 확인자를 지정하지 아니할 수 있다. 소속장관은 평가 대상 공무원과 평가자 간에 성과계약을 체결토록 한다. 기관장 또는 부기관장과 실・국장급 간, 실・국장급과 과장급 간 등 직근 상하급자 간에 체결한다. 평가자는 평가 대상 기간 중 평가 대상 공무원의 소관 업무에 대한 성과계약의 성과 목표 달성도를 감안해 평가 대상 공무원별로 평가하되, 평가 등급의 수는 3개 이상이다. 성과 목표 달성도는 평가 대상 기간 동안 평가 대상 공무원이 달성한 성과 목표의 추진 결과를 평가지표에 근거해 평가한다. 성과계약평가를 할 때는 성과 목표의 중요도・난이도 및 평가 대상 공무원의 자질・태도 등에 관한 사항 등을 고려해 평가할 수 있다.

4) 근무성적평가(5급 이하 및 우정직 공무원)

5급 이하 공무원, 우정직 연구사 및 지도사, 우정직 공무원 등이 대상이다. 근무성적평가의 평가자는 평가 대상 공무원의 업무 수행 과정 및 성과를 관찰할 수 있는 상급 또는 상위 감독자 중에서, 확인자는 평가자의 상급 또는 상위 감독자 중에서 각각 소속장관이 지정한다. 단, 평가자의 상급 감독자가 없을 경우 확인자를 지정하지 아니할 수 있다.

근무성적평가의 평가 항목은 근무 실적 및 직무 수행 능력으로 하되, 소속장관이 필요하다고 인정하는 경우에는 직무 수행 태도를 평가 항목에 추가할 수 있다. 평가 항목별 평가 요소는 소속장관이 직급별·부서별 또는 업무 분야별 직무의 특성을 반영해 정한다. 평가 항목별 평가 요소는 부처 자율에 맡기되 기본 항목과 요소 근무 실적과 직무 수행 능력이다.

소속장관은 당해 기관의 임무 등을 기초로 해서 평가 대상 공무원이 평가자 및 확인자와 협의해 성과 목표 등을 선정하도록 해야 한다. 단순 반복적인 업무로서 성과 목표 등을 선정하기에 적합하지 아니한 경우는 제외한다.

근무성적평가 방법은 우선 평가자는 확인자와 협의해 평가 대상 공무원의 근무 실적 및 직무 수행 능력 등을 감안해 평가 단위별로 평가 대상 공무원의 성과 목표 달성 정도 등을 고려해 근무성적을 평가해야 한다. 평가 등급의 수는 3개 이상으로 하며, 최상위 등급의 인원은 20%, 최하위 등급의 인원은 10% 비율로 분포하도록 평가한다. 평가자 및 확인자는 근무성적평가의 결과를 근무성적평가위원회에 제출해야 한다.

근무성적평가 결과를 참작해 평가 대상 공무원에 대한 근무성적평가 점수를 정하고 근무성적평가 결과의 조정·이의신청 등에 관한 사항을 처리하기 위해 승진후보자명부 작성 단위 기관별로 근무성적평가위원회를 둔다.

5) 근무성적평정의 절차: 성과계약평가 및 근무성적평가 공통 사항

(1) 성과면담

평가자는 성과계약평가 또는 근무성적평가 정기평가를 실시하는 때에는 근무성적평정이 공정하고 타당성 있게 실시될 수 있도록 근무성적평정 대상 공무원과 의견 교환 등 성과면담을 실시해야 한다.

(2) 근무성적평정 결과의 공개 및 이의신청 등

평가자는 근무성적평정 대상 공무원의 요청이 있는 경우에는 당해 공무원에 대한 근무성적평정 결과를 알려줘야 한다. 근무성적평정 대상 공무원은 평정 결과에 이의가 있는 경우에는 확인자에게 이의를 신청할 수 있다. 단, 확인자가 없는 경우에는 평가자에게 이의를 신청할 수 있다. 이의신청을 받은 확인자 또는 평가자는 신청한 내용이 타당하다고 판단하는 경우에는 당해 공무원에 대한 근무성적평정 결과를 조정할 수 있으며, 이의신청을 받아들이지 아니하는 경우에는 그 사유를 당해 공무원에게 설명해야 한다. 이의신청 결과에 불복하는 평가 대상 공무원은 근무성적평가위원회에 근무성적평가 결과의 조정을 신청할 수 있다. 그러나 소청심사의 대상은 아니다.

(3) 평가 결과의 활용

소속장관은 성과계약평가 및 근무성적평가의 결과를 평가 대상 공무원에 대한 승진임용·교육훈련·보직관리·특별승급 및 성과상여금 지급 등 각종 인사관리에 반영해야 한다.

6) 경력평정, 가점평정: 근무성적평가(5급 이하 및 우정직 공무원)

승진소요 최저연수에 도달한 5급 이하 공무원(우정직 공무원의 경우에는 우정2급 이하 공무원), 연구사·지도사에 대해서는 그 경력을 평정해 승진임용에 반영해야 한다. 경력평정의 확인자는 각급 기관의 인사담당관이 된다. 경력평정점의 총점은 30점을 만점으로 한다. 소속장관은 승진후보자명부를 작성할 경우에는 직무 관련 자격증의 소지 여부, 특정 직위 및 특수 지역에서의 근무 경력, 근무성적평가 대상 기간 중의 업무혁신 등 공적 사항, 그 밖에 직무의 특성 및 공헌도 등을 고려해 해당 공무원에게 5점의 범위 안에서 가점을 부여할 수 있다.

7) 다면평정: 성과계약평가 및 근무성적평가 공통 사항

소속장관은 소속 공무원에 대한 능력 개발 및 인사관리 등을 위해 해당 공무원의 상급 또는 상위 공무원, 동료, 하급 또는 하위 공무원 및 민원인 등에 의한 다면평가를 실시할 수 있다. 즉, 다면평정은 감독자평정을 보완하는 것으로서 의무적인 사항은 아니며 부처 자율에 맡겨져 있다. 소속장관은 다면평가의 방법 및 절차 등에 관한 구체적인 사항을 직무의 특성 등을 고려해 설계·운영해야 한다. 다면평가의 평가자 집단은 다면평가 대상 공무원의 실적·능력 등을 잘 아는 업무 유관자로 구성하되, 소속 공무원의 인적 구성을 고려해 공정하게 대표되도록 구성해야 한다. 다면평가의 결과는 해당 공무원에게 공개할 수 있다.

8) 승진후보자명부의 작성: 근무성적평가(5급 이하 및 우정직 공무원)

(1) 승진후보자명부의 작성

임용권자는 1월 31일과 7월 31일을 기준으로 승진임용에 필요한 요건을 구비한 5급 이하 공무원(우정2급 이하 공무원), 연구사·지도사에 대해 승진임용예정 직급별로 승진후보자명부를 작성해야 한다. 다만, 정기평가 또는 정기평정을 생략하는 경우에는 7월 31일을 기준으로 하는 승진후보자명부의 작성은 이를 생략할 수 있다. 승진후보자명부는 작성 기준일 다음날부터 효력을 가진다. 다만, 승진후보자명부를 조정하거나 삭제한 때에는 그 다음날부터 효력을 가진다.

(2) 승진후보자명부의 평정점

승진후보자명부를 작성하기 위한 평정점은 근무성적평가 점수와 경력평정점을 합산한 100점을 만점으로 한다. 다만, 가점 해당자에 대해서는 5점의 범위 안에서 그 가점을 추가로 합산한 점수를 승진후보자명부의 총평정점으로 한다. 임용권자는 근무성적평가 점수의 반영 비율은 70%, 경력평정점의 반영 비율은 30%로 해서 승진후보자명부를 작성하되, 근무성적평가 점수의 반영 비율은 95%까지 가산해 반영할 수 있고, 경력평정점의 반영 비율은 5%까지 감산해 반영할 수 있다. 이 경우 변경한 반영 비율은 그 변경일부터 1년이 경과한 날부터 적용한다.

5. 근무성적평정의 비판과 방향

1) 근무성적평정의 비판

근무성적평정에 대한 비판적 시각을 살펴보면 다음과 같다.

첫째, 근무성적 자체에 대한 평정이어야 함에도 불구하고 인간 관계·정실 관계 혹은 외부의 압력이나 학력·경력이 훨씬 더 평정에서 큰 비중을 지녀왔다. 평정자의 주관을 완전히 배제할 수 있는 평정 방법을 발견한다는 것은 사실상 불가능하고, 타당도와 신뢰도가 극히 낮으며 관대화·집중화의 경향과 현혹 효과(hallo effect)의 영향이 심하다.

둘째, 평정은 정기적으로 할 것이 아니라 감독자에 의한 계속적인 과정이어야 하고, 공평한 평정자의 확보가 용이하지 않으며 근무 태도 개선에는 덜 관심을 가지고 평정을 위한 평정을 하는 경향이 있다. 과거의 근무성적의 평정에만 너무 치중해 장래의 발전가능성을 적절히 평정하지 못한다.

셋째, 단일의 평정 방법으로 모든 목적을 성취하려는 경향이 심하다. 적절한 자극을 주고 승진·승급·휴직 등과 같은 여러 가지 목적에 지침이 될 만큼 포괄적인 단일 평정 방법이란 있기 힘들다.

넷째, 직원의 모든 결점·장점을 분석하고 이를 합계해 전체로서 타인과 비교할 수 있게 하는 어떤 종합적 결론에 도달할 수 있다는 전제에 오류가 있다. 평정자의 태도·평정 기준이나 피평정자의 능력의 불균형으로 각 행정기관이나 조직 단위에 따라 평정 결과에 차이가 심하기 때문에 평정의 표준화가 곤란하고, 피평정자에게 심리적으로 긴장감을 갖게 하며, 직원의 행태를 실질적으로 변동시키는 효과를 가지고 있지 않다.

다섯째, 평정 대상이 되는 업무만 잘 하려는 경향으로 과잉 측정에 의한 목표 왜곡 현상이 일어나 사기(士氣)와 인화(人和)를 해칠 우려가 있다.

2) 기본 입장의 전환

근무성적평정이 실제의 운영 면에서 전적으로 만족할 만한 성과를 거두는 데 실패했다는 평가와 함께 동기부여에 관한 최근 이론의 영향으로 종래의 근무성적평정에 관한 징벌적 입장은 이른바 임상적 입장으로 전환되고 있다. 임상적 입장에서는 감독자는 교사·상담자·조언자로서 부하를 대하게 된다.

3) 방향

첫째, 근무성적평정제도의 충분한 이해가 전제돼야 한다. 평정자인 감독자와 부하 직원은 근무성적평정제도를 올바르게 인식해야 한다. 특히 평정자는 피평정자가 평정자와 평정 내용에 대해 불신·불안을 느끼고 평정고정화를 우려하고 있음을 이해하고 공정한 평정에 주력해야 한다.

둘째, 평정의 정실성·불공정성이 극복돼야 한다. 근무 실적보다 경력·고참 순위·승진 대상 여부에 따라 또는 학벌·정실·인간 관계·외부 압력의 작용으로 먼저 실질적인 평점을 한 다음 형식적인 평정을 하는 경향이 심하다. 이른바 역산제 현상은 우리나라의 행정 풍토와 밀접한 관계가 있는데 이의 극복 없이는 근무성적평정의 합리화는 불가능하다.

셋째, 목적에 따른 적절한 평정 방법의 선정과 고객평가가 고려돼야 한다. 근무성적평정의 구체적인 목적에 따라 적절한 평정 방법을 활용해야 하며, 평정표의 작성도 가능한 한 분권화·다원화돼야 한다. 또한 관계 시민이나 고객으로부터 제기되는 불평·불만도 반영되고 행정서비스의 개선에도 기여할 수 있도록 고객평가도 고려돼야 한다.

넷째, 기준평정보다 실제 근무 사실·성과의 기록에 치중해야 한다. 직원 자질의 특성에 중점을 두는 기준평정보다 구체적으로 파악할 수 있는 실제의 업적·성과를 기록하는 데 중점을 두는 방향으로 나아가야 할 것이며, 목표관리의 중요성에 비춰 직무 목표의 달성도에 관심을 가져야 한다.

제2절 교육훈련

1. 의의

교육훈련(education and training)이란 조직구성원에게 직무 수행상 필요한 지식과 기술을 연마시키고 가치관과 태도를 발전 지향적으로 개선시키고자 하는 인사 기능을 말한다. 공무원 교육훈련의 경우 그 종류로는 신규채용자 및 승진·배치전환자 등을 대상으로 한 적응훈련(introduction or orientation training)과 정부 고유 업무 담당자 훈련, 일반재직훈련(refresher and extension course), 감독자훈련(supervisory training), 관리자훈련(executive training), 윤리교육훈련(ethical education and training) 등이 있다.

교육훈련은 체제의 4대 기능(AGIL) 중에서 체제 유지 기능(latent pattern maintenance)과 관련된다. 체제 유지 기능은 교육·문화 등과 같이 세대를 계승하면서 창조와 재생을 가능케 하는 체제 안정화의 기능 및 형상 유지 기능이다.

교육훈련의 중요성은 첫째, 행정 기능의 확대·강화와 복지국가화의 경향에 있다. 이는 관료가 정책결정 과정에 깊이 개입하게 됨에 따라 유능한 공무원의 확보·육성이 절실히 요청하게 됐다. 둘째, 행정환경의 변동에 대한 적응 능력의 경향이다. 효과적인 교육훈련을 통해 공무원의 능력이 강화돼야 한다. 셋째, 기술혁신에의 적응과 새로운 관리기법의 도입이다. 행정의 능률화를 위해 새로운 관리기법을 습득·활용할 수 있어야 한다. 넷째, 새로운 가치관·행정윤리의 정착화다. 공무원의 행동을 좌우하는 가치관이 변혁되지 않는 한 행정개혁이나 행정쇄신이 성공적으로 이뤄질 수 없다.

2. 교육훈련의 수요 및 목적

훈련 수요는 직책이 요구하는 자격과 공무원의 현재의 자격·능력의 차이다. 교육 대상자의 선정 및 교육 내용을 결정하기 위한 중요한 기준이 된다.

교육훈련의 목적은 첫째, 지식·기술의 습득과 직무 수행 능력의 향상이다. 직책을 효과적으로 수행하는 데 필요한 지식·기술을 습득함으로써 직무 수행 능력이 향상될 수 있다. 둘째, 행정관리의 개선과 능률화를 들 수 있다. 인적·물적 자원의 효율적 활용, 소요경비의 절감, 문서관리·사무관리의 개선 등에 기여할 수 있다. 셋째, 직무 습득에 소요되는 노력·시간이 경감된다. 시행착오적으로 직무를 습득하는 것보다는 계획적인 훈련을 받게 하는 것이 효과가 빠르며 심리적 안정감을 느끼게 할 수 있고 근무 의욕을 고취시킬 수 있다. 넷째, 공직에만 있는 직책에 대한 훈련의 필요성이 있다. 예컨대 경찰관·소방관·세무공무원·우편집배원 등 직종의 특수성이 있는 경우에는 정부가 훈련을 실시해야 한다. 다섯째, 가치관의 변혁이 요구된다. 공무원이 정책결정에 중요한 역할을 담당하고 있으므로 사회 변동에 적응할 수 있는 가치관의 변혁이 요구된다. 여섯째, 협조 체제의 확립이다. 훈련을 통해 조직의 계획·정책과 기능을 좀 더 잘 이해하게 되면 협조 체제가 확립될 수 있다. 일곱째, 사기의 앙양이다. 피훈련자가 조직에 대해 친밀감·귀속감을 느끼고 자기계발의 기회를 얻게 돼 전체적으로 사기가 앙양될 수 있다. 여덟째, 관료제의 역기능 극복이다. 관료제의 병리 현상인 무사안일·특권 의식·형식주의 등을 극복하고 행정윤리를 확립하는 데 기여한다. 아홉째, 경력 발전과 생산성 향상이다. 공무원은 교육훈련을 통해 경력 발전을 기할 수 있고 생산성의 향상에 기여할 수 있다.

3. 교육훈련의 종류

첫째, 신규채용자훈련·재직자훈련이다. 신규채용자 훈련(orientation training)은 신규채용자에게 직무 수행에 필요한 기초적 지식을 습득시키고 적응 능력을 배양시키는 교육훈련이다. 반면, 일반재직자 훈련(refresher courses)은 재직 공무원에게 새로운 지식 또는 새로운 규칙이나 법령의 내용을 습득시키기 위해 정기적 또는 수시로 실시되는 훈련을 의미한다.

둘째, 감독자훈련(supervisory training)이다. 1인 이상의 부하를 통솔·감독하는 감독자를 대상으로 감독 능력을 향상시키기 위한 교육훈련이다.

셋째, 관리자훈련(executive training)이다. 최고관리층이나 중간관리층에 속한 간부급 공무원이나 혹은 고위직에 승진할 공무원에게 사회 각 분야에 대한 넓은 시야와 식견, 고도의 관리 능력·문제 해결 능력 내지 종합적인 판단 능력을 갖추도록 하려는 데 의의가 있다.

넷째, 교관훈련이다. 교육을 담당할 사람을 교육훈련시키는 것이다.

4. 교육훈련의 방법(기법)

1) 강의식·주입식 기법

피훈련자를 일정한 장소에 모아놓고 강사가 일방적으로 강의를 하고 피훈련자는 이것을 듣는 방법이며 우리나라의 훈련에서 가장 많이 사용하는 방법이다.

이러한 방법의 장점으로 첫째, 조직적·체계적인 교육으로 신규채용자에게 적합하다. 둘째, 일시에 다수인에게 지식을 전달할 수 있어 경제적이다. 셋째, 교육 내용의 조절이 가능하다. 그러나 단점으로 첫째, 일방적인 주입식에 기인해 흥미가 상실될 우려가 있다. 둘째, 실제 실무활동에 크게 도움이 안 된다. 셋째, 유능한 강사 확보가 어렵다.

2) 참여식·토론식 기법

이러한 기법에는 토론·회의식 기법, 사례연구, 역할연기, 분임토의, 대집단 토의식, 시뮬레이션과 관리게임 등이 있다.

토론·회의식 기법은 공통의 문제에 대한 참가자 전원이 의견을 내어 그 문제를 해결하는 방식으로 피훈련자 간에 아이디어와 정보를 교환하고 어떤 문제에 대한 결론을 얻는 데 적합하다. 상호간의 의견이나 정보 교환이 용이하고, 좀 더 민주적이고 신중하게 사고 할 수 있게 되며, 독창적 의사 능력의 개발과 실무활동에 유용하다. 회의 지도에 유능한 리더의 확보가 필요하며 참가 인원의 제약과 시간 낭비의 우려가 있고 결론이 나오지 않을 가능성 크며 비경제적이다.

사례연구(case study)는 일정한 사례를 공동으로 연구해 문제를 도출하고 그에 대한 대안을 모색하는 방법이다. 인간관계 훈련에 적합하며, 이해력 · 분석력 · 판단력 배양에 유용하다.

역할연기(role-playing)는 여러 사람 앞에서 실제 행동으로 연기를 하고 연기가 끝나면 사회자가 청중에게 이에 대한 논평을 하도록 하는 방법이다. 인간관계 훈련에 가장 효과적이며, 우수한 사회기술과 사전 준비가 필요하다.

분임토의(syndicate)는 몇 사람이 반을 편성해 문제를 연구하고 전원에게 보고하며 비판을 가하는 방법이다. 우리나라 고위직 공무원 훈련의 분임토의가 이에 유사하다. 참가자의 관심 유도, 상대방 의견 존중 등의 장점이 있으나, 비경제적이고 충분한 시간이 필요하다.

대집단 토의식은 다수의 피훈련자를 상대로 복수의 연사가 발표 · 토론하고 이를 교육생이 참관하도록 하는 방법으로 패널(panel), 심포지엄(symposium), 포럼(forum) 등이 있다. 많은 피훈련자를 대상으로 한다는 점에서 강의와 비슷하지만, 연사가 복수라는 점과 참관객이 다수라는 점에서 전통적인 강의 방식과 구별된다.

시뮬레이션(모의실험)은 피훈련자가 업무를 수행할 때 직면하게 될 어떤 가상적인 상황을 설계해놓고 거기에 대처하도록 하는 것이며, 관리게임은 모의실험 중의 하나로 조직의 어느 부문의 관리 상황을 가상적으로 설정해놓은 뒤 피훈련자들로 하여금 그러한 상황 속에서 조직을 운영해 볼 것을 요구하는 방법이다.

3) 체험식 기법

체험식 기법에는 시찰 · 견학, 현장훈련, 전직 · 순환보직 등 배치전환, 감수성훈련, 임시 대역 등이 있다. 시찰 · 견학은 훈련을 받는 사람이 실제로 현장에 가서 어떠한 일이 어떻게 어떠한 상황에서 일어나고 있는가를 목격 · 체험하도록 하는 것이다. 피훈련자의 시야와 이해력을 넓히는데 효과적이지만 막대한 경비와 시간이 소요된다.

현장훈련(On the Job Training: OJT)은 피훈련자가 직책을 정상적으로 수행하면서 담당 업무의 수행 능력을 향상시키기 위해 상관으로부터 지도 · 훈련을 받는 방법이다. 훈련 내용이 실용적이고 교육 차출의 어려움 극복이 가능하나, 훈련관 · 감독자의 시간과 정력을 많이 소모시켜 훈련이 형식적으로 흐를 가능성이 있고, 일시에 다수 훈련이 곤란하다.

전직 · 순환보직 등 배치전환은 피훈련자의 근무처를 여러 다른 직위 · 직급에 전직 또는 순환보직시키면서 훈련시키는 것이다. 공무원의 시야와 경험을 넓혀주므로 고급 공무원의 훈련 또는 전문가를 일반행정가로 훈련하거나 조정 능력 확보에 특히 효과적이다.

감수성훈련(sensitivity training)은 피훈련자를 외부 환경과 차단시킨 상황 속에서 자신의 경험을 교환하고 비판하게 함으로써 대인 관계에 대한 이해와 감수성을 높이려는 현대적 훈련 방법(OD기법의 일종)이다. 인간관계에 불가결한 가치관 · 태도 · 행태의 변화에 유익하지만 다수자의 참여가 곤란하다.

임시 대역은 상관 부재 또는 유고시 권항을 대행함으로써 하급자의 자질을 향상시키는 방법이다.

제3절 사기의 본질

1. 의의

1) 사기의 개념

사기(士氣, morale)란 집단의 구성원이 만족감과 긍지를 가지고 결속해 공동 목적을 달성하려는 자발적인 의욕을 말한다. 즉, 사기란 조직구성원의 태도·감정·정서의 집합체로 집단의 융합적인 감정을 토대로 해서 의욕적이고 적극적인 행동을 자아내는 독특한 정신 상태라고 할 수 있다. 일반적으로 조직구성원의 사기는 생산성과 상관 관계가 높은 것으로 알려지고 있다.

2) 사기의 성격

사기의 성격은 개인적 성격, 집단적·조직적 성격, 사회적 성격, 주관적·상대적 성격 등으로 구분할 수 있다. 개인적 성격으로 사기는 개인이 직무와 근무환경에 대해 가지는 심리 상태를 의미하며, 개인의 적극적·자발적인 근무 의욕이다. 집단적·조직적 성격으로 사기는 조직구성원이 전체로서 조직목표 달성에 이바지하려는 정신 상태라고 할 수 있다. 사회적 성격으로 사기는 사회적 가치 또는 사회적 역할과 결부됨으로써 지적·도덕적 만족감을 충족시킬 수 있어야 한다. 주관적·상대적 성격으로 사기는 구성원의 만족감이나 근무 의욕으로서 이는 심리 상태의 주관적·상대적 성격을 띤다.

3) 사기의 효용성

사기는 자기의 직무·역할을 헌신적으로 수행함으로써 목표 달성에 기여하며, 소속한 조직과 지도자에 대해 충성심을 가진다. 조직의 명령·지시·규범을 자발적으로 준수하게 하며, 조직의 위기 극복 능력을 배양한다. 조직활동과 담당 직무에 대한 관심이 높아지고, 창의성·쇄신성을 발휘하게 한다. 소속한 조직에 대해 긍지를 가지게 한다.

4) 사기와 생산성의 관계

사기와 생산성의 관계를 바라보는 관점에는 두 가지가 있다. 첫 번째로 사기와 생산성의 밀접한 관계를 인정하는 입장(사기 실재론, 동기부여의 욕구이론)이다. 이는 초기의 사기이론의 주류를 이루는 것으로 허즈버그(F. Herzberg) 이론을 중심으로 보면 재직자의 심리적 만족감·근로 의욕은 만족·동기 요인의 충족을 도모하고 이는 생산성 향상을 야기한다는 주장이다(E Mayo 등). 두 번째 입장으로 사기와 생산성의 밀접한 관계를 부인하는 입장(사기명목론, 동기부여의 기대이론)이다. 이는 생산성(성과)은 모티브(근무 의욕)와 작업 수행 능력이 결합인데 이 중 근로 의욕이 아무리 높다고 하더라도 작업 수행 능력이 미숙하거나 사기작용 방향이 부정적일 때는 생산성이 증진되지 않는다는 현대 기대모형의 입장이다(L. A. Coser, D. L. Schachter 등).

2. 사기의 결정 요인

첫째, 경제적·물질적 요인이다. 보수제도의 합리화, 보수의 인상, 근무 여건(작업환경)의 개선 등 인간의 제1차적인 욕구인 물리적 욕구에 해당되는 요인이다. 허즈버그의 불만 요인에 해당한다.

둘째, 사회심리적 요인(G. Stahl)이다. 사회심리적 요인은 귀속감·일체감, 안정감, 성공감, 참여의식 등이 있다. 첫째, 귀속감·일체감은 인간이란 어떤 집단에 소속하려고 하며 소속한 집단의 구성원과 우정·친밀감을 가지려고 한다. 둘째, 안정감이다. 이는 집단에서 일어나고 있는 일이나 사정을 알고 상사나 동료가 자기의 일을 원하고 있으며 자기의 일에 대해 자기 표현을 할 수 있는 충분한 기회가 부여되고 있다고 느끼는 경우의 심리적 안정감을 말한다. 셋째, 성공감이다. 성공감이란 자기가 발전하고 있다는 것, 자기가 성취하려는 것을 이루고 있다는 것, 자기의 기술·능력의 발전 가능성을 깨닫고 있다는 것 등을 느끼는 것을 말한다. 넷째, 참여 의식이다. 집단의 구성원이 집단 목적의 형성·실현에 직접 참여할 수 있는 기회가 부여되는 경우 사기가 높아진다.

3. 사기의 조사

1) 사기조사의 개념

사기조사(morale survey)란 조직행동에서 공통 목적을 가진 개인 또는 단체의 심정 및 태도의 수준을 측정하는 것을 말한다. 사기조사는 대체적으로 통계적 방법에 의한 사기조사와 조직구성원의 의식조사 등 두 가지로 대별해 볼 수 있다. 통계적 방법에 의한 사기조사에는 노동이동률, 결근율 및 지각률에 의한 측정, 그리고 퇴직률, 고충처리율, 사고빈도율에 의한 근무 관계 기록 측정 등이 있다.

2) 사기조사의 방법

사기조사의 방법에는 태도조사와 통계 기록에 의한 조사가 있다. 태도조사는 정부의 관리 방침, 상사의 감독 방법, 동료 관계와 급여, 후생복지, 작업환경 등에 대한 직원의 의견과 태도를 조사하는 방법이다. 이러한 방법에는 사회측정법과 투사법이 있다. 사회측정법(sociometry)은 모레노(J. A. Moreno)가 창안한 것으로 집단구성원 간의 호감(견인)·악감정(반발) 관계를 파악해 집단구성원 간의 견인 관계(cohesiveness)의 도가 높을 때는 그 집단의 사기가 높고, 구성원 간의 심리적 견인 관계가 낮을 때는 사기가 낮다고 평가한다. 그리고 투사법(projection)은 과거의 추세가 장래에도 그대로 지속되리라는 전제 아래 과거의 추세선(趨勢線)을 연장해 미래 일정 시점에서의 상황을 예측하고자 하는 미래예측 기법을 말한다.

통계 기록에 의한 방법은 우선 생산성 또는 직업 능률에 대한 기록이다. 이는 시간당 생산량, 표준 시간에 대한 실제 작업량, 인건비나 생산물의 품질조사 등이며, 사회적이나 생산적인 업종에는 비교적 측정하기가 쉬우나 행정공무원 등의 경우에는 양적인 측정이 매우 곤란하다고 할 수 있으므로 일반화할 수 없다. 그리고 이직률 조사로 행정기관의 경우 대체로 연 10~12%의 비율이 적절하다. 그리고 출퇴근 상황 또는 안전사고율 등이 있다.

4. 사기의 문제점과 앙양 방안

1) 사기의 문제점: 우리나라의 주요한 문제점

관료조직의 병폐는 공무원이 직무 수행에 큰 보람과 만족감을 느끼지 못하게 하며, 공직 부패에 대한 사회 각계각층으로부터의 비판・비난은 공직자로서의 긍지・자부심이 손상됐다. 기득권 공무원들이 개혁정책에 반발하는 복지부동의 현상이 만연됐으며, 낮은 보수 수준은 사기를 저해하는 중요한 요인이다. 승진 적체와 정실 요인의 작용으로 심리적 소외감을 촉발시켰고, 요직에 배치될수록 높은 사기를 보여왔다. 종적・횡적 유동성이 제약되고 있는 기술직은 행정직보다 사기가 낮고 이직률이 높았으며, 직위해제의 남용으로 신분 보장이 확고하지 못했다.

2) 사기의 앙양 방안

사기의 앙양 방안은 머슬로(A. H. Maslow)의 욕구 5단계론에 따라 제시가 가능하다.

첫째, 생리적 욕구의 충족으로 보수의 적정화를 들 수 있다. 이는 보수 수준을 물가 수준・민간 임금 수준 등에 상응하도록 결정하고 공정을 기하며 근속가족수당 등으로 인센티브를 줘야 하고 치료・휴양・휴가・휴식 등에 의해 공무원이 건강관리・체력관리 등을 기할 수 있게 해주어야 한다.

둘째, 안전 욕구의 충족이다. 이는 법령에 따라 충실히 근무하는 한 신분을 보장해 주어야 하며, 공무원이 퇴직 또는 재해를 입었을 경우 퇴직금 또는 보상금 등을 지급함으로써 공무원의 안전 욕구를 충족시켜 주어야 한다.

셋째, 사회적 욕구의 충족이다. 공무원의 사기는 동료 관계 또는 상하 관계에 의해 많이 좌우되는데, 이들 간의 불화・불신 등을 치유하고 비공식적 집단을 유용하게 활용한다. 그리고 공무원의 개인 사정・직장 관계 및 사회 관계에 관한 여러 가지 고충・불안 및 좌절감을 해소시킨다. 또한 국민에 대한 봉사자로서 민주적인 공직관을 확립시키는 것이 필요하다.

넷째, 존경 욕구의 충족이다. 공무원의 업무 집행 시에 상사가 서슴지 않고 권한을 위임해 주거나 상사의 의사결정에 참여를 보장해 줄 필요가 있다(MBO 등의 도입). 그리고 공무원의 의견 및 아이디어를 상사가 채택・존중해 줌으로써 자아실현의 욕구 분출구를 마련해 주고 감정을 정화해 참여 의식을 발양시킨다. 공무원이 칭찬을 받을 만한 실적을 쌓았을 때에는 이에 대한 응분의 포상을 실시하며(신상필벌), 공무원의 인간적 가치를 존중할 필요가 있다.

다섯째, 자아실현 욕구의 충족이다. 공무원을 승진 기회가 막히거나 승진이 불공정할 때에는 사기가 극히 저하되므로 합리적이고 공정한 승진을 보장하고, 공무원에게 그들의 품위 유지와 지위 향상을 위한 조직적 행동권을 부여하며 자기 이익을 주장할 수 있게 해야 한다.

제4절 사기앙양제도

1. 고충처리제도

고충처리제도(grievance procedure)란 조직구성원의 개인적인 애로 사항이나 근무 조건・인사

운영 등에 대한 불만을 처리·해결해 주는 절차를 말한다. 고충처리제도는 인사상담, 제안제도, 소청제도 등과 같이 공무원의 권익을 보호하고 신분 보장을 강화하기 위한 제도다.

이 제도는 공무원의 신분 보장, 사기 앙양, 하의상달의 촉진, 적극적인 인사행정이나 직업공무원제도의 발전 등에 기여하는 데 있다.

고충의 원인을 살펴보면, 정실·연고 등의 작용으로 부당한 인사 조치나 차별 대우를 당하는 경우, 승진이나 보수 인상이 당연히 이뤄져야 하는데도 실현되지 않거나 이러한 가능성이나 기회가 전혀 없다고 느낄 경우, 상급자에 대한 심한 불안감이나 무능력에 대해 불만을 느끼는 경우, 과도한 업무량, 불충분한 시설·기재, 빈약한 자료·정보 등에 의해 불쾌감이나 불만을 느낄 경우 등이 있다.

이러한 고충의 영향은 직원의 근무 의욕·사기를 저해하며, 한 사람의 불평은 다른 직원들에게 널리 확산되고 침울한 분위기가 조성된다. 관리층과 직원 간의 대립·갈등을 유발시켜 직장 내의 인간관계를 악화시키고, 행정의 생산성과 서비스의 질적 저하를 초래한다. 또한, 비밀주의적·면종복배(面從腹背)적 행태가 만연된다.

고충처리가 성공하기 위해서는 고충처리제도의 취지와 내용이 공무원들에게 주지돼야 하며, 고충처리 절차는 간단하고 그에 대한 규정은 명확해야 한다. 고충처리 절차는 심리에 신중을 기해야 하지만 신속하게 진행돼야 하고, 고충처리 과정에서 청구자가 자기의 주장을 효과적으로 표현할 수 있도록 도와줘야 한다. 또한, 고충처리 심사를 청구하는 공무원이 보복의 위협을 받지 않도록 해야 하며, 고충처리의 진행이나 처리 결정은 관계자들이 승복할 수 있을 정도로 공평성을 지녀야 한다.

고충처리의 절차는 비공식적 절차와 공식 절차로 구분할 수 있다. 비공식적 절차(감독자에 의한 고충처리)의 고충처리는 감독자가 비공식적으로 직원의 불평을 시기를 놓치지 않고 일찍 포착해 신속히 처리함으로써 공식적인 고충 제기에 이르지 않도록 하는 것이 바람직하다. 그리고 공식 절차(전담기구에 의한 고충처리)는 감독자에 의한 고충처리에 의해 해결될 수 없거나 고충의 대상이 감독자인 경우에는 직원에게 만족스러운 해결이 어려우므로 고충처리 전담기관에 의한 공식적인 고충처리 절차가 필요하다. 또한, 공식적 처리는 객관성, 공정성 유지를 위해 복수의 구성원으로 구성되는 독립된 합리적 기관(고충처리심사위원회)을 통해 심사 처리하는 것이 바람직하다.

우리나라에서는 인사상담과 고충처리를 통합해 운영하고 있다. 국가공무원법에서는 고충처리를 전담하게 하기 위해 중앙고충심사위원회를 중앙인사관장기관(소청심사위원회에 기능 부여)에 설치해 5급 이상 공무원의 고충과 재심을 심사·처리하게 하고, 6급 이하 공무원과 기능직 공무원의 경우에는 임용권자나 임용제청권자를 단위로 보통고충심사위원회를 두어 심사·처리하게 한다.

2. 제안제도

1) 의의

제안제도(suggestion system)란 조직구성원으로 하여금 업무합리화·경비 절약 등 업무의 개선을 위한 제안을 제출하게 해서, 심사 결과 채택된 제안에 대해 응분의 보상을 하는 제도를 말한다. 이는 업무의 능률 향상과 개선은 물론, 조직구성원의 참여 의식과 문제 해결 능력의 증진 및 사기 앙양을 목적으로 시행되는, 인간관계론적 인사관리의 한 방법이다. 공식조직의 계층을 거치지 않고 하위계층에서 상위계층으로 전달되는 커뮤니케이션의 한 방법으로 기능하는 제안제도는 1880년 스코틀랜드의 조선업자(造船業者) 데니(W. Denny)가 공장 내에 제안함을 설치한 것이 그 단서가 됐다.

2) 장점

첫째, 업무의 개선으로 행정의 능률화와 예산 절약에 기여한다. 제안제도의 1차적인 효용에 해당된다.

둘째, 직무에 대한 관심을 갖게 하고 공무원의 근무 의욕을 향상시킨다.

셋째, 창의력을 개발하고 문제 해결 능력을 증진시킨다.

넷째, 공무원에게 소속감 · 일체감을 갖게 하며 자신감을 느끼게 해서 사기를 앙양한다.

다섯째, 하의상달이나 참여의 통로로 활용됨으로써 대내적 행정관리의 민주화를 구현한다.

3) 단점

첫째, 직원 간의 경쟁심을 자극시켜 인간관계를 해칠 우려가 있다.

둘째, 합리적이며 공정한 심사가 곤란하다.

셋째, 기술적 제안에 지나치게 치중하게 된다.

넷째, 실질적인 제안자의 식별이 곤란하다.

4) 성공적 운영 방안

첫째, 제안을 쉽게 할 수 있는 절차를 확립한다.

둘째, 제출된 제안의 신속하고 공정하게 처리한다.

셋째, 채택된 내용에 대해서는 적절하고 충분한 보상을 실시한다.

넷째, 관리자 · 감독자의 제안제도에 적극적인 관심을 가지고 직원들이 자유롭게 참여할 수 있는 분위기를 조성한다.

다섯째, 채택된 제안은 가능한 한 빨리 실시한다.

3. 인사상담

인사상담(人事相談, employee counseling)이란 조직구성원들의 욕구 불만, 갈등, 정서적 혼란 등 부적응 문제를 구성원 스스로 해결하는 데 협조하기 위한 개인적 면담절차를 말한다. 즉, 조직구성원들이 주로 개인 신상문제로 고민하거나 딱한 사정이 있을 때 전문적인 상담자가 당사자의 정서적 긴장을 발산시키고 안도감을 부여하며 그 해결 방안에 관한 조언을 해주는 것이 인사상담이다. 우리나라의 경우 인사상담은 고충처리 절차에 통합돼 고충심사위원회에 의해 운영되고 있다.

인사상담의 유형은 인사상담에서 상담자(counselor)가 중심이냐 내담자(client)가 중심이냐에 따라서 구분된다. 상담자가 주도적인 역할을 해서 분석·진단·원인 발견 및 치료 처방을 하는 상담 방법인 지시적 상담, 내담자가 중심적 역할을 하고 상담자는 소극적인 역할을 담당하는 상담 방법인 비지시적 상담, 양자의 절충형인 절충적 상담이 있다.

제5절 공무원단체(노동조합)

1. 의의

공무원단체(public employee organizations)란 공무원들이 자주적으로 단결해 근로 조건의 유지 개선과 복지 증진, 기타 경제적·사회적 지위의 향상을 목적으로 조직하는 공무원집단의 단체를 말한다. 좁은 의미의 공무원단체는 공무원노동조합(labor union)을 의미한다.

공무원단체에 대해 종래 소극적 실적주의 하에서는 부정적이었으나, 현대의 적극적 인사행정 체제 하에서는 긍정적인 입장으로 전환했다. 공무원단체에 대한 정책은 나라마다 다르다. 일부 국가는 공무원단체의 구성과 활동을 폭넓게 허용하는 반면, 공무원단체의 조직 자체를 금지하는 나라도 있다. 대부분의 국가에서는 공무원단체에 단결권과 단체교섭권을 부여하고 있으나, 단체행동권은 부여하지 않고 있다.

이러한 원인은 공직의 특성에서 살펴볼 수 있다. 정부는 국민 전체를 대표하고 공익을 추구하며 영리를 추구하는 사기업과 다르고, 보수를 포함하는 공무원의 근무 조건은 법령에 의해 정해지며 공공부문에서 노사 양 당사자는 대등한 관계에 있지 않다. 정부조직은 민간조직에 비해 국민생활에 압도적인 영향을 미치며, 민간조직의 노사관계에 비해 정부의 경우 노사 간에 대립적 관계가 성립될 수 있는 기반이 취약하다. 공무원의 근무 조건은 정치적·입법적 통제를 받으므로 노사 간의 합의로 해결할 수 있는 문제의 범위가 한정돼 있다. 민주정부의 인사행정은 공정성과 형평성에 기반을 두며, 특정 집단 소속 여부에 의한 차별을 받아서는 안 된다. 정부의 의사결정권은 사기업에 비해 광범하게 분산돼 있으므로 공무원단체는 교섭 대상의 확인이 어렵다.

2. 공무원단체에 관한 논의: 효용과 비판

1) 부정설(전통적 입장): 공무원단체에 대한 소극적·비판적 견해

부정설의 입장에서 공무원은 첫째, 일반근무자와 구별되는 특수한 지위에 있으므로 공무원의 단체활동은 금지돼야 한다. 공무원 스스로 국가기관의 지위에 있으며, 공무원의 근무는 정부와 특별권력 관계다. 또한, 공직은 노사 간의 구분이 불분명하다. 둘째, 공익보다는 특수이익·부분이익·집단이익을 추구해 일반납세자(국민)에게 추가적 부담을 지우게 되므로 국민에 대한 봉사자라는 공복 관념에 상반된다. 셋째, 행정서비스의 중단으로 국민에게 불편을 줄 수 있다. 넷째, 관리자의 재량권이나 고유 권한의 제약으로 부하 통솔이 곤란하고 인사행정의 통일성이 저해된다. 다섯째, 노조는 개인의 능력이나 실적 등에 의한 능률급 보수보다는 경력이나 연공서열만을 강조하므로 개인주의나 실적주의를 저해한다(F. C. Mosher). 여섯째, 생산성보다 동일 보수 지급이나 업무 처리 수준의 최고·최적 수준보다 최저 수준에 집착해 행정의 능률을 저하시킨다.

2) 긍정설(현대적 · 적극적 입장): 공무원단체의 효용 · 이점

긍정설의 입장은 공무원단체의 효용성을 중시한다. 첫째, 공무원은 공무원단체를 통해 입법부와 관리층에 대해 그들의 입장과 의견을 효율적으로 표시할 수 있다. 둘째, 관리층이 감독자 계층을 통해 전달받은 불완전한 의견에 전적으로 의존하기보다는 집단으로서 직원의 진정한 의견을 파악하고자 하는 경우 관리층에 편의를 줄 수 있다. 셋째, 공무원들의 기본적인 권익 보장으로 사기 앙양은 물론 연대 의식과 동료 의식의 증진 및 귀속감·일체감을 느낄 수 있다. 넷째, 관리층과 직원 간에 의사소통의 경로 역할을 할 수 있고, 불평·고충의 해결 수단이 된다. 다섯째, 관리자의 일방적인 횡포를 막고 행정관리의 민주화에 기여한다. 여섯째, 공무원단체를 인정하고 있는 경우에 실적제가 오히려 강화되고 있다(F. A. Nigro). 일곱째, 자율적인 부패 방지 노력과 전문직업화를 통한 행정윤리의 확립에 기여한다. 그리고 부정론에 대한 반박으로 공무원의 사회·경제적 지위는 본질적으로 일반근무자와 동일하므로 단체활동이 허용돼야 하며, 공무원이기 이전에 한 사람의 직업인·근로인이다. 대내적 민주화가 행정의 대외적 민주화(위민행정, 봉사자 이념)에 기여한다. 특별권력 관계이론은 고전적인 진부한 이론이라고 주장한다.

3. 공무원단체의 활동 내용

1) 단결권(단체구성권)

단결권은 공무원들이 근무 조건의 유지·개선을 목적으로 관리층과 대등한 교섭력을 가지기 위해 자주적 단체를 구성하고 가입할 수 있는 권리다. 국제노동기구(ILO) 헌장에 의해 군대와 경찰을 제외하고는 누구나 단결권의 제한을 받지 않는다라는 규정에 따라 대부분의 나라에서 인정하고 있다.

2) 단체교섭권

단체교섭권은 공무원이 근로 시간, 휴가, 작업 안전 등 근무 조건을 향상시키기 위해 일시적 또는 계속적인 단결체를 통해 관리층과 자주적으로 교섭하는 권리다. 공무원의 단결권을 인정하고 있는 나라에서는 대부분 최소한의 단체교섭권을 인정하고 있다. 영국은 1919년 '휘틀리협의회(Whitley Council)'에서 인정했다. 미국은 1962년 케네디(J. F. Kennedy) 대통령의 '노사 협력에 관한 행정명령'에 의해 인정했다. 프랑스는 헌법, 독일은 노동조합이나 직원협의회에서 인정하고 있다.

3) 단체행동권

단체행동권이란 공무원의 근무 조건에 대한 단체교섭이 순조롭게 진행되지 않아 분쟁 상태가 생긴 경우 동맹파업·태업·직장폐쇄 등의 쟁의행위를 할 수 있는 권리다. 국제노동기구(ILO)에서도 보호하고 있지 않으며, 행정의 공공성과 국가의 존립 · 유지에 미치는 영향 때문에 대체로 금지 또는 제한하고 있다.

4. 우리나라의 공무원단체 현황

1) 헌법(제33조)

근로자는 근로 조건의 향상을 위해 자주적인 단결권 · 단체교섭권 및 단체행동권을 가진다. 공무원인 근로자는 법률이 정하는 자에 한해 단결권 · 단체교섭권 및 단체행동권을 가진다. 법률이 정하는 주요 방위산업체에 종사하는 근로자의 단체행동권은 법률이 정하는 바에 의해 이를 제한하거나 인정하지 아니할 수 있다.

2) 국가공무원법 제66조(집단행위의 금지)

공무원은 노동운동 기타 공무 이외의 일을 위한 집단적 행위를 해서는 아니 된다. 다만 사실상의 노무에 종사하는 공무원은 예외로 한다. 사실상 노무에 종사하는 공무원의 범위는 국회규칙 · 대법원규칙 · 헌법재판소규칙 · 중앙선거관리위원회규칙 또는 대통령령으로 정한다. 사실상 노무에 종사하는 공무원으로서 노동조합에 가입된 자가 조합 업무에 전임하고자 하는 경우 소속장관의 허가를 얻어야 한다.

제5절 보수

1. 의의

보수(pay or compensation)란 조직구성원에 대해 노무 · 사무 처리 등의 대가로 지급하는 금전 · 유가물 등을 말한다. 보수에는 봉급과 기타 각종 수당이 합산된다. 공무원의 보수는 일반의 표준생계비, 민간의 임금, 기타 사정을 고려해 직무의 곤란성 및 책임의 정도에 상응하도록 계급별로 정한다.

보수는 일반적으로 공무원의 근무와 직무 수행에 대한 반대급부(직무급)인 동시에 생활보호적 급부(생활급)라는 양면적 성질을 내포한다.

공무원의 보수는 가장 기본적인 근무 조건일 뿐만 아니라 공무원의 사기 및 행정 능률과 직결되며 또한 부정부패와 밀접한 관련이 있는 인사행정상 중요한 요소다.

2. 공무원 보수의 특징

첫째, 경직성이다. 보수의 전체 수준이 민간부문에 비해 낮은 편이고 경제 발전이나 물가 인상에 따른 조정 시기도 사기업에 비해 늦는 경향이 있다. 공무원의 보수(인건비)는 미리 예산에 반영돼야 하며, 관계기관과 사전 협의를 거쳐야 한다.

둘째, 비시장성이다. 공무원의 보수는 민간부문에 비해 업무 수행에 대한 성과를 금전적으로 환산하는 것이 상대적으로 곤란하다.

셋째, 사회적·윤리적 성격이다. 기업의 임금은 노동에 대한 반대급부, 즉 경제적 합리성에 따라 결정되나 공무원의 보수는 국민에 대한 봉사적 입장 때문에 사회·윤리적 성향이 강하다. 국가는 대규모의 고용주로서 공무원의 생계 유지·품위 유지를 위한 생활급 지급 의무를 지닌다.

넷째, 단체행동권의 제약이다. 공무원의 보수는 단체행동권의 제약으로 기업에 비해 상대적으로 낮다.

다섯째, 직무급의 곤란이다. 공직의 직종이 다양하고 생활 여건이 달라 직무급(동일 직무·동일 보수) 구현이 곤란하다.

여섯째, 기타 특징으로 국고와 긴밀한 관련을 맺고 있으며, 정치적 통제의 대상이 된다. 국가와의 일종의 계약이며, 기술적인 동시에 정책적인 문제다. 그리고 예산 절약을 원하는 시민 의식(Less Tax, More Services)과 관련된다. 경제 여건이 시간적·지역적으로 불안하며, 부양가족이 많아 평균 생계비가 많이 소요된다.

3. 보수 수준의 일반적 결정 요인

첫째, 경제적 요인은 정부에서 보수 수준의 상한선을 결정할 때 고려하는 중요한 요인이다. 경제적 요인으로는 국내 민간기업의 임금 수준, 국민의 담세 능력, 국가의 재정 부담 능력(소득 수준에 의해 제약되는 정부의 지불 능력), 자원 배분정책·경기 변동 정책으로서의 경제정책, 물가 수준 등의 고려가 필요하다.

둘째, 사회적·윤리적 요인이다. 공무원의 최저 보수 수준의 결정 요인으로서 공공복지를 추구하는 정부는 모범적 고용주로서 정부에 노동력을 제공하는 공무원에게 생계비·생활급을 지급해야 할 사회적·윤리적 의무를 지닌다. 생계비의 적정 수준은 빈곤 수준, 최저생활 수준, 건강·품위 유지 수준, 안락 수준, 문화 수준 중 적어도 공무원으로서의 건강·품위 유지 수준의 생계비라야 한다.

셋째, 부가적 요인이다. 공무원이 보수 외에 받게 되는 편익과 특혜인 부가적 요인이다. 연금, 휴가, 신분 보장, 복지제도 등이 해당된다.

넷째, 정책적 요인이다. 성과급 등 보수를 근무 의욕 및 행정 능률과 성과를 제고할 수 있도록 하는 인사정책적인 수단으로 활용된다.

4. 보수 체계와 보수표

1) 보수 체계(보수 종류)

조직구성원에 대한 경제적 보상으로서의 보수의 구성 체계를 말한다. 보수 체계(pay system)는 어떤 종류의 보수를 어떻게 배합하느냐에 따라 달라진다. 보수 체계를 구성하는 보수의 종류는 형식에 따라 기본급과 부가급(수당)으로 나눠 볼 수 있으며, 보수의 목적에 따라 생활급 · 근속급 · 자격급 · 능력급 · 직무급 · 실적급 · 종합결정급 등으로 구분할 수 있다.

(1) 기본급

기본급(regular wage, base rate)이란 근로자의 최저 생활을 보장하기 위한 가장 기본적인 임금 항목을 말하며, 특수 사정에 의해 지급되는 수당과 구분된다.

첫째, 근속급(연공급)은 근속연수에 따라 임금 수준을 결정하는 임금 형태로서 속인급 혹은 연공급이라고도 한다. 근속연수에 따라 기준급이 높아지는 근속급은 개인의 생활을 유지 · 보전하고 폐쇄적인 노동시장에서 일정한 노동력을 확보하려는 차원에서 유용한 제도이며, 동양적인 가치관과도 부합된다. 근속급의 기준 설정에는 직선형 · 오목형 · 볼록형 · 혼합포물선형(S형) 등 네 가지 유형이 있다.

둘째, 직무급(job-based pay)은 개개인이 맡고 있는 직무의 상대적 가치를 평가해 임금의 상대적 격차를 두는 체계를 말한다. 다시 말해, 직무분석과 직무평가를 통해 마련된 직무 등급에 응해 임금이 지급되는 제도를 말한다. 우리나라에서는 직무수당을 기본급에 포함하는 조치를 취해 이를 부분적으로 수용하고 있다. 직무급제가 정착되기 위해서는 직무가 표준화되고 객관화돼야 한다.

셋째, 직능급(능력급)은 직무의 내용과 직무 수행 능력에 따라 결정되는 보수를 말한다. 즉, 직능급은 직무 요소 기준의 직무급(일에 대한 임금)과 인적 요소 기준의 근속급(사람에 대한 임금)의 혼합 형태로 볼 수 있다. 직능급의 형태는 기본급 전액을 직능급으로 하느냐(순수직능급), 그것의 일부를 직능급으로 하느냐(혼합직능급) 또는 직급마다 임금률을 정해 직능급을 실시하느냐(직능 등급별 직능급)에 따라 다양한 제도가 있다.

넷째, 생활급은 조직구성원과 그 가족의 생활을 보장하기 위해, 생계비를 기준으로 임금을 결정하는 보수 체계를 말한다. 생활급을 결정하는데는 개개인의 연령 · 가족 상황 등이 고려되며, 개개인의 연령에 대한 임금이므로 연령급이라고도 한다. 사회가 발전함에 따라 생계비의 개념도 최저 생계비에서 표준생계비로 바뀌고 있다.

다섯째, 자격급은 개개인이 취득한 자격에 따라 지급하는 임금을 말한다. 자격증 · 면허증 소지자나 의사 · 변호사 · 박사 등 전문직의 보수를 결정할 때 자격급의 기준을 정해놓고 보수를 결정할 수 있다.

(2) 부가급

부가급이란 기준 외 보수로서 기본급을 보완해 주는 부가적 급여를 말한다. 일반적으로 수당(allowance)이라고 한다. 직업의 성격과 업무 조건이 복잡해지고 다양화되기 때문에 수당제도를 통해 기본급의 미비점을 보완하고 있다. 공무원에게 지급되는 수당은 성격에 따라 상여수당 · 가계보전수당 · 특수지근무수당 · 특수근무수당 · 초과근무수당 등으로 분류할 수 있다.

2) 보수표의 작성

보수표는 보수행정의 체계화 · 표준화를 가능케 하며, 인건비 예산의 편성을 용이하게 한다. 그리고 공무원으로 하여금 장래의 봉급에 대한 예측을 할 수 있게 함으로써 심리적 안정감을 갖게 한다.

보수표 작성 시 보수표의 수, 등급의 수, 등급의 폭, 등급 간의 중첩, 수당, 보수곡선 등을 검토한다.

보수표의 수에서 어느 국가든 복수의 보수표를 사용하고 있으며 사회구조・기능의 분화와 직종의 다기화로 보수표의 수가 늘어가고 다원화되고 있다.

등급의 수는 일반적으로 계급제보다 직위분류제가 직무급 확립을 위해 세분화돼 있다. 한국은 9등급, 미국은 18등급이다.

등급의 폭(호봉제)이란 각 등급 내의 보수액 단계를 말하며 각 등급은 단일액(flat rate)이 아니라 몇 개의 호봉(steps) 또는 폭을 둔다. 단일 호봉으로 하지 않고 복수 호봉으로 하는 이유는 근무연한에 따른 공무원의 능력 향상, 장기근속의 장려, 근무성적의 향상 등에 있다.

등급 간의 중첩(overlap)이란 각 등급의 보수액을 정하는 데 하위 등급 보수의 최고액과 상위 등급 보수액의 최저액이 부분적으로 중복되는 것을 말한다. 등급 간의 중첩을 두는 이유는 경험・능력의 증대에 대한 보상, 승진이 어려운 하위직의 장기 근속자에 대한 배려, 승진에 따르는 예산상의 부담 완화, 여러 이질적 직급을 포함시켜 등급의 수를 줄이는 데 있다.

수당(allowance)은 특별한 사정이나 이유로 받는 부가적 급부다. 계급제가 직위분류제보다 수당의 종류가 많은 것이 일반적이며, 수당을 보수제도의 탄력성을 유지하기 위해 필요한 수단이지만 남용의 우려가 있다.

보수곡선(pay curve)은 등급에 따라 보수액을 도표상에 표시하면 고위직에 이를수록 직선 대신 급경사가 되고 하위직일수록 완만하게 되는 J곡선이 되는 것을 말한다. 보수곡선의 유형은 승급액이 일정한 직선형, 직무 수행의 곤란성이나 직무 수행 능력이 근속연수에 따라 가속적으로 커진다고 보는 경우로서 가장 일반적인 유형인 오목형, 단순・육체적 근무에 적용되는 볼록형, 중간층을 우대할 수 있는 모형인 S자형 등이 있다. 고위 등급에 갈수록 보수의 증가를 이루고 하위 등급에 갈수록 완만해지는 J자 모양(오목형)을 이루는데 그 이유는 고위직일수록 직무의 곤란도・책임도가 높으므로 이를 반영키 위함이고 직업공무원제 취지상 필요하다. 그러나 보수곡선의 기울기가 우리는 외국이나 민간기업에 비해 완만한 편이므로 외국이나 민간보다 상하 계급 간의 보수 격차가 상대적으로 작은 편이다.

5. 승급

승급(within-grade salary increase)이란 같은 계급 또는 등급 내에서 호봉이 높아지는 것을 말한다. 승급은 계급이나 직책의 변동을 수반하지 않는다는 점에서 승진과 구분된다. 승급은 인사제도로서 두 가지 의미를 지닌다. 즉, 승급은 근무 연한이 길어짐에 따라 직무 수행 능력이 향상되는 데 따르는 보상의 의미를 지니는 동시에, 관리적 측면에서 근무 의욕을 고취하는 수단이 된다.

승급의 종류는 정기승급과 특별승급이 있다. 정기승급(보통승급)은 조직구성원 일반을 대상으로 정기적으로 행하는 승급을 말한다. 일반적으로 공무원의 호봉은 매년 1월 1일과 7월 1일자로 승급하며, 승급에 필요한 기간은 1년으로 한다. 징계처분이나 직위해제 또는 휴직 중인자나 근무성적평정점이 최하위 등급에 해당되는 자 등의 승급은 제한된다.

특별승급은 제안(suggestion)의 채택에 따른 인사상의 특전 등 특별한 경우에 승급 기한에 관계없이 승급시키는 것을 말한다. 제안의 채택으로 특별승급시키고자 하는 때에는, 그 제안이 채택된 날이 속하는 달의 다음달 1일자로 1호봉을 특별승급시킨다. 특별승급일이 그의 정기 승급일일 경우에는 2호봉을 승급시킨다. 다만, 제안의 채택 시행으로 특별승진(特別昇進)된 자는 제외하며, 특별승급된 후 특별승진되는 자는 특별승진되기 전의 계급의 호봉에서 1호봉을 감한 후 특별승진되는 계급에서의 호봉을 획정한다.

승급 기준은 근무연한으로 인한 자동 승급과 실적에 따른 승급이 있다. 근무연한에 의한 승급은 장점으로서 성실한 근속에 대한 보상과 장기 근속 유도의 가능, 생계비의 지급, 인간 관계의 개선, 공평성과 객관성의 확보 등이 있다. 그러나 단점으로 근무 능률 자극 곤란, 무사안일주의 촉발, 유능인과 무능인의 동일 취급 등이 있다. 실적에 의한 승급의 장점으로서 실적주의 원칙에 부합, 유능한 인재의 사기 앙양과 승급의 융통성 제고 등이 있다. 반면, 단점으로는 정실 개입의 가능성, 인간관계의 악화 우려, 승급제도의 복잡화 등이 있다.

제6절 연금제도

1. 의의

연금(pension, annuity)이란 피용자(被傭者) 또는 국민이 소정의 기여금을 일정 기간 납부하고 퇴직하거나, 노령・장애 혹은 사망 등의 보험사고가 발생했을 때, 일정 기간마다 계속해 지급받는 급여를 말한다.

공무원연금제도는 공무원의 퇴직 또는 사망과 공무로 인한 부상・질병・폐질에 대해 적절한 급여를 실시함으로써 공무원 및 그 유족의 생활 안정과 복리 향상에 기여함을 목적으로 하는 공무원들에 대한 사회보장제도를 말한다.

연금의 성격은 고용주에게 퇴직 후의 생활을 보장할 의무가 있다고 보는 생활보장설, 장기간에 걸친 성실한 근무에 대한 공로를 보상해 지급하는 것으로 보는 공로보장설(은혜설), 연금은 유보된 보수를 나중에 지급하는 것으로 보는 거치보수설(보수후불설) 등이 있다.

2. 연금기금 조성 방식

기금제는 연금 지급에 필요한 재원을 조달하기 위해 미리 기금을 마련하고, 이 기금과 기금을 투자해서 얻어지는 이익금으로서 연금에 충당하는 제도를 말한다(한국, 미국). 비기금제는 기금을 미리 마련하지 않고 국가의 일반세입금 중에서 연금 지출에 소요되는 재원을 마련하는 제도다(영국, 프랑스).

기여제는 연금 지급에 충당할 재원을 정부와 공무원이 공동으로 부담하는 제도다(한국, 미국). 비기여제는 정부가 전액 기금 조성의 비용을 부담하는 제도다(영국, 독일).

3. 우리나라의 공무원연금제도

정부와 공무원의 공동 기여에 의해 기금을 조성하며, 기여 비율은 해마다 지속적으로 인상되고 있다. 연금의 관리는 공무원연금관리공단에 위탁관리를 하고 있다.

단기급여로 공무상 요양비, 공무상 요양일시금, 재해부조금, 사망조위금 등이 있으며, 장기급여로 퇴직급여, 장해급여, 유족급여 등이 있다.

제 5 장 공무원의 근무규율

제1절 공무원의 신분 보장

1. 의의

공무원의 신분 보장이란 공무원이 공공의 이익을 위해 안심하고 담당 업무를 수행할 수 있도록 법령이 정한 바에 의하지 아니하고는 면직·휴직 등 신분상의 불이익을 당하지 않도록 하는 것을 말한다. 우리나라 국가공무원법은 공무원이 형의 선고, 징계처분, 또는 공무원법에 정하는 사유에 의하지 아니하고는 그 의사에 반해 휴직·강임·면직을 당하지 않고, 법정 사유에 해당되지 않는 한 징계처분을 받지 않는다.

우리나라 국가공무원법은 의사에 반하는 신분 조치와 징계처분에 대해서는 불복소청을 해서 부당한 불이익처분을 구제받을 수 있도록 소청심사위원회를 설치·운영하고 있다.

공무원은 다음과 같은 이유에서 신분 보장의 필요성이 인정된다. 공무원의 신분 보장은 행정의 안정성·계속성을 확보하고 능률성·전문성을 유지·향상하기 위한 것으로 직업관료제의 필수 요소다. 인사권자의 자의성을 방지하고 심리적 안정감과 사기 증진에 기여한다. 공무원의 자율적·창의적인 직무 수행이 가능하며, 공무원의 책임성을 조장하고 촉진한다.

그러나 공무원 신분 보장이 지나치게 강한 경우 부작용이 발생할 수 있다. 공무원에 대한 통제가 어려워져 행정 발전에 저해 요인으로 나타날 수 있으며, 공무원들이 보수화되며 독선적으로 행동할 수 있다.

2. 공무원의 퇴직(면직)

1) 개념

퇴직(退職)이란 일반적으로 국가·지방공무원 및 기타 기관의 임·직원이 일정한 사유로 인해 그 직에서 물러나는 것을 말한다. 공무원연금법에서의 퇴직이라 함은 면직·사직, 기타 사망 이외의 사유로 인한 모든 해직(解職)을 말한다. 퇴직에는 본인의 의사에 의하는 의원(依願)퇴직, 정년에 의하는 정년퇴직, 법령의 규정에 의하는 당연퇴직 및 명예퇴직 등이 있다.

면직(免職)이란 공무원 관계를 소멸시키는 임용행위를 말한다. 면직에는 본인의 의사에 의하는 의원면직과 임용권자의 일방적 의사에 의하는 직권면직 및 징계처분으로 행해지는 징계면직으로서의 해임 및 파면이 있다.

2) 강제퇴직

강제퇴직은 조직의 구성원이 비자발적으로 퇴직하게 되는 것을 의미한다. 강제퇴직 속에는 징계에 의한 파면・해임과 직권면직, 그리고 정년퇴직과 당연퇴직, 감원에 의한 퇴직 등이 포함된다. 이에 대해 임의퇴직은 조직의 구성원이 자발적으로 퇴직하는 것을 뜻한다.

(1) 당연퇴직

당연퇴직이란 공무원이 금치산자・한정치산자가 되거나 파산자로서 복권되지 아니한 경우 또는 금고 이상의 형을 받고 집행이 종료되지 않거나 집행유예 및 선고유예 중인 경우 등 법령의 규정에 의해 당연히 퇴직하는 것을 말한다. 즉, 법률에 규정된 일정한 사유의 발생으로 인해 공무원관계가 소멸되는 것이다. 공무원이 국가공무원법 제33조 각호에 해당할 때와 임기제 공무원의 근무 기간이 만료한 때에는 당연히 퇴직한다(국가공무원법 제69조).

(2) 직권면직

직권(職權)면직이란 임용권자의 일방적 의사와 직권에 의해 행해지는 면직행위를 말한다. 직권면직은 직제와 정원의 개폐 또는 예산의 감소 등에 의해 폐직 또는 과원이 되었을 때, 휴직 기간의 만료 또는 휴직 사유가 소멸된 후에도 직무에 복귀하지 아니하거나 직무를 감당할 수 없을 때, 국가공무원법 제73조의3 제3항의 규정에 의해 대기명령을 받은 자가 그 기간 중 능력 또는 근무성적의 향상을 기대하기 어렵다고 인정된 때, 전직시험에서 3회 이상 불합격한 자로서 직무 수행 능력이 부족하다고 인정된 때, 징병검사・입영 또는 소집의 명령을 받고 정당한 이유 없이 이를 기피하거나 군복무를 위해 휴직 중에 있는 자가 재영 중 군무를 이탈했을 때, 당해 직급에서 직무를 수행하는 데 필요한 자격증의 효력이 상실되거나 면허가 취소돼 담당 직무를 수행할 수 없게 된 때, 고위공무원단에 속하는 공무원이 제70조의2의 규정에 의한 적격심사 결과 부적격 결정을 받은 때 등의 경우에 가능하다. 그러나 근무성적 불량 및 대기명령 기간 중 능력의 향상 또는 개전의 정이 없다는 사유로 직권면직시킬 때는, 국가공무원의 경우에는 징계위원회의 동의를, 그리고 지방공무원의 경우에는 인사위원회의 동의를 얻어야 한다.

(3) 징계면직

해임은 공무원을 강제로 퇴직시키는 무거운 중징계처분을 말한다. 해임된 사람은 3년 동안 공무원으로 임용될 수 없으나, 파면과는 달리 해임의 경우에는 연금법상의 불이익이 없다.

파면은 공무원을 강제로 퇴직시키는 무거운 중징계처분을 말한다. 파면된 사람은 5년 동안 공무원으로 임용될 수 없으며, 퇴직급여액의 1/2이 삭감(5년 미만 근무자에게는 퇴직급여액의 1/4이 삭감)되는 불이익을 받는다.

3) 임의퇴직

의원면직은 조직의 구성원이 자발적으로 조직을 퇴직하는 것을 의미한다. 공무원의 경우 당사자의 퇴직 의사를 임용권자가 받아들여 면직행위를 함으로써 공무원의 신분이 소멸되는 것을 의원면직이라 한다. 우리나라 공무원 퇴직 인원 가운데 가장 많은 비율을 차지하는 의원면직은 현실적으로 임용권자 및 감찰조직 등의 요구에 의한 강제퇴직인 경우가 많다.

명예퇴직은 정년 연령에 도달하기 이전에 퇴직할 경우, 퇴직연금 이외에 퇴직수당을 추가로 지급해 퇴직을 촉진하려는 제도를 말한다. 20년 이상 근속한 공무원이 정년퇴직일 전 1년 이상 10년 이내에 자진해 퇴직하는 경우, 정부는 예산의 범위 안에서 명예퇴직수당을 지급할 수 있다.

4) 권고사직

권고사직(勸告辭職)은 임용권자의 권고에 의해 공직을 떠나게 되는 것을 말한다. 권고사직은 의원면직의 형식을 취하나 인사권자의 자의에 의해 이뤄지는 사실상의 강제퇴직이다. 권고사직은 직권면직과 달리 국가공무원법상의 제도는 아니다. 권고사직은 흔히 징계 대상 공무원에 대해 가혹한 징계를 모면하게 하는 수단으로 이용되거나 대량숙정 작업 시 비공식적 징계의 수단으로 이용된다. 권고사직은 공무원 본인의 의사표시의 하자(瑕疵)에 대한 입증이 어렵다는 점에서 법적인 구제가 어렵다.

3. 정년제도

정년(停年, age-limit)이란 조직구성원이 일정한 연령에 도달하면 자동적으로 퇴직하게 규정한 한계 연령을 말한다. 이 제도는 직무 수행 능력이 떨어지는 노령 인력을 퇴출시킴으로써 조직의 신진대사를 촉진하고 능률성을 확보하려는 데 그 목적이 있다.

정년퇴직이란 조직구성원이 일정한 연령에 도달하거나, 장기간 근속하거나, 일정한 기간 동안 승진하지 못하고 동일 계급에 머물 경우 조직의 신진대사를 촉진하고 능률성을 확보하기 위해 자동적으로 퇴직하게 하는 제도를 말한다.

정년퇴직의 필요성으로 첫째, 인건비 절감을 들 수 있다. 이는 고임금의 고령자에서 더 싼 임금의 젊은 인력으로 대체가 가능하다. 둘째, 새로운 기술의 도입이다. 새로운 기술에 익숙한 젊은 인력으로 대체가 가능하다. 셋째, 생산성 제고다. 신진대사의 활성화로 생상성 향상에 기여할 수 있다. 넷째, 고용 증대 효과다. 퇴직하는 고령자의 인건비로 젊은 구직자를 정부가 흡수하는 수단이 될 수 있다.

정년퇴직의 종류는 연령정년, 근속정년, 계급정년이 있다. 연령정년제도는 미리 정해진 일정한 연령에 도달하면 자동적으로 퇴직하게 하는 제도다. 대체로 직종에 따라 연령을 정하고 있다. 근속정년제도는 조직의 신진대사를 촉진하기 위해 조직구성원이 일정한 기간 동안 근속하게 되면 자동적으로 퇴직시키는 정년제도의 하나를 말한다. 군인에게는 연령정년제도와 함께 근속정년제도와 계급정년제도가 적용되고 있다. 계급정년제도는 공무원이 일정 기간 승진하지 못하고 동일 계급에 머물 경우 기간 만료와 함께 퇴직시키는 제도다. 경찰공무원에게는 연령정년제와 함께 계급정년제가 적용되고 있다.

공무원은 그 정년에 달한 날이 1월에서 6월 사이에 있는 경우에는 6월 30일에, 7월에서 12월 사이에 있는 경우에는 12월 31일에 각각 당연퇴직된다.

4. 징계제도

징계(discipline)란 조직구성원의 의무 위반에 대한 제재를 말한다. 징계는 조직구성원이 맡은 바 직무를 좀 더 성실하게 수행하고 행동규범을 준수하게 하기 위한 통제활동으로, 의무 위반자에 대한 제재를 통해 구성원들의 잘못된 행태를 교정하려는 데 주목적이 있다.

공무원의 경우, 징계처분의 대상이 되는 징계 사유는 국가공무원법 제78조에 규정하고 있다. 국가공무원법 및 이 법에 의한 명령에 위반했을 때, 직무상의 의무에 위반하거나 직무에 태만한 때, 직무의 내외를 불문하고 그 체면 또는 위신을 손상하는 행위를 한 때 등이다.

우리나라의 국가공무원법에서 규정하고 있는 징계의 종류는 파면, 해임, 정직, 감봉, 견책 등 다섯 가지다.

견책(譴責)은 전과(前過)에 대해 훈계(訓戒)하고 회개(悔改)하게 하는 것을 말한다. 감봉(減俸)은 1월 이상 3월 이하의 기간 동안 보수의 3분의 1을 감해 지급하며, 법관에게서의 감봉은 1월 이상 1년 이하의 기간 중 봉급의 3분의 1 이하를 감한다. 정직(停職)은 중징계의 하나로 공무원의 신분은 보장하나, 직무에 종사하지 못하게 하는 것을 말한다. 국가 및 지방공무원의 정직 기간 1월 이상 3월 이하로 하고, 정직처분을 받은 자는 그 기간 중 보수의 3분의 2를 감한다(군인의 경우에는 봉급의 3분의 1 이하를 감액한다). 특정직 공무원인 법관의 정직 기간은 3월 이상 1년 이하이고, 이 기간 중 직무 집행을 정지하고 정직 중에는 봉급을 지급하지 아니한다. 강등은 1계급 아래로 직급을 내리고 공무원 신분은 보유하나 3개월간 직무에 종사하지 못하며 그 기간 중 보수의 3분의 2를 감한다. 해임(解任)은 공무원을 강제로 퇴직시키는 무거운 중징계처분을 말한다. 해임된 사람은 3년 동안 공무원으로 임용될 수 없으나, 파면과는 달리 해임의 경우에는 연금법상의 불이익이 없다. 파면(罷免)은 공무원을 강제로 퇴직시키는 가장 무거운 중징계처분을 말한다. 파면된 사람은 5년 동안 공무원으로 임용될 수 없으며, 퇴직급여액의 1/2이 삭감(5년 미만 근무자에게는 퇴직급여액의 1/4이 삭감)되는 불이익을 받는다.

공무원의 징계는 징계위원회의 의결을 거쳐 징계위원회가 설치된 소속기관의 장이 행하되, 국무총리 소속 하에 설치된 징계위원회에서 행한 징계의결에 대해서는 중앙행정기관의 장이 행한다. 다만, 파면과 해임은 징계위원회의 의결을 거쳐 각 임용권자 또는 임용권을 위임한 상급 감독기관의 장이 이를 행한다. 징계의결을 요구한 기관의 장은 징계위원회의 의결이 경하다고 인정한 때에는 그 처분을 하기 전에 직근 상급기관에 설치된 징계위원회(국무총리 소속 하에 설치된 징계위원회의 의결에 대해서는 그 징계위원회)에 심사 또는 재심사를 청구할 수 있다. 이 경우에는 소속 공무원을 대리인으로 지정할 수 있다.

소청(petition)은 공무원 인사제도로서 징계처분이나 강임・휴직・직위해제 또는 면직 처분과 같이 본인의 의사에 반하는 불이익처분을 받은 공무원이 그에 불복해 이의를 제기하는 경우, 이를 심사해 구제하는 절차를 말한다. 소청심사제도는 공무원의 신분을 보장하는 하나의 제도적 장치다.

직위해제(職位解除)는 임용권자가 직무 수행 능력이 부족하거나 근무성적이 극히 불량한 자, 파면・해임 또는 정직에 해당하는 징계의결이 요구 중인 자, 형사사건으로 기소된 자(약식명령이 청구된 자는 제외한다) 등에 대해 직위를 부여하지 않는 것이다.

임용권자는 직무 수행 능력이 부족하거나 근무성적이 극히 불량해 직위해제된 자에 대해 3월 이내의 기간 대기명령(待機命令)를 내린다.

임용권자에 의해 대기명령을 받은 자가 그 기간 중 능력 또는 근무성적의 향상을 기대하기 어렵다고 인정된 때 징계위원회의 동의를 거쳐 직권면직(職權免職)시킬 수 있다.

5. 감원

감원(減員, reduction in staff)이란 정부조직의 개편, 감축관리 등의 사유로 조직구성원을 퇴직시키는 것을 말한다. 즉, 특정한 조직구성원이 무능하거나 범법행위 등의 과오를 저지르지 않았음에도 불구하고 조직관리상의 필요에 의해 퇴직시키는 것을 말한다.

우리나라의 경우 직제와 정원의 개폐 또는 예산의 감소 등에 의해 폐직 또는 과원(過員)이 됐을 때에는 임용권자가 공무원을 직권으로 면직시킬 수 있도록 국가공무원법 제70조에 규정돼 있다.

감원에는 정부의 특정 사업의 종결이나 특정 기능의 축소로 일부 공무원을 퇴직시키는 부분적 감원과 예산 감축이나 전반적인 행정기구 개혁으로 전체 정부기관에 걸쳐 일정한 수의 공무원을 줄이는 일반적 감원이 있다.

감원 기준은 일반적으로 근무 기간을 원칙으로 하고 있으나 신진대사의 필요성과 근무성적도 고려할 수 있게 해서 실적과 경력을 조화시키는 것이 바람직하다. 국가공무원법은 감원을 직권면직 사유의 하나로 규정하고 있다.

제2절 공무원의 정치적 중립

1. 의의

공무원의 정치적 중립(political neutrality of civil service)이란 어느 정당이 집권하든 공무원은 성실하게 봉사해야 한다는 당파적 중립성을 의미한다. 즉, 공무원이 부당하게 정파적 특수이익과 결탁해 공평성을 상실하거나 정쟁(政爭)에 개입하지 않는 비당파성(非黨派性)을 말한다. 공무원의 정치적 중립은 엽관주의의 폐해를 극복하기 위한 실적주의의 등장과 밀접한 관계를 지닌다. 즉, 공무원 인사에 대한 정치적 간섭을 배제해 공무원의 신분을 보호함으로써 행정의 안정성과 전문성을 확보하려는 데 정치적 중립의 근본 의의가 있다.

공무원의 정치적 중립은 엽관주의의 폐단을 극복하기 위한 정치 · 행정이원론적 사고 방식에서 출발했다. 정치와 행정의 관계를 연속 과정 · 상관 과정 · 순환 과정으로서 파악하게 되는 오늘날의 정치적 중립이란 정치적 고려를 하거나 정치성을 띠어도 특정 정당에 치우지지 않고 공정하기만 하면 된다는 적극적 개념이다. 즉, 공무원이 정책으로부터의 단절이나 행정에서 정치적 고려(성격)를 완전히 배제하자는 것은 아니다.

공무원의 정치적 중립이란 복수정당이 존재하는 현대 민주정치 체제 하에서 문제가 되는 것이다. 민주정치는 정권 교체를 전제로 하기 때문에 새로이 정권을 장악한 정당은 관료제를 전리품

(戰利品)화하는 관행이 있었다. 근대 민주국가 초기의 배경 하에서 엽관주의의 폐단을 극복하기 위해 곧 실적주의제도가 확립됐고 그 실적주의의 본질적 내용의 하나가 바로 공무원의 정치적 중립이다.

2. 정치적 중립의 필요성

1) 행정의 안정성 · 계속성의 유지

정권 교체에 관계없이 행정의 안정성 · 계속성을 유지할 수 있고 공무원의 신분 보장으로 직무 수행에 전념할 수 있어서 직업공무원제에서 매우 중요하다. 또한 관료제의 비정치화를 통해 정권 교체 때마다 관료제를 개편해야 할 필요가 없어진다.

2) 행정의 능률성 · 전문성의 확보

행정에 대한 정치 권력의 개입을 방지하고 비능률과 낭비를 극복함으로써 행정의 능률성 · 전문성을 확보할 수 있다.

3) 공직 부패의 방지

행정에 대한 정치적 영향을 허용하는 경우 공직 부패를 피하기 어렵고 국가 예산의 낭비를 초래한다.

4) 관료제에 대한 국민의 신뢰 확보

공무원집단이 특정 정치 세력에 의해 좌우되고 이에 동조하는 경우 국민의 신뢰를 얻기 어렵다. 국민은 모든 정부에 충성을 바치고 정치적 명령을 따르는 관료제를 신임한다.

5) 행정의 공평성 · 공익성 확보

공무원은 국민 전체에 대한 봉사자이므로 공익의 수호자로서 제3자적 조정자의 역할을 수행해 행정의 공익성 · 공평성을 확보할 수 있다.

6) 인사관리상의 비정치성

정치적 중립의 근본적 정신은 이념적으로는 정치 · 행정이원론에 입각한 공무원에 대한 인사관리상의 비정치성을 의미하며, 실제적으로는 행정의 공평무사성을 뜻한다.

7) 정치 권력과의 밀착 방지

개도국에서는 관료제와 정치 권력과의 밀착을 방지할 수 있다.

3. 정치적 중립에 대한 비판(문제점)

정치적 중립에 대해 몇 가지 문제점이 있다. 첫째, 정치·행정일원론과 상충이다. 정치·행정일원론에 부합되지 않고 관료의 정책결정 기능을 과소평가한다. 둘째, 공무원의 참정권 제한이다. 엄격한 정치적 중립은 시민으로서 향유해야 할 기본권·참정권(자유권)에 제한을 가하게 된다. 셋째, 대표관료제와의 상충이다. 실적주의나 공개경쟁채용에 의한 정치적 충원 방식은 관료제를 특정 집단화함으로써 관료제의 대표성을 약화시킨다. 따라서 관료제의 대표성 확립을 위해서는 정치적 안배가 고려돼야 한다. 넷째, 참여관료제의 저해다. 정책결정이나 정치적 문제에 대한 중간관리층 이하의 공무원들의 자유롭고 적극적인 참여를 저해한다.

4. 정치적 중립의 확립 요건

첫째, 정치적·사회적 환경의 정상화다. 공무원의 정치적 중립은 법제도에 의해 확보될 수 있는 것은 아니며 정치적·사회적 환경과 여건이 선행돼야 한다.

둘째, 행정윤리의 정착이다. 공무원의 정치적 중립은 법적 의무이기 전에 행정윤리 또는 직업윤리로서 인식돼야 할 것이다.

셋째, 정치 발전이다. 공무원의 정치적 중립이 실질적으로 확립되기 위해서는 평화적인 정권 교체 등 정치풍토의 안정과 행정에 대한 정치 개입이 근절돼야 한다.

넷째, 관료제의 대표성·공평성 확보다. 관료제는 직업·사회계층·지역·출신 학교 등에서 전국적으로 대표성을 가져야 한다.

다섯째, 사회가치의 분화다. 권력가치로 집중된 사회적 풍토를 다양한 사회가치 체제로 분화시켜야 한다.

여섯째, 실적주의의 확립이다. 실적주의와 직업공무원제가 확립돼야 한다.

일곱째, 중앙인사기관의 독립성이다. 정치적 간섭으로부터 인사독립성을 막을 수 있는 중앙인사기관이 있어야 한다.

5. 우리나라 공무원의 정치적 중립제도

1) 헌법 제7조

공무원은 국민 전체에 대한 봉사자이며, 국민에 대해 책임을 지며, 공무원의 신분과 정치적 중립성은 법률이 정하는 바에 의해 보장된다.

2) 국가공무원법(정치운동의 금지)

공무원은 정당 기타 정치단체의 결성에 관여하거나 이에 가입할 수 없으며, 선거에서 특정 정당 또는 특정인의 지지나 반대를 하기 위해 행위를 해서는 아니 된다. 그리고 공무원은 다른 공무원에게 전술한 것에 위배되는 행위를 하도록 요구하거나 또는 정치적 행위의 보상 또는 보복으로서 이익 또는 불이익을 약속해서는 아니 된다.

제3절 공직(행정)윤리

1. 의의

공직윤리(public service ethics or administrative ethics)란 정부조직에 종사하는 공무원들이 지켜야 할 윤리를 말한다. 즉, 공무원이 조직구성원으로서 지켜야 할 직업윤리를 말한다.

행정윤리(administrative ethics)란 정부조직에 종사하는 공무원들이 지켜야 할 행동규범(code of conduct)을 의미한다. 즉, 행정윤리란 공무원이 행정 업무를 수행할 때 국민 전체에 대한 봉사자로서 행정이 추구하고자 하는 공공 목적을 달성하는 데 이바지할 수 있도록 전문적 능력을 최대한 발휘해 준수해야 할 행동규범을 의미한다.

공무원은 국민에 대한 봉사자라는 이유로 사회 일반의 윤리보다 훨씬 높은 윤리를 요구받고 행동상의 제약이 수반되나 현실적으로 공무원의 윤리가 사회 일반의 윤리보다 훨씬 더 높아지기란 어렵다.

2. 공직(행정)윤리의 중요성이 증대되는 이유

행정 기능의 양적 확대와 질적 전문화로 관료의 영향력이 증대했으며, 정부의 정책결정권 및 가치판단 기능이 증대했다. 행정관료의 광범위한 재량권과 자원배분권이 증대했고, 지나친 신분보장을 중시하는 직업관료제에 기인한 외부통제의 회피와 도덕적 해이 현상이 만연했다. 그리고 공직에 민간 경영기법의 도입이나 민영화는 관료들이 수익성만을 추구한 나머지 책임성이나 공익성을 망각해 행정윤리를 저해했다.

3. 공직(행정)윤리의 체계

1) 자율적 규제윤리: 공무원의 행동강령

자율적 규제윤리는 공무원 스스로 직업윤리를 확립하고 도덕적 · 양심적 규제에 따라 이를 준수하는 것이다. 이는 자율적인 것이므로 이상적이나 구속력과 구체성이 없어 실효성은 낮다. 공무원윤리헌장(대통령훈령, 1980), 공직자 10대 준수 사항(국무총리훈령, 1999) 등이 있다.

2) 법령적 · 강제적 규제윤리

법적 의무로서 그 준수를 강제한다. 타율적이고 구속력과 구체성이 있어 실효성은 높다. 헌법상 의무 및 지위(충성의 의무), 국가공무원법, 공직자윤리법, 부패방지법 등에서 규정하고 있다.

제4절 공직(행정) 부패

1. 공직 부패의 개념과 특성

공무원 부패(bureaucratic corruption, administrative corruption)란 공무원들이 그 직무와 관련해 부당한 이익을 취하기 위해 공식적 규범을 위반하는 행위를 말한다. 공무원들의 부패행위 속에는 횡령, 뇌물 수수와 같은 명백한 불법행위(illegality)는 물론, 직권의 남용 및 오용(abuses) 그리고 부정(不正, misconduct)과 같이 비록 직접적인 물질적 혜택은 없다고 하더라도 민주적 절차를 벗어나거나 공정성을 잃은 행정처분 등 공식적 규범을 벗어난 일체의 행위가 포함된다.

부패는 공무원이 조직 참여자로서 부여받은 임무의 수행 또는 권력의 행사에 관련된 행동을 하는 데 공무원이 직접적 또는 간접적으로 그 직무에 관련해 부당한 이익을 취하거나 취하려 할 때 성립되는 것이다.

공직 부패의 구성 요소는 ① 부패행위의 중심을 차지하는 관료나 관료조직이 존재해야 하며, ② 관료와 직·간접적으로 거래 관계에 있는 시민이나 집단이 존재해야 한다. ③ 관료가 부패에 개입함으로써 얻게 되는 이익이 존재해야 한다. ④ 시민이 부패 거래를 통해 얻게 되는 이익이 존재해야 한다. ⑤ 직무와 관련된 부패라야 하고, 결과가 있어야 하며, 관료의 의도적인 행위에 기인한 것이라야 한다.

2. 공직 부패의 유형

1) 내부부패와 외부부패

내부부패는 관료조직 내부에서 공무원과 공무원 간에 이뤄지는 부패다. 부패 방지를 위해 내부고발자보호제도가 필요하다. 외부부패는 관료조직 외부와 연계된 공무원과 국민 간에 이뤄지는 부패다.

2) 권력형 부패와 생계형 부패

권력형 부패(정치적 부패)는 정치인들이 정치 권력을 부당하게 행사해 이뤄지는 부패다. 생계형 부패(행정적 부패)는 하급 행정관료들의 생계 유지 차원에서 이뤄지는 부패다.

3) 제도적 부패와 우발적 부패

제도적 부패는 조직의 옹호를 받는 구조화(체제화)된 장기적 부패로서 부패 공직자는 죄의식을 느끼지 못한다. 우발적 부패는 구조화(체제화)되지 않은 일시적 부패다.

4) 부패에 대한 사회구성원의 관용도에 따른 분류

흑색부패(black corruption)는 사회 체제에 명백하고 심각한 해를 끼치는 부패다. 사회구성원 모두가 부패를 용인하지 않으며, 부패 공직자의 처벌을 원하는 부패다.

백색부패(white corruption)는 사회구성원의 다수가 어느 정도 부패를 용인하며, 처벌을 원하지 않는 관례화된 부패다.

회색부패(gray corruption)는 사회 체제에 파괴적인 영향을 미칠 수 있는 잠재성을 지닌 부패다. 사회구성원 가운데 일부 집단은 처벌을 원하지만, 다른 일부 집단은 처벌을 원하지 않는 경우의 부패다.

5) 부패 수단을 기준에 따른 분류

정실형 부패는 일반인보다 우선적으로 친한 사람을 우대하고 정보를 제공하며 인간관계를 중시하는 유형이다.

위협형 부패는 이해관계자에게 불리한 조치나 결정이 내려진다는 구실을 앞세워 직접 또는 간접으로 금품을 강요하는 부정행위를 의미한다.

사기형 부패는 권력기관이 상급기관을 빙자해 공직자가 그 지위를 이용해 사기·횡령을 일삼는 행위에 해당된다.

거래형 부패는 뇌물을 매개로 이권이나 특혜를 불법적으로 제공하는 가장 전형적인 부패 유형이다.

6) 기타

직무 유기형 부패는 관료 개인의 부패로서 자신의 직무를 게을리하는 데에서 오는 부작위적 부패다. 후원형 관료부패는 명시적인 물질적 이익을 추구하지 않더라도 정실이나 학연을 토대로 불법적인 후원을 하는 것이다.

3. 공직 부패의 원인

1) 공직 부패의 원인

첫째, 전근대적인 행정 행태와 가치관의 적용이다. 보은·신의·의무감 등 의리 의식이 대인 관계에 강하게 작용해 부패행위·이권 청탁으로 연결됐다. 종적 인간관계가 지배되는 권위주의적 행정 행태, 법규와 실제의 적용 간에 현격한 불일치 현상이 초래되는 법규만능주의 혹은 소극적인 무사안일주의 등이 행정사회를 지배했다. 가치의 미분화로 권력·금력을 지나치게 높게 평가하는 국민의 가치관이 행정사회에 작용해 공무원의 권한 남용·부정행위를 유발했으며 과다한 소비 풍조도 나쁜 영향을 미쳤다.

둘째, 국민 통제력의 취약성을 들 수 있다. 낮은 수준의 정치 발전, 능률 지향적인 시민정신과 납세자 의식의 결여, 여론의 반영이 어려운 정책결정 체제의 폐쇄성, 각종 이익집단의 행정기관에의 예속화, 선거의 타락과 요식행위화, 언론기관의 약체화 등으로 막강한 행정 권력에 대한 국민의 통제가 잘 이뤄질 수 없었다.

셋째, 정부 주도의 경제 발전 추진이 원인이 될 수 있다. 이는 정부관료가 경제 발전을 주도하면서 정책결정권·자원배분권을 행사하게 되고 큰 이권을 좌우하게 됐으며, 사기업이 정치·행정에 예속당하게 됐다.

넷째, 정치·사회의 혼란과 신분 불안이다. 빈번한 정치 파동과 사회 혼란으로 공무원 신분의 실질적인 보장이 어려웠고, 공직사임 후 생활에 대한 불안감이 심각했다. 이로 인해 한탕주의가 만연하게 됐다.

다섯째, 인사관리의 비합리성이 원인이다. 인사관리가 능력·실적을 기준으로 하기보다 정실·외부 압력·인간관계·금품 수수 등에 의해 크게 좌우돼 왔다.

여섯째, 낮은 보수가 원인이 될 수 있다. 최저 생활도 어려운 낮은 보수는 생계형 부패의 원인이다.

일곱째, 내부통제의 무력화다. 부패를 감시할 수 있는 내부통제 장치가 형식화돼 성과를 거둘 수 없었다.

여덟째, 비현실적인 법령이 그 원인이다. 각종 관리·규제 기준이 현실과 유리돼 지킬 수 없는 법령으로 인해 불법이 용인되며, 법 적용의 형평성이 결여된다.

아홉째, 행정절차의 복잡성이다. 복잡하고 까다로운 행정절차를 피하기 위해 고객은 급행료를 지불해야 한다.

2) 공직 부패 원인에 대한 접근법

공직 부패의 원인에 대한 접근 방법은 다양하다. 기능주의적(맥락적) 분석에서는 공직 부패를 국가 발전이나 산업화의 종속물(부산물) 또는 필요악으로 간주한다. 후기기능주의에서는 공직 부패를 다양한 원인을 먹고 사는 하나의 괴물로 파악한다. 구조적 분석에서는 공직부패의 원인을 공무원들의 잘못된 의식구조 등 구조적인 요인으로 파악한다. 제도적 분석은 법·구조·제도의 결함과 미비, 행정통제의 무적합성 등을 공직 부패의 원인으로 제시한다. 권력문화적 분석에서는 공직의 사유관과 권력 남용에 의해 공직 부패가 발생한다고 간주했다. 사회문화적 분석에서는 특정한 지배적 관습이나 경험적 습성 같은 것이 관료 부패를 조장한다고 보는 입장이다. 정치경제학적·정경유착적 분석에서는 성장 이념의 합리화에 근거한 정치와 경제 엘리트 간의 야합과 이권 개입에 의해 공직의 타락과 부패가 유발한다고 보았다. 도덕적 접근법에서는 공직 부패를 개인의 윤리, 자질 탓으로 돌리는 입장이다. 체제론적 접근법은 공직 부패는 그 나라의 문화적 특성, 제도상의 결함, 구조상의 모순 등 다양한 요인에 의해 복합적으로 나타난다고 보는 입장이다. 시민문화의 환경적 분석에서는 건전한 시민문화의 결핍으로 인해 도덕성과 합리성이 부족한 시민들이 부패 유인자이며, 공급자라는 측면에서 공직 부패의 원인을 분석한다.

4. 공직 부패의 기능

공직 부패의 기능은 기능주의적 접근에 의해 주장되는 순기능 그리고 역기능이 제시된다. 먼저 순기능적 차원을 살펴보면 후진국의 부패는 기업가들에게 일정한 지대 추구를 유도함으로써 자본의 축적을 조장하고, 행정부패가 관료적 번문욕례(red-tape)를 회피할 수 있게 한다. 기업가적 정신을 자극함으로써 유인의 수단을 제공하며, 소득재분배의 효과가 발생한다. 권력 행사자 간의 갈등을 해소하는 데 기여하고, 엄격한 관료제의 경직성을 완화해 공무원 간의 창의력과 융통성을 제고해 준다.

역기능은 사회와 국가 기강 해이와 불신이 확대되며, 공신력의 약화를 초래한다. 인플레이션이 발생하며 사치가 조장되고, 행정비용이 증가되며 국고 손실이 발생해 생산비가 상승한다. 가진 자 위주의 봉사가 이뤄져 행정서비스의 형평성이 저하되며, 불평과 불만의 확산으로 공무원 간의 갈등이 조성된다.

5. 공직윤리의 확립 방안(공직 부패 방지 방안)

1) 가치관의 쇄신

가치관 차원에서 공무원의 민주적 공복관(公僕觀)의 확립, 부정 척결을 위한 위정자의 결단, 소극적인 직무 자세(직무 유기 등)도 경계 등을 들 수 있다.

2) 공직풍토의 쇄신

공무원 보수 및 연금의 적정화를 통한 충분한 생활급의 지급, 인사관리의 합리화 및 신분 보장의 강화, 대내적 행정관리의 민주화, 신상필벌제도의 확립, 공직자 재산등록 및 공개제도의 효과적인 운영, 내부통제의 강화와 옴부즈만제도의 도입, 행정제도와 절차의 간소화 및 규제 완화, 내부고발보호제도 도입, 행정정보 공개의 활성화와 정책실명제 도입 등이다.

3) 건전한 사회환경의 조성

국민윤리 의식의 확립을 통해 행정윤리는 국민 윤리의 하위 체계로 인식, 사회 비리와 병폐의 과감한 척결, 외부통제의 강화를 위한 민중통제 및 입법통제의 강화, 시민단체의 활동, 민간 주도의 경제사회 체제 확립, 공무원에 대한 높은 사회적 평가 등이 있다.

제 5 편

재무행정론

제1장__예산의 일반이론
제2장__예산 과정
제3장__예산제도

제 1 장 예산의 일반이론

제1절 예산의 본질

1. 예산의 개념

1) 예산의 일반적 개념

예산이란 일정 기간(1회계연도) 동안 국가의 세입(수입)·세출(지출)의 예정적 계산 또는 계획안으로 정부가 수행해야 할 국가재정활동의 지침 내지 사업계획의 윤곽을 나타내는 것이다. 예산은 사업의 계획이고 재정계획이며, 정부의 자원 배분에 관한 계획으로서, 행정조직의 재정 상태를 나타내는 문서다.

예산은 일정 기간(1회계연도) 동안 정부가 추진할 사업의 종류·규모·우선순위에 관한 정보와 정책적 판단을 밝혀준다. 그리고 정부가 자원을 확보해 어떤 활동을 함으로써 어떤 결과가 나왔는가에 관한 인과 관계를 나타낸다. 소요자원과 가용자원의 추계를 포함해 정부 목적과 관련되는 사업 수행계획이다.

2) 예산의 형식적 개념과 실질적 개념

예산의 형식적 개념(법률적 개념)은 헌법 또는 국가재정법에 의거해 정부가 일정한 형식에 따라 편성하고, 국회의 심의·의결을 거쳐 확정된 1회계연도 동안의 재정계획이다(보통의 개념). 그리고 예산의 법률적 개념이란 입법부가 행정부에 대해 재정권을 부여함으로써 행정기관이 예산을 지출할 수 있는 권한을 인정받는 동시에 예산의 목적·금액의 범위 내에서만 지출해야 하는 법적 구속력을 받는다는 것을 의미한다. 따라서 예산은 예산총칙·세입세출예산·계속비·명시이월비 및 국고채무부담행위를 총칭한다(국가재정법 제19조 예산의 구성).

예산의 실질적 개념을 살펴보면, 예산의 내용과 성질 중심의 개념으로서 국가의 재정 수요와 이에 충당한 재원을 비교해 배정한 1회계연도 동안의 세입·세출의 예정적 계산 또는 사업계획의 골격이다. 그리고 '행정관리적 개념'(관리상 능률 중시)으로 발전한다.

3) 예산의 소극적 개념과 적극적 개념

예산의 소극적·전통적·고전적 개념은 예산을 숫자적 개관이나 회계적 표현 또는 수지 관계를 나타내는 수치로서 보며, 예산의 국민경제적 측면이나 국가 발전 수단적 측면은 도외시된다.

예산의 적극적·현대적·정치적 개념은 예산의 적극적 개념은 예산을 국가 발전을 위한 중요한 정치적·경제적 도구로서 또는 국가 자원의 효율적인 배분 수단으로서 이해되고 있다. 이러한 예산은 한정된 자원을 둘러싸고 전개되는 정치적 투쟁의 소산이라 할 수 있다.

4) 예산과 재정의 관계

재정(public finance)은 국가 또는 공공기관이 공공 수요를 충족하기 위해 재화를 조달·배분·관리하는 경제활동을 의미한다. 재정은 조세제도, 공채, 재정정책 등을 포함하며 예산(budget)보다 광범위한 개념이다. 예산은 일반회계와 특별회계의 합을 의미하지만, 재정은 예산의 개념에 기금, 조세, 공채, 차입금, 재정정책 등을 포함한 개념이다.

재무행정의 본질은 관리기능설과 정책기능설로 구분할 수 있다. 관리기능설은 재무행정의 고유한 본질은 관리로 보며(L. D. White), 재무행정의 연구 대상은 예산의 편성·심의, 예산의 집행, 회계의 기록, 회계의 검사 등 네 가지 분야다.

정책기능설은 재무행정의 연구 대상 범위를 비교적 넓게 보며(M. E. Dimock), 주된 연구 대상은 예산, 회계, 감사, 구매 등 4개 영역이다.

2. 예산의 기능

1) 의의

근대 행정에서 예산은 입법부가 행정부 재정활동을 통제하기 위한 근대 민주주의의 법적·정치적 요청(재정통제 수단)의 산물이었다. 현대 행정에서 예산은 행정관리의 수단일 뿐만 아니라 국민경제에 커다란 영향을 미치는 행정적·경제적 기능이 중시된다. 정책과 계획의 집행 수단 내지 적정 자원 배분장치다.

2) 주요 기능

(1) 법적 기능(재정통제 기능)

근대 예산제도는 행정부에 대한 민주통제 수단으로 발전됐다. 즉, 대의정치의 발달에 따라 전제왕권에 의한 자의적·독단적인 국민에 대한 과세는 견제됐으며 재정권은 입법부에 귀속됐다. 따라서 의회의 세입에 대한 통제가 세출에 대한 통제보다 먼저 발달했다.

의회제도의 본질적 의의는 재정민주주의에 충실함으로써 국민에 대한 정치적 책임을 확보하는 데 있으며, 이러한 정치적 책임은 의회에 예산통제에 의해 확보될 수 있다. 오늘날은 예산의 기획기능이 재정통제 기능보다 중요시됨에 따라 예산의 재정통제 역할의 중요성은 감퇴돼 가고 있으며, 단순히 통제에 중점을 두기보다 발전목표·계획목표의 달성 여부에 중점을 두게 됐다.

(2) 정치적 기능

고도의 정치적 성격을 가지는 예산은 정치활동의 초점으로서 정치 과정을 통해 현실적으로 가치를 배분하고 국민의 이해관계를 조정하는 기능을 가진다. 예산의 배분 과정을 통해 가치가 배분되고 정치적 이해관계가 조정되므로 객관적 합리성 못지않게 정치성이 작용한다. 윌다브스키(A. Wildavsky)는 『예산과정의 정치』에서 예산은 정치적 투쟁의 결과물로 정의했다. 즉, 예산을 갈등과 타협의 산물로 보았다(H. Smith, A. Wildavsky, A. E Buck, H. E Schuman).

(3) 경제적 기능

예산의 경제적 기능은 경제 안정 기능, 경제 성장 촉진 기능, 소득 재분배 기능, 자원 배분 기능 등이 있다(R. A. Musgrave, P. B. Musgrave, J. M. Keynes).

첫째, 경제 안정 기능으로 예산은 재정정책의 도구로서 경제안정화(stabilizer)에 기여하는 전략적 기능을 수행한다. 국민경제의 안정과 발전을 위해서는 재정정책을 통해 조세·세출·공채관리 등에 관한 정부활동을 효율적으로 수행해 나가야 하며, 불황기에는 실업률을 감소시키기 위해 총지출을 증가시키는 기능을 하며, 호황기에는 지출 규모를 축소해 경기 과열을 억제함으로써 경제의 안정에 기여한다.

둘째, 경제 성장 촉진 기능으로 예산은 자본 형성을 통해 경제 성장 촉진 기능을 수행한다(케인스가 강조). 정부 주도 하에 지속적인 경제 발전이 추진되는 개발도상국가에서는 예산의 경제 성장을 위한 촉진 기능을 매우 중시한다.

셋째, 소득 재분배 기능으로 예산은 수입에서 상속세·누진소득세 등의 세율 조정이나 지출에서 사회보장적 지출 등을 통해 소득을 재배분해 불균등을 시정한다. 시장경제에서 결정된 분배 상태가 바람직하지 못할 때 시정하는 기능이다.

넷째, 자원 배분 기능으로 시장경제를 통해 생산되지 않는 재화나 용역을 공급하기 위해 자원을 할당하는 기능이다. 예산은 투자수익분석의 결과에 따라 국가 자원 배분의 우선순위를 정한다.

(4) 행정적 기능

예산의 행정적 기능은 계획 기능, 관리 기능, 통제 기능, 감축 기능 등이 있다(A. Shick).

첫째, 계획 기능으로 예산은 본질적으로 계획적 요소가 내포되며 계획 기능과 불가분의 관계에 있다. 계획 기능을 통해 조직목표가 결정되고 대안이 평가돼 사업이 선정되며 목표 달성을 위한 자원이 확보·배분될 수 있다. 계획 기능은 예산 과정에서 예산안 편성 단계와 밀접한 관련이 있다. 계획예산제도(Planning-Programming-Budgeting System: PPBS)는 정부의 장기적인 계획 수립(planning)과 단기적인 예산 편성(budgeting)을 유기적으로 결합시킴으로써 자원 배분에 관한 의사결정을 합리적으로 행하고자 하는 예산제도를 말한다.

둘째, 관리 기능으로 예산은 행정부가 가용자원을 효과적으로 동원해 가능한 한 최대의 경제성·능률성을 고려하면서 이를 관리하는 기능이다. 행정수반의 참모기관으로서 중앙예산기관(기획재정부 예산실)은 각 부처 사업계획의 검토·평가와 이에 소요되는 경비의 사정을 통해 사업계획의 효율적 수행을 가능하게 해야 한다. 관리 기능은 예산 과정에서 모든 단계와 관련이 있으며, 성과주의 예산제도(performance budgeting system: PBS)는 예산의 투입을 정부의 기능이나 사업·활동·성과 등과 연결시키는 관리 기능을 중시하는 예산제도를 말한다.

셋째, 통제 기능으로 예산은 행정부의 재정활동을 통제하게 되며 사업이 정책과 계획에 따라 효율적으로 수행되는가 여부를 확인하게 된다. 통제 기능은 예산 과정에서 주로 예산의 배정·재배정 등 집행 기능 및 회계검사와 관련이 있다. 품목별 예산제도(Line-item Budgeting System: LIBS)는 지출 대상을 품목별로 분류해, 지출 대상과 그 한계를 명확히 규정하는 통제 지향적 예산제도를 말한다.

넷째, 감축 기능으로 작은 정부의 지향은 정부 기능의 축소·개편이 불가피하므로 예산의 감축

기능이 고려되어야 한다. 영기준 예산제도(zero base budgeting: ZBB)는 감축관리에 적합한 예산 제도다.

3. 예산과 법률의 관계

1) 예산의 법적 성격

예산의 법적 성격은 예산승인설, 예산법형성설, 예산법률설로 구분할 수 있다. 예산승인설(법규범부정설)에서 예산은 국회가 행정부의 지출을 사전에 승인하는 수단이며, 이로써 행정부에 의한 재정권 행사가 인정된다.

그러나 예산법형성설(법규범설)에서 예산은 법적 구속력을 가지는 법률 자체는 아니지만 일반법과는 다른 국법 형식으로서 법적 효력을 갖는 예산법의 형식을 취한다. 우리나라에서 국회의 승인은 예산의 성립 요인이며, 국회의 승인은 국가기관에 대해 예산의 구속력을 가지므로 예산법형성설이 통설이다.

예산법률설에서 예산은 일반법과 다를 바 없는 그 자체를 의미한다.

2) 예산의 법 형식

예산의 법 형식은 법률주의와 예산주의로 구분할 수 있다. 법률주의에서는 예산이 세출법·세입법과 같이 법률과 동일한 형식을 취하게 되며, 미국·영국·프랑스·독일 등이 이 유형에 속한다. 법률주의에서는 세출예산과 세입예산이 모두 법적 구속력을 받게 되며 조세법은 세입예산과 함께 국회의 의결을 얻게 돼 일년세주의가 된다. 미국과 영국에서 세출예산법안(Appropriation Bill)이 의회에서 통과되면 세출예산법(Appropriation Act)이 된다. 예산으로서 국회에 제출되는 것은 단순한 견적에 불과해 이 견적에 기초를 두고 구체적인 지출 내용이 법률로 행해진다.

예산주의(의결주의)에서는 예산이 법률과 달리 예산(의결)이라는 독특한 형식을 취하게 되며, 우리나라·일본 등이 이 유형에 속한다. 예산주의에서는 세출예산만 법적 구속력을 받게 되며, 세입예산은 영구세주의가 채택돼 법적 구속을 받지 못하고 세입의 예산 견적을 단순히 기재한데 불과하다. 우리나라와과 일본과 같이 예산이 법률과 다른 의결 형식인 '예산'으로 성립되며 예산에 의해 법률을 변경할 수 없고 법률에 의해 예산을 수정할 수도 없다.

3) 예산과 법률과의 차이: 우리나라

예산안의 편성·제안권은 정부만 가진다. 국회는 예산 심의에서 정부의 동의 없이 지출예산 각 항의 금액을 증가하거나 신비목을 설치할 수 없다(헌법 제57조). 그러나 법률안은 국회와 정부가 함께 제출할 수 있다(헌법 제52조).

예산은 정부에 대해 재정권을 부여하는 국회의 의사 표시이지만, 법률은 국민에 대한 국가의 의사 표시다. 예산은 한시적 효력(1회계연도)을 가지는 반면, 법률은 영속적 효력을 가진다. 또한, 예산은 국회의 의결로 효력이 발생하지만, 법률은 정부에 의한 공포를 효력 발생 요건으로 한다.

예산은 정부와 국회 간에 효력이 발생하고 국회와의 관계에서 정부가 구속된다. 또한 지역적 제

표 1-1 예산의 형식과 조세제도

예산의 형식	특징	국가	효력	조세제도
법률	예산을 매년 의회가 법률로써 확정	영국, 미국	영속적 효력	일년세주의
의결	행정부가 편성한 예산을 매년 의회가 의결	한국, 일본	한시적 효력	영구세주의

표 1-2 우리나라 예산과 법률의 차이

구분 기준	예산	법률
법적 근거	예산의결권은 헌법 제54조	법률의결권은 헌법 제53조
제안권	예산안의 편성 · 제안권은 정부만 가진다.	법률안은 국회와 정부가 함께 제출할 수 있다.
의사 표시	예산은 정부에 대해 재정권을 부여하는 국회의 의사 표시다.	법률은 국민에 대한 국가의 의사 표시다.
형식	예산의 형식으로 국회가 의결한다.	법률의 형식으로 국회가 의결한다.
효력	한시적 효력(1회계연도)을 가진다.	영속적 효력을 가진다.
발생 요건	국회의 의결로 효력이 발생한다.	정부에 의한 공포를 효력 발생 요건으로 한다.
구속력	정부와 국회 간에 효력이 발생하고 국회와의 관계에서 정부가 구속된다.	법률은 국민과 국민 간에 효력을 가지고 쌍방의 권리 의무를 구속한다.
법규 변경 · 수정	예산은 법률을 변경할 수 없다.	법률은 예산을 수정할 수 없고 종전의 법규를 변경할 수 있다.

한이 없다. 그러나 법률은 국민과 국민 간에 효력을 가지고 쌍방의 권리 의무를 구속한다. 또한 지역적 제한이 있다.

4. 정부예산의 특징: 민간예산과의 비교

1) 공통점

정부조직이든 민간조직이든 조직은 일정한 목적을 달성하기 위해 희소자원을 확보 · 배분하는 활동을 하게 된다는 점에서는 공통적이다.

2) 민간예산과 다른 점

(1) 목적과 동기

정부의 예산 운영은 이윤 추구에 중점을 두는 민간기업과 달리 공익을 추구하고 국민에 봉사하는 데 목적을 둔다. 정부의 사업 선정이나 평가 기준이 명확하지 않으며 경제성이 무시됨으로써 예산이 낭비될 가능성도 있을 뿐만 아니라 효율성보다 형평성이 우선돼야 할 경우도 많다. 민간기업은 수입 한도 내에서 지출하는 것이 원칙(量入計出原則)이지만 정부기관은 지출 규모를 먼저 결정한 후 수입 규모를 결정하는 것을 원칙(量出計入原則)으로 한다.

(2) 가용예산의 규모

정부가 배분할 수 있는 자원의 규모는 매우 크기 때문에 자원을 어떻게 동원 · 배분하느냐는 국민경제에 결정적인 영향을 미친다. 예산 규모와 자원 조달 방법은 국가 전체의 생산·고용·소득 배분 등에 강력한 영향을 미친다.

(3) 공공재의 제공

정부가 제공하는 재화와 서비스는 대부분이 사회 전체가 혜택을 입는 공공재이므로 사용자 부담 원칙이 주로 적용되는 민간조직의 경우와 달리 가격 결정에 적용되는 시장 메커니즘이 존재하지 않는다. 정부활동은 경제적 능률성이 확보될 수 없는 분야에서도 지속돼야 한다.

(4) 상황 변동의 어려움과 합법성 문제

상황 변동에 신속하게 대응할 수 있는 민간기업과 달리 정부의 예산 결정은 정세 변동에 적응하기 어렵고 경직성을 띠고 있다. 정부는 신규사업에 착수하기도 어렵지만 계속사업을 폐지하거나 감축하기도 어렵다. 정부의 예산활동은 법률에 근거를 둬야 하고 합법성을 유지해야 하므로 정부예산의 신축적인 운영이 어렵고 정부 책임 문제를 항상 수반한다.

(5) 운영 주체의 교체성

정부기관은 민간기업에 비해 그 운영 주체가 빈번하게 교체되므로 예산 운영의 계속성·책임성·능률성의 확보가 어렵다.

5. 공공부문과 통합재정

1) 공공부문 체계

한 나라의 경제활동은 국가의 출자 유무, 임원의 임면권, 예산·결산의 국회 심의 등을 기준으로 공공부문과 민간부문으로 구별할 수 있다. 우리나라의 예산 범위는 공공부문에 해당된다. 공공부문은 비금융 공공부문과 공공 금융부문으로 나뉘며, 정부의 재정활동과 밀접하게 관련되는 부문이 비금융 공공부문이다.

비금융 공공부문은 일반정부와 비금융 공기업으로 구분할 수 있다. 일반정부(general government)는 순수한 의미의 정부활동 또는 좁은 의미의 정부활동이다. 중앙정부는 일반회계, 기타 특별회계(기업특별회계는 제외), 비금융성 기금(비금융 공공부문의 정부기금), 세입세출 외(전대차관) 등이며, 지방정부는 특별시·광역시·도, 시·군·자치구 등의 일반회계, 기타 특별회계, 교육비특별회계, 기금으로 구성된다.

비금융 공기업은 기업적 성격을 갖는 국가활동 중에서 금융활동을 제외한 활동이다. 중앙정부는 기업특별회계(우편사업·우체국예금·양곡관리·조달사업), 지방정부는 공기업특별회계를 의미한다.

2) 공공부문 예산의 규모

세입세출예산 총계는 일반적으로 일반회계의 규모와 특별회계의 총규모를 단순하게 합산한 규모를 의미한다. 세입세출예산 규모상의 순계는 일반회계의 규모와 특별회계 내부의 계정 간 거래를 제외한 금액을 합산한 규모를 말한다. 세입세출순계는 특별회계 내부 간 거래는 물론 회계 상호간의 전출입에 의한 이중 계상을 모두 제한 후의 순예산 규모를 의미한다. 통합예산 규모는 일반회계, 특별회계와 정부관리기금을 포함한 규모를 가리킨다.

3) 통합재정

(1) 의의

통합재정이란 한 나라의 정부부문에서 1년 동안 지출하는 재원의 총체적인 규모로서, 현대 국가에서 다양한 형태로 이뤄지고 있는 정부부문의 모든 재정활동을 포괄해 재정이 국민소득·통화·국제수지에 미치는 효과를 파악하고자 하는 예산 분류 체계다.

우리나라는 IMF의 권고에 따라 1979년부터 연도별로 통합재정수지를 작성했고, 1994년부터는 분기별로, 1999년 7월부터는 월별로 작성·공표하고 있다.

(2) 통합재정의 포괄 범위

통합재정은 일반회계, 특별회계, 기금 간의 전출금 및 전입금 등 회계 간의 내부거래와 국채 발행, 차입, 채무 상환 등 수지차 보전을 위한 보전거래를 세입과 세출에서 각각 제외한 순계 개념의 세입과 세출을 말하며, 통합재정수지는 이러한 순계 개념의 세입과 세출의 차를 의미한다.

통합재정의 포괄 범위는 비금융 공공부문이다. 비금융 공공부문은 일반정부와 비금융 공기업으로 구성되며 중앙은행 등 공공 금융기관은 제외된다. 일반정부는 중앙정부와 지방정부의 일반회계, 기타 특별회계, 기금, 교육비특별회계, 세입세출 외를 포괄하고 비금융 공기업은 중앙정부의 5개 기업특별회계와 지방정부의 194개 공기업특별회계로 구성돼 있다. 다만, 기금 중 금융활동을 수행하는 외국환평형기금과 금융성 기금은 통합재정의 포괄 범위에서 제외된다.

(3) 통합재정의 기본 구조

통합재정에서는 정부의 거래를 세입과 세출, 그리고 보전 재원 등 세 부분으로 구분해 파악하고 있는데, 여기서의 세입과 세출은 통상적인 정부회계상의 세입, 세출과는 개념이 다르다. 정부회계(예산서 및 결산서)에서는 회계연도 내의 모든 수입과 지출을 세입과 세출로 파악하지만 통합재정에서는 정부의 수입을 세입, 보전 수입, 융자 회수로, 지출을 세출, 보전 지출, 융자 지출로 구분하고 있다. 세입에서는 정부로 유입되는 수입 중 비상환성 수입만이 세입으로 기록되고 상환성 수입인 국채 발행 수입, 차입 등은 세입으로 분류되지 않고 보전수입으로 분류된다. 세입은 다시 경상수입과 자본수입으로 구분되는데, 자본수입에는 자본재의 매각으로부터 발생한 수입금만 포함되고, 경상수입에는 조세수입과 재산수입, 수수료 등 세외수입이 포함된다. 세출 및 순융자는 정부의 모든 비상환성 지출을 포함하며 경제 성질별, 기능별로 나눠 작성되고 있다.

경제 성질별 분류에서는 정부 세출이 거래의 경제적 성격에 따라 경상지출, 자본지출 등으로 구분되고, 기능적 분류에서는 정부 지출 목적에 따라 일반 공공행정, 국방, 교육, 경제 사업 등으로 구분된다. 보전재원의 크기는 세입에서 세출 및 순융자를 뺀 차와 같으며, 유동성 목적의 상환성 수입·지출 거래가 포함된다. 따라서 정부의 예금 및 현금 보유, 화폐 발행이나 정부 예수금 이외의 정부 채무, 정책적인 목적보다는 유동성 관리의 목적을 위해 정부가 보유하고 있는 금융자산 등의 거래는 보전 거래에 해당된다. 보전재원 조달은 국내 자금 수요와 경제부문이 사용할 수 있는 자금 규모에 영향을 미친다.

(4) 통합재정에 대한 이해

통합재정은 당해 연도의 순수한 수입에서 순수한 지출을 차감한 수치다. 각 회계·기금은 설치 목적에 따라 독립적으로 수입·지출이 이뤄지므로 특정회계·기금의 흑자를 다른 회계·기금이 사용할 수 없다. 따라서 통합재정수지 흑자 전부를 재정집행 재원으로 활용할 수는 없다. 통합재정 흑자재원은 그 일부만이 국고에 시재하며, 기금의 흑자 대부분은 은행, 투신, 보험 등 금융기관이나 증권·리스 등 기타 기관에서 운용돼 민간자금으로 활용되고 있다. 따라서 통합예산 흑자 전부를 국고에 쌓아두고 있는 것은 아니다.

(5) 통합재정의 필요성

예산의 경제적 영향 측정 및 재정활동을 종합적으로 파악할 수 있다. 재정과 국민소득계정, 통화 및 국제 수지와의 연결을 통한 재정의 국민경제적 효과를 파악할 수 있다. 재정활동의 통화 효과 및 국가재무 분포를 파악하도록 해서 건전 재정을 유도할 수 있다. 정책 수립의 능률화 및 재정지표의 국제 비교가 용이하다.

(6) 우리나라의 통합재정: 제외 부문

공기업(공공기관), 금융성 기금 등 금융적 성격이 강한 공공 금융부문은 통합재정에서 제외한다. 중앙정부의 기금 중에서 외국환평형기금은 통합재정에서 제외한다.

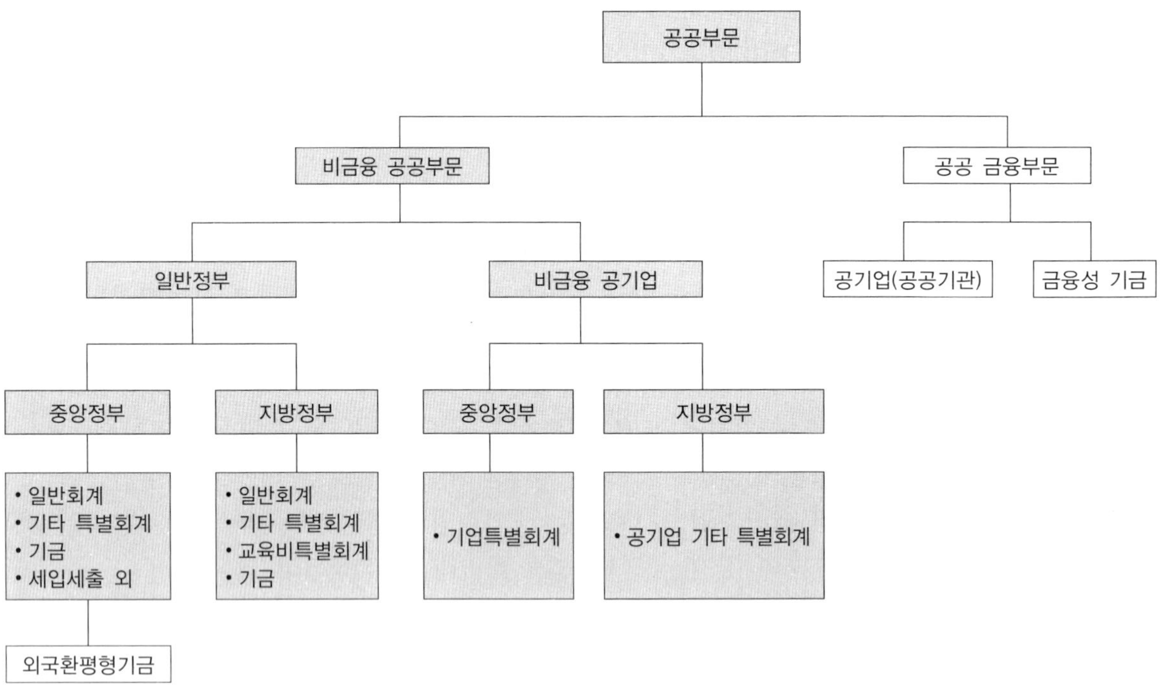

※ 우리나라는 [음영 상자]만 현재 통합예산 범위이고, [흰 상자]은 공공부문의 일부이기는 하지만 통합예산 작성 시 제외한다.

그림 1-1 공공부문의 재정과 통합재정

제2절 예산회계 관계 법률

1. 개요

우리나라 헌법은 예산회계와 관련되는 내용으로 국회의 예산 심의·확정, 계속비·예비비, 추가경정예산, 국회의 예산안 수정권과 증액·신비목의 설치 금지, 국가채무부담행위 동의권, 조세법률주의, 국무회의 재정 관련 정책심의권, 세입세출결산과 회계검사기구, 세입세출결산보고 등에 관한 규정을 두고 있다.

국회법은 예산의 심의기구와 의결 절차를 규정하고 있으며, 감사원법은 회계검사의 내용·절차와 결산의 확인에 관해 규정하고 있다. 정부조직법에서는 예산의 편성·집행을 관장하는 정부조직을 규정하고 있으며, 국가재정법은 예산회계에 관한 기본법으로서 일반회계 예산과 기금의 편성과 집행에 관한 구체적인 내용과 절차를 규정하고 있다. 정부기업예산법은 우편사업·우체국예금사업·양곡관리사업·조달사업 등에 적용되고, 사용자 부담금으로 재원이 조달되며, 기관의 구성원은 공무원이다. 공공기관의 운영에 관한 법률은 공기업·준정부기관에 적용되며, 사용자 부담금으로 재원이 조달되며, 직원은 공무원이 아니다. 마지막으로 지방재정법은 지방자치단체의 재정 및 회계에 관한 기본법이다.

표 1-3 공공재정의 영역과 적용 법규

<table>
<tr><th colspan="5">종류</th><th>적용 법규</th><th>관리책임자</th><th>국회 승인 여부</th><th>회계감사</th></tr>
<tr><td rowspan="8">공공재정</td><td rowspan="5">국가재정</td><td rowspan="3">예산</td><td colspan="2">일반회계</td><td>국가재정법</td><td>기획재정부 장관</td><td rowspan="5">필요</td><td rowspan="8">대상</td></tr>
<tr><td rowspan="2">특별회계</td><td>기업특별회계</td><td>정부기업예산법</td><td rowspan="4">중앙관서의 장</td></tr>
<tr><td>기타 특별회계</td><td>개별법</td></tr>
<tr><td rowspan="2">기금</td><td colspan="2">기금</td><td rowspan="2">국가재정법</td></tr>
<tr><td colspan="2">금융성 기금</td></tr>
<tr><td rowspan="2">지방재정</td><td>예산</td><td colspan="2">일반회계, 특별회계</td><td rowspan="2">지방재정법</td><td rowspan="2">자치단체의 장</td><td rowspan="2">불필요
(지방의회 승인)</td></tr>
<tr><td>기금</td><td colspan="2"></td></tr>
<tr><td colspan="4">공공기관의 재정</td><td>공공기관의 운영에 관한 법률</td><td>공공기관의 장
(기재부지침)</td><td>불필요
(이사회 승인)</td></tr>
</table>

2. 헌법

1) 국회의 예산 심의·확정, 의결 기간, 준예산제도(제54조)

국회는 국가의 예산안을 심의·확정한다. 정부는 회계연도마다 예산안을 편성해 회계연도 개시 90일 전까지 국회에 제출하고, 국회는 회계연도 개시 30일 전까지 이를 의결해야 한다. 새로운 회계연도가 개시될 때까지 예산안이 의결되지 못한 때에는 정부는 국회에서 예산안이 의결될 때까지 ① 헌법이나 법률에 의해 설치된 기관 또는 시설의 유지·운영, ② 법률상 지출 의무의 이행, ③ 이미 예산으로 승인된 사업의 계속 등의 목적을 위한 경비는 전년도 예산에 준해 집행할 수 있다.

2) 계속비와 예비비(제55조)

한 회계연도를 넘어 계속해 지출할 필요가 있을 때에는 정부는 연한을 정해 계속비로서 국회의 의결을 얻어야 한다. 예비비는 총액으로 국회의 의결을 얻어야 한다. 예비비의 지출은 차기 국회의 승인을 얻어야 한다.

3) 추가경정예산(제56조)

정부는 예산에 변경을 가할 필요가 있을 때에는 추가경정예산안을 편성해 국회에 제출할 수 있다.

4) 국회의 예산 증액 및 새 비목 설치 제한(제57조)

국회는 정부 동의 없이 정부가 제출한 지출예산 각항의 금액을 증가, 새 비목 설치는 할 수 없다.

5) 국채 및 국고채무부담행위(제58조)

국채를 모집하거나 예산 외에 국가의 부담이 될 계약을 체결하려 할 때에는 정부는 미리 국회의 의결을 얻어야 한다.

6) 조세법률주의(제59조)

조세의 종목과 세율은 법률로 정한다.

7) 감사원의 세입·세출검사권(제99조)

감사원은 세입·세출의 결산을 매년 검사해 대통령과 차년도 국회에 그 결과를 보고해야 한다.

3. 국회법

1) 예산안·결산의 회부 및 심사(제84조)

예산안과 결산은 소관 상임위원회에 회부하고, 소관 상임위원회는 예비심사를 해서 그 결과를 의장에게 보고한다. 이 경우 예산안에 대해서는 본회의에서 정부의 시정연설을 듣는다. 의장은 예산안과 결산에 제1항의 보고서를 첨부해 이를 예산결산특별위원회에 회부하고 그 심사가 끝난 후 본회의에 부의한다. 결산의 심사 결과 위법 또는 부당한 사항이 있는 때에 국회는 본회의 의결 후 정부 또는 해당 기관에 변상 및 징계 조치 등 그 시정을 요구하고, 정부 또는 해당 기관은 시정 요구를 받은 사항을 지체없이 처리해 그 결과를 국회에 보고해야 한다.

예산결산특별위원회의 예산안 및 결산의 심사는 제안 설명과 전문위원의 검토 보고를 듣고 종합정책질의, 부별심사 또는 분과위원회 심사 및 찬반 토론을 거쳐 표결한다. 이 경우 위원장은 종합정책질의를 할 때 간사와 협의해 각 교섭단체별 대표 질의 또는 교섭단체별 질의 시간 할당 등의 방법으로 그 기간을 정한다. 정보위원회는 제1항 및 제2항의 규정에 불구하고 국가정보원 소관 예산안과 결산, 국가정보원법 제3조 제1항 제5호에 규정된 정보 및 보안 업무의 기획·조정 대상 부처 소관의 정보예산안과 결산에 대한 심사를 해서 그 결과를 해당 부처별 총액으로 해서 의장에게 보고하고, 의장은 정보위원회에서 심사한 예산안과 결산에 대해 총액으로 예산결산특별위원회에 통보한다. 이 경우 정보위원회의 심사는 예산결산특별위원회의 심사로 본다.

예산결산특별위원회는 소관 상임위원회의 예비심사 내용을 존중해야 하며, 소관 상임위원회에서 삭감한 세출예산 각항의 금액을 증가하게 하거나 새 비목을 설치할 경우에는 소관 상임위원회의 동의를 얻어야 한다. 다만, 새 비목의 설치에 대한 동의 요청이 소관 상임위원회에 회부돼 그 회부된 때부터 72시간 이내에 동의 여부가 예산결산특별위원회에 통지되지 아니한 경우에는 소관 상임위원회의 동의가 있는 것으로 본다. 의장은 예산안과 결산을 소관 상임위원회에 회부할 때에는 심사 기간을 정할 수 있으며, 상임위원회가 이유 없이 그 기간 내에 심사를 마치지 아니한 때에는 이를 바로 예산결산특별위원회에 회부할 수 있다. 위원회는 세목 또는 세율과 관계 있는 법률의 제정 또는 개정을 전제로 해서 미리 제출된 세입예산안은 이를 심사할 수 없다.

2) 기금운용계획안 · 기금결산의 회부 등(제84조의2)

국회는 국가재정법 제68조 제1항의 규정에 의해 제출된 기금운용계획안을 회계연도 개시 30일 전까지 심의·확정한다. 기금운용계획안, 국가재정법 제70조 제2항의 규정에 의한 기금운용계획의 변경 및 동법 제73조의 규정에 의한 기금의 결산에 관해서는 예산안 및 결산에 관한 제84조의 규정을 준용한다.

3) 예산안 및 기금운용계획안에 대한 공청회(제84조의3)

예산결산특별위원회는 예산안 및 기금운용계획안에 대해 공청회를 개최해야 한다. 다만, 추가경정예산안 또는 기금운용계획변경안 또는 결산의 경우에는 위원회의 의결로 이를 생략할 수 있다.

4. 국가재정법

1) 의의

국가재정법은 '예산회계법' 및 '기금관리기본법'을 통합해 국가 재정 운용의 기본법을 제정함으로써 새로운 재정 운용의 틀을 마련하고, 국가재정운용계획의 수립, 성과관리제도·예산총액배분 및 자율편성제도의 도입 등을 통해 재정의 효율성을 도모하며, 재정정보의 공표 확대 및 조세지출예산제도의 도입 등으로 재정의 투명성을 제고하고, 추가경정예산 편성 요건의 강화 및 국가채무관리계획의 수립 등을 통해 재정의 건전성을 확보하려고 2006년 제정했다.

2) 주요 내용

(1) 국가재정운용계획의 수립(제7조)

정부는 재정 운용의 효율화와 건전화를 위해 매년 당해 연도를 포함한 5회계연도 이상의 기간에 대해 국가재정운용계획을 수립하고 회계연도 개시 90일 전까지 국회에 제출하도록 한다.

(2) 성과 중심의 재정 운용(제8조)

중앙관서의 장 및 기금관리 주체는 재정활동의 성과관리 체계를 구축해 예산요구서 또는 기금운용계획안을 제출하는 경우 성과계획서 또는 성과보고서를 의무적으로 제출하도록 한다.

(3) 주요 재정정보의 공표(제9조)

예·결산, 통합재정수지 등 국가와 지방자치단체의 중요한 재정정보를 정부로 하여금 매년 1회 이상 공표하도록 해서 재정활동의 투명성을 제고한다.

(4) 회계 및 기금 간 여유재원의 신축적인 운용(제13조)

국가재정의 효율적인 운용을 위해 회계 및 기금 간 여유재원의 전출입을 허용하되, 그 내용을 예산안 또는 기금운용계획안에 반영해 국회에 제출하도록 한다(제33조 및 제68조 제1항).

(5) 성인지 예·결산제도의 도입(제16조 5호·제26조·제34조 9호·제57조·제58조 제1항 4호)

정부는 예산이 여성과 남성에게 미치는 효과를 평가하고, 그 결과를 정부의 예산편성에 반영하기 위해 노력해야 한다. 정부는 예산이 여성과 남성에게 미칠 영향을 미리 분석한 보고서를 작성하고 성인지 예산서에는 성평등 기대 효과, 성과 목표, 성별 수혜분석 등을 포함해야 한다. 이를 예산안에 첨부해야 하며, 성인지 예산서와 여성과 남성이 동등하게 예산의 수혜를 받고 예산이 성차별을 개선하는 방향으로 집행됐는지를 평가하는 성인지 결산서를 작성해야 한다.

(6) 예비비의 계상 한도 설정(제22조)

사용 목적이 지정되지 않은 일반예비비의 규모를 일반회계 예산 총액의 1퍼센트 이내로 해서 그 한도를 설정하고, 이를 공무원의 보수 인상을 위한 인건비 충당에 사용할 수 없도록 한다.

(7) 예산 총액배분·자율편성제도의 도입(제28조 및 제29조)

각 중앙관서의장은 매년 1월 31일까지 5회계연도 이상의 중기사업계획서를 기획재정부 장관에게 제출하도록 하는 한편, 기획재정부 장관은 다음 연도의 예산안편성지침을 4월 30일까지 통보하도록 하되, 예산안편성지침에 중앙관서별 지출한도를 포함할 수 있도록 한다.

(8) 국가채무관리계획의 국회 제출(제91조)

국가채무에 대한 체계적인 관리를 위해 기획재정부 장관으로 하여금 매년 국채·차입금의 상환 실적 및 상환계획, 채무의 증감에 대한 전망 등을 포함하는 국가채무관리계획을 수립해야 한다.

(9) 총사업비관리제도(제50조)

대규모사업에 대한 총사업비관리제도를 도입해 각 중앙관서의 장으로 하여금 그 사업 규모·총사업비 및 사업 기간에 대해 미리 기획재정부 장관과 협의하도록 하고, 기획재정부 장관은 대규모사업에 대해 예비타당성조사를 실시하고, 그 총사업비가 일정 규모 이상 증가하는 경우 타당성 재조사를 실시하도록 한다.

(10) 예산총계주의 원칙의 예외(제53조)

국가의 현물출자, 외국 차관의 전대와 국가연구개발사업의 개발 성과물 사용에 따른 기술료 등에 대해 예산총계주의 원칙의 예외를 인정해 예산에 계상하지 아니하도록 하되, 기술료의 수입·지출 내역에 대해서는 국회 예산결산특별위원회에 보고하도록 한다.

(11) 결산보고서의 작성 및 제출(제58조 내지 제61조)

각 중앙관서의 장은 회계연도마다 작성한 결산보고서를 다음 연도 2월 말일까지 기획재정부 장관에게 제출하고, 기획재정부 장관은 회계연도마다 작성해 대통령의 승인을 받은 국가결산보고서를 다음 연도 4월 10일까지 감사원에 제출해야 한다. 감사원은 제출된 국가결산보고서를 검사해 그 보고서를 다음 연도 5월 20일까지 기획재정부 장관에게 송부하고, 정부는 감사원의 검사를 거친 국가결산보고서를 다음 연도 5월 31일까지 국회에 제출해야 한다.

(12) 기금운용계획의 변경 가능 범위(제70조)

기금운용계획 변경 시 국회에 제출하지 아니하고 자율적으로 변경할 수 있는 주요 항목 지출금액의 범위를 비금융성 기금은 현행 30퍼센트에서 20퍼센트 이하로, 금융성 기금은 현행 50퍼센트에서 30퍼센트 이하로 축소한다.

(13) 추가경정예산안 편성 사유의 제한(제89조)

국가재정의 건전성을 제고하기 위해 추경의 편성 사유를 전쟁이나 대규모 자연재해가 발생한 경우, 경기 침체·대량 실업 등 대내·외 여건의 중대한 변화가 발생했거나 발생할 우려가 있는 경우, 법령에 따라 국가가 지급해야 하는 지출이 발생하거나 증가하는 경우로 한정한다.

(14) 세계잉여금을 국가채무 상환에 우선 사용(제90조)

세입세출의 결산상 잉여금 중 이월액을 공제한 금액인 세계잉여금의 사용 순서를 지방교부세 및 지방교육재정교부금의 정산, 공적자금 상환기금에의 출연, 국가채무 상환, 추가경정예산의 편성 순으로 하고, 사용 시기는 정부 결산에 대한 대통령의 승인 이후로 정한다.

(15) 불법 재정지출에 대한 국민감시제도의 도입(제100조)

예산 및 기금의 불법 지출에 대해 일반 국민들이 집행에 책임 있는 중앙관서의 장 또는 기금관리 주체에게 시정을 요구할 수 있도록 하고, 시정 요구에 대한 처리 결과 예산 절약 등에 기여한 경우 시정 요구를 한 자에게 예산성과금을 지급할 수 있도록 한다.

5. 정부기업예산법

기업예산회계법은 2008년 12월 31일 전부 개정돼 2009년부터 정부기업예산법으로 바뀌어 시행되고 있다. 공기업 중 정부부처의 형태를 가지는 우편사업·우체국예금사업·조달사업·양곡관리사업 등 정부기업에 정부기업특별회계로서 운용된다. 정부기업별로 특별회계를 설치하고, 그 예산 등의 운용에 관한 사항을 규정함으로써 정부기업의 경영을 합리화하고 운영의 투명성을 제고함을 목적으로 한다.

정부기업이란 기업 형태로 운영하는 우편사업, 우체국예금사업, 양곡관리사업 및 조달사업을 말한다. 우편사업특별회계의 세입 및 세출은 우정사업 운영에 관한 특례법 제11조에 따른다. 우체국예금특별회계의 세입 및 세출은 우정사업 운영에 관한 특례법 제11조의2에 따른다. 양곡관리특별회계의 세입은 양곡관리사업 수입, 다른 회계 및 기금으로부터의 전입금, 차입금, 전년도 이월금, 그 밖에 양곡관리사업과 관련된 수입금이며, 세출은 양곡관리사업의 관리·운영에 필요한 경비, 다른 회계 및 기금으로의 전출금, 차입금의 상환금 및 이자, 그 밖에 양곡관리사업과 관련된 지출 등이다. 조달특별회계의 세입은 조달사업 수입, 다른 회계 및 기금으로부터의 전입금, 차입금, 전년도 이월금, 그 밖에 조달사업과 관련된 수입금 등이다. 세출은 조달사업의 관리·운영에 필요한 경비, 다른 회계 및 기금으로의 전출금, 차입금의 상환금 및 이자, 그 밖에 조달사업과 관련된 지출 등이다(제3조 내지 제8조).

특별회계는 그 사업에 필요한 시설의 건설 또는 개량이나 그 사업 운영을 위해 부득이한 경우에는 자금을 차입할 수 있다. 특별회계는 그 지출에 있어서 자금이 일시적으로 부족할 때에는 일시 차입을 할 수 있다(제11조).

국회에 제출하는 특별회계의 예산안에는 국가재정법 제34조에 따른 예산안의 첨부서류에 해당 연도의 투자계획 및 자금계획서, 해당 연도의 추정재정운영표 및 추정재정상태표, 차입금 명세서, 다른 회계 및 기금으로부터의 전입금에 관한 명세서 등의 서류를 추가로 첨부해야 한다(제18조).

관계 중앙관서의 장은 예산집행을 위해 특히 필요한 경우에는 대통령령으로 정하는 바에 따라 세출예산의 각 세항 또는 목의 비용을 전용(轉用)할 수 있다. 관계 중앙관서의 장은 예산을 전용한 때에는 그 전용을 한 과목별 금액 및 이유를 명시한 명세서를 기획재정부 장관 및 감사원에 송부해야 한다(제20조).

6. 공공기관의 운영에 관한 법률

1983년 12월 31일 제정된 정부투자기관관리기본법과 정부산하관리기본법이 폐지되고, 공공기관의 운영에 관한 법률이 제정(2007.1.19 공포, 2007.4.1 시행)됐다.

공공기관의 예산 및 결산에서 정부 회계연도를 따르되, 공기업과 준정부기관은 발생주의 적용이 의무화돼 있다. 공기업과 준정부기관의 장은 경영 목표와 경영지침(기획재정부 장관 통보)에 따라 예산안을 편성해 다음 회계연도 개시 전까지 이사회에 제출하고, 예산안은 이사회의 의결로 확정한다. 공기업과 준정부기관의 장은 예산이 확정되거나 변경된 경우 지체없이 그 내용을 기획재정부 장관, 주무기관의 장 및 감사원장에게 보고해야 한다. 공기업과 준정부기관은 공인회계사나 회계법인의 회계감사를 거친 결산서를 매 회계연도 종료 후 2월 이내에 공기업은 기획재정부 장관, 준정부기관은 주무기관장의 승인을 얻어 결산을 확정해야 한다(감사원은 별도로 공기업과 준정부기관 업무와 회계에 대해 감사 실시 가능).

7. 지방재정법 및 지방자치법

지방자치단체의 재정 및 회계에 대한 사항을 규정하기 위한 법률이다(1963. 11. 11 제정). 지방정부의 예산을 중앙정부의 예산과 비교하면 첫째, 지방자치단체의 장은 회계연도마다 예산안을 편성해 시·도는 회계연도 시작 50일 전까지, 시·군 및 자치구는 회계연도 시작 40일 전까지 지방의회에 제출해야 한다(지방자치법 제127조 제1항). 둘째, 예산안을 시·도의회에서는 회계연도 시작 15일 전까지, 시·군 및 자치구의회에서는 회계연도 시작 10일 전까지 의결해야 한다(지방자치법 제127조 제2항). 셋째, 지방정부 예산 결정의 불확실성은 중앙정부 예산 결정보다 높다. 넷째, 지방정부의 추가경정예산의 편성 수가 중앙정부보다 높다. 다섯째, 국회의 상임위원회 예비심사는 필수이지만, 기초의회는 상임위원회가 설치되지 않아서 예비심사 없이 예산결산특별위원회의 종합심사만 실시하는 경우가 있다. 여섯째, 국회는 예산결산특별위원회가 상설화돼 있지만 지방의회는 상설화돼 있지 않다. 일곱째, 지방정부의 예산은 중앙정부의 지원금에 대한 의존도가 높다.

표 1-4 중앙정부예산과 지방정부예산의 비교

구분	중앙정부예산	지방정부예산
제출 기한	회계연도 개시 90일 전	광역: 50일 전, 기초: 40일 전
의결 기한	회계연도 개시 30일 전	광역: 15일 전, 기초: 10일 전
예산 결정의 확실성	높음	낮음
추경예산 편성 빈도	보통 연1회	보통 연 3~4회
상임위원회 예비심사	필수	생략되는 기초의회도 있음
예산결산특별위원회	상설	비상설

제3절 계획과 예산

1. 계획과 예산

1) 의의

계획(plan)은 조직활동의 목표·방침·행동계획을 설정해 조직활동 및 구성원의 업무 방향을 제시하는 것을 말한다. 예산(budget)은 일정한 회계연도에 정부의 사업을 위해 동원하고 사용할 세입과 세출의 내용을 담고 있는 계획서를 말한다.

계획 없이 예산이 운영될 수 없으며 예산의 현실적 제약을 고려하지 않고 계획이 제대로 추진될 수 없으며, 입법국가 시대에는 계획의 중요성에 대한 인식이 없었고 예산에 계획 기능이 포함되지 않았으며 따라서 통제 지향적 예산인 품목별 예산이 주로 채택됐다. 행정 기능의 질적 변화와 확대·강화에 따라 정책 결정의 중요성과 계획·예산의 상호 보완적 관계를 인식하게 됐으며, 예산은 행정수반의 정책 의도를 뒷받침하게 됐다. 그리고 통제 중심의 예산으로부터 계획과 예산이 긴밀한 관계를 인식하는 관리 지향적인 성과주의 예산과 계획과 예산이 유기적으로 연결되는 계획 지향적인 계획예산제도(PPBS)가 발전됐으며, 영기준예산(ZBB)도 동일한 맥락에서 파악될 수 있다.

2) 계획과 예산의 차이: 프렘찬드(A. Premchand)

계획은 공공부문뿐만 아니라 민간부문도 대상 범위로 하는 반면, 예산은 공공부문에 한정된다. 계획은 중장기적 관점이지만, 예산은 1회계연도에 한정한다. 계획은 경제·사회부문에 대한 미래의 청사진을 생각하는 사고 과정과 개념적 틀이며 주로 경제적·개념적 접근을 하게 되는 반면, 예산은 정부기관의 자금사용 및 계약을 통제하는 데 중점을 두는 재정적·실용적 접근을 하게 된다. 입법부의 심의 대상이 되지 않는 계획은 정부 또는 각 행정기관의 목표를 계량적으로 표시한 것이지만 계획의 집행과 이에 소요되는 재원의 배분은 예산의 틀 안에서 이뤄진다. 예산은 계획의 목표에 종속한다.

계획은 미래의 비전이나 중장기 목표를 제시하고 이를 달성하기 위한 수단을 강구하는 데 중점을 두며, 행정이 이러한 미래의 바람직한 방향으로 추진되기를 기대하는 전략적 선택이라고 할 수 있다. 그러나 예산은 단기적 목표와 수단 내지 재원 배분에 중점을 두며, 부득이한 경우가 아닌 한 예정대로 집행돼야 한다고 생각되는 운영적 선택이다. 계획은 법적 구속력이 없지만, 예산은 행정부에 대한 국회의 재정권 부여라는 형식에 의해 성립하므로 법적 구속력이 있다. 계획은 정치적·경제적·재정적 목적을 위해 수립되는 반면, 예산은 국회의 의결을 거쳐 성립한다.

표 1-5 계획과 예산의 차이

구분	계획	예산
범위	공공부문 + 민간부문	공공부문
기간	중장기	1회계연도
접근 방법	경제적 · 개념적 접근	재정적 · 실용적 접근
결정 과정	계획의 집행은 예산의 틀 안에서 이뤄진다.	예산은 계획의 목표에 종속한다.
활용 관점	전략적 선택	운영적 선택
법적 구속력	없다.	있다.
국회 의결	없다.	있다.

3) 계획 · 예산의 상호 관계와 연계의 필요성

예산의 책정은 명백히 계획활동이며, 계획 기능과 예산 기능은 상호 보완적이며, 불가분의 관계다. 계획과 예산은 상호간 자료·정보가 환류되는 상호 교류적 과정을 이뤄야 하며 기본적인 정책·계획을 제외하고는 대부분의 계획과 예산 편성은 계획·예산담당자 간의 긴밀한 협조 하에 통합적으로 진행돼야 한다.

계획과 예산의 유기적 연계의 필요성은 예산을 고려하지 않는 계획은 운영상 가치가 거의 없으며, 예산의 뒷받침이 없는 계획은 비현실적·가공적이다. 계획과 유기적으로 연결되지 않는 예산으로서는 주요 정책 목표와의 관련성을 알 수 없고 자원의 낭비를 초래하기 쉽다. 그리고 장기적인 계획과 단기적인 예산이 유기적인 관련성을 가짐으로써 자원 배분의 합리화를 기할 수 있으며, 예산·계획의 합리적인 통합으로 정부사업 목표의 설정과 그 실현 방안 선택의 질적 향상을 기대할 수 있다.

4) 계획과 예산의 불일치 · 괴리 요인

계획과 예산의 불일치 요인은 제도적 · 구조적 요인과 행태적 요인으로 구분해 볼 수 있다. 제도적 · 구조적 요인은 첫째, 예산제도의 결함으로 합리적인 예산제도가 운영되지 못함으로써 계획과 예산의 불일치가 초래되고 있다. 이는 계획의 심사분석이나 결산의 결과가 환류돼 예산편성에 반영되지 못하고 있고, 통제 지향적 · 점증적 예산제도를 아직 탈피하지 못해 예산과 계획이 유기적으로 연결되지 못하고 있다. 예산편성 과정에서 합리적인 사업 선정 기준이 결여돼 있는 경우가 빈번하며, 통제 중심적 예산이 계획보다 우위에 있다. 정책 · 계획과 유리된 예산은 숫자의 방대한 집적에 불과하다. 또한, 조직 · 품목별 예산으로는 행정 목표를 명확하게 설정할 수 없고 격변하는 상황에 신속히 적응하기 위한 예산의 신축성 확보가 어렵다. 둘째, 계획과 예산의 특성으로 계획은 장기적 · 추상적 · 포괄적이며 합리적 · 분석적인 특성을 가진다. 예산은 단기적 · 구체적 · 점증적이며 정치적 성격이 강하다. 셋째, 계획의 비합리성이다. 계획이 적절한 자원의 뒷받침을 받으면서 합리적으로 수립돼야 함에도 불구하고 오히려 비현실적 · 가공적 성격을 띠게 되면 계획과 예산의 일치는 어렵게 된다. 넷째, 재원의 부족으로 예산이 계획을 뒷받침할 수 없는 경우가 많다. 다섯째, 상황 변동에의 적응 불능과 예산 신축성의 결여다. 계획 · 예산담당자가 예측하지 못했던 새로운 사태 발생에 적응할 수 없는 경우에는 계획이 예산의 뒷받침을 받기 어렵다. 또한 격변하는 상황에 신속히 적응할 수 있는 예산의 신축성이 확보될 수 없다면 예산과 계획과의 차질이 불가피하다. 여섯째, 계획 · 예산기구의 이원적 구조다. 계획기구와 예산기구가 분리돼 있는 경우 예산과 계획의 통합이 이뤄지기 어렵다.

행태적 요인으로는 첫째, 계획 · 예산담당자의 가치관 · 행태다. 계획담당자와 예산담당자 간에는 사고 방식 · 가치관 · 형태 · 경력 등에서 차이가 있다. 이는 계획담당자는 미래 지향적 · 발전 지향적 · 쇄신적 · 소비 지향적이며 정책이나 계획을 우선시한다. 그리고 예산담당자는 비판적 · 부정적 · 보수적 · 저축 지향적이며 예산지상주의의 입장을 취한다. 둘째, 계획과 예산에 대한 인식 부족이다. 권력 엘리트나 행정관료가 계획의 중요성을 충분히 이해하지 못했으며, 발전계획이 예산을 선도하면서 양자가 일치돼야 한다는 인식이 부족했다. 그리고 발전계획은 법적 구속력도 없고 국회의 의결을 거칠 필요가 없으나 예산은 국회의 승인을 거쳐야 한다는 점도 이러한 인식 부족의 한 원인이 됐다.

5) 계획과 예산의 연계(통합) 방안

첫째, 계획 과정과 예산 과정에서 제기되는 중요 문제는 제도적 · 구조적 요인보다 권력적 요인과 관련된다. 행정수반을 비롯한 정치지도자들의 강력한 리더십과 확고한 정책 의지가 중요하다.

둘째, 예산이 국회에서 확정되기 전에 입법부와 행정부 간의 기획 과정에서 상호 이해 · 협의할 수 있는 제도적 장치를 강구할 필요가 있다.

셋째, 발전계획은 가능한 한 현실 여건에 부합될 수 있도록 구체화돼야 하며 중장기계획의 하위계획으로서 연차계획(annual plan)으로 세분화돼 예산 과정과 유기적으로 연계돼야 한다.

넷째, 기재부 예산실과 각 부처의 기획관리실은 계획 · 예산 기능을 함께 관장하고 있으나 계획과 예산을 일치시키기 위해 계획담당자와 예산담당자 상호간의 협조 · 조화와 공동 의식이 추구돼야 한다.

다섯째, 연차계획에 제시되는 정책과 세부사업에 대한 집행 책임을 지는 행정부서가 기획 과정에 적극 참여함으로써 예산 확보에만 집착하는 태도를 변화시킬 수 있고 계획 집행을 좀 더 원활하게 할 수 있게 되면 연차계획과 예산의 불일치를 막는 데 도움을 줄 수 있다. 또한 지방정부와 중앙정부 간, 각 부처의 조직 단위 간에 자율적인 업무 수행이 가능하도록 적절한 분권화가 이뤄지면 계획과 예산을 일치시키는 데 매우 효과적이라 할 수 있다.

여섯째, 계획・예산담당자 상호간의 인사 교류・순환보직과 공동 교육훈련을 실시함으로써 상호간의 이해를 촉진하고 가치관과 태도의 변화를 유도할 수 있다.

일곱째, 단년도・통제 중심의 품목별 예산으로부터 계획과 예산이 밀접하게 관련되는 사업계획 중심의 예산제도를 지향하는 개혁이 지속적으로 추진돼야 한다.

여덟째, 계획집행에 대한 효율적인 심사분석 및 평가를 강화하고 예산집행 후의 결산제도 운영이 좀 더 효과적으로 이뤄져야만 그 결과가 새로운 계획 수립과 예산편성에 환류될 수 있다.

2. 국가재정운용계획

1) 의의

국가재정운용계획이란 중・장기 국가발전전략을 구체화한 5년 단위의 중기재정계획을 수립해 국회에 제출하고 예산편성 등 재정 운영에 반영하는 제도를 의미한다. 국가재정운용계획은 통제목적을 위주로 하는 전통적인 단년도 예산제도의 제약성을 보완하기 위해 먼저 중・장기에 걸친 거시적인 국가재정운용정책을 수립하고 이에 따른 재원의 동원 및 배분 방향을 계획함으로써, 종국적으로 단년도 예산 편성의 합리성을 제고시켜 국가재원을 효율적으로 배분하기 위한 것이다.

1970년대 말 지출통제와 정책지향성을 추구하는 거시적 예산 결정의 논리에 기반해 등장한 선진국들의 중기재정지출 구상(Medium-Term Expenditure Framework: MTEF)의 성격을 가지고 있으며, 과거 '중기재정계획'이 공개적으로 발표되지 않아 예산편성에 제대로 반영되지 않았다면, '국가재정운용계획'은 공식적으로 발표되며 예산편성에 반영하도록 하고 있다는 점에서 차이가 있다.

국가재정운용계획은 2007년 1월 1부터 국가재정운용계획이 수립・운용되고 있으며, 중기재정계획과 달리 국가재정법(제7조)에 의한 공식적인 법정 기획이자 예산에 반영돼야 하는 의무적인 사항이다.

2) 국가재정운용계획의 특징과 효용

국가재정운용계획상의 분야별 투자 규모는 예산 총액배분 자율편성제도(top-down)의 부처별 지출한도로 활용돼 단년도 예산 및 기금운용계획과 연계된다. 국가재정운용계획은 재정 규모와 구조를 정확하게 파악할 수 있고, 재원 배분과 재정수지 관리 등 전략적인 재정 운용이 가능하도록 일반회계, 특별회계, 기금 등을 포괄하는 통합재정 기준으로 작성된다. 5개년 단위 연동기획으로 운용된다. 지난 1년간의 실적분석과 향후 3개년의 경기 전망을 제시하는 형태의 연동기획이다.

3) 국가재정운용계획의 운용 절차

(1) 지침 통보

기획재정부 장관은 국가재정운용계획 수립을 위한 지침을 마련하여 당해 회계연도의 전년도 12월 31일까지 각 중앙관서의 장에게 통보하여야 한다(국가재정법 시행령 제2조 제1항).

(2) 중기사업계획의 수립

각 중앙관서의 장은 재정지출을 수반하는 중·장기계획을 수립하는 때에는 미리 기획재정부 장관과 협의하여야 한다(국가재정법 제7조 제9항). 지방자치단체의 장은 국가의 재정 지원에 따라 수행되는 사업으로서 대통령령이 정하는 규모 이상인 사업의 계획을 수립하는 때에는 미리 관계 중앙관서의 장과 협의하여야 한다. 이 경우 중앙관서의 장은 기획재정부 장관과 협의하여야 한다(국가재정법 제7조 제10항). 각 중앙관서의 장은 매년 1월 31일까지 당해 회계연도부터 5회계연도 이상의 기간 동안의 신규사업 및 기획재정부 장관이 정하는 주요 계속사업에 대한 중기사업계획서를 기획재정부 장관에게 제출하여야 한다(국가재정법 제28조).

(3) 국가재정운용계획의 수립 및 제출

정부는 재정운용의 효율화와 건전화를 위하여 매년 당해 회계연도부터 5회계연도 이상의 기간에 대한 재정운용계획(국가재정운용계획)을 수립하여 회계연도 개시 90일 전까지 국회에 제출하여야 한다(국가재정법 제7조 제1항).

국가재정운용계획에는 ① 재정 운용의 기본 방향과 목표, ② 중·장기 재정 전망, ③ 분야별 재원배분계획 및 투자 방향, ④ 재정 규모 증가율 및 그 근거, ⑤ 조세부담률 및 국민부담률 전망, ⑥ 통합재정수지에 대한 전망과 근거 및 관리계획, ⑦ 그 밖에 대통령령이 정하는 사항 등의 사항이 포함되어야 한다(국가재정법 제7조 제2항).

국회에 제출하는 국가재정운용계획에는 전년도에 수립한 국가재정운용계획 대비 변동 사항, 변동 요인 및 관리계획 등에 대한 평가·분석보고서, 중장기 기금재정관리계획, 국가채무관리계획을 첨부하여야 한다(국가재정법 제7조 제3항).

기획재정부 장관은 국가재정운용계획을 수립함에 있어 필요한 때에는 관계 국가기관 또는 공공단체의 장에게 중·장기 대내·외 거시경제 전망 및 재정 전망 등에 관하여 자료의 제출을 요청하거나, 관계 국가기관 또는 공공단체의 장과 이에 관하여 협의할 수 있다(국가재정법 제7조 제4항).

기획재정부 장관은 국가재정운용계획을 수립하는 때에는 관계 중앙관서의 장과 협의하여야 한다(국가재정법 제7조 제5항).

국가재정운용계획의 수립에 관하여 필요한 사항은 대통령령으로 정한다(국가재정법 제7조 제6항).

(4) 국가재정운용계획의 예산에의 반영

국가재정운용계획에 따라 지출한도가 포함된 예산편성지침이 4월 30일까지 각 중앙관서에 시달된다(제29조). 그 내용이 예산에 반영되어 예산요구서가 6월 30일까지 기획재정부에 제출된다(제31조).

(5) 국가재정운용계획의 국회 제출

예산안과 함께 회계연도 개시 90일(2014년부터 120일) 전까지 국회에 제출되어야 한다(제33조).

제4절 정부회계의 계리 방식

1. 의의

정부회계는 정부의 경제적 활동을 측정하고 전달하는 과정으로서, 재무 거래의 기록과 보고뿐만 아니라 재무활동 절차 및 내용을 포함하는 포괄적인 개념이다.

정부회계의 목적은 첫째, 예산회계 또는 기금회계라고도 불리는 정부회계는 정부자산을 보호하고, 개별적인 자원의 관리에 대해 보고하며, 정책 결정을 위한 정보를 제공하려는 목적을 가지고 있다. 둘째, 정부회계 시스템은 자금과 여타 자원에 대한 통제가 실패하는 것을 예보해 주고, 관리자들에게 운영이 재정계획에서 일탈하는 것을 알려주며, 계획된 지출액과 실제 비용과를 비교해 주고, 계획된 업무와 실제 집행된 업무와를 비교하며, 여러 행동 대안의 결과를 예측하는 데 필요한 재정정보를 제공해 준다.

정부회계 구분 기준에 따른 분류를 보면, 발생주의와 현금주의의 구분은 경제적 거래의 인식 시점과 기준에 의한 분류다. 복식부기와 단식부기의 구분은 회계 계리의 방식, 즉 거래의 이중성(차변과 대변)을 적용할 것이냐의 문제다. 일반적으로 발생주의 하에서는 복식부기가, 현금주의 하에서는 단식부기가 각각 합리적이다. 발생주의에서도 단식부기를, 현금주의에서도 복식부기를 사용할 수 있다. 시중은행의 경우 현재 현금주의를 취하면서도 복식부기 방식을 사용하고 있다.

2. 단식부기와 복식부기

1) 단식부기(불완전부기)

일정한 원리 원칙에 의하지 않고 단지 현금 수지 및 타인과의 채권・채무, 즉 재산의 증감만을 기록하는 방식이다. 차변과 대변의 구분 없이 현금, 특정 재산, 채무 등을 중심으로 발생된 거래의 한 면만을 기재하는 방식이다. 비영리기업, 소규모 기업에서 사용되고 있다. 정부회계는 전통적으로 단식부기다.

단식부기는 회계절차가 간편하고 비용이 저렴하다는 장점이 있는 반면, 기록의 정확성을 검증하거나 거래의 오류, 탈루 등의 파악이 곤란하며, 예산서상의 구체적인 사업 내역을 알기 힘들고 정부 전체의 예산이나 사업의 규모 및 성과를 파악하기가 곤란하다는 단점이 있다.

2) 복식부기(2차원적 가치 계산)

복식부기는 단일의 경제적 거래를 거래의 이중성에 따라 차변과 대변으로 나눠 기록하는 방식이다. 기업의 자산과 자본의 증감 및 변화하는 과정과 그 결과를 계정 과목을 통해 대변과 차변으로 구분해 이중 기록・계산이 되도록 하는 부기 형식을 말하는 것으로 단식부기와 상대되는 개념이다. 복식부기는 거래의 이중성 또는 대칭 관계를 전제로 했고, 한 거래를 계정 기입 법칙에 의거해 대차 양변에 동시에 기입함으로써 대차변의 각 합계가 일치돼 대차 평균의 원리가 성립되며, 이 원리에 따라 복식부기가 자기통제 기능 또는 자동검증 기능을 수행할 수 있는 것이다.

복식부기의 장점은 ① 발생주의 회계를 용이하게 처리한다. ② 각 행정기관의 예산 파악이 용이하다. ③ 정부지출의 비용과 효과에 관한 기초정보를 제공한다. ④ 대차 평균의 원리에 입각한 자기검증 기능을 가지고 있으므로 내부통제 기능이 우수하다. ⑤ 조세지출예산의 규모 파악이 용이하다. ⑥ 정부 프로그램이나 사업의 원가계산에 용이하다. ⑦ 거래의 이중성을 회계정보화해 모든 계정의 변동에 대한 정보를 체계적으로 포착할 수 있다. ⑧ 자동 이월 기능으로 종합적 재정 상태를 즉시 알 수 있어 정보의 적시성을 확보할 수 있다. ⑨ 결산 및 회계검사의 효율성을 높일 수 있고 재무회계정보에 대한 국민의 이해가능성 및 신뢰성을 확보할 수 있다. ⑩ 내부통제 기능에 의해 데이터의 신뢰성이 높아지고, 계정 과목의 유기적 관련성이 있기 때문에 상호 검증이 가능해 부정이나 오류를 발견하기 쉽다. 그러나 복잡하고 비용이 많이 소요된다는 단점이 있다.

3. 현금주의와 발생주의

1) 현금주의

현금주의(cash basis)는 현금을 수취했을 때 수익으로 인식하고, 현금을 지불했을 때 비용으로 인식하는 회계 기준이다. 즉, 현금 변동 시점을 거래의 인식 기준으로 한다. 현금주의에서는 재화와 서비스를 제공했어도 현금으로 회수되지 않는 동안은 수입으로 계상하지 않고, 반대로 재화와 용역을 제공받았다 하더라도 현금으로 지급되기 전에는 지출로 계상하지 않는다. 현금주의는 전근대적인 회계 방식으로 단식부기에 적용된다. 사업 성격이 없는 일반행정 부문, 정부회계(일반행정 부문), 정부특별회계의 일부 등에 적용된다.

현금주의의 장점으로 이해가 쉽고 예산의 관리통제가 용이하며, 절차와 운용이 간편하다. 현금의 흐름 파악이 용이하다. 반면, 단점으로는 기록 계산의 정확성을 확인하기 곤란해 경영 성과 파악이 어렵고, 거래의 실질, 원가 미반영으로 투자사업의 경리에 곤란하다.

2) 발생주의

발생주의(accrual basis)는 현금 수취 및 현금 지출 거래 그 자체보다는 현금을 발생시키는 경제적 사건이 실제로 발생한 시점에 거래를 인식하는 방식이다(채권채무주의・실질주의). 징수 결의 시점에 수입으로 인식하고 검수 및 검사 시점에 지출로 인식함으로써 미수금, 미수이익, 미지급금, 미지급비용, 선수이익, 선급비용 등과 같은 계정은 물론 유형 고정자산에 대한 감가상각비 등 현금주의의 인식 기준에는 없는 항목이 사용된다. 현대적인 회계 방식으로 복식부기 및 정부기업예산법에 적용된다. 기업적 성격이 강한 회계 부문, 공기업 및 민간기업, 정부기업예산법이 적용되는 4대 특별회계(우편사업, 우체국금융사업, 조달사업, 양곡관리사업) 및 책임운영기관 등에 적용된다.

장점으로 비용편익분석 적용이 용이하여 경영 성과 파악이 쉽다. 회계오류 시정, 부정과 비리에 대한 통제가능성 등을 제고하는 자기검정 기능을 가진다. 정확한 부채 산정으로 재정의 건전성을 확보할 수 있다. 예산 편성과 집행의 효율성을 제고하며, IMF가 설정한 국제 기준에 맞게 재정을 운용함으로써 신뢰성을 제고한다. 단점으로 채권·채무의 자의적 추정이 불가피하다. 감가상각의 주관성 초래 및 부실 채권 파악이 곤란하다. 의회의 통제 회피를 위한 악용의 가능성이 있으며, 절차가 복잡하고, 숙련 회계직 공무원이 필요하다. 화폐금융에 대한 재정활동의 영향을 파악하기 곤란하다.

4. 발생주의 회계 방식의 보편화

1) 의의

영국, 호주, 뉴질랜드, 미국 등은 기존의 현금주의 회계(cash accounting)제도를 보완하기 위해 공공부문에도 민간기업에서와 같은 발생주의 회계(accrual accounting)제도를 도입하고 있다.

2) 각국의 현황

뉴질랜드는 1989년에 공공재정법(Public Finance Act)을 제정해 최초로 모든 정부기관과 공공부문에 자산 및 부채에 관한 대차대조표를 포함하는 재무보고제도와 상업(발생주의) 회계제도를 도입했다.

영국·호주는 점진적 접근 방식을 취해 우선 정부간행물, 부동산관리, 자문 서비스 등 상업화된 기관부터 시작했으며, 점차 그 적용 범위를 범정부적으로 확산시켰다. 영국의 경우 책임집행기관을 모두 발생주의 회계를 적용하도록 의무화했고, 1993년도에는 모든 비상업 부처에도 복식부기의 원리를 적용한다고 발표했다. 미국은 총부채 중 당해 연도의 부채 내역만을 밝히는 수정발생주의를 적용하고 있다.

제5절 예산의 원칙

1. 의의

1) 개념과 형성 배경

예산의 원칙(budget principles)이란 예산의 편성, 예산의 심의 및 의결, 예산의 집행, 결산 및 회계검사 등의 예산 과정에서 지켜져야 할 규범과 준칙을 말한다. 예산의 원칙에는 전통적인 것과 현대적인 것이 공존하는 바, 전통적 원칙들은 시민혁명 초기 국민의 대표로 구성된 의회가 국왕이나 행정부에 대해 엄격한 재정적 통제를 가하기 위해 고안된 것이며, 현대적인 예산의 원칙은 예산의 효율적 운용을 위해 고안된 행정국가 시대의 예산 원칙을 말한다.

영국은 명예혁명(1688년) 이후 의회에서 국왕의 인사권과 재정권에 통제를 가할 수 있는 권한을 획득했다. 세입의 징수행위는 의회의 과세에 대한 동의를 전제로 먼저 확립됐고, 세출에 대한 통제는 1760년경 왕실비(Civil List)와 통일국고제도(1787)에 의해 나중에 확립했다.

2) 예산 원칙의 변화

근대 예산제도는 행정부에 대한 의회의 통제 수단으로 발전돼 왔으므로 예산 원칙도 예산의 편성·집행에 대한 행정부의 독단적 행동의 여지를 제거하는 데 목적이 있었던 입법부 우위의 전통적 예산 원칙(F. Neumark, H. D. Smith 등)이 먼저 발달했다. 최근 국가재정 규모의 팽창, 책임정치의 발달, 행정 기능의 양적 확대와 질적인 변화, 행정의 정책결정 기능의 강조 등으로 행정관리의 합리성, 예산집행의 신축성 부여 및 예산과 기획과의 유기적 관계를 중시하는 행정부 우위의 현대적 예산 원칙(H. D. Smith 등)이 대두됐다.

2. 입법부 우위의 전통적 예산 원칙: 노이마르크의 원칙

1) 의의

입법부 우위의 통제 지향적인 전통적인 예산 원칙은 행정부의 예산 낭비를 방지하고, 위법·부당한 지출을 방지하며, 국민의 부담을 경감하기 위한 예산 원칙이다. 세이(L. Say), 선델슨(J. W. Sundelson), 노이마르크(F. Neumark) 등이 주창했다.

2) 예산 원칙

가장 대표적인 노이마르크의 예산 원칙은 공개성의 원칙, 명료성의 원칙, 완전성·포괄성의 원칙, 단일성의 원칙, 한정성의 원칙, 사전 의결의 원칙, 예산통일성의 원칙, 엄밀성의 원칙, 단년성의 원칙, 명세성의 원칙 등이다.

공개성(publicity)의 원칙(국가재정법 제9조)은 행정부에 의한 예산의 편성, 의회의 심의·승인, 예산의 집행 및 결산 내용 등 예산 과정의 주요한 단계는 국민에게 공개시켜 국민으로 하여금 정부가 어떠한 행정활동·재정활동을 행하려고 하는가를 알게 해야 하며 또한 예산에 대한 국민의 자유로운 비판도 보장돼야 한다. 국가재정법 제9조는 국가와 지방자치단체의 재정에 관한 중요한 사항을 매년 1회 이상 알기 쉽고 투명하게 공표해야 한다고 규정함으로써 이른바 공개성의 원칙을 밝히고 있다. 신임예산(Votes of Credit)은 공개성의 원칙에 예외다.

명료성(clarity)의 원칙이란 예산은 모든 국민이 이해될 수 있도록 예산의 합리적인 관점에서 분류되고 수입과 지출의 용도를 명료·정확하게 표시해야 한다.

완전성(comprehensiveness)·포괄성의 원칙(국가재정법 제17조)은 국가의 모든 세입·세출은 공제하지 말고 모두 예산에 계상돼야 한다. 국가재정법은 세입·세출은 모두 예산에 편입돼야 한다고 규정함으로써 총계예산주의 원칙을 밝히고 있다. 순계예산은 완전성·포괄성의 원칙에 예외다.

단일성(unity)의 원칙은 예산이란 구조면에서 단일(단수)한 것이어야 한다. 독립된 복수의 예산이 있으면 전체적인 관련성이 명확하지 않게 되며, 따라서 국민이 예산을 이해하기 어렵고 의회의 예산통제권도 저해된다. 특별회계, 기금, 추가경정예산 등은 단일성의 원칙에 예외다.

한정성(limitation)의 원칙(국가재정법 제45조)은 세출예산의 집행에서 지출 권한의 한정성에는 사용 목적(질적)의 한정, 지출 금액(양적) 한정, 지출 기간(시간적) 한정 등이 있다. 국가재정법 제45조는 세출예산이 정한 목적 외에 경비를 사용할 수 없다고 규정함으로써 한정성의 원칙을 밝히고 있다. 예산의 이용·전용은 사용 목적의 한정에 예외이며, 예비비는 지출 금액의 한정에 예외이며, 이월·계속비·과년도수입·과년도지출·조상충용 등은 지출 기간의 한정에 예외다.

사전 의결(prior authorization)의 원칙(헌법 제54조)이란 예산은 지출이 행해질 기간에 앞서 의회에 제출되고 심의·의결돼야 하며, 또한 예산은 엄격히 의회의 의결 범위 안에서 집행돼야 한다. 사고이월, 준예산, 전용, 긴급재정경제처분, 예비비 등은 사전 의결의 원칙에 예외다.

예산통일성(non-affection)의 원칙이란 특정한 세입과 특정한 세출을 직접 연결시켜서는 안 된다는 것이다. 즉, 전체 세입으로 전체 세출에 충당해야 한다는 원칙이다. 따라서 국가의 모든 수입을 하나의 공통적인 일반재원에 포함시키고 이 재원에서 모든 지출이 이뤄져야 한다. 특별회계, 기금, 목적세, 수입대체경비 등은 통일성의 원칙에 예외다.

엄밀성(accuracy)의 원칙이란 세입예산과 세출예산은 결산과 일치해야 한다는 것이며, 그 의도는 예산 추계가 가능한한 정확하게 표시돼야 한다는 데 있다.

단년성(annuality)의 원칙이란 정부예산의 가장 바람직한 회계 기간은 1년이라는 원칙이다. 명세성(specification)의 원칙이란 세입예산과 세출예산은 구체적으로 항목화해 품목별로 해야 한다는 것이다.

3. 행정부 우위의 현대적·관리지향적 예산 원칙: 스미스의 원칙

1) 의의

입법부 우위의 통제 지향적인 전통적인 예산 원칙은 행정 기능의 확대·강화, 행정부의 위상 변화, 정부의 기업 활동, 예산 기능의 변화 등으로 인해 수정이 불가피하게 됐다. 즉, 행정부의 재량권을 인정해 재정 운영의 신축성을 높이려는 행정부 편의의 원칙이 필요하게 됐다.

2) 예산 원칙

스미스(H. D. Smith)가 제정한 행정부의 관리를 위한 현대적 예산 원칙은 다음과 같다.

첫째, 행정부 기획(executive programming)의 원칙이란 예산은 행정수반의 사업계획을 반영하는 것이므로 예산의 편성은 행정수반의 전체 사업계획의 수립과 밀접하게 직접적으로 관련성을 갖지 않으면 안 된다. 따라서 예산의 편성과 기획은 행정수반의 직접 감독 아래 행해져야 된다.

둘째, 행정부 책임(executive responsibility)의 원칙이란 행정기관은 행정수반의 지휘·감독 아래 입법부의 의도를 가장 경제적인 방법으로 실현시켜야 할 책임을 지고 있다. 따라서 행정기관은 예산을 집행할 때 합법성·효과성·합목적성을 추구해야 한다.

셋째, 보고(reporting)의 원칙이란 예산의 편성·심의·집행 등은 행정기관으로부터 올라오는 충분한 재무보고·업무보고에 기초를 둬야 한다. 보고제도가 없는 예산은 맹목적·자의적이다.

넷째, 적절한 행정장치(adequate tools) 구비의 원칙이란 행정수반은 직접 감독 하에 유능한 공무원이 배치되고 있는 예산기관을 가져야 하며 또한 예산을 가장 경제적으로 집행할 수 있도록 예산의 월별 또는 분기별 배정, 예비비 계상에 관한 권한 등을 포함해 필요한 권한이 부여돼 있어야 한다.

다섯째, 다원적 절차(multiple procedures)의 원칙이란 모든 정부 기능은 예외없이 예산에 반영돼야 하지만 예산의 절차는 상이한 형태·종류의 행정활동에 따라 달라질 수 있다. 따라서 일상적인 행정활동, 장기적 건설사업과 개발계획, 물자의 구매·매각이나 금융활동과 같은 준상업적인 활동 등은 효과적인 운영을 위해 각각 다른 예산절차를 필요로 한다.

여섯째, 행정부 재량(executive discretion)의 원칙이란 행정부는 법에 의해 설정된 여러 목적을 실현하기 위해 정확한 운용 수단을 결정할 수 있는 재량권이 부여돼야 한다. 예산을 세목이 아닌 총괄사업으로 통과시키고 집행상의 재량을 최대한 행정부에 부여해야 한다.

일곱째, 시기 신축성의 원칙은 사업 실시를 행정부가 신축성 있게 조정할 수 있어야 한다는 원칙이다.

여덟째, 상호 교류적 예산기구의 원칙이란 중앙예산기관과 각 부처예산기관의 상호간 의사전달 협력 체계를 구축해야 한다는 원칙이다.

4. 전통적 원칙과 현대적 원칙의 조화

예산이란 근본적으로 의회의 재정통제의 기능과 사정 변동에의 대응을 위한 예산 집행의 신축성 및 행정부의 관리·계획 기능을 조화적으로 추구하는 것이다. 최근 총괄배정예산, 지출통제예산, 다회계연도예산 등 예산의 신축성을 더 강조하고 있으나, 종국적으로는 양 원칙의 조화가 필요하다. 거시적인 측면에서는 통제를 강조하면서 미시적인 부분은 신축성 유지에 의한 방식으로의 조화를 추구한다.

표 1-6 전통적 예산 원칙과 현대적 예산 원칙의 비교

구분	전통적 예산 원칙	현대적 예산 원칙
시기	19세기 근대 입법국가	20세기 현대 행정국가
대표 학자	노이마르크(F. Neumark)	스미스(H. D. Smith)
성격	통제 지향적 예산 원칙	관리 지향적 예산 원칙
특징	의회에 의한 재정통제	행정부에 의한 신축성
목적	행정부의 낭비와 부조리 방지, 위법·부당한 지출의 방지	예산집행상의 신축성과 효율성 향상, 행정부의 재량권 부여

제6절 예산의 종류

1. 예산의 분류

예산은 회계 형태별 분류, 성립 내용의 수정 여부에 따른 분류, 예산 불성립 시 절차에 따른 분

표 1-7 예산의 분류

분류 기준	예산
세입 · 세출의 성질에 따른 분류(예산의 회계 형태별 분류)	일반회계예산 · 특별회계예산 · 기금 등
예산편성 절차에 따른 분류(성립 내용의 수정 여부에 따른 분류)	본예산 · 수정예산 · 추가경정예산 등
예산불 성립 시 절차에 따른 분류	잠정예산 · 준예산 · 가예산 등
예산 운영 기법별	품목별예산 · 성과주의예산 · 계획예산 · 영기준예산 · 자본예산 등

류, 예산 운영 기법별 분류로 구분된다.

2. 세입의 성질에 따른 분류: 국가재정법 제4조~제5조

1) 일반회계

일반회계예산(general account budget)은 국가재정 내지 통합예산의 중심이 되는 예산이며 순수한 의미의 정부예산이다. 일반회계예산은 정부의 강제적 수입원인 조세수입을 재원으로 해서 일반행정 · 국방 · 교육 · 사회 개발 · 경제 개발 등 순수한 공공재를 생산하는 재원이다.

일반회계의 구조는 세입구조와 세출구조로 나뉜다. 세입구조는 일반세입으로 소득세 · 법인세 · 부가가치세 등 국세, 공기업 주식매각수입 등 세외수입, 국채 발행 수입 등이다. 세출구조는 세출예산으로 중앙행정기관의 운영비와 사업비가 포함된다. 기능별로 분류하면 일반행정비, 방위비, 교육비, 사회개발비, 경제개발비, 지방재정 지원, 채무 상환 · 기타 등으로 구성된다.

2) 특별회계

특별회계예산(special account budget)이란 특별회계는 국가에서 특정한 사업을 운영할 때, 특정한 자금을 보유해 운용할 때, 기타 특정한 세입으로 특정한 세출에 충당함으로써 일반회계와 구분해 계리할 필요가 있을 때에 법률로 설치하는 예산이다.

특별회계는 설치 목적에 따라 다음 유형으로 구분된다. 국가에서 특정한 사업을 운용할 때는 양곡관리특별회계 · 우편사업특별회계 · 우체국예금특별회계 · 조달사업특별회계 등 기업특별회계와 책임운영기관특별회계 등이다. 국가에서 특정한 자금을 보유해 운용할 때에 재정융자특별회계, 자금관리특별회계 등이다. 기타 특정한 세입으로 특정한 세출에 충당함으로써 일반회계와 구분해 계리할 필요가 있을 때는 교도작업특별회계, 농어촌특별세관리특별회계, 국유임야관리특별회계, 교통시설특별회계 등이다.

특별회계의 장점으로 정부가 기업적 성격의 사업에 대해 수지를 명백히 할 수 있다. 행정기관의 재량 범위를 넓혀줌으로써 능률의 증진과 경영의 합리화를 추구할 수 있다. 행정 기능의 전문 · 다양화에 부응할 수 있다. 단점은 예산의 통일성 · 단일성 원칙에 예외로서 특별회계의 수가 많아지면 예산구조의 복잡화 및 고도의 자율성으로 의회의 예산통제 또는 국민의 행정통제가 약화된다. 일반회계와의 교류로 인한 중복 발생으로 국가재정의 전체적인 관련성이 불분명해진다.

일반회계와 특별회계 간의 관계는 일반회계와 특별회계, 특별회계 상호간에는 전출입 등 상당한 교류가 있다. 일반회계에서 특별회계는 전입금이며, 특별회계에서 일반회계는 잉여금이다. 예

표 1-8 정부기업과 책임운영기관의 비교

구분	정부기업	책임운영기관
적용	우편, 우체국예금, 양곡관리, 조달사업	책임운영기관의 모든 사업
예산편성지침	기획재정부 장관이 작성	기획재정부 장관이 작성(단, 주무부 장관의 의견을 들을 수 있음)
이용 · 이월	전용, 이용, 이월 가능	• 세출예산 범위 내 이용 및 전용 가능 • 대통령령이 정한 범위 내에서 경상비 이월 가능
초과금의 사용절차	국무회의 심의 및 대통령 승인 필요	주무장관 승인
잉여금 사용	• 결손 시 사용 불가 • 일반회계로 전입 가능	• 결손 시 사용 가능 • 일반회계로 전입 불가
비용 부담	관련 규정 없음	비용 부담 가능

산총계는 일반회계예산와 특별회계예산을 포함하며, 예산순계는 예산총계에서 중복분을 제외한 것이다.

3) 기금

기금(fund)은 국가가 특정한 목적을 위하여 특정한 자금을 신축적으로 운용할 필요가 있을 때에 한하여 법률로써 설치하되, 정부의 출연금 또는 법률에 따른 민간부담금을 재원으로 하는 기금은 규정된 법률에 의하지 아니하고는 이를 설치할 수 없으며, 설치된 기금은 세입세출예산에 의하지 아니하고 운용할 수 있다(국가재정법 제5조).

표 1-9 기금과 예산의 차이

구분	예산		기금
	일반회계	특별회계	
설치 사유	국가 고유의 일반적 재정활동: 순수공공재(국방, 치안 등)	① 특정 사업 운영 ② 특정 자금 보유 운용 ③ 특정 세입으로 특정 세출에 충당	① 특정 목적을 위해 특정 자금을 운용 ② 일정 자금을 활용해 특정 사업을 안정적으로 운영
성격	소비성	주로 소비성	주로 적립성(회전성)
재원 조달 운용 형태	공권력에 의한 조세 수입과 무상적 급부 제공의 원칙	일반회계와 기금의 운용 형태 혼재	정부출연금, 부담금, 일반회계 전입금 등 다양한 수입원으로 융자사업 등 기금 고유사업 수행: 유상적 급부 제공의 원칙
확정절차	① 부처의 예산 요구 ② 기획재정부가 정부 예산안 편성 ③ 국회의 심의 · 의결로 확정	좌동	① 기금관리 주체가 계획(안) 수립 ② 기획재정부 장관의 협의 · 조정 ③ 국회의 심의 · 의결로 확정
집행절차 (자율성)	합법성에 입각해 엄격히 통제 – 예산의 목적 외 사용 금지 원칙	좌동	합목적성 차원에서 상대적으로 자율성과 탄력성을 보장
수입과 지출 연계	원칙적으로 특정한 수입과 지출의 연계를 배제한다.	특정한 수입과 지출이 연계된다.	좌동
계획 변경	추가경정예산 편성	좌동	주요 항목 지출 금액의 30%(금융성 기금의 경우 50%) 이상 변경 시 국회 의결 필요
결산	국회의 결산 심의와 승인	좌동	좌동

기금의 설치 목적을 살펴보면, 기금은 각종 연금사업, 보험사업 등 예산으로 운영된다면 예산에 적용되는 일반적인 제약 때문에 사업 목적을 효과적으로 달성할 수 없는 경우에 설치한다. 기금이란 복잡다기하고 급변하는 현실에서 국가의 특수한 정책 목적을 실현하기 위해 예산 원칙의 일반적인 제약으로부터 벗어나 좀 더 탄력적으로 운용할 수 있도록 세입·세출예산에 의하지 않고 특정사업을 위해 보유·운용하는 특정자금이라고 할 수 있다.

기금과 예산의 차이는 재원 조달, 예산 통일성의 원칙 적용 제외, 예산 단일성의 원칙 적용 제외 등이다. 재원 조달에서 일반회계예산은 조세수입을 재원으로 하며 무상적 급부를 원칙으로 한다. 기금은 정부의 출연금 또는 법률에 따른 민간부담금을 재원으로 하며 유상적 급부를 원칙으로 한다. 예산 통일성의 원칙 적용 제외에서 일반회계예산은 특정 세입과 특정 세출을 연결시켜서는 안 된다는 예산 통일성의 원칙을 적용받는다. 기금은 특별회계예산과 같이 특정 수입으로 특정 지출에 충당하게 되며 국가의 일반자금으로부터 분리시켜 설치·운용되는 자금이다. 예산 단일성의 원칙 적용 제외는 예산은 구조면에서 단일(단수)해야 한다는 예산 단일성의 원칙을 적용받는다.

기금의 유형은 관리 주체별 분류, 설립 목적별 분류, 기능별 분류, 운용 방식별 분류 등이 있다. 관리 주체별 분류란 기금은 관리 주체에 따라 중앙관서의 장이 관리하는 정부관리기금과 중앙관서의 장 이외의 자가 관리하는 민간관리기금이 있다. 설립 목적별 분류란 기금은 설립 목적에 따라 산업기금, 사회복지기금, 유통기금, 과학·교육·문화기금, 금융기금 등으로 나눌 수 있다. 기능별 분류란 기금은 기능별에 따라 정책사업기금, 후생기금, 연구기금 등으로 나눌 수 있다. 운용 방식별 분류란 기금은 운용 방식에 따라 소비성 기금, 회전성 기금, 적립성 기금(준비성 기금) 등으로 나눌 수 있다.

기금운용계획안의 수립은 국가재정법 제66조에 규정돼 있다. 기금관리 주체는 매년 1월 31일까지 당해 회계연도부터 5회계연도 이상의 기간 동안의 신규사업 및 기획재정부 장관이 정하는 주요 계속사업에 대한 중기사업계획서를 기획재정부 장관에게 제출하여야 한다(제1항). 기획재정부 장관은 기금정책심의회와 국무회의의 심의를 거쳐 대통령의 승인을 얻은 다음 연도의 기금운용계획안 작성지침을 매년 4월 30일까지 기금관리 주체에게 통보하여야 한다(제2항). 기획재정부 장관은 국가재정운용계획과 기금운용계획 수립을 연계하기 위하여 기금운용계획안 작성지침에 기금별 지출 한도를 포함하여 통보할 수 있다(제3항). 기획재정부 장관은 기금관리 주체에게 통보한 기금운용계획안 작성지침을 국회 예산결산특별위원회에 보고하여야 한다(제4항). 기금관리 주체는 기금운용계획안 작성지침에 따라 다음 연도의 기금운용계획안을 작성하여 매년 6월 30일까지 기획재정부 장관에게 제출하여야 한다(제5항). 기획재정부 장관은 제출된 기금운용계획안에 대하여 기금관리 주체와 협의·조정하여 기금운용계획안을 마련한 후 국무회의의 심의를 거쳐 대통령의 승인을 얻어야 한다(제6항). 기획재정부 장관은 기금운용계획안을 조정함에 있어 과도한 여유재원이 운용되고 있는 기금(구조적인 요인을 지닌 연금성 기금을 제외한다)에 대하여는 예산상의 지원을 중단하거나 당해 기금수입의 원천이 되는 부담금 등의 감소를 위한 조치를 취할 것을 기금관리 주체에게 요구할 수 있다. 이 경우 기금관리 주체가 중앙관서의 장이 아닌 경우에는 그 소관 중앙관서의 장을 거쳐야 한다(제7항). 기금관리 주체 중 중앙관서의 장이 아닌 기금관리 주체는 각각 동항에 규정된 제출·협의 등에 있어 소관 중앙관서의 장을 거쳐야 한다(제8항).

기금운용계획안의 국회 제출은 국가재정법 제68조에 규정돼 있다. 정부는 주요 항목 단위로 마련된 기금운용계획안을 회계연도 개시 90일(2014년부터 120일) 전까지 국회에 제출하여야 한다. 이 경우 중앙관서의 장이 관리하는 기금의 기금운용계획안에 계상된 국채 발행 및 차입금의 한도액은 예산총칙에 규정하여야 한다(제1항). 기금관리 주체는 기금운용계획이 확정된 때에는 기금의 월별 수입 및 지출계획서를 작성하여 회계 연도 개시 전까지 기획재정부 장관에게 제출하여야 한다(제2항).

기금결산 등은 국가재정법 제73조에 규정돼 있다. 각 중앙관서의 장은 회계연도마다 소관 기금의 결산보고서를 중앙관서결산보고서에 통합돼 작성한 후 다음 연도 2월 말일까지 기획재정부 장관에게 제출해야 한다.

3. 예산편성 절차에 따른 분류(성립 내용의 수정 여부에 따른 분류)

예산편성 절차에 분류에는 본예산 · 수정예산 · 추가경정예산 등이 있다.

1) 본예산

본예산이란 당초에 국회의 의결을 거쳐 확정 · 성립된 매 회계연도의 기본적 예산을 말한다. 수정예산 · 추가경정예산 · 준예산 등과 구분해 당초예산이라고도 한다.

2) 수정예산

수정예산(budget reversions)이란 국회가 심의 중인 예산안을 행정부가 부득이한 사유로 수정해 다시 국회에 제출하는 예산안을 말한다. 즉, 행정부가 예산안을 입법부에 제출한 이후 국내외의 사회경제적 여건의 변화로 예산안의 내용 중 일부를 변경할 필요성이 있을 때, 행정부가 입법부에 다시 제출하는 예산안을 말한다.

정부는 예산안을 국회에 제출한 후 부득이한 사유로 인하여 그 내용의 일부를 수정하고자 할 때에는 국무회의의 심의를 거쳐 대통령의 승인을 얻어 수정예산안을 국회에 제출할 수 있다(국가재정법 제35조). 수정예산안 또는 추가경정예산안을 편성하여 국회에 제출하는 때에는 규정된 예산안 첨부서류의 일부를 생략할 수 있다(국가재정법 제36조). 수정예산은 입법부의 예산 심의 중에 행정부가 예산편성 내용을 일부 변경하는 것을 말하는데 반해, 추가경정예산은 입법부를 통과해 이미 성립된 예산에 대해 행정부가 다시 편성 내용을 변경하는 것을 말한다.

3) 추가경정예산

예산 성립 이후의 상황 변화로 사업을 변경하거나 새로운 사업을 추진해야 할 필요가 있는 경우, 행정부가 이미 성립된 예산의 편성 내용을 변경해 의회에 제출 · 의결을 받는 예산을 말한다.

추가경정예산은 입법부를 통과, 이미 성립된 예산에 대해 행정부가 다시 편성 내용을 변경하는 것인데 반해, 수정예산은 입법부의 예산심의 중에 행정부가 예산편성 내용을 일부 변경한 것이라는 점에서 서로 다르다. 추가경정예산은 당초예산과 별개로 성립 · 진행되기에 특정 회계연도의 예산 총액을 파악하려면 당초예산과 추가경정예산의 액수를 합산해야 한다. 정부는 예산 성립 후에 생긴 사유로 인해 이미 성립된 예산에 변경을 가할 필요가 있을 때에는 추가경정예산안을 편성해 국회에 제출할 수 있다.

추가경정예산안 편성(국가재정법 제89조)에서 정부는 전쟁이나 대규모 자연재해가 발생한 경우, 경기 침체·대량 실업 등 대내·외 여건에 중대한 변화가 발생했거나 발생할 우려가 있는 경우, 법령에 따라 국가가 지급해야 하는 지출이 발생하거나 증가하는 경우 등의 경우 추가경정예산안을 편성할 수 있다. 정부는 국회에서 추가경정예산안이 확정되기 전에 이를 미리 배정하거나 집행할 수 없다.

4. 예산 불성립 시 절차에 따른 분류: 준예산·잠정예산·가예산

예산이 회계연도 개시 전까지 국회에서 통과되지 못하는 경우에도 정부활동은 계속돼야 하므로 필요한 경비가 지출될 수 있는 제도가 마련돼야 한다.

예산이 회계연도 개시 전까지 국회에서 통과되지 못하는 경우에 대처할 수 있는 제도로서는 독일·한국의 준예산, 영국·미국·캐나다·일본 등의 잠정예산, 프랑스·한국(제1공화국) 등의 가예산 등을 들 수 있다.

1) 준예산

정부는 국회에서 부득이한 사유로 회계연도 개시 전까지 예산안이 의결되지 못한 때에는 헌법 제54조 제3항의 규정에 의하여 예산을 집행하여야 한다(국가재정법 제55조 1항).

새로운 회계연도가 개시될 때까지 예산안이 의결되지 못한 때에는 정부는 국회에서 예산안이 의결될 때까지 다음의 목적을 위한 경비는 전년도 예산에 준하여 집행할 수 있다(헌법 제54조 3항). 헌법이나 법률에 의하여 설치된 기관 또는 시설의 유지·운영, 법률상 지출 의무의 이행, 이미 예산으로 승인된 사업의 계속 등이다.

준예산에 의하여 집행된 예산은 당해 연도의 예산이 확정된 때에는 그 확정된 예산에 따라 집행된 것으로 본다(국가재정법 제55조 2항).

준예산제도는 1960년 제3차 개헌 때 헌법에 도입됐으나 아직 한번도 사용된 일이 없다. 종전(제1공화국)의 가예산제도는 거의 매년 편성해 집행했다.

2) 잠정예산

잠정예산이란 준예산제도와 유사한 제도로서 회계연도 개시일 전까지 예산이 국회를 통과하지 못하는 경우 일정 기간 동안 일정 금액(최초 3~4개월분) 예산의 국고 지출을 잠정적으로 허용하는 제도를 말한다. 우리나라는 이 제도를 채택한 일이 없다.

잠정예산은 영국 등 의원내각제 국가에서 많이 이용하고 있다. 미국의 경우 잠정예산액은 전년도 수준·대통령의 요구액·상하 양원에서 승인된 세출예산액 중 금액이 낮은 쪽을 기준으로 하여 정해진다. 일본은 내각의 필요에 응해 잠정예산을 작성하고 국회에 제출할 수 있게 돼 있으며, 부득이한 경우 예외적으로 사용되고 있다.

3) 가예산

가예산(假豫算, provisional budget)이란 회계연도 개시일까지 본예산이 국회에서 통과되지 못했을 경우, 예산이 확정될 때까지 잠정 조치로 실행되는 예산을 말한다.

잠정예산과 준예산과의 차이는 최초의 1개월분으로 제한된다는 점에서 잠정예산과 차이가 있다. 준예산이 국회의 의결 없이 일정한 경비를 지출할 수 있는데 대하여 가예산은 국회의 의결을 필요로 한다.

우리나라의 경우 제1공화국에서 사용한 경험이 있으나, 지금은 준예산제도를 채택하고 있다.

표 1-10 예산 불성립 시 각국 제도의 비교

구분	기간 제한	국회 의결	지출 가능 항목	채택 국가
준예산	무제한	불필요	한정적	독일 · 한국
잠정예산	3~4개월	필요	전반적	영국 · 미국 · 캐나다 · 일본
가예산	1개월	필요	전반적	프랑스(제3 · 4공화국) · 한국(제1공화국)

5. 예산 운영 기법별상의 예산

1) 품목별 예산

품목별 예산(line-item budgeting)은 전통적인 예산기법에 근거를 두는 예산제도로서 정부가 지출 대상을 품목별로 분류해, 지출 대상과 그 한계를 명확히 규정하는 통제 지향적 예산이다.

2) 성과주의 예산

성과주의 예산(performance budgeting)은 예산의 투입을 정부의 기능이나 사업 · 활동 · 성과 등과 연결시키는 관리 기능을 중시하는 예산이다.

3) 계획예산

계획예산(planning-programming-budgeting)은 정부의 장기적인 계획 수립(planning)과 단기적인 예산편성(budgeting)을 유기적으로 결합시킴으로써 자원배분에 관한 의사결정을 합리적으로 행하고자 하는 예산이다.

4) 영기준 예산

영기준 예산(zero base budgeting)은 기존 사업과 새로운 사업을 구분하지 않고 모든 사업의 타당성을 영기준(零基準)에서 엄밀히 분석해 예산을 새로이 결정하는 예산이다.

5) 자본예산

자본예산(capital budget) 은 현금주의가 아닌 발생주의 회계 방식을 활용하는 예산으로서 경제변동에 대응해 정부가 공공투자 활동을 조정할 수 있게 하려는 예산이다.

6) 지출대 예산

지출대 예산(envelope budgeting) 은 하부기관에서 대안 간의 선택이 이뤄지도록, 상층부에서 사업의 우선순위와 지출한도를 설정하는 하향식 자원배분 절차를 말한다.

6. 기타 예산의 종류

1) 예산총계주의

예산총계주의(comprehensiveness of budget)란 한 회계연도의 세입세출을 모두 예산에 편입해야 한다는 예산 완전성의 원칙의 주요한 구성 요소로, 모든 세입과 세출은 그 일체를 예산에 편입·계상해야 한다는 것을 의미한다.

예산총계주의는 국가재정의 모든 수지를 예산에 반영함으로써 그 전체를 분명하게 함과 동시에 국회와 국민의 재정상의 감독을 용이하게 하자는 데 그 의의가 있다.

우리나라 국가재정법은 예산총계주의를 규정하고 있으며, 다음과 같은 경우에만 예산 외로 처리하도록 하고 있다. 즉, 정부가 현물로 출자하는 경우 및 외국차관을 도입해 전대하는 경우와 차관물자대(借款物資代)에 대해서는 세입·세출예산 외로 처리할 수 있도록 하고 있다. 따라서 조세수입을 세입예산에 계상하는 경우, 징세비를 공제한 순수입만을 계상하는 순계예산(純計豫算)을 사용해서는 안 된다. 이러한 순계예산은 과거에 있었던 제도이며, 오늘날 각국은 총계주의에 의한 총액예산제도를 적용하고 있다.

2) 순계예산

순계예산(net budget)이란 총액예산에 대비되는 용어로, 국가활동에서 국고가 수납(收納) 또는 지출 금액의 전액을 예산에 계상하지 않고 순수입(純收入)과 순지출(純支出)을 계상하는 예산제도를 말한다.

조세수입이면 조세의 총수입액에서 징세비를 공제한 잔액, 관업수입(官業收入)이면 총수입액에서 경영비를 공제한 순익을 세입예산에 계상하고, 교육비는 총경비에서 입학금·수업료 등을 공제한 잔액을 세출예산에 계상하는 제도다.

순계예산은 과거에 있었던 제도이며, 오늘날 각국은 총계주의에 의한 총액예산제도를 적용하고 있다.

3) 총괄예산(신임예산)

세목별 편성이 아닌 전체 금액을 편성한 예산이다. 신임예산(信任豫算, votes of credit)이란 입법부가 예산 총액만 결정하고 세부적인 내용은 행정 부에 위임하는 예산제도를 말한다. 영국과 캐나다에서 사용하고 있는 이 제도는 지출 내용과 액수를 미리 추측하기 어려운 전시나 국가의 안전보장상 그 내용을 밝히기 곤란할 경우, 입법부가 총액만 결정하고 예산 각항(vote)의 실질적인 부분은 행정부가 결정 지출하는 제도다.

4) 총자원예산

총자원예산(overall resource budget)이란 정부부문의 예산뿐만 아니라, 기업의 생산 및 투자, 가계의 소비 및 저축을 망라한 전체 국민경제를 통합된 단위로 하여, 인적·물적 자원은 물론 화폐적 자산을 포함해서 그 생산·투자·소비·대외거래 관계를 포괄적으로 다루는 연간계획을 말한다.

경제개발 5개년계획을 효과적으로 수행하기 위한 구체적인 정책 수단과 가용 자원을 파악하기 위해 구성된 총자원예산 속에는 예산의 규모와 주요 내역은 물론, 통화량을 포함한 금융부문의 주요 지표, 외자 도입을 비롯한 외환수급계획, 주요 물자 수급계획, 민간부문을 포함한 부문별 투자계획 등이 포함됐다.

우리나라에서 1967년부터 매년 작성됐던 총자원 예산은 1977~1981년에는 국민경제운용계획이라는 3개년 연동계획(rolling plan)으로 대체됐으며, 1982년에는 중기재정계획으로 대체됐다. 총자원예산의 목차는 세계 경제의 현황과 전망, 전년도의 경제 실적, 당해 연도의 경제총량계획, 당해 연도의 경제 시책, 부문별 주요 시책 등으로 구성돼 있다.

5) 조세지출예산

조세지출이란 사회적·경제적 목적을 달성하기 위해, 특정 활동 또는 특정 집단에게 조세 감면 등 세제상의 혜택을 제공해 지원하는 것을 말한다. 예산상의 모든 지출이 직접 지출이라면 세제상의 특혜를 통한 지원은 간접 지출이라고 볼 수 있다. 조세지출은 그만큼의 보조금을 준 것과 같다는 의미에서 '숨은 보조금(hidden subsidies)'이라고 부르기도 한다.

조세지출의 개념은 미국 재무부 차관보였던 서리(S. S. Surrey)에 의해 처음 고안됐으며, 1968년 예산문서에서 처음 사용됐다. 미국의 1974년 의회예산 및 지출거부통제법(Congressional Budget and Impoundment Control Act)에는 조세지출을 "현실의 총소득에 특별비과세, 특별면제, 특별공제를 허용하거나 또는 특별한 세액공제, 특혜적 세율, 또는 세 부담의 이연을 허용하는 연방정부의 세법 규정 때문에 야기되는 세수 손실"로 정의하고 있다.

조세 감면은 정부가 징수해야 할 조세를 거두지 않기 때문에 그만큼 세출예산상 보조금을 지급하는 것과 같은 경제적 효과를 발생시킨다. 따라서 조세지출은 형식상으로 조세이지만 실질적으로는 지출이다. 조세지출은 실정법상상 세목에 규정된 조세에 한해 파악된다. 즉, 합법적인 세수 손실만을 의미하며, 불법적인 탈세 등은 포함되지 않는다. 조세지출은 법률에 따라 집행되므로 예산 지출에 비해 경직성이 높다. 따라서 조세지출이 지나치게 많으면 자원 배분의 비효율성이 발생될 수 있다. 조세지출은 일종의 조세 특혜 내지는 합법적인 탈세이므로 특정 집단 간의 복잡한 이해관계가 형성되고 정치적으로도 큰 관심 사항이다. 조세지출 항목을 선정하는 데 공무원의 자의적인 판단이 개입될 수 있다. 조세감면제도는 저소득층에게 더욱 불리한 제도다.

조세지출의 목적은 첨단기술에 대한 투자 촉진, 쌀 생산 촉진 등의 특정 활동 지원, 중소기업이나 농어민 지원 등의 특정 집단 지원, 기초 공제나 배우자 공제 등 각종 공제제도 등의 조세 부담 경감이다.

조세지출은 조세 우대 조치로서 세법 규정에서 여러 가지 방법으로 이뤄진다. 비과세는 처음부터 과세 대상에 포함되지 않는 것으로 해서 조세의 납부 의무가 발생하지 않는 제도다. 면세는 조세의 전부에 대한 납부 의무를 면제하는 것으로서 조세의 일부에 대한 납무 의무를 면제하는 감세제도(減稅制度)와 더불어 조세감면제도를 이룬다. 면세제도는 일단 과세 대상에 포함돼 발생한 조세의 납부 의무를 특정한 경우에 해제하는 것이다. 소득공제란 과세의 대상이 되는 소득 중에서 일정 금액을 공제해 주는 것을 말한다. 특혜세율은 특혜 관세에 적용하는 세율이다. 즉, 특정국의 수입품에 대해서만 적용되는 세율이다. 세액공제는 과세소득에서 세율을 적용해 산출된 세액에서 세액 감면을 공제한 후 특정 목적에 의해 세법에서 규정한 액만큼 공제하는 것을 말한다. 이는 현행법상 이중과세를 방지하려는 목적으로 인정한 것에 배당세액공제, 외국납부세액공제, 국외가족근로소득세액공제, 법인세에서의 원천징수소득세액공제, 농업소득세의 세액공제, 상속세액으로부터의 증여세액공제 등이 있다. 세 부담의 균형과 경감을 기하기 위한 것으로서 재해손실세액공제, 사실과 다른 회계 처리에 기인한 경정에 따른 세액공제, 배우자에 대한 상속세액공제 및 미성년자공제 등이 있다. 장부 기장(記帳)의 성실을 촉구하기 위한 것으로는 기장세액공제가 있다. 사회정책적인 목적에서 저축세액공제, 주택자금세액공제, 납세저축조합세액공제 등이 있으며, 경제정책적 목적에 의한 것으로 임시투자세액공제, 실수요토지세액의 환급(還給) 및 임시특별세액공제 등을 들 수 있다. 세액 감면은 일정 요건을 만족하는 경우 조세 정책상 세액을 감면해 주는 것을 말하며, 각 개별세법(법인세법, 소득세법, 조세특례제한법 등)에 의해 그 요건을 명시하고 있다. 준비금은 회사가 설정한 자본액을 초과하는 금액(이익이나 잉여금)을 장래 생길지도 모르는 필요에 대비하기 위해 회사에 적립해 두는 금액을 말하며, 적립금이라고도 한다. 조세특례제한법상 준비금은 원칙적으로 결산 조정 사항이나 기업회계 기준에 위배되는 회계 처리인 바 이를 신고 조정할 수 있도록 규정하고 있다. 즉, 법인이 당해 사업 연도의 이익처분에서 당해 준비금을 적립하는 경우 손비로 인정한다. 법인세법상 준비금은 결산 조정 사항이다. 가속상각은 고정자산에 투자된 금액을 조기에 회수하기 위해 특정 고정자산에 대한 감가상각을 통상의 감가상각보다 짧은 기간에 행하는 것을 말한다. 과세이연은 기업의 원활한 자금 운용을 위해 자산을 팔 때까지 세금 납부를 연기해 주는 제도다. 특정 기간 조세 감면(tax holidays)은 일정 기간 특정 산업의 기업에 조세 감면의 혜택을 주는 제도다.

조세지출은 정부가 개인이나 기업에게 재정 지원을 하는 방법인 비과세·감면·공제 등 원칙적으로 내야 하지만 정책적 감면 조치에 따라 내지 않는 세금을 말하며, 사실상 직접적인 예산지출과 같은 효과를 거둔다는 점에서 조세지출예산(tax expenditure budget)이라고 한다. 조세 감면에 따른 조세형평성을 제고하기 위해 정부가 국회에 다음 연도 예산안을 제출할 때 조세 감면 대상 명세서를 함께 제출해 좀 더 명확한 감시와 감독이 가능하도록 하는 제도다. 즉, 조세지출예산은 조세 감면과 같은 조세지출의 내역을 예산구조에 명시해 국회의 심의·의결을 받도록 하는 제도로서 행정부에 일임됐던 조세감면 등의 조세지출을 국회 차원에서 통제하자는 것이다. 선진국의 경우 기능별, 법인과 개인별, 국방·경제·과학기술·에너지·환경 등 구체적으로 분류하고 있다.

미국의 조세지출(tax expenditure), 독일의 조세원조(tax aids), 일본의 조세특별조치(special tax measures), 그리고 영국의 직접조세공제 및 경감제도(direct tax allowance and reliefs) 등이 한국의 비과세·감면제도와 성격이 같은 제도들인데, 1980년대를 전후로 프랑스·벨기에·핀란드·포르투갈・네덜란드・아일랜드・이탈리아・오스트레일리아 등이 도입해 현재 경제협력개발기구(Organization for Economic Cooperation and Development: OECD)에 가입한 29개국 중 미국・영국 등 14개국이 도입하고 있다. 서독에서 1959년에 처음 발표돼 1967년에 도입됐다. 미국에서는 1974년 예산개혁법에서 예산 제출 시 조세지출의 내역을 예산서와 매년 함께 제출하도록 했다.

조세지출을 재정지출과 연계해 운용함으로써 재원 배분의 효율성을 제고하고, 조세지출 내역을 대외적으로 공개함으로써 재정 운용의 투명성을 높임과 동시에 기득권화・만성화된 조세지출을 효과적으로 통제하는 데 있다. 매년 예산 심의 과정에서 조세 감면의 성과를 객관적으로 평가하고, 평가 결과를 조세 감면 범위의 조정 과정에 반영할 수 있다. 재정활동에 소요되는 재정 규모를 정확히 파악할 수 있다. 즉, 비과세・감면을 통해 지원되는 재정지출의 수준과 성격을 파악하고 그 성과를 재검토할 수 있다. 따라서 직접적인 세출예산과의 중복을 방지하고 정책 전반의 상호 연관이 좀 더 효과적으로 이뤄질 수 있다.

정부가 소비, 투자 등 민간부문의 특정 행위를 촉진하기 위해 사용하는 재정정책의 내용은 직접 예산에서 지출하는 재정지출(direct expenditures)과 조세를 감면해 줌으로써 간접적으로 지출하는 조세지출(tax expenditures)로 구분된다.

이 중 조세지출은 직접적인 재정지출보다 규모면에서는 작지만, 간편하고 비용이 덜 든다는 점 때문에 그 규모가 점점 늘어나는 추세를 보이고 있다. 특히 경기 부양 등으로 인해 정부 지출에 대한 수요가 증가함에도 불구하고, 외환위기 이후 지속적으로 증가해 온 조세부담률을 더 이상 높이기 어려운 현재와 같은 상황에서는 조세지출이 더욱 선호될 가능성이 높다.

조세지출의 효과적이고 효율적인 운용을 위한 방안을 살펴보면 다음과 같다.

정책 수단으로서 조세지출은 외부 효과로 인한 자원 배분의 왜곡을 치유하는 데에 한정해 사용될 필요가 있으며, 가격탄력성이 낮은 재화에 대한 조세 감면은 가급적 시행하지 않는 것이 좋다. 그리고 조세지출은 그 혜택이 특정 산업이나 과세 계급에게 돌아가는 특징이 있기 때문에 정부정책이나 조세의 중립성이 중요한 시점이라면 조세지출을 사용할 때 주의할 필요가 있다.

조세지출의 효율적인 통제를 위해 가장 유용한 제도는 조세지출의 내역과 규모를 기능별・세목별로 분류해 공표하는 조세지출예산제도다. 조세지출예산제도는 조세지출의 내역과 규모를 기능별・세목별로 분류해 공표하는 제도로서 기득권화되고 만성화된 조세지출에 대한 효과적인 통제 및 조세지출과 재정지출의 연계 운용에 유용한 제도로 알려져 있다.

제8절 예산의 분류

1. 의의

1) 개념

예산 분류란 예산의 내용을 국민이나 국회가 정확하게 파악하고 정부가 예산을 운용하기 용이하도록 세입과 세출의 내용을 일정한 기준에 따라 체계적으로 배열하는 것을 말한다.

2) 예산 분류의 목적과 분류 방법

예산편성 및 예산 심의가 용이하다. 행정부의 사업계획의 수립을 용이하게 하며 의회나 국민이 예산을 이해하는 데 기여한다. 기능별 분류, 조직별 분류, 사업계획별・활동별 분류 방법 등이 적합하다.

예산집행의 효율화는 공무원에게 임무와 재원에 대해 고지해 예산의 효율적인 집행에 기여한다. 품목별 분류, 조직별 분류 등이 적합하다.

회계 책임의 명확화는 공무원의 재량 남용의 방지와 회계 책임의 명확화에 기여한다. 품목별 분류가 적합하다. 자원의 효율적 배분은 분류 기준이 포괄적이며 신축성이 높다. 기능별 분류가 적합하다.

경제적 효과분석은 정부활동이 국민경제에 미치는 영향을 분석하고 재정경제정책 수립의 자료를 제공한다. 경제 성질별 분류가 적합하다.

2. 예산 분류의 기준

1) 조직별(소관별) 분류

조직별 분류(organizational classification)란 예산을 정부의 부처별・기관별・소관별로 분류하는 방법이다. 예산의 편성으로부터 중앙예산기관의 사정, 입법부에 의한 예산 심의, 예산의 집행과 회계검사 등에 이르는 예산 과정의 모든 단계는 조직별로 진행된다.

조직별 분류의 장점은 입법부의 예산 심의 및 통제가 효과적이다. 예산 과정이 명백하며, 융통성이 있어 총괄계정에 적합하다. 경비지출의 책임 소재가 분명하며, 예산집행이 용이하다.

단점은 경비지출의 목적이 불명확하며, 예산의 전체적인 성과 파악이 곤란하다. 우선순위의 평가가 곤란하다. 국민경제에 미치는 영향이나 동향 파악이 곤란하다.

2) 품목별(지출 대상별) 분류

품목별 분류(classification by objects of expenditure)는 지출의 대상・성질이나 구입물품・서비스의 종류 중심으로 예산을 분류하는 방법이다. 우리나라의 목(目)별 분류로서 다른 분류 방법과 병행되는 경우 많다. 인건비, 물건비, 경상이전비(보조금, 출연금, 배상금, 보상금 등), 자본지출, 융자금 및 출자금, 보전재원, 정부 내부거래, 예비비 및 기타 등이 해당된다.

장점은 입법부의 행정부에 대한 통제가 용이하며, 공무원의 회계 책임이 명백하다. 인사관리에 유용한 자료・정보를 제공한다. 지출의 합법성에 치중하는 회계검사가 용이하며, 행정의 재량 범위를 줄이게 된다.

단점은 지출의 목적, 사업의 우선순위 파악이 곤란하며, 국민경제의 전체적인 동향 파악이나 경제분석이 곤란하다. 예산 집행의 신축성을 저해할 우려가 있으며, 정책 수립에 필요한 자료 제공이 미흡하다. 총괄 계정의 목적에는 적합하지 않다. 신규사업은 벌이지 않으면서 종전 사업만을 확대시키는 점증적 예산 방식을 따르게 된다.

3) 기능별 분류

기능별 분류(functional classification)란 정부가 수행하는 주요 기능에 따라 예산을 분류하는 방법이다. 공공활동의 대영역별 분류로서 세출예산에만 적용되며 예산정책의 수립과 예산심의를 용이하게 하기 위해 도입된 제도다. 시민이 국가 예산을 가장 잘 이해할 수 있다는 점에서 '시민을 위한 분류'라고 불린다. 우리나라 '장' 분류이며, 현행 기능별 분류는 세출예산에서 일반행정비, 방위비, 교육비, 사회개발비, 경제개발비, 지방재정 지원, 채무상환 및 기타 등으로 구분하고 있다. 기능별 분류는 다시 사업계획별 분류와 활동별 분류로 세분할 수 있다. 사업계획별 분류는 각 부처의 업무가 보통 몇 개의 사업계획으로 나뉘므로 예산요구서 작성에 기준을 제공해 주게 되며 사업계획과 그 집행에 필요한 재정 소요·사업 진도 등을 분석·검토하는 데 도움을 준다. 활동별 분류는 사업계획을 다시 활동으로 세분해 예산의 편성·제출, 회계 업무와 예산집행 상황의 보고 등을 쉽게 하는 분류 방법이다. 각 행정기관의 사업계획을 용지 매입, 부지 조성, 공단관리 등과 같이 활동(activity)별로 분류하는 방법이다. 사업계획별 분류의 세분류라 할 수 있는 활동별 분류는 성과주의 예산과 관련이 깊다.

기능별 분류의 장점은 행정수반의 사업계획 및 재정정책 수립이 용이하며, 입법부의 예산심의가 용이하다. 정부활동에 대한 국민 이해가 용이하고, 총괄예산에 적합해 집행의 신축성을 제고한다. 장기간에 걸쳐 연차적으로 정부활동을 분석하는 데 용이하다. 정부계획의 성격상의 변동이나 중점의 변동을 파악하는 데 적합하다. 여러 정부 간의 사업계획·행정활동을 비교하는 데 활용도가 높다.

단점은 융통성이 지나쳐 회계 책임이 불명확하며, 입법부의 재정통제가 곤란하다. 기능의 부처별 구분이 곤란하며, 세부적인 공공사업을 단위로 하지 않는다. 동일 사업·동일 활동이 중복된 경우에 구분이 곤란하다.

4) 경제 성질별 분류

예산이 국민경제의 기본적인 구성 요소(소비, 저축, 투자 등)에 미치는 영향을 파악하는 데 도움을 주는 분류 방법이다(국민경제예산). 1979년부터 통합예산제도에 흡수됐다.

경제 성질별 분류의 장점은 국민경제 동향 파악 및 경제분석이 용이하며, 경제 안정·경제 성장 등 재정정책 수립에 기여한다. 국민경제 구조 파악이 용이하며, 정부거래 성과(정부 저축) 분석이 용이하다.

표 1-11 예산 분류 기준별 특징

특징	해당 분류 기준
총괄계정에 가장 적합한 분류 기준	① 기능별 ② 조직별
시민을 위한 분류에 가장 적합한 기준	① 기능별
국회의 예산 심의가 가장 용이한 기준	① 조직별 ② 기능별
회계 책임 확보 및 재정통제가 가장 용이한 분류 기준	① 품목별 ② 조직별
경제효과분석에 가장 적합한 기준	① 경제 성질별
다른 분류 방법과 병행되는 빈도	① 품목별 ② 경제 성질별

단점은 경제 성질별 분류 자체가 경제정책은 아니다. 정부 예산의 일부 영향만을 파악할 수 있다. 소득의 배분, 산업부문별 분석은 곤란하며, 고위직에게만 유용하며, 일선 공무원에게는 무용하다. 다른 분류 방법과 반드시 병행돼야 한다.

3. 우리나라의 예산 과목과 예산 분류

1) 개념

예산 과목이란 예산에 표시되는 금액의 내용을 나타내는 사항의 명칭으로서 예산 분류를 위해 각 단계별로 표제를 붙인 것을 말한다.

2) 법상 세입 · 세출예산의 과목구조: 국가재정법 제21조

세입세출예산은 필요한 때에는 계정으로 구분할 수 있다(제1항). 독립기관 및 중앙관서의 소관별로 구분한 후 소관 내에서 일반회계 · 특별회계로 구분한다(제2항). 그 내용을 성질별로 관 · 항으로 구분하고, 세출예산은 그 내용을 기능별 · 성질별 또는 기관별로 장 · 관 · 항으로 구분한다(제3항). 예산의 구체적인 분류 기준 및 세항과 각 경비의 성질에 따른 목의 구분은 기획재정부 장관이 정한다(제4항).

3) 실제상 세입 · 세출예산의 과목구조

그 내용을 세입예산은 소관 · 관 · 항 · 목으로 구분한다. 세출예산은 소관 · 장 · 관 · 항 · 세항 · 목으로 구분한다.

표 1-12 세출예산 과목(실제상)

입법 과목				행정 과목	
소관(所管)	장(章)	관(款)	항(項)	세항(細項)	목(目)
조직별 분류	기능별 분류	사업별 분류		활동별 분류	품목별 분류

제 2 장 예산 과정

제1절 예산 과정의 본질

1. 의의

1) 예산 과정의 개념

예산 과정(budgetary process)이란 예산이 매년 행정부에 의해 편성되고, 국회의 심의 및 의결을 거쳐 행정기관에 의해 집행되면 감사원의 검사를 받아 그 결산이 국회에 보고돼 승인되면 행정부의 예산집행에 대한 책임이 해제되는 일련의 과정을 말한다.

예산 과정의 전체적인 순환주기는 예산편성(D-1Y) ⇒ 예산심의(D-1Y) ⇒ 집행(DY) ⇒ 회계검사 및 결산(D+1Y) 등으로 3년이다.

2) 예산 과정의 중요성

예산 과정은 국민경제의 공공부문과 민간부문 간의 자원 배분, 세입·세출의 배분·재배분 방식, 국방·교육·산업 등 정부의 주요 기능에 대한 공공자원의 배정 비율 등이 예산 과정에서 결정된다는 점에서 매우 중요한 의미를 가진다.

예산결정자는 특정 산업·사회계층·지역·직업의 경제적 전망이나 정부서비스 혹은 국민 부담의 재조정과 정책 우선순위의 변동을 원하는 국민의 요구 등에 직접적인 영향을 미치게 된다.

3) 예산 과정(절차)의 단계

예산 과정은 예산편성, 예산심의, 예산집행, 결산 및 회계검사의 단계를 거친다.

예산편성(budget preparation)은 정부의 사업과 계획에 사용될 재원을 추계하고 각종 사업을 지원할 지출 규모를 확정하는 것을 말한다. 중앙정부의 예산편성은 대개 다음의 4단계로 이뤄진다. 각 중앙관서의 장은 중기사업계획서를 매년 1월 31일까지 기획재정부 장관에게 제출한다. 기획재정부 장관은 예산안 편성지침을 매년 4월 30일까지 각 중앙관서의 장에게 통보해야 한다. 각 중앙관서의 장은 예산안편성지침에 따라 예산요구서를 작성해 매년 6월 30일까지 기획재정부 장관에게 제출해야 한다. 기획재정부 장관은 예산요구서에 따라 예산안을 편성해 국무회의의 심의를 거친 후 대통령의 승인을 얻어야 한다.

예산심의는 행정부가 작성한 예산안을 국민을 대표하는 의회가 심사하는 것을 말한다. 의회는 예산심의 과정을 통해 행정부가 제안한 사업과 그 사업을 지원하기 위한 재원에 대해 재검토, 예산 총액을 결정할 뿐만 아니라 사업의 정당성을 검토한다.

예산집행이란 국가 또는 지방자치단체의 예산지출 행위를 말한다. 예산집행은 단순히 예산에 규정된 금액을 국고 또는 금고에 수납하고 국고 또는 금고로부터 지급하는 것뿐만 아니라, 그 원인이 되는 국고채무부담행위 또는 지출원인행위를 하는 것도 포함한다.

결산 및 회계검사에서 결산이란 1회계연도 동안의 국가의 수입·지출의 실적을 확정적인 계수로 표시하는 활동이며 예산에 의해 수입·지출을 한 정부의 사후적 재무보고를 의미한다. 회계검사란 예산집행에서의 수지의 결말에 관한 사실을 확인하기 위해 회계의 기록과 장부 등을 체계적으로 검사하는 행위를 말한다. 우리나라의 경우 국가의 세입세출의 결산, 국가 및 법률에 정한 단체의 회계검사는 감사원이 담당하고 있다.

4) 예산 과정과 재정민주주의

재정민주주의는 예산의 공개, 의회에 의한 예산의 심의·승인, 회계검사 등을 핵심으로 하며, 행정기관의 자의적 행위를 통제하기 위한 제도다.

예산제도의 운영을 예산 단계별로 운영 주체를 달리해 행정부는 예산의 편성·집행권을 가지고 책임을 지도록 하며, 입법부는 예산의 심의·승인권을 갖도록 하고 예산의 집행 결과는 독립적인 검사기관에 의해 회계검사를 받도록 함으로써 예산 과정에서 견제·균형 관계를 확립하자는 것이 재정민주주의의 원칙이라 할 수 있다.

2. 예산 과정의 성격

예산 과정은 수많은 관련 당사자 간의 자원을 둘러싼 정치적 이해관계의 조정 과정일 뿐만 아니라 국가 발전을 위한 희소자원의 합리적인 최적 배분의 요청에 대한 충족 과정 등 정치적 성격 및 합리적 성격의 양면성을 가진다.

예산 과정은 경제적 합리성을 갖고 있다. 비용편익분석 등 분석적 방법으로 자원배분의 최적화를 추구하려는 속성으로 예산의 규범적 성격이다. 그리고 정치적 합리성과 관련된다. 예산 과정의 각 단계에서 각 이익집단은 자기의 이권을 위해 부단한 투쟁을 벌이며, 이러한 성격을 일컬어 정치적인 것이라고 한다면 예산 과정은 바로 정치적 프로그램에 지나지 않는 것이다.

예산 과정은 단순한 시간적 순서나 조직 단위들의 예산에 관한 수직적 표현, 단계적 기능 이상의 중요한 의미를 내포하고 있다.

윌다브스키(A. Widavsky)는 정치를 국가정책의 결정에서 누구의 주장이 관철되느냐에 관한 투쟁이라고 한다면, 예산은 이와같은 결과를 기록한 정치적 산물에 불과하다고 주장했다.

예산 과정의 대외적으로 국민의 정치적 의도를 정당을 통해 반영하기 위한 수단이 되며, 대내적으로는 부처·국·과 간의 이해관계 충돌을 조화시키기 위한 정치적 역할을 수행한다.

예산 운영은 현실과 이상의 조화라는 측면에서 정치적 합리성과 경제적 합리성을 조화롭게 추구해야 할 것이다.

3. 예산 과정의 환경적 요인과 참여자

1) 예산 과정의 환경적 요인

예산 과정의 환경적 요인은 사회적 요인, 정치적 요인, 경제적 요인, 재정적 요인 등이다. 사회적 요인이란 도시화 · 산업화 · 인구구조 등 사회구조의 변화와 환경 · 교통 · 공해문제의 심각성은 예산결정 과정에 심대한 영향을 미치고 있다.

정치적 요인은 행정수반을 비롯한 권력 엘리트의 정치적 신념 · 의도와 엘리트문화, 정치지도자가 설정하는 경제 · 사회 발전 · 안보 등과 관련되는 국가 발전의 목표, 국회의원의 지역성과 지역사업을 위한 예산 확보 투쟁, 정당과 이익집단의 활동 등이 예산 과정에 작용한다.

경제적 요인은 국가의 경제 발전 수준과 안전성, 경제 사정, 산업 · 고용구조, 외채 규모, 세계경제의 동향 등이 예산 운용에 영향을 미친다.

재정적 요인은 자원 배분의 지침이 되는 재정정책, 전년도 예산액과 가용자원의 한도, 현재 진행 중에 있는 사업계획에 투입된 매몰비용 등이 예산 결정에 영향을 미친다. 재정의 예측 가능과 관련되는 세율 · 담보율이 세출 규모를 좌우하게 되며 방위비를 비롯한 인건비 · 교육재정교부금 · 지방재정교부금 등 경직성 경비도 자원 배분에 제약을 가하게 된다. 각종 명세 · 감세 등 조세특례에 의한 간접 지출을 나타내는 조세지출의 규모도 재정적 요인에 포함된다.

2) 예산 과정의 참여자

공식적 참여자로 최고관리층(대통령 · 대통령비서실 · 행정기관장), 중앙예산기관, 각 부처 · 행정기관, 국회(상임위원회 · 예산결산특별위원회 등) 등이 있다. 비공식적 참여자는 정당, 이익집단, 언론기관 · 시민 · 전문가 등이 있다.

4. 회계연도

회계연도(fiscal year)란 예산의 세입과 세출을 구분하고 정리하기 위한 기간, 즉 한 예산의 단위 기간을 말한다. 현재 거의 모든 나라가 1년을 회계연도로 하고 있지만 그 시기는 나라에 따라 상당한 차이를 나타내고 있다.

회계연도는 독립이 원칙이다. 각 회계연도의 경비는 그 연도의 세입으로써 지변(支辨)해야 하며, 매 회계연도의 세출예산의 경비의 금액은 다음 연도에 사용할 수 없음을 내용으로 하는 원칙을 말한다.

5. 우리나라의 예산 과정

제2절 예산편성

1. 의의

1) 예산편성의 개념

예산편성(budget preparation)은 정부의 사업과 계획에 사용될 재원을 추계하고 각종 사업을 지원할 지출 규모를 확정하는 것을 말한다.

예산편성은 정부가 다음 회계연도에 수행할 정책이나 사업계획을 재정적인 용어와 금액으로 표시해 완전한 하나의 계획안으로서의 예산안을 확정하는 절차다.

2) 예산편성의 담당

예산편성 작업은 일반적으로 행정부가 담당하고 있다. 이러한 제도를 행정부제출 예산제도(executive budget system)라 한다. 행정 업무와 구조가 단순한 근대 입법국가에서는 입법부 예산제도(legislative budget system)가 사용되기도 했다.

3) 예산편성의 과정

중앙정부의 예산 편성은 대개 다음의 4단계로 이뤄진다. 각 중앙관서의 장은 중기사업계획서를 매년 1월 31일까지 기획재정부 장관에게 제출하며, 기획재정부 장관은 예산안 편성지침을 매년 4월 30일까지 각 중앙관서의 장에게 통보한다. 각 중앙관서의 장은 예산안 편성지침에 따라 예산요구서를 작성해 매년 6월 30일까지 기획재정부 장관에게 제출하며, 기획재정부 장관은 예산요구서에 따라 예산안을 편성해 국무회의의 심의를 거친 후 대통령의 승인을 얻어 예산안을 확정한다.

2. 행정부제출 예산제도의 확립

1) 행정부제출 예산제도의 필요성

행정부제출 예산제도는 행정의 복잡성·전문성, 방대한 자료의 분석·평가 능력의 필요성, 입법부의 예산 심의 촉진 등의 이유로 현대 국가에서는 불가결한 제도로서 인식되고 있다.

오늘날 대다수 국가에서는 예산 편성에 관한 책임을 행정수반에게 부여하는 행정부제출 예산제도를 채택하고 있다.

2) 행정부제출 예산제도의 중요성

행정부에서 편성한 예산안은 입법부에서 대폭적인 삭감을 당하지 않는다는 점에서 중요성을 가진다. 우리나라는 평균 1% 내외의 범위에서 수정해 왔으며 3% 이상 삭감된 일이 없다. 미국은 5% 이상 삭감된 일이 없다. 내각제 책임제를 채택하고 있는 영국에서는 예산안의 무수정 국회 통과가 원칙이다.

3) 각국의 행정부제출 예산제도의 내용

우리나라 헌법은 예산안의 편성·제출권을 행정부에 부여하고 예산안에 대한 국회의 발안권을 부인했으며 또한 지출예산 각 항목의 금액을 증가하거나 새 비목을 설치할 수도 없다고 규정함으로써 행정부제출 예산제도의 채택을 명시했다.

영국의 재무성은 예산편성에서 강력한 권한을 행사하고 있으며, 정부가 제출한 예산을 의회가 수정한 일이 거의 없다. 내각제를 채택하고 있는 일본에서도 정부가 제출한 예산안이 의회에서 수정된 예가 없다.

미국은 의회의 각 위원회가 각 성의 요구에 따른 예산을 개별적으로 승인하는 법률을 만들었기 때문에 예산편성의 불통일 · 혼란이 심했다. 1921년 예산회계법에 의해 예산국(현재의 관리예산처)이 설치돼 정체적 · 통일적 방침에 다라 예산을 편성 · 제출하고 의회가 이를 심의해 지출승인법(세출예산법)을 입안하게 됐다. 미국 행정부의 예산편성권은 형식적으로는 의회가 가지고 있다.

4) 행정부제출 예산제도(행정부예산 편성주의)의 장 · 단점

행정부제출 예산제도의 장점은 예산심의 · 파악이 용이하며, 예산편성의 전문성을 제고할 수 있다. 예산집행이 용이하고 부처별 예산의 통합 · 조정이 용이하며, 관련 정보 · 자료 관리가 용이하다. 행정 수요의 판단 · 반영이 용이하다.

단점으로는 대국민 책임 확보가 상대적으로 곤란하고, 예산통제가 상대적으로 곤란하다.

3. 예산의 편성 과정

1) 국가재정운용계획의 수립을 위한 지침 통보: 12월 31일까지

기획재정부 장관은 국가재정법 제7조 제1항에 따른 국가재정운용계획의 수립을 위한 지침을 마련하여 당해 회계 연도의 전년도 12월 31일까지 각 중앙관서의 장에게 통보하여야 한다(국가재정법 시행령 제2조).

2) 중기사업계획서의 제출: 1월 31일까지

각 중앙관서의 장은 매년 1월 31일까지 당해 회계연도부터 5회계 연도 이상의 기간 동안의 신규사업 및 기획재정부 장관이 정하는 주요 계속사업에 대한 중기사업계획서를 기획재정부 장관에게 제출하여야 한다(국가재정법 제28조).

3) 예산편성지침의 통보: 4월 30일까지

기획재정부 장관은 국무회의의 심의를 거쳐 대통령의 승인을 얻은 다음 연도의 예산안편성지침을 매년 4월 30일까지 각 중앙관서의 장에게 통보하여야 한다(국가재정법 제29조 제1항). 기획재정부 장관은 국가재정운용계획과 예산 편성을 연계하기 위하여 예산안편성지침에 중앙관서별 지출한도를 포함하여 통보할 수 있다(국가재정법 제29조 제2항). 예산편성지침은 재정 운용의 기본 방향, 예산편성총칙 및 세부지침, 세입세출 예산과목, 예산 산정의 기초가 되는 예산단가와 그 다음해의 예산 요구를 하는 데 있어서의 여러 가지 행정적 유의 사항이나 편성의 기술적 문제들이 그 내용이 된다.

4) 예산안편성지침의 국회 보고

기획재정부 장관은 각 중앙관서의 장에게 통보한 예산안편성지침을 국회 예산결산특별위원회에 보고하여야 한다(국가재정법 제30조).

5) 예산요구서의 제출: 6월 30일까지

각 중앙관서의 장은 예산안편성지침에 따라 그 소관에 속하는 다음 연도의 세입세출예산·계속비·명시이월비 및 국고채무부담행위 요구서를 작성하여 매년 6월 30일까지 기획재정부 장관에게 제출하여야 한다(국가재정법 제31조 제1항). 예산요구서에는 대통령령이 정하는 바에 따라 예산의 편성 및 예산관리기법의 적용에 필요한 서류를 첨부하여야 한다(국가재정법 제31조 제2항). 기획재정부 장관은 제출된 예산요구서가 예산안편성지침에 부합하지 아니하는 때에는 기한을 정하여 이를 수정 또는 보완하도록 요구할 수 있다(국가재정법 제31조 제3항).

6) 기획재정부의 예산사정: 예산협의

기획재정부는 각 부처의 예산요구서를 세입세출 요인의 분석에 의한 다음해 예산 규모의 전망과 가용자원을 고려하면서 종합적으로 분석·검토한다. 기획재정부의 사정(분석·검토) 내용은 다음과 같다. 각 부처의 예산 요구가 지출 한도와 편성 기준의 준수 여부, 국가재정운용계획의 정책 방향과 우선순위의 부합 여부, 부처 간의 형평성 및 중복 여부, 체계적인 작성 여부, 낭비적 요인의 존재 여부 등이다.

예산사정(豫算査定) 과정에서 내부적으로는 소관 부처의 의견을 수렴하며, 외부적으로는 장·차관 협의, 시·도지사 협의, 당정협의, 예산자문회의, 예산 편성 공청회 등도 이뤄진다. 각 부처의 예산담당관을 불러 질의하고 설명을 듣는 과정을 예산협의(豫算協議)라고 한다.

기획재정부 장관은 예산안을 국무회의에 부의함에 있어서 독립기관 및 감사원의 세출예산액을 그 요구액보다 감액한 때에는 감액한 이유, 세출예산액과 요구액과의 비교표 그 밖에 심의에 필요한 서류를 첨부하여야 한다(국가재정법시행령 제11조).

6) 예산안의 편성, 국무회의의 심의와 대통령의 승인

기획재정부 장관은 예산요구서에 따라 예산안을 편성하여 국무회의의 심의를 거친 후 대통령의 승인을 얻어야 한다(국가재정법 제32조). 기획재정부 장관은 법 제32조에 따라 예산안을 국무회의에 부의함에 있어서 독립기관 및 감사원의 세출예산액을 그 요구액보다 감액한 때에는 감액한 이유, 세출예산액과 요구액과의 비교표, 그 밖에 심의에 필요한 서류를 첨부하여야 한다(국가재정법 시행령 제11조).

7) 예산안의 국회 제출

정부는 대통령의 승인을 얻은 예산안을 회계연도 개시 90일 전까지 국회에 제출하여야 한다(국가재정법 제33조). 정부는 회계연도마다 예산안을 편성하여 회계 연도 개시 90일 전까지 국회에 제출하고, 국회는 회계 연도 개시 30일 전까지 이를 의결하여야 한다(헌법 제54조 제2항).

4. 예산의 구성: 예산편성의 형식

우리나라 예산은 예산총칙·세입세출예산·계속비·명시이월비와 국고채무부담행위를 총칭한다(국가재정법 제19조).

1) 예산총칙: 국가재정법 제20조

예산총칙에는 세입세출예산·계속비·명시이월비 및 국고채무부담행위에 관한 총괄적 규정을 두는 외에 다음 사항을 규정하여야 한다.

국가재정법 제18조 단서의 규정에 따른 국채와 차입금의 한도액(중앙관서의 장이 관리하는 기금의 기금운용계획안에 계상된 국채 발행 및 차입금의 한도액을 포함한다), '국고금관리법' 제32조의 규정에 따른 재정증권의 발행과 일시차입금의 최고액, 그 밖에 예산 집행에 관하여 필요한 사항 등이다.

2) 세입세출예산: 국가재정법 제21조

세입세출예산은 필요한 때에는 계정으로 구분할 수 있다. 세입세출예산은 독립기관 및 중앙관서의 소관별로 구분한 후 소관 내에서 일반회계·특별회계로 구분한다. 세입예산은 그 내용을 성질별로 관·항으로 구분하고, 세출예산은 그 내용을 기능별·성질별 또는 기관별로 장·관·항으로 구분한다. 예산의 구체적인 분류 기준 및 세항과 각 경비의 성질에 따른 목의 구분은 기획재정부 장관이 정한다.

3) 계속비: 국가재정법 제23조

완성에 수년도를 요하는 공사나 제조 및 연구개발사업은 경비의 총액과 연부액(年賦額)을 정하여 미리 국회의 의결을 얻은 범위 안에서 수년도에 걸쳐 지출할 수 있다. 지출할 수 있는 연한은 그 회계연도부터 5년(2014년부터 10년) 이내로 한다(필요 시 국회의 의결을 거쳐 연장할 수 있다). 다만, 필요하다고 인정하는 때에는 국회의 의결을 거쳐 그 연한을 연장할 수 있다.

4) 명시이월비: 국가재정법 제24조

세출예산 중 경비의 성질상 연도 내에 지출을 끝내지 못할 것이 예측되는 때에는 그 취지를 세입세출예산에 명시하여 미리 국회의 승인을 얻은 후 다음 연도에 이월하여 사용할 수 있다. 각 중앙관서의 장은 명시이월비에 대하여 예산집행상 부득이한 사유가 있는 때에는 사항마다 사유와 금액을 명백히 하여 기획재정부 장관의 승인을 얻은 범위 안에서 다음 연도에 걸쳐서 지출하여야 할 지출원인행위를 할 수 있다. 기획재정부 장관은 다음 연도에 걸쳐서 지출하여야 할 지출원인행위를 승인한 때에는 기획재정부 장관과 감사원에 각각 통지하여야 한다.

5) 국고채무부담행위: 국가재정법 제25조

국가는 법률에 따른 것과 세출예산금액 또는 계속비의 총액의 범위 안의 것 외에 채무를 부담하는 행위를 하는 때에는 미리 예산으로써 국회의 의결을 얻어야 한다. 국가는 재해복구를 위하여 필요한 때에는 회계연도마다 국회의 의결을 얻은 범위 안에서 채무를 부담하는 행위를 할 수 있다. 이 경우 그 행위는 일반회계 예비비의 사용 절차에 준하여 집행한다. 국고채무부담행위는 사항마다 그 필요한 이유를 명백히 하고 그 행위를 할 연도 및 상환 연도와 채무 부담의 금액을 표시하여야 한다.

5. 예산사정 및 예산 확보 전략

1) 세입 추계 방법

세입 추계는 전년도 원칙, 평균법, 직접평가법, 보수주의 방법 등이 있다. 전년도 원칙은 예산 팽창의 억제를 위해 전년도 세입을 기준으로 예측하는 것이다. 평균법은 3~5년 평균치를 기준으로 추계한다. 직접평가법은 다음 연도 세입을 각종 추정 수단을 통해 직접 전망하는 방법으로 가장 많이 사용하는 방식이지만 고도의 전문지식과 많은 시간이 소요된다. 보수주의 방법은 세입은 과소 예측하고 세출은 과다 예측하는 방법으로 실무자들이 결산상 잉여금을 남기기 위할 목적으로 많이 사용한다.

2) 예산 편성 관료의 행태 유형

린치(T. Lynch)는 예산관료가 합리모형에 어떻게 반응하느냐에 따라 네 가지 유형의 이념형(ideal type)을 제시했다.

합리주의 신봉자(true rational believer)는 예산 결정이 합리모형에 따라 이뤄져야 한다고 믿는 관료다. 예산 결정이 목표의 설정, 대안의 탐색, 대안의 분석, 최선의 대안 선택 및 건의라는 과정에 따라야 한다고 생각한다.

수동적 반응자(pure reactive person)는 정치적 결정은 정치적으로 임명된 고위관료에 의해 이뤄지며, 행정관료는 그들의 의도에 수동적으로 반응하면 된다고 믿는 관료다. 예산관료는 예산일정표와 업무 분장에 따라서 행동하면 된다고 생각한다.

정치우선주의자(budget-wise person)는 관료들은 예산 형식이나 예산 도표를 숙지하고 있지만 예산 결정은 모두 정치적이라고 보기 때문에 이러한 예산자료는 평가절하한다. 예산관료는 전반적으로 냉소적이며, 예산 결정의 정치성을 강조한다.

현명한 예산담당자(wise budget person)는 정치가 우선적으로 중요하다는 점을 인식하면서 동시에 분석이 나름대로의 한계는 있지만 예산 결정에 크게 도움이 될 수 있다고 생각한다. 린치는 바람직한 예산관료의 역할을 현명한 예산담당자 유형이라고 보았다.

3) 각 부처의 예산 요구(확보) 전략

부처의 예산 확보 전략은 보편적 전략과 상황적 전략으로 구분할 수 있다. 보편적 전략에는 수혜자(고객)를 동원하는 방법, 신뢰를 확보하는 방법, 사업의 필요성과 가치를 강조하는 방법 등이 있다.

상황적 전략에는 역점사업을 활용하는 방법, 사업의 우선순위를 조정하는 방법, 기득권의 획득을 이용하는 방법으로 기존예산 삭감 저지 방법, 자료 및 정보를 이용하는 방법, 맹점을 이용하는 방법으로 정보 격차를 이용하는 방법, 인간관계를 이용하는 방법, 언론매체를 이용하는 방법, 부처의 장에 의한 정치적 해결 방법, 상급자에게 호소하는 방법, 양보와 획득 방법, 언론매체에 지원을 얻는 방법, 기존 예산보다 조금 더 예산을 확보하는 데 만족하는 방법 등이 있다.

4) 예산사정 기준: 중앙예산기관의 대응 전략

중앙예산기관의 예산사정 기준은 무제한 예산법, 한도액 설정법, 증감 분석 방법, 우선순위 표시법, 항목별 통제 방법, 단위원가 계산 등이 있다. 무제한 예산법은 하급기관에서 요청하는 예산에 제한을 두지 않는 방법이다. 한도액 설정법은 상급기관이 사전에 지출 한도액(fixed ceiling)을 설정해 주고 그 안에서 예산을 편성・요구하도록 하는 방법으로 최근에 활용되고 있는 신성과주의예산(자율편성제도, 총괄배정예산 등)에서 사용하는 방법이다. 증감 분석 방법은 전년도와 대비해 차이가 있는 부분을 점증적으로 사정하는 방법으로 가장 보편적인 방법이다. 우선순위표시법(priority listing)은 예산요구서에 항목의 우선순위를 표시하게 하는 방법이다. 항목별 통제 방법(line-item control)은 경비의 개별 항목별로 상급자가 승인하는 방법이다. 단위원가 계산법은 사업별로 사업 단위를 개발하고 단위별 비용을 계산하도록 하는 것이다.

6. 예산편성의 문제점과 개선 방향

1) 예산편성의 문제점

예산편성의 문제점은 자원 배분의 비합리성, 예산요구액의 가공성, 예산사정의 전년도 답습주의와 점증적 예산편성, 부처이기주의의 추구, 예산 단가의 비현실성, 통제 지향적 예산편성, 공민의식의 부족과 민중통제의 취약 등이다.

정책과 사업계획의 우선순위에 관한 조정이나 전반적인 검토 없이 계획은 거의 무시된 가운데 예산의 사정이 무원칙적・타협적으로 행해지는 일이 많았으며, 실력자의 주먹구구식 메모가 크게 작용했다.

정책 본위의 예산 편성이나 사업계획의 효과분석이 결여되고 있는 상황에서 예산은 무엇을 할 것인가보다 우선 가능한 한 많이 따고 많이 써야 한다는 입장에서 각 행정기관에서 기획재정부에 제출하는 예산요구액은 엄청난 가공적 숫자를 보여 왔다.

예산사정에서는 계획의 목표와 예산 금액과의 관계 혹은 여러 사업계획의 우선순위를 신중히 조정해야 함에도 불구하고 전년도 기준을 중심으로 하고 물가상승률이나 인원 증가를 고려할 뿐이다.

각 행정기관이 그 활동 범위에 이해관계를 가진 집단을 배경으로 이익집단화해 예산편성 과정에 등장해 왔다.

예산단가는 현실에 대응하는 객관성・합리성・현실성을 가져야 함에도 불구하고 그렇지 못하여 예산소요액을 정화하게 계산할 기준이 결여되고 있었다. 예산단가의 비현실성은 예산의 유용 혹은 변태 경리, 행정의 형식화, 부실공사 등을 초래해 행정부패의 원천이 돼 왔다.

예산편성은 조직별・품목별 예산을 중심으로 하는 통제지향주의를 따르고 있다. 이러한 제도에서는 사업 성과의 분석이 지출의 합법성 위주가 되어 사업별・성과별 분석이 어려워진다.

국민의 공민 의식・시민 의식의 부족으로 예산편성에 벼로 영향을 미치지 못한 채 예산의 규모 · 내용이 국회에 제출되기 전에 예산사정의 폐쇄성이 온존하면서 강력한 소수집단에 의해 거의 독단적으로 결정돼 왔다.

2) 예산편성의 개선 방향

예산편성의 개선 방향으로 계획과 예산의 유기적 통합, 예산 단가의 현실화, 계획 지향적 예산제도의 도입, 결산자료의 환류와 적극적 활용, 과학적 분석기법의 이용, 사업계획의 주기적 심사, 예산편성 과정에의 투입 강화, 예산사정기간의 적정화, 예산관계자의 태도 변화 등이 있다.

사업계획과 예산편성이 유기적인 통합 관계를 가짐으로써 정부의 정책 목표와 사업계획의 우선순위에 따라 예산이 편성돼야 하며, 예산 단가를 현실화시키고 매년 인상폭을 합리적 · 객관적 기준에 따라 정해야 한다. 통제보다 관리 · 기획에 중점을 두는 예산제도의 도입이 필요하며, 결산자료를 이해하기 쉽게 작성하고 충분한 시간 여유를 가질 수 있게 제출해 예산편성에 활용할 수 있도록 해야 한다. 비용편익분석 · 비용효과분석과 정책분석 등의 관리기법이 도입 · 활용돼야 하며, 외부 전문가와 관계 인사가 참여하는 기구를 설치해 주기적인 사업계획 내지 행정기관의 평가제도를 운영할 필요가 있다. 소수의 관료가 중요한 예산 결정을 좌우하지 않도록 국민의 의사가 적극적으로 투입될 수 있어야 한다. 짧은 사정 기간으로 무리한 사정이 강행됨으로써 삭감이나 사업계획의 평가가 합리화되기 어려우므로 이에 대한 개선책이 필요하다. 예산편성의 쇄신적 성격을 부정하고 예산은 비약하지 않는다는 예산 관계 공무원의 보수적 사고 방식은 충분한 존재 이유를 가지는 것이지만 예산 당국이 계획을 예산에 종속시키는 태도는 지양돼야 할 것이다.

제3절 예산심의

1. 의의

1) 예산심의의 개념

예산심의란 국민을 대표하는 의회가 행정감독권과 재정감독권을 행사해 행정부가 작성한 예산안을 심사하는 것을 말한다. 의회는 예산심의 과정을 통해 행정부가 제안한 사업과 그 사업을 지원하기 위한 재원에 대해 재검토, 예산 총액을 결정할 뿐만 아니라 사업의 정당성을 검토한다.

민주국가에서 의회가 예산심의를 통해 국민에 대한 정치적 책임을 확보하게 된다는 점에서 예산심의는 주요한 의미를 가진다.

2) 예산심의의 내용

입법부는 정부가 수행해야 할 사업계획과 그 수준을 예산의 심의 · 의결을 통해 결정한다. 정부의 재정 규모와 지출예산의 총액을 확정하며, 행정활동을 감시하고 그 효율성을 평가해 예산심의에서 이를 반영시킨다. 정부 시책의 합리성을 검토해 발전 목표 달성을 위한 합리적인 가용자원의 배분을 도모한다.

2. 각국 예산심의제도의 비교

1) 대통령제와 내각책임제

미국과 같은 대통령중심제에서는 권력 간의 견제와 균형을 강조하며 예산심의가 비교적 엄격하게 진행된다. 그러나 우리나라는 미국과 같이 그렇게 엄격하지는 않다.

영국이나 일본과 같이 내각책임제에서는 내각이 의회의 다수당의 한 위원회로 간주되므로 정부의 예산안이 심의 과정에서 수정되는 일이 거의 없다.

2) 예산과 법률

예산은 법률의 형식(법률주의)을 따르는 영국과 미국은 예산을 법률의 형식으로 성립시키고 있다. 예산과 법률이 동등한 효력을 가진다. 의회에서 통과된 예산은 세출예산법(Appropriation Act)이 된다.

우리나라와 일본은 예산을 의결의 형식을 취하고 있다(의결주의). 예산은 법률보다 하위의 효력을 갖는다.

3) 예산에 대한 거부권

법률주의에서는 예산이 법률의 형식인 경우에 원칙적으로 예산을 대통령이 거부할 수 있다. 예산이 법률의 형식인 미국의 경우 1966년 예산 항목별 거부권법(Line-Item Veto Act)을 제정해 대통령이 예산 항목별 거부권을 행사할 수 있도록 했으나, 이 법은 1998년 대법원의 위헌 판결로 무효화됐다.

의결주의에서는 예산이 의결의 형식인 우리의 경우도 예산을 대통령이 거부할 수 없다.

4) 예산안의 수정

미국은 의회가 예산액의 삭감권 및 증액수정권, 새로운 비목의 설치 등을 할 수 있는 적극적인 수정권을 가지고 있다. 일본은 의회가 예산액의 삭감권 및 증액수정권을 가지고 있다. 우리나라와 영국은 의회가 예산액의 삭감권만 가지고 있으며, 정부의 동의 없이 지출예산을 증액하거나 새로운 비목을 설치할 수 없다.

5) 단원제와 양원제

양원제가 단원제보다 예산심의가 신중한 편이다. 양원제인 미국, 영국, 일본의 경우를 보면, 미국은 상하 양원이 예산심의에서 동등한 권한을 가지며, 서로 차이가 있으면 양원협의위원회에서 타협·조정한다. 영국의 경우 하원이 예산 선의권(先議權)을 가지며, 상원은 수정권·부결권이 없고 단지 30일간 지연시킬 수 있는 권한만 가진다. 일본은 중의원(하원)이 예산 선의권(先議權)을 가지며, 서로 차이가 있으면 양원협의회를 열도록 돼 있다.

단원제인 우리나라의 경우 예산심의가 신중하게 이뤄지고 있지 않다.

6) 위원회제도: 전원위원회 중심제와 소위원회 중심제

미국·일본·한국 등은 소위원회의 심의를 거쳐 본회의에서 위원회의 심사 결과를 중심으로 심의한다. 미국은 예산심의기구로서 상하 양원에 각각 설치된 예산위원회(세출위원회)가 예산심의에 중요한 역할을 수행하며, 세입위원회(하원)·재정위원회(상원), 각 개별 상임위원회 등이 있다. 일본은 중의원(하원)의 예산위원회와 참의원(상원)의 예산위원회 등이 중요한 역할을 수행한다. 한국의 경우 각 상임위원회와 예산결산특별위원회에서 예산의 예비심사와 종합심사가 이뤄지고 있다.

영국은 과거에 예산심의를 담당하는 소위원회가 없이 모든 하원의원으로 구성되는 전원위원회에서 심의했으나, 1971년 이후 전원위원회가 폐지되고 상임위원회인 세출특별위원회 및 세입위원회에서 예산을 심의한다. 한국의 경우 국민에게 부담을 주는 주요 의안의 경우 상임위원회의 의결을 거쳐 전원위원회의 심사를 거칠 수 있다(국회법 제63조의2 제1항).

7) 예산 불성립 시의 예산집행

미국은 불가피하게 새로운 회계연도가 개시될 때까지 예산이 성립하지 못했을 경우에 상하 양원의 공동 결의에 의해 정부가 전년도 예산을 답습해 집행하도록 하고 있다. 영국·일본·캐나다 등은 일정 기간의 경직성 경비의 집행을 입법부가 해결해 주는 잠정예산 예산제도를 택하고 있다. 한국·독일 등은 준예산제도를 적용하고 있다.

3. 예산심의의 절차

1) 정기국회의 국정감사

국회는 국정 전반에 관해 소관 상임위원회별로 매년 정기회 집회일 이전에 감사 시작일부터 30일 이내의 기간을 정해 감사를 실시한다. 다만, 본회의 의결로 정기회 기간 중에 감사를 실시할 수 있다(국정감사 및 조사에 관한 법률 제2조 제1항).

국정감사는 예산심의에 필요한 정보를 획득하고 행정의 위법 부당한 사항을 미리 파악하는 등 예산심의의 중요한 단계다.

2) 본회의 시정연설

예산안과 결산은 소관 상임위원회에 회부하고, 소관 상임위원회는 예비심사를 해서 그 결과를 의장에게 보고한다. 이 경우 예산안에 대하여는 본회의에서 정부의 시정연설을 듣는다(국회법 제84조 제1항).

3) 상임위원회별 예비심사

1981년 1월 이후 국회법의 개정에 따라 예산 심의를 거치지 않았으나, 1984년부터 다시 각 상임위원별로 예비심사를 거치게 돼 있다. 각 상임위원회의 예비심사 절차는 다음과 같다. ① 각 소관 부처 장관의 예산안 제안 설명을 듣는다. ② 전문위원의 예산안 검토보고를 듣는다. ③ 정책질의와 답변·토론을 한다. ④ 계수 조정을 위한 소위원회가 심사하는 부별심사가 있다. ⑤ 예비심사 보고서를 작성해 의장에게 보고한다.

4) 예산결산특별위원회의 종합심사

예산결산특별위원회는 예산을 다루는 국회가 개회될 때마다 여야 의원 50인 이내로 구성되는 특별위원회로서 예산안의 종합심사와 계수 조정 등 우리나라 예산 심의 과정에 핵심적인 역할을 수행한다. 예산결산특별위원회의 종합심사 절차는 다음과 같다. ① 기획재정부 장관의 예산안 제안 설명을 듣는다. ② 전문위원의 예산안 검토 보고를 듣는다. ③ 국무총리와 관계 장관에 대해 국정 전반에 관한 종합 정책질의를 하고 답변을 듣는다. ④ 각 상임위원회의 예비심사 결과를 보고받은 다음 부처별 질의·응답하는 부별 심사 또는 분과위원회 심사가 있다. ⑤ 부별 심사의 결과에 근거를 두고 계수(금액) 조정을 하기 위한 예산안조정소위원회를 구성한다. ⑥ 계수 조정을 마친 예산안소위원회의 안은 예산결산특별위원회의 전체회의에서 찬반 토론을 거쳐 표결해 채택·의결한다. 소위원회의 안은 예산결산특별위원회 전체회의에서 수정 없이 받아들이는 것이 관례로 돼 있다.

5) 본회의 의결

본회의에서는 정부의 예산안 설명, 예산결산특별위원장의 심사보고, 정책질의 및 의결 등의 순서를 거치지만 일반적으로 본회의에서는 예산결산특별위원회의 안이 큰 수정 없이 받아들여지는 형식적 절차에 불과하다. 회계연도 개시 30일 전(12월 2일)까지 의결로 예산은 완전하게 성립된다(헌법 제54조 제2항). 우리나라는 예산이 법률이 아니므로 공포 절차는 불필요하다. 기금운용계획안도 회계연도 개시 30일 전까지 심의·확정한다(국회법 제84조의2 제1항).

4. 우리나라 예산심의의 특징과 문제점

1) 특징

우리나라의 예산은 영국·미국과 달리 법률이 아닌 의결의 형식이다(의결주의). 우리나라 국회는 정부의 동의 없이 정부가 제출한 지출예산 각항의 금액을 증액하거나 새 비목을 설치할 수 없다(헌법 제57조). 국가정보원 소관의 예산심의는 정보위원회에서 총액으로 해서 의장에게 보고하고, 의장은 예산결산특별위원회에 총액으로 통보한다. 이 경우 정보위원회의 심사는 예산결산특별위원회의 심사로 본다(국회법 제84조 제4항). 우리나라 국회는 정부의 예산안에 대해 큰 수정을 가하지 않고 있다. 3% 이상을 삭감한 일이 거의 없다. 상임위원회가 증액한 내용을 예산결산위원회가 상임위원회의 동의 없이 삭감할 수 있으나 상임위원회가 삭감한 예산을 예산결산특별위원회가 증액하거나 새 비목을 설치하는 경우에는 상임위원회의 동의가 필요하다(국회법 제84조 제5항). 그리고 예산결산특별위원회가 2000년 2월 국회법 개정으로 상설위원회로 바뀌었으며, 신설된 예산정책처는 국회의장 소속 하의 국가기관으로서 직무상의 독립성을 가진다.

2) 문제점

국회의원이 국정에 대한 전문지식이 부족하며 행정기관으로부터 제공받은 정보에 의존하고 있다. 초선 의원이 많아 예산심의에 참여한 경험도 부족하다. 국민대표라는 의식이 부족하고 의원직을 떠난 후의 생활 불안으로 원내활동에 충실하기 어렵다. 의원의 입법활동이나 예산심의 활동에 대해 국민의 관심이 없고 원내활동의 평가가 다음 선거의 투표에도 반영되지 않는다. 국정감사는 극히 형식적이며 정책질의는 예산과 관련 없는 내용이 많고 무리한 자료 요구가 자행됐다. 심의기간이 너무 짧아 예산을 충분히 검토할 시간 여유가 없어 졸속 심의가 반복되는 벼랑끝 예산심의가 자행돼 왔다. 예산 요구의 정당성·타당성을 기준으로 사업의 능률성·필요성을 평가한 후의 예산 삭감이 아닌 무분별한 일률적인 삭감이 계속돼 왔다. 결산 심의 자체가 과소평가돼 그 심의결과가 다음해 예산에 반영되지 못했다.

제4절 예산집행

1. 의의

1) 예산집행의 개념

예산집행이란 국회에서 예산이 심의·확정된 후 예산에 따라 정부가 하는 모든 수입·지출행위를 의미한다. 예산의 집행에는 단순히 예산에 규정된 금액을 국고에 수납하고 국고로부터 지급하는 것뿐만 아니라 그 원인이 되는 국고채무부담행위 또는 지출원인행위를 하는 것도 포함한다.

2) 예산집행의 목적

예산집행의 목적은 재정통제, 신축성 유지, 재정통제와 신축성의 조화 등이 있다. 재정통제는 입법부 의도의 구현과 재정 한계를 엄수하는 것이다. 입법부의 심의를 거쳐 확정된 예산은 사업계획에 관한 입법부의 의도를 계수로 표시한 것이므로 행정부는 입법부의 의결을 얻은 금액의 목적과 한도 내에서 예산을 집행해야 한다. 그리고 전통적으로 예산집행의 목표는 재정통제에 두어져 왔다. 이러한 재정통제는 공무원의 재량을 억제하려는 것이지만 행정의 경직화와 형식화를 초래하기 쉽고 행정의 신축성·적응성을 저해할 우려가 있다.

재정통제의 방법에는 예산의 배정과 재배정, 지출원인행위의 통제와 내부통제, 정원·봉급의 통제, 국고채무부담행위의 통제 등이 있다.

예산의 신축성 유지의 중요성은 예산이 성립한 후 시간의 흐름에 따라서 경제 사정이나 사업계획의 여건이 변동되므로 예산을 집행할 때는 이러한 정세의 변동에 적응할 수 있어야 하며, 경제안정의 확보 수단으로서도 활용돼야 한다. 그리고 사업계획의 효과적인 수행과 경비 절약을 위해서도 예산집행의 신축성이 유지돼야 한다. 예산 집행의 신축성 유지 방법에는 예산의 이용·전용, 예산의 이체·이월, 예비비, 계속비 등이 있다.

재정통제와 신축성의 조화에서 입법부의 의도를 구현하고 입법부에서 정해준 재정적 한계를 엄수하는 재정통제와 예산 성립 후의 변동에 적응하기 위한 신축성의 유지의 조화적 추구가 예산의 목적이며 요건이다.

3) 예산집행의 원칙

예산집행의 원칙으로 첫째, 최고관리층의 감독이다. 이는 예산과 사업계획은 표리 관계에 있으므로 양자는 최고관리층의 직접 감독 하에 있어야 한다.

둘째 각 기관의 감독이다. 예산의 집행에서 각 기관은 사업계획이 입법부의 의도에 부합되면서 가장 경제적으로 수행되도록 감독해야 할 책임이 있다.

셋째, 재정운용 보고에 입각한다. 예산집행은 정부기관에 제출하는 충분한 재정운용 보고에 입각해야 한다.

넷째, 통제 수단의 제도화다. 예산집행의 수단으로서 적임의 직원과 적절한 통제 수단으로 제도화해 행사할 권한이 있어야 한다.

다섯째, 다양한 예산 절차의 준비다. 일반행정, 장기사업계획, 준상업적 거래 등 여러 상이한 행정활동의 유형에 적합한 다양한 예산 절차가 갖춰져야 한다.

여섯째, 융통성이다. 동태적인 경제 정세에 직접 적응할 수 있는 융통성이 있어야 한다.

일곱째, 예산기관의 분권화: 예산 집행의 능률을 위해 중앙예산기관에 대응하는 각 부처의 예산기관이 있어야 한다.

2. 예산집행상 재정통제

1) 예산의 배정과 재배정

예산의 배정(apportionment)이란 중앙예산기관의 장이 각 중앙관서의 장에게 일정 기간 동안(분기별) 예산을 집행할 수 있는 금액과 책임의 소재를 명확히 하는 절차다. 예산의 배정은 지출원인행위의 근거가 되며 일시에 자금이 집중적으로 지출되는 것을 막기 위한 것이다. 국회가 예산을 의결했다고 해서 행정기관이 즉각 예산을 집행할 수 있는 것이 아니며, 행정기관은 예산을 배정받아야 비로소 지출할 수 있다.

예산 배정의 절차를 살펴보면 다음과 같다. 각 중앙관서의 장은 예산이 확정된 후 사업운영계획 및 이에 따른 세입세출예산·계속비와 국고채무부담행위를 포함한 예산배정요구서를 기획재정부 장관에게 제출하여야 한다(국가재정법 제42조). 기획재정부 장관은 예산배정요구서에 따라 분기별 예산배정계획을 작성하여 국무회의의 심의를 거친 후 대통령의 승인을 얻어야 한다(국가재정법 제43조 제1항). 기획재정부 장관은 각 중앙관서의 장에게 예산을 배정한 때에는 감사원에 통지하여야 한다(국가재정법 제43조 제2항). 기획재정부 장관은 필요한 때에는 대통령령이 정하는 바에 의하여 회계연도 개시 전에 예산을 배정할 수 있다(국가재정법 제43조 제3항). 기획재정부 장관은 예산의 효율적인 집행관리를 위하여 필요한 때에는 제1항의 규정에 따른 분기별 예산배정계획에 불구하고 개별사업계획을 검토하여 그 결과에 따라 예산을 배정할 수 있다(국가재정법 제43조 제4항). 기획재정부 장관은 재정수지의 적정한 관리 및 예산사업의 효율적인 집행관리 등을 위하여 필요한 때에는 제1항의 규정에 따른 분기별 예산배정계획을 조정하거나 예산 배정을 유보할 수 있으며, 배정된 예산의 집행을 보류하도록 조치를 취할 수 있다(국가재정법 제43조 제5항).

예산의 재배정(allotment)이란 각 중앙관서의 장이 배정받은 금액의 범위 내에서 다시 산하 재무관에게 월별 또는 분기별로 집행할 수 있는 예산을 정해 주는 것을 말한다. 예산의 재배정제도는 각 중앙관서의 장이 산하기관의 예산 집행 상황을 감독·통제하고 재정 한도를 엄수케 하는 데 그 목적이 있다.

예외적 배정제도는 신축적인 배정제도로 재정통제보다는 관리 기능에 초점이 두어져 있다. 긴급배정으로 예산의 배정은 회계연도 개시 후부터 하도록 돼 있으나 기획재정부 장관이 필요한 때에는 대통령령이 정하는 바에 의해 회계연도 개시 전에 예산을 배정할 수 있다(국가재정법 제43조 제3항). 조기배정은 경제정책상 사업을 조기에 집행하기 위해 연간 예산을 주로 상반기에 집중 배정하는 것이다. 당겨배정은 배정을 해당 분기 도래 전에 지출원인행위를 할 수 있도록 앞당겨 배정할 수 있다. 수시배정은 분기별 연간 배정계획에 관계없이 수시로 배정하는 것이다. 배정유보는 각 중앙관서의 장은 기획재정부 장관으로부터 배정받은 각 기관의 예산 액 중 일부를 재배정하지 않고 유치·보류하는 것으로 재정관리의 효율성을 제고하기 위한 장치의 일종이다. 감액배정은 배정 잔액 재원을 분기별 연간배정계획서보다 삭감된 액수로 배정하는 것이다.

예산집행지침의 통보에서 기획재정부 장관은 예산집행의 효율성을 높이기 위하여 매년 예산집행에 관한 지침을 작성하여 각 중앙관서의 장에게 통보하여야 한다(국가재정법 제44조). 기획재정부 장관은 법 제44조에 따른 예산집행지침을 매년 1월 말까지 각 중앙관서의 장에게 통보하여야 한다(국가재정법시행령 제18조 제1항).

2) 지출원인행위(계약)의 통제

지출원인행위(encumbrance)란 정부의 세출예산·계속비·국고채무부담행위 등에 의해 지출의 원인이 되는 계약 또는 기타 행위를 말한다. 지출원인행위의 대부분은 계약이며, 지출원인행위는 법령의 범위 및 배정·재배정된 예산의 범위 내에서만 가능하다. 지출원인행위를 담당하는 회계기관은 원칙상 중앙관서의 장이나 실제는 재무관이 하며 월별로 지출관과 기획재정부 장관에게 보고하여야 한다(국가재정법 시행령 제17조).

3) 정원·보수의 통제

인건비는 국가 예산 중 큰 비중을 점하고 있어 이에 대한 통제는 재정통제의 극히 중요한 수단으로 생각되고 있으며 중앙예산기관이 결정권을 가지고 있다. 안전행정부 장관은 공무원 정원 증원 및 처우 개선에 관해 중앙예산기관과 사전에 협의해야 한다.

4) 회계기록과 보고제도

각 중앙관서는 자체의 수입·지출을 회계 처리해 기록할 뿐만 아니라 각종 서식에 의거해 기획재정부에 월별·분기별로 보고하며, 다음 연도 2월 말까지 결산보고를 한다.

5) 총사업비제도: 국가재정법 제50조 및 시행령 제21조

총사업비제도란 개개의 사업에 소요되는 모든 경비를 총괄하는 용어로서 공사비, 보상비, 시설부대비(설계비, 감리비, 기타 부대비) 등 경비의 합계를 말하며 국고, 지방자치단체 지원, 민자 유치 등 재원의 출처를 불문하고 사업의 추진과 관련된 모든 금액을 포함하는 것으로 부분적으로 계속비 역할을 수행한다.

각 중앙관서의 장은 완성에 2년 이상이 소요되는 사업으로서 대통령령이 정하는 대규모사업에 대하여는 그 사업 규모·총사업비 및 사업 기간을 정하여 미리 기획재정부 장관과 협의하여야 한다. 협의를 거친 사업 규모·총사업비 또는 사업 기간을 변경하고자 하는 때에도 또한 같다(국가재정법 제50조 제1항).

국가재정법 제50조 제1항 전단에서 "대통령령이 정하는 대규모사업"이란 총사업비가 300억 원 이상인 사업을 말한다. 다만, 건축사업의 경우에는 총사업비가 100억 원 이상인 사업을 말한다(국가재정법 시행령 제21조 제1항).

각 중앙관서의 장은 예비타당성조사, 타당성조사, 기본계획 수립, 기본설계, 실시설계, 발주 및 계약, 시공의 각 단계별로 법 제50조 제1항에 따라 기획재정부 장관과 협의하여야 한다(국가재정법 시행령 제21조 제1항).

6) 예비타당성조사: 국가재정법 제38조 및 시행령 제13조

예비타당성조사는 대형 신규사업의 신중한 착수와 재정 투자의 효율성을 높이기 위한 제도다. 총사업비가 500억 원 이상이고 국가의 재정 지원 규모가 300억 원 이상인 신규사업으로서 건설공사가 포함된 사업, 국가정보화 기본법 제15조 제1항에 따른 정보화 사업, 과학기술기본법 제11조에 따른 국가연구개발사업, 그 밖에 사회복지, 보건, 교육, 노동, 문화 및 관광, 환경 보호, 농림해양수산, 산업·중소기업 분야의 사업 등의 예산편성을 위해 미리 예비타당성조사를 실시해야 한다.

7) 기타

기타 재정통제로 예산편성지침의 시달, 예산집행심의위원회의 구성·운영, 사전감사(지출 전 감사), 국회에 의한 통제, 감사원에 의한 회계감사 등이 있다.

3. 예산집행의 신축성과 유지 방안

1) 의의

예산집행의 신축성이란 예산이 성립된 후에 일어나는 사정 변동에 적응하고 예산을 효율적으로 관리·집행하기 위해 세출예산을 지출 목적 이외에 사용하거나 정해진 금액을 초과해 사용하거나 또는 다음 회계연도로 넘겨서 사용할 수 있게 하는 것을 말한다.

예산집행의 신축성 유지 필요성을 살펴보면, 첫째, 예산이 성립한 후 시간의 경과에 따라 상황이나 여건이 불가피하게 변동되므로 이에 적응할 수 있어야 한다. 둘째, 정부 예산은 경제 안정을 위한 잠재적 역할을 담당할 수 있어야 하므로 신축성이 요구된다. 예컨대 인플레이션의 압력을 완화시키기 위해 공공사업을 중단시키거나 지출액을 삭감시키게 된다. 셋째, 경비·공사 기간 등의 변동에 탄력성 있게 적응하는 데 신축성이 필요하다. 특히 방대한 양의 자재를 필요로 하는 공공사업의 경우 예산 집행의 신축성을 통해 공사비의 절약을 기할 수 있다. 넷째, 입법부의 의도, 사업계획 등에 관한 판단은 행정인이 하게 되므로 예산의 효율적 집행을 위해 적절한 재량권 부여되어야 한다.

2) 신축성의 유지 방안

신축성의 유지 방안으로 예산의 전용, 예산의 이용, 예산의 이체, 예산의 이월, 예비비, 계속비, 장기계속계약제도, 국고채무부담행위, 수입대체경비, 총액계상예산제도, 추가경정예산, 예산성과금 지급제도 등이 있다.

예산의 전용(국가재정법 제46조)이란 세출예산이 정한 각 세항(細項)·목(目)의 행정 과목 간의 상호 융통하는 것을 말한다. 행정 과목 간의 융통이기 때문에 원칙적으로 기획재정부 장관이 정하는 범위 안에서 중앙관서의 장이 자체적으로 전용할 수 있다.

예산의 이용(국가재정법 제47조 제1항)이란 세출예산이 정한 각 소관(所管)·장(章)·관(款)·항(項)의 입법 과목 간의 상호 융통하는 것을 말한다. 예산의 이용은 원칙적으로 허용되지 않으며, 예산집행상 필요에 의하여 미리 국회의 의결을 얻었을 때에 한하여 기획재정부 장관의 승인을 얻어 예산의 이용을 할 수 있다. 각 중앙관서의 장은 기획재정부 장관에게 승인을 얻기 위한 이용의 이유·과목·금액을 명시한 서류를 제출하여야 한다.

예산의 이체(국가재정법 제47조 제2항)란 정부조직 등에 관한 법령의 제정·개정 또는 폐지로 인하여 그 직무와 권한이 변동이 있을 때에 사용 목적과 금액은 변하지 않으나 예산집행에 관한 책임 소관을 변경시키는 것을 말한다. 이체받을 중앙관서의 장은 이체하여야 할 중앙관서의 장과 서로 협의하여 이체 과목과 금액을 명백히 한 서류를 기획재정부 장관에게 제출하여야 한다. 국회의 승인은 불필요하며 기획재정부 장관의 승인이 필요할 뿐이다.

예산의 이월(국가재정법 제48조)이란 당해 회계연도에 지출을 필하지 못한 예산을 다음 연도의 예산으로 옮겨 사용하는 것을 말한다. 예산의 이월은 회계연도 독립의 원칙 또는 예산 일년주의 원칙에 대한 예외가 된다. 예산이월의 필요성은 특정 사업에 대한 예산의 뒷받침이 일시적으로 중단되므로 도리어 사업의 효과적 집행이 곤란하게 된다. 예산집행기관에 대하여 회계연도가 끝나기 전에 예산을 사용하도록 재촉하게 되며. 연도 말에 남은 예산을 모두 지출하게 하는 예산 남용이 초래된다. 예산이월의 종류에는 명시이월과 사고이월이 있다. 명시이월은 세출예산 중 해당 연도 내에 지출을 집행하지 못할 것이 예측될 때에 미리 국회의 승인을 얻어 다음 연도에 이월하여 사용하는 것을 말한다. 사고이월은 지출원인행위를 하였으나 천재지변, 관급자재의 공급 지연 등 불가피한 사유로 인하여 연도 내에 지출하지 못한 경비와 지출원인행위를 하지 아니한 부대경비를 다음 연도에 지출하는 것을 말한다. 각 중앙관서의 장은 예산을 이월하는 때에는 대통령령이 정하는 바에 따라 이월명세서를 작성하여 다음 연도 1월 31일까지 기획재정부 장관 및 감사원에 각각 송부하여야 한다(국가재정법 제48조 제4항).

예비비(contingency allowances; 국가재정법 제22조·제51조·제52조)란 예측할 수 없는 예산 외의 지출 또는 예산초과 지출에 충당하기 위하여 계상되는 예산을 말한다. 예산 외의 지출이란 예산에 예상되지 않은 신규 소요경비를, 예산 초과 지출이란 예산에 일정한 금액을 계상하였으나 사정 변경으로 예산액에 부족이 생겨 소요되는 추가경비를 의미한다. 종전에는 "일반회계에 있어서는 세출예산의 100분의 1 이상에 해당하는 금액을 계상한다."는 법정 하한선이 존재했으나, 1989년 개정된 예산회계법에서는 "예비비로서 상당하다고 인정되는 금액을 세입세출예산에 계상할 수 있다."라고 규정했고, 새롭게 제정된 국가재정법 제22조 제1항에서는 "일반회계 예산 총액의 100분의 1 이내의 금액을 예비비로 세입세출예산에 계상할 수 있다."라고 규정하고 있다. 예비비는 그 목적이 정해져 있지 않고 그 계상을 의무화한 목적 외 예산이므로 실질적인 의미를 가진 예산은 아니다.

예비비의 관리와 사용절차(국가재정법 제51조)는 예비비는 기획재정부 장관이 관리하며(제1항), 각 중앙관서의 장은 예비비의 사용이 필요한 때에는 그 이유 및 금액과 추산의 기초를 명백히 한 명세서를 작성하여 기획재정부 장관에게 제출하여야 한다. 다만, 대규모 자연재해에 따른 피해의 신속한 복구를 위하여 필요한 때에는 '재난 및 안전관리기본법' 제20조의 규정에 따른 피해 상황 보고를 기초로 긴급재해구호 및 복구에 소요되는 금액을 개산(개산)하여 예비비를 신청할 수 있다(제2항). 기획재정부 장관은 예비비 신청을 심사한 후 필요하다고 인정하는 때에는 이를 조정하고 예비비사용계획명세서를 작성한 후 국무회의의 심의를 거쳐 대통령의 승인을 얻어야 한다(제3항). 일반회계로부터 전입받은 특별회계는 필요한 경우에는 일반회계 예비비를 전입받아 그 특별회계의 세출로 사용할 수 있다(제4항).

예비비사용명세서의 작성 및 국회 제출(국가재정법 제52조)에서 각 중앙관서의 장은 예비비로 사용한 금액의 명세서를 작성하여 다음 연도 2월 말까지 기획재정부 장관에게 제출하여야 한다(제1항). 기획재정부 장관은 제출된 명세서에 따라 예비비로 사용한 금액의 총괄명세서를 작성한 후 국무회의의 심의를 거쳐 대통령의 승인을 얻어야 한다(제2항). 기획재정부 장관은 대통령의 승인을 얻은 총괄명세서를 감사원에 제출하여야 한다(제3항). 정부는 예비비로 사용한 금액의 총괄명세서를 다음 연도 5월 31일까지 국회에 제출하여 그 승인을 얻어야 한다(제4항).

예비비는 사용상의 제한이 있다. 예측할 수 없는 사유는 예산이 성립하기 전부터 있었던 사유가 아니라 예산이 성립한 이후에 발생한 사유여야 한다. 그리고 국회에서 예산을 심의할 때 부결한 경비의 목적을 위하여서는 예비비를 사용할 수 없는 것으로 해석된다. 국회가 개회 중에 있어 또한 그 승인이 가능할 경우임에도 불구하고 거액을 예비비에서 지출하는 것은 피해야 할 것이다.

계속비(continuing expenditure; 국가재정법 제23조)란 완성에 수년도를 요하는 공사·제조 및 연구개발사업을 사업의 경비에 대해 그 총액(總額)과 연부액(年賦額)을 미리 정해 국회의 의결을 받음으로써, 매 회계연도마다 그 예산에 대해 국회의 의결을 받지 않고 지출할 수 있는 경비를 말한다. 계속비의 사용 기간은 5년까지이나, 우리나라는 회계연도 독립의 원칙을 고수하고 있기 때문에 계속비의 경우에도 2차 연도부터 매년 새롭게 국회의 의결을 얻어야 지출할 수 있도록 하고 있다(이중 승인). 계속비는 일단 착수되면 중단·수정하기 어렵다는 점에서 재정 운영의 경직성을 초래하는 측면이 있으며, 따라서 최근에 이를 보완한 장기계속계약제도 등이 실질적으로 대체하고 있다.

장기계속계약제도는 단년도예산이 지니는 한계를 극복하기 위해, 이행에 장기간이 소요되는 공사나 물품의 제조로서 전체 사업 내용과 연차별 사업계획이 확정된 경우에는 총공사 또는 총제조의 금액을 부기하고 당해 연도 예산의 범위 내에서 분할공사 또는 제조의 발주를 허용하는 제도를 말한다. 사실상 다년도 예산을 편성하되 형식적으로는 단년도 예산의 틀을 유지하기 위해서다. 장점은 계속비 예산의 편성에 따른 재정의 경직성을 완화시키며, 주기적인 평가 결과에 따라 재원배분을 가변화해 사업의 부실화를 예방할 수 있다. 단점으로 계속사업의 안정성을 저해해 사업 수행 주체의 위험대가 지출을 초래하며, 동일한 사업에 대한 매년 중복심사와 예산 확보를 위한 로비 등 거래비용이 유발된다. 그리고 분산 투자로 인한 공기의 지연과 공사비가 증가된다.

국고채무부담행위(헌법 제58조, 국가재정법 제25조)는 국가가 채무를 부담하는 행위를 말한다. 실질적 의미에서는 법률에 의한 것과 세출예산 금액 또는 계속비의 총액 범위 내의 것 이외에 국가가 행하는 금전급부를 내용으로 하는 행위를 말한다. 형식적 의미에서는 예산총칙·세입세출예산·계속비 및 명시이월비와 함께 예산의 한 내용을 구성하는 명칭으로, 특정 사항에 관한 채무부담행위에 대해 국회의 의결을 거치는 형식을 말한다. 경비의 지출이 다음 회계연도 이후에 필요한 경우, 해당 연도에 국회의 의결을 얻지 못하면 국가의 채무 불이행을 초래할 우려가 있기에 국가의 채무 부담에 대해 국회의 의결을 미리 얻어 두려고 하는 것이 이 제도를 둔 취지다. 국고채무부담행위는 국회의 의결을 사전에 얻어야 하며, 법률에 의한 것, 세출예산 금액, 그리고 계속비의 범위 이외의 것에 한한다. 국고채무부담행위는 수년에 걸친 건물이나 대지의 임대 등과 같이 계약연도와 지출 연도가 다를 경우에 대비해 국가가 부담하는 채무에 대해 국회의 사전 동의를 얻어둔다는 점에서 예산집행의 신축성과도 관련이 있다. 국고채무부담행위의 의결은 다만 채무만 부담할 권한을 부여하는 것이므로 다음 연도 이후에 지출을 할 경우에는 세출예산으로서 다시 국회의 의결을 얻어야 한다. 세출예산의 의결이 예산의 범위 안에서 채무를 부담할 권한과 지출을 할 권한을 부여하는 데 반해 국고채무부담행위는 국고채무 부담의 의무만 지고 실제로 지출이 이뤄지는 것은 아니다. 세출예산의 의결은 원칙적으로 1년의 효력을 가지지만 국고채무부담행위는 수년도에 걸치게 된다는 점에서 서로 다르다. 계속비는 채무 부담과 지출 권한을 잠정적으로 부여하는데 반해 국고채무부담행위는 국고채무 부담의 의무만 지고 실제로 지출이 이뤄지는 것은 아니다. 계속비의 대상은 완성이 수년도를 요하는 공사나 제조 및 연구개발사업으로 한정하고 있지만 국고채무부담행위의 대상 행위는 특별한 제한이 없다.

수입대체경비(국가재정법 제53조 및 시행령 제24조)란 지출이 직접 수입을 수반하는 경비를 말한다. 모든 수입과 지출은 예산에 편입되어야 하나, 경우에 따라서는 수입과 지출을 상쇄하는 것이 허용된다. 우리나라 국가재정법 제53조 1항은 지출이 직접 수입을 수반하는 경비는 그 수입이 확보되는 범위 안에서 직접 지출할 수 있도록 규정하고 있다. 대상 경비를 보면, 대법원 등기소의 등기부 등·사본 발행 경비, 외교통상부의 여권 발급 경비, 교육인적자원부의 대학입시 경비, 각 시험연구기관의 위탁시험연구비 등이다.

총액계상예산제도(국가재정법 제37조 및 시행령 제12조)란 정부예산은 세부사업별로 예산 규모가 책정·집행되는 것이 원칙이지만 세부사업이 확정되지 않은 상태에서 총액 규모만 예산에 반영하는 것이다. 1994년 예산회계법시행령 개정으로 도입됐다. 편성 단계에서 세부사업별로 예산을 편성하기가 곤란한 경우 집행 단계에서 사업 주관부처가 정확한 수요를 파악해 세부사업을 정하는 것이 더 효율적이기 때문이다. 즉, 예산편성 단계에서는 총액으로만 계상하고, 세부 내역은 집행 단계에서 각 중앙관서의 장이 자율적으로 결정하도록 하는 제도로서 사정 변동에 적응하고 예산 운영의 탄력성을 제고하려는 것이 그 목적이다. 대상사업은 도로보수 사업, 도로 안전 및 환경개선 사업, 항만시설 유지보수사업, 수리시설 개보수 사업, 수리부속 지원사업, 문화재 보수 정비사업, 기타 대규모 투자 또는 보조사업 등이다.

추가경정예산(헌법 제56조)이란 예산 성립 이후의 상황 변화로 사업을 변경하거나 새로운 사업을 추진해야 할 필요가 있는 경우, 행정부가 이미 성립된 예산의 편성 내용을 변경해 의회에 제출·의결을 받는 예산을 말한다. 추가경정예산은 입법부의 의결을 통과해 이미 성립된 예산에 대해 행정부가 다시 편성 내용을 변경하는 것인데 반해, 수정예산은 입법부의 예산심의 중에 행정부가 예산편성 내용을 일부 변경한 것이라는 점에서 서로 다르다. 추가경정예산은 당초예산과 별개로 성립·진행되기에 특정 회계연도의 예산 총액을 파악하려면 당초예산과 추가경정예산의 액수를 합산해야 한다. 추가경정예산제도는 예산 집행의 신축성을 제고시켜 주는 강력한 수단 중의 하나다. 그러나 빈번한 추가경정예산의 편성은 행정부에 의한 재정권 남용을 초래하게 돼 입법부의 재정통제를 저해할 우려가 있다.

예산성과금 지급제도(국가재정법 제49조)란 각 중앙관서의 장은 예산의 집행 방법 또는 제도의 개선 등으로 인해 수입이 증대되거나 지출이 절약된 때에는 이에 기여한 자에게 성과금을 지급할 수 있으며, 절약된 예산을 다른 사업에 사용할 수 있다. 중앙관서의 장은 성과금을 지급하거나 절약된 예산을 다른 사업에 사용하고자 하는 때에는 예산성과금심사위원회의 심사를 거쳐야 한다.

표 2-1 신축성 부여의 방법

사업 내용과 시행 방법상의 신축성	예산의 이용과 전용, 예산의 이체, 예비비 등
시기적 신축성	예산의 이월, 계속비, 국고채무부담행위 등

표 2-2 예산 집행상의 재정통제와 신축성 유지 방안

예산집행상의 재정통제 방안	예산집행상의 신축성 유지 방안	
① 예산의 배정	① 예산의 이용	② 예산의 전용
② 예산의 재배정	③ 예산의 이체	④ 예산의 이월
③ 회계 기록과 보고제도	⑤ 계속비	⑥ 예비비
④ 정원과 보수의 통제	⑦ 예산의 긴급배정	⑧ 국고채무부담행위
⑤ 지출원인행위(계약)의 통제	⑨ 수입대체경비	⑩ 추가경정예산
⑥ 총사업비 관리	⑪ 총괄예산	⑫ 예산성과금제도
⑦ 예비타당성조사제도	⑬ 총사업비제도	⑭ 총액계상예산제도
⑧ 국고채무부담행위의 통제		

4. 수입 · 지출

1) 의의

예산집행은 기본적으로 예산의 배정과 수입·지출활동으로 이뤄진다. 국회에서 의결·성립된

예산은 각 중앙관서별로 집행된다. 세입예산의 집행은 구체적으로 조세의 징수 결정과 현금의 수납을, 세출예산의 집행은 구체적으로 예산 배정을 비롯해 자금 배정, 재무관의 지출원인행위, 지출관의 계좌 이체와 지급 기관의 현금 지급 등을 의미한다. 정부의 수입과 지출은 정부회계 방식과 불가분의 관계에 있다.

2) 수지관리기관

수지관리기관은 수입사무기관과 지출사무기관으로 나뉜다. 기획재정부 장관은 수입의 징수와 수납에 관한 사무를 총괄하고, 중앙관서의 장은 그 소관 수입의 징수와 수납에 관한 사무를 관리한다(국고금관리법 제6조). 수입징수관은 수입의 징수에 관한 사무를 위임받은 공무원이다(국고금관리법 제9조). 납세 의무자 등이 신청하는 경우 납입고지서를 정보통신망을 이용하여 송달(전자송달)할 수 있다(국고금관리법 제11조). 수입징수관은 수입금출납 공무원의 직무를 겸할 수 없다. 다만, 대통령령으로 정하는 특별한 사유가 있는 경우에는 직무를 겸할 수 있다(국고금관리법 제13조).

기획재정부 장관은 지출의 경우에도 총괄적 책임을 지며, 각 중앙관서의 장은 그 소관에 속하는 지출원인행위와 지출에 관한 업무를 관리한다. 각 중앙관서의 장은 배정받은 예산의 집행책임자로서 재무관이 되는 것이 원칙이나 사실상 소속 공무원을 재무관으로 임명하며, 재무관은 계약체결 등 지출원인행위를 하며 이를 지출관에게 통지하는 업무를 담당한다. 지방자치단체에서는 이를 경리관이라 한다. 재무관, 지출관, 출납공무원은 서로 직무를 겸할 수 없다. 지출관은 재무관이 행한 지출원인행위에 의해 계좌 이체를 통해 국고금을 지출하는 공무원이다. 지방자치단체에서는 이를 지출원이라 한다. 2개 이상 관서의 국고금의 통합 지출을 담당하는 지출관을 통합지출관이라고 한다.

3) 수입·지출의 본질과 지출의 특례

수입사무에서 수입(revenue)이란 조세, 기타의 세입을 법령에 의해 징수 또는 수납하는 것을 말한다. 수입은 세입의 조사 결정·납입 고지·수납 등의 절차를 따른다.

지출사무란 일반적으로는 어떤 목적을 위해 금전을 지급하는 모든 경우를 말하나, 좁은 의미로는 국가 또는 공공단체가 그 직능의 수행을 위해 경비를 지급하는 것을 말한다. 지출원인행위(支出原因行爲, encumbrance)는 정부의 세출예산·계속비·국고채무부담행위 등에 의해 지출의 원인이 되는 계약 또는 기타 행위를 말한다. 지출원인행위의 대부분은 계약이며, 지출원인행위는 법령의 범위 및 배정·재배정된 예산의 범위 내에서만 가능하다. 지출원인행위제도는 예산집행을 통제하기 위해 도입된 것이다. 행위권자는 각 중앙관서의 장이 되는 것이 원칙이지만 중앙에서는 재무관, 지방에서는 경리관을 임명한다. 지출원인행위의 종류는 공사 도급 계약이나 물품 계약과 같은 사법상의 채무, 교부금의 결정 통지와 같은 공법상의 채무, 손해배상 지급에 관한 결정, 국고내 회계 간의 전출입에 관한 결정 등이 있다.

지출은 원칙적으로 회계연도 독립의 원칙, 회계연도 개시 이후의 원칙, 계좌 이체의 원칙, 사후급의 원칙 등과 같은 요건을 구비해야 한다. 국고의 지출은 계좌 이체가 원칙이며, 정보통신장애 등이 발생한 경우 예외적으로 현금 등을 채권자에게 직접 지급할 수 있다. 회계연도 독립의 원칙에 따라 당해 연도의 세입예산으로 지출해야 한다(발생주의 회계연도 소속 구분). 그리고 회계연도 개시 후에 지출이 이뤄져야 한다. 확정채무가 존재하고 그 이행 시기가 도래해야만 지출할 수 있다.

지출의 원칙을 획일적으로 적용하는 것이 오히려 행정의 원활한 운영을 저해하는 경우가 있으므로 특례를 인정하고 있다. 지출의 특례란 정상적인 지출 방식을 택하지 않는 모든 지출을 총칭한다. 관서운영경비는 관서를 운영하는 경비로서 법적 절차(지출원인행위 관계 서류를 사전 송부)에 따라 지출할 경우 업무 수행에 지장을 가져올 우려가 있는 경비에 대해서는 필요한 자금을 지급하게 할 수 있는 자금이다. 회계연도 개시 전 자금교부는 관서운영경비나 연도 말에 출항하는 선박에 관한 경비의 경우 연도 개시 전에 지급한다. 과년도 지출은 전년도에 속하는 채무 확정액으로서 현년도 예산으로 지출하는 경비다. 출납이 완결된 연도의 수입은 모두 현년도 세입으로 편입한다. 과년도 지출(지난 연도에 이뤄져야 할 지출이 출납기한의 마감으로 현년도에 이뤄지는 것) 및 과년도 수입(지난 연도에 이뤄져야 할 세입이 현 연도에 이뤄지는 것)은 발생주의에 대한 예외로서 현금주의에 의한 회계연도 소속 구분 방식이다. 정부의 회계 계리 방식은 현금주의가 원칙이지만, 회계연도 소속 구분 방식은 발생주의가 원칙이고 예외적으로 현금주의(과년도수입, 과년도지출 등)를 적용한다. 선금급(先金給)은 이행기가 도래하기 전에 미리 지급하는 것이다. 상대방의 급부가 있기 전에 미리 지급하는 경비다. 개산급(概算給)은 채무 금액이 확정되기 전에 채무 금액을 개략으로 계산해 미리 지급하는 것이다. 채무 금액이 확정되면 이를 정산해야 한다. 지출금의 반납이란 지출된 금액이 반납되는 경우에는 대통령령이 정하는 바에 따라 각각 그 지출한 과목에 반납해야 한다. 출납이 완결된 연도에 속하는 지출금이 반납되는 경우에는 앞의 규정에도 불구하고 현년도의 수입에 편입해야 한다.

제5절 결산

1. 의의

1) 개념

결산(final account) 이란 1회계연도 동안의 국가의 수입・지출의 실적을 확정적인 계수로 표시하는 활동이며 예산에 의해 수입・지출을 한 정부의 사후적 재무보고를 의미한다. 정부예산은 국회의 사전 심의는 물론, 결산에 의한 사후 감독을 받아야 비로소 완전한 것이 될 수 있다.

2) 예산과 결산의 차이

예산과 결산은 일치 곤란한데 엄밀성의 원칙이 요구하는 것처럼 예산과 결산이 정확히 일치할 수는 없다. 이러한 불일치 사유는 예산 성립 후의 전년도로부터의 이월이나 예비비의 지출, 예산의 다음 연도에의 이월이나 당해 연도의 불용액, 예산성립 후의 정세 변동에 적응하기 위한 신축성 있는 예산집행(예산의 이용・전용・이체), 정부의 위법・부당한 지출로 인해 발생한다.

3) 결산의 기능

결산에 의해 정부가 예산의 범위 내에서 재정활동을 했는지에 대한 적부를 확인한다. 결산보고는 객관적 사실에 근거를 둔 정확한 계수로 작성되고 회계검사기관의 검사・확인을 받아야 한다. 결산은 다음해의 예산의 편성・심의와 재정계획의 수립・운영에 참고자료로서 환류・반영된다(재정 환류 기능).

4) 결산의 효과

결산은 회계검사기관의 검사・확인과 국회의 심의・의결에 의해 확정되며 그 효과로서 정부의 예산집행 책임이 최종적으로 해제된다. 결산은 예산과 같이 다음 회계연도에서의 지출 한도 또는 기타에 관해 국가기관의 행위를 규제하거나 정부의 위법・부당한 지출이 있는 경우에도 그 지출행위를 무효・취소하는 법적 효적을 가지는 것은 아니다. 즉, 결산의 효과는 법적이라기보다는 정치적인 것이다. 국회의 결산 승인에 의해 예산집행에 대한 정부 책임이 해제됐다 하더라도 그 책임이란 정치적 해제를 의미할 뿐 관련 공무원의 부정행위에 대한 개인적 변상 책임이나 형사 책임까지 면제되는 것은 아니다.

2. 결산 절차

1) 출납기한과 출납정리기한

출납기한은 한 회계연도에 속하는 세입세출의 출납에 관한 사무는 다음 연도 2월 10일까지 완결하여야 한다(국고금관리법 제4조의2 제1항). 출납정리기한은 1회계연도에 속하는 세입・세출의 출납에 관한 사무의 정리기한을 말한다. 출납정리기한은 원칙적으로 그 회계연도 말일까지다.

2) 중앙관서결산보고서의 작성 및 제출: 국가재정법 제58조

각 중앙관서의 장은 대통령령이 정하는 바에 따라 회계연도마다 적성한 결산보고서를 다음 연도 2월 말까지 기획재정부 장관에게 제출하여야 한다. 국회의 사무총장, 법원행정처장, 헌법재판소의 사무처장 및 중앙선거관리위원회의 사무총장은 회계연도마다 예비금사용명세서를 작성하여 다음 연도 2월 말까지 기획재정부 장관에게 제출하여야 한다.

3) 국가결산보고서의 작성 및 제출: 국가재정법 제59조

기획재정부 장관은 '국가회계법'에서 정하는 바에 따라 회계연도마다 작성하여 대통령의 승인을 받은 국가결산보고서를 다음 연도 4월 10일까지 감사원에 제출하여야 한다.

4) 결산검사: 국가재정법 제60조

감사원은 제59조에 따라 제출된 국가결산보고서를 검사하고 그 보고서를 다음 연도 5월 20일까지 기획재정부 장관에게 송부하여야 한다.

5) 결산의 국회 제출: 국가재정법 제61조

정부는 감사원의 검사를 거친 결산 및 첨부 서류를 다음 연도 5월 31일까지 국회에 제출하여야 한다. 국회는 결산에 대한 심의·의결을 정기회 개회 전까지 완료하여야 한다(국회법 제128조의 2).

3. 문제점과 개선 방향

1) 문제점

관료나 국회의원 간에 결산을 과소평가하고 예산과는 별개로 생각하는 사고 방식이 강하다. 국회는 회계검사권이 없고 결산심의권만 행사하며, 결산심사를 전담하는 위원회가 없다.

2) 개선 방향

국회의 결산 심의만 충실히 해도 관료통제를 실질적으로 기대할 수 있다. 행정부로부터 독립된 회계검사기구를 설치하거나 결산위원회를 별도로 설치한다.

제6절 회계검사

1. 의의

1) 회계검사의 개념

회계검사(auditing)란 예산 집행에서의 수지의 결말에 관한 사실을 확인하기 위해 회계의 기록과 장부 등을 체계적으로 검사하는 행위를 말한다. 회계제도(accounting system)의 정확성을 검증하고, 나아가서 재고품과 보유장비의 확인, 실무 수행의 적법성, 그리고 부정·낭비·잘못된 관리 및 사업의 효과성을 확인할 수 있는 통제 체제를 운용하고 있는가의 여부를 검증하는 체계라고 할 수 있다. 우리나라의 경우 국가의 세입세출의 결산, 국가 및 법률에 정한 단체의 회계검사는 감사원이 담당하고 있다.

회계검사는 회계 기록을 대상으로 하며, 회계 기록은 타인(제3의 기관)이 작성한 것이라야 하며, 회계 기록의 정확성 여부에 관한 검증 절차이며, 검사 결과에 대한 의견 표명이 있어야 한다.

2) 회계검사의 목적

정부의 지출을 회계 관계 법규에 따라 하게 함으로써 정부의 합법성을 확보한다. 재정 낭비를 방지하고 경리상의 비위·부정을 적발·시정한다. 회계검사의 결과를 행정관리의 개선과 재정정책·계획의 합리적 수립에 반영시키는 데 있다.

2. 회계검사의 방향 전환

1) 전통적 · 소극적 회계검사의 비판

지출의 합법성을 중요시하는 전통적 · 소극적 회계검사에 대해서는 정부 지출의 전체적 성과의 분석 곤란, 회계 법규에의 형식적 적합성에 치중, 공금의 부당 지출 · 부정행위의 방지 곤란, 행정책임의 확보 곤란, 부당한 재량행위의 정당화, 행정의 능률성 · 효과성 · 민주성의 과소평, 행정관리의 개선 곤란 등의 비판이 제기되고 있다.

의회나 국민이 정부 지출 내지 사업계획의 전체적인 성과를 평가하기 어렵고 사업의 타당성이나 비용 효과를 분석할 수 있다. 즉, 오늘날 중시되는 효과성 · 합목적성 분석이 곤란하다. 회계 관계 법규에 대한 적합성 여부에만 치중해 법령의 형식적 · 기계적 해석만 중시하게 되고 업무의 능률적 수행보다 책임 모면에만 관심을 가지게 된다. 합법성 중심의 엄격한 회계검사를 해도 모든 위법 부당 지출이나 부정행위를 방지할 수 없다. 행정 목표의 달성에 주력해야 할 관리자가 지출의 형식적 합법성에만 치중한 나머지 행정 책임 확보를 저해할 우려가 있다. 공무원이 예산집행에 잘못된 재량행위로 막대한 손실을 입어도 합법성을 내세워 정당화시킨다. 행정국가에서 중요시되는 행정의 능률성 · 효과성 · 민주성이 충분히 고려되지 않고 있다. 지출의 형식적 합법성에만 치중한 나머지 감사에 대비하는 소극적 행정이 되어 공무원의 자발적 · 쇄신적 활동에 의한 행정관리의 개선을 기대하기 어렵다.

2) 현대적 회계검사의 특징

현대적 회계검사의 특징은 능률성 · 효과성 검사의 중시, 검사 시점의 전환, 검사 대상기관의 확대 등이 제기된다. 현대적 회계검사는 능률성 · 효과성 · 경제성 검사 등을 중시하는 추세이며 정책감사의 필요성도 강조되고 있다. 능률성 · 효과성 검사란 지출을 사업계획 및 그 목표와 연관시켜 경비를 지출 목적과 성과에 따라 분석하려는 회계검사다. 능률성 · 효과성 검사에서는 지출 항목이 달성하고 있는가, 달성하고 있지 않는 경우에는 그 원인을 추구하고, 목표의 효율적인 달성 방법을 검토해 개선책까지 제시할 수 있어야 한다. 능률성 · 효과성 검사의 이점에는 가용자원의 합리적인 배분, 경제분석과 전체적인 성과분석, 부당지출 내지 낭비의 방지 등이 있다. 능률성 · 효과성 검사의 문제점에는 전문적인 지식 · 능력이 요구되고, 행정에는 계량화가 어려운 사업이 많다는 것이다.

전통적 회계검사는 검사 대상을 주로 재정에 두었으나 현대적 회계검사는 검사의 초점을 행정관리 전반에 두고 있다. 이에 따라 행정관리의 개선이 추구됨으로써 회계검사 기능과 직무감찰 기능의 상호 접근이 모색되고 있다.

현대적 회계검사는 정부의 기능의 확대에 따라 행정부처뿐만 아니라 정부 지분율 50% 이상인 공기업 · 정부지원기관이나 정부보조기관도 검사 대상기관에 포함된다.

3. 회계검사기관의 유형

1) 회계검사기관의 지위: 소속별 기준

회계검사기관의 지위에 따라 구분할 수 있는데 첫째, 입법부형(영미형)이다. 이는 회계검사기관이 입법부에 소속하는 유형이다. 행정부에 대한 독립적 지위에 의해 강력한 통제권을 행사할 수 있으며, 미국의 회계검사원(General Accounting Office: GAO)과 영국의 회계검사원(National Audit Office: NAO)이 대표적이며, 벨기에 · 오스트리아 · 이스라엘 등도 이에 해당한다. 둘째, 행정부형(대륙형)이다. 회계검사기관이 행정부에 소속하는 유형이다. 한국 · 포르투갈, 과거의 프랑스 회계검사원(Cour des Comptes), 제2차 세계대전 이전의 일본의 회계검사원이 이에 속한다. 셋째, 독립형이다. 회계검사기관이 입법부 · 사법부 · 행정부 어디에도 속하지 않은 독립된 기관으로 존재하는 형태다. 독일 · 프랑스 · 일본 등이 이에 속한다. 넷째, 사법부형이다. 회계검사기관이 조직 체계상 입법부 · 행정부에 속하지 않는 형태다. 프랑스 회계검사원의 검사관이 법관의 신분을 가지고 있다는 이유로 사법부형으로 해석하는 견해가 있다. 다섯째, 대만형이다. 입법 · 사법 · 행정 · 고시 · 감찰 등 5권분치를 하고 있는 대만의 감찰원이 이에 속한다. 감사 기능은 감찰원 소속하에 있는 심계부가 담당하고 있다.

2) 구성 방식별 기준

독입제형과 합의제형으로 구분한다. 독임제형은 미과 영국의 회계검사원이 이에 속하며, 합의제형은 우리나라 감사원과 일본 · 네덜란드의 회계검사원이 이에 속한다.

3) 법적근거별 기준

헌법상 기관과 비헌법상 기관으로 구분한다. 헌법상 기관은 대부분의 국가는 헌법에서 회계검사기관에 관한 규정을 두고 있으며, 우리나라 · 일본 · 독일 등이 이에 속한다. 비헌법상 기관은 성문헌법이 없는 영국이나 성문헌법을 가진 미국은 회계검사기관에 관한 규정을 두지 않고 있다.

4. 회계검사의 종류 및 방식

1) 서면검사 · 실지검사 · 대행검사

서면검사란 각 기관의 회계 관계 공무원으로부터 소정기별로 제출되는 계산서 · 증거서류 · 조서 등 서류에 의해 검사하는 방법을 말한다. 실지검사는 감사원의 직원이 현지에 파견돼 검사하는 방법을 말한다. 대행검사(위임검사)는 감사원에서 검사해야 할 사항을 다른 기관에 위탁해 검사를 실시하도록 하는 것을 말한다.

2) 사전검사 · 사후검사

사전검사란 지출이 있기 전에 미리 그 적법성을 승인하는 것이며, 주로 행정기관 내부에서 자체검사를 통해 이뤄진다. 사후검사란 사후에 지출의 합법성과 회계의 정확성을 검사하는 것을 말한다.

3) 내부검사 · 외부검사

내부검사란 각 기관의 자체검사기구가 담당하는 회계검사로서 각 부처의 감사관실 또는 감사담당관실 등이 내부검사를 담당하고 있다. 외부검사는 자체검사기관이 아닌 외부의 회계검사 담당기관이 실시하는 회계검사로서 일반적으로 감사원이 담당하고 있다.

4) 일반검사 · 상업식 검사 · 종합검사: 미국식 분류

일반검사란 공금관리의 책임을 맡은 공무원의 개인적 회계 책임을 밝히는 데 목적이 있다. 우리나라의 경우 이 방법에 치중하고 있다. 상업식 검사는 재정 기록의 정확성과 타당성을 분석하고 손익계산서 · 대차대조표상의 숫자나 경영의 성과를 확인하는 검사로 공기업에 되며, 대차대조표 검사와 동일하다. 종합검사는 내부통제제도를 확립하고 있는 정부기관을 대상으로 하며, 회계연도, 회계제도, 회계기법, 프로그램, 회계 법령 등의 적정성을 전반적으로 검사한다.

5) 정밀검사 · 발췌검사

정밀검사는 모든 수입과 지출을 세밀하게 검사하는 방법이다. 전면검사 또는 완전검사라고도 하며, 우리나라도 이 방법을 따르고 있다. 발췌검사는 표본 추출에 의해 선택적으로 하는 검사 방법이다.

5. 우리나라 회계검사기관(감사원)

1) 연혁

1948년 제정된 헌법에서는 심계원의 조직과 권한은 법률로써 정한다고 규정했으며 이에 의거해 제정된 심계원법은 심계원이 대통령에 직속되고 국무원에 대해서는 독립적인 지위를 가진다고 규정했다. 1961년 심계원은 대통령 직속기관으로부터 국가재건최고회의 소속기관이 됐다. 1963년 감사원법의 제정으로 종래의 심계원과 감찰위원회를 통합한 헌법기관으로서 대통령 직속 하에 감사원이 설치됐다.

2) 감사원의 지위(독립성)

감사원은 직무상, 인사상, 예산상, 규칙 제정상의 독립성을 보유한다. 감사원은 직무에 관해 독립된 지위를 가지며, 감사원장은 국회의 동의를 얻어 대통령이 임명하며, 감사위원은 감사원장의 제청으로 대통령이 임명한다. 감사위원을 포함해 임기는 4년, 1차에 한해 중임할 수 있다. 감사위원은 강력한 신분 보장을 받는다. 기획재정부 장관은 감사원의 세출예산액을 그 요구액보다 감액했을 때에는 감사원장의 의견을 구해야 하며, 감사원은 감사절차 · 내부규율과 감사사무 처리에 관한 규칙을 제정할 수 있다.

3) 감사원의 조직

감사위원회는 감사원장을 포함한 7인의 감사위원으로 구성된 합의제 기관이다. 사무처는 감사원장의 지휘·감독을 받으며 사무총장·차장과 기타 직원을 두고 있다.

4) 감사원의 기능

감사원의 기능은 결산검사, 회계검사, 직무감찰, 감사 결과의 처리, 의견 진술, 재심사, 심사청구의 결정 등이 있다. 결산검사(결산의 확인) 기능은 감사원은 국가(정부·국회·법원 등)의 세입·세출의 결산을 확인하며, 비합법적이고 부당하더라도 무효로 한다거나 취소하지 못한다. 회계검사 기능으로 감사원은 국가 및 법률에 정한 단체의 회계검사를 한다. 필요적 검사 대상 기관은 국가의 회계, 지방자치단체의 회계, 한국은행의 회계, 국가 또는 지방자치단체가 자본금의 2분의 1 이상을 출자한 법인, 기타 감사원의 회계검사를 받도록 규정된 단체의 회계 등이며, 선택적 검사 대상 기관은 국가·지방자치단체와 계약을 체결한 자, 국가가 재정 원조를 공여한 자, 국가 또는 지방자치단체가 자본금의 일부를 출자한 자(정부출자기관) 등의 회계 등이다. 직무감찰 기능에서 감사원은 공무원의 비위를 시정·방지하고 행정 운영의 개선·향상을 위해 행정기관의 사무와 공무원의 직무를 감찰한다. 행정기관에는 군기관과 교육기관이 포함되며, 공무원의 범위에는 국회·법원 및 헌법재판소에 소속하는 공무원은 제외된다. 행정기관에 포함되더라도 고도의 통치행위나 준사법적 행위 등도 직무감찰의 제외 대상이다. 감사 결과의 처리 기능에서 감사원은 회계검사와 직무감찰의 결과를 처리할 때 변상책임의 판정, 징계·문책·해임의 요구, 시정·주의 요구, 개선 요구, 고발 등의 방법이 따른다. 의견 진술 기능에서 국가의 각 기관은 회계 관계 법령의 제정·개폐 또는 해석상의 의문이 있을 때에는 감사원의 의견을 구해야 하며 감사원은 의견을 진술해야 한다. 재심사 기능에서 변상 판정과 처분 요구에 대한 재심의를 해야 한다. 심사청구의 결정 기능에서 검사를 받은 자의 직무에 관해 이해관계인의 심사청구가 있을 때에는 이에 대한 결정을 내린다.

제 3 장 예산제도

제1절 예산결정이론

1. 예산이론의 전개와 유형

1) 예산이론의 필요성

케이(V. O. Key, Jr.)는 예산 결정에서 어떤 근거에서 X달러의 지출이 B라는 활동이 아니라 A라는 활동에 배정됐는가를 밝혀주는 기준이 없다고 지적하면서 예산이론의 필요성을 강조했다. 루이스(V. B. Lewis)의 기준에서 예산 결정을 위한 분석의 길잡이가 될 개념으로 상대적 가치(relative value), 증가분의 분석(incremental analysis), 상대적 효과성(relative effectiveness) 등 세 가지를 들었다.

2) 예산이론의 접근 방법

예산이론의 접근 방법은 집권적 · 합리적 접근 방법과 다원주의적 접근 방법으로 구분할 수 있다. 집권적 · 합리적 접근 방법은 관리과학적인 분석기법을 사용해 바람직한 목표 설정, 대안 설정, 비용과 편익의 비교해 최적 대안을 선택하며, 최적대안 시행에 소요되는 비용을 예산으로 편성한다. 이러한 방법으로 계획예산제도, 영기준예산제도 등이 있다. 관련 학자는 히치(C. J. Hitch), 매킨(R. N. McKean), 노빅(D. Novick), 쉬크(A. Shick) 등이다. 그 특징을 살펴보면 다음과 같다. 모든 요소가 종합적으로 검토되며, 비용편익분석 작업을 통해 경제적 합리성을 추구한다. 그리고 하향적 · 거시적 접근 방법이다. 이러한 접근 방법의 한계로는 목표 설정이 곤란하며, 계량화에 한계가 있다. 예산담당관이 보수적이며, 집권화의 가능성이 크다. 정치적 합리성을 무시하며, 회의 심의 기능이 약화된다.

다원주의적 접근 방법은 전년도 예산을 기준으로 다음 연도의 예산액을 결정하는 방법이다. 정치 원리에 따르는 예산 배분을 중시하며 다원적 참여를 보장하고 현실이나 기득권을 인정한다. 정치적 합리성을 추구한다. 방법으로 품목별 예산제도와 성과주의 예산제도 등이 있다. 관련 학자는 린드블롬(C. E. Lindblom), 윌다브스키(A. Wildavsky), 페노(R. F. Fenno), 다이(T. R. Dye) 등이다. 이러한 접근 방법의 특징은 다음과 같다. 총체적 분석이 아니라 분석 가능한 몇 가지 대안에 대한 제약적 · 부분적 분석이 이뤄진다. 예산을 연속 과정으로 보며, 절차적 · 과정적 · 정치적 합리성을 강조한다. 실증적 · 기술적 분석으로 미시적 예산결정이 이뤄진다. 한계로는 비조직화된 이익을 예산에 반영시키는 데 곤란하며, 이용 가능한 재원이 부족할 때는 적용하기가 곤란하다.

표 3-1 예산의 경제 원리(합리주의)와 정치 원리(점증주의)의 비교

구분	경제 원리(합리주의)	정치 원리(점증주의)
초점	어떻게 예산상의 총이득을 극대화할 것인가?	예산상의 이득을 누가 얼마만큼 향유하는가?
목적	① 효율적인 자원 배분: 파레토 최적 달성 ② 사후후생의 극대화	① 균등한 몫의 배분: 균형(형평이론)의 달성 ② 득표의 극대화
방법	① 합리적·분석적 기법: 비용편익분석 ② 체계적·종합적 결정 ③ 계획된 행동	① 정치적 타협이나 협상: 참여 인정 ② 단편적·부분적 결정 ③ 모색에 의한 결정
행동 원리	시장 감각: 최적화의 원리	게임 감각: 균형화의 원리
이론	총체주의	점증주의
적용 분야	① 순수공공재, 분배정책 ② 신규사업에 적용 가능성 높음 ③ 기술적·미시적 문제(수단) 해결에 적용	① 준공공재, 재분배정책 ② 계속사업에 적용가능성 높음 ③ 거시적 문제(목표·가치) 해결에 적용

2. 예산제도 개혁의 단계

1) 예산 기능과 예산개혁

예산은 기획의 결과를 자금의 뒷받침으로 구체화한 것일 뿐만 아니라 실제의 사업 집행을 관리·통제하고 성과를 평가하는 데 가장 중심적인 역할을 수행한다. 예산은 정도의 차이는 있으나 기획·관리·통제의 기능을 가진다. 각국 예산제도는 시대에 따라 상대적인 비중의 차이는 있지만 통제·관리·기획 중 어느 것에 중점을 두느냐에 따라 통제중심주의, 관리(능률)중심주의, 기획중심주의 등 세 가지 유형으로 특징지을 수 있으나 통합적인 방향으로 나아가고 있다. 일반적으로 예산제도는 통제 지향·관리 지향·기획 지향의 세 단계를 거쳐 발전돼 왔다.

2) 예산제도의 발전 단계

예산제도의 발전 단계는 다섯 단계로 구분할 수 있다. 제1단계는 통제 지향(품목별 예산)으로 전통적인 통제 지향적 예산제도는 품목별 예산제도가 대표적이다. 품목별 예산은 수입과 지출의 적정화를 기하고 특히 세출에 부당 지출을 방지해 낭비를 억제하는 데 중점을 둔다.

제2단계는 관리·능률 지향(성과주의 예산)으로 관리 지향적 정책이나 중점 사업의 효과를 예측하고 조정을 도모하며 능률을 향상시키기 위한 성과주의 예산제도가 대표적이다. 성과주의 예산과 유사한 제도로서는 계획예산을 대신해 닉슨(R. Nixon)과 포드(G. Ford) 대통령에 의해 도입된 바 있는 MBO예산을 들 수 있다.

제3단계는 계획 지향으로 계획예산제도가 대표적이다. 계획예산제도는 예산의 기획 기능을 중요시해 계획과 예산을 유기적으로 연결시킴으로써 자원배분에 관한 의사결정을 합리화하려는 제도다.

제4단계는 의사결정 지향, 우선순위 중심(영기준 예산)으로 영기준 예산제도가 대표적이다. 영기준 예산제도는 전년도 예산을 고려하지 않는 영기준을 적용해 사업의 우선순위에 따라 예산을 편성·결정하는 제도로서 의사결정을 중요시한다.

제5단계는 통제·목표 달성 지향(하향형 예산)으로 하향형 예산제도가 대표적이다. 하향형 예산(top-down budgeting)은 연방정부의 적자재정 지출의 증가를 억제하고 전통적인 상향형 예산을 지양하기 위해 행정수반이 행정기관의 지출 한도를 정해 재원을 배정하고 행정기관이 지출 한도 내에서 가장 효과적인 방식으로 목표 달성에 주력할 수 있도록 예산지출의 재량권을 부여하는 예산제도다. 하향형 예산에서는 기관장에게 예산관리권이 부여되고 있으나 중앙예산관리 체제가 확립됨으로써 중앙예산기관이 지출·사업계획 목표의 설정 권한을 가진다. 또한 행정기관은 다음 회계연도의 예산 요구 때에는 기관 목표의 달성 진도를 밝히도록 돼 있다. 하향적 예산제도는 레이건(R. Reagan) 행정부에서 적극적으로 추진됐으며, 성과주의예산·계획예산·영기준예산의 특징을 포괄하고 있으며, 특히 성과주의 예산에 대한 새로운 관심을 갖도록 하고 있다. 각 주정부와 지방정부에서는 하향적 예산제도와 유사한 목표 기준 예산이 도입되고 있다.

표 3-2 예산제도의 비교

특성 \ 예산별	품목별 예산 (1921~1939)	성과주의 예산 (1939~1959)	계획예산 (1960~1969)	목표관리 (1970~1976)	영기준 예산 (1977~1980)	하향형 예산 (1981~현재)
기준 방향	통제 지향	관리 지향	계획 지향	관리 지향	의사결정	통제, 단일·전 체제적 목표 달성
범위	투입	투입·산출	투입·산출 효과 대안	투입·산출 효과	대안	목표별 투입과 목표별 효과
기능	회계	관리	경제학·기획	관리상의 상식	관리와 기획	정치적·조정적, 전 체제적 목표와 관련한 지식
중요 정보	지출대상	기관 활동	기관 목적	사업계획의 효과성	사업계획의 목적 또는 기관의 목적	사업계획 또는 기관의 전 체제적 목표 촉진 여부
결정 방식	점증적	점증적	체제적	분권화	점증적·참여적	체제적·적극적
기획 책임	일반적으로 부재	분산적	중앙	포괄적이지만 배분적	분권화	집권화
예산기관 역할	재정적 적절성	능률	정책	사업계획의 효과성과 능률	정책의 우선순위화	단일·전 체제적 목표의 달성

제2절 품목별 예산제도

1. 의의

1) 개념

품목별 예산제도(line-item budgeting system)는 지출 대상을 품목별로 분류해, 지출 대상과 그 한계를 명확히 규정하는 통제 지향적 예산제도를 말한다. 즉, 품목별 예산제도는 예산 계정을 정부의 개별적인 조직, 또는 기능이나 사업에 사용되는 구체적인 지출 품목에 따라 분류하는 제도로, 예산에 대한 책임의 소재를 분명히 하고, 예산집행 시의 유용이나 부정을 방지하기 위해 품목별로 예산액을 명시하고 그 집행을 결산으로 확인하는 제도다.

품목별 예산제도는 여러 선진국에서 가장 오래 사용돼 왔으며, 우리나라에서도 품목별 예산제도에 주로 의존하고 있다.

2) 배경

품목별 예산제도의 기원은 영국 명예혁명 때부터 국왕의 재정권을 통제하려는 것에서 시작됐다. 미국의 경우 의회에서 예산회계법을 제정(1921년)해 행정부제출 예산제도를 확립했다. 이때에 예산을 기금 · 조직 단위 · 품목 · 목적별로 분류해 지출에 대한 통제를 강화했다.

2. 예산편성 방법

지출 계정은 예를 들면 봉급, 물건비, 자본설비 등 지출의 대상(objects)에 따라 분류되며, 지출 대상은 다시 품목으로 세분되는데, 봉급을 예로 들면 월급, 임시 월급, 초과수당 등으로 구분된다.

3. 품목별 예산제도의 장 · 단점

1) 장점

운영 방법이 비교적 간단하며, 지출예산별 금액이 표시돼 해당 공무원의 회계 책임이 명확하고 회계검사가 용이하다. 공무원의 재량권 남용을 억제할 수 있어서 행정부의 재정통제가 용이한 통제 지향적 예산제도로서 재정민주주의에 충실하다. 정부 운영에 필요한 각종 자료 · 정보를 제공해 준다.

2) 단점

구입하는 물품의 지출 목적을 알 수 없고, 사업의 우선순위를 쉽게 파악할 수 없다. 예산집행 시 발생하는 예기치 못한 상황에 신축적으로 대응하지 못하며, 예산과 기획 기능과의 관련성이 부족하다. 시간 경과, 예산 비목 증가, 능률적 통제가 어렵다.

제3절 성과주의 예산제도

1. 의의

1) 성과주의 예산의 개념

성과주의 예산제도(performance budgeting system)는 예산의 투입을 정부의 기능이나 사업 · 활동 · 성과 등과 연결시키는, 관리 기능을 중시하는 예산제도를 말한다. 미국 예산국은 성과주의 예산제도를 "소요되는 자금의 목표와, 이러한 목표를 달성하기 위해 제안된 사업의 비용, 그리고 각각의 사업에 따라 수행된 작업과 성과측정을 위한 계량적 자료를 제시하는 것"으로 정의하고 있다.

성과주의 예산은 사업계획을 세부사업으로 분류하고 각 세부사업을 "단위원가 × 업무량 = 예산액"으로 표시해 편성하는 예산을 말한다.

성과주의 예산은 정부가 구입하는 물품보다 정부가 수행하는 업무에 중점을 두는 능률·관리 지향적 예산제도라 할 수 있다.

2) 성과주의예산의 특징

성과주의 예산의 특징은 품목별 예산의 결함 극복, 단위원가와 업무량의 중요성, 관리 지향적 성격, 최고관리층의 역할 증대, 중앙예산기관의 기능 변질 등이라 할 수 있다.

품목별 예산은 구입 물품과 이를 수단으로 해서 수행하려는 기능·활동과의 관계를 밝히지 못하고, 물품 구입의 이유를 제시하지 못하며, 정부사업의 성격·목표나 전체적인 상황을 파악할 수 없고, 사업 성과를 측정할 수 없지만 성과주의 예산은 이러한 결함은 극복할 수 있다.

성과주의 예산은 사업계획을 구성하는 세부사업별로 단위원가(unit cost)에 업무량을 곱해 예산액을 산출함으로써 예산을 편성하는 제도다. 단위원가란 업무측정 단위(성과 단위) 하나를 산출하는 데 소요되는 인건비·자재비 등 경비를 말한다. 업무량이란 업무 측정 단위에 의해 표시된 업무의 양 또는 달성하려는 업무 측정 단위의 수를 말한다.

성과주의 예산은 단위원가와 업무량을 기준으로 하는 과학적·합리적 예산제도로서 관리 지향적 성격을 가지고 있다. 성과주의 예산제도 하에서는 예산 승인이란 사업·활동과 그 실시 방법의 승인을 의미하므로 예산을 수단으로 해서 사업·활동의 효율적인 관리를 할 수 있게 되며 사업 성과의 측정·분석과 적절한 재정통제가 가능하게 된다.

성과주의 예산에서는 예산관리가 최고관리층의 중요한 기능이 된다. 최고관리층은 성과주의 예산의 집행에 수반되는 비용 의식 강화로 직원의 재무활동에 대한 통제를 용이하게 할 수 있고 행정활동에 대해 뚜렷한 전망을 가질 수 있다.

중앙예산기관은 세부적인 결정권과 책임은 분권화시켜 각 운영기관에 맡기고, 여러 사업계획 간 중복·모순의 제거와 능률 증진에 주로 관심을 두면서 계획 조정 기능을 수행한다.

2. 성과주의 예산의 발전

1) 미국

1913년 뉴욕시 리치먼드구(Richmond Borough)에서 시도됐던 원가기초 예산(cost data budget)에 유래하고 있다. 1934년 미국 농무성의 사업별 예산을 편성한 바 있으며, TVA(테네시강 유역개발공사)도 성과주의 예산과 유사한 사업계획예산제도를 채택했다. 1946년 미국 해군성이 1948년도 예산으로서 전통적인 품목별 예산과 함께 성과주의 예산을 제출했으며 이러한 노력은 새로 조직된 국방성에서 계속됐다. 1949년의 제1차 후버(Hoover)위원회가 성과주의 예산제도의 개념과 기법을 일반화시켰다. 1950년 트루먼(H. S. Truman) 대통령은 성과주의에 입각해 편성된 최초의 행정부 예산안을 의회에 제출했다. 1953년 제2차 후버위원회가 확대 도입을 건의했다. 1955년 제2차 후버위원회가 예산이 프로그램으로 구체화돼야 한다고 주장함으로써 성과주의 예산제도는 새로운 예산제도로 발전됐다.

2) 우리나라

1961년도부터 국방부 소관 예산에서 먼저 채택이 시도됐다. 1961년의 예산회계법은 성과주의 예산제도의 확립을 위한 기반을 마련했다. 1962년에는 비교적 성과측정이 용이한 농림부 소관의 농지개발사업 · 조림사업 · 사방사업과 보건사회부 소관의 정신병원 · 결핵병원 · 재활원 · 보건원, 그리고 건설부 소관의 치수사업 · 댐건설사업 · 도로사업 · 항만사업 · 상수도사업 등에 성과주의 예산제도가 적용됐다. 그러나 이러한 부분적인 적용도 운영상의 어려움으로 1964년부터 중단됐다.

3. 성과주의 예산의 구조

1) 구성 요소

구성 요소는 사업, 단위원가, 업무량이다. 사업은 주요 사업(장: 기능별 분류) > 단위사업(관 · 항: 사업별 분류) > 세부사업(활동별 분류)으로 분류한다. 단위원가는 업무측정 단위(성과단위) 1개를 산출하는 데 소요되는 경비다. 업무량은 계량화된 성과 단위에 의해 표시된 세부사업별 업무량(최종 산물의 산출량)이다.

2) 예산 산정

주요 사업(장: 보건사업) > 단위사업(관: 병원사업, 항: 정신병원) > 세부사업(세목: 병원 신축 등)으로 분류했다. '세부사업별 예산 = 업무량 × 단위원가'다.

표 3-3 성과주의 예산의 사례(1961년 보건사회부 국립정신병원사업예산)

장	관	항	세목	업무량	단위원가	예산액	비고
보건사업	병원사업	정신병원	병원 신축	1,000평	100만 원	10억	
			의료요원 양성	100명	100만 원	1억	
			의약품 구입	1,000병	10만 원	1억	
			도로 포장	1,000㎡	10만 원	1억	

4. 성과주의 예산제도의 장 · 단점

1) 성과주의 예산의 장점

성과주의 예산은 의회와 국민에게 특정 문제에 대해 구체적으로 어떤 사업계획을 추진해야 하는가를 이해시키기 용이하다. 행정기관의 관리층에게 강력한 유인과 효과적인 관리 수단을 제공해 능률적 관리에 중점을 둔다. 예산집행에 신축성을 부여해 자금 배분 합리화에 기여한다. 기획의 중요성과 필요성을 인식시키며 기획을 개선할 수 있다. 업무 측정 단위의 선정과 단위원가의 과학적인 산출에 의해 예산편성에서 자금 배분의 합리화를 기할 수 있다. 정부의 정책 수립과 정책 결정이 용이하게 하며, 국회의 예산심의를 효율화 한다. 행정통제를 합리화시키며 실적의 평가를 용이하게 하고, 실적분석을 통해 다음 회계연도 예산에 반영시킬 수 있다. 명확한 정보의 제공으로 시민에 대한 정부의 홍보활동 개선에 이바지한다. 상향적・분권적인 의사결정으로 의사결정력을 제고하며, 권한과 책임을 상호 일치시킨다.

2) 성과주의 예산의 단점

성과주의 예산의 단점은 예산이 어떤 기능 또는 활동보다 다른 기능 또는 활동에 배정하는 쪽이 시민에게 한층 더 큰 이익을 주는가 혹은 주지 않는가를 결정하는 문제는 다른 수단 또는 다른 기술에 의존해야 한다. 예산총괄 계정에는 유용하지 못하며 성과별 분류의 대상은 부국(部局) 수준이다. 계량화가 가능한 부국 수준의 일부 사업에만 적용이 가능하며, 모든 사업에 적용이 불가하다. 재정통제의 곤란이다. 품목별 예산에 비해 정책이나 사업계획에 중점을 두게 되므로 행정부에 대한 입법부의 엄격한 통제가 곤란하다. 권한의 분산, 세출구조의 간소화를 강조하고 또한 순수하게 예산 목적 혹은 비용・자료에 기초를 두는 예산에 중점을 두는 것이기 때문에 기능의 통합을 지나치게 확대시킬 우려가 있다. 현금 지출의 주체와 그 회계 책임이 모호해지고 충분한 공금관리의 확보가 곤란하게 될 우려가 있다.

5. 성과주의 예산제도의 운용상 문제점(요건)

1) 업무 측정 단위의 선정 문제

사업 측정 단위의 선정 기준(구비 요건)으로 단위는 동질성이 있어야 한다. 단위는 계산 가능해야 하며 완결된 성과를 표시해야 하며, 단위는 영속성이 있어야 한다. 단위는 가능한 단수여야 하며, 단위는 이해하기 쉬운 것이어야 한다. 그러나 공공행정의 무형성으로 인해 상술한 것과 같은 요건을 모두 구비한 업무 측정 단위의 선정이 근본적으로 곤란하다.

2) 단위원가의 계산 문제

단위원가란 성과 단위 하나를 산출하는 데 소요되는 인건비・자재비, 기타 모든 경비를 합계한 것인데, 회계제도가 발달하지 못한 후진국에서는 계산이 어려운 것이 문제다. 발생주의가 아닌 현금주의를 채택하는 경우나 경제가 불안정한 경우는 더욱 곤란하다.

제4절 계획예산제도(PPBS)

1. 의의

1) PPBS의 개념

PPBS(Planning Programming Budgeting System)란 장기적인 기본계획 수립(planning)과 단기

적인 예산 편성(budgeting)을 프로그램 작성(programming)을 통해 유기적으로 결합시킴으로써 자원배분에 관한 의사결정을 일관성 있게 합리적으로 하려는 예산제도다(McKean & Anshen).

2) PPBS의 목적

계획과 예산의 괴리를 극복하고 양자의 유기적 관계를 통해 예산의 장기적 안목 확보해 미래의 비용을 명백히 고려하고, 계획에 따른 예산편성으로 사업계획의 원활한 수행을 기하고자 하는 기획 중심의 예산제도다.

3) PPBS의 기본 요소

정부사업 목표를 명확히 제시하고, 목표 달성을 위한 각종 대안의 비용효과분석에 의해 체계적으로 검토한다. 현재 결정에 내포되는 미래 비용을 함축적으로 의미한다.

4) PPBS의 과정

PPBS의 과정은 장기계획 수립→실시계획 작성→예산 편성의 단계를 거친다. 장기계획 수립은 조직목표, 즉 '무엇을 할 것인가'와 우선순위를 결정하고 목표 달성을 위한 여러 가지 대안을 평가・선택하는 단계다. 효과성이 높은 대안을 선택한다. 실시계획 작성 단계는 장기계획을 실행하기 위한 구체적 활동으로서의 실행예산(프로그램), 즉 '어떻게 할 것인가'를 결정하며 각 프로그램에 의해 예측 가능한 기간(보통 5개년을 연동적으로 운영)에 걸쳐 달성시켜야 할 목표 수준과 소요비용을 가용자원을 고려해 시간적으로 결부시켜 실현가능성을 검토한다. 예산편성 단계는 채택된 프로그램의 초년도분을 수행하는 데 필요한 자금을 뒷받침하는 과정으로 1회계연도의 실행 예산을 편성하는 단계다.

2. PPBS의 발달 요인과 도입 과정

1) PPBS의 발달 요인

거시경제학인 케인스 경제학의 발달은 예산의 정책적 기능에 대한 관심을 갖게 했으며, 미시경제학인 후생경제학은 한계효용의 원리를 제공함으로써 지출의 합리성을 높이는 데 기여했다(A. Schick). 비용효과분석(CEA)・운영연구(OR)・체제분석기법(SA) 등의 발달로 객관적 분석을 정책결정에 활용시킬 수 있게 됐다. 컴퓨터의 비약적인 발달은 신속・다량・고도의 정확한 정보 처리를 가능케 했다. PPBS에서는 계획과 예산이 유기적 관계를 가지게 되고 예산을 장기계획의 일환으로 보게 됐다.

2) PPBS의 도입 과정

랜드(RAND)연구소는 PPBS를 개발해 채택하도록 공군성에 건의했으며(1954), 맥나마라(R. McNamara) 국방장관은 국방비의 급증, 육・해・공군성 간 극심한 대립, 무기 체제의 발전 필요성 등의 이유로 국방 예산의 효율화를 위해 국방성에 도입했다. 1965년 존슨(L. B. Johnson) 대통령이 연방정부의 모든 기관에 PPBS를 도입했으나 여러 문제점이 제기돼 1971년 중단됐다. PPBS의 적용 중단에도 불구하고 합리적 예산 결정을 추구하는 입장과 분석기법의 활용은 여전히 중요시되고 있으며, 영기준예산(ZBB)과 상호 보완 관계를 가지게 됐다.

3) PPBS와 프로그램 체계

PPBS의 핵심 단계인 실시계획 작성 단계에서는 사업(program)을 세분화해 다음과 같은 사업구조(program structure)를 마련한 다음 요소(element)를 기준으로 5년 기간의 연동계획을 작성한다.

program category(큰 사업)는 프로그램 체계의 최상위 수준의 분류 항목이다. program sub-category(중간 사업)는 프로그램 분류의 하위에 속하는 분류 항목으로서 프로그램 분류에 포함되는 여러 프로그램을 그 내용·목표에 따라 좀 더 자세하게 분류한 항목이다. program element(세부사업)는 프로그램 체계의 기본적인 구성 단위가 되는 분류 항목이다.

표 3-4 계획예산제도(PPBS)의 사례: 1966년 발전사업예산

Planning	Programming								Budgeting (1966)
	Category	Sub-Category	Element	1966	1967	1968	1969	1970	
발전사업	발전사업	원자력 발전	부지 선정	○					부지 선정 예산 : ____
			용지 매수	○					용지 매수 예산 : ____
			철거 보상		○				
			본관 신축			○	○		
			내부 시설				○		
			시험 가동					○	

3. PPBS의 이론적 기초와 효용

1) PPBS의 이론적 기초

PPBS는 조직목표를 가능한 한 수치로 명확히 설정해 선택한 목표의 효과적 달성을 위한 활동을 산출로 표시하려는 것이다. 종래의 예산결정 과정은 점증적 성격을 띠고 있었으나 PPBS는 체제분석 기법을 통해 경제적 합리성을 추구한다. PPBS는 목표 달성을 위한 여러 대안을 비교·평가해 효과성이 높은 대안을 선택함으로써 행정기관은 합리적인 정책을 결정할 수 있다. PPBS는 일정한 자원을 투입해 최대의 산출을 또는 일정한 산출을 내기 위해 최소의 자원을 투입하는 것을 추구한다. PPBS는 체제분석·비용효과분석 등 과학적인 기법을 통해 가능한 한 의사결정자의 정치적·주관적 편견을 배제하고 논리적·객관적 판단을 내리는 데 특징이 있다. PPBS는 장기적 시계(時界)에서 프로그램을 선택하고 장기계획과 예산을 유기적으로 연결시킨다. PPBS는 체제예산의 성격을 띠어 체제의 균형·조화를 추구하며, 각 목표와 목표 달성을 위한 각 대안이나 각 분야의 의견을 비교하고 대립을 조정하는 특징을 가지고 있다.

2) PPBS의 효용(장점)

예산과 기획의 의사결정을 일원화시킴으로써 최고관리층이 좀 더 합리적인 결정을 내릴 수 있다. 동일 비용의 최대 효과, 동일 효과를 최소 비용으로 달성할 수 있어 자원을 합리적으로 활용할 수 있다. 장기적 비용과 효과를 분석·평가해 실현가능성이 높은 계획을 작성함으로써 장기적인 사업계획의 신뢰성을 높이게 된다. 조직 간 장벽을 제거한 상태에서 대안의 분석·검토해 의사 교환이 활발해지고 문제점이 이해됨으로써 조직의 통합적 운영이 가능해진다. 사업계획과 예산편성 간의 괴리를 제거함으로써 상호 밀접한 관련성을 가질 수 있다. 최고관리층의 의사를 예산에 반영할 수 있다.

4. PPBS의 한계

1) 목표 설정의 곤란성

PPBS는 목표의 명확한 설정이 요구되지만 목표를 정확하게 제시하기 어렵다. 민주국가에서는 목표의 결정 과정이 다원적이며 하나의 사업계획이 여러 가지 목표를 추구하는 경우가 많다. 목표 설정의 기준은 경제적 합리성뿐만 아니라 정치적 합리성에서도 찾아야 하며, 목표 설정 과정은 정치 과정이다. 목표를 여러 하위 목표로 분류하는 것이 사업계획의 우선순위를 분석하는 근거로서 효용성이 있는지 명확하지 않다. 목표에 대해 의견이 일치되지 않거나 대립되는 경우가 있다.

2) 행정조직의 문제점과 중앙집권화

중앙집권적인 기획 기능의 강화로 하부 기구의 자주성이 상실되기 쉽다. 행정계층제·참모 기능 등에 치중하고 갈등·흥정·타협이 이뤄지는 정책결정 과정의 점증적·다원적 성격이 과소평가되고 있다. 산출이 명확하게 계량화될 수 있는 기관은 계량화가 어려운 기관에 비해 정책 결정에서 우위를 가질 수 있다. PPBS는 중요하고 좋은 정보를 일부 협상 당사자에게 제공해 영향력을 강화시킬 수 있으며, 이로써 실제적으로 행정조직의 변동을 초래하게 된다.

3) 성과의 계량화 곤란

PPBS는 산출·편익·효과의 계량화에 중점을 두고 있으나 정부의 사업계획은 계량화가 가능한 유형적 산출이 많지 않다. 현실적으로 행정 영역에는 양적 측정이 불가능한 정치적·윤리적·심리적 요인과 무형적 편익이 존재한다. 계량화가 가능한 경우에도 신뢰도가 낮은 개략치만이 산출되기 쉽다.

4) 국회 관계의 변동과 환산 작업의 복잡성

과학적이고 계량적이며 주관적 편견이나 정치적 이해관계가 배제되고, 통제 지향적 예산이 아니므로 의회의 예산심의 기능이 약화된다. 사업계획 구조와 예산 과목 간의 차이로 예산의 편성·집행에 복잡한 환산 작업이 요구된다. 정책 목적을 분명히 밝히므로 심각한 정치적 대립이 벌어지면 타협이 어렵다.

5. 성과주의 예산과 PPBS의 비교

첫째, 성과주의 예산은 관리중심주의, PPBS는 계획중심주의에 각각 입각하고 있다. 예산은 통제 지향적 단계로부터 관리 지향적 단계를 거쳐 계획 지향적 단계로 발전돼 왔다.

둘째, 성과주의 예산은 정책목표와의 관련성을 명확하게 밝히고 있지 않으며 이와 달리 PPBS는 정책목표를 명확히 밝히고 정책목표 실현에의 기여도, 즉 정책효과까지 계량화하려는 것이다.

셋째, 성과주의 예산의 기법이나 이념은 원가계산과 과학적 관리에 유래되고 있으며 행정학 발전이 그 배경이 됐다. PPBS는 후생경제학 · 계량경제학 · OR 등의 발전과 체제분석 기법의 개발이 발전의 배경이 됐다.

넷째, 성과주의 예산은 결정권이 분권화돼 있으나 PPBS는 최고관리층을 중심으로 집권화돼 있다. 성과주의 예산은 예산 결정의 점증모형을 따르는 반면에 PPBS는 포괄적인 합리모형을 따르고 있다. 결정의 흐름이 성과주의 예산은 상향적이며 위로 통합되고 있으나 PPBS는 하향적이다.

다섯째, 성과주의 예산에서는 능률 향상에 PPBS는 정책에 관심을 두고 있다. 세출예산과 조직단위의 관계에서 성과주의 예산에서는 직접적이지만 PPBS에서는 간접적이며 환산 작업이 필요하다.

여섯째, 성과주의 예산은 행정조직 간의 장벽이 제거되지 않고 예산이 행정기관의 부국별로 다뤄진다. PPBS에서는 장벽이 허물어지고 예산이 포괄적으로 다뤄지며 공공자원의 합리적 배분 수단으로서 활용된다.

표 3-5 품목별 예산 · 성과주의 예산 · PPBS의 비교

비교 기준	품목별 예산	성과주의 예산	계획예산
발달 연대	1920~1930	1950	1960
예산의 기능	통제 기능	관리 기능	계획 기능
직원의 기술	경리(회계학)	관리(행정학)	경제(경제학 · 관리과학)
정보의 초점	품목(투입)	기능 · 활동 · 사업(산출)	목표 · 정책(효과)
정책 목적과의 관계	불투명	불투명	명백
예산의 중심 단계	집행 단계	편성 단계	편성 전의 계획 단계
예산기관의 역할	통제·감시	능률 향상	정책에의 관심
결정의 흐름	상향적(위로 통합)	상향적(위로 통합)	하향적(아래로 결정)
결정(대안 선택)의 유형	점증모형	점증모형	합리모형
행정관	비체제	비체제	체제
행정기능관	소극적(지출 억제)	적극적(능률적 집행)	적극적(합리적 정책 지향)
관리 책임	분산	중앙	감독책임자
통제 책임	중앙	운영 단위	운영 단위
결정권의 소재	분권화	분권화	집권화(최고관리층)
기획의 책임	분산	분산	중앙
예산과 세출예산의 구별	동일	동일	따로 수립
세출예산과 조직의 관계	직접	직접	간접(환산 필요)

제5절 영기준 예산(ZBB)

1. 의의

1) 영기준 예산의 개념

영기준 예산(zero-base budgeting)이란 기존 사업과 새로운 사업을 구분하지 않고 모든 사업의 타당성을 영기준(零基準)에서 엄밀히 분석해 예산을 새로이 결정하는 예산제도를 말한다. 영기준 예산은 총체예산이고, 무전제 예산이며, 백지 상태 예산이다. 예산에서 '의사결정'과 '우선순위'를 중시하는 예산제도다.

2) 영기준 예산의 기본 특질

모든 행정계층에 걸쳐 관리자가 예산편성 과정에 참여한다. 신규 활동뿐만 아니라 현행 활동에 대해서도 재원의 요구를 입증한다. 각 행정기관의 모든 계층에 걸쳐 실적의 평가·측정을 위한 목표를 설정할 수 있다. 목표 달성을 위한 대안의 평가가 가능하다. 상이한 예산 금액이나 업적 수준이 목표 달성에 미칠 것으로 예상되는 결과를 분석할 수 있다. 자원의 재배분에 대해 신뢰할 만한 근거를 제시한다. 업무활동을 예산결정표에 의해 식별한다.

2. 영기준 예산의 발전

1) 미국 예산제도의 변동

1970년대에 들어와서 미국에서는 계획예산제도(PPBS)에 이어 새로운 관리 및 예산제도로서 MBO가 채택(1973년)됐으나, 1970년대 말 자원난 시대에 들어와 작고 효율적인 정부를 실현하려는 감축관리론의 요청으로 영기준 예산이 대두됐다.

예산 기능과 관련해 1970년대 초 제1차 석유파동에 뒤이은 뉴욕시의 재정 파탄과 1978년 캘리포니아 주민의 조세저항(Proposition 13) 등 재정적자의 문제가 심각해지자, 각국은 정부 서비스의 수준을 낮추고, 행정환경의 변화로 필요성이 감소된 사업을 축소하고 관련 부서의 조직 및 인력을 삭감하는 감축관리를 추구하게 됐다. 이러한 감축관리에 적합한 예산제도로 영기준 예산제도가 발전하게 됐다.

2) 피르의 선구적 역할

1969년 텍사스 기구회사(Texas Instruments)의 부사장이었던 피르(P. Phyrr)가 회사 경영난 극복을 위해 영기준 예산제도를 개발해 경비 삭감에 성공함으로써 경영 위기를 극복할 수 있었으며, 그 성과를 논문으로 정리해 1970년 *Harvard Business Review*에 발표했다.

3) 카터의 주정부에의 도입

피르의 논문을 본 카터(J. Cater)는 조지아 주의 만성적인 적자재정을 타개하고 행정 능률을 향상시킬 의도로서 피르의 도움을 받아 1973회계연도부터 주(州) 예산에 ZBB를 적용시켰다.

4) 카터의 연방정부에의 도입과 폐기

카터는 대통령에 당선된 후 비능률적인 연방예산제도의 개혁을 위해 선거공약인 영기준 예산의 도입을 추진했다. 1977년 관리예산처(OMB)에 대한 ZBB 도입 지시가 내려지고 1979회계연도부터 정식으로 ZBB가 연방정부에 도입됐다. 그러나 1981년 레이건(R. Reagan) 행정부가 들어선 후 연방정부기관에 대한 ZBB 적용은 폐기됐다.[1)]

3. 영기준 예산의 절차

1) 기본 준칙의 시달

예산에 관한 기본 방침이나 원칙을 시달한다.

2) 의사결정 단위의 확인 · 선정

의사결정 단위(decision unit)는 조직의 관리자가 독자적인 업무 수행의 범위 및 예산편성의 결정권을 갖는 사업 단위 또는 조직 단위를 지칭한다. 결정 단위란 조직의 활동에서 의미 있는 요소 또는 사업을 의미한다. 결정 단위란 예산을 작성하거나 혹은 지출액 내지 수행해야 할 사업의 범위 · 질에 관한 의사 결정을 내리기 위한 프로그램 또는 행정기관을 말한다. 결정 단위는 종래의 예산절차상의 예산 단위(단위사업)를 보통 의미하지만 사업구조의 하위 수준일 수도 있고 또한 사업계획 · 자본계획이나 특별한 업무 단위를 의미할 수도 있다.

3) 의사결정 항목의 작성

예산결정표(의사결정 항목 또는 개별 업무계획표)란 관리자가 프로그램이나 활동 수준 또는 예산 요구에 관해 판단하는 데 필요한 정보를 기재한 문서로서 업무의 타당성을 간결하게 밝힌 것이다. 즉, 예산결정표는 결정 단위인 사업을 어느 수준에서 어떻게 수행하는가에 관한 대안을 제시한 것이며, 영기준 개념의 기본 요소가 되는 문서를 의미한다. 이러한 대안은 사업 수행 방법 중에서 가장 좋은 방법을 선택하는 것과 이 방법을 어떤 노력 수준에서 적용하느냐에 관한 것이다.

선택적 항목(alternative package)은 대안 패키지로서 사업 수행 방법 중 가장 좋은 방법을 선택한다.

점증적 항목(incremental package)은 점증 패키지로서 다음 세 가지 사업 수행 수준을 놓고 비용편익분석을 실시한다. 최저 수준(minimum level)은 전년도보다 못한 수준, 현행 수준(current level)은 전년도 수준, 현행 이상 수준(higher-than-current level)은 전년도보다 나은 수준(증액 수

---

1) 우리나라는 1983년 회계연도의 예산편성 중 경직성 경비(방위비 · 교부금), 행정경비, 보조금, 출연금, 기금, 사업비 등에 영기준 예산을 적용한 이래 부분적으로 이를 채택하고 있으나 실질적으로는 정착되지는 못했다.

준)이다.

4) 우선순위의 결정

우선순위(ranking)의 결정은 한정된 자원의 효율적 사용에 관한 순위와 기준을 정하는 것이며, 모든 예산결정표에 대한 결정 단위의 단계적 평가를 의미한다. 상급 관리자는 하급 관리자가 제출한 결정 단위와 예산결정표를 심사해 자금 배정과 승인 여부를 결정한다. 각 예산결정표에 관한 하급 관리자의 순위 결정은 중간관리자, 중간관리자의 순위결정은 최고관리자가 심사해 다시 순위를 정하고 상향적으로 통합시켜 결정 단위 전체(조직 전체)의 순위표가 작성된다.

5) 실행예산의 편성

각 기관은 우선순위에 따라 실행예산(budgeting)을 편성해야 한다.

4. 영기준 예산의 점증형 예산 · PPBS의 비교(특징)

1) 전통적 점증예산과 영기준 예산의 비교

예산 기준에서 점증예산은 전년도 예산을 기준으로 한다. 영기준 예산은 전년도 예산을 무시하고 영(零)에서 새로 시작한다. 점증예산은 기득권을 인정하지만, 영기준 예산은 기득권을 인정하지 않는다. 점증예산은 예산요구액부터 검토하기 쉬우며, 예산 책정에 이어서 사업계획을 수립하는 반면, 영기준 예산은 사업계획의 수립과 예산편성을 동시에 하며, 예산요구액보다 내용 검토부터 먼저 한다. 점증예산은 예산 요구 내용을 인정하든가 각하하든가 정도의 선택으로 그치지만, 영기준 예산은 비용과 행정활동과의 상관 관계를 상세하게 검토해 좀 더 합리적인 대안을 선택한다. 점증예산은 신규사업만을 심사(분석)하지만, 영기준 예산은 계속사업을 포함해 모든 사업이나 활동을 비용편익분석에 의해 심사(분석)한다. 점증예산은 행정기관이 좀 더 적절한 대안을 탐색하고 사업의 새로운 운영 방법을 개발하지 않는다. 그러나 영기준 예산은 매년 사업의 성과와 우선수위를 평가해 새로운 업무 수행 방법을 진지하게 검토하도록 강요된다. 점증예산은 사업의 효율성이 낮거나 계속시킬 필요가 없어도 예산이 책정되지만, 영기준 예산은 사업의 우선순위에 따라 예산이 신축성 있게 책정될 수 있는 대체적 방법이 마련되고 있다.

2) PPBS와 ZBB의 비교

공통점으로 합리주의에 입각한 예산 결정 방식으로서 자원배분의 합리성을 강조한다. 예산편성에서 엄청난 작업량과 정보를 요구함으로써 공무원 조직으로부터 환영받지 못했다.

차이점은 예산의 중점에서 PPBS는 정책 · 계획의 수립이나 목표에 중점을 두고 있으나, ZBB는 목표 달성과 사업평가에 중점을 두고 있다. 관리자의 참여 범위에서 PPBS에서는 최고관리자와 측근 참모가 예산 결정에 핵심적인 역할을 담당하지만, ZBB에서는 모든 상하 관리자가 결정에 참여한다. 결정의 흐름에서 PPBS는 예산 결정이 하향적으로 이뤄지는 반면, ZBB에서는 예산 결정이 상향적으로 이뤄진다. 사업 성과의 평가에서 PPBS는 구체적인 사업계획을 평가하는 데 직접적인 도움을 주기 어렵다. 그러나 ZBB는 사업의 목표·활동·비용·효과와 수행 방법 등을 밝히는 예산결정표의 작성을 통해 도움을 주게 된다. 사업 운영 수단의 제공에서 PPBS는 사업계획을 운영하는 일선관리자에게 효과적인 관리 수단을 제공하지 않는다. 그러나 ZBB는 사업계획의 효율적 운영을 위한 수단이 될 수 있다. 사업의 계속적 평가에서 PPBS는 상황 변화에 따른 사업계획의 계속적 평가가 이뤄질 수 있지만, ZBB는 PPBS 좀 더 적극적으로 진행 중인 모든 사업의 계속적인 분석·평가가 요구된다.

표 3-6 계획예산제도(PPBS)와 영기준 예산(ZBB)의 비교

구분	계획예산제도(PPBS)	영기준 예산(ZBB)
중시 사항	정책적인 면 강조와 장기적 발전계획 중시	사업 지향적·관리적 측면, 평가·환류 중시
결정권	집권적(하향적) 결정: 막료 중심의 의사결정	분권적(상향적) 결정: 계선 중심의 의사결정
조직 구분	개방 체제: 다른 기관·조직계획과 연동해 분석	폐쇄 체제: 자기 부서 사업분석에 한정
예산 범위	프로그램 중심, 조직 간 장벽 타파	기존의 조직구조를 토대로 한 모든 활동
계획 기간	5년(장기)	단기적 예산 편성과 결제 방식: 1년
접근 방법	점증모형(운영전략)과 합리모형(분석기법)의 혼합형(양면성)	완전한 합리·포괄모형
분석 대상	신규 사업 위주의 분석	기존 사업 + 신규 사업 모두 분석: 총체적
분석 관심	신프로그램과 구프로그램 간의 예산 변동액 관심	기존 프로그램의 계속적인 재평가에 관심

5. 영기준 예산의 평가와 운영상의 문제점

1) ZBB의 장점

우선순위가 낮은 사업은 축소·폐지할 수 있으며 우선순위가 높은 사업에 재원을 융통함으로써 더 많은 자금을 배정할 수 있게 돼 재정 운영의 탄력성을 확보할 수 있다. 상급자는 예산문제뿐만 아니라 낮은 계층의 결정 단위에서 진행되는 업무의 진행 상황에 대한 유익한 정보도 많이 활용할 수 있다. 사업의 우선순위를 정기적으로 새로이 결정해 노력의 중복, 과다한 활동과 낭비를 배제할 수 있게 됨으로써 사업의 효율성을 현저하게 높일 수 있다. 모든 계층의 관리자가 예산결정표의 개발에 참여하고 평가에 책임을 지며 결정 방식이 상향적이므로 하의상달이 촉진된다. 조직의 모든 사업·활동에 관해 그 능률·비용·효과를 계속적으로 재평가하게 됨으로써 자원배분의 합리화를 보장할 수 있게 되며, 나아가서는 조세 부담의 증가를 억제할 수 있다. 직원의 근무실적을 평가할 수 있으므로 관리자는 적절한 관리 수단을 가지게 된다.

2) ZBB의 단점

공공부문에서는 지속적 업무가 많고 국민생활의 연속성이 고려돼야 하며 법제상의 제약이 심하다는 등의 이유로 사업의 축소·폐지가 사기업과 달리 용이하지 않다. 행정인의 활동이 능률성·효과성에 치중하고 차원 높은 목표를 지향하는 쇄신적 활동을 억제하는 경향으로 나아가기 쉽고, 상급 관리자가 세부 사항에 몰두해 전체적인 전망을 가지기 어렵게 되며, 계획 기능이 위축

될 우려가 많다. 매년 많은 수의 결정 단위를 설정하고 개별 업무계획표를 분석해 순위를 결정하게 됨으로써 문서 작성에 많은 시간과 정력을 소비하게 되며 하급 관리자의 업무 부담이 많다. 예산 체제에 영향을 미치는 정치적 요인이나 행정인의 가치관·편견이 도외시되고 있다. 예산편성에 대비할 수 있는 시간의 제약으로 영기준 예산에서 요구되는 기본 절차를 거치기가 어렵다. 행정인이 사업의 변동이나 효율성 평가에 위협·불안감을 느끼고 사업이나 성과의 분석·평가를 귀찮게 여겨 저항하기 쉽고, 사실이나 불리한 점을 엄폐하고 유리한 점만 제시할 우려가 있다. 예산결정표와 우선순위의 결정에 필요한 정확한 자료가 부족하며, 사업·활동과 성과의 분석·평가, 순위 결정, 대안의 탐색 등에 고도의 능력을 갖춘 행정인이 필요하다. 가치판단이 개입되는 공공문제의 해결을 위해 비용편익분석 방법을 활용하는 데는 한계가 있고 목표달성도의 판단이나 산출 척도의 설정도 곤란하다.

6. 일몰법

1) 개념

일몰법(日沒法, sunset law)이란 특정의 행정기관이나 사업이 일정 기간(3년 내지 7년)이 지나면 국회의 재보증을 얻지 못하는 한 자동적으로 폐지되게 하는 법률이다.

2) 특징

일몰법의 기본이 되는 것은 정책의 자동적 종결과 주기적 재심의다. PPBS 등으로 의회의 예산심의 기능이 약화된 데에 따른 대응이다.

3) 일몰법과 ZBB의 관계

공통점은 일몰법이나 ZBB는 모두 현사업의 능률성과 효과성을 검토해 사업의 계속 여부를 결정하기 위한 재심사다. 자원의 합리적 배분을 기할 수 있으며, 자원난 시대에 대비하는 감축관리(cutback management)의 일환이다.

차이점으로 ZBB가 행정부 예산편성에 관련된 행정적 과정이라면 일몰법은 예산에 관한 심의·통제를 위한 입법적 과정이다. ZBB는 조직의 하층구조에서 좀 더 효율적인 관리 도구이지만 일몰법은 행정의 최고관리층과 관련이 있는 관리장치라고 할 수 있다. ZBB는 매년 반복해야 하는 예산편성 과정과 관련되며 일몰법은 예산심의와 관련이 있으나 입법 과정에 중점을 두므로 예산

표 3-7 영기준 예산(ZBB)과 일몰법 예산의 비교

구분	영기준 예산(ZBB)	일몰법 예산
성격	행정 과정(예산편성)	입법 과정(예산심의)
대상	하층구조에서 효율적인 관리 도구	최고관리층과 관련이 있는 관리 도구
안목	매년 실시(단기적)	주기적 검토(장기적)
흐름	상향적	하향적
참여	관리자와 참모	일반 시민(공청회 등)

과정과 비교적 독립돼 있다. ZBB는 매년 실시되므로 단기적이지만 일몰법은 검토의 주기가 3년 내지 7년으로 장기적이다.

제6절 자본예산제도(CBS)

1. 의의

자본예산(capital budget)이란 자본적 지출에 대한 예산을 말한다. 정부 예산은 정책 및 절차상의 편의를 위해 크게 경상적(current) 부문과 자본적(capital) 부문으로 나눠 편성된다. 경상적 지출은 균형예산의 원칙에 따라 경상적 수입으로 충당되나 자본적 지출은 채무에 의해 충당되므로 연차적으로 균형예산이 될 수 없다. 자본적 지출은 대개 장기적 투자이며, 수익도 장기간에 걸쳐 발생하기 때문이다.

자본예산제도(capital budgeting system: CBS)는 세입과 세출을 경상적인 것과 자본적인 것으로 나눠 경상적 지출은 경상적 수입으로 충당하고, 자본적 지출은 공채 발행 등 차입으로 충당하는 복식예산제도(double budgeting)의 한 양식을 말한다.

2. 자본예산제도의 발달

스웨덴은 1930년대의 경제공황과 불경기・실업문제를 타개하기 위해 1937년 국가실업대책위원장이었던 뮈르달(G. Myrdal)의 논문에 의거해 건전재정 및 균형예산은 불경기 극복에 무용하다고 보고 종래의 매년 균형예산 대신 장기적 균형예산제도를 채택했다.

미국의 경우 제2차 세계대전 후 공공시설의 투자자금을 조달하기 위한 방편으로 미국의 도시정부들에서도 채택됐던 예산제도다.

영국의 경우 1966년 힉스(J. R. Hicks)의 주장으로 도입했다.

개발도상국은 경기 회복이나 실업자의 구제보다는 적극적으로 경제 성장을 위한 투자재원 조달과 이를 위한 장기사업에의 예산은 특별히 분석・조정해야 한다는 점에서 스웨덴과는 도입 배경이 다르다.

3. 자본예산의 본질(이론적 근거)

1) 불경기의 극복 수단

건전재정주의로는 불경기를 극복하기 어려우므로 투자재원의 조달을 통해 유효 수요를 증가시켜야 한다(J. M. Keynes). 불경기 상태에서의 과다한 조세 징수는 오히려 구매력의 격감, 기업의 이윤 감소 등으로 이어져 경기 회복 효과를 거둘 수 없으며, 국가가 공채를 발행해 재원을 조달하고 경기 회복 후 흑자예산으로 공채를 상환하는 자본예산이 필요하다.

2) 국가순자산의 증감 불변

국가는 공채 발행으로 부채를 진다 해도 부채인 차입금이 자산 취득을 위한 투자 또는 융자로서 지출된다면 결과적으로 자산의 증가를 의미한다. 공채 발행은 결국 재정적 건전성의 요구에 배치되는 것이 아니다.

3) 수익자 부담의 원칙 구현

지출의 효과가 장기간 지속되는 자본 지출은 오히려 공채를 발행해 장래의 납세자가 부담토록 하거나 수익이 발생하는 사업에의 자본 투자를 통해 수익자 부담의 원칙을 구현하는 것이다. 도로, 항만 등 자본 계정에 의한 사업은 수익자 부담 원칙이 주로 적용된다.

4) 장기적 균형의 중시

균형의 개념은 주기적인 경기 변동에 의한 장기적인 안목에서 이해돼야 한다(주기적 균형의 원칙).

4. 자본예산의 장 · 단점

1) 자본예산의 장점

첫째, 자본예산은 경상 계정과 자본 계정을 분리하는 복식예산으로서, 특수한 형태의 예산사정과 예산분석을 필요로 하며, 정부 지출을 구분하는 데 편리한 장치가 될 수 있다.

둘째, 자본예산은 장기적인 공공사업계획과 연결돼 조직적인 자원 개발과 자원 보전을 위한 효과적인 수단이 될 수 있다.

셋째, 자본예산은 정부의 순자산 상태의 변동을 표시하고 사회자본의 축적 · 유지의 추세를 나타내며, 국부(國富)에서 정부가 차지하는 구성액의 추계에 유용한 정보를 제공하는 데 활용될 수 있다.

넷째, 자본예산은 정치인 · 행정인 · 일반 시민이 국가재정의 기본 구조를 명확하게 파악할 수 있게 한다.

다섯째, 자본예산은 경제 불황기에 적자예산을 편성해 유효 수요와 고용을 증대시킴으로써 불황을 극복하는 데 도움을 줄 수 있다.

2) 자본예산의 단점

첫째, 자본예산은 공공사업 부문에 지나치게 치중될 가능성이 있다.

둘째, 불경기의 극복을 위해 자본예산을 내구재 또는 자본시설에만 투자한다는 것은 적절하지 않다.

셋째, 자본예산은 인플레이션의 경우 특히 곤란하다. 국채의 발행에 의해 자본지출에 충당해도 좋다는 관념이 굳어지면 인플레이션 시기에는 이러한 관념을 더욱 조장할 우려가 있다.

넷째, 자본예산은 경기 조절의 수단으로 이용될 수 있지만 경제안정책은 경상지출의 증가 또는 세율 · 이자율의 인하에 의해 신속하고 신축성 있는 방안을 모색할 수 있다.

다섯째, 자본예산은 경상 지출의 적자를 은폐하기 위한 수단으로서 또는 무리한 출자를 정당화하기 위해 악용될 우려가 있다.

여섯째, 자본예산은 공채 발행이 재정의 건전성에 아무런 영향도 미치지 않는다는 이유로 차입금에 의한 자본지출에 치중해 예산을 운영하는 경향을 초래하기 쉽다.

일곱째, 자본예산은 적자예산을 편성하는 데 치중할 우려가 있다.

여덟째, 자본예산은 정부 예산을 경상계정 · 자본계정으로 구분하는 것이지만 두 계정을 구분하는 기준이 명확하지 않다.

제7절 예산제도의 개혁

1. 최근 선진국의 예산의 방향과 특징: 신성과주의 예산

산출이나 결과 중심의 예산이라 점에서 신성과주의 예산이다. 전통적인 성과주의와 달리 성과관리를 예산뿐만 아니라 국정 전반(인사. 예산, 조직, 감사 등)에 연계해 관리한다.

이러한 신성과주의 예산의 특징은 첫째, 재무관리에 대한 분권화로 부처별 예산의 총괄 배정과 각 부처 장관의 재량권이 증대됐다. 둘째, 재정 성과의 중시하는 것으로 성과 협약의 체결에 따른 관리자의 책임이 증대됐다. 셋째, 발생주의 회계 방식으로 경영 성과를 분명히 하기 위해 발생주의 회계 방식과 복식부기를 도입했다. 넷째, 비용가치의 증대로서 비용에 대한 인식이 강조됐

표 3-8 전통적 성과주의 예산과 신성과주의 예산의 차이

구분	성과주의 예산	신성과주의 예산
시대	1950년대 행정국가	1980년대 신행정국가
자율 · 책임	통제와 감독을 기본으로 한 개혁	자율과 책임이 유기적으로 연계된 개혁
성과관리	단순한 성과관리	성과의 제고
초점	원가계산 등 예산편성 과정	실제 달성된 집행의 결과
범위	예산 과정에 국한	국정 전반의 성과관리와 연계
흐름	상향적 · 분권적 · 미시적	집권과 분권의 조화
점근	점증주의	반(反)합리주의, 반(反)점증주의
성과 정보	투입과 산출: 능률성	산출과 결과: 효과성
성과 책임	정치적 · 도덕적 책임	구체적 · 보상적 책임
경로 가정	투입은 자동으로 성과로 이어진다는 '단선적 가정'	투입이 반드시 성과를 보장해 주지 않는다는 '복선적 가정'
성과 관점	정부(공무원) 관점	고객(만족감) 관점
회계 방식	불완전한 발생주의: 사실상 현금주의	완전한 발생주의
연계 범위	예산제도에 국한: 재무적 관점	국정 전반에 연계(인사, 조직, 감사, 정책 등): BSC 관점
예산 초점	예산의 형식	예산에 담겨질 성과정보
원가중심점	단위사업	프로그램: 기능별 분류

다. 다섯째, 회계감사의 중점이 합법성 위주의 감사에서 경제성·능률성·효과성·감사로 중점이 이동했다. 여섯째, 예산 사용에 대한 통제보다는 자율성과 책임성을 중시한다. 일곱째, 예산의 투입이나 절차보다는 예산의 산출이나 결과를 중시한다. 여덟째, 지출 수요 중심의 지출통제 예산 및 지출대 예산제도를 활용한다. 아홉째, 운영예산제도, 산출예산제도, 지출통제예산 등 성과나 결과 중심의 예산제도를 운영한다.

2. 정치관리 예산(BPM)

정치관리 예산(Budgeting as Political Management: BPM)이란 PPBS 등 행정부 우위의 예산에 대한 불만으로 1980년대 중반인 레이건 행정부 시절에 입법부 우위를 위해 채택된 예산제도다. 일명 '목표예산(target base budgeting: TBB) 또는 표적예산'이라고도 한다. 목표예산(TBB)은 각 부서의 지출 한도가 정부의 최고관리자에 의해 집권적으로 설정되면 부서장들은 그 지출 한도 내에서 그들의 목적을 가장 효과적으로 달성할 수 있도록 재원을 각 부서에 배분하는 예산제도를 말한다. 미국의 로체스터 시를 비롯, 피닉스 시, 신시내티 시, 탬파 시 등 많은 주 및 지방정부에 의해 채택되고 있는 이 예산제도는 정책에 관한 지침을 예산신청기관에 미리 하달함으로써 정책과 예산의 연계성을 제고할 수 있으며, 총체적으로 일관성 있는 예산편성이 가능하다는 장점을 지닌다.

PPBS, MBO, ZBB 등 기존 예산제도의 장점에다가 목표를 정해 주고, 정부 지출을 줄이며, 의회와 정치적 교섭을 강화시키려는 정치적 의도의 예산이다.

정치관리 예산의 특징은 첫째, 거시적·하향적 예산이다. 연방예산의 기획과 의사결정은 대통령과 관리예산처(OMB) 장관의 정치적 계산으로 결정한다. 위로부터 아래로 내려가는 상의하달식의 예산편성을 특징으로 한다. 둘째, 예산 과정에 대통령의 재개입이다. 하향적·집권적 의사결정으로 각 행정기관의 입장을 존중하지 않고 대통령과 관리예산처 장관이 일방적으로 부처별 목표를 제시하고 각 부처는 그 범위 내에서 예산을 자율적으로 운영한다. 셋째, 입법부의 편의를 위한 예산이다. 의회 기능을 무력화 시키는 PPBS의 한계를 보완하기 위해 명확한 정책문서를 제시해 의회가 정책 변화를 이해하기 용이하도록 하는 의회 설득적 예산이다. 넷째, 점증주의 탈피다. 사회보장 등 경직성 경비를 삭감하기 위해 경제적 예측에 능동적으로 대처하는 예산편성에 주력하며, 따라서 회계연도에 얽매이지 않는 예산의 신축성을 강조한다. 다섯째, 목표 중심의 예산이다. 목표에 대한 중앙집권적인 통제로 최고관리층이 총지출에 대해 엄격히 통제했다. 여섯째, 정치관리 기능을 강조한다. 중앙관서의 장이 아닌 관리예산처 장관이 직접 의회와 대면해 정치성을 강화시켰고, 정치관리로서의 예산 기능만 강조돼 경제적 기능들은 경시했다.

3. 총괄배정예산제도(BB)·지출대 예산제도(EEB)

총괄배정 예산제도(bulk budgeting: BB)·지출대 예산제도(expenditure envelop budget: EEB)란 중앙예산기관이 포괄적인 용도에 따라 총괄적인 규모로 재원을 배분한 후, 각 부처로 하여금 분야별 재원 범위 내에서 사업 우선순위에 따라 예산을 편성하도록 하고, 다시 중앙예산기관이 이를 최종 조정하는 제도다.

이 제도의 장점은 각 부처가 자율적으로 예산안을 요구·편성하는 과정에서 실질적 예산사정 활동이 가능하다. 그리고 각 부처의 사업별 우선순위가 좀 더 효과적으로 반영될 수 있을 뿐만 아니라 예산편성에 대한 해당 부처의 책임성도 제고할 수 있다.

단점으로 부문별 총괄예산 배정을 어떤 기준이나 근거에 의해 할 것인가가 분명치 않으며, 구체적인 사업 내용을 살펴보기 전에 부문별 재원을 배분하고 조정하는 것은 합리적이지 못하거나 현실적으로 불가능하다는 비판이 있다.

캐나다에서 시행하고 있는 '정책 및 지출관리제도(policy and expenditure management system)'는 5개년 재정계획과 지출대 예산제도(EEB)다. 우리나라에서는 2005년도 예산부터 도입된 자율예산편성제(top-down 방식)[2)]도 이러한 종류의 예산이다.

4. 다년도 예산제도

단년도 예산(multi-year budget)의 문제점을 극복하기 위해 장기적인 안목에서 자유로이 정책을 결정한 후 이를 기초로 여러 해에 걸친 다년도 예산을 편성할 수 있게 하는 제도다.

다년도 예산의 필요성(목적)은 단년도 예산의 문제점 극복이다. 단년도 예산은 회계연도의 종료와 개시를 전후해 1년마다 사업이 단절돼 사업 추진의 효율성이 떨어지며, 단년도 예산은 회계연도에 쫓겨 연도 말에 무리한 사업을 벌이게 돼 사업이 부실하게 되고 특히 불용 처리를 막기 위해 예산의 낭비를 초래한다. 단년도 예산은 회계연도 개시 약 1개월 동안은 매년마다 행정 업무가 거의 정지되며, 단년도 예산은 회계연도 예산 지출의 완료를 위해 불필요한 예산 지출 관행이 초래된다. 그리고 단년도 예산은 국회의 예산심의 기간이 충분치 못해 예산 심의의 부실화를 초래한다.

다년도 예산의 특징과 효과는 계속비 제도의 취지를 모든 예산 분야로 확대해 다년도 예산을 편성하자는 것이다. 다년도 예산은 매년 반복되는 과중한 예산 편성 업무량을 줄일 수 있으며, 편성 업무와 사업 집행의 일관성과 효율성을 제고한다. 그리고 예산의 편성보다는 정부와 국회가 예산집행의 성과를 평가하는 데 더욱 많은 관심을 기울이게 하자는 것이다.

다년도 예산제도의 일종인 '2년 예산제도'의 구상은 1977년에 미국의 파네타(L. Panetta) 의원이 제안했으며, 현재 미국의 20개 주정부에서 시행되고 있다. 미국 국방부에서도 시행하고 있으며, 클린턴(B. Clinton) 행정부 하에서 마련된 연방정부개혁안에서도 도입이 제안된 바 있다.

5. 지출통제 예산제도(ECB)

지출통제 예산제도(Expenditure Control Budget: ECB)란 각 부처가 부서 내의 모든 지출 항목을 없애 버리고 중앙예산기관이 예산의 총액만 정해 주면 그 범위 내에서 구체적인 항목별 지출은

2) 총액배분·자율편성(top-down)제도는 단년도 예산편성 방식으로는 중기적 시각의 재정 운영이 곤란하고, 현행 개별 사업 검토 중심의 예산편성과 예산 투입에 치중한 재정 운영으로는 국가적 우선순위에 입각한 거시적 재원 분석과 재정지출의 사후 성과관리가 어렵다는 지적이 제시됨에 따라 재정 운영의 틀을 근본적으로 혁신하기 위해 다음 3대 재정개혁 과제의 일환으로 추진됐다.

집행자의 재량에 맡기는 성과 지향적 예산으로 총괄예산이 이에 해당된다.

각 부처의 예산 내에서 품목예산(line items)을 제거하고 지출 수요에 따라 예산 운용을 신축적으로 함으로써 절감되는 예산은 다음 연도로 이월해 해당 부처에서 사용할 수 있도록 하는 제도로서 일종의 효율성 배당제도(efficiency dividend)다. 기존의 '계획'과 '통제' 위주의 예산이 아니라 '자율'과 '책임'이 조화된 예산으로 우리나라의 총액계상 예산이 이와 유사한 제도다.

이 제도의 장점은 첫째, 지출 우선순위에 따라 예산 집행이 신축적으로 이뤄짐으로써 재원 배분의 효율성이 높아진다. 둘째, 연말의 예산 불용 등을 우려해 낭비적이고 불필요한 지출을 막는 데 크게 기여한다. 셋째, 예산을 자율적이고 신축적으로 집행하도록 하되 집행의 성과에 대해서는 엄격하게 책임을 지도록 하는 것이다.

6. 산출예산제도(OB)

산출예산제도(Output Budgeting: OB)는 1990년대 초 뉴질랜드 정부가 도입한 예산으로서 공공재 및 서비스를 생산하는 과정을 '투입(input) → 산출(output) → 효과(outcomes)' 단계로 구분할 경우 이 가운데에서 재화 및 서비스의 산출(성과)과 효과(질)에 모든 초점을 맞춰 예산을 편성하는 제도로서 대표적인 신성과주의 예산이다.

산출예산제도는 일종의 산출비용 산정(output costing)이라는 개념과 동일한데, 이는 기업이 아닌 정부 각 부처가 생산물의 독점 공급자이므로 산출물에 대한 시장가격이 형성될 수 없기 때문에 나온 개념이다. 뉴질랜드에서는 각 부처별로 장관과 사무차관 사이에 작성되는 구체적인 성과협약(performance agreement)에 입각해 산출물별로 장관과 사무차관 사이에 구매계약(purchase agreement)이 체결된다. 구매계약서의 체결을 통해 각 부처의 예산이 편성되는데, 예산은 각 재화와 서비스의 생산에 대한 공급가격으로서 각 부처 입장에서는 산출물에 대한 수입에 해당된다. 이러한 수입과 사무차관이 재화 및 서비스를 생산하는 데 들어간 실제 지출과의 비교를 통해 재무성과표(Statement of Financial Performance)가 작성된다. 산출예산제도는 근본적으로 성과 중심의 재무행정 관리 체계를 확립하기 위한 것이며 실제 수입 및 지출의 정확한 파악을 위해 발생주의 회계 계리 방식이 사용된다.

7. 운영예산제도(OB)

호주 정부는 1987년도부터 기존 예산제도에서 행정경비(administrative expense)에 해당하는 항목을 하나의 경비, 즉 '운영경비'로 통합해 예산을 크게 사업비(program costs)와 운영비(running costs)로 구분해 운영했다. 이것을 운영예산제도(operating buget: OB) 또는 총괄경상비제도라고 한다.

운영경비에는 봉급, 공공요금, 장비비, 여비 등 종전의 독립된 항목이었던 행정경비가 모두 포함되며, 운영경비의 상한선 내에서는 관리자가 이를 재량적으로 사용할 수 있어 재정 운영의 탄력성을 꾀할 수 있게 되는데, 결국 이는 행정경비 간의 전용을 좀 더 용이하게 하려는 것으로 볼 수 있다. 우리나라의 관서운영경비가 이와 유사한 제도다.

표 3-9 예산제도의 변천

예산제도	특징	중점	장점	단점
품목별 예산제도	• 지출의 대상 · 성질 또는 구입물품 · 서비스 중심 • 1920~30년대	• 재정통제 • 회계책임 • 합법성	• 회계책임의 명확화 • 재정통제가 용이	• 신축성 저해 • 성과측정 곤란 • 지출 목적이 불분명
성과주의 예산제도	• 기능 → 사업 → 활동 • 세부사업예산 = 단위원가 × 업무량 • 트루먼 대통령(1950년)	• 사업 중심 • 관리 중심 • 능률성	• 사업 목적이 분명 • 신축성 유지 • 분권적 · 상향적	• 회계책임이 불분명 • 재정통제가 곤란 • 성과 단위 선정 곤란
계획예산 제도	• 계획 + 예산: Planning → Programming → Budgeting • 자원의 합리적 배분 • 존슨 대통령(1965년)	• 계획 중심 • 목표 중심 • 효과성	• 기획 · 예산의 일원화 • 자원의 합리적 배분 • 장기계획에 신뢰성 • 조직의 통합적 운영	• 집권적 · 하향적 • 성과의 계량화 곤란 • 환산작업 곤란
목표관리 예산	• 구성원의 참여에 의한 예산 편성 • 단기목표 강조 • 닉슨 대통령(1973년)	• 관리 기능 위주 • 평가와 환류 중시 • 민주성	• 분권적 · 상향적 • 민주화	• 단기 목표에 치중
영기준 예산	• 전년도 예산을 기준하지 않음 • 계속사업 · 신규사업 동일시 • 카터 대통령(1979년)	• 우선순위 중심 • 자원난 시대에 적합한 예산	• 자원의 합리적 배분 • 예산의 감축: 예산의 팽창 방지	• 우선순위 결정 곤란 • 소규모 조직의 희생 • 시간 · 노력 과다 소모 • 장기적 안목 결여
일몰법 예산	• 3~7년 경과 후 국회의 재보증을 얻지 못하면 자동 폐기(1980년대)	• 자동 종결 • 주기적 재심사	• 시간 · 노력의 절감 • 예산의 팽창 방지	
정치 관리형 예산	• 의회와 정부 간의 관계 중시 • 대통령과 OMB 장관 역할 중시 • 레이건 행정부(1981년)	• 거시적 · 하향적 예산 제도	• 합리주의의 폐단 극복 • 점증주의 탈피	
신성과 주의예산	• 총괄배정예산, 지출통제예산, 산출예산제도 등 성과 중심의 예산 • 1990년대 OECD 국가	• 국정 전반의 성과관리 체계	• 자율과 책임의 조화	

제 6 편

지방행정론

제1장__지방행정
제2장__지방자치

제 1 장 지방행정

제1절 지방행정의 개념과 특징

1. 지방행정의 개념

1) 지방행정의 개념

지방행정(local administration)이란 지방행정기관에 의해 실시되는 행정을 말한다. 지방행정에는 지방자치단체(보통지방행정기관)의 자치행정뿐 아니라 특별지방행정기관 등에 의한 지방적 행정까지 포함된다.

최협의의 지방행정은 완전자치형(주민자치)이다. 지방 주민들이 자치사무를 자주적으로 처리하는 행정을 의미하며 지방행정을 '자치행정'에 한정하는 개념이다. 협의의 지방행정은 완전자치형(주민자치)에 반자치형(단체자치)을 포함한 것이다. 지방자치단체가 처리하는 행정을 의미하며, 지방행정을 '자치행정 + 위임행정'으로 보는 개념이다. 광의의 지방행정은 완전자치형과 반자치형 및 관치행정을 포함한 것이다. 행정 주체를 불문하고 일정한 지역 내에서 수행하는 일체의 행정을 의미하며, 지방행정을 '자치행정 + 위임행정 + 관치행정'으로 보는 개념이다.

2) 지방행정의 방식

지방행정의 방식은 직접행정과 간접행정으로 나눈다. 직접행정은 국가(중앙정부)의 일선기관(특별지방행정기관)에 의한 행정으로 국가의 위임사무를 처리하는 완전관치형이다. 간접행정은 국가(중앙정부)로부터 독립된 지방자치단체에 의한 행정으로 위임사무(기관위임사무 + 단체위임

표 1-1 관치행정과 자치행정의 비교

구분	관치행정	자치행정
주체	국가(특별지방행정기관, 일선기관)	주민(지방자치단체)
특성	전문행정, 통일성	종합행정, 다양성 · 개별성
행정 이념	능률성	민주성
발전 목표	양적 성장	질적 개선
공개성	비공개	공개
변동	혁신적	점증적
중점 기능	통제 · 규제(권력적)	권고 · 유인(비권력적)
통제	중앙통제(위로부터 통제)	주민통제(아래로부터 통제)

※ 관치행정이란 국가 또는 공공단체의 기관에 의해 하향적으로 처리되는 행정을 말한다. 국민이 그들 자신에 의해 또는 그들이 선출한 기관에 의해, 상향적으로 행정을 처리하는 영국식 자치행정에 대응하는 개념이다.

사무)와 고유사무를 함께 처리하는 반자치형(단체자치)이다. 주로 고유사무만 처리하는 완전자치형(주민자치)이다.

2. 지방행정의 특징

첫째, 지역행정이다. 지방행정은 국내의 일정한 지역을 단위로 실시되는 행정으로 지역 주민의 이익을 우선 추구하며, 개별적・다원적으로 수행되는 지역행정이다.

둘째, 자치행정이다. 지방행정은 독립된 법인격을 가진 지방자치단체가 지역 주민이나 그 대표자의 의사와 책임 하에 지방의 사무를 자주적・자율적으로 처리하는 자치행정이다.

셋째, 대화행정(일선행정)이다. 지방행정은 일선 지역 주민들과 직접 접촉하면서 주민들의 의견을 수렴하고 이를 바탕으로 정책을 결정・집행해 나가는 대화행정(일선행정)이다.

넷째, 생활행정(급부행정)이다. 지방행정은 지역 주민들의 일상생활에 직결되는 행정 수요를 그 대상으로 하는 생활행정으로 주택, 상하수도, 위생, 교통, 청소 등 일상적 서비스를 제공한다.

다섯째, 종합행정이다. 지방행정은 일정한 지역 내의 행정 수요 전반에 대응해 이를 포괄적으로 처리하는 종합행정이다. 이에 반해 국가행정은 고도의 전문성을 특징으로 하는 부문행정이다.

여섯째, 비권력적 행정이다. 지방행정은 지역 주민에 대한 조언, 권고, 지원, 조정, 정보를 제공하는 비권력적 행정이다.

3. 지방행정의 이념

첫째, 자치행정에 의한 자율성이다. 지방행정은 중앙정부와 정치 권력으로부터 독자성을 확보해 지역 특성에 걸맞은 행정을 자주적으로 기획, 결정, 집행해야 한다.

둘째, 경영행정에 의한 경영성이다. 지방행정은 내부적인 경영합리화, 민간과의 합작・위탁・이양을 통한 경비 절감, 수익사업에 의한 재정 확충 등이 요구된다.

셋째, 봉사행정에 의한 봉사성이다. 지방행정은 지역주민에 대한 친절・신속・봉사의 자세가 필요하다.

넷째, 생활행정, 현장행정에 의한 대응성이다. 지방행정은 민의를 충실히 반영하고 주민의 요구를 널리 수용하며 주민 여론의 향배에 예민하게 대응하는 행정이어야 한다.

다섯째, 복지행정에 의한 형평성이다. 지방행정은 행정서비스를 제공할 때 골고루 이익이 배분되도록 노력해야 한다.

여섯째, 책임행정에 의한 책임성이다. 지방행정은 법규의 준수뿐만 아니라, 주민을 위해 도덕과 양심에 저촉되지 않도록 행정 과정에 합목적성, 민주성, 능률성 등을 충분하게 고려해야 한다.

일곱째, 참여행정에 의한 참여성이다. 지방행정은 주민과 하급 공무원들의 참여를 통한 정책결정이 돼야 한다.

여덟째, 공개행정에 의한 투명성과 신뢰성이다. 지방행정은 정보와 자료의 공개로 투명한 행정체제가 확립돼야 한다.

표 1-2 과거의 지방행정과 바람직한 지방행정의 비교

과거의 지방행정	바람직한 지방행정
권력적, 예속적, 수직적, 획일적, 지시적 관계	자치행정에 의한 자율성 확보
소비성 행정	경영행정에 의한 경영성(수익성) 확보
권력적, 지배적	봉사행정에 의한 봉사성 강조
발전제일주의, 탁상행정, 행정편의주의	생활행정에 의한 대응성 확보
	복지행정에 의한 형평성 확보
처벌 중심	책임행정에 의한 책임성 확보
지도 계몽 행정	참여행정에 의한 참여성 확보
폐쇄행정	공개행정에 의한 투명성과 신뢰성 확보

제2절 중앙집권과 지방분권

1. 의의

집권화는 의사결정의 권한과 지휘감독권이 중앙정부·상급기관 또는 조직의 상위계층에 집중되는 것을 말한다. 분권화는 의사결정의 권한과 지휘감독권이 지방정부·하급기관 또는 조직의 하위계층으로 분산(위임)되는 것을 말한다. 의사결정의 권한과 지휘감독권이 중앙정부에 집중되느냐 지방정부에 분산되느냐 하는 것은 정치상으로 집권화·분권화를 의미한다. 의사결정의 권한과 지휘감독권이 상급기관 또는 조직의 상위계층에 집중되느냐 하급기관 또는 조직의 하위계층에 분산되느냐 하는 것은 행정적으로 집권화·분권화를 의미한다.

2. 중앙집권과 지방분권의 개념

중앙집권이란 조직화된 사회집단에서 결정권이 집단의 정점(頂點) 또는 중앙부에 집중되는 것을 말한다. 이러한 중앙집권은 중앙정부와 지방자치단체의 관계에서도 나타나며, 상급기관과 하급기관 사이에서도 나타난다. 권한·자원·정보·기술 등이 중앙정부에 집중·유보돼 지방정부(지방자치단체)의 자주성이 제한돼 있는 것을 말한다.

지방분권은 중앙정부의 권력을 지방에 분산하는 것을 말한다. 지방분권은 자치적 분권과 행정적 분권으로 나눠 볼 수 있다. 자치적 분권(autonomous decentralization)은 지방적으로 집행을 요하는 행정 기능과 통치 권력을 일정한 범위 내에서 자치권을 인정받고 있는 지방자치단체에 위양하는 것을 말한다. 지방자치단체가 자기의 책임·판단 하에 사무를 자주적으로 처리하는 것이다. 자치적 분권은 본래의 지방분권에 해당된다.

행정적 분권(administrative decentralization)은 지방에서 처리를 요하는 행정사무를 담당하기 위해 중앙정부와 계층적 지휘·감독 관계에 있는 지방행정기관을 설치하고 그 기관에 행정 기능과 통치 권력을 위임해 행사하는 분권 방식을 말한다. 이러한 지방분권의 개념은 결국 중앙의 국가기관이 주체라는 점에서 지방자치와 구분된다. 지방자치단체이면서 중앙정정부로부터 위임받은

사무를 중앙의 감독 하에 보통지방행정기관으로 처리하는 경우다. 위임행정은 지방자치단체가 수행하는 국가행정이다.

지방분권은 권한・자원・정보・기술 등이 지방정부에 위임・분산돼 지방정부(지방자치단체)의 자주성이 높은 것을 말한다.

3. 중앙집권과 지방분권의 측정지표

중앙집권과 지방분권의 측정지표란 중앙집권과 지방분권의 정도와 상대적 관계를 파악・측정하는 지표로서, 한 나라의 행정 체제가 중앙집권적인지 지방분권적인지를 말해주는 척도다.

표 1-3 중앙집권과 지방분권 측정지표의 특징

측정지표	중앙집권적	지방분권적
특별지방행정관서의 종류와 수	많다.	적다.
지방자치단체 중요 직위의 선임 방식	중앙에서 임명한다.	선거로 선출한다.
국가공무원과 지방공무원의 수의 대비	국가공무원 수가 많다.	지방공무원 수가 많다.
국가재정과 지방재정 규모의 대비	국가재정의 비중이 더 크다.	지방재정의 비중이 더 크다.
국세와 지방세 수입의 대비	국세의 비중이 크다.	지방세의 비중이 크다.
중앙정부의 지방예산통제 정도	통제 강도가 높다.	통제 강도가 낮다.
지방자치단체의 사무 구성 비율	기관위임사무의 비중이 높다.	기관위임사무의 비중이 낮다.
민원사무의 배분 비율	중앙정부가 민원사무의 상당 부분을 관장한다.	지방정부가 민원사무의 상당 부분을 관장한다.
감사 및 보고의 횟수	중앙으로부터 감사나 보고 요구의 횟수가 많다.	중앙으로부터 감사나 보고 요구의 횟수가 적다.

4. 중앙집권과 지방분권의 장・단점

1) 중앙집권의 장・단점

중앙집권의 장점은 ① 정책의 통일성과 능률성을 보장할 수 있다. ② 중앙정부와 최고관리층이 주요 정책을 효과적으로 수행할 있다. ③ 인적・물적 자원의 최적 활용이 가능하다. ④ 대규모의 광역적인 국가적 사업을 추진하기 용이하다. ⑤ 국가적 위기를 신속하고 강력하게 해결할 수 있다. ⑥ 소규모・신설 국가에 유리하다. ⑦ 행정의 전문성과 능률성을 향상시킨다.

중앙집권의 단점은 ① 지역적 특수성이 무시돼 획일화의 폐단을 초래할 수 있다. ②중앙정부의 업무 부담 과중으로 행정 능률의 저하를 초래할 수 있다. ③ 행정에 대한 민주통제가 약화돼 관료주의와 전제주의적 경향을 초래할 수 있다. ④ 중앙정부의 감독・통제의 강화로 사무 처리가 복잡하게 된다.

2) 지방분권의 장・단점

지방분권의 장점은 ① 행정에 대한 민주통제와 민의(民意)를 반영을 강화할 수 있다. ② 지역 실정에 맞는 행정이 가능하다. ③ 참여와 정치훈련으로 민주적 정치 수준을 높일 수 있다. ④ 자치의식을 함양시킬 수 있다. ⑤ 중앙정부의 과도한 업무 부담을 해소할 수 있다. ⑥ 민주적 통제 강화로 관료주의와 전제적 경향을 방지할 수 있다. ⑦ 정책의 지역적 실험으로 시행착오를 줄일 수 있다. ⑧ 행정환경이 유동적인 경우에 신속하고 민주적인 업무 처리가 가능하다. ⑨ 중앙정부와 지방정부 간에 능률적인 업무 분담이 가능하다.

지방분권의 단점은 ① 국민 전체의 복지 향상을 위한 사회입법이 어려워진다. ② 급증하는 행정 수요에 대비하는 재원의 확보가 곤란하다. ③ 행정사무가 중복되기 쉽고 행정의 전문화가 곤란하다.

제3절 정부간 관계

1. 의의

정부간 관계(inter-government relationship: IGR)란 한 나라에서 정부 사이의 관계의 교환을 말한다.

미국에서는 연방주의(federalism)를 배경으로 해서 중앙정부와 지방정부의 관계를 정부간 관계(IGR)로 파악하고 감독·통제가 아니라 협의·교섭의 관계인 협력적 상호 의존 관계로 인식되고 있다. 우리나라는 중앙정부와 지방정부 간의 관계를 지도·감독 관계로서 파악한다.

2. 던리비(P. Dunleavy)의 중앙과 지방 간 기능배분이론

1) 다원주의

중앙정부와 지방정부 간 기능 배분은 역사적 진화 및 제도화의 산물이며, 행정적 합리성의 강조해 중복 배제, 책임성의 증진, 최적 규모 단위(규모의 경제), 시민 참여의 촉진 및 분권화, 중앙정부의 과부하 방지, 중앙정부에 의한 통제가능성 등을 고려한 것이다.

2) 신우파론

합리적 인간관과 방법론적 개체주의 입장을 취하고 있는 공공선택론은 중앙과 지방정부 간의 기능 배분 문제도 개인 후생을 극대화하고자 하는 시민과 공직자 개인들의 합리적 선택 행동에서 비롯되는 것으로 본다.

재분배정책, 개발정책, 배당정책 등 세 가지 유형이 있다. 비용은 극소화, 효용은 극대화하기 위한 연역적 추론이 동원되고 이 기준에 의하면 지방정부의 활동을 재배분정책, 배당정책, 개발정책의 세 가지 유형으로 구분해 특유의 중앙·지방 간 기능 배분 양식이 도출된다. 재분배정책(사회보장정책)은 중앙정부가 관장한다. 개발정책(교통, 통신, 관광)은 중앙정부 혹은 지방정부가 관장한다. 배당정책(치안, 소방, 쓰레기)은 지방정부가 관장한다.

3) 계급정치론

자본주의 국가 내부의 정부 수준 간 기능 배분에 관한 구체적 기준에 별로 관심을 가지지 않는다. 정부 간 기능 배분 문제는 지배계급이 자신들의 이익을 추구하기 위한 계급 간 갈등에 지나지 않는다.

4) 엘리트론

엘리트론의 대표적인 모형은 이원국가론(dual state thesis)은 국가 기능에 관한 신마르크스주의의 관점을 일부 수용하면서도 정부 수준 간의 상이한 의사결정 방식에 관한 신베버주의의 입장을 근간으로 구성한다.

엘리트론의 유형은 중앙과 지방 간의 기능 배분의 순서다. 국가재정 지출의 유형화, 국가 개입 및 의사결정의 양식, 정부 수준 간 기능 배분 등이 있다.

3. 중앙정부와 지방정부의 관계에 관한 이론

1) 라이트의 이론모형(1978)

라이트(D. Wright)의 모형은 첫째, 분리권위형(separated-authority model)이다. 중앙정부와 지방정부의 관계가 인사와 재정상 완전하게 분리돼 서로 독립적이고 자치적으로 운영되는 관계를 말한다. 미국의 연방정부와 주정부와의 관계를 이와 유사한 예로 볼 수 있다. 연방정부와 주정부 간에 갈등 소지가 있다.

둘째, 포괄권위형(inclusive-authority model)이다. 중앙정부와 지방자치단체 간의 관계에서 지방자치단체가 중앙정부에 전적으로 의존하는 계서적 관계의 유형을 말한다. 우리나라 혹은 과거 미국의 주정부와 지방자치단체와의 관계가 이에 해당된다. 이 유형에서 지방자치단체는 국가의 재량으로 창조될 수도 폐지될 수도 있으며, 법적인 보장에 좌우된다는 딜런의 법칙(Dillon's rule)과 관련된다.

셋째, 중첩권위형(overlapping-authority model)이다. 중앙정부와 지방자치단체가 상호의존적인 관계를 맺고 있는 유형을 말한다. 중앙정부와 지방정부는 정치적 타협과 협상을 벌이는 경우가 많다. 가장 이상적인 실천모형이다.

표 1-4 라이트의 이론모형의 특성

구분	분리권위형(대등모형)	포괄권위형(내포모형)	중첩권위형(중첩모형)
정부간의 관계	독립적	의존적	상호의존적
행동 패턴(권한)	자율적(독립형)	계층형	협상형
사무	고유사무 중심	기관위임사무 중심	고유사무 강세(위임사무와 조화)
재정 · 인사	완전 분리	완전 종속	상호 협조 · 상호 교류적

2) 윌다브스키의 이론모형(1979)

윌다브스키(A. Wildavsky)의 모형은 갈등-합의모형과 협조-강제모형이다. 갈등-합의모형은 라이트의 분리권위형과 유사하다. 협조-강제모형은 라이트의 포괄권위형과 유사하다.

3) 던사이어의 이론모형(1981)

던사이어(A. Dunsire)의 모형은 지방자치모형, 하향식 모형, 정치체제모형이다. 지방자치모형은 라이트의 분리권위형과 유사하다. 하향식 모은 라이트의 포괄권위형과 유사하며, 정치체제모형은 라이트의 중첩권위형과 유사하다.

4) 엘코크의 이론모형(1982)

엘코크(H. Elcock)의 모형은 동반자모형, 대리자모형, 절충모형이다. 동반자모형(partnership model)은 지방이 중앙과는 다른 독자적인 결정을 내린다는 입장이며, 대리자모형(agent model)은 지방이 중앙의 단순한 대리자에 불과하기 때문에 지방은 중앙의 감독 하에 국가정책을 집행한다는 모형이다. 절충모형(교환모형)은 중앙과 지방이 상호 의존 관계에 있다는 모형이다.

5) 미치오의 이론모형(1997)

미치오(M. Michio)의 모형은 수직적 통제모형과 수평적 경쟁모형이다. 수직적 통제모형은 라이트의 포괄권위형과 유사하며, 수평적 경쟁모형은 라이트의 중첩권위형과 유사하다.

표 6-5 정부관계모형 비교

Wright(1978)	Wildavsky(1979)	Dunleavy(1980)	Dunsire(1981)	Elcock(1982)
분리권위형	갈등-합의모형	다원주의론	지방자치모형	동반자모형
포괄권위형	협조-강제모형	엘리트론	하향식 모형	대리자모형
중첩권위형			정치체제모형	절충모형(교환모형)

제4절 신중앙집권화와 신지방분권화

1. 지방자치의 추세

1) 신중앙집권화의 영향

새로운 중앙집권화의 경향과 더불어 지역사회의 구조적 변화가 진행되는 가운데 종래의 지방자치는 중요한 변화에 직면하고 있다.

2) 지방자치의 약화

종래의 지방자치는 주민의 공동체 의식에 기반을 둔 것이었다. 그러나 사회・경제의 발전, 과학기술과 교통·통신의 발달, 도시화 현상과 급격한 인구 이동 등으로 지역사회의 구조적 변화가 진행됨에 따라 이러한 공동체 의식이 약화되고, 공동이익보다 특수이익·계층적 이익을 추구하게 됐다.

3) 기능적·합리적 자치

현대의 지방자치는 형식적 자치보다 기능적·합리적 자치를 확립시키는 방향으로 변질돼 가고 있다. 지방자치는 소극적인 지방자치에서 적극적인 주민복지행정으로, 생활행정에서 지도행정으로, 안정 위주의 행정에서 개발 위주의 행정으로, 물질 위주의 행정에서 정신 위주의 행정으로 모색되고 있다.

2. 지방자치의 변천

1) 영미계 국가

절대군주국가는 군주에게 모든 권한이 집중된 중앙집권 체제였다(14~18세기). 근대 입법국가에서 시민의 대표기관인 의회의 승리로 보통선거와 지방자치가 확산됨으로써 영미계 국가를 중심으로 지방자치가 고도로 발달했다(19세기). 현대 행정국가에서 지방분권이 고도로 발달했던 나라에서 과학기술과 교통·통신의 발달, 경제·생활권역의 확대 등으로 다시 중앙정부의 자치단체에 대한 중앙통제의 강화 현상이 대두됐다(신중앙집권, 20세기). 신자유주의와 함께 세계화·지방화가 강조되면서 신지방분권화운동이 활발히 전개됐다(신지방분권, 20세기 말).

2) 대륙계 국가

지방자치의 경험이 없었으므로 엄밀한 의미에서 신중앙집권이나 신지방분권의 개념은 맞지 않는다. 중앙집권(~20세기)에서 바로 지방분권(20세기 말~)으로 변천했다.

3. 신중앙집권화

1) 신중앙집권화의 성격

신중앙집권화(new centralization)란 19세기 지방자치를 발전시켜 왔던 근대 민주국가에서 사회발전과 행정 기능이 확대·강화됨에 따라 중앙정부의 권한이 현저하게 강화되는 새로운 경향을 의미한다.

권력의 조정이나 재편성을 의미한다. 신중앙집권화는 지방분권·지방자치를 부정하는 절대군주국가 시대의 중앙집권과는 성격이 다른 것으로 행정국가의 정치구조에서 능률 향상이라는 사회적 요청에 부응하기 위한 권력의 조정이나 재편성을 의미한다.

신중앙집권화는 중앙과 지방의 새로운 협조 관계 또는 행정의 능률화와 민주화의 조화를 모색하려는 것이며, 종래의 권력적·관료적·수직적·지배적·강압적·윤리적·후견적·부자간 집권이 아니라 비권력적·기술적·수평적·지도적·협동적·지식적·사회적·형제간 집권을 의미한다.

2) 신중앙집권화의 형태

신중앙집권화는 지방자치단체의 사무가 상급단체 내지 국가(중앙)로 이관(흡수)되며, 비권력적·협력적 형태의 중앙통제가 강화된다. 지방자치단체의 중앙재정에 대한 의존도가 심화된다. 즉, 보조금이 확대되며, 광역행정(regionalism)이 많아진다. 중앙정부의 직속기관인 일선기관(특별지방행정기관)의 증설돼 직접적인 관치행정 방식이 증가된다. 위임사무와 공관사무의 증대하며, 국가(중앙) 차원의 기획이 확대된다.

3) 신중앙집권화의 촉진 요인: 행정통제에 중점을 두고 촉진

신중앙집권화의 촉진 요인은 행정 기능의 질적 변화, 과학기술과 교통·통신 수단의 발달, 행정사무의 양적 증가, 지방사무의 중앙에의 이관, 중앙재정에의 의존, 국민생활권의 확대와 경제규제의 필요성, 국민적 최저 수준의 유지 필요성, 입법·사법규제의 결함과 행정통제의 신축성 등이 있다.

행정 기능의 질적 변화 현상으로 지방자치단체는 이에 적응할 수 있는 기술적 능력을 가질 수 없게 돼 중앙정부는 기술 원조를 통해 지방자치행정에 더욱 관여하게 됐다. 과학기술과 교통·통신 수단의 발달로 시간적·공간적 장애를 배제하게 되고 좀 더 큰 행정구역을 경제적으로 처리할 수 있게 됐다. 산업사회의 고도의 발전으로 중앙·지방에 걸쳐 행정사무의 양적 증가를 초래하게 됐으나 지방자치단체는 이러한 추세에 적응해 사무를 처리할 행정 능력을 가질 수 없게 됐으며, 현대 사회의 성격상 변화로 지방사무가 점차 전국적 이해관계와 밀접한 관련성을 갖게 됐다. 나아가서 종래의 지방행정사무가 국가적인 공통사무로 변질되고 지방자치단체의 고유사무의 범위도 좁아지게 됐다. 지방재정의 취약성으로 상급 관청에 재정 원조를 구하지 않을 수 없게 됐다.

지방자치단체 간에는 재정 능력·행정 수요 등에서 불균형이 있기 때문에 중앙정부의 통제 내지 조정이 요청된다. 지방경제·촌락경제·분권경제가 국민경제·국제경제·집권경제로 발전되고 국민의 생활권이 확대됨에 따라 정부의 강력한 통제·지도·규제가 요구됐다. 또한 공기업의 발달에 따라 사기업과의 조정문제를 발생시키게 되고 전국적 규모의 경제규제가 요구됐다. 일정 분야에서 국민적 최저 수준(national minimum)을 유지하는 것이 공익을 위하는 것이라는 입장에서 이러한 기준을 확보하기 위해 주로 행정적·전국적인 절차가 발전되고 적용됐다. 행정통제는 입법통제나 사법통제에 비해 탄력성과 신축성을 띠고 있으며, 특히 사법통제는 사후구제를 원칙으로 하므로 끊임없이 변동하는 행정 상황에 대처할 수 없다. 입법통제는 법률 위반의 경우에만 효과를 발휘하므로 본질적으로 비효과적이다.

4. 신지방분권화

1) 의의

1979년 대처(M. Thatcher) 수상의 집권 이래로 중앙정부의 권한을 강화해 온 영국을 제외하고 미국을 비롯한 대부분의 국가에서 1970년대 이후에 지방분권화 경향이 가속화됐다. 특히 미국의 1982년 '홈룰 운동(Home Rule Movement; 자치헌장운동)'은 대표적인 사례다.

중앙집권적 성향이 강했던 대륙의 프랑스 등에서 정보화, 국제화, 도시화, 지역불균형화 등으로 1980년대 이후 나타난 지방분권화 경향을 말한다.

2) 신지방분권화의 성격

종래(19세기)의 지방분권과 비교해 20세기 말의 신지방분권화는 절대적 분권이 아니라 상대적 분권이고, 행정적 분권이 아니라 참여적 분권이며, 배타적 분권이 아니라 협조적 분권이고, 소극적 분권이 아니라 적극적 분권이며, 중앙집권과 대립되는 것이 아니라 상호 보완 관계에 있다.

3) 신지방분권화의 형태

신지방분권화는 신자유주의와 세계화에 의해 1980년대 이후부터 나타난 현상이다. 국가와 지방자치단체와 관계를 병렬적 관계로 인식한다. 국가의 사전적·권력적 관여를 배제하며, 능률성과 민주성의 조화를 추구한다. 주로 입법·사법통제 등 간접적 통제를 지향한다.

4) 신지방분권화의 촉진 요인

신지방분권화의 촉진 요인은 중앙집권의 폐해, 도시화의 진전, 정보화의 확산, 국제화 및 세계화, 신자유주의 등이 있다.

중앙집권의 폐해로 지방정부의 자주성 및 창의성이 상실되며, 특정 지역에 편중되는 국가의 개발정책으로 지역 간의 불균형과 개발 격차가 심화됐다. 도시화의 진전에 따른 지역 분산을 가속화시켰으며, 정보화의 확산으로 지방정부의 정보 처리 능력의 향상이 지방분권화를 요구하게 됐다. 국제화·세계화에 의해 국가경쟁력이 강조되면서 국가의 활동 영역이 지방으로까지 확대됐으며, 신자유주의 하에서는 중앙정부보다는 지역사회 중심의 지방정부가 강조됐다.

표 1-6 신중앙집권화와 신지방분권화의 비교

구분	신중앙집권화	신지방분권화
개념	지방자치를 발전시켜 온 영미 등에서 행정국가화, 광역화, 국제화 등으로 중앙집권이 새로이 일어나는 현상	중앙집권적 성향이 강했던 대륙계 국가와 신중앙집권화를 걸어오던 영미계 국가에서 1980년대 이후 나타난 지방분권화 경향
촉진 요인	① 행정사무의 양적 증가와 질적 변화 ② 과학·기술과 교통통신의 발달 ③ 지방정부의 중앙재정에의 의존 ④ 국민생활권의 확대와 경제 규제의 필요성 ⑤ 국민적 최저 수준 유지 필요성	① 중앙집권화의 폐해로 인한 지역 간 불균형 ② 도시화의 진전 ③ 정보화의 확산 ④ 국제화·세계화의 추세로 활동 영역 확대 ⑤ 대중·문명에 대한 염증
특징	① 능률성과 민주성의 조화 ② 비권력적 집권(권력은 분산, 지식은 집중: J. S. Mill) ③ 협력적·수평적·기능적 집권	① 능률성과 민주성의 조화 ② 국가와 자치단체와의 관계가 병렬적 관계 ③ 상대적·참여적·협조적·적극적 분권 ④ 국가는 기본정책 결정, 지방은 집행 ⑤ 국가의 사전적·권력적 관여 배제, 지식적·사후적 관여만 함.

※ 신중앙집권화나 신지방분권화는 촉진요인은 각각 다르지만 지향정신과 본질은 능률과 민주의 조화라는 점에서 동일하다.

제5절 일선기관(지방행정기관)

1. 의의

1) 일선기관의 개념

일선기관(field agency)이란 중앙기관의 업무를 처리하기 위해 지역에 설치한 하급 행정기관을 말한다. 중앙행정기관이 지방에서 소관 사무를 분담·처리하기 위해 그 하부기관으로서 설치한 행정기관을 의미한다. 각 중앙부처를 정점으로 하는 행정계층제에서 하급기관으로서의 성격을 띠며, 중앙행정기관(본부)의 정책이나 방침을 지역적 특성이나 실정에 맞게 집행·수행하기 위해 설치된 행정기관이다.

중앙행정기관이 주로 정책을 수립·조정하거나 기획·조사 업무를 담당하는 데 비해 일선기관은 본부의 정책·사업계획을 집행한다. 현재 우리나라의 일선기관에는 지방자치단체(보통지방행정기관)와 다른 특별지방행정관청으로서 세무서·세관·우체국·노동사무소 등이 있다. 아울러 지방자치단체로서 위임행정을 수행하는 일반(보통)지방행정기관이 있다.

2) 일선기관(특별지방행정기관)과 지방자치단체(보통지방행정기관)의 차이

일선기관(특별지방행정기관)은 지방자치단체(보통지방행정기관)와는 다르며 오히려 일선기관의 강화는 지방자치의 약화를 초래한다. 일선기관은 지방자치단체와는 달리 책임과 권한이 중앙정부에 있고, 중앙정부의 엄격한 통제를 받으며, 일선기관은 중앙정부와의 관계는 정치상의 집권·분권의 관계가 아니라 행정상의 집권·분권의 관계다. 일선기관은 지방자치단체의 고유사무가 아닌 국가의 사무를 지역에서 대신 처리하는 것에 불과하며, 일선기관은 중앙정부로부터 독립된 법인격을 갖지 않는 국가에 소속된 하급기관이다.

3) 일선기관의 중요성

일선기관의 중요성은 지역적 특성이나 실정에 부합하며, 대민행정·창구행정을 담당하고, 특정사업·중점사업·지역개발사업을 적극적으로 추진·집행에서 나타난다.

정책이 전국에 걸쳐 획일적으로 집행되기보다 지역적 특성이나 실정에 부합되게 집행돼야 한다. 일선기관은 대민행정·창구행정을 담당하므로 시민은 일선행정을 통해 정부기관과 직접 접촉하고 행정을 평가하게 된다. 따라서 일선기관은 중요한 역할을 수행하고 있으며, 일선관료제(street-level bureaucracy)의 중요성은 강조되고 있다. 일선기관도 중앙정부의 정책을 관할구역별로 단순히 집행한다는 소극적 성격에서 제한된 자원을 최적으로 활용하기 위해 특정사업·중점사업·지역개발사업을 적극적으로 추진·집행하는 방향으로 전환돼 가고 있다.

4) 일선기관의 장점과 단점

일선기관의 장점(필요성)은 다음과 같다. ① 일선기관으로 책임과 권한이 분산되므로 중앙본부의 업무량이 감소된다. ② 지역별 특성에 따라 구체적 타당성을 확보하는 정책 집행이 가능하다. ③ 주민과 직접 접촉해 지역 주민의 의사를 행정에 반영할 수 있다. ④ 중앙정부 또는 인접 지역과의 유기적인 상호 협동 관계를 확립할 수 있다. ⑤ 사무 배분의 기준과 업무 수행 절차・행정기술의 획일성・통일성을 기할 수 있다.

일선기관의 단점은 다음과 같다. ① 중앙본부와 일선기관 간의 조정이 어려워진다. ② 지방자치의 저해 요인으로 작용하며, 지방자치단체에 의한 종합행정을 저해한다. ③ 일선기관이 남설(濫設)될 경우에는 지나친 인원과 예산의 증가를 초래한다. ④ 신속한 결정이 곤란하고 행정절차를 복잡하게 한다.

2. 일선기관의 유형

1) 영미형과 대륙형

영미형의 일선기관은 분리형으로 주민자치의 전통이 강한 영국과 미국에서는 지방자치단체가 일선기관의 성격을 가지고 있지 않다. 중앙정부는 소관 사무를 처리하기 위해 별도의 일선기관을 설치・운영한다(특별지방행정기관).

대륙형의 일선기관은 통합형으로 단체자치의 전통이 강한 대륙계 국가에서는 지방자치단체가 일선기관으로서의 성격을 가진다(보통지방행정기관). 지방자치단체가 국가의 위임사무를 처리하므로 별도의 일선기관을 설치・운영하지 않는다.

2) 보통일선기관과 특별일선기관

보통일선기관은 일반(보통)지방행정기관으로 지방자치단체인 도・시・군・구 등이 국가의 행정사무를 위임받아 처리하는 경우다. 대륙계의 단체자치로 지방자치단체(보통지방행정기관)는 소관 사무별로 각 해당 중앙행정기관의 지휘・감독을 받는다.

특별일선기관은 특별지방행정기관으로 중앙행정기관이 소관 사무를 수행하기 위해 지방자치단체와는 다른 특별지방행정기관을 설치한다. 세무서・세관・우체국 등으로 영미형의 일선기관과 유사하다. 고도의 전문성과 특수성을 요하는 사무로서 지방자치단체가 처리하기에는 부적합한 경우 설치할 수 있다.

3) 기타 분류

1차 일선기관과 2차 일선기관으로 분류할 수도 있다. 1차 기관은 주민과 직접 접촉하는 최일선기관으로 세무서・우체국・경찰서 등이다. 2차 기관은 최일선기관과 중앙행정기관의 교량적 역할을 하는 중간감독기관으로 지방국세청 등이다.

귤릭(L. Gulick)의 분류(중간일선기관의 위치에 따른 분류)에 의하면, 중간일선기관이 없는 단층 일선기관형으로 전지형(全枝型), 중간일선기관이 지방에 인접한 장완단지형(長椀短枝型), 중앙일선기관이 중앙에 인접한 단완장지형(短椀長枝型) 등이 있다.

3. 일선기관의 권한 한계와 운영

1) 일선기관의 권한 한계

책임형 요인으로 중앙행정기관의 일선기관 책임자는 일선기관의 활동에 대해 책임을 추궁받을 입장에 있으므로 광범한 권한위임을 기피하는 경향이 있다. 행정적 요인으로 당해 기관의 연령, 정책과 행정절차의 안정도, 직원 능력, 행정활동의 신속성·경제성 등이 일선기관의 권한 범위를 결정하는 데 영향을 미친다. 기능적 요인으로 일선기관이 수행하는 기능의 다양성과 이에 필요한 전문적 기술, 전국적 획일성이 요구되는 범위 등이 기능적 요인으로서 영향을 미친다. 대외적 요인으로 다른 중앙행정기관이나 지방행정기관의 협조가 필요한 정도, 일선기관에 대한 관계 주민의 참여·지원, 정치적 이해관계 내지 압력에 대한 적용 등이 대외적 요인으로 작용한다.

2) 일선기관의 운영

일선기관의 운영은 정책결정 기능·집행 기능의 분리와 업무 한계의 명확화가 필요하다. 중앙기관은 정책결정과 일선기관의 업무 수행 기준의 설정 등을 담당하고 일선기관은 업무의 구체적인 집행을 담당한다. 모든 상황은 특이성을 가지므로 각각 다른 상황적 요인이 개별적으로 분석돼야 한다. 일선기관의 관리자가 창의성을 발휘하고 업무를 수행하는 데 긍지를 갖도록 하기 위해 직무에 관한 결정을 스스로 행할 수 있어야 하며 권한이 일선기관에 대폭적으로 위임돼야 한다. 중앙본부와 일선기관 사이에 인사 교류가 있어야 하며, 이로써 의사소통의 곤란과 의식구조의 차이가 극복될 수 있어야 하고, 일선 직원의 사기를 높여야 한다. 일선기관이 그 기능을 효율적으로 수행하기 위해서는 동일 구역 내에 있는 기타 기관과 서로 유기적인 협조 관계가 이뤄져야 하며, 따라서 상호간의 업무·책임 한계가 명확하게 설정돼야 한다.

4. 일선기관의 구역

1) 의의

일선기관의 관할구역은 정치적·행정적 요인, 경제적·사회적 요인이나 전통·지리·주민 감정 등의 요인을 고려해 적정 규모로 확정됨으로써 지역적 특성에 맞는 능률적인 행정을 할 수 있어야 한다.

2) 일선기관의 구역 설정 기준: 페슬러(J. W. Fesler)의 견해

일선기관의 구역 설정의 기준으로 통솔 범위, 업무의 성질, 업무량, 유관 기관의 구역, 행정상의 편의, 정치적 요인 등을 제시했다. 통솔 범위에서 일선기관은 지역적으로 중앙과 떨어져 있으므로 의사소통이 곤란하게 될 가능성이 있고 또한 상급기관의 감독을 받을 일선기관의 수도 적절해야 하므로 통솔 범위를 고려할 필요가 있다. 일선기관이 다룰 업무의 성질을 고려할 필요가 있으며, 취급하는 업무의 성질을 기준으로 하는 구역 획정은 산맥·하천·도로·부락의 분포 등 자연적·지리적 조건과 밀접한 관련성이 있다. 일선기관이 능률적인 사무 처리를 하기 위해서는 일선기관의 정원과 거리 관계 등에 기인하는 의사소통의 난이도 등을 고려한 적정 업무량을 배정할 필요가 있다. 횡적 연락이나 협조 관계를 고려해 일선기관의 업무와 밀접한 관계가 있는 정부기관 또는 사설기관의 구역을 고려해야 한다. 특히 지방자치단체의 구역을 고려할 필요가 있다. 상급기관과의 업무상 연락이나 의사소통의 편의 등을 고려해 구역을 획정하고 사무소의 소재지도 정해야 한다. 일선기관의 구역은 행정상의 합리성을 기준으로 해서 획정되지는 않으며 이해 관계를 가진 집단이나 정치 세력의 압력 영향 등 정치적 요인도 고려돼야 한다.

5. 일선기관의 문제점

1) 특별지방행정기관과 안전행정부의 관계

각 중앙행정기관은 그 사무를 지방자치단체(보통지방행정기관)에 위임하지 않고 일선기관(특별지방행정기관)을 설치하려는 경향이 강하다. 이로 말미암아 각 기능별 중앙관서의 사무를 관할 구역에서 통합해 처리하는 지방자치단체의 기능이 줄어든다. 따라서 안전행정부와 기타 부처 간에 알력·대립이 조성되고, 기능 중복과 조정·통제의 곤란 등의 문제가 제기된다.

2) 권한위임의 기피

각 중앙행정기관은 일선기관에 위임해야 할 업무도 이권이 작용하는 경우에는 위임하지 않으려는 경향이 있어 왔으며, 업무의 경중을 고려하는 권한위임이 이뤄지지 못했고, 일선기관은 말단기관이라는 표현으로 과소평가돼 왔다.

3) 이중명령 사태의 초래

지방자치단체로서 안전행정부의 지휘·감독을 받는 보통지방행정기관은 각 중앙기관의 통제를 받기도 하는 종합행정기관이며, 특정 기능 분야에 관해서는 특정중앙행정기관에만 복종해야 하므로 이중명령 사태를 초래할 수도 있다.

4) 사전 조정의 결여

행정절차가 복잡하고 어떤 기능이든 여러 중앙행정기관의 기능과 상호 관련돼 있는데도 지방자치단체에 하명되기 전에 사전 조정이 잘 이뤄지지 않음으로써 사무 처리에 혼란이 일어나게 되고, 지방자치단체도 중앙의 지시를 그대로 일선에 다시 전달해 현지 실정과 유리되는 상황이 벌어지는 경우가 빈번하다.

5) 중간기관의 경유기관화와 행정의 신속성

제2차적 일선기관인 중간감독기관은 연락·경유기관으로서의 역할만 수행하고 오히려 원활한 의사소통을 저해하는 경우가 많았다. 중요한 결정은 중앙에서 내려야 하고 대부분의 주요 안건이 사전 승인을 거쳐야 하므로 지방의 실정에 부합되는 신속한 업무 집행이 어려웠다.

6. 일선관료제론: 립스키

1) 의의

흔히 일선관료는 단순 집행 업무만을 기계적으로 수행하는 것으로 보기 쉬우나, 립스키(M. Lipsky)에 의하면 일선관료는 상당한 재량권을 가지고 매우 복잡한 업무를 수행한다(상향적 접근방법). 고객과 접촉하는 일선관료가 실질적으로 공공정책을 결정한다는 상향적 정책집행 접근법을 중시하며, 특히 복지행정에서는 일선관료가 중요한 역할을 수행하나 지금껏 이에 대한 연구가 부족했다고 비판한다.

2) 일선관료의 중요성

일선관료는 고객과의 직접 접촉, 재량권 보유, 전문지식 독점 등의 중요성이 있다. 일선관료는 고객과 직접 접촉하므로 서민층일수록 공공복지행정를 담당하는 일선관료들의 중요성이 증대한다.

일선관료는 서비스 제공에서 다음과 같은 이유로 상당한 재량권을 보유하고 있다. 일선관료들이 처한 업무 상황은 일률적으로 정형화시키기에는 너무 다양하고 복잡하며, 일선관료들의 업무는 기계적이기보다는 인간적 차원에서 대처해야 할 상황이 많다. 그리고 재량권은 일선관료들이 고객들의 복지에 아주 중요한 역할을 하고 있다고 믿게 하고 싶은 그들의 욕망을 충족시켜 줌으로써 그들의 자부심을 높여준다.

일선관료의 전문지식 독점은 중앙관료에 대항할 수 있는 무기가 된다.

3) 작업환경

일선관료의 과중한 업무량에 비해 제공되는 인적·물적 자원은 만성적으로 부족하다. 따라서 무리한 정형화를 시도한 나머지 고객의 요구와 필요에 민감하지 않은 경향을 보임으로써 일선행정의 비효율을 초래한다. 의사결정에 필요한 준비 시간이 절대적으로 부족하며, 행정 수요가 행정공급 능력을 앞서간다. 부서의 목표가 모호하거나 이율배반적인 경우가 허다하고, 업무 성과를 객관적으로 평가할 기준이 부족하다. 고객집단도 관료들의 성과를 평가할 위치에 있지 아니하거나 능력이 부족하다. 그리고 효과적인 통제장치의 부재다.

제6절 중앙통제

1. 의의

중앙통제(central control)란 중앙정부가 지방자치단체에 대해 행하는 통제로서 중앙정부의 지방정부에 대한 일방적·관료적 통제(중앙집권)뿐만 아니라 조언·기술 제공·지도 등을 내용으로 하는 협력 관계로서의 통제(신중앙집권)다.

현대 국가에서 사회의 분화·발전과 행정 기능의 확대·변화, 광역행정 및 신중앙집권화의 경향에 따라 중앙통제의 강화 현상이 초래됐다.

영미의 주민자치는 중앙통제가 약한 반면(입법 · 사법통제 위주), 대륙의 단체자치는 중앙통제가 강하다(행정통제 위주).

2. 중앙통제의 방식

1) 통제기관별 방식

입법통제란 입법기관(국회)이 법률의 제정 등 입법권이나 국정감사 등에 의한 통제다. 사법통제는 사법기관(법원)이 법의 해석을 통한 통제이며, 행정통제는 행정부에 의한 직접적인 통제로서 가장 일반적 · 실효성 있는 통제다.

2) 통제 성격별 방식

권력적 통제는 임면, 승인, 처분, 감사 등을 의미하며, 비권력적 통제는 제도, 지원, 정보, 조정 등을 의미한다.

3. 중앙통제의 한계

1) 의의

지나친 중앙통제는 지방자치단체(지방정부)의 활동 영역과 지방적 이익의 위축을 초래하고, 중앙정부에 의한 정부의 자의성과 비민주성을 증대시킬 우려가 있으므로 중앙통제는 지방행정의 민주성 · 자주성을 저해하지 않는 한계를 지킬 필요가 있다.

2) 중앙통제의 한계

중앙통제의 한계는 국가적 통일성과 자주성의 균형, 창의성의 존중, 행정의 능률성과 민주성의 조화 측면에서 나타난다. 국가적 통일성을 저해하지 않는 범위 내에서 지방정부의 자주성이 인정돼야 할 것이며, 국가적 통일성과 자주성이 균형을 이뤄야 하며, 중앙정부의 통제로 지방자치단체가 너무 제약을 받아 지방 실정에 맞는 창의적 활동도 할 수 없을 정도에 이르러서는 안 된다. 그리고 중앙통제는 행정의 능률성을 높이는 데 주로 그 목적을 찾을 수 있으나 지방 주민의 행정 참여 또는 민중통제를 위한 행정의 민주화 필요성과도 조화돼야 한다.

3) 중앙통제의 단점

중앙통제의 단점은 첫째, 행정통제가 지나치게 강화되면 지방자치의 본질을 해치게 된다. 둘째, 자치단체의 사소한 행정사무 처리에도 통제를 가하게 됨으로써 지방정부의 사기를 저해하며 행정능률을 저하시킨다. 셋째, 지방의 특성과 실정에 맞는 행정이 곤란해진다. 넷째, 지방행정 기능의 자기결정성과 자기책임성이라는 지방 주민들의 욕구를 충족시키기 곤란하다.

4. 중앙통제의 기본적 시각과 방향

1) 중앙통제의 기본적 시각

중앙통제는 중앙의 지방에 대한 일방적·관료적 통제가 아니라 조정·조언·원조·지도 등을 내용으로 하는 협력 관계로서 이해해야 하며, 신중앙집권 하에서 중앙통제는 지방자치행정의 방향과 기준을 제시하고 중앙행정과 지방자치행정의 효과적인 통합·조정을 통해 국가행정의 능률성과 민주성을 조화시켜 국가행정의 전체적인 발전을 도모하려는 것이다. 중앙통제의 강화 추세는 지방정부의 자주성을 인정하면서 중앙과 지방의 융합·조화를 확보할 수 있는 차원에서 이해돼야 한다.

2) 중앙통제의 방향

우리나라는 입법통제·사법통제와 행정통제가 충분히 분화되지 못했고, 중앙과 지방의 관계는 수평적 협력 관계로서 좀 더 수직적·지배적 관계로서 인식돼 왔다. 특히 행정적인 중앙통제 방식은 중앙의 관료적·권력적 통제 수단으로서 운영되고, 행정의 합리화를 위한 기술적 수단으로 활용되지 못했다.

행정통제의 올바른 방향은 주로 지식적·기술적 방식을 발전시켜 나가는 데 있을 것이며, 중앙과 지방의 관계는 수평적 협력 관계로서 인식돼야 한다. 따라서 앞으로의 행정통제는 다음과 같은 방향으로 나아가야 할 것이며, 중앙정부와 지방정부의 쌍방에 이를 위한 정신적·사회적 기반이 확립돼야 한다. 중앙통제는 입법통제·사법통제·행정통제를 분화·발전시키는 방향으로 나아가야 하며, 중앙은 주로 정책의 수립·결정이나 행정관리의 합리화를 위한 기술적 기준의 설정을 담당해야 하고, 비권력적 통제에 중점을 둬야 한다. 중앙과 지방의 관계는 수직적 상하 종속 관계가 아닌 수평적 대등 협력 관계로 인식돼야 하며, 지방행정에 국민적 최저 수준을 설정·유지하도록 하고, 지방의 자주성·창의성을 존중하도록 해야 한다. 중앙은 지방에 대해 고압적·독선적 태도를 버리고 행정의 기술적 방식을 발전시켜야 할 것이며, 지방은 자주적 정신을 가져야 한다.

5. 우리나라 지방자치단체에 대한 중앙통제 : 지방자치법을 중심으로

1) 행정상 통제

지방자치단체의 사무에 대한 지도 및 지원(지방자치법 제166조)에 있어 중앙행정기관의 장 또는 시·도지사는 지방자치단체의 사무에 관해 조언 또는 권고하거나 지도할 수 있으며, 이를 위해 필요한 때에는 지방자치단체에 대해 자료의 제출을 요구할 수 있다. 국가 또는 시·도는 지방자치단체가 당해 지방자치단체의 사무를 처리할 때 필요하다고 인정할 경우 재정 지원 또는 기술 지원을 할 수 있다.

국가사무 또는 시·도 사무 처리의 지도·감독(지방자치법 제167조)에 있어 지방자치단체 또는 그 장이 위임받아 처리하는 국가사무에 관하여는 시·도에 있어서는 주무부 장관, 시·군 및 자치구에 있어서는 1차로 시·도지사, 2차로 주무부 장관의 지도·감독을 받는다. 시·군 및 자치구 또는 그 장이 위임받아 처리하는 시·도의 사무에 관하여는 시·도지사의 지도·감독을 받는다.

위법·부당한 명령·처분의 시정(지방자치법 제169조)에 있어 지방자치단체의 사무에 관한 그 장의 명령이나 처분이 법령에 위반되거나 현저히 부당하여 공익을 해한다고 인정될 때에는 시·도에 대하여는 주무부 장관이, 시·군 및 자치구에 대하여는 시·도지사가 기간을 정하여 서면으로 시정을 명하고 그 기간 내에 이행하지 아니할 때에는 이를 취소하거나 정지할 수 있다. 이 경우 자치사무에 관한 명령이나 처분에 있어서는 법령에 위반하는 것에 한한다. 지방자치단체의 장은 자치사무에 관한 명령이나 처분의 취소 또는 정지에 대하여 이의가 있는 때에는 그 취소 또는 정지처분을 통보받은 날로부터 15일 이내에 대법원에 소(訴)를 제기할 수 있다.

지방자치단체의 장에 대한 직무이행명령(지방자치법 제170조)에서 지방자치단체의 장이 법령의 규정에 의해 그 의무에 속하는 국가위임사무 또는 시·도위임사무의 관리 및 집행을 명백히 해태하고 있다고 인정되는 때에는 시·도에 대하여는 주무부 장관이, 시·군 및 자치구에 대하여는 시·도지사가 기간을 정하여 서면으로 그 이행할 사항을 명령할 수 있다. 주무부 장관 또는 시·도지사는 당해 지방자치단체의 장이 기간 내에 이를 이행하지 아니할 때에는 당해 지방자치단체의 비용 부담으로 대집행하거나 행정·재정상 필요한 조치를 할 수 있다. 이 경우 행정대집행에 관하여는 행정대집행법을 준용한다. 지방자치단체의 장은 이행명령에 이의가 있는 때에는 이행명령서를 접수한 날부터 15일 이내에 대법원에 소를 제기할 수 있다. 이 경우 지방자치단체의 장은 이행명령의 집행을 정지하게 하는 집행정지 결정을 신청할 수 있다.

지방자치단체의 자치사무에 대한 감사(지방자치법 제171조)에 있어 안전행정부 장관 또는 시·도지사는 지방자치단체의 자치사무에 관해 보고를 받거나 서류·장부 또는 회계를 감사할 수 있다. 이 경우 감사는 법령 위반 사항에 한해 실시한다.

지방의회 의결의 재의와 제소(지방자치법 제172조)에 있어 지방의회의 의결이 법령에 위반되거나 공익을 현저히 해한다고 판단될 때에는 시·도에 대하여는 주무부 장관이, 시·군 및 자치구에 대하여는 시·도지사가 재의를 요구하게 할 수 있고, 재의의 요구를 받은 지방자치단체의 장은 의결 사항을 이송받은 날부터 20일 이내에 지방의회에 이유를 붙여 재의를 요구하여야 한다. 재의 요구에 대하여 재의의 결과 재적의원 과반수의 출석과 출석의원 3분의 2 이상의 찬성으로 전과 같은 의결을 하면 그 의결 사항은 확정된다. 지방자치단체의 장은 재의결된 사항이 법령에 위반된다고 판단되는 때에는 재의결된 날부터 20일 이내에 대법원에 소를 제기할 수 있다. 이 경우 필요하다고 인정되는 때에는 그 의결의 집행을 정지하게 하는 집행정지 결정을 신청할 수 있다. 주무부 장관 또는 시·도지사는 재의결된 사항이 법령에 위반된다고 판단됨에도 당해 지방자치단체의 장이 소를 제기하지 아니하는 때에는 당해 지방자치단체의 장에게 제소를 지시하거나 직접 제소 및 집행정지 결정을 신청할 수 있다. 제소의 지시는 재의결된 날부터 20일 경과한 날부터 7일 이내에 하고, 당해 지방자치단체의 장은 제소 지시를 받은 날부터 7일 이내에 제소해야 한다. 주무부 장관 또는 시·도지사는 제소 지시를 받은 날부터 7일이 경과한 날부터 7일 이내에 직접 제소할 수 있다. 지방의회의 의결이 법령에 위반된다고 판단되어 주무부 장관 또는 시·도지사로부터 재의 요구 지시를 받은 지방자치단체의 장이 재의를 요구하지 아니하는 경우(법령에 위반되는 지방의회의 의결 사항이 조례안인 경우로서 재의 요구 지시를 받기 전에 당해 조례안을 공포한 경우를 포함한다)에는 주무부 장관 또는 시·도지사는 20일 이내의 기간이 경과한 날부터 7일 이내에 대법원에 직접 제소 및 집행 정지 결정을 신청할 수 있다. 지방의회의 의결 또는 재의결된 사항이 2 이상의 부처와 관련되거나 주무부 장관이 불분명한 때에는 안전행정부 장관이 재의 요구 또는 제소를 지시하거나 직접 제소 및 집행 정지 결정을 신청할 수 있다.

회계검사기관(감사원)의 회계검사와 직무감찰에서 지방자치단체는 감사원의 필요적 검사 대상(필수회계검사 대상기관)으로 돼 있으며, 지방공무원에 대해서도 직무감찰을 실시할 수 있다.

각종 유권 해석 및 지침의 제공에서 중앙행정기관은 소관 위임사무 등의 처리에 대한 법령 해석 및 지침을 제공한다.

2) 인사상 통제: 지방자치법 제112조

행정기구의 설치와 지방공무원의 정원은 인건비 등 대통령령으로 정하는 기준에 따라 그 지방자치단체의 조례로 정한다. 안전행정부 장관은 지방자치단체의 행정기구와 지방공무원의 정원이 적정하게 운영되고 다른 지방자치단체와의 균형이 유지되도록 하기 위하여 필요한 사항을 권고할 수 있다. 지방공무원의 임용과 시험·자격·보수·복무·신분 보장·징계·교육훈련 등에 관하여는 따로 법률로 정한다. 지방자치단체에는 제1항에도 불구하고 법률로 정하는 바에 따라 국가공무원을 둘 수 있다. 이때 국가공무원은 국가공무원법 제32조 제1항부터 제3항까지에도 불구하고 5급 이상의 국가공무원이나 고위공무원단에 속하는 공무원은 해당 지방자치단체의 장의 제청으로 소속 장관을 거쳐 대통령이 임명하고, 6급 이하의 국가공무원은 그 지방자치단체의 장의 제청으로 소속 장관이 임명한다.

3) 재정상 통제

예산의 이송·고시 등(지방자치법 제133조)과 관련해 지방의회의 의장은 예산안이 의결된 때에는 3일 이내에 이를 당해 지방자치단체의 장에게 이송하여야 한다. 지방자치단체의 장은 예산의 이송을 받은 때에는 지체없이 시·도에 있어서는 안전행정부 장관에게, 시·군 및 자치구에 있어서는 시·도지사에게 각각 보고하고, 그 내용을 고시하여야 한다.

결산(지방자치법 제134조)의 경우 지방자치단체의 장은 출납 폐쇄 후 80일 이내에 결산서 및 증빙서류를 작성하고 지방의회가 선임한 검사위원의 검사의견서를 첨부하여 다음 연도 지방의회의 승인을 얻어야 한다. 지방자치단체의 장이 승인을 얻은 때에는 이를 5일 이내에 시·도에 있어서는 안전행정부 장관에게, 시·군 및 자치구에 있어서는 시·도지사에게 각각 보고하고 그 내용을 고시하여야 한다. 검사위원의 선임 및 운영에 관하여 필요한 사항은 대통령령으로 정한다.

보조금 사용에 관한 감독(보조금 관리에 관한 법률 제30조)에 있어 중앙관서의 장은 보조사업자가 보조금을 다른 용도에 사용한 경우, 법령, 보조금 교부 결정의 내용 또는 법령에 따른 중앙관서의 장의 처분을 위반한 경우, 거짓 신청이나 그 밖의 부정한 방법으로 보조금을 교부받은 경우에는 보조금 교부 결정의 전부 또는 일부를 취소할 수 있다.

제7절 광역행정

1. 의의

1) 광역행정의 개념

광역행정이란 하나의 지방자치단체 또는 지방행정기관의 구역을 초월하는 광역을 단위로 해서, 행정사무 또는 사업을 일체적·종합적으로 처리하는 것을 말한다. 광역행정은 지방 주민의 생활영역 또는 이해 관계의 영역이 교통·통신의 발달에 따라 광역화함에 따라 그 필요성이 증대하고 있다.

2) 광역행정의 필요

주민자치가 활성화된 영·미에서의 지역주의(regionalism)가 시초이며, 지방자치에 대한 수정으로서 신중앙집권화의 한 형태다. 중앙정부에 의한 자치단체 간의 조정이 곤란했던 주민자치국가에서는 그 필요성이 절실했다. 그러나 중앙집권적 성격이 강해 중앙정부에 의한 자치단체 간의 조정이 상대적으로 용이했던 단체자치국가에서는 그 필요성이 절실하지 않았다.

3) 광역행정의 성격

광역행정은 지방자치의 성격을 다음과 같이 변화시켰다. 광역행정은 지방자치의 성격을 무계획성에서 계획성(국가 차원)으로, 개별성에서 종합성으로, 불균형성에서 균형성으로 변화시켜 지역 간 불균형을 지역 간 균형 추구로 변화시켰다. 독립성을 협력성으로 변화시켜 절대적 독립성을 상대적 독립성(자치단체간 협력)으로 변화시켰으며, 보존행정을 개발행정으로, 민주성 위주를 능률성과 민주성의 조화로, 탁상행정을 현지성(현장 접근 가능성)으로 변화시켰다.

2. 광역행정의 필요성과 한계

1) 광역행정의 필요성(존재 가치 및 유용성)

광역행정은 규모의 경제에 의한 경비의 절약, 교통·통신의 발달에 따른 생활권과 행정권의 불일치, 도시화·산업화의 급속한 촉진, 행정서비스의 균질화 및 주민복지의 평준화, 민주성과 능률성의 조화, 외부 효과에 대처에 대한 필요성이 있다.

공통된 문제를 인접한 자치단체가 중복적·개별적으로 처리하지 않고 상호 공동 처리함으로써 국가자원의 경제적 활용과 절약·능률(경제성)을 추구할 수 있으며, 교통·통신의 발달은 생활권을 확대시킴으로써 행정권과의 불일치를 가져왔고, 매스컴·교육의 확대와 경제 발전에 따라 지역 격차 해소와 사회복지 균질화를 위한 행정의 광역적 처리가 불가피하게 됐다. 산업·인구의 도시 집중으로 인해 대도시권이 형성돼 이에 따른 주택·도로·위생, 상하수도 등 생활환경시설의 정비 또는 경찰·소방행정 등의 효율적 수행을 위해 기존의 행정구역을 벗어난 광역적 처리가 요구되고 있다. 도시와 농촌, 대도시화 배후지역은 물론 지방자치단체 간에도 행정·재정적 능력의 격차가 심해지자 국민적 최저 수준(national minimum)과 시민적 최저 수준(civil minimum)을 조화시키기 위해 행정서비스의 균질화와 주민복지의 평준화가 요청됐다. 광역행정 방식은 행정의 능률성에 역점을 두는 중앙집권주의와 행정의 민주성에 역점을 두는 지방분권주의를 조화하는 20세기의 새로운 행정 방식이다. 행정의 외부 효과로 인해 서비스의 비용 부담과 혜택의 수혜 범위를 일치시킬 필요가 있다.

2) 광역행정의 한계(문제점)

광역행정은 지방자치를 약화시키고, 관치행정을 만연시킬 우려가 있다. 그리고 광역행정은 거시적인 행정처리로 행정의 말단 침투가 곤란하다.

3. 광역행정의 방식

1) 처리 수단별 방식

광역행정의 처리 수단별 방식은 공동 처리 방식, 연합 방식, 합병 방식, 특별구역 방식, 특별기관 방식, 권한과 지위 흡수 방식 등이 있다.

공동 처리 방식은 둘 이상의 지방자치단체 또는 지방행정기관이 사무의 일부를 공동 처리하기 위해 상호 협력 관계를 통해 광역행정사무를 공동으로 처리하는 방식이다. 사무조합 방식(특별자치단체), 행정협의회, 기관의 공동조직, 사무의 위탁, 연락회의, 직원 파견, 행정협정 등이 있으며, 그 중에서 행정협의회 등이 우리나라의 대표적인 광역행정 방식이다.

연합 방식(federation)은 2개 이상의 지방자치단체가 독립된 법인격을 유지하면서, 연합해 별도의 새로운 광역행정기관을 설치하고 이 기구로 하여금 광역행정에 대한 일체의 업무를 담당케 하는 방식이다. 캐나다의 토론토 도시연합, 대(大)위니펙 도시연합, 미국의 마이애미 도시연합, 일본의 오사카(大阪) 도시연합 등이다.

합병 방식(coalition)은 2개 이상의 지방자치단체가 종래의 법인격을 통폐합시켜 광역을 단위로 하는 새로운 법인격을 가지는 단체를 창설하는 것으로 권한 구조의 변혁이 초래된다. 광역구, 시·군 통폐합, 과거 일본 도쿄(東京)의 자치단체 합병, 시·정·촌의 합병추진법 등이다.

특별구역 방식은 특정한 행정 업무만을 광역적으로 처리하기 위해 기존의 일선행정구역 또는 자치구역과는 별도로 특별구역을 설정해 처리하는 방식이다. 우리나라의 교육구, 관광특구 등이다.

특별기관 방식은 인접 자치단체 간의 합의 또는 국가에 의해 특정 기능만을 처리하는 기관으로서 일선행정기관과 별도로 설치한다. 우리나라의 지방국토관리청, 지방항공청, 홍수통제소, 영미의 항만청 등이다.

권한과 지위 흡수 방식은 국가 또는 상급 자치단체가 하급 자치단체의 권한과 지위를 흡수하는 방식이다. 기초자치단체사무의 소방사무를 시·도가 흡수하는 것이 그 예다.

2) 처리 사업별 방식

처리 사업별 방식은 특정 사업별 방식, 종합 사업별 방식이 있다. 특정 사업별 방식은 특정 사업을 광역적 입장에서 다루는 방식이다. 특정 사업 이관, 공동 처리, 특별구역 설치 등이 이에 속한다. 종합사업별 방식은 종합 사업을 광역적으로 공동 처리, 연합과 합병 혹은 지위 흡수 등에 의해 처리하는 방식이다.

4. 우리나라의 광역행정

1) 우리나라 광역행정의 현황

행정협의회(지방자치법 152조~158조)는 지방자치단체는 2개 이상의 지방자치단체에 관련된 사무의 일부를 공동 처리 및 상호 연락, 조정, 협의, 계획 작성 등을 위해 관계 지방자치단체 간의 행정협의회를 구성할 수 있다. 이 경우 지방자치단체의 장은 시・도가 그 구성원인 경우에는 안전행정부 장관과 관계 중앙행정기관의 장에게, 시・군 또는 자치구가 구성원인 경우에는 시・도지사에게 이를 보고해야 한다. 지방자치단체가 협의회를 구성하고자 할 때에는 관계 지방자치단체 간의 협의에 따라 규약을 정해 관계 지방의회의 의결을 각각 거친 다음 이를 고시해야 한다. 안전행정부 장관 또는 시・도지사는 공익상 필요한 경우에는 관계 지방자치단체에 대해 협의회의 구성을 권고할 수 있다. 우리나라 행정협의회는 1973년부터 도입돼 온 대표적인 광역행정 방식으로서 관계 자치단체가 협의에 의해 규약을 정하고, 각 자치단체의 의회의 의결을 얻어야 하며, 그 설치와 규약을 고시해야 한다. 그러나 우리나라 협의회는 독립된 법인체가 아니고 과세권이나 집행권 및 강제성이나 구속력이 없어서 운영 실적은 매우 저조하다.

지방자치단체조합(지방자치법 159조~164조)은 2개 이상의 지방자치단체가 하나 또는 둘 이상의 사무를 공동으로 처리할 필요가 있을 때에는 규약을 정해 당해 지방의회의 의결을 거쳐 시・도는 안전행정부 장관의, 시・군 및 자치구는 시・도지사의 승인을 얻어 지방자치단체조합을 설립할 수 있다. 다만, 조합의 구성원인 시・군 및 자치구가 2개 이상의 시・도 에 걸치는 조합은 안전행정부 장관의 승인을 얻어야 한다. 조합은 법인으로 한다.

광역지방공사 방식은 수도권매립지관리공사 등이며, 광역위원회 방식은 수계별 수질관리위원회 등이 있다. 특별기구 설치 방식은 지방국토관리청, 지방항공청, 지방체신청, 홍수통제소 등이며, 특별구역 방식은 교육구, 관광특구 등이다. 상급단체에의 흡수는 읍・면의 시・군 통합조직(1962년), 시・도가 기초자치단체사무의 소방사무를 흡수하는 것이 그 예다.

2) 우리나라 광역행정의 문제점 및 특성

우리나라 광역행정은 전통적으로 중앙집권 체제가 발달돼 온 데다 국토 면적이 협소해 광역행정의 필요성이 그다지 크지 않다. 기초자치단체인 시・군의 규모가 상대적으로 방대하고 중간자치단체인 도의 규모를 광역행정 단위로 볼 수 있으며, 행정협의회 등이 독립성과 강제성 결여로 본래의 기능을 수행치 못하고 있으며 그 기능이 묘지관리 등 극히 사소한 분야에 국한되고 있다.

제8절 지역이기주의와 분쟁 조정

1. 지역이기주의(지역배타주의): 분쟁의 원인

1) 의의

지역 주민들이 자신의 이익을 극대화하고 피해를 줄이려는 비제도화된 다수의 집단행동이다. 지역 이기주의는 기피갈등과 유지갈등으로 구분할 수 있다.

기피갈등은 님비 현상, 바나나 현상이 있다. 님비 현상(NIMBY syndrome)은 '내 뒷마당에서는 안 된다(Not In My Backyard)'는 지역이기주의를 의미한다. 자신의 지역에 혐오시설(쓰레기소각장 또는 매립장, 화장터)·위험시설(핵발전소, 군부대시설)·지역개발 장해시설(상수도보호구역, 장애인시설, 양로원)을 기피하려는 성향으로 인한 갈등 현상이다. 바나나 현상(BANANA syndrome)은 '어디에든 아무것도 짓지 마라(Build Absolutely Nothing Anywhere Near Anybody)'라는 영어 구절의 각 단어 머리글자를 따서 만든 신조어로서 이기주의적 의미로 통용되기 시작했으며 유해시설 설치 자체를 반대하는 것이다. 즉, 각종 환경오염 시설들을 자기가 사는 지역권 내에는 절대 설치하지 못한다는 지역 이기주의의 한 현상을 말하는 것이다.

유치갈등인 핌피 현상(PIMFY syndrome)은 '내 앞마당에 제발(Please In My Front Yard)'은 수익성이 있는 사업을 내 지방에 유치하겠다는 것으로 일종의 지역이기주의 현상이다. 자신의 지역에 유리한 시설(공원, EXPO)을 적극 유치하려는 성향으로 인한 갈등이다.

2) 지역이기주의에 대한 시각

지역이기주의에 대한 시각은 부정론과 긍정론으로 구분된다. 부정론은 최대 다수의 최대 행복이라는 공리주의에 기초해 지역이기주의의 탈을 쓴 개인적 이기주의로 치부하는 입장이다. 다수의 이익(大)을 위해서는 소수의 이익(小)이 희생돼야 한다는 전통적인 입장이다.

긍정론은 오늘날의 지배적인 입장으로 지역이기주의는 지방자치 정착을 위해 필수적으로 거쳐야 할 학습 과정으로 이해하고 소수의 정당한 권리가 보장돼야 한다는 정의론에 기초하거나 건설적인 대안 마련과 신중한 결정에 기여한다는 입장으로 지방자치의 발전과 관련된다고 본다. 의사결정에 주민 참여나 피해의 최소화 및 적절한 보상책을 강구해야 한다는 현대적 입장이다.

3) 극복 방안

지역이기주의를 극복하기 위한 방안은 규범적·사회적 전략, 공리적·기술적 전략, 강제적 전략이 있다. 규범적·사회적 전략은 신념과 위신의 제고, 결정 과정에 주민이나 이해집단의 참여를 보장(주민투표 등), 교육과 대화 등에 의해 저항을 완화시킨다. 공리적·기술적 전략은 재산권 보장, 대체보상(awards), 우발위험준비금(contingency fund) 등으로 저항을 완화시킨다. 강제적 전략은 지역의 주장을 무시하고 강제적으로 추진하는 고전적인 강제적 전략이다.

2. 분쟁 조정

지방자치단체 상호간 또는 국가(중앙정부)와 지방자치단체(지방정부) 간 분쟁 조정은 행정적 차원의 분쟁 조정과 헌법재판소의 권한쟁의 심판이 있다.

1) 행정적 차원의 분쟁 조정

지방자치단체 상호간의 분쟁 조정(지방자치법 제148조)은 지방자치단체 상호간이나 지방자치단체의 장 상호간 사무를 처리할 때 의견이 달라 다툼이 생기면 다른 법률에 특별한 규정이 없으면 안전행정부 장관이나 시・도지사가 당사자의 신청에 따라 조정할 수 있다. 다만, 그 분쟁이 공익을 현저히 저해해 조속한 조정이 필요하다고 인정되면 당사자의 신청이 없어도 직권으로 조정할 수 있다. 안전행정부 장관이나 시・도지사가 분쟁을 조정하는 경우에는 그 취지를 미리 당사자에게 알려야 한다. 이때에는 관계 중앙행정기관의 장과의 협의를 거쳐 지방자치단체 중앙분쟁조정위원회나 지방자치단체 지방분쟁조정위원회의 의결에 따라 조정해야 한다. 안전행정부 장관이나 시・도지사는 조정에 대해 결정을 하면 서면으로 지체없이 관계 지방자치단체의 장에게 통보해야 하며, 통보를 받은 지방자치단체의 장은 결정 사항을 이행해야 한다. 결정 사항 중 예산이 수반되는 사항은 관계 지방자치단체는 필요한 예산을 우선적으로 편성해야 한다. 연차적으로 추진해야 할 사항은 연도별 추진계획을 안전행정부 장관이나 시・도지사에게 보고해야 한다. 안전행정부 장관이나 시・도지사는 조정 결정에 따른 시설의 설치 또는 역무의 제공으로 이익을 받거나 그 원인을 일으켰다고 인정되는 지방자치단체에 대해서는 시설비나 운영비 등의 전부나 일부를 안전행정부 장관이 정하는 기준에 따라 부담하게 할 수 있다. 안전행정부 장관이나 시・도지사는 조정 결정 사항이 성실히 이행되지 아니하면 제170조를 준용해 이행하게 할 수 있다.

중앙행정기관과 지방자치단체 간 협의 조정에서 중앙행정기관의 장과 지방자치단체의 장이 사무를 처리함에 있어서 의견을 달리하는 경우 이를 협의・조정하기 위해 국무총리 소속으로 행정협의 조정위원회를 둔다. 행정협의 조정위원회의 구성과 운영 등에 필요한 사항은 대통령령으로 정한다.

2) 권한쟁의에 관한 심판: 헌법 제111조

국가기관 상호간, 국가기관과 지방자치단체 간 및 지방자치단체 상호간의 권한쟁의 심판은 헌법재판소의 권한에 해당한다.

제 2 장 지방자치

제1절 지방자치의 본질과 가치

1. 의의

1) 지방자치의 개념

지방자치(local autonomy)란 일정한 지역의 주민이, 지방공공단체(자치기구)를 구성해, 지역공공사무를, 주민의 부담으로, 스스로 또는 대표자를 통해 처리하는 것을 의미한다.

2) 지방자치의 기본 요소

지방자치의 기본 요소는 구역, 주민, 자치기구, 사무, 자치권 등이다. 구역(지역)은 지방정부의 자치권이 일반적으로 미치는 지역적·공간적 범위다. 주민은 참정권을 행사하고 자치비용을 부담하는 인적 구성 요소다. 자치기구(조직)는 집행기관인 자치단체의 장과 의결기관인 지방의회 등이 있다. 사무는 고유사무와 위임사무(단체위임사무와 기관위임사무) 등이 있다. 자치권은 지역사무를 자주적으로 처리하기 위한 자주적 통치권이다. 자치입법권은 조례제정권, 규칙제정권 등이 있으며, 자치행정권은 자주조직권, 자주재정권, 협의의 자치행정권 등이 있다.

2. 자치권(자주권)

1) 개념

자치권이란 지방자치단체가 지역공동단체로서의 그 존립 목적을 실현하기 위해 가지는 자율적 통치권을 말한다.

2) 본질

자치권은 고유권설과 전래권설로 나뉜다. 고유권설은 영미계로, 자치권은 민주정치 원리상 당연한 권리이며, 그것은 국가 이전에 지역공동체사회에 기초를 두고 지역 주민이 인정한 고유한 권리라는 입장이다. 주민으로부터 나온 권리다.

전래권설은 대륙계로, 자치권은 국가의 필요에 따라 국가가 인정한 권리라는 입장이다. 국가로부터 전래된 권리다.

3) 내용

자치권은 첫째, 자주입법권으로 지방자치를 위해 필요한 자치규약(조례와 규칙)을 제정할 수 있는 권리다. 지방자치단체는 법령의 범위 안에서 그 사무에 관해 조례를 제정할 수 있다. 다만, 주민의 권리 제한 또는 의무 부과에 관한 사항이나 벌칙을 정할 때에는 법률의 위임이 있어야 한다(지방자치법 제22조). 지방자치단체의 장은 법령 또는 조례가 위임한 범위 안에서 그 권한에 속하는 사무에 관해 규칙을 제정할 수 있다(지방자치법 제23조).

둘째, 자주행정권으로 이는 지방의 사무를 중앙의 간섭 없이 자주적으로 처리할 수 있는 권한이다. 자주조직권은 자치단체가 자치단체의 조직(의결기관과 집행기관)을 지역 특성에 맞게 자주적으로 구성(선출)할 수 있는 권리, 자기선임권 등이다, 자주재정권은 지방자치를 하는 데 필요한 재원을 자주적으로 조달하고 관리하는 권한이다.

표 2-1 조례와 규칙의 비교(지방자치법 제22조~제23조)

구분	조례	규칙
개념	지방의회가 헌법과 법률의 범위 내에서 제정한 자치법규	자치단체의 장이 법령과 조례의 범위 내에서 제정하는 자치법규
규정 사항	법률의 위임이 있는 경우에는 벌칙 규정 또는 주민의 권리 · 의무에 관한 사항 규정이 가능	벌칙 규정 또는 주민의 권리 · 의무에 관한 사항 규정이 불가능
제정 범위	법령 범위 내에서 자치단체의 권한에 속하는 모든 사무: 자치사무 + 단체위임사무	조례의 시행에 필요한 사항: 고유사무 + 단체위임사무 + 기관위임사무

※ 조례와 규칙의 효력은 형식상으로 동등하지만 상충될 때에는 조례가 우선한다.

3. 지방자치의 유형과 본질

1) 지방자치의 유형

지방자치는 영국에서 발전된 영미형 지방자치(주민자치)와 프랑스 · 독일을 중심으로 유럽 국가들에서 발전된 대륙형 지방자치(단체자치)의 양대 유형으로 나눌 수 있다. 오늘날 모든 국가는 정도의 차이는 있지만 대륙형과 영미형의 특징이 혼합된 지방자치제도를 채택하고 있다.

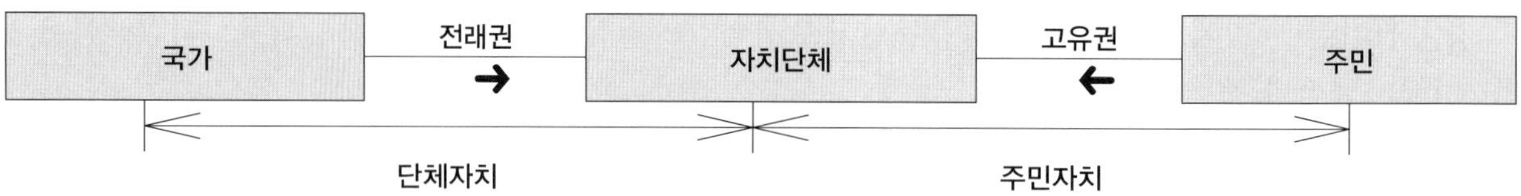

그림 2-1 지방자치의 유형

2) 지방자치와 지방행정과의 관계

지방행정에는 중앙정부가 일선기관(특별지방행정기관)을 설치해 지방행정을 직접 수행하는 관치행정 방식이 있으며, 중앙정부가 지방자치단체를 통해 지방행정을 수행하는 위임행정 방식과 지방자치단체가 고유의 사무로서 처리하는 방식(자치행정사무)이 있다. 지방행정은 자치행정(지방자치)보다 넓은 개념이다.

3) 단체자치(대륙형)

단체자치는 법률적 의미의 자치행정이며 국가로부터 독립된 법인격을 가진 자치단체의 행정이다. 관치적·중앙집권적 색채가 강하고 국가 체제의 하부구조로서 획일적·계층적인 지방행정 단위를 설정해 이에 한정된 지방자치를 인정하고 있다. 단체자치는 자치권이 국가로부터 부여된 것으로 생각하며, 중앙정부와 지방단체와의 관계를 중요시하고, 국가사무와 지방사무가 엄격히 구별되고, 자치권의 범위는 포괄적 수권주의에 의하고, 주로 행정적 통제 방식이 적용된다.

단체자치는 프랑스와 독일 등에서 도시의 자치권의 변동 과정과 아울러 지방권·국가권의 사상과 관련성을 가지면서 발전돼 왔다.

4) 주민자치(영미형)

주민자치는 정치적 의미의 자치행정이며 주민의 자치 능력을 중요시하는 민주적·지방분권적인 지방제도로서 국가의 통치구조가 지방자치에 기초를 두고 있다. 주민자치에는 자치권이 자연권으로 인정되고, 주민 참여가 중요하며, 국가사무와 자치사무의 구별이 없고, 자치권의 범위는 개별적 수권주의에 의하며, 주로 입법적·사법적 중앙통제에 따른다. 주민자치의 이념은 본래 영국에서 형성됐으며 그 구체적 표현으로서의 제도는 단체자치보다 뒤떨어지지만 영국에서 법제화됐고 미국에도 도입됐다. 주민자치는 각 주민에게 자치 능력이 있고 그 능력에 근거를 두고 지방자치가 전개되며, 지방자치가 기초적 조건이 되어 한 나라의 민주화가 달성된다는 데 그 의의가 있다.

주민자치의 제약 조건은 물리적·기술적 제약 조건, 사회적 제약 조건, 정치적 제약 조건, 심리적 제약 조건 등이 있다. 물리적·기술적 제약 조건은 오늘날 지역공동체 혹은 주민이 인식하게

표 2-2 주민자치와 단체자치의 차이점

구분	주민자치(영미형)	단체자치(대륙형)
자치의 의미	정치적 의미의 자치행정	법률적·행정적 의미의 자치행정
자치의 이념	민주주의의 원리	지방분권의 원리
발달한 국가	영국·미국	독일·프랑스·일본·한국
자치권의 인식	자연적·천부적 권리: 고유권설	국가에서 전래된 권리: 전래권설
자치의 중점	지방정부와 주민과의 관계: 주민에 의한 행정	중앙과 지방과의 관계: 지방단체에 의한 행정
중앙정부와 지방정부의 관계	기능적 협력 관계	권력적 감독 관계
자치단체의 지위	단일적 성격: 순수한 자치단체	이중적 지위: 자치단체 + 일선기관
사무의 구분	고유사무와 위임사무 구분 없음: 고유사무만 있고 위임사무는 없음.	고유사무와 위임사무 구분 있음: 고유사무와 위임사무의 병존
권한 부여 방식	개별적 수권주의: 지정주의	포괄적 수권주의: 예시주의
중앙통제 방식	약함: 입법적·사법적 통제 위주	엄함: 행정적 통제 위주
위법행위 통제	사법재판소: 일반법원	행정재판소: 행정법원
조세제도	독립세주의(자치단체가 과세 주체)	부가세주의(국가가 과세 주체)
민주주의와 관계	상관 관계 인정설	상관 관계 부정설
지방정부 형태	기관통합형(의원내각제식)	기관대립형(대통령제식)

되는 공동체의 범위가 매우 넓어졌고 또한 인구의 유입·전출이 격심해져 이러한 소박한 형태의 자치행위가 허용될 수 없는 실정이다.

사회적 제약 조건은 공동체 내부에 계급적 대립이 나타나거나 기타의 신분적·계층적 이익의 대립이 있게 되면 주민 전체의 직접 참여에 의한 견해의 최종적 일치는 곤란하게 된다.

정치적 제약 조건은 정치사회의 이익 대립이 복잡해 정치적 해결 사항이 질적으로 달라지고 양적으로 증가되면 일반 주민에 의한 아마추어 지배(layman control)는 더욱 곤란해진다.

심리적 제약 조건은 모든 주민이 공동체의 이익·목적을 추구하는 데 전념하고 자기 혹은 집단의 특수이익만을 추구하지 않고 대중심리에 부화뇌동하지 않는다는 상황이 나타나지 않는 한 직접적인 자치활동은 큰 장애를 받게 된다.

4. 지방자치의 효용과 폐습

1) 지방자치의 효용(필요성)

지방자치는 정치적 효용, 행정적·기술적 효용, 경제적·사회적 효용으로 구분할 수 있다. 정치적 효용은 주민자치의 입장이다. 민주정치 이념을 구현하는 불가결한 수단이며, 민주주의의 학교이자 훈련도장으로서 주민 정치교육에 기여한다(J. Bryce). 중앙의 독재정치에 대한 방파제가 되며, 혁명이나 쿠데타를 방지하고, 민주적 사회 발전에 기여하며, 중앙의 정국 혼란이 지방으로 확산되는 것을 방지한다(지방행정의 안정성 확보). 점진적이고 평화적인 사회개혁을 도모할 수 있다.

행정적·기술적 효용은 단체자치의 입장이다. 지방의 특성이나 실정에 맞게 행정을 종합적·자주적으로 수행할 수 있으며, 중앙정부는 정책 수립에 지방정부는 정책 집행에 주력함으로써 행정의 능률적 수행에 기여할 수 있다. 지방행정에 대한 주민의 참여·통제의 강화로 행정의 민주성을 높일 수 있으며, 제도와 정책의 지역적 실험이 용이하여 시행착오를 줄일 수 있다. 지방공무원의 능력 발전과 사기 진작에 기여할 수 있다.

경제적·사회적 효용은 향토애와 공동체 의식 함양과 관련돼 있다. 자원 배분의 효율성을 높일 수 있으며, 후생의 극대화를 추구할 수 있다. 경쟁성과 창의성을 높일 수 있으며, 책임 의식과 자부심을 고취시킬 수 있다.

2) 지방자치의 폐습

지방자치에서 나타날 수 있는 폐습은 국가적 차원의 이해관계를 고려하기 어렵고, 낭비와 비능률을 가져올 가능성이 있다. 지역이기주의로 인한 행정마비를 초래하고 지역주의에 의한 배타성을 심화시킬 우려가 있으며, 경제정책을 파탄시킬 수 있다.

5. 지방자치와 민주주의의 관계

지방자치와 민주주의 관계에 관해서는 양자간에 상관 관계가 없다는 이론과 상관 관계가 있다는 이론이 대립되고 있다.

1) 상관관계 긍정설(상관성 인정설)

민주주의를 지방자치의 본질적 요소로 간주하면서 양자간의 상호보완성을 주장하는 입장이다. 지방자치에 대해 자연적 고유권을 인정하는 영미형의 주민자치나 19세기 의회민주주의의 입장이다.

민주주의의 보호 수단이자 전제 조건이다. 민주주의의 이념적 실천 원리다. 토크빌(A. de Tocqueville)은 지방자치에 대한 자유의 관계는 초등학교의 학문에 대한 관계와 같다고 보고 지방자치 없이 국가는 자유로운 정부를 수립할 수 있을지는 모르나 자유정신을 가질 수는 없다고 주장했으며, 브라이스(J. Bryce)는 지방자치는 민주주의의 최량의 학교이자 그 성공을 위한 가장 확실한 보증이요 훈련도장으로 주장했다. 래스키(H. J. Laski)는 민주적 지방정부는 민주적 중앙정부에 꼭 필요한 동반자로 주장했다. 중앙의 전제・독재에 대한 방파제가 되며 국가 전체의 민주화를 위한 기초가 된다.

2) 상관관계 부정설(상관성 부정설)

민주화된 정치 체제에서 지방자치는 무가치하며 오히려 능률을 저해한다고 주장한다. 자연적 고유권으로서의 지방자치권을 부인하는 대륙형 단체자치나 20세기 현대 행정의 입장이다. 현대 행정국가에서는 중앙정부에 대항적인 지방자치의 민주적 의의가 상실됐다. 랭로드(G. Langrod)는 지방자치는 비민주적인 제도이며 사이비 민주적 제도하에서 성행한다고 했으며, 켈젠(H. Kelsen)은 지방자치는 사실상 민주주의에 기여하지 못한다고 주장했다. 벤슨(G. C. S. Benson)은 행정 능률의 입장에서 지방자치는 민주주의의 장애가 되고 중앙집권에 유리하다고 주장했다.

광역행정으로 지역 공동체 의식이 약화됐으며, 현대 국가에서 엄격한 지방자치는 행정적인 장애가 된다. 운영은 주민이 아닌 공무원이 수행하며, 민주주의와 지방자치와의 상관 관계는 유럽 소수국가의 역사적 유산에 불과하다. 무보수 명예직에 의한 지방자치가 최근 직업공무원에 의한 자치로 전환되고 있다.

6. 우리나라 지방자치의 변천과 방향

1) 변천 과정

제1공화국에서 1949년 지방자치법 제정, 정국 불안과 6・25동란으로 1952년에서야 지방의회를 구성했으며, 의원 민선, 자치단체의 장은 간선 또는 임명했다.

제2공화국에서는 자치권을 광범위하게 인정하는 주민자치형의 법적 근거를 마련했으며, 의원 및 자치단체장 민선, 임기 4년, 불신임 결의 및 의회 해산권을 인정했다.

5・16쿠데타 이후 제3공화국에서는 지방자치에 관한 임시조치법을 제정했으며, 지방의회 해산, 자치단체의 장은 국가가 임명했다.

제4공화국에서는 지방의회는 통일이 이뤄질 때까지 구성치 아니한다고 헌법 부칙에 규정했다.

제5공화국에서는 지방의회는 재정자립도를 감안해 순차적으로 구성한다고 헌법 부칙에 규정했다.

제6공화국에서는 의회 구성 시한을 헌법 부칙에 규정치 아니하고 대신 지방자치법에서 1991년

6월 31일까지 지방의회 구성, 1992년 6월 30일까지 자치단체장을 선출토록 규정했으며, 지방자치에 관한 임시조치법을 폐지(1988.5.1)했다. 기초의회선거를 실시했으며(1991.3.26.), 광역의회선거를 실시했다(1991.6.20.). 서울특별시 행정에 관한 특별조치법을 폐지하고 서울특별시 행정특례에 관한 법률을 제정해 서울특별시를 국무총리 직속이 아닌 다른 시·도와 마찬가지로 정부 직할로 뒀다(1991.6).

김영삼 정부에서 공직선거 및 선거부정방지법을 제정(1994.3)했다. 지방자치단체장 및 지방의회의원을 주민의 직접 선출했다. 임기는 4년이고, 의회의원 및 자치단체장 동시선거일은 임기 만료 60일 전 첫 번째 목요일로 규정했다. 제2대 의회의원 및 제1대 자치단체장을 선출(1995.6.27)했다. 공직선거 및 선거부정방지법을 개정(1997)해 의회의원 및 자치단체장 동시선거일을 변경(임기 만료 30일 전 첫 번째 목요일)했다.

김대중 정부에서 제3대 의회의원 및 제2대 자치단체장을 선출(1998. 6)했으며, 제4대 의회의원 및 제3대 자치단체장을 선출했다. 노무현 정부에서 공직선거 및 선거부정방지법을 개정(2004.3.12)해 의회의원 및 자치단체장 동시선거일을 변경(임기 만료 30일 전 첫 번째 수요일)했다. 공직선거 및 선거부정방지법 법명을 개정(2005.8.4)했으며, 선거권 연령을 만 20세에서 만 19세로 하향 조정했다. 지방의회 의원의 유급화(2006.1.1 시행)를 통해 회의수당을 월정수당으로 변경했다. 부단체장 권한대행의 사유, 예비 후보자 등록 시기가 추가(2006.1.1 시행)됐다. 기초의원에 대한 정당공천제를 도입했으며, 시·군·구 의회 선거구를 중선거구로 전환하면서 의원 정수를 20% 축소, 10%를 비례대표로 선출했다.

표 2-3 각종 투표권(선거권) 연령

법령	목적	투표권
국민투표법	헌법 제72조의 규정에 의한 외교·국방·통일 기타 국가 안위에 관한 중요 정책과 헌법 제130조의 규정에 의한 헌법개정안에 대한 국민투표에 관해 필요한 사항을 규정함을 목적으로 한다.	19세 이상
공직선거법	'대한민국헌법'과 '지방자치법'에 의한 선거가 국민의 자유로운 의사와 민주적인 절차에 의해 공정히 행해지도록 하고, 선거와 관련한 부정을 방지함으로써 민주정치의 발전에 기여함을 목적으로 한다.	19세 이상
주민투표법	지방자치단체의 주요 결정 사항에 관한 주민의 직접 참여를 보장하기 위해 '지방자치법' 제14조의 규정에 의한 주민투표의 대상·발의자·발의 요건·투표 절차 등에 관한 사항을 규정함으로써 지방자치행정의 민주성과 책임성을 제고하고 주민 복리를 증진함을 목적으로 한다.	19세 이상
주민소환에 관한 법률	'지방자치법' 제20조의 규정에 의한 주민소환의 투표 청구권자·청구 요건·절차 및 효력 등에 관해 규정함으로써 지방자치에 관한 주민의 직접 참여를 확대하고 지방행정의 민주성과 책임성을 제고함을 목적으로 한다.	19세 이상

2) 지방자치제도의 방향

지방자치제도가 악순환한 원인은 다음과 같다. ① 남북 분단의 위기 상황이 장애 요인으로 작용했다. ② 저급한 민주정치 발전 수준으로 지방자치 수용을 위한 제도적·국민적 역량이 부족했다. ③ 지방재정 능력이 부족하고 지역 간의 불균형이 심했다. ④ 국가 주도의 경제사회 발전으로 민간부문이 취약했다. ⑤ 가장 중요한 것은 위정자들의 전근대적 사고 방식에 기인한 것이다.

성공의 전제 조건은 지방자치에 관한 국민의 인식 및 지방의 행정·재정력 향상이 선결 과제다.

제2절 지방자치단체의 조직

1. 지방자치단체의 의의

1) 지방자치단체의 개념

지방자치단체란 지역 공동사회의 정치와 행정을 중앙정부로부터 독립된 의사에 의해 처리하기 위해 일정 지역에 거주하는 주민들이 구성한 자치단체를 말한다.

2) 지방자치단체의 특성

지방자치단체는 공법인이며, 지역단체이며, 통치기관이며, 헌법기관이다. 공법인의 의미는 지방자치단체란 국가와는 별개의 독립된 법인격을 가지는 법인으로서 공공사무 수행을 목적으로 한다. 지방자치단체는 일정한 지역을 기초로 해서 공공문제를 그 주민이 자치적으로 처리하기 위해 설립된 지역단체다. 지방자치단체는 일정한 지역 내의 모든 사람과 사물에 대해 통치권 내지는 지배권을 행사하는 통치기관이다. 지방자치단체는 헌법에 의해 그 권능이 보장받는 헌법상의 기관이다.

2. 지방자치단체의 종류: 지방자치법 제2조

1) 보통자치단체

보통자치단체는 일반적 성격을 지닌 자치단체다. 광역자치단체는 특별시・광역시・특별자치시・도・특별자치도 등으로 정부의 직할 아래 둔다. 기초자치단체는 시・군・자치구 등으로 시는 도의 관할구역 안에, 군은 광역시 또는 도의 관할구역 안에 두고, 자치구는 특별시와 광역시의 관할구역 안에 둔다.

2) 특별자치단체

특수한 광역적 사무를 처리하기 위해 설치된 자치단체조합으로 수도권쓰레기매립지운영조합(2001년 공사로 개편), 정보화자치조합 등이 있다.

3. 지방자치단체의 계층구조

1) 계층구조의 유형

단층제는 일정한 구역에 1개 자치단체만 존재하는 경우다. 중층제는 일정한 구역에 2개의 자치단체만 존재하는 경우이며, 다층제는 일정한 구역에 기초와 중간자치단체가 여러 개 존재하는 경우다.

2) 계층구조별 장 · 단점

단층제의 장점은 ① 이중행정과 이중 감독의 폐단을 방지하고 신속한 행정을 도모한다. 즉, 계층수가 적어서 신속한 행정이 가능하다. ② 행정 수행상의 낭비를 제거하고 능률을 증진시킬 수 있다. ③ 행정 책임을 명확히 할 수 있다. ④ 각 기초자치단체의 자치권이나 지방의 특수성 및 개별성을 존중한다. ⑤ 중앙정부와 주민 간의 의사소통이 원활하다. 단점은 ① 국토가 넓거나 인구가 많은 국가에서는 채택하기가 곤란하다. ② 국가의 직접 개입으로 중앙집권화의 우려가 많다. ③ 광역사무 처리에는 부적합하다.

중층제의 장점은 ① 기초와 중간자치단체 간 적정한 업무 분업이 이뤄질 수 있어 국토가 넓거나 인구 많은 국가에서 주로 채택한다. ② 중간자치단체가 기초단체의 기능을 보완할 수 있다. ③ 국가가 중간단체에 감독 기능을 부여해 국가의 감독 기능을 유지할 수 있다. ④ 국가의 직접 개입을 차단해 민주주의 원리를 확산시킬 수 있다. 단점은 ① 행정의 지체와 낭비 및 비능률이 있을 수 있다. ② 행정 기능의 중첩, 이중행정의 우려가 있다. ③ 기능 배분이 불명확하고, 상하 자치단체 간에 책임이 모호하다. ④ 광역자치단체가 주도할 경우에 지역적 특성이 무시될 우려가 있다.

3) 우리나라

우리나라 자치계층은 광역과 기초로 2개 계층, 행정계층은 읍 · 면 · 동까지 3~4계층 등인 중층제다. 상급(광역)자치단체는 특별시, 광역시, 특별자치시, 도 그리고 특별자치도 등이며, 하급(기초)자치단체는 시, 군, 구이다. 광역과 기초는 법적으로는 동등한 지위를 가지나 위임 업무를 처리하는 범위 내에서는 상하 지도 · 감독 관계를 지닌다.

경계 변경(지방자치법 제4조)에서 광역자치단체(특별시 · 광역시 · 특별자치시 · 도 · 특별자치도) 간의 관할구역 경계 변경은 법률로써 정한다. 기초자치단체(시 · 군 및 자치구) 간의 관할구역 경계 변경은 대통령령으로 정한다.

4. 지방자치단체의 의결기관과 집행기관

1) 의결기관(지방의회)

지방의회의 지위(지방자치법 제5장 제2절)는 의결기관이며, 통제기관이다. 의결기관으로 주민들이 선출한 의원들로 구성된 의결기관으로 지방적 사무를 위한 정책을 결정한다. 통제기관으로 자치단체의 장(집행기관)의 활동을 감시 · 통제하는 기관이다.

지방의회의 기능(권한)(지방자치법 제5장 제3절)은 의결권, 서류제출요구권, 행정사무감사권, 행정사무조사권, 행정사무 처리 상황의 질문 응답, 의장 · 부의장 선거권 및 피선거권, 의회의 자율권 등이 있다.

의결권(지방자치법 제39조)은 조례의 제정 · 개정 및 폐지, 예산의 심의 · 확정, 결산의 승인, 법령에 규정된 것을 제외한 사용료 · 수수료 · 분담금 · 지방세 또는 가입금 부과와 징수, 기금 설치 · 운용, 대통령령으로 정하는 중요 재산의 취득 · 처분, 대통령령으로 정하는 공공시설의 설치 · 처분, 법령과 조례에 규정된 것을 제외한 예산 외의 의무 부담이나 권리의 포기, 청원의 수리와 처리(지방자치법 제73조~제76조), 외국 지방자치단체와의 교류 협력에 관한 사항, 그 밖에 법령에 따라 그 권한에 속하는 사항 등이 있다.

서류제출요구권(지방자치법 제40조)에서는 지방의회의 본회의 또는 위원회는 그 의결로 안건 심의와 직접 관련된 서류의 제출을 당해 자치단체장에게 요구할 수 있다.

행정사무감사권(지방자치법 제41조)에서는 지방의회는 매년 1회 당해 지방자치단체의 사무에 대하여 시 · 도에 있어서는 10일, 시 · 군 및 자치구에 있어서는 7일의 범위 내에서 감사를 실시하게 할 수 있다.

행정사무조사권(지방자치법 제41조)에서 특정 사안에 관하여 본회의 의결로 본회의나 위원회로 하여금 조사하게 할 수 있다.

행정사무 처리 상황의 질문 응답(지방자치법 제42조 제2항)에서 지방자치단체의 장이나 관계 공무원은 지방의회나 그 위원회가 요구하면 출석 · 답변하여야 한다. 다만, 특별한 이유가 있으면 지방자치단체의 장은 관계 공무원에게 출석 · 답변하게 할 수 있다.

의장 · 부의장 선거권 및 피선거권(지방자치법 제48조 및 제53조)에서 지방의회는 의원 중에서 시 · 도는 의장 1명과 부의장 2명을, 시 · 군 및 자치구는 의장과 부의장 각 1명을 무기명투표로 선거하여야 한다. 의장과 부의장의 임기는 2년으로 한다(제48조). 지방의회 의장이나 부의장이 궐위된 경우에는 보궐선거를 실시한다. 보궐선거로 당선된 의장이나 부의장의 임기는 전임자의 남은 임기로 한다(제53조).

의회의 자율권에서 내부조직권, 의회규칙제정권, 폐회 · 개회 · 휴회권, 의회의 공개정지권, 의장 및 부의장에 대한 불신임 결의권, 의원자격심사권, 의원징계권(공개회의에서 사과, 공개회의에서 경고, 30일 이내의 출석정지, 제명 등 4종), 의원사직 허가, 의원 경찰권, 의견표시권 등이 있다.

운영(지방자치법 제5장 제4절 소집과 회기)에 대해 지방의회의 소집, 지방의회의 회기, 회의 등을 규정하고 있다.

지방의회의 소집은 정례회와 임시회가 있으며, 정례회(지방자치법 제44조 및 지방자치법시행령 제54조)에 있어 지방의회는 매년 2회 정례회를 개최한다. 정례회 중 제1차 정례회는 매년 6월 · 7월 중에, 제2차 정례회는 11월 · 12월 중에 열어야 한다. 다만, 총선거가 실시되는 해의 제1차 정례회는 9월 · 10월 중에 열 수 있다. 정례회의 집회일, 그 밖에 정례회의 운영에 관하여 필요한 사항은 대통령령으로 정하는 바에 따라 해당 지방자치단체의 조례로 정한다. 임시회(지방자치법 제45조)는 총선거 후 최초로 집회되는 임시회는 지방의회 사무처장 · 사무국장 · 사무과장이 지방의회 의원 임기 개시일부터 25일 이내에 소집한다. 지방의회 의장은 지방자치단체의 장이나 재적의원 3분의 1 이상의 의원이 요구하면 15일 이내에 임시회를 소집하여야 한다. 다만, 의장과 부의장이 사고로 임시회를 소집할 수 없으면 의원 중 연장자의 순으로 소집할 수 있다. 임시회의 소집은 시 · 도에서는 집회일 7일 전에, 시 · 군 및 자치구에서는 집회일 5일 전에 공고하여야 한다. 다만, 긴급할 때에는 그러하지 아니하다.

지방의회의 회기(지방자치법 제47조)에 대해 지방의회의 개회 · 휴회 · 폐회와 회기는 지방의회가 의결로 정한다. 연간 회의 총일수와 정례회 및 임시회의 회기는 해당 지방자치단체의 조례로 정한다.

회의(지방자치법 제5장 제7절)에 있어 의사정족수는 지방의회는 재적의원 3분의 1 이상의 출석으로 개의한다(제63조 제1항). 의결정족수는 이 법에 특별히 규정된 경우 외에는 재적의원 과반수의 출석과 출석의원 과반수의 찬성으로 의결한다. 의장은 의결에서 표결권을 가지며, 찬성과 반대가 같으면 부결된 것으로 본다(제64조). 지방의회의 회의는 공개한다. 다만, 의원 3명 이상이 발의하고 출석의원 3분의 2 이상이 찬성한 경우 또는 의장이 사회의 안녕 질서 유지를 위하여 필요하다고 인정하는 경우에는 공개하지 아니할 수 있다(제65조). 지방의회에서 의결할 의안은 지방자치단체의 장이나 재적의원 5분의 1 이상 또는 의원 10명 이상의 연서로 발의한다(제66조 제1항). 지방의회에 제출된 의안은 회기 중에 의결되지 못한 것 때문에 폐기되지 아니한다. 다만, 지방의회의원의 임기가 끝나는 경우에는 그러하지 아니하다(제67조). 지방의회에서 부결된 의안은 같은 회기 중에 다시 발의하거나 제출할 수 없다(제68조).

2) 집행기관(자치단체의 장): 지방자치법 제6장 제1절

집행기관은 의결기관이 의결한 사항을 집행하고 자치단체의 사무를 처리하는 기관이다. 국가기관으로서의 지위로 자치단체장은 당해 자치단체 구역 내에서 국가기관 또는 국가의 대표자로서의 지위를 가진다. 지방자치단체의 기관으로서의 지위로는 자치단체장은 지방자치단체의 기관으로서 지방적 사무와 단체위임사무를 스스로 처리하는 지위를 가진다. 종합행정기관으로서의 지위로 자치단체장은 구역 내 종합행정책임자로서의 지위를 가진다.

집행기관의 구성을 살펴보면, 지방자치단체의 장, 부단체장, 하부조직으로 구분된다. 지방자치단체의 장의 경우 특별시에 특별시장, 광역시에 광역시장, 도와 특별자치도에 도지사를 두고, 시에 시장, 군에 군수, 자치구에 구청장을 둔다. 부단체장은 특별시와 광역시에 부시장, 도와 특별자치도에 부지사, 시에 부시장, 군에 부군수, 자치구에 부구청장을 둔다(제110조). 지방자치단체의 장이 궐위된 경우, 공소 제기된 후 구금 상태에 있는 경우, 「의료법」에 따른 의료기관에 60일 이상 계속하여 입원한 경우 다음 각 호의 어느 하나에 해당되면 부단체장이 그 권한을 대행한다(지방자치법 제111조 제1항). 지방자치단체의 장이 그 직을 가지고 그 지방자치단체의 장 선거에 입후보하면 예비 후보자 또는 후보자로 등록한 날부터 선거일까지 부단체장이 그 지방자치단체의 장의 권한을 대행한다(지방자치법 제111조 제2항). 지방자치단체의 장의 권한을 대행하는 부단체장은 법령과 그 지방자치단체의 조례나 규칙에서 정하는 바에 따라 그 지방자치단체의 장의 권한에 속하는 사무를 처리한다(지방자치법시행령 제74조 제1항).

표 2-4 부단체장의 종류와 직급

구분	정수	종류	직종 및 직급	임명
특별시	3인 이내	행정부시장 (2인)	정무직 국가공무원	단체장 제청으로 대통령이 임명
		정무부시장 (1인)	정무직 지방공무원	단체장이 임명
광역시 · 도 · 특별자치도	2인 이내	행정부시장(부지사)	일반직 국가공무원(고위공무원단)	단체장 제청으로 대통령이 임명
		정무부시장(부지사)	별정직 지방공무원(1급 상당)	단체장이 임명
시 · 군 · 자치구	1인	부시장, 부군수, 부구청장	일반직 지방공무원(2급~4급)	단체장이 임명

표 2-5 지방자치단체의 장의 권한대행과 직무대리(지방자치법 제111조)

권한 대행	① 지방자치단체의 장이 다음 각 호의 어느 하나에 해당되면 부지사 · 부시장 · 부군수 · 부구청장(이하 이 조에서 "부단체장"이라 한다)이 그 권한을 대행한다. 1. 궐위된 경우 2. 공소 제기된 후 구금 상태에 있는 경우 3. '의료법'에 따른 의료기관에 60일 이상 계속하여 입원한 경우 ② 지방자치단체의 장이 그 직을 가지고 그 지방자치단체의 장 선거에 입후보하면 예비 후보자 또는 후보자로 등록한 날부터 선거일까지 부단체장이 그 지방자치단체의 장의 권한을 대행한다.
직무 대리	③ 지방자치단체의 장이 출장 · 휴가 등 일시적 사유로 직무를 수행할 수 없으면 부단체장이 그 직무를 대리한다.
순서	④ 제1항부터 제3항까지의 경우에 부지사나 부시장이 2명 이상인 시 · 도에서는 대통령령으로 정하는 순서에 따라 그 권한을 대행하거나 직무를 대리한다. ⑤ 제1항부터 제3항까지의 규정에 따라 권한을 대행하거나 직무를 대리할 부단체장이 부득이한 사유로 직무를 수행할 수 없으면 그 지방자치단체의 규칙에 정하여진 직제 순서에 따른 공무원이 그 권한을 대행하거나 직무를 대리한다.

표 2-6 권한대행 및 직무대리(지방자치법시행령 제74조)

권한 대행	①법 제111조 제1항 및 제2항에 따라 지방자치단체의 장의 권한을 대행하는 부지사 · 부시장 · 부군수 · 부구청장은 법령과 그 지방자치단체의 조례나 규칙에서 정하는 바에 따라 그 지방자치단체의 장의 권한에 속하는 사무를 처리한다.
직무 대리	②지방자치단체의 장은 법 제111조 제3항에 따른 사유가 발생한 경우에는 부단체장이 직무를 대리할 범위와 기간을 미리 서면으로 정하여야 한다. ③법 제111조 제3항에 따라 지방자치단체의 장의 직무를 대리하는 부단체장은 제2항에 따라 지방자치단체의 장이 미리 서면으로 위임하거나 지시한 사무를 처리한다. 다만, 공익상 긴급히 처리하여야 할 경우에는 위임되거나 지시된 사무 외에 지방자치단체의 장의 권한에 속하는 사무를 처리할 수 있다.
통보	④법 제111조 제1항 및 제2항에 따라 부단체장이 지방자치단체의 장의 권한대행을 하게 되거나 권한대행을 하지 아니하게 될 때에는 즉시 이를 지방의회에 통보하고, 시 · 도의 경우에는 안전행정부 장관에게, 시 · 군 · 자치구의 경우에는 시 · 도지사에게 즉시 보고하여야 한다. ⑤법 제111조 제1항 제1호 및 제2호에 따라 부시장 · 부지사 3명을 두는 시 · 도의 경우에는 행정(1)부시장 · 행정(1)부지사, 행정(2)부시장 · 행정(2)부지사, 정무부시장 · 정무부지사의 순으로 시 · 도지사의 권한을 대행하거나 직무를 대리하고, 부시장이나 부지사 2명을 두는 시 · 도의 경우에는 행정부시장 · 행정부지사, 정무부시장, 정무부지사의 순으로 시 · 도지사의 권한을 대행하거나 직무를 대리한다.

직무대리의 경우 지방자치단체의 장이 출장 · 휴가 등 일시적 사유로 직무를 수행할 수 없는 경우에는 부단체장이 그 직무를 대리한다(지방자치법 제111조 제3항). 지방자치단체의 장은 법 제111조 제3항에 따른 사유가 발생한 경우에는 부단체장이 직무를 대리할 범위와 기간을 미리 서면으로 정하여야 한다(지방자치법시행령 제74조 제2항). 하부조직은 실 · 국 · 과로 이뤄진다.

자치단체장의 지위와 신분에 대해서는 지방자치단체의 장의 임기, 겸직 금지 등을 규정하고 있다. 지방자치단체의 장의 임기 4년으로 하며, 지방자치단체의 장의 계속 재임은 3기에 한한다(제95조). 지방자치단체의 장은 다음에 해당하는 직을 겸임할 수 없다(제96조). 대통령, 국회의원, 헌법재판소 재판관, 각급 선거관리위원회 위원, 지방의회 의원, 국가공무원법에 규정된 국가공무원과 지방공무원법에 규정된 지방공무원, 다른 법령의 규정에 의하여 공무원의 신분을 가지는 직, 공공기관의 운영에 관한 법률에 규정된 공공기관(한국방송공사와 한국은행을 포함)의 임 · 직원, 농업협동조합 · 수산업협동조합 · 산림조합 · 엽연초생산협동조합 · 신용협동조합 및 새마을금고(이들 조합 · 금고의 중앙회와 연합회 포함)의 임 · 직원, 교원, 지방공기업법에 규정된 지방공사와 지방공단의 임·직원, 기타 다른 법률이 겸임할 수 없도록 정하는 직이 해당된다. 지방자치단체의 장은 재임 중 당해 지방자치단체와 영리를 목적으로 하는 거래를 하거나 당해 지방자치단체와 관계 있는 영리사업에 종사할 수 없다.

자치단체장의 권한에서는 지방자치단체의 통할대표권, 국가사무의 위임, 사무의 관리 및 집행권, 사무의 위임, 직원에 대한 임면권, 사무 인계, 지휘감독권, 규칙제정권, 기관시설의 설치권 등을 규정하고 있다. 지방자치단체의 장은 당해 지방자치단체를 대표하고, 그 사무를 통할한다. 시·도와 시·군 및 자치구에서 시행하는 국가사무는 법령에 다른 규정이 없는 한 시·도지사와 시장·군수 및 자치구의 구청장에게 위임해 행한다. 지방자치단체의 장은 당해 지방자치단체의 사무와 법령에 의해 그 지방자치단체의 장에게 위임된 사무를 관리하고 집행한다. 사무의 위임 등과 관련해 지방자치단체의 장은 조례 또는 규칙이 정하는 바에 의해 그 권한에 속하는 사무의 일부를 보조기관, 소속행정기관 또는 하부행정기관에 위임할 수 있다. 지방자치단체의 장은 조례 또는 규칙이 정하는 바에 따라 그 권한에 속하는 사무의 일부를 관할 지방자치단체나 공공단체 또는 그 기관(사업소·출장소를 포함한다)에 위임 또는 위탁할 수 있다. 지방자치단체의 장은 조례 또는 규칙이 정하는 바에 따라 그 권한에 속하는 사무 중 조사·검사·검정·관리 업무 등 주민의 권리·의무와 직접 관련되지 아니하는 사무를 법인·단체 또는 그 기관이나 개인에게 위탁할 수 있다. 지방자치단체의 장이 위임 또는 위탁받은 사무의 일부를 규정에 의해 다시 위임 또는 위탁하는 경우에는 미리 당해 사무를 위임 또는 위탁한 기관의 장의 승인을 얻어야 한다.

직원에 대한 임면권 등에서 지방자치단체의 장은 소속 직원을 지휘·감독하고 법령과 조례·규칙이 정하는 바에 의해 그 임면·교육훈련·복무·징계 등에 관한 사항을 처리한다.

사무 인계에 대해서 지방자치단체의 장이 퇴직하는 때에는 그 소관 사무의 일체를 후임자에게 인계해야 한다.

지휘감독권의 경우 시·도지사는 시장, 군수, 구청장에 대한 지휘감독권을 가지며, 자치사무에 관한 한 위법·부당한 명령·처분에 관해서도 취소·정지할 수 있다.

규칙제정권에서 법령 또는 조례가 위임한 범위 내에서 그 권한에 속하는 자치사무 및 국가사무에 관해 규칙을 제정할 수 있다. 단, 기초자치단체의 조례나 규칙은 시·도의 조례나 규칙에 위반해서는 안 되는 것을 규정하고 있다.

기관시설의 설치권에서 자치단체는 소관사무 범위 안에서 대통령이 정하는 바에 따라 조례로 소방기관, 교육훈련기관, 보건진료기관, 사업소, 출장소, 합의제 행정기관 등을 설치한다.

기타 지방의회 임시회요구권, 예산안 편성제출권, 의안의 발의권 등이 있다.

지방의회와의 관계는 지방의회의 의결에 대한 재의 요구와 제소(제107조), 예산상 집행 불가능한 의결의 재의 요구(제108조), 지방자치단체의 장의 선결처분(제109조) 등이 있다.

지방자치단체의 장은 지방의회의 의결이 월권이거나 법령에 위반되거나 공익을 현저히 해친다고 인정되면, 그 의결 사항을 이송받은 날부터 20일 이내에 이유를 붙여 재의를 요구할 수 있다. 재의한 결과 재적의원 과반수의 출석과 출석의원 3분의 2 이상의 찬성으로 전과 같은 의결을 하면 그 의결 사항은 확정된다. 지방자치단체 장은 재의결된 사항이 법령에 위반된다고 인정되면 대법원에 소(訴)를 제기할 수 있다.

지방자치단체의 장은 지방의회의 의결이 예산상 집행할 수 없는 경비를 포함하고 있다고 인정되면 그 의결 사항을 이송받은 날부터 20일 이내에 이유를 붙여 재의를 요구할 수 있다. 지방의회가 법령에 따라 지방자치단체에서 의무적으로 부담해야 할 경비, 비상재해로 인한 시설의 응급 복구를 위해 필요한 경비 등을 줄이는 의결을 할 때에도 같다.

지방자치단체의 장은 지방의회가 성립되지 아니한 때와 지방의회의 의결 사항 중 주민의 생명과 재산 보호를 위해 긴급하게 필요한 사항으로서 지방의회를 소집할 시간적 여유가 없거나 지방의회에서 의결이 지체돼 의결되지 아니할 때에는 선결처분을 할 수 있다. 선결처분은 지체없이 지방의회에 보고해 승인을 받아야 한다. 지방의회에서 승인을 받지 못하면 그 선결처분은 그때부터 효력을 상실한다.

3) 의결기관과 집행기관의 관계모형

기관대립형은 의결기관과 집행기관이 분리된 채 엄격한 견제와 균형을 유지하는 대통령중심제 방식이다. 종류에는 집행기관 직선형, 집행기관 간선형, 집행기관 임명형이 있다. 집행기관 직선형은 주민이 직접 선출하는 것으로 미국의 시장・시의회제, 한국 등이다. 집행기관 간선형은 지방의회가 선출하며, 미국의 시지배인형이다. 집행기관 임명형은 중앙정부에서 임하며 우리나라의 제3공화국~제6공화국까지 해당된다. 장점은 권력 남용의 방지, 행정의 전문화 등이며, 단점은 의결기관과 집행기관 간의 알력과 갈등의 심화, 책임 귀속의 약화, 단일 수장의 편견적 결정 등이다.

기관통합형은 의결기관과 집행기관이 구분되지 않거나 유기적인 협조를 중시하는 내각제 방식이다. 영국의 의회단일기관형(시정위원회: City Council)과 미국의 위원회형이 있다. 장점은 권한과 책임이 지방의회에 집중돼 민주정치와 주민에 대한 책임행정을 구현하기가 용이하다. 의결기관・집행기관이 단일기관으로 통합돼 있어 갈등이나 알력이 발생할 여지가 없으므로 지방행정의 안정성과 능률성을 기대할 수 있다. 다수 의원의 의사에 따라 정책을 결정하고 집행하므로 신중하고 공정한 자치행정이 가능하다. 소규모 조직의 기초자치단체에서 채택하기 용이하다. 소수의 위원으로 운영되므로 경제적인 예산 절감은 물론 신속하고 탄력적인 행정 집행을 도모할 수 있다. 단점은 의결 기능과 집행 기능을 동시에 행사해 견제와 균형을 기할 수 없으므로 권력 남용의 우려가 있다. 주민에 의해 선출된 의원이 행정을 맡게 되므로 행정의 전문화를 저해한다. 여러 의원들이 행정을 분담해 처리하기 때문에 행정의 종합성・통일성을 저해한다. 위원회형의 경우 대도시의 다양한 이익집단과 각 계층의 이해를 대표하기가 부적합하다.

제3절 지방자치단체의 사무

1. 의의

사무배분이란 지방자치에서 국가와 지방 간에 사무를 합리적으로 배분하고 자치사무의 범위를 정립하는 것이다.

사무 수행에 따르는 권한과 책임의 귀속 사항이 결정되며, 조례입법권・행정사무감사 및 조사권을 비롯한 지방의회의 관여 범위가 결정된다. 지방자치단체가 자체재원으로 조달해야 할 재정상의 부담 범위가 결정되며, 집행기관의 조직과 인력 규모를 결정하는 중요한 기준이 된다.

2. 사무(기능) 배분의 원칙

중앙정부와 지방정부 사이의 기능 배분의 원칙으로 지방분권 촉진에 관한 특별법 제6조(사무 배분의 원칙)에 규정돼 있다.

첫째, 현지성의 원칙이다. 모든 사무는 지방 주민의 요구와 그 지역의 행정 수요에 적합하도록 도시와 농촌, 대규모와 소규모 자치단체 등 지역적 특수성을 고려해 배분한다는 원칙이다.

둘째, 경제성의 원칙으로 능률성의 원칙이다. 사무를 각 단체의 규모, 행정·재정 능력, 인구 수 등을 고려해 최소 경비로 최대의 효과를 도모할 수 있는 단계의 단체에 배분한다는 원칙이다.

셋째, 책임 명확화의 원칙으로 비경합의 원칙이다. 사무를 처리할 때 서로 경합하지 아니하도록 사무의 소속과 그 처리의 책임을 명백히 해야 한다. 사무는 가능한 엄격하게 구분해 책임이 명확하도록 한 단계의 정부 단위에 하나의 특정 사무만을 배분한다는 원칙이다. 이중 배분은 곤란하다.

넷째, 이해관계 귀속의 원칙이다. 어떠한 사무가 특정 지역의 이해관계에 국한되는 경우에는 그 지역의 지방정부의 책임으로, 전국적인 이해 관계가 있는 사무는 중앙정부에 배분해야 한다는 원칙이다.

다섯째, 종합성의 원칙이다. 사무를 가급적 국가의 특별지방행정기관보다도 지역종합행정을 수행하는 지방자치단체에 우선적·집중적으로 배분하는 원칙이다.

여섯째, 기초자치단체 우선의 원칙이다. 주민생활에 밀착된 사무는 주민에 더 가까운 최저 단계의 행정기관에 배분해야 한다는 원칙이다. 광역자치단체와 기초자치단체 간의 사무 배분 시 고려사항은 외부 효과, 규모의 경제, 분쟁가능성, 접근가능성 등이며, 경합 시에는 기초자치단체에 우선 배분한다.

일곱째, 계획과 집행의 분리 원칙이다. 행정개혁을 계획하고 기준을 설정하는 것과 그 계획 및 기준에 따라 대개의 사안을 처리하는 것을 상호 구분해 전자는 국가가, 후자는 지방이 처리해야 한다는 원칙이다.

여덟째, 경비 부담 능력의 원칙이다. 모든 행정사무는 그 수행에 따르는 경비가 자체수입으로 충당될 수 있도록 배분돼야 한다는 원칙이다.

3. 사무(기능) 배분의 방식

1) 개별적 지정(수권) 방식: 개별적 열기주의

사무를 개별적인 법률에 의해 개개의 자치단체별로 사무 종목을 일일이 지정해 배분하는 방식이다. 영국, 캐나다, 호주 등 영미계 주민자치 국가에서 채택하고 있다. 이러한 방식의 장점은 사무 구분과 한계가 명확하며, 개별적 특성에 적합하다. 반면, 단점은 사무 범위에 대한 신축성이 결여되며, 행정상의 혼란을 초래할 수 있다.

2) 포괄적 위탁(수권) 방식: 포괄적 예시주의

사무를 헌법이나 법률에 의해 지방자치단체별의 구별 없이 포괄적으로 일괄해서 배분하는 방식이다. 프랑스, 독일 등 대륙계 단체자치 국가에서 채택하고 있다. 이 방식의 장점은 권한 부여 방식이 간편하며, 사무 처리에 대한 재량권이 많다. 그리고 신축성을 부여한다. 반면, 단점은 사무 구분이 불명확하며, 중앙정부의 권한이 남용될 수 있어서 자치단체의 권한이 무의미해질 수 있다.

3) 절충 방식

포괄적으로 일괄해서 규정하고 개별적으로 권한을 부여하는 방식이다. 나이지리아, 일본 등에서 채택하고 있다. 이 방식의 장점은 사무 구분이 명확하며, 사무 처리에 대한 재량권이 많다. 반면, 단점은 중앙정부의 권한이 남용될 수 있어서 자치단체의 권한이 무의미해질 수 있다.

4. 사무(기능) 배분의 기준

중앙정부와 지방정부 사이의 기능 배분의 기준으로 '중앙행정 권한의 지방 이양 촉진 등에 관한 법률' 제3조(지방 이양 등의 기본 원칙)에도 규정돼 있다.

1) 국가(중앙정부)가 처리해야 할 사무

중앙정부가 처리해야 할 사무는 ① 국가의 존립에 필요한 사무로 외교, 국방, 병무, 국가의 조직 및 재정, 대통령 및 국회의원 선거, 사법 및 행정, 국가경찰 등이다. ② 전국적·종합적 기획의 필요에서 나온 사무로 경제개발계획, 국토종합개발계획, 전국간선도로계획 등이다. ③ 전국적인 통일성이 요구되는 사무로 도량형, 의사·약제사 등의 시험 및 면허, 근로 기준, 국제조사 및 전국적인 통계·조사에 관한 사무 등이다. ④ 광역행정의 요청에서 나온 사무로 하천·임야 등에 관한 사무다. ⑤ 전국적인 기초에서 통일적으로 처리해야 할 사무로 식량관리, 물자 및 물가의 통제, 농지제도 등이다. ⑥ 전국적·광역적 규모로 행하는 현업에 대한 사무로 우편, 전파관리, 철도에 관한 사무 등이다. ⑦ 지방기관의 기술로서는 그 목적을 달성하기 어려운 사무로 과학기술, 기상, 우주, 항공 및 항해 등이다. 사회보장적 성격을 띠는 사무 로 전국적인 균질화가 요구되는 실업·공적 부조 등이다.

2) 중간자치단체(광역시·도)가 처리해야 할 사무

광역행정 기능은 2개 이상의 시·군의 구역에 걸치는 광역적 사무를 계획하고 집행하는 기능이다. 지방도로의 건설, 지방하천의 관리, 제방, 치산, 치수, 운수, 관광사업 등이다.

보완·대항 기능은 시·군의 재정 능력이나 기술적 능력의 한계로 시·군에 의한 처리가 행정의 질을 저하시킬 우려가 있는 사무를 도가 맡아 처리하는 것이다. 종합병원, 연구소, 시험장 등이 해당된다.

조정·연락 기능은 중앙과 시·군 사이에서 양자 간의 의사소통을 원활히 하고 시·군 간의 정책의 상충을 해소하며, 행정상·재정상의 불균형을 시정하는 기능이다.

마지막으로 지휘·감독 기능은 도가 시·군을 포괄하는 관계다.

3) 기초자치단체(시·군·구)가 처리해야 할 사무

기초자치단체가 처리해야 하는 사무는 우선 국가사무나 시·도가 담당해야 할 사항을 제외한 모든 사무를 포괄적으로 담당한다. 그리고 해당 사무는 주민의 신변적 업무(시장, 수도 등), 주민의 복지 관련 사무, 자치단체 존립·유지 관련 사무, 구체적인 집행 업무 등이다.

5. 지방자치단체의 사무: 고유사무와 위임사무

1) 고유사무: 자치사무, 지방적 공공사무

지역 주민의 공공복리를 위해 자치단체가 자기의사와 책임 하에 처리하는 사무, 지방자치단체의 존립, 내부조직, 재산관리 등에 직접 필요한 사무다. 자기의 책임과 부담으로 처리하며, 국가의 감독은 합법성에 대한 교정적 감독만 허용(소극적 감독)된다. 지방자치단체의 존립 목적을 위한 본래적 사무를 의미한다.

지방자치단체의 사무 범위는 지방자치법 제9조에 규정돼 있다. ① 지방자치단체의 구역, 조직, 행정관리 등에 관한 사무, ② 주민의 복지 증진에 관한 사무, ③ 농림·상공업 등 산업 진흥에 관한 사무, ④ 지역 개발과 주민의 생활환경시설의 설치·관리에 관한 사무, ⑤ 교육·체육·문화·예술의 진흥에 관한 사무, ⑥ 지역민방위 및 소방에 관한 사무 등이다.

2) 위임사무

국가정책의 지역적 구체화를 위한 사무, 행정의 현지성·지역적 특수성이 요청되는 국가적 사무다.

단체위임사무는 ① 지역적 이해 관계와 국가적 이해 관계가 공존하고 있는 사무로서 국가와 지방이 비용을 분담한다. ② 법정 조치에 의해 자치단체의 장과 지방의회에 공동으로 위임된 사무다. ③ 지방의회가 간여할 수 있는 사무다. ④ 국가는 합법성(위법)·합목적성(부당) 차원의 사후적·교정적인 소극적인 감독을 실시한다.

기관위임사무는 ① 국가적 이해관계만을 가진 사무로서 국가가 경비 전액을 부담한다. ② 국가 또는 상급 자치단체의 사무가 사정에 따라 집행기관인 자치단체의 장에게 위임한 사무다. ③ 중앙에서 결정하고 자치단체가 집행하는 사무로서 지방의회가 간여할 수 없다. ④ 국가의 합법성(위법)·합목적성(부당) 차원의 사후적·교정적인 소극적인 감독뿐만 아니라 사전적·예방적인 적극적인 감독까지 실시한다.

표 2-7 기관위임사무와 단체위임사무의 비교

구분	중앙의 감독(통제)	지방의회의 간여	경비 부담	이해 관계	법정 조치
기관위임사무	적극적(강): 교정 + 예방	불가(×)	국가 100%	국가(전국적)	불필요
단체위임사무	소극적(약): 교정	가능(○)	지방 + 국가	국가 + 지방	필요

표 2-8 지방자치단체의 사무의 비교

구분		개념	중앙통제	지방의회	예시
고유 사무		지방의 고유사무	합법성	관여 가능	조례·규칙 제정, 상하수도, 소방, 시장, 학교, 도서관, 병원, 도로, 주택, 쓰레기, 교통, 도시계획, 주민등록 및 호적 사무
위임 사무	단체 위임 사무	자치단체의 장과 지방의회에 위임 (결정은 의회, 집행은 자치단체장)	합법성 합목적성	관여 가능	예방접종, 보건소, 생활 보호, 시군의 국세 징수, 직할하천 점용료 징수
	기관 위임 사무	국가사무를 자치단체의 장에 위임 (결정은 중앙, 집행은 지방)	합법성 합목적성 사전통제	관여 불가능	경찰, 국회의원 선거, 인구조사, 지적, 국세조사, 근로 기준 설정, 의·약사 면허, 도량형 등

제4절 지방자치단체의 재정

1. 지방재정의 본질과 체계

1) 의의

지방재정(local public finance)이란 지방자치단체가 지방자치를 위해 필요한 재원을 조달하고 관리하는 것이다. 지방재정 자립도의 향상은 성공적인 지방자치의 선결 과제로서 지방자치의 가장 기본적이고 중요한 전제 조건이다.

2) 지방재정의 특성

지방재정은 강제성, 공공성, 계획성 등을 띤다는 점에서는 국가재정과 동일하다. 주로 자원 배분 기능을 중점적으로 수행한다. 반면에 중앙재정은 자원 배분 기능, 소득 재분배 기능, 경제안정화 기능 등 포괄적인 기능을 수행한다. 응익성(이익의 대가만큼 비용을 부담)과 다양성(자치단체

표 2-9 국가재정과 지방재정의 차이

구분	국가재정	지방재정
대상	순수공공재 공급: 외교, 치안, 국방, 사법 등	준공공재 공급: 도로, 교량 등 SOC
기능	자원 배분 기능(효율성), 소득 재분배 기능(공평성), 경제안정화 기능(안정성) 등 포괄적 기능 수행	자원 배분 기능(효율성)이 상대적으로 강조
행정 이념	응능주의에 의한 소득분배의 형평성·공평성 강조	응익주의에 의한 자원 배분의 효율성 강조
가격 원리	가격 원리를 적용하기 곤란	가격 원리를 적용하기 용이
기업형 정부	기업형 정부를 추구(적용)하기 곤란	기업형 정부를 추구(적용)하기 용이
정책 기능	전략적 정책결정 기능	전술적 집행 기능
경쟁성 원리	적용하기 곤란: 비경쟁성	적용하기 용이: 지방정부 간의 경쟁성
주요 재원	조세에 의존	세외수입에 의존
지역 이동성	지역 간 이동성 없음	지역 간 이동성 높음(티부 가설)

마다 그 특성이 다양)을 띠는 반면에 국가재정은 응능성(소득이나 능력의 크기에 따라 재정 부담)과 획일성을 띤다. 또한, 지방재정은 기채 승인 등 국가로부터의 제한·감독을 받으며, 국가로부터 지원을 받는 의존재원이 있다(타율성). 재원 조달 방식에서 중앙정부에 비해 조세 이외의 좀 더 다양한 세입원에 의존하고 있으며, 지방정부의 재정 운용은 중앙정부에 비해 주민의 선호에 더욱 민감하게 작용한다. 지방재정은 공평성보다는 자원 배분의 효율성을 상대적으로 더 중시한다.

3) 지방재정의 운영 원칙

지방재정의 운영 원칙은 건전재정의 원칙, 탄력성의 원칙, 행정 수준 향상의 원칙, 장기적 안정성의 원칙, 공정성의 원칙, 능률성의 원칙, 국가정책 준수의 원칙 등이 있다.

건전재정의 원칙은 예산과 결산상의 수지의 균형을 유지해야 하는 것이며, 탄력성의 원칙은 경제사회의 변동, 행정 수요의 변화, 지역사회의 여건 변화 등에 즉각 대응할 수 있어야 한다. 행정 수준 향상의 원칙은 행정 수준의 확보와 향상을 도모해야 하는 것을 의미하며, 장기적 안정성의 원칙은 장기적인 재정 안정을 도모해야 한다. 공정성의 원칙은 법을 준수하고 공익의 실현을 목표로 경비의 부담이 적정해야 하며, 투명성을 높여야 하는 것이며, 능률성의 원칙은 최소의 경비로 최대의 성과를 실현할 수 있어야 한다. 국가정책 준수의 원칙은 국가정책과 조화되는 범위 안에서 운영해야 한다는 것이다.

4) 지방재원의 구분

지방재원의 구분은 첫째, 자주재원과 의존재원으로 구분된다. 자주재원은 지방자치단체가 자주적으로 결정하고 실현하는 재원으로 지방세와 세외수입이 있다. 의존재원은 국가나 상급 지방자치단체에 의해 결정되고 실현되는 재원으로 국고보조금, 지방교부세, 조정교부금, 재정보전금이 있다.

둘째, 일반재원과 특정재원으로 구분된다. 일반재원은 지방자치단체가 독자적으로 사용할 수 있는 재원으로 지방세, 세외수입 및 지방교부세가 있다. 특정재원은 지방자치단체가 독자적으로 사용할 수 없는 재원으로 용도가 한정돼 있는 재원으로서 국고보조금이 대표적이다.

셋째, 경상재원과 임시재원이 있다. 경상재원은 회계연도마다 계속해 규칙적으로 확보될 수 있는 재원으로 지방세, 사용료·수수료, 보통교부세, 국고보조금 등이 있다. 임시재원은 회계연도에 따라 불규칙적으로 확보되는 재원으로 재산매각수입, 부담금, 기부금, 변상금, 전입금, 이월금, 지방채 등이 있다.

5) 지방재정 체계

우리나라의 지방재정 체계를 일반회계 세입의 재원 중심으로 보면 다음과 같다.

첫째, 자주재원은 세수입과 세외수입으로 나뉜다. 세수입(지방세)은 과세 용도에 따라 보통세와 목적세로 구분되며, 보통세는 취득세, 등록세, 면허세, 레저세, 주민세, 재산세, 자동차세, 농업소득세, 도축세, 담배소비세, 주행세 등이다. 목적세는 공동시설세, 지역개발세, 지방교육세, 도시계획세, 사업소세 등이 해당된다. 세외수입은 사용료, 수수료, 재산임대수입, 사업장수입 등의 경상세외수입, 기부금, 부담금, 잡수입, 재산매각수입 등의 임시세외수입이 있다.

둘째, 의존재원(조정재원)은 국고보조금, 지방교부세, 지방채로 구분할 수 있다. 국고보조금은 국가적 차원에서 장려사업에 대한 비용 부담(상당 금액)하는 장려적보조금, 국가의 기관위임사무에 대한 비용 부담(전액)의 위탁금, 국가의 단체위임사무에 대한 비용 부담(일부)인 부담금이 있다. 지방교부세는 일반재원(기준재정수요액 - 기준재정수입액)의 보통교부세, 특정 용도(재해대책 2%, 지역 현안 2%)의 특별교부세, 지방으로 이양된 국고보조사업의 처리 경비인 분권교부세, 지방자치단체에 종합부동산세 전액 교부하는 부동산교부세가 있다.

셋째, 지방채는 지방자치단체가 자금 조달을 위해 금전 차입으로 부담하는 채무를 말한다. 과거에는 자주재원에 포함시켰으나 최근에는 제3의 별도의 재원으로 보는 견해가 더 많다.

2. 지방재정 평가지표

1) 의의

지방자치단체의 재정을 평가하는 지표는 매우 다양하지만 완전한 평가지표는 없다. 따라서, 지방재정 평가지표는 종합적인 지표에 의해 측정돼야 한다.

2) 지방재정력 평가모형

지방재정력을 평가하는 모형에는 재정 규모, 재정자립도, 재정의존도, 재정력 지수, 재정건전 지수, 책임재정 지수, 투자비의 대(對)경상 비율, 지방채의 대(對)투자비 평형치, 재정자주도 등이 있다.

재정 규모는 지방자체단체의 총 재정 규모로서 '자주재원 + 의존재원 + 지방채'다. 이러한 재정 규모는 재정자립도와 관계가 없다. 재정자립도 총 재정 규모(자주재원 + 의존재원 + 지방채) 중에 자주재원(지방세수입 + 세외수입)이 차지하는 비중이다. 의존재원(국고보조금, 지방교부세)이 확대되면 재정 능력은 강화되지만, 재정자립도는 저하되며, 재정자립도는 지방자치단체의 세출구조를 고려하지 않는다. 재정의존도는 총재원(자주재원 + 의존재원) 중에 의존재원이 차지하는 비중이다. 의존재원(국고보조금, 지방교부세)이 확대되면 재정의존도는 높아진다. 재정력 지수는 재정 수요를 어느 정도 자체적으로 해결할 능력을 가지고 있는가를 재적 수치로 추정하는 지표다. 산정 방식은 '기준재정수입액/기준재정수요액'이며, 지수가 1.0 이상이면 재정력이 좋은 것으로 판단해 보통교부세를 교부하지 아니한다.

재정건전 지수는 세출총액 중에서 안정적인 수입이 차지하는 비율이다. 산정 방식은 '(지방세액 + 지방교부세 + 세외수입)/세출총액'이다.

책임재정 지수는 경상적 경비를 자력으로 어느 정도 충당하는가의 비율이다. 산정 방식은 '(지방세액 + 세외수입)/경상적 경비'다.

투자비의 대(對)경상 비율은 투자적 경비와 경상적 경비를 대비하는 것이다. 산정 방식은 '투자비적 경비/경상비적 경비'다.

지방채의 대(對)투자비 평형치는 지방채 수입이 어느 정도 투자적 지출에 쓰이는 비율이다. 산정 방식은 '(1인당 투자적 경비 - 1인당 지방채 부담 금액)/1인당 투자적 경비'다.

재정자주도는 보조율 및 기준 부담율 적용 기준으로 사용된다. 산정 방식은 '(세수입 + 세외수입 + 지방교부세 + 재정보전금 + 조정교부금)/일반회계 예산 규모'다.

3. 지방세

1) 의의

지방자치단체가 지방재정 수입에 충당하기 위해 관할구역 내의 주민 재산 또는 수익, 기타 특정 행위에 대해 아무런 대가적 보상 없이 강제적으로 과징하는 조세를 말한다.

2) 지방세의 특징

지방세는 법정주의로 법률에 근거해 징수하며, 반대급부 없이 강제적으로 부과·징수한다. 일반적 경비의 조달 수단이며, 국세와 세원이 분리돼 있는 독립세주의다. 그리고 자치단체별로 부과해 독자적으로 사용하는 분리과세가 원칙이다. 단, 최근 서울특별시의 재산세에 대해 공동과세제도가 도입됐다.

3) 지방세의 원칙: 세 가지 측면에서 본 지방세 원칙

지방세의 원칙은 재정수입 측면, 주민 부담 측면, 세무행정 측면에서 구분해서 살펴볼 수 있다. 재정수입 측면에서 지방자치를 위해 충분한 금액이어야 한다는 충분성의 원칙, 세원이 지역 간에 균형적(보편적)으로 분포돼 있어야 한다는 보편성의 원칙, 경기 변동에 관계없이 세수가 안정적으로 확보돼야 한다는 안정성의 원칙, 늘어나는 행정 수요에 대응해 매년 지속적으로 세수가 확대(팽창)될 수 있어야 한다는 신장성의 원칙, 자치단체의 특성에 따라 탄력적으로 운영돼야 한다는 신축성(탄력성)의 원칙이 있다.

주민 부담 측면에서 가급적 모든(많은) 주민이 경비를 나눠 분담해야 한다는 부담 분임의 원칙, 주민이 향유한 이익(편익)의 크기에 비례해 부담돼야 한다(티부 가설의 원칙), 응익성(편익성)의 원칙, 자원배분의 효율화에 기여해야 한다는 효율성의 원칙, 주민에게 공평(동등)하게 부담돼야 한다는 부담 보편성(평등성, 형평성)의 원칙이 있다.

세무행정(징세행정) 측면에서는 중앙정부로부터 독자적인 과세 주권이 확립돼야 한다는 자주성의 원칙, 징세가 용이하고 징세비가 절감돼야 한다는 편의 및 최소 비용의 원칙, 과세 객체가 관할구역 내에 국한돼 있어야 한다. 조세 부담을 회피하기 위한 지역 간 이동이 없어야 한다는 국지성의 원칙이 있다.

4) 지방세의 종류

지방세의 종류는 용도 구분에 따라 보통세와 목적세로 구분할 수 있다. 보통세란 전체 세입으로 전체 세출에 충당키 위해 일반 목적을 위해 용도의 구분 없이 징수하는 조세로 취득세, 등록세, 면허세, 레저세, 주민세, 재산세, 자동차세, 농업소득세, 도축세, 담배소비세, 주행세 등이 있다. 목적세는 특정한 세출에 충당하기 위해 특별히 지정한 목적을 위해 부과하는 조세로 공동시설세, 지역개발세, 지방교육세, 도시계획세, 사업소세 등이 있다.

과세 주체에 따라서는 특별시세, 광역시세, 도세 및 시·군·자치구세가 있으며, 과세권의 독립성 여하에 따라 독립세와 부가세로 구분할 수 있다. 과세 목적에 따라서는 취득세, 등록세 등(도

표 2-10 우리나라 지방세(11) 체계: 2011.1.1 이후

구분	도		특별시 · 광역시	
	도세(7)	시 · 군세(5)	특별시·광역시세(13)	구세(3)
보통세	취득세, 등록면허세, 레저세, 지방소비세	담배소비세, 주민세, 지방소득세, 재산세, 자동차세	취득세, 레저세, 담배소비세, 지방소비세, 주민세, 지방소득세, 자동차세	등록면허세, 재산세
목적세	지역자원시설세, 지방교육세		지역자원시설세, 지방교육세	

표 2-11 우리나라 국세 체계

직접세(6)	소득세, 법인세, 상속세, 증여세, 부당이득세, 종합부동산세 등
간접세(5)	부가가치세, 개별소비세, 주세, 인지세, 증권거래세 등
목적세(3)	교통·에너지·환경세, 교육세, 농어촌특별세 등

※ 지방세인 종합토지세가 폐지되고 국세인 종합부동산세가 신설(2005.1)됐다. 종합부동산세는 국가 예산에 계상해 자치단체에 전액 교부한다(지방교부세와는 별도).

※ 교통 · 에너지 · 환경세는 2010.01.01 일부 폐지하고 개별소비세에 통합한다.

표 2-12 세 가지 측면에서 본 지방세 원칙

재정수입 측면	보편성, 안정성
주민 부담 측면	응익성, 분담성
세무행정 측면	자주성, 정착성(국지성)

세)의 거래과세, 재산세 및 과거의 종토세 등(시 · 군세)의 보유과세가 있다.

우리나라 지방세의 문제점을 살펴보면, ① 세목은 많으나 세원이 빈약하다. ② 자산과세가 소득과세나 소비과세보다 많아서 재정 운영의 신축성이 낮다. ③ 국세에 비해 세수의 신장성 낮다. ④ 세원의 지역적 편차가 심하다. ⑤ 독자적인 과세 주권이 결여된다. 즉, 지방세보다 국세의 비중이 크고 지방세의 종목과 세율이 국가에 의해 법률로 규정돼 있다(조세법률주의). ⑥ 지역적 특성에 대한 고려 없이 획일적으로 지방 세제를 운영하고 있다. ⑦ 표준세율만 법령으로 정하고 자치단체별 조례로 그 비율을 가감할 수 있는 탄력세율제도는 주민세, 재산세, 공동시설세 등 일부 적용되고 있다. ⑧ 법률에 규정되지 않은 지방세를 자치단체가 조례로 부과할 수 있는 법정 외 조세는 아직 인정되지 않고 있다.

4. 세외수입

세외수입은 지방세 외의 자주적 수입으로 현재 가장 많은 비중을 차지하고 있다. 세외수입의 특성은 자주재원이며, 잠재수입원이고, 응익적 성격이며, 불규칙성을 보유하고 있다. 일반재원이며, 다양성이 있다는 특징을 갖고 있다.

세외수입은 지방자치단체가 자주적으로 결정하고 실현하는 재원으로 자율성과 재정적 자립 수준을 높여주며, 지방자치단체의 노력에 따라 확대 · 개발이 상대적으로 용이한 잠재수입원이다. 주

민이 향유한 이익(편익)의 크기에 비례해 부담하며, 지역간·회계연도 간 분포 상황 및 구조가 불규칙적이고 불균등할 경우가 많다. 지방자치단체가 독자적으로 사용할 수 있는 재원이다. 다만, 일부 세외수입은 경비의 용도가 지정되는 경우도 있으며, 수입의 근거나 종류 및 형태가 매우 다양하다.

세외수입은 실질적 세외수입과 명목적 세외수입으로 구분할 수 있다. 실질적 세외수입은 경상세입으로 사용료, 수수료, 재산임대수입, 사업장수입, 징수교부금, 이자수입 등(일반회계)이다. 사업수입은 상하수도 수입, 지하철수입, 주택사업, 공영개발사업, 기타 등(특별회계)이다.

명목적 세외수입은 임시세입으로 기부금, 부담금, 잡수입, 재산매각수입, 융자금, 융자금 회수, 이월금, 전입금, 과년도수입, 지방공채수입 등(일반회계)이다. 사업외 수입으로 이월금, 융자금, 전입금, 잡수익, 과년도수입, 기타 등(특별회계)이 있다.

5. 국고보조금(특정 재원): 국가와 지방 간의 수직적 재정조정제도

1) 의의

국가가 특정한 행정 업무를 지방정부로 하여금 처리하게 하기 위해 지방자치단체에 지원하는 보조금(grants-in-aid) 및 국가가 산업정책적 차원에서 기업설비 근대화, 시험연구 촉진, 기술 개발 및 향상, 재해 복구 등의 목적을 위해 민간기업에 무상으로 교부하는 보조금(government subsidy)을 말한다.

중앙정부가 지방자치단체에 제공하는 국고보조금은 국가위임사무의 처리, 지방행정의 광역적 처리, 지방행정 수준의 향상, 국가의 종합적인 계획 및 업무의 처리, 지방적인 특수 시설이나 행정 수행의 장려 등을 목적으로 교부된다.

지방재정을 개선하고 균형을 이루기 위한 하나의 수단인 국고보조금은 용도와 요건이 정해져 있다는 점에서 용도에 제약이 없는 보통지방교부세와 구별되며, 국가로부터 지방자치단체에 교부되는 의존재원이라는 점에서 양자는 공통점을 지닌다.

국고보조금은 자본적 지출에 충당하는 경우와 수익적 지출에 충당하는 경우가 있다. 국고보조금은 과세 표준에서 제외되는데, 정부가 재화나 용역을 직접 공급받지 않으면서 특정한 사업을 진흥 또는 촉진시키기 위해 정책적으로 보조금을 지급하는 경우 당해 보조금은 재화 및 용역과 직접적인 대가 관계가 없기 때문이다.

2) 특징

국고보조금은 특정 재원으로 국고보조금의 재원은 각 중앙부처의 소관 예산이다. 비용의 용도가 지정돼 지급되는 조건부 보조금으로서 국가의 통제와 감독이 수반된다. 지방자치단체가 일부 대응재원을 마련해야 하는 대응 지원금이다. 국가에 의해 결정되고 실현되는 의존재원이며, 반대급부를 요하지 않는 일방적인 급부금이다.

3) 종류

국고보조금의 종류에는 장려적 보조금, 부담금, 위탁금 등이 있다. 장려적 보조금은 원래 지방자치단체가 스스로의 재원으로 충당해야 할 사무나 사업이지만 국가적 차원에서 시책상 이를 장려할 필요가 있어서 필요 상당액만큼 지원하는 재원이다(지방재정법 제23조 보조금의 교부).

부담금은 단체위임사무를 지방에 위임할 경우 그 경비의 일부를 국가가 지원하는 재원이다(지방재정법 제21조 제1항).

위탁금(교부금)은 기관위임사무를 지방에 위임할 경우 그 경비의 전부를 국가가 지원하는 재원이다(지방재정법 제21조 제2항).

4) 효용과 폐단

국고보조금의 효용은 통일적인 행정 수준을 확보할 수 있으며, 사회간접자본을 계획적으로 정비할 수 있다. 특수재정 수요에 대응할 수 있으며, 행정서비스의 구역 외 확산(외부 효과)에 대처할 수 있다.

그러나 폐단으로는 통제와 감독으로 인한 지방 행정 및 재정의 자주성을 저해할 수 있으며, 보조금이 영세하고 교부 절차가 번잡하다. 지방비 부담 능력이 있는 자치단체에 보조금이 편중돼 지역 간 재정력 격차 및 불균형이 심화되며, 지방비 부담이 과중하다. 그리고 지급 시기 및 금액 등에 관한 예측가능성이 낮아 지방재정의 안정성을 저해하는 요인으로 작용한다.

6. 지방교부세

1) 의의

국가가 재정적 결함이 있는 자치단체에 교부하는 금전으로 지방재정의 지역 간 불균형을 시정하려는 것이다. 지방자치단체의 활동력을 증가시켜 지역경제의 성장을 촉진시키며, 보조금이 국가와 지방 간의 수직적 재정조정이라면 교부세는 국가와 지방 간, 지방자치단체 상호간에 재정 격차를 시정하기 위한 수직적·수평적 재정조정제도다.

2) 특징

지방교부세는 공유된 독립재원으로 내국세 총액의 1,924/10,000가 지방교부세의 재원으로, 모든 지방자치단체가 공유하는 독립재원이다. 또한 일반재원으로 지방교부세는 의존재원이다. 특별교부세만 특정재원이며, 나머지 교부세는 자유롭게 사용할 수 있는 일반재원이다.

3) 기능

지방교부세는 지방재원 보강 기능 및 지방재원 균형화의 역할을 한다. 지방재원 보강 기능(수직적 조정재원)은 지방정부의 기초적인 행정 운영에 필요한 부족한 재원을 보전하며, 중앙정부와 지방정부 간의 수직적 재정불균형을 시정하기 위한 것이다.

지방재원 균형화(수평적 조정재원)는 지역 간의 경제력 격차로 인한 지방정부 간 재정력 격차의 완화를 목표로 하는 대표적인 형평화 보조금이며, 지방정부 간의 수평적 재정불균형을 시정하기 위한 것이다.

표 2-13 국고보조금과 지방교부세

구분	국고보조금	지방교부세
근거	보조금의 예산 및 관리에 관한 법률	지방교부세법
재원	중앙부처의 소관예산: 재량에 의한 보조	내국세의 19.24%(부동산교부세 제외): 기준에 의한 보조
용도	특정 재원: 구체적인 보조 목적 사업	일반재원(단, 특별교부세 - 특정 재원): 기본행정 수요경비
지방비 부담	O: 정률 보조(현물보조적 성격)	×: 정액 보조(현금보조적 성격)
재량	×: 중앙통제 강함	O: 중앙통제 약함
기능	자원 배분의 효율화: 효율화 보조금	재정의 형평화: 형평화 보조금
조정 성격	수직적 조정재원	수직적·수평적 조정재원

4) 종류

지방교부세는 보통교부세, 특별교부세, 분권교부세, 부동산교부세가 있다. 보통교부세(96/100)는 용도를 제한하지 않고 지방자치단체가 자주적으로 사용할 수 있는 일반재원이다. 내국세 총액의 19.24% 중 분권교부세를 제외한 교부세 총액의 96/100이 재원이 된다. 기준재정수입액이 기준재정수요액(인구 기준)에 미달될 경우에 그 부족분을 지급한다. 따라서 재정초과액이 발생한 지방자치단체는 지급 대상에서 제외된다. 안전행정부 장관이 분기별로 교부한다.

특별교부세(4/100)는 일반적인 수요가 아닌 특수한 사정으로 발생한 재정 수요에 충당하거나, 재정수입의 감소를 보충해 주기 위해 교부되는 특정 재원으로 용도가 지정(재해대책 2%, 지역 현안 2%)된다. 내국세 총액의 19.24% 중 분권교부세를 제외한 교부세 총액의 4/100가 재원이 된다. 안전행정부 장관이 사유 발생 시 일정 기준에 의해 교부하는 데 연중 수시로 조건을 붙이거나 용도를 제한해 교부될 수 있다.

분권교부세는 국고보조사업을 이양받은 지방자치단체에 일반재원으로 교부한다. 교부액은 지방이양사업과 관련된 인구 수 등이 통계자료, 종전의 보조금 지원 수준 등을 감안해 대통령령이 정하는 바에 따라 산정(내국세 총액의 94/10,000)한다.

부동산교부세는 종합부동산세 총액과 제5조 제2항의 규정(내국세 예산액 및 종합부동산세 예산액과 각각의 결산액과의 차액으로 인한 교부세의 차액은 이를 늦어도 다음 연도의 국가 예산에 계상해 정산해야 한다)에 의한 정산액을 지방자치단체에 전액 교부한다. 지급 기준은 종합부동산세 감면분 등을 고려해 지급되지만 용도는 일반재원이다.

7. 기초자치단체에 대한 광역자치단체의 재정조정제도

1) 재정보전금: 지방재정법 제29조(시·도의 시·군에 대한 재정보전)

시·도지사(특별시장을 제외한다)는 시·군에서 징수하는 광역시세·도세(화력 발전·원자력 발전에 대한 지역자원시설세, 특정 부동산에 대한 지역자원시설세 및 지방교육세는 제외한다)의 총액, 해당 시·도(특별시는 제외한다. 이하 이 조에서 같다)의 지방소비세액을 전년도 말의 해당 시·도의 인구로 나눈 금액에 전년도 말의 시·군의 인구를 곱한 금액의 27퍼센트(인구 50만 이상의 시와 자치구가 아닌 구가 설치돼 있는 시의 경우에는 47퍼센트)에 해당하는 금액을 시・군에 대한 재정보전금으로 확보해 인구, 징수 실적, 당해 시・군의 재정 사정 그 밖에 대통령령이 정하는 기준에 따라 당해 시・도(특별시를 제외한다)의 관할 구역 안의 시・군에 배분해야 한다.

시・도지사는 화력 발전・원자력 발전에 대한 지역자원시설세의 100분의 65에 해당하는 금액(지방세기본법 제67조 제2항에 따른 징수교부금을 교부한 경우에는 그 금액을 뺀 금액을 말한다)을 화력발전소・원자력발전소가 있는 시・군에 배분해야 한다.

2) 조정교부금

특별시장이나 광역시장은 시세 수입 중의 일정액을 확보해 조례로 정하는 바에 따라 해당 지방자치단체의 관할구역 안의 자치구 상호간의 재원을 조정해야 한다(지방자치법 제173조).

법 제173조에 따른 자치구 상호간의 조정 재원은 해당 시세(市稅) 중 취득세, 레저세, 담배소비세, 지방소비세, 주민세, 지방소득세, 자동차세로 하며, 자치구 상호간의 재원 조정 방법을 정하는 조례에는 조정교부금의 교부율・산정 방법 및 교부시기 등이 포함돼야 한다(지방자치법시행령 제117조).

표 2-14 기초자치단체에 대한 광역자치단체의 재정조정제도

구분	징수교부금	재정보전금	조정교부금
관련 법률	지방세법 제53조	지방재정법 제29조	지방자치법 제173조 및 지방자치법 시행령 제117조
교부 주체 (광역자치단체)	특별시・광역시・도	광역시・도	특별시・광역시
교부 대상 (기초자치단체)	시・군・구	시・군	자치구
교부 금액 (재원)	특별시세・광역시세・도세 징수금의 3/100	시・군에서 징수한 광역시세・도세의 27 혹은 47%	시세 중 보통세: 조례로 정함

표 2-15 광역자치단체에 대한 국가의 재정조정제도

구분	광의의 국고 보조금			지방교부세 (2005.1.1 개정)
	협의의 보조금(장려)	위탁금(교부금)	부담금	
지급 사유	국가시책상 장려가 필요한 지방사무	국가사무위탁 시 (기관위임사무)	국가적 이해관계 발생 (단체위임사무)	재정적 결함(지방사무)
지급액	필요한 상당액	사업비의 전부	사업비의 일부	기준재정수요액-기준재정수입액
용도	특정 용도	특정 용도	특정 용도	일반 용도
재원	국가(특정 부처) 예산	좌동	좌동	내국세 총액의 19.24%
자주성	약함	아주 약함	약함	비교적 강함

※ 분담금은 부담금과는 다르다. 부담금(負擔金)은 상급 자치단체나 국가가 사무의 성격으로 보아 일부를 지급하는 것이지만, 분담금(分擔金)은 자치단체의 시설로부터 현저히 이익을 받은 주민으로부터 징수하는 금전이다.

8. 지방채

1) 의의

지방자치단체가 지방재정의 건전한 운영과 공공의 목적을 위해 재정상의 필요에 따라 발행하는 공채(公債)다. 발행기관은 특별시·광역시·도 등 광역자치단체와 시·군 등 기초자치단체다. 법적 근거는 지방재정법에 규정돼 있다.

2) 특성

지방채는 2년 이상에 걸쳐 상환되는 지방자치단체의 채무다. 지방자치단체의 과세권을 담보로 한 채권 발행 또는 증서 차입이라는 점에서 민간사채와 다르다. 기채행위에 의해 자금의 이전이 발생한다는 점에서 채무 부담을 하는 시점에서는 자금 이전이 발생하지 않는 채무부담행위와는 다르다. 매입 여부가 원칙적으로 응모자의 자유 의사에 의해 결정되며, 지방채는 지방재정의 재원 부족을 보충하는 것을 직접적인 목적으로 한다는 점과 거시경제정책의 일환으로서 통화 신용 창출을 위해 지방채를 발행하는 경우는 거의 없다는 점에서 경기 조절 등을 위해 탄력적으로 발행되는 국채와는 구별된다(김종순).

3) 대상 사업

소비의 성격이 강한 지출 분야(경상지출)는 조세수입으로 충당하고, 투자의 성격을 갖는 분야는 공채 발행에 의해 조달되는 것이 재정 운용의 기본 원리다. 따라서 공채 발행에 의한 자본 지출은 수익자부담주의를 적용하게 되므로 수익이 없는 장애인 지원 등 복지사업이나 경상경비는 투자 개념이 아니므로 공채 발행에 의해 충당하는 것이 합리적이지 않다. 항만, 도로, 주택, 교육의 경우 소비인지, 투자인지 개념이 불분명하다는 주장이 있지만 교육사업은 투자사업으로 볼 수도 있다(이준구).

4) 법적 근거와 발행 조건

지방채는 지방재정법과 지방자치법에 그 근거를 두고 있다. 먼저 '지방재정법' 제11조(지방채의 발행)에서 "① 지방자치단체의 장은 그 지방자치단체의 항구적 이익이 되거나 긴급한 재난복구 등의 필요가 있는 때에는 지방채를 발행할 수 있다. ② 지방자치단체의 장은 제1항의 규정에 의하여 지방채를 발행하고자 하는 경우에는 재정 상황 및 채무 규모 등을 고려하여 대통령령이 정하는 지방채 발행 한도액의 범위 안에서 지방의회의 의결을 얻어야 한다. 다만, 지방채 발행 한도액의 범위 안이라도 외채를 발행하는 경우에는 지방의회의 의결을 거치기 전에 안전행정부 장관의 승인을 얻어야 한다. ③ 지방자치단체의 장은 제2항의 규정에 불구하고 당해 지방자치단체의 발전과 관계 있는 사업을 위한 경우 등 대통령령이 정하는 사유가 발생하는 경우에는 안전행정부 장관의 승인을 얻은 범위 안에서 지방의회의 의결을 얻어 제2항의 규정에 의한 지방채 발행 한도액의 범위를 초과하여 지방채를 발행할 수 있다. ④「지방자치법」제159조의 규정에 의한 지방자치단체조합의 장은 그 조합의 항구적 이익이 되거나 긴급한 재난 복구 등의 필요가 있는 때 또는 지방자치단체에 대부할 필요가 있는 때에는 지방채를 발행할 수 있다. 이 경우 안전행정부 장관의 승인을 얻은 범위 안에서 조합의 구성원인 각 지방자치단체의 지방의회의 의결을 얻어야 한다. ⑤ 제4항의 규정에 의하여 발행한 지방채에 대하여는 조합과 그 구성원인 지방자치단체가 그 상환과 이자의 지급에 관하여 연대 책임을 진다."고 규정하고 있다.

그리고 '지방자치법' 제124조(지방채무 및 지방채권의 관리)에서는 "① 지방자치단체의 장이나 지방자치단체조합은 따로 법률로 정하는 바에 따라 지방채를 발행할 수 있다. ② 지방자치단체의 장은 따로 법률로 정하는 바에 따라 지방자치단체의 채무 부담의 원인이 될 계약의 체결이나 그 밖의 행위를 할 수 있다. ③ 지방자치단체의 장은 공익을 위하여 필요하다고 인정하면 미리 지방의회의 의결을 받아 보증채무부담행위를 할 수 있다. ④ 지방자치단체는 조례나 계약에 의하지 아니하고는 그 채무의 이행을 지체할 수 없다. ⑤ 지방자치단체는 법령이나 조례의 규정에 따르거나 지방의회의 의결을 받지 아니하고는 채권에 관하여 채무를 면제하거나 그 효력을 변경할 수 없다."고 규정하고 있다.

5) 지방채의 종류

지방채는 발행 형식, 상환 방법, 상환기관에 따라 분류할 수 있다. 첫째, 발행 형식(방법)에 따른 구분으로 차입금과 지방재증권이 있다. 차입금(증서차입채)이란 지방자치단체가 증서에 의해 차입하는 지방채를 말하며, 외국 정부·국제기구 등으로부터 차관(현물차관 포함)을 도입하는 경우를 포함한다. 지방채증권(증권발행채)이란 지방자치단체가 증권 발행의 방법에 의해 차입하는 지방채를 말하며, 외국에서 발행하는 경우를 포함한다. 여기서 지방자치단체가 토지매입대금이나 공사대금 등에 현금 대신 증권을 발행해 교부하는 방식인 교부공채, 지방자치단체가 공모를 통해 응모자에게 증권을 발행해 자금을 조달하는 방식인 모집공채, 지방자치단체가 지하철 등의 공익사업을 위해 차량이나 주택구입 및 특정 인허가와 관련해 강제로 공채를 매입하게 하는 방식인 매출공채가 있다.

상환 방법에 따른 분류는 상환 기간이 도래하면 전액을 일괄해 상환한는 방식인 일시상환채, 원리금을 수회에 걸쳐 상환하는 방식인 분할상환채가 있다.

상환 기간에 따른 구분은 여러 회계연도에 걸쳐 상환해도 되는 일종의 장기차입금인 장기채, 동일 회계연도 내에 상환해야 하는 일시차입금인 단기채가 있다.

6) 순기능과 역기능

지방채의 순기능은 ① 재해복구사업 등 주민복지를 위한 대규모사업을 위한 재원 조달의 기능을 한다. ② 도로, 주택 등 사회간접자본 확충을 위한 재원에 충당되므로 효율적인 자원 배분에 기여한다. ③ 경기 조절 기능을 한다. ④ 세대 간·이용자 간·주민 간에 재정 부담의 공평화를 구현한다. ⑤ 외부재원(민자) 동원으로 지역경제를 활성화시킨다.

반면, 역기능으로 ① 지방채 상환을 위한 추가 재원 확보가 곤란하다. ② 실질적으로는 주민에게 부담이 된다. ③ 재정수지의 건전성을 저해한다. ④ 투자재원은 사실상 공채가 아닌 일반세입으로도 해결이 가능하다.

9. 우리나라 지방재정의 문제점과 방향

우리나라 지방재정은 응익주의에 기초한 수입이 많으며, 세외수입이 차지하는 비중이 높다. 그리고 지방재정보다는 국가재정 위주로 돼 있다.

이러한 지방재정의 문제점으로는 재정자립도가 낮고, 지역 간 지방재정력의 격차가 크다. 국가와 지방 간 사무 부담과 경비 분담이 일치하지 않고 있으며, 지방재정은 국민총생산 및 정부총지출에 대해 상대적으로 낮은 비율을 차지하고 있다. 조세정책의 자주성이 결여돼 있어 독자적인 과세 주권이 해결돼야 할 과제다.

따라서 우리나라 지방재정은 국세와 지방세의 합리적인 조정을 통한 지방재정력을 확충시켜야 하며, 새로운 지방세원의 개발과 탄력세율을 적용시켜야 한다. 그리고 경영수익사업의 활용을 통한 세외수입을 확충시켜야 한다.

제5절 지방자치단체의 주민

1. 주민의 의의: 지방자치법

1) 주민의 자격(제12조)

지방자치단체의 구역 안에 주소를 가진 자는 그 지방자치단체의 주민이 된다.

2) 주민의 권리(제13조)

주민은 법령이 정하는 바에 의해 소속 지방자치단체의 재산과 공공시설을 이용할 권리와 그 지방자치단체로부터 균등하게 행정의 혜택을 받을 권리를 가진다. 국민인 주민은 법령이 정하는 바에 의해 그 지방자치단체에서 실시하는 지방의회 의원 및 지방자치단체의 장의 선거에 참여할 권리를 가진다.

3) 주민의 의무(제21조)

주민은 법령으로 정하는 바에 따라 소속 지방자치단체의 비용을 분담해야 하는 의무를 진다.

2. 주민 참여의 방식: 직접 참정

1) 주민 참여의 확대: 지방분권 및 지방행정 체제 개편에 관한 특별법 제15조

국가 및 지방자치단체는 주민참여를 활성화하기 위하여 주민투표제도 · 주민소환제도 · 주민소송제도의 도입 방안을 강구하는 등 주민직접 참여제도를 강화하여야 한다(제15조 제1항). 국가 및 지방자치단체는 주민의 자원봉사 활동 등을 장려하고 지원함으로써 주민의 참여 의식을 높이도록 하여야 한다(제15조 제2항).

2) 주민투표제도

주민투표(referendum)는 지방자치법 제14조에 규정돼 있으며, ① 지방자치단체의 장은 주민에게 과도한 부담을 주거나 중대한 영향을 미치는 지방자치단체의 주요 결정 사항 등에 대하여 주민투표에 부칠 수 있다(제14조 제1항). ② 주민투표의 대상・발의자・발의 요건, 그 밖에 투표 절차 등에 관한 사항은 따로 법률로 정한다(제14조 제2항).

지방자치단체의 주요 결정 사항에 관한 주민의 직접 참여를 보장하기 위하여 '지방자치법' 제14조의 규정에 의한 주민투표의 대상・발의자・발의 요건・투표 절차 등에 관한 사항을 규정함으로써 지방자치행정의 민주성과 책임성을 제고하고 주민 복리를 증진함을 목적으로 한다.

3) 주민발안제도(조례의 제정과 개폐 청구): 지방자치법 제15조

주민발안(initiative)제도는 법정 수 이상의 유권자의 서명에 의해 조례의 제・개정 청구가 성립되면 이를 주민투표(직접 발안) 또는 지방의회 의결(간접 발안)에 의해 성립하도록 하는 제도다.

4) 주민감사청구: 지방자치법 제16조

지방자치단체와 그 장의 권한에 속하는 사무의 처리가 법령에 위반되거나 공익을 해한다고 인정되는 경우에 감사를 청구하는 제도다.

5) 주민소송제도: 지방자치법 제17조

주민소송제도는 지방자치단체의 위법한 예산 집행을 견제하고 지방자치단체 및 주민 공동의 이익을 보호하기 위하여 주민 또는 납세자에게 원고 적격을 인정하는 공익소송제도다.

6) 주민소환제도

주민소환(recall)제도는 지방자치법 제20조에 규정이 돼 있으며, ① 주민은 당해 지방자치단

표 2-16 직접민주제 방식의 종류

구분	내용	관계법 조문
주민투표제도 (referendum)	① 중요 사항에 대해 유권자의 투표에 의해 그 승인을 얻도록 하는 제도 ② 사안에 따라 '강제적・의무적 주민투표', '임의적・자문적 주민투표' 및 '항의적・청원적 주민투표'로 구분 * 일반적인 선거나 투표는 간접민주제 방식으로 해당하지 않음	지방자치법 제14조 및 주민투표법
주민발안제도 (initative)	법정수 이상의 유권자의 서명에 의해 조례의 제・개정 청구가 성립되면 이를 주민투표(직접 발안) 또는 지방의회 의결(간접 발안)에 의해 성립하도록 하는 제도	지방자치법 제15조
주민감사청구	지방자치단체와 그 장의 권한에 속하는 사무의 처리가 법령에 위반되거나 공익을 해한다고 인정되는 경우에 감사를 청구하는 제도	지방자치법 제16조
주민소송제도	지방자치단체의 위법한 예산 집행을 견제하고 지방자치단체 및 주민 공동의 이익을 보호하기 위해 주민 또는 납세자에게 원고 적격을 인정하는 공익소송 제도	지방자치법 제17조
주민소환제도 (recall)	선거에 의해 공직에 취임한 자에 대한 파면을 주민이 요구하면 주민투표에 의해 그 여부를 결정하는 제도	지방자치법 제20조 및 주민소환에 관한 법률

체의 장 및 지방의회 의원(비례대표 지방의회 의원을 제외한다)을 소환할 권리를 가진다. ② 주민소환의 투표 청구권자·청구 요건·절차 및 효력 등에 관하여는 따로 법률로 정한다.

주민소환에 관한 법률은 지방자치법 제20조(주민소환)의 규정에 의한 주민소환의 투표 청구권자·청구 요건·절차 및 효력 등에 관하여 규정함으로써 지방자치에 관한 주민의 직접 참여를 확대하고 지방행정의 민주성과 책임성을 제고함을 목적으로 한다.

3. 주민 참여 관계 법률

1) 주민투표법(제정 2004.1.29)

주민투표법의 제정 이유는 지방자치행정의 민주성과 책임성을 제고하기 위해 지방자치단체의 주요 결정 사항에 대해 주민투표를 실시할 수 있도록 주민투표의 대상·요건 및 절차 등 필요한 사항을 규정하려는 것이다.

주요 내용은 주민투표 사무의 관리, 주민투표권, 주민투표의 대상, 국가정책에 대한 주민투표, 주민투표의 실시 요건, 주민투표의 발의, 주민투표 실시구역, 주민투표 결과의 확정 등이 있다.

주민투표 사무의 관리(제3조) 규정에서 주민투표 공보의 발행, 투·개표관리 등 주민투표 사무의 효율적 처리와 객관성·공정성을 제고하기 위해 주민투표에 관한 사무는 관할 선거관리위원회가 담당하도록 하며, 주민투표권(제5조)의 주민투표권자는 19세 이상의 주민으로 하고, 외국인도 일정한 자격을 갖춘 때에는 지방자치단체의 조례가 정하는 바에 따라 주민투표권을 부여하도록 한다.

주민투표의 대상(제7조)에서 주민투표의 대상은 주민에게 과도한 부담을 주거나 중대한 영향을 미치는 지방자치단체의 주요 결정 사항 중에서 조례로 정하도록 하되, 예산 및 재산관리에 관한 사항, 조세에 관한 사항, 행정기구의 설치·변경에 관한 사항 등 주민투표에 부치기에 부적합한 사항은 이를 대상에서 제외한다.

국가정책에 대한 주민투표(제8조)에서 중앙행정기관의 장은 지방자치단체의 폐치·분합, 주요 시설의 설치 등 국가정책의 수립에 대한 주민의 의견을 듣기 위해 필요한 때에는 지방자치단체의 장에게 주민투표의 실시를 요구할 수 있도록 한다.

주민투표의 실시 요건(제9조)에서 주민은 주민투표청구권자 총수의 20분의 1 이상 5분의 1 이하의 범위 안에서 조례로 정하는 수 이상의 서명으로 주민투표의 실시를 청구할 수 있도록 하고, 지방의회는 재적의원 과반수 출석과 출석의원 3분의 2 이상의 찬성으로 주민투표의 실시를 청구할 수 있도록 하며, 지방자치단체의 장이 주민투표를 실시하고자 하는 때에는 미리 지방의회의 동의를 얻도록 한다.

주민투표의 발의(제13조)에서 지역 현안에 대한 정책의 선택이라는 주민투표의 특성을 감안해 주민투표운동에 관한 제한을 최소화하는 한편, 주민투표운동의 명목으로 사실상 선거운동을 하는 등의 부작용을 방지하기 위해 공직 선거일 전 60일부터 선거일까지는 주민투표를 발의할 수 없도록 한다.

주민투표 실시구역(제16조)에서 주민투표는 지방자치단체의 관할구역 전체를 대상으로 실시하도록 하되, 특정 지역 또는 특정 주민에게만 이해 관계가 있는 사항인 때에는 지방자치단체의 장이 지방의회의 동의를 얻어 관계 시・군・구 또는 읍・면・동을 대상으로 주민투표를 실시할 수 있도록 한다.

주민투표 결과의 확정(제24조)에서 주민투표에 부쳐진 사항은 주민투표권자 3분의 1 이상의 투표와 유효투표 수 과반수의 득표로 확정하며, 지방자치단체는 확정된 내용에 따라 행정・재정상의 조치를 하도록 한다.

2) 주민소환에 관한 법률(제정 2006.5.24)

주민소환에 관한 법률의 제정 이유는 선출직 지방공직자인 지방자치단체의 장 및 지방의회 의원의 위법・부당행위, 직무 유기 또는 직권 남용 등을 통제하고 주민의 직접 참여를 확대하는 주민소환제도를 도입함으로써 지방자치행정의 민주성・책임성을 제고하고, 주민복리의 증진을 도모하려는 것이다.

이 법률에서는 주민소환 투표권자, 주민소환 투표의 청구, 주민소환 투표의 청구 제한 기간, 서명 요청 활동의 제한, 주민소환 투표의 실시, 권한 행사의 정지 및 권한대행, 주민소환 투표 결과의 확정, 주민소환 투표의 효력, 주민소환 투표 소송 등을 규정하고 있다.

주민소환 투표권자(법 제3조)는 19세 이상의 주민으로서 당해 지방자치단체 관할구역에 주민등록이 되어 있는 자(공직선거법 제18조의 규정에 의하여 선거권이 없는 자를 제외한다). 19세 이상의 외국인으로서 출입국관리법 제10조의 규정에 따른 영주의 체류자격 취득일 후 3년이 경과한 자 중 같은 법 제34조의 규정에 따라 당해 지방자치단체 관할구역의 외국인등록대장에 등재된 자로 한다.

주민소환투표의 청구(법 제7조)에서 주민소환투표청구권자는 전년도 12월 31일 현재 주민등록표 및 외국인등록표에 등록된 당해 지방자치단체의 장과 지방의회 의원에 대한 선거권이 있는 자로 한다. 주민소환투표의 대상은 선출직 지방공직자인 해당 지방자치단체의 장 및 지방의회 의원을 대상으로 하되 비례대표 시・도의원 및 비례대표 자치구・시・군의원은 제외한다. 주민소환투표의 청구 서명인 수는 시・도지사는 당해 지방자치단체의 주민소환투표 청구권자 총수의 100분의 10 이상, 시장・군수・자치구의 구청장은 당해 지방자치단체의 주민소환 투표청구권자 총수의 100분의 15 이상, 지역구시・도의원 및 지역구자치구・시・군 의원은 당해 지방의회 의원의 선거구 안의 주민소환투표 청구권자 총수의 100분의 20 이상으로 한다. 시・도지사에 대한 주민소환투표를 청구함에 있어서는 당해 지방자치단체 관할구역 안의 시・군・자치구 전체의 수가 3개 이상인 경우에는 3분의 1 이상의 시・군・자치구에서 각각 주민소환투표 청구권자 총수의 10,000분의 5 이상 1,000분의 10 이하의 범위 안에서 대통령령이 정하는 수 이상의 서명을 받도록 하고, 시장・군수・자치구의 구청장 및 지역구 지방의회 의원에 대하여는 당해 시장・군수・자치구의 구청장 및 당해 지역구지방 의회의원 선거구 안의 읍・면・동에서 시・도지사의 경우와 동일한 기준으로 서명을 받도록 한다.

주민소환 투표의 청구 제한 기간(법 제8조)에서 선출직 지방공직자가 임기 개시일부터 1년이 경과하지 아니한 때, 선출직 지방공직자의 임기 만료일부터 1년 미만인 때, 해당 선출직 지방공직자에 대한 주민소환 투표를 실시한 날부터 1년 이내인 때에는 주민소환 투표의 실시를 청구할 수 없도록 한다.

서명 요청 활동의 제한(법 제10조)에서 주민소환 투표권이 없는 자, '국가공무원법' 제2조에 규정된 국가공무원과 '지방공무원법' 제2조에 규정된 지방공무원. 다만, '고등교육법' 제14조 제1항 및 제2항의 규정에 따른 총장·학장·교수·부교수·조교수인 교원, 다른 법령에 규정에 따라 공무원 신분을 가진 자, 공직선거법 제60조 제1항의 규정에 의하여 선거운동을 할 수 없는 자(제4호를 제외한다), 선출직 지방공직자의 해당 선거에 후보자가 되고자 하는 자, 입후보 예정자의 가족(배우자, 입후보 예정자 또는 그 배우자의 직계존·비속과 형제자매, 입후보 예정자의 직계비속 및 형제자매의 배우자를 말한다) 및 이들이 설립·운영하고 있는 기관·단체·시설의 임·직원 등은 서명 요청 활동을 하거나 서명 요청 활동을 기획·주도하는 등 서명 요청 활동에 관여할 수 없도록 한다.

주민소환 투표의 실시(법 제13조)에서 주민소환 투표일은 주민소환 투표 공고일부터 20일 이상 30일 이내의 범위 안에서 관할 선거관리위원회가 정하되, 주민소환투표 대상자가 자진 사퇴, 피선거권 상실 또는 사망 등으로 궐위된 때에는 주민소환 투표를 실시하지 아니한다. 주민소환 투표 공고일 이후 90일 이내에 '주민투표법'에 의한 주민투표, '공직선거법'에 의한 선거·재선거 및 보궐선거(대통령 및 국회의원 선거는 제외), 동일 또는 다른 선출직 지방공직자에 대한 주민소환 투표가 있는 때에는 주민소환 투표를 그에 병합하거나 동시에 실시할 수 있도록 한다.

권한 행사의 정지 및 권한대행(법 제21조)에서 주민소환 투표 대상자는 주민소환 투표인안을 공고한 때부터 주민소환 투표 결과를 공표할 때까지 그 권한 행사가 정지되며, 지방자치단체의 장의 권한이 정지된 경우에는 부자치단체장(부자치단체장)이 그 권한을 대행하도록 한다.

주민소환 투표 결과의 확정(법 제22조)에서 주민소환은 주민소환 투표권자 총수의 3분의 1 이상의 투표와 유효 투표 총수 과반수의 찬성으로 확정된다.

주민소환 투표의 효력(법 제23조)에서 주민소환이 확정된 때에는 주민소환 투표 대상자는 그 결과가 공표된 시점부터 그 직을 상실하며, 그 직을 상실한 자는 그로 인해 실시하는 해당 보궐선거에 후보자로 등록될 수 없도록 한다.

주민소환 투표 소송 등(법 제24조)에서 주민소환 투표의 효력에 관해 이의가 있는 해당 주민소환 투표 대상자 또는 주민소환 투표권자는 주민소환 투표 결과가 공표된 날부터 14일 이내에 관할 선거관리위원회 위원장을 피소청인으로 하여 소청을 제기할 수 있고, 소청에 대한 결정에 관해 불복이 있는 소청인은 관할선거관리위원회 위원장을 피고로 하여 그 결정서를 받은 날부터 10일 이내에 소(訴)를 제기할 수 있도록 한다.

제 7 편

행정환류론

제1장_행정책임과 행정통제
제2장_행정개혁

제 1 장 행정책임과 행정통제

제1절 행정책임의 본질

1. 행정책임의 개념과 유형

1) 행정책임의 일반적 개념

행정책임(administrative responsibility)이란 행정기관 또는 공무원이 주권자인 국민의 기대와 요망에 부응해 공익·직업윤리·법령과 행정 목표·정책이나 사업계획 등 일정한 기준에 따라 행동해야 할 의무를 말한다.

민주국가에서 행정책임의 의미는 다음과 같다. ① 국민의 수임자로서 지는 도의적·규범적 책임을 의미한다. ② 법령에 따라야 하는 법적 책임을 의미한다. ③ 국민과 국민의 대표기관인 국회에 대한 민주적·정치적 책임을 의미한다. ④ 국민의 여론에 따라야 하는 응답적 책임을 의미한다. ⑤ 직업윤리에 충실해야 할 기능적 책임을 의미한다.

2) 행정책임의 유형

(1) 외재적 책임과 내재적 책임

조직(행정부) 내·외를 기준으로 외재적 책임(대외적으로 입법부·사법부·국민에 대한 책임)과 내재적 책임(조직 내에서 상급자나 감독기관에 대한 책임)으로 보는 입장(김규정, 2000)도 있으나, 관료 개인을 기준으로 외재적 책임(관료 자신의 마음 밖에 있는 기준에 의한 책임)과 내재적 책임(관료 자신의 마음 속에 있는 기준에 의한 책임)으로 구분하는 입장이 일반적이다.

외재적 책임은 관료 자신의 내면적 판단 기준이 아닌 '외부(법률, 입법부, 사법부, 국민 등)적인 힘'에 의한 통제에 의해 확보되는 책임이다. 이러한 외재적 책임은 공식적인 법규가 판단 기준이 되는 객관적·공식적·강제적인 합법적인 책임(accountability), 상하 계층제적 책임구조인 행정조직 내에서 상급자나 상급기관의 지시나 부여된 목표에 대해 직접적으로 지는 상급자에 대한 책임(계층구조적 책임), 국회나 사법부에 대한 책임, 국민에 대한 응답적 책임(responsiveness) 등이 있다.

내재적 책임은 자율적·주관적 책임으로 외부적인 힘이 아닌 관료 자신의 전문지식이나 기술, 마음속에 있는 기준에 의한 책임이다. 이러한 내재적 책임에는 전문지식이나 기술이 판단 기준이 되는 직업적·관료적·기능적 책임, 관료의 양심이나 직업윤리 등 내적 충동이 판단 기준이 되는 주관적·자율적·재량적·심리적 책임 등이 있다.

(2) 객관적 책임과 주관적 책임: 쿠퍼(Terry L. Cooper)에 의한 분류

객관적 책임(objective responsibility)은 외재적 책임으로 행위자의 외부로부터 부과된 의무나 기준에 의한 책임으로서 행정인으로서의 역할에 대해 제기되는 법적·조직적·사회적 요구에 근거를 두고 있다. 그 종류를 살펴보면 다음과 같다.

첫째, 합법적 책임(accountability)이다. 공식적·법률적 책임으로 분담될 수 없는 책임이고, 법규를 준수하지 못한 데 대한 책임으로 설명적·변명적 책임이다.

둘째, 상급자에 대한 책임(계층구조적 책임)이다. 상하 계층제적 책임구조인 행정조직 내에서 상급자나 상급기관의 지시나 부여된 목표에 대해 직접적으로 지는 책임이다.

셋째, 정책에 대한 책임이다. 정책에 구체화된 선거직 공무원의 요구를 실현시켜야 할 책임으로서 정책을 입안하고 법과 행정명령을 집행할 의무다.

넷째, 국민에 대한 책임이다. 주인인 국민의 여망 또는 공익적 요구에 부합되는 행정을 수행할 책임으로 응답적·임무적 책임이다.

주관적 책임(subjective responsibility)은 내재적 책임으로 행정인이 내재적 동기 또는 기본적 욕구에 의해 일정한 방향으로 행동하고자 하는 신념·욕구·충성·양심·일체감 등 윤리적 기준에 충실하려는 것이다.

객관적 책임과 비교하면, 행정인이 책임에 관해 스스로 갖는 느낌이나 신념으로서 객관적 책임이 행정인으로서의 역할에 대해 제기되는 법적·조직적·사회적 요구에 근거를 두고 있다면, 주관적 책임은 스스로의 충성심, 양심, 일체감, 내적 충동, 행정윤리, 사회화 과정 등 관료들의 내면적·정신적 욕구에 근거를 두는 책임으로서 내재적·자율적 책임과 관련된다.

(3) 법적 책임과 재량적 책임

법적 책임은 법령에 위반되지 않을 책임으로 대외적으로는 입법부, 사법부에 대한 행정부의 책임이고, 대내적으로는 상사에 대한 행정인의 공식적 책임이다. 재량적 책임은 공익을 증진·확보하고 윤리적 기준에 위배되지 않을 책임이다.

(4) 법적 책임과 도의적 책임

법적 책임은 법령에 위반되지 않을 책임으로 분담될 수 없는 책임(accountability), 공식적·객관적·설명적 책임이다. 이에 반해, 도의적 책임은 국민의 수임자 또는 공복(公僕)으로서의 광범위한 책임(responsibility)으로 임무적·포괄적 책임이다. 공식적 지위나 권한과는 관계없이 국민의 여망에 부응해야 할 응답적·윤리적 책임(responsiveness)으로서 타인(부하)의 행위로 인해 지게 되는 공유(분담)되는 책임이다.

(5) 정치적 책임과 기능적(직업적) 책임

정치적 책임은 국민에 대해 지는 민주적·응답적 책임이다. 그리고 기능적 책임(직업적 책임)은 전문직업인으로서 직업윤리나 전문적·기술적 기준을 따라야 할 책임이다.

(6) 결과적 책임과 과정적 책임

결과적 책임은 행정행위의 내용이나 결과에 대해 져야 할 책임이며, 과정적 책임은 행정행위의 절차에 대해 져야 할 책임이다.

2. 행정책임의 중요성과 본질

행정책임의 중요성 또는 행정책임의 확보 필요성은 첫째, 행정의 전문화·복잡화 및 공무원의 재량권 증대로 행정 권력이 남용될 가능성이 증대했다. 둘째, 막대한 예산편성권과 자원배분권에 대한 견제 장치가 비효율적으로 운영돼 행정 권한의 남용 가능성이 증대됐다. 셋째, 개도국에서는 정부 주도의 경제개발 추진(관치경제)으로 공직 부패가 확산될 가능성 증대됐다. 넷째, 국민의 낮은 정치 의식 수준과 권위적 정치문화로 국민에 의한 민주통제가 제약을 받아 왔다. 다섯째, 민중(국민)통제, 입법통제, 사법통제 등의 약화로 책임 대상(성격)의 전이됐다.

행정책임의 본질과 특징은 일정한 의무(obligation)를 전제한다. 행정책임이란 행정상의 일정한 임무(duty)를 수행해야 할 의무 또는 부여된 권한(granted authority)을 실천해야 할 의무다. 그리고 행정인의 일정한 자율성·재량권에 기인해 발생한다. 행정책임은 중대하고 명백한 일탈에 대해 발생하는 것으로 업무 수행상 발생된 미미한 과실이나 비능률성에 대해서는 발생하지 않는다. 행정책임에는 결과에 대한 책임과 과정에 대한 책임이 있으나 대체로 행동의 결과에 대한 책임이 중요하다. 행동의 동기를 파악하는 것은 중요하지 않다. 행정책임은 행정통제의 목적이며, 행정통제는 행정책임 보장을 위한 수단이고, 행정책임을 판단하는 기준은 개인적인 욕구가 아닌 공익적인 요구에 따라야 하는 것이다. 행정책임의 구성 요소 간 상대적 비중은 시대에 따라 달라진다. 즉, 19세기 근대 입법국가에서는 외재적 책임이 기준이며, 20세기 현대 행정국가에서는 내재적 책임이 기준이다.

3. 행정책임의 기준(준거)

행정인은 관계 법령을 준수해야 하며 법의 추상성·형식성에 비춰 법령의 합목적적 운용이 요구된다. 국가공무원법(제7장)에 의하면 성실 의무, 복종의 의무, 청렴의 의무, 정치운동 금지, 집단행위의 금지 등이 이에 해당된다.

명문의 규정이 없는 경우(자율적·추상적 기준)는 주관적인 책임으로 행정은 공익을 추구하고 실현시켜야 한다. 또한 행정은 민주성·대응성을 비롯해 형평성·능률성·효과성·합법성 등 이념적 기준에 충실해야 한다. 행정인은 전문직업인으로서 국민에 대한 봉사자라는 직업윤리와 직무 수행상의 전문적 기준을 준수해야 한다. 그리고 행정책임은 공무원이 소속한 조직 단위의 목표와 정책이나 사업계획에 의해 현실적으로는 가장 구체적으로 평가될 수 있으며, 행정은 수익자집단이나 고객의 권익을 보호·향상시킬 의무가 있다.

4. 행정책임의 순환구조에 따른 유형

1) 순환구조

행정책임은 주인(국민)·대리인(관료)이론에 입각해 주인과 대리인 간의 책임 관계 또는 위임자와 수임자 간의 관계로서 파악해 네 가지 국면에 걸친 순환구조(임무적 책임→응답적 책임→변명적 책임→수난적 책임)로서 고찰할 수 있다. 임무적 책임(responsibility)과 응답적 책임(responsiveness)은 도의적 책임이며, 변명적 책임(accountability)과 수난적 책임(liability)은 법적 책임과 관련된다.

2) 종류: 관료제 조직과 책임 관계

(1) 임무적 책임

주인인 국민(위임자)이 대리인인 관료(수임자)에 대해 특정 임무나 업무를 맡김으로써 발생하는 책임이다. 즉, 국민(위임자)의 수임자나 공복(公僕)으로서 발생하는 책임이다. 각 행정인은 자기의 임무에 관해 소속 조직, 즉 조직의 상급자에 대해 책임을 지며 상급자로부터 주어진 임무를 수행하지 않으면 안 된다는 임무적 책임을 지는 것이다.

(2) 응답적 책임

임무를 맡은 대리인(수임자)이 주인(위임자)의 의사나 지시・요구에 따라 임무를 수행해야 할 책임이다. 수임자는 법령을 준수하고 명령에 복종할 책임을 진다. 위임자는 대리인인 행위자가 임무를 자기 의사에 맞게 수행하도록 요구한다. 이는 국민의 여망이나 민의에 부응해야 할 책임으로 정치적・도의적・윤리적・외재적 책임을 말하며, 국민(주인)의 의사나 여망이 판단 기준이 되는 책임이다.

(3) 변명적 책임

주인인 국민(위임자)이 대리인인 관료(수임자)의 업무 수행 결과가 불만족스러울 때 주인의 문책에 따라 변명・해명을 해야 하는 설명적・법률적 책임이다. 주인인 국민(위임자)은 대리인인 관료(수임자)로부터 직무의 수행 상황에 대해 보고를 요구하고 수임자의 행위를 점검・평가하려고 한다.

(4) 제재적・수난적 책임

대리인인 관료(수임자)의 변명・해명에 대해 주인인 국민(위임자)이 납득할 수 없을 때 주인으로부터 제재와 비난을 감수해야 할 제재적 책임이다. 위임자가 수임자에 대해 해임 또는 징계처분이란 제재를 행하면 수임자는 제재・비난을 받아들여야 하는 책임을 진다.

5. 행정책임 논쟁과 행정통제

1) 행정책임 논쟁의 배경

1940년대 전후에 걸쳐 행정책임 문제를 둘러싸고 프리드리히(J. Friedrich)와 파이너(H. Finer) 간에 유명한 논쟁이 전개된 바 있다. 두 차례에 걸친 세계대전과 경제대공황을 계기로 행정관료제가 비약적으로 확대됐다. 아울러 전문화・복잡화된 행정문제의 해결과 정책 입안이 실질적으로 행정관료제 내부에서 이뤄지게 됐으며, 이에 따라 행정기관 및 행정관료 개개인의 재량 범위가 대폭 확대됐다.

2) 프리드리히와 파이너의 행정책임 논쟁

(1) 프리드리히의 새로운(현대적) 책임론

「공공정책과 행정책임의 성질(Public Policy and the Nature of Administrative Responsibility)」(1966)이라는 논문에서, 의회를 통한 전통적·고전적인 행정책임의 확보를 비판하면서 책임 있는 행위는 기술적 지식과 대중의 감정에 스스로 응답하는 것이라고 새로운 책임론을 제기했다. 행정관료(개인) 자신의 마음속에 있는 책임감의 촉진을 통해 자율적으로 유도돼야 한다는 내부적인 접근을 강조했다.

기능적(기술적) 책임은 행정인이 전문직업인으로서 직업윤리와 전문적·기술적 기준에 따라서 직무를 수행해야 할 책임이며, 정치적 책임은 국민 감정(정서)에 응답해야 하는 책임이다.

(2) 파이너의 고전적 입장

「민주정부에서의 행정책임(Administrative Responsibility in Democratic Government)」(1966)이라는 논문에서, 전통적인 민주적 통제론에 따라 프리드리히의 새로운 현대적 책임론을 비판하면서 "관료는 대중이 선출한 대표자들에게 책임을 져야 한다."면서 외재적인 문책에 의한 제도적 통제에 의해서만 행정책임이 확보된다고 주장했다. 사법부·입법부 등 제도화된 외부적인 힘에 의한 통제를 강조하는 외부적·타율적 통제를 강조했다.

외재적으로 설정되는 기대와 의무가 조직 내에 역할을 규정한다고 보았으며, 법률이나 규칙에 대한 책임, 상급자와 부하 등 계층구조에 대한 책임, 정책에 대한 책임, 국민에 대한 책임, 의회에 대한 책임을 제시했다.

하이네만(F. Hyneman)도 외재적·민주적·정치적 책임을 확보하기 위해서는 의회 등을 통한 외부적·타율적 통제가 중요하다고 했다.

표 1-1 프리드리히와 파이너의 책임유형론

파이너의 고전적 책임론	① 법률이나 규칙에 대한 책임 ② 상급자와 부하 등 계층구조에 대한 책임 ③ 정책에 대한 책임 ④ 국민에 대한 책임 ➡ 타율적 통제 ⑤ 의회에 대한 책임
프리드리히의 현대적 책임론	① 기능적(기술적) 책임 ② 정치적 책임 ➡ 자발적 책임

제2절 행정통제

1. 의의

행정통제(administrative control)란 공무원 개인 또는 행정 체제의 일탈에 대한 감시와 처벌을 통해 행정 목표를 달성하려는 활동을 말한다. 행정이 국민의 요구나 입법부, 사법부, 행정수반이 원하는 방향으로 수행되도록 확인·평가하고 필요한 시정 조치를 취하는 것이다. 행정책임의 문제는 행정통제와 표리 관계에 있다. 즉, 행정책임은 행정통제의 목적이다.

행정통제는 주체와 영향력 행사 방향에 따라 외부통제와 내부통제로 나눌 수 있다. 외부통제는 국회나 사법부와 같은 행정구조 외부의 기관에 의한 통제를 말하고, 내부통제는 행정조직 내부기관, 구성원에 의한 통제를 말한다. 비교적 행정이 단순했던 입법국가 시대에는 외부통제에 중점을 뒀으나, 행정이 전문성과 복잡성을 띠게 된 현대 행정국가 시대에는 외부통제보다 내부통제가 점차 강조되고 있다.

행정통제는 행정재량권이 확대됨에 따라 책임의 명확화를 위해 필요하게 됐으며, 행정 성과를 종합적으로 확인·평가하기 위해 필요하게 됐다. 행정계획의 효과적인 집행 보장과 행정조직의 거대화에 따른 부문별 행정의 연계 관계를 확인하기 위해 필요하게 됐다. 그리고 행정의 민주성·능률성의 제고와 확대된 재량권의 남용을 방지하기 위해 필요하게 됐다.

행정통제는 목표 달성의 수단이며, 계획과 불가분의 관계를 맺는다. 행정책임을 확보하기 위한 것이며, 강제성을 수반한다. 시정 조치를 위한 일종의 환류(feedback) 과정이며, 목표 달성의 극대화를 목표로 한다. 그리고 행정통제는 계속적인 과정이다.

2. 행정통제의 원칙

1) 행정통제의 원칙

첫째, 예외성의 원칙이다. 대규모 조직의 관리자는 모든 행정 과정을 철저하게 통제하기가 어려우므로 통제의 효율성을 위해 일상적·반복적인 업무보다는 비일상적(예외적)·일회적 사항을 통제해야 한다.

둘째, 적량성의 원칙이다. 지나친 행정통제는 행정 집행과 재직자의 사기를 위축시키므로 지나치거나 못 미치는 일이 없도록 해야 한다. 작은 통제로 큰 효과를 낼 수 있도록 통제비용과 효과를 적정하게 비교해야 하며, 통제비용에는 효과성비용(통제로 인한 목표달성 지장)과 집행비용(통제 기술상·자원상 제약)이 있다.

셋째, 적응성(신축성)의 원칙이다. 예측하지 못했던 사태가 전개되면 신축적인 대응이 요구된다.

넷째, 즉시성의 원칙이다. 행정통제는 기획이 실천 단계에 들어가면서 신속히 시행돼야 한다.

다섯째, 일치의 원칙이다. 피통제자의 권한과 책임이 일치하도록 통제해야 한다.

여섯째, 비교의 원칙이다. 행정통제에 요구되는 모든 실적은 객관적으로 설정된 본래의 명확한 기준에 근거해야 한다.

일곱째, 이해가능성(명확성)의 원칙이다. 행정통제의 목적이나 기준을 명확하게 인식할 수 있어야 한다.

여덟째, 지속성의 원칙이다. 일회적인 통제는 통제에 대한 면역성과 불감증만 높여줄 뿐 효과가 없으므로 행정통제는 지속적으로 해야 한다.

2) 행정통제의 절차: 내부통제 기준

행정통제는 통제 기준 설정, 성과측정과 평가 및 보고, 시정 조치의 단계로 이뤄진다. 통제 기준(목표와 기준)의 설정 단계는 단기간에 전체 상황을 파악할 수 있는 전략적 통제점(strategic control point)을 선정한다. 성과측정과 평가 및 보고 단계는 시행 성과를 측정해 편차를 발견하고 비교・평가(해석)한다. 시정 조치(feedback) 단계는 통제 기준이 선정되고 수집된 자료가 그 기준에 의해 비교・평가됐을 경우에 결과를 토대로 목표와 사업 성과 간의 편차를 제거하거나 조정한다. 여기서 소극적 시정 조치는 오차의 수정이며, 적극적 시정 조치는 목표 자체의 수정이다.

3. 행정통제의 유형

1) 행정통제의 유형

행정통제는 행정부 외부로부터 통제인지, 행정부 내부에 의한 통제인지에 따라 외부통제와 내부통제로 구분한다. 공식기구와 절차를 통한 통제인지 아닌지에 따라 공식통제와 비공식통제로 나누며, 통제 시기에 따라 사전통제(지침, 허가, 승인 등 예방적 통제), 동시통제(과정통제), 사후통제(감사, 근무성적평정, 입법・사법 통제) 등으로 구분한다.

외부통제(민주통제)는 민중통제, 사법통제, 입법통제, 옴부즈만통제, 헌법통제, 국제통제 등이 있으며, 내부통제(자율통제)는 행정수반에 의한 통제, 정책 및 기획통제, 심사분석에 의한 운영통제, 감사원의 감찰통제, 요소별 통제(법제, 예산, 정원・인사통제, 물자통제), 보고・지시 등 절차통제, 행정윤리 확립, 비공식집단에 의한 통제, 대표관료제(비공식), 중앙통제(공식), 공기업통제(공식), 내부고발자 보호(공식), 국민권익위원회(공식), 기능적 책임(비공식), 공무원노조에 의한 통제(공식), 행정문화(비공식), 계층제에 의한 통제(공식) 등이 있다. 외부통제와 내부통제를 종합한 것으로 정보공개제도, 행정절차법 등이 있다.

공식통제(제도적 통제)는 입법통제, 사법통제, 국민권익위원회(민원 옴부즈만)통제, 중앙통제,

표 1-2 행정통제의 유형

<table>
<tr><td rowspan="4">외부통제
(민주통제)</td><td>① 민중통제: 일반 국민이 행정기관을 간접적으로 통제</td><td>비공식 통제</td></tr>
<tr><td>② 사법통제: 행정부의 위법한 침해를 사후구제</td><td rowspan="9">공식 통제</td></tr>
<tr><td>③ 입법통제: 입법 기능을 통해 국정에 대한 비판・감시 기능 수행</td></tr>
<tr><td>④ 옴부즈만제도(행정감찰관제도)</td></tr>
<tr><td rowspan="8">내부통제
(자율통제)</td><td>① 행정수반에 의한 통제</td></tr>
<tr><td>② 정책 및 기획 통제</td></tr>
<tr><td>③ 운영통제(심사분석에 의한 통제) – 관리통제</td></tr>
<tr><td>④ 감찰통제: 감사원</td></tr>
<tr><td>⑤ 요소별 통제(법제, 예산, 정원・인사통제, 물자통제)</td></tr>
<tr><td>⑥ 절차통제(보고・지시)</td></tr>
<tr><td>⑦ 행정윤리의 확립</td><td rowspan="2">비공식 통제</td></tr>
<tr><td>⑧ 비공식집단에 의한 통제</td></tr>
</table>

내부고발자보호제도에 의한 통제, 계층제에 의한 통제, 공기업 통제, 공무원노조에 의한 통제 등이 있으며, 비공식통제(비제도적 통제)는 민중통제, 행정윤리의 확립, 비공식집단에 의한 통제, 대표관료제, 기능적(전문적) 책임, 행정문화 등이 있다.

2) 외부통제(민주통제)

외부통제란 외부적 책임을 확보하기 위해 국민 · 입법부 · 사법부 등에 의해 통제하는 것을 의미한다.

(1) 입법통제

의회의 입법 기능을 통해 국정에 대한 비판 · 감시 기능을 수행한다. 행정부에 대한 감시견(watch dog)의 역할을 한다. 입법활동을 통해 공공정책을 심의 · 결정하며, 예산 및 결산의 의결을 통해 행정부를 견제한다. 고위공직자의 선출 · 임명동의권 및 인사 청문, 해임 건의, 출석 요구, 탄핵소추권 등의 인사권을 통해 행정부에 대한 감시를 수행한다. 대통령에 대한 승인권, 선전포고에 대한 승인권, 일반사면에 대한 동의권 등은 대통령의 통치권 행사나 정책을 통제한다. 국회는 정기적으로 국정 전반을 감사하고 특정한 국정 사안에 대해 수시로 조사한다.

입법통제의 장점으로는 통제의 제도화로 민중통제의 한계를 보완하고, 집단적인 통제이며, 객관적인 외부통제다. 그리고 가장 민주적인 통제이며, 가장 역사가 오래된 통제다.

반면, 단점으로는 전문성이 부족하며, 행정권의 강화에 따라서 상대적으로 통제력이 위축됐다. 특수이익을 대변하는 비대표성이 문제가 되며, 대리손실(agency loss)이 초래될 수 있다.

(2) 사법통제

국민적 권익이 행정부에 의해 위법하게 침해되는 경우 사법부가 이를 구제하고 행정명령 · 처분 · 규칙의 위헌 · 위법 여부를 심사함으로써 행정을 통제하는 것이다. 최근 사법부에 의한 행정통제의 사례가 증가하는 등 사법부에 의한 행정통제의 중요성이 증대되고 있다. 행정통제의 기능과 더불어 지원의 역할을 수행하기도 한다.

사법통제는 한계점이 있다. 이는 소극적인 사후구제다. 따라서 발생한 문제를 원상복구시키기 어렵다는 내재적인 한계가 있다. 시간 · 비용이 많이 소요되며, 행정의 전문성으로 인해 많은 제약이 있다. 공무원의 부작위는 다루기가 곤란하고, 합법성 위주의 통제다. 위법행정만을 다루는 합법성 위주의 통제라는 점 등에서 현대 행정에서 만연돼 온 부당한 재량행위를 적극적으로 방지할 수 없다. 그리고 사법부의 행정 개입이 지나치면 오히려 능률이 저하될 수 있으며, 국민의 비용 부담이 크게 증가할 수 있다.

(3) 민중통제(국민에 의한 통제)

일반 국민 내지 민중이 행정기관을 간접적 · 비공식적으로 통제하는 것으로, 최근 입법통제 · 사법통제의 무력화로 인해 그 보완책으로 민중통제가 중요시되고 있다. 시민단체(NGO), 정당 등은 공식적 조직으로서의 성격을 띠지만 행정 참여나 행정통제의 유형으로 볼 때에는 모두 비제도적 통제에 해당된다.

선거제도로 주권자로서의 국민이 주권을 행사하는 제도다. 주권자로서 국민이 행사할 수 있는 권리는 선거 외에도 주민투표, 주민소환, 주민감사청구, 주민소송제도 등이 있다. 민원실 운영, 반상회, 공청회 등 각종 주민참여제도를 통해 행정을 통제할 수 있다. 시민단체(NGO)에 의한 행정통제가 있다. 시민단체(NGO)의 활동과 관련된 문제점은 활동 영역과 관련된 쟁점, 결과에 무책임, NGO를 이용하려는 세력, 자율성 확보 문제 등이 있다. 이익집단에 의한 행정통제가 있다. 이들은 자신들에게 피해를 주는 정책에 대해서는 반대 로비를, 이익을 주는 정책에 대해서는 찬성 로비를 벌인다. 여론・매스컴의 역할, 지식인・대학생의 비판 기능, 정당의 역할, 정책공동체에 의한 통제 등이 해당된다.

(4) 옴부즈만제도: 1809년 스웨덴에서 처음 명문화

옴부즈만(ombudsman)이란 공무원의 위법・부당한 행위로 말미암아 권리의 침해를 받은 시민이 제기하는 민원(民怨)・불평을 조사해 관계 기관에 시정을 권고함으로써 국민의 권리를 구제하는 기관으로 조사관・호민관・행정감찰관을 말한다.

옴부즈만은 정치적으로 독립된 기관이며, 불편부당(不偏不黨)한 기관이다. 정부와 국민, 정부와 의회 간의 완충작용을 하며, 행정의 능률 향상과 공정한 법 집행을 확보한다. 국민의 공동 이익에 기초한 법령의 제정과 행정관료에 대한 감독 역할을 하며, 행정부와 입법부 간 권한의 균형을 추구하며, 입법・사법통제의 보완적 기능을 도모한다. 다른 통제기관들이 간과한 통제의 사각지대를 감시하는 데 유용하며, 외부적・제도적 통제 방법이다.

옴부즈만은 여야 합의로 추천해 의회가 임명한다. 따라서 옴부즈만은 의회 소속이다. 그러나 의회가 옴부즈만의 활동을 지휘・감독할 수 있는 것은 아니다. 단 우리나라와 프랑스는 행정부 소속이다. 옴부즈만이 고발할 수 있는 행위는 불법행위, 부당행위, 비능률, 부정행위, 태만, 과실, 결정의 편파성, 신청에 대한 무응답 등 다양하다. 즉, 합법성뿐만 아니라 합목적성도 조사 대상이 된다. 옴부즈만은 법원의 결정과 달리 행정행위를 무효・취소화할 수 있는 직접적인 권한이 없는 간접적 통제다(이빨 없는 감찰견 : watch dog without teeth). 옴부즈만은 주로 담당기관에 시정 조치를 건의할 뿐이다. 옴부즈만은 시민의 신청이나 고발에 의해 활동을 개시하지만 직권에 의한 조사도 가능하다. 옴부즈만을 법원과 비교했을 때 처리가 신속하며 비용이 저렴하다. 즉, 약화된 외부통제를 보완하는 수단이다. 그리고 옴부즈만은 직무 수행상 독립성을 갖는 헌법상 독립기관이다.

(5) 우리나라의 민원 옴부즈만제도

행정기관 등에 관한 고충민원의 처리와 행정제도의 개선 등을 위해 국무총리 소속 하에 국민권익위원회를 둔다. 그리고 지방자치단체 및 그 소속기관에 관한 고충민원의 처리와 행정제도의 개선 등을 위해 각 지방자치단체에 시민고충처리위원회를 둘 수 있다.

국민의 입장에서 고충을 해결해 국민의 권익을 보호하며, 위법・부당한 행정처분, 접수 거부, 처리 지연, 불합리한 제도・시책 등 신청 사항이 광범위하다. 처리 절차가 신속하고 간편하고, 행정기관에 시정권고, 설득 및 고발 가능 등 적극적인 행정 개선 및 통제가 가능하다. 감사나 다른 법률에 의해 불복절차가 진행 중인 사안은 제외되며, 신중한 결정과 판단을 위해 합의제 형태의 심의 의결기구를 운영한다. 행정각부를 통할하는 국무총리 소속 하에 설치돼 있으나, 직무상으로는 독립성과 자율성이 보장되고, 신청에 의해 조사만 가능하며, 직권조사는 불가능하다. 사전심사권도 없다. 법률에 의해 설치된 기관이기 때문에 헌법상 기관과 비교하면 조직적 안정성이 부족하다.

고충처리 제외 대상(각하 대상)에는 고도의 정치적 판단을 요하거나 국가 기밀 또는 공무상 비밀에 관한 사항, 국회・법원・헌법재판소・선거관리위원회・감사원・지방의회에 관한 사항, 수사 및 형집행에 관한 사항으로서 그 관장기관에서 처리하는 것이 적당하다고 판단되는 사항 또는 감사원의 감사가 착수된 사항, 행정심판, 행정소송, 헌법재판소의 심판이나 감사원의 심사청구, 그 밖에 다른 법률에 따른 불복구제 절차가 진행 중인 사항, 법령의 규정에 따라 화해・알선・조정・중재 등 당사자 간의 이해 조정을 목적으로 행하는 절차가 진행 중인 사항, 판결・결정・재결・화해・조정・중재 등에 따라 확정된 권리 관계에 관한 사항 또는 감사원이 처분을 요구한 사항, 사인(私人) 간의 권리 관계 또는 개인의 사생활에 관한 사항, 행정기관 등의 직원에 관한 인사행정상의 행위에 관한 사항 등이다.

우리나라 옴부즈만제도의 문제점을 보면, 헌법상 기관이 아닌 법률상 기관이며, 정부 내에 설치돼 있어 정부로부터의 독립성이 미흡한 내부통제에 불과하다. 구속력이 약하고, 직권조사가 불가능하며, 사전심사권이 없는 사후심사제도이기 때문에 사전 예방 기능이 없다. 입법부 및 사법부는 통제 대상에서 제외된다.

표 1-3 옴부즈만제도의 비교

구분	스웨덴(핀란드)	한국
소속	입법부	행정부(대통령 소속의 국민고충처리위원회)
독립성	'헌법'에 근거한 헌법기관	'국민고충처리위원회의 설치 및 운영에 관한 법률'에 근거한 법률기관
고발 내용	불법행위, 부당행위, 비능률, 부정행위, 태만, 과실, 결정의 편파성, 신청에 무응답	위법・부당한 행정처분, 접수 거부, 처리지연, 불합리한 제도나 시책
조사 개시	시민의 요구・신청・고발, 직권조사 있음.	신청에 의한 조사만 가능, 직권조사 없음.
결과 조치	조사 ⇒ 공개 ⇒ 건의	시정 권고, 설득 및 고발

2) 내부통제(자율통제)

행정활동이 본래 목표나 방침대로 이뤄지고 있는지를 자체적으로 확인・평가하고 필요 시 시정 조치를 취하는 것을 의미한다. 행정수반(대통령)에 의한 통제, 정책・기획의 조정에 의한 통제, 공무원의 자율적 통제로서의 행정윤리의 확립, 비공식조직・행정문화에 의한 내부통제, 운영통제, 관리기관에 의한 통제, 절차통제, 감찰통제, 행정감사, 공무원노조에 의한 통제, 중앙통제, 계층제에 의한 통제 등이 있다.

행정수반(대통령)에 의한 통제는 공무원 임명권, 준입법권(대통령령), 행정개혁권, 정치적 리더십, 여론의 호소 등이며, 정책・기획의 조정에 의한 통제는 국무회의, 대통령실, 국무총리실, 경제장관회의, 경제정책조정회의 등이 해당된다. 공무원의 자율적 통제로서의 행정윤리의 확립은 가장 이상적이고 실효성 있는 통제 방법으로 정치의 정화, 직업공무원제의 발전, 집단・조직 규범의 자율적 형성・촉진, 능력 발전의 기회 부여 등이다. 비공식조직・행정문화에 의한 내부통제는 공무원 조직 내의 자생집단이나 행정문화 등 비공식 요소에 의한 통제를 의미한다. 운영통제는 계획・

표 1-4 행정통제의 유형

구분	내부통제	외부통제
공식통제	행정수반(대통령), 교차기능조직, 독립통제기관(감사원, 국민고충처리위원회), 계층제(상관), 심사평가 등	입법부, 사법부, 옴부즈만 등
비공식통제	행정윤리(전문직업상의 행동규범), 비공식집단, 대표관료제, 기능적 책임, 행정문화, 공익 등	민중통제, 시민 참여, 이익집단, 언론매체, 정당 등

업무의 진행관리와 활동·실적 평가(심사 분야)이며, 관리기관에 의한 통제는 인사, 기구 및 정원통제, 예산통제, 물자통제, 법제통제 등이다. 절차통제는 보고제도·품의제·장부통제 등이다. 감찰통제(감사원)는 회계검사·직무감찰·행정감사 등이다. 행정감사는 감사원의 회계검사를 제외한 감사다. 공무원노조에 의한 통제는 부정부패에 대한 내부 견제다. 중앙통제는 예산편성지침의 시달, 지방채 승인 등 지방자치단체에 대한 중앙정부의 통제다. 계층제에 의한 통제는 조직 내 계층제적 위계질서에 의해 상급자가 하급자를 통제한다.

4. 행정통제의 한계와 강화 방안

1) 행정통제의 한계

최고 국정책임자의 지시에 따라 이뤄지는 정책에 대해서는 사실상 통제가 이뤄지지 않고 있다. 외부통제를 거의 받지 않는 부서(예: 청와대, 국가정보원 등)의 조직, 예산이 증가하는데도 불구하고 그러한 부서에 대한 통제가 효과적으로 이뤄지지 못하고 있다. 권위주의적인 행정문화로 인해 관료들의 외부통제에 대한 수용은 매우 낮은 편이며, 실질적인 정책집행 기능을 담당하는 준공공부문의 조직과 예산이 증대하고 있음에도 불구하고, 이들이 계속 통제 영역의 밖에 남아 있다는 점도 문제다. 중요한 정책 사안에 대해 정치적으로 협상이 되고나면 국민의 여론은 무시돼 버리는 정치풍토도 통제의 효과성을 떨어뜨린다. 한국 사회에서는 공무원의 일상적인 부패에 대한 사정기관의 통제 의지가 약한 편이며, 행정통제에 대한 관료의 반응행동, 즉 관료의 저항도 통제를 어렵게 한다.

2) 행정통제의 강화 방안

숨어 있는 정부(준정부조직), 정부기금, 권력기관 등을 통제할 수 있어야 한다. 특히 통제비용이 통제 효과를 초과한다는 이유로 이들 영역을 성역화해 통제 대상에서 제외하는 것은 곤란하다. 의회, 민원 옴부즈만제도, 감사원 등 통제기관 간 협조 체제 구축은 물론 다양한 통제장치가 강구돼야 하며, 행정의 투명성 확보를 통한 정보의 균형화가 필요하다. 이는 대리인이론에 의하면 정부에 대한 국민의 감시나 통제의 실패는 정보의 불균형화에 기인한다고 본다. 정보 격차 해소를 위한 행정정보공개제도와 행정절차법제도, 입법예고제도, 내부고발자보호제도 등의 활성화로 국민의 알 권리 보장은 물론이며, 행정의 절차적 투명성과 민주성을 확보해 나감으로써 정부와 국민 간에 존재하는 대리손실을 극소화하는 것이 중요하다. 미국의 경우 워터게이터 사건(1973)으로 관료제에 의한 내부적·자율적 통제가 한계에 봉착하면서 시민에 의한 효율적인 민주통제가 다시 강조됐다. 시민감사참관제도 등 시민의 참여 기회가 제도적으로 확대돼야 하며, 지방자치의 정착, 특히 지방자치에서 주민투표, 주민소환, 주민발안 등 직접민주주의의 실현으로 의회를 통한 간접 통제의 한계를 주민에 의한 직접 통제 방식으로 보완해야 한다. 최근 비정부단체(NGO)에 범국민적인 참여로 이들 단체를 통한 감시와 통제가 강화돼야 할 것이다. 특히 정책공동체(policy community)를 활용해 다양한 이해관계자가 정책 과정에 참여해 정책 결정의 합리성과 타당성을 높여야 한다. 무엇보다도 공무원이 자율적으로 행정윤리의 확립이 필요하며, 최근 도입된 내부고발자 보호제도(whistle blowing)를 내실 있게 운영해야 한다.

제 2 장 행정개혁

제1절 행정개혁

1. 의의

행정개혁(administrative reform)은 행정을 현재보다 더 나은 상태로 개선하기 위해 새로운 방법을 고안해 적용하려는 의식적·인위적인 노력을 말한다.

행정개혁은 단순히 조직개편이나 관리기술의 개선뿐만 아니라 행정인들의 가치관 및 신념, 태도를 변화시키는 것이다. 따라서 행정개혁에는 정도의 차이는 있지만 대부분의 경우 저항을 수반하며, 이를 극복하는 것이 행정개혁의 성공적 추진을 결정짓는 관건이라 할 수 있다.

행정개혁의 접근 방법은 여러 가지 관점에서 분류할 수 있으나, 개혁의 초점을 어디에 두느냐에 따라 구조적 접근 방법, 기술적 접근 방법, 행태적 접근 방법 등으로 나눌 수 있다.

2. 행정개혁의 필요성과 주요 속성

1) 행정개혁의 필요성

첫째, 정치 이념·정치적 변동이다. 행정개혁은 정권 교체 등 정치적 변혁이나 정치적 이해관계 변동의 결과물이다.

둘째, 권력 투쟁의 작용이다. 정치와 행정은 언제나 이에 참여하는 사람들 간의 치열한 권력 투쟁이며 행정개혁은 권력 투쟁의 산물인 경우가 많다.

셋째, 정부 역할과 행정 수요의 변동이다. 행정개혁은 인구구조의 변화, 정부의 규제 완화, 이익집단의 활성화 등 새로운 행정서비스 요청에 따른다.

넷째, 조직 확대 경향과 관료 이익의 추구다. 고위직의 증설을 바라는 관료적 이익에 의해 개혁이 이뤄진다. 이는 불순한 동기다.

다섯째, 행정의 능률화 및 효율성 제고다. 능률적·효율적인 행정문제 해결을 위한 새로운 관리기술과 전략인 MBO, OD, OA, ZBB, TQM, QWL 등의 벤치마킹을 위해 개혁이 요구된다.

여섯째, 새로운 기술 도입의 필요성이다. 정보통신기술 및 텔레매틱스와 같은 신에너지 및 지식창출은 행정조직 개편, 관리기술 혁신, 공무원들의 태도 전환 등을 요구한다.

일곱째, 행정의 낙후성과 부패 극복이다. 현실 행정의 낙후성과 누적된 부정부패를 극복하기 위해 개혁이 필요하다.

표 2-1 행정개혁을 촉진시키는 경우

급격한 변화가 있을 때	인구 및 고객구조의 변화 등 행정환경의 변화가 있을 때
조직구성원 간 이질성이 높을 때	정치·행정의 영역에서 이해관계의 대립이나 행정기관 내부 긴장과 대립의 격화 등 조직구성원 간 갈등이 심화됐을 때
실적이 목표에 미달할 때	효과성이나 능률성의 계속적인 저하는 행정성과 및 능률 증진을 위해
목표 수준이 적합하지 못할 때	현재의 목표 수준이 적합하지 않을 때

2) 행정개혁의 주요 속성

첫째, 목표(가치)지향성을 갖고 있다. 행정개혁은 그 자체가 목적이 아니라 행정의 바람직한 상태를 달성하기 위한 수단이며, 의식적으로 설정된 목적을 계획성 있게 추진하는 것이다(오석홍, 2012).

둘째, 변화지향성을 갖고 있다. 행정개혁은 현상(기득권)을 타파하고 더 나은 미래를 지향하는 변화 지향적인 활동이다.

셋째, 저항성이다. 행정개혁은 변화를 전제로 하는 개념이므로 현상(기득권)을 유지하려는 관료나 세력들에 의해 저항을 받게 된다.

넷째, 행동지향성(동태성)을 지니고 있다. 행정개혁은 미래 상황에 대한 예측과 의식적 행동이 전개되는 활동이다.

다섯째, 정치적 성격을 갖고 있다. 행정개혁은 정치적 환경이나 정치적 지지에 의존하며, 권력투쟁·타협·양보 등 다양한 전술이 행해지는 정치적·사회심리적 과정이다.

여섯째, 지속적인 변화를 한다. 행정개혁은 단발적·단속적·일시적 변화가 아니라 다발적·지속적인 변화이고, 그 결과에 대한 평가와 환류가 필수적으로 진행된다.

일곱째, 인위적·계획적 변화다. 행정개혁은 자연발생적이거나 진화론적인 단선형(單線型)이 아니라 계획적이고 다선형적 변화 노력이다.

여덟째, 개방성·동태성을 갖고 있다. 행정개혁은 환경이나 여타 하위 체제들의 변화에 능동적으로 대응하고 문제 해결을 강구하는 개방적·능동적 활동이다.

아홉째, 포괄적 관련성이 있다. 행정개혁은 내재적인 요인(가치관·행태)과 외재적 요인(국민적 지지)뿐만 아니라 조직개편·정책이나 절차 등의 개혁 내용이 포함돼야 한다.

3. 행정개혁의 접근 방법

1) 구조적 접근 방법

구조적 접근 방법은 공식적·합리적 조직관에 바탕을 두는 전통적인 접근 방법이다. 조직의 건전한 원리에 의거한 최적 구조가 업무의 최적 수행을 가져온다는 전략이다. 즉, 행정기구를 변화시킴으로써 행정개혁의 목적을 달성하고자 하는 방법이다.

구조적 접근 방법의 특징은 구조·직제·계층의 간소화 및 기능 중복을 해소하며, 행정사무의 적절한 배분과 권한·책임을 명확화한다. 집권화 또는 분권화의 확대 및 고전적 원리에 따른 전략이며, 의사소통 체제의 개선 및 통솔 범위·명령 통일 원리의 적용 또는 수정이 이뤄진다.

이러한 구조적 접근 방법은 인간을 종속변수로 취급하는 후진국형 접근 방법이며, 조직의 동태적 성격과 환경적 요인이 고려되지 않는다.

2) 관리·기술·과정상의 접근 방법

과학적 관리의 원리에 바탕을 두고 행정이 수행되는 절차나 과정·기술의 개혁으로 행정 성과의 향상을 도모하는 전략이다. OR, EDPS, MIS, 관리과학, 체제분석, 문서 양식, 절차, 사무자동화(OA), 정원관리 등을 혁신한다. 과학적 관리법의 적용, 인간관계론의 적용, MBO의 활용, 관리과학·OR·체제분석 등의 적용, 행정전산화·기계화, 업무량 측정, 직무조사, 직무분석, 직무평가, 사무자동화, EDPS의 적용, 봉급 책정, 정원관리, 사무관리, 문서 양식, 절차의 개선 등이 해당된다.

이러한 접근 방법은 기술과 인간성과의 갈등을 경시하며, 복잡한 행정을 지나치게 단순화시켜 접근한다. 또한, 신생국에서는 전문인력이 부족해 적용하기가 곤란하다.

3) 행태적(인간관계적) 접근 방법

행정인의 가치관·행태를 인위적으로 변화시켜 행정 체제 전체의 바람직한 변화를 유도하려는 전략으로 인간 행태의 변혁이 조직구조의 변경과 새로운 기법의 고안을 초래하는 데에 근거를 두고 있다. 자발적인 행태 변화에 의한 민주적·분권적·상향적·참여적 접근 방법으로 권위주의 행태를 보이는 개도국의 경우 적용이 용이하지 않다.

행태 변화가 조직 발전의 필수 요소로 보고 실험실 훈련(감수성훈련, 민감성훈련, T집단훈련), 과정상담, 작업집단연구, 태도조사 환류기법, 제3자 자문 등 조직 발전(OD) 방법을 활용해 구성원의 심리적 욕구를 충족시키고 조직과 개인의 목표를 조화시키고자 한다.

이러한 접근 방법은 인간 형태의 변화는 장기간이 소요되며, 개방적인 국가에서는 적용이 가능하지만 폐쇄적인 국가에서는 적용이 곤란하다. 비공식적·감정적인 측면에 치중해 행정조직에 전면적인 적용이 곤란하고, 행태과학에 관한 지식과 기술이 필요하다. 그리고 신생국의 경우 원활한 의사소통, 참여가 불충분하고 권위주의적 행정문화로 장애가 많다.

4) 체제적·종합적 접근 방법: 현대적 행정개혁

구조·인간·환경의 모든 문제는 물론 조직을 체제로서 파악하고 이들 간의 상호 연관성을 고려해 접근하는 방법이다.

정치인의 지지를 받는 것이 가장 우선이며, 다음으로 행정인의 이해·참여, 구조문제 순이다.

4. 행정개혁의 과정

1) 개혁의 필요성 인식

개혁의 필요성에 대한 인식에는 현재의 수준(실적)이 기대치(기준)에 못 미치는 편차(차질)를 발견하고 개혁의 필요성을 확인하고 이에 관한 합의를 형성하는 과정이다. 개혁의 필요성에 대한 인식에는 권력의 변동으로부터 발생하는 행정 수단에 대한 변혁의 요청, 행정 수요의 발생, 행정 제도에 내재하는 관행적 경향의 광정(匡正)과 같은 객관적 인식 및 이러한 객관적 요청을 개혁의 목표로 인정하는 정치 주체의 인식, 즉 주관적 인식을 구별할 수 있는데, 이 양자가 결합될 때 행정개혁에의 행동이 시작된다.

2) 개혁안의 준비 · 결정

개혁안의 마련에 있어서는 국내자(局內者)가 마련하는 경우와 국외자(局外者)가 마련하는 경우 및 이들의 협력에 의해 마련하는 경우가 있다. 국내자가 마련하는 개혁안은 상대적으로 덜 세밀하고 짧고 집중적이며 실현가능성이 높은 문제에 관심을 둔다. 그리고 집행을 강조하며, 특수하고 이미 알려진 문제에 더 관심을 두고, 집행이 용이하고 빠른 시일 내에 이뤄질 수 있는 특징이 있다. 그러나 국외자가 마련한 개혁안은 이와는 대조적 입장에 있는 것이 보통이다.

3) 개혁의 집행

개혁의 집행은 법안의 기초, 새로운 규정과 편람의 작성, 예산 조치, 관계 공무원의 보직 변경과 훈련 등의 조치를 취하고, 개혁안이 집행됨에 따른 저항의 문제를 충분히 검토해야 한다. 이 저항의 문제는 개혁의 추진자, 개혁의 내용과 종류, 개혁의 도입 방법 등에 의해 달라지며, 개혁의 효과에 큰 영향을 미친다. 평가에서는 개혁 그 자체가 목적이 아니므로 처음에 목적으로 한 효과를 달성했느냐를 생각해야 하며, 효과가 있다 하더라도 비용과 효과를 대비시켜 바람직한 것인가도 살펴보아야 한다.

4) 개혁의 평가 및 환류

개혁이 계획대로 시행돼 의도한 효과가 나타났는지 객관적으로 평가하고 문제점을 개선한다.

표 2-2 개혁의 폭과 속도에 따른 전략

구분	급진적 · 전면적 전략	점증적 · 부분적 전략
개념	근본적인 변화를 광범위하게 빠른 속도로 추진하는 전략이다.	점진적이고 완만하게 추진하는 전략이다.
국가	개도국, 뉴질랜드 등	대부분의 OECD 국가
장점	① 유능한 개혁 지도 세력이 존재 시 유리하다. ② 개도국에 유리하다. ③ 신속한 변화의 도입이 가능하다.	① 기득권의 저항이 감소된다. ② 정책의 일관성을 유지한다. ③ 조직과 사회의 안정성을 확보한다. ④ 불확실하고 복잡성이 높은 경우에 적합하다. ⑤ 예측가능성이 높다. ⑥ 광범위한 지지를 얻을 수 있어 성공 가능성이 높다.
단점	① 기득권의 저항이 유발된다. ② 정책의 일관성이 부족하다. ③ 조직과 사회의 안정성을 저해한다.	① 신속한 변화의 유도가 곤란하다. ② 소극적 개혁이 이뤄진다. ③ 기득권의 이익을 옹호한다. ④ 개혁 방향과 목표의 상실이 우려된다.

표 2-3 개혁의 추진 방향에 따른 전략

구분	명령적 · 하향적(directive) 전략	참여적 · 상향적(participative) 전략
개념	정부나 상층부에서 일방적으로 추진하는 개혁이다.	대내외 구성원의 참여로 추진하는 개혁이다.
장점	① 신속하고 근본적인 변화가 필요할 때 유리하다. ② 리더의 권위가 존재할 때 유리하다.	① 구성원의 사기와 책임감을 제고한다. ② 구성원의 지속적 효과를 보장한다. ③ 구성원의 의견 반영으로 저항을 최소화한다.
단점	① 기득권의 저항이 유발된다. ② 개혁 효과의 지속화가 의문시된다.	신속한 변화가 곤란하다.

표 2-4 개혁의 주관기구에 따른 전략

구분	정부 주도형	민간 주도형
개념	국내자(조직구성원)가 주도하는 경우다.	국외자(조직 외부인)가 주도하는 경우다.
장점	① 시간 · 비용이 적게 소요된다. ② 집중적이고 간편한 건의가 가능하다. ③ 기관 내부의 이익을 고려할 수 있다. ④ 현실성 및 실현가능성이 높다.	① 객관성 · 종합성 · 전문성이 충분하다: 과감한 개혁안 ② 국민적 공감 · 지지 확보가 용이하다. ③ 개혁의 정치적 측면을 충분히 고려한다. ④ 권력구조의 재편성에 유리하다.
단점	① 객관성 · 종합 · 전문성이 결여된다: 보수적인 개혁안 ② 국민적 공감 · 지지 확보가 곤란하다. ③ 사무관리 과정 · 기술 · 절차에 치중한다. ④ 권력구조의 재편성이 곤란하다.	① 시간 · 비용이 많이 소요된다. ② 극단적인 안이 건의될 수 있다. ③ 기관 내부 이익이 무시돼 관료들이 저항한다. ④ 개혁안이 현실성 및 실현가능성이 낮다.

5. 개혁의 추진전략

개혁의 추진전략에는 개혁의 폭과 속도에 따라 급진적 전략과 점증적 전략으로, 개혁의 추진 방향에 따라 명령적 · 하향적 전략, 참여적 · 상향적 전략으로 구분된다. 그리고 개혁의 주관기구에 따라 정부 주도형과 민간 주도형을 구분된다.

6. 행정개혁에 대한 저항 원인과 극복 방안

1) 행정개혁의 저항 원인

첫째, 기득권의 침해다. 행정개혁으로 인해 기득권을 침해받게 되는 관료나 이해관계자가 기득권을 지키기 위해 저항하게 된다.

둘째, 개혁 내용의 불명확성이다. 행정개혁의 내용이 불명확함으로 인해 불안감이나 초조감이 발동해 저항하게 된다.

셋째, 개혁 대상자의 능력 부족이다. 개혁 대상자의 전문지식이나 기술의 결여로 저항하게 된다.

넷째, 관료제의 경직성과 보수적 경향이다. 현상 유지, 위험 회피문화 등 변화를 꺼리는 관료의 타성이 저항의 원인이다.

다섯째, 비공식적 인간관계와의 부조화를 들 수 있다. 비공식적인 관행이나 규범이 행정개혁과 충돌해 저항한다.

여섯째, 참여의 부족이나 비공개적 추진이다. 개혁이 소수의 주도자에 의해 일방적・비공개적・폐쇄적으로 추진되는 경우에 그렇지 않은 자들로부터 저항을 받게 된다.

2) 저항의 극복 방안

첫째, 규범적・협조적 전략으로 가장 바람직한 전략이다. 대내외적인 참여의 확대로 이해와 공감을 확보하고, 개혁에 대한 정보의 제공과 의견(찬성 및 반대) 개진 기회를 제공한다. 개혁에 대한 불안감 제거를 위해 사전 교육훈련을 실시하며, 개혁 지도자가 적절한 상징이나 수범을 보이는 전략를 선택한다. 그리고 개혁을 수용할 수 있도록 시간적 여유를 제공한다.

둘째, 공리적・기술적 전략으로 저항의 감소전략이다. 개혁의 단계적 추진으로 기득권 침해의 폭을 축소시켜 충격을 완화하고, 개혁에 유리한 환경과 시기를 선택한다. 객관적인 개혁안을 명확하게 제시하고, 차원 높은 상징 조작에 의해 공공성을 강조하며, 개혁의 공공성 및 이점을 홍보한다. 개혁 방법・기술의 수정으로 추진전략에 융통성을 부여하고, 개혁안을 수정・보완하며, 인력의 재배치 등으로 신분 보장을 고려한다. 그리고 조건부 지원이나 유인 제공, 손실의 최소화와 적절한 보상을 실시한다.

셋째, 강제적・물리적 전략으로 이는 바람직하지 않은 전략이다. 긴장된 분위기를 조성하거나 물리적인 제재나 불이익을 준다. 그리고 상급자가 서열 관계에 의해 권력을 행사한다.

7. 행정개혁의 실패 원인과 성공 요건

1) 행정개혁의 실패 원인

첫째, 개혁정책 수립 과정에서의 실패다. 이는 개혁 수요에 올바르게 대응하지 못해 개혁 목표를 근본적으로 잘못 설정하거나, 개혁이 정부관료제에 의해 일방적으로 주도되는 경우, 그리고 집권적・비밀주의적인 개혁추진, 참여자들의 이기주의와 낮은 신망 등으로 개혁은 실패한다.

둘째, 개혁의 장애 요인으로 인한 실패를 들 수 있다. 과다한 개혁 수요로 인한 과부하, 자원 부족, 법령과 관행상 제약, 매몰비용, 부실한 외적 통제, 정부관료제의 보수성 등 개혁의 장애 요인으로 개혁은 실패한다.

셋째, 개혁에 대한 저항이다. 개혁에 대한 저항을 극복하지 못하면 개혁은 실패한다.

넷째, 개혁 추진자의 포획이다. 개혁 추진자들이 개혁 대상에게 포획되는 경우로 포획의 원인은 거대관료제의 압도적 세력, 개혁해야 할 행정적 폐단이 거대한 경우, 개혁 대상 조직에의 의존성과 개혁 추진체의 취약성, 개혁 대상 조직에 동화, 부패가 개혁 추진자들의 사익에 영합하는 경우 등이다.

2) 행정개혁의 성공 요건

첫째, 정치적・사회적 안정과 강력한 정치적 리더십의 확립이 필요하다. 행정개혁은 정국이 불안정하고 법과 질서가 유지되지 않고 있는 환경에서는 결실이 어려우며 집권층은 개혁의 충격을 흡수하고 지속시킬 수 없게 된다. 따라서 개방적 사고 방식이나 강력한 정치적 리더십이 확립돼

개혁을 뒷받침하지 않는 한 개혁은 성공될 수 없다.

둘째, 개혁지향성이 존재해야 한다. 일반사회나 행정조직 내에 개혁 지향적·진취적 분위기가 존재하고, 개혁을 강력히 추진하려는 열의가 존재해야 하며, 민주적 참여 의식이 왕성해야 한다. 따라서 사회·문화적 관심과 노력을 바탕으로 행정개혁이 시도돼야 하며, 그 효용성도 사회 전체적인 성과에 의해 판단돼야 한다.

셋째, 외국 제도의 내재화가 필요하다. 단순한 외국제도나 기술의 모방이 아니라 자국의 사회·문화적 토양 속에서 내재화돼야 한다. 국가 간 상황의 유사성이나 특수성을 면밀하게 진단해야 한다.

넷째, 점진적 전략의 고려가 필요하다. 조직의 신뢰성, 안정성, 적응성, 창조성을 위해 점진적 전략을 추진하거나, 저항에 대한 극복전략과 가외성에 대한 고려가 있어야 한다.

다섯째, 광범위한 참여·지지를 확보해야 한다. 행정개혁은 고위층이나 소수 엘리트의 의지만으로 성공을 거두기 어렵기 때문에 각계각층의 광범위한 참여·지지가 요구된다.

제2절 OECD 국가의 정부혁신

1. 의의

1980년대 이후 경제협력개발기구(Organization for Economic Cooperation and Development: OECD)에 속한 국가들은 신자유주의와 공공관리론에 바탕을 두고 전면적인 공공부문의 개혁을 추진했다.

영국은 1979년 대처 수상에 의해 시작된 대처주의(Thatcherism)에서 민영화와 규제 완화를 통한 '감소된 국가의 역할'을 정립했으며, 미국은 연방정부의 기능 감소를 주창하는 레이건 행정부의 신연방주의(Reaganomics)와 클린턴 행정부의 정부 재창조(Reinventing Government) 등은 신관리주의에 토대를 두고 '작고 효율적인 정부'를 구현하기 위한 것이다. 그리고 뉴질랜드는 강력한 정치 지도력을 바탕으로 한 데다가 소규모의 단일 국가라는 장점을 이용해 전면적이고 급진적인 정부혁신을 가장 성공적으로 추진한 나라다.

2. OECD 국가가 정부혁신을 추진하게 된 배경

첫째, 정부의 비대화의 한계다. 공공부문의 발전 없이는 국가 목표 달성이 불가능하지만 더 이상 정부 지출을 증가시키는 데 한계에 봉착하게 됐다.

둘째, 재정적자와 공공 부채의 누적적인 증가다. 조세수입은 정체된 반면에 사회보장 지출은 증가했고, 경제 성장률은 급격하게 둔화됐다.

셋째, 외부환경의 변화다. 국제화로 인해 공공부문의 경쟁력을 제고하고 규제 완화가 필요하게 됐다.

넷째, 공공부문의 비효율성이다. 공공부문이 독점, 부적절한 인센티브 구조, 가격 없는 서비스 제공 등으로 인해 효율성이 민간부문보다 떨어진다는 인식이 확산됐다.

다섯째, 시민의 요구와 압력 증대다. 정부혁신을 요구하는 시민의 요구와 압력이 증대했으며, 그에 따른 공동생산의 필요성이 증대했다.

여섯째, 내부의 변화 압력이다. 구성원(공무원)들이 외부 요구에 적절하게 대응할 수 있도록 관료들에게 더 많은 권능을 줄 것을 요구하는 분권화의 압력이 고조됐다.

일곱째, 정보기술(IT)의 발달이다. 행정정보화에 의한 내부관리의 효율과 서비스의 질 향상 기대, 서류 없는 전자정부 실현이 요구됐다.

3. OECD 국가 정부혁신의 방향(OECD백서)

1) 의의

OECD 국가 정부혁신은 공공행정의 새로운 패러다임으로서 거버넌스(governance)를 중시한다. 이는 정부의 역할이 종래의 계층제적 통제에 의한 일방적 통치가 아니라 분권화와 민영화, 시장화 등에 의해 정부와 국민을 동반자적 관계로 보고 국민의 복지 증진, 질서 유지를 위한 방향키 역할을 정부의 주된 임무로 인식하는 것이다.

2) 정부혁신의 방안

(1) 정부 기능 · 조직 · 인력의 감축

시장성 검정에 의해 정부 기능 폐지, 민영화, 민간위탁, 경쟁, 내부 효율화 등을 추진하며, 외부계약, 집행 기능에 대한 책임경영조직 형태로 분리 전환, 민간부문 및 정부기관 간 경쟁 도입 등 체계적인 의사결정의 우선순위를 설정한다. 피라미드형 계층제 구조의 경직성을 탈피, 관리 · 감독계층을 축소하고, 중복 기능을 통합하는 한편 자율적 팀제 등 동태적 조직 운영을 확대한다.

(2) 성과 중심의 행정 체제로 전환

투입과 절차(과정)보다는 산출과 결과(성과)에 중점을 둔다. 성과 중심의 인사로 성과급, 연봉제, 근무성적평정을 강화한다. 성과 중심의 조직으로 책임운영기관을 운영한다. 성과 중심의 재정으로 산출예산 및 발생주의 회계 방식을 선택한다.

3) 비용가치의 증대

납세자가 내는 돈의 가치(value of money)를 높여 능률성을 증가시키고, 낭비를 줄이며, 효과성을 향상시킨다.

4) 권한위임과 융통성 부여

권한을 부여(분권화↑, 재량권↑)하고, 혁신과 창의 및 책임 등은 증대시키며, 개별적인 통제에서 개괄적 통제로 전환한다. 즉, 인사, 예산, 조직관리 등에서 총괄적 범위 내에서 목표를 성취할 수 있도록 현지기관에 융통성을 부여한다.

5) 책임 · 통제 강화

관리자에게 권한을 주는 대신에 고위관리자의 책임과 역할을 강조한다.

6) 경쟁 및 개방 · 고객서비스 지향

기관 내부 지향적이 아니라 외부의 고객과 서비스 중심의 공공부문을 확립하고, 경쟁 원리와 시장적 메커니즘 및 민간경영 기법을 도입해 고객에 대한 대응성(responsiveness)과 서비스의 질을 향상시킨다. 영국의 시민헌장운동, 캐나다와 미국의 서비스기준제도, 원스톱(one-stop) 서비스 제도 등이 있다.

7) 정부규제의 개혁

규제의 비용 · 효과를 면밀히 검토하고, 규제 아닌 다른 대안과 파트너십을 통해 문제의 해결책을 강구하며, 자율적 규제 인센티브제도를 도입한다.

8) 정부간 협력

자치단체에 권한을 이양하고, 파트너십을 강조하며, 다양한 형태의 국제 협력에 활발하게 적응한다.

9) 정책 능력 강화

집행적 성격의 사업 기능은 전문적인 책임운영기관으로 분리 · 이관하고, 정부는 방향키 조정(steering)에 집중토록 해서 중앙정부의 정책 능력을 강화한다.

4. 영국의 정부혁신

1) 개요와 특징

오랜 경제 불황과 높은 실업률에 시달려 온 영국은 1979년 보수당의 대처 수상의 취임을 계기로 OECD 국가 중 제일 먼저 정부개혁을 시도(기능 중심적 접근)했다. 시장경제 원리에 입각한 작고 효율적인 정부로 되돌아가야 한다는 신보수주(neo-conservatism)의 정치 이념을 표방했다. 강력한 리더십을 바탕으로 대대적인 민영화정책과 규제 완화 등 과감한 정부혁신 작업을 일관성 있게 추진했다. 내각사무처(수상실) 내의 공공관리실(Office of Public Service: OPS)이 전략적인 중심 역할을 담당했다.

2) 주요 혁신 내용

(1) 프로그램 능률성 정밀진단(Efficiency Scrutiny): 1979년

내각사무처(수상실) 내에 민 · 관이 혼합된 소수(14명)의 능률팀(Efficiency Unit)을 구성했다. 비용가치(Value of Money)의 제고, 서비스 질 향상, 조직 및 관리의 효과성 제고 등을 진단 목표로 삼았다.

(2) 재무관리개혁(Financial Management Initiative): 1982년

종래의 각 부처에 대한 중앙의 강력한 예산통제를 완화해 정원 상한제 및 총괄예산제 도입 등으로 각 부처의 재정자율권을 부여했다. 재무관리권 위임과 성과관리 체제 확립, 뉴질랜드의 발생주의 회계 방식을 도입했다.

(3) 넥스트 스텝(Next Steps): 1988년

종래의 각 중앙부처에서 담당하던 집행 및 서비스 기능을 정책 기능으로부터 독립한 책임집행기관(Executive Agency)을 설치 · 운영했다. 정부는 총괄적인 사업 목표와 재원관리의 범위만 결정하고, 집행기관(Agency)의 책임자에게 관리재량의 자율성과 융통성을 대폭 허용했다. 집행기관의 책임자는 3년간 계약제로 임용하며, 성과급을 지급했다. 교육기관, 기상대, 면허사업소, 산림사업소, 청사방호사업소 등 130여 개가 운영되고 있다.

(4) 시민헌장제도(Citizen's Charter): 1991년

종래 능률성 진단과 넥스트 스텝 등의 개혁이 경제성과 효율성에 초점을 두고 있다면 메이저(J. Major) 행정부의 시민헌장제도는 고객서비스의 질 향상에 목표를 두었다. 노동당 정부에 의해 1997년에는 서비스 제일주의(Service First)로 개편됐다. 행정서비스의 기준을 설정하고 이를 시민의 권리로 인정했으며, 서비스 기준의 공표 및 정보를 제공했다. 시민의 만족도 조사 및 서비스 제공자 간의 경쟁 촉진으로 시민의 선택권을 확대했으며, 잘못된 서비스에 대한 불만 제기권의 부여 및 시정 또는 보상장치를 마련했다. 또한, 납세자에 대한 비용가치의 증대를 구현했다.

(5) 시장성 검증(Market Testing): 1991년

영국 정부가 1991년 '품질을 위한 경쟁(Competing for Quality)'이라는 시책에서 강조한 것으로 정부 기능을 원점에서부터 재검토해 이를 적정히 축소하려는 신공공관리론의 주요 프로그램으로 정부와 민간 중에 누구에 의해 서비스가 제공되는 것이 더 효율적인가를 따져보는 작업이다. 즉, 행정서비스의 공급 주체를 결정하는 제도다. 정부의 모든 기능을 매 3년 또는 5년마다 검토해 그 기능의 존폐 여부 및 기능의 수행 주체를 결정한다. 이를 사전적 대안분석(Prior Options Review)이라고 하는데, 공공부문 내의 기존 사업들을 전반적으로 검토해 폐기, 민영화, 전략적 외부위탁, 시장성평가, 내부 구조조정 등의 여부를 판단하는 기능 검토 절차다.

(6) 의무경쟁입찰제도(Compulsory Competitive Tendering System: CCT): 1991년

필수경쟁 절차로서 영국 정부가 '품질을 위한 경쟁'이라는 시책에서 강조한 것이다. CCT란 지방자치단체가 직영사업으로 어떤 행정서비스를 주민들에게 공급하고자 할 때에는 반드시 해당 서비스의 공급을 경쟁입찰에 붙여야 하며, 서비스 공급을 민간부문에서 하는 것보다도 지방정부가 직접 제공하는 것이 더 효율적이라고 판단됐을 때에만 직영으로 공급하는 것이 가능하도록 하는 제도다. 시장화가 가능한 모든 공공서비스는 우선 공공부문과 민간부문이 함께 참여하는 시장에서 경쟁을 통해 공급권자를 결정토록 법으로 규정함으로써 행정서비스의 생산성을 제고하고 고객인 주민들에게는 좀 더 저렴한 가격에 질 좋은 서비스를 제공받도록 하기 위한 제도다. CCT제도는 영국 정부의 행정서비스 공급 방법에 혁신을 가져왔으며 전통적인 행정 개념을 경영 개념으로 탈바꿈시키는 효과를 가져왔고 행정서비스의 수준을 현저하게 향상시켜 줬다.

(7) 공무원제도 개혁 및 능률개선 계획: 1996년

넥스트 스텝(Next Steps)과 시민헌장의 개혁 조치로 서비스 경쟁과 민영화가 확산됨에 따라 기존의 공무원 관리 체제도 변화돼야 한다는 문제 제기가 있었다. 뉴질랜드와 같이 고위공무원(사무차관 이하 과장급 이상)은 공개경쟁임용계약제를 도입해 개방제로 전환했고, 계급제를 폐지했으며, 성과급을 지급했다.

(8) 더 나은 정부(The Better Government): 1997년

1997년 집권한 블레어(T. Blair)의 노동당 정부도 '더 나은 정부'를 기치로 개혁을 추진했다. 정치적으로는 제3의 길(The Third Way)을 표방하며 '정부 현대화(Modernizing Government)'라는 개혁 프로그램을 추진했다. 개혁 프로그램의 기치로 합리적 정책결정(rational policy making), 고객대응 행정 서비스(responsive public service), 질 높은 행정서비스(quality public service), 정보화정부(information age government), 사회적 약자를 보호하는 정부를 제시했다.

표 2-5 영국의 각 수상 재임 시 주요 혁신 프로그램

M. Thatcher (1979~1990)	① 능률성 정밀진단(Efficiency Scrutiny): 1979년 ② 재무관리 개혁(Financial Management Initiative): 1982년 ③ 넥스트 스텝(Next Steps): 1988년
J. Major (1990~1997)	① 시민헌장제도(Citizen's Charter): 1991년 ② 시장성 검증(Market Testing): 1991년 ③ 의무경쟁입찰제도(Compulsory Competitive Tendering System: CCT): 1991년 ④ 공무원 제도 개혁 및 능률개선 계획: 1996년
T. Blair (1997~2007)	① 더 나은 정부(The Better Government): 1996년 ② 제3의 길(The Third Way)을 표방: '정부 현대화(Modernizing Government)'라는 개혁 프로그램 추진

5. 미국의 정부혁신

1) 개요

1970년대 후반부터 국가경제의 경쟁력이 저하되고 재정적자의 규모가 커지게 됨에 따라 정부부문의 개혁 압력이 고조됐다.

카터(J. Carter) 행정부에서 우수한 외부 인력을 확보하기 위해 일반공무원 보수 체계와는 달리 고위공무원에게 비교적 높은 급여를 주는 방식으로 고위공무원단 제도가 운영되고 있다. 이것은 행정의 생산성과 대응성을 높여 정부의 경쟁력을 강화하고 국정 목표를 효율적으로 추진하는 동시에 고위공무원 상호간의 응집력을 강화하는 효과가 있다. 1980년대 초반에 레이건(R. Reagan) 대통령은 신연방주의(new federalism) 노선에 따라 연방정부의 역할을 축소하는 대신 상대적으로 주정부와 지방정부의 역할과 책임을 증대시키게 됐다. 클린턴(B. Clinton) 행정부에서는 1993년 2월 취임 시 연방공무원 10만 명 감축을 지시했고, '정부 재창조(Reinventing Government)'를 위한 방안을 강구했다. 직업관료(연방 및 지방) 250인(위원장 : 고어(A. Gore) 부통령)으로 구성된 국정성과평가팀(National Performance Review : NPR)을 설치하고 본격적인 개혁에 착수했다. 1996년 NPGR(National Partnership for Government Reinventing)로 개편했다. 부시(G. Bush) 행정부에서

대통령 산하에 '대통령정부운영협의회(President's Management Council: PMC)'를 설치해 의장에 관리예산처의 부처장을 임명하고, 각 부처별로는 정부개혁을 책임지고 수행하는 '최고행정관(Chief Operating Officer)'을 지명해 대통령협의회의 위원으로 활동했다.

2) 클린턴 행정부의 '정부 재창조 작업(Government Reinventing)'

기본 원칙은 작지만 좀 더 생산적인 정부로 재창조해 나가기 위한 'Works Better & Cost Less'를 구현한다. 「고어 보고서(From Red-tape to Result)」(1993)에서 첫째, 예산 절차의 간소화, 인사행정의 분권화, 조달행정의 간소화, 주・지방정부의 권한 부여, 과잉 규제의 탈피와 감사 기능의 재정립 등의 번문욕례의 제거(cutting red tape)를 제시했다. 둘째, 고객의 의견 존중과 선택권 부여, 서비스조직의 경쟁 유도, 시장경제 원리의 중시, 문제 해결에 시장 메커니즘을 활용하는 고객우선주의(putting customers first)를 제시했다. 셋째, 근로생활의 질 향상과 노사 협조 체계의 형성, 의사 결정의 분권화와 직무 수행의 수단 제시, 리더십의 발휘와 결과책임주의 등의 결과 달성을 위한 직원에의 권한 부여(empowering employees to get results)를 제시했다. 넷째, 정부 기능을 기본적인 것에 국한, 중복・불필요한 조치를 철폐, 공공서비스 사용료의 증가와 모든 정부 채권의 회수, 기술 투자를 위한 혁신기금 마련, 신속・정확한 수요파악과 전자정부 구현 등의 기본적 기능에의 복귀(cutting back to basics)를 제시했다.

클린턴의 상식정부는 규정・인원・예산을 과감하게 줄이고 시민을 제일로 모시고 적은 비용으로 일 잘하는 정부, 센스 있는 정부, 규칙보다는 결과(성과) 중심의 정부, 서비스 기준제도의 운영을 통한 고객제일주의, 비용을 절약하고 이익을 극대화하는 정부를 의미한다.

정부 재창조 작업의 주요 내용은 첫째, 탄력적 관리 체제 구축이다. 경직된 연방인사편람 폐기, 인사권의 대폭적 위임, 구매절차의 간소화 등을 추진했다. 둘째, 민간의 규제 부담 완화다. 파트너십에 입각한 규제 대안 개발(자율규제인센티브)을 중시했다. 셋째, 고객우선주의의 실현이다. 서비스 기준(Customers Service Standard)을 제정해 발표했다. 넷째, 조직 및 사업을 개편했다. 연방정부의 규모를 축소, 불필요한 지방기구 및 사업소 폐지 또는 통합했으며 성과 중심의 관리 체제를 확립했다. 다섯째, 정보기술의 활용과 전자정부의 구현이다. 첨단 네트워크와 디지털 정보의 정보기술을 전략적으로 활용해 표준화된 정보의 공동 활용에 의한 고객 지향적이고 열린 정부를 추진했다.

'행정성과 및 결과에 대한 법률'(1993년)을 통해 투입・절차보다는 산출・성과 중심의 관리를 지향했으며, '연방입법재편법'(1994년)을 통해 연방인력의 12% 감축을 목표로 했다. '정부관리개혁법'(1994년)을 통해 부처별로 재정책임관을 임명하고, 기업 방식의 회계검사를 실시한다.

1997년 재집권한 클린턴은 제1기의 성과를 토대로 NPR에 입각한 지속적인 개혁 방안을 발표했다. 정부의 정책결정 및 규제 기능을 사업 집행 기능과 분리한 영국의 집행조직(Agency)을 모방한 성과중심조직(Performance-Based Organization: PBO)을 도입했다. NPR을 NPGR(National Partnership for Government Reinventing)로 변경해 파트너십에 입각한 지속적인 정부개혁을 추진했다.

3) 부시 행정부의 행정개혁

(1) 행정개혁의 필요성과 방향

서비스의 부적절, 과다 비용의 지출, 기존 정책에 대한 재고 없이 신규 정책 남발 등으로 개혁의 필요성이 시급하게 요구됐다. 정부개혁은 정책의 목적 등 근본적인 사항 외에 그 집행 방식, 운영 방식 등 관리상의 문제 극복이 중요하며, 개혁은 선택과 집중이 필요하다. 우선순위가 높은 과제에 전념해야 한다고 봤다. 부시 행정부의 정부개혁의 세 가지 원칙은 고객 중심적, 결과 지향적, 시장 지향적 등이다.

(2) 행정개혁 과제의 특징

각 추진 과제는 일관되고 종합적이며 상호 보완적이고, 계획 수립 못지않게 집행이 중요하다고 봤다. 효율적 정부 운영을 위해 관리자에게 관리상의 자율성 부여가 필요하며, 이를 위해 법령상의 제약 요건을 제거했으며, 정부개혁은 행정부뿐만 아니라 의회의 적극적인 협조를 중시했다.

(3) 행정개혁의 방향

개혁안은 대통령 비서실과 관리예산처(OMB)에서 공동으로 초안・작성한 것으로서, 부시 대통령은 국민은 민간기업과 같은 최상급 수준의 행정서비스를 받기 원하고 있다고 전제했다. 대통령의 정부 운영의 방향은 결과 중심(focused on results)의 정부, 시민과 정부가 최대한 가까워지는 시민 중심(more accessible to citizen)의 정부를 실현하고, 당면한 정부의 운영을 개선하고 성과를 향상시키는 것이었다.

(4) 세부 개혁 방안

전 정부적인 성과 향상을 위한 방안으로서 인적 자원의 전략적 관리(strategic management of human capital), 민간부문과의 경쟁 체제의 확대(competitive sourcing), 재정 성과의 향상(improved financial performance), 전자정부의 확대(expanded electronic government), 예산과 성과의 통합(budget and performance integration) 등을 제시했다. 특히 관리직의 수를 감축해 대민창구로 재배치하고 정부조직의 계층구조를 축소해 의사결정의 신속성을 도모하며, 이 밖에도 지식관리 시스템의 확대, 연방・주・지방정부 간 행정정보의 공유, 정보통신 기기의 활용도 제고, 정부 기능의 민・관 간 경쟁을 통한 자원의 효율성 증대 등의 시책을 제시했다.

(5) 개혁추진기구

정부개혁을 효율적으로 수행하기 위해 대통령 산하에 '대통령 정부운영협의회(President's Management Council: PMC)'를 설치해 의장에 관리예산처의 부처장을 임명하고, 각 부처별로는 정부개혁을 책임지고 수행하는 '최고행정관(Chief Operating Officer)'을 지명했다.

6. 뉴질랜드의 정부혁신

1) 개요와 특징

1984년 집권한 노동당의 랭(D. Lange) 수상이 영국 대처 행정부의 개혁이론과 추진 경험을 참고해 광범위한 개혁에 착수했다. OECD 국가 중 가장 급진적인 추진전략으로 정부개혁을 성공시킨 나라로 평가되며, 이러한 성공 요인을 살펴보면, 우수한 공무원집단과 유능한 정치지도자를 보유했으며, 연방국가가 아닌 소규모 단일국가였기 때문에 가능했다. 주요 프로그램으로 공공관리위원회의 평가보고서(1994년)와 쉬크(A. Schick)의 보고서(1996년) 등이 있으며, 『2010년으로 가는 길(*Path to 2010*)』에서 소득 증대, 공동체 강화, 교육 및 훈련, 환경 보호, 세계화, 경제 성장 등 전략성과 분야에 대한 핵심적인 정책과 목표를 세워 21세기 뉴질랜드의 장기 비전을 제시했다.

2) 정부개혁의 핵심 원리

첫째, 민간부문과 지역단체에 대한 정부개입을 최소화했으며, 둘째, 사업 기능을 담당하는 정부기업을 민간기업 방식으로 구조를 전환하기 위해 부처조직이 담당하는 이질적이고 상충적인 기능을 구분해 정책 기능과 집행 기능, 상업 기능과 비상업 기능 등으로 분리했다. 셋째, 부처관리자에게 대폭적인 운영 권한을 위임해 투입에 대한 중앙통제의 최소화를 추구하되 결과나 성과를 우선시하고 책임성을 강조한다. 넷째, 실제 시장 요인에 따른 정부 활동비용을 결정하기 위해 산출물의 질・양・비용을 생산자가 아닌 구매자, 즉 고객의 선호에 따라 결정하는 방식을 선택했다.

3) 주요 혁신 내용

첫째, 구조적 개편에서는 에너지부, 산림청, 우정청 등 대규모 사업부처의 조직을 폐지하고 공기업으로 전환해 상업적으로 운영했다. 기능이 세분화된 중앙부처에 대한 수평적인 통폐합을 추진했다. 예를 들어 외무부와 통상산업부를 외교통상부로 통합했다. 비합리적인 지방정부 조직을 대대적으로 재편했으며, 1988년 'Tomorrow School' 전략을 발표해 교육행정 분야에 대한 대대적인 개편을 단행했다.

둘째, 관리 체제 개편에서는 재무부에서 각 부처 운영의 상업화 전략을 촉진하기 위해 새로운 재정 운용 원리를 제시했다. 공공부문 전체에 대해 성과와 책임 향상을 위한 성과관리 혁신을 추진했으며, 상업적 경영환경을 도입하기 위해 재무관리와 회계제도의 개혁을 추진해 산출예산제도를 도입했고, 기업 방식의 재무제표를 작성했다. 그리고 발생주의 회계 방식을 도입했다.

7. 캐나다의 정부혁신

1) 개요

실용적 접근을 채택한 국가로서 1989년 「행정 2000(Public Service 2000)」이라는 정책백서로부터 정부혁신이 시작됐다.

2) 주요 혁신 내용

첫째, 정부조직 개편으로 1993년 캠벨(K. Campbell) 수상에 의해 중앙부처를 32개에서 23개로 통폐합해 할거주의 극복을 위한 대부처주의(大部處主義)를 실현했다. 영국의 집행기관(Agency)과 같은 특별운영기관(SOA)의 설치를 추진했다.

둘째, 사업 재검토(Program Review)를 실시했다. 1993년 재정 억제를 목표로 정부사업과 기능에 대한 우선순위, 조직구조, 연방과 지방정부 및 민간부문의 관계를 백지 상태에서 엄격히 재검토해 공공부문의 기능을 원점에서부터 재검토했다.

셋째, 1992년 공무원개혁법의 제정으로 공무원 인사관리 절차를 간소화하고 각 부처 사무차관에게 공무원임용권을 대폭 위임했다.

넷째, 성과 중심의 관리 체계를 도입했다. 1993년 운영예산제도(Operating Budgets) 도입으로 보수 및 행정운영경비를 하나의 총액 항목으로 통합해 신축성 있는 성과 중심의 예산 체제를 확립했다.

다섯째, 서비스 기준·정보기술·규제개혁 등을 실시했다. 1994년부터 서비스 기준(service standards)을 제정·공표해 고객에 대한 서비스의 질 향상을 추진했다. 1992년부터 대폭적인 규제완화 조치에 박차를 가하고 있다.

8. 일본의 정부혁신

하시모토(橋本龍太郎) 내각에 의한 제3차 임시행정개혁추진위원회(1990~1993)와 행정개혁위원회(1994-1997)가 주동이 돼 다양한 행정개혁을 추진했다.

주요 혁신 내용으로 23개 중앙행정기관을 1부(部)·10성(省)·1청(廳) 등 13개로 대폭 축소·통폐합(2001.2)해 대(大)부처주의를 추진했다. 집행 기능을 외청 또는 독립행정법인으로 분리해 이관하는 방안을 추진했으며, 공무원총정원법의 제정과 정원삭감계획에 따라 대대적으로 공무원정원을 감축했다. 정부산하단체에 해당하는 특수법인의 개혁과 규제 완화를 추진했고, 지방분권추진법을 제정하고 지방분권추진위원회를 결성했다.

9. OECD 국가의 정부혁신이 우리에게 주는 교훈

정부 기능의 재정립을 통한 정부 역할을 축소시켜야 하며, 행정관리 권한의 각 부처 이양을 통한 성과관리 행정 체제를 구축한다. 공공부문 내에 경쟁 원리와 시장 원리를 도입하고, 행정서비스의 질 향상 노력을 통한 고객 지향적 행정 체제를 확립한다.

영국의 OPS(공공관리실), 미국의 NPR(국정경영평가팀)처럼 지속적이고 총체적인 국가관리가 필요하며, 중앙은 방향 설정, 각 부처는 구체적인 개혁작업을 담당함으로써 혁신 주체와 각 부처간의 역할을 분담해야 한다. 그리고 추진 과정에서 질서정연한 흐름과 단계성이 존중돼야 한다.

제3절 우리나라의 행정개혁

1. 행정개혁의 연혁

1) 제1공화국에서 제6공화국까지

(1) 제1공화국

1948년 8·15 해방 이후부터 1960년 4·19 혁명 이전까지의 행정개혁으로 국가의 골격 형성에 주력했다. 11부 4처 3위원회, 1949년 지방자치법을 제정・공포했으며, 1952년 지방의회를 구성했다.

(2) 제2공화국

내각제 채택으로 새로운 정부조직법을 제정했으며, 국무총리제와 국무원제를 신설했다. 중앙행정기구는 1원 12부 1처 3청 3위원회였으며, 각 부처에 사무차관과 정무차관제를 신설했다.

(3) 군정

5・16쿠데타 이후부터 제3공화국 이전까지의 개혁으로 정부 주도의 경제 성장을 위한 정부조직 기반을 구축했다. 중앙행정기구는 2원 12부 1처 5청 2위원회였으며, 경제기획원, 노동청을 신설했다. 국가공무원법 전면 개정과 직위분류제 및 공무원훈련법, 예산회계법을 제정했다.

(4) 제3공화국

1963년 제3공화국 출범에 따른 행정개혁으로 중앙행정기구는 2원 13부 3처 6청 7외국이었다. 부총리(경제기획원 장관)제도를 도입했으며, 행정개혁조사위원회를 설치(한시조직)했다.

(5) 유신 체제

1973년부터 1979년까지 유신 체제 하의 행정개혁이다. 중앙행정기구는 2원 13부 4처 13청 5외국이었으며, 행정조정실(국무총리 보좌기구) 신설, 동력자원부(1978) 및 환경청 신설(1979), 직위분류제 폐지(1973), 서정쇄신 및 공무원의 숙정활동을 전개했다. 한시조직인 행정개혁조사위원회를 국무총리 소속 행정개혁위원회로 상설화했다.

(6) 제5공화국

1979년 10월부터 1988년까지 전두환 정부에 의한 행정개혁이다. 1981년 10월 15일 행정개혁을 실시했으며, 기구의 통폐합, 절차의 간소화, 인력의 소수정예화 및 대국대과(大局大課)의 구현으로 조직 규모의 적정화했다. 기획조정실과 행정개혁위원회를 폐지하고 기획 조정 업무는 경제기획원 심사분석국으로 이관했고, 중앙행정기구는 2원 15부 4처 14청 1위원회였다. 공직자윤리법을 제정했다.

(7) 제6공화국

1988년부터 1993년까지 노태우 정부에 의한 행정개혁이다. 환경청을 환경처로 승격(1989)했으며, 문화공보부를 문화부와 공보처로 분리했다. 지방자치제도를 부활했고, 1년 시한의 행정개혁위원회를 설치했다.

2) 김영삼 정부의 행정개혁

1993년부터 1998년까지 문민정부에 의한 행정개혁으로서 군사정권을 종식하고 신한국 창조를 주창했다. 1년 시한의 행정쇄신위원회(대통령 소속)가 설치돼 개혁 추진했다(1993). 1994년 12월 3일 대폭적으로 정부조직을 개편했다. 그 내용을 살펴보면, 경제기획원과 재무부를 통합해 재정경제원을 설치했으며, 건설부와 교통부를 통합해 건설교통부를 설치했다. 환경처를 환경부로 승격했으며, 체신부를 정보통신부, 보건사회부를 보건복지부로 변경했다. 경제기획원의 심사분석 기능을 총리실 행정조정실로 이관했으며, 경제기획원의 공정거래위원회를 국무총리 소속으로 독립화했다. 중앙행정기구는 2원 13부 5처 15청으로 개편했다.

3) 김대중 정부의 행정개혁

3차에 걸친 정부조직 개편을 수행했다. 1차 정부조직 개편(1998.2)에서 2원 5처 14부 15청 1외국을 17부 2처 16청 1외국으로 개편했다. 통일원을 통일부로, 재정경제원을 재정경제부(부총리제도 폐지) + 예산청(재경부 소속 외청)으로, 외무부를 외교통상부로, 총무처와 내무부를 통합해 행정자치부로, 과학기술처를 과학기술부로, 문화체육부를 문화관광부로, 통상산업부를 산업자원부(통상기능은 외교통상부로 이관)로, 공보처를 공보실(총리소속 1급)로, 정무 제1, 2장관을 폐지했으며, 법제처 및 국가보훈처를 장관급에서 차관으로 직급 하향 조정했다. 행정조정실(차관급)을 국무조정실(장관급)로, 식품의약품안전청을 신설(보건복지부 소속 외청)했다.

2차 정부조직 개편(1999.5)에서 17부 2처 16청 1외국을 17부 4처 16청으로 개편했다. 기획예산위원회와 예산청을 통합해 기획재정부(장관급)로, 중앙인사위원회(대통령 소속)를 신설했으며, 국무총리 공보실(1급)을 국정홍보처(차관급)로 신설했다.

3차 정부조직 개편(2001.1)에서 17부 4처 16청을 18부 4처 16청으로, 국무위원 18명을 19명으로 개편했다. 교육부를 교육인적자원부로, 여성특별위원회(대통령 직속)를 여성부로 개편했으며, 부총리제도 부활해 재정경제부 장관, 교육인적자원부 장관을 부총리로 했다.

기타 행정개혁(1999.1 이후)으로 책임운영기관제도를 도입했으며, 국가공무원총정원령을 도입했다. 그리고 개방형 인사제도를 도입했고, 성과급 보수제도와 고객헌장제도를 도입했다.

4) 노무현 정부의 행정개혁

참여정부는 효율적인 정부, 봉사하는 정부, 투명한 정부, 분권화된 정부, 함께하는 정부의 비전을 제시했으며, 8대 분야별 혁신과제를 주창했다. 정책홍보 분야, 행정개혁 분야, 인사개혁 분야, 지방분권 분야, 재정세제 분야, 전자정부분야, 기록관리 분야, 혁신분권평가 분야 등으로 구분해 추진했다.

정부조직은 18부 4처 17청 9위원회로 개편(2004.3)했다. 정무직 공무원의 배치는 법률의 규정에 의하도록 했으며, 행정개혁에 관한 사무를 기획재정부에서 행정자치부로 이관했다. 법제처와 국가보훈처를 장관급 기구로 격상하고, 처장과 차장을 정무직으로 했으며, 행정자치부의 공무원의 인사관리 관련 기능을 중앙인사위원회로 이관했다. 정보통신부의 전자정부에 관한 사무를 행정자치부로 이관했으며, 행정자치부 장관 소속 하에 소방방재청을 신설하고 청장을 정무직 또는 소방공무원으로 보하도록 했다. 문화관광부 장관 소속 하의 문화재청을 차관급 기구로 격상시켰고, 영유아 보육 업무를 보건복지부에서 여성부로 이관했다. 과학기술부 장관이 부총리를 겸직하도록 했으며(2004.10.18), 여성부를 여성가족부(2005.6.23)로, 재정경제부·외교통상부·행정자치부·산업자원부 등에 복수차관제 도입과 통계청·기상청 차관급으로 격상했다(2005.7.22). 국방부 방위사업청 및 건설교통부 행정중심복합도시건설청을 신설했다(2006.1.01).

2. 한국 행정개혁의 역사적 특징

첫째, 정치적 동기에서 행정개혁이 추진됐다. 행정 능률의 향상 등 합리적인 이유보다는 주로 정부 수립, 6·25동란, 정치 파동, 4·19의거, 5·16혁명, 유신체제, 10·26사태, 6·29선언, 문민정부의 출범 등 정치적 격동을 계기로 권력구조의 재편을 위한 정치적 동기에서 행정개혁이 추진됐다.

둘째, 중앙행정기구의 개편은 헌법 개정, 정치적 필요성, 경제 발전 등 정책 목적의 달성, 행정기구의 축소·조정 등에 중점을 두고 추진됐다.

셋째, 구조적 개혁 전략으로 관료들의 행정관행 및 행태의 근본적인 변화보다는 구조 중심의 기구개편, 기능조정, 서무·관리 분야나 기술·절차의 개편에 치중했다.

넷째, 국민적 공감·지지 부족했다. 집권자 개인의 정치적 동기에서 소수 관료에 의해 개혁이 추진되고 국민의 광범위한 참여 부족으로 개혁정책에 대한 국민적 공감·지지가 부족했다.

다섯째, 개혁정책 및 추진기구의 일관성 부족이다. 일관된 개혁의 기본 방향이 없었고 개혁 추진 기구도 정권 교체 때마다 임시로 구성됐다.

3. 향후 개혁의 기본 방향

첫째, 작고 효율적인 정부다. 정부 기능의 축소, 규제 완화와 민간화로 공공부문의 평면적 확대를 억제시켜야 한다.

둘째, 외부 참여의 확대다. 정당·국회·이익단체 및 시민의 정책 결정에 대한 투입 기능의 강화 및 참여를 확대시켜야 한다.

셋째, 행정의 민주성·윤리성·책임성·형평성 제고다. 대내외적 차원의 행정의 민주화를 적극 추진하고, 행정의 윤리성·책임성·형평성을 증대시키며, 관료제의 대표성을 확립하고, 관료의 비윤리성을 타파해 민주적 행정 형태를 확립해야 한다.

넷째, 행정의 국제화·정보화·지방화의 대응이다. 급변하는 국제 행정환경에 탄력적으로 대처하고, 행정의 국제화·정보화에 대응 역량 제고, 중앙정부의 기능을 줄이며, 지방자치의 활성화를 위한 자치단체 중심의 행정으로 변환해야 한다.

4. 미래의 바람직한 정부상: 작고 강한 정부

첫째, 촉매적 정부다. 정부는 서비스를 직접 제공하기보다는 정책을 관리·조정하는 조타수 역할을 해야 한다.

둘째, 지역사회 소유 정부다. 지역사회에 대한 권한 부여로 주민의 행정 참여를 확대시킨다.

셋째, 경쟁적 정부다. 공공부문에도 경쟁 원리를 도입, 창의적·효율적인 행정 체제를 확립해야 한다.

넷째, 임무 위주의 정부다. 규칙·절차 위주의 행정에서 결과 중심 임무 위주 정부로의 전환해야 한다.

다섯째, 결과 지향적 정부다. 투입보다 결과나 성과에 중점을 둬야 한다.

여섯째, 고객 위주 정부다. 고객의 요구에 대응해야 한다.

일곱째, 기업적 정부다. 기업가적 정신에 의해 지출보다는 수익과 투자에 치중해야 한다.

여덟째, 예견적 정부다. 미래 예측으로 위기를 사전에 방지해야 한다.

아홉째, 시장 지향적 정부다. 시장 원리를 도입, 행정서비스의 수급을 조절하는 촉진자, 중재자의 역할을 해야 한다.

4. 분야별 개혁 방향

집권화의 지양과 분권화를 추구해야 하며, 행정의 통합과 조정을 개선하고, 행정기관의 할거성을 배제해야 한다. 창의적, 쇄신적 분위기를 조성해야 하며, 행정조직의 동태화(변동 대응적인 조직, 인간 중심적인 조직, 상황 적응적인 조직 확립)를 추구해야 한다. 그리고 합리적 정보관리 체제, 의사소통 체계 등을 확립시켜야 한다.

민주적 봉사자로서의 자세와 책임 의식을 고양시켜야 한다. 미래지향성, 성취지향성과 창의성을 고취시켜야 하며, 인간성과 지적 유연성 및 정서적 안정성 등을 제고해야 한다. 문제 해결 능력 및 위기관리 능력 등을 배양시켜야 하고, 변동 대응 능력 및 유도 능력 등을 배양시켜야 한다. 특정 상관이 아닌 조직의 목표, 직무에 대한 충성심을 고양시켜야 하며, 전문가적 능력과 정보분석, 관리 능력 등을 함양시켜야 한다.

참고 문헌

국내 문헌

강성철 외 (2008). 「새인사행정론」. 대영문화사.
강신택 (2005). 「행정학의 논리」. 박영사.
——— (2005). 「재무행정론」. 박영사.
권기헌 (1997). 「전자정부와 행정개혁.」 커뮤니케이션북스.
——— (2011). 「행정학」. 박영사.
김근세 (2004). 김대중 행정부의 정부 규모에 관한 실증 분석. 「행정논총」, 43(1).
김병섭 외 (2002). 「조직의 이해와 관리」. 대영문화사.
김병준 (2012). 「지방자치론」. 법문사.
김인수 (1999). 「거시조직이론」. 무역경영사.
김재기 외 (2013). 「현대행정학」. 법문사.
김종술 (1999). 포스트모더니즘을 통해서 본 행정학의 이해. 「정부학연구」, 5(1).
김준기 (2000). NGO 관계의 이론적 자원의존모형의 관점에서. 「한국정책학보」, 9(2).
김태룡 (2007). 「행정이론」. 대영문화사.
——— (2011). 「한국행정론」. 대영문화사.
김호섭 (1991). 행정책임의 논리. 「한국행정학보」, 25(3).
남궁근 (2012). 「정책학」. 법문사.
——— 외 옮김 (2013). 「정책분석론」. 법문사.
노화준 (2012). 「정책학원론」. 박영사.
최창현 옮김 (1998). 「정부개혁의 5가지 전략」. 삼성경제연구소.
박동서 (2001). 「한국행정론」. 법문사.
박연호 (2003). 「행정학신론」. 박영사.
박우순 (2002). 「행정학의 새로운 패러다임」. 법문사.
박천오 (2012). 「한국 정부관료제」. 법문사.
——— 외 (2010). 「현대인사행정론」. 법문사.
——— (2011). 「한국정부론」. 법문사.
백완기 (2013). 「행정학」. 박영사.
손호중 · 채원호 (2005). 정부 신뢰의 영향 요인에 관한 연구. 「한국행정학보」, 39(3).
신무섭 (2009). 「재무행정학」. 대영문화사.
오석홍 (2011). 「조직이론」. 박영사.

———(2012). 「행정개혁론」. 박영사.
———(2013). 「행정학」. 박영사.
유민봉(2013). 「한국행정학」. 박영사.
윤영진(2010) 「새재무행정학」. 대영문화사.
이달곤(2004). 「지방행정론」. 박영사.
이종수(2009). 「행정학사전」. 대영문화사.
——— 외(2008). 「새인사행정론」. 대영문화사.
———(2012). 「새행정학」. 대영문화사.
이창원 외(2012). 「새조직론」. 대영문화사.
정용덕(2001). 「현대국가의 행정학」. 법문사.
——— 외(1999). 「합리적 선택과 신제도주의」. 대영문화사.
최병선(2006). 「정부규제론」. 법문사.
최영훈 외(2006). 「전자정부론」. 대영문화사.
하군상・장문학(2009). 「행정학개론」. 대영문화사.

국외 문헌

Adams, J. (1963). Toward an Understanding of Inequity. *Journal of Abnormal and Social Psychology*, 67.
Alderfer, C. (1969). An Empirical Test of a New Theory of Human Needs. *Organizational Behavior and Human Performance*, 4.
———(1972). *Existence, Relatedness, and Growth*. N. Y.: Free Press.
Argyris, C. (1964). *Integrating the Individual and the Organization*. N. Y.: Wiley.
Bass, B. (1985). *Leadership and Performance Beyond Expectations*. N. Y.: Free Press.
———(1990). *Bass and Stogdill's Handbook of Leadership: Theory, Research, & Managerial Applications*. N. Y.: Free Press.
Blau, P. M. (1970). A Formal Theory of Differentiation in Organization. *American Sociological Review*, 35(2).
Burns, T. & Stalker, G. M. (1961). *The Management of Innovation*. London: Tavistock.
Campbell, J. C. (1984). Policy Conflict and Its Resolution within the Governmental System. E. S. Krauss. et al.(ed), *Conflict in Japan*. Honolulu: University of Hawaii Press.
Chandler, J. A. (ed.) (1996). *The Citizen's Charter*. Aldershot: Dartmouth.
Cohen, M., March, J. & Olsen, J. (1972). A Garbage Can Model of Organizational Choice. *Administrative Science Quarterly*, 17.
Cooper, P. J. et al. (1998). *Public Administration for the Twenty-First Century*. Fort Worth Philadelphia: Harcouit Brace College Publishers.
Cyert, R. & March, J. (1963). *A Behavioral Theory of the Firm*. Englewood Cliffs, N. J.: Prentice-Hall.
———(1992). *Organization Theory and Design*, St. Paul, M. N.: Publishing. Co.
Daft, R. (1998). *Organization Theory and Design*, Cincinnati: South-Western.
Daft, R. & Noe, R. (2001). *Organizational Behavior*. Orlando: Harcouit College Publishers.

Dahl, R. A. (1961). *Who Governs?*. New Haven: Yale University Press.
Dawson, R. E. & Robinson, J. A. (1963). Inter-party Competition, Economic Variables, and Welfare Policies in the American States. *Journal of Politics*, 25(5).
Denhardt, R. B. (1999). *Public Administration: An Action Orientation*. N. Y.: Harcourt Brace College Publishers.
Denhardt, J. V. & Denhardt, K. B. (2003). *The New Public Service: Serving, not Steering*. N. Y.: ML E. Sharpe.
Dimock, M. E. (1936). The Criteria and Objectives of Public Adrninistration. J. M Gaus, L. D. White & M. E. Dimock (eds.), *The Frontiers of Public Administration*. Chicago: University of Chicago Press.
——— (1961). *Business and Government*. Holt, Rinehart and Winston.
——— (1965). *A Philosophy of Administration*. N. Y.: Harper & Row.
Dror, Y. (1968). *Public Policymaking Reexamined*. San Francisco: Chandler.
Dunn, W. N. (1981). *Public Policy Analysis*. Englewood Cliffs, N. J.: Prentice-Hall.
Elmore, R F. (1985). Forward and Backward Mapping. K. Hanf & T. Toonen, *Policy Implementation in Federal and Unitary Systems*. Dordrecht: Martinus Miihoff.
——— (1987). Instruments and Strategy in Public Policy Implementation, *Policy Studies Review*, 7(1).
Etzioni, A. (1958). *The Comparative Analysis of Complex Organization*. N. Y.: John Wiley & Sons.
Fayol, R. (1949). *General and Industrial Management*. Trans. by C. Storrs, Londcxi: Pitman.
Fisher. F. (1980). *Politics, Values, and Public Policy: The Problem of Methodology*. Boulder, Colorado: Westview Press.
Frederickson, H. G. (1980). *New Public Administration*. Alabama: The University of Alabama Press.
Fukuyama, F. (1995). *Trust: The Social Virtues and the Creation of Prosperity*. N. Y.: Free Press.
Galbraith, J. K. (1983). *The Anatomy of Power*. Boston: Houghton Mifflin.
Gulick, L. & Urwick, L. (1937). *Papers on the Science of Administration*, Institute of Public Administration.
Hackman, J. & Richard, G. R. O. (1980). *Work Redesign*. Addison Wesley Publishing Company.
Handy, C. (1989). *The Age of Unreason*. Boston, Mass: Harvard Business School Press.
Harmon, M. M. (1969). Administrative Policy Formulation and the Public Interest. *PAR*, 29(5).
Hersey, P. & Blanchard, K. H. (1982). *Management of Organizational Behavior : Utilizing Human Resources*. Prentice-Hall.
Herzberg, F. (1966). *Work and the Nature of Man*. N. Y.: World Publishing Co.
Herzberg, F., Mausner, B. & Snyderman, B. (1959). *The Motivation to Work*. N. Y.: Wiley.
Leavitt, H. & Whisler, T. (1958). Management in the 1980's. *Harvard Business Review*, 36(6).
Likert, R. (1967). *The Human Organization: Its Management and Value*. N. Y.: McGraw-Hill.
Lindblom, C. E. (1980). *The Policy Making Process*. N. J.: Prentice-Hall.
Lipsky, M (1976). Toward a Theory of Street-Level Bureaucracy. M. Lipsky et al., *Theoretical Perspectives on Urban Politics*. Englewood Cliffs, N. J.: Prentice-Hall.
March, J. & Simon, H. (1958). *Organizations*. N. Y.: Wiley.
Maslow, A. H. (1954). *Motivation and Personality*. N. Y.: Harper & Row.
McClelland, D. (1962). Business Drive and National Achievement. *Harvard Business Review*, 40(4).

McGregor, D. (1960). *The Human Side of Enterprise*. N. Y.: McGraw-Hill

Nakamura, R. T. & Smallwood, F. (1980). *The Politics of Policy Implementation*. N. Y. : St. Martins Press.

Niskanen, Jr., W. A. (1971), *Bureaucracy and Representative Government*. Chicago: Aldine Publishing Co.

Nozick, R. (1974). *Anarchy' State and Utopia*. N. Y.: Basic Books.

OECD (2005). *e-Government for better Government.*

Osborne, D. & Gaebler, T. (1992). *Reinventing Government : Haw the Entrepreneurial Spirit is Transforming the Public Sector*. M. A.: Addison-Wesley Publishing Company, Inc.

Ostrom, E. (1990). *Governing the Commons : The Evolution of Institutions for Collective Action.* Cambridge University Press.

Ostrom. V. (1989). *The Intellectual Crisis in American Public Administration*. Tuscaloosa: The University of Alabama Press.

Perrow, C. (1967). A Framework for the Comparative Analysis of Organizations. American *Sociological Review*, 32.

——— (1970). *Organizational Analysis*. Belmont, Calif.-Wadsworth.

Peters, B. G. & Pierre, J. (1998). Governance without Government? Rethinking Public Administration. *Journal of Public Administration Research and Theory*, 8(2).

Porter, L. & Lawler, E. (1968). *Managerial Attitudes and Performance*. Homewood, I. L.: Dorsey Press.

Pugh, D. S. et al. (1968). Dimensions of Organizational Structure, *Administrative Science Quarterly*, 13(1).

Putnam, R. D. (1993). *Making Democracy Work' Civic Traditions in Modem Italy*. Princeton, N. J.: Princeton University Press.

Rawls, J. (1971). *A Theory of Justice*. Cambridge: Harvard University Press.

Rhodes, R A. W. (1996). The New Governance. *Political Studies*, 44.

——— (1997). *Understanding Governance: Policy Networks, Governance, Reflexivity and Accountability.* Buckingham: Open University Press.

Riggs. F. W. (1961). *The Ecology of Public Administration*. New Delhi: Asia Publishing House.

Robbins, S. T. (1986). *Organizational Behavior: Concepts, Controversies, and Applications.* Englewood Cliffs, N. J.: Prentice-Hall.

Sabatier, P. & Mazmanian, D. (1980). The Implementation of Public Policy: A Framework of Analysis. *Policy Studies Journal*, 8.

Salamon, L. M. & Lund, M. S. (1989). The Tools Approach : Basic Analytics. L. M. Salamon(ed), *Beyond Privatization: The Tools of Government Action*. Washington D. C.: Urban Institute Press.

Savas, E. C. (1982). *Privatizing the Public Sector*. Chatham: Chatham House.

Schein, E. (1970). *Organizational Psychology*, Englewood Cliffs. N. J.: Prentice-Hall.

Scott, W. R. & Mitchell, T. (1976). *Organization Theory. A Structural and Behavioral Analysis.* Homewood: Irwin.

Senge, P. (1990). *The Fifth Discipline: The Art and Practice of Learning Organizations*. N. Y.: Doubleday/Currency.

Simon, H. A. (1968). *Administrative Behavior*, N. Y.: Free Press.

Simon, H. A., Smithburg, D. W. & Thompson, V. A. (1973). *Public Administration.* N. Y.: Alfred A. Knopf.

Taylor, F. W. (1911). *The Principles of Scientific Management.* N. Y.: Harper & Row.

Thomas, K. (1976). Conflict and Conflict Management M. Dunnette(ed), *Handbook of Industrial and Organizational Psychology.* Chicago: Rand: McNally.

Thomas, K. & Schmidt, W. (1976). A Survey of Managerial Interests with Respect to Conflict. *Academy of Management Journal*, 19.

Thompson, J. D. (1967). *Organizations in Action.* N. Y.: McGraw-Hill.

Vroom, V. (1965). *Work and Motivation.* N. Y.: John Wiley and Sons.

Waldo, D. (1955). *The Study of Public Administration.* Garden City. N. Y. : Doubleday.

——— (1965). Administrative State Revisited. *PAR,* 25(3).

——— (1980). *The Enterprise of Public Administration: A Summary View.* Chandler & Sharp Publishers, Inc.

Wildavsky, A. (1975). *Budgeting.* Boston: Little Brown.

Wilson, J. Q. (1989). *Bureaucracy: What Government Agencies Do and Why They Do It.* N. Y.: Basic Books.

Wolf, C. Jr. (1988). *Markets or Government: Choosing between Imperfect Alternatives.* Cambridge, Massachusetts: The MIT Press.

Woodward, J. (1965). *Industrial Organizations: Theory and Practice.* London: Oxford University Press.

Wright, D. S. (1978). *Understanding Intergovernmental Relations.* California: Books-Cole Publishing Co.

Yukl, G. (1994). *Leadership in Organizations.* Englewood Cliffs. N. J. : Prentice-Hall.

찾아보기

[인명]

가우스(J. M. Gaus) 112, 114, 168
게블러(T. Gaebler) 32, 143
귤릭(L. H. Gulick) 30, 34, 105
나카무라(R. T. Nakamura) 239
던리비(P.Dunleavy) 585
덴하르트(R. B. Denhardt) 129
드로(Y. Dror) 162
디목(M. E. Dimock) 31, 35, 78
라스웰(H. D. Lasswell) 161
로드스(R. A. W. Rhodes) 32, 153
롤스(J. Rawls) 82, 83
리그스(F. W. Riggs) 32, 112
리커트(R. Likert) 253, 329
마치(J. G. March) 31, 278, 320
매디슨(J. Madison) 99, 279
맥그리거(D. McGregor) 285
머스그레이브(R. A. Musgrave) 40
메이요(E. Mayo) 318, 419
민츠버그(H. Mintzberg) 254
버나드(C. I. Barnard) 31, 109, 309
베버(M. Weber) 94, 119, 337
뷰캐넌(J. M. Buchanan) 132
사바티어(P. Sabatier) 229
사이먼(H. A. Simon) 31, 37, 109
새뮤얼슨(P. A. Samuelson) 54
스몰우드(F. Smalwood) 239
스미스(A. Smith) 51, 235
애플비(P. H. Appleby) 31, 35, 38
어윅(L. F. Urwick) 30
에치오니(A. W. Etzioni) 80, 207
오스본(D. Osborne) 32, 143
오스트롬(V. Ostrom) 132, 211
올드햄(G. Oldham) 288
왈도(D. Waldo) 30, 78, 92
윌다브스키(A. Wildavsky) 488
윌슨(W. Wilson) 30, 34, 57, 409
이스턴(D. Easton) 32, 115, 119, 163
잭슨(A. Jackson) 99, 404
제퍼슨(T. Jefferson) 51, 99
쿤(T. S. Kuhn) 93
킹슬리(D. Kingsley) 345, 419
테일러(F. W. Taylor) 103, 266
토크빌(A. de Tocqueville) 609
파슨스(T. Parsons) 115, 119, 251
파이너(H. Finer) 236, 343
페이욜(H. Fayol) 104, 268
피터스(B. G. Peters) 32, 151
하버마스(J. Habermas) 80, 128
하이에크(F. A. von Hayek) 235
해밀턴(A. Hamilton) 99
해크만(J. Hackman) 288
화이트(L. D. White) 30, 34, 265
후드(C. Hood) 32, 146

[사항]

[ㄱ]

가상조직 393
가예산 517
가외성 86
가정분석 175
간주관성 127
갈등 318
갈등의 준해결 219
갈등 해결전략 320
감독자훈련 458
감봉(減俸) 476
감사원 553
감수성훈련 373, 459
감원 477
감축관리 570
강임 443
강제배분법 451
강제선택법 450
강제퇴직 474
강화이론 296
개방 체제 115
개방형 인사 체제 425
개산급(概算給) 548
객관도 441
객관적 기술자 모형 190
객관적 책임 640
거래비용 304
거래비용경제학 304
거버넌스(governance) 29, 150
게임이론 198
견인이론 348
견책(譴責) 476
결과(성과) 중심의 정부 145
결산 526, 548, 549, 599
결정론 96, 300

겸임 444
경계분석 174
경력직 공무원 424
경력평정제도 445
경로-목표이론 332
경로의존성 141
경합성 40
계급이론 180
계급제 435
계선 270
계속비 544
계층분석 174
계층제의 원리 265
계획 501
계획예산 517
계획예산제도 489
고객 옹호자 모형 191
고객 지향적 정부 144
고위공무원단 420
고유사무 605
고전적 조직이론 274
고충처리제도 403, 462
공개성의 원칙 509
공공관계 313
공공기관 360
공공기관의 운영에 관한 법 500
공공선택이론 132
공공재 40, 48
공기업 359
공동재 40
공동체생태학이론 306
공무원노동조합 465
공무원단체 403, 465
공무원 부패 481
공무원 연금 403, 471
공무원의 정치적 중립 403, 477
공무원제도개혁법 410
공식화 260
공유재 40
공유지의 비극 35, 48
공익 83
공직 분류 424
공직윤리 480
공학적 기술 263
공행정 30
과정평가 240
과학적 관리론 103
관료정치모형 222
관료제 336
관리과학 192, 196
관리망훈련 373
관리자훈련 458
광역행정 589, 600
교관훈련 458
교류형 인사 체제 428
교육훈련 402, 457
구성정책 165, 166
구성타당도 440
구조적 상황이론 301
국가재정법 497
국가재정운용계획 504
국고보조금 626
국고채무부담행위 545
권고사직 475
권력 322
권력형 부패 481
권위 322
귀인이론 282
규모의 경제 394
규제정책 165
근거리 통신망(LAN) 389
근무성적평정 402, 449
근속급 469
급부행정 582
기계적 관료제 254
기계적 능률성 78
기관대립형 617
기관위임사무 605, 620
기금(fund) 513
기금운용계획안 514
기금제 471
기능구조 255
기본급 469
기업예산회계법 499
기업형 정부 143
기여제 471
기준타당도 439
기획 46, 234

[ㄴ]

난이도 441
내부고발자보호제도 650
내부부패 481
내부수익률(IRR) 194, 195
내부임용 443
내부접근형 177
내용타당도 439
내재적 책임 639
내적 타당도 243
네트워크구조 258
네트워크조직 393
넥스트 스텝(Next Step) 660
노이마르크의 원칙 509
논리실증주의 109
뉴거버넌스(new governance) 154
능률성 정밀진단 659
능률성 77
님비(NIMBY) 현상 138, 603

[ㄷ]

다수 처리에 의한 간섭 244
다원론 178
다중연결모형 333
단결권 466
단년도 예산 575
단년성 510
단순구조 254
단순서열법 432
단식부기 506
단일성의 원칙 509
단체교섭권 466
단체위임사무 605, 620
단체자치 581
단체행동권 466
담론 130
당연퇴직 474
대기행렬이론 198
대리손실 49, 303
대리인이론 303

대표관료제 345, 419
델파이 기법 205
도덕적 해이 303
도표식 평정척도법 450
독립규제위원회 357
동기부여 46, 289
동기 요인 291
동원형 177
동조과잉 341
득표극대화 133
등급 430

[ㄹ]

리더십(leadership) 326

[ㅁ]

막료(staff) 270
만족모형 213
매트릭스구조 256
메타평가 241
면직(免職) 473
명령 통일의 원리 267
명료성의 원칙 509
명예퇴직 475
모집 402, 438
목표관리(MBO) 186
목표 설정 46
목표예산 574
목표의 다원화 186
목표의 대치 185
목표의 승계 185
목표의 축소 186
목표의 확장 186
무의사 결정론 180
무지의 장막 83
문서주의 341
문제 흐름 222
미노브루크 회의 81, 94, 123
민간 이양 72
민간재 40
민감도 분석 198
민주성 79
민중통제 646

[ㅂ]

반분법 440
발생주의 507
발전행정 120
방법론적 개체주의 95
배제성 40
배치전환 443
백색부패 482
범위의 경제 394
변혁적 리더십 334
별정직 공무원 425
보수 403, 467
보수곡선 470
보수 체계 468
보수표 469
보이지 않는 손 51, 405
보통지방행정기관 591
복수양식법 440
복식부기 506
복잡화 260
본예산 515
부가급 469
부성화의 원리 354
분류법 432
분류분석 174
분배정책 165
분임토의 459
브레인스토밍(brainstorming) 204
비교류형 인사 체제 428
비교행정 118
비용편익분석(CBA) 194
비용편익비 194
비용효과분석(CEA) 196
비일상적 기술 263
비판이론 128

[ㅅ]

사기(士氣) 460
사기조사 461
사례연구 459
사무배분 617
사법통제 646
사업구조 256
사업부제구조 255
사유재 40
사이버네틱스모형 220
사전 의결 510
사행정(경영) 30
사회적 능률성 78
사회적 자본 88
사회적 형평성 81
사회측정법 461
산출예산제도 576
상실 요소 243
상징정책 165, 166
상향적 접근 방법 226
생산성 85
생태(生態) 111
생활급 469
서비스 구매권 72
서열법 451
선금급(先金給) 548
선발과 성숙의 상호작용 244
선정 효과 244
선형계획(LP) 198
성격 281
성격검사 442
성과주의 예산 517, 489, 558
성숙 효과 243
성취동기이론 292
세외수입 623, 625
소망성 200
소비자잉여 195
소청 476
속도의 경제 394
수당 470
수입 547
수입대체경비 545
수정예산 515
수지관리기관 547
수평구조 257
순계예산 518
순현재가치(NPV) 194, 195
스태그플레이션(stagflation) 142
승급 470

승진 403, 443, 444
승진후보자명부 455
시계열분석 198
시뮬레이션(simulation) 199, 459
시민헌장제도 149, 660
시보임용 443
시장성 검증 660
시장실패 48
시험(test) 402, 439
신고전적 조직이론 274
신공공관리론(NPM) 141
신공공서비스 155
신규채용자 훈련 458
신뢰도 440
신뢰성 87
신마르크스주의 181
신베버주의 180
신연방주의 657
신임예산 518
신자유주의 143
신제도론 139
신제도론적 접근 방법 139
신중앙집권화 588
신지방분권화 590
실적주의 404, 407
실험 조작과 측정의 상호작용 244
실현가능성 200
쓰레기통모형 221

[ㅇ]

악순환모형 284
암묵지 396
압력이론 348
애드호크라시(adhocracy) 367
엄밀성 510
업적·능력검사 442
업적-만족이론 294
엘리트이론 178
역사적 요소 243
역할연기 459
연결된 기술 262
연금 471
연동계획 236
연합모형 219
연합 방식 601
엽관주의 30, 404
영기준 예산 490, 517, 566
예비비 543
예비타당성조사 542
예산 46, 487, 501
예산결정표 567
예산 과정 525
예산극대화 133
예산 분류 521
예산성과금 지급제도 546
예산심의 525, 535
예산의 배정 540
예산의 원칙 508
예산의 이용 543
예산의 이월 543
예산의 이체 543
예산의 재배정 541
예산의 전용 543
예산집행 526, 539
예산총계주의 518
예산 총액배분 자율편성제도 504
예산통일성 510
예산편성 525, 528
오클랜드 사업 228
완전성·포괄성의 원칙 509
외부경제 49
외부불경제 49
외부임용 443
외부주도형 177
외부통제 646
외부효과 49
외재적 책임 639
외적 타당도 243
요금재 40
요소비교법 432
욕구5단계설 290
운영예산제도 576
위생 요인 291
위원회조직 355
위임사무 605
유추분석 175
의사결정 지원 시스템(DSS) 389
의사전달 309
의원면직 474
의존재원 623
이슈공동체 181
이익집단 171
인간관계론 105, 419
인력계획 437
인사 46
인사관리처 417
인사상담 464
인사행정 401
인적 자원 401
인적자원계획 437
인지모형 211
인지부조화이론 283
일몰법 570
일반재직자 훈련 458
일반회계예산 512
일상적 기술 263
일선관료 595
일선관료제 591
일선기관 591
일선행정 582
임시 체제 255
임용 442
임의론 300
임의론·자발론 96
입법통제 646

[ㅈ]

자격급 469
자문위원회 357
자본예산 517, 571
자본예산제도 571
자본 회수 기간 195
자원의존이론 305
자주입법권 605
자주재원 623
자주행정권 606
자치적 분권 583
잠정예산 516
장기계속계약제도 544

장인적 기술 263
재귀적 통제 245
재분배정책 165
재시험법 440
재의 요구 598
재정 488
재정지출 521
쟁점 옹호자 모형 191
적극적 인사행정 418
적성검사 441
전략적 선택이론 305
전문적 관료제 254
전문화의 원리 266
전보 403, 446
전자자료 교환(EDI) 389
전자정부 387
전직 403, 446
전통적 지배 337
점수법 432
점증모형 213
정급 433
정기승급 470
정년 475
정년퇴직 475
정보공개 384
정보의 비대칭성 49
정부간 관계 585
정부규제 49, 54
정부기업 499
정부기업예산법 499
정부실패 59, 142
정부 재창조 657
정부조직 350
정부회계 506
정실주의 404
정직(停職) 476
정책 결과 164
정책결정 46, 169
정책공동체 181
정책과학 161
정책대상집단 164
정책 델파이 205
정책목표 163
정책 변동 246
정책분석 190, 192
정책불응 231
정책수단 163
정책순응 231
정책승계 246
정책유지 247
정책의제 설정 169
정책종결 169, 247
정책집행 169, 225
정책토론 옹호자 모형 191
정책평가 169, 237
정책흐름 222
정치관리 예산 574
정치흐름 222
제1차 추밀원령 409
제2차 추밀원령 409
제1차 후버위원회 559
제2차 후버위원회 559
제도적 부패 481
제도화이론 304
제안제도 403, 463
제한된 합리성 109, 213
조세 감면 519
조세지출 519, 520, 521
조세지출예산 520
조정 46
조정의 원리 268
조직 46
조직경제학이론 303
조직과정모형 222
조직구조 259
조직군생태학이론 302
조직몰입 283
조직문화 278
조직 발전(OD) 188, 371
조직진단 372
조직혁신 371
조직화 46
조합주의이론 181
종속이론 181
죄수의 딜레마 35, 48
주관적 책임 640
주민발안 633
주민소송 633
주민소환 633, 635
주민자치 581
주민투표 633
주민투표법 634
준실험 241
준예산 516
중개적 기술 262
중앙인사기관 415
중앙통제 595
지각 282
지대 61
지방교부세 623, 627
지방세액 623
지방세의 종류 624
지방자치단체조합 602
지방재정 621
지방재정력 623
지방채 623, 630
지방행정 581
지식행정 396
지출대 예산 518, 574
지출사무 547
지출원인행위 541, 547
지출통제 예산제도 575
지휘 46
직군 430
직권 면직 474
직급 429
직급명세서 433
직능급 469
직렬 430
직류 430
직무 429
직무급 469
직무대행 444
직무만족 283
직무분석 431
직무이행명령 598
직무조사 431
직무특성이론 288
직무평가 432

직업공무원제 403, 412
직위 429
직위분류제 429
직위해제 476
진실험 242
집권화 261
집단사고 209
징계 476

[ㅊ]

책임운영기관 363
책임집행기관 364
처리와 상실의 상호작용 244
철의 삼각 181
체제 114
체제분석 192
총괄배정 예산제도 574
총괄평가 241
총사업비제도 542
총액계상예산제도 545
총자원예산 519
총체적 품질관리(TQM) 147
최적모형 218
추가경정예산 515, 546
추출정책 165, 166
축조에 의한 통제 245
측정 도구의 변화 244
측정 요소 243

[ㅋ]

카리스마적 리더십 334
카리스마적 지배 337
크리밍 효과 244

[ㅌ]

타당도 242, 439
태도 283
통계적 결론의 타당도 243
통계적 통제 245
통솔 범위의 원리 268
통제 46
통합재정 493
퇴직 473
투사법 461
특별승급 471
특별지방행정기관 591
특별회계예산 512
특수경력직 공무원 424

[ㅍ]

파견 403, 446
파레토 최적 48
파면 474, 476
패러다임(paradigm) 93
펜들턴법 100, 404, 409
편익-비용비 195
평가성 검토・사정 240
폐쇄 체제 115
폐쇄형 인사 체제 426
포괄적 통제 245
포획 61
품목별 예산 517, 489, 557
프로그램 평가검토 기법(PERT) 198
피터의 원리 341
핌피(PIMFY) 현상 603

[ㅎ]

하이퍼텍스트 조직 395
하향적 접근 방법 226
하향형 예산 557
학습조직 394
한정성의 원칙 510
할인율 195
합리모형 210, 211
합리성 80
합리적 행위자 모형 222
합법성 77
합법적 지배 338
합병 방식 601
해임(解任) 474, 476
행정개혁 651
행정관리설 30, 100
행정사무감사권 613
행정사무조사권 613
행정위원회 356
행정윤리 403, 480
행정의 내부성 60
행정인 109
행정적 분권 583
행정정보 체계 381
행정 참여 316
행정책임 639
행정통제 643
행정행태설 31
행정협의회 602
행태기준 평정척도법 450
행태론적 접근 방법 109
현금주의 507
현대 조직이론 275
현상학 126
현장훈련(OJT) 459
형식주의 341
형식지 396
호봉 470
호손 실험 106
호손 효과 244
혼돈이론 306
혼합주사모형 217
환류 46
회계검사 550
회계연도 527
회귀분석 199
회귀인공 요소 243
회사모형 219
회색부패 482
효과성 81
후기관료제 348
흐름・창모형 221
흑색부패 481

ERG이론 291
LPC 점수 331
MBO 566
POSDCoRB 30, 46, 105
PPBS 561
VIE이론 293
X이론 285
Y이론 285
Z이론 286

저자 소개

이동진(李東珍)

[학력]
광운대학교 행정학과(행정학사)
단국대학교 법무행정대학원(법학석사)
광운대학교 대학원 행정학과(박사과정 수료)

[경력]
前 웅지공무원아카데미 행정학 전임강사
前 오산대학 행정과 겸임교수
現 한국행정학회 평생회원
現 공인행정관리사 전문위원 및 출제위원
現 웅지세무대학교 재경행정과 부교수(학생처장)

[주요 저서]
행복한 문제집 행정학개론(사피엔스 21)
실전모의고사 행정학개론(사피엔스 21)
통합모의고사(사피엔스 21)
행정학(도서출판 웅지)
최근 5년간 공무원시험 기출문제집(도서출판 웅지)
행정학개론 객관식 500제+요점 정리(도서출판 웅지)
행정학개론①②③(도서출판 웅지)
행정학고시 기출문제집(도서출판 웅지)
이메일 주소 : djlee@wat.ac.kr

한인규(韓仁圭)

[학력]
광운대학교 행정학과(행정학사)
광운대학교 대학원 행정학과(행정학석사)
광운대학교 대학원 행정학과(행정학박사)

[경력]
前 강원대, 광운대, 오산대, 관세국경관리연수원 외래 강사
前 오산대학 행정과 겸임교수
前 한국능률협회매니지먼트, (주)송원정보시스템, (주)한국JAMAC 컨설턴트
前 (주)코비스컨설팅 이사
現 (주)나루컨설팅 대표이사
現 웅지세무대학교 재경행정과 겸임교수

[주요 저서]
리더십(형설출판사, 공저)
이메일 주소 : angel7092@naver.com

행정학 개론

펴낸날 / 제1판 제1쇄 2014년 2월 22일
지은이 / 이동진 · 한인규
펴낸이 / 임춘환
펴낸곳 / 도서출판 대영문화사
주소 / 서울특별시 용산구 청파로 61길 5 (청파동 1가) 제일빌딩 2층
등록 / 1975년 12월 26일 제3-16호
전화 / (02)716-3883, (02)714-3062
FAX / (02)703-3839
홈페이지 / http://www.dymbook.co.kr

ISBN 978-89-7644-480-6
[값 33,000원]
* 잘못된 책은 바꾸어 드립니다.